THE CHRISTIAN IN COMPLETE ARMOUR

그리스도인의 전신갑주 II

세계
기독교
고전

THE CHRISTIAN IN COMPLETE ARMOUR

그리스도인의 전신갑주 II

윌리엄 거널 | 원광연 옮김

CH북스
크리스천
다이제스트

하나님의 전신갑주에 관한 논고

"그러므로 하나님의 전신갑주를 취하라 이는 악한 날에 너희가 능히 대적하고 모든 일을 행한 후에 서기 위함이라."

"그런즉 서서 진리로 너희 허리띠를 띠고, 의의 호심경을 붙이고, 평안의 복음이 준비한 것으로 신을 신고, 모든 것 위에 믿음의 방패를 가지고 이로써 능히 악한 자의 모든 불화살을 소멸하고, 구원의 투구와 성령의 검 곧 하나님의 말씀을 가지라. 모든 기도와 간구를 하되 항상 성령 안에서 기도하고 이를 위하여 깨어 구하기를 항상 힘쓰며 여러 성도를 위하여 구하라. 또 나를 위하여 구할 것은 내게 말씀을 주사 나로 입을 열어 복음의 비밀을 담대히 알리게 하옵소서 할 것이니, 이 일을 위하여 내가 쇠사슬에 매인 사신이 된 것은 나로 이 일에 당연히 할 말을 담대히 하게 하려 하심이라" — 에베소서 6:13-20

| 차 | 례 |

지침 8 하나님의 전신갑주의 각 부품들 : 넷째 부품 – 그리스도인의 영적 방패

지침 9 하나님의 전신갑주의 부품들 : 다섯째 부품 – 그리스도인의 투구

지침 10 하나님의 전신갑주의 부품들 : 여섯째 부품 – 그리스도인의 검

제3부 말씀의 검의 사용법

지침 11 하나님의 전신갑주를 입은 그리스도인에게 필수적인 임무 : 혹은 영적인 전신갑주를 계속 갈고 닦는 유일한 방법

지침 12 전신갑주를 입고 기도로써 공적인 그리스도의 목사들을 도와야 할 개개인 그리스도인의 임무

하나님의 전신갑주의 각 부품들: 넷째 부품 — 그리스도인의 영적 방패

"모든 것 위에 믿음의 방패를 가지고
이로써 능히 악한 자의 모든 불화살을 소멸하고"(엡 6:16)

이제 이 본문에 나타나 있는 그리스도인의 전신갑주의 넷째 부품을 살펴볼 차례가 되었는데, 그것은 곧 믿음의 방패입니다. 이것은 은혜 중의 은혜인데, 여기 다른 동료들의 한가운데에 적절히 위치하고 있다 하겠습니다. 제 생각에는 이것이 마치 몸의 중심에 있는 심장처럼 다른 부품들 사이에 서 있는 것 같습니다. 아니면, 사무엘이 다윗을 기름 부을 때에 그가 "그의 형제들 가운데" 있었던 것과도 같다 하겠습니다(삼상 16:13). 사도는 이 은혜에 대해 말씀하면서, 이를테면 그 머리를 높이 들어올리고 그 모든 동료보다 뛰어나게 그것에 기름을 붓는다 할 것입니다. "모든 것 위에 믿음의 방패를 가지고." 이 말씀은 크게 두 가지 부분으로 나뉩니다. 첫째. 권면 — "모든 것 위에 믿음의 방패를 가지라." 둘째. 권면을 뒷받침하는 강력한 논지 — "이로써 능히 악한 자의 모든 불화살을 소멸하라."

이 말씀에 대한 설명

"모든 것 위에 믿음의 방패를 가지고 이로써 능히 악한 자의 모든 불화살을 소멸하라"는 권면에서, 네 가지 구체적인 내용들을 탐구하여야 이 말씀을 설명할 수 있을 것입니다. 첫째. 여기서 그리스도인 군사에게 말씀하는 믿음이란 어떤 종류의 믿음인가 하는 것입니다. 둘째. 종류를 찾은 다음에는 그 믿음의 본질이 무엇인가를 탐구해야 합니다. 셋째. 그 믿음을 다른 부품이 아니라 하필 방패에 비하는 이유가 무엇인가 하는 것입니다. 넷째. 여기 "모든 것 위에"가 어떤 점에서 중요한가 하는 것입니다.

[여기서 뜻하는 믿음의 종류]

첫째 탐구. 여기서 말씀하는 믿음이란 어떤 것인가? 그리스도인에게 그것을 추천하는 용도와 목적, 즉 그리스도인으로 하여금 "능히 악한 자의 모든 불화살을 소멸"할 수 있게 하기 위함이라는 점을 생각하면, 이를 곧바로 알게 됩니다. 그런데 믿음에 여러 종류가 있는 것을 볼 때에, 그 중에서 사탄의 불화살을 소멸할 수 있게 해주는 믿음이 바로 여기서 말씀하는 믿음일 것입니다. 역사적인 믿음(historical faith)은 그렇게 할 수가 없으니 그것은 아닙니다. 이 믿음이 사탄의 불화살을 소멸하기는커녕, 그 화살들을 쏘아대는 마귀 자신도 이 믿음을 갖고 있습니다: "마귀들도 믿고 떠느니라"(약 2:19). 일시적인 믿음(temporary faith)도 그렇게 할 수가 없습니다. 이 믿음은 사탄의 불화살을 소멸하기는커녕 오히려 그것이 그 화살들에 의해 소멸당하고 맙니다. 그럴듯한 모습을 보이고 "잠시 견디다가"(마 13:21) 금방 사라지고 맙니다. 이적적인 믿음(miraculous faith) 역시 앞의 믿음들처럼 사탄의 불화살을 소멸하지 못합니다. 가룟 유다도 다른 사도들과 더불어 이적적인 믿음을 갖고서 마귀들을 쫓아낼 수 있었습니다. 그러나 그 자신은 탐심과 외식, 반역의 마귀에게 사로잡혀서, 예, 정욕의 군대에 사로잡혀서, 절망의 언덕으로 떨어져 멸망의 무저갱 속으로 돌진하고 말았습니다. 이제 한 가지 종류의 믿음이 남아 있는데, 사도가 여기서 뜻하는 믿음이 바로 그것입니다. 그것은 바로 의롭다 하심을 얻는 믿음(justifying faith)입니다. 이것이야말로 이를 소유하는 자마다 마귀를 이기게 만들어 주는 그런 은혜입니다. 사탄이 자신의 초월적인 능력들로 그리스도인에 대해 유리한 위치를 점하는 것이 아니라, 그리스도인이 오히려 이 대의와 이 무기로써 사탄에 대해 유리한 위치에 있는 것입니다. 사도는 싸움이 아직 완전히 끝나기도 전에 그리스도인에게 그 승리의 날이 있음을 확신합니다. "너희가 악한 자를 이기었음이라"(요일 2:13). 즉, 너희가 마치 승리하여 천국의 마차에 올라타고 있는 것처럼 반드시 이기리라는 뜻입니다. 기사(騎士)가 거인을 이길 것이요, 성도 역시 사탄을 이길 것입니다. 그러므로 동일한 사도는 그런 승리의 요인이 무엇인지를 말씀해 줍니다. "세상을 이기는 승리는 이것이니 우리의 믿음이니라"(요일 5:4).

[그 본질은 의롭다 하심을 얻는 믿음임]

둘째 탐구. 종류를 찾은 다음에는 그 믿음의 본질이 무엇인가를 탐구해야 하는데, 이에 대해서는 첫째, 부정적으로, 둘째, 긍정적으로 답하고자 합니다.

첫째. **부정적으로** 답하겠습니다. 이에 대해서는 두 가지 구체적인 사실이 있습니다.

1. 의롭다 하심을 얻는 믿음은 **복음의 진리들에 대한 동의만 있는 것이 아닙니다.** 의롭다 하심을 얻는 믿음에 그런 동의가 있는 것은 사실이나, 그런 동의가 의롭다 하심을 얻는 믿음인 것은 아닙니다. 교리적인 믿음, 혹은 역사적인 믿음이 의롭다 하심을 얻는 믿음 속에 포섭됩니다. 그러나 교리적인 믿음이 의롭다 하심을 얻는 믿음인 것은 아닙니다. 교리적인 믿음이 없이는 의롭다 하심을 얻는 믿음이 있을 수 없습니다. 의롭다 하심을 얻는 믿음은 교리적인 믿음을 전제합니다. 마치 사람에게 이성과 감성이 동시에 있는 것처럼 말입니다. 그러나 교리적인 믿음은 의롭다 하심을 얻는 믿음이 없이도 얼마든지 있을 수 있습니다. 마치 짐승에게 감성만 있고 이성이 없듯이 말입니다. 유다는 성경을 알았고 그 진리에 분명 동의했을 것입니다. 그가 복음을 전하는 일에 열심이었으니 말입니다. 그러나 그에게는 의롭다 하심을 얻는 믿음이 조금도 없었습니다. "너희 중에 믿지 아니하는 자들이 있느니라 하시니 이는 예수께서 믿지 아니하는 자들이 누구며 자기를 팔 자가 누구인지 처음부터 아심이러라"(요 6:64). 그렇습니다. 유다의 주인인 마귀 자신도 — 이는 의롭다 하심을 얻는 믿음과는 거리가 먼 존재입니다만 — 말씀의 진리에 동의하고 있습니다. 그 진리들을 부인하는 자는 자기 양심을 거스르는 자입니다. 그리스도를 시험할 때에도 마귀는 성경을 대적하며 논쟁을 하지는 않았습니다. 오히려 성경을 근거로 하여 화살을 쏘아댄 것입니다(마 4:6). 또 다른 때에는 베드로가 했던 것처럼 그리스도를 완전히 고백하기도 합니다(마 8:29. 마 16:17과 비교). 말씀의 진리에 대한 동의는 이해력이 있는 자가 행하는 하나의 행동에 불과한 것으로 버림받은 자들과 마귀들도 얼마든지 행할 수 있습니다. 그러나 의롭다 하심을

얻는 믿음은 복합적인 습관이며, 이해와 의지에 자리하는 것입니다. 그러므로 그것을 가리켜 "마음으로 믿는다"고도 하고(롬 10:10), "마음을 온전히 하여 믿는다"고도 합니다. 빌립은 "네가 마음을 온전히 하여 믿으면 가하니라"라고 말합니다(행 8:37. 한글개역개정판 난외주를 보라). 이 믿음에는 영혼의 모든 능력이 다 동원됩니다. 그 믿음의 약속에는 이중적인 목표가 있습니다. 그 중 하나는 이해력에 해당되는 것으로 그것을 발휘하게 하는 것이요, 또 하나는 의지에 해당되는 것으로 이해력이 발휘될 때에 그것에 근거하여 자극하고 일을 행하게 하는 것입니다. 그 약속이 참된 것이므로 거기에는 이해력에서 나오는 동의라는 행위가 요구되고, 또한 그것이 참된 것이며 동시에 선한 것이므로 그것을 포용하고 받아들이는 의지라는 행위가 요구되는 것입니다. 그러므로 그 약속을 그저 개념적으로만 알고 사변적으로 그 약속의 참됨에 동의하되 그것을 붙잡고 포용하지는 않는 자는 구원을 얻도록 믿는 것이 아닙니다. 이런 자는 마치 음식을 보며 그것이 건전하다는 것을 인정하면서도 먹지 않으면 그 음식으로부터 전혀 영양을 섭취할 수 없듯이, 그 약속으로부터 아무런 유익도 얻을 수가 없는 것입니다.

2. 의롭다 하심을 얻는 믿음은 확신이 아닙니다. 그렇지 않다면 사도 요한이 구태여 요한일서를 기록하는 수고를 하지 않아도 되었을 것입니다. 그러나 그는 "하나님의 아들의 이름을 믿는" 성도들로 하여금 그들에게 "영생이 있음을 알게 하려" 하여 요한일서를 기록하였습니다(요일 5:13). 의롭다 하심을 얻는 믿음이 확신이라면, 그의 편지를 받은 이들이 이렇게 말했을 수도 있을 것입니다: "우리에게 영생이 있다는 것은 이미 확신하고 있습니다. 우리가 그리스도로 말미암아 죄 사함 받았고 또한 그로 말미암아 구원받을 것임을 믿는 것이 아니면 우리의 믿음이 무엇입니까?" 그러나 그럴 수가 없습니다. 만일 믿음이 확신이라면 사람이 믿기도 전에 그의 죄들이 사함 받을 것입니다. 먼저 사함을 받아야만 자기가 사함 받았다는 것을 알 수 있기 때문입니다. 촛불이 켜진 것을 볼 수 있으려면 먼저 촛대에 불이 켜져야만 합니다. 아이가 태어났다는 것을 확신할 수 있으려면 먼저 아이가 태어나야 합니다. 믿음의 행위 이전에 먼저 그 대상이 있어야 한다는 것입니다. 확신이란 오히려 믿음의 열매입니다. 꽃이 그 뿌리 속에 있을 때에는 그 꽃이 믿음 속에 있습니다. 하나님과 많은 교제가 있고 말씀도 접하고 영혼을 다루시는 하나님의 역사들을 많이 체험한 후에, 때가 되어 믿음이 확신으로 꽃을 피울 수 있는 것입니다. 꽃이 나타나기 전에도 뿌리가 살아 있고 또한 꽃이 그 아름다운 잎사귀를

뽐내다가 사라진 후에도 계속해서 살아 있는 것처럼 의롭다 하심을 얻는 참된 믿음도 확신이 오기 이전이나 확신이 사라진 이후나 항상 살아 있는 것입니다. 확신은 말하자면 믿음의 크림(우유에 끼는 더껑이 같은 것 — 역주)이라 할 수 있을 것입니다. 우유가 시간이 지나면서 크림이 생겨나므로 크림이 있기 전부터 우유가 있는 것이고, 또한 그 크림을 걷어낸 다음에도 우유는 그대로 남아 있습니다. 만일 확신에 못 미치는 것은 믿음이 아니라면, 하나님의 귀한 성도들 중에서 신자의 반열에서 제외될 사람이 얼마나 많겠습니까? 그렇게 된다면, 무수한 하나님의 자녀들을 부인해야만 할 것입니다. 그들 중에는 아직 어린아이들이라서 믿음으로 자신을 돌아보는 단계에 이르지 못하여, 아직 자기의 행동을 다시 돌아보고서 자기 속에 있는 하나님의 은혜들이 참되다는 것을 확신하게 되는 그런 상태가 되지 못한 자들이 많은 것입니다. 그러나 어린아이들이 아직 자기 자신을 대변할 수 없다 할지라도 그들이 어린아이라는 사실을 인정하고 그들을 어린아이로 보아야 하는 것입니다. 그리스도의 가족에 속하여 있는 자들 중에 어떤 이들은 하나님의 길에서 더 높이 자라 있고 체험도 더 많고, 또한 하나님의 선하심으로 말미암아 죄 사함의 자비에 대해 깨닫고 있다는 것을 드러내 보일 수 있었으나, 현재 그것을 잃어버린 상태에 있기도 한데, 과연 이런 자들이 확신이 떠나갔다고 해서 그들의 믿음도 사라졌다고 말할 수 있겠습니까? 그렇다면 신자가 불신자가 되는 일이 한 해에 도대체 몇 번이나 있을 수 있겠습니까? 하나님께서 물러가시고 사람을 어둠 속에 두실 때마다 그런 일이 일어날 것입니다. 확신은 마치 낮에는 활짝 피었다가 밤이 되면 오므라드는 해바라기 꽃과 같아서, 하나님의 얼굴의 움직임을 그대로 따라갑니다. 하나님의 얼굴이 영혼에게 미소를 띠면 살아나다가, 이맛살을 찌푸리거나 그 얼굴이 감추어지면 죽어 버리는 것입니다. 그러나 믿음은 그늘에서도 자랄 수 있는 식물과도 같습니다. 그것은 캄캄한 밤에도 천국으로 향하는 길을 찾을 수 있는 은혜요, "흑암 중에 행하여"도 "여호와의 이름을 의뢰하"는 것입니다(사 50:10). 한마디로, 믿음의 본질이 확신에 있는 것으로 규정하면, 무수한 하나님의 자녀들을 거스르는 것일 뿐 아니라 이 자녀들의 아버지이신 하나님을 거스르는 것입니다. 왜냐하면 하나님께서 이 땅에 두신 수많은 자녀들을 일격에 문 밖으로 내쫓는 것이기 때문입니다. 그렇습니다. 하나님께서 극진히 돌보시는 자들을 우리가 잔인하게 대하는 것이요, 그가 크게 위로를 주신 자들의 마음을 우리가 슬프게 만드는 것입니다. 그것이 사실이라면 사실 약속들 속에 들어있는 복음의 유익 가운데 큰 부분이 무용지물이 되고 맙니다. 애통하는 자에게 위로를 받으리라는 약속이 있고, 뉘우치는 자에게 다시 받아들이리라는 약속이 있으며, 또한 흑암 중에 행하는 자에게도 약속이 주어져 있습니다. 이 약속들은 오로지 신자들에게만 해당되는 것입니다. 그러므로 참된 신자들 중에 흑암 중에 있고, 슬픔 중에 있고, 죄로 인하여 상하고 깨어지고, 또한 죄로 인하여 시험을 받는 중인 자들이 반드시 있는 것입니다. 그런데 이들은 하나님의 사랑에 대해 확신이 없습니다. 그들의 눈물이 기쁨으로 바뀌지도 않았고, 밤이 밝은 빛으로 변하지도 않았고, 그들의 한숨과 눈물이 기쁨과 찬양이 되지도 않은 것입니다.

둘째. 의롭다 하심을 얻는 믿음이 무엇인지에 대해 **긍정적으로** 답하겠습니다. 그리고 이를 묘사하면서 오로지 의롭다 하심을 얻게 하는 것으로만 살펴볼 것입니다. 그러므로 이 믿음에 대해서 다음과 같이 몇 마디로 묘사할 수 있을 것입니다: 그것은 약속의 보장에 근거하여 죄 사함과 생명을 위하여 십자가에 못 박히신 그리스도를 의지하는 영혼의 행위다. 이 묘사에서 다음과 같은 사항들을 주목하기 바랍니다.

1. 믿음이 자리 잡고 있는 주체 — 이는 어떤 단일한 기능이 아니라 영혼임. 2. 의롭다 하심을 얻는 믿음의 대상 — 십자가에 못 박히신 그리스도이심. 3. 이 대상에 근거한 믿음의 행위 — 죄 사함과 생명을 위하여 십자가에 달리신 그리스도를 의지함. 4. 이 행위에서 믿음에게 주어지는 보장과 안전.

1. 믿음이 자리 잡고 있는 주체는 어떤 단일한 기능이 아니라 영혼인데, 이에 대해서는 앞에서 어느 정도 말씀드린 바 있으므로 그냥 넘어가기로 합니다.

2. 의롭다 하심을 얻는 믿음의 대상은 십자가에 못 박히신 그리스도이십니다. 하나님의 진리 전체가 의롭다 하심을 얻는 믿음의 대상입니다. 이 믿음은 하나님의 말씀 전체를 확고히 받아들입니다. 그러나 그 의롭다하는 행위에서는 십자가에 못 박히신 그리스도를 그 대상으로 합니다. (1) 그리스도의 인격이 의롭다 하는 믿음의 대상입니다. (2) 십자가에 못 박히신 그리스도가 그 대상입니다.

(1) 그리스도의 인격(the Person of Christ). 말씀의 무슨 금언이나 진술이 아닙니다. 이것은 확신의 대상이지 믿음의 대상이 아닙니다. 확신은, "나는 그리스도로 말미암아 내 죄가 사함 받았음을 믿습니다"라고 말합니다. 그러나 믿음의 언어는, "나는 죄 사함을 위해 그리스도를 믿습니다"라는 것입니다. 하나님의 말씀이 우리

의 믿음을 그리스도께로 향하게 하고 그에게서 종결되게 합니다. 그러므로 이 믿음을 가리켜, 그리스도께로 오는 것(마 11:28), 그를 "영접하는" 것(요 1:12), 그를 믿는 것(요 17:20) 등으로 부르는 것입니다. 약속은 영혼의 참된 양식이신 그리스도를 담은 접시에 불과합니다. 만일 믿음의 손이 약속에 가 있다면, 그것은 마치 접시 속에 담긴 음식을 먹으려고 그 접시를 끌어다 놓기만 하는 것과도 같습니다. 약속은 믿음의 손가락에 끼워진 결혼반지와도 같습니다. 그러나 우리는 그 반지와 결혼한 것이 아니고, 그 반지를 끼고 그리스도와 결혼한 것입니다. 사도는, "하나님의 약속은 얼마든지 그리스도 안에서 예가 되니"라고 말씀합니다(고후 1:20). 그 약속들의 훌륭함이 그리스도께로부터 비롯되며, 그 효능이 — 즉, 영혼이 그리스도와 연합하는 것 — 그리스도 안에 있습니다. 그리스도를 붙잡고 믿음으로 그의 안에서 하나가 되지 않고 그저 약속만 갖고 달아나는 것은, 마치 가지 하나를 나무에서 꺾어서 장롱 속에 넣어두고서 그것이 거기서 열매를 맺기를 기대하는 것이나 마찬가지입니다. 그리스도에게서 끊어져 버리면 약속은 죽은 가지가 되고 마는 것입니다. 그러나 영혼이 믿음으로 그리스도와 연합하게 되면, 그의 모든 자양분을 먹고 자라게 되고, 모든 약속이 그 믿음에 감미로움을 더해주는 것입니다.

(2) 그리스도께서 믿음의 주 대상이시니 **십자가에 못 박히신 그리스도**(Christ as crucified)도 마찬가지입니다. 본성적인 탁월하심을 지니신 그리스도 — 이는 우리의 믿음보다는 우리의 사랑의 대상일 것입니다 — 가 아니라, 세상 죄를 위하여 하나님께서 정하신 뜻대로 그의 공의의 손 아래에서 속죄를 이루기 위하여 죽으시기까지 피를 흘리신 그리스도를 지칭하는 것입니다. 하녀의 눈이 여주인이 가리키는 손가락에게로 향하듯이, 믿음의 눈은 말씀 속에서 자신을 계시하시는 하나님께로 향합니다. 하나님이 그의 말씀을 통해서 영혼에게 지시하시는 그 쪽으로 믿음이 향하는 것입니다. 그리고 믿음은 거기서 하나님을 발견합니다. 곧, 하나님께서 불쌍한 죄인들을 구원하고자 계획하시고, 그리스도를 — 오직 그리스도만을 — 택하사 그 일을 해결하고 이루게 하셨는데, 믿음이 바로 그를 — 오직 그만을 — 자신이 신뢰할 분으로 택하는 것입니다.

또한 믿음은 그리스도께서 어떻게 이 큰 일을 행하셨으며, 또한 약속이 어떻게 그가 이루신 일을 적용하여 죄 사함과 구원을 이루는지를 관찰합니다. 그리고 믿음은 그리스도께서 십자가 위에서 그의 피를 흘리시고 죽으사 죄에 대한 하나님의 공의에게 충만한 값을 치르셨다는 것을 깨닫습니다. 그 이전의 모든 그의 낮아지심의 행위들은 이것을 예비하는 것에 불과했습니다. 그는 죽으시기 위해 나셨고, 희생을 위한 불변의 작정의 굴레에 매여 있는 어린 양으로서 이 세상에 보내심을 받으신 것입니다. 이 세상에 오실 때에 그것이 바로 담당하셔야 할 임무라는 것을 그 자신도 알고 계셨습니다: "그러므로 주께서 세상에 임하실 때에 이르시되 하나님이 제사와 예물을 원하지 아니하시고 오직 나를 위하여 한 몸을 예비하셨도다"(히 10:5). 즉, 속죄의 희생 제물이 될 몸이 그를 위하여 예비되었다는 말씀입니다. 이것이 없이는 그가 그 전에 행하신 모든 일이 다 헛수고가 될 것이었습니다. 그의 피로 말미암지 않고는 속량이 없습니다. "우리는 그리스도 안에서 … 그의 피로 말미암아 속량 곧 죄 사함을 받았느니라"(엡 1:7). 그리스도의 피가 없이는 교회도 없습니다. "하나님이 자기 피로 사신 교회"라고 말씀합니다(행 20:28). "하와가 잠든 아담의 옆구리에서 나왔듯이, 교회는 죽임당하시는 그리스도의 옆구리에서 나오는 것입니다." 그리스도께서는 천국의 보좌 위에 위엄 중에 앉으셔서 가난한 영혼들을 속량하시고 구원하신 것이 아닙니다. 치욕스러운 십자가 위에 달리셔서 사람의 격노와 하나님의 공의로운 진노의 손길 아래에서 그렇게 하신 것입니다. 그러므로 죄 사함을 받고자 하는 불쌍한 영혼에게 그의 믿음을 그냥 그리스도가 아니라 피 흘리시는 그리스도께 두도록 이끄는 것입니다: "이 예수를 하나님이 그의 피로써 믿음으로 말미암아 화목제물로 세우셨으니"(롬 3:25).

3. 이 대상에 근거한 믿음의 행위인데, 이는 곧 죄 사함과 생명을 위하여 십자가에 달리신 그리스도를 의지하는 것입니다. 이것에 앞서서 영혼이 해야 할 행위가 여러 가지가 있습니다만, 그것들이 없이는 사람이 참되게 이것을 행할 수가 없습니다. 그 중에 지식, 특히 하나님과 그리스도를 아는 지식이 있는데, 이 믿음의 행위는 그 지식의 권위와 증언에 의존합니다: "내가 믿는 자를 내가 알고"(딤후 1:12). 전혀 보지도 못한 낯선 사람을 곧바로 신뢰할 사람은 아무도 없습니다. 아브라함은 과연 목적지를 알지 못하고 집을 떠났습니다만, 자기가 알지 못하는 분과 함께 집을 떠난 것은 아닙니다. 하나님께서는 아브라함을 가르치사 그로 하여금 다음과 같은 것을 갖게 하셨고, 또한 그것으로 만족하게 하셨습니다.

(1) 하나님 자신의 영광스러운 모습을 아는 지식 — 그가 누구신가를 아는 지식. 이 지식을 통해서 그는 하나님의 말씀을 취하고 그것에 의지하게 되었습니다. "나는 전능한 하나님이라 너는 내 앞에서 행하여 완전하라"(창 17:1)는 그의 말씀이 감각이나 이성의 귀에 아무리 투박하고 터무니없이 느껴졌어도 말입니다.

(2) **하나님의 말씀 진리에 대한 동의.** 만일 이 기초석이 놓이지 않으면 믿음이라는 건물이 지어질 수가 없습니다. 진실을 말한다고 생각되지 않는데 어떻게 그를 신뢰하겠습니까?

(3) **우리 자신의 추함과 공허함에 대한 자각.** 추함을 통해서는 우리의 결점과 또한 우리에게 지옥과 정죄가 마땅하다는 것을 보게 하시고, 공허함을 통해서는 우리 자신의 무능력함과, 또한 우리의 화목을 위하여 우리가 기여할 수 있는 것이 아무것도 없다는 것을 보게 하십니다. 여기서는 이 둘을 하나로 뭉뚱그려서 보고자 합니다. 이것들이 서로에게서 기인되기 때문입니다. 이 공허함에 대한 지각은 영혼이 자기 속에 추함이 가득하다는 것을 깊이 인식하는 데서 옵니다. 자신감과 자기 비하(卑下)가 동시에 충만한 사람은 없습니다. 양심이 죄에 대한 지각으로 가득하면서 동시에 마음이 자만으로 가득한 경우는 있을 수 없습니다. "계명이 이르매 죄는 살아나고 나는 죽었도다"(롬 7:8). 즉, 계명이 와서 그의 양심을 책망하므로, 그때까지 잠자는 사자처럼 조용히 누워 있었던 덕분에 그가 안정과 자신감을 가졌었던 죄가 깨어 일어나 그의 양심에서 으르렁거리기 시작하였고, 그러자 그가 죽었다 — 곧, 자기 자신에 대한 헛된 자신감이 사라졌다 — 는 것입니다. 이 두 가지 모두 믿음에 필수적입니다. 죄에 대한 지각은 마치 상처의 통증 같아서 그 상처를 치료할 약이 필요하다는 생각을 하게 만들며, 또한 공허함과 부족함에 대한 지각은 그 치료를 위해 그리스도께로 나아가게 만드는 것입니다. 집안에 있는 것을 구태여 바깥에 나가서 구걸해 오려 하지는 않습니다. 이것들은 믿음에 필수적인 것들입니다. 그런데 그리스도를 받아들이고 그리스도께 의지하는 것은, 의롭다 하심을 받는 것이 약속되어 있는 믿음의 행위입니다. "그를 믿는 자는 심판을 받지 아니하는 것이요 믿지 아니하는 자는 하나님의 독생자의 이름을 믿지 아니하므로 벌써 심판을 받은 것이니라"(요 3:18). 그런데 성경이 그리스도에 대해 말씀하는 내용이 진리라는 것에 동의한다고 해서 모두가 다 그리스도를 믿는 것은 아닙니다. 그렇지 않습니다. 그리스도를 믿는다는 것은 영혼이 그리스도와 연합하고 그에게 자신을 맡기고 의탁하는 것을 내포하는 것입니다. 그러므로 그리스도를 붙잡을 것을 말씀하는 것입니다(사 27:5). 다른 곳에서는 그리스도께서 하나님의 팔로 불리는데, 여기서는 그가 하나님의 "힘"으로 불립니다. "내 힘을 의지하고 나와 화친하며 나와 화친할 것이니라." 물에 빠져 죽을 사람이 자기를 향하여 뻗어오는 다른 사람의 팔을 보는 것으로 구원받는 것이 아닙니다. 그 팔을 붙잡아

야 구원을 받는 것입니다. 그리스도는 기초석입니다. 믿음이 구원을 위하여 그리스도 위에 세우는 것입니다. 어떻게요? 그 전체의 무게와 긍휼에 대한 기대를 온통 그의 위에 두는 것입니다. 바울은 디모데후서 1:12의 앞에서는 그리스도를 "믿는" 것을 말씀하고, 뒤에 가서는 그것을 "그가 그 날까지 지키시도록 의탁하는" 것이라 부르는 것입니다.

4. 마지막 네 번째는 이 행위에서 믿음에게 주어지는 보장과 안전인데, 이것을 약속에서 취합니다. 사실 하나님께서 그의 피조물에게 빚을 지시게 되는 길은 약속 이외에는 없습니다. 사람들의 경우는 약속과는 전혀 상관없이도 서로에게 빚을 질 수 있는 길이 얼마든지 많습니다. 아버지는 자녀에게 사랑과 공급과 양육의 빚을 지고 있습니다. 자녀는 부모에게 공경과 순종의 빚을 지고 있습니다. 그러나 그 어느 쪽도 상대방에게 그렇게 하겠다는 약속을 한 적은 없습니다. 사람은 하나님께 이보다 훨씬 중한 빚을 지고 있고, 한 번도 하나님께 자발적으로 약속이나 언약을 한 적이 없지만 그가 누리는 모든 것이 다 조물주 하나님께 빚입니다, 그러나 위대하신 하나님은 절대적인 주권자로서 그 자신 이외에는 그 누구도 그에게 법을 만들어 속박할 수가 없습니다. 그가 친히 기쁘게 여기사 은혜와 선의의 행위를 통하여 그의 불쌍한 피조물들에게 이런저런 선한 일들을 행하시기 전에는, 아무도 그의 손에 최소한의 자비에 대해서도 주장을 제기할 수가 없는 것입니다. 그러므로 믿고자 하는 영혼이 크게 새겨야 할 것 두 가지가 있습니다.

(1) 믿음을 발휘하게 만드는 약속과 또한 하나님의 손에서 그런 자비를 기대할 수 있게 하는 보장이 무엇인지를 탐문해야 합니다.

(2) 또한 그런 약속을 찾고 그 약속의 조건들을 알게 되면, 그리스도인은 더 이상의 격려를 찾으려 해서는 안 되고, 그 약속 자체의 권위에다 믿음을 두어야 합니다.

(a) 약속을 찾고 그 약속이 이행되는 조건들을 잘 숙지해야 합니다. 약속이 없이 믿는 것이나, 혹은 약속에 의지하여 믿으면서도 그 조건들을 준수하지 않는 것이나 결국은 같은 것입니다. 둘 다 경솔한 것이요 성급한 것입니다. 군주의 입장에서는 자신의 명령을 면밀히 준수하지 않는 자나, 명령을 받지 않고 자기 마음대로 행동하는 자나 똑같이 괘씸한 자들입니다. 죄 사함과 구원을 위하여 대담하게 하나님의 팔에 기대면서도, 그리스도를 구주로 여겨 그에게 기대라고 말씀하는 그 약속이 또한 그를 주님과 왕으로 제시한다는 사실을 별로 생각하지 않는 자들이 얼

마나 많은지 모릅니다. 반역한 이스라엘 백성들이 그랬습니다. 그들은 하나님과 그의 약속을 마치 자기들의 비천한 팔꿈치를 기댈 팔걸이쯤으로 취급한 것입니다. "그들은 거룩한 성 출신이라고 스스로 부르며 이스라엘의 하나님을 의지한다 하며 그의 이름이 만군의 여호와라고 하나"(사 48:2), 그들은 대담하기는 했으나 결코 환영받지 못했습니다. 하나님께서 그들의 자신감을 거부하셨고 그들의 건방진 태도를 혐오하신 것입니다. 왕이 어떤 불쌍한 사람이 해를 당하여 피를 흘리며 쓰러져서 혼자서는 도저히 갈 수 없어서 겸손하게 그에게 도움을 요청하면, 비록 자신이 왕이라도 그냥 거리에서 죽게 내버려 두지 않고 기꺼이 도움을 주지만, 술에 찌든 남루한 술주정뱅이가 혼자서 갈 수가 없다며 자기에게 의지하려 한다면, 진노하며 그 요청을 거부할 것입니다. 이와 마찬가지로 불쌍한 비천한 영혼이 자기 죄로 인하여 지옥 문턱에서 피를 흘리며 쓰러져서 그리스도를 의지하라는 약속에 의지하여 하나님께 나아오면 그는 얼마든지 그를 환영하며 받아주십니다만, 몹쓸 속된 자가 대담하게 스스로 그리스도께 나아오면 거룩하신 하나님께서는 그의 약속을 헛되이 남용하는 것을 무한히 증오하시고 혐오하시며 그를 쫓아내실 것입니다.

(b) 비천한 죄인이 약속을 발견하고 또한 그 조건들을 기꺼운 마음으로 받아들이고 준수하면, 이제는 믿음을 발휘하여 오로지 그 약속의 권위만을 의지해야 하며, 다른 곳에서 어떤 다른 격려를 받고자 기웃거려서는 안 됩니다. 믿음은 올바로 순례하는 은혜입니다. 그것이 우리와 함께 천국에로 나아가며, 우리가 아버지의 문에 — 즉, 천국에 — 안전히 도달했을 때에 우리에게서 떠나갑니다. 그런데 약속이 바로 이 순례하는 나그네의 지팡이입니다. 야곱이 밧단아람으로 갈 때 그랬던 것처럼 믿음에게는 이 약속이라는 지팡이 외에는 아무것도 없습니다. 다윗은 이렇게 말씀합니다: "주의 종에게 하신 말씀을 기억하소서 주께서 내게 소망을 가지게 하셨나이다"(시 119:49). 약속의 말씀이 그가 보여줄 수 있는 전부였고, 그는 그것으로 그의 믿음을 발휘하기에 족하다고 여깁니다. 그러나 안타깝게도 어떤 이들은 위로를 믿음의 근거로 삼으며, 체험을 믿기 위한 권위로 삼습니다. 이들은 하나님께서 친히 자신을 나타내시고 무언가 지각할 수 있도록 그의 사랑을 그들의 영혼에게 보내 주시면 믿습니다. 그러나 그런 일이 있기까지는 약속이 그들에게 권위를 거의 발휘하지 못하여 그들의 불신앙적인 변덕을 잠재우지도 못하고, 그들의 그릇된 마음을 교정시켜서 하나님께서 친히 말씀하신 바를 이행하시기를 기다

리게 만들지도 못하는 것입니다. 이는 마치 늙은 야곱과도 같습니다. 그는 그의 아들들이 요셉이 아직 살아 있고 애굽 온 땅의 총리가 되어 있다는 말을 듣고도 전혀 믿지 못했습니다. 그는 그렇게 오랫동안 요셉을 죽은 자로 여겨왔는데, 그 소식이 너무도 크고 좋은 소식이라 도무지 믿을 수가 없었던 것입니다. 성경은 야곱이 "그들의 말을 믿지 못하여 어리둥절하더니"라고 기록합니다(창 45:26). 그런데 요셉이 그를 애굽으로 태워가기 위해 보낸 마차를 보고서는 야곱이 "기운이 소생한지라"라고 기록하고 있습니다(7절). 과연 그렇습니다. 그리스도께서 살아 계시고 천국의 총리이시며 하늘과 땅의 모든 권세를 지니고 계셔서 그를 믿는 모든 자들에게 영생을 주실 수 있는 분이시니 그를 의지할 것을 불쌍하고 비천한 죄인에게 약속이 말씀하지만, 그의 마음이 의심하며 믿지를 않는 것입니다. 그는 마차를 보고 싶어 합니다. 곧, 무언가 하나님의 사랑이 지각할 수 있도록 표현되는 것을 보아야만 자신이 택한 백성이며 하나님이 사랑하시는 자라는 것을 알고 믿겠다고 하는 것입니다. 그러나 그런 일이 일어날 때까지 한동안 믿음을 유보하는 그런 행위에 대해 하나님께서 고마워하실 이유가 없습니다. 이것은 영적인 사랑을 위해 믿는 것이요, 따라서 믿음이라기보다는 오히려 감각이라 할 것입니다.

[믿음을 방패에 비하는 이유]

셋째 탐구. 믿음을 방패에 비하는 이유는 무엇인가?

그것은 이 은혜와 방패 사이에 두 가지 유사점이 있기 때문입니다.

첫째 유사점. 이 방패는 몸의 어느 특정한 부위의 방어를 위한 것이 아니고 — 다른 부품들은 거의가 그렇습니다. 투구는 머리를 위한 것이요, 호심경은 가슴을 위한 것이요, 또한 다른 부품들은 그 착용한 부위의 방어를 위한 것입니다 — 온 몸의 방어를 위한 것입니다. 그러므로 대개는 방패가 매우 크고 넓었습니다. 그것이 넓다고 해서 그것을 θυρεος 라부르는데 이는 θυρα에서 나온 것으로 본래 문(門)을 뜻합니다. 온 몸을 막기에 적합할 만큼 길고 크기 때문입니다. "여호와여 주는 의인에게 복을 주시고 방패와 같은 은혜로 그를 호위하시리이다"(시 5:12)라는 말씀이 이것을 빗대어 말씀하고 있습니다. 혹 방패가 몸의 모든 부위를 막을 만큼 크지 않을 경우라도, 그것이 이리저리 움직일 수 있는 무기이므로, 공격이 들어오거나 화살이 날아올 때에 병사가 그것을 이리저리 움직여서 기술적으로 몸을 방어할 수가 있습니다. 이 점은 믿음이 그리스도인에게 모든 면에 유용하다는 점과 훌륭하게 들어맞습니다. 믿음이 전인을 방어해 줍니다. 그리스도인의 모든 부분이 믿음으로 말미암아 보존되는 것입니다. 때로는 시험이 머리를 겨냥하기도 합니다. 사탄이 이런저런 진리에 대해 논란을 불러일으켜서 할 수만 있다면 그리스도인으로 하여금 이성적으로 납득하지 못하게 하고 의심하게 만듭니다. 그는 스스로 세상에서 지혜 있다고 생각하는 자들을 이런 식으로 부추겨 그리스도의 신성 등 복음의 신비한 진리들을 신조에서 삭제해 버리게 만드는 것입니다. 그런데 믿음이 그리스도인과 이 화살 사이에 개입합니다. 이스비브놉이 다윗을 죽이려 할 때에 스루야의 아들 아비새가 적절히 개입하여 이를 막은 것처럼(삼하 21:16, 17), 믿음이 와서 가로막고 그리스도인의 연약한 지성을 세워 줍니다. 신자는 이렇게 말합니다: "나의 아둔한 지성보다 하나님의 말씀을 신뢰하리라." 아브라함은 "그가 백세나 되어 자기 몸이 죽은 것 같음을 알고도 믿음이 약하여지지 아니하"였습니다(롬 4:19). 만일 감각을 의지하게 되었다면, 거룩한 아브라함이 감각과 이성을 참조하였다면 그에게 다가온 이 이상한 메시지에 대해 전혀 다른 결론을 내렸을 것이고, 그 메시지가 하나님께로부터 온 것인데도 그 진실성을 의심하게 되었을 것입니다. 그러나 믿음이 그런 일을 효과적으로 잘 막아낸 것입니다.

또한 시험하는 자가 양심을 공격합니까? 그가 양심을 표적으로 삼아 거기에다 불 같은 공포와 두려움의 화살을 쏘아대는 경우가 적지 않습니다. 이때에도 믿음이 그 충격을 흡수하고 양심이 해를 받지 않게 합니다. 다윗은, "믿지 아니하였더면 내가 쇠잔해졌으리이다"라고 다윗은 말씀합니다(시 27:13. 한글개역개정판은 "확실히 믿었도다"로 번역함 — 역주). 곧, 위증자가 일어나 그를 대적하며 거짓을 쏟아낼 때에 그랬다는 것입니다(12절). 사람의 거짓 증언을 막은 최고의 무기가 바로 믿음이었습니다. 이와 같이 믿음이야말로 사탄의 공격을 막고 양심을 보호하는 최고의 무기인 것입니다. 불쌍한 간수만큼 처지가 안타까운 사람이 없었습니다(행 16장). 그는 괴로운 나머지 자살하려고 했습니다. 그는 바울과 실라의 발 아래 엎드려 떨며, "내가 어떻게 하여야 구원을 받으리이까?"라고 안타까이 물었습니다(30절). 우리가 이 광경을 보았더라면, 이 사람의 양심에 그토록 깊은 상처가 있었다고 생각했을 것입니다. 그런데 그 상처가 곧바로 치유되는 것을 보게 됩니다(34절). 그의 양심을 그토록 무섭게 흔들어놓은 그 공포의 지진이 가시고 그의 두렵고 떨림이 이제 기쁨으로 바뀐 것입니다. 그런데 이처럼 그를 평온하게 만들어 놓은 것이 무엇인지를 보십시오. 바울은, "주 예수를 믿으라 그리하면 너와 네 집이 구원을 받으리라"라고 말씀하였고(31절), 34절에서는 "그와 온 집안이 하나님을 믿으므로 크게 기뻐하니라"라고 합니다. 죄가 일으켜 놓은 그 폭풍을 잠잠하게 한 것은 바로 믿음이었습니다. 믿음이 그의 슬픔과 비탄을 기쁨과 즐거움으로 바꾸어 놓은 것입니다. 그는 과연 복된 사람이었습니다. 그렇게도 노련한 의사가 바로 옆에 있어서 상처를 치유 받을 수 있는 가장 가까운 길로 안내받을 수 있었으니 말입니다.

또한 시험이 의지를 공격하려 합니까? 하나님의 계명들 중에는 상당한 자기 부인이 없이는 순종할 수 없는 것들이 있습니다. 우리의 의지가 매우 강력하게 바라는 그런 것들을 그 계명들이 가로막기 때문입니다. 그러므로 하나님의 뜻(will)을 행할 수 있기 위해서는 반드시 우리의 의지(will)를 부인해야만 하는 것입니다. 그런데 시험이 우리 자신의 의지들에 편승하여 작용하게 되면 매우 강력한 힘을 갖게 됩니다. 사탄은 말합니다: "모든 일에서 그대를 좌절시키는 하나님을 대체 무엇으로 섬기겠느냐?" 여러분이 다른 것보다 유독 사랑하는 것이 있다면, 그는 틀림없이 그것을 내세웁니다. 수많은 어린 양이 있었지만 하나님께서 아브라함에게 요구하신 것은 그의 독생자 이삭을 제물로 드리라는 것이었습니다. 아브라함이 아무데서나 하나님을 섬길 수 있는 것이 아니었습니다. 사랑하는 친척들과 친지들에게서 완전히 떠난 곳에 살며 거기서 하나님을 섬겨야 했던 것입니다. 사탄은 말합니다: "이런 어려운 조건들을 그대로 받아들이고 따르려느냐?" 그런데 믿음은 바로 이와 같은 공격에 대해 영혼에게 훌륭한 역할을 담당하는 은혜입니다. 믿음은 그런 시험이 영혼 속에 일으킬 수 있는 소요를 진정시켜 주고, 온갖 불온한 생각들의 요동치는 것을 물리쳐서 천국의 임금의 평안이 그리스도인의 가슴속에 고요히 임하게 하며, 그리하여 시험이 와도 거기에 넘어가는 부분이 거의 또는 전혀 없도록 해 줄 수 있는 것입니다. "믿음으로 아브라함은 부르심을 받았을 때에 순종하여 … 갈 바를 알지 못하고 나아갔으며"(히 11:8). 그는 자신의 사랑하는 고향 땅을 떠나면서 그 고향을 뒤돌아보며 마음 아파했다는 기미가 전혀 나타나지 않고, 오히려 믿음이 그로 하여금 기쁘게 여정을 감당하게 해주었던 것입니다. 모세로서는 자신이 입던 왕족의 예복을 벗어 던지고 종의 옷을 입는 것이 힘든 일이었습니다. 또한 오랜 세월 동안 험난한 여정을 겪어온 후에 이제 겨우 가나안이 시야에 들어왔는데 자신이 그 수고의 열매를 누리지 못하고 다른 사람에게 넘겨서 그로 하여금 그 열매를 누리게 하는 것도 힘든 일이었습니다. 그러나 믿음으로 그는 이 모든 일을 기꺼이 감당했습니다. 그는 이 땅에서 입은 예복보다 훨씬 더 나은 장차 천국에서 입게 될 예복을 믿음으로 바라보았던 것입니다. 장차 영광 중에 있게 될 자리 중에 가장 낮은 자리라도 이 땅에서 누리는 최고의 존귀의 자리와는 비교할 수가 없고, 영광 중에 보좌 앞에 서서 하나님을 직접 모시는 것은 이 땅에서 보좌에 앉아 온 세상을 발 아래 두고 호령하는 것과 비교 자체가 불가능한 것입니다.

둘째 유사점. 방패는 온 몸을 방어해 줄 뿐 아니라 병사의 무기까지도 보호해 줍니다. 머리를 화살로부터 보호해 줄 뿐 아니라 투구도 보호해 주며, 가슴을 보호해 줄 뿐 아니라 호심경까지도 보호해 줍니다. 이처럼 믿음은 무기 위의 무기이며, 다른 모든 은혜들을 보호해 주는 은혜인 것입니다. 그러나 이에 대해서는 뒤에 가서 좀 더 다루기로 합시다.

["모든 것 위에"라는 표현의 의미]

넷째 탐구. 여기 "모든 것 위에"는 과연 무슨 의미입니까?

이에 대해서는 주석가들 사이에 여러 가지 이해가 있습니다. 제롬(Jerome)은 이를 "모든 일 중에 믿음의 방패를 취하는 것"이라는 뜻으로 읽습니다. 즉, 모든 임무나 사업, 시험, 혹은 환난 중에 — 무슨 일을 행하거나 당하든지 간에 — 믿음을 취하라는 뜻이라는 것입니다. 대장간에 불이 필수적이듯 그리스도인에게는 믿음이 필수적입니다. 그것이 없이는 그리스도인이 아무것도 행할 수가 없습니다. "믿음이 없이는 하나님을 기쁘시게 하지 못하나니"(히 11:6). 하나님을 기쁘시게 할 수 없는 일에서 어떻게 그리스도인이 기쁨을 얻을 수 있겠습니까? 다른 이들은 이를, "모든 것보다 믿음의 방패를 취하라"는 뜻으로 읽습니다. 곧, 믿음이 다른 모든 은혜들을 덮어 주므로 그 모든 은혜들 위에 믿음을 취하라는 뜻입니다. 다른 모든 은혜들의 안전이 믿음에 달려 있다는 것입니다. 마치 군대가 대포로 무장한 강한 요새의 보호 아래서 안전하게 있듯이, 믿음의 그늘 아래서 그것들이 안전하게 있다는 것입니다. 그러나 우리는 우리의 번역이 이 모두를 아우를 수 있는 가장 포괄적인 것으로 보아 이를 따를 것입니다. 그것은 다름이 아니라, "모든 것 위에"를 너희를 방어하기 위해 너희가 지니고 착용해야 할 모든 장비들 중에 무엇보다도 이것에 가장 큰 관심을 기울이고 이것을 얻고 유지하라는 뜻으로 보는 것입니다.

이렇게 보면 사도의 말씀은 다른 은혜들에 대해서보다 믿음에 대해 최고의 관심을 기울이라는 뜻이라 할 것입니다.

첫째. 믿음을 장비의 여러 부품 중에서 유독 방패에 비하는 것으로. 방패는 예로부터 병사들이 다른 모든 장비들보다 가장 귀하게 여기는 것이었습니다. 싸움터에서 패하는 것보다 방패를 잃어버리는 것을 더 큰 치욕으로 여겼으며, 그리하여 원수의 발에 밟히더라도 방패를 손에서 놓지 않으려 했고 방패를 손에 쥐고 죽는 것을 명예로 여겼던 것입니다. 어머니가 아들을 싸움터에 보낼 때에, 어머니는 그 아들에게 방패를 주면서, "이 방패를 손에 들고 집으로 돌아오든가, 아니면 방패 위에 누워서 집으로 오든가 하라"고 명했다고 합니다. 어머니는 방패를 잃어버리고 살아서 돌아오느니 차라리 죽어서 방패와 함께 오는 것을 보기를 바랐던 것입니다.

둘째. 믿음으로부터 나오는 것으로 말씀하는 그 고귀한 효과를 통하여. "이로써 능히 악한 자의 모든 불화살을 소멸하고." 다른 부품들에 대해서는 그저 명령만 합니다. "진리로 너희 허리띠를 띠고 의의 호심경을 붙이고" 등입니다. 그러나 그것들의 기능에 대해서는 아무런 언급이 없습니다. 그런데 믿음에 대해 말씀하면서는 온 승리가 그것에 달려 있는 것으로 말씀합니다. 이 믿음으로 "능히 악한 자의 모든 불화살을 소멸"한다는 것입니다. 어째서 이렇게 말씀하는 걸까요? 다른 은혜들은 소용이 없고 믿음이 모든 일을 다 하는 것일까요? 그렇다면 그리스도인이 이 믿음이라는 부품 외에 다른 것을 더 갖추어야 할 필요가 어디 있겠습니까? 제 답변은 이렇습니다. 각 부품마다 그리스도인의 전투에 필요한 용도가 있습니다. 전투의 날에 전신갑주의 부품 중에 쓸 데 없는 것은 하나도 없습니다. 그런데 다른 부품들에 대해서는 각기 특정한 효과에 대한 언급이 전혀 없고 믿음에게 모든 효과를 돌리는 이유는, 제 미천한 생각으로는, 이 모든 은혜들이 — 그 효능과 또한 우리가 얻는 혜택이 — 믿음과 결부되어 있으며 또한 믿음에게서 영향을 받는다는 것을 우리에게 알려 주기 위함이라고 여겨집니다. 이를 위하여 하나님의 성령께서는 우리더러 다른 모든 은혜들보다 특히 믿음을 우선적으로 중요시하게 하신 것이라 할 것입니다. 다만, 이 은혜를 얻고 지키는 일에 온통 관심을 집중하는 나머지 다른 은혜들에 대해 무관심하거나 등한시하는 일이 없도록 조심하기를 바랍니다. 사도는 여러분이 이 은혜를 깊이 보살피기를 바랄 것이나, 그러나 거기서 그치는 것은 바라지 않을 것입니다. 병사에게 신체의 어느 부위보다 심장에 타격을 입지 않도록 조심하라고 명하면서, 머리는 보호하지 않아도 괜찮다고 말해줄 수는 없는 것 아니겠습니까? 그런 사람은 금이 가고 찌그러진 면류관으로 그 어리석음을 보상받아 마땅할 것입니다. 이렇게 이 말씀에 대해 설명했으니, 이제는 한 가지 전체적인 관찰을 해보는 것이 적절할 것인데, 이는 다음과 같습니다.

제 1 부

다른 은혜들을 뛰어넘는 믿음의 탁월함

권면 — "모든 것 위에 믿음의 방패를 가지고" (엡 6:16)

모든 은혜 중에 믿음이 으뜸이요, 따라서 가장 먼저 그것을 위해 힘써야 합니다. 다른 모든 은혜보다도 이 믿음에 우월함이 있고 탁월함이 있습니다. 믿음은 모든 은혜 중에서도 마치 모든 행성들 가운데 태양과도 같고, 솔로몬이 말씀하는 "모든 여자보다 뛰어난" 덕행 있는 여자와도 같습니다(잠 31:29). 모든 은혜들이 덕스럽게 행하였으나, 오오 믿음이여, 그대는 모두를 뛰어넘도다! 사실 사도는 사랑에 우월성을 부여하고, 믿음을 그보다 밑에 둡니다. "그런즉 믿음, 소망, 사랑 이 세 가지는 항상 있을 것인데 그 중의 제일은 사랑이라"(고전 13:13). 그러나 자세히 살펴보면, 사랑이 믿음보다 앞서는 것은 성도가 장차 들어가게 될 복락의 상태와 관련된 사실임을 알게 됩니다. 그 상태에 들어가면 사랑은 그대로 남아 있으나 믿음은 사라지기 때문입니다. 이런 점에서는 분명 사랑이 더 큽니다. 왜냐하면 그것이 우리 믿음의 종착점이기 때문입니다. 사랑으로 말미암아 누리게 될 것을 믿음으로 깨닫는 것입니다. 하지만, 이 땅에서 싸우는 그리스도인의 현재 상태를 생각하면, 이 점에서는 사랑이 믿음에게 자리를 내줄 수밖에 없습니다. 사랑이 천국에서 승리할 은혜인 것은 분명 사실입니다. 그러나 이 땅에서 정복하는 은혜는 사랑이 아니라 믿음인 것입니다. "세상을 이기는 승리는 이것이니 우리의 믿음이니라"(요일 5:4). 사랑도 물론 싸움터에서 담당할 자리가 있고 또한 훌륭한 몫을 감당합니다만, 그래도 그 지도자인 믿음의 휘하에 있습니다. "사랑으로써 역사하는 믿음"이라고 말씀합니다(갈 5:6). 군대의 대장이 자신이 지휘하는 병사들을 통해서 싸우듯이, 믿음도 그것이 불러일으키는 사랑으로써 역사하는 것입니다. 사랑은 최후에 기업을 소유하는 은혜이지만, 그리스도인에게 그 기업에 대한 권리를 부여하는 것은 바로 믿음입니다. 이것이 없었다면 절대로 그 권리를 누리지 못했을 것입니다(요 1:12). 요컨대, 하나님과 영화롭게 된 성도들을 천국에서 하나로 연합하는 것은 사랑이지만, 그들이 이 땅에 있는 동안 그들을 먼저 그리스도와 연합하게 한 것은 바로 믿음이었습니다. "믿음으로 말미암아 그리스도께서 너희 마음에 계시게 하시옵고"(엡 3:17). 그러므로 만일 믿음으로 이 땅에서 그리스도께서 그들 속에 계시지 않았다면, 그들이 천국에서 하나님과 함께 거하게 되는 일도 절대로 없었을 것입니다.

—

첫째 대지

[믿음이 다른 은혜들보다 뛰어난 네 가지 구체적인 사항들]

앞에서 말씀드린 것처럼 믿음이 다른 은혜들보다 뛰어난 것으로 드러나는 사항들을 보여드리고자 합니다. 이는 다음과 같은 구체적인 사항들에서 나타납니다.

첫째 사항. 하나님께서 다른 은혜들보다 믿음을 크게 더 찾으신다는 사실에서 나타납니다. 어떤 사람이나 사물에 대해 궁금해하며 묻는 것보다 그 사람이나 사물에 대한 우리의 애틋한 마음을 더 잘 보여주는 것은 없습니다. 우리는 우리의 생각 속에 높이 자리 잡고 있는 자들에 대해서 가장 먼저 중요하게 묻습니다. 요셉은 형제들에게 물었습니다: "너희 아버지, 너희가 말하던 그 노인이 안녕하시냐? 아직도 생존해 계시느냐?"(창 43:27). 물론 다른 이들의 안부도 듣고 싶었겠지만, 요셉으로서 가장 마음에 걸리고 아픈 애틋한 분은 바로 그의 아버지였고, 그리하여 그에 대한 안부가 가장 궁금했던 것입니다. 다윗도 누구보다도 압살롬의 안부가 궁금하여, "젊은 압살롬은 잘 있느냐?"라고 두 차례나 물었는데(삼하 18:29, 32), 이를 보면 그가 아들 압살롬의 목숨을 얼마나 귀하게 여겼는지를 쉽게 추측할 수 있습니다. 그런데 하나님께서는 믿음을 크게 찾으시는 것을 보게 됩니다: "인자가 올 때에 세상에서 믿음을 보겠느냐?"(눅 18:8). 이는 믿음이라는 은혜를 그가 특별히 찾고 또한 발견하기를 바라신다는 것을 시사합니다. 요한복음 9장에는 그리스도께서 날 때부터 맹인이던 사람을 보게 해 주신 그리스도의 큰 이적이 나타나 있습니다. 사악한 바리새인들은 이 이적에 격노하여 그 불쌍한 사람이 자기를 고쳐준 그 자비로운 의사에 대해 좋게 말했다는 것 때문에 그를 출교시킵니다. 이 일로 그리스도께서 더 속히 그를 만나십니다 — 그는 자기를 위하여 고난당하는 자들을 애틋하게 여기시므로 머지않아 그가 그들을 찾으시고 따뜻하게 맞아주십니다. 그러므로 사람의 회에서 쫓겨남으로써 그리스도의 임재를 얻는 자는 그렇게 쫓겨난 것에 대해 원망할 거리가 없는 것입니다. 그런데, 그리스도께서 그를 처음 만나셨을 때에 무슨 말씀을 하셨는지 관찰해 보십시오: "예수께서 그들이 그 사람을 쫓아냈다 하는 말을 들으셨더니 그를 만나사 이르시되 네가 인자를 믿느냐?"(35절). 그 사람은 이미 어느 정도 그리스도를 향한 열정을 표현한 바 있습니다. 그리스도의 철천지원수들의 우두머리 앞에서 그리스도를 변호하며 그에 대해 좋게 말하였고, 그로 인하여 그 자신이 그들에게 화를 당하게 되었으니 말입니다. 이것은 매우 칭찬할 만한 일이었습니다. 그러나 그리스도께서 이 모든 것보다 더 귀하게 여기신 것 한 가지가 있는데, 그것은 바로 믿음입니다. 그는 바로 이것을 찾으시는 것입니다: "네가 인자를 믿느냐?" 이는 이런 뜻과도 같습니다: "나를 위해 변론하고 고난을 참고 견디는 너의 모든 열심이 귀하지만 네게 믿음이 있다는 것에 비하면 아무것도 아니니라." 사실 하나님께서 그의 백성들을 다루시는 대부분의 일이 믿음을 찾으시는 것이 아니고 무엇이겠습니까? 믿음의 진실성을 찾으시는 것이든지, 아니면 믿음의 강건함을 찾으시는 것입니다. 그가 그들에게 환난을 주시지만, 그것은 "믿음의 시련"인 것입니다(벧전 1:7. 한글개역개정판은 "믿음의 확실함"으로 번역함 — 역주). 환난은 하나님의 삽과 곡괭이이며, 그는 이것들을 사용하셔서 그 백성들의 마음속으로 파고들어가 이 믿음이라는 황금을 찾고자 하시는 것입니다. 그렇다고 해서 다른 은혜들을 찾지 않으신다는 것이 아닙니다. 다만 믿음을 모든 은혜들 중에 우두머리로 찾으시는 것이며, 믿음을 찾으면 다른 모든 은혜들도 금방 나타날 것입니다. 하나님이 그가 약속하셨고 또한 우리가 간구하는 자비를 베푸시지 않고 뜸을 들이시고 자꾸 지연시키는 것처럼 보일 때가 있는데, 이는 믿음을 찾고자 하심입니다. "여자여, 네 믿음이 크도다. 네 소원대로 되리라"(마 15:28). 이 여자는 별로 우여곡절이 없이 응답을 받았는데, 이는 오로지 그리스도께서 그녀가 생각한 것보다 더 많은 자비를 지니고 계셨기 때문입니다. 그 여자의 간구에 응답하셔서 그 딸을 고쳐 주실 때에 주님은 그 여자에게 그 믿음의 증거를 제시하시고 또한 하나님이 이 믿음이라는 은혜에 대해 얼마나 귀하게 여기시는지를 보여주고자 하는 마음이셨던 것입니다.

둘째 사항. 다른 은혜들보다 믿음을 높이 칭찬한다는 사실에서 나타납니다. 동일한 행위에서 믿음뿐 아니라 다른 은혜들도 함께 훌륭하게 시행되는 경우에도 유독 믿음이 특별한 주목을 받고 또한 다른 어떤 은혜보다 믿음의 머리에 면류관이 씌워지는 것을 봅니다. 히브리서 11장 전체에서는 믿음 이외에 다른 어떤 은혜에 대해서도 거의 들어볼 수가 없습니다. "믿음으로 아브라함은," "믿음으로 야곱은"이라고 합니다. 모든 위대한 신앙의 선조들이 그 모든 유명한 행적들을 믿음으로 행한 것으로 말씀합니다. 그들 모두에게서 다른 은혜들이 믿음과 함께 역사한 것임이 분명했습니다. 그러나 그 모든 은혜들이 믿음이라는 이름 아래 행해진 것입니다. 온 군대 전체가 싸우지만 승리의 영예는 그 군대를 이끈 장군에게로 돌아갑니다. 알렉산더 대왕이나 카이사르가 위대한 정복자로서 후대에 그 이름을 떨칩니다만, 그 휘하에서 싸웠던 무명의 병사들의 이름은 전혀 드러나지 않습니다. 이처럼 믿음이 장군격의 은혜라 할 것입니다. 그 성도들의 모든 유명한 행위들이 믿음의 공적으로 기록되는 것입니다. 백부장에 대해서도 그리스도께서는, "내가 진실로 너희에게 이르노니 이스라엘 중 아무에게서도 이만한 믿음을 보지 못하였노라"라고 말씀하십니다(마 8:10). 백부장에게는 믿음 외에도 훌륭한 다른 은혜들이 있었습니다. 그는 가난한 종을 마치 자기 아들인 것처럼 극진히 양심적으로 돌보았습니다. 스스로 그리스도인이라 부르면서도 병든 종을 위해 세심하게 마음을 써서 돌보지 않는 자들도 있습니다. 종이 병들면 애완동물보다도 주인의 관심에서 멀어지는 경우가 태반입니다. 그런데 이 백부장의 겸손을 보십시오. 다음과 같은 그의 자기를 낮추는 표현에서 그것이 환히 드러납니다: "주여 내 집에 들어오심을 나는 감당하지 못하겠사오니"(마 8:8). 그의 직책과 지위만 생각해도, 그의 겸손은 더욱 귀하게 여겨집니다. 군대를 거느리는 장수였습니다. 그런 자들은 흔히 아주 거만하고 도도하게 처신합니다. 권력이 그처럼 겸손과 친구가 되는 경우는 매우 희귀합니다. 과연 그는 보기 드물게 겸손한 사람이었습니다. 그는 휘하의 병졸들에게 늘 명령의 말을 하달하는 데에 익숙해 있었을 것인데, 그리스도께 말씀할 때에는 그렇게도 자기 자신을 낮추는 모습을 보이는 것입니다. 그러나 그의 믿음은 그의 겸손보다 월등하게 훌륭했습니다. 주님은, 그의 겸손이 아니라 그의 믿음을 칭찬하셨습니다: "내가 이스라엘 중 아무에게서도 이만한 믿음을 보지 못하였노라." 이는 마치 이런 뜻과도 같습니다: "이 사람의 믿음이 얼마나 부요한지 온 이스라엘 중에 이 사람만한 신자가 한 사람도 없도다. 이 백부장만큼 그 하늘의 보화를 그렇게 많이 갖고 있는 자를 본 일이 없다." 그리스도인의 가장 주된 부요는 바로 믿음의 손에 쥐어져 있는 것입니다. "하나님이 세상에서 가난한 자를 택하사 믿음에 부요하게 하 … 지 아니하셨느냐?"(약 2:5). 인내에 부요하고, 사랑이나 기타 은혜에 부요하게 하지 않으시고 어째서 믿음에 부요하게 하셨을까요? 거기에는 정말 큰 이유가 있습니다. 사람이 하나님께 죄 사함과 은혜와 천국을 구할 때에, 그 모든 것들의 값을 제시해 주는 것은 사랑도, 인내도 아니요, 오직 믿음인 것입니다. "주여, 여기 나의 사랑과 인내가 있사오니 나를 사하시고 나를 구하소서"라고 말하는 것이 아닙니다. "여기 그리스도가 계시고 여기 그의 피의 값이 있나이다. 이제 믿음으로 하나님께 이를 완전한 값으로 내어드리나이다"라고 말하는 것입니다. 이제 가장 중요한 셋째 사항으로 넘어갑시다.

셋째 사항. 하나님 앞에서 의롭다 하심을 얻는 일에서 믿음이 다른 은혜들보다 뛰어난 역할을 담당한다는 사실에서 나타납니다. "우리가 믿음으로 의롭다 하심을 받았으니"(롬 5:1). 사랑이나, 회개나, 인내나, 다른 은혜로 의롭다 하심을 받는 것이 아닙니다. 의롭다 하심을 얻는 인내나, 의롭다 하심을 얻는 회개라고 한다면, 그리스도인의 귀에 얼마나 거슬리겠습니까? 만일 인내나 회개 같은 것이 믿음처럼 의롭다 하시는 행위에 관여된다면, 믿음처럼 그것들도 아주 잘 어울리게 될 것입니다. 하지만 의롭다 하심을 받는 일은 믿음과만 관계가 있고, 다른 나머지 것들은 의롭다 하시는 행위에는 하등 관계가 없는 것입니다. 물론 의롭다 하심을 받는 그 사람에게 그런 은혜들이 있지만 말입니다. 행위가 아니라 오직 믿음으로 의롭다 하심을 받는 것입니다. 바로 이것이 로마서 3장에서 바울이 증명하는 사실입니다. 그러나 의롭다 하심을 얻게 하는 이 믿음은 죽은 믿음도, 게으른 믿음도 아니고, 활발하게 역사하는 믿음입니다. 야고보가 그의 서신서 둘째 장에서 보여주고자 한 것이 바로 이것입니다. 하나님께서 그리스도를 다른 모든 이들에게서 구별지으사 그와 사람 사이의 유일한 중보자로 삼으셨고, 또한 그의 의(義)를 우리를 의롭다

하시는 공로가 되는 원인(meritorious cause)으로 간주하신 것처럼, 그는 또한 믿음을 다른 모든 은혜들과 구별하사 그리스도의 의를 우리 자신의 것으로 전용하는 도구 혹은 수단으로 삼으신 것입니다. 그러므로, 이 의가 하나님으로 말미암아 우리 속에 이루어지는 것이지만 그리스도께서 우리를 위하여 이루시는 의요 또한 우리 속에 본래부터 있는 의와는 다른 것이므로 이 의를 가리켜 우리 자신의 의라 하지 않고 "하나님의 의"라 부르는 것처럼(롬 10:3), 그것을 가리켜 "믿음의 의"(롬 4:11, 13)라고도 부르는 것입니다. 회개의 의나 사랑의 의 등으로 부르지 않고 말입니다. 그런데 어째서 그것을 "믿음의 의"라 부르고, 사랑이나 회개의 의라 부르지 않는 것은 무엇 때문입니까? 믿음 그 자체가 우리의 의인 것은 분명 아닙니다. 만일 그렇다면 우리가 믿음으로가 아니라 행위로 의롭다 하심을 얻는 것이 되는데, 이는 믿음과 행위를 대조시키는 사도의 가르침에 어긋나는 것입니다.

믿음 자체가 우리의 의라면, 우리는 우리 자신의 의로 말미암아 의롭다 하심을 얻는 것이 됩니다. 그리고 믿음이 우리 속에 본래부터 있는 은혜이며, 그 이외의 다른 은혜들과 마찬가지로 우리의 믿음도 우리의 행위와 같은 것이 되고 말 것입니다. 그러나 이것은 사도의 가르침에 어긋나는 것입니다. "내가 가진 의는 율법에서 난 것이 아니요 오직 그리스도를 믿음으로 말미암은 것이니 곧 믿음으로 하나님께로부터 난 의라"(빌 3:9). 여기서 사도는 우리 자신의 의와 믿음으로 말미암는 의가 서로 전혀 다른 것임을 선포하고 있습니다. 그리스도의 의를 가리켜 "믿음의 의"라 부를 수 있는 것은, 오직 믿음이야말로 그리스도를 붙잡고 그의 의를 전용하여 우리의 영혼으로 하여금 의롭다 하심을 얻게 하는 기능을 지닌 유일한 은혜이기 때문입니다. 그리스도와 믿음은 서로 갈라져서는 안 될 친척들입니다. 그리스도는 보배이시고, 믿음은 그것을 받아 쥐는 손입니다. 그리스도의 의는 예복이요, 믿음은 그 예복을 잡고 몸에다 입히는 손입니다. 그러므로 보배는 그리스도인 것입니다. 그리스도께서 그의 피로써 우리의 빚을 갚으신 것이지, 우리의 믿음이 그 빚을 갚은 것이 아닙니다. 믿음의 기능은 오직 그리스도를 맞아들여서 그가 우리의 것이 되게 하는 것입니다. 그리스도의 의(義)가 바로 우리의 벌거벗은 것을 가려주고 하나님 보시기에 아름답게 하는 예복입니다. 그런데 그 예복을 영혼에게 입혀주는 존귀를 바로 믿음이 누리는데, 이는 결코 작지 않은 존귀이며, 이것이 믿음을 다른 은혜들보다 뛰어나게 만들어 주는 것입니다. 하나님께서는 모세에게 이스라엘의 나머지 백성들보다 뛰어난 은혜를 베푸셔서, 다른 모든 백성들은 산 아래에서 기다리게 하고 오직 그만을 산꼭대기로 부르사 하나님의 입에서 나오는 율법을 받게 하셨습니다만, 이와 마찬가지로 하나님께서는 믿음에게 높은 존귀를 행하사 다른 모든 은혜보다 뛰어나게 부르셔서 의롭다 하심의 이 영광스러운 특권을 그의 손에 쥐어 주셔서 우리에게 전달되게 하신 것입니다.

질문. 하지만 다른 어떤 은혜도 아니고 하필 믿음이 이 일에 사용되는 걸까요?

답변 1. 믿음만큼 이 기능에 적합한 은혜가 없기 때문입니다. 하나님께서는 어째서 귀가 아니라 눈을 지정하셔서 보게 하셨을까요? 어째서 발이 아니라 손을 지정하셔서 물건을 들게 하셨을까요? 그 이유는 간단합니다. 이 지체들이 그 기능들을 행하기에 특별히 적합하기 때문입니다. 이처럼 믿음도 이 일을 감당하기에 적절한 고유한 특성을 지니고 있는 것입니다. 우리는 하나님께 어떤 일을 해드려서 의롭다 하심을 받는 것이 아닙니다. 다만 그리스도께서 우리를 위해서 행하신 일을 하나님께로부터 받음으로써 의롭다 하심을 받는 것입니다. 그런데 유일하게 믿음이 받는 은혜입니다. 그러므로 믿음만이 이 기능을 위해 적합한 것입니다.

답변 2. 의롭다 하시는 일에서 하나님께서 그의 존귀를 안전하게 맡겨두실 수 있는 은혜로서 믿음만한 것이 없습니다. 불쌍한 죄인을 의롭다 하시는 일에서 하나님께서 갖고 계신 큰 목적은 바로 그의 값없이 베푸시는 자비를 그의 피조물의 면전에서 위엄 있게 드러내는 데에 있습니다. 이것이 하나님의 말씀에 어찌나 뚜렷하게 기록되어 있는지, 사람이 달려가면서도 읽을 수 있을 정도입니다. 하나님께서는 그의 값없으신 자비가 모든 존귀와 함께 가도록 하셔서 사람이 스스로 그 자비에 무언가 협조했다는 식의 건방진 생각을 전혀 갖지 못하게 하시기로 하셨습니다. 그런데, 하나님의 값없는 은혜의 영광을 안전하게 지키고 유지시켜 주는 데에는 믿음으로 말미암아 의롭다 하심을 받는 이 길 같은 것이 없습니다(롬 3:25, 26). 사도는 이 어간의 몇 절에서 죄인이 하나님 앞에서 값없이 의롭다 하심을 받는 도리에 대해 설명하고, 이어서 사람의 자기를 높이는 교만한 생각들을 완전히 잘라내어 제거하고 있습니다: "그런즉 자랑할 데가 어디냐? 있을 수가 없느니라. 무슨 법으로냐? 행위로냐? 아니라 오직 믿음의 법으로니라"(27절). 왕들은 모든 잘못된 일들 중에서 그들의 침상이 더럽혀지는 것을 가장 경멸하고 혐오했습니다. 그들의 경멸과 혐오가 어느 정도였는지는, 그런 파렴치한 일에 대한 모든 의혹을 미연에 방지하기 위하여 왕과 왕비를 가장 가까이에서 보좌하고 섬기는 자들을 내시로 만드는 것이 예로부터 내려오는 위대한 군주들의 관습이라는 사실에서 잘 드러납니다. 신체적으로 불구인 내시에 대해서는 그 파렴치한 악행에 대한 의혹이 완전히 방지되기 때문입니다. 그런데 하나님께서는 이 왕들이 왕비들이 더럽혀지는 것을 혐오한 것보다도 훨씬 더 그의 이름의 영광이 사람의 교만과 자기 자랑으로 인하여 더럽혀지고 손상되는 것을 혐오하십니다. 그러므로 그런 끔찍한 악에서 그것을 보호하시기 위하여, 그는 믿음을 — 이렇게 말할 수 있을지 모르겠습니다만, 이 내시와 방불한 은혜를 — 그의 가까이에 두시고 이 높은 은혜의 역사에 쓰임 받게 하신 것입니다. 믿음은 자기를 비우는 은혜이므로 하나님의 은혜의 영광을 더럽히는 그런 일에 개입되기가 애초부터 불가능하기 때문입니다. 믿음은 손이 둘인데, 한 손으로는 마치 다윗이 사울의 갑옷을 던져 버렸듯이 자기 자신의 의를 벗어서 던져 버리고, 다른 한 손으로는 그리스도의 의를 입어 영혼의 수치를 가립니다. 오직 그의 의를 입은 상태로만 감히 하나님을 바라볼 수 있고 또한 하나님께 자기 모습을 보일 수 있기 때문입니다. 저 학식 있는 거룩한 볼 선생(Master Ball: John Ball[1585-1640]을 지칭함 — 역주)은 이렇게 말하고 있습니다: "그렇기 때문에 믿음과 행위가 하나로 엮어져서 의롭다 하심의 공동 원인이 된다는 것이 불가능하다. 하나는 — 즉, 믿음은 — 모든 것을 하나님의 값없는 은혜의 덕으로 돌리고, 다른 하나는 — 즉, 행위는 — 모든 것을 자기 자신의 덕으로 돌리기 때문이다. 믿음은 값없는 죄 사함의 수단적인 원인이 되는 것 이상 더 높이 올라갈 꿈을 갖지 않으나, 행위는 의롭다 하심의 원인이 되는 것 이하로는 더 내려가기를 원하지 않는다. 행위가 우리의 것으로 돌려져서 값없는 의롭다 하심에서 정확한 순종의 자리를 부여받게 되면, 그것들이 그 자리를 차지하지 않겠는가? 그것들이 공의로부터 의롭다 하심에서 완전무결한 행위의 위엄에로 올라가지 않겠는가?" (은혜 언약론[Treatise of Covenant of Grace], 70쪽).

넷째 사항. 믿음이 모든 다른 은혜들에게 강력하고도 전포괄적인 영향을 미친다는 사실이, 믿음이 모든 은혜들 중에 으뜸임을 나타내 줍니다. 태양이 그렇게 영광된 피조물인 것이, 그것이 모두가 공유하는 선한 것으로서 빛과 그 영향력으로 이 땅의 온 세상을 섬기기 때문이 아니고 무엇이겠습니까? 믿음은 하나님께서 태양을 이 땅을 위해 사용하시는 것처럼 성도들 — 성경은 이들을 "새로운 피조물"이라 부릅니다(갈 6:15) — 의 영적인 세계의 선(善)을 위하여 사용하시는 은혜입니다. 태양의 열기를 피할 수 있는 것이 하나도 없듯이(시 19:6), 믿음의 영향력이 미치지 않는 은혜는 없는 것입니다.

[믿음의 영향력이 다른 모든 은혜들에게 미침]

첫째. 믿음은 모든 은혜들에게 행위를 공급합니다. 부유한 큰 상인이 자신의 양모를 이 사람 저 사람에게 공급하여 그들로 하여금 그 물건을 가공하게 하는 경우, 그 큰 상인이 사업을 중단하면 그 사람들 역시 물건을 공급받지 못하여 사업을 중단할 수밖에 없습니다. 이와 마찬가지로 믿음도 각 은혜마다 쓸 것을 공급해 줍니다. 그러므로 믿음이 그 역할을 하지 못하면, 그것들 역시 역할을 할 수가 없어집니다.

갖가지 은혜 가운데 한두 가지만 실례로 들어보겠습니다. 회개는 감미로운 은혜이지만, 믿음에 의해서 역사하게 되어 있습니다. 니느웨의 회개가 그들의 믿음의 덕분으로 기록되어 있습니다. "니느웨 사람들이 하나님을 믿고 금식을 선포하고 높고 낮은 자를 막론하고 굵은 베 옷을 입은 지라"(욘 3:5). 그들의 회개가 그저 법적인 회개 정도에 지나지 않았을 가능성이 매우 높지만, 그럼에도 불구하고 그들의 믿음이 선했던 것만큼 그들의 회개도 선한 것이었습니다. 그들의 믿음이 더 나았더라면, 그들의 회개 역시 그보다 나았을 것입니다. 믿지 않는 영혼에게는 모든 것이 조용하고 고요합니다. 믿음이 휘젓기 시작하기 전에는 회개의 소식도, 죄에 대한 탄식의 소리도 없습니다. 믿음이 경고하고 진리와 그 처절한 공포를 묶어서 양심에 전달할 때에, 비로소 죄인이 그 위에 무언가를 행하게 되는 것입니다. 빛이 색깔을 돋보이게 하고 눈으로 하여금 그 사물을 접하게 해주며 그것에 근거하여 일하게 하듯이, 믿음도 양심 속에서 죄를 뚜렷하게 보게 해 줍니다. 그렇게 되면 진지한 생각들이 곧바로 일어나게 되고, 그것들이 마치 구름처럼 짙어지다가 폭풍으로 변하고 마침내 영혼이 죄에 대한 두려움과 공포로 인하여 완전히 캄캄해지게 됩니다. 그리고 그렇게 되면 사람이 당혹감에 빠지고 회개의 일에서 더 이상 진전할 수가 없게 됩니다. 그런데 이때에 믿음이 약속에 근거하여, 돌아오는 영혼에게 죄 사함이 베풀어진다는 사실을 제시해 줍니다. 이 이야기를 듣고 믿게 되면, 곧바로 회개의 일이 계속 진행되어 갑니다. 자, 경고를 깊이 생각하는 데에서 하나님의 진노에 대한 두려움이 일어나 공포의 구름이 양심 속에 퍼졌으나, 이제 믿음이 약속에 근거하여 제시하는 말을 듣고서 그 구름이 복음적 슬픔이라는 부드러운 비로 용해되는 것입니다.

사랑도 또 하나의 하늘의 은혜입니다만, 믿음이 연료를 모아 이 불길을 일으켜 줍니다. 그리스도인 여러분, 여러분 속에 타오르고 있는 하나님을 향한 사랑의 불길이 처음부터 항상 그렇게 타올랐습니까? 아닙니다! 감히 말씀드립니다만, 반드시 여러분의 마음이 냉랭하던 때가 있었을 것입니다. 여러분의 마음의 제단에 이 불길을 일으키는 불씨가 하나도 없었던 때가 있었을 것입니다. 그리스도인 여러분, 전에 그렇게 하나님을 경멸하고 미워하던 여러분의 영혼이 지금은 그를 사랑하게 되었는데, 과연 어떻게 해서 이런 일이 일어난 것일까요? 여러분이 하늘로부터 내려오는 무언가 복된 소식을 들었고, 바로 그것 때문에 하나님에 대한 여러분의 생각이 바뀌어졌고, 전에는 다른 길로 흐르던 여러분의 사랑의 물줄기가 이제 이 복된 길로 흐르게 된 것입니다. 그런데 하늘로부터 오는 복된 소식을 영혼에 전하는 사자가 믿음말고 또 누가 있습니까? 그 약속을 선포하며, 그리스도의 훌륭하심을 해명하고, 그의 이름을 쏟아 부어 처녀들로 하여금 그를 사랑하게 만드는 것이 바로 믿음인 것입니다. 믿음이 그리스도의 성품을 말씀으로부터 끌어내어 그의 사랑과 사랑스러우심을 영혼에게 전하면, 사람이 그를 향한 애정에 감미롭게 젖어들게 됩니다. 그러면 그리스도인이 그의 생각 속에서 확충시켜 나갈 주제가 가득하게 되고, 그리하여 그리스도를 더욱더 사모하게 됩니다. 믿는 자에게는 그가 보배이며(벧전 2:7), 믿음이 많을수록 그가 "더 귀하여"지는 것입니다(벧전 1:7). 가령 세상에서 가장 친한 친구와 같은 방에 앉아 있어도 우리 눈이 그를 알아보지 못하면, 그저 낯선 사람을 대하듯이 그를 바라보고 친근감도 표시하지 않을 것입니다. 그러나 어떤 사람이 와서 귀에다 대고, 이 사람이 바로 여러분의 사랑하는 친구요, 그가 여러분을 구하기 위해 목숨을 버렸던 자요, 또한 자기의 그 엄청난 재산을 여러분에게 물려준 그분이라고 속삭이면 어떻게 되겠습니까? 과연 그에게 가서 존경과 사랑을 표현하지 않겠습니까? 오오 여러분, 가슴속에서 심장이 요동치는 가운데 황급히 그에게로 달려가 그에 대한 애틋한 애정을 열정적으로 표현하게 될 것입니다! 그렇습니다. 비록 잘 몰라서 그랬기는 했지만, 그에게 보여준 여러분의 어처구니없는 냉담한 태도에 대해 정말 마음깊이 부끄러움이 가득할 것입니다. 여기서도 마찬가지입니다. 믿음의 눈이 흐리거나 기능을 발휘하지 못하고 무딘 습관 속에 잠들어 있는 한, 그리스도인이 각종 규례와 섭리 속에서 그리스도와 아주 가까이 앉아 있으면서도 그에게 거의 애정도 없고, 그를 향한 사랑으로 이끌리지도 않습니다. 그러나 믿음이 깨어나 그리스도께서 그의 사랑스러우신 모습으로 지나가시는 것을 보고서 그 그리스도의 훌륭한 모습을 영혼에게 적극적으로 보고해 주게 되면, 그 믿음의 음성을 듣고서 그를 향한 사랑이 솟아나 그리스도인의 가슴을 가득 채우지 않을 수가 없게 됩니다. 마리아가 문안할 때에 엘리사벳의 뱃속에서 아기가 뛰놀았던 것처럼 말입니다(눅 1:41).

둘째, 믿음은 다른 은혜들에게 그 대상들을 확실히 보여줌으로써 그 은혜들이 활동하도록 세워 주거니와, 또한 그리스도로부터 행동할 힘을 부여받아 그것으로 모든 은혜들을 강화시켜줌으로써 그 은혜들이 역사하도록 도와 줍니다. 믿음은 우리의 의롭다 하심을 위하여 그리스도의 의를 받는 도구일 뿐 아니라 또한 우리의 성화를 위하여 그리스도께로부터 은혜를 받는 큰 도구이기도 합니다. "우리가 다 그의 충만한 데서 받으니 은혜 위에 은혜러라"(요 1:16). 그런데 우리가 그 은혜를 어떻게 받습니까? 믿음으로 받습니다. 믿음은 영혼을 그리스도와 연합하게 해 줍니다. 샘의 입구에 닿아 있는 파이프를 통해서 온 가족이 쓸 물을 집에 공급받듯이, 믿음을 통하여 갖가지 모든 은혜들이 각기 기능을 발휘하도록 영혼에 풍성한 공급이 베풀어지는 것입니다. 믿는 자는 "그 배에서 생수의 강이 흘러나오리라"라고 말씀합니다(요 7:38). 즉, 믿음이 있고 또한 조심스럽게 그 믿음을 시행하며 사는 자는 여기서 "생수"라 부르는 다른 모든 은혜들이 늘어나고 넘치리라는 뜻입니다. 그러므로 성도들이 다른 은혜들이 충만한 상태가 될 때에 그들의 믿음이 늘어나기를 위해 기도하는 것입니다. 주님은 사도들에게 그들을 거스르는 형제를 "하루에 일곱 번"이라도 용서할 만큼 그들의 사랑을 높은 수준으로 끌어올릴 것을 말씀하셨는데, 이는 그들에게 아주 힘든 가르침이었습니다(눅 17:3, 4). 그런데 5절을 주목해 보십시오. "사도들이" 그 일이 힘들다는 것을 인식하고서 "주께 여짜오되 우리에게 믿음을 더하소서"라고 합니다. 그런데 어째서 그들은 "우리에게 사랑을 더하소서"라고 구하지 않습니까? 형제들을 용서하는 데에는 사랑이라는 은혜가 필요한 것이 아니겠습니까? 분명 믿음으로부터 사랑이 더해지기 때문이었을 것입니다. 그리스도를 믿는 믿음이 더해지면, 형제들을 향한 사랑도 더해질 것이었습니다. 그들이 죄 사함을 위하여 — 하나님을 거슬러 하루에 "일곱 번"이 아니라 "일흔 번" 이상도 죄를 지었습니다만 — 그리스도를 믿는 믿음이 강할수록, 하루에 일곱 번씩 그들을 거스르는 형제들을 용서하기가 더 쉬워지는 것입니다. 믿음을 구하는 사도들에게 주신 주님의 답변이 이러한 해석을 지지해 줍니다. "주께서 이르시되 너희에게 겨자씨 한 알만한 믿음이 있었더라면 이 뽕나무더러 뿌리가 뽑혀 바다에 심기어라 하였을 것이요 그것이 너희에게 순종하였으리라"(6절). 그리스도께서는 여기서 이적을 믿는 믿음의 능력을 통하여 의롭다 하심을 얻는 믿음의 효능을 보여주고 계십니다. 그의 말씀은 이런 뜻과도 같습니다: "너희가 용서하는 마음을 얻는 올바른 길을 깨달았도다. 너희 마음의 무정함을 정복하게 해 주는 것은 과연 믿음이니라. 마치 이 뽕나무가 땅에 깊이 뿌리를 박고 있듯이 그런 마음이 너희 속에 깊이 뿌리를 박고 있다 해도, 믿음으로 너희가 그것을 뿌리 뽑을 수 있으리라." 나무에 열매가 풍성하기를 바라면 우리는 뿌리에 물을 풍족히 주면 된다고 생각합니다. 뿌리가 땅으로부터 수분을 빨아들이면 그것이 곧바로 가지들에게로 퍼져간다는 것을 알기 때문입니다. 이처럼 믿음이라는 은혜가 그리스도께로부터 수분과 영양분을 빨아들여서 다른 은혜들의 가지들 전체로 속히 그것을 퍼뜨리게 되고, 그렇게 하면 그 열매의 좋은 것을 맛보게 되는 것입니다.

셋째. 믿음은 **그리스도인을 보호하여 그의 모든 은혜들을 발휘하게 해 줍니다.** "너는 믿으므로 섰느니라"(롬 11:20). 이는 아무리 사방에서 화살이 날아들고 공격해도 병사가 방패의 보호를 받아 든든히 서서 임무를 행하게 되는 것과 같습니다. 믿음이 무너지면, 모든 은혜가 도망하고 맙니다. 아브라함이 얼마나 순진하고 순전했습니까? 그런데 자기 아내에 대해 아비멜렉을 속일 때에 그것이 다 무너지고 말았습니다. 그의 믿음이 무너졌기 때문이 아니면 그 이유가 무엇이었겠습니까? 손에 힘이 빠져 믿음의 방패를 내려놓자, 욥의 인내가 큰 상처를 받았습니다. 그렇습니다. 믿음의 날개 아래에서 벗어나면 그 어떤 은혜도 안전을 보장할 수 없습니다. 그러므로 그리스도께서는 베드로가 모든 은혜에서 떨어지지 않고 안전하게 있도록 하기 위하여 그에게 말씀하십니다: "내가 너를 위하여 네 믿음이 떨어지지 않기를 기도하였노라"(눅 22:32). 믿음이야말로 다른 은혜들이 원수에 의하여 무너질 때에 그것들을 회복시키고 또한 원수의 공격으로 인하여 받은 심한 상처를 낫게 하기 위하여 그리스도께서 예비해 놓으신 보루였던 것입니다. 그리스도께서 많은 능력을 행하지 않으신 이유가 "그들이 믿지 않음" 때문이었다고 말씀합니다(마 13:58). 또한 믿음이 제 기능을 하고 있는 한, 사탄이 그리스도인에게 큰 상처를 줄 수가 없습니다. 사탄이 무엇보다 믿음을 공격하는 것을 목표로 삼고 있어서 다른 모든 것보다 믿음에 공격을 집중시키는 것은 사실입니다. 그러나 믿음 앞에서는 사탄이 오래 버틸 수가 없습니다. 성도가 그렇게 겸손하고 참을성이 있고, 경건할 수가 없다 해도, 사탄은 이런 은혜들에서 이런저런 구멍을 쉽게 찾아내고 그것을 뚫고 들어가 그를 공격할 수 있습니다. 그런데 믿음이 그렇게 하지 못하도록 그 구멍들을 가려 주는 것입니다. 믿음이야말로 사탄을 도망하게 만드는 은혜인 것입니다(벧전 5:9).

넷째. 오직 믿음이 다른 모든 은혜들과 그 행위들이 하나님께 열납되도록 해 줍니다. "믿음으로 아벨은 가인보다 더 나은 제사를 하나님께 드"렸습니다(히 11:4). 그리스도인이 하루 종일 아무리 힘들게 일했고, 또한 임무의 바퀴에 순종의 가느다란 실(絲)을 아무리 세밀하고 가늘게 감았다 할지라도, 밤에 그 일한 것을 들고 집에 돌아와 하나님 앞에 그것을 내어놓을 때에는 하나님께서 그 일 자체를 보시고 그것을 받아주시리라는 기대를 갖기가 두려운 법입니다. 그러나 그렇게 하지 않습니다. 성도는 이때에 하나님께서 그것을 받아주시도록 믿음을 사용하여 그리스도로 말미암아 그에게 내어 드리는 것입니다. "예수 그리스도로 말미암아 하나님이 기쁘게 받으실 신령한 제사를 드"리는 것입니다(벧전 2:5). 즉, 믿음으로 말미암아 그리스도 안에서 드린다는 것입니다. 왜냐하면 믿음이 없이는 그리스도께서 우리의 그 어떠한 제사도 하나님께서 기뻐 받으시도록 만드시지 않기 때문입니다. 하나님께서는 오직 믿음의 손이 드리는 것 외에는 그 어떠한 것도 기쁘게 받으시지 않습니다. 하나님께서 이처럼 믿음을 대하시므로, 믿음의 손으로 드리는 것은 — 비록 그것이 상처 난 섬김이더라도 — 마치 황금을 대하듯 기뻐 받으십니다. 그러나 만일 믿음이 없이 그것들만을 하나님께 내어 드린다면, 그는 극히 진노하며 그것들을 거부하실 것입니다. 왕의 총애를 받는 사람은 자신의 초라한 친구들을 왕궁에 불러 왕에게 소개하기가 쉽습니다. 요셉도 자기 형제들을 바로의 앞에 소개하여 그로부터 큰 호의를 받게 하였고, 에스더도 모르드개를 아하수에로에게 천거하여 궁궐에서 총애를 받게 했습니다. 모르드개 자신의 힘으로는 그저 성문 앞에 앉아 있는 것밖에는 하지 못했을 것입니다. 이와 마찬가지로 그리스도인의 행위들과 임무들 혼자서는 도무지 하나님의 임재 앞에 나아갈 수가 없고 문이 닫혀 있지만, 믿음이 그것들을 하나님의 임재 앞에 데려가고 또한 그리스도의 의에 호소하여 그것들이 하나님의 기뻐하심과 귀한 총애를 받도록 만들어 주고(잠 15:8), 그에게 흡족한 향기가 되게 해주는 것입니다(말 3:4).

다섯째. 다른 은혜들이 실패할 때에 믿음이 구해 줍니다. 그리스도인의 은혜들이 두 가지 면에서 실패할 수 있습니다. 그 활동에서나, 혹은 그 증거에서.

1. 그 은혜들의 활동에서. 때로는 그리스도인이 침체할 때가 있습니다. 하나님의 도우시는 역사로 말미암아 조수가 높이 흐를 때에는 그리스도인이 자유롭고도 왕성하게 활동하지만, 그렇지 못할 때도 있습니다. 어떤 때는 삼손이 밧줄을 끊어

버리듯이 쉽게 시험거리들을 물리칠 수 있지만, 또 어떤 때는 그것들을 떨쳐 버리지 못해서 아주 크게 방해를 받기도 합니다. 은혜가 강건한 상태에 있을 때에는 갖가지 임무들을 기쁨과 즐거움으로 행하지만, 그렇지 못할 때는 마치 병든 사람이 언덕길을 올라가는 것처럼 힘에 겨워 한숨을 쉬며 힘겹게 나아가는 것입니다. 그리스도인이 임무를 감당하고자 할 때에 그에게 공급되는 것이 없으면 그 임무를 제대로 감당할 수 없지 않습니까? 그렇습니다. 이런 점에서 믿음의 탁월한 점이 드러납니다. 그리스도인이 이처럼 파산한 상태에 있을 때에 믿음이 그를 구해 주는 것입니다. 요셉이 그의 형들을 자기에게로 데려와 극심한 기근의 때에 그들에게 진미를 베풀고 보살폈던 것처럼, 그리스도인이 이처럼 은혜와 임무가 궁핍한 처지에 있을 때에 믿음이 그를 보살피는 것입니다. 그런데 믿음은 다음 두 가지 방식으로 그런 역할을 합니다.

(1) 그리스도 안에 있는 그 충만한 은혜를 자기 것으로 주장함으로써. 그리스도인의 믿음은 말하기를, "오오 내 영혼아, 네 연약한 은혜에 대하여 어찌하여 낙심하는가?"라고 합니다. 그리스도 안에 모든 충만이 거하니, 이는 아버지께서 기뻐하시는 것이요, 또한 부족함과 연약함 중에 있는 여러분에게도 기쁨이 됩니다. 그의 충만은 섬김을 위한 충만(a ministerial fullness)입니다. 마치 구름이 자기를 위해서가 아니라 땅을 위하여 비를 품고 있듯이, 그리스도께서도 여러분을 위하여 그 충만한 은혜를 지니고 계신 것입니다. "예수는 하나님으로부터 나와서 우리에게 지혜와 의로움과 거룩함과 구원함이 되셨으니"(고전 1:30). 그리스도인이 누더기 같은 자신의 의로 인하여 의기소침하고 수치를 느낄 때에, 믿음이 이 모든 추한 것들을 가려줄 예복을 입혀 주는 것입니다. 믿음은, "그리스도께서 나의 의(義)이시라"고 하며 또한 우리가 "그 안에서 충만하여"진다고 말하는 것입니다(골 2:10). 믿음에게는 손이 둘이니, 곧 일하는 손과 받는 손이 그것입니다. 받는 손이 일하는 손의 짐을 덜어 주는데, 그렇지 못하면 그리스도인의 가슴속에 보잘것없는 곤고함밖에는 없을 것입니다. 그 자신의 은혜들이 그 벌어놓은 것들로 그에게 모든 위로를 줌에도 불구하고 바울 자신이 정말 핍절한 처지에 있는 것을 봅니다. 만일 그런 것들로만 살아야 한다면, 그는 정말로 곤고한 사람입니다(롬 7:24). 그러나 자신의 찬장에 아무것도 없을 때에라도 그의 믿음이 받는 손을 그리스도께 내밀므로 그는 이제 풍성한 잔치를 누리게 되고, 이에 대해 진정 감사를 표하고 있습니다: "우리 주 예수 그리스도로 말미암아 하나님께 감사하리로다"(25절).

(2) 믿음은 그리스도인이 은혜의 연약함과 무기력함에 처해 있을 때에, 성도가 은혜 안에서 끝까지 인내하리라는 약속을 그에게 심어줌으로써 그를 구해 줍니다. 병든 사람에게 의사가 말하기를, 지금은 아주 쇠약하여 있으나 죽을 염려는 없다고 하면, 그 사람은 자신이 비록 아주 연약한 중에 있으나 큰 위로를 받게 될 것입니다. 현재 은혜가 연약한 상태에 있는 것이 안타까운 일이지만, 완전히 타락하여 멸망할지 모른다는 두려움이 그보다 훨씬 더 안타까운 일입니다. 그런데 믿음이 이때에 영혼에게 그가 끝까지 인내하리라는 복된 소식을 전해 주는 사자의 역할을 할 수 있습니다. 아니 그런 역할을 할 수 있는 것은 오직 믿음밖에 없습니다. 감각과 이성은 여기서 궁지에 몰려 완전히 무용지물이 되고 맙니다. 그것들에게는 그처럼 상한 갈대가 지옥의 모든 공격을 이기고 견딘다는 것이 정말 불가능해 보입니다. 그것들은 오로지 은혜 자체가 할 수 있는 것만을 생각하며, 또한 그 은혜가 사탄의 능력과 책략에 완전히 압도당하는 것이 보이므로, 더 강력한 쪽이 승리할 것이라고 보는 것이 합리적이라고 생각할 수밖에 없기 때문입니다. 그러나 믿음은 성도의 은혜에게서 죽음의 증상들이 보여도 약속 안에서 생명을 찾으며, 이것을 — 신실하신 하나님이 그의 은혜로 하여금 썩음을 보게 하시지 않으시리라는 사실을 — 제시하여 영혼에게 위로를 줍니다. 하나님께서는 그의 성도들을 그렇게 치유하시는 일을 시행해 오셨습니다: "무릇 열매를 맺는 가지는 더 열매를 맺게 하려 하여 그것을 깨끗하게 하시느니라"(요 15:2). 하사엘이 엘리사에게 와서 그의 병든 주인이 살지 죽을지에 대해 문의할 때에, 선지자는 그에게 다음과 같은 답변을 주어 돌려 보냈습니다: "왕이 반드시 나으리라 하라. 그러나 여호와께서 그가 반드시 죽으리라고 내게 알게 하셨느니라"(왕하 8:10). 즉, 그가 분명 모든 질병에서 회복할 것이지만, 그의 종 하사엘의 반역으로 인하여 죽임을 당하리라는 것입니다. 이에 빗대어 말씀해 보겠습니다. 그리스도인이 그의 믿음에게 찾아가서 과연 그의 연약한 은혜가 무너질지 세워질지, 혹은 죽을지 살지를 물어보면, 믿음은 이렇게 대답할 것입니다: "그대의 연약한 은혜는 분명 죽고 무너질 것이로다. 그러나 그것이 과연 살고 끝까지 인내할 것을 여호와께서 내게 보이셨느니라." 즉, 그 은혜 자체의 연약함과 또한 인간 본성의 변덕스러움에 비추어 볼 때에 그리스도인의 은혜가 분명 죽어 무(無)로 돌아갈 것이지만, 하나님께서 약속 가운데서 믿음에게 그것이 반드시 살고 그 극한 연약함에서 회복되리라는 것을 보여주셨다는 것입니다. 다윗이 그의 집에 대하여 한 말을 모든 그리스도인 각자가 자기 은혜에

대하여 말할 수 있을 것입니다. "내 은혜가 하나님 앞에 이 같지 아니하냐?(그렇게 강하며, 그 자체가 불변하지 않느냐?) 하나님이 나와 더불어 영원한 언약을 세우사 만사에 구비하고 견고하게 하셨으니 이것이 나의 모든 구원이요 또 나의 모든 소원이로다"(삼하 23:5). 믿음은, "이 언약의 소금이 그대의 연약한 은혜가 썩지 않도록 지켜 주리라"고 말합니다. 시편 기자는 이렇게 말씀합니다: "내 영혼아 네가 어찌하여 낙심하며 어찌하여 내 속에서 불안해하는가? 너는 하나님께 소망을 두라. 나는 그가 나타나 도우심으로 말미암아 내 하나님을 여전히 찬송하리로다"(시 42:11). 다윗의 건강한 안색은 그 자신의 안색 때문이 아니라 그의 하나님 때문이었습니다. 바로 이 사실 때문에 믿음이 불안을 잠재웠고 그 불안을 완전히 해결하였으므로 아무리 그가 무덤에 들어갈 날이 가까이 왔다 하더라도 그는 여전히 하나님을 찬송할 것이었던 것입니다. 믿음은 이렇게 말합니다: "네 은혜의 건강과 생명은 네 은혜에게 달린 것이 아니라, 하나님께 달린 것이네. 그가 네 하나님이시니 내가 여전히 살아 그를 찬송하리로다." 연약한 그리스도인은 자신의 병약한 모습을 이런 안경을 쓰고 바라보지 못하니, 따라서 그가 침울해하며 슬퍼하는 것이 전혀 이상한 일이 아닌 것입니다.

2. 그 자신을 증거하는 것에서도 그리스도인의 은혜가 실패할 수 있습니다. 구름이 낀 밤에 별들이 사라지듯이, 그 은혜도 사라질 수 있습니다. 시험과 환난의 때에 그리스도인이 이렇게 말하는 것을 얼마나 자주 듣는지 모릅니다: "내가 과연 진정으로 하나님을 사랑하는지 나도 잘 모르겠다. 죄에 대한 참된 경건한 탄식이 정말 내게 있다고 감히 말할 수가 없다. 사실 전에는 이런 은혜들이 내게 있다고 생각했지만, 지금은 어떻게 생각해야 할지 난감하다. 그렇다. 때로는 최악의 경우를 걱정하기도 한다." 이처럼 캄캄한 밤중 같은 상태에 있을 때에, 믿음이 영혼의 배를 보호해 줍니다. 믿음이 다음과 같이 두 개의 닻을 던져 주어 영혼이 절망과 공포의 끔찍한 암초에 이끌려 부서지는 일이 없도록 지켜 주는 것입니다.

(1) 믿음은 영혼이 자신의 은혜를 보지 못할 때에 불쌍한 죄인들을 향한 그리스도의 풍성한 자비를 보여주며, 영혼을 불러서 그것을 바라보게 합니다. 빚 때문에 면목이 없는 사람이 자신이 빚을 지고 있는 사람이 자비롭고 선한 사람이라는 것을 기억하게 되면, 비록 아직 빚 문제가 해결되지는 않았더라도 그에게는 적지 않은 위로가 될 것입니다. 여러분이 대면해야 할 하나님은 매우 은혜로우셔서 여러분이 잃어버린 것을 — 곧, 여러분의 은혜의 증거를 — 회복시켜 줄 준비를 갖추고 계십니

다. 다윗은 이것을 구하였고, 하나님께로부터 받았습니다(시 51편을 보라). 믿음은 이렇게 말합니다: "그렇다. 네 은혜가 절대로 참된 것이 아닐지 모른다는 네 염려가 참이더라도, 네가 돌이켜 순전한 마음으로 나아오면 하나님은 자비하셔서 네 모든 과거의 외식을 용서하시고도 남으리라." 이와 같이 믿음은 영혼을 설득하여 그 자신을 그리스도 안에서 하나님께 내어 드리는 모험을 하게 합니다. 믿음은 말하기를, "사람에게도 자비의 손길을 구할 수 있는데 하물며 하나님께 그만한 자비를 기대하지 못하겠느냐?"라고 합니다. 온갖 불친절과 온갖 거짓과 불성실함을 범했더라도 겸손하고도 순전하게 그것을 시인하고 나아올 때에 그것을 용서하는 것은 사람의 자비의 한계를 넘어서는 것이 아닙니다. 세상에는 그 자녀들을 위하여 그 정도의 아량을 베풀 수 있는 부모들이, 또한 그 종들에게 그런 아량을 베풀 수 있는 주인들이 가득 있습니다. 이처럼 사람도 그런 일을 쉽게 할 수 있는데, 하물며 하나님은 어떠시겠습니까? 그런 일이 그에게 그렇게 어렵고 힘든 일이겠습니까? 믿음은 이렇게 하나님의 이름을 높이 증언합니다. 우리가 하나님의 자비로운 마음을 놓치지 않고 바라보는 한, 우리 자신의 은혜의 증거가 없더라도 우리가 혼란에서 벗어나 있을 것입니다.

(2) 믿음은 여기서 더 나아갑니다. 그리스도인이 그 가슴속에 있는 이런저런 은혜를 보지 못할 때에 믿음이 약속 안에서 그것들을 발견하게 해 줍니다. 찬장에 빵이 없을 때에 시장의 아무개에게 가면 빵을 구할 수 있다는 소식을 듣는다면 상당히 위로가 될 것입니다. 불평하는 그리스도인은 이렇게 말합니다: "오오, 다른 사람들이 가슴속에서 죄에 대해 애통하며 영혼을 녹이는데 나에게도 그런 것을 찾을 수 있다면 내게도 무언가 소망이 있을 것인데! 그렇다면 '애통하는 자는 복이 있나니 그들이 위로를 받을 것임이요'(마 5:4)라는 약속의 그늘에 숨어 위로를 얻을 수 있을 것인데! 그러나 내 마음은 부싯돌만큼이나 단단히 굳어져 있으니, 이 얼마나 안타까운 일인가!" 그러나 믿음은 이렇게 말합니다: "애통하는 심령과 상한 마음에게 약속이 있지만, 또한 하나님께서 친히 마음을 깨뜨리시고 애통하는 심령을 주시겠다는 약속도 있으니, 이것을 알고서 위로를 받으라. 다른 은혜들에 대해서도 마찬가지다. 하나님을 경외하는 자들에게 약속이 있는 것은 물론이요, 하나님께서 친히 '하나님을 경외하는 것을 우리 마음속에 주신다'는 약속도 있다. 하나님의 율례대로 행하며 그의 규례를 지키는 자에게 약속이 있는 것은 물론이요, '내 신을 너희 속에 두어 너희로 내 율례를 행하게 하리니 너희가 내 규례를 지켜 행할지라'

는 약속도 있다(겔 36:27). 오오 나의 영혼아, 그런데 어째서 스스로 주저앉아 한탄하고 있느냐? 네게 없지만 그것을 어디에 가서 구할지를 알고 있는데 어째서 네게 없다는 것만 열매 없이 탄식하고 있느냐? 야곱은 그 아들들에게 말씀하기를, '너희는 어찌하여 서로 바라보고만 있느냐? … 내가 들은즉 저 애굽에 곡식이 있다 하니 너희는 그리로 가서 거기서 우리를 위하여 사오라 그러면 우리가 살고 죽지 아니하리라'(창 42:1, 2)라고 하였도다." 이처럼 믿음은 그리스도인을 일깨워 마치 자문을 구할 데도 없어서 어떻게 해야 할지를 모르는 자처럼 심령에 괴로움이 있는 상태에서 벗어나게 해 줍니다. 그리하여 고통스럽고 괴로운 헛된 불평이 변하여 자신에게 없는 은혜를 얻기 위한 간절한 기도가 되게 해 줍니다. 믿음은 이렇게 말합니다: "약속 안에 빵이 있으니, 게으르고 무기력하게 여기 앉아 괴로워하지 말고, 무릎을 꿇고, 때를 따라 돕는 은혜를 위하여 겸손하면서도 담대하게 은혜의 보좌 앞에 나아가라." 자신에게 주어져 있는 수단들을 사용하지도 않고 불신앙적인 생각에 이끌려 가만히 주저앉아 심령의 쓰라림으로 힘과 시간을 소진하는 것 — 이것이야말로 사탄이 정말 좋아하는 것입니다만 — 에서 벗어나 약속에 호소하고 은혜의 보좌 앞에 나아가 간구하면 그리스도인이 조만간 자신의 은혜에 대한 새로운 증거를 얻게 됩니다만, 믿음이 약속에 근거하여 그가 원하는 것을 값없이 충만하게 거기서 얻을 수 있다고 크게 격려해 줄 때에 이 일이 가능해지는 것입니다.

여섯째. 믿음은 다른 은혜들이 크게 무너질 때에 그리스도인을 구해 주는 것은 물론, 그것들이 풍성하게 있을 때에도 큰 위로를 줍니다. 느헤미야가 아닥사스다 왕의 술 관원이었던 것처럼(느 1:11; 2:1), 믿음이 그리스도인의 "술 관원"입니다. 그리스도인은 다른 어느 은혜도 아니고, 오직 믿음의 손에게서 기쁨의 포도주를 취하는 것입니다. "소망의 하나님이 모든 기쁨과 평강을 믿음 안에서 너희에게 충만하게 하 … 시기를 원하노라"(롬 15:13). 베드로전서 1장에서 사도는, 이를테면, 마치 야곱이 그의 아들 요셉의 두 아들을 축복할 때에 한 것처럼 그의 손을 엇바꾸어 놓고서 믿음을 최고로 취급하는 것을 볼 수 있습니다. 곧, 그리스도인의 기쁨을 그의 사랑보다는 그의 믿음의 덕분으로 돌리는 것입니다. "예수를 너희가 보지 못하였으나 사랑하는도다. 이제도 보지 못하나 믿고 말할 수 없는 영광스러운 즐거움으로 기뻐하니"(벧전 1:8). 여기서 "믿고 … 기뻐하니"를 주목하십시오. 여기에 문이 있습니다. 그리스도인의 가장 주된 기쁨이 들어오는 문이 바로 믿음인 것입니다. 이런 점에서 우리는 오로지 그리스도 안에서만 즐거워할 수 있는 것입니다. "그리스도 예수로 자랑하고 육체를 신뢰하지 아니하는 우리가 곧 할례파"인 것입니다(빌 3:3). 그리스도께서 우리의 기쁨과 자랑의 유일한 주제가 되십니다. 다른 모든 것들은, 심지어 우리의 은혜들까지도, 우리의 기쁨이 될 수가 없습니다. 그것들은 그렇게 기뻐하고 자랑하게 되면 육체가 되어 버립니다. 그리스도의 피가 하나님의 공의를 만족시킴으로써 그의 마음을 기쁘시게 하는 유일한 포도주입니다. 그러므로 오직 그것만이 사람의 마음에 참된 기쁨을 줄 수 있는 것입니다. 그리스도께서 보혜사를 약속하실 때, 그 보혜사가 누구에게서 기쁨의 포도주를 가져다 제자들에게 주실지를 말씀하십니다: "그가 내 것을 가지고 너희에게 알리시리라"(요 16:15). 우리 자신의 포도를 짜서 이런 달콤한 포도주가 나오는 것이 아닙니다. 그리스도의 말씀은 이런 뜻과도 같습니다. "보혜사가 오셔서 너희의 죄 사함으로 너희를 위로하실 때에 그가 너희 것이 아니라 '내 것을 가지고' — 너희 죄에 대해 슬퍼하여 흘린 너희의 회개의 눈물이 아니라, 내가 너희의 하나님과의 평안을 위하여 값으로 치른 나의 피를 가지고 — 너희에게 주시리라." 신자들이 누리게 되는 복된 특권들 모두가 우리가 벌어들인 것이 아니요 그리스도께서 값 주고 사신 열매들인 것입니다. 자, 그리스도인의 기쁨은 그 초라한 인간이 행하거나 가진 그 어떤 것에서도 아니요, 오직 그리스도께로부터 흘러나오는 것입니다. 그러므로 다른 어떤 은혜들보다도 믿음이 그리스도인에게 기쁨과 위로를 가져다주게 됩니다. 왜냐하면 믿음이야말로 그리스도를 깨닫고 또한 그리스도가 영혼에게 무슨 유익이 되는지를 깨닫는 은혜이기 때문입니다. 믿음은 그리스도의 탁월한 점들을 찾아내어 그 얻은 모든 내용을 전부 영혼에게 보고해 주는 좋은 염탐꾼입니다. 약속들을 꼬챙이에 꿰고 그 마개를 열어 그것들이 영혼 속으로 흘러들어가게 하는 것이 바로 믿음입니다. 믿음은 그리스도가 얼마나 훌륭하며 그 약속들에 얼마나 진미가 가득한지를 영혼에게 보여주는 것은 물론, 그리스도를 영혼에게 심어 주며 또한 그 약속의 접시에 담겨 있는 그 달콤한 요리들을 맛보게 해 줍니다. 그렇습니다. 믿음이 그 요리들을 영혼의 입에다 넣어 줍니다. 그러면 영혼이 그 입으로 그 약속을 씹어 삼켜서 그리스도인이 그 힘과 감미로움으로 가득 차게 되는 것입니다. 믿음이 와서 영혼에게 환영받는다는 소식을 전해 주기까지, 그 불쌍한 영혼이 그 약속의 식탁에 얼마나 불편하게 앉아 있는지 모릅니다! 마치 한나처럼 울고 먹지 않습니다(삼상 1:8). 오오 감히 어떻게 편히 앉아 먹겠습니까? 그러나 믿음이 오면 영혼은 그야말로 만족스럽게 식사를 하게 됩니다. 믿음은 그 식탁의 모든 음식을 일일이 다 맛봅니다. 하나님께서 그 모든 음식을 먹도록 허락하셨음을 믿음이 알기 때문입니다. 믿음은 겸손하면서도 담대한 은혜입니다. 왜냐하면 자신에게 허락되는 것만큼 하나님께 담대할 수 있다는 것을 알기 때문입니다.

[적용]

[믿음이 모든 은혜들 위에 뛰어난 것처럼 불신앙도 죄 중에서 똑같이 뛰어남]

적용 1. 믿음이 은혜들 중에 으뜸입니까? 이는 불신앙의 끔찍한 본질을 가늠할 수 있도록 도움을 줍니다. 믿음이 은혜들 중에 높은 위치를 차지하듯이, 불신앙 역시 죄들 중에 높은 위치를 차지해 마땅할 것입니다. 불신앙이라니요! 이것은 죄 중의 왕 바알세불입니다. 믿음이 급진적인 은혜이듯, 불신앙은 급진적인 죄요 죄를 짓는 죄(a sinning sin)입니다. 죄인들 중에서 가장 극악한 죄인은 바로 죄인들의 괴수요 다른 이들을 죄 짓게 만드는 자인데, 여로보암에 대해서 하나님께서 그렇게 말씀하고 있습니다: "여로보암의 죄로 말미암아 이스라엘을 버리시리니 이는 그도 범죄하고 이스라엘로 범죄하게 하였음이니라"(왕상 14:16). 이와 마찬가지로 죄 중에서도 다른 죄를 생산하는 죄가 가장 끔찍한 죄인데, 다른 무엇보다도 불신앙이 그런 죄입니다. 그것은 죄 중의 괴수요, 죄를 만들어 내는 죄(a sin-making sin)입니다. 사탄에게서 하와가 받아 마신 최초의 독이 가득한 공기는 다음의 말씀을 통해 보내진 것이었습니다: "하나님이 참으로 너희에게 동산 모든 나무의 열매를 먹지 말라 하시더냐?"(창 3:1). 이는 마치 이런 뜻과도 같습니다: "잘 생각해 보라. 하나님이 정말 그런 뜻이 계시다고 믿느냐? 그가 동산 전체에서 가장 좋은 열매를 먹지 못하게 하셨다고 믿을 정도로 하나님을 나쁘게 생각할 수 있느냐?" 이것은 반역자의 문으로서, 다른 모든 죄들이 이 문을 통해서 하와의 마음속에 들어왔습니다. 사탄은 오늘날도 계속해서 똑같은 수단을 사용하여 영혼들을 다른 죄들 속으로 허겁지겁 달려가도록 만들고 있습니다. 그러므로 이것을 가리켜, 살아 계신 하나님에게서 떨어지는 "믿지 아니하는 악한 마음"이라 부르는 것입니다(히 3:12). 마귀는 마치 덧문을 세우듯이 죄인과 하나님 사이에 이 불신앙의 죄를 세워 놓고, 하나님께로부터 오는 경고가 죄인의 가슴을 찌르지 못하게 하고 또한 죄인이 그것을 두려워하고 끔찍히 여기지 못하게 만듭니다. 그렇게 되면 그 죄인은 자기 정욕을 갖고서 대담하게 행동할 수 있습니다. 마치 원수의 총탄을 막아 주는 흙더미를 쌓아놓고 나면, 병사가 담대하게 자기 일을 행하는 것처럼 말입니다. 아니, 이 불신앙은 율법의 불 같은 입에서 나오는 진노의 총탄들을 막을 뿐 아니라 복음으로부터 오는 은혜의 활동 역시도 잦아들게 만듭니다. 믿지 않는 마음에게 하나님께서 베푸시는 모든 사랑의 호의들이 마치 죽은 땅에 떨어지는 씨앗처럼 죽어 버리고, 불꽃이 강물에 떨어지는 것처럼 곧바로 사라져 버리는 것입니다.

"그 말씀이 그들에게 유익하지 못한 것은 듣는 자가 믿음과 결부시키지 아니함이라"라고 말씀합니다(히 4:2). 이 죄의 몸 전체의 강력한 힘은 바로 이 불신앙이라는 자물쇠에 있습니다. 불신앙이 지배하고 있는 한, 죄인을 통제할 수가 없습니다. 율법을 근거로 한 것이든 복음을 근거로 한 것이든, 그에게 제시되는 모든 논지들을 이 불신앙이 다 물리쳐 버리는 것입니다. 마치 삼손이 가사 성에서 성 문짝들과 문설주와 문빗장 등을 모두 빼어간 것처럼 말입니다(삿 16:3). 불신앙은 마지막까지 싸움터를 지키는 죄입니다. 이는 죄인이 마지막까지 납득하고 있는 죄요, 또한 대개 성도가 맨 마지막에 가서야 정복하는 죄이기도 합니다. 마귀는 다른 죄들이 공략당할 때에 바로 이 불신앙을 마지막 보루로 삼아 그리로 퇴각합니다. 오오, 가련한 죄인이 눈물을 흘리며 과거에 살며 지은 갖가지 다른 죄들을 고백하며 슬퍼하면서도 그리스도 안에서 베풀어지는 자비를 여전히 받아들이지 않는 경우를 얼마나 자주 보는지요! 죄인에게 그리스도를 믿으면 구원을 받으리라고 선포해 보십시오 — 이것이 바로 바울과 실라가 두려워 떠는 간수에게 전한 가르침이었습니다(행 16:31). 하지만 안타깝게도 그는 감히 그렇게 할 수도 없고, 그렇게 하지도 않습니다. 그렇게 하는 것이 그의 의무라고 아무리 설명해도 납득시키기가 도무지 힘듭니다. 그가 보초를 서고 있는 성문과 문빗장 등이 있는 성에 마귀가 임하여 그곳을 요새로 삼아 지키고 있습니다. 그러므로 그가 강하게 그 속에서 버티고 있을수록 죄인은 불신앙의 죄를 감추고 다른 것으로 더욱 그럴듯하게 위장하는 것입니다. 불신앙은 낮아진 심령이 죄를 짓는 것을 두려워하는 나머지 범하는 죄요, 혹시 건방진 경솔한 믿음으로 하나님을 욕되게 할까 두려워하는 나머지 하나님의 선하신 이름을 찔러 버리는 죄입니다. 사실 그것은 사탄이 하나님을 가장 크게 모욕하고 또한 그에 대한 사악한 악의를 단번에 드러내기 위해 사용하는 죄입니다. 성도들이 선한 증거를 얻는 것은 바로 믿음으로 말미암는 것입니다(히 11:39). 그렇습니다. 하나님께서는 성도들의 믿음을 통하여 세상에서 선한 증거를 얻으시는 것입니다. 그리고 이와 반대로 마귀가 세상에서 하나님에 대해 가장 악독한 증거를 드러내는 것은 바로 불신앙을 통해서입니다. 하나님이 마치 그 자신의 약속이 증거하고 또한 그의 성도들의 믿음이 증거해 주는 그런 모습이 전혀 아니시기라도 한 것처럼 오도하는 것입니다. 요컨대, 불신앙은 모든 죄 중에서도 지옥이 가장 탐내는 죄인 것입니다.

지옥에서 아주 뛰어난 두 가지 죄가 있는데, 곧 외식과 불신앙입니다. 그러므로 다른 죄인들이 "외식하는 자"(마 24:51)와 "믿지 않는 자"(눅 12:46. 한글개역개정판은 "신실하지 아니한 자"로 번역함 — 역주)의 벌에 처해질 것이라는 경고를 받는 것을 봅니다. 마치 지옥의 아랫목이 주로 이런 자들의 차지가 되고, 다른 모든 죄인들은 그저 하급의 죄수들에 지나지 않는 것처럼 말입니다. 그러나 이 둘 중에 불신앙이 더 큰 죄요, 따라서 이런저런 다른 죄보다도 더 강조하여 이 죄를 "심판 받게 하는 죄"(the damning sin)로 규정할 수 있을 것입니다. "믿지 아니하는 자는 … 벌써 심판을 받은 것이니라"(요 3:18). 믿지 않는 자는 이미 감옥에 들어갈 수감영장(收監令狀)을 받아놓고 있는 것입니다.

그렇습니다. 어떤 의미에서 그는 이미 감옥에 들어가 있습니다. 그에게 심판 받을 자라는 딱지가 붙어 있는 것입니다. 하나님께서 유대인들을 "믿지 않는 가운데" 가두어 두셨다고 말씀합니다(롬 11:32. 한글개역개정판은 "순종하지 아니하는 가운데"로 번역함 — 역주). 마귀가 아무리 죄인들을 든든한 감옥에 가둔다 해도 이보다 더 확실한 감옥에 가둘 수는 없습니다. 그런데 믿음이 영혼을 생명과 복락의 약속에 가두어 둡니다. 하나님께서 노아를 방주에 가두어 두신 것처럼 말입니다. "여호와께서 그를 들여보내고 문을 닫으시니라"라고 말씀하고 있습니다(창 7:16). 이와 같이 믿음도 영혼을 하나님의 언약의 방주이신 그리스도 안에 가두어 두시고, 하늘로부터나 지옥으로부터 오는 모든 두려움과 위험에서 벗어나게 하십니다. 그런데 이와 반대로 불신앙은 영혼을 죄책과 진노 속에 가두어 두므로 불신자에게는 심판을 피할 가능성이 전혀 없고, 마치 불이 활활 타는 화로 속에 갇힌 자처럼 불길을 피할 가망이 전혀 없는 것입니다. 마음의 문에 이러한 불신앙의 나사못이 박혀 있는 한, 그 어떠한 도움도 죄인에게 다가갈 수가 없습니다. 우리의 구원이 다른 은혜들이 아니라 오직 믿음으로 말미암는 것처럼 — 물론 구원받은 사람에게 그 은혜들이 당연히 있지만 — 죄인들의 정죄와 심판은 그들의 불신앙으로 말미암는 것입니다. 물론 다른 죄들도 그들에게 함께 있지만 말입니다. 하나님의 성령께서는 유대인들의 외식과 투정과 반역 등의 죄는 그냥 지나치시고 그들의 멸망을 이 불신앙이라는 한 가지 죄의 문에다 드리우시는 것입니다. "그들이 믿지 아니하므로 능히 들어가지 못한 것이라"(히 3:19).

오오, 복음 아래서 사는 죄인 여러분! 여러분이 멸망으로 향하고 있다면, 여러분을 망하게 하는 것이 무엇인지를 그 전에 아시기 바랍니다. 그것은 바로 여러분의 불신앙입니다. 악인이 재판을 받아 죽게 되었을 때에 재판관이 자비의 시(詩)를 읽으면 목숨을 살려 주겠다고 하는데 그가 그 시를 읽지 않는다면, 그가 읽지 않은 것 때문에 죽었다고 말할 수 있을 것입니다. 그런데 복음의 약속이 바로 하나님께서 율법의 정죄를 받은 죄인들에게 그의 아들을 통해서 베푸시는 그 자비의 시입니다. 그리고 믿는 것은 그 자비의 시를 읽는 것입니다. 그러므로 여러분이 믿지 않고 심판을 받는다면, 여러분은 다른 모든 죄들보다도 그 최종적인 불신앙 때문에 지옥에 들어가는 것입니다. 다른 모든 죄들에 대해서는 그리스도를 영접하고 그를 믿을 때 무죄로 처리해 주시겠다는 제의가 이미 여러분에게 베풀어져 있기 때문입니다. 그러므로 여러분, 바로 이 불신앙의 죄를 대적하여 우리 모두 일어납시다. 블레셋 사람들이 삼손을 "우리의 땅을 망쳐 놓는 자"라 부르며 그를 대적하여 일제히 일어난 것처럼 말입니다(삿 16:24). 불신앙이야말로 여러분의 영혼을 망쳐 놓는 자입니다. 아니 그보다 더 악한 존재입니다. 그렇습니다. 그것은 다른 죄들보다 더 잔인하고 피비린내 나는 손으로 영혼을 망쳐 놓습니다. 장차 그 큰 날 죄인들의 세계 전체가 두 가지 큰 죄목으로 형벌을 받게 될 것을 봅니다(살후 1:8). 거기서 그리스도께서 심판을 위하여 강림하실 것이 표현되어 있는데, 이때에 그의 심판 선고를 받게 될 그 비참한 존재들을 두 부류로 말씀합니다. 곧, "하나님을 모르는 자들"과 "주 예수의 복음에 복종하지 않는 자들"이 그들입니다. 복음을 믿지 않고 부정적으로 반응하는 이교도들의 경우는 불신앙의 죄가 적용되지 않습니다. 그들에게는 복음이 한 번도 전해지지 않았기 때문입니다. 그렇습니다. 그들은 "하나님을 모르는 것" 때문에 지옥에 보내질 것이고, 따라서 복음을 전달받은 유대인이나 그리스도인 이방인들 — 물론 이들 중에도 상대적으로 더 강하고 더 오래 복음의 빛을 받은 이들이 있겠지만 — 보다는 훨씬 가벼운 심판을 받게 될 것입니다. 이들에 대해 제기될 끔찍한 혐의는 그들이 우리 주 예수 그리스도의 복음에 복종하지 않았다는 것, 즉, 그리스도를 믿지 않았다는 것 — 그러므로 그리스도를 믿는 것을 가리켜 "믿음의 순종"이라 부릅니다(롬 16:26. 한글개역개정판은 "믿어 순종하게 하시려고"로 번역함) — 이 될 것입니다. 그러므로 우리는 지옥에서 이 복음을 거부한 자들이 그들에게 합당한 특별한 고통 — 한 번도 은혜를 받은 적이 없는 자들은 전혀 느끼지 못하는 — 을 받게 될 것이라고 생각하지 않을 수가 없습니다. 복음에 복종하지 않은 자들 중에서도 특히 가장 오랫동안 가장 강렬한 자비의 제의를 받았던 자들에게 가장 큰 형벌이 임할 것입니다. 이들이야말로 하나님의 자비를 가장 크게 무시한 자들이요, 따라서 그들에 합당한 대로 가장 큰 진노와 복수를 받아 마땅한 자들입니다. 그렇습니다. 그들의 불신앙이 그리스도와 또한 그의 안에 있는 하나님의 은혜에게 피조물로서 가능한 최악의 수치와 모욕을 안겨준 것입니다. 그러므로 하나님께서 다른 어떤 죄인들보다도 그들과 또한 그들의 불신앙을 사람과 천사들 앞에서 가장 큰 치욕을 당하게 하시는 것은 지극히 의로운 처사인 것입니다.

[진지하게 우리의 믿음을 시험해 보아야 할 이유들]

적용 2. 믿음이 은혜들 중에 으뜸입니까? 그렇다면 우리는 우리의 믿음에 거짓이 없는지를 더욱 면밀하고도 주의 깊게 시험해 보아야 할 것입니다. 세상에는 너무나 가치가 미미하여 그것들에 대해 노심초사해도 그 고통이나 수고에 합당한 만큼 소득이 전혀 없으므로 꼼꼼하게 따지는 것이 도무지 어리석은 일도 있습니다. 그런 일에 대해서는 오히려 관심을 두지 않고 무시하는 것이 지혜일 것입니다. 그러나 반대로 너무도 가치가 크고 또한 심각한 결과를 초래하기 때문에 자신의 지혜를 의문시하려는 자가 아니면 아무도 그 일에 대해 실수를 범하거나 속임을 당하기를 바라지 않는 그런 일도 있습니다. 지혜 있는 자라면 과연 보석 값을 지불하고 조약돌을 받을 사람이 어디 있겠습니까? 목숨이 경각에 달려 있는데 그 목숨을 구할 길은 오로지 아주 희귀한 명약을 구하여 복용하는 길밖에 없다면, 그 약에 대한 권리를 갖기 위해 모든 수고를 다 기울이지 않을 사람이 누구겠습니까? 형제 여러분, 이 고귀한 믿음이라는 진주를 얻기 위해서라면 이보다 무한히 더 관심과 수고를 기울여야 하지 않겠습니까? 마귀가 내미는 아주 교묘한 가짜 진주를 받고 싶습니까? 하나님께서 그의 자녀들에게 주시는 — 그리하여 "하나님의 택한 자들의 믿음"이라 불리는 — "거짓이 없는 믿음"(딤후 1:5)이 아니라, 마귀가 여러분을 속이기 위해 만들어 놓은 거짓 믿음을 받고 싶습니까? 하나님께서 여러분을 치유해 줄 명약을 친히 베풀어 주셨는데도, 반드시 여러분을 죽이고 말 마귀의 가짜 약을 복용하겠습니까? 옷을 사러 가면 가게에 있는 옷 중에 가장 좋은 것을 구할 것입니다. 시장에서 고기를 살 때에도 최상의 고기를 사고자 할 것이고, 변호사가 필요할 때에도 가장 유능한 변호사를 택할 것이며, 건강을 위해 의사가 필요할 때에도 가장 실력 있는 의사의 처방을 따를 것입니다. 그런데 여러분의 영혼을 위해서는 과연 최상의 것을 바랍니까? 최고의 믿음을 갖고 싶지 않습니까? 사람이 만일 가짜 돈을 받는다면, 자기 자신만 손해를 보면 그만입니다. 그리고 거짓 믿음을 가졌다면 여러분의 손해는 결코 작지 않을 것입니다. 마지막 심판대에서 여러분 자신이 그것을 인정할 것이요, 하나님께서는 여러분이 그에게 진 빚을 갚든지 아니면 지옥에 들어가 슬피 울라고 명하실 것입니다. 이 얼마나 어처구니없는 일이겠습니까! 여러분은 여러분의 믿음을 자랑스럽게 여기고 그 믿음 — 주 예수를 믿는다는 — 으로 구원을 받기를 기대하지만, 그런 여러분의 확신이 여지없이 깨어집니다. 하나님께서는, 여러분이 손에 쥐고 있는 것이 믿음이 아니라 거짓이니 그리스도께서 여러분을 대신하여 친히 값을 지불하신 것으로 인정할 수 없다는 끔찍한 말씀을 주시고 여러분을 형 집행자의 손에 넘겨 주실 것입니다. 믿지 않았다는 것은 물론, 또한 천국의 왕의 동전을 가짜로 만들고 가짜 돈에 그의 이름을 새겨 넣었다는 죄목으로 말입니다. 여러분은 가슴에 거짓 믿음을 지니고 있으면서 참 믿음이 있는 체한 것이니 그런 형벌을 받는 것이 당연한 것입니다. 이 정도도 여러분을 일깨워 조심스레 믿음을 시험해 보게 하기에 족하지만, 이 권면에 좀 더 무게를 실어 주기 위해 다음 세 가지를 더 말씀드리겠습니다.

첫째 이유. 여러분의 믿음의 상태에 따라 다른 모든 은혜들의 상태도 결정된다는 것을 생각하시기 바랍니다. 결혼이 합법적이냐 불법적이냐에 따라 거기서 난 모든 자녀들이 적자(嫡子)가 되기도 하고 사생자(私生子)가 되기도 합니다. 이와 마찬가지로 그리스도와 맺은 우리의 결혼의 진위 여부에 따라 우리의 모든 은혜들의 진위 여부가 결정되는 것입니다. 자, 우리가 그리스도와 결혼하는 것은 믿음으로 되는 일입니다. 바울은 고린도 사람들에게, "내가 너희를 정결한 처녀로 한 남편인 그리스도께 드리려고 중매함이로다"라고 말씀합니다(고후 11:2). 그들의 믿음을 통해서가 아니면 어떻게 그렇게 하겠습니까? 영혼이 그리스도를 그 남편으로 취하겠다고 동의하는 것은 믿음으로 하는 일입니다. 그러니 우리의 믿음이 거짓이면, 그리스도와의 결혼도 거짓입니다. 그리고 그 결혼이 거짓이면 우리가 있다고 여기는 모든 은혜들이 천박한 가짜들이 되어 버리는 것입니다. 겉모양이 아무리 그럴듯해 보여도 — 놈팡이도 얼굴은 번드르르한 것처럼 — 그것들 모두가 불법적인 것들입니다. 우리의 겸손이나 인내나 절제나 모든 것이 사생자가 되고 마는 것입니다. 그런데 여러분도 알다시피 "사생자는 여호와의 총회에 들어오지 못"합니다(신 23:2). 이에 못지않게 어떠한 사생자 은혜도 천국의 의인의 총회에 들어가지 못하는 것입니다. 자기의 친자녀가 있는 사람이 다른 사람의 사생자를 자기의 상속자로 삼을 리가 있겠습니까? 하나님께는 천국의 영광을 상속할 그의 자녀들이 있습니다. 하나님께서 친히 그의 영으로 말미암아 그 자신의 거룩한 본성을 꼭 닮은 그 하늘의 은혜들을 마음에 낳게 하신 그런 자녀들 말입니다. 그러니 외인들과 가짜 신자들에게는 절대로 하늘의 영광을 물려 주시지 않습니다. 그들은 마귀의 사생자들인 것입니다.

둘째 이유. 참된 믿음의 훌륭함이 거짓 믿음을 더욱 추하게 만든다는 것을 기억하기 바랍니다. 임금의 아들은 지극히 높은 사람이기 때문에 천한 사람이 스스로 임금의 아들로 사칭하는 것은 매우 중한 범죄입니다. 우리는 믿음으로 "하나님의 자녀"가 됩니다(요 1:12). 그렇다면 거짓 믿음을 갖고서 여러분이 얼마나 파렴치한 짓을 범하는 것인지 모릅니다. 여러분의 핏줄에 하늘의 피가 하나도 없고, 여러분의 친척들이 오히려 지옥에 더 많고 또 여러분의 혈통이 사탄에게서 비롯되었는데도, 여러분 스스로 하나님의 자녀를 사칭하고 있으니 왜 안 그렇겠습니까? 이는 성경에서 말씀하는 신성모독에 결코 못지않은 죄입니다: "자칭 유대인이라 하는 자들의 신성모독도 알거니와 실상은 유대인이 아니요 사탄의 회당이라"(계 2:9. 한글개역개정판은 "신성모독"을 "비방"으로 번역함 — 역주). 하나님은 그런 자를 지극히 혐오하십니다. 사람이 보기에도 거짓 친구는 노골적인 원수보다 더 나쁩니다. 외식적인 가룟 유다가 저 잔인무도한 빌라도보다 더 하나님께 미움을 받았습니다. 그러므로 여러분, 참된 믿음을 소유하든지, 아니면 아무 믿음도 없는 자답게 행하십시오. 원숭이는 모든 짐승 가운데 가장 어처구니없는 존재입니다. 사람의 얼굴을 가졌으면서도 사람의 영혼이 없기 때문입니다. 이와 마찬가지로 모든 죄인 가운데서, 말(言)과 겉모양에서 원숭이처럼 신자를 모방하지만 신자의 영이 없어서 한 번도 믿음의 행위를 시행한 적이 없는 그런 자만큼 마지막 날에 처절한 치욕을 당할 자가 없을 것입니다. 시편 기자는 하나님께서 "그들의 형상을 멸시하실" 자들에 대해 말씀합니다(시 73:20). 이는 주로 악인이 일시적으로 번영하는 것에 대한 말씀인데, 그저 잠시뿐인 악인의 번영을 잠자는 사람이 꿈속에서 보는 갖가지 유쾌한 것들의 형상 — 잠에서 깨어나면 이 모든 것들이 사라지고 맙니다 — 에 빗대는 것으로서, 그 큰 날에 하나님께서 그렇게 악인의 번영을 멸시하시리라는 것입니다. 그 날에 그는 사람이 세상에서 재물과 명예를 가졌다고 해서 그에게 천국과 영광을 주시지 않고, 오히려 은혜가 없으면 그를 세상의 지극히 가난한 거지와 똑같이 지옥에 던져 버리실 것입니다. 그러나 그 날에 하나님께서 이들보다 그 형상을 더욱더 멸시하실 또 다른 부류의 사람들이 있습니다. 바로 모든 일시적인 신자들과 상상으로만 믿음을 가진 불건전한 신앙 고백자들의 형상을 하나님이 가장 멸시하실 것입니다. 이들은 자기들의 상상에 따라 믿음의 형상을 세워 놓고, 마치 스스로 위대한 임금이라 꿈꾸며 즐거워하는 사람처럼 스스로 온갖 즐거운 생각들을 하면서 그 형상 주위에서 춤을 춥니다. 그러나 그 날이 오면 이 커다란 우상이 깨어질 것이요 그 우상을 섬기던 자들은 지극한 치욕으로 지옥에 떨어질 것입니다.

셋째 이유. 거짓 믿음으로 스스로 아첨하는 자보다 참 믿음을 얻기에 불리한 처지에 있는 사람이 없다는 점을 생각하기 바랍니다. "네가 스스로 지혜롭게 여기는 자를 보느냐? 그보다 미련한 자에게 오히려 희망이 있느니라"(잠 26:12). 즉, 그를 설득할 희망이 더 많다는 뜻입니다. 미련한 자 중에서도 스스로 우쭐해져 있는 미련한 자가 최악입니다. 교만 때문에 조언을 받아들일 줄을 모르기 때문입니다. 느부갓네살의 마음이 "교만으로 완악하여"졌다고 말씀합니다(단 5:20). 교만한 사람과는 이치를 따질 수가 없습니다. 그는 교만한 생각으로 스스로 성을 쌓고, 그에게 제기되는 모든 논지들을 저지하며 자신을 방어합니다. 입으로만 신앙을 떠드는 교만한 자에게, 믿음을 위하여 힘쓸 것을 권고하며 그렇게 하지 않으면 망할 것이라고 경고하면, 그 사람은 여러분이 실수하는 것이요 사람을 잘못 찾은 것이며, 오히려 무식하거나 불신앙적인 자를 찾아가서 그런 이야기를 했어야 할 것이라고 말할 것입니다. 그는 자기가 새삼스레 믿음을 구할 필요가 없다는 것을 하나님께 감사할 것이며, 또한 자신의 처지가 좋다는 것을 스스로 칭찬할 것입니다만, 정작 하나님께서는 그에 대해 이렇게 말씀하실 것입니다: "그는 재를 먹고 허탄한 마음에 미혹되어 자기의 영혼을 구원하지 못하며, 나의 오른손에 거짓 것이 있지 아니하냐 하지도 못하느니라"(사 44:20). 무지하고 속된 사람은 시편 기자가 말하는 "낮은 자"와 같아서 완전히 "헛"됩니다(시 62:9. 참조, 한글개역판 — 역주). 이들은 스스로 아무것도 없고 아무것도 받을 자격이 없다는 것을 인정하기가 어렵지 않습니다.

이들에게는 지옥과 심판밖에는 받을 자격이 없으므로 아무것도 기댈 것이 없습니다. 그러나 믿음이 있는 체하며, 스스로 거짓 믿음으로 만족하는 자들은 마치 "높은 자" 같아서 "거짓"되며, 무지하고 속된 사람과 마찬가지로 헛됩니다만, 그럴듯한 것들로 포장하여 그것을 감추고 있는 것입니다. 그러므로 마귀가 나서서 가짜 믿음으로 그 어리석은 영혼들을 속여 스스로 믿는 것으로 착각하게 만들고, 할 수 있는 대로 성령의 역사를 방해하여 그 영혼들로 하여금 참된 믿음을 얻지 못하게 막고자 하는 것입니다. 이는 여로보암의 사악한 정책과 비슷합니다. 그는 이스라엘 사람들이 예루살렘으로 가서 거기서 참된 예배를 드리기를 갈망하는 것을 막기 위하여 가까이서 손쉽게 할 수 있는 "금송아지" 예배를 만들었고, 많은 이들이 이것을 좋아했습니다. 구태여 예루살렘까지 가는 수고를 하지 않아도 되기 때문이었습니다. 오오 형제 여러분, 그러므로 거짓 믿음에 속지 않도록 주의하시기 바랍니다. 누구나 죽은 아기가 아니라 산 아기가 자기 아기이기를 바랍니다. 또한 우리는 누구든지 거짓 믿음이 아니라 참 믿음이 있는 자로 인정하고 싶어 합니다. 그러나 여러분 자신의 판단에 맡기지 마시고, 하나님의 성령께 호소하십시오. 그가 오셔서 그의 말씀의 검으로 그 문제를 종결지어 주시기를 구하십시오. 여러분의 믿음은 어떤 믿음입니까? 참 믿음입니까, 아니면 거짓 믿음입니까?

—

둘째 대지

["믿음의 방패" 자체와 그 진위 여부를 판단하는 법]

지금쯤이면 여러분은 아마 여러분의 믿음이 어떤 것이며, 또한 어떻게 하면 그 믿음이 참되다는 판단을 할 수 있을지를 알기를 바랄 것입니다. 자 이에 대해 도움을 얻기 위해서, 다음의 두 가지 지침을 잘 취하시기 바랍니다. 그 하나는 믿음을 이루시는 성령의 방식에 근거한 것이요, 다른 하나는 믿음이 발휘될 때에 나타나는 믿음의 특징들에 근거한 것입니다.

[믿음을 이루시는 성령의 방식]

첫째 지침. 믿음이 어떤 것이고 또한 그것을 어떻게 판단할지를, **영혼 속에서 믿음을 이루시는 성령의 방식에서** 알게 됩니다. 이는 그리스도의 영으로 말미암아 영혼 속에서 이루어지는 가장 큰 역사로서 타의 추종을 불허합니다. 이를 가리켜, "믿는 우리에게 베푸신 능력의 지극히 크심"이라 부릅니다(엡 1:19). 오오, 하나님의 성령께서는 얼마나 놀라운 표현들을 주셔서 우리의 연약한 지성으로 하여금 그 무게에 짓눌려 애쓰게 하시는지 모릅니다. 이 표현들의 정확한 의미를 깨닫기가 너무도 어렵고, 우리의 생각을 아무리 넓혀도 이를 완전히 이해할 수 있는 능력을 얻을 수가 없을 것입니다. 사실 이 표현들은 무한한 것이요 우리의 지성의 좁디좁은 벽 속에 가두어 두기에는 너무도 큰 것들입니다. "능력", "능력의 크심", "지극히 크심", "그의 능력의 지극히 크심", 곧 하나님의 능력이 그러하다는 것입니다. 하늘의 어떤 천사가 과연 이 모든 것이 어느 정도인지를 우리에게 알려줄 수 있겠습니까? 하나님께서, 감히 표현하자면, 이 일에 그의 힘 전체를 쏟아 부으시는 것입니다. 이 일을 자그마치 다음의 일과 비교하고 있습니다: "그의 능력이 그리스도 안에서 역사하사 죽은 자들 가운데서 다시 살리시고 하늘에서 자기의 오른편에 앉히사 모든 통치와 권세와 능력과 주권과 이 세상뿐 아니라 오는 세상에 일컫는 모든 이름 위에 뛰어나게 하시고"(엡 1:20, 21). 누군가를 죽은 자 가운데서 다시 살리는 일은 과연 능력의 일이요, 전능한 일입니다. 그런데 그리스도를 죽은 자 가운데서 다시 살리는 일에는 그저 보통 사람을 다시 살리는 일보다 더 크고 놀라운 일입니다. 그는 그 외의 어느 누구보다도 그를 짓누르는 무덤의 돌이 더 무거웠지만 — 세상의 죄의 무게가 그에게 드리워져 있었으니 말입니다 — 그럼에도 불구하고 그는 성령의 능력으로 다시 사셨고, 그것도 그냥 무덤에서 나오기만 하신 것이 아니라 영광에로 들어가셨습니다. 그런데 하나님께서 영혼 속에서 믿음을 이루는 데에 부으시는 능력이 바로 그리스도를 다시 살리시는 이 능력과 같은 것이라는 것입니다. 죄인의 죄로 인하여 그리스도의 몸이 진짜로 무덤 속에 계셨던 것처럼 그와 똑같이 죄인의 영혼도 진짜로 죽어 있는 것이기 때문입니다. 그러니, 여러분 말씀해 보십시오. 여러분 속에 그런 놀라운 하나님의 능력이 역사한 것을 어떤 식으로든 접하고 계십니까? 아니면, 믿는다는 것을 가볍게 생각하여 이 신비에 대해 여러분 스스로 전혀 문외한임을 드러내고 계십니까? 분명 이 한 가지만으로도 많은 이들에게 — 그들이 자기들의 처지를 알기를 원한다면 — 그들이 믿음이 전혀 없다는 것을 밝혀줄 것입니다. 믿음을 그렇게 하찮고 가벼운 문제로 만들어 버리고, 믿는 일이 마치 자기들이 원하면 얼마든지 할 수 있는 아주 손쉬운 일인 것처럼 여기며, 믿음으로 그리스도를 영혼에 영접하는 일이 손으로 빵 조각을 집어 입에 넣는 것만큼이나 쉬운 일인 것처럼 이야기하니 말입니다. 사람들에게 물어보십시오. 과연 하나님의 능력이 그들에게 임하여 죄로 인하여 그들을 낮아지게 하며, 그들을 움직여 그리스도께로 효과적으로 이끌었던 날이나 때가 과연 있었는지를 말입니다. 그들의 반응은 마치 베드로가 질문했을 때에 에베소 사람들이 보인 반응과 같을 것입니다. "너희가 믿을 때에 성령을 받았느냐? 이르되, 아니라 우리는 성령이 계심도 듣지 못하였노라"(행 19:2). 이들은 아마도, "믿음이 이루어지는 일에 과연 그런 능력이 필요한지 혹은 필요하지 않은지도 전혀 알지 못한다"고 말할 것입니다. 그러나 영혼 속에 믿음이 생기도록 하시는 성령의 능력적인 역사를 더욱 구체적으로 생각하기 위해서는, 다음을 생각하는 것이 필요할 것입니다. 곧, 그리스도의 영께서 이 크신 역사를 시작하시기 전에 과연 영혼의 자세가 어떠하며, 또한 성령께서 영혼에게 어떻게 일하시며, 또한 믿음을 이루기 위하여 영혼에게 어떠한 행위를 하시는지를 살펴보아야 할 것입니다.

첫째. 그리스도의 영께서 그의 크신 역사를 시작하실 때에 영혼의 자세가 어떠한가 하는 것입니다. 그때에 영혼은 성령의 그 크신 역사에 조금이라도 기여하고 도울 능력도 없고, 또한 기여하고 도울 뜻도 없는 상태에 있습니다. "세상 임금"이 그리스도를 시험하러 왔을 때에, 시험의 계획을 밀고나갈 아무런 꼬투리도 잡지 못했던 것처럼, 그리스도의 영이 죄인에게 임하실 때에도 죄인에게서 전혀 도움이 되는 점을 찾지 못하십니다. 성령께서 처음 그 영혼을 함락시키시려고 임하실 때에, 그 영혼의 성내(城內)에는 그의 편에 서는 자가 하나도 없고 그 사람의 모든 것들이 무장 봉기하여 그를 대항하는 것입니다! 죄인더러 굴복하라고 명령하나 이에 대해 온갖 조롱이 가득한 답변들을 제기합니다. "자기 땅에 오매 자기 백성이 영접하지 아니하였으나"(요 1:11). 아무리 성내 온 부대가 공격하는 원수의 포화와 창검을 대항하여 결사항전을 했다고 해도, 하나님이 영혼을 굴복시켜 순종하게 하시기 위하여 하나님께서 사용하시는 모든 수단에 대해 육신적인 마음이 저항하는 것에는 미치지 못하는 것입니다. 영혼의 행위들이 아무리 고상하다 해도, 그것들은 "땅 위의 것이요 정욕의 것이요 귀신의 것"에 지나지 않습니다(약 3:15). 그러므로 하늘과 땅이 만날 수 없는 이상 — 관능적인 것과 영적인 것이 동시에 만족을 주고, 하나님과 마귀가 서로 일치하는 일이 없는 이상 — 죄인이 자기 스스로 그리스도께서 취하시는 역사를 좋아하게 되거나 혹은 죄인을 설득하여 그것을 좋아하게 만들 희망이 전무한 것입니다. 그것을 좋아하지 않는 것이 땅에 속하여 있고 정욕적이며 귀신적인 죄인의 본성에서 비롯되는 것인 한, 그럴 희망은 전혀 없는 것입니다.

둘째. 이제 성령께서 영혼에게 어떻게 일하시며 또한 믿음을 이루기 위하여 그가 영혼에게 어떠한 행위를 하시는지를 살펴봅시다. 성령의 역사는 영혼의 여러 가지 기능들에 적절히 들어맞는데, 그 중 주요한 것은 세 가지이니, 곧, 지성, 양심, 그리고 의지가 그것입니다. 이것들은 마치 세 겹의 보루와 같아서, 성을 함락하기 위해서는 — 즉, 죄인을 믿음의 순종에 굴복시키기 위해서는 — 반드시 이 모든 것들을 무너뜨려야 합니다. 그러므로 성령께서는 다음과 같은 순서로 이것들 하나하나에 대해 역사하시고, 전능하신 능력을 부으십니다.

[성령께서 영혼 속에 믿음을 이루실 때에 행하시는 구체적인 역사들]

1. 성령께서 지성에게 접근하시고 그 위에 조명의 역사를 행하십니다. 성령은 캄캄한 상점에서는 일하시지 않습니다. 믿음을 위해서 그가 행하시는 첫 번째 일은 영혼 속에 창문을 내시고 하늘로부터 빛이 그리로 들어가게 하는 것입니다. 그러므로 신자들이 "심령이 새롭게" 된다고 말씀하며(엡 4:23), 또한 동일한 사도는 이를 "지식에까지 새롭게 하심을 입는" 것으로도 말씀합니다(골 3:10). 본성적으로 우리는 하나님에 대해 아는 것이 별로 없고, 그리스도나 그로 말미암는 구원의 길에 대해 아무것도 모릅니다. 그러므로 눈이 떠져서 생명의 길을 먼저 보아야만 죄인이 믿음으로 그리로 들어갈 수가 있는 것입니다. 하나님은, 마치 항구에 도착할 때까지 아무것도 보지 못하고 뱃속에 갇혀 있는 배의 승객처럼 그렇게 영혼들을 대하시지 않습니다. 만일 하나님이 영혼들을 그런 식으로 대하신다면, 시편 기자가 하나님의 영감을 받아 저 무지몽매한 이방인들을 위하여 아뢴 다음과 같은 기도가 필요 없는 것이었을 것입니다: "주의 도를 땅 위에, 주의 구원을 모든 나라에게 알

리소서"(시 67:2). 믿음은 그리스도를 신뢰하는 것이나 그를 의지하는 것이 없이 그냥 동의만 하는 것도 아니고, 지식이 없이 그냥 맹목적으로 동의하는 것도 아닙니다. 그러므로 만일 그리스도가 누구시며, 그가 가련한 죄인들의 구원을 위해 무슨 일을 행하셨으며, 또한 그리스도 안에서 구원을 누리려면 어떻게 해야 하는지 등에 대해 아무것도 모르는 야만적인 무지의 상태 속에 계속 있다면, 여러분은 믿음과는 거리가 먼 것입니다. 여러분의 영혼 속에 밝은 낮이 밝아오지 않았다면, 믿음으로 여러분의 영혼 속에서 의의 태양이 떠오르신 것은 더더욱 아닌 것입니다.

2. 하나님의 성령께서는 지성에게 빛을 비추어 주실 그때에, 또한 **양심에도 역사하시며 책망의 일을 행하십니다**: "그가 와서 죄에 대하여, 의에 대하여, 심판에 대하여 세상을 책망하시리라"(요 16:8). 이 책망은 다름 아니라 지성 속에 있는 빛이 양심에 투영되는 것을 지칭하는 것입니다. 이러한 책망을 통하여 죄인이 자기가 아는 진리들의 무게와 힘을 느끼게 되고, 그리하여 그것들을 깊이 지각하게 되는 것입니다. 직사광선의 빛은 열기를 내지 못하고, 뇌 속에 헤매는 지식도 영향을 주지 못합니다. 복음 아래 있는 자들은 대부분 불신앙이 심판받을 죄라는 것도 알고 있고, 그리스도의 이름 외에는 구원 얻을 이름이 없다는 것도 알고 있습니다. 그런데 이것을 가슴으로 알고 그것을 양심에 적용시켜, 자기들이 불신자요 그리스도가 없는 처절한 상태에 있다는 것을 깊이 깨닫는 자를 보기가 얼마나 힘듭니까? 공개적인 법정에서나 법적인 대리인 앞에서 증인들의 분명한 증언과 진술에 근거하여 알코올중독자임이 인정된 자는 유죄를 선언 받은 알코올중독자(a convicted drunkard)입니다. 이와 마찬가지로 성경적으로 볼 때에, 성령께서 제기하시는 말씀의 명백한 증거에 근거하여 스스로 죄인임을 자기 양심 — 양심은 가슴속에서 역사하는 하나님의 일꾼입니다만 — 으로 깨닫는 자는 책망 받은 죄인(a convicted sinner)입니다. 여러분 말씀해 보십시오. 이와 같은 하나님의 성령의 역사가 여러분에게 일어난 적이 있습니까? 다음과 같은 성령의 책망을 받은 죄인의 몇 가지 특징들을 통해서 여러분 자신의 상태를 더 선명하게 분별할 수 있을 것이라 여겨집니다.

(1) 성령의 책망을 통해 진실로 깨달음을 얻은 죄인은 이런저런 죄에 대해 깨닫는 것은 물론 **모든 죄의 사악함을 깨닫습니다**. 사람이 어느 한 가지 죄에 대해서는 잘못을 알고 열정적으로 부르짖지만 또 다른 죄에 대해서는 전혀 무감각하다면 이는 별로 좋지 않은 증표입니다. 한 부분은 부드럽고 다른 부분은 딱딱한 살짝 데

쳐진 양심은 바른 것이 아닙니다. 하나님의 성령께서는 전체에 고루 역사하시는 것입니다.

(2) 깨달음을 얻은 죄인은 죄의 행위들(acts of sin)에 대해서만이 아니라 죄의 상태(the state of sin)에 대해서도 깨닫습니다. 그는 자기가 저지른 일들 때문에 — 이 법을 어겼고 저 자비를 무시한 것 때문에 — 괴로워할 뿐 아니라, 자신의 현재의 처지와 상태가 어떤지를 깨닫고 그것 때문에 괴로워하는 것입니다. 베드로는 마술사 시몬으로 하여금 그가 저지른 끔찍한 행위들을 깨닫게 하였고, 거기서 더 나아가 그 스스로 보여주는 바 그 자신의 현 상태 — 이것이 그 행위들보다 더 나쁩니다 — 를 생각하게 해주었습니다. "내가 보니 너는 악독이 가득하여 불의에 매인 바 되었도다"(행 8:23). 행하여야 하는 대로 행하지 못했다고 고백할 사람은 많습니다. 하지만 자기들의 상태가 지극히 악하다는 것 — 죄와 사망의 상태라는 것 -을 마음속에서 뼈저리게 느끼고 안타까워하지는 않습니다. 하지만 깨달음을 얻은 죄인은 이 사망 선고 아래 자신을 놓고, 자신의 처지를 깊이 생각하며, 자신의 죄과를 숨기지 않습니다. 그런 사람은 이렇게 말합니다: "나는 지극히 악한 자요, 사탄의 수족이요, 독이 가득한 두꺼비처럼 죄가 가득한 자로다. 썩은 시체가 악취와 부패가 가득한 것처럼 나의 본성 전체에 사악이 가득하도다. 나는 진노의 자식이요 지옥 불 이외에는 받을 기업이 전혀 없이 출생하였으니, 만일 하나님이 지금 나를 그리로 던져 넣으신다 해도 나는 그런 처사에 대해 아무것도 항의할 거리가 없고, 나를 멸망시키시는 하나님의 처사에 조금도 부당한 것이 없음을 내 양심이 증언하리라."

(3) 깨달음을 얻은 죄인은 자신이 저지른 일과 또한 자신의 상태로 인하여 자신을 정죄할 뿐 아니라 자기 자신을 구할 방도가 전혀 없음을 알고 자기 자신에 대해 절망합니다. 많은 이들이 스스로 추악한 악인이며, 악하게 살아왔으며 그리하여 죽어 마땅하다는 것을 고백하는 데까지 나아가면서도, 자신을 정죄하는 행위를 통해서 목에 밧줄을 동여맨 다음에는 자기의 전적인 무능함을 깨닫기는커녕 오히려 스스로 자신을 변혁시키고 개조시키면 그 밧줄이 끊어지지 않을까 하는 희망을 갖습니다. 그러나 그들이 도대체 무슨 선행들로 하나님 앞에서 그들의 신용을 다시 찾고 과거의 죄들로 인하여 상실해 버린 그의 사랑을 회복하려는지 알 수가 없습니다. 그런데 이렇게 되는 것은 모든 죄인의 마음에 철저하게 배어 있는 자기 신뢰의 은밀한 뿌리들을 긁어서 제거할 만큼 그 깨달음의 쟁기가 마음의 밭에 깊

이 들어가지 못하기 때문입니다. 반면에 성령으로 말미암아 철저하게 깨달음을 얻은 사람은 자신에 대해 철저하게 절망하는 사람입니다. 그는 자기 자신이 마치 형이 확정된 불쌍한 죄수처럼 스스로 도울 길이 전혀 없는 것을 봅니다. 너무도 무거운 사슬에 매여 있으므로 자기의 기술이나 힘을 다하여 애써도 공의의 손길에서 벗어나는 것이 절대로 불가능하다는 것을 깨닫는 것입니다. 오오 형제 여러분, 여러분의 영혼 속에 그런 역사가 일어났는지를 살피십시오. 멸망하는 자들 대부분은 그들의 질병 때문이 아니라 그들의 의사 때문에 죽습니다. 그들은 자기들 스스로가 치유할 수 있다고 생각하며, 그 때문에 그들이 도무지 치유 불가능한 처지가 되어 버리는 것입니다. 여러분, 그렇게도 많은 이들이 굴을 파고 숨어 있는데, 주께서 과연 굴 속에 숨어 있는 여러분을 찾아서 꺼내어 주신 일이 있습니까? 여러분이 저지른 죄악에 대해 느끼고 아는 만큼, 어떻게 해야 할지에 대해서도 그만큼의 혼란이 있습니까? 여러분의 죄 속에 지옥이 보입니까? 여러분 속에 절망이 보입니까? 하나님께서 여러분을 이 그일라에서 건져 내셨습니까(삼상 23:13)? 또한 만일 여러분이 자신을 변혁시키고 개조시켜 임무를 다하게 할 수 있다는 자기 신뢰 속에 계속 머물면 그들이 여러분을 대적하여 나아와서 하나님의 공의와 진노의 손에 여러분 모두를 넘겨줄 것이라는 것을 깨닫게 하신 일이 있습니까? 그렇다면 여러분은 과연 지옥이 그 기술로 엮어낼 수 있는 가장 미세한 함정 가운데 하나를 피한 셈이 될 것입니다.

(4) 깨달음을 얻은 죄인은 죄를 깨달아 자기 자신을 정죄하며 자기 자신에 대해 절망할 뿐 아니라, 자신을 정죄하며 자신에 대해 절망하는 자들을 위하여 충만한 배려가 그리스도 안에 쌓여져 있다는 것을 깨닫습니다. "그가 와서 죄에 대하여, 의에 대하여 … 세상을 책망하시리라"(요 16:8). 이것은 앞의 어느 것에도 못지않게 믿음을 위한 필수적인 선결 요건입니다. 이것이 없으면, 죄를 깨닫는 영혼이 그리스도께로 나아갈 생각을 하기보다는 가룟 유다와 함께 교수대로 가거나 아니면 율법의 칼에 넘어질 — 간수가 자신의 처지가 절망적이라고 생각하여 스스로 이를 행하려 한 것처럼 — 가능성이 훨씬 더 많습니다. 자신의 문제를 해결해 주지도 않는데, 누가 그에게 나아가려 하겠습니까?

3. 마지막 세 번째 다룰 것은 의지(意志)입니다. 성령께서는 믿음을 갖게 하기 위하여 새롭게 하는 역사를 행하시고, 이로써 전에는 반역과 고집으로 가득 차 있던 의지를 부드러우면서도 능력적으로 바꾸사 그리스도를 받아들이는 데에로 기울어지게 하

시고 그를 주님으로와 구주님으로 모시기를 자유롭게 의도적으로 선택하도록 만드십니다. 마치 보통 때라면 쳐다보지도 않고 그냥 지나쳤을 것이지만 비바람 속에서는 어쩔 수 없이 원수의 집에라도 들어가 몸을 피하려 하는 것처럼, 하나님의 진노가 두려워서 하는 수 없이 떠밀려서 그리스도를 선택하는 것이 아니라, "자유롭게" 선택하게 하신다는 것입니다. 여러분, 그리스도를 선택하는 일이 기뻐서 하는 일입니까? 그리스도께로 가는 것이 안전을 위한 것일 뿐 아니라 즐거움을 위한 것이기도 합니까? 신부는 이렇게 말합니다: "내가 그 그늘에 앉아서 심히 기뻐하였고"(아 2:3). 또한 그리스도를 선택하되, 그리스도가 베풀어지는 조건들을 잘 살펴보고 진지하게 따져보고서 그것들이 좋아서 "의도적으로" 그를 선택하게 하십니다. 마치 나오미가 강력하게 말리는데도 불구하고 룻이 그 시어머니와 함께 가기를 너무도 원하여 갖가지 고통과 환난이 있음에도 그녀를 따르기를 택한 것처럼 그렇게 그리스도를 선택하게 하시는 것입니다. 여러분, 하나님의 성령께서 그의 황금 열쇠를 여러분의 의지의 자물쇠에 꽂으시고 여러분의 마음의 영구한 문을 여사 영광의 왕이신 그리스도께서 그리로 들어가시게 하신 일이 과연 있었습니까? 감옥에서 잠자던 베드로를 깨우신 것처럼 여러분의 지성의 눈을 뜨게 하시고, 여러분의 양심을 얽어매고 있던 무감각과 어리석음의 사슬들이 풀어지게 하신 것은 물론, 거기서 더 나아가 여러분의 의지의 철문까지도 열어젖히셔서 완악과 고집의 감옥에서 나오게 하셨습니까? 그리고 기쁨을 위하여 천국 문을 두드리게 하셨습니까? 마치 베드로가 감옥에서 나와 마리아의 집 문을 두드리고 거기서 기쁨으로 온 교회를 만난 것처럼 말입니다. 여러분, 선한 위로를 받으시기 바랍니다. 하나님께서 그의 천사가 아니라 그의 성령을 보내셔서 여러분을 죄와 사탄과 공의의 손길에서 구원하셨다는 것을 확실히 알 수 있을 것입니다.

[참된 믿음이 발휘될 때에 나타나는 특징들]

둘째 지침. 우리의 믿음의 상태가 어떠하며 그것을 어떻게 판단할지를, **성령으로 말미암아 우리 속에 믿음이 발휘될 때에 나타나는 특징들**에 근거하여 알 수 있습니다. 여기서는 세 가지만 주목하는 것으로 족할 것입니다. 첫째. 참된 믿음은 순종적입니다. 둘째. 참된 믿음이 발휘될 때에는 기도가 있습니다. 셋째. 그 믿음은 한결같이 행합니다.

[참된 믿음은 순종적임]

첫째 특징. 참되고 훌륭한 믿음은 순종적인 믿음입니다. 즉, 참된 믿음은 약속에 근거하여 계명을 순종합니다. 아브라함은 그의 순종으로 유명합니다. 아무리 힘든 계명이라도 그냥 지나치지 않았습니다. 주인이 발로 두드리는 소리를 듣자마자 모든 것을 버려두고 즉시 주인의 기뻐하시는 뜻이 무엇인지를 알고 행하였으니 그는 과연 순종적인 종이었습니다. 아브라함의 하나님의 종이 바로 이런 사람이었습니다: "누가 동방에서 의인을 일으켜서 그를 자기 발 앞에 불렀느냐?"(41:2). 그런데 과연 무엇이 아브라함으로 하여금 그렇게 순종하도록 만들었습니까? "믿음으로 아브라함은 부르심을 받았을 때에 순종하여 장래의 유업으로 받을 땅에 나아갈 새 갈 바를 알지 못하고 나아갔으며"(히 11:8). 믿음이 없이는 하나님을 기쁘시게 할 수가 없고, 믿음이 있으면 하나님을 기쁘시게 하기를 사모하지 않을 수가 없습니다. 손은 있으나 행하지 않고, 발은 있으나 하나님의 규례에 따라 걷지 않는다면, 그것은 우상의 믿음일 것입니다. 그리스도께서 여인의 열병을 고치시자마자 "여인이 일어나서 예수께 수종들었다"고 말씀합니다(마 8:15). 이처럼 믿는 영혼은 감사함과 순종으로 일어나 그리스도를 섬기는 것입니다. 믿음은 게으르지 않습니다. 영혼을 잠에 빠지게 만들지 않고 일하게 만듭니다. 사람을 침상으로 보내어 거기서 그저 할 일 없이 빈둥거리게 하지 않고, 밭으로 보내어 일하게 하는 것입니다. 무지와 불신앙의 밤이야말로 영혼이 잠자는 때입니다. 그러나 의의 태양이 솟아나면 영혼에 낮이 찾아오고 그리하여 일어나 수고하는 것입니다. 믿음의 입술에서 나오는 첫 말은 바로 사울이 회심할 때에 한 말입니다: "주여, 내가 어떻게 하기를 원하시나이까?"(행 9:6. 한글개역개정판에는 없음 — 역주). 믿음은 요단을 돌리며, 사람의 온 삶의 과정을 바꾸어 놓습니다. 사도는 말씀하기를, "우리도 전에는 어리석은 자요 순종하지 아니한 자 … 였으나 우리 구주 하나님의 자비와 사람 사랑하심이 나타"났고, 그리고서 사정이 완전히 바뀌었다고 합니다(딛 3:3, 4). 그러므로, 여러분이 벨리알의 자식 — 이들은 스스로 고개를 숙여 이 순종의 멍에를 메려 하지 않습니다 — 이라면 약속에서 여러분의 더러운 손을 떼고 더 이상 믿음이 있는 체하지 마십시오. 불순종의 영인 마귀 자신도 얼마든지 신자인 체할 수 있습니다. 다른 것들에 대해서는 그도 여러분만큼 보여줄 수 있습니다. 여러분이 지식이 있는 체합니까? 마귀는 여러분보다 더 성경의 지식이 풍부한 학자입니다. 이 점은 여러분이 부인하지 못할 것입니다. 여러분이 성경이 참이라고 믿습니까? 마귀는 더 강하게 그것을 믿습니다. 여러분이 두려워 떱니까? 그는 여러분보다 더 두려워하고 떱니다. 그런데 순종은 그에게 없습니다. 그리고 이것 때문에 그가 마귀인 것입니다. 그러니 순종이 없다면 여러분도 그와 같아지는 것입니다.

[참된 믿음의 순종에게서 나타나는 두 가지 성격]

질문. 하지만 이런 의문이 생길 수도 있을 것입니다. 곧, 믿음의 순종을 모든 가짜들과 구별지어주는 증표들은 무엇인가 하는 것입니다. 왜냐하면 마귀가 우리로 하여금 갖게 만들고자 애쓰는 그럴듯해 보이는 가짜 순종들이 많기 때문입니다.

답변. 믿음의 순종의 다음 두 가지 성격들을 살펴봅시다.

첫째 성격. 믿음의 순종은 마음에서 시작되고, 거기서부터 팽창되어 사람의 겉으로 발산되며 결국 전인(全人)의 순전한 노력 속에까지 퍼져 나갑니다. 자연의 생명에서도 살아 있는 첫 부분이 마음이듯이, 믿음을 순종으로 바꾸어주는 첫 부분이 마음입니다. 그것을 가리켜 "그들의 마음을 깨끗이 하"는 "믿음"이라 부릅니다(행 15:9). 로마의 신자들은 그들"에게 전하여 준 바 교훈의 본을 마음으로 순종하"였습니다(롬 6:17). 그러나 반면에 이 참 믿음을 그럴듯하게 모방하는 — 마치 예술이 자연을 모방하듯이 — 거짓 믿음은 외부에서 시작하고 거기서 끝을 맺습니다. 가짜 신자의 그럴듯해 보이는 모든 선행들은 마치 초상화의 아름다운 색깔이 속에 있는 생명의 원리에서 나오는 것이 아니라 그저 바깥의 화가의 붓에서 나오는 것과도 같습니다. 이런 자들에 대해서 성경은, 그들은 그리스도의 이름을 "믿었으나" "예수는 그의 몸을 그들에게 의탁하지 아니하셨"다고 말씀합니다(요 2:23, 24). 왜 그가 자신을 의탁하지 아니하셨을까요? "그가 친히 사람의 속에 있는 것을 아셨"기 때문입니다(25절). 그는 그림으로 그려놓은 현관이나 경건한 외모에 대해서는 전혀 개의치 않습니다. "그가 친히 사람의 속에 있는 것을 아셨음이니라." 겉모양만의 회심의 피부에 반점이 생기기도 전에 이미 그는 그들의 속이 썩어 있고 마음이 악하다는 것을 이 지식을 통해서 알고 계셨던 것입니다.

질문 (1) 하지만 나의 순종이 과연 마음의 순종이라는 것을 어떻게 알 수 있겠습니까?

답변. 사랑으로부터 나오면 그것은 마음의 순종입니다. 그는 사랑의 주인인 마음에게 명령합니다. 성(城)의 주인으로서 그 열쇠를 쥐고 있는 자가 굴복하면, 그 성(城)도 굴복할 수밖에 없습니다. 사랑은 바로 사람의 마음의 이 성채를 장악하고 있는 정서입니다. 우리가 사랑하는 자들에게 우리 마음을 주는 법입니다. 이처럼 마음을 사랑의 법 아래 두어 하나님께 굴복시키고 순종하게 하는 것이 바로 믿음입니다. "사랑으로써 역사하는 믿음"이라고 합니다(갈 5:6). 먼저 믿음이 사랑을 이루어내고, 그 다음에는 사랑으로 말미암아 역사하는 것입니다. 조각가가 힘든 세밀한 부분을 작업하고자 하는데 추위로 손이 곱아 연장을 제대로 사용할 수가 없을 때에, 일을 시작하기 전에 먼저 난로에 다가가 불을 쬐며 손이 부드럽게 풀리기까지 기다렸다가 작업을 시작하듯이, 믿음도 영혼 — 하나님께서 아십니다만 임무를 제대로 감당하기에는 너무도 어줍고 무기력합니다 — 을 그리스도 안에 있는 하나님의 그를 향한 유례없는 놀라운 사랑을 묵상하게 하고, 그 난롯불에 그의 생각을 쬐이고 하나님의 사랑에 대한 지각이 속에서 피어오르기까지 기다립니다. 이처럼 그리스도인은 하나님을 위하여 전력을 다하여 자신을 격려하는 것입니다.

질문 (2) 하지만 나의 순종이 사랑에서 비롯된 것인지를 어떻게 알 수 있습니까?

답변. 이 질문에 대해서는 사도 요한의 말씀을 통해 답변할 수 있을 것입니다: "하나님을 사랑하는 것은 이것이니 우리가 그의 계명들을 지키는 것이라 그의 계명들은 무거운 것이 아니로다"(요일 5:3). 여러분, 계명들에 대해 어떻게 하고 있습니까? 그것들을 마치 발목에 매인 철 사슬처럼 여기고, 여러분 자신을 그것들에 매여 있는 죄수들로 생각합니까? 아니면 목에 건 황금 목걸이로 귀하게 여기며, 여러분 자신을 하늘 임금의 총애를 받는 자로 여겨, 그를 섬기며 그에게 존귀를 드리는 일을 존귀한 일로 여겨 그 일에 최선을 다하고 있습니까? 세상의 위대한 임금이 그런 자세를 가졌습니다: "나와 내 백성이 무엇이기에 이처럼 즐거운 마음으로 드릴 힘이 있었나이까?"(대상 29:14). "내가 누구이기에 내 백성을 다스리는 왕이 되었나이까?"라는 것이 아니라, "내가 누구이기에 내 백성과 함께 주를 섬길 마음을 얻는 존귀를 주시나이까?"라는 뜻입니다. 다른 곳에서는 이 거룩한 사람이 죄를 자신의 감옥으로, 또한 순종을 자유로 말씀합니다: "내가 주의 법도들을 구하였사오니 자유롭게 걸어갈 것이오며"(시 119:45). 하나님께서 그에게 임무를 다할 커다란 마음을 주실 때에 그는 마치 감옥에 갇힌 사람이 자유를 얻어 친구들을 방문할 수도 있고 자신의 소명을 따를 수도 있게 된 것에 대해 감사하는 것처럼 그렇게 하나님께 감사하는 마음인 것입니다. 사랑을 지닌 심령에게 안타까움을 주는 유일한 일은 바로 자신의 순종이 방해를 받는 일입니다. 그렇기 때문에 그런 사람은 세상과 또한 그 속에 있는 것을 사랑하지 않습니다. 그것이 그의 일을 방해하고 저지시키는 때가 허다하기 때문입니다. 양심적이고 신실한 종이 병들거나 불구가 되어 주인을 제대로 섬길 수가 없게 되면, 그가 얼마나 안타까워하겠습니까! 이처럼 사랑이 있는 심령도 자신에 대해 탄식합니다. 하나님이 그렇게 큰 값을 치르고 구해 주셨건만 자신이 너무나도 무익하니 말입니다. 여러분, 여러분의 정서가 이렇습니까? 그렇다면 여러분은 주께 속하여 있는 복된 자입니다! 여러분은 두 개의 다이아몬드 보석을 소유하고 있는데, 이것에 비하면 세상의 모든 군왕들의 진기한 보석들은 마치 티끌 더미나 오물 더미와도 같아질 것입니다. 그 다이아몬드는 바로 믿음과 사랑입니다. 그것들이 여러분의 것이며, 그것들은 물론 하나님과 또한 그가 지니신 모든 것이 다 여러분의 것입니다. 그러나 육신적인 마음처럼 하나님의 계명들을 괴로운 것으로 여기고 임무를 피하고 죄를 범할 때에 편안함을 느낀다면 — 마치 짐승이 날개를 접고 풍성한 초원에 다시 있게 될 때에 그렇듯이 — 여러분은 여러분이 있고자 하는 곳에, 또한 여러분의 본색이 어느 정도 드러날 수 있는 그런 곳에, 있는 것입니다. 그러나 양심이 다시 추적해오면, 이내 무기력하고 몸이 무거워지고 맙니다. 오오, 그렇다면 여러분에게는 하나님을 향한 사랑도 없고, 따라서 하나님을 믿는 참된 믿음도 없는 것입니다. 초장에서만 활기차게 움직이고 거기를 떠나서는 전혀 힘을 발휘하지 못하는 말은 과연 유약한 말일 수밖에 없는 것입니다.

둘째 성격. 믿음의 순종은 자기 부인으로 가득합니다. 믿음은 사람을 낮추어 줍니다. 그가 가진 것에 대해서나 그가 행하는 일에 대해 낮아지게 만드는 것입니다. 사도는 이렇게 말씀합니다: "이제는 내가 사는 것이 아니요 오직 내 안에 그리스도께서 사시는 것이라"(갈 2:20). 곧, "내 말을 오해하지 말라. '내가 사는 것이 아니요' 라고 했는데 이는 내가 나 자신이 아니라 내 속에 계신 그리스도로 말미암아 산다는 뜻이로다. 내가 즐겁게 살지만, 짐을 이끌어 가는 것은 내가 아니요 그리스도시라. 내가 나의 부패한 것들을 죽이고 또한 시험들을 물리치지만 그럼에도 불구하고 내게 힘을 주시는 그리스도께 내가 빚진 자로다"라는 뜻입니다. 교황 아드리안(Pope Adrian)의 조각에는 그의 출생지와 그가 교황의 자리에 오르기까지의 과정에서 기여한 군주들의 이름이 기록되어 있으나 하나님에 대해서는 전혀 기록되어 있지 않은데, 어떤 사람이 그 조각 아래에다 "하나님은 이 사람을 위해 아무 일도 행하지 않으셨다"(nihil hic Deus fecit)라고 기록해 놓았다고 합니다만, 그리스도인은 아무도 그렇게 기록할 수가 없습니다. 아닙니다. 복된 사도 바울을 비롯하여 모든 참된 신자는 자신이 지닌 모든 것과 행하는 모든 일을 베푸시고 가능하게 하신 유일한 분이 바로 하나님이심을 인정합니다. 그들은 그 모든 것들이 과연 누구의 덕분인지를 인정하고 밝히기를 전혀 부끄러워하지 않습니다. "하나님이 주의 종에게 은혜로 주신 자식들이니이다"라고 야곱은 말씀했습니다(창 33:5). 또한 바울은 하나님께서 은혜로 나를 도우사 이 일들을 하게 하셨노라고 말씀합니다: "내가 모든 사도보다 더 많이 수고하였으나 내가 한 것이 아니요 오직 나와 함께 하신 하나님의 은혜로라"(고전 15:10). 모든 것이 "하나님의 선물이다"(ex domo Dei)라는 것입니다. 자기들이 행한 선행이나 은사나 능력들이 자기들 자신에게서 나온 것으로 이야기하는 자들이 있는데, 이 얼마나 교만한 짓인지 모릅니다. 느부갓네살 왕은 다니엘에게, "내가 꾼 꿈과 그 해석을 네가 능히 내게 알게 하겠느냐?"라고 물었습니다(단 2:26). 그런데 그는 술사들처럼 "우리가 해석하여 드리겠나이다"(단 2:2)라고 대답하지 않습니다. 이런 말은 하나님을 전혀 알지 못하는 자들의 입에나 합당한 말이었습니다. 하지만 살아 계신 하나님의 종인 다니엘에게는 가당치 않은 대답이었습니다. 그 당시 그는 이미 비밀을 계시 받은 상태였고 그리하여 왕에게 그 꿈을 말해 줄 수 있는 처지였으나, 하나님의 영광을 가로채지 않도록 매우 조심했습니다. 그리하여 그는 느부갓네살 왕에게 자기 자신이 아니라 하나님이 말씀해 줄 수 있다고 대답했습니다. "오직 은밀한 것을 나타내실 이는 하늘에 계신 하나님이시라"(단 2:28). 그런데 다니엘이 어떻게 그렇게 자기를 부인하게 되었습니까? 그것은 다니엘서 2:15-17에서 유추할 수 있듯이, 그가 은혜의 보좌 앞에서 믿음으로 말미암아 그 일에 대한 하나님의 비밀을 얻었기 때문이었습니다. 그를 가르쳐 하나님의 자비를 구하게 한 그 믿음이 그 자신을 부인하고 모든 영광을 하나님께 돌릴 수 있게 해준 것입니다. 강들이 샘에서 받은 물을 남김없이 바다에 다 쏟아붓듯이, 사람도 그들이 하는 일의 공로를 그 일을 감당하게 해준 요인에게 돌립니다. 자기의 지혜나 노력으로 어떤 일을 이루면, 사람은 그 일의 공로를 자기 자신의 지혜나 노력에게 돌립니다. 그러니 느부갓네살이 — 이 사람은 그 위대한 제국 바벨론 건설에 자기 이상의 어떤 존재가 개입되었다는 것을 인정하지 않았습니다만 — 그 큰 일의 모든 영광을 자기 자신에게 돌린 것도 전혀 무리가 아닙니다: "이 큰 바벨론은 내가 능력과 권세로 건설하여 나의 도성으로 삼고 이것으로 내 위엄의 영광을 나타낸 것이 아니냐?"(단 4:30). 그러나 믿음은 사람으로 하여금 자기가 가진 것과 행한 모든 일에서 자기 자신의 이름을 지우고 그 대신 하나님의 이름을 기록해 놓도록 가르치는 것입니다. 종들이 주인과 장부를 점검하러 와서 각자 자기의 실적을 내어놓을 때에, 믿음이 있는 자들은 그것에 대해 얼마나 겸손히 또한 자기를 부인하는 자세로 말하는지 모릅니다: "그 첫째가 나아와 이르되, 주인이여 당신의 한 므나가 열 므나를 남겼나이다"(눅 19:16. 한글개역개정판은 "한 므나로"로 번역함 — 역주). 또 다른 종도 나아와, "주인이여 당신의 한 므나가 다섯 므나를 만들었나이다"라고 말하였습니다(18절. 한글개역개정판은 "한 므나로"로 번역함 — 역주). "내가 남겼나이다"라고 하지 않고, "당신의 한 므나가" 열 므나 혹은 다섯 므나를 "남겼나이다"라고 대답하는 것을 주목하기 바랍니다. 그들은 자기들 자신을 칭찬하지 않고, 원금과 증가분을 모두 하나님의 공으로 돌리는 것입니다. 당신의 달란트가 남겼나이다, 즉, 당신의 은사들과 은혜가 당신의 도우심과 축복을 통하여 그렇게 많은 것을 남겼다는 것입니다. 그런데 가장 작은 자가 나아와 허풍을 떨며 자기가 행한 일을 주인에게 자랑스럽게 고합니다. "주인이여 보소서 당신의 한 므나가 여기 있나이다. 내가 수건으로 싸 두었었나이다"(20절). 가장 행함이 적은 자가 자신을 가장 크게 자랑하는 법입니다.

[참된 믿음에는 기도가 있음]

둘째 특징. 참된 믿음에는 기도가 있습니다. 기도는 믿음의 자식입니다. 자식이 아버지의 이름을 지니듯이, 기도도 믿음의 이름을 지닙니다. "믿음의 기도"라고 하지 않습니까(약 5:15)? 기도는 믿음에게서 지극히 자연스럽게 나오는 호흡입니다. 마치 폐의 이중적인 운동을 통해서 육체가 공기를 공급받듯이, 그리스도인은 간구와 감사 — 이는 기도의 두 부분입니다 — 를 통하여 하나님께로부터 오는 자비를 들이마시고, 그 자비를 다시 찬송으로 하나님께 내어 드리는 것입니다. 그러나 믿음이 없이는 이 둘 모두 불가능합니다. 간구를 해도 하나님께로부터 오는 자비를 들이마실 수가 없습니다. "하나님께 나아가는 자는 반드시 그가 계신 것과 또한 그가 자기를 찾는 자들에게 상 주시는 이심을 믿어야 할지니라"(히 11:6). 믿음이 없이는 하나님께 찬송을 되돌려드릴 수도 없습니다. 다윗의 마음이 먼저 정해져야 비로소 노래하고 감사드릴 수가 있었습니다(시 56편). 감사를 드린다는 것은 자기 부인의 행위요, 우리의 문 바깥으로 내어보내는 길을 보여주는 것은 오로지 믿음밖에는 없습니다. 믿음이 없이는 사람이 기도할 수가 없듯이 — 하나님께서 받으시도록 말입니다 — 믿음이 있으면 기도하지 않을 수가 없는 것입니다. 육신의 아기가 울음을 터뜨리며 세상에 나오듯이, 새로운 피조물도 마찬가지입니다. 그러므로 그리스도께서는 아나니아에게 갓난 신자인 사울에 대하여, "그가 기도하는 중이니라"라고 말씀하셨습니다(행 9:11). 하지만 가말리엘의 문하에서 자라났고 그렇게 철저한 바리새인이었던 그가 무릎을 꿇고 기도한다는 것이 그렇게 이상한 일입니까? 전혀 아닙니다. 사실 바리새파의 자랑이 바로 금식과 기도였습니다. 그러니 그는 바리새인이었던 그는 기도의 겉 부분에 대해서는 분명 매우 익숙해 있었을 것입니다. 그러나 지금 은혜의 성령을 받아 예수 그리스도를 믿게 되기까지 그는 한 번도 기도의 심령을 지녔던 적이 없었습니다. 그러므로 여러분의 믿음을 시험해 보려면, 그저 기도의 행위가 있는지의 여부로 시험해서는 안 되고, 믿음의 기도에서 나타나는 몇 가지 고유한 성격들로 시험해 보아야 할 것입니다. 그런데 믿음은 이 기도의 임무와 관련하여 스스로 다음 세 가지 일을 행합니다. 1. 믿음은 그리스도인으로 하여금 기도하도록 격려하며 자극하는 일을 행합니다. 2. 믿음은 기도 중에 돕는 일을 행합니다. 3. 믿음은 기도 후에 후원하는 일을 행합니다.

[기도와 관련하여 믿음이 행하는 세 가지 일들]

첫째 일. 믿음은 **그리스도인으로 하여금 기도하도록 일깨우고 강력하게 격려하며 자극하는 일을 행하며**, 이때에 구체적으로 다음과 같은 일을 행합니다.

1. **신자로 하여금 자신의 궁핍한 처지와 또한 동시에 그리스도 안에서 하나님께서 그를 위하여 예비하고 계신 그 풍성한 것을 보게 합니다.** 믿음은 이 두 가지를 강력한 동기로 사용하여 영혼을 일깨워 기도하게 만듭니다. 나병환자들은 서로 이렇게 말했습니다: "우리가 어찌하여 여기 앉아서 죽기를 기다리랴? 만일 우리가 성읍으로 가자고 말한다면 성읍에는 굶주림이 있으니 우리가 거기서 죽을 것이요, 만일 우리가 여기서 머무르면 역시 우리가 죽을 것이라. 그런즉 우리가 가서 아람 군대에게 항복하자. 그들이 우리를 살려 두면 살 것이요 우리를 죽이면 죽을 것이라"(왕하 7:3, 4). 믿음이 바로 이렇게 영혼을 일깨워 기도하게 만드는 것입니다. "오오 내 영혼아, 네 집 문간에 가만히 서 있으면 너는 반드시 굶어 죽으리라. 네 자신에게 굶주림과 기근 외에 무엇이 더 있느냐? 거기에는 빵도 없고, 네 지갑에는 빵을 사서 먹을 돈도 없다. 그러니 속히 네 하나님께 달려가라. 그리하면 네

영혼이 살리라." 오오 여러분, 여러분 자신의 핍절함을 이렇게 속으로 느끼고 그것에 의해서 압박을 받고 있습니까? 은혜의 보좌만이 여러분이 공급받을 수 있는 유일한 길입니다. 그리로 속히 나아가십시오. 여러분을 그리로 보내는 것이 바로 믿음이라고 바랄 수도 있습니다. 믿음은 우리의 새 생명의 원리입니다. 바울은, "이제 내가 … 사는 것은 … 하나님의 아들을 믿는 믿음 안에서 사는 것이라"라고 말씀합니다(갈 2:20). 이 생명은 연약하여 마치 갓난아기가 젖을 갈구하며 울듯이 그렇게 지극히 자연스럽게 영양분 공급을 위해 갈구하며 부르짖는 것입니다. 그러므로 하나님께 부르짖고자 하는 내적인 충동과 자극을 지각한다면, 바로 이 생명의 원리가 — 즉, 참 믿음이 — 여러분 속에 있는 것입니다.

반론. 그러나 불신자도 자신의 궁핍함을 지각하고 내적인 압박감을 느껴서 매우 간절하게 기도할 수 있지 않을까요?

답변. 궁핍함을 구별해야 합니다. 영적인 궁핍이 있고 또 육신적인 궁핍이 있습니다. 불신자가 외형적인 육신적 궁핍을 아주 예민하게 지각하고 그것을 얻고자 천국 문을 크게 두드릴 수 있다는 것은 부인할 수 없는 사실입니다. 그들이, "침상에서 슬피 부르짖으며 곡식과 새 포도주로 말미암아 모이"는 것을 볼 수 있습니다(호 7:14). 피조물의 부르짖음이 있고, 또 새로운 피조물의 부르짖음이 있는 법입니다. 피조물은 누구나 자기의 본성에 적합한 것을 얻고자 본성적으로 부르짖습니다. 그러므로, "젊은 사자들은 그들의 먹이를 좇아 부르짖으며 그들의 먹이를 하나님께 구하"는 것입니다(시 104:21). 그러나, 사자에게 고기를 주면, 풀이 없다고 다시 부르짖지 않습니다. 여우에게 풀을 주면, 고기가 없다고 부르짖지는 않습니다. 이와 마찬가지로 믿음이 없고 은혜를 모르는 자에게 육신적인 양식 — 감각적인 쾌락거리들 — 을 채워 주면, 영적인 궁핍을 채워 달라는 부르짖는 일은 그에게 거의 없을 것입니다. 그러므로 여러분의 믿음을 시험하려면 영적인 궁핍거리들로 해 보아야 할 것입니다. 그리스도를 향한 사랑이나 그를 믿는 강한 믿음이나 기타 은혜들을 위하여 — 배고픈 사람이 양식이 없는 것을 절실히 느끼듯이 그것들이 없다는 것을 절실히 느끼고서 — 마음을 다해 기도할 수 있다면 여러분 속에 새 생명의 원리가 있다고 결론지어도 무방할 것입니다. 마치 위(胃) 신경이 위가 채워지기까지 고통을 느끼게 해 주듯이, 이 새 생명의 원리가 여러분의 영적인 궁핍 상태를 지각하게 해 주는 것입니다. 이 은혜들은 오직 새 생명에게만 합당하므로 새로운 피조물인 자 이외에는 누구도 그것들을 진실로 사모하고 갈구할 수가 없기 때문입니다.

2. 믿음은 하나님과의 교제에서 얻는 내적인 기쁨을 통해서 신자를 자극하여 기도하게 합니다. 시편 기자는, "하나님께 가까이 함이 내게 좋도다"라고 말씀합니다(시 73:28. 한글개역개정판은 "내게 복이라"로 번역함 — 역주). 그런데 그 다음에 이어지는 말씀을 주목하기 바랍니다: "내가 주 여호와를 신뢰하였나이다"(한글개역개정판은 "내가 주 여호와를 나의 피난처로 삼아"로 번역함 — 역주). 우리의 보화들이 놓인 곳을 자주 보면 기쁨이 생깁니다. 이 거룩한 사람은 믿음으로 그의 영혼과 그가 지닌 모든 것을 하나님께 두었고, 거기에 안전히 있게 하였습니다. 그리고 하나님과 자주 함께 있는 것을 즐거워합니다. 그런 즐거움이 그를 하나님의 임재 속으로 감미롭게 초청하는 것입니다. 믿음으로 영혼이 그리스도께 끌립니다. 이제 그리스도와 혼인하였으므로 영혼이 그와의 교제를 사모하는 것이 전혀 이상한 일이 아닌 것입니다. 그리고 기도가, 바로 천국에 들어가기 전에 그리스도와 영혼이 가장 가까이에서 만날 수 있는 만남의 장소이므로, 신자가 자주 그 장소를 향하여 나아가는 것입니다. 여러분, 기도할 때에 여러분의 목적이 하나님의 얼굴을 뵈옵는 것이라고 말할 수 있습니까? 기도 중에 영혼에 만족을 주는 것이 오직 하나님과의 교제이며, 그 이외에 다른 어떠한 것도 만족과 새로움을 주는 것이 없습니까? 그렇다면 하나님께서 여러분의 믿음을 받으신 것입니다. 그것이 아니라면 어떻게 여러분이 그에게 그렇게 뜨겁게 사랑을 부어드리며 그와의 교제에서 기쁨을 얻을 수 있겠습니까?

둘째 일. 믿음은 기도 중에 돕는 일을 행합니다. 두 가지 구체적인 사실만 예로 들어보겠습니다.

1. 믿음은 끈기로 영혼을 돕습니다. 믿음은 씨름하는 은혜입니다. 그것은 하나님께 가까이 나아가 하나님을 붙잡으며, 쉽게 물러서지 않습니다. 모든 감정들을 불러일으켜 일하게 합니다. 이것이 영혼의 눈이 되어 죄 속에 있는 더러움과 지옥을 보는 것입니다. 이를 보게 되면 마음이 영향을 받아서, 영혼이 그 가증스러운 것들을 주 앞에 펼쳐놓을 때에 그것이 진한 슬픔의 격정으로 토로되는 것입니다. 그렇게 되면 억지로 하지 않아도 마치 샘에서 물이 흘러나오듯 자연스레 눈물이 나옵니다. 믿음은 약속이라는 안경을 통해서 그리스도의 인격과 그의 사랑과 은혜들의 고귀한 면모들을 발견하게 해 주며, 이것들을 보게 되면 영혼이 더욱더 그것들을 사모하게 되고, 진한 사랑이 솟아나와 그 사모하는 것들을 갈구하는 강한

부르짖음과 간구가 터져 나옵니다. 그렇습니다. 믿음은 그리스도와 그의 은혜의 고귀함을 드러내어 신자로 하여금 자신에 대해 불쾌감을 갖게 할 뿐 아니라, 갖가지 논증들을 제시하여 그리스도와 그의 은혜의 고귀함을 갈고 닦으며 또한 전능하신 하나님을 향하여 담대하게 사용하도록 도와 줍니다. 기도 시에 약속을 어떻게 사용할지를 모르는데, 믿음이 와서 그에게 가르쳐 줍니다. 그 약속으로 하나님께 겸손하게 그러나 담대하게 호소하라고 하는 것입니다. "주의 크신 이름을 위하여 어떻게 하시려 하나이까?"(수 7:9). 이는 마치 이런 뜻과도 같습니다: "주께서 약속과 맹세를 통해서 주의 백성들과 그렇게 엮어져 계시니, 그들이 망하도록 그냥 두시면 그들과 함께 주의 이름도 해를 당하게 될 것이옵니다." 마치 병사가 총알을 장전하듯이 믿음이 약속들을 녹여 논지들로 만들고, 그리하여 그리스도인으로 하여금 그 논지들을 간절한 기도를 통하여 하늘로 힘 있게 쏘아 올리게 해주는 것입니다. 반면에 불신자에게는 약속이 마치 총알이 총에 장전되어 있으나 불이 없어 발사시키지 못하는 것과도 같습니다. 오오 불신자에게서 기도 중에 나오는 약속이 얼마나 냉랭하고 무기력한지요! 약속들을 언급하기는 하지만 약속들을 근거로 간절히 간구하는 것도, 간절히 호소하는 것도 불가능한 것입니다. 그러므로 그냥 기도한다는 사실이 아니라 기도에 간절함과 끈기가 있느냐 하는 것으로, 그것도 그저 육신적인 마음의 안타까움이 아니라 영혼의 내적인 역사로 말미암아 간절히 기도하며, 또한 약속에 근거하여 겸손히, 그러나 끈기 있게 하나님께 간절히 아뢰고 있느냐 하는 것으로 여러분 자신을 시험하시기 바랍니다.

2. 믿음은 영혼으로 하여금 **행위에서 끝까지 인내하도록** 해 줍니다. 거짓 믿음도 어느 정도 열의를 보여줄 수 있습니다만, 결국 사그라지고 맙니다. 외식자가 항상 기도하겠습니까(욥 27:10)? 아닙니다. 바퀴가 계속 돌다보면 닳아지고 결국 망가지듯이, 외식자도 마찬가지입니다. 그는 스스로 기도에 지쳐 버린 상태로 기도합니다. 속으로 기도를 전혀 좋아하지 않기 때문에 무슨 다른 일이 생기면 곧바로 그 기도의 임무를 뒤로 제쳐둡니다. 반면에 순전한 신자는 도무지 기도를 중단할 수 없게 만드는 무엇이 그의 속에 있습니다. 기도를 중단하면 믿기도 중단할 것 같습니다. 기도는 믿음의 호흡입니다. 사람의 호흡을 중단시키면 그 사람이 어떻게 됩니까? 때에 따라서 신자가 기도를 소홀히 하여 기도의 호흡을 다시 정돈시키기가 어려워지기도 합니다. 마치 사람이 추위 속에서 숨을 제대로 가누기가 힘든 것처럼 말입니다. 이런 일에 대해 탄식할 필요가 전혀 없을 만큼 자신의 영혼의 건강

을 세심하게 챙기는 사람이 과연 누구겠습니까? 그러나 믿음이 살아 있는데, 이 기도라는 호흡이 완전히 끊어진다는 것은 불가능한 일입니다. 다윗은 정상보다 좀 더 오래 그의 영적 호흡을 중단하였고, 기도로 그의 영혼을 토로함으로 다시금 평안을 되찾기까지 영적인 질병에 시달렸습니다. "내가 잠잠하여 선한 말도 하지 아니하니 나의 근심이 더 심하도다. 내 마음이 내 속에서 뜨거워서 작은 소리로 읊조릴 때에 불이 붙으니 나의 혀로 말하기를, 여호와여 나의 종말과 연한이 언제까지인지 알게 하사 내가 나의 연약함을 알게 하소서"(시 39:2). 여러분, 이처럼 기도가 절실히 필요한 상태에 있습니까? 어디가 아프거나 무언가를 원할 때에 갓난아기는 그저 울 수밖에는 없습니다. 어머니나 유모가 속히 와서 도와 주도록 마구 울어대는 것밖에는 아무것도 할 수가 없습니다. 이처럼 그리스도인의 부족한 것이나 죄나 시험거리들이 계속해서 그에게 돌아오므로, 그것들을 막기 위해서 계속해서 기도하지 않을 수가 없는 것입니다. 다윗은 이렇게 기도합니다: "내 마음이 약해질 때에 땅 끝에서부터 주께 부르짖으오리니"(시 61:2). 내가 어디 있든지 내가 주를 찾으리이다. 나를 가두시고, 나를 버리시고, 주께서 원하시는 대로 내게 행하소서. 그러나 나를 없애지는 않으시리이다. "내가 영원히 주의 장막에 머물며 내가 주의 날개 아래로 피하리이다"(4절). 그러나 주의 장막에서 벗어나 있는데, 어떻게 거기에 영원히 머문단 말입니까? 이는 분명 기도를 의미하는 것입니다. 기도하는 그리스도인은 "주의 장막"을 지니는 것입니다. 다윗은 주의 장막에 나아갈 수 있는 한 결코 그것을 소홀히 하지 않을 것입니다. 그리고 주의 장막에서 떠나 있거나 병에 걸려서 그리로 나아갈 수 없을 때에는 그 장막을 바라보며 마치 장막에 있는 것처럼 노천에서도 열심히 하나님께 예배할 것입니다. "나의 기도가 주의 앞에 분향함과 같이 되며 나의 손 드는 것이 저녁 제사 같이 되게 하소서"(시 141:2). 여기서 그는 제사를 드리러 주의 장막에 나아올 수 없을 그런 때를 묘사하고 있는 것입니다.

셋째 일. 믿음은 기도 후에 뒷받침하는 행위를 드러냅니다.

1. 믿음은 기도 후에 은혜로운 응답을 기대하도록 뒷받침합니다. "내가 주께 기도하고 바라리이다"(시 5:3). 응답을 바라는 것이 아니면 무엇을 바라겠다는 것이겠습니까? 믿지 않는 마음은 아무 데로나 쏘아대고, 화살이 제대로 맞든지 맞지 않든지 혹은 기도의 응답이 있든지 없든지 전혀 개의치 않습니다. 그러나 믿음은 영혼을 기대로 가득 차게 해 줍니다. 상인이 자신의 재산을 셈할 때에, 자신의 수중에 있는 것은 물론 바다 건너로 보낸 것까지도 계산하듯이, 믿음도 이미 받아서 수

중에 있는 자비는 물론 기도를 통하여 하늘로 올려 보내었으나 아직 받지 않은 것까지도 염두에 두는 것입니다. 믿음이 기도 후에 영혼 속에 일으키는 이 기대감은, 말하자면, 기도의 배를 떠나보낸 때로부터 그 배가 물건을 가득 싣고 돌아올 때까지의 기간 동안 영혼을 고요하게 하고 안돈시키는 능력에서 나타납니다. 이 능력은 믿음이 강하고 약한 정도에 따라 강하고 약하게 나타납니다. 때로는 믿음이 기도 후에 승리를 외치며 오기도 합니다. 그리스도인이 자비를 구한 후에 그것이 감각과 이성의 눈 앞에 실제로 나타나기 전에, 믿음이 그가 구한 그 자비가 오리라는 것을 그의 영혼 속에 확실히 심어 주므로, 그리스도인은 그것이 올 것을 기대하고 온갖 걱정과 근심을 잠재울 수가 있는 것입니다. 한나는 기도하고 난 후에 "얼굴에 다시는 근심 빛이 없었습니다"(삼상 1:18). 그렇습니다. 믿음으로 그리스도인은 그 구한 자비를 받기 훨씬 전부터 하나님께 찬양을 드릴 것입니다. 다윗에게도 이처럼 믿음이 놀랍게 역사하였습니다: "내가 두려워하는 날에는 내가 주를 의지하리이다 내가 하나님을 의지하고 그 말씀을 찬송하올지라"(시 56:3, 4). 즉, 하나님의 약속이 실제로 그에게 이행되기 전에, 오직 하나님의 신실하심과 다윗의 믿음 속 말고는 아직 존재하지 않던 때에 그 약속에 대해 하나님을 찬송하리라는 것입니다. 거룩한 사람 다윗에게는 지극히 비참한 처지에서도 약속을 바라볼 수 있는 정말 예리한 믿음의 눈이 있었습니다. 하나님의 능력과 그의 진실하심을 지극히 확신하여 마치 약속된 자비가 실제로 자신에게 이루어진 것처럼 하나님을 찬송할 수 있었던 것입니다. 그러나 그리스도인 여러분, 몇몇 훌륭한 신자들에게서 나타나는 이런 영웅적인 고귀한 행적들로써 여러분의 믿음의 진실성을 시험해 보라고 말하고 싶지는 않습니다. 다른 형제들보다 이런 점에서 더욱 존귀한 몇몇 고귀한 그리스도의 병사들의 수준에 도달하지 못하더라도 여러분은 얼마든지 그리스도의 신실한 병사일 수 있기 때문입니다.

2. 믿음의 역할 중에 이보다 낮은 것이 있는데, 이것을 발견할 수 있어도 여러분의 믿음이 참되다는 것을 확증할 수 있습니다. 그것은 곧 기도를 통해서 모든 근심걱정을 단번에 다 잠재우지는 못해도, 영혼이 파도 위로 머리를 들고 그것들을 점검하게 해 줌으로써 마치 썰물 때에 해협의 물이 조금씩 줄어들듯이 그렇게 조금씩 근심걱정을 완화시켜 주는 것입니다. 하나님께서는 홍수로 가득한 땅에서 물을 제거하실 때에 한순간에 그 일을 행하지 않으셨습니다. "물이 땅에서 물러가고 점점 물러가서"라고 말씀합니다(창 8:3). 즉, 날마다 물이 조금씩 빠져나가서 결국 완

전히 빠져나간 것입니다. 그리스도인 여러분, 마구 어지럽히던 걱정거리들이 기도의 수문(水門)을 통해 빠져나가서, 괴로운 심령에 어느 정도 평안이 찾아오고, 그리하여 은혜로우신 하나님의 가슴에다 여러분의 아픈 마음을 비워 놓을 수 있게 되는 일이 여러분에게 없습니까? 기도가 여러분의 두려움을 모두 다 없애 주지는 않으나, 그것들로 인해 여러분의 심령이 완전히 무너지지 않도록 지켜 주지는 않습니까? 믿음이 없이는 그렇게 심령이 무너지는 것을 도무지 피할 수가 없는 것입니다. 믿음이 전혀 없는 영혼은 기도를 해도 그 짐을 하나도 하나님께 내어 드리지 않고, 가져갔던 것을 전부, 아니 더 많은 짐을 도로 갖고 옵니다. 바닥에 든든히 고정될 수 있는 갈고리가 붙어 있지 않은 닻을 아무리 던져도 가라앉는 배에 아무런 소용이 없는 것처럼, 믿음이 없는 자에게는 하나님을 부르는 것이 전혀 위안이 되지 않는 것입니다. 그러므로 여러분, 기도 가운데 여러분의 믿음의 닻을 던져서 그것이 약속 안에서 그리스도께 든든히 고정되어 여러분이 사탄의 끔찍한 시험들에게나, 혹은 여러분 자신의 절망적인 생각들에게 휘둘리지 않도록 지켜 주는 것을 체험하고 있다면, 하나님을 찬송하시기 바랍니다. 닻을 든든하게 드리운 배는 다소 흔들리더라도 안전합니다. 닻이 밑바닥에 든든히 고정되어 있으니 말입니다. 여러분도 마찬가지입니다. 믿음이 이 땅의 각양 두려움들에서 영혼을 완전히 자유롭게 해주지는 않지만, 그 믿음이 여러분을 지옥으로부터 구원해 줄 것입니다.

[참된 믿음은 한결같음]

셋째 특징. 참된 믿음은 **한결같습니다.** 순전한 순종이 취사선택하지 않고 하나님의 모든 계명들을 높이 기리듯이, 거짓 없는 믿음도 하나님의 모든 진리들을 높이 기립니다. 이 약속 저 약속을 가리지 않고 믿습니다. 한 가지 약속은 믿고 다른 약속은 신뢰하지 않는다면, 이는 약속들을 치우쳐 대하는 것이요, 제사장들이 율법의 임무들에서 책망을 받는 것과 같은 것입니다(말 2:9). 약속들을 전부 이행하시는 것에 하나님의 존귀가 깊이 관여되어 있습니다. 사실 한 가지 계명만 어겨도 우리는 계명 전부를 어긴 죄를 범한 것이 되듯이, 하나님도 — 이런 생각은 신성모독이지만 — 한 가지 약속만 어기신다 해도 그의 언약 전체를 깨뜨리는 것이 될 것입니다. 계명들뿐 아니라 약속들도 서로 연결되어 있습니다. 그러므로 하나님께서도 어느 한 가지 약속만을 이행하시는 것은 불가능하고 모든 약속들을 다 이

행하실 수밖에 없으며, 우리 역시 한 가지 약속만을 골라서 믿는 것은 불가능하며 모든 약속을 다 믿어야 하는 것입니다. 하나님께서는 계명들과 마찬가지로 이 모든 약속들도 직접 말씀하셨습니다. 그가 그 모든 것들에 대해 인치셨습니다. 그러므로 그는 우리가 믿음으로 그 모든 것들을 다 받아들일 것을 기대하시는 것입니다. 다윗은 하나님의 진리 전체에 대해 증언합니다: "주의 말씀의 강령은 진리이오니 주의 의로운 모든 규례들은 영원하리이다"(시 119:160). 여기서 여러분의 믿음을 시험해 보시기 바랍니다. 어쩌면 여러분은 죄 사함에 대한 약속을 믿는 체하며 그것을 생각하여 여러분 자신을 기쁘게 하는 것에서 그치는지도 모르겠습니다. 하지만 여러분의 본성을 거룩하게 하고 부패한 것들을 죽이는 일에 관한 약속에 대해서는 과연 어떤 믿음을 갖고 있습니까? 이런 것들은 생각조차 하지 않을지도 모릅니다. 이 열매가 약속의 가지들에 오래도록 열려 있는데도 여러분이 그것을 거두어들이지 않고 있을지도 모릅니다. 죄 사함의 약속은 여러분의 입맛에 맞지만 이 약속들은 그렇지 못하기 때문에 거두어들이지 않는 것입니다. 그러나 참된 믿음은 이 약속 저 약속을 가리지 않고 모두 좋아합니다. 다윗이 이 약속의 이행을 위해 얼마나 마음을 다해 기도하는지를 보십시오: "주의 이름을 사랑하는 자들에게 베푸시던 대로 내게 돌이키사 내게 은혜를 베푸소서. 나의 발걸음을 주의 말씀에 굳게 세우시고 어떤 죄악도 나를 주관하지 못하게 하소서"(시 119:132, 133). 다윗은 하나님께서 약속을 통해 그의 자녀들에게 보장해 주신 특권들을 하나도 잃고 싶지 않았습니다. 그의 말은, "주께서 행하시던 대로 내게 행하소서"라는 뜻입니다. 이는 가정에 일어나는 일과 같습니다. 주께서 사랑하는 모든 자들을 위해 해주겠다고 약속하신 대로 행하셔서 다른 형제들보다 내가 더 홀대 당하지 않게 해 달라는 것입니다. 여러분은 스스로 영혼의 영원한 구원에 대한 믿음이 있다고 생각할지도 모르겠습니다. 하지만 이 세상의 일들에 대해서도 하나님을 의지하는 믿음이 있습니까? 천국을 위해서는 믿음으로 살면서, 세상을 위해서는 자기의 재능과 죄악된 책략으로 사는 사람이 있다면 이 사람은 아주 이상한 신자일 것입니다. 그리스도께서는 그들이 자기들의 이름과 존귀를 갖고 그를 신뢰하지 않으니 그들이 그를 믿는 것이 아니라고 말씀하십니다(요 5:44). 작은 것으로도 그를 신뢰할 수 없다면, 더 큰 것으로는 어떻게 그를 신뢰할 수 있겠습니까?

참된 믿음을, 즉 천국에 대한 강력한 믿음을, 지닌 사람도 곤두박질쳐서 세상의 삶에 관한 약속에 대한 믿음이 흔들릴 수도 있다는 것은 부인할 수 없습니다. 하나님께서는 아무리 훌륭한 성도들이라도 시험을 통하여 그들을 낮추십니다만, 이처럼 시험을 당할 때의 모습을 근거로 우리 마음의 일상적인 상태를 판단해서는 안 됩니다. 아브라함은 한때 아내의 미모 때문에 위험에 빠져 있다고 생각하여 목숨을 구하기 위하여 남을 속이기도 했으나, 다른 때에는 자신이 영원한 구원에 대해서는 물론 이 세상의 삶에 대해서도 하나님을 신뢰한다는 훌륭한 증거를 드러내 보였습니다. 그러므로 여러분에게 찾아오는 이런저런 시험거리들로 흔들릴 때마다 그것을 근거로 여러분의 믿음의 진실성을 의심해서는 안 될 것입니다. 전쟁 시에는 사람의 재산의 일부가 한동안 원수의 수중에 들어가 오랫동안 그것들에게서 아무런 혜택도 받지 못할 수 있습니다. 그러나 그는 여전히 그 재산을 자기 소유로 간주하며, 현재의 손해에 대해 마음 아파하고, 할 수 있는 대로 속히 그것을 원수에게서 되찾고자 최선을 다하여 노력할 것입니다. 이처럼 시험을 받을 때에는 영혼의 철천지원수인 사탄이 활동하고 하나님께서는 그의 도우심을 물리시므로, 신자가 어떤 구체적인 약속에게서 별로 지원을 받지 못할 수도 있습니다. 그러나 그는 언제나 그 약속을 자신의 몫으로 간주하며, 그것에 대해 믿음을 발휘할 수 없다는 것을 안타까워하고, 할 수 있을 때에 하늘로부터 새 힘을 받아 믿음을 강화시켜서 그 약속에 준하여 살고 거기서 위로를 얻게 되고자 힘쓰는 것입니다. 그러므로 우리가 이 세상의 삶에 대해 하나님을 믿지 않으면, 다가올 세상에 대해서도 하나님을 믿지 못한다는 것이 여전히 사실인 것입니다. 요컨대, 여러분은 세상적인 일에 대해 믿음이 있는 체하고 이 세상 삶의 일들에 대해 하나님을 신뢰하는 것처럼 보일지도 모르지만, 그리스도를 주와 구주로 받아들이고 그리하여 불쌍한 죄인들에게 복음이 제시하는 언약에 인을 치는 그런 믿음의 가장 주된 활동에 대해서는 전혀 문외한일 수도 있습니다. 이런 것들이 없이도 세상적인 일들에 대한 약속이 여러분에게 해당된다고 생각하는 여러분 자신의 이성과 싸울 수 있습니까? 과연 여자에게 과부 급여를 받을 권리를 주는 것이 결혼 언약이 아니고 무엇입니까? 또한 신자로 하여금 이 약속들에 대해, 혹은 은혜 언약에 속한 다른 약속들에 대해 권리를 주장할 수 있게 해주는 것이 그리스도와 연합한 사실과 또한 그를 그대로 받아들였다는 사실이 아니면 무엇이겠습니까? 사람을 향한 하나님의 사랑의 첫 행위는 그를 자기 것으로 구별하사 그의 불변하는 뜻에 때라 택하사 그리스도 안에서 그의 특별한 사랑의 대상이 되게 하신 것입니다. 그러므로 그것을 가리켜 "터"라 부릅니다. 그 위에 다른 모든 자비의 구조물들을 세우시니 말입니다. "하나님의 견고한 터는 섰으니 인침이 있어 일렀으되 주께서 자기 백성을 아신다"(딤후 2:19). 먼저 하나님께서 사람을 자기 것으로 택하시고, 이 "터" 위에 하나님의 것인 그 사람에게 베푸실 그의 모든 자비를 세우십니다. 그러므로 사람의 편에서도 먼저 믿음으로 그리스도와 결속되며, 그의 생각에서 그를 다른 모든 것들과 구별하고 그를 자신의 구주로 택하며, 오직 그만을 신뢰하고 오직 그만을 섬길 것입니다. 그리고 나면 그리스도와 결혼함으로써 그에게 속하게 되는 이런저런 약속을 믿음이 그의 몫으로 제시해 주는 것입니다. 그러므로 그리스도와 그렇게 결속되기도 전에 그 약속들을 강탈하여 여러분의 것으로 주장하는 것이 얼마나 터무니없는 짓인지를 알아야 하는 것입니다.

—

셋째 대지

[불신자들에게 주는 권면: "믿음의 방패"를 얻으라]

믿음이 그렇게 귀한 은혜입니까? 그러니만큼 그것이 없는 자는 그것을 얻고자 하는 마음을 가져야 합니다. 이 진주에 대해 이야기를 듣고도 그것을 소유하고 싶은 바람이 없을 수가 있겠습니까? 여러분으로 하여금 믿음을 더욱 사모하고 바라게 하기 위함이 아니라면 성령께서 말씀 속에서 믿음에 관하여 그처럼 크고 영광된 것들을 말씀하신 이유가 무엇이겠습니까? 믿음을 얻음으로써가 아니고 달리 그리스도를 얻을 방법이 있습니까? 아니면 다른 그 무엇에 못지않게 여러분에게 그리스도가 필요하다고 생각하지 않습니까? 세상에는 이것이 심판이라고 생각하게까지 만드는 그런 사람들이 있습니다. 곧, 그들의 부패성이 다른 사람들처럼 그리 치욕스럽게 나타나지 않고, 그들의 품행이 도덕의 꽃들로 어느 정도 장식되어 있어서 이웃들 사이에 그 이름들이 멋지게 회자되므로, 그리스도가 제시될 때에 전혀 듣지도 않고 또한 이처럼 그를 무시하는 것에 대해 양심의 가책도 전혀 없는 사람들 말입니다. 그런데 그들은 어째서 그렇습니까? 그들이 남달리 지옥에 가고 싶어 하기 때문은 분명 아닐 것입니다. 별나게 무슨 일을 벌이지 않아도 때가 되면 자기들이 천국에 가게 될 것이라고 생각하기 때문일 것입니다. 참 불쌍한 사람들입니다. 그 얼마나 심한 착각인지 모릅니다! 교양 있고 도덕적인 사람들은 스스로 자기 발로 천국에 가도록 내버려 두고, 고작 술주정뱅이나 거짓맹세자들 같은 더 타락한 죄인들만을 돕기 위해서 그리스도께서 이 땅에 보냄을 받으셨단 말입니까? 확신하건대, 말씀을 믿는다면 이 문제는 분명하게 정리되는 문제입니다. 천국에 가려는 모든 사람에게는 오로지 한 길밖에는 그리로 가는 길이 없다는 것을 말씀이 가르쳐 주는 것입니다. "하나님은 한 분"이시듯이 "하나님과 사람 사이에 중보자도 한 분이시니 곧 사람이신 그리스도 예수"이신 것입니다(딤전 2:5). 그리고 그 간격을 건너는 다리가 하나밖에 없다면, 과연 교양 있고 도덕적인 사람이 어떻게 될지 생각해 보십시오. 아무리 그의 삶이 향기로 가득 차 있다 할지라도 이 하나뿐인 다리를 놓치면 어떻게 되겠습니까? 그래도 자기가 마련해 놓은 길을 통해서 천국으로 들어가겠습니까? 오오 교만한 사람이여, 여러분이 누구인가를 기억하고, 그 헛된 시도를 중단하기 바랍니다. 여러분이 아담의 후손이 아닙니까? 여러분의 핏줄 속에 반역자의 피가 흐르지 않습니까? 하나님께서 "모든 입을 막"으신다면, 여러분이 어떻게 감히 입을 열 수 있단 말입니까? 만일 "온 세상"이 "하나님의 심판 아래에 있"고 또한 "율법의 행위로 그의 앞에 의롭다 하심을 얻을 육체가 없"다면(롬 3:19-20), 과연 여러분의 흰 깃털 속에 검은 피부가 있는 것을 보시고 여러분의 멋진 행위 이면에 더러운 마음이 있는 것을 보시는 그분 앞에서 과연 무엇을 근거로 여러분의 무죄를 변론하겠습니까? 여러분의 마음을 정결하게 해 줄 수 있는 것은 오직 그리스도를 믿는 믿음뿐입니다. 그것이 없이는, 아무리 얼굴과 손이 깨끗해 보여도 — 즉, 외형적인 행위들이 의로워도 — 결코 하나님께 설 수가 없습니다. 그러므로 세상에서 가장 잔인한 살인자나 가장 추악한 동성애자와 똑같이 여러분에게도 그리스도가 필요하고 그를 믿는 믿음이 필요하다는 생각이 여러분에게 없다면 여러분은 그야말로 끔찍한 착각 속에 있는 것입니다. 만일 어른들과 아이들이 길을 떠나서 어른 키에 못 미치는 얕은 개울물을 건너야 한다면, 분명 아이보다는 어른이 훨씬 더 유리할 것입니다. 그러나 만일 바다를 건너야 한다면, 어른이나 아이나 똑같이 배가 있어야만 건널 수 있을 것입니다. 그런데 바다를 건너게 해 줄 배가 제공되는데도 자기가 다른 사람보다 키가 더 크니 건널 수 있다고 생각하여 그 배를 거절하는 사람이 있다면, 모두 그를 미친 사람으로 여길 것입니다. 이와 마찬가지로, 여러분이 다른 사람처럼 겉모양의 품행이 나쁘지 않으니 구태여 그리스도를 믿는 믿음의 배에 올라타지 않아도 하나님의 공의를 통과하여 천국에까지 이를 수 있으리라고 생각한다면, 여러분은 여러분의 영혼을 위하여 정말로 어리석기 그지없는 모험을 감행하는 것입니다. 그러므로 거듭거듭 권면합니다만, 믿음이 없는 여러분, 속히 그것을 얻고자 힘쓰기 바랍니다. 이것보다 더 시급하게 해결해야 할 문제는 없습니다. 다윗은, "내 눈으로 잠들게 하지 아니하며 내 눈꺼풀로 졸게 하지 아니하기를 여호와의 처소 곧 야곱의 전능자의 성막을 발견하기까지 하리라"고 결심했습니다(시 132:4, 5). 하나님께서 가장 기뻐하시는 거처는 바로 여러분의 마음입니다. 그러나 그 마음이 믿는 마음이어야 합니다. "믿음으로 말미암아 그리스도께서 너희 마음에 계시게" 되어야 합니다(엡 3:17). 오오 여러분, 하나님께서 거하지 않으시는 집에서 감히 밤에 잠을 자려 하다니요? 믿지 않는 마음을 가슴에 품고 있으면, 하나님께서 여러분 속에 거하시지 않습니다. 하나님이 여러분의 문 앞에 서서 두드리고 계신다는 것만큼 정말 여러분에게 절실한 복음 설교는 없습니다. 그를 모셔들이기를 거부하는 무례를 계속 반복하기를 삼가십시오. 하나님께서 계속 두드리시는데도 불구하고 불신앙으로 마음을 잠가 두게 되면, 하나님께서 최종적인 불신앙 아래 여러분을 완전히 인 쳐 두실지 어떻게 알겠습니까?

[믿음을 얻게 하기 위해 불신자들에게 주는 지침]

하지만 어쩌면, 어떻게 하면 이 믿음이라는 귀한 은혜를 얻을 수 있느냐고 질문할지도 모르겠습니다. 이 질문에 대해서 다음과 같은 지침들을 통해 답변하고자 합니다. 첫째. 여러분의 불신앙에 대해 마음으로 납득하고 안타까움을 갖기를 힘쓰기 바랍니다. 둘째. 하나님의 성령께서 도우심을 주실 때에 그것에 저항하거나 반대하지 않도록 유념하기 바랍니다. 셋째. 믿음을 달라고 하나님께 기도로 소리 높여 외치기 바랍니다. 넷째. 약속들과 많이 교제하고, 한가할 때에도 자주 그것들을 생각하기 바랍니다. 다섯째. 불쌍하고 비천한 죄인인 여러분이 해야 할 강력한 의무, 곧 믿어야 하는 의무를 여러분의 심령에 강권하기 바랍니다.

[불신자는 자신의 불신앙을 마음으로 납득해야 함]

첫째 지침. 여러분의 불신앙에 대해 마음으로 납득하고 안타까움을 갖기를 힘쓰기 바랍니다. 이렇게 되기까지, 여러분은 믿음을 위해 힘쓰는 일에 나태하고 그 일을 가볍게 여길 수밖에 없습니다. 다른 죄들에 대해서는 납득할 수 있지만, 그리스도께 나아올 생각은 절대로 하지 않을 것입니다. 술주정뱅이에게 그의 알코올 중독 상태를 납득시켜서, 술에 취하는 습관을 벗어 버리고 나면 그 마음이 편안해질 것입니다. 그렇습니다. 그렇게 자신을 개혁시켰다는 것에 스스로 뿌듯해할 것입니다. 그의 양심이 오로지 그 죄에 대해서만 문제를 삼기 때문입니다. 그러나 하나님의 성령께서 사람으로 하여금 자신의 불신앙을 납득하게 하실 때에는 그 사람이 자기 자신을 숨기기 위해 들어가 있던 은신처들까지 다 들추어내십니다. 그러므로 전에는 겉으로 잘 치장해 놓은 것으로 만족하고 이를 근거로 그리스도께 나아오기를 거부하던 사람이 이제는 그런 것에서 마음에 평안을 얻지 못합니다. 전에는 양심이 그런 죄에 대해 비난하면, 이제는 그 죄를 행하지 않는다고 하고, 또한 임무를 소홀히 한 일에 대해서는 이제는 그 일을 제대로 하고 있다고 하며 그 비난을 잠재웠고, 자신의 처지가 좋은지 나쁜지, 죄 사함을 받았는지 받지 못했는지에 대해서는 전혀 관심이 없었습니다. 많은 이들이 이처럼 표면을 칠하고 꿰매어 양심의 평안을 추구합니다. 마치 오래된 낡은 집을 대충 수리하여 살려고 여기저기 타일과 돌로 막지만, 강풍이 불어오면 온 집이 다 무너지는 것과도 같습니다. 그러나 사람이 자신의 불신앙에 대한 의식이 마음에 생기게 되면, 자신이 과거처럼 술주정뱅이가 아니라거나 전처럼 가정에서 무신론자 — 하나님을 예배하는 것이 가정에 없는 상태 — 가 아니라는 생각이 별로 마음에 평안을 가져다주지 못합니다. 하나님의 성령께서 이렇게 말씀하십니다: "그대가 여전히 불신자이니 그대는 과거나 지금이나 똑같이 정죄 받는 상태에 있느니라." 그렇습니다. 아무리 겉으로 변화된 모습을 보인다 해도 여러분은 다른 형편없는 죄인들과 똑같이 죄인이요, 마지막 큰 날에 가서 술주정뱅이와 무신론자와 똑같은 처지에 있게 될 것입니다. 더 이상 술 취하지 않는다고 해서 그게 무슨 의미가 있습니까? 믿음이 그리스도의 피로써 여러분을 깨끗이 씻어 주기까지 여러분의 죄과가 그대로 남아 있을 것이니 말입니다. 여러분에게서 받으시든 아니면 여러분 대신 그리스도께로부터 받으시든, 하나님께서는 반드시 그의 빚을 받으실 것입니다. 그러나 그리스도께서는 불신자들을 대신해서는 빚을 갚아 주지 않으시는 것입니다.

또한, 여러분이 불신자인 한, 여러분의 죄과도 그대로 남아 있고 그 정욕들의 강력한 힘도 그대로 남아 있습니다. 아무리 겉으로는 사라진 것처럼 보여도, 속에는 그대로 남아 있습니다. 억제하는 은혜로 인하여 구멍이 막히지 않는 한, 단 하나의 죄도 마음에서 비워지지 않는 것입니다. 포도주가 가득 찬 병의 마개를 꼭 막아두면, 겉모양으로는 속이 빈 병과 전혀 구분이 되지 않습니다. 여러분의 처지가 바로 그렇습니다. 세상을 이기는 유일한 승리가 바로 믿음에 있는데, 그 믿음이 없으니 대체 어떻게 한 가지 정욕인들 죽일 수 있겠습니까? 요컨대, 여러분 자신의 불신앙에 대해 납득하게 되면, 아무리 작은 죄도 다른 모든 죄보다 더 악하다는 것을 깨닫게 됩니다. 전에 거짓말을 했었습니까? 그것은 정말이지 큰 죄입니다. 거짓말을 좋아하고 거짓말을 지어내는 모든 자에게 지옥이 입을 크게 벌리고 있으니 말입니다(계 22:15). 그러나 여러분, 여러분이 행한 거짓말 중에 가장 소리가 큰 거짓말은 바로 불신앙으로 이야기한 것입니다. 여러분은 하나님을 대적하여 거짓 증언했습니다. 그리고 아나니아처럼 성령께 거짓말을 한 것이 아니라, 성령에 대해서 거짓말을 했습니다. 마치 그가 말씀하신 복음의 약속들이 한 마디도 진실되지 않은 것처럼 증언했으니 말입니다. 만일 믿는 자가 "하나님이 참되시다는 것을 인"치는 것이라면(요 3:33), 불신자는 결국 그를 거짓말하는 자로 만드는 것이 아닙니까? 여러분 스스로 판단해 보십시오. 최고의 사람들인 성도들의 피를 흘리는 일에 가담했다면, 여러분은 살인자입니다. 이것은 정말이지 끔찍한 죄입니다. 그러나 불신앙 때문에 여러분은 더욱 끔찍한 살인자가 됩니다. 하나님의 피가 그저 사람의 피보다 무한히 더 귀하기 때문입니다. 여러분의 불신앙으로 말미암아 그리스도를 다시금 죽이는 것이요, 그의 피를 발로 짓밟아서 사탄의 발 아래 던져 짓밟게 만드는 것입니다.

질문. 하지만 믿는 것이 죄인의 능력으로 되는 것이 아닌데, 어떻게 불신앙이 그렇게 큰 죄일 수 있습니까?

답변. 중생하지 못한 사람이 이런 이유 때문에 모든 다른 죄에 대해서도 손을 씻고 그 죄과를 인정하지 않으면서 이렇게 말합니다: "이런저런 계명을 지킬 힘이 내게 없으니, 내가 그것을 지키지 않는 것이 내 잘못이 아니다." 이것은 사실입니다. 중생하지 못한 자는 단 한 가지 거룩한 행위도 거룩하게 하나님이 받으실 만하게 행할 수가 없습니다. "육신에 있는 자들은 하나님을 기쁘시게 할 수 없느니라"

(롬 8:8). 그러나 달리 어쩔 수가 없는 처지이니 자신은 죄를 짓는 것이 아니라는 식의 논리는 거짓된 추론입니다.

1. **그의 무능력이 하나님께서 창조하신 것이 아니라 그 스스로 자초한 것이기 때문입니다.** "하나님은 사람을 정직하게 지으셨으나 사람이 많은 꾀들을 낸 것이니라"(전 7:29). 사람이 하나님께로부터 불구의 손을 받은 것이 아닙니다. 그의 조물주께서 기뻐하실 만한 그런 임무를 능히 감당할 수 있는 적절한 피조물로 창조되었습니다. 하지만 사람이 스스로를 불구로 만들었습니다. 그리고 사람의 과오가 하나님의 권리를 무력화시킬 수는 없습니다. 사람은 순종할 능력을 상실해 버렸지만, 하나님께서는 명령하실 능력을 상실하신 것이 아닙니다. 우리 중에 과연 누가, 빚진 자가 빚을 갚을 능력이 있었으나 그 재산을 스스로 다 탕진했을 경우 그로 인해서 빚을 갚을 의무가 면제된다고 생각하겠습니까? 사람의 의사대로라면 그는 구원을 위해 그리스도를 믿지도 않았을 것이요 또한 믿을 수도 없었을 것입니다. 그러나 이는 사람의 무능력 때문이 아니라 그가 아담의 거룩한 상태에 합당치 않은 데서 온 것입니다. 만일 그것이 하나님께서 명하시기에 합당한 임무였다면, 사람에게는 그것에 순종할 능력이 있었을 것입니다.

2. 사람이 하나님의 명령을 — 특히 이 믿으라는 명령을 — 순종하기에 무능력한 것에 대해 핑계할 수가 없는 것은, 그것이 **단순한 무능력이 아니라 하나님의 명령에 대한 내적인 적대감과 결부된 복합적인 무능력이기 때문입니다.** 사람이 믿을 수 없다는 것은 사실입니다. 하지만 사람이 믿지 않으려 한다는 것도 똑같이 사실입니다. "너희가 영생을 얻기 위하여 내게 오기를 원하지 아니하는도다"(요 5:40). 사람이 매우 하고 싶어 하는데도 힘이 약하고 모자라서 그것을 도무지 할 수 없을 수도 있고, 또한 실제로 하지 못하는 일이 늘 있습니다. 이런 일을 보면 우리는 동정을 금치 못합니다. 오랜 세월 동안 "못" 옆에 뉘어져 있던 불쌍한 병자가 바로 그런 사람이었습니다(요 5:4-5). 못가로 기어갈 수만 있었어도, 혹은 누가 옆에서 도와주기만 했어도 그는 그 못에 들어갔을 것입니다. 그는 그만큼 못에 들어가고픈 열의가 가득했습니다. 하지만, 스스로 못에 들어갈 수도 없고, 남이 옆에서 친절을 베풀어 그리로 들어가 병 고침을 받게 해주겠다는데도 들어가려 하지 않는 병자가 있다면, 여러분은 그를 어떻게 생각하겠습니까? 모든 불신자가 다 바로 그런 병자입니다. 그 스스로도 무능할 뿐 아니라, 친절하게 그리스도께로 인도하고자 하시는 성령의 도우심까지도 거부하는 것입니다. 사실 믿는 자는 자기의 의지로 믿

는 것입니다. 그러나 그가 그런 의지를 갖게 된 것은 본성 덕분이 아니라 은혜의 덕분인 것입니다. "권능의 날"이 임하여 하나님의 성령께서 영혼을 감싸시고 그의 날개 아래 품으사(시 110:3) 의지를 새로이 빚으시고 만드셔서 복음에 나타나는 하나님의 부르심에 기꺼이 응답하도록 만드시기까지는, 아무도 믿고자 하는 의지를 갖지 못하는 것입니다.

[하나님의 성령이 믿음을 이루도록 도움을 주실 때에 그것을 저항해서는 안 됨]

둘째 지침. 하나님의 성령께서 도우심을 주실 때에 그것을 저항하거나 반대하지 않도록 조심하기 바랍니다. 여러분이 믿는다면, 그것은 그렇게 믿을 수 있도록 하나님께서 능력을 주셨기 때문입니다. 그러니 그를 반대하지 않도록 조심하기 바랍니다. 그런데 하나님의 성령을 두 가지 방식으로 반대할 수 있습니다. 첫째는 성령께서 일상적으로 믿음을 갖게 하시는 곳에서 성령의 역사를 기다리지 않는 경우입니다. 둘째. 사람이 성령께서 일상적으로 사용하시는 방법과 수단에 참여하면서도, 자신의 일에서 성령을 통제하는 경우입니다.

첫째. 성령께서 일상적으로 믿음을 갖게 하시는 방법과 수단에 참여하지 않음으로써 성령을 반대하지 않도록 조심하기 바랍니다. 예수께서 지나가시고 또한 그의 성령께서 숨을 불어넣으시는 곳이 어디인지 여러분도 아실 것입니다만, 그곳은 바로 위대한 복음의 규례, 즉 말씀 사역의 현장입니다. 대개 이 현장에서 생명수를 마실 때에 그리스도의 양(羊)이 임신하게 됩니다. 복음을 듣는 일을 가리켜 "믿음의 들음"이라 부르는데(갈 3:2, 한글개역개정판은 "듣고 믿음"으로 번역함 — 역주), 이는 믿음의 가르침을 듣는 것을 통해서 성령께서 믿음의 은혜를 그들에게 베푸시기 때문입니다. 이것이야말로 죄인의 영혼들에게 말씀하시는 세미한 음성인 것입니다. "네 눈이 네 스승을 볼 것이며 … 네 뒤에서 말소리가 네 귀에 들려 이르기를 이것이 바른 길이니 너희는 이리로 가라 할 것이며"(사 30:20, 21). 여기서 하나님과 사람이 함께 가르치시는 것이 나타나고 있습니다. 그러므로 사람의 가르침을 소홀히 하게 되면 성령의 가르침도 거부하는 것이 되는 것입니다. 사도께서도 이와 아주 가깝게 가르치고 있습니다. 그는 "성령을 소멸하지 말라"고 말씀하고, 이어서 "예언을 멸시하지 말라"고 명령합니다(살전 5:19, 20). 그는 예언하는 것이나 혹은 복음을 선포하는 것을 멸시하면 위험하게도 성령이 소멸된다는 것을 우리에게 알려 주고자 한 것이 분명합니다. 그런데 예언하는 일이나 복음 선포를 멸시하는 가장 비근한 길은 그 규례에 등을 돌리고 거기에 참석하지 않는 것입니다. 하나님께서 어느 곳에 말씀 사역을 배설하시면, 그의 성령께서는 거기에 그의 학교를 개설하시고서 천국을 위하여 가르침 받고자 하는 모든 자들이 그리로 오기를 기대하십니다. 말씀의 규례를 아예 무시해 버리는 것도 안 되지만, 불필요한 다른 일로 무단결석자가 되거나 말씀의 규례에 불참하는 일이 없도록 주의하기 바랍니다. 죄를 멀리하기를 바라면서도 죄로 이끄는 것들을 멀리하지 않는 것이 하나님을 시험하는 것이라면, 믿음을 갖고자 하고 성령께서 믿음을 주시기를 바라는 체하면서도 성령께서 일상적으로 역사하시는 그 현장에 나아오려 하지 않는 것도 똑같이 하나님을 시험하는 것입니다. 학생이 학교에서 가르침 받기 위해 스승을 기다리는 것이 옳겠습니까, 아니면 무단결석하는 학생을 가르치기 위해 스승이 들판에까지 좇아다니는 것이 옳겠습니까? 여러분이 판단해 보시기 바랍니다.

둘째. 말씀 사역에 참여할 때에도 성령께서 믿음을 주시고자 여러분의 영혼 속에서 취하시는 이런저런 조치들에 대해 여러분이 통제하는 일이 없도록 조심하시기 바랍니다. 은혜를 받기 위해서 우리 자신이 먼저 취해야 할 일은 없습니다. 그러나 성령께서는 영혼들에게 은혜를 베푸시기 위하여 예비적인 역사들(preparatory works)을 행하십니다. 그러므로 그가 말씀으로 여러분의 영혼에 행하시는 점진적인 역사들을 면밀히 관찰하십시오. 그의 역사하심을 따르지 않으면 완전히 떠나시지는 않더라도 한동안 여러분을 그냥 버려두실 수도 있으니 말입니다. 성경은 모세가 "그 형제 이스라엘 자손을 돌볼 생각이" 났다고 말씀하는데(행 7:23), 이는 하나님께서 친히 그렇게 하도록 모세를 감동하신 것임이 분명합니다. 그때에 그는 이스라엘 사람을 학대한 한 애굽 사람을 죽이는 일로써 — 이 일은 그들을 애굽의 손아귀에서 완전히 구해 내는 일에 비하면 아주 작은 일이었습니다만 — 그들에게 자신의 선한 의도와 열심을 보여주기 시작합니다. 그는 이스라엘 사람들이 그 작은 일을 통해서 "하나님께서 자기의 손을 통하여 구원해 주시는 것을 깨달으리라고 생각하였"습니다(25절). 그러나 그들은 그를 따라주지 않고 오히려 그를 적대시했습니다. 이로 인하여 그는 물러가게 되고 이스라엘에게는 "사십 년" 동안 다시는 모세도, 구원도 접하지 못하였던 것입니다(30절). 이와 같이 하나님의 성령도 말씀 규례에서 여러분을 찾아오셔서 여러분의 특정한 처지에 합당하게 말씀하실 수도 있습니다. 그리고 이를 통해서 그가 여러분을 그 종노릇하는 집에서 — 죄와 진노 아래 있는 처지에서 — 벗어나도록 돕기를 얼마나 원하시는지를 죄인인 여러분이 깨닫기를 기대하십니다. 여러분이 그의 권고에 귀를 기울이고 그의 역사하심을 받아들이면 여러분은 종노릇하던 집에서 벗어날 수 있습니다. 그런데 여러분이 오히려 그를 적대시하면, 언제 다시 성령께서 여러분의 마음 문을 두드리실지 하나님만이 아시는 것입니다.

하나님께서는 어떤 사람들에 대해서는 아주 신속히 일을 처리하십니다. 어떤 경우에는 한 번 배척을 당하시고도 곧바로 떠나시고 그 배척에 대한 형벌로 끔찍한 저주를 남기기도 하십니다. "내가 너희에게 말하노니 전에 청하였던 그 사람들은 하나도 내 잔치를 맛보지 못하리라"(눅 14:24). 그들은 한 번 초청을 받고 그것을 거절했을 뿐인데, 이런 저주가 그들의 머리에 드리워진 것입니다. 그들이 그 잔치가 열릴 때에 그 자리에 절대로 오지 못하리라고 말씀하지 않습니다. 그들이 그 "잔치를 맛보지 못하리라"고 말씀합니다. 많은 이들이 말씀 규례에 참석해 있고, 복음의 접시에 그리스도가 아주 멋지게 준비되어 있습니다만, 이런 저주의 효력이 이들에게 드리워져 있으니 평생토록 그 귀한 진미를 맛보지 못하는 것입니다. 고귀한 진리의 말씀들을 듣지만 마음이 불신앙 가운데 닫혀져 있고, 그들의 정신이 버려진 상태에서 분별이 없으니, 그 귀한 말씀들을 들어도 전혀 꼼짝도 하지 않는 것입니다. 정신착란적인 광기 중에 이런 것이 있다는 말을 들은 적이 있습니다. 곧, 사람이 지극히 정상적으로 대화하다가 화제가 어느 특정한 주제로 돌아가게 되면 갑자기 이성을 잃고 횡설수설하며 정상적인 대화가 도무지 불가능해져 버린다는 것입니다. 오오, 말씀 규례에 자주 참석하는 자들 중에도 그런 남녀들이 얼마나 많은지 모릅니다. 세상적인 일에 대해서는 아주 이성적이고 합리적으로 대화를 할 수 있지만, 하나님이나 그리스도나 천국에 대한 일들에 대해 대화하려면 갑자기 이성이 마비되고 모든 사고력을 상실해 버리는 현상이 나타나는 것입니다. 이런 일에 대해서는 도대체 정상적인 판단을 갖고서 논의할 능력이 없는 것입니다. 말씀 규례에 오랫동안 참석해 왔고 또한 성령께서 몇 차례 시도하시기도 했는데도 하나님의 일에 대해서 그처럼 분별이 없는 상태에 있는 사람들이 많은데, 이것이 그들이 성령의 역사를 거부한 것 때문에 하나님께서 그들에게 내리신 영적인 저주의 결과가 아닐까 심히 두렵습니다.

그러니 여러분, 간곡히 바랍니다만, 성령을 적대하지 않도록 조심하십시오. 그가 말씀의 빛을 여러분의 지성에 비추어 주셔서, 전에는 무식한 자였던 여러분이 그 빛으로 말미암아 죄의 사악함, 그리스도의 고귀하심 등에 대해 무언가를 깨닫게 되고, 그리하여 성경의 진리들에 대해 이성적으로 논할 수 있게 되었습니까? 그러면 이제 주께서 여러분의 마음에 밝혀 주신 이 촛불로 무엇을 할 수 있을지를 생각하기 바랍니다. 죄를 짓거나 스스로 교만해지지 않도록 조심해야 합니다. 그렇지 않으면 그것이 다 타버린 초 심지처럼 되어 버리며, 또한 여러분은 그 빛을 대적하는 것으로 인하여, 욥기 36:12의 경고처럼 "지식 없이 죽을 것"입니다. 하나님의 성령께서 여기서 더 나아가셔서 여러분의 마음속에 있는 그 빛을 견고하게 하시고, 그리하여 여러분이 죄를 지각하게 되고 또한 그 죄에 합당한 진노에 대한 깨달음이 생겨서 그것에 대해 양심이 불일 듯 일어나게 되면, 자비를 베푸사 여러분의 가슴속에 이 불길을 일으키시는 성령을 거부하지 않도록 주의하기 바랍니다. 여러분이 성령님의 다스림을 받으려면 그렇게 해야 합니다. 사탄이 그의 머리 위에서 그의 집에 불이 나고 있으니 당연히 여러분을 부추겨 그 불을 꺼뜨리려 할 것이고, 또한 여러분도 지금 당장 편하고자 그의 말을 따를 위험이 있다는 것을 예상하여야 합니다. 여러분의 양심을 안정시키기 위해서 양심 속에서 역사하시는 성령을 소멸시킬 수도 있습니다만, 이것이야말로 마귀가 여러분에게 조장시키는 악행입니다. 속으로만 질병을 앓고 겉으로는 아무런 증상도 나타나지 않는 경우보다 증상이 겉으로 나타날 때에 오히려 환자에게 소망이 있는 법입니다. 병을 앓고 있었으나 오래 살 수 있었던 왕을 하사엘이 어떻게 하여 최후를 맞게 했는지 여러분이 잘 알고 있습니다. "하사엘이 이불을 물에 적시어 왕의 얼굴에 덮으매 왕이 죽은지라 그가 대신하여 왕이 되니라"(왕하 8:15). 이렇게 해서 그 몹쓸 사람이 왕이 되었습니다. 그는 왕이 병에서 회복할 기미가 있는 것을 보고서, 젖은 이불을 덮어서 그 질병이 심장에까지 미치게 했고, 이렇게 해서 스스로 왕위에 오를 길을 만들었습니다. 양심이 이처럼 요동치고 있으니 여러분의 마음의 왕위를 빼앗길까 두려워 크게 염려하고는 있지만, 사탄은 혹시 그것을 빼앗기더라도 다시 찾아오는 일에 대해서는 별로 걱정하지 않습니다. 여러분을 설득시켜서 육신적인 것들로 그 양심을 식혀 버리기만 하면, 성령의 깨닫게 하시는 역사가 금방 소멸될 것이니 말입니다. 이런 깨달음들은 여러분의 영적인 구원을 위하여 자비로 여러분에게 보내지는 것들이므로, 그것들을 환영하고 받아들여야 합니다. 마치 임신한 여자가 산통(産痛)을 반갑게 환영하고 받아들이는 것처럼 말입니다. 산통이 없이는 아이를 얻을 수가 없고, 그런 깨달음이 없이는 여러분의 영혼 속에서 새로운 피조물이 생겨날 수가 없는 것입니다.

뿐만 아니라, 하나님의 성령께서 여기서 더 나아가셔서, 여러분의 마음에 빛을 비추시고 양심 속에 지옥의 불을 지피시는 것만이 아니라 천국에 대한 강렬한 불길을 여러분의 정서 속에 피우실 수도 있습니다. 곧, 성령께서 말씀으로부터 그리스도를 제시하시되 그의 고귀하심과 또한 여러분의 절실한 필요를 충족시키기에 완전히 합당하심을 제시하셔서, 여러분에게 그를 간절히 구하는 마음이 생겨나게 하기도 하신다는 뜻입니다. 그에 대하여 또한 그를 통하여 불쌍한 죄인들에게 미치는 하나님의 자비에 대하여 자주 듣는 말씀들이 그렇게 감미로울 수가 없이 다가와서 그 감미로운 맛을 느끼기 시작하게 되고, 그것으로 인하여 무언가 열정적인 마음이 생겨나고, 그리하여 말씀을 들을 때에 다음과 같은 감탄사를 연발하게 된다는 것입니다: "오오, 그리스도가 내 것이 되었다니! 언제나 내가 하나님이 죄를 사하시고 구원하실 그런 복된 영혼이라니!" 그렇습니다. 이런 뜨거운 감정의 열기 속에서 어쩌면 여러분을 그렇게 오랫동안 그리스도와 멀어지게 했던 정욕들과 사탄을 저주하게 되고, 또한 과거의 생활 방식들과 작별을 고하고, 과거에 그렇게도 애지중지하던 정욕들을 완전히 끊어 버릴 뜻이 갑자기 생기게 될지도 모릅니다. 오오 여러분, 이제 이렇게 되면 하나님의 나라가 여러분에게 매우 가까이 와 있는 것입니다. 여러분이 이제 새로이 출생하려는 단계에 와 있다고 말해도 무방할 것입니다. 그러므로 무엇보다 이때야말로 유산(流産)되지 않도록 조심해야 할 중요한 시기입니다. 이런 갑작스러운 열정이 의도적으로 그리스도를 선택하는 것으로 무르익고, 이런 뜻들이 죄와 여러분 자신을 버리고자 하는 영구한 결단으로 정리되어 여러분 자신을 그리스도께로 내어 드리게 된다면, 과연 이 은혜의 아기, 즉 믿음이 여러분의 영혼 속에 탄생하였다는 기쁜 소식을 감히 여러분에게 전해드릴 수 있을 것입니다.

고백하건대, 감정은 오르락내리락합니다. 그렇습니다. 마치 바람과 같아서 지금은 영혼에게 아주 강력하게 불어닥치는 것 같아도 금방 상황이 완전히 달라지는 일이 부지기수로 일어납니다. 사람이 마치 포도주나 맥주에 취하듯 열정과 감정에 취할 수도 있습니다. 그리고 흔히 사람이 포도주나 맥주에 취해 있을 때에는 헐값에 물건을 팔고는 나중에 다시 제정신을 차리고는 그 일에 대해 후회하듯이, 사람이 무언가 감동적인 설교를 들으면서 정상적인 수준을 넘어서 감정이 고조될 때에는 그리스도와 그의 길을 택하기로 결심하지만 잠시 후에 그 말씀의 감동이 식어지고 나면 그 모든 것들에 대해 후회하는 일이 많습니다. 그렇게 되면, 전에 언제 그렇게 그리스도를 뜨겁게 사모했느냐 하는 듯이 자기들의 본연의 모습으로 되돌아가 버리는 것입니다. 그러므로 여러분, 말씀의 규례 중에 갑작스러운 감동이 일어나더라도 그 자체로 만족하지 말고, 성령께서 여러분의 영혼에 베풀어 주시는 그 감동들을 보존하여, 그 다음에 이어지는 시험을 통해서 그것들이 닳아지거나 식어지는 일이 없도록 최선의 노력을 기울여야 하는 것입니다. 사도는 바로 이에 대해 경고합니다: "그러므로 우리는 들은 것에 더욱 유념함으로 우리가 흘러 떠내려가지 않도록 함이 마땅하니라"(히 2:1). 어쩌면 지금은 여러분의 마음이 죄에 대한 안타까운 생각들로 인하여 뜨겁게 끓어오르고, 그리하여 "이제는 내가 절대로 나의 정욕에게 따뜻한 눈길을 주지 않으리라"라는 생각이 가득할지도 모릅니다. 사실 설교를 들으며 자기들의 죄가 언급되는 것을 들으며 비통하고 엄숙한 표정을 지으며 그것들에 대해 안타까워하는 수많은 남녀들 가운데 나중에 다시 바로 그 죄들과 손에 손을 잡고 행하는 자들이 정말 많으니 말입니다. 하지만, 여러분이 과연 여러분의 생명을 사랑한다면, 여러분의 영혼을 똑바로 직시하십시오. 그리하여 그런 회개의 모습이 정오만 되면 사라져 버리는 "새벽이슬" 같은 것이 아니라는 것을 입증하시기 바랍니다. 그러므로 여러분, 마치 뜨거운 욕탕 속에서 몸을 데우고는 곧바로 밖으로 나가지 않고 따뜻한 침상에 누워서 그 포근한 온기를 좀 더 유지시켜서 모공들이 열려서 속에 있던 기분 나쁜 찌꺼기와 불순물들이 효과적으로 몸에서 빠져나가게 만드는 것처럼, 그렇게 하시기 바랍니다. 곧, 말씀 규례에 참여하여 여러분에게 영적인 열기가 생겼으니, 이제 골방에 들어가서 그런 열기가 가득한 상태를 이용하여 여러분의 영혼을 하나님께 더 열정적으로 쏟아붓기를 힘쓰라는 것입니다. 그리고 온 마음을 드려 하나님께서 여러분을 믿음이 모자란 채로 그냥 버려두시지 말고 여러분을 "귀히 쓰는 그릇"(딤후 2:21)으로 만들어 주시기를 간구하라는 것입니다. 이는 세 번째 지침과 연결됩니다.

[불신자들은 믿음을 위해 기도로 외쳐야 함]

셋째 지침. 믿음 주시기를 위해 하나님께 기도로 크게 외치기 바랍니다.

질문. 하지만 불신자들은 기도해서는 안 된다고 생각하는 이들도 있는데, 과연 불신자가 기도해도 괜찮습니까?

답변. 이것이 사실이라면 참 나쁜 소식입니다. 실제로 믿음이 있으면서도 감히 스스로 신자라고 말하지 못하는 자들에게도 참 나쁜 소식이 아닐 수 없습니다. 이는 그들을 기도하기가 무섭게 만들기에 충분한 것이요, 이는 사탄이 바라는 일이기도 합니다. 이는 예배의 이 엄숙한 부분에서 담대하게 하나님께 나아갈 사람이 희귀하거나 아예 없게 만드는 일입니다. 신자들 중에서도 자신의 믿음에 근거하여 은혜의 보좌로 걸어갈 수 있는 사람은 아주 드무니 말입니다. 기도는 예배의 수단(*medium cultus*)이며 동시에 은혜의 수단(*medium gratiae*)이기도 합니다. 곧, 하나님께 예배를 드리는 수단이기도 하고, 또한 하나님께로부터 은혜를 받는 수단이기도 합니다. 그러므로 불신자는 기도해서는 안 된다는 말은, 곧 하나님께 예배하고 그를 조물주로 인정해서는 안 되며 또한 은혜를 받고 믿음을 얻을 수 있는 수단을 사용해서는 안 된다는 말과도 같습니다. 백스터 목사(Richard Baxter: 1615-1691. 잉글랜드의 청교도 목회자 — 역주)는, "기도는 하나님을 향한 영혼의 움직임이다"라고 말했습니다. 그러므로 불신자가 기도해서는 안 된다는 말은, 불신자는 하나님께로 돌아서서는 안 된다는 말과도 같습니다만, 하나님께서는 악인을 향하여, "너희는 여호와를 만날 만한 때에 찾으라 가까이 계실 때에 그를 부르라"고 말씀하시는 것입니다(사 55:6). 백스터 목사는 또한 "간절한 바람이 기도의 핵심인데, 과연 누가 감히 악인더러 믿음을 간절히 바라지 말라, 그리스도나 하나님을 간절히 바라지 말라고 말하겠는가?"라고 말했습니다(*Right Method for Peace of Conscience*, p. 63).

그러나 불신자가 기도하면서 죄를 짓는다는 것도 부인할 수 없는 사실입니다. 기도한다는 사실 자체가 죄가 아니고, 믿지 않으면서 기도한다는 것이 죄입니다. 그러므로 불신자는 기도를 무시할 때보다는 기도할 때에 죄를 덜 짓는 것입니다. 왜냐하면 기도할 때에는 정황과 태도가 죄악된 것이지만, 기도하지 않을 때에는 하나님께서 행하라고 명하신 임무와 또한 은혜를 얻기 위해 사용하도록 그가 지정해 주신 수단들을 정면으로 거역하는 것이기 때문입니다. 그러므로 불신자 여러분, 이런 불필요한 걱정거리들이 있지만, 모든 사람들에게 주어진 이 기도라는 위대한 임무를 소홀히 하지 말 것을 부탁드립니다. 다만 여러분 자신의 추악함을 인식하고서 은혜의 보좌 앞에 나아가십시오. 또한 죄를 계속해서 지을 뜻을 그대로 지니고 그 보좌 앞에 나아가지 않도록 주의하십시오. 이는 정말 끔찍한 악입니다. 이는 마치 반역자가 왕에게 쉽게 나아가기 위하여 왕의 하인들이 입는 복장을 하고서 나아가서 속에 감추고 있는 단검으로 그를 찌르려 하는 것과도 같습니다. 죄를 짓는 것도 모자라서 하나님을 그 자신을 치욕스럽게 하는 일에 가담시키려 합니까? 이런 대담한 행위로써 여러분은 여러분 속에서 행하고자 하는 일을 행하는 것입니다. 그것이 하나님이 금하시는 악한 혈기라면, 저는 베드로가 마술사 시몬에게 준 다음과 같은 권면으로 여러분에게 권면해야겠습니다. "너의 이 악함을 회개하고 주께 기도하라 혹 마음에 품은 것을 사하여 주시리라"(행 8:22). 하지만 저의 이런 권면을 받는 여러분의 사정은 이보다 훨씬 더 복잡할 것이라 생각됩니다. 여러분은 아마도 자신의 비참한 상태를 어느 정도 지극하게 되었고, 말씀으로 마음이 많이 부드러워져서 그리스도를 얻는 것으로 만족할 수 있는 상태일 것입니다. 다만 여러분처럼 무기력하고 교만한 죄인이 그를 믿게 된다는 것이 황망스럽게 여겨질 따름일 것입니다. 그러므로 여러분이 믿지 못하는 것은 마음에 현재의 죄에 대한 사랑 때문이 아니라 과거의 죄에 대한 양심의 두려움 때문일 것입니다. 자, 이런 여러분에게 말씀에 근거하여 제가 드릴 수 있는 최고의 격려를 드리고자 합니다. 그러니 이것을 갖고서 힘 있게 은혜의 보좌로 향하는 길로 나아가시기 바랍니다.

여러분, 가서 믿음을 위하여 기도하시기 바랍니다. 여러분 같은 손님을 하나님의 문간에 보내도 저는 꾸지람 들을 걱정이 없습니다. 하나님은 죄인들을 불러 그에게 데려오도록 우리를 보내시는 분이시니, 그를 부르는 여러분의 음성을 들으셔도 결코 화를 내시지 않습니다. 그에게 와서 믿음을 달라고 구하는 자들이 아무리 많아도 그는 결코 그들을 그냥 돌려보내는 분이 아니십니다. 그리스도는 죄인들이 "영생을 얻기 위하여 내게 오기를 원하지 아니하는도다"라고 탄식하시는데(요 5:40), 그러신 그가 그들이 그에게 나아오기를 바란다는 것을 기뻐하지 않으시고 오히려 불평하시겠습니까? 여러분, 마음에 용기를 갖고 담대하게 문을 두드리십시오. 하나님의 가슴에 친구가 계셔서 여러분을 환영하며 맞아들이실 것입니다. 아무런 간구가 없어도 하나님께서 여러분을 위해 그리스도를 주셨다면, 믿음을 달라고 간절히 간구하는 여러분에게 기꺼이 응답해 주시지 않겠습니까? 여러분이 하나님께 달라고 기도할 때에, 그는 여러분에게 행하라고 명령하십니다. "그의 계명은 이것이니 곧 그 아들 예수 그리스도의 이름을 믿고"(요일 3:23). 그러므로 믿음을 위하여 기도할 때에 여러분은 그의 뜻이 여러분에게서 이루어지기를 기도하는 것입니다. 그렇습니다. 그가 다른 무엇보다도 바라시는 그의 뜻의 그 부분이 반드시 이루어져야 합니다. 그러므로 그것이 "하나님의 일"임을 강조하는 것입니다. "하나님께서 보내신 이를 믿는 것이 하나님의 일이니라"(요 6:29). 그리스도의 말씀은 이런 뜻입니다: "너희가 이것을 행하지 않으면 하나님을 위해 아무것도 하지 않는 것이니라." 그리스도께서 그의 아버지의 마음을 가장 잘 아신 것이 분명합니다. 이처럼 하나님의 첫째가는 뜻에 합당한 기도이니, 그가 얼마나 기꺼이 이를 들어주시겠습니까!

요압은 드고아의 여인의 입을 통하여 자신의 요구 사항을 전하여 그 원하던 바를 얻었습니다. 그가 다름이 아니라 자기 자신보다 왕이 좋아하는 것을 구했으니 어찌 그렇지 않겠습니까? 여러분, 불쌍한 죄인이 믿는 것을 사람보다 하나님께서 더 기뻐하시지 않습니까? 제 생각에는 이때쯤이면 여러분이 하늘로 올려 보낸 그 간구가 복된 응답과 함께 돌아올 것을 스스로 약속하기 시작할 것이라 여겨집니다. 그러나 여러분이 간절히 원하여 하나님께 간절히 구한 이 은혜가 그리스도께서 값 주고 사신 구원의 주요 부분이라는 것을 아시고 더욱 격려를 받으시기 바랍니다. 죄 용서를 위한 값인 바로 그 피가 또한 믿음을 위한 값이기도 하며, 따라서 불쌍한 죄인들이 그 피로 말미암아 죄 용서의 은덕을 얻게 된다는 것입니다. 사람의 죄로 인하여 하나님의 마음에 정의롭게 지펴진 그 진노를 그리스도께서 값 주고 사셔서 없애신 것처럼, 사람의 마음에 하나님을 대적하여 가득 차 있는 그 적개심도 그가 취하시고 그 값으로 은혜를 새롭게 베푸셨고, 그리하여 파산 상태에 있던 사람이 다시 일어날 수 있게 되었습니다. 그러니 여러분, 믿음을 얻고자 기도할 때에 그리스도를 바라보십시오. 자기에게 아무것도 없음을 보며 또한 이처럼 거지와 같은 상태를 깨닫고 그에게 호소하는 불쌍한 죄인들에게 주시려고 예비해 두신 은혜가 바로 그에게 있는 것입니다. "주께서 높은 곳으로 오르시며 사로잡은 자들을 취하시고 사람들을 위하여 선물들을 받으시며 반역자들을 위하여도 받으시니 여호와 하나님이 그들과 함께 계시기 때문이로다"(시 68:18). 이것이 그리스도를 지칭하고 그에게 적용된다는 것은 의심의 여지가 없는 사실입니다(엡 4:8). 여기서 다음을 관찰하십시오.

첫째. 그리스도의 손에 선물들의 보화가 있습니다. "주께서 … 선물들을 받으시며."

둘째. 누가 그것들을 그에게 맡기는가 하는 것인데, 곧 그의 아버지이십니다.

"주께서 … 선물들을 받으시며", 즉 그리스도께서 그의 아버지로부터 선물들을 받으신다는 뜻입니다.

셋째. 언제 혹은 무슨 의도로 아버지께서 이 보화를 그리스도의 손에 맡기시는가 하는 것입니다. "주께서 높은 곳으로 오르시며 사로잡은 자들을 취하시고 사람들을 위하여 선물들을 받으시며." 즉, 그리스도께서 그의 죽으심을 통하여 죄와 사탄을 이기시고서 승천을 통하여 승리의 마차를 타시고 하늘의 영광된 성으로 올라가셨을 때, 바로 그때에 그리스도께서 이 선물들을 받으셨습니다. 그 선물들은 그의 피로 값 주고 사신 것이요, 또한 하나님께서 창세 전 — 언약이 맺어지고 시행될 때에 — 그 보배로운 피를 흘려 죽으사 죄악된 사람의 빚을 갚으시는 것을 조건으로 그 아들에게 약속하신 오랜 빚을 지불하는 것이었습니다.

넷째. 그리스도께서 누구를 위하여 이 선물들을 받으셨는가 하는 것인데, 곧, 천사들이 아니라 "사람들을 위하여"(한글개역개정판은 "사람들에게서") 죄 없는 사람들이 아니라 "반역자들"을 위하여(한글개역개정판은 "반역자들로부터도") 그 선물들을 받으신 것입니다. 그러니 여러분, 여러분이 죄악된 본성과 삶 때문에 여기서 제외되고, 이 선물을 받을 대상에서 배제되는 것이 결코 아닌 것입니다.

다섯째. 이 선물들의 **본질**과 또한 그것들이 그리스도께 맡겨진 **목적**을 관찰하십시오. 곧 "그들과 함께 계시기" 위함입니다. 반역하던 영혼을 거룩하신 하나님이 거하시기에 합당한 곳으로 만들어 줄 수 있는 것은 오직 믿음 외에는 없습니다. 말하자면, 이것이야말로 다른 모든 선물들의 목적이 되는 선물입니다. 불쌍한 죄인들의 마음에 믿음을 이루기 위함이 아니면 성령과 "사도와 교사와 목사"를 선물로 주시는 목적이 무엇이겠습니까? 그러니 여러분, 담대한 마음으로 하나님께 나아가 그리스도께서 여러분을 위해 지불하신 그것을 겸손히 구하기 바랍니다. 하나님께 이렇게 말씀하십시오: "주여 제가 정말로 반역한 몹쓸 죄인이었사오나, 그리스도께서 그런 자를 위해 아무것도 받지 않으셨나요? 제 마음은 믿지 못하는 마음입니다만 주의 언약에서 제시된 대로 믿음을 위해 값이 지불되었다는 말을 듣습니다. 불쌍한 죄인들에게 주의 성령을 부어 주시고자 그리스도께서 그의 피를 흘리셨다고 말입니다." 여러분이 하나님께 이렇게 간구하며, 게다가 그리스도의 이름을 기도에 사용하여 그를 움직이게 하는데, 과연 그리스도께서 친히 이 모든 간구를 들으시고 여러분의 간구를 아버지께 친근하게 올려드리시지 않겠습니까? 분명히 그는 하나님께서 그에게 지불하셔야 할 그것을 지불하시기를 바라십니다.

그러므로 그의 죽으심을 근거로 믿음을 구할 때에 그리스도께서도 친히 여러분을 위하여 동일한 간구를 아버지께 드리실 것입니다. 그가 하늘로 올라가신 것은 하나님께로 돌아오는 불쌍한 영혼들이 아버지의 보좌로 겸손히 간구할 때에 그들을 위하여 법정에서 친구가 되어 주시고자 함이었던 것입니다.

[불신자는 믿음을 얻기 위해 약속을 많이 대하여야 함]

넷째 지침. 약속들과 많이 교제하고, 한가할 때에도 자주 그것들을 깊이 생각하기 바랍니다. 여러분의 영혼을 약속 위에 든든히 세우며 또한 그의 말씀이 믿음으로 여러분의 마음에 있게 하는 일은 과연 오직 성령께서 하시는 일입니다. 여러분은 이를 할 수 없습니다. 그러나, 엘리야가 나뭇더미를 가지런히 놓고 자신이 할 수 있는 일을 다 하고 나자 하늘로부터 불이 내려와 그의 제물들을 태운 것처럼, 여러분이 양심적으로 약속을 부지런히 묵상할 때에 하나님의 성령께서 신령한 빛과 생명으로 임하셔서 여러분의 마음에 약속을 심어 주실 것을 편안한 마음으로 소망할 수도 있는 것입니다. 엘리야는 모든 것들을 다 준비하고 난 후 하나님께 마음을 드려 기도했고, 모든 것을 하나님께 기대하였습니다(왕상 18:36). 하나님의 성령을 초청하여 우리를 도우시도록 하는 길로서 이보다 신속한 길은 없다고 여겨집니다. 정욕적인 것들을 눈으로 바라보거나 그것들에 대해 한가한 생각을 하는 것이야말로 마귀가 자신을 시험하도록 그를 유도하는 것이듯이, 거룩한 하늘의 것들을 깊이 사모하고 생각하는 자는 성령께서 임하사 함께 하시도록 호소하는 것입니다. 지옥의 영이 악한 것을 조장하는 것을 바라고 행하듯이, 하나님의 성령께서는 선한 활동을 일으키기를 바라시며 그것을 위해 행하신다는 것을 의심할 필요가 없습니다. 여자가 마치 사과나무 아래 앉아 있듯이 그 사랑하는 남편의 그늘에 앉아 있으면서, “그 실과는 내 입에 달았구나”라고 말하는 것을 봅니다(아 2:3). 이처럼 여자가 남편의 그늘에 앉아 있는 것이, 영혼이 그리스도와 또한 고귀한 약속들 — 마치 나무에서 가지가 자라나오듯 이 약속들이 그리스도로부터 자라나옵니다만 — 에 대한 생각들 아래 앉아 있는 것을 뜻하는 것이 아니고 무엇이겠습니까? 오오 그리스도인 여러분, 잠시 동안 그런 생각들 아래 앉아 있어 보십시오. 이때에 성령께서 그 중에 한두 가지들을 흔드셔서 열매가 떨어지게 하시지 않는다면 참 이상한 일일 것입니다. 이삭이 들에서 묵상하던 중에 자기 신부를 만났듯이,

여러분도 이 약속의 동산에서 묵상하며 걷는 동안에 그 사랑스러운 자를 만나게 될지 누가 알겠습니까?

[불신자는 사람에게 믿어야 할 강력한 의무가 있음을 그의 심령에 강권해야 함]

다섯째 지침. 불쌍하고 비천한 죄인인 여러분이 해야 할 강력한 의무, 곧, 믿어야 하는 의무를 여러분의 심령에 강권하기 바랍니다. 어쩌면 하나님께서 여러분의 양심에 다른 죄들을 보여주셔서 심히 부끄럽게 하셔서, 그것들을 생각하기조차 끔찍하게 여기고 그것들에 빠지느니 차라리 불 속으로 뛰어들고 싶은 심정일지도 모릅니다. 이웃의 명예나 재산 혹은 육체에게 잘못을 범했다면, 그것이 양심에 불을 지펴 놓아서 여러분이 그것을 회개하기 전에는 문 안을 들여다보기 — 즉, 여러분의 생각들과 대화하기 — 가 두려울 것입니다. 그런데 오로지 믿음만은 중립적인 것일까요? 곧, 여러분이 여러분 자신의 유익을 위해 믿든 믿지 않든 상관없고 그저 여러분 개인이 선택할 문제 이상 아무것도 아닐까요? 사실, 다른 죄들에 대해서는 많은 죄인들이 양심에 거리껴서 두려워 떨며 자책하면서도 이 불신앙에 대해서는 정말 무감각하며, 다른 죄들로는 하나님을 거스른 것이지만 불신앙은 그저 자기들 자신에게만 해를 끼친 것처럼 이야기합니다. 하지만 여러분이 이런 생각을 하고 있다면, 여러분 자신이 얼마나 크게 속고 있으며, 또한 이런 생각으로 인해 얼마나 크게 화를 당하는 것인지 모릅니다. 그렇습니다. 다른 모든 죄들보다 불신앙이 훨씬 더 초월적인 방식으로 하나님을 욕되게 하며 그를 거스르는 것이라는 것을 생각하지 못한다면 말입니다.

베르나르(Bernard)는 완악한 마음에 대해서 말하기를, "완악한 마음이라는 말에 전혀 두려움이 없는 마음이라면 정말로 완악한 마음이다"라고 했는데, 저는 믿지 않는 마음에 대해서도 똑같이 말하고 싶습니다. 믿지 않는 마음이라는 말에 전혀 두려움이 없는 마음이라면 정말로 믿지 않는 마음입니다. 오오 여러분, 여러분 자신을 법정에 세우고, 여러분이 그리스도를 믿지 않는 것에 대해 여러분의 영혼이 무어라 변명하는지를 들어보면, 그 말이 얼마나 이치에 닿지 않는 터무니없는 말인지를 알게 될 것입니다. 조건이 마음에 들지 않기 때문이라고 하거나, 아니면 그 일이 너무나 선하여 시행할 수가 없기 때문이라고 할 것입니다. 그리스도를 주시는 조건들이 마음에 들지 않기 때문에 그를 믿지 않습니까? 어쩌면 그리스도와 정욕들을 함께 가질 수 있다면 여러분이 아마 좋아할지도 모르겠습니다. 하지만 그리스도를 얻기 위해서는 그 정욕들과 결별해야 하는데, 이것을 아주 "어려운 말씀"(참조. 요 6:60)으로 여기는 것입니다. 하나님께서 진정 여러분을 사랑하시니 이것을 그냥 두실 수가 없는데, 그것을 여러분이 언짢아한다는 것은 참 이상한 일입니다. 여러분의 죄들이 바로 여러분을 비참하게 만드는 최악의 요인이라고 생각하지 않는다면, 여러분은 부랑자요 마귀입니다. 그 추악한 정욕을 버린 것에 대해 그리스도께서 보상해 주시리라는 것을 신뢰하지 못한다면, 여러분의 생각 속에서 그리스도의 가치가 대체 무엇이란 말입니까? 하나님을 조금이라도 귀하게 여기는 자라면, 자기의 누더기 옷이나 손에 가득한 오물을 던져 버리는 것을 스스로 지나치게 큰 값을 치르는 것이라고 생각하지 않을 것입니다. 자, 죄인된 여러분, 그리스도를 얻는 조건들이 여러분에게 만족스럽지 못하게 보일수도 있습니다. 그렇다면 여러분이 무슨 조건으로 지금처럼 정욕을 쥐고 있는지를 스스로 물어보십시오. 여러분이 지금처럼 정욕에 사로잡혀 있다면 반드시 지옥에 들어가고 말 것인데, 거기서 하나님과 그리스도의 찬란한 임재가 없이 지옥에 있는 것이 낫겠습니까, 아니면 그리스도를 믿는 믿음이 반드시 들어가게 해 줄 그 천국의 복락 가운데 있으면서 여러분의 정욕들과 함께 어울리지 않는 것이 낫겠습니까? 이 점을 생각해 보고, 여러분 자신이 어리석었다고 지옥에서 후회하지 않도록 잘 선택하기 바랍니다. 그러나 저는 만일 여러분이 여러분 자신의 처지를 똑바로 직시하기를 바라면, 날마다 이 문제를 여러분의 심령으로 접하며 깊이 생각하여, 그리스도에 대해 더 나은 생각을 갖게 되고 여러분의 죄를 더 악하게 바라보게 되게 하여야 할 것이라고 생각합니다.

그러나 여러분이 믿지 않는 이유가 이것이 아닐 수도 있을 것입니다. 그 조건은 아주 좋게 여기는데, 과연 그렇게 훌륭한 약속들이 여러분 같이 미천한 자에게 실행된다는 것이 도무지 마음에 납득되지 않을 수도 있습니다. 자, 여러분이 그리스도께로 나아오는 길에 장애가 되는 이 두 가지 요인 중에서, 하나님께서 그리스도 안에서 베풀어 주시는 것을 받지 않으려는 의지의 완악함이 있는 것보다는 그 약속에 대해 이해하고 납득하기가 어려운 것이 더 낫습니다. 그러나 이 역시 반드시 제거되어야 합니다. 그러므로 여러분의 영혼과 더불어 그 약속에 대해 납득하게 되도록 힘쓰시기 바랍니다. 하나님의 약속들이 분명하고 실제로 존재한다는 사실을 받아들이지 않고 반대하는 것보다 더 불합리한 것이 없기 때문입니다. 다음 두 가지를 잘 시행하면 이 점에 대한 여러분의 의심을 없애고 두려움을 가시게 할 수 있을 것입니다.

첫째. 하나님에 대한 올바른 사고를 갖기를 힘쓰기 바랍니다. 그러면 위대하신 하나님이 보잘것없는 죄인을 위하여 그렇게 큰 일들을 행하신다는 것이 결코 이상하게 여겨지지 않을 것입니다. 만일 걸인이 여러분에게 일 년에 1천 파운드를 주겠다고 약속한다면, 대체 어디서 그런 돈을 가져다주겠느냐고 반문하며 그 약속을 하찮게 여길 것입니다. 하지만 지체 높은 임금이 여러분에게 약속하면 그것이 훨씬 더 큰 약속일지라도 그것을 인정하고 받아들일 것입니다. 자기 약속을 지킬만한 충족한 재력이 그에게 있기 때문입니다. 하나님께서도 무한한 자비와 능력과 신실함을 약속하시지만 그것이 그에게는 큰 것이 아닌 것입니다. "너희는 가만히 있어 내가 하나님 됨을 알지어다"(시 46:10). 이 시편에 대해 루터는 말하기를, "마귀와 그의 모든 수족들이 날뛰지만 그럼에도 불구하고 함께 시편 46편을 노래하자"라고 하였습니다. 여러분, 비록 사탄과 죄가 있지만, 여러분도 이 말씀을 따라 위로를 얻고 이렇게 노래할 수 있습니다: "내 영혼아 잠잠하라. 네게 자비를 베푸시는 분이 하나님이시라는 것을 알지어다." "주의 이름을 아는 자는 주를 의지하오리니"(시 9:10).

둘째. 이 위대하신 하나님이 그의 약속의 이행에 대해 신자들에게 주시는 보증들을 잘 살펴보시기 바랍니다. 그러면 그 보증들이 얼마나 많고 큰가를 발견하게 될 것입니다. 보증이 없이 그냥 약속만 하셨어도 우리들로서는 정말 과분할 것인데도 그는 자신의 약속을 반드시 이행하실 것을 여러 가지로 보증하십니다. 세상에서 가장 속이기를 잘하는 사람이라도 일정 금액을 지불하겠다는 약속에 대해 보증금을 받아놓았다면, 우리는 그것으로 만족할 것입니다. 하물며 참되고 신실하신 하나님이 친히 이런 보증들을 제시하시는 데도 여러분이 만족하지 못한단 말입니까? 차라리 태양이 빛이 아니라 어둠을 보내는 일은 있을지언정 — 이 일 자체도 불가능한 일이지만 — 하나님의 복된 입술에서 거짓말이 나오는 일은 절대로 있을 수 없을 만큼 그의 진실하심은 불변한 것인데 말입니다.

넷째 대지

[신자들에게 주는 권면: "믿음의 방패"를 보존하라]

이제는 이미 신자가 된 여러분들에게 두 가지로 권면하고자 합니다. 첫째는, 믿음이 그토록 값진 은혜인 것을 깨달았으면, 그것을 보존하는 일에 더욱 세심한 주의를 기울이라는 것입니다. 둘째는, 믿음이 그렇게 값진 은혜이고 또한 여러분에게 그 은혜가 있다면, 하나님께서 여러분을 위하여 행하신 일을 부인하지 말라는 것입니다.

[믿음은 은혜 중에 가장 뛰어난 것이므로 지극히 조심스럽게 보존하여야 함]

첫째 권면. 믿음이 그토록 값진 은혜인 것을 깨달았으면, 그것을 보존하는 일에 더욱 세심한 주의를 기울이라는 것입니다. 그 은혜를 지키십시오. 그러면 그것이 여러분과 다른 모든 은혜들을 지켜줄 것입니다. 믿음을 지키십시오. 그것이 무너지면 여러분도 무너집니다. 무너지게 되면 원수의 발 아래가 아니면 여러분이 어디에 있게 되겠습니까? 여러분의 믿음에게 어떤 위험이 닥치든 그것을 잘 지각해야 합니다. 그리스(헬라)의 한 장군이 전투에서 넘어져 쓰러졌는데 다시 정신을 차리자마자 자기 방패가 어디 있는지를 물었다고 합니다. 무엇보다도 그것을 중요하게 생각했다는 증거입니다. 오오 여러분, 이 시험 저 임무에서 여러분의 믿음이 어디 있는지, 또 그 믿음의 상태가 어떤지를 물으시기 바랍니다. 하나님께서는 이 믿음이라는 은혜를 가장 중요하게 여기고 그것으로 우리 자신의 가치를 삼기를 원하십니다. 이 믿음은 다른 어떤 은혜보다도 자기를 비우는 은혜이므로 스스로 교만해질 위험이 가장 적기 때문입니다. "내게 주신 은혜로 말미암아 너희 중 각 사람에게 말하노니 마땅히 생각할 그 이상의 생각을 품지 말고 오직 하나님께서 각 사람에게 나눠 주신 믿음의 분량대로 지혜롭게 생각하라"(롬 12:3). 로마의 그리스도인들이 하나님께로부터 많은 은사들을 받았으나, 바울은 그들이 믿음의 분량대로 자기 자신을 생각하기를 바랐는데, 그것은 그들로 하여금 "지혜롭게 생각하게"

(영어 흠정역은 "think soberly", 즉 "맑은 정신으로 생각하게"로 번역함 — 역주) 하기 위함이었던 것입니다.

사실 모든 다른 은혜들은 우리의 믿음에 준하여 시험받아야 할 것들입니다. 믿음의 열매들이 아니라면, 그것들은 참된 가치가 없는 것들입니다. 이것이 그리스도인과 정직한 이교도(異教徒)의 차이입니다. 이교도도 인내, 절제, 자비 등 도덕적인 덕목들을 다른 무엇보다도 자신이 보여주어야 할 가치 있는 것으로 생각합니다. 그리고 그는 이것들이 자신을 하나님 앞에 선하게 보이게 만들어 주며 죽음 이후의 행복을 확보해 줄 것으로 기대합니다. 그리고 이 세상에 사는 동안 이것들을 자랑거리로 삼습니다. 그러나 그리스도인은 이것들을 보면서도 냉정함을 잃지 않는 것은 그가 그리스도를 발견했고 또한 믿음으로 말미암아 그리스도의 의와 거룩함이 그의 것이 되기 때문입니다. 그러므로 그리스도인은 자기에게 고유하게 있는 것보다도 이것들로 자신의 가치를 바라보는 것입니다. 다음 두 사람의 이야기가 가장 좋은 예증이 될 것입니다. 한 사람은 궁궐의 신하요, 다른 사람은 궁과는 거리가 먼 시골 사람인데, 두 사람 모두 상당한 재산을 갖고 있으나 궁궐의 신하가 더 큰 재산을 갖고 있습니다. 궁궐과는 관계가 없고 임금의 총애와는 거리가 먼 그 시골 사람에게 자신의 값어치가 어느 정도냐고 물으면, 자기의 땅과 재물만큼 값어치가 있다고 대답할 것입니다. 그러나 궁궐의 신하에게 똑같이 질문하면, 그는 비록 시골 사람보다 더 많은 재산이 있지만 자기 재산보다도 임금의 총애를 받는다는 사실에서 자신의 값어치를 찾는다고 대답할 것입니다. 그는 이렇게 말할 것입니다: "그의 왕관과 왕권은 제외하고 나의 임금이 가진 것이 내 것입니다. 나를 유지시켜 주는 그의 지갑도, 나를 포용해 주는 그의 사랑도, 나를 보호해 주는 그의 권력도 나의 것입니다." 불쌍한 이교도들은 하나님과 또한 그리스도 안에 있는 그의 자비에 대해 문외한이므로, 이들은 자기들에게 본성적으로 지닌 것들을 계발하고 또한 근면함으로 각종 도덕적인 덕목들을 모아들이는 것으로 자신을 자랑합니다. 그러나 자기들의 부패성에 하나님의 은밀한 손이 자기들의 부패한 것들을 억제하고 있다는 사실을 전혀 알지 못합니다. 그러나 신자는 자신이 하나님의 궁궐에서 예수 그리스도로 말미암아 하나님께 총애를 받는 높은 지위에 있게 되는 은혜를 입었다는 것을 믿음으로 깨닫고 있으므로, 다른 어떠한 은혜보다도 이 믿음으로 자신의 값어치를 찾습니다. 아무도 자기 외에는 이 은혜들의 그 천상적인 아름다움을 보여줄 수가 없으나, 신자가 자랑하는 것은 믿음으로 그 자신의 것이 되신 그리스도인 것입니다. 신자는 자비로 말미암아 자신이 그 하늘의 은혜들로 장식된 마음을 갖고 있노라고 말할 수 있습니다만, 이에 비하면 이교도들의 가짜 덕목들과 스스로 의롭다고 여기는 교만한 자들의 가짜 은혜들은 아무것도 아닙니다. 마치 거울 속에 비친 얼굴의 형상이나 그림자가 그 사람 자신과 도무지 비교할 수 없는 것과 마찬가지입니다. 이교도들이 그저 겉모양만 비슷한 가짜를 갖고 있으나, 그리스도인은 자신이 참된 거룩을 지니고 있다고 말할 수 있는 것입니다. 그리고 그는 자기에게 있는 이 하나님의 은혜를 세상의 보화나 쾌락보다도 무한히 더 가치 있는 것으로 여깁니다. 그는 좋은 예복을 입은 죄인이기보다는 누더기를 걸친 성도가 되기를 바랍니다. 그렇습니다. 자신의 목숨보다도 그 은혜를 더욱 귀하게 여깁니다. 그리하여 자신의 영적인 생명을 보호하기 위해서라면 목숨까지라도 기꺼이 내어놓을 수 있는 것입니다. 그러나 이것도 신자가 할 수 있는 가장 큰 말은 아닙니다. 그는 그에게 주입된 거룩의 원리로 말미암아 하나님의 성품에 참여하고 있을 뿐 아니라, 그는 모든 거룩을, 예, 하나님 속에 있는 모든 그 영광스러운 완전한 것들을 물려받을 상속자인 것입니다. 하나님께 속한 모든 것 — 그가 가지신 것이나 그가 행하시는 모든 것 — 을 자기의 것으로 부를 수 있게 되는 것입니다. 하나님은 그 백성의 하나님 — "이스라엘의 하나님"(삼하 23:3) — 이라 불리는 것을 기뻐하십니다. 사람의 집과 땅이 그 소유자의 이름을 지니고 있듯이, 하나님께서도 그 백성의 이름을 지니기를 기뻐하시며, 그들이 누구의 소유인지를 온 세상이 알게 되는 것을 기뻐하시는 것입니다. 나봇의 밭을 가리켜 "나봇의 분깃"(왕하 9:21. 한글개역개정판은 "나봇의 토지")이라 부르는데, 이와 같이 하나님도 "야곱의 분깃"이라 불립니다(렘 10:16). 하나님께서는 그의 백성에게 그의 면류관과 영광 이외에는 — 이것은 그가 다른 이에게 주시지 않습니다(사 42:8) — 그 어떠한 것도 접근을 금하지 않으셨습니다. 그리스도인이 힘을 원하면, 하나님께서는 그의 것을 사용하게 하십니다. 또한 담대하고도 확신을 갖고 사용하게 하기 위하여, 주께서는 자기 자신을 그 백성의 힘이라 부르기도 하십니다: "이스라엘의 힘이신 그는 거짓이나 변개함이 없으시니"(삼상 15:29. 한글개역개정판은 "이스라엘의 지존자는"). 의와 거룩함이 모자랍니까? 어디서 그것이 그의 손에 쥐어집니까? 바로 그리스도께서 우리에게 의가 되시며(고전 1:30), 그리하여 그가 "여호와 우리의 의"라 불리시는 것입니다(렘 33:16). 그들이 사랑과 자비를 원합니까? 하나님께 있는 모든 자비를 그들이 쓸 수 있습니다. "주를 두려워하는 자를 위하여 쌓아 두신 은혜 곧 주께 피하는 자를 위하여 인생 앞에 베푸신 은혜가 어찌 그리 큰지요!"(시 31:19). 여기서 "주를 두려워하는 자를 위하여 쌓아 두셨다"는 표현을 주목하기 바랍니다. 그의 자비와 선하심은 바로 그들을 위해 예비된 것이라는 것입니다. 마치 아버지가 큰돈을 자루에 넣고서 그 자루에다 자기 아들의 이름을 적고 "이것은 아무개의 몫이다"라고 써놓은 것처럼 말입니다. 하지만 그리스도인은 어떻게 해서 하나님 앞에서 이런 권리와 또한 그에게 있는 그 방대하고 측량할 수 없는 행복의 보화를 갖게 됩니까? 이 문제는 깊이 생각해야 할 중요한 문제입니다. 그에게 이 모든 것들에 대해 합당한 권리를 갖게 해주는 것은 바로 믿음입니다. 그를 자녀가 되게 해주는 그것이 또한 그를 상속자로 만들어 주는 것입니다. 그런데 그를 하나님의 자녀로 만들어 주는 것은 바로 믿음입니다. "영접하는 자 곧 그 이름을 믿는 자들에게는 하나님의 자녀가 되는 권세를 주셨으니"(요 1:12). 그러므로 여러분이 자녀의 권리나 그리스도 안에 있는 여러분의 권리와 또한 그와 더불어 여러분들에게 주어진 그 영광스러운 특권들을 의심하지 않으려면, 여러분의 믿음을 바라보시기 바랍니다.

질문. 하지만 그리스도인이, "나의 믿음을 보존하도록 하기 위해서 무슨 조언들을 줄 수 있습니까?"라고 물을 수도 있을 것입니다.

답변. 이에 대해 저는 다음과 같이 몇 가지로 답변하겠습니다. 첫째, 믿음이 생기는 데에 도구가 되었던 것, 즉 하나님의 말씀이 그 믿음을 보존하는 데에도 도움이 될 것입니다. 둘째, 믿음을 보존하기를 바라면 여러분의 양심을 바라보십시오. 셋째, 믿음을 발휘하십시오. 넷째, 여러분 속에 아직 남아 있는 불신앙을 특별히 주시하십시오. 다섯째, 믿음을 보존하기를 바라면 그것을 늘리기를 힘쓰십시오.

[믿음의 보존을 위해 신자들에게 주는 지침]

첫째 지침. 믿음이 생기는 데에 도움이 되었던 것이 그 믿음을 보존하는 데에도 도움이 될 것입니다. 즉, 하나님의 말씀이 그렇다는 말입니다. 전에 여러분이 회심할 때에 하나님의 말씀이 그 목적을 위하여 씨앗이 되었듯이, 지금도 그것이 여러분의 믿음을 유지시키기 위한 젖이 되는 것입니다. 아기가 어머니의 가슴에 안겨 젖을 빨듯이, 이 말씀에게 안겨 젖을 빠시고, 그것도 자주 그렇게 하십시오. 어린 아기들은 한꺼번에 오래 젖을 빨지도 못하고 많은 양을 소화시키지도 못하므로 자주 젖을 빨아야 합니다. 이 세상의 모든 신자들이 바로 그런 어린 아기와 같습니다.

"경계에 경계를 더하며 경계에 경계를 더하며 교훈에 교훈을 더하며 교훈에 교훈을 더하되 여기서도 조금 저기서도 조금 하여야" 하는 것입니다(사 28:10). 말씀의 젖을 자주 빨아서 영양을 흡수해야 영적인 생명을 유지할 수 있습니다. 그렇지 않으면 결코 유지할 수가 없습니다. 모세가 그렇게 오랜 기간 동안 금식을 한 후에도 그렇게 좋아 보인 것은 일상적인 일이 아니었습니다. 말씀으로부터 영적인 음식물을 섭취하지 않고서도 믿음이 살아 있게 유지하려면, 그야말로 이적적인 믿음이 있지 않으면 안 될 것입니다. 갓난아기들이 낳자마자 어머니에게서 떨어져서 손으로 양육되었으나 아주 훌륭하게 자란 경우들에 대해 들어본 일이 있습니다. 그러나 혹시 하나님께서 영적인 생명을 유지시키는 정상적인 수단을 달리 더 마련해 주셨다면 모를까, 규례들을 멀리하고 말씀의 젖을 저버린 채로 영적인 생명이 활발하게 역사할 수 있다는 것은 결코 믿을 수가 없습니다. 제가 아무리 오래 살아도 그런 다른 수단이 있다는 것은 증명할 수 없을 것입니다. 어떤 이들은 말씀과 규례들에 등을 돌려도 괜찮을 것이라고 기대하고 한동안 그렇게 하기도 했습니다만, 굶주린 끝에 다음과 같은 나오미의 애절한 절규와 함께 다시 돌아왔습니다: "내가 풍족하게 나갔더니 여호와께서 내게 비어 돌아오게 하셨느니라"(룻 1:21). 그 영적인 양식이 식탁에서 사라져 다시는 맛볼 수 없게 되기 전, 이생에서 다시 영적인 배를 채우게 되었으니 정말 다행한 일입니다. 그리스도께서는 그리스도인들에게 일용할 양식을 위해 기도할 것을 가르치셨으니, 이는 그들에게 그것이 필요하다는 것을 가정하셨기 때문이었을 것입니다. 그러나 그가 육신적인 양식만을, 혹은 일차적으로 육신적인 양식을 뜻하지 않으신 것이 분명합니다. 똑같은 장에서 그는 그리스도인들에게, "너희는 먼저 그의 나라와 그의 의를 구하라"라고 명령하시니 말입니다(마 6:33). 자 그리스도인 여러분, 설교를 통해서 공적으로 영적인 양식이 주어지든, 혹은 그리스도인 형제들 간의 사사로운 대화 속에서 주어지든, 아니면, 성경을 읽고 묵상하는 은밀한 임무 중에 홀로 그 양식을 받든, 말씀을 귀하게 여기고 그 말씀을 맛있게 섭취하기를 바랍니다. 말씀을 접하지 않거나 육신적으로 사용하지 말도록 하십시오. 그러면 하나님께서 주시는 복으로 믿음의 큰 유익을 거두어들일 것입니다. 말씀에 대해 흥미를 잃어버리면 여러분의 믿음 역시 말씀에게서 멀어지기 시작할 것입니다. 오오, 믿음이 연약하다고 많이 투덜거리는 그리스도인들이 있습니다만, 그렇게 투덜거리지 말고 왜 믿음이 그렇게 연약하고 왜 그렇게 쇠퇴하는지를 궁구하게 된다면 얼마나 좋겠습니까! 믿음이 말씀으로부터 양식을 제대로 섭취하지 못했기 때문에 그런 일이 일어난 것은 아닙니까? 전에는 어쩌면 많은 곤경들을 통과하면서 말씀 속에서 하나님과 대면하기를 지속하기 위해 여러 가지로 해를 당하였으나 여러분이 마음으로 하나님을 신뢰하고 모든 처지에서 그분께 의지하는 감미로운 자세가 여러분에게 지속되는 것으로 그 희생의 대가를 충분히 받았을 것입니다만, 지금에 와서는 그 규례들을 통해서 하나님과 대면하는 일이 중단되었고 그로 인하여 여러분에게 정말 안타까운 변화가 생겼음을 감지하고 있을지도 모릅니다. 전에는 하나님을 신뢰할 수 있었으나, 지금은 똑같은 문제를 당하고도 그에 대해 의심이 생깁니다. 전에는 정욕이 제멋대로 왁자지껄 난동을 부려도 그 약속들이 여러분의 생각 속에 그 모습을 드러내면 그 모든 것들이 잠잠해지고 고요해졌으나, 아뿔싸! 지금은 그 약속들이 믿지 못하고 투덜거리는 여러분의 마음을 제대로 안돈시키거나 통제하지를 못하는 것입니다. 여러분, 만일 이와 같다면 여러분은 정말 안타까운 처지에 있는 것입니다. 이럴 경우 여러분의 영혼을 위해 제가 드릴 수 있는 최선의 권면은, 폐병을 앓는 환자에게 의사가 주는 권면과 같은 것입니다. 그들은 환자들에게 그들이 어디서 났으며 어디서 자랐는지를 묻고는 그 곳으로 보내어 그 곳의 공기를 마시게 만듭니다. 그것이 그들을 회복시키는 최상의 수단이기 때문입니다. 이와 마찬가지로 여러분, 저도 묻겠습니다. 여러분이 정말 믿음이 있었다면, 그것이 어디에서 났으며 또 어디서 자라났습니까? 말씀을 듣고 묵상하고 나누고 그 말씀에 근거하여 기도하는 그런 복음의 규례들의 감미로운 공기 속에서 나고 자라난 것이 아닙니까? 여러분, 그리로 가십시오. 그리고 할 수 있는 대로 속히 그 처음의 공기를 마시십시오. 그리스도인으로 나서 처음 그 공기를 마셨고, 또한 그 공기를 마시면서 한동안 믿음이 왕성하게 자라나지 않았습니까? 그리로 다시 가서 그 공기를 다시 들이 마시기 바랍니다. 여러분의 쇠약해진 믿음을 다시 일으켜 세우는 것으로 이보다 더 희망적인 것은 없습니다.

둘째 지침. 믿음을 보존하기를 바라면 여러분의 양심을 바라보십시오. 선한 양심은 믿음이 타고 항해하는 배와 같습니다. 양심이 침몰하면 어떻게 믿음의 안전을 보장할 수 있겠습니까? 믿음이 보석이라면, 선한 양심은 그것을 넣어 두는 장롱과도 같습니다. 그런데 그 장롱이 부서지면 보석도 잃어버릴 위험에 처하게 되는 것입니다. 그런데 어떤 죄들이 양심을 무너뜨리는지 여러분도 잘 아십니다. 곧, 고의적으로 범하거나 혹은 뻔뻔스럽게 계속 범하는 죄들입니다.

오오 여러분, 고의적인 죄를 삼가십시오! 마치 깨끗한 개울물에 던져지는 조각돌처럼 그 죄들이 여러분의 영혼을 휘저어 흙탕물이 되게 하여, 약속을 확고히 믿고 의지하던 여러분을 혼란에 빠뜨리고 여러분 자신에 대해 어떻게 생각하여야 할지를 모르게 만들 것입니다. 그 죄들은 마치 지붕 꼭대기에 난 불과도 같아서, 그것을 꺼뜨리기가 쉬운 일이 아닙니다. 그러나, 여러분이 불행하게도 그런 진창에 빠져 있다면, 뻔뻔스러움으로 그냥 거기에 그대로 누워 있지 마시기 바랍니다. 양들도 수렁에 빠질 수 있습니다만, 그 속에서 신나게 뒹구는 것은 돼지입니다. 그러므로 의복이 진흙으로 얼룩지고 얼굴이 온통 진흙투성이인 채로 있어서 하나님의 거룩한 백성다운 모습이 전혀 없어지면, 과연 믿음을 발휘하여 그 약속을 의지하게 되기가 얼마나 어렵겠습니까? 독을 마시는 것도 위험한 일이지만, 그 독이 몸속에 오래 남아 있게 하는 것은 그보다 훨씬 더 위험합니다. 여러분이 신자이더라도 회개를 새롭게 하기까지는, 믿음을 발휘하여 약속을 의지하는 것도, 그리하여 그 약속이 베풀어 주는 죄 사함을 여러분의 영혼에 적용시키는 일도 도무지 할 수가 없는 것입니다.

셋째 지침. 믿음을 보존하기를 진정 바라면 **믿음을 발휘하십시오**. 우리는 믿음으로 살고, 믿음은 발휘함으로 삽니다. 활동성이 강한 사람들에 대해서 우리는, 그들은 일을 하지 않으면 도무지 편치 못하다고 합니다. 그들을 침대에나 의자에 가두어 두는 것은 그들을 죽이는 것이라고 합니다. 여기서도 마찬가지입니다. 믿음이 일하지 못하도록 방해하면, 여러분이 그 믿음의 생명과 존재를 망치는 주범이 되는 것입니다. 우리가 자주 믿음으로 기도하지 않기 때문이 아니라면, 우리가 그리도 기도에서 믿음을 발휘하지 못하는 이유가 무엇이겠습니까? 어린아이를 그 부모에게서 떼어놓고 거의 보지 못하게 하면, 나중에 부모 앞에 있어도 그들을 별로 따르지 않게 됩니다. 곤경에 처할 때에 어째서 약속에 의지하여 살지 못합니까? 그것은 약속과 더불어 살지 않기 때문입니다. 약속과 더불어 대화하는 것이 많을수록 그 약속에 더 많은 신뢰와 확신을 두게 되는 것입니다. 거의 날마다 마주치는 이웃은 우리에게 낯설지 않습니다. 계명에 순종할 때와 마찬가지로 약속을 의지하는 믿음에 있어서도 일상생활에서 모든 일을 다 하기를 힘쓴다면, 이것이야말로 우리의 믿음을 비롯하여 기타 모든 은혜들을 자라게 하는 확실한 길이 될 것입니다. 하지만 안타깝게도, 우리가 행하는 일들 중에 처음부터 마지막까지 믿음을 불러들이지도 않고 약속을 살피지도 않고 행하는 것들이 얼마나 많은지 모릅니다. 그렇기 때문에 보통 때보다 좀 더 당혹스러운 어떤 특정한 곤경을 당할 때에 믿음을 사용하려고 하면, 그 믿음 자체가 사라지고 없는 일이 생기는 것입니다. 마치 주인이 자기를 불러 일을 시키는 경우가 아주 드물다고 해서 종이 대담하게도 자리를 비우고 밖에 나가서 빈둥거리고 있어서, 막상 주인이 무슨 특별한 일을 시키기 위해 그를 찾아도 자리에 없어서 찾지를 못하는 것과 같은 일이 생기는 것입니다. 오오 그리스도인 여러분, 여러분의 믿음이 일을 하지 않고 빈둥거리는 일이 오래가지 않도록 주의하기 바랍니다. 마땅히 사용해야 할 때에 믿음을 사용하지 않으면, 여러분이 정말로 믿음을 발휘하고자 할 때에 그것이 여러분을 실망시키게 될 것입니다.

넷째 지침. 여러분 속에 아직 남아 있는 불신앙을 특별히 주시하며, 또한 그것이 여러분의 그리스도인으로서의 삶에서 그 머리를 내어밀므로, 여러분의 영혼으로 그것을 분명히 인식하며 또한 그로 인하여 하나님 앞에서 스스로 깊이 낮추기를 명심하십시오. 불신앙의 모든 행동 하나하나가 여러분의 믿음에게 해를 끼치며, 이는 회개를 새롭게 함으로써 다시 회복됩니다. 다윗이 자신의 불신앙에 대해 마음으로 부끄럽게 여길 때에, 그의 믿음이 회복되었습니다(시 73:22). 그는 자신이 얼마나 "우매 무지"한지를 고백하였습니다. 그렇습니다. 그는 자신이 "주 앞에서 짐승"과 같다고 했습니다. 자기의 불신앙적인 생각들이 너무도 터무니없고 야만적이라는 것이 그에게 다가온 것입니다. 이처럼 솔직하고도 겸손한 고백으로 말미암아 악한 것이 토해지고, 다시 과거의 정상적인 상태가 회복되고, 예전처럼 믿음이 높이 활동할 수 있게 된 것입니다. "내가 항상 주와 함께 하니 주께서 내 오른손을 붙드셨나이다. 주의 교훈으로 나를 인도하시고 후에는 영광으로 나를 영접하시리니"(23, 24절). 그러나 여러분이 여러분의 불신앙으로 인해 낮아지지 않으면, 그 불신앙이 반드시 여러분 속에서 자라게 됩니다. 라이스 사람들이 그렇게 나빴던 이유가 무엇입니까? "그 땅에는 관원들이 없으므로 어떤 일에서도 그들이 부끄러움을 당하지 아니함이라"(삿 18:7. 한글개역개정판은 "그 땅에는 부족한 것이 없으며 부를 누리며"). 그리스도인 여러분, 여러분은 가슴속에 하나님께서 친히 명하여 보내신 관원이 있어서, 여러분이 죄를 지으면 그가 그것을 책망하고 여러분을 부끄럽게 만듭니다. 사실 이 관원이 자기 직무를 다하면 모든 것들이 영혼 속에서 무너져 내립니다. 그러므로 이 관원이 여러분에게 행하는 책망을 귀담아 듣고 그것으로 부끄러움을 얻으십시오. 불신앙만큼 하나님을 욕되게 하는 죄가 없습니다. 그런데 이 불신앙이라는 칼이 성도의 손에 들려 있으면, 그것이 그의 이름을 가장 깊이 베어 버리는 것입니다. 오오 동무들의 집에서 칼에 베이다니요! 이것이야말로 하나님의 마음을 아프게 하는 것입니다. 그러므로 성도들이 하나님과 얼마나 가까운 관계에 있는가를 생각해 보면, 하나님께서는 이 죄가 성도들의 손에 있는 것을 정말로 싫어하시는 것도 무리가 아닙니다. 아무리 방종에 빠진 무책임한 아버지라도 친자식이 법정에 나아가 자신에 대해 반대 증언을 하며 자신의 말이 진실치 못하다고 변론하게 되면, 전혀 모르는 낯선 사람이 그렇게 하는 것보다도 훨씬 더 가슴이 아플 것입니다. 자식이 부모를 위해 변명하는 것은 듣는 사람의 입장에서는 신빙성이 떨어집니다. 편파적일 가능성이 농후하기 때문입니다. 그러나 자식이 부모를 대적하여 증언한다면, 이는 낯선 사람이 똑같이 증언할 경우보다도 신빙성이 훨씬 더 높아집니다. 자식이 부모와 본성적으로 맺고 있는 그 성스러운 친밀한 관계는 쉽게 의심할 수 있는 것이 아니기 때문입니다. 자식이 부모에 대한 본성적인 정리(情理)를 손상시킬 수도 있지만 진실을 증언해야 한다는 필연이 그보다 더 크고 중요하기 때문에 그렇게 하는 것입니다.

그리스도인 여러분, 거듭거듭 이것을 생각하기 바랍니다. 불신앙으로 인하여 여러분이 하나님을 대적하여 거짓 증언을 하고 있다는 사실을 말입니다! 만일 여러분이 하나님의 자녀라 하면서 하늘 아버지에 대해 전혀 좋게 이야기하지 않고 그를 아름다운 모습으로 세상에 제시하지 않는다면, 여러분에게 있는 하나님에 대한 그런 악한 생각들 자체가 여러분에게 그런 고집스런 완악함과 불신앙이 있음을 확증해 준다 해도 전혀 이상한 일이 아닐 것입니다. 여러분이 아무리 하나님에 대해 크게 이야기하고 그와의 가까운 관계를 진술하더라도 그것이 전혀 신빙성이 없어질 것이니 말입니다. 어떤 사람의 체면을 완전히 깎아내리고자 할 때에, 그 무엇보다 효과적인 것은 다음과 같이 말하는 것일 것입니다. 곧, "그 사람이 어떤 사람이냐 하면 그와 가장 가까운 자들, 심지어 그의 친 자녀들조차도 그를 신뢰하지 못하고 그에 대해 좋게 말하지 않는 사람입니다"라고 말입니다. 오오 그리스도인 여러분, 여러분이 과연 하나님의 명예를 깎아내리고 그의 선한 이름을 세상에서 없애는 일에 사용되는 불행한 도구가 되기를 바라는지 한 번 스스로 반문해 보기 바랍니다. 만일 성도라면 그런 생각에 마음이 두려워 떨 것이 분명합니다. 그리고 그런 생각을 한다 해도, 자주 그렇게 생각하게 만든 여러분의 불신앙으로 인하여 여러분이 깊이 상처를 받게 되고, 또한 여러분이 저지른 잘못으로 피를 흘리게 될 것이며, 그리하여 다시는 그런 칼을 손에 쥐지 않도록 경계하게 될 것입니다. 그 칼로 하나님의 이름과 여러분 자신의 평안을 수없이 상처를 내었으니 말입니다.

다섯째 지침. 믿음을 보존하기를 바라면 믿음을 늘리기를 힘쓰십시오. 자기에게 있는 것으로 만족하는 무기력한 사람들만큼 자기에게 있는 것을 잃어버릴 위험에 노출되어 있는 사람은 없습니다. 불씨는 불꽃보다 속히 꺼져 버립니다. 한 방울의 물은 강물보다 더 쉽게 마셔지고 말라 버립니다. 여러분의 믿음이 강할수록 그 믿음이 원수의 공격에서 더 안전합니다. 성(城)이 물품 공급이 취약하여 포위하면 곧 함락될 것이라는 정보를 원수가 얻게 되면, 그는 곧바로 그 성을 공격할 것입니다. 하지만 그런 정보가 없다면, 쉽게 공격하지 못할 것입니다. 마귀는 겁쟁이여서 자신이 크게 유리할 때에 싸우기를 좋아합니다. 그런데 그리스도인의 믿음이 연약한 것만큼 그에게 유리한 상황은 없습니다. 그리스도인 여러분, 강한 믿음이 약한 믿음에 비해서 얼마나 더 많은 특권이 있는지를 알기만 해도, 그것을 얻기 전에는 절대로 마음이 편해지지 않을 것입니다. 삼손이 힘이 있을 때에는 블레셋 사람들이 감히 그의 앞에 나서지 못했는데, 그가 힘을 잃고 연약해지자 그의 주위에서 춤을 추며 그를 욕하기까지 했습니다. 다윗의 믿음이 강한 상태에 있을 때에, 죽음을 대면하면서도 그가 얼마나 용기를 내었습니까(삼상 30:6)! 그러나 믿음이 마음에서 떠나자 그가 얼마나 불쌍한 처지가 되었는지 모릅니다. 자신을 구하기 위해서라면 지극한 불명예를 무릅쓰고라도 구멍이 있으면 머리를 그리로 들이밀고 도망하고픈 마음이었습니다(삼상 21:13).

믿음이 약하면 그리스도인이 마음을 찢어놓는 갖가지 생각들로 인하여 압박을 받을 수밖에 없으나, 믿음이 강하면 그런 것에서 자유해집니다. "주께서 심지가 견고한 자를 평강하고 평강하도록 지키시리니"(사 26:3). 믿음이 있는 만큼 내적인 평안과 고요가 있는 법입니다. 믿음이 적으면 폭풍 속에서 믿지 못하고 두려워하게 되므로, 거기서 거두어들이는 평안과 고요함도 적을 수밖에 없습니다. 그러나 믿음이 강하면, 강력한 평안을 얻습니다. "평강하고 평강하도록"이라는 히브리어의 반복적인 표현이 이것을 시사해 줍니다. 그리스도로 말미암는 하나님과의 평안은 믿음이 연약한 자나 믿음이 강한 자나 똑같이 얻지만, 가슴으로 느끼는 평안은 그렇지 않습니다. 연약한 믿음도 강한 믿음과 똑같이 반드시 그리스도인을 천국에 안착하게 해줄 것입니다. 참된 은혜는 모두가 썩지 않는 씨앗이므로 아무리

적은 분량이라도 도무지 소멸할 수가 없으니 말입니다. 그러나 믿음이 연약하여 의심하는 그리스도인은 믿음이 강한 다른 사람만큼 천국으로의 여정이 유쾌하지는 못할 것입니다. 배 안에 있는 모든 사람이 다 안전하게 포구에 도착하지만, 배멀미를 하는 사람은 건강하고 강한 사람과는 달리 항해하는 동안 줄곧 불편한 상태에 있을 것입니다. 항해 중에 아주 멋진 풍경들이 많이 펼쳐지지만, 병들고 연약한 자는 그것을 도무지 즐거워할 수가 없습니다. 하지만 건강하고 강한 사람은 풍성한 기쁨으로 그 모든 것들을 즐깁니다. 그러므로 마음속으로 속히 집에 도착하기를 바라지만, 그러면서도 배 안에서 즐기는 갖가지 유쾌한 것들 덕분에 항해가 짧게 느껴지고 또 순탄하게 여겨지는 것입니다. 그리스도인 여러분, 이와 마찬가지로 성도들이 천국을 향하여 나아가는 도중에도 많은 유쾌한 일들을 만납니다. 그들의 여정이 끝날 때에 누리도록 하나님께서 예비해 놓으신 것들 이외에도 각양 즐거운 것들이 많습니다. 하지만 오직 약속을 믿음이 강하여 약속에 근거하여 왕성하게 활동하는 그리스도인이 그것들을 찾아 누리는 것입니다. 이런 그리스도인이야말로 그의 영혼을 말할 수 없는 즐거움으로 가득 채우는 그 약속에서 신령하고도 영광스러운 것들을 바라봅니다. 그러나 의심하는 그리스도인의 믿음의 눈은 믿지 못하는 두려움으로 흐려져 있어서 그 약속에서 감동적인 것을 별로 보지를 못하는 것입니다. 믿음이 강한 그리스도인은 천국으로 향하는 내내 눈으로 약속을 바라보며 노래를 부릅니다. 그러나 연약한 그리스도인은 자신의 의심과 질투와 계속해서 갈등이 있기 때문에 무거운 마음으로 계속해서 한숨과 애통이 있을 수밖에 없습니다. 자신이 과연 그 약속에 해당되느냐 하는 문제에 대한 논란이 그의 생각 속에서 계속되기 때문입니다. 그러므로 여러분, 불편하게 살거나 무기력하고 우울한 상태로 천국으로 나아가기를 바라지 않는다면, 여러분의 믿음을 강하게 하기를 힘써야 하는 것입니다.

질문. 하지만, 내 믿음이 강한지 약한지를 과연 어떻게 알겠느냐는 의문이 있을 수도 있을 것입니다. 이에 대해 다음과 같은 특징들로써 답해 드리겠습니다.

[믿음이 강한지 약한지를 알 수 있는 특징들]

특징 1. 약속의 말씀을 있는 그대로 신뢰하고 하나님을 전적으로 의지하는 그리스도인일수록 그의 믿음이 강합니다. 자신의 말로 일정 금액을 맡기겠다고 약속하거나 혹은 그 약속에 대해 계약금을 거는 자가 감히 그렇게 하지 못하는 자보다 더 사람을 신뢰하는 사람입니다. 우리가 하나님의 약속에 대해 그를 신뢰할 때에 이는 하나님 자신의 신용에 근거하여 그를 신뢰하는 것이요, 이것이 바로 믿음입니다. 지팡이나 목발이 없이 걷는 사람이 그것들에 기대어야만 걷는 사람보다 더 강한 자입니다. 연약한 믿음이 행할 때에 목발을 지나치게 의지하는데, 감각과 이성이 바로 그런 목발입니다. 자 여러분, 다음을 자신에게 물어보시기 바랍니다.

(1) 감각과 현재의 느낌이라는 목발이 손에 없는데도, 스스로 약속을 근거로 일어설 수 있습니까? 어쩌면 여러분이 하나님의 사랑에 대해 무언가를 발견했고 또한 그의 은혜가 여러분에게 내리쪼이는 것을 경험했을지도 모릅니다. 그리고 그 태양이 여러분의 창문에서 그렇게 비추고 있어서 여러분의 마음이 환한 상태에 있을 때에는 여러분이 다시는 하나님을 불신하지 않고 여러분의 불신앙적인 생각을 따르지 않을 것이라고 생각합니다. 그러나 그처럼 감각으로 느낄 수 있는 것들이 사라지고 그 대신 무언가 유쾌하지 않은 섭리가 나타날 때에는 여러분의 마음의 상태가 어떻습니까? 그러면 곧바로 하나님의 약속에 대한 의심이 찾아와서, 그 약속에다 믿음의 닻을 내리는 모험을 해야 할지 하지 말아야 할지를 알 수 없는 상태가 됩니까? 하나님의 사랑에 대한 감각이 사라져서 그 때문에 믿음의 눈도 침침해지고, 그리하여 그 약속에서 하나님의 자비와 진실하심을 보지 못하게 되어 버렸습니까? 그렇다면 여러분의 믿음의 눈이 아주 약한 것이 분명합니다. 그렇지 않다면 이런 안경이 없이도 그 약속을 얼마든지 읽을 수 있을 것입니다. 어린 아이는 어머니가 자기 방에서 나가기만 해도 어머니를 잃어버렸다고 생각합니다. 하지만 아이가 자랄수록 더 지혜로워지는 것입니다. 신자도 과연 그렇습니다. 그리스도인 여러분, 하나님의 사랑을 체험하고 감각으로 맛본 것에 대해 하나님을 찬양하기 바랍니다. 그러나 또한 그런 체험으로 우리의 믿음이 연약한지 강한지를 판단할 수 없다는 것도 알아야 합니다. 체험들은 마치 목발과도 같은데, 목발은 걷지 못하는 사람이 걷도록 도움을 줍니다만 그 사람을 건강하게 해주지는 않습니다. 그 사람을 건강하게 만들어 주는 것은 음식과 약입니다. 그러므로, 그리스도인 여러분, 약속에 더 기대고, 하나님의 사랑의 감각적인 표현들 — 현재의 느낌이든 혹은 과거의 체험이든 간에 — 에 덜 기대기를 힘쓰기 바랍니다. 그런 목발들을 사용하지 말라는 것이 아니라 그것들에 기대지 말라는 것이요, 또한 우리의 믿음의 활동을 그것들로 제한시키지 말라는 것입니다. 강한 사람은 다리를 저는 사람과는 달리 — 이 사람은 몸의 무게를 완전히 지팡이나 목발에 의지합니다 — 길을

갈 때에 전혀 지팡이에 의지하지 않습니다만, 길을 가다가 혹시 도둑이나 개를 만나면 그 지팡이나 목발을 사용하여 자기를 지킬 수도 있는 것입니다. 이와 마찬가지로 강한 그리스도인도 시험을 만날 때에 자신의 체험들을 선하게 사용할 수 있습니다. 그러나 그가 자신의 믿음의 무게를 완전히 다 내어맡기는 것은 그 체험들이 아니라 바로 하나님의 약속인 것입니다.

(2) 감각이나 느낌과는 다른 이성의 목발이 부러지거나 혹은 여러분의 믿음이 그 부러진 목발과 함께 땅바닥에 떨어질 때에도, 하나님의 약속에 의지하고 설 수 있습니까? 약속이 성취된다는 것에 대해 그것이 불가능하며 개연성이 없다는 이유로 이성이 반론을 제기할 때에 그것을 밟고 일어서며, 또한 "그럼에도 불구하고" 그 약속의 진실성을 신뢰하며 나아갈 수 있다면 이는 정말 강한 믿음일 것입니다. 노아는 이처럼 하나님의 말씀의 경고와 약속을 모두 신뢰하고서 방주를 짓는 일을 힘써 행하였고, 그 이상한 일들이 과연 어떻게 일어날 수 있는지를 이성의 힘을 빌려서 납득하려 하지 않았습니다. 또한 아브라함도 그렇게 늙은 나이에 하나님께로부터 아들을 약속을 받았을 때에 자신의 좁은 이성을 가지고 이리저리 궁리하지 않았습니다만, 이 역시 그의 믿음이 강한 연고였습니다. "그가 백세나 되어 자기 몸이 죽은 것 같고 사라의 태가 죽은 것 같음을 알고도 믿음이 약하여지지 아니하고"(롬 4:19). 수영을 잘하는 능숙한 사람은 자기 키보다 더 깊은 물에도 전혀 두려움이 없이 들어가지만, 수영이 미숙한 자들은 바닥이 발에 닿아야 안심하며, 그리하여 얕은 물 바깥으로는 나가기를 싫어합니다. 하나님께서 이성의 깊이보다 더 깊은 곳으로 데려가도 강한 믿음은 두려워하지 않습니다. 선한 여호사밧은 이렇게 말했습니다: "우리가 대적할 능력이 없고 어떻게 할 줄도 알지 못하오나, 오직 주만 바라보나이다"(대하 20:12). 이는 마치 이런 뜻과도 같습니다: "우리가 총체적인 환난 중에 있나이다. 이 곤경들을 어떻게 헤쳐갈지 도무지 속수무책이고 방도가 없나이다. 그러나 우리가 오직 주만 바라보나이다. 주의 팔에 힘이 있고, 주의 마음에 온유함이 있고, 주의 약속에 진실함이 있으니, 우리의 사정을 결코 절박하게 여기지 아니하나이다." 반면에 연약한 믿음은 무언가 디디고 설 수 있는 발판을 찾으며, 자신의 이성적인 이해와 약속을 조화시키는 데에 온통 신경이 가 있습니다. 그렇기 때문에 그 입에서 온갖 질문들이 쏟아지는 것입니다. 그리스도께서 "너희가 먹을 것을 주라"고 말씀하시자, 제자들은 그에게 "우리가 가서 이백 데나리온의 떡을 사다 먹이리이까?"라고 반문했습니다. 그리스도의 말씀만으로는

그 비용과 수고를 덜 수 없기라도 하듯이 말입니다. 사가랴는 천사에게, "내가 이것을 어떻게 알리요? 내가 늙고 아내도 나이가 많으니이다"라고 말했습니다(눅 1:18). 안타깝게도 그의 믿음이 이 이상스런 소식을 소화시킬 만큼 강하지 못했던 것입니다.

특징 2. 섭리로 말미암아 세상에서의 그리스도인의 상태와 처지에 변화가 생길 때에 그 마음이 안정되고 만족할수록 그의 믿음이 강합니다. 병약한 몸은 건강하고 강한 몸처럼 기후 변화를 잘 견디지 못합니다. 강한 사람은 더우나 추우나 날씨가 좋으나 궂으나 기분이 크게 변하지 않습니다. 하지만 병약한 사람은 똑같은 기후 변화에도 견디지 못하고 불평을 늘어놓습니다. 이처럼 강한 믿음은 어떠한 기후에도 살 수 있고, 전천후로 다닐 수 있고, 어떤 상황에도 다 적응할 수 있습니다. "어떠한 형편에든지 나는 자족하기를 배웠노니"(빌 4:11). 그러나 안타깝게도 그리스도의 제자들 모두가 다 바울처럼 강건한 것이 아닙니다. 연약한 믿음은 아직 이 힘겨운 학과를 아직 마스터하지 못하였습니다. 하나님이 여러분의 건강을 질병으로 바꾸시고, 풍족함을 궁핍함으로, 존귀와 영광을 조롱과 멸시로 바꾸실 때에, 여러분은 여러분의 사정을 어떤 언어로 하나님께 알립니까? 투덜거리며 불평함으로써 불만을 강하게 토로합니까? 아니면 하나님의 그런 조처들을 만족히 여기고 여러분의 현재의 사정을 기꺼이 받아들이되, 어려움을 느끼지 못해서가 아니라 하나님께서 그렇게 정하신 것을 인정하여 그렇게 합니까? 그렇다면 여러분의 믿음은 강합니다.

(1) 이는 여러분의 마음에 하나님의 보좌가 있다는 것을 보여 줍니다. 여러분은 하나님의 권위를 높이 기리며 그의 주권을 그대로 받아들이는 것이 분명합니다. 그렇지 않다면 그의 행하시는 일들을 그렇게 묵묵히 받아들이려 하지 않을 것입니다. "내가 잠잠하고 입을 열지 아니함은 주께서 이를 행하신 까닭이니이다"(시 39:9). 만일 다른 누군가에게서 그런 일을 당했다면, 그렇게 조용히 그것을 받아들이지는 못했을 것입니다. 종이 주인의 아이를 때리면 그 아이는 아버지에게 가서 항의합니다. 하지만 아버지가 때리면, 더 심하게 때려도 그 아버지에 대해 항의하거나 다른 이에게 호소하지 않습니다. 왜냐하면 그가 아버지의 권위를 높이 받들기 때문입니다. 그런데 여러분이 하나님을 향하여 잠잠히 행하니, 여러분에게 강한 믿음이 있기 때문이 아니고 무엇이겠습니까? "너희는 가만히 있어 내가 하나님 됨을 알지어다"(시 46:10). 우리의 마음이 먼저 잠잠히 있어야 비로소 하나님이 하

나님 되심을 믿음으로 알 수 있는 것입니다.

(2) 하나님의 섭리를 받아들이고 인정하는 이러한 자세는 여러분이 하나님의 주권을 두려움으로 높이 받드는 것은 물론 그리스도 안에 있는 그의 자비와 선하심에 대해서도 아주 편안하고 포근하게 생각하고 있다는 것을 보여 줍니다. 하나님께서 이런 상황을 곧 바꾸어 주실 수 있고 또한 바꾸어 주실 것이라는 것을 여러분이 믿고 있는 것입니다. 그렇지 않다면 이처럼 즐거움을 주는 것들과 그렇게 쉽게 작별할 수가 없었을 것입니다. 다른 모든 가족이 큰 저녁 잔치에 참석하기 위해 나갈 때에도 어린아이는 기꺼이 잠자리에 들기도 하는데, 이는 어머니가 무언가를 남겨 놓았다가 아침에 주겠다고 약속했기 때문입니다. 어린아이는 이것을 믿고 만족하는 것입니다. 현재에 당하는 모든 손해들을 보상해 줄 그 무언가를 믿음의 눈으로 바라보는 것이요, 이 때문에 다른 이들이 잔칫상을 받을 때에 여러분은 기꺼이 금식할 수 있고, 다른 이들이 건강할 때에 여러분은 기꺼이 병든 상태를 견딜 수 있는 것입니다. 바울은 고린도후서 4:16, 17에서 자신과 다른 형제들이 환난 중에도 넘어지지 않는 이유를 말씀해 줍니다. 그들은 땅이 낡아지는 동안 천국이 그들에게 다가오는 것을 보았던 것입니다. "우리가 낙심하지 아니하노니 … 우리가 잠시 받는 환난의 경한 것이 지극히 크고 영원한 영광의 중한 것을 우리에게 이루게 함이니."

특징 3. 바라는 것들과 간구하는 것들에 대한 응답을 오래 기다릴 수 있을수록 믿음이 강합니다. 상인이 자기가 팔 상품에 대한 대금을 지불할 때에는 쪼들리고 힘들 수밖에 없습니다. 모든 것을 비축해 두고 있는 사람은 기꺼이 시간을 내어주며 또한 오랫동안 견딜 수 있습니다. 그러나 연약한 믿음은 지금 당장에만 견딜 수 있습니다. 그 바라는 것이 지금 당장 응답되지 않으면, 조바심이 나고 자기 자신에 대해 나쁜 결론을 내립니다. 곧, 하나님이 자신의 기도를 듣지 않으셨다거나 하나님이 자신을 사랑하지 않으신다는 식으로 생각해 버리는 것입니다. 쇠약한 자신의 처지를 벗어나기 위해 야단법석을 벌입니다 — "내가 놀라서 이르기를 모든 사람이 거짓말쟁이라 하였도다"(시 116:11). 그러나 하나님을 의지하고 오랫동안 견딜 수 있는 강한 믿음은 하나님의 때를 기다립니다 — "믿는 이는 다급하게 되지 아니하리로다"(사 28:16). 그는 자신의 돈이 지극히 신뢰할 만한 분에게 가 있다는 것을 알므로 그 돈을 달라고 자꾸 재촉하지 않습니다. 항해가 길어질수록 돌아오는 것도 풍성하다는 것을 잘 알기 때문입니다. 풍성하고 비옥한 땅은 비가 거의 오지 않아서 곡식이 말라 버리는 바싹 마른 모래땅보다 비를 더 오래 견딜 수 있습니다. 건장한 사람은 병들고 허약한 사람보다 오래 금식하고도 기진맥진해지지 않습니다. 이와 마찬가지로 믿음이 강한 그리스도인은 믿음이 약한 그리스도인보다도 주께서 자비와 사랑을 베풀어 주사 영적인 새로움을 주시기를 위해 오래 견디고 기다릴 수 있는 것입니다.

특징 4. 약속을 신뢰하고 그리스도인이 많이 잃거나 많은 고난을 당할 수 있을수록 믿음이 강합니다. 어떤 사람이 훌륭한 유산도 버리고 또한 친구들과의 즐거운 생활도 날마다 누리는 풍족한 삶도 다 버리고 한 친구를 따라 길을 떠나 굶주림과 괴로움을 견디고 바다와 땅을 지나며 사방에서 닥치는 온갖 난관들을 뚫고 나아간다면, 이 사람은 그 친구에 대해 그야말로 큰 확신이 있는 것이 아니겠습니까? 그런데 그 사람이 한 번도 본 일이 없는 친구가 편지를 보내어 자기에게로 나아오면 큰 일들을 해주겠노라고 약속하는 것만을 믿고서 그 모든 일을 행한다면 — 오로지 그 친구에게 가기 위하여 자기가 현재 소유하고 누리는 모든 것들을 다 던져버리고 기꺼이 초라한 나그네와 여행객이 된다면 — 어떻겠습니까? 그 사람의 확신과 신뢰가 더 놀라워질 것입니다. 성경에도 그런 용감한 자세가 나타나 있습니다: "예수를 너희가 보지 못하였으나 사랑하는도다. 이제도 보지 못하나 믿고 말할 수 없는 영광스러운 즐거움으로 기뻐하니." 이들의 처지가 어떠했는지를 보십시오. 그들은 정말 힘든 곤경 중에 있었습니다. 이들은 "여러 가지 시험으로 말미암아" "근심하게 되지 않을 수 없는" 상황이었습니다(벧전 1:6-8). 그러나 그들의 길은 역경들을 통과하여 하나님과 그리스도를 누리는 데에로 나아가는 것이었습니다. 그러므로 비록 그리스도를 한 번도 보지 못하였으나, 그들은 말씀이 그에 대해 가르치는 사실을 의지하고 세상의 애착과 쾌락들을 다 버리고 온갖 환난들을 감내하며 즐거운 마음으로 나아갔던 것입니다. 여기서 그야말로 영광스러운 믿음의 모습을 봅니다. 우리의 믿음이 참되고 강하다는 것을 증명해 주는 것은, 천국을 찬송하며 거기에 있기를 바라는 마음이 있다는 것이 아니라, 하나님께서 부르실 때에 가장 아끼는 쾌락거리들을 기꺼이 버리고 세상의 온갖 고난들을 다 감내하며 나아가는 것인 것입니다.

특징 5. 죄에 대한 유혹을 쉽게 물리치고 저항할 수 있을수록 믿음이 강합니다. 크고 힘이 센 고기는 작은 고기를 잡기 위해 쳐놓은 함정이나 그물을 쉽게 빠져나갑니다. 죄에 대한 유혹들을 쉽게 혹은 힘들게 이기느냐 하는 것으로 그리스도인의 믿음이 강한가 약한가를 알 수 있습니다. 그저 일상적인 유혹이 발꿈치를 붙잡을 때에 여러분이 마치 거미줄에 파리가 걸려 있는 것처럼 거기에 걸려서 잘 빠져나오지 못하면 — 한바탕 야단법석을 벌여야 겨우 그 유혹을 벗어 버리거나 혹은 그 유혹에 굴복하지 않도록 마음을 설득시킬 수 있다면 — 여러분의 믿음은 정말 허약한 상태일 것이며, 또한 죄와 정욕의 공격을 대항할 힘이 전혀 없다면 이는 마음에 믿음이 없는 것입니다. 믿음이 있다면, 원수를 쓰러뜨리지는 못해도 그 원수를 대적하여 손을 들어올리며 하늘을 향하여 목소리를 높여 도움을 청하는 것입니다. 믿음은 어떤 식으로든 죄에 대한 혐오를 드러내 보이며 또한 그것을 저항하는 것입니다.

그러나 저항할 힘이 별로 없다는 것은 믿음이 연약하다는 증거입니다. 한 여종이 그를 대적하여 소리칠 때에 베드로는 믿음이 약한 상태였습니다. 그러나 후에 산헤드린의 협박에 굴하지 않고 일관성 있게 대항하였을 때에는 그런 상태가 아주 잘 교정되어 있었던 것입니다(행 4장). 그리스도인 여러분, 여러분 스스로 자신과 비교해 보시고, 여러분 자신에 대해 올바른 판단을 하시기 바랍니다. 몇 개월 전이나 몇 년 전과 똑같이 정욕의 꼬임에 마음이 넘어가고 하나님을 멀리합니까? 아니면 여러분의 마음이 그 정욕들을 이기고 있다고 진정으로 말할 수 있습니까? 그 동안 그리스도를 더 많이 알게 되었고 그의 신령한 영광들을 더 많이 바라보게 되었으니, 이제는 속을 들여다보지 않고 그 정욕들 곁을 지나갈 수 있습니까? 그 정욕들이 문을 두드리며 유혹할 때에 그 문을 단단히 잠가두고 그런 정욕의 움직임을 단호히 물리칠 수 있습니까? 그렇다면 이제 여러분의 믿음이 그만큼 강해진 것입니다. 일이년 전에는 꼭 맞던 옷이 지금은 도무지 작아서 입을 수가 없다면, 그 동안 몸이 그만큼 자란 것입니다. 여러분의 믿음이 전혀 자라지 않았다면, 전에 여러분을 위협하던 그 유혹거리들이 지금도 똑같이 위협적으로 역사할 것입니다. 죄의 힘이 사그라지는 것만 보아도, 여러분의 믿음이 더욱 활기 있고 왕성하다는 것을 알 수 있습니다. 내리치는 힘의 강도가 셀수록, 그 내리치는 팔이 더 강한 법입니다. 어린아이는 건장한 성인처럼 강력한 힘으로 내리칠 수가 없습니다. 이처럼 연약한 믿음은 강한 믿음처럼 그렇게 강력한 힘으로 죄를 물리칠 수가 없는 것입니다.

특징 6. 순종하는 삶에 정직함과 사랑이 많이 담겨 있을수록 여러분의 믿음이 강합니다. 믿음은 사랑으로 말미암아 역사합니다. 그러므로 믿음의 강하고 약한 것은 그것이 그리스도인의 생활에서 드러나는 사랑의 강하고 약함을 통해서 알 수 있습니다. 활을 끌어당기는 팔의 힘의 강도는 그 활이 화살을 날려 보내는 힘으로 알 수 있습니다. 이처럼 우리의 믿음의 힘은 우리의 사랑이 하나님께로 올라가는 힘으로 알 수 있을 것입니다. 연약한 믿음이 — 이는 강한 믿음만큼 약속의 활을 힘 있게 끌어당길 능력이 없습니다 — 하나님을 사랑하며 죄를 버리고 임무를 행하며 그의 계명에 성실히 순종하는 것으로 마음에 강한 감동을 남긴다는 것은 불가능한 일입니다. 그러므로 이것을 시금석으로 삼아 여러분의 상태를 알고, 또한 믿음의 기술에서 여러분이 졸업생이라는 것을 겸손한 마음으로 감사해야 할 것입니다. 그리스도인의 사랑은 그의 믿음과 보조를 맞추어 나아갑니다. 태양이 높이 떠오를수록 낮의 열기가 그만큼 더 높아지는 법입니다. 이와 마찬가지로 믿음이 그리스도인에게서 그리스도를 높이 받들어 올릴수록 그리스도를 향한 그의 사랑이 더욱 강렬해져서 예전보다도 이런저런 일들을 더 힘 있게 행하게 되는 것입니다. 전에는 자신의 죄로 인하여 슬퍼할 때면 종의 두려움에 휩싸여 마치 쓴 약을 먹은 사람처럼 찡그린 얼굴로 일하였으나, 이제는 회개의 모습이 그렇게 우울하고 무섭지가 않습니다. 공의의 찌푸린 눈썹 위에 자비가 있는 것을 믿음이 발견하였으므로, 전에는 하나님을 잘 알지 못하여 하나님에 대해 온갖 그릇되고 험상궂은 생각들을 가졌으나 이제는 더 이상 그것들에게 속지 않기 때문입니다. 루터는 로마서 1:17을 깨닫기 전에 한때 "회개라는 단어가 싫다"라고 말했는데, 믿음이 강한 사람은 회개하기를 혐오하지 않습니다. 오히려 선하신 하나님에 대한 친근하고 감미로운 깨달음으로 일을 행합니다. 하나님이 그리스도의 자비에 자신의 자비를 담그사 사람이 자신의 죄를 겸손하고도 진지하게 고백하자마자 그의 죄를 도말해 주시는 분이신 것을 깨닫고서 일을 행하는 것입니다. 또한 그리스도인의 경건의 다른 모든 기능들에 대해서도 똑같이 말할 수 있을 것입니다. 강한 믿음은 영혼을 꾸밈없게 만들어 줍니다. 마치 짓눌린 아랫사람이 무거운 부담을 갖고 — 자신의 힘든 일을 생각하고 깊이 한숨지으면서 — 일하듯이 그렇게 임무를 행하지 않고, 아들이 아버지에게서 선물로 받은 과수원에서 사과 하나를 따서 그 아버지에게 드리듯이 그렇게 자유롭고 활기 있게 일하는 것입니다. 사실 아들이 어릴 때에는 아버지의 매가 두려워서 그가 금하는 것을 억지로 종의 자세로 삼가고, 또한 아버지가 명하는 것도 그가 주는 이런저런 좋은 것들을 생각하고 행합니다. 아버지에 대한 순전한 사랑이나 순종의 마음으로 그가 기뻐하는 뜻을 좇는다기보다는 억지로 이기적인 자세로 행하는 것입니다. 하지만 나이가 들어 자기 자신과 또한 자신이 처한 관계들을 좀 더 잘 이해하게 되면 자녀의 도리를 다하고자 하는 자세로 복종하며 갖가지 임무들을 다하게 되고, 그렇게 되면 억지로 하는 종의 자세와 이기적인 자세가 사라지고, 아버지를 기쁘게 하고자 하는 '스토르게', 즉 천성적인 애정이 모든 다른 명분들을 제치고 행동을 좌우하게 됩니다. 이와 마찬가지로 믿음이 자라고 결실하게 되면 그리스도인도 그렇게 되는 것입니다.

특징 7. 더 이상 말씀드리지 않고 마지막으로, **죽음에 대한 생각을 달게 여기고 그것을 바람직한 것으로 여길 수 있을수록 그 믿음이 강합니다.** 매우 시고 쓴 음식들은 설탕을 많이 넣어서 달게 만듭니다. 그런데 사람이 접할 수 있는 맛 중에 가장 역겹고 쓰라린 맛을 지닌 것 중에 하나가 바로 죽음입니다. 그러니 죽음에 대한 진지한 생각들을 달콤하고 바람직하게 만들려면 그야말로 믿음이 강해야 할 것입니다! 어떤 사람이 화가 나서 격한 감정을 억제하지 못하고 차라리 죽고 싶다고 이야기하는 것을 들은 일이 있습니다만, 이 사람의 경우는 마치 병든 사람이 자리를 옮기고 싶어 하는 것과 똑같이 그저 현재의 처지가 지겨워졌거나 그것에 만족하지 못하여 그런 말을 하는 것이지, 자기가 바라는 것이 무엇인지를 진지하게 생각하고서 하는 말은 아닙니다. 하지만 죽음의 결과들이 무엇인지도 잘 알고 또한 복락의 상태든 비참의 상태든 그 죽음의 상태가 결코 변할 수 없다는 것도 잘 아는 사람은, 자신이 저 세상에 들어갈 때에 하나님께로부터 어떤 것을 기대할 수 있는지에 대해 약속에 근거하여 어느 정도 마음의 결론을 얻게 되기까지는 결코 죽음을 그렇게 환영하며 유쾌하게 바라보게 되지를 않는 법인데, 믿음이 연약한 자는 두려움과 의심이 가득하여 도저히 그렇게 할 수가 없는 것입니다. 물론 때로는 아주 믿음이 연약한 그리스도인이 믿음이 훨씬 강한 사람보다 더 두려움 없이, 더 기쁘게 죽음을 대할 수도 있습니다만, 이는 하나님께서 특별한 위로를 그의 심령 속에 부어 주셔서 거기에 사로잡힐 때에 일어나는 일입니다. 하나님께서 그런 특별한 위로를 물리시면 두려움이 다시 찾아오고 기진맥진해지는 것입니다. 이는 마치 병든 사람이 무언가 강력한 진통제를 복용하고서 범상치 않게 활기에 가득 차나, 그 약효가 떨어지면 쇠약함이 다시 찾아오는 것과도 같습니다. 우리가 말하는 것은 그리스도인이 죽음에 대한 두려움이 없고 오히려 그것을 강하게 바라는 그런 자세를 일상적으로 갖게 되는 것인데, 그런 상태에 이르는 것은 오직 강한 믿음으로만 되는 것입니다. 물론 하나님께서는 떡 몇 개로도 모든 사람이 배불리 먹게 하실 수도 있고, 연약한 그리스도인이 병석에 누워 있을 때에 그의 작은 믿음을 갑자기 크게 늘리셔서 온갖 위로를 얻게 하실 수도 있습니다. 그러나 이런 것을 기대하고서 자신이 갖고 있는 작은 믿음으로 만족하고 세월이 흐르는 동안 자신의 믿음을 증가시키기 위해 힘쓰지 않는 남녀들에게는 하나님께서 이런 이적을 행하지 않으실 것입니다.

[신자에게 있는 믿음 혹은 하나님의 은혜를 반드시 인정해야 함]

둘째 권면. 이제 성도들에게 두 번째 권면을 드려야겠는데, 그것은 바로, 믿음이 그렇게 값진 은혜이고 또한 여러분에게 그 은혜가 있다면, 하나님께서 여러분을 위하여 행하신 일을 부인하지 말라는 것입니다. 여러분, 생각해 보십시오. 죄인이 자기 죄를 숨기고 그것을 부인하는 것과, 그리스도인이 자기의 믿음을 숨기고 그것을 부인하는 것 중에 어떤 것이 더 나쁘겠습니까? 당사자의 의도를 살펴보면 물론 앞의 것이 더 나쁩니다. 왜냐하면 죄인은 악한 뜻을 갖고서 죄를 숨기기 때문입니다. 의심하는 신자는 뜻은 좋습니다. 곧, 자기에게 믿음이 없을까 두려운데 믿음이 있다고 말하여 외식하며 거짓말하게 되지나 않을까 하여 두려운 것입니다. 그러나 그리스도인이 자기에게 있는 하나님의 은혜를 인정하지 않음으로 야기되는 결과를 생각하고, 또한 마귀가 그것을 이용하여 그를 온갖 다른 죄들로 이끌어간다는 것을 생각하면, 과연 누구의 죄가 더 큰지를 가늠하기가 쉽지 않습니다. 선한 요셉은 자기와 정혼한 마리아를 은밀히 돌려보낼 생각을 할 때에 그 의도는 아주 경건한 것이었습니다. 마리아가 다른 사람과 부도덕한 짓을 저질렀다고 여겼기 때문에 그럴 의도를 가진 것이었습니다. 그러나 이때에 자기 생각을 고집하였다면, 특히 마리아가 성령으로 말미암아 잉태한 것임을 천사가 그에게 알려준 이후에도 계속 생각을 바꾸지 않았다면, 아주 안타까운 결과가 생겼을 것입니다. 스스로 탄식하는 불쌍한 여러분도 어쩌면 여러분에게 있는 믿음을 돌려보낼 생각을 할 때가 많을지도 모릅니다. 거짓의 아비인 사탄이 여러분의 외식적인 마음에 가져다 놓은 천박한 가짜 은혜로 인하여 충격을 받곤 하니 왜 안 그렇겠습니까? 그렇다면 여러분, 그런 식의 처신을 삼가야 합니다. 여러분, 과연 아무것도 보이지 않습니까? 천사를 만나거나 직접 계시를 받는 그런 특별한 것 말고 하나님의 말씀과 또한 복음 규례들에서 하나님의 성령을 바라보는 일상적인 것 말입니다. 성경에서 믿음의 특징들로 제시하는 사실들이 여러분의 믿음과 부합되는 것을 깨닫고서, 과연 여러분의 믿음이 전혀 근거 없는 상상으로 사탄이 생기게 만든 무슨 허깨비 같은 것이 아니라 성령으로 말미암아 여러분 속에 생겨난 고귀한 선물임을 인정하고 믿습니까? 만일 그렇다면 여러분에게는 분명 하나님의 은혜가 있는 것이요, 따라서 여러분은 혹 그 은혜를 향하여 거짓 증언하지 않을까를 두려워해야 할 것입니다. 이 은혜에 속한 것이 하나도 없으면서도 스스로 믿음에 풍성하다고 여기게 만드는 것이 있듯이, 풍성한 믿음을 소유하고 있으면서도 스스로 믿음이 없다고 생각하게 만드는 요인도 있는 것입니다. 그러므로 여러분의 이런 의심의 근거들이 무엇인지를 들어봅시다. 그래야만 여러분의 두려움이나 여러분의 믿음이 상상에서 비롯된 그릇된 것인지 아닌지를 알 수 있을 것이니 말입니다. 이 불쌍한 영혼은 첫째로, "다른 믿는 자들에게 있는 기쁨과 위로들이 내게는 없으니 내게는 참된 믿음이 없는 것이다"라고 말합니다. 둘째로, "오오, 내게 이처럼 의심이 많은데 과연 무슨 참된 믿음이 있을 수 있겠느냐?"라고 말합니다. 셋째로, "오오, 내 믿음이 주제넘은 뻔뻔한 믿음이 아닌가 두려운데, 만일 그렇다면, 내 믿음은 분명 바른 믿음일 수가 없다"라고 말합니다.

[신자로 하여금 그의 믿음을 부인하게 만드는 의심의 근거들]

의심의 첫 번째 근거. 이 불쌍한 영혼은 말하기를, "다른 믿는 자들에게 있는 기쁨과 위로들이 내게는 없으니 내게 참된 믿음이 없는 것이 아닌지 두렵다"라고 합니다.

첫째 답변. 기쁨은 없어도 내적인 평안이 여러분에게 있을 수도 있습니다. 찬란한 태양빛이 없어도 얼마든지 날이 고요하고 포근할 수도 있습니다. 위로자 성령께서 충만한 위로는 주시지 않더라도, 여러분의 괴로운 심령의 폭풍이 사라지게 하셔서, 그 결과로 "거짓 없는 믿음"에 기쁨 이외에도 참된 평안이 생겼을 수도 있는 것입니다.

둘째 답변. 가령 여러분에게 이와 같은 내적인 평안이 아직 없다 해도, 이것이 없다는 것 때문에 여러분의 믿음의 진실성을 의심할 이유는 없다는 것을 알아야 합니다. 믿는 그 순간부터 우리는 하나님과 평안을 누립니다만, 우리 자신과의 평안을 항상 누리는 것은 아닙니다. 죄를 용서한다는 사면장이 임금의 손에서 인쳐졌어도, 아직 죄수의 손에 그것이 전달되지 않았을 수도 있는 것입니다. 독뱀이 바울의 손을 물었다는 것을 근거로 사람들이 그를 살인자로 판단했다면 여러분은 그들이 너무 경솔히 처신했다고 생각하지 않겠습니까? 하나님께서 이 땅에 두신 지극히 은혜로운 자녀의 심령에 잠시 동안 괴로움과 내적인 고뇌가 있다고 해서 그것 때문에 여러분 자신을 불신자로 정죄한다면, 이 역시 마찬가지로 경솔한 처사가 아니겠습니까?

의심의 두 번째 근거. 다른 불쌍한 영혼은, "오오, **내게 이처럼 의심이 많은데** 과연 무슨 참된 믿음이 있을 수 있겠느냐?"라고 말합니다.

답변. 성경이 믿음이 조금도 없는 증거로 규정하는 그런 의심이 있습니다. 우리 주님은, 믿음이 있고 "의심하지 아니하면" 어떠한 놀라운 일을 행하게 될 것인지를 말씀하십니다(마 21:21). 그리고 제자들에게 말씀하시기를, 그들에게 겨자씨 한 알만한 믿음만 있어도 그와 같은 놀라운 일을 행하게 될 것이라고 하십니다(눅 17:6). 곧, 마태복음에서 의심하지 않는 믿음이라고 말씀하는 그것을 누가복음에서는 겨자씨 한 알과 같은 믿음으로 말씀하는 것입니다. 그러나 이것과는 달리, 성경이 믿음의 진실성과는 연관지우지 않고, 믿음의 강함의 여부와 연관지우는 그런 의심도 있습니다. "믿음이 작은 자여, 왜 의심하였느냐?"(마 14:31). 이는 물에 빠져 들어가는 베드로를 향하여 그리스도께서 하신 말씀인데, 여기서 그는 베드로의 의심을 책망하시지만 동시에 그의 믿음이 연약하지만 그 믿음이 진실하다는 사실은 인정하십니다. 의심은 모두가 본질상 악한 것입니다만, 의심 중에도 어떤 것은 그 자체로는 악하나 그렇게 의심하는 자에게 무언가 선한 은혜가 있다는 것을 입증해 주기도 합니다. 마치 연기가 불을 입증해 주듯이 말입니다. 환자가 감각을 잃기 전에 화를 내고 짜증을 내는 것은, 그 자체로서는 충분히 나쁜 것이지만, 무언가 치료 효과가 있다는 좋은 증표가 됩니다. 그러나 제가 생각하기에 여기서 바람직한 일은 의심하는 영혼에게 무언가 도움을 드려서 자신의 의심이 어디에 속하는지 — 연약하지만 참된 믿음에 해당되는지, 아니면 전혀 믿음이 없는 상태에 해당되는지 — 를 알도록 해주는 것일 것입니다.

특징 1. 참된 신자의 의심에는 **그런 의심에 대한 상당한 부끄러움과 영혼의 안타까움이 수반됩니다.** 의심하는 여러분, 여러분의 양심에 호소합니다. 이 한 가지 죄를 생각할 때에 다른 사람들이 알지 못하는 다른 죄들에 대하여 쓰라린 눈물과 무거운 한숨이 많이 일어납니까? 자, 그런데 이런 쓰라린 눈물과 무거운 한숨이 어디에서 오겠습니까? 불신앙이 불신앙에 대해 슬퍼하겠습니까? 아니면 죄가 자기 자신을 부끄럽게 여깁니까? 아니요. 절대로 그렇지 않습니다. 그러니 그런 슬픔과 부끄러움이 있다면 그것은 영혼 속에 하나님의 편에 서는 믿음의 어떤 원리가 있다는 것을 보여주는 것이요, 그렇기 때문에 불신앙으로 인하여 그의 약속들과 그의 이름을 욕되게 하더라도 반드시 그것에 대한 저항이 있고, 또한 그 일이 행해질 때에 슬픔이 생기는 것입니다. 다만 이 은혜의 손길이 너무도 힘이 약하여 그 원수를 영혼에게서 쫓아내지 못할 따름인 것입니다. 율법은 들에서 소리 지른 "약혼한 처녀"에게 책임을 지우지 않습니다만(신 22:27), 이처럼 복음도 자신의 불신앙에 대해 순전하게 애곡하는 여러분에게 책임을 묻지 않습니다. 그 거룩한 사람은 — 그가 누구였던 상관없습니다 — 의심하는 병이 아주 심했습니다(시 77편). 그의 불신앙이 하나님의 자비와 신실하심에 대해 의문을 제기하고 — 이에 대해서는 우리 마음에 논란이 전혀 없어야 마땅한데 — 그의 병든 심령에서 그것에 대해 크게 의문을 제기하는 적이 몇 번인지 모릅니다. 하나님이 과연 계신지, 그의 자비가 사라졌고 그의 약속이 폐하여졌는지 등 이런저런 각종 의문을 제기합니다. 하지만 그러는 동안 그런 자신에 대한 두려움이 함께 있습니다. 그리고 마지막에 그는 자신의 어리석음을 인정합니다: "내가 말하기를 이는 나의 잘못이라"(10절). 이런 고백은 정말 감사한 일입니다. "오오, 하나님과 내 영혼의 원수인 나의 불신앙이여! 네가 쓸데없는 불안으로 나를 혼란케 하며, 나로 내 하나님에 대하여 어리석게 생각하고 말하게 하는구나!"라는 것입니다. 이는 그의 불신앙의 밑바닥에 믿음이 있었음을 입증해 주는 것입니다.

특징 2. 순전한 신자의 의심에는 그런 의심과 의문을 불러일으키는 그것을 얻고자 하는 강렬한 욕구가 수반됩니다. 연약한 신자는 하나님이 자기를 사랑하시는지 아닌지를 의심하면서도, 그의 사랑을 목숨보다 더 사모합니다. 이것이 바로 은혜 안에 있는 영혼의 언어입니다: "주의 인자하심이 생명보다 나으니이다"(시 63:3). 그는 그리스도가 과연 그의 것인지를 의심하면서도, 그리스도를 얼마나 귀하게 여기며 그리스도를 얻기 위해 무엇을 드리겠느냐고 그에게 물으면 그는 그리스도를 얻을 수 있다면 그 어떤 값을 주어도 아깝지 않을 것이라고 진심으로 대답합니다. 그런데 이런 판단은 오직 믿음이 있는 영혼만이 그리스도에 대해 할 수 있는 것입니다. "그러므로 믿는 너희에게 그는 보배시니"(벧전 2:7). 요컨대, 그는 자신이 진정 거룩한지 아니면 가짜로 거룩하게 보일 뿐인지를 의심하지만, 그러면서도 그의 영혼은 자신이 거의 보지 못하는 그 은혜들을 지극히 사모하고 목말라하는 것입니다. 그에게는 상한 마음의 소식을 전해 주는 사자가 온 나라의 왕권이 자기에게 떨어졌다는 소식을 전해 주는 사자보다 더 반갑습니다. 그는 자신이 행하는 임무와 행동 하나하나에 대해 그것이 과연 말씀의 법칙을 따른 것인지 따지지만, 그러면서도 자신이 말씀의 정도(正道)에서 한 치도 벗어남이 없이 행할 수 있기를 간절히 바라며, 말씀이 너무 혹독하다는 식으로 투정하지 않고, 오히려 자기 마음이 너무 느슨해져 있는 것을 타박합니다. 이 점이 그 마음이 은혜 안에 있다는 사실을 얼마나 훌륭하게 증언해 주는지 모릅니다. 시편 119:20, 140절을 보십시오. 거기서 다윗은 이를 자신의 은혜의 증거로 제시합니다. 그러므로 여러분, 여러분이 과연 은혜 안에 있다는 것이 보이지 않더라도 그리스도와 그의 은혜들을 향하여 강하게 마음을 토로할 수 있습니까? 그렇다면 여러분, 자신을 가지십시오. 여러분은 스스로 생각하는 것처럼 그리스도와 그의 은혜에 대해 그렇게 낯선 자가 아닙니다. 이런 강한 욕구는 바로 이미 여러분이 그런 것을 어느 정도 맛본 결과로 나타나는 것입니다. 그러므로 여러분에게 있는 의심들은 그것들이 전혀 없는 데에서 비롯되는 것이 아니라 오히려 여러분에게 있는 것이 여러분의 그런 욕구를 만족시켜 주지 못하는 데에서 비롯되는 것입니다. 지나친 사랑이 근거 없는 지나친 불안을 낳는 것은 지극히 흔한 일입니다. 남편을 지극히 사랑하는 아내는 그가 바깥에 나가면 다시는 그를 만나지 못할까 하여 불안해합니다. 한편으로는 그가 병들었다고 생각하고, 또 한편으로는 그가 죽임을 당했을지도 모른다고 생각합니다. 그리하여 남편이 잘 지내고 있고 또한 집으로 오고 있는데도 불구하고 그 아내는 정당한 이유도 없이 자신의 지나친 사랑 때문에 고통을 당하는 것입니다. 큰 값이 나가는 보석이나 혹은 우리가 지극히 소중히 여기는 반지가 눈에 보이지 않으면, 그것을 아주 값지게 여기기 때문에 우리는 그것을 잃어버렸다고 생각하기가 쉽습니다. 이 세상의 불완전한 상태에서는 열정이 강하고 격렬하게 일어나면 그것이 우리의 이성을 방해하여 쉽게 볼 수 있는 것들을 보지 못하도록 가리는 경향이 나타납니다. 이처럼 여러 의심하는 자들도 이미 자기들에게 믿음이 있는데도 그것을 찾으려고 이리저리 두리번거리는 것입니다. 그들이 너무도 격렬하게 그 믿음을 찾기 때문에 오히려 그 믿음이 그들의 시야에서 가려지게 되고, 그런 불안 때문에 자기들에게 참된 믿음이 있는데도 그것을 거짓 믿음으로 오인하게 되는 것입니다. 여자 아이가 베드로를 보고 "기뻐하여 문을 미처 열지 못한" 것처럼(행 12:14) — 그 아이는 너무도 기쁜 나머지 자기가 할 일을 잊어버렸습니다 — 의심하는 그리스도인이 믿음을 참으로 귀하게 여기고 또한 그것을 지나치게 사모하므로, 그 때문에 자기에게 그런 귀한 보물이 있는데도 불구하고 자기에게 그것이 없는 것으로 생각하게 되는 것입니다.

특징 3. 참된 신자의 의심은 신자로 하여금 자신에게 없을까 하여 이따금씩 두려워하는 그것을 어떻게 하면 얻을 수 있을지에 대해 더 궁구하게 만듭니다. 그리스도께서 과연 그의 것인지 아닌지에 대해, 말씀의 약속이 자기에게 해당되는지 아닌지에 대해 온갖 생각들이 그의 영혼 속에서 오가므로, 그는 말씀에 근거하여 그 문제들에 대해 확고한 결론에 이르기까지 도무지 쉼을 얻을 수가 없습니다. 그러므로, 마치 아하수에로가 잠을 이루지 못하자 나라의 기록과 역대기를 가져오라고 한 것처럼, 의심하는 영혼은 자기 자신에 대한 천국의 기록을 — 성령의 하나님의 말씀을 — 가져다가 읽고, 또한 성경이 가르치는 믿음의 모습과 부합되는 점이 과연 있는가 하여 자기의 마음을 살피는 것입니다. 다윗은 자기 자신에 대해 어떻게 생각해야 할지 모르고 자기 믿음에 대해 갖가지 의심이 들 때에 — 이때에는 하나님에 대해 아무리 생각해도 고민만 커질 뿐이었습니다 — 가만히 앉아서, 하나님이 자기를 사랑하시든 하시지 않든 상관없이 그냥 내버려두지 않았습니다. 아닙니다. 그는 마음으로 "묵상하며" 그의 "영으로 열심히 살폈습니다"(시 77:6. 한글개역개정판은 "내 심령으로, 내가 내 마음으로 간구하기를"로 번역함 — 역주). 순전한 심령은 의심이 올 때에 항상 그렇게 합니다. 그처럼 문제가 해결되지 않은 상태로 도저히 그냥 앉아 있을 수가 없습니다. 집 안에서 타는 냄새가 날 때에는 도저히 그냥 그대로 잠자리에 누울 수가 없고, 혹 한밤중에 불이 나서 자다가 봉변을 당하는 일이 있을까 하여 만족스러울 때까지 집 전체를 샅샅이 뒤져서 그 냄새의 원인을 파악하는 것처럼 말입니다. 의심하는 신자는 사실 이보다 두려움이 더 큽니다. 잠을 자다가 갑자기 지옥 불에 휩싸인 자신을 발견하게 될까 두려운 것입니다. 그러나 불신앙의 권세 아래 완전히 사로잡혀 있는 영혼은 똑같은 의심 속에서도 무감각하고 안일합니다. 옛 세상은 홍수에 대한 경고를 믿지 않았고 그 문제를 심각하게 생각하지도 않았습니다. 홍수가 일어나 문과 창문을 뒤덮을 때에야 비로소 피할 방도를 찾고자 했던 것입니다.

특징 4. 참된 신자는 의심 중에도 그리스도를 향한 마음의 의지가 있고 또한 여전히 그리스도를 붙잡고자 하는 은밀한 뜻이 있습니다. 베드로는 발이 물속으로 빠져들어감과 동시에 그리스도께 기도를 올렸습니다. 이는 그의 믿음이 연약하지만 그래도 그 믿음이 진실하다는 것을 증명해 주는 것이었습니다. 요나도 많은 두려움이 있었고 때로는 그것에 압도당하여, 마치 악성 체액이 굳어져 쓰라린 종기가 되듯이, 그런 두려움이 모여 성급한 불신앙적인 결론을 맺게 되었으나, 그러면서도 그의 믿음에는 무언가 은밀하게 하나님을 붙잡는 것이 있었습니다: "내가 말하기를 내가 주의 목전에서 쫓겨났을지라도 다시 주의 성전을 바라보겠다 하였나이다"(욘 2:4). 그는 또한 이렇게도 고백합니다: "내 영혼이 내 속에서 피곤할 때에 내가 여호와를 생각하였더니"(7절). 거룩한 다윗도 마치 방수가 잘 되지 않는 배에 물이 스며 들어오듯이 연약한 믿음으로 인하여 마음에 온갖 두려움이 들어올 때에 그것들을 다 떨쳐 버리지는 못했으나, 그 두려움을 향하여 확고한 결심의 자세를 갖고 대응하였습니다: "내가 두려워하는 날에는 내가 주를 의지하리이다"(시 56:3). 그리스도인도 의심하면 믿으로 가라앉습니다. 하지만 마치 여행객이 밑바닥이 견고한 늪지대에 빠지는 것처럼, 금방 다시 회복되는 법입니다. 그러나 불신자는 두려움 속에 빠질 때에 마치 모든 것을 빨아들이는 유사(流砂)에 빠진 사람처럼 점점 가라앉아서 결국 절망 속에 삼켜져 버리는 것입니다. 연약한 신자가 의심하는 것은 마치 닻을 내린 배가 기우뚱거리는 것과도 같아서, 이리저리 흔들리지만 결코 그리스도를 붙잡는 데에서 떨어져나가는 법은 없습니다. 그러나 불신자의 의심은 마치 파도가 치는 것 같아서, 아무것도 안정된 것이 없고 전적으로 바람에 모든 것이 맡겨져 있습니다. "오직 믿음으로 구하고 조금도 의심하지 말라 의심하는 자는 마치 바람에 밀려 요동하는 바다 물결 같으니"(약 1:6).

의심의 세 번째 근거. 또 어떤 이는, "오오, 내 믿음이 주제넘은 뻔뻔한 믿음이 아닌가 두려운데, 만일 그렇다면 내 믿음은 분명 바른 믿음일 수가 없다"라고 말합니다.

답변. 이런 생각을 깨끗하게 정리하도록 돕기 위해서, 뻔뻔한 믿음(a presumptuous faith)의 세 가지 **특징**을 다음과 같이 제시해 드리겠습니다.

특징 1. 뻔뻔한 믿음은 **손쉬운 믿음**입니다. 이는 사탄이나 우리의 부패한 마음 등의 원수에게서 공격을 받지 않고, 그러므로 역겨운 가라지처럼 갑자기 돋아나 쑥쑥 자랍니다. 죄인이 이런 바보의 낙원에서 꿈꾸며 비몽사몽간에 걸으면서 그리스도와 구원에 대한 헛된 소망을 갖고 있을 때만큼 마귀가 그 죄인을 확실히 사로잡고 있을 때가 없습니다. 그러므로 마귀는 절대로 그를 깨우지 않습니다. 오히려 그의 주위에 커튼을 쳐서 그의 양심에 빛이 비치거나 소리가 들려서 그를 깨우는 일이 없게 합니다. 도둑이 어느 집을 강탈하고 주인을 죽이려고 할 때에 한밤중에 그 사람을 불러 깨웁니까? 아닙니다. 잠자고 있는 것이 그에게 가장 유리합니다. 그러나 참된 믿음은 마귀의 철천지원수입니다. 헤롯이 그리스도를 구유에 누워 계실 때부터 박해했던 것처럼, 그 믿음이 요람에 누워 있을 때부터 박해하며, 믿음이 주를 향하여 부르짖고 울며 자신이 출생했다는 것을 드러내자마자 그것을 향하여 분노의 홍수를 쏟아붓는 것입니다. 여러분의 믿음이 정당한 믿음이라면 납달리(경쟁함)가 그 이름이며, 또한 여러분은, "내가 사탄과 또한 나 자신의 추악한 마음과 힘겨운 씨름을 했고, 드디어 이겼도다"라고 말할 것입니다. 뱃속에서 아이들이 서로 뒤엉켜 싸울 때에 이에 대해 리브가가 하나님께 여쭙자 하나님은 "두 국민이 네 태중에 있구나"(창 25:23)라고 응답하셨습니다. 여러분의 영혼 속에 그와 비슷한 갈등과 싸움이 있는 것을 깨닫는다면, 그것이 서로 갈등을 일으키는 믿음과 불신앙이라는 서로 대적하는 두 원리들에게서 비롯되는 것이며, 또한 결국에는 형인 불신앙이 — 지금은 그것이 이기려고 발버둥치지만 — 동생인 믿음을 섬기게 되리라는 것을 깨닫고 위로를 받을 수 있을 것입니다.

특징 2. 뻔뻔한 믿음은 한 손이 불구입니다. 하나님께로부터 죄 사함과 천국을 받는 손은 있으나, 그 자신을 하나님께 드리는 손은 없습니다. 그러나 참된 믿음은 양손을 다 사용합니다. "내 사랑하는 자는 내게 속하였고" — 영혼이 이렇게 그리스도를 취합니다. "나는 그에게 속하였도다"(아 2:16) — 그 영혼이 자기 자신을 그리스도께서 사용하시도록, 또한 그를 섬기는 일에 자신을 내어 드립니다. 자, 여러분, 그리스도께 여러분 자신을 온전히 내어 드린 적이 있습니까? 그렇게 하고 있다고 고백할 사람은 아무도 없을 것입니다. 하지만 뻔뻔한 심령은 아나니아처럼 일부분을 빼돌리고 성령께 거짓말을 합니다. 그렇습니다. 그리스도께 드리겠다고 약속한 것 중 가장 귀한 부분을 뒤로 빼돌리는 것입니다. 자기의 정욕을 정의에게 내어놓아야 하는데도 그는 그것을 뒤에 숨겨둡니다. 그런 육체의 쾌락에 빠져 있으니, 그것을 버리고 하나님을 신뢰하도록 그 마음을 설득할 수가 없습니다. 주께서 그것을 내어놓으라고 요구하실 때에, 마치 야곱이 그의 아들 베냐민을 내어놓지 않으려 한 것처럼(창 42:38), 그것을 내어놓으려 하지 않는 것입니다. 그것을 목숨처럼 붙잡고 있으므로 그것을 순순히 내어놓으려 하지를 않으니, 하나님께서 그것을 취하시려면 강제로 그것을 취하여 가실 수밖에는 없습니다. 여러분의 믿음의 모습이 과연 이와 같습니까? 그렇다면 여러분은 우상을 섬기는 것이요, 또한 뻔뻔스런 얼굴을 믿는 마음으로 착각하고 있는 것이 분명합니다. 그러나 만일 여러분이 믿음을 그리스도께 두는 것은 물론 그에게 충성을 다하고자 하는 기꺼운 마음이 있다면, 그리스도께서 여러분의 마음과 사랑에 그의 보좌를 두시는 것이나 여러분이 그의 긍휼하심을 얻는 것을 크나큰 특권으로 여긴다면, 요컨대 여러분의 마음이 순전하여 죄를 숨기지도 않고 육체의 쾌락을 뒤로 빼돌리지도 않고 오히려 그 귀히 여기던 정욕을 교수대(絞首臺)에 매어달도록 기꺼이 내어주고 하나님의 처분에 맡긴다면 — 여러분 속에 있는 육체의 죄악된 본성에게는 이 모든 것이 후회스럽고 불만스러움에도 불구하고 — 여러분은 과연 건전한 신자일 것이요, 마귀조차도 여러분이 참된 신자임을 인정할 것입니다. 여러분이 과연 이러하다면, 마귀가 여러분과 여러분의 믿음을 자기 마음대로 규정한다 해도 전혀 개의치 마십시오. 꿀물이 들어 있는 잔에다 다른 사람이 "쓴 물"이라고 적어 놓는다고 해서 그것이 쓴맛을 내게 되는 것이 아니니 말입니다. 주께서 그의 소유된 자들을 아시니, 그들을 그의 참된 자녀로 인정하실 것입니다. 그리고 아무리 사탄과 세상이, 때로 신자들 자신이, 그들을 그릇되게 바라본다 할지라도, 성령의 감미로운 열매들이 그들에게 있으니 그들이 은혜 아래 있는 자들임이 주님께 인정을 받을 것입니다. 아들이 극심한 열병에 걸려 의식이 몽롱한 상태에서 횡설수설하며 자기 아버지를 부인한다고 해서, 그 때문에 아버지가 그가 자기 자식인 것을 부인하지는 않는 법입니다.

특징 3. 뻔뻔한 믿음은 전혀 활기가 없고 향기가 나지 않습니다. 건전하지 못한 마음은 그리스도를 향하여 큰 믿음이 있는 체한다 해도, 향기가 거의 나지 않고, 그리스도 안에 있는 감미로움도 거의 맛보지 못합니다. 그는 여전히 옛 이(齒)를 갖고 있어서 그리스도와 그의 신령한 진미들보다 이 땅의 감각적인 쾌락이라는 천한 음식의 맛을 더 좋게 여기는 것입니다. 자기 생각을 자유롭게 말하게 해주면, 그는 분명 이렇게 고백할 것입니다. 곧, 그리스도와 그의 자녀들과 함께 자리에 앉아 그의 약속들과 규례들과 거룩한 삶에서 그리스도와 신령한 교제를 누리는 것과, 또한 불신자들과 함께 앉아 하나님께서 세상 사람들이 육신적인 배(腹)를 가득 채우도록 허락하시는 폐물들을 취하는 것 중에 마음에 내키는 대로 아무 쪽이나 택하라고 하면, 전자보다 후자를 택하겠노라고 말입니다. 그는 자기가 하나님을 잘 섬긴다고 허풍을 떱니다만, 그 어떠한 임무나 규례에서도 자신이 과연 하나님의 임재 속에 있는지 별로 생각이 없습니다. 그러나 분명한 것은, 그가 자기 말처럼 그렇게 하나님을 사랑하는 자라면, 지금보다 훨씬 더 하나님의 궁정에 많이 있어야 할 것입니다. 그는 구원받기를 바란다고 말합니다만, 그러면서도 참된 기쁨을 주는 포도주를 거들떠보지도 않습니다. 천국을 생각해도 그것이 위로가 되지 못합니다. 오히려 이 세상에서 자기가 행하는 것들과 또한 세상에 속한 것들이 그의 기쁨을 유지시켜 줍니다. 세상의 것들이 사라지고 육체적인 즐거움이 다 소진되면, 가련한 죄인에게는 아무것도 남는 것이 없습니다. 천국에 대해서나 그리스도 안에 있는 구원에 대해 소망이 있는 체하지만 그것들에게서 별로 위안을 얻지를 못하고, 여전히 세상의 것들과 육체적인 즐거움을 좇아 헤매는 것입니다. 그러나 참된 믿음은 취향 자체를 바꾸어 놓습니다. 그리스도만큼 신자에게 감미로운 잔치가 없습니다. 하나님께서 다른 모든 진미들을 다 취하여 가시고 그리스도만 남겨 놓으셔도, 그는 잔치 음식이 다 사라졌다고 여기지 않습니다. 사실 그가 가장 좋아하는 그리스도라는 진미가 남아 있는 것입니다. 그러나 건강이나 재물, 친구 등 세상이 높은 가치를 두는 모든 것들이 그대로 남아 있더라도 그리스도가 사라지면, 그는 곧바로 자신이 가장 좋아하는 진미가 사라진 것을 아쉬워하고 탄식하면서, "안타깝도다! 누가 나의 주님을 데려갔는가?"라고 외칩니다. 다른 모든 잔치 음식들에 간을 맞추어 주고 그리하여 그 모든 것들을 맛있게 먹고 즐기게 만들어 주는 것이 바로 그리스도이십니다. 그러나 그가 없이는 마치 소금을 치지 않은 계란 흰자 같아서 아무런 맛도 느끼지 못하는 것입니다.

제 2 부

권면을 강화시키는 논지

"이로써 능히 악한 자의 모든 불화살을 소멸하고"(엡 6:16)

지금까지 우리는 권면을 다루었고 이제는 본문의 둘째 부분을 다루게 되었습니다만, 이는 이 권면을 힘 있게 제시하는 강력한 논지로서, "이로써 능히 악한 자의 모든 불화살을 소멸하고"라는 말씀에 들어 있습니다. "능히 소멸하고"라고 말씀합니다. "소멸할지도 모르고"라는 식의 불확실한 언사가 아니라, 지극히 단호하고도 절대적인 언사입니다. "너희가 능히 소멸할 수 있다"라고 하는 것입니다. 그저 저항하고 물리치는 것만이 아니라 "소멸"할 수 있다고 합니다. 그런데 무엇을 "소멸"할 수 있다는 것입니까? 그저 일상적인 시험만이 아니라 마귀가 전통 속에 갖고 있는 가장 사악한 "불화살"들까지도 소멸할 수 있다고 합니다. 그것도 그 중에 몇 개가 아니라 "악한 자의 모든 불화살"을 다 소멸할 수 있다는 것입니다. 이 둘째 부분에는 두 가지 구체적인 사항이 있습니다. 첫째, 성도의 원수를 묘사하고 있으니, 곧 "악한 자"입니다. 둘째, 그 원수를 이기는 믿음의 능력과 힘을 묘사하고 있습니다 — 너희가 "능히 악한 자의 모든 불화살을 소멸"할 수 있으리라.

제 1 장
성도의 원수를 묘사함

"악한 자"

여기서 성도의 원수를 세 가지로 묘사하고 있습니다. 첫째, 그 본성과 관련하여 묘사합니다 — "악한." 둘째, 그 단일성과 관련하여 묘사합니다 — "악한 자." 곧, 단수가 사용됩니다. 셋째, 성도와의 전쟁에서 그들이 사용하는 도구와 무기들을 묘사합니다 — "화살들"인데 그것들이 "불"처럼 맹렬하다고 합니다.

[성도의 원수를 그 본성과 관련하여 묘사함]

첫째. 성도의 원수를 **그 본성과 관련하여** 묘사하니, 곧 "악"하다는 것입니다. 이에 대해서는 12절을 다룰 때에 약간 말씀드린 바 있는데 거기서는 사탄을 가리켜 "악의 영"이라 부릅니다. 그러므로 여기서는 그저 간단히 다루고 지나가겠습니다. 하나님께서는 그의 백성들이 심지어 마귀와 그의 수족들 — 여기서 마귀들과 마귀적인 사람들 전체를 뜻하니 말입니다 — 의 이러한 속성으로부터도 무언가 특별한 교훈을 얻기를 바라셔서 이들을 "악한 자"로 묘사하여 성도들로 하여금 그들을 주목하도록 하시는 것이 분명합니다. 저는 여기서 하나님께서 이런 묘사를 사용하시면서 의도하시는 두 가지 목적을 주목하는 것으로 만족할 것입니다.

첫째 목적. 하나님께서 그들을 "악한 자"라 부르시는 것은, 그런 역겨운 이름을 통해서 그의 자녀들에게 세상의 모든 것들보다 죄에 대한 혐오감을 갖게 하며, 또한 그들의 순전한 영혼으로 하여금 모든 죄를 미워하고 증오하게 하고, 그리하여 마귀와 그의 도구들을 맹렬히 저항하게 하기 위함입니다. "악한 자"라는 이름이 그를 다른 누구보다 더 역겨운 존재로 만드는 것입니다. 하나님께서는 마귀에 대해 가장 나쁘게 말씀하고자 하실 때에 그를 "악한 자"로 부르는 것 외에 달리 부를 이름이 없으시다는 것을 우리가 알기를 원하시는 것입니다. 하나님을 최고로 높이는 이름은 바로 "거룩한 자"라는 이름인데, 이것이야말로 그의 모든 훌륭하심보다 뛰어난 훌륭하심입니다. 그러므로 마귀가 "악한 자"라는 사실이야말로 마귀를 가장 추악한 존재로 드러내는 것입니다. 마귀 이외에는 그의 악한 것만큼 악한 자가 없습니다. 하나님의 모든 속성들로부터 거룩하심을 분리시키는 일이 있을 수 있다면 — 이를 생각한다는 것은 그야말로 불경의 극치입니다만 — 그 모든 속성들의 영광이 사라지고 말 것입니다. 마찬가지로 마귀의 악함을 그가 주는 다른 고통들과 비참으로부터 분리시키는 일이 있을 수 있다면, 그의 사정이 굉장히 달라질 것입니다. 지금은 우리가 그를 완전한 미움으로 미워하고 가증스럽게 여겨야 마땅하지만, 그렇게 된다면 그를 오히려 불쌍히 여겨야 할 것입니다.

1. 죄 가운데 살며, 또한 죄를 행하는 것이 드러나는데도 전혀 얼굴을 붉히지 않는 자들이여, 이것을 생각해 보기 바랍니다. 오오 여러분의 얼굴을 이 거울에 비추어서, 과연 여러분의 모습이 누구를 닮았는지를 보십시오! 다른 누구도 아닌 바로 마귀 자신을 닮았습니다. 그것도 그를 가장 추악한 존재로 만들어 주는 그의 악함을 그대로 닮았습니다. 더 이상 마귀의 이름에 침을 뱉지도 말고 그의 일그러진 그림을 무서워하는 것처럼 행동하지도 마십시오. 여러분은 훨씬 더 추한 모습을 마음속에 지니고 있는 것이니 말입니다. 악할수록 더 마귀를 닮는 것입니다. 마귀의 모습과 똑같이 닮은 그림을 그릴 수 있는 자가 누구겠습니까? 여러분이 악한 죄인이라면 바로 여러분이 마귀 자신인 것입니다. 가인은 "악한 자에게 속하였다"고 말씀합니다(요일 3:12). 여러분이 죄를 범할 때마다 마귀는 여러분의 영혼에 새로운 선(線)을 그리는 것입니다. 하나님의 성령께서 오랜 세월 동안 성도의 속에서 하나님의 형상을 그려 가십니다만, 천국에서 그 마지막 선이 그려질 때에 그 형상이 아주 고귀한 그림이 된다면, 오오 여러분 한 번 생각해 보십시오. 마귀가 이 땅에서 온갖 고통을 무릅쓰고 자신의 형상을 여러분에게 심어 놓았으니 여러분의 모습이 얼마나 끔찍하겠습니까? 마귀가 만들 수 있는 최고의 악한 모습이 지옥에 있는 여러분에게서 보게 될 것입니다.

2. 성도 여러분 이것을 생각하고서, 악한 마귀의 권세 아래 있는 저 버려진 불쌍한 영혼들을 불쌍히 여기시기 바랍니다. 사람의 악한 통치 아래서 산다는 것은 정말 애처로운 심판입니다. 종이 악한 주인 아래 있는 것도 무거운 고역입니다. 다윗은 그것을 큰 저주 가운데 하나로 여기고 있습니다. "악인이 그를 다스리게 하시며 사탄이 그의 오른쪽에 서게 하소서"(시 109:6). 그렇다면 악한 영이 다스리고 있다면 대체 어떻겠습니까! 죄나 사탄에게 최고로 우대 받는 종이 되는 것보다는 차라리 터키에서 최악의 대접을 받는 종이 되는 것이 훨씬 더 낫습니다. 그런데도 사람

들은 정말로 어리석습니다. 솔로몬은 이렇게 말씀합니다: "악인이 권세를 잡으면 백성이 탄식하느니라"(잠 29:2). 그러나 악한 마귀가 권세를 잡으면 정신없는 죄인들은 웃으며 즐거워합니다. 자, 여러분은 아직 제정신을 잃지 않고 있으니 죄의 사역이 세상에서 가장 비참한 결과를 가져오는 것임을 알고, 죄를 웃음과 즐거움으로 환영하며 또한 죄로 인하여 지옥으로 나아가는 자들을 위해 슬퍼하기 바랍니다.

또한 그리스도인 여러분, 사탄과 그의 모든 시험을 향한 열정과 분노로 마음을 가득 채우기를 바랍니다. 그는 악한 자이므로 결코 선을 위할 수 없다는 것을 기억하십시오. 여러분은 거룩하신 하나님을 섬기는 행복을 알고 있습니다. 그러므로 여러분은 이 악한 자가 와서 죄에게로 이끌려 할 때에 이를 물리칠 해답을 갖고 있는 것입니다. 하나님을 섬기는 일에 순결하고 거룩하게 쓰임 받아온 여러분의 손을 그 악한 마귀의 비열하고 악한 공작에 가담시켜 더럽힌다는 것이 과연 생각이나 할 수 있는 일이겠습니까? 여러분의 마음이 "악하게" 되고 싶지 않다면 사탄의 그런 공작에 귀를 기울이지 말아야 할 것입니다.

둘째 목적. 그들을 "악한 자"라 부르시는 것은, 그들을 그런 경멸스런 이름으로 부르심으로써 모든 신자들로 하여금 그들과 담대히 싸우도록 격려하기 위함입니다. 하나님의 말씀은 마치 이런 뜻과도 같습니다. "그들을 두려워하지 말라. 그들이야말로 너희가 대적하여야 할 악한 무리이니라." 그들의 품은 뜻도, 또한 그 뜻을 변호하는 자들도 모두 악하다는 것입니다. 사실 성도들에게 원수들이 있을 수밖에 없다면, 그 원수들이 악할수록 더 낫습니다. 악한 원수와 싸우자니 겁쟁이들이 더욱더 분발하게 되는 것입니다. 악한 것을 반드시 약화시켜야 하니 말입니다. 마귀들의 가슴속에 가책이 있으므로 싸움을 싸우기도 전에 이미 그들의 대의가 져버린 것입니다. 여러분 그리스도인이 거룩하기 때문에 그들이 오히려 여러분을 두려워합니다. 그러므로 악하기 이를 데 없는 그들에 대해 황망해할 필요가 없습니다. 그들이 아주 교묘하고 막강한 힘을 갖고 있고 숫자도 많은 자로 여기면, 여러분의 마음이 좌절하게 됩니다. 하지만 이 모든 교묘하고 막강한 영들을, 여러분보다는 하나님을 미워하는 — 그들이 여러분을 미워하는 것은 여러분이 하나님의 자녀이기 때문입니다 — 불경스럽고 사악한 존재들로 바라보기를 바랍니다. 그러면 마음에 용기를 갖지 않을 수가 없을 것입니다. 하나님이 과연 누구 편이신데 여러분이 두려워한단 말입니까? 그의 기름 부은 자들을 건드리고 그들의 육체와 재산에 해를 끼치는 것에 대해 왕들을 책망하시는 하나님께서 과연 이 악한 영들이 여러분 속에 있는 하나님 자신의 생명과, 여러분의 은혜와 여러분의 거룩을 해치려 할 때에 아무런 도움도 주시지 않고 그냥 가만히 계시겠습니까? 그것은 불가능한 일입니다.

[성도의 원수를 그 단일성과 관련하여 묘사함]

둘째. 성도의 원수를 **그들의 단일성과 관련하여** 묘사하니, 곧 "악한 자의"(τοῦ πονήρου) "모든 불화살"이라고 합니다. 그 불화살들이 모두 동일한 화살에서 쏘아지며, 또한 동일한 자가 쏘는 것과도 같습니다. 그리스도인의 싸움이 마치 단 하나의 원수와 단 한 번의 대결인 것처럼 묘사하는 것입니다. 마귀들의 군대 전체와 무수한 악한 남녀들은 그저 하나의 거대한 원수일 뿐입니다. 그들은 모두 신비에 싸인 하나의 악의 몸체입니다. 그리스도와 그의 성도들이 하나의 신비로운 거룩한 몸이듯이 말입니다. 한 성령께서 그리스도와 그의 성도들에게 역사하시는 것처럼, 하나의 영이 마귀들과 또한 그의 수족 역할을 하는 불경한 사람들에게 역사하는 것입니다. 작은 발가락 하나에도 영혼이 개입합니다. 이와 마찬가지로 지극히 작은 죄인들에게도 마귀의 영이 개입하는 것입니다. 그러나 이 문제에 대해서는 다른 곳에서 거론한 바 있으니 여기서는 약하기로 합니다.

[성도의 원수를 그 장비와 무기와 관련하여 묘사함]

셋째. 여기서 성도의 원수를, **그들이 성도들과의 싸움에서 사용하는 전쟁 무기와 장비와 관련하여** 묘사합니다. 곧, "화살"인데, 그것도 가장 맹렬한 "불화살"로 묘사합니다.

첫째. 화살. 마귀의 시험들이야말로 남녀의 영혼들을 무너뜨리기 위해 그가 사용하는 화살입니다. 다음 세 가지 점에서 그 시험들을 화살로 부르는 것이 지극히 합당하다 하겠습니다.

1. 화살들은 신속하게 날아갑니다. 그렇기 때문에 흔히 "화살처럼 신속히 간다"는 표현을 씁니다. 번개가 신속히 날아가므로 그것을 하나님의 화살이라 부릅니다. "그의 화살을 날려 그들을 흩으심이여 많은 번개로 그들을 깨뜨리셨도다"(시 18:14). 즉, 번개를 화살에 빗대어 표현하는 것입니다. 사탄의 시험은 마치 번개처

럼 내리칩니다. 오는 데에 오랜 시간이 걸리지 않습니다. 시험을 보내는 데에는 눈을 돌리는 것 이상 더 많은 시간이 필요하지 않습니다. 다윗이 무의식 중에 밧세바에게 눈을 돌리자, 그가 마음의 덧문을 닫기도 전에 어느새 마귀의 화살이 그의 마음에 날아왔습니다. 또, 다윗의 종들이 인색한 나발이 한 말을 전하였을 때, 다윗은 말을 자세히 듣기도 전에 불같이 화를 발하여 복수의 화살을 날려 그를 죽였습니다. 생각보다 빠른 것이 어디 있겠습니까? 그러나 시험이 우리에게 그처럼 빠르게 임하는 경우가 얼마나 많은지 모릅니다. 임무를 행하는 중에 갑자기 어리석은 한 가지 생각이 일어나고, 그리하여 구체적인 의도가 없음에도 우리 마음이 그 갑작스런 생각에 이끌려 가 버리는 경우가 비일비재합니다. 마치 사냥개가 주인을 따라가다가 갑자기 앞에서 푸드덕하고 새가 날아오르는 것을 보고 그 새를 좇아 가듯이 말입니다. 그렇습니다. 한 가지 시험이 신속히 결과를 얻지 못하면, 마귀는 곧바로 또 다른 시험을 쏘아 보냅니다. 지극히 민첩한 궁수(弓手)가 활을 쏘아대는 것만큼이나 신속하게 말입니다. 한 화살을 날리기 무섭게 또 다른 화살을 장전하는 것입니다.

2. 화살들은 은밀하게 날아갑니다. 시험도 마찬가지입니다.

(1) 화살은 흔히 멀리서 날아옵니다. 그러므로 화살을 맞아 상처를 받아도 누가 쏘았는지를 알지 못할 수도 있습니다. 악인이 "숨은 곳에서" 화살을 쏘고는, "누가 우리를 보리요?"라고 말한다고 합니다(시 64:4, 5). 사탄도 이와 같이 시험을 날려 보냅니다. 때로는 아내의 혀를 사용하여 시험하기도 하고, 때로는 남편이나 친구나 종의 뒤통수를 쳐서 그 당하는 사람이 그것이 사탄의 역사인 것을 알지 못하게 합니다. 베드로 안에 마귀가 있어서 주님을 시험할 줄 누가 생각이나 했겠습니까? 아브라함이 마귀의 도구가 되어 그의 사랑하는 아내를 배반할 것이라고 누가 의심했겠습니까? 그러나 그랬습니다. 아니 어떤 경우에는 마귀가 지극히 은밀하게 하나님의 활을 빌려다가 화살을 쏘기도 합니다. 그리하여 불쌍한 그리스도인은 하나님이 진노하셔서 채찍질하시는 것으로 잘못 생각하게 되기도 합니다. 사실은 마귀가 하나님의 음성을 가장하여 그렇게 생각하도록 시험하는 것인데 말입니다. 욥은 "전능자의 화살"이 자기에게 박혔고 그의 "영이 그 독을 마셨"으며 또한 "하나님의 두려움"이 그를 엄습하여 내리친다고 외칩니다(욥 6:4). 사실은 내내 사탄이 그에게 악독을 부리며 그를 시험하는 것이었는데, 그렇게 오인한 것입니다. 하나님은 선한 사람 욥의 친구이셨습니다. 다만 사탄이 자기가 욥에게 겁을 줄 수 있

도록 하나님더러 떠나 계시기를 간청하였고 하나님께서는 잠시 동안 그 간청을 받아주신 것이었습니다. 그런데 불쌍한 욥은 마치 하나님께서 그를 버리시고 그의 원수가 되시기라도 한 것처럼 외치는 것입니다.

(2) 화살은 거의 혹은 전혀 소리를 내지 않고 날아갑니다. 대포알은 굉음을 내어 자신이 날아오고 있다는 것을 알리면서 날아오지만, 화살은 아무런 소리도 내지 않고 공중을 날아옵니다. 이처럼 시험도 무감각하게 다가옵니다. 문을 잠가야겠다고 생각하기 전에 도둑이 먼저 들어옵니다. 바람은 은밀하게 움직이는 존재이므로 구주께서도, 바람이 임의로 불 때에 "그 소리는 들어도 어디서 와서 어디로 가는지 알지 못한다"고 말씀하십니다(요 3:8). 그런데 시험은 아무런 경고도 없고 소리도 내지 않고 우리에게 다가옵니다. 마귀는 그의 계략을 면밀하게 시행하기 때문에, 영혼이 그 움직임을 보지 못하며, 갈고리가 배에 꽂힌 다음에야 비로소 그것을 보게 됩니다. 드고아의 여인이 자기 이야기를 어찌나 그럴듯하게 이야기했던지, 다윗 왕은 일의 진상을 알아차리기 전에 자기 자신에게 해가 되는 명령을 내리게 되었습니다(삼하 14장).

3. 화살들은 상처를 내어 죽이는 성질을 갖고 있습니다. 특히 활을 힘차게 끌어당길 수 있는 자가 잘 겨냥하여 쏠 때에는 더욱 그렇습니다. 사탄의 시험들이 바로 그렇습니다. 격렬한 악의로 목표를 겨냥하고 사탄적인 힘으로 그 시험의 화살을 장전합니다. 그리고 그것도 사람처럼 가련하고 연약한 존재를 상대로 그렇게 하니, 하나님께서 우리 영혼을 위하여 좋은 전신갑주를 베풀어 주시지 않았다면, 사탄의 그 능력을 이기고 천국에 안전히 들어간다는 것이 불가능할 것입니다. 그리스도께서도 우리가 그 시험의 힘과 위험성을 지각하기를 바라셔서, 이 땅에서 사용하도록 기도를 가르치실 때에 "시험에 들게 하지 마옵시며"라고 간구할 것을 말씀하셨습니다. 그리스도께서는 그 당시 막 사탄의 시험의 기술과 힘을 친히 맛보신 상태이셨습니다. 물론 그는 자신의 지혜와 능력으로 그것을 격퇴시키셨지만, 그것이 아무리 강한 성도라도 극심하게 해를 줄 수 있을 만큼 막강하다는 사실을 잘 알고 계셨던 것입니다. 사탄이 시험을 통하여 해를 주지 못한 자는 그리스도 외에는 아무도 없었습니다. 시험 당하되 그 시험에 넘어지지 않은 것은 오직 그리스도만이 누리신 특권이었습니다. 하나님의 성도들 가운데 귀한 자였던 욥은 하나님께서도 친히 그런 자가 없다고 말씀하실 정도의 사람이었지만, 그도 역시 사탄이 쏜 화살을 맞고 큰 상처를 받았고 극심하게 무너졌습니다. 하나님께서 기꺼이

그를 마귀의 손아귀에서 건져 주셨으니 망정이지, 그렇지 않았다면 그는 그 사자 같은 마귀에게서 크게 고통을 받았을 것입니다.

둘째. 사탄의 전쟁 무기는 그냥 화살이 아니라 "불화살"입니다. 어떤 이들은 이 "불화살"이 특정한 종류의 시험을 뜻하는 것으로 그 의미를 제한시켜 이해합니다. 곧, 절망이나 신성모독이나 마음에 공포와 두려움으로 가득 채우는 그런 특별한 시험으로 말입니다. 그러나 제가 생각하기에 이는 너무 좁은 이해라 여겨집니다. 오히려 믿음은 모든 종류의 시험을 막는 방패입니다. 그러므로 온갖 시험들이 다 "불" 같은 시험이며, 따라서 저는 여기서 온갖 종류의 시험을 다 포괄하여 의미하는 것으로 보는 쪽으로 기울어집니다. 물론 시험마다 그 방식이나 강도가 각기 다르겠지만 말입니다. 이에 대해서는 후에 상세히 다룰 것입니다.

질문. 사탄의 화살을 가리켜 "불화살"이라 부르는 이유는 무엇일까요?

답변 1. 사탄이 불 같은 분노와 더불어 그 화살들을 쏘므로, 그 화살을 "불화살"이라 부르는 것일 수도 있습니다. 그 화살들은 이 용이 토해 내는 불로서, 하나님과 그의 성도들을 향한 분노로 가득합니다. 사울이 "주의 제자들에 대하여 여전히 위협과 살기가 등등하였다"고 말씀합니다(행 9:1). 속에서 불 같은 분노가 치밀어 오르므로, 그는 뜨거운 숨을 몰아쉬며, 마치 불타는 용광로에서 불꽃이 튀어나오듯이 불 같은 박해의 분노의 열기가 그에게서 나온 것입니다. 시험은 마귀가 분노를 토해내는 것이라 할 것입니다.

답변 2. 그 화살들로 인하여 불 같은 결과가 생겨나므로, 그 화살을 "불화살"이라 부르는 것일 수도 있습니다. 그 화살들의 불길을 끄지 않으면, 지옥 불이 붙습니다. 매 시험마다 거기에 지옥의 불꽃이 있어서 그 모든 불꽃이 시험 당하는 자에게 날아갑니다. 그러므로 모든 시험은 사탄의 의도와 목적에 따라 지옥과 정죄로 향하는 것입니다.

답변 3. 그 화살들을 "불화살"이라 부르는 주된 이유는 **그것들이 사람의 심령에 끼치는 그 맹렬한 악을 나타내기 위함입니다.** 곧, 사람의 마음과 양심을 불에 태운다는 것입니다. 사도는 여기서 상대에게 더 치명적인 해를 주고자 — 그 화살을 맞는 부위에 극심한 상처를 줄 뿐 아니라 온 몸을 오염시켜서 도무지 치료할 수 없게 만들고자 — 화살촉에다 독을 묻히는 잔인한 원수의 습관을 빗대어 말씀합니다. 욥도 그의 "영이 그 독을 마셨"다고 말씀합니다(욥 6:4). 그 화살들이 독을 퍼뜨리고 불을 지르는 성질을 지니고 있다는 것입니다.

제 2 장
원수를 이기는 믿음의 힘과 능력

"이로써 능히 악한 자의 모든 불화살을 소멸하고."

신자들이 믿음으로 사탄의 불화살을 무력화시킬 수 있습니다만, 이 불화살에는 두 가지 종류가 있다 하겠습니다. 첫째. 무언가 그럴듯하고 만족스러운 약속들로 기분을 좋게 하여 유혹하고 꾀는 것들이 있습니다. 둘째. 그들을 겁주고 공포에 질리게 하는 것들이 있습니다. 두 가지 모두 불같으며, 두 가지 모두 오직 믿음으로만 무력화시킬 수 있습니다.

—

믿음의 무력화시키는 능력 — 그 첫째

[사탄의 유혹의 불화살과 그것을 소멸시키는 믿음의 능력]

사탄의 불화살의 첫째 종류부터 말씀드리겠습니다. 곧, 무언가 그럴듯하고 만족스러운 약속들로써 영혼을 기분 좋게 유혹하고 꾀는 그런 시험입니다. 여기서 주목할 가르침은 이것입니다. 곧, 믿음이 영혼으로 하여금 사탄의 지극히 기분 좋게 하는 유혹의 불길을 꺼뜨릴 수 있게 해준다는 것입니다. 첫째. 이처럼 꾀는 유혹들이 불같은 성질을 지니고 있다는 것을 보여 드리겠습니다. 둘째. 믿음이 그것들을 소멸시킬 수 있다는 것을 보여 드리겠습니다.

[사탄의 기분 좋게 하는 유혹들에는 불 같은 성질이 있음]

첫째. 사탄의 꾀는 유혹들이 불 같은 성질을 지니고 있다는 것을 보여 드리겠습니다. 그것들은 불길을 일으키는 성질이 있습니다. 모든 사람의 마음에는 모든 죄를 향하여 기울어지는 은밀한 기질이 있습니다. 시험은 우리에게 임할 때에 얼음이나 눈 위에 불을 굴리듯이 하지 않고, 마치 불쏘시개에 불꽃을 내듯이, 혹은 짚으로 엮은 지붕이 번개에 맞아 불길에 사로잡히듯이, 그렇게 임하는 것입니다. 그리하여 성경에서는, 사탄에게 미혹되는 것임에도 불구하고 그 죄가 우리에게 있는 것으로 말씀합니다. "오직 각 사람이 시험을 받는 것은 자기 욕심에 끌려 미혹됨이니"(약 1:14). 여기서 주목하십시오! 사탄이 시험을 하지만, 우리 자신의 욕심이 우리를 이끌어가는 것입니다. 덫을 놓는 것은 사냥꾼이지만, 덫에 걸려 그물에 갇히게 만드는 것은 바로 나 자신의 욕심인 것입니다. 사람의 마음은 이런 화살들에 맞아 불에 타기가 너무나도 쉬운 것입니다. "나무가 다하면 불이 꺼지고"(잠 26:20). 그리스도께 날아든 불화살이 이와 같습니다. 그리스도께는 사탄이 이용할 만한 불에 타는 부패한 것이 전혀 없었습니다. 그러나 우리 마음은 아담 안에서 뜨겁게 달구어져서 다시는 차가워질 수가 없습니다. 성경은 죄인의 마음을 "화덕"에 비하고 있습니다. "그들은 다 간음하는 자라. 과자 만드는 자에 의해 달궈진 화덕과 같도다"(호 7:4). 사람의 마음은 화덕이요, 마귀는 과자를 만드는 자요, 시험은 그가 열을 가하여 일구어 내는 불입니다. 그러니 그 어떠한 죄도 여기서 빠져나가지 못합니다. 다윗은, "내가 불에 타는 자들 중에 누웠"다고 말씀합니다(시 57:4. 한글개역개정판은 "불사르는 자들"). 그런데 누가 그들에게 불을 사릅니까? 사도가 이 문제를 해결해 줍니다. 곧, "그 사르는 것이 지옥 불에서" 난다는 것입니다(약 3:6). 오오 여러분, 마음이 일단 시험의 불길에 휩싸이면 얼마나 이상스런 효과가 나타나는지 모릅니다! 은혜 안에 있는 사람일지라도 그 불을 *끄기*가 얼마나 어려운지 모릅니다! 다윗조차도 육신적인 사람 — 즉, 다윗을 질책한 요압 — 의 눈으로도 볼 수 있을 정도로 분명하게 드러나는 시험에 빠졌다가, 결국 칠천 명의 목숨을 잃게 되었습니다. 한 사람의 죄가 그만큼의 희생을 초래한 것입니다. 다윗에게서도 불길이 그렇게 활활 타올랐다면, 물도 가까이에 없고 그 불길을 꺼줄 은혜가 마음에 없는 사람은 대체 어떻게 하겠습니까? 그러므로 악인이 그들의 우상에 "실성"했다고 말씀합니다(렘 50:38). 마치 사람이 열병에 걸려 실성한 것처럼 앞뒤를 가리지 않고 마구 질주하는데, 그렇게 되면 그 사람은 도무지 침상에 누워 있지를 않습니다. 시험의 열기에 사로잡힌 심령도 이와 같이 사망과 지옥의 입 속으로 질주해 들어가는데, 이를 도무지 막을 수가 없습니다.

[적용]

첫째 적용. 시험에 그런 마력이 있으니 시험에 사로잡혀 돌진하는 것을 얼마나 두려워해야겠습니까! 어떤 이들은 이에 대해 지나치게 자신을 합니다. 이들은 자기들 자신을 과대평가합니다. 마치 어떻게 해도 자신들은 그런 질병에 걸릴 수가 없다고 생각하여 아무 공기나 다 들이마십니다. 하나님께서는 의롭게도 그런 자로 하여금 사탄의 화살에 맞게 하여 자신의 참 모습을 더 잘 깨닫도록 해주십니다. 굴뚝의 한 구석에 화약을 보관하였다가 그의 집이 폭삭 내려 앉았다면, 과연 누가 그를 동정하겠습니까? 하사렐은 "당신의 종이 개입니까?"라고 말했습니다(왕하 8:13. 한글개역개정판은 "당신의 개 같은 종이 무엇이기에"). 이런 끔찍한 살인으로 내 손을 더럽히게 하다니, 나를 인간 이하의 짐승으로 취급하는 것입니까? 그러나 이 사람은 곧바로 그 시험에 빠졌고, 돌아가서는 곧바로 자신이 섬기던 왕을 죽였습니다. 이로써 선지자가 그에 대해 악한 것을 예언한 것이 그가 처음 생각한 것처럼 그렇게 터무니없는 것이 아니었음이 드러납니다. 오오, 옆구리에 마귀의 화살을 맞고 싶지 않다면, 마귀의 표적에서 물러서기 바랍니다. 할 수 있는 만큼 시험의 소용돌이를 멀리하기 바랍니다. 일단 그의 시험의 소용돌이 속에 빠져 들어가면, 곧 머리가 어지러워집니다. 한 가지 죄가 또 다른 죄를, 작은 죄가 큰 죄를 불러일으킵니다. 신하들이 왕으로 하여금 주연을 베풀고 술에 빠지게 하면, 왕은 곧바로 오만한 자들과 놀게 됩니다. "우리 왕의 날에 지도자들은 술의 뜨거움으로 병이 나며 왕은 오만한 자들과 더불어 악수하는도다"(호 7:5).

둘째 적용. 사탄의 화살이 그처럼 불을 일으키는 성질이 있습니까? 사탄의 도구가 되어 다른 사람의 부패에 불을 지르게 되는 일이 없도록 조심하기 바랍니다. 의도적으로 그렇게 행하는 자들도 있습니다. 우상 섬기는 자들은 그들의 신전과 제단에 온갖 미신적인 그림들을 세워놓고, 또한 온갖 진기함 은금으로 찬란하게 장식하여 보는 사람의 눈을 속입니다. 그러므로 그들이 "우상들과 더불어 불태운다"고 말씀합니다(사 57:5. 한글개역개정판은 "음욕을 피우며"). 마치 연애하는 자가 애인과 그렇게 하듯이 말입니다. 또한 술주정뱅이는 "이웃에게 술을 마시게 하"여(합

2:15) 그 이웃의 정욕에 불을 붙입니다. 이 사람들이 행하는 일이 얼마나 추잡스러운지 모릅니다! 이웃의 집에 고의로 불을 지르는 것은 법으로 사형에 해당하는 죄입니다. 그렇다면 사람의 심령에 불을 지르며, 그것도 지옥 불을 지르는 자들은 대체 얼마나 큰 형벌을 받아야 마땅하겠습니까? 하지만 여러분이 하찮게 생각하는 일로 인하여 여러분도 모르는 사이에 그런 일을 저지를 수도 있지 않습니까? 어리석은 아이가 지푸라기로 불장난을 하다가 자기도 모르는 사이에 집에 큰 불을 지를 수도 있습니다. 과연 사탄은 여러분의 어리석음과 부주의함을 이용하여 얼마든지 다른 사람의 마음에 정욕을 불지르게 할 수 있습니다. 어쩌면 여러분의 입에서 나오는 하찮은 말 한 마디가, 여러분은 상처를 줄 의도가 전혀 없이 한 말이지만, 시험의 기회가 되어 상대방의 가슴에 상처를 심어서 거기서 쓰라린 불길이 일어나게 할 수도 있습니다. 여러분이 혹 유행에 따라서 그저 별 생각 없이 야릇한 옷차림을 할 수도 있지만, 그것이 다른 사람의 눈을 미혹시킬 수도 있는 것입니다. 짐승을 잡기 위해 구덩이를 파고 기다리는 사람이 죄를 범하였다면, 하물며 다른 이의 영혼의 죄에 빌미를 제공하는 여러분은 얼마나 더 큰 죄를 범하는 것이겠습니까? 바울은, "만일 음식이 내 형제로 실족하게 한다면 나는 영원히 고기를 먹지 아니하여 내 형제를 실족하지 않게 하리라"라고 말씀합니다(고전 8:13). 어리석은 의복과 정숙하지 못한 패션으로 인하여 많은 사람들이 실족하는데도, 과연 그런 차림을 할 수 있겠습니까? 그리스도께서는 "몸이 의복보다 중하다"고 하십니다(마 6:25). 그러니 여러분의 그 하찮은 옷차림보다 형제의 영혼이 훨씬 더 중할 것입니다. 이제 두 번째 대지로 넘어갑시다.

[사탄이 즐겨 쓰는 시험들을 소멸시키는 믿음의 능력]

둘째. 믿음이 영혼으로 하여금 악한 자가 즐겨 쓰는 시험들을 소멸시키도록 해준다는 것을 여러분에게 보여 드리겠습니다. "세상을 이기는 승리는 이것이니 우리의 믿음이니라"라고 말씀합니다(요일 5:4). 믿음이 세상의 머리 위에 그 승리의 깃발을 세운다는 것입니다. 사도 요한은 또한 "세상"이라는 것이 무엇을 뜻하는지를 말씀해 줍니다. "이 세상이나 세상에 있는 것들을 사랑하지 말라 … 이는 세상에 있는 모든 것이 육신의 정욕과 안목의 정욕과 이생의 자랑이니 다 아버지께로부터 온 것이 아니요 세상으로부터 온 것이라"(요일 2:15, 16). 세상에 있는 모든 것이 "정욕"이라고 말씀합니다. 왜냐하면 그 모든 것이 정욕에게 양식과 연료가 되기 때문입니다. 그런데 믿음이 영혼으로 하여금, 사탄이 이런 세상적인 정욕들로 독을 묻혀서 쏘는 화살들을 소멸시킬 수 있게 해 줍니다.

첫째 시험의 화살. "육체의 정욕." 육체에게 쾌락과 즐거움을 약속하는 그런 시험들이 다 여기에 해당됩니다. 이것들은 그 입 속에 불을 지니고 있으며, 그 불이 육신적인 마음에 닿으면 곧바로 무절제한 격정과 짐승 같은 애착의 불꽃을 피우게 됩니다. 음행하는 자는 그 음욕이 불일 듯한다고 말씀합니다(롬 1:27). 술주정뱅이는 "포도주로 불태워진다"고 합니다(사 5:11. 한글개역개정판은 "포도주에 취하는"으로 번역함 — 역주). 시험 중에도 육체에게 감각적인 쾌락과 즐거움을 약속하는 것만큼 강한 힘을 발휘하는 것이 없습니다. 죄인들은 "모든 더러운 것을 욕심으로" — 일종의 탐심을 갖고(이 단어에는 절대로 만족하지 못한다는 의미가 내포되어 있습니다) — 행한다고 말씀합니다(엡 4:19). 육체적인 욕심이 가득한 사람은 재산을 탕진하고 사치로 몸을 혹사하고도 여전히 그 몹쓸 마음에서 불길이 타오릅니다. 독을 먹은 사람의 갈증은 아무리 물을 마셔도 소멸되지 않습니다. 이런 불길에 휩싸인 영혼에게 도움을 줄 수 있는 것은 오직 믿음밖에는 없습니다.

부자는 지옥의 불꽃 속에 있으나 그의 혀를 서늘하게 해 줄 물 한 방울이 없었습니다(눅 16:24). 믿지 않는 죄인은 땅 위의 지옥 속에 있는 것입니다. 그는 정욕에 불타오르나, 그 불길을 소멸시켜 줄 물 한 방울이 없습니다. 믿음이 없기 때문입니다. 저 영광스러운 순교자들이 믿음으로 "불의 세력을 멸"하였다고 말씀합니다(히 11:34). 과연 정욕의 불도 순교의 불만큼이나 뜨겁습니다. 그러므로 이 정욕의 불도 오직 믿음으로만 소멸되는 것입니다. "우리도 전에는 어리석은 자요 순종하지 아니한 자요 속은 자요 여러 가지 정욕과 행락에 종노릇한 자요 악독과 투기를 일삼은 자요 가증스러운 자요 피차 미워한 자였으나, 우리 구주 하나님의 자비와 사람 사랑하심이 나타날 때에 우리를 구원하시되"(딛 3:3, 4). 그 어떠한 것들로도 옛 동료인 이 정욕들을 떨쳐 버릴 수가 없었습니다. 믿음으로 그들이 복음에 계시된 하나님의 은혜를 새로이 접할 때에 비로소 그 정욕들을 떨쳐 버리게 된 것입니다.

[믿음이 어떻게 해서 "육체의 정욕"을 소멸시키는가]

질문. 믿음은 어떻게 해서 이 감각적인 쾌락의 불화살을 소멸시킵니까?

답변 1. 믿음은 눈에서 안개를 걷어냄으로써 그리스도인으로 하여금 사탄이 여러 가지로 꾸며놓기 이전의 죄의 벌거벗은 모습과 그 허접한 원리들을 볼 수 있게 해 줍니다. 그리하여 그리스도인은 사탄이 사탕발림으로 교묘하게 꾸며놓기 이전의 죄의 본연의 맛과 향취를 알게 되고, 죄가 이제 추하고 쓰라린 것으로 드러납니다. 믿음은 사물을 꿰뚫는 눈이 있습니다. 그것은 "보지 못하는 것들의 증거"입니다. 믿음은 감각의 휘장 뒤를 꿰뚫어 보며, 죄가 무대 의상을 입고 그럴 듯하게 나타나기 이전의 죄의 불 같은 모습을, 지옥으로부터 오며 또한 지옥을 가지고 오는 그 몹쓸 모습을 바라보는 것입니다. 그러므로, 사탄이 임하여 정욕을 그렇게 매혹적일 수 없게 제시한다 해도 그리스도인은 그에 대한 충분한 답변을 지니고 있습니다. 믿음은 이렇게 말합니다: "오 나의 영혼아, 거짓말하는 영에게 속지 말라. 그가 아름다운 라헬인양 보여주지만, 사실은 눈이 침침한 레아를 주려는 것이라. 그가 기쁨을 약속하나 결국 슬픔으로 갚아 주리라. 이 정욕이 그럴듯해 보이는 의복을 입고 있지만 사실 그것은 자기 것이 아니로다. 네가 맛보는 달콤한 맛은 본래 있는 것이 아니고 너를 속이기 위해 빌려다 놓은 것이로다." 엔돌의 여인은, "당신이 어찌하여 나를 속이셨나이까? 당신이 사울이시니이다"라고 말했습니다(삼상 28:12). 죄와 사탄이 자기 모습을 위장하여 나타날 때에도 믿음은 그 본색을 밝히 알고서 이렇게 말합니다: "그대가 어찌하여 나를 속였느냐? 그대는 사탄이로다. 하나님께서 죄가 쑥과 담즙만큼 쓰라리다고 말씀하셨는데, 네가 나를 속여 이 쓴 뿌리에서 참된 기쁨의 열매를, 가시나무에서 포도 열매를 거둘 수 있다고 믿게 만들려 하느냐?"

답변 2. 믿음은 죄의 본질에 모든 참된 즐거움이 없다는 것을 볼 수 있게 해주는 것은 물론, 동시에 그 거짓된 쾌락이 얼마나 덧없는 것인지를 알게 해 줍니다. 믿음은, "덧없는 불확실한 쾌락들로 인하여 확실한 하나님의 자비하심을 잃지는 않으리라"라고 말합니다. 이 때문에 모세는 애굽의 궁궐의 즐거움을 벗어 버리고 "고난"의 불길 속으로 뛰어들어갔으니, 이는 그 즐거움이 "잠시"만 있는 것임을 보았기 때문입니다(히 11:25). 사람이 배에서 바다로 뛰어내리는 것을 보면, 처음에는 그 사람이 정신이 나갔다고 생각할 수도 있지만, 잠시 후에 그 사람이 안전한 모습으로 해변에 서 있고, 그 배가 바다 속에 가라앉는 것을 보면, 그가 지극히 지혜롭게 처신하였다고 생각하게 될 것입니다. 믿음은 세상과 그 모든 죄의 쾌락이 가라앉고 있는 것을 꿰뚫어봅니다. 거기에 새는 구멍이 나 있으니, 사람의 지혜로 그 가라앉는 것을 도무지 막을 수 없는 것입니다. 그러니 여러분, 죄악된 쾌락에 취하여 계속 죄를 짓다가 지옥의 바다 속으로 빠져 들어가는 것보다는 믿음으로 헤엄을 쳐서 시련의 바다를 건너 결국 천국에 안전하게 도달하는 것이 더 낫지 않겠습니까? 죄악된 쾌락이 오래 간다는 것은 절대로 불가능합니다.

(1) 그것이 본래의 것이 아니기 때문입니다. 본래 있는 것이 아닌 것은 무엇이든 금방 썩어버립니다. 설탕은 본래부터 달콤한 성질을 갖고 있으므로 그 달콤한 맛을 그대로 지니고 있습니다만, 달콤하게 만든 맥주나 포도주는 절대로 설탕과 같지 않습니다. 며칠 후면 그 달콤한 맛을 잃어버리고 맙니다. 죄의 쾌락은 죄의 본질이 아니므로 반드시 부패하고 맙니다. 지금 죄인들을 속이고 있는 죄의 달콤함은 지옥에서는 절대로 맛볼 수가 없습니다. 거기서 죄인들이 자기 손으로 직접 그 잔의 쓰디쓴 맛을 보게 될 것입니다.

(2) 죄의 쾌락은 반드시 단명할 수밖에 없으니, 목숨이 길게 가지 못하며 따라서 그 쾌락도 목숨과 더불어 곧 끝이 나기 때문입니다. 사실 사람이 죽기 전에 죄의 쾌락이 사라지는 경우가 허다합니다. 죄인들이 이 세상의 즐거움을 장사지내며 살아갑니다. 그들의 육체가 벌레가 먹어 죽임을 당하기 전에 먼저 그 벌레가 그들의 양심 속에서 자라는 것입니다. 그러나 분명한 것은 죄의 쾌락이 절대로 이 세상에서 살아남지 못한다는 것입니다. 죄인은 누구나 "슬픔 중에 눕고 슬픔 중에 일어나리라"는 것이 하나님의 입에서 나오는 말씀입니다. 지옥은 너무나 뜨거워서 방탕한 자가 도무지 즐거움을 누리며 살 수가 없는 곳입니다. 믿음은 지혜로운 은혜로서 영혼으로 하여금 어떻게 하면 저 오는 세상에서 잘 살 수 있을지를 미리 생각하게 해 줍니다. 반면에 육신적인 마음은 온통 현재에 대한 생각밖에는 없습니다. 주둥이가 둔하여, 지금 먹는 달콤한 것이 절대로 사라지지 않을 것이라고 생각합니다. 그러나 믿음은 보폭이 아주 커서, 한 곳에서 생애 전체를 다 아우를 수 있고, 인생이 이제 막 시작했을 뿐인데도 불구하고 그 마지막까지를 다 바라보는 것입니다. 다윗은 말하기를, "내가 보니 모든 완전한 것이 다 끝이 있다"고 합니다(시 119:96). 그는 악인이 그 쾌락의 침상에서 자라고 있을 때에, 그들이 잘려져 하나님의 화덕에서 불에 살라지는 것을 보았습니다. 마치 그들이 이미 망해 버리기라도 한 것처럼 말입니다(시 37:2). 믿음은 그 힘과 활동성에 따라서 모든 그리스도인에게 이와 같이 행할 것입니다. 정죄 받는 자가 교수대를 향하여 끌려가는 중에

잔칫상을 받는 것을 보고 누가 그를 부러워하겠습니까!

답변 3. 믿음은 영혼에게 더 나은 즐거움을 더 싼 값에 얻는 곳을 보여줌으로써 사탄이 제공하는 것들을 압도합니다. 사실 가장 좋은 것이 가장 값이 싼 것입니다. 가장 서비스가 좋은 상점에 가지 않을 사람이 누구겠습니까? 죄인들 사이에 이 법칙이 활발하게 적용되고 있습니다. 술주정뱅이는 최고의 포도주를 얻을 수 있는 곳으로 갑니다. 대식가는 가장 배불리 먹을 수 있는 곳으로 갑니다. 그런데 믿음은 다른 어느 것과도 비교할 수 없는 최고의 즐거움들을 영혼에게 제시합니다. 믿음은 약속에게로 인도하고, 거기서 그리스도께서 치르신 희생을 근거로 하여 복음의 모든 풍성한 진미들을 누리게 해 줍니다. 성도들이 장차 천국에서 누리게 되는 진미 하나하나를 지금 믿음이 영혼에게 가져다 줍니다. 물론 충만한 식사를 제공해주지는 않지만, 그래도 그것들을 맛보게 하여 "말할 수 없는 영광스러운 즐거움으로 기뻐하게"(벧전 1:8) 해주는 것입니다. 그러니 이로 인해 시험이 소멸되지 않을 수가 없습니다. 사탄이 자기가 마련한 그 초라한 식탁으로 그리스도인을 미혹하고자 할 때에, 영혼은 이렇게 말할 것입니다: "내 마음을 일으켜 세우고 기쁨으로 가득 채워준 그 즐거운 것들을 버리고, 죄로 오염된 그 떡을 먹음으로 나 자신을 더럽히랴? 그 식탁에 앉는다면 내가 감각적인 쾌락만을 탐하는 짐승과 마찬가지가 될 것이고, 아니 오히려 짐승보다 못한 마귀가 될 것인데, 주님의 식탁에서 일어나 마귀의 식탁에 앉은 가룟 유다처럼 내가 그런 짓을 하겠느냐?"

둘째 시험의 화살. "안목의 정욕." 이것도 믿음으로 말미암아 소멸됩니다. "안목의 정욕"이란 세상의 재물과 보화로부터 오는 시험들을 뜻합니다. 그것을 그렇게 부르는 것은 첫째로, 이런 것들과 더불어 간음을 범하는 것이 바로 눈이기 때문입니다. 부정한 눈이 다른 사람의 아내를 바라보듯이, 탐욕스런 눈이 다른 사람의 재물을 탐할 것으로 바라보는 것입니다. 그것을 그렇게 부르는 둘째 이유는, 그것들로부터 얻는 유익이 그저 눈을 즐겁게 하는 것밖에 없기 때문입니다. "재산이 많아지면 먹는 자들도 많아지나니 그 소유주들은 눈으로 보는 것 외에 무엇이 유익하랴?"(전 5:11). 즉, 사람이 그저 하루에 쓰기에 필요한 만큼의 양식과 의복만 필요하다면, 그 나머지 남는 것은 그저 눈을 즐겁게 해주는 것밖에 아무것도 아니라는 것입니다. 그런데 육신적인 마음은 그것들을 얼마나 즐거워하는지 모릅니다. 비열하고 추잡한 행위들을 무릅쓰고라도 이 황금 사과를 취하려 하지 않는 사람을 찾기가 정말 힘듭니다. 아합 왕은 자기의 수입에 별로 보탬이 되지 않는 그저 얼마 되지 않는 땅을 얻기 위해 그 땅의 소유주의 피를 흘리는 일을 감행했습니다만, 그로 인하여 얼마나 안타까운 결과가 초래되었는지를 생각하면, 그보다 훨씬 더 큰 세상적인 이득을 미끼로 던질 때에 그 시험의 낚싯바늘을 받아 물지 않을 사람이 과연 있을까 싶습니다. 바로 이것이 마귀가 유다에게로 들어간 문이었습니다. 이것이 데마의 믿음을 망가뜨린 것이었습니다. 그는 "이 세상"을 사랑했던 것입니다(딤후 4:10). 그런데 이 "안목의 정욕"이 가져다주는 시험을 믿음이 소멸시켜 줍니다.

[믿음이 어떻게 해서 "안목의 정욕"을 소멸시키는가]

1. 믿음은 영혼으로 하여금 하나님의 아버지다우신 보살피심과 그의 섭리에 대해 납득하게 해 줍니다. 이 역사가 정상대로 유지되는 한 영혼은 안전합니다. 사탄은 이렇게 말합니다: "네가 거짓말을 믿고 모험을 걸면 — 하나님의 계명을 조금만 양보하면 — 이 황금이 네 것이며, 네 재산이 크게 불어날 것이로다." 그러나 믿음이 영혼을 가르쳐 이렇게 답변하게 할 것입니다: "사탄아 나는 이미 풍족히 공급받고 있으니, 네가 주는 연금이 내게는 필요 없다. 선을 행하면 하나님께서 주시겠다고 약속하셨는데, 그것을 얻으려고 구차히 도둑질을 할 이유가 어디 있는가?" "돈을 사랑하지 말고 있는 바를 족한 줄로 알라 그가 친히 말씀하시기를 내가 과연 너희를 버리지 아니하고 너희를 떠나지 아니하리라 하셨느니라"(히 13:5). 오오 내 영혼아, 하나님의 약속이 그의 지갑을 확보하고 있는데, 더 바랄 것이 무엇인가? "하나님이 없는" 세상 사람은 자신의 온갖 재치로 인하여 흔들리고 움츠러들지만, 너는 네 믿음으로 말미암아 살아가라!

2. 믿음은 사람의 위로와 만족이 풍족함에서 오는 것이 아니라 하나님의 축복에서 오는 것임을 영혼에게 가르쳐 줍니다. 또한 죄로 말미암아 세상을 다 얻더라도 그것은 하나님의 축복으로 인도하는 길이 아닙니다. "충성된 자는 복이 많아도 속히 부하고자 하는 자는 형벌을 면하지 못하리라"(잠 28:20). 믿음은 이렇게 말합니다: "악한 방법으로 세상의 재물을 쌓아 두더라도, 절대로 그것이 네가 기대하는 만족을 가져다주지 못한다." 다른 사람의 재물을 도둑질하면서 동시에 하나님께서 베푸시는 복을 바랄 수는 없습니다. 죄로 말미암아 여러분이 무언가를 얻어도 사탄이 그것을 조용히 소유하게 해줄 수가 없으며, 하나님께서 여러분을 대적하여 베

푸시는 형벌을 면하게 해줄 수도 없는 것입니다.

3. 믿음은 영혼으로 하여금 이생에 속한 일들을 추구하기보다 더 고상한 계획들을 향하여 나아가게 해 줍니다. 믿음은 은혜와 영광을 제시함으로써 진흙과 석탄으로 가득한 이 세상의 탄광을 벗어나게 해주며, 손이 닿지 않는 세상을 제시해 줍니다. 믿음이 제시하는 보화가 바로 그 세상에 있습니다. 믿음은 멀리서 그 풍성한 것들을 부여잡는 것입니다. 사울은 나라에 대해 이야기를 듣고서 아버지의 나귀를 좇는 일을 기꺼이 버렸습니다만, 믿는 영혼은 그리스도와 천국에 대한 이야기를 듣고서 그보다 더 기꺼이 이 땅을 향한 소망을 다 버리는 것입니다(시 39:6, 7). 6절에서 거룩한 다윗은 아무것도 아닌 일로 노심초사하는 세상 사람들의 모습을 어리석은 것으로 규정합니다. 그는, "진실로 각 사람은 그림자 같이 다니고 헛된 일로 소란하며 재물을 쌓으나 누가 거둘는지 알지 못하나이다"라고 말씀합니다. 그리고 7절에서 그는 세상을 노심초사할 가치가 전혀 없는 것으로 여겨 그것을 향하여 거룩한 멸시의 자세로 등을 돌립니다: "주여 이제 내가 무엇을 바라리요?" 이는 마치 이런 뜻과도 같습니다: "이것이 — 내 이웃보다 더 많이 재물을 쌓아 놓고 그 위에 앉아 있는 것이 — 과연 내가 가만히 앉아 만족할 만한 몫입니까?" "나의 소망은 주께 있나이다. 나를 모든 죄에서 건지소서"(7, 8절). "세상을 사랑하는 자들로 세상을 취하게 하소서. 그러나 주여, 나의 몫을 금이나 은으로 주지 마시고, 죄 사함으로 주소서. 이것을 내가 바람이니이다." 아브라함은 믿음으로 이 세상의 보화의 가치를 아주 낮게 보았고, 그리하여 자기 고향을 떠나 여기서 나그네로 살면서 "더 나은 본향"을 바라보았던 것입니다(히 11:16).

셋째 시험의 화살. "이생의 자랑." 사람의 마음에는 세상의 그럴듯한 영광을 추구하는 교만의 가려움증이 있습니다만, 마귀는 이런 사람의 교만한 육체의 가려움증을 그럴듯한 방법들을 통해서 긁어주고 시원하게 해주려고 애씁니다. 외부의 시험과 내부의 정욕이 서로 맞아 떨어지면 마귀의 그런 목적이 이루어지는 것입니다. 발람은 궁정으로 나아가는 길을 사모했고, 그리하여 자기가 탄 나귀보다 더 펄쩍 뛰는 양심을 짓누르고 달려가다가 결국 피를 보게 되었습니다. 유대인들은 그리스도의 풍성과 가르침에 대해서 납득하였으나, 자기들의 명예와 위신에 노예가 되어 있어서 그것이 위태로워지는 것이 두려워 그리스도를 버렸습니다. "그들은 사람의 영광을 하나님의 영광보다 더 사랑하였더라"(요 12:43). 그런데 믿음이 이런 시험을 소멸시켜 주며, 또한 거룩한 멸시와 함께 세상이 그에게 쌓아 놓는 모든 좋은 것들을 지극히 작은 죄에 대한 뇌물로 여겨 물리치는 것입니다. "믿음으로 모세는 장성하여 바로의 공주의 아들이라 칭함 받기를 거절하고"(히 11:24). 바로의 공주에게 입양되었으니 그는 모르긴 몰라도 왕위를 상속받을 수도 있었습니다만, 그는 이것을 내던져 버렸습니다. "그는 바로의 공주의 아들이기를 추구하지 않았다"고 말씀하지는 않습니다. 그랬다면 칭찬이 더 컸을 것입니다. 그에게 큰 기회가 있었고, 또한 이런 기회를 이용하여 궁궐에서 득세하여 왕의 총애를 받을 수도 있었을 것입니다. 그러나 그는 바로의 공주의 아들이라는 이름으로 불리기를 거절하였다고 말씀합니다. 명예가 그에게 괴로움이 된 것입니다. 마치 밀물 때의 바닷물처럼 말입니다. 그런데 이런 좋은 승진의 기회가 홍수처럼 밀려드는데도 그것을 누리고 싶은 마음이 없어서 마음의 갈등이 전혀 없이 그것을 거부하고 서 있을 수 있다면, 그야말로 바람직한 일일 것입니다. 그러나 그는 다른 곳에서 높이 올라가기를 바라서 거기서 높이 올라가기를 거부한 것이 아닙니다. 다른 궁에로 나아가기 위해서 자기의 궁궐을 버린 것이 아닙니다. 오히려 거지처럼 욕을 당하는 백성들과 합류하기 위해서 궁궐을 버린 것입니다. 그렇습니다. 왕궁의 호의를 거부함으로써 모세는 왕의 진노를 얻었습니다. 그러나 믿음으로 말미암아 그 높은 왕의 총애와 그 깊은 치욕을 모두 다 겪고 나아간 것입니다. 과연 그렇습니다. 이 믿음이라는 은혜가 있는 자는 누구나 — 물론 강하기도 하고 약하기도 하겠지만 — 그처럼 행하는 법입니다. 사무엘을 비롯하여 선지자들은 "믿음으로 나라들을 이기기도" 했습니다(히 11:33). 이것은 분명 칼로 정복하여 나라들을 빼앗았다는 뜻만이 아니고 — 물론 그 중에는 그런 방식으로 명예롭게 나라를 얻은 이들도 있었지만 — 그 나라들의 존귀와 영광들을 멸시함으로써 그 나라들을 이겼다는 뜻이기도 합니다. 사실 많은 선지자들이 이런 후자의 행위로 유명하고, 특히 사무엘은 하나님의 명령을 받고서 사울에게 기름을 부음으로써 나라를 자기 집과 가문으로부터 버렸습니다. 그 자신이 최고의 위치에 있었는데도 말입니다. 그리고 다른 이들은 시험을 당하였다고 합니다(37절). 곧, 잠시 동안 조금만 몸을 구부려 그 믿음을 담대하게 공언하는 데에서 조금만 물러서면 큰 이득을 얻게 될 상황에서도 그들은 왕의 총애보다는 순교의 불꽃을 택하였고 기꺼이 고난을 당했다는 것입니다. 여기서 믿음이 어떻게 해서 이 시험을 소멸시키는지를 좀 더 구체적으로 보여 드리겠습니다.

[믿음이 어떻게 해서 "이생의 자랑"을 소멸시키는가]

1. 믿음은 이 시험을 계속 유지시켜 주는 연료를 제거합니다. 기름을 제거하면 등불이 꺼집니다. 이 시험의 연료가 되는 것은 바로 자랑 혹은 교만입니다. 이 교만이라는 정욕이 힘을 발휘하면, 사람의 눈이 그 마음의 욕구를 채워 주는 그런 광경이 보일 때에 그것에 휘둥그레질 수밖에 없습니다. 마귀가 시험을 통해서 하는 일은 그저 구멍을 뚫어서 그 마음 자체에 가득한 것이 밖으로 표출되게 하는 것뿐입니다. 마술사 시몬은 마음이 교만하였습니다. 그는 큰 사람 시몬이 되고 싶어 했습니다. 그리하여 그 높은 자리에 올라갈 기회가 왔다고 생각되자, 이적을 행하는 은사를 얻고자 하는 욕심의 불길에 완전히 사로잡혀서 감히 사도에게 거래를 제안한 것입니다. 그러나 겸손한 심령은 낮은 자리를 사모하며, 다른 사람 앞에서 높이 서는 것을 꿈꾸지 않습니다. 그러므로 자기 자신에 대한 생각 그대로 몸을 낮추며, 그리하여 교만한 사람은 높이 서 있다가 가슴에 화살을 맞지만, 그 화살이 그의 머리 위로 날아가는 것입니다. 그런데 그 마음을 낮추어 주는 것이 바로 믿음입니다. 교만과 믿음은 두 물동이처럼 서로 반대로 움직입니다. 그 중 하나가 영혼 속에서 높이 올라가면 다른 하나는 낮게 내려가는 것입니다. "보라 그의 마음은 교만하며 그 속에서 정직하지 못하나 의인은 그의 믿음으로 말미암아 살리라"(합 2:4).

2. 믿음은 그리스도께서 가장 귀히 여기시는 것이요, 따라서 그리스도인으로 하여금 그에게서 모든 존귀를 얻기를 기대하게 만듭니다. 사실 믿음의 주요한 역할 중 하나가 바로 영혼을 그리스도 안에서 하나님께 내어 드리는 것입니다. 그리스도께서 영혼을 완전히 복되게 하는 데에 충족하신 분이시기 때문입니다. 그러므로 시험이 와서 "영혼아, 네가 조금만 네 신앙을 뒤로 접어 두거나 이런저런 죄를 조금만 허용하면, 네가 이 세상에서 이런 자리 혹은 저런 명예를 얻으리라"라고 속삭일 때에 믿음이 그 화살을 꺾어 버리는 것입니다. 믿음은 이렇게 말합니다: "오오 내 영혼아, 네가 누구인지를 기억하라! 너는 하나님을 너의 군주로 취하지 않았더냐? 그런데 어떻게 다른 이가 쥐어 주는 것을 받을 수가 있겠느냐? 임금들은 자기 신하들이 다른 임금의 녹을 받는 것을 도무지 용납하지 못하며, 더욱이 자기와 원수 된 임금의 녹을 받는 것은 조금도 용납하지 못하는 법이다. 죄로 말미암아 네가 존귀와 칭찬을 얻는다면 이로써 너는 하나님의 철천지원수인 마귀에게서 녹을 받는 자가 되는 것이다."

3. 그리스도인이 한 가지 죄를 용납하여 세상의 영광을 얻고자 할 때에 믿음은

그런 거래의 위험성을 보여 줍니다.

(1) 믿음은 이렇게 말합니다: "온 세상의 나라가 너의 앞에서 절한다 한들, 과연 이것이 하나님 앞에서 네 키를 한 자라도 더해 주겠느냐? 그러나 네가 그것을 사기 위해 값으로 지불한 네 죄는 하나님 앞에서 네 이름을 더럽게 하며, 너를 그의 보시기에 역겹게 만들어주느니라. 그런 죄인을 사랑하실 수 있으려면 먼저 하나님께서 자기 자신에 대한 사랑을 버리셔야만 할 것이다. 그런데 네가 과연 그런 영광을 얻으려고 이런 위험을 무릅쓰겠느냐? 꽝을 뽑으려고 상금을 버리는 것이 과연 지혜로운 일이냐?"

(2) 믿음은 이렇게 말합니다: "세상의 화려한 것과 영광은 너를 만족시켜 줄 수가 없다. 그것은 네 영혼 속에 갈증을 불러일으키기만 할뿐 하나도 해소시켜주지 못하며, 수천 가지 근심과 두려움만 낳을 뿐, 하나도 잠재우지 못한다. 오히려 이런 것들을 얻게 해주는 너의 죄가 네 영혼을 괴롭히고 고통 받게 하는 능력이 있는 것이다."

(3) 믿음은 이렇게 말합니다: "네가 세상의 면류관을 머리에 쓴다 해도, 과연 그것이 얼마나 오래 가겠느냐? 로마의 왕의 궁궐에 있는 자들도 누더기 속에 있는 자들과 똑같이 병들고 죽는다. 왕들도 다른 사람들과 똑같이 벌거벗은 채로 침상에 누워 티끌로 돌아간다. 그 날이 되면 네 모든 생각들도 너와 함께 멸망할 것이다. 그러나 네가 그 존귀의 언덕에 오르기까지 사다리처럼 밟고 올라간 네 죄에 대한 책임은 저 세상에까지 너를 끈질기게 좇아갈 것이다." 믿음은 이런 것들에 대하여 생각들을 일깨워서 그런 사악한 거래를 하지 않도록 해 줍니다.

4. 믿음은, 양심을 더럽히고 영혼을 팔아 지극히 작은 죄에게 꺾이게 하기보다는 차라리 세상의 명예와 칭찬을 거부했던 과거의 성도들의 귀한 모습들을 그리스도인에게 제시해 줍니다. 저 위대한 티무르(Tamerlane. 1336-1405 — 역주)는 조상들의 생애를 담은 기록들을 싸움터에 지니고 나가서, 전투에 나가기 전에 그것들을 읽어서, 전투에서 비겁해지거나 합당치 않은 행동으로 가문의 피를 더럽히는 일이 없도록 마음을 다스렸다고 합니다. 이와 같이 믿음도 성경에 나타나는 성도들의 명부를 읽고, 세상을 이긴 그들의 믿음의 공적들을 살펴서, 그리스도인으로 하여금 동일한 용맹스런 자세를 갖도록 해 줍니다. 히브리서 11장에서 사도가 그 귀한 성도들과 그들의 공적들을 기록한 의도가 바로 이것이었습니다. 곧, "이러므로 우리에게 구름같이 둘러싼 허다한 증인들이 있으니 모든 무거운 것과 얽매이기 쉬

운 죄를 벗어 버리고 인내로써 우리 앞에 당한 경주를 하며"(히 12:1)라는 말씀에서 나타나듯이, 그들의 고귀한 믿음의 역사를 읽으면서 그들의 고귀함이 우리 마음속에 스며들어오게 하는 것이 그의 의도였던 것입니다. 먼저 간 몇몇 용사들이 죽음을 바라보며 달려간 것을 본다면, 용사에게 얼마나 큰 용기가 생기겠습니까! 엘리사는 엘리야를 통해서 일어난 하나님의 이적들을 보고서, 엘리야의 겉옷으로 요단 강물을 내리치면서, "엘리야의 하나님 여호와는 어디 계시니이까?"라고 외쳤는데, 그 다음에 "물이 이리 저리 갈라"졌습니다(왕하 2:14). 이와 같이 믿음은 과거의 성도들의 공적들을 사용하여 그것들을 기도로 바꾸어 놓습니다. "오오, 세상의 사치와 영광을 믿음으로 짓밟고, 시험을 이기고, 사자처럼 덤비는 정욕의 입을 막은 저 아브라함의, 모세의, 사무엘의, 그리고 기타 고귀한 성도들의 하나님이 어디 계시니이까? 오오 하나님, 하나님은 낮은 골짜기(즉, 비천한 성도들)의 하나님이시며, 동시에 높은 산들(즉, 훌륭한 성도들)의 하나님이 아니시옵니까? 동일한 피와 정신이 모든 신자들의 동맥을 흐르고 있지 않습니까? 그들은 승리하는데, 저 하나만 종이 되어 잇사갈처럼 내 부패의 짐을 떨쳐 버리지 못하고 그것에 짓눌려 있겠습니까? 오오 내 하나님, 나를 도우셔서 내 원수들에게 복수하게 하소서." 믿음은 이렇게 말합니다: "깨어라. 오오 내 영혼아, 네가 이 거룩한 사람들과 한 가족임을 드러내 보여라. 세상을 이기는 이김으로 과연 너도 그들과 똑같이 하나님께로부터 난 자라는 것을 증명하여라."

[세상을 이기는 믿음의 승리는 고상한 이교도들의 공적과는 구별되는 것임]

반론. 그러나 혹 이렇게 말할 사람도 있을 것입니다. "믿음으로 행하는 것이 이것이 전부라면, 이것은 몇몇 이교도들이 행한 것과 다를 바 없다. 그들은 믿음이 무엇을 뜻하는지를 전혀 알지 못하면서도 세상의 이익과 쾌락거리들을 거부하고 짓밟았다."

답변. 사실 이교도들 중에 자기들의 도덕적인 원칙들로 많은 일을 행한 이들이 많으며, 그들 중에는, 아주 약한 타격을 받고도 거기에 휩싸여 그것을 극복하지 못하여 부끄러워하는 여러 신자들보다 월등한 모습을 보여주는 이들도 있을 수 있습니다. 그러나 참된 신자에게서 나타나는 믿음의 승리에는, 이교도들의 도덕적인 승리가 연약한 그리스도인들의 타락한 행실을 뛰어넘는 것 이상으로 이교도들의 도덕적인 모습을 뛰어넘는 점들이 나타나는 법입니다.

구별점 1. 믿음은 마음의 정욕을 소멸시켜 줍니다. 영혼 속에서 은밀하게 작용하는 부패의 잔재들이 믿음의 힘과 능력으로 말미암아 소멸됩니다. 믿음은 마음을 깨끗하게 합니다(행 15:9). 그러나 이교도들의 도덕적인 승리 중에는 마음에 이르는 것이 하나도 없습니다. 그들이 가진 사다리가 아무리 길다 해도 그것으로는 마음이라는 성의 벽을 넘기에 역부족입니다. 문을 휩쓸고, 성벽 바깥의 방 몇 개는 공략할 수 있을 것입니다. 하지만 사람의 본성적인 부패에 속한 내소(內所)는 절대로 그것들로 깨끗하게 되지를 않습니다. 그러니 정욕의 불길이 그저 속에 가두어져 억제될 뿐 소멸되지는 않는 것입니다. 마음의 더러운 것을 전혀 알지도 못하는데 어떻게 그것을 깨끗하게 할 수가 있겠습니까? 안타깝게도 그(이교도)들은 바깥에 있는 원수만을 생각하며, 도무지 속에 있는 원수는 알아본 적이 없습니다. 그러므로, 그들이 도둑이 안으로 들어오지 못하도록 지키려고 애쓰는 동안 그 도둑이 안에 있는데도, 그들은 그것을 전혀 모르고 있습니다. 그들은 영혼이란 본성적으로 덕스러운 원리들을 부여받은 것이라고 자랑스럽게 생각하거나, 혹은 영혼을 그저 흰 종이(*abrasa tabula*)와 같아서 그 위에 원하는 대로 선이나 악을 그려 넣을 수 있는 것처럼 생각하기 때문입니다. 그러므로 그들의 싸움터는 그들 바깥의 세상입니다. 그리고 어느 정도 노력을 기울여 그것을 정복하였습니다. 하지만 그들 속에 있는 정욕은 전혀 처리되지 않은 채로 있습니다. 그것이 그들에게는 미지(未知)의 영역(*terra incognita*)이기 때문입니다. 말씀을 통해서 이 미지의 땅을 처음 발견하는 것이 바로 믿음인 것입니다.

구별점 2. 믿음의 승리는 한결같습니다. 성경은 죄를 가리켜 "몸"이라 부르는데(롬 6:6), 이는 죄가 여러 지체로 이루어져 있고, 마치 군대의 조직처럼 여러 중대들과 대대들로 이루어져 있기 때문입니다. 한 중대나 대대와 싸워 그것을 무너뜨리는 것은 군대 전체를 궤멸시키는 것과는 전혀 차원이 다른 문제입니다. 도덕적인 원칙들로 그들은 마치 전자와 같은 일을 했습니다. 몇 가지 사소한 승리를 거두었고 또한 겉으로 드러나는 몇 가지 죄들을 제거했습니다만, 그리고는 다른 죄의 부대에게 처참하게 패배한 것입니다. "육체의 정욕"과 "안목의 정욕"에 대해, 세상의 이득과 쾌락에 대해, 승리한 것 같으나, 그와 동시에 "이생의 자랑"에 종노릇하는 처지요, 또한 그저 명성에 예속된 존재(*gloriae animalia*)로서, 세상의 명예와 칭찬의 사슬에 매여 있는 것입니다. 한 가지 죄에 대해서는 승리를 얻는 것 같지만,

다른 죄에 대해서는 완전히 패배하여 그것에 매여 있습니다. 그것도 영적인 죄에 대해 패배함으로 더욱 나쁜 상황에 빠집니다. 그러나 믿음은 한결같고, 죄의 몸 전체를 다 궤멸시키므로, 그 어떠한 정욕이라도 힘이 꺾이지 않는 것이 없습니다. "죄가 너희를 주장하지 못하리니 이는 너희가 법 아래에 있지 아니하고 은혜 아래에 있음이라"(롬 6:14). "죄가 주장하지 못하리라"고 합니다. 즉, 그 어떤 죄도 주장하지 못할 것이라는 뜻입니다. 죄가 마치 상처를 입은 군인이 무릎을 꿇고서 이리저리 힘을 쓰려고 애쓰며 패배한 군대처럼 힘을 발휘하려 하지만, 참된 믿음이 있는 곳에서는 결코 더 이상 싸움을 주도할 수가 없는 것입니다.

구별점 3. 믿음은 영혼으로 하여금 이 정욕들을 소멸할 수 있게 해줄 뿐 아니라, 시험이 소멸된 후에도 세상 그 자체를 이용하여 사탄을 대적함으로써 그가 자기 몽둥이로 자기 이마를 치도록 만들어 줍니다. 믿음은 사탄의 불화살을 소멸시키고 난 다음 다시 그 화살들을 사탄에게로 날려 보냅니다. 곧, 믿음이 그리스도인으로 하여금 이 세상에서 누리는 모든 것들을 사용하여 하나님의 영광을 위하여 섬기며 헌신하도록 만드는 것입니다.

이교도들 중에 존경을 받는 위대한 인물들은 "안목의 정욕"을 치유하기 위해 헛된 열정으로 두 눈을 뽑아 버렸고, 부귀를 멸시한다는 것을 보여주고자 자기들이 가진 돈을 바다에 던졌고, 세상의 명예와 칭찬을 극복하기 위하여 자기 자신들을 세상과의 교류에서 완전히 격리시켜 버렸습니다만, 이는 하나님께서 지시하신 길과는 전혀 다른 어처구니없는 길이었을 뿐입니다. 그것을 승리라 부를 수 있겠습니까? 아니, 그것은 그저 광란(狂亂)일 뿐입니다. 세상도 이번에는 자기들의 어리석음을 지각하고 있습니다. 그러나 믿음은 그보다 훨씬 더 고상한 승리를 얻게 해 줍니다. 사실 하나님께서 그 누리는 것들 중에 어느 것이라도 달라고 하시면, 믿음은 기꺼이 그리스도의 발 아래 모두 다 내어놓을 수 있습니다. 그러나 하나님께서 그것들을 누리도록 허용하시는 동안에는 믿음이 그 기술과 능력으로 그것들을 거룩하게 해 줍니다. 그것들의 허풍 떨고 허세를 부리는 성격을 교정시켜서, 악한 마음에게서는 독과 부패를 일으키는 것이 은혜 안에 있는 영혼에게서는 믿음으로 말미암아 선한 자양분으로 바뀌는 것입니다. 가령 집에 불이 났을 때에, 한 사람은 불을 끄기 위해 집을 완전히 허물어 버리고, 또 한 사람은 물을 퍼부어 집을 흠뻑 젖게 하여 집을 계속 사용할 수 있도록 남겨둔다고 합시다. 이 가운데 어떤 사람이 더 지혜로운 사람이겠습니까? 이교도들과 몇몇 미신적인 그리스도인들은 하나님께서 우리더러 사용하도록 남겨두신 것을 던져 버려야 한다고 생각합니다. 그러나 믿음은 마음속의 정욕의 불길을 소멸시키는 한편, 그 누리는 세상의 것들을 그대로 남겨두어 하나님의 영광을 위하여 사용하게 하고, 그리스도인으로 하여금 그것을 누리며 위로를 얻게 하는 것입니다.

[적용]

첫째 적용. 여러분의 믿음이 시험을 소멸시키는 믿음입니까? 이것이 여러분의 믿음이 과연 올바른 믿음인지를 판단하는 시금석이 될 수 있습니다. 많은 사람들이 자기들이 믿는다고 말합니다. 그렇습니다. 그들은 과연 믿습니다! 그들은 자기들이 불신자가 아니라는 것에 대해 하나님께 감사하기도 합니다. 그렇다면, 여러분의 믿음은 과연 어떤 믿음입니까? 싸움의 날에 여러분을 방어해 주며, 사탄의 화살들이 비오듯 날아들 때에 여러분의 영혼을 덮어서 안전하게 지켜 줄 수 있는 그런 믿음입니까? 아니면 시험의 화살이 날아올 때에 그것을 다 통과시켜 여러분의 마음이 그 화살에 찔리도록 만드는 그런 한심한 방패입니까? 그렇다면 여러분이 믿기는 하지만, 여전히 예전과 똑같이 여러분의 정욕에 노예가 되어 있는 것입니다. 친구가 술자리에 가자고 부르면, 여러분의 믿음이 그런 올무에 빠지지 않도록 지켜 주지 못하고, 바보처럼 그 자리에 끌려 나갑니다. 사탄이 거짓말로나 혹은 가게에서 눈속임을 하면 크게 재산을 크게 불릴 수 있다고 꾈 때에도 여러분의 믿음은 아무런 저항도 하지 않고 아주 무기력하게 가만히 있습니다. 요컨대, 여러분에게 믿음이 있지만, 죄를 대면하면 곧바로 그것과 거래해 버리는 것입니다. 오오! 그처럼 거짓 것을 지니고 있으면서 그것을 구원 얻는 믿음이라고 생각하는 그런 어처구니없는 착각에 빠져 있는 사람이 하나도 없기를 바랍니다. 여러분을 지옥에서 건져 주지도 못하는데 과연 그런 믿음이 천국에 데려다 주겠습니까? 정욕의 권세 아래 있는 동안에는 지옥에서 사는 것이니 말입니다. "너희가 도둑질하며 살인하며 간음하며 거짓 맹세하 … 면서 … 내 앞에 서"는도다(렘 7:9). 만일 이것이 과연 믿음이라면, 믿음이 있다 하면서 온갖 세상의 추잡한 오염 거리들에 빠져 휘적거리는 여러분보다는 그 모든 것에서 벗어난 이교도들이 더 아름답고 정직할 것이니, 저는 술에 취한 그리스도인보다는 차라리 정신이 온전한 이교도가 되고 싶고, 부정한 신자보다는 정숙한 이교도가 되고 싶을 것입니다.

오오 여러분, 여러분의 영혼의 생명을 그런 종이 방패에다 거는 일이 없기를 바랍니다. 믿음을 지으시는 분이신 하나님께로 나아와 믿음을 구하십시오. 그가 도우사, 여러분의 가슴속에 지펴진 지옥의 불을 소멸시키며, 또한 여러분이 항상 빠지는 그 정욕의 물길을 갈라서 — 그 옛날 이스라엘을 위하여 홍해의 물을 가르셨듯이 — 마른 땅을 딛고서 천국을 향하여 나아가게 해줄 그런 믿음을 여러분에게 주실 것입니다. 그러면 여러분의 정욕이 공격해 와도 절대로 여러분의 마차 바퀴들을 무너뜨리지 못할 것입니다. 그러나 만일 여러분의 거짓 믿음으로 이런 일을 시도하다가는 여러분도 애굽 사람들처럼 될 것입니다. "믿음으로 그들은 홍해를 육지 같이 건넜으나 애굽 사람들은 이것을 시험하다가 빠져 죽었으며"(히 11:29). 참된 믿음은 깊고 깊은 시험을 안전하게 통과하게 하지만, 거짓 믿음은 중도에 빠져죽고 마는 것입니다.

그러나 어쩌면 여러분의 사정은 이보다는 나을 수도 있고, 혹 여러분의 믿음이 참되다는 더 나은 증거를 보여줄 수도 있을 것입니다. 그러므로 여러분이 신자가 된 이후로 여러분이 어떤 특별한 일을 했는지를 말씀해 보시기 바랍니다. 그 때에 여러분은 물처럼 약했을 것이고, 온갖 바람에 휘둘렸을 것이고, 시험의 공격에 넘어졌을 것이고, 마치 죽은 물고기처럼 세차게 흐르는 물에 휩쓸려갔을 것입니다. 하지만 그리스도를 만난 이후에는 전에 완전히 압도당했던 그런 시험거리들을 물리칠 능력을 얻었다고 말할 수 있겠습니까? 한때 아주 값진 것으로 여겨 소중히 보관하고 있던 그 정욕들을 가져다가 — 신자들이 마술 책들을 모아 불사른 것처럼(행 19:19) — 그리스도 안에 있는 바 여러분을 향한 하나님의 사랑의 불길 속에 기꺼이 던져 불태우며 그것에 만족할 수 있습니까? 어쩌면 아직은 여러분이 완전한 승리를 누리지 못할 수도 있을 것입니다. 하지만 여러분의 생각 속에서 그 정욕들이 무너져 내리기 시작했습니까? 그리고 그 정욕들을 향한 여러분의 표정이 과거와 다르게 변했습니까? 그렇다면 선한 위로를 받으시기 바랍니다. 이것으로 여러분의 믿음이 과연 참된 믿음이라는 것이 충분히 입증된 것이니 말입니다. 그리스도를 믿은 유대인들은 말하기를, "그리스도께서 오실지라도 그 행하실 표적이 이 사람이 행한 것보다 더 많으랴?"라고 하였습니다(요 7:31). 믿음으로 말미암아 그리스도께서 마음속에 오시면, 이런 여러분의 믿음이 행한 것보다 더 큰 일을 그가 행하시지 않겠습니까?

둘째 적용. 이는 많은 불쌍한 심령들을 가로막아 약속을 믿고 의지하지 못하도록 하는 그런 반론에 대해 올바르게 답변하도록 도와 줍니다. 시험 받은 영혼은 이렇게 말합니다. "오오 나더러 믿으라는 겁니까? 아니 그런 정욕에 대해 승리하지도 못하고 그런 시험에 완전히 무너져 버리는 나 같은 자가 감히 어떻게 그것을 믿겠으며, 약속이 나와 무슨 상관이 있겠습니까?" 하지만 여러분, 보십시오. 여기 이 골리앗이 넘어져 있습니다. 여러분이 승리를 거두고 있기 때문에 여러분이 믿어야 하는 것이 아닙니다. 승리를 거둘 수 있기 위해서 믿어야 하는 것입니다. 여러분이 원수에게서 그렇게 패배를 당하는 이유는 믿음이 결핍되어 있기 때문입니다. "만일 너희가 굳게 믿지 아니하면 너희는 굳게 서지 못하리라"(사 7:9). 의사에게 가기 전에 병이 낫기를 바랍니까? 이것은 이성적으로 터무니없는 말입니다. 이는 의사가 필요 없어질 때까지 의사에게 가지 않겠다는 말과도 같습니다. 아닙니다. 그렇지 않습니다. 믿음으로 그리스도께 나아가고, 그에게서 덕이 흘러나와 여러분의 영혼에게로 흘러나오도록 그를 만지십시오. 부패를 이기는 승리는 아주 감미로운 열매입니다만, 그 열매가 바로 믿음의 가지들에서 자라는 것입니다. 사울이 이스라엘 사람들로 하여금 금식하게 하여 싸움에서 힘을 쓰지 못하게 했는데, 바로 사탄이 여러분을 그렇게 만듭니다. 그리스도인 여러분, 눈이 밝아지고 손이 힘을 얻어 정욕과 싸울 수 있게 되기를 바라면, 일어나서 그 약속의 식사를 충만히 받아 잡수십시오. 디모데전서 4:3에서 우리는 하나님이 지으셨으므로 감사함으로 받고 먹어야 할 음식물을 금하는 자들을 보게 됩니다만, 이는 마귀들의 가르침의 일부분입니다. 그러나 마귀가 다른 무엇보다도 퍼뜨리고자 애쓰는 큰 교훈은 바로 두려움으로 떠는 가련한 심령들로 하여금 주 예수님을 믿는 믿음으로 말미암아 양식을 얻지 못하도록 막는 것입니다. 마치 그리스도께서 무슨 금지된 열매이시기라도 한 것처럼 말입니다! 그러나 하나님께서 다른 누구보다도 그를 지명하셨으므로, 모든 겸손한 죄인들이 감사함으로 그를 받아들여야 마땅한 것입니다. 그러므로 하나님의 이름으로 저는 여러분을 이 잔치에 초대합니다. 오오 여러분, 그리스도가 필요함을 알며 또한 여러분의 마음에 그가 계시지 않는 것 때문에 움츠러드는 여러분, 여러분의 불신앙으로 인하여 영혼이 날마다 파리해가는 일이 없게 하십시오. 와서, 잡수십시오. 그러면 여러분의 영혼이 살 것입니다. 자녀가 그 아버지의 식탁에서 당연히 환영을 받지만, 여러분은 그리스도의 식탁에서, 복음의 식탁 위에 마련된 그 큰 잔치에서, 그보다 훨씬 더한 환영을 받는 것입니다.

셋째 적용. 오오 성도 여러분, 다른 목적을 위해서도 믿음을 발휘해야겠지만, 특히 이 불화살을, 즉 꾀는 시험들을 소멸시키는 데에 믿음을 발휘하십시오. 방패를 그냥 소유하고 있는 것으로는 그리스도인이 아무런 보호를 받을 수가 없습니다. 그것을 들고 휘둘러야만 되는 것입니다. 다윗은 굴 속에서 사울의 손에서 창을 빼어다 땅에 박았습니다만, 이처럼 사탄이 여러분의 믿음을 여러분의 손에서 빼앗게 하지 마시기 바랍니다.

[시험을 소멸시키도록 믿음의 방패를 사용하기 위한 지침들]

질문. 사탄의 꾀는 시험들의 불화살들에서 나를 방어하려면 내게 있는 믿음의 방패를 어떻게 사용하는 것이 좋을까요?

답변. 믿음으로 하나님께 구하여 그가 오셔서 여러분을 그것들에게서 구하시게 하여야 합니다. 그런데 하나님께서 여러분의 일에 개입하셔서 여러분을 도우시도록 만드는 믿음의 세 가지 활동이 있습니다. 하나님께서 친히 그런 도움을 주시도록 자신을 얽어매시기 때문에 이 일이 가능한 것입니다.

지침 1. 그 첫째는 믿음의 기도 활동입니다. 여러분의 사정을 기도로 하나님께 알려드리고, 천국으로부터 오는 도우심을 요청하십시오. 마치 성(城)이 포위를 당할 때에 그 성주(城主)가 그의 상전이나 군주에게 은밀하게 사자를 보내어 자신의 사정과 곤경을 알리듯이 말입니다. 사도 야고보는 이렇게 말씀합니다: "너희는 … 다투고 싸우는도다. 너희가 얻지 못함은 구하지 아니하기 때문이라"(약 4:2). 우리가 승리를 얻는다면, 그것은 반드시 천국으로부터 떨어져야만 합니다. 그러나 기도가 그 승리를 위하여 나아가기 전에는 그것이 그냥 그대로 있습니다. 하나님께서는 물론 이스라엘을 애굽으로부터 구원하실 뜻이 계셨지만, 그 백성의 탄식과 부르짖음이 그의 귀에 들리기까지는 그가 임하신다는 소식이 전혀 없었습니다. 그들의 부르짖음에 천국이 경계를 받은 것입니다: "그 고된 노동으로 말미암아 부르짖는 소리가 하나님께 상달된지라. 하나님이 그들의 고통 소리를 들으시고 하나님이 … 그의 언약을 기억하사"(출 2:24). 그런데 믿음의 기도 활동에서 하나님의 응답을 얻으려면, 성도들이 비슷한 사정에서 사용했던 그 강력한 이유들로 여러분의 기도를 든든하게 무장시키십시오.

(1) 죄를 대적하여 기도할 때에 하나님의 약속들에 근거하여 그를 개입시키십시오. 하나님이 친히 다음과 같은 약속들을 해주신 사실을 하나님께 근거로 제시하십시오: "죄가 너희를 주장하지 못하리니"(롬 6:14); "[주께서] 우리의 죄악을 발로

밟으시고"(미 7:19). 기도는 약속을 역전시킨 것이나, 혹은 하나님의 말씀을 논지로 바꾼 것에 다름 없습니다. 그러므로 믿음으로 하나님께 다시 돌려 드리는 것입니다. 그리스도인 여러분, 법이 여러분 편에 있음을 아십시오. 청구서에 적힌 금액은 반드시 지불되어야 하는 것입니다. 다윗은 허탄한 눈과 죽은 마음의 죄들을 범하지 않게 해 달라고 기도합니다. "내 눈을 돌이켜 허탄한 것을 보지 말게 하시고 주의 길에서 나를 살아나게 하소서"(시 119:37). 그런데 그 다음 절에서 그가 그 논지를 어떻게 강력하게 주장하는지를 보십시오: "주의 말씀을 주의 종에게 세우소서." 선한 사람은 그의 말만큼 선합니다. 그런데 하물며 선하신 하나님이겠습니까? 그러나 다윗은 이 죄들을 이길 도움을 주겠다는 그런 말씀을 어디서 찾습니까? 언약에서 찾습니다. 그것이야말로 마그나 카르타(Magna Carta: 대헌장)입니다. 최초의 약속이 그 근거를 줍니다: "여자의 후손이 [뱀의] 머리를 상하게 할 것이라" (창 3:15).

(2) 하나님과의 관계에 근거하여 하나님께 간청하십시오. 하나님께서 여러분을 그의 가족의 일원으로 받아주셨습니까? 여러분은 하나님을 여러분의 하나님으로 택하셨습니까? 오오, 여기에 얼마나 강력한 근거가 있는지 모릅니다. 다윗은, "나는 주의 것이오니 나를 구원하소서"라고 말씀했습니다(시 119:94). 아버지가 돌보지 않으면 대체 누가 그 자녀를 돌보겠습니까? 오오 하나님, 주의 자녀가 죄에게 종이 되는 것이 과연 주께 영광이 되겠습니까? "주의 이름을 사랑하는 자들에게 베푸시던 대로 … 내게 은혜를 베푸소서"(시 119:132). "나의 발걸음을 주의 말씀에 굳게 세우시고 어떤 죄악도 나를 주관하지 못하게 하소서"(133절).

(3) 그 아들의 피 흘리심과 죽으심에 근거하여 하나님을 개입시키십시오. 여러분의 정욕들이 그를 죽인 살인자들이니 하나님께서 그들을 대적하여 여러분을 도우실 것입니다. 그리스도께서 죽으신 목적이 바로 "모든 불법에서 우리를 속량하시고 우리를 깨끗하게 하사 선한 일을 열심히 하는 자기 백성이 되게 하려 하심"이 아닙니까(딛 2:14)? 그런데 그리스도께서 그 목적을 이루지 못하시겠습니까? 그가 그의 피값을 받으시지 않겠습니까? 요컨대 그리스도께서 하늘에서 간구하고 계신데, 그 간구하시는 것이 전에 이 땅에서 기도하신 내용이 아니고 무엇이겠습니까? 곧, 그의 아버지께서 그들을 거룩하게 하시고, 세상의 악에게서 그들을 보전하시기를 위해서 간구하시는 것입니다. 그리스도께서 여러분을 위해서 하나님께 드리신 그 간구를 그에게 간구하면, 그가 반드시 응답하실 것입니다.

지침 2. 둘째 방법은 믿음의 기대하는 활동으로, 곧 하나님과 함께 동행하며 하나님께로부터 선한 것을 기대함으로써, 하나님을 개입시키는 것입니다. "내가 주께 기도하고 바라리이다"(시 5:3). 이것이 없는 것 때문에 기도가 상달되지 않는 경우가 허다합니다. 믿지 않는다면 왜 기도하겠습니까? 또한 믿는다면 어째서 기대가 없겠습니까? 기도하는 것으로 하나님을 의지하는 모습을 보이지만, 기대를 하지 않음으로써 다시 여러분의 신뢰를 철회하는 것이요 또한 여러분의 기도를 망가뜨리는 것입니다. 이것이 과연 하나님의 이름을 헛되이 일컬으며 하나님과 장난하는 것이 아니고 무엇이겠습니까? 마치 여러분을 만나고자 여러분의 집 대문을 두드리고는 여러분이 와서 문을 열기도 전에 떠나가 버리는 실없는 사람과 다를 바 없는 것입니다. 오오 그리스도인 여러분, 하나님의 약속을 근거로 하나님께 간구한 바를 바라는 거룩한 기대를 갖고 기도에 든든히 서기를 바랍니다. 그러면 여러분의 정욕들이 소멸되지 않을 수 없을 것입니다.

질문. 연약한 심령은 이렇게 말합니다: "오오, 하지만, 내가 나의 부패한 것들을 없애 달라고 기도를 하긴 했지만, 하나님께서 그렇게 큰 자비를 내게 베풀어 주실 것이라는 것을 기대하는 것이 뻔뻔한 것이 아닐까요?"

답변 1. 뻔뻔한 것이 무엇인지 아십니까? 어떤 것을 베풀어 주기도 전에 먼저 취하는 것이 뻔뻔한 것입니다. 전혀 초대받지도 않았는데 여러분의 식탁에 침입하여 음식을 먹는 사람이 있다면 그 사람은 정말이지 뻔뻔스러운 사람입니다. 하지만 여러분이 식탁에 베풀어 놓은 음식을 가져다 먹는 손님을 뻔뻔스럽다고 말할 수는 없습니다. 여러분의 집으로 침입하려는 사람을 여러분이 문을 닫아 막을 경우 그 사람은 뻔뻔한 사람입니다만, 여러분의 부름을 받고서 폭풍을 피하여 여러분의 집에 들어오는 사람은 결코 뻔뻔스러운 것이 아니라 지극히 예의바른 것입니다. 정욕의 거센 광풍을 피하여 달려오는 겸손한 죄인들에게 하나님께서 그의 약속의 문을 여사 성소가 되게 하지 않으신다면, 이 세상에 있는 사람 중에 과연 누가 하나님의 환영 받기를 기대할 수 있겠습니까? 하나님께서는 그의 백성들에게 왕이시요 율법을 세우는 자가 되시겠다고 약속하셨습니다. 그러니 신민(臣民)들이 임금의 그늘 아래 들어와 그의 보호하심을 기대하는 것은 전혀 뻔뻔스러운 일이 아닌 것입니다. 하나님은 "위엄 중에 우리와 함께 계시리니 그 곳에는 여러 강과 큰 호수가 있으나 노 젓는 배나 큰 배가 통행하지 못하리라"고 약속하십니다. 또한 "여호와는 우리 재판장이시요 여호와는 우리에게 율법을 세우신 이요 여호와는 우리의 왕이시니 그가 우리를 구원하실 것임이라"고 말씀합니다(사 33:21, 22). 하나님은 그의 백성들에게 왕으로서, 마치 왕이 그 신민들에게 하시듯이, 말씀하십니다. 그가 그들의 모든 것들을 모든 도둑과 해적들에게서 안전하게 지키실 것이며, 그들은 이제 안전하게 거래할 수가 있게 됩니다. 자 여러분, 여러분은 온갖 정욕들에게서 괴로움을 당하였고 그 때문에 천국과의 교류가 방해를 받아 왔습니다. 그렇습니다. 여러분이 당한 그런 괴로움들을 여러분의 하나님께 아뢰었습니다. 그런데 과연 하나님께서 여러분을 구해 주시고 그리하여 여러분이 그를 아무런 두려움 없이 임금으로 섬기게 해주시기를 기대하는 것이 뻔뻔스러운 일이겠습니까?

답변 2. 여러분보다 앞서서 이 땅에 살았던 성도들이 여러분에게 있습니다. 그들도 자기들의 부패와 싸웠고 그것들에게 패배하였으며, 그리하여 지금 그들을 괴롭히는 그 원수들을 하나님께서 멸망시켜 주시기를 기대하며 그를 향하여 믿음을 발휘했습니다. 시편 기자는, "죄악이 나를 이겼사오니"라고 말씀합니다(시 65:3). 곧, 자기 자신의 죄와 다른 이들의 분노가 그를 완전히 무너뜨렸다는 뜻입니다. 그러나 그의 믿음을 보십시오. 그 다음에 이어지는 말씀에서 나타나듯이, 죄악에게 무너짐과 동시에 그는 하나님께서 그것들을 멸해 주시기를 기대하고 그를 바라봅니다: "우리의 허물을 주께서 사하시리이다." 그리스도인 여러분, 하나님이 여러분의 간구를 들으시지 않으리라고 생각합니까? 여기를 보십시오. 거룩한 다윗이 믿음을 가졌으나, 그것은 비단 자기 자신을 위한 것만이 아니라 모든 신자들을 위한 것이기도 합니다. "우리의 허물을 주께서 사하시리이다"라고 말씀하지 않습니까! 그런데 여러분도 그 신자들 중에 한 사람입니다. 여기서 그가 무엇을 근거로 그런 확신을 갖는지를 주목하십시오. 그것은 바로 하나님의 택하심에 있습니다. "주께서 택하시고 가까이 오게 하사 주의 뜰에 살게 하신 사람은 복이 있나이다. 우리가 주의 집 곧 주의 성전의 아름다움으로 만족하리이다"(4절). 이는 마치 이런 뜻과도 같습니다: "하나님께서 자기와 그렇게 가까운 곳에 두시는 자들이니, 그들이 죄의 권세 아래에, 혹은 그의 은혜로우신 은혜가 없이, 그냥 두시지 않으시리이다." 이것은 그리스도께서 친히 그의 백성을 위하여 사탄을 대적하여 제시하시는 논지이기도 합니다: "여호와께서 사탄에게 이르시되, 사탄아 여호와께서 너를 책망하노라 예루살렘을 택한 여호와께서 너를 책망하노라"(슥 3:2).

답변 3. 하나님께서 이미 여러분에게 가능하게 하신 것을 근거로 해도 여러분이 믿음으로 기대할 수 있습니다. 여러분이 과연 신자라면, 하나님의 자비로 이렇게 말할 수 있습니다. 곧, 죄가 과거 여러분이 그리스도를 만나고 그의 말씀과 법도를 깨닫기 이전과 같은 힘을 발휘하지는 못한다고 말입니다. 여러분의 모습이 신자의 합당한 모습이 못 된다 할지라도, 과거의 여러분의 모습과는 달라져 있을 것입니다. 한때 여러분은 죄가 왕(*rex*)의 역할을 하여 마음이 도무지 통제가 되지 못하던 때가 있었습니다. 그때에 여러분은 마치 배가 바람과 파도에 밀려가듯이 그렇게 죄에게로 떠밀려갔고, 시험의 바람을 받기 위해서 여러분의 애착거리들을 활짝 펼쳤습니다. 그러나 이제는 사정이 바뀌어서 비록 미약하기는 하지만 그런 움직임을 저항하고 있습니다. 그러면서도 여러분 속에는 은밀한 갈등과 씨름이 있고, 하나님께서 때맞추어 여러분을 구원하셔서 사탄이 여러분에게 자기의 뜻을 다 관철시키지 못합니다. 자, 여러분은 이제 아름답게 시작하였습니다. 그러니 하나님께서 그 승리를 완전하게 해주실 준비를 갖추고 계시다는 확신을 가질 수 있습니다. 그렇습니다. 하나님께서는 여러분이 믿음으로 완전한 승리에 대한 확신을 갖기를 바라시는 것입니다. 모세는 애굽 사람을 죽일 때에, 자기의 그 작은 행동을 통해서 "그의 형제들이 하나님께서 자기의 손을 통하여 구원해 주시는 것을 깨달으리라고 생각하였"습니다(행 7:25). 오오, 하나님이 우리에게 베푸시는 구원들을 근거로 해서 불신앙적인 생각을 갖게 된다면, 이것이야말로 정말 악한 추론이 아닐 수 없습니다. "보라, 그가 반석을 쳐서 물을 내시니 시내가 넘쳤으나, 그가 능히 떡도 주시며 자기 백성을 위하여 고기도 예비하시랴?"(시 78:20). 가련한 사람은 이렇게 말합니다. "내 마음이 반석이었을 때에 그가 내 마음을 치셨고, 내 마음이 교만하여 그를 대적하여 행할 때에 그가 나를 돌아오게 하셨으나, 과연 나의 연약한 은혜를 부양시켜 줄 떡도 주실 수 있겠는가? 내가 이미 애굽에서 나오긴 했으나, 나와 가나안 사이에 있는 저 철 병거를 탄 거인들을 과연 그가 물리치실 수 있겠는가? 그가 이런저런 시험에서 나를 도우셨으나, 다음에 올 시험은 내가 어떻게 대처하랴?" 오오 여러분, 이처럼 마음을 아프게 하는 의심들로 선하신 하나님을 근심하게 하는 일이 없기를 바랍니다. 여러분에게 "이른 비"가 이미 내렸습니다. 그런데 어째서 "늦은 비"에 대해 의심하겠습니까? 베냐민은 늙은 야곱으로 하여금 기꺼이 애굽으로 내려갈 마음을 갖게 만든 선한 저당물이었습니다. 하나님께서 이미 여러분에게 풍성하게 베푸신 은혜야말로 계속해서 더 많은 은혜가 임하리라는 확실한 보증인 것입니다.

지침 3. 믿음의 기대는 반드시 또 다른 것, 곧 인내를 생산해 내고, 그리하여 심령으로 하여금 하나님께로부터 기대하는 구원에 대해 확신을 갖게 하고 또한 그 가운데 든든히 서도록 해 줍니다. 여호사밧은 하나님께 기도하여 약속의 선한 말씀에 대해 확고한 믿음을 갖게 된 다음, 싸움터로 나아가 원수들을 무찔러 승리의 깃발을 올렸습니다(대하 20장). 그리스도인 여러분, 가서 그가 한 것처럼 하고, 그가 속히 나아간 것처럼 나아가십시오. 다윗은 그의 아들 솔로몬에게 다음과 같이 권면하였는데, 저도 여러분에게 똑같은 권면을 드리고 싶습니다: "너는 일어나 일하라 여호와께서 너와 함께 계실지로다"(대하 22:16). 믿음이 여러분의 죄를 하나님의 원수로 여겨 하나님을 위하여 그것들을 대적하여 싸우게 만드니, 이 믿음은 분명히 하나님을 움직여 그로 하여금 그 죄들을 여러분의 원수로 여겨 그것들을 대적하게 만들 것입니다. 복음서에서 나병환자들은 가만히 앉아 있을 때가 아니라 걸어갈 때에 고침을 받았습니다: "그들이 가다가 깨끗함을 받은지라"(눅 17:14). 그리스도의 명령에 순종하여 행하는 중에 고침을 받은 것입니다. "죄가 너희를 주장하지 못하리라"(롬 6:14)라는 약속의 말씀이 있는 반면에, 동시에 "땅에 있는 지체를 죽이라"(골 3:5)는 명령도 주어져 있습니다. 여러분, 명령의 말씀에 의지하여 가서 여러분의 정욕들을 대항하여 용맹스럽게 싸우십시오. 그러면 그 임무를 행하는 중에 그 약속이 이루어지는 것을 보게 될 것입니다. 그리스도인들 가운데 그 부패한 것들과의 싸움에서 열매가 없는 자들이 그렇게 많은 이유는 다음 두 가지 잘못 중 한 가지를 범하기 때문입니다. ① 약속에 대해 믿음이 없이 무턱대고 노력하기 때문입니다(이런 사람들은 스스로 위험에 처할 수밖에 없습니다. 여호와께서 함께 하시지 않는다는 모세의 말에도 불구하고 자기들 멋대로 언덕에 올라가 가나안 족속들과 싸운 사람들처럼 말입니다[민 14:40]). 이들은 마치 모세의 도움이 승리를 얻는 데에 전혀 필요 없기라도 한 것처럼 그들의 지도자인 모세의 명령을 무시했습니다. 오로지 자기들의 힘만으로 자기들의 부패한 것들과 싸우려 하는 자들도 그들과 아주 비슷한 자들이요, 그들 앞에는 멸망이 있는 것입니다). ② 혹은 그저 값싼 믿음(*ostia fide*)밖에 없으면서 믿는 체하기 때문입니다. 이런 믿음은 그들을 자극하여 열심히 노력하게 만들지를 않습니다. 그들은 믿음을 눈처럼만 사용하고, 손처럼은 사용하지 않습니다. 승리가 하늘에서 머리 위에 뚝 떨어지기를 기대할 뿐, 그 승리를 얻기 위해 싸우려 하지는 않습니다. 이것은 그저 허구에 불과하며, 환상 속의 믿음일 뿐입니다. 구원에 대해 하나님을 믿는 자는 그 수단에 대해서도 하나님을 믿습니다. 만일 환자가 의사가 낫게 해줄 것을 담대히 신뢰한다면, 낫기 위하여 그가 주는 처방도 담대히 따를 것입니다. 그러므로 그리스도인 여러분, 가만히 앉아서 여러분의 죄가 망할 것이라고 말만 하지 말고, 그 죄를 대적하여 분연히 일어나 싸우기를 바랍니다. 여러분에게 승리를 약속하신 하나님께서는, 승리를 얻기를 바라거든 손으로 무기를 들고 일어나 싸우라고 촉구하십니다. 여호와께서는 여호수아에게 말씀하십니다: "일어나라. 어찌하여 이렇게 엎드렸느냐?"(수 7:10). 하나님께서는 여호수아의 기도와 탄식을 기뻐하셨습니다. 하지만 아말렉 사람들을 이기기 위해서는 기도와 탄식 외에도 그가 해야 할 다른 일이 있었던 것입니다. 그리스도인 여러분, 여러분의 경우도 마찬가지입니다. 기도하며 여러분의 정욕들이 무너지기를 기대하는 것 이외에 여러분이 믿음으로 행하여야 하는 것이 있습니다. 그것은 바로 여러분의 마음을 면밀히 살펴서 여러분의 편에서 무언가 소홀히 하는 것이 없는지 여러분의 마음을 면밀히 살피는 것입니다. 그것 때문에 여러분이 죄에게 패배하며 또한 시험이 올 때마다 곧바로 도망쳐버리는 것입니다.

—

믿음의 소멸시키는 능력 — 그 둘째

[사탄의 두려움을 주는 시험의 불화살과 그것들을 소멸시키는 믿음의 능력]

첫째 종류의 불화살 — 즐거움을 자극하여 꾀는 시험들 — 에 대해 살펴보았으니, 이제는 둘째 종류의 불화살, 즉 사탄이 그리스도인들을 두렵게 하여 미혹시키는 시험들 — 두려움과 겁을 자아내는 그런 시험들 — 에 대해 살펴보기로 하겠습니다. 여기서도 저는 똑같이 이런 불화살들을 소멸시키는 믿음의 능력을 보여 드리고자 합니다.

가르침. 사탄의 두려움을 주는 시험의 불화살들을 소멸시킬 수 있는 것은 오직 믿음밖에는 없습니다. 이 두려움을 주는 불화살은 우리의 원수의 예비 자원입니다. 다른 불화살, 즉 즐거움으로 꾀는 시험들이 성공을 거두지 못하면, 이 화살통을 꺼내어 이 화살들을 비 오듯 날려서 영혼들을 불질러서, 혹시 죄를 짓게는 하지 못한다 할지라도 두려움과 공포에 빠지게라도 만드는 것입니다. 즐거운 시험의 마법에 빠져 웃으면서 지옥으로 나아가게 만들지 못할 때에는, 다른 시험으로 그를 깜짝 놀라게 만들어 천국으로 가기를 꺼려하게 만들려고 애를 쓰는 것입니다. 이런 시험을 당하고 있는 심령에게는, 그런 시험들이 사탄이 아주 힘겹게 화살을 쏘아대고 있다는 좋은 증표라는 사실을 제시해도 별 도움이 되지 않습니다. 원수가 어떤 성을 점령하고 있을 때에 그는 할 수 있는 만큼 그 성을 지키려고 애를 씁니다. 하지만 그 성을 버리고 떠나야 한다고 판단되면, 그는 그 성에 불을 질러서 다른 사람이 전혀 사용할 수 없도록 만들어 버립니다. 그 강한 원수가 자기 능력으로 자기 집을 지킬 수 있는 동안에는 평화롭게 지키려고 노력합니다. 성령께서 양심에 자주 가책의 불화살을 쏘시더라도 그것을 쉽게 소멸시킵니다. 그러나 반란이 증가되고 영혼 속에서 그리스도께 굴복하고자 하는 은밀한 움직임이 있어서 더 이상 그 집을 지키는 것이 불가능하다고 여기면 그는 두려움과 공포를 조장하는 시험들을 통해서 그 영혼에게 불을 지르려 하는 것입니다. 그리스도께서 그 성을 그의 손아귀에서 되찾으사 그의 은혜의 능력으로 지키실 때에는 더욱더 그렇게 하려고 애를 씁니다. 잘 알다시피, 욥에게 쏘아댄 화살들이 바로 이런 종류의 화살이었습니다. 그에게는 즐거움을 통해 유혹하는 방법은 거의 쓰지 않았습니다. 그의 기술을 쓰도록 하나님께 허락을 받았을 때, 그는 어째서 세상적인 이익이나 쾌락의 황금 사과나 혹은 꾀는 시험들로 그를 시험하지 않았을까요? 하나님께서 이 훌륭한 종에 대해 아주 높이 칭찬하신 것 때문에 사탄이 아예 그런 방법은 사용할 생각조차 하지 않았던 것이었을 것입니다. 그렇습니다. 이런 시험의 화살을 쏘기 전에 그는 분명 먼저 욥의 사람됨을 살폈을 것이며, 그가 너무 견고하여 그런 유혹이 통하지 않을 것을 짐작하였고, 그리하여 오로지 이 방법밖에는 자신의 의도를 이룰 수 있는 것이 없었던 것입니다. 이런 종류의 불화살의 세 가지 실례 — 무신론의 시험, 신성모독의 시험, 그리고 절망의 시험 — 를 제시하고, 믿음이 어떻게 그것들을 모두 소멸시키는지를 말씀드리는 것으로 만족하고자 합니다.

[사탄의 두려움을 주는 시험: 첫째 — 무신론의 불화살]

두려움을 주는 시험의 첫째 화살. 두려움을 주는 사탄의 시험의 첫째는 무신론의 시험입니다. 이는 그 끔찍한 성격으로 보아서도 가히 불화살이라 부를 만합니다. 이것이 하나님 자신의 존재 자체를 가격하는 대담한 시도이기 때문이기도 하거니와, 또한 이것에 상처를 받는 신자의 영혼을 경악하게 만들기 때문이기도 합니다. 사실 마귀는 자기 자신도 무신론자가 될 수 없을 뿐더러 하나님의 자녀를 무신론자로 만들 능력도 별로 없습니다. 하나님의 자녀는 다른 사람들과 마찬가지로 신에 대한 의식이 지워질 수 없도록 그 양심에 있을 뿐 아니라 그 마음속에 신성의 인이 쳐져 있어서 하나님을 증거할 수밖에 없어서 거룩하신 하나님을 활기 있게 드러냅니다. 그가 하나님의 형상이니 말입니다. 그러므로 거룩한 마음이 이 무신론의 시험에 완전히 압도되어 넘어간다는 것은 불가능한 일입니다. 세상의 모든 악인들과 마귀들을 뛰어넘는 신성을 입증하는 강력한 논거, 즉 "하나님을 따라 의와 진리의 거룩함으로 지으심을 받은"(엡 4:24) 새로운 본성이 그에게 있어서, 사탄이 시험의 화살을 날려서 이 지옥의 연기로 그의 사고 기능을 흐리게 한다 해도 — 악인이 갖고 있는 것과 똑같은 원리를 받아들이도록 그 마음을 그저 설득시키는 정도가 아니라 그를 위협하고 겁을 주어도 — 그는 여전히 마음속으로, "하나님이 계시다"라고 말하는 것입니다. 그러나 반면에 악인은 양심이 하나님을 믿으라고 강권해도 "그의 마음에 이르기를 하나님이 없다"(시 14:1)고 합니다. 곧, 하나님이 없기를 바라는 것입니다. 사탄이 아무리 무신론을 받아들이도록 애를 써도 그는 절대로 하나님 앞에서 무신론자가 되지 않을 것이라는 사실은 성도에게 굉장한 위로가 될 것입니다. 그는 아무리 무신론을 주입해도, 정서적으로 하나님께 이끌리며, 따라서 세상을 다 준다 해도 그를 거스르는 죄를 감히 범할 수가 없습니다. 이처럼 두려움을 주는 시험에 아무리 짓눌린다 해도 절대로 그렇게 할 수가 없습니다. 악인은 신을 믿는다고 이야기해도 무신론에서 벗어날 수가 없습니다. 왜냐하면 하나님에 대한 그들의 생각이 너무도 느슨하고 허약하여 그 생각들이 그들을 그의 계명들에 순종하는 데로 이끌어 주지를 못하기 때문입니다. "악인의 죄가 그의 마음속으로 이르기를 그의 눈에는 하나님을 두려워하는 빛이 없다 하니"(시 36:1). 거룩한 선지자는 여기서 죄인의 삶의 사악함을 근거로 그 마음이 무신론에 가득 차 있음을 말씀하고 있습니다. 그런데 이와 반대로 은혜 안에 있는 사람의 거룩한 삶은 마음속으로 이르기를 그의 눈에 하나님을 두려워하는 것이 있다고 말합니다. 그가 하나님을 믿으며 또한 그 믿는 하나님을 높이 우러른다는 것이 분명하게 나타납니다. 자, 은혜 안에 있는 심령이 비록 완전히 압도되는 일은 없겠지만, 그럼에도 불구하고 안타깝게도 그 시험에 솔깃해지고 근심에 빠질 수도 있습니다. 자, 이제는 그리스도인이 어떻게 이 불화살을 소멸시킬 수 있는지를 보여드리겠습니다. 그것은 오직 믿음으로만 되는 일입니다.

[이 무신론의 불화살을 믿음이 어떻게 소멸시키는가]

질문. 하지만 **믿음**이 무슨 필요가 있겠습니까? 이성만으로도 충분히 마귀의 입을 막을 수 있지 않겠습니까? 이성의 눈에 믿음이라는 안경이 없으면 과연 하나님을 볼 수 없을까요?

답변. 이것은 일종의 자연신학에 속하는 문제입니다만, 이성으로도 하나님의 존재는 입증할 수 있습니다. 성경이 전혀 소개되지 않은 곳에도 신을 인정하는 것이 있습니다: "만민이 각각 자기의 신의 이름을 의지하여 행하되"(미 4:5). 각 민족이 무언가 신을 소유하고 또한 자기들이 소유하는 그 신에게 예배한다는 것입니다. 그러나 맹렬한 시험의 공격이 있을 때에는 오로지 믿음만이 싸움터를 지킬 수 있고, 또한 이 불화살을 소멸시킬 수 있습니다.

1. 이성이 제시하는 빛은 희미하고 혼란스러워서 그저 하나님이라는 분이 있다는 것을 개략적으로 보여주는 것밖에는 하지 못하며, 이 하나님이 누구신가는 절대로 말해 주지 못합니다. 바울이 참 하나님을 소개하기까지 아덴 사람들은 이 신앙의 첫째가는 원리에 대해서 얼마나 무지했었습니까? 아덴이 그 당시에 세상의 학문의 중심지였는데도 말입니다! 세상의 눈이 자기들이 섬기는 하나님을 알지도 못할 정도로 어두웠다면, 세상의 어둠 — 즉, 인간의 지혜와 지성을 펼칠 교양과 문화가 전혀 없는 야만적인 곳들을 말합니다 — 은 대체 어떠했겠습니까? "하나님께 나아가는 자는 반드시 그가 계신 것 … 을 믿어야 할지니라"(히 11:6). 이것이 성경의 개념이요, 이는 이성적인 추론이 아니라 믿음의 대상인 것입니다. 여기서 "반드시 … 믿어야 할지니라"를 주목하십시오. 믿음은 말씀을 근거로 나아가며, 말씀의 권위에 근거하여 모든 것을 신뢰하는 것입니다. "반드시 그가 계신 것을 믿어야 할지니라"라는 말씀은, 퍼킨스 목사(William Perkins[1558-1602] 청교도의 아버지 — 역주)가 말씀한 대로, 하나님이라는 분이 계시다는 것을 그냥 알기만 하는 것이

아니라 그 하나님이 하나님이시라는 것을 아는 것을 뜻하는 것인데, 이는 이성만으로는 절대로 될 수 없는 것입니다. 우리의 본성이 몽매하고 부패하여 있으므로, 믿음의 눈으로 말씀의 거울에 비추어진 하나님의 모습을 뵙기 전에는 그에 대해 매우 일그러진 사고들을 갖고 있을 수밖에 없습니다. 그러므로 그 박식한 퍼킨스 목사는 또한 주저 없이 아담에게서 난 모든 사람은 — 오직 그리스도만 제외하고 — 본성적으로 무신론자라고 단언합니다. 그들이 하나님이라는 존재를 인정하면서도 동시에 그의 권능과 임재와 공의를 부인하고, 오로지 자기들이 좋아하는 점만을 그에 대해 인정하기 때문이라는 것입니다. 사람이 각자 자기에게 가장 호감이 가고 또한 자기의 정욕과 가장 잘 어울리는 그런 신(神) 개념을 갖기를 바라는 것이 지극히 자연스러운 일이라 하겠습니다. 하나님께서는 몇몇 사람들의 이 점을 책망하십니다: "네가 나를 너와 같은 줄로 생각하였도다!"(시 50:21). 마치 에티오피아 사람들이 천사들에게 하듯 — 그들은 천사들을 자기들의 모습과 같도록 흑인의 모습으로 그린다고 합니다 — 그렇게 하나님을 대하는 것입니다.

2. 하나님이 누구신지를 이성으로 입증할 수 있다고 가정해 봅시다. 그래도 여러분의 이성을 갖고서 사탄과 이에 대해 논쟁을 벌인다는 것은 위험스러운 일일 것입니다. 여러분이 아무리 성숙한 지혜와 온갖 사고 능력을 지녔다 해도, 여러분과 사탄 사이에는 세상에서 가장 무지한 백치와 가장 위대한 학자의 사이만큼이나 큰 간격이 있습니다. 그러니 그처럼 위험천만한 일에 정말 중대한 뜻을 두고서, 여러분보다 월등한 자와 논쟁을 벌일 사람이 어디 있겠습니까? 그러나 믿음이 근거를 두는 말씀에는 신적인 권위가 있습니다. 그러니 이것이 마귀 자신의 양심에도 권위를 발휘하며, 마귀는 이것에 도망하고 맙니다. 그리스도께서는 이성을 통해서도 마귀와 싸워 능히 이기실 수 있었지만, 우리에게 모범을 보여주시고자 말씀의 권위에 근거하여 그를 대적하셨으니, 곧 우리도 사탄과의 싸움에서 말씀을 사용하여 방어하도록 하기 위함이었습니다. 그는 오로지 말씀의 방패를 높이 들어 올림으로만 그를 격퇴하신 것입니다. 그는 "기록된 바"라고 말씀하시고(눅 4:4), 또다시 "기록된 바"라고 말씀하십니다(8절). 그리스도께서 인용하신 그 말씀이 얼마나 힘 있게 마귀를 가격하여 무력화시켰는지를 잘 볼 수 있습니다. 마귀는 그에게 제시된 성경 말씀에 대해 한 마디도 대꾸하지 못했고, 말씀을 언급하자마자 곧바로 뒤로 물러서서 다음 논지로 넘어갈 수밖에 없었습니다. 만일 하와가 "하나님의 말씀에 너희는 먹지 말라 하셨느니라"(창 3:3)라는 첫 답변을 굳게 붙잡았더라면, 마

귀는 그녀를 상대할 만한 적수가 되지 못했을 것입니다. 그러나 그녀는 믿음으로 말씀을 붙잡았던 그 손을 놓아 버렸고, 결국 원수의 손에 넘어지고 말았던 것입니다. 이와 마찬가지로, 시험의 뜨거운 열기 속에서 그리스도인도 사탄의 앞에 말씀을 내어 밀고 믿음으로 자신을 방어하는 것입니다. 곧, "나는 하나님이 계신 것을 믿는다. 비록 하나님의 본성을 깨달을 수도 없고 너의 교묘한 말에 답변할 수도 없지만, 말씀이 하나님에 대해 보도하는 사실을 나는 믿는다"라고 답하면, 사탄은 그런 자를 괴롭게 할 수는 있어도 그를 상하게 만들지는 못할 것입니다. 아니, 아마도 오래 가지 않아 그를 더 이상 괴롭게 하지 않을 것입니다. 말씀에 대한 마귀의 혐오감이 너무나도 커서 그는 귀에 말씀이 들리는 것을 좋아하지 않는 것입니다. 그러나 그 말씀의 방패를 던져 버리고 여러분의 이성의 힘으로 시험을 이길 길을 낼 수 있다고 생각한다면, 여러분의 원수가 정말로 교묘하며 싸움터에서 도무지 명예롭게 퇴각하기가 불가능하다는 것을 곧바로 알게 될 것입니다. 제 생각에는 그렇기 때문에 스스로 무신론자임을 자처하는 소수의 사람들 중 대부분이 이성에 근거하는 체하는 자들이라고 봅니다. 곧, 말씀을 무시하고 자기들 자신의 지성적인 교만으로 나아가다가 하나님의 의로우신 심판으로 말미암아 결국 스스로 전면적인 무신론에 빠지게 된 것입니다. 하나님과 그의 말씀에 등을 돌리고, 다른 이들보다 훌륭한 지식을 가졌다는 칭찬이 듣고 싶어서 본성의 은밀한 부분에까지 파고들어가다가 마치 땅 속으로 너무 깊이 파고들어간 광부들이 당하는 일 같은 일을 — 곧 하나님의 은밀한 심판으로 습기가 생겨서 처음 땅을 팔 때부터 지니고 있던 등불이 꺼지게 되는 일을 — 때때로 당하기도 하여, 사도께서 하신 말씀이 그들에게 확증되는 것입니다: "이 세대에 변론가가 어디 있느냐? 하나님께서 이 세상의 지혜를 미련하게 하신 것이 아니냐?"(고전 1:20). 이 세상이 지혜로 — 자기들 자신의 지혜로 — 하나님을 알지 못한다는 것이야말로 하나님의 지혜인 것입니다.

3. 믿음이 아니라 그저 이성에 근거하여 하나님이라는 분이 계시다는 이 진리에 동의하는 자는 이 시험을 소멸시킬 수가 없으니 이는 그가 여전히 불신자요 성경적인 관점에서 무신론자이기 때문입니다. 그가 하나님이 계시다는 것을 믿는 것은 하나님의 말씀의 보도에 근거한 것이 아니라, 자기 이성의 보도에 근거한 것입니다. 그러므로 사실 그는 하나님을 믿는 것이 아니라 그저 자기 자신을 믿는 것이요, 또한 이는 결국 자기 자신을 하나님으로 만드는 처사입니다. 자기 자신의 이성의 증

거를 하나님의 말씀의 증거보다 선호하는 것이요 이는 위험스러운 것입니다.

질문. 이런 질문을 할 수도 있습니다: 이런 원리로 볼 때에 이성을 사용할 필요가 전혀 없을까요? 나의 이성을 사용하여 하나님이 계시다는 이 진리를 확증할 수도 있지 않을까요?

답변. 이성이 나름대로 용도가 있다는 것은 의심의 여지 없는 사실입니다. 이성이 우리를 인도하지 않는다면 애초에 하나님께서 무엇 때문에 그런 빛을 우리에게 주셨겠습니까? 그러나 이성은 반드시 자기 위치를 지켜야 합니다. 곧, 믿음의 근거가 되거나, 믿음에게 법칙과 척도가 되어서는 안 되고, 믿음을 뒤따라야 한다는 것입니다. 우리의 믿음이 우리의 이성에 의존해서는 안 되고, 우리의 이성이 믿음에 의존해야 합니다. 말씀이 말하는 것이 단순히 나의 이성과 맞아떨어진다고 해서 그 때문에 말씀을 믿어서는 안 되고, 나의 이성이 말씀에 합당할 때에 그 이성을 믿어야 하는 것입니다. 더 완전한 것이 덜 완전한 것을 다스려야 마땅합니다. 그런데 믿음이 따르는 말씀의 빛이 이성보다 더 분명하고 더 확실합니다. 말씀이 기록된 것이 바로 사람의 본성적인 빛이 너무도 결함이 많기 때문입니다. 말씀에서 하나님이 계시며 또한 그가 세상을 지으셨다는 것을 읽습니다. 이성의 눈도 이것을 봅니다.

그러나 여러분은 믿음을 여러분의 이성이 아니라 그 말씀 위에다 둡니다. 다른 진리들에 대해서도 마찬가지입니다. 목수가 목재에 자를 댄 다음 눈으로 그것이 똑바른지 구부러졌는지를 봅니다. 그러나 목재의 상태를 가늠하는 것은 눈이 아니라 자입니다. 자가 없이는 그의 눈이 그를 속일 수도 있습니다. 무신론적인 화살을 맞고서 괴로워하는 자들에게 한 마디만 더 말씀하자면, 여러분의 믿음을 더욱 강하게 말씀에 고정시키라는 것입니다. 그렇게 하면 이 골리앗을 능히 이길 것이요, 또한 광풍이 사라져 좀 더 자유롭고 좀 더 안정을 찾았을 때에 여러분의 믿음을 여러분의 이성으로 뒷받침해 줄 수가 있을 것입니다. 다윗의 믿음의 물매와 돌처럼 말씀이 먼저 시험을 넘어뜨리게 하십시오. 그러면 다윗이 골리앗의 검으로 그의 머리를 자른 것처럼 여러분이 좀 더 편안하고도 안전하게 여러분의 이성을 사용하여 이 무신론적인 논지들에 대한 승리를 완결지을 수 있게 될 것입니다.

[사탄의 두려움을 주는 시험: 둘째 — 신성모독의 불화살]

두려움을 주는 시험의 둘째 화살. 사탄이 그리스도인을 두렵게 만드는 두 번째 불화살은 바로 신성모독에로 이끄는 시험입니다. 큰 의미로 보면 모든 죄 하나하나가 다 신성모독입니다만, 여기서는 좀 더 철저한 의미로 취하고자 합니다. 하나님과 그의 길을 욕되게 할 의도를 갖고서 하나님의 거룩한 본성이나 그의 일에 대해 무엇이든 욕되게 행하거나 말하거나 생각할 때에, 이것은 신성모독입니다. 욥의 아내는 마귀의 종이 되어 그 남편을 죄에 빠지도록 자극하였습니다. 그녀는 남편에게 "하나님을 저주하고 죽으라"(욥 2:9. 한글개역개정판은 "하나님을 욕하고")고 말합니다. 마귀는 어찌나 뻔뻔스럽든지 감히 그리스도에게, 엎드려 자기에게 경배하라고 명하여 이 죄로 공격합니다(마 4:9). 그러나 마귀는 그리스도를 명할 때보다 더 손쉽게 성도에게 다가갈 수 있는 유리한 점을 갖고 있습니다. 그가 그리스도께 행할 수 있는 일은 고작해야 외형적인 움직임으로 그의 거룩한 귀를 거스르는 것이 전부였습니다. 그리스도의 위엄이나 거룩함이 그가 더 가까이 나아오도록 허용하지를 않을 것이었습니다. 그러나 성도에게는 그의 상상 속에다 이 불화살을 날려서 그의 생각에 큰 혼란이 일어나게 하고, 또한 하나님에 대해 무언가 형편없는 생각들을 불러일으킬 수가 있습니다. 마치 바로 왕이 침실에 스며들어오는 안개로 인하여 언짢았듯이, 은혜 안에 있는 영혼은 대개 이런 생각들을 환영하지 않는 것이 물론입니다. 이런 것을 주입함으로써 사탄이 노리는 것은 두 가지입니다. 1. 성도로 하여금 하나님을 비방하게 하는 것. 사탄은 이것을 듣기를 정말 사모합니다. 2. 그는 아주 천박한 게임을 벌입니다. 곧, 그리스도인에게 이런 불청객을 강제로 접하게 하여 그를 괴롭히고자 하는 것입니다. 그런데 믿음이, 오직 믿음만이 이 두 가지 면에서 불화살들을 소멸시킬 수 있습니다.

[믿음은 어떻게 해서 신성모독의 불화살을 소멸시키며, 또한 사탄의 두 가지 계교를 무력화시키는가]

첫 번째 계교. 사탄은 불경한 생각들을 불러일으킴으로써 성도로 하여금 하나님을 비방하게 만드는 것을 목표로 삼습니다. 악인은 누구나 하나님을 욕되게 하려는 본성적인 성향이 있습니다. 하나님이 육신적인 죄인을 이런 식으로 가로막으시고, 사탄으로 하여금 그의 부패성을 자극하게 하시면, 그는 금방 하나님을 벗어나

도망칠 것입니다. 욥이 외식자라는 마귀의 가정이 참이었다면 — 그것은 사실 지극히 거짓된 것이었습니다만 — 그가 욥을 대적하여 하나님께 했던 다음과 같은 말도 참이었을 것입니다: "이제 주의 손을 펴서 그의 모든 소유물을 치소서. 그리하시면 틀림없이 주를 향하여 욕하지 않겠나이까?"(욥 1:11). 만일 욥이 마귀가 생각했던 그런 사람이었다면, 마귀의 말은 거짓말이 아니었습니다. 왜냐하면 악인이 하나님에 대해 불경한 생각을 하는 것은 지극히 자연스러운 일이기 때문입니다. 악인은 자극을 받으면 마음속에 있는 깊은 증오를 혀의 더러운 말로 나타내는 법입니다. "이 악이 여호와께로부터 나왔으니 어찌 더 여호와를 기다리리요?"(왕상 6:33. 한글개역개정판은 "이 악"을 "이 재앙"). 이는 노골적인 신성모독의 발언인데, 그 씨앗이 모든 불신자에게 있는 것입니다. 성도들에게 오직 하나의 은혜의 영이 있는 것처럼 죄인들에게도 오직 하나의 악의 영밖에는 없는 것입니다. 마술사 시몬은 "악독이 가득하"였습니다(행 8:23). 즉, 죄의 상태 속에 있었다는 말입니다. 불신자는 누구나 하나님과 하나님의 이름이 개입된 모든 것을 대적하는 악한 영에 속하여 있습니다. 불신자는 아무리 온건하다 해도, 억제하시는 은혜로 말미암아 제지를 받는 중에 있어도 하나님을 신뢰하는 것이 전혀 없습니다. 사자를 그 우리 바깥으로 내어놓으면, 반드시 그의 포악한 면모를 드러내게 되어 있습니다. 마른 막대기가 거기에 붙은 불을 끌 수 없는 것처럼, 불신자도 그런 시험을 소멸시킬 능력이 없는 것입니다. 그러나 믿음이 이러한 불화살을 소멸시키는 일에 어떤 공적을 드러내는지를 살펴보기로 합시다. 개략적으로 보면, 믿음은 영혼이 하나님에 대해 부적절하거나 모독적인 생각들을 갖지 않도록 지켜줌으로써 이 시험의 불화살을 소멸시킨다고 할 수 있습니다.

1. 믿음은 영혼이 그 모든 생각과 길을 보고 듣도록 그 앞에 하나님을 세워 놓습니다. 이로써 영혼이 계속해서 경이 가운데 있게 해주며 그리하여 그 지극히 은밀한 생각에서조차도 감히 하나님께 부적절한 것을 품지 못하게 막아 줍니다. 다윗은 악인들이 어째서 그렇게 대답한지 그 이유를 제시합니다: "하나님을 자기 앞에 두지 아니하였음이니이다"(시 54:3). 다른 사람을 깎아내리고 비방하는 자들은 대개 등 뒤에서 그런 일을 행합니다. 죄는 이생에서는 하나님의 면전에서 그를 모독하는 데에까지는 되지 않습니다. 그러므로 하나님을 노골적으로 모독하는 것은 지옥의 언어입니다. 이 땅에 있는 동안 죄인에게는 무신론과 신성모독이 뒤섞여 있습니다. 그들은 마치 저 몹쓸 악인들이 그리스도의 얼굴을 가리고 그를 때렸던

것처럼 그렇게 하나님께 행합니다. 이런저런 무신론적인 원리들로 하나님과 그들 사이에 휘장을 두르고, 하나님을 향하여 신성모독적인 발언을 쏟아냅니다. 그들은 하나님의 전지하심을 믿지 않는 것입니다. 그런데 믿음은 하나님이 영혼을 바라보시는 것을 보며, 또한 그것을 보존합니다. 솔로몬은 이렇게 말씀합니다: "심중에라도 왕을 저주하지 말며 침실에서라도 부자를 저주하지 말라. 공중의 새가 그 소리를 전하고 날짐승이 그 일을 전파할 것임이니라"(전 10:20). 믿음은 이런 언어를 사용하는 것입니다. 믿음은 이렇게 말합니다: "오오 나의 영혼아, 하늘의 하나님을 모독하지 말지어다. 네가 아무리 속으로 중얼거려도 하나님의 귀에 그 음성이 들리나니, 그는 너 자신보다도 네게 더 가까이 계신 분이시라." 이렇게 해서 마귀가 쳐놓은 함정을 깨뜨리는 것입니다. 욥이 극심한 괴로움을 오래 겪는 중에 부적절한 언사를 발하기는 하였으나 신성모독에 해당할 정도는 아니었습니다. 그런데도 하나님께서 친히 그의 위엄을 그에게 나타내시자 그런 언사가 곧바로 사라졌고, 그는 그런 언사에 대한 부끄러움으로 여호와 앞에서 그의 얼굴을 가렸습니다: "내가 주께 대하여 귀로 듣기만 하였사오나 이제는 눈으로 주를 뵈옵나이다. 그러므로 내가 스스로 거두어들이고 티끌과 재 가운데에서 회개하나이다"(욥 42:5, 6).

2. 믿음은 **하나님 자신의 입에서 나오는 것 외에는 하나님에 대한 그 어떠한 보도도 신뢰하지 않으며**, 그리하여 신성모독으로 이끄는 시험을 소멸시킵니다. 영혼이 하나님에 대해 거룩하고 귀한 생각들은 전혀 없고 오로지 다른 생각들만 한다는 것은 불가능한 일입니다. 하나님이 그의 말씀으로 말미암아 그에 대한 깨달음을 형성시키시기 때문입니다. 하나님의 말씀이야말로 그를 바라보는 유일한 참된 안경입니다. 오직 그것만이 하나님을 그의 모든 속성대로 참되게 제시해 주기 때문입니다. 그런데 사탄은 신성모독의 죄를 통해서 하나님의 속성들을 이렇게 저렇게 헐뜯고 비방하게 하는 것입니다. 믿음은 말씀에 의지하여 하나님을 생각하며 양심의 모든 문제들을 해결하고, 또한 하나님이 신비하게 기록하시는 모든 섭리들을 말씀에 근거하여 풀어 해석합니다. 그런데 이런 기술이 전혀 없는 사탄은 사람으로 하여금 흔히 하나님에 대해 거친 생각들을 갖게 합니다. 그로서는 세상을 운행하시는 하나님의 경륜을 도무지 좋게 여길 수가 없으니 말입니다. 그리하여 아주 고약한 죄인들이 합당한 심판을 속히 받지 않았다는 것 때문에 어리석게도 하나님의 공의를 탓하는 자들이 있었습니다. 또 어떤 이들은 하나님이 그의 종들

을 더 잘 보살피지 않으셨다고 하며 그의 보살피심과 신실하심을 깊이 책하기도 했습니다. 하나님의 종들이 오랫동안 크나큰 환난 가운데서 고난을 당하는 것을 보아왔기 때문입니다. 또한 어떤 이들은 많은 그리스도인들이 궁핍하여 낡은 의복을 입고 사는 모습을 보고서, 하나님이 그의 종들을 더 잘 보살피시지 않으니 그를 섬기지 않겠노라고 합니다. 사탄은 하나님의 모습을 일그러지게 보이게 하려고 깨어진 안경을 제시하는데, 이런 자들은 바로 그런 안경을 쓰고 하나님을 바라보는 것입니다. 만일 더 멀리 보지 않고 그런 일들에서 나타나는 모습대로만 판단하게 되면, 머지않아 그 거룩하신 하나님을 정죄하게 될 것이요, 이 위험한 시험의 소용돌이에 빠지게 되고 말 것입니다.

3. 믿음은 찬양이 가득하므로, 신성모독으로 이끄는 시험들을 소멸시킵니다. 그러므로 그리스도인은 그에게 처절한 상황이 닥쳐도 하나님을 찬송하게 됩니다. 자, 찬양과 모독은 서로 완전히 정반대되는 것입니다. 모독을 통해서는 하나님에 대해 악을 생각하고 말하며, 찬송을 통해서는 하나님에 대해 선을 생각하고 말합니다. 그러므로 이 둘은 한 지붕 아래 평안히 거할 수가 없습니다. 이 둘은 서로 어긋나는 곡조와 같습니다. 이 둘은 동일한 악기로 연주할 수가 없습니다. 줄을 다 바꾸어야 합니다. 하나님을 찬양하고자 하는 정서가 가득한 영혼에게 신성모독처럼 거친 소리를 내게 만든다는 것은 사탄의 기술의 한계를 넘어서는 것입니다. 그런데 믿음은 이렇게 행합니다. 다윗은, "하나님이여 내 마음이 확정되었고 내 마음이 확정되었사오니"라고 말씀합니다. 그의 믿음이 여기에 있습니다. 그리고 그 다음에 "내가 노래하고 내가 찬송하리이다"라는 말씀이 이어집니다(시 57:7). 그의 심령을 움직이고 그의 정서를 찬양 쪽으로 향하게 만든 것은 바로 믿음이었습니다. 다윗의 마음이 이렇듯 찬양으로 가득한 상태에 있으니, 과연 이 모든 상태를 바꾸어 그로 하여금 하나님을 모독하게 만든다는 것이 정말 힘든 일이라는 것을 사탄도 깨닫지 않았겠습니까? 그런데, 믿음은 두 가지 방식으로 이를 행합니다.

(1) 믿음은 크나큰 환난 속에서도 자비를 발견하게 해 줍니다. 쓰라린 섭리가 뒤섞여 있는 중에서도 자비를 찾게 하여, 사람이 하나님께로부터 악한 것을 받는 일로 그를 모독하도록 마귀가 부추길 때에도 믿음은 악한 것보다는 선한 것을 더 받는다는 것을 보여주는 것입니다.

욥은 이렇게 하여 사탄이 그 아내의 혀를 사용하여 그에게 쏜 화살을 소멸시켰습니다. "우리가 하나님께 복을 받았은즉 화도 받지 아니하겠느냐?"(욥 2:10). 현재 약간의 괴로움이 있다고 해서 그것 때문에 과거와 현재에 받은 그 모든 자비들에 대한 기억을 파묻어 버릴 수 있으랴? "그대의 말이 한 어리석은 여자의 말 같도다." 하나님께서 내게서 취하여 가시는 것이 그에게서 내가 받은 것보다 적습니다. 솔로몬은 우리에게 명하기를, "곤고한 날에는 되돌아보아라"(전 7:14)라고 합니다. 하나님에 대한 어울리지 않는 생각들과 말들은 조급하고 성급한 심령의 산물인 것입니다. 그런데 믿음은 되돌아보는 은혜입니다. "믿는 이는 다급하게 되지 아니하리로다"(사 28:16). 곧, 하나님에 대해 성급하게 생각하거나 말하지 않는다는 뜻입니다. 믿음은 좋은 기억력을 지니고 있어서 그리스도인에게 과거의 자비들을 베푸신 일에 대하여 많은 이야기들을 해줄 수 있습니다. 그러므로 현재 그가 받는 밥상이 좀 모자란다 할지라도 하나님이 집 운영을 형편없이 하신다고 원망하는 법이 없이 그것을 기꺼이 받고 즐기도록 해 줍니다. 다윗은 시험의 언덕에서 굴러 떨어지기까지 했으나 이로써 결국 다시 회복하였습니다. "이는 나의 잘못이라 지존자의 오른손의 해 곧 여호와의 일들을 기억하며 주께서 옛적에 행하신 기이한 일을 기억하리이다"(시 77:10, 11). 그러므로 그리스도인 여러분, 여러분이 깊고 깊은 환난 중에 있을 때에 사탄이 마치 하나님이 여러분을 잊으시기라도 한 것처럼 그를 모략하며 여러분을 시험하면, 다음과 같은 말로 그의 입을 막으시기 바랍니다. "사탄아, 아니다. 하나님은 나를 위해 행하기를 잊으신 적이 없다. 다만 하나님이 나를 위해 행하신 일들을 내가 잊었을 뿐이다. 그렇지 않다면 그가 지금도 아버지로서 나를 보살피고 계시다는 것을 의심하는 일은 없었을 것이다!" 그리스도인 여러분, 가서 여러분이 과거에 얻은 교훈들을 활용하십시오. 과거에 받은 자비들에 대해 하나님을 찬양하십시오. 그러면 머지않아 현재에 받는 자비를 깨닫게 되고 이에 대해 새로운 노래로 찬양하게 될 것입니다.

(2) 믿음은 모든 환난 중에서 자비를 발견하게 해줄 뿐 아니라, 더 많은 자비에 대한 기대가 영혼 속에서 지속되게 해 줍니다. 그리고 이에 대한 확신으로 말미암아 영혼이 하나님을 찬양하고자 하는 마음으로 가득 차게 됩니다. 마치 이미 자비를 받아 누리고 있는 것처럼 말입니다. 다니엘은 사망의 골짜기에 처하여 있을 때에 — 그의 목숨을 노리는 계교가 꾸며지고 있을 때에 — "하루 세 번씩 무릎을 꿇고 기도하며 그의 하나님께 감사하였"습니다(단 6:10). 그가 그런 큰 곤경 중에 기도했다는 것이 놀라운 것이 아니고, 그런 쓰라린 때에 그의 마음에 감사가 있었다는 것이 놀라운 일입니다. 바로 그의 믿음이 이 일을 가능하게 한 것입니다. 약속된

자비를 기대하는 것은 마치 사과 씨에서 사과를 기대하는 것과 같습니다. 그것이 자라는 것을 보는 것도, 또한 자비가 임하는 것을 보는 것도 믿음입니다. 자, 구원을 기대하는 영혼이 어떻게 하나님을 향하여 모독적인 생각을 갖겠습니까! 군대가 포위되어 있으나 그들을 구하기 위해 지원 병력이 오는 중이라는 것을 알면 그 군대의 사기가 올라갑니다. 그렇게 되면 조국을 배반하고 원수에게 항복하는 따위의 일은 절대로 하지 않습니다. 불신앙이 자리를 차지하여 영혼이 하나님에 대해 의심과 의혹이 있을 때에 사탄의 그런 공작이 환영을 받는 것입니다. 이 두 가지 경우 모두에 대한 훌륭한 실례를 이사야서 8장에서 보게 됩니다. 17절에서는 믿음의 결과가 나타나는데, 곤경 중에서도 즐거이 하나님을 바라보는 것입니다: "이제 야곱의 집에 대하여 얼굴을 가리시는 여호와를 나는 기다리며 그를 바라보리라." 그리고 21절에서는 불신앙의 열매가 나타나는데, 이는 가히 신성모독이라 할 만합니다: "이 땅으로 헤매며 곤고하며 굶주릴 때에 격분하여 자기의 왕 자기의 하나님을 저주할 것이며 위를 쳐다보리라." 믿음은 신자로 하여금 기다리고 바라보는 자세를 계속 취하게 하며, 불신앙은 죄인으로 하여금 하나님과 사람 모두를 저주하게 만드는 것입니다. 그를 가로막는 자는 누구도, 하나님이시라도, 그의 저주를 피할 수가 없는 것입니다.

4. 믿음은 하나님에 대한 그러한 적개심을 마음에서 깨끗이 제거함으로써 이 불화살을 소멸시킵니다. 사람의 부패한 본성에게는 그런 적개심이 바로 그런 시험의 연료가 됩니다. "비방하는 자"와 "하나님을 미워하는 자"(한글개역개정판은 "하나님께서 미워하시는 자")와 "능욕하는 자"가 함께 서로 연관되어 나타납니다"(롬 1:30). 다른 사람을 향하여 증오의 마음이 가득한 사람은 자기가 그렇게 미워하는 자를 모욕하도록 설득당하기가 매우 쉬운 법입니다. 불신자는 누구나 하나님을 미워하는 자이며, 따라서 하나님께서 그의 뜻이나 정욕을 가로막으실 때에 그를 저주하고픈 마음을 갖게 됩니다. 그러나 믿음은 이러한 마음의 적개심을 죽입니다. 그렇습니다. 영혼 속에서 하나님을 향한 사랑을 일구어 내며 그리하여 그러한 사랑으로 일하게 만드는 것입니다. 자, "악한 것을 생각지 아니하는" 것이 사랑의 속성 가운데 하나입니다(고전 13:5). 곧, 사람은 자기가 사랑하는 자를 향하여 악을 도모하지도 않으며, 그 상대방이 자기를 향하여 악을 꾸미고 있다는 의심도 쉽사리 갖지 않는 것입니다. 사랑은 상대방의 행동들을 정직과 성실의 깨끗한 안경을 통해 읽습니다. 그런 안경을 통해 읽으니 희미한 것도 멋지게 보이는 것입니다. 사랑은

상대방이 행하는 모든 일을 온유함과 단순함으로 해석하므로 다른 사람에게는 무언가 교묘하고 의심스럽게 보일 수도 있는 그런 행동들이 그에게는 분명하고도 유쾌하게 여겨집니다. 그가 행하는 모든 일들을 언제나 지극히 호의적인 시각으로 대하기 때문입니다. 신자는 하나님을 대적하여 감히 무슨 악하고 죄악된 계교를 꾸밀 생각을 하지 않습니다. 믿음이 그의 영혼 속에 그 하나님에 대하여 지극히 선한 보도를 해놓았으므로 그가 그를 그렇게도 사랑하기 때문입니다. 뿐만 아니라 사랑은 선하신 하나님을 대적하여 반역을 꾸미게 하지 않을 뿐더러, 그를 향한 하나님의 마음에 대해서도 무언가 질투의 생각들을 갖도록 내버려 두지도 않습니다. 하나님이 먼저 그를 사랑하셨고 또한 친히 사랑을 보여주심으로써 그로 하여금 그를 사랑할 것을 가르치셨는데, 그런 하나님께서 그렇게 해놓으신 다음 갑자기 생각이 변하여 그를 향하여 정말로 부당한 어처구니없는 계교를 꾸미시기라도 한 것처럼 그런 식으로 생각하게 만들지 않는다는 것입니다. 하나님이 베푸시는 무언가 쓰라린 섭리를 이용하여 사탄이 이런저런 방식으로 그리스도인에게 그런 의심을 주입시키고 또한 격렬하게 압력을 행사하여 그런 생각을 갖게 만들 수도 있을 것입니다. 그러나 그런 것이 신자에게서 환영받는 일은 절대로 없습니다. 하나님을 향한 사랑이 조금이라도 영혼 속에 역사하고 있다면 그런 일은 일어날 수가 없습니다. 그러므로 영혼이 사탄에게 설득당하여 하나님을 향하여 모독적인 언사를 쏟아놓게 될 위험은 없습니다. 하나님은 지극히 은밀한 생각 속에서 하나님에 대해 지극히 작은 의심을 품는 것만큼 가증스럽게 여기시는 것이 없는 것입니다.

두 번째 계교. 사탄은 이 신성모독의 시험들로써 그리스도인을 괴로움과 고민에 빠뜨리는 것을 목표로 삼습니다. 사탄이 데려다 놓는 이런 불청객을 맞아들이고 그를 위하여 거처를 제공해줄 만큼 친절을 베풀 그리스도인은 없을 것입니다만, 그 불청객이 문을 계속해서 두드리면 그리스도인의 평안이 깨어지고 적지 않은 방해와 괴로움을 받게 되리라는 것을 사탄이 잘 알고 있는 것입니다. 그렇습니다. 그리스도인으로 하여금 그 불청객들을 받아들이고 그들의 뜻에 동의하게 하여 그를 더럽힐 수는 없더라도, 그가 범하지도 않을 죄목을 그에게 뒤집어씌워 그를 더러운 자라고 비난함으로써 억지로 그를 비방을 일삼는 비방자로 만들어 그에게 적지 않은 동요와 갈등을 일으키기를 바라는 것입니다. 정직한 사람이 음녀의 꾐에 넘어가지 않는 것 때문에 그 음녀가 그를 향하여 그렇게 비방을 퍼부어 앙갚음하는 경우도 더러 있습니다. 요셉은 여주인과 동침하려 하지 않았고, 이 때문에 그 여주인이 그에 대해 끔찍한 거짓말을 했습니다. 마귀가 신성모독자인데도 그리스도인이 그의 신성모독 행위에 합류하지 않는 것 때문에 신성모독자라는 누명을 쓰는 것입니다. 유대인들이 억지로 구레네 시몬더러 그리스도의 십자가를 지고 가게 한 것처럼, 사탄이 시험당하는 그리스도인더러 사탄 자신을 대신하여 그의 죄책을 지고 가게 강요하고자 하는 것입니다. 그런데 사탄이 자기의 짐을 그리스도인의 등에 지우는 일을 아주 능숙하게 말끔히 처리하는 것이 다반사이므로, 애꿎은 그리스도인은 그 사기꾼이 자기 짐을 그에게 지웠다는 것을 실감하지 못하고 계속해서 자기 자신의 마음의 추한 것을 탄식하는 것입니다. 때로 진실한 사람이 스스로 물건을 훔친 일이 없는데도 불구하고 훔친 물건이 자기 집에서 발견되지만 그 물건을 거기에 가져다 둔 도둑을 찾지 못하여 그 때문에 곤욕을 치르는 일이 있는 것처럼, 그리스도인도 그 가슴속에 그런 끔찍한 생각들이 있지만 그것들이 과연 누구의 것인지를 — 사탄이 쏘아놓은 것인지 아니면 자기 자신의 추한 마음에서 나온 것인지를 — 말할 수가 없어서 그 때문에 온갖 쓰라린 괴로움을 당하는 것입니다. 겸손한 그리스도인은 심지어 스스로 전혀 의식하지 못하는 일에서도 자신에 대해 최악의 일을 두려워하게 되기가 쉽습니다. 그 옛날 족장들처럼 말입니다. 그들은 베냐민의 짐에서 잔이 발견되자, 그들 스스로 정말 무죄하였음에도 자기들 자신을 탓하였습니다. 그리스도인도 생각 속에 때때로 그런 혼동이 생겨서 사탄이 책임을 져야 할 일을 자기 자신의 책임으로 돌리기도 하는 것입니다. 자 여기서, 이처럼 하나님을 모독하는 시험을 통해 마귀가 노리는 두 번째 목적을 과연 믿음이 어떻게 격퇴시키는지를 말씀드리겠습니다. 그것은 다음 두 가지를 통해서입니다. 1. 그리스도인으로 하여금 그 마음의 움직임과, 사탄이 주입시켜 놓은 것을 구별하도록 돕는 것입니다. 2. 그 마음에서 그런 악한 움직임이 있을 경우 그를 구해 주는 것입니다.

1. 믿음은 그리스도인을 가르쳐서 그로 하여금 사탄이 그의 마음에 던져 놓은 그 시험들을 그 자신의 죄악된 마음에서 지펴져 나온 그 부패의 불씨들과 구별하게 해 줍니다. 은혜 안에 있는 많은 심령들이 신성모독적인 생각들이 있는 것에 대해 안타까이 탄식하는데, 그런 생각들은 사탄이 던져 놓은 것들인 경우가 대부분입니다. 이는 다음의 사실들을 고려해 보면 더욱 개연성이 높아집니다. (1) 그것들이 처음 일어나 바삐 활동하기 시작하는 시기(time). (2) 그것들이 일어나는 양상

(manner). (3) 그것들이 그리스도인의 마음에 미치는 효과(effect).

(1) 그것들이 일어나고 영혼이 그것들에 홀리기 시작하는 시기. 그것은 대개 회심의 역사가 방금 지나갔거나 혹은 지나가고 있는 시기입니다. 사람이 그의 옛 죄악된 삶의 방향을 청산하고 그리스도를 받아들이며 또한 죄와 사탄을 대적하고 그리스도를 위하겠다고 선포하는 이때야말로 이런 신성모독의 제안들이 그 모습을 드러내기 시작하며, 그 기생충들이 그리스도인의 가슴속에서 기어다니는 것이 드러나는 때입니다. 그런데 이것들이 본래 거기서 자라나는 것이 아니고 영혼이 자기를 배반하고 버린 것에 대한 복수의 일환으로 사탄이 보낸 것일 가능성이 매우 큽니다. 마귀는 이런 것으로 그리스도인을 다루려 합니다. 그리고 이는 마귀의 종들 — 마술사들 — 이 행하는 것으로 알려진 것과 별반 다르지 않습니다. 그들은 자기들을 가로막는 자들에게 이나 벼룩 같은 기생충들이 우글거리도록 만들어 그들 자신을 혐오하게 만듦으로써 그들에 대한 끓는 증오를 표출시키기도 하는 것입니다. 그런 기생충이 들끓는 일을 전에 한 번도 경험해 보지 못한 사람은 갑자기 그런 일이 자기에게 생긴 것을 보고 매우 의아하게 여길 수도 있습니다만 — 그렇습니다. 자기 자신의 몸이 부패하여 그것들을 불러들인 것으로 보기보다는 마술사가 악의로 그것들을 뿌려놓았다고 생각할 것입니다 — 이 경우도 그렇습니다. 사실 사람이 이런 시기에 하나님에 대해 이처럼 엄청난 죄를 지어서 그렇게 큰 불충을 저지르는 타락상을 보인다는 것은 별로 그럴 법한 일이 아닙니다. 자기가 과거에 지은 죄들에 대해 눈물로 탄식하는 이때에 자신이 슬피 울며 안타까워하는 그 죄들보다 훨씬 더 큰 죄를 범한다는 것이 과연 있을 수 있는 일이겠습니까? 떨리는 마음으로 죄 용서의 자비를 구하고 있는 중에 갑자기 그런 끔찍한 죄들을 범하여 자기 기도들을 스스로 가로막고 하나님의 마음을 굳게 하여 그의 기도를 거절하시게 만든다는 것이 과연 가능한 일이겠습니까? 요컨대, 하나님에 대해 낯설었고 그에게 원수였을 때에도 이렇게 어마어마한 죄는 감히 범할 생각도 하지 못하다가, 이제 하나님을 사랑하기 시작하게 되니 그런 신성모독들이 아주 잘 맞아서 그것들을 입으로 쏟아낸다는 것이 이상스럽게 여겨지지 않습니까? 전에 죄 가운데 있을 때에도 너무나 크고 끔찍하여 감히 생각도 못했었는데, 어떻게 그리스도 안에 있게 된 지금에 와서 그것들이 아주 익숙해질 수가 있단 말입니까?

(2) 그리스도인의 생각 속에서 이런 신성모독적인 것들이 일어나는 양상을 고려해 보아도, 그것들이 그리스도인이 속마음에서 나오는 것이라기보다는 바깥에

서 사탄이 주입시켜 놓은 것들일 개연성이 더욱 커집니다. 그것들은 대개 격렬하고 갑작스럽게 나타납니다. 자신의 행위를 스스로 곰곰이 생각하고 따져보기도 전에 마치 번개처럼 그리스도인의 생각 속에 갑자기 번쩍하고 나타납니다. 반면에 우리 자신의 마음에서 끓어오르는 정욕은 대개 그 움직임이 점진적입니다. 사람의 본성에 적합하도록 좀 더 조용히 움직입니다. 영혼을 꾀며 조금씩 유인하여 동의하게 만들고, 먼저 감정을 자기편으로 만들어 놓고 그 다음 그것을 이용하여 지성을 부패하게 만들며, 감각적인 쾌락과 이익을 뇌물로 삼아서 자기를 반대하지 않고 눈감아 주게 만들며, 그리하여 결국 의지에까지 쉽게 접근하여 그것을 공략하게 됩니다. 그러면 의지는 모든 보호 장치를 빼앗긴 처지에서 정욕에게 굴복하여 그것이 원하는 대로 움직이게 되는 것입니다. 그러나 신성모독의 생각들은 갑자기 화살처럼 날아듭니다. 영혼의 동의를 얻기 위한 점진적인 조치들을 하나도 하지 않고 강제로 속으로 밀고 들어오는 것입니다. 그것들이 밀고 들어오는 것은 마치 저 맹렬한 예후가 돌진하는 것과도 같습니다. 그렇게 맹렬하게 달려드는 것은 마귀밖에는 없습니다. 마귀 외에 누가 그렇게 맹렬하게 달려들 수 있겠습니까? 그렇습니다. 비단 갑작스러움과 맹렬함만이 아니라, 그리스도인의 과거의 생각들과 삶과 전혀 일치하지 않는 점을 보아도 그것들이 마귀의 활에서 쏘아진 화살들일 개연성이 더욱 높아집니다. 베드로는 한때 그 음성만으로도 그가 그리스도와 한 편이라는 것이 드러난 적이 있습니다. 사람들은 그에게, "네 말소리가 너를 표명한다"고 했습니다(마 26:73). 그가 그들처럼 말했고, 그로 인하여 사람들이 그를 그들의 일원으로 여긴 것입니다. 이와 반대로 이 신성모독적인 움직임들에 대해서는 이렇게 말할 수 있을 것입니다: "그것들은 그리스도인의 것이 아니다. 그 말소리가 그것들이 성도의 음성이 아니라 마귀의 울부짖음임을 표명하도다. 그것들이 만일 그리스도인이 짜놓은 것이라면 그것을 잘라내고 남은 그 나머지 전체와 모습이 같을 것이로다." 우리의 생각들은 대개 연관성이 있습니다. 한 생각에서 힌트를 받아 또 다른 생각을 하게 되는 것입니다. 물이 움직일 때 원이 그려지고 그 위에 다시 원이 그려지듯이, 생각 위에 다른 생각이 생겨나 하나의 논지로 펴져가는 것입니다.

그런데, 하나님을 예배하는 중에 거룩한 천국의 묵상들에 사로잡혀 있는 중에도, 그것과 전혀 어울리지 않게 갑자기 망령된 생각이 나타나는 경우가 있으니, 그리스도인이 이것에 대해 크게 의아하게 여기고, 대체 어떻게 그런 것이 끼어들었는지를 의심하는 것이 얼마든지 있을 수 있는 일이 아니겠습니까? 우리가 말 그대로 천국을 향하여 등을 돌리고 서 있고 우리 마음의 이끌림이나 어떤 동기 같은 것이 전혀 없을 때에 갑작스럽게 거룩한 생각이 들어와 우리를 놀라게 할 경우, 우리는 이것을 그리스도의 성령의 순전한 역사하심으로 받아들일 수 있을 것입니다. 마음의 문이 완전히 닫혀 있어서 생각을 열어 그를 맞아줄 수 있게 되기도 전에 갑자기 영혼의 한가운데에 나타날 수 있는 자가 과연 성령 외에 누가 있겠습니까? 그러므로 그리스도인 여러분, 여러분의 영혼이 악한 생각과 지극히 거리가 멀어져 있을 때에 — 하나님께 기도하며 그를 찬송하는 등 그런 것과 정반대 방향에 가 있을 때에 — 갑자기 여러분에게 신성모독적인 생각들이 밀려든다면, 그것들은 아마도 저 악한 자가 자기가 무엇보다도 두려워하고 미워하는 그 일이 여러분에게 일어나지 않도록 방해하기 위하여 여러분에게 침입하여 벌여 놓은 것일 것입니다.

(3) 이 신성모독적인 움직임들이 마음에 미치는 효과를 살펴보아도, 그것들이 그리스도인의 마음에서 생겨난 것이기보다는 사탄이 심어 놓은 것들이라고 생각하게 될 것입니다. 곧, 그리스도인의 심령을 공포와 소스라치는 놀라움 속에 휩싸이게 하여 몸을 상하게까지 만드는 것이 그것입니다. 그러므로 마귀의 환영을 육체의 눈으로 보았더라도 이 신성모독적인 생각들이 상상 속에서 활개치고 걸어 다니는 것만큼은 두려움과 분노를 자아내지 못할 것입니다. 그렇습니다. 그것들은 공포를 자아낼 뿐 아니라 격렬한 분노와 혐오감을 야기시킵니다. 그런데 그것들이 그리스도인의 마음에서 나온 것이라면 이런 공포와 분노는 대체 어찌된 것일까요? 우리 자신에게서 생겨난 움직임이라면 우리를 더 즐겁게 해줄 것입니다. 자기 몸에서 난 자식이 아무리 볼썽사납게 생겼어도 그 자식을 사랑하는 것이 인지상정이며, 자기 자신이 품은 생각을 좋아하는 것도 그에 못지않게 자연스러운 일입니다. 솔로몬은 어머니가 자식을 끔찍이 아끼는 사실을 근거로 참 어머니를 찾아냈습니다. 이런 망령된 생각들이 마음에서 나온 것이라면 그것들이 친숙한 만큼 그것들을 보고 두려움에 질리기보다는 오히려 그것들을 예상하고 기대할 것이고, 그것들을 혐오하기보다는 오히려 그것들을 선호할 것입니다. 여러분, 그것들이 여러분 자신의 것이라면 그것들을 죽이려 하기는커녕 오히려 그것들에게 입을 맞추려 하지 않겠습니까? 성령의 검으로 그것들을 멸하기는커녕 그것들을 가슴에 앉고 얼레며 껴안지 않겠습니까? 믿음은 말합니다. 그렇다면 이것들은 사탄이 갖

다놓은 것들인데, 그가 그것들을 여러분의 문 앞에 갖다놓았다는 것 때문에 어째서 여러분이 괴로워하느냐고 말입니다. 악한 사람들이 창녀라고 부른다고 해서 그 때문에 정숙한 여인이 창녀가 되겠습니까? 여러분, 조금만 인내하십시오. 재판관이 문 앞에 있습니다. 그가 오면 그가 여러분을 바른 이름으로 불러줄 것입니다. 더 이상 사탄의 화살로 여러분의 영혼에 상처를 주지도 말고 마귀의 죄 때문에 괴로워하지도 마십시오. 가서 여러분의 하나님께 마귀의 일을 고하십시오. 그리고 히스기야가 랍사게의 모독적인 언사들을 여호와 앞에 펼쳐 놓았던 것처럼, 여러분이 그의 모독적인 언사들을 주님 앞에 펼쳐 놓은 다음에는 위로를 받으십시오. 하나님께서 이 거짓 비난자를 상대하셔서 여러분의 사정을 펼쳐 놓으시고 그로 하여금 극한 수치와 실패를 안고 내쫓기게 하실 것입니다. 그는 하나님을 그렇게 욕하고 그의 백성을 그렇게 증오한 짖는 개이니 말입니다. 하지만,

2. 가령 이런 망령된 생각들이 마귀가 그리스도인에게 뒤집어씌운 것이 아니고 그리스도인이 그 마음속에 키워온 그 자신의 죄라면 어떻게 되겠습니까? 그러나 이럴 경우도 믿음이 이 죄들에 대한 자책으로 괴로워하며 또한 사탄에 의해서 그 중압감이 더해져서 고통을 받는 그리스도인의 짐을 덜어 줍니다. 그런데 이 경우 믿음이 그 영혼에게 베풀어 주는 구원은 여러 가지입니다.

(1) 믿음은 이 망령된 생각들이 용서받을 수 있다는 견고한 성경의 기본 가르침에 근거하여 영혼에게 확신을 줄 수 있습니다. "사람의 모든 죄와 훼방은 사하심을 얻되 성령을 훼방하는 것은 사하심을 얻지 못하겠고"(마 12:31). 그러므로 아무리 생각이 거칠어지고 우울한 처지에 빠진다 해도, 마음의 동의도 받지 못하고 오히려 계속해서 저항을 받는 그런 떠도는 망령된 생각들을, 마지막까지 회개하지 않고 처절하게 하나님을 미워하는 그런 자의 이마에 새겨져 있는 그 사하심을 얻지 못하는 유일한 신성모독의 죄에 해당하는 것으로 여긴다면 이는 이상스러운 일일 것입니다. 그렇게 오랫동안 그 불청객들을 용서받지 못하는 그 사악한 죄로 잘못 오인할 수 있다는 것이 정말 이상스러운 일입니다. 자, 이제 그 한 가지 죄 이외에는 모든 형태의 망령된 죄들이 사하심을 받을 수 있다는 사실로 위로를 받으시기 바랍니다. 여러분의 떨리는 심령에게 아무리 정황이 끔찍하고 놀랍다 해도, 자비의 법정에서 그 죄들에 대해 사하심이 선고될 수 있는 것입니다. 그러므로 이것을 믿으면, 사탄의 화살이 소멸되고 맙니다. 이 시험들을 함정으로 이용하여 여러분의 영혼을 절망의 나락에 빠뜨리려는 것이 바로 그의 계획이니 말입니다.

(2) 믿음은 그런 망령된 생각들이 끓어오르는 것이 은혜의 상태와 전혀 모순된 것이 아니라는 사실로 문제를 해결해 줍니다. 영혼이 이 점에서 만족을 얻게 되면, 마귀의 불화살은 수없이 그리스도인의 심령을 삼켜 버린 그 독성(毒性)을 상실하게 됩니다. 그런 망령된 생각들이 있다는 사실을 빌미로 마귀가 그 시험받는 심령에게 주입시키는 통상적인 논리는 바로 "나는 분명 성도가 아니다. 하나님의 자녀에게는 이런 오점(汚點)이 없다"라는 것입니다. 그러나 믿음은 사탄에게 — 그도 역시 성경에 익숙합니다 — 성경 전체에서 그런 결론을 도출시킬 만한 본문을 하나만이라도 제시해 보라고 도전하여 그런 논리를 곧바로 격퇴시킬 수 있습니다. 사실 그런 본문은 전무(全無)합니다. 이 악한 자 마귀가 아무리 신자를 괴롭힌다 해도 모독 중의 모독 — 즉, 성령을 훼방하는 죄 — 으로는 참된 신자를 건드릴 수 없는 것이 사실입니다. 성령을 훼방하는 죄에 대해서는 신자가 그처럼 보호와 면제를 받으므로 잠시도 그 죄로 인하여 괴롭힘을 받을 수가 없습니다만, 그 죄에 미치지 못하는 다른 죄들은 전혀 그렇지 않습니다. 사실 죄의 몸 전체가 각 신자에게서 허약해지고 있고, 또한 하나님의 은혜로 말미암아 그의 부패한 본성이 치명적인 상처를 입어서 그 발톱을 드러낼 수가 없고, 마침내 그 상처로 인하여 죽게 되어 있습니다. 그러나, 마치 죽어가는 나무가 — 물론 예전만큼은 많은 열매를 내거나 완전히 익은 열매를 내지는 못하겠지만 — 어느 정도의 열매는 내는 것처럼, 그리고 죽어가는 사람이 건강할 때처럼 그렇게 강하게는 움직이지 못해도 그래도 사지(四肢)를 움직이기도 하는 것처럼, 성도에게 있는 원시의 부패성이 미약하게나마 계속해서 꿈틀거리며, 또한 설익은 것이나마 그 열매를 드러내 보일 것입니다. 그러므로 그것이 꿈틀거리는 것 때문에 실망할 이유가 하나도 없습니다. 오히려 그것이 꿈틀거리기밖에 못한다는 것으로 위로를 받아야 마땅합니다. 오오 여러분, 감사하시기 바랍니다. 지금까지 싸움터를 주도했고 자기의 승리의 마차에 여러분을 묶어 질질 끌고 다녔던 그 원수를 여러분이 붙잡았으니 말입니다. 그 원수는 이제 그리스도와 그의 은혜의 승리의 검 아래 무릎을 꿇고 자기 무덤으로 떨어지기 위해 대기하고 있습니다. 물론 자기 뜻을 시행할 힘을 다 상실해 버린 지금의 처지에서도 그가 여러분을 향하여 손을 휘저으면서 자기의 적개심을 계속 드러내고 있기는 합니다만 말입니다.

(3) 믿음은 이 망령된 생각들에 대한 염려를 완전히 지워 줄 수 있습니다. 곧, 그런 것들은 성도들에게 흔히 있는 것으로, 우리가 사소한 것으로 여기는 다른 죄들

만큼도 하나님 보시기에 큰 죄가 아니라는 것을 믿음이 확인시켜 주는 것입니다. 그리스도인은 대개 많은 모독적인 생각들보다는 몇 가지 교만하고 불결하고 탐욕적인 생각들로 더 많은 죄를 범합니다. 왜냐하면 그런 교만하고 불결하고 탐욕적인 생각들에 대해서는 이 모독적인 생각들에 대해서처럼 분명한 승리를 얻는 경우가 별로 없기 때문입니다. 모독의 불화살들이 그리스도인들을 더욱 겁에 질리게 할 수는 있지만, 오히려 더 신속하고 더 깊게 상처를 주는 것은 불 같은 정욕들입니다. 세차게 불어오는 바람은 사람으로 하여금 겉옷을 더욱 단단히 껴입게 만들지만, 뜨거운 태양은 겉옷을 벗어 던지게 만드는 것입니다. 쾌락의 시험들은 마음을 유혹하지만, 반면에 무시무시한 시험들은 그리스도인을 자극시켜 더욱 용맹스럽게 저항하게 하는 것입니다. 오오, 쾌락의 시험들에게는 그리스도인이 곧바로 넘어갑니다. 그것들은 마치 달콤한 포도주에 들어 있는 독과 같아서, 알아차리기도 전에 속으로 들어가 그리스도인의 감정 속에 퍼져 그 심령을 무력화시킵니다. 하지만 모독의 시험들은 마치 쓰디쓴 약 속에 들어 있는 독과 같아서, 속으로 들어가기 전에 뱉어 버리든가, 아니면 감정 속에 퍼지기 전에 토해 내든가 하게 됩니다. 죄의 경중(輕重)은 의지가 그 죄를 행하는 데에 얼마나 동참하느냐에 따라 좌우됩니다. 그런데 모독적인 생각들에는 대개 다른 죄의 경우보다 그리스도인의 의지와 감정이 덜 개입되므로 결코 큰 죄일 수가 없는 것입니다.

(4) 하나님이 그런 괴로운 불청객에 홀리도록 허용하신 데에는 은혜로운 목적이 있을 수 있고, 실제로 있으며, 그렇지 않다면 그것이 신자에게 보내어지지 않았을 것이라는 것을 믿음이 알려 줍니다. 어쩌면 여러분이 무언가 다른 시험에 빠질 위험이 크다는 것을 하나님께서 보시고 사탄을 보내사 이런 시험들로 여러분을 괴롭게 함으로써 그 다른 시험에서도 그가 여러분을 이기지 못하도록 하시는 것일 수도 있습니다. 석고나 습포가 매우 역겹고 혐오스럽지만, 잠시 그것을 견디는 것이 목숨을 위협하는 질병에 걸리는 것보다는 낫습니다. 모독적인 망령된 생각들을 접하고 두려워 떠는 것이, 여러분의 재능과 특권들을 보면서 마음의 교만에 완전히 빠져 버리는 것보다는 낫습니다. 전자는 여러분 스스로 여러분 자신을 마귀처럼 악독한 존재로 바라보게 만들어 주지만, 후자는 여러분을 실제로 악하게 만들어서 하나님 보시기에 정말 마귀와 같게 만들어 주는 것입니다.

(5) 믿음은 그리스도인으로 하여금 하나님을 위하여 고귀한 공적들을 세우게 해주고, 그리하여 마귀의 비난이 거짓임을 입증시켜 줍니다. 임금을 배반하여 반역을

도모한다는 비난을 받는 사람이 무언가 임금의 명예를 드높이는 큰 공적을 세워서 그런 모략을 종식시키듯이 말입니다. 이것이야말로 그리스도인이 모독적인 생각들을 불어넣어 그를 괴롭히는 사탄에 대해서, 혹은 그런 불순한 생각들을 품은 자기 자신의 마음에 대해 행할 수 있는 가장 완전한 복수인 것입니다. 다윗은 동굴 속에서 사울의 목숨을 취할 수 있었으나, 나라를 얻는 것보다 그의 목숨을 살리는 쪽을 택하였고, 그리하여 그가 사울을 배반하였다는 의혹을 궁궐에 퍼뜨린 그의 모든 원수들이 거짓말을 한 것임을 입증했습니다. 그리스도인 여러분, 이처럼 여러분도 죄와 여러분 자신과 싸울 때에 하나님의 존귀를 택하기 바랍니다. 그러면 때때로 여러분 자신을 하나님을 모독하는 자로 음해하는 마귀의 입을 막게 될 것입니다. 이런 갑작스러운 모독적인 생각들이 여러분의 사악함을 변론해 주는 것 이상으로, 그런 열정적이며 자기를 부인하는 영웅적인 공적들이 하나님과 여러분 자신의 양심 앞에서 여러분의 순전함을 변론해 줄 것입니다.

[사탄의 두려움을 주는 시험: 셋째 — 절망의 불화살]

사탄의 두려움을 주는 시험의 셋째 화살. 사탄이 그리스도인에게 날리는 세 번째 불화살은 **절망의 시험**입니다. 이 저주받은 마귀는 하나님께 복수하고 또한 사람에게 자기 자신의 형상을 더 깊이 각인시키는 데에는 이 죄만한 것이 없다고 생각합니다. 이 죄야말로 즉각적으로 하나님께 가장 큰 모욕을 던져 주며, 또한 사람을 마귀와 정죄받은 영혼들의 복합체에 가장 가깝게 만들어 주기 때문입니다. 정죄받은 영혼들은 지옥의 처절한 영역에 있으면서 계속해서 하나님의 뜨거운 진노 아래 있는 자들로서 모두가 캄캄한 절망에 싸여 있습니다. 이것이야말로 사탄이 다른 무엇보다도 주로 목표로 삼는 죄입니다. 다른 죄들은 이 죄로 전이되기 위한, 그리고 그런 시험을 좀 더 잘 받아들이도록 만드는 예비적인 기질들에 불과합니다. 양모가 깊은 털로 염색되기 전에 더 가벼운 색조를 띠는 것처럼, 사탄도 좀 더 가볍고 즐거운 죄들을 지니고 있습니다. 그는 이 절망의 죄를 잘 받아들일 수 있게끔 분위기를 조성하기 위해 먼저 그런 가볍고 즐거운 죄들로 사람들을 꾀는 것입니다. 그러나 그는 이 죄를 사람이 알지 못하도록 숨겨 놓고 큰 비밀로 삼습니다. 마귀는 아주 간교한 사냥꾼이어서 절대로 자기가 잡으려고 하는 먹이가 볼 수 있도록 그물을 쳐놓지 않습니다. 절망이 바로 그의 그물입니다. 다른 죄들은 그 죄를 가리고 또한 사람들을 그 죄에로 유인해 들이는 미끼에 지나지 않습니다. 그 그물에 걸리면 영원토록 거기서 헤어 나오지 못합니다. 다른 모든 죄들보다도 바로 이 죄야말로 사람으로 하여금 지옥을 실제로 소유하게끔 만들어 놓는 것입니다. 다른 죄들도 사람을 진노 아래 가둡니다만, 이 죄는 그 진노에 불을 지펴서 사람을 공포의 불길에 완전히 휩싸이게 만드는 것입니다. 약속의 말씀을 실제로 존재하는 것으로 만들어 주는 것이야말로 믿음의 훌륭한 기능이듯이, 지옥의 고통을 실제로 양심 속에 존재하는 것으로 만드는 것이 바로 이 절망의 잔인한 기능입니다. 이것이야말로 심령을 마셔 버리며, 또한 사람으로 하여금 자기 자신을 죽이는 사형집행자가 되게 만들어 주는 화살인 것입니다. 절망은 영혼을 안위가 전혀 소용이 없게 만들어 버립니다. 이미 사다리에서 뛰어내린 사람에게 죄 사함이 베풀어진다 한들 때가 늦은 것입니다. 다른 시험들에 대해서는 각기 피할 길이 있습니다. 믿음과 소망이 창문을 열어 놓아서 그리스도인을 괴롭게 하는 연기를 — 그것이 아무리 괴롭고 슬프다 할지라도 — 밖으로 나가게 할 수 있습니다. 그러나 사람이 자기 자신의 죄에 대한 절망 속에 완전히 갇혀 있어서 두려움과 공포가 가득하여 연기가 밖으로 새나갈 틈이 조금도 없을 때에는 그 영혼이 질식할 수밖에는 없는 것입니다.

[죄의 위중함에서 비롯되는 절망의 불화살을 믿음이 어떻게 소멸시키는가]

여기서 저는 사탄이 영혼들을 절망에 빠뜨리기 위해 사용하는 갖가지 논리들을 실례로 들어보고, 또한 믿음이 — 오직 믿음만이 — 그것들을 반박하고 격퇴시킬 수 있는 능력이 어느 정도인지를 말씀드리겠습니다. 그러나 한 가지에 대해서는 좀 더 상세히 말씀드리겠습니다. 이는 사탄의 모든 힘 중에 가장 주된 것으로서 사람의 죄가 무수하고 또한 위중하다는 사실에 근거한 것입니다. 사람이 빛을 받아 이것을 보게 되면 그 양심의 힘이 꺾여 회한을 느끼게 되는데, 이때에 사탄이 온갖 수사법을 동원하여 그 죄들의 사악함을 탄핵하도록 하나님이 그저 허용하시기만 해도, 그 영혼은 처절한 처지에 있게 되고 깊은 절망 가운데로 빠져들 수밖에 없게 됩니다. 속에서나 바깥의 다른 사람에게서 얼마든지 도움을 찾을 수 있는데도, 그런 도움이 전혀 소용이 없게 되는 것입니다. 어쩌면 여러분 중에 어떤 이들은 그들 자신의 죄에 대해 가볍게 생각하고서, 다른 이들이 자기들의 죄의 문제로 그렇게 괴로워하는 것을 보면 그것이 그저 유치하고 무능한 마음 상태를 드러내는 것이라는 식으로 생각할지도 모릅니다만, 그러나 이는 그들이 사탄의 이러한 시험을 한 번도 당해 본 일이 없다는 것을 보여줄 뿐입니다. 그런 시험을 당해 본 사람들은 전혀 말이 다릅니다. 여러분은 그 죄들을 전혀 느끼지 못하지만, 그 죄들이 마치 산더미 같은 납처럼 처절하게 그들의 심령을 짓누른다고 이야기할 것입니다. 오오 여러분, 양심에 거리낌이 생기고 죄책의 파도가 세차게 영혼에 몰아치면, 금방 모든 사람들의 변명과 핑계들이 마치 그 옛날의 홍수 때에 땅의 가장 높은 나무들과 산꼭대기까지 다 물에 잠겼던 것처럼 그 죄책의 파도에 다 잠겨 버리고 마는 것입니다. 그 홍수 때에 바다와 하늘밖에는 아무것도 보이지 않았던 것처럼, 그런 영혼에게는 죄와 지옥밖에는 아무것도 보이지 않습니다. 그의 죄들이 그를 무저갱 속으로 끌고 들어갈 태세로 마치 수많은 마귀들의 눈으로 보듯이 그를 정면으로 노려봅니다. 사자가 깨어나면 숲의 모든 짐승들이 그 으르렁거리는 소리를 듣고 벌벌 떠는데, 어리석은 파리는 감히 그 잠자는 사자 위를 기어다닙니다. 어리석은 자들은 양심의 눈이 감겨져 있으니 죄를 조롱할 수 있습니다. 블레셋 사람들이 눈먼 삼손 주위에서 돌아가며 춤을 추어댔듯이, 그런 자들은 그 죄들 주위에서 즐거이 춤을 출 수도 있습니다. 그러나 하나님께서 죄를 그 책임으로 무장시키시고 이 뱀으로 하여금 양심을 물어뜯게 하시면, 그들 중에 아무리 교만한 죄인이라도 모두 혼비백산하여 도망치고 말 것입니다. 그런데 죄의 힘과 겨룰 수 있는 것은 오직 믿음밖에는 없습니다. 믿음은 여러 가지 방법으로 죄와 겨루어 쓰러뜨립니다. 첫째, 믿음은 영혼으로 하여금 위대하신 하나님을 바라보게 해 줍니다. 둘째, 믿음은 죄가 위중하다는 것에서 비롯되는 이 절망의 불화살에 맞서서 약속이 크고 위대하다는 사실을 제시하여 그 불화살을 소멸시켜 줍니다. 셋째, 믿음은 영혼을 가르쳐서, 모든 다른 죄들이 위중하지만 이 한 가지 절망의 죄가 가장 위중하다는 것을 깨닫게 해 줍니다.

[죄의 위중함에 대항하여 믿음은 위대하신 하나님을 바라보게 함]

첫째. 믿음은 영혼으로 하여금 위대하신 하나님을 바라보게 해 줍니다. 믿음은 죄의 막중함에 맞서서 하나님의 전능하심을 바라보며, 죄의 무수함에 맞서서 하나님의 무한하심을 바라보도록 영혼을 가르쳐 주고, 그리하여 시험을 소멸시켜 줍니다. 뻔뻔스러운 죄인이 별로 두려움이 없고 또한 절망에 빠진 영혼이 그렇게 두려움이 많은 이유는 바로 하나님이 위대하신 분이심을 아는 것이 없기 때문입니다. 그러므로 이 둘을 치유하기 위해서는 하나님의 위대하심을 진지하게 생각하게 해야 하는 것입니다. "너희는 가만히 있어 내가 하나님 됨을 알지어다"(시 46:10). 이는 마치 이런 말씀과도 같습니다: "너희 악한 자들이여, 내가 하나님인 것을 알라. 나는 내가 원할 때에 너희에게 복수할 수 있는 자니, 너희 죄로 인하여 나의 진노를 격동시켜 너희의 혼란을 자초하는 일이 없게 하라." 또한, "너희 두려워 떠는 영혼들이여, 내가 하나님이니 내가 아무리 위중한 죄라도 사할 수 있다는 것을 알라. 그리고 더 이상 나를 믿지 못하는 불신의 생각으로 나를 욕되게 하지 말라." 그런데 오직 믿음만이 하나님이 하나님 되심을 보여줄 수 있습니다. 하나님을 올바로 바라보기 위해서는 두 가지가 요구됩니다.

1. 하나님을 올바로 바라보기 위해서는, 그의 모든 속성들의 무한함을 인식해야 합니다. 예를 들면, 그를 그저 지혜로운 분으로만 생각해서는 안 되고 — 사람도 얼마든지 지혜로울 수 있으니 — 무한히 지혜로우신 분으로 생각해야 하며, 그저 능력이 있으신 분으로만이 아니라 전능하신 분으로 생각해야 합니다.

2. 우리가 하나님께 돌리는 이 무한함을 그 이외의 모든 존재에게는 — 그 어떠한 존재에게도 — 돌리지 말아야 합니다. 이러한 원리를 인식하게 하고 마음에 새겨서 그에 합당하게 행하게 만들 수 있는 것은 오직 믿음밖에 없습니다. 사실 하나님은 지식이 무한하시며 또한 편재(遍在)하셔서 어디를 가든지 거기 계시며, 그의 능력이 무한하셔서 그저 말씀만으로도 사람을 멸하실 수 있다는 것을 말로 인정하지 않을 만큼 악한 사람은 없습니다. 그런데, 과연 이것을 믿는 사람들이라면 그런 원리를 바라보면서도 가서 그렇게 대담하게 죄를 범하겠습니까? 그들은 그런 원리 앞에서도 마치 불타는 화로에 머리를 집어넣듯이 대담하게 행동합니다. 또 다른 사람들은 하나님이 자비가 무한하시다는 것을 믿는다고 말합니다. 하지만, 그 무한한 자비를 눈으로 보고 있다면 과연 가슴속에서 절망을 불태우며 지옥을 짊어지겠습니까? 아닙니다. 그런 자들에게는 하나님의 참된 위대하심이 제대로 보이지 않는 것입니다. 절망은 하나님의 무한하심을 빼앗아 죄에게로 돌립니다. 절망하는 사람은 자기의 죄가 무한하며 하나님은 그렇지 못 하시다고 말합니다. 불신앙적인 이스라엘 사람들이 그랬던 것처럼 말입니다. 그들은 "애굽에 있을 때 주의 기이한 일들을 깨닫지 못하며 주의 크신 인자를 기억하지 아니하고 바다 곧 홍해에서 거역하였나이다"(시 106:7). 그들은 그런 곤경에서 도우시는 하나님을

제대로 보지 못했습니다. 무수한 애굽의 군대가 죽이려고 달려오는 것도 보았고, 무수한 바닷물이 그들을 삼키려 하는 것도 보았으나, 그들을 구원하기에 족한 하나님의 자비의 무한하심은 보지를 못했던 것입니다. 절망하는 자도 이와 같이 자기를 정죄하는 죄의 엄청난 위중함은 보면서도 그를 구원하는 자비의 무한함은 보지를 못하는 것입니다. 안타깝게도 이성(理性)은 삭개오처럼 키가 작아서 무수한 죄들의 압박 속에 싸여 자비를 보지 못합니다. 약속에까지 올라가는 것은 오직 믿음밖에는 없습니다. 그때서야 비로소 영혼이 예수님을 보게 됩니다. 믿음은 넘치는 자비가 하나님께 있음을 가르쳐 줍니다. "그가 너그럽게 용서하시리라"(사 55:7). 히브리어로는 "용서하기를 배가시키리라"라는 뜻입니다. 그가 우리의 무수한 죄들을 사하실 것입니다. "그가 우리를 불쌍히 여기셔서 우리의 죄악을 발로 밟으시고 우리의 모든 죄를 깊은 바다에 던지시리이다"(미 7:19). 이것이 믿음의 언어입니다. 그가 넘치는 자비로 사하시리라는 것입니다. 바다에 돌을 던지면, 돌이 그저 살짝 물에 덮이기만 하는 것이 아니라 깊은 심연 속에 가라앉습니다. 믿음은 말하기를, 하나님께서는 여러분의 지극히 큰 죄들에게 마치 바다가 거기에 던져진 조그만 조약돌에게 하듯 그렇게 하시리라고 합니다. 몇 가지 죄들이 양심에 쏟아져 — 마치 물통의 물이 땅에 조금 흘려지듯이 — 마치 큰 홍수처럼 보이지만, 사실 하나님의 자비의 바다에 쏟아진 가장 큰 죄들은 이미 그 속에 삼켜 버린 바 되어 보이지를 않는 것입니다. 그러므로 성경은, "그 때에는 이스라엘의 죄악을 찾을지라도 없겠고 유다의 죄를 찾을지라도 찾아내지 못하리라"고 말씀합니다. 그런데 어째서 그렇습니까? "이는 내가 남긴 자를 용서할 것임이라"(렘 50:20). 이것이 이유입니다.

반론. 두려워 떠는 영혼은 이렇게 말합니다: "하지만 하나님의 무한하심을, 특히 그의 두 가지 속성에서 무한하심을 생각하면 나는 곧바로 절망에 빠질 수밖에 없습니다. 다른 생각들도 매우 혼란스럽게 하지만 그 중에서도, 하나님의 거룩하심이 얼마나 무한한가를 생각할 때에 거룩하지 않은 몹쓸 죄인이 어떻게 될까에 대해 두려워하지 않을 수 있겠습니까? 또한 그의 공의로우심을 바라보아도, 예, 그의 무한하신 공의를 바라보아도, 그의 영광스러운 이름에 대해 내가 저지른 그런 크나큰 잘못을 그가 사하실 것이라고 어떻게 생각할 수 있겠습니까?

답변. 믿음이, 오직 믿음의 손가락만이 이 매듭을 풀어 줄 수 있고, 또한 이에 대해 만족스러운 해답을 줄 수 있습니다.

1. 하나님의 거룩하심에 관하여. 이 속성에 대해 믿음은 두 가지 답변을 줍니다.

답변 1. 하나님은 그의 본성의 무한한 거룩하심으로 말미암아 죄를 격렬하게 미워하시지만, 동시에 죄인들에게 자비를 보이는 쪽으로 그의 마음이 강하게 기우신다는 것입니다. 사람의 마음을 완악하게 만드는 것이 죄가 아니면 무엇이겠습니까? "악인의 긍휼은 잔인이니라"(잠 12:10). 악인이 잔인하다면, 거룩한 자일수록 더욱 자비할 것입니다. 그렇기 때문에 성도들에게서도 자비와 용서의 행위들이 나오기가 그렇게 어려운 경우가 많은 것입니다. 훌륭한 어미의 가슴에서 나오는 젖처럼 그들 속에 부패의 잔재들이 남아 있기 때문에, 그것들이 굳은 마음과 용서하지 않는 성향을 만들어 내는 것입니다. "악에게 지지 말고 선으로 악을 이기라"(롬 12:21)고 말씀하는데, 그 일이 힘든 일이라는 것이 암시되고 있습니다. 그리스도인의 마음에 대해 승리가 이루어지기 전에는 그렇게 할 수가 없는 것입니다. 마음이 그 반대의 격정들을 지니고 있어서 그런 행동을 강력하게 반대할 것이기 때문입니다. 안타까운 일입니다만, 은혜 안에 있는 사람에게서 다음과 같은 발언을 듣는 경우가 얼마나 많은지 모릅니다: "이제는 나의 인내가 한계에 다다랐다. 더 이상은 참을 수가 없다. 다시는 용서하지 않으리라." 그러나 하나님은 흠과 티가 전혀 없이 완전히 순결하시며 죄가 조금도 섞이지 않고 완전히 거룩하시므로, 그 마음을 쓰라리게 하여 무자비함을 품으시게 할 것이 하나도 없습니다. 그리스도께서는 이렇게 말씀하십니다: "너희가 악한 자라도 좋은 것으로 자식에게 줄 줄 알거든 하물며 하늘에 계신 너희 아버지께서 구하는 자에게 좋은 것으로 주시지 않겠느냐?"(마 7:11). 이 본문에서 그리스도의 의도는 제자들로 하여금 하나님의 마음의 자비로우심에 대해 더 크게 깨닫도록 그들을 돕고, 그 다음 그들을 하나님의 거룩하심에 대한 생각으로 이끌어 가시고자 하는 것이었습니다. 그리스도의 말씀은 이런 뜻과도 같습니다: "죄악된 감정으로 얼룩져 있는 너희 마음을 설득하여 너희 자녀들에게 친절을 베풀게 할 수 있느냐? 하물며 거룩 그 자체이신 하나님께는 그의 발 아래 엎드려 자비를 구하는 불쌍한 그의 백성에게 친절을 베푸는 일이 얼마나 더 쉽겠느냐?"

답변 2. 믿음은 하나님의 거룩하심이 결코 죄를 사하시는 자비와 원수가 아니라는 것을 가르쳐 줄 수 있습니다. 그의 모든 약속들을 신실하게 지키시게 하는 것이 바로 하나님의 거룩하심이니 말입니다. 제가 아는 한 이것이야말로 과연 두려워 떠는 가련한 영혼에게 완전한 위로가 됩니다. 의심하는 영혼은 하나님께로 돌아오는 죄인들에게 주신 그 많은 고귀한 약속들을 읽으면서도 마음에 위로를 얻지 못하는데, 그 이유는 무엇일까요? 그것은 분명 그 약속들을 이행하시는 하나님의 참되심과 신실하심이 아직 그의 영혼 속에서 논란 중에 있기 때문입니다. 그런데 영혼으로 하여금 이 문제를 의심의 여지가 없는 것으로 받아들이게 하고, 그리하여 그 약속을 참되고 신실한 말씀으로 받아들이도록 믿음이 사용하는 가장 강력한 논거는 바로 그 약속을 주신 하나님의 거룩하심에서 취해 낸 것입니다. 믿음은 이렇게 말합니다. 곧, "거룩하신 하나님이 하신 약속이니 그 약속의 내용이 참일 수밖에 없다"는 것입니다. 그러므로 하나님께서는 사람들이 그의 약속의 진실성을 더욱 신뢰하도록 하기 위하여 그의 약속에 바로 이 속성을 덧붙이시는 경우가 허다합니다. "나 여호와가 말하노니 내가 너를 도울 것이라 네 구속자는 이스라엘의 거룩한 이이니라"(사 41:14). 히브리어로 자비 혹은 긍휼을 뜻하는 것이 헬라어 칠십인역에서는 '타 호시아'(τα ὅσία) 즉 거룩한 것들을 뜻하는 경우가 많습니다. 이사야 55:3을 보십시오. 과연 하나님의 자비들이 거룩하심에서 발견되며, 따라서 확실한 자비인 것입니다. 사람이 약속에 대해 불성실한 이유는 바로 그의 마음에 무언가 거룩하지 않은 것이 있다는 데 있습니다. 거룩한 사람일수록 더 성실할 것을 기대할 수 있습니다. 우리는 선한 사람은 그의 말만큼 선한 법이라고 말합니다. 선하신 하나님도 분명 그러실 것입니다. 라반은 야곱에게 품삯을 약속한 후에 몇 번씩이나 그것을 변경하지 않았습니까? 하지만 하나님은 야곱과의 언약을 변함없이 그대로 지키셨습니다. 야곱 편에서는 마땅히 할 바대로 성실히 지키지 못했는데도 말입니다. 그 이유는 무엇입니까? 야곱과 언약을 맺으신 분이 바로 거룩하신 하나님이시기 때문입니다. 그러나 죄악된 인간은 자기의 감정에 따라 하나님에 대한 생각이 바뀌고 그를 향하여 안색이 변합니다. 마치 구름과 바람으로 인하여 하늘의 상태가 바뀌며, 날씨가 바뀌듯이 말입니다.

2. 하나님의 공의로우심에 관하여. 이제 우리는 시험 받는 영혼으로 하여금 두려워하게 만들고, 그리하여 하나님께서 자비로 베푸시는 이 죄 사함의 역사와 좀처럼 친숙하지 못하게 만드는 두 번째 속성을 다룰 차례가 되었습니다만, 그것은 바로 하나님의 공의로우심입니다. 이 속성은 일깨움을 받은 죄인에게 격려를 주기보다는 오히려 깜짝 놀라게 만드는 경우가 많고, 특히 그것에 대한 진지한 생각들이 마음을 사로잡고 있을 때에는 더욱 그렇습니다. 형제 여러분, 사실 이 속성에 대한 벌거벗은 생각은 다른 속성과 연관된 것으로서, 복음이 — 죄로 내쳐진 영혼은 오

직 이것을 통해서만 안전하고도 편안하게 하나님의 공의로우심을 바라볼 수 있습니다 — 없이 그냥 이 속성만을 대하게 되면 누구든지 망연자실하고 실망에 빠지게 됩니다. 그렇습니다. 가슴속에 공포의 불길이 지펴집니다. 하나님은 그의 공의로우심이 저촉될 때에 죄인을 영원히 정죄하고 멸망시키는 것 외에는 그것을 무마할 방법이 없다는 것을 보기 때문에 영혼이 전면적인 경악감에 완전히 압도되지 않을 수가 없습니다. 하나님의 공의로우심을 생각할 때에 그의 무서운 심판에 대한 끔찍한 기대가 생겨나기 때문입니다. 헤만은 거룩한 사람이었으나 이 주제를 생각하면서 완전히 사기를 잃고 말았습니다. "내가 어릴 적부터 고난을 당하여 죽게 되었사오며 주께서 두렵게 하실 때에 당황하였나이다. 주의 진노가 내게 넘치고 주의 두려움이 나를 끊었나이다"(시 88:15, 16). 그러나 믿음은 하나님의 공의로우심에 대한 생각도 아주 선하게 만들어 줄 수 있습니다. 믿음은 마치 다니엘의 세 친구가 불타는 용광로 속을 거닐었던 것처럼(단 3장), 영혼이 이 불 같은 속성 가운데서 편안하게 행할 수 있게 해 줍니다. 믿지 않는 죄인들은 이 속성의 입구 가까이에서 생각만 해도 그 불에 타버리고 절망에 삼켜진 바 되고 말지만 말입니다. 이 속성에 대한 공포가 엄습할 때에 믿음은 세 가지 사실로 영혼을 도와서 그것을 해소시켜 줍니다. (1) 믿음은, 아무리 큰 죄인도 회개하고 믿으면 하나님께서 그의 공의로우심을 조금도 왜곡시키지 않으시면서 그를 용서해 주시리라는 것을, 그것도 최상의 증거에 근거하여 보여 줍니다. (2) 더 나아가서 믿음은, 하나님께서 믿는 신자를 용서하실 때에 그의 공의로우심을 구하실 뿐 아니라 그 공의로우심을 더욱 존귀하게 만들기까지 하신다는 것을 보여 줍니다. (3) 믿음은 또한, 하나님께서 믿는 영혼을 용서하심으로써 그의 공의를 존귀하게 하실 뿐 아니라, 믿는 영혼의 죄를 용서해 주시는 길 이외에는 그의 공의를 확립시킬 수 있는 다른 길이 그에게 없다는 것을 보여 줍니다. 이 사실들은 과연 그렇게 위대할 수 없는 사실들입니다. 이 세 가지를 잘 소화시키면, 신자들의 생각 속에서 이 속성이 마치 자비 그 자체와도 같이 친숙하고 사랑스러우며 편안한 것으로 여겨지게 될 것입니다.

[하나님의 공의가 주는 공포를 해소시키는 믿음에 관한 세 가지 사실]

사실 1. 믿음은, 아무리 큰 죄라도 — 그것이 아무리 산더미처럼 크다 해도 — 회개하고 믿으면 하나님께서 그의 공의를 안전하게 지키시면서 그를 용서해 주시리라는 것을 영혼에게 — 그것도 최상의 증거에 근거하여 — 보여 줍니다. 하나님께서 죄인들을 용서하심에 있어서 그가 과연 공의로우시고 의로우실 수 있느냐 하는 문제는 지금은 논란할 것이 못됩니다. 믿음은, 이 문제는 불쌍한 죄인들의 유익을 위하여 많은 생각들이 하나님의 마음에서 나오기 이미 오래 전에 하나님 자신이 천국의 회의에서 거론하셨고 결정하신 사항임을 말해 줍니다. 하나님께서는 약속에서 그 사실을 이렇게 표현하십니다: "내가 네게 장가들어 영원히 살되, 공의와 정의와 은총과 긍휼히 여김으로 네게 장가들리라"(호 2:19). 하나님이 장가들고자 하시는 자는 누구입니까? 이 본문 앞에 나오는 내용으로 보면 창녀 노릇을 한 자입니다. 장가들리라는 것이 무슨 뜻입니까? 이는 다름 아니라 그들의 죄를 용서하시고 그들을 영접하여 그의 사랑과 특별한 호의의 팔로 안으시겠다는 뜻입니다. 하지만 의로우신 하나님이 어떻게 더러운 매춘부였던 자를 가슴에 안으며, 그런 음란한 사람들과 정혼하며, 그처럼 위중한 죄들을 사하실 수 있단 말입니까? 여기서 보십시오. 그는 "공의와 정의"로 그 일을 하시겠다고 합니다. 이는 마치 이런 뜻과도 같습니다: "이 일로 인하여 나의 공의가 어찌 될까 염려하지 말라. 내가 하는 일을 내가 아느니라. 나는 이 일의 처음과 나중을 다 생각하였느니라. 이는 사람들이 어느 날 덜컥 저질러놓고서 그 다음 날에 후회하는 그런 경솔한 일이 아니고, 나의 거룩한 뜻으로 결정하여 행하는 일이로다." 그러므로 사탄이 신자에게 와서, "무엇이라고! 너처럼 몹쓸 죄인이 하나님 앞에서 은혜를 입는다고?"라고 하며 떠들어댈 때에, 믿음은 이를 쉽게 물리칠 수 있습니다: "사탄아, 그렇다. 하나님은 너를 정죄하시는 일에서나 나를 용서하시는 일에서나 똑같이 의로우시다. 나를 용서하시는 일이 '공의와 정의'로 되는 일임을 하나님께서 내게 말씀해 주시니, 이 문제는 하나님과 변론하기 바란다. 그가 자신의 행위가 의로운 것임을 얼마든지 드러내실 것이로다."

자, 이것만으로도 사탄을 격퇴시키기에 족하지만, 믿음은 하나님이 죄인을 용서하시는 일에서 자신의 공의와 정의를 공고히 하시는 문제에 대해 좀 더 구체적인 증거를 제시해 줍니다. 그리고 이것은 신자가 죄로 말미암아 하나님께 저지른 모든 잘못에 대해 그리스도께서 하나님께 완전히 보상하신 사실에 근거하는 것입니다. 사실, 공의를 자비와 입 맞추게 하며 하나님의 속성 중에 이에 대해 이의를 제기하는 것이 없게 하고, 그리하여 자비로 용서하시는 일이 반대의 목소리(*nullo contradicente*)가 없이 깨끗하게 이루어지게 하는 일은 그리스도께는 정말 큰 일이었습니다. 그러므로 그리스도께서는 죄인을 위하여 하나님께 용서를 요청하시기 전에, 희생을 통해서 보상하시는 다른 일을 먼저 완수하십니다. 먼저 값을 지불하시고, 그 다음에 자신이 지불하신 것을 위하여 요청하십니다. 곧, 믿는 죄인들을 위한 그의 요청을 그 자신의 피로 써서 제시하셔서 공의로 하여금 그 요청을 읽고 허락하기를 멸시하지 않도록 하시는 것입니다. 하나님께서 보상이 없이도 그의 주권적인 자비로써 죄 용서를 발하실 수도 있는가 하는 문제에 대해서는 다루지 않겠습니다. 하지만 확신하건대 이처럼 보상의 방법을 통해서 하나님의 공의가 드러나므로, 이 땅의 아무리 큰 죄인이라도 양심으로 그 공의를 확고히 인정할 수 있게 되는 것입니다. 그렇습니다. 믿음이 이런 논거로 반박하게 되면 마귀 자신이라도 묵묵부답일 수밖에 없습니다. 마귀로서는 이 웅덩이를 넘어갈 능력이 없는 것입니다. 정말이지 하나님께서 이 방법으로 우리의 구원을 이루시므로, 연약한 우리도 우리를 의롭다 하시는 그 하나님의 의로우심을 지옥에 있는 가장 악독한 마귀 앞에서도 확연히 드러낼 수 있는 것입니다. 다음의 유례없는 본문을 음미해 보시기 바랍니다. 세상의 피 흘리는 모든 양심의 상처들을 치유하기에 충족한 명약이 거기에 있습니다. 그리고 오로지 믿음이 그 명약을 한 방울씩 떨어뜨려 이 화살의 불길을 영원히 소멸시켜 주는데, 이 일을 하나님의 공의가 앞장서서 행하는 것입니다. "그리스도 예수 안에 있는 속량으로 말미암아 하나님의 은혜로 값없이 의롭다 하심을 얻은 자 되었느니라. 이 예수를 하나님이 그의 피로써 믿음으로 말미암는 화목제물로 세우셨으니 이는 하나님께서 길이 참으시는 중에 전에 지은 죄를 간과하심으로 자기의 의로우심을 나타내려 하심이니, 곧 이때에 자기의 의로우심을 나타내사 자기도 의로우시며 또한 예수를 믿는 자를 의롭다 하려 하심이라"(롬 3:24-26). 믿음이 이 성경 본문을 얼마나 힘 있게 역사하게 하는지 모릅니다! 이러한 견고한 성벽으로 방비한 영혼은 난공불락(難攻不落)입니다.

(a) 관찰하십시오. 여기서 그리스도를 가리켜 화목제물이라 부르고, 혹은 속죄소를 빗대어 시은좌(힐라스테리온)라고도 부르는데, 곧 하나님께서 그의 백성을 만나셔서 그들과 교제하시며, 또한 그의 엄위하심이 그들에게 떨어질 두려움이 없게 하시겠다고 약속하신 그 곳입니다(출 25장). 그런데 여러분이 아시다시피 속죄소는 언약궤 위에 위치하여 그 언약궤 — 그 속에 하나님의 거룩한 율법이 보관되어 있었습니다만 — 를 덮게 되어 있었고, 그리하여 죄책이 있는 영혼이 그것을 범할 염려가 전혀 없었습니다. 그러므로 속죄소와 언약궤의 크기가 동일한 것을

보게 됩니다. 속죄소는 그 길이와 넓이가 언약궤를 다 덮기에 충분하여 그것으로 덮이지 않는 부분이 없게끔 되어 있었습니다(10절. 17절과 비교할 것). 이렇듯, 우리의 참된 속죄소이신 그리스도께서는 모든 율법을 다 덮으십니다. 그렇지 않았더라면 그 율법이 신자를 정죄하게 되었을 것입니다. 그러나 이 속죄소가 믿음을 위하여 하나님의 진노와 영혼 사이를 가로막고 있는 한, 그 어떠한 것도 신자를 위협하지 못합니다. 하나님의 공의를 거스를 것이 없습니다. 그리스도께서 죄인을 숨기고 계시므로 하나님께서는 죄인을 보실 수가 없습니다. 하나님의 진노는 이렇게 말합니다: "이는 내가 심판하고자 하는 그 사람이 아니로다. 그가 그리스도께 피하여 그의 보속(보상)을 성소(聖所)로 삼고 있으나, 그 곳은 내가 들어가 붙잡아 올 수 없는 특별한 곳이니 그가 나의 손을 벗어났도다." 싸움터에서는 아군을 적군과 구별하기 위해 특별한 견장이나 손수건 같은 것을 착용하는 것이 보통입니다. 그런데 믿음으로 그리스도의 보속을 착용하고 있는 것이 하나님의 아군을 그의 원수들과 구별지어 주는 표지인 것입니다. 라합의 집 창문에 늘어뜨린 붉은 끈이 죽음의 칼이 그녀에게 접근하지 못하게 했던 것처럼, 믿음이 그리스도의 피에 호소할 때에 영혼이 하나님의 공의의 손길로 해를 당하지 않도록 지킴을 받게 되는 것입니다.

(b) **그리스도께서 과연 누구에게서 그런 임무를 부여받았는지를 관찰하십시오.** "이 예수를 하나님이 그의 피로써 믿음으로 말미암아 화목제물로 세우셨으니." 여기서 보듯이 그리스도는 아버지께서 인치신 천국의 위대한 규례이십니다. 그는 천사와 사람 등 다른 모든 이들과 구별되시사 죄인들을 위하여 속죄를 행하실 자로 하나님의 택하심을 받은 자로 세워지십니다. 어린 양을 양 떼에서 취하여 구별하여 유월절 제물로 삼듯이 말입니다. 그러므로 사탄이 신자의 죄들을 낱낱이 제시하며 그 위중함을 무기로 그를 공격할 때에, 믿음이 이 성의 요새 밑에서 이 반석의 구멍들 속으로 달려들어가는 것입니다. 믿음은 이렇게 말합니다. "나의 죄가 아무리 크다 해도 내 구주는 그보다 무한히 더 크시다. 달리 생각한다면 그것은 하나님의 선택의 지혜를 거스르는 것이 되리라. 그의 어깨에 얼마나 무거운 짐을 올려놓아야 하는지를 잘 아시는 하나님께서는 그 짐의 무게를 견디는 그의 힘에 대해 완전히 만족하셨습니다. 하나님은 불충분한 희생 제물과 번제물을 거부하셨으니, 그리스도께서 속죄를 위하여 완전히 충족하지 않으셨다면 그를 부르지도 않으셨을 것입니다. 바로 여기에 건물 전체의 무게가 실려 있습니다. 곧, 연약한 믿

음은 구원할 수 있지만, 연약한 구주는 구원하실 수 없다는 사실 말입니다. 믿음은 그리스도로 하여금 구원을 호소하시도록 만듭니다만 그리스도께는 그 자신을 위하여 호소해 줄 자가 아무도 없는 것입니다. 믿음은 그리스도의 팔에 기댑니다만, 그리스도는 그 자신의 다리로 서 계십니다. 그러므로 그가 만일 우리 죄의 짐 아래로 가라앉았다면, 하늘에서나 땅에서나 나서서 그를 도울 수 있는 자가 아무도 없었을 것입니다.

(c) 하나님이 어째서 이 방법을 택하셔서 죄를 사하시는 그의 자비를 발하시는지를 관찰하십시오. 그것은 곧, "전에 지은 죄를 간과하심으로 자기의 의로우심을 나타내려 하심"입니다. 주목하십시오. 그의 자비를 선포하기 위함이 아닙니다. 그것은 너무도 명확한 사실입니다. 용서하는 자가 자비롭다는 것은 누구나 믿을 일입니다. 하지만 죄인들을 용서하심에서 하나님이 얼마나 의로우셔야 하신지를 생각한다는 것 — 이것은 사람의 생각과는 아주 동떨어진 것이요, 그리하여 그것을 되풀이하고 반복하여 말씀하는 것입니다. "이때에 자기의 의로우심을 나타내사 자기도 의로우시며 또한 예수를 믿는 자를 의롭다 하려 하심이라"(26절). 하나님은 마치 이렇게 말씀하신 것과도 같습니다: "불쌍한 죄인들이여, 내가 너희의 그 크고 많은 너희의 모든 죄들을 용서한다는 것이 어째서 너희가 그렇게 믿을 수 없을 것처럼 여기는지를 내가 아노라. 내가 의로운 하나님이어서 나의 공의를 손상시키기보다는 수많은 죄인들을 단호히 정죄하고, 그리하여 내게 조금이라도 불의의 의혹이 없게 할 것이라고 너희가 생각하기 때문이로다. 나는 나의 공의의 명예를 더럽히지 않고 과연 그들을 정죄하고 또 정죄할 것이로다. 그것이 바로 나이니라. 그러나 내가 선포하고 또다시 선포하며, 또한 너희와 세상의 지극히 흉악한 죄인들에게 명하노니, 내가 의로우면서도 동시에 예수를 믿는 저 죄인들을 의롭다 할 수 있다는 것을 믿을지니라." 이 소식을 접하고 신자가 얼마나 담대해지겠습니까! 지금까지 죽고 싶을 만큼 절망 가운데서 탄식하며 — 죽은 자들 중에 있어 이미 운명이 결정된 자처럼 — 생각 속에 지옥을 늘 예상하고 있던 영혼이 이 소식을 접하고 다시 소생하며, 다시 젊은 기운을 회복하게 될 것입니다. 마치 죽은 줄 알았던 요셉이 살아 있다는 소식을 듣고서 야곱이 그랬던 것처럼 말입니다. "무엇이라고요? 공의가 — 내가 두려워하던 그 유일한 원수가, 나의 생각이 피하여 도망쳤던 하나님의 마음의 그 속성이 — 이제 나의 친구가 되었다고요? 그러면 내 영혼아 힘을 내라! 하나님이 의롭다 인정하시는데 과연 누가 정죄하랴? 하나님의 그

공의가 너를 사면하는데, 어떻게 그 하나님이 너를 대적하실 수 있겠느냐?"

반론. 그러나 사탄이 영혼을 그렇게 내버려 두지 않을 것입니다. 그는 이렇게 말합니다: "불쌍한 자여, 이런 이상한 신학(divinity)을 믿느냐? 다른 이가 행하는 보상을 근거로 하나님이 그대를 용서하신다는 것이 과연 의로운 일이냐? 한 사람이 살인을 저질렀는데 무죄한 다른 사람이 그 대신 교수대에 오르다니! 그대는 과연 이것을 의로운 일이라고 보는가?" 율법은 죄 지은 당사자를 공의로 처리할 것을 요구합니다. 언약에서도 대리보증인(surety)을 허용한다는 언급이 없습니다: "네가 먹는 날에는 반드시 죽으리라."

답변 1. 믿음은 영혼을 가르쳐 하나님께서 그의 뜻에 대해 행하시는 선언을 그대로 믿고 따르게 해 줍니다. 언약의 그 처절한 경고가 처음에는 죄인의 이름만 거론하지만, 믿음은 복음 언약에서 그 경고가 은혜롭게 완화되는 것을 발견하게 해 줍니다. 복음 언약에서는 하나님이 그리스도의 손으로 내미는 죄인의 빚을 — 그러므로 우리의 행위로 인하여 그가 붙잡히시는 것입니다 — 받아주시겠다고 약속하사 신자에게 영원한 위로를 주십니다. "그가 찔림은 우리의 허물 때문이요 그가 상함은 우리의 죄악 때문이라 그가 징계를 받음으로 우리는 평화를 누리고 그가 채찍에 맞음으로 우리는 나음을 받았도다"(사 53:5). 믿음이 충분히 디디고도 남을 만큼 견고한 기반이 바로 여기에 있습니다. 그런데 어째서 우리 얄팍한 인생들이 마치 우리의 짧은 이성의 줄로 하나님의 공의로우심의 그 무한히 깊은 곳에까지 닿을 것처럼 생각하여 복음의 진리들에 대해 시비를 걸고 우리 자신의 생각들을 올무에 빠뜨린단 말입니까? 우리의 이성은 하나님의 창조의 역사 가운데 가장 보잘것없는 초라한 부분도 가늠하지 못하지 않습니까? 믿음은 이 이성이라는 아름다운 뱀 속에서 마귀를 간파해 냅니다. 사탄이 이성을 그 교묘한 혀로 삼아서 무엇보다 이 지극히 아름다운 복음의 근본 진리를 — 곧, 그리스도께서 보상하셨다는 진리를 — 무시하게 만들려는 사악한 계교에 이용하는 것을 믿음이 간파해 내는 것입니다. 그러므로 믿음은 이성의 판단의 불법성에 저항합니다. 순전히 초자연적이어서 자기의 이해 범주에 들지도 않는 이 믿음의 신비들을, 낮고 천한 자리에 앉은 이성이 부르다니 이성이 대체 무슨 권리로 그렇게 한단 말입니까? 그런데 이 교만한 우리 시대에 그런 자들이 있는데, 이들은 최고의 복음 진리들을 이 이방인 재판관인 이성의 법 앞에 세우고, 그리하여 복음의 한 가지 큰 목적을 제거해 버리려 합니다. 그 큰 목적이란 바로 우리의 얄팍한 이성을 믿음의 제단 위에 희생 제물로 드리고, 그리하여 말씀이 보도하는 복음의 높은 신비들을 — 우리의 이성의 그 작은 척도로는 이를 도무지 깨달을 수가 없습니다만 — 액면 그대로 믿음으로써 하나님의 진리에게 더 명확한 존귀를 돌리는 것인데, 이를 말살시켜 버리려는 것입니다.

답변 2. 신자는 그리스도와 그의 백성 사이의 그 친근한 연합에 근거하여, 하나님께서 그리스도의 손에서 빚을 받으시는 것을 의로운 것으로 여길 수 있습니다. 아내의 빚에 대해 남편에게 책임을 지우는 것이 적법한 일입니다. 그 둘 사이의 연합이 자발적인 것이며, 따라서 남편이 아내와 그런 친밀한 관계를 맺기 전에 그 아내의 재산 상태가 어떤지를 고려했을 것이고, 또한 고려했어야 마땅한 것으로 간주하는 것이 합당하기 때문입니다. 분명히 단언하건대 그리스도께서는 지극히 자유로운 처지에서 죄인의 유익을 위하여 자기 자신을 개입시키셨습니다. 사람의 본성이 얼마나 안타까운 처지에 있는지를 그는 잘 알고 계셨습니다. 사람이 멸망하도록 내버려 두시든, 혹은 사람을 회복시키도록 도움의 손길을 주시든, 그의 선택에서 자기 자신을 기쁘시게 할 절대적인 자유가 그에게 있었습니다. 그리스도에게는 또한 그저 피조물에 불과한 사람에게는 없는 그 자신의 생명에 대해 절대적인 능력이 있었습니다. 그리하여 아버지의 부르심에 따라 결혼을 통해 우리의 본성을 취하시고, 우리의 빚을 자신의 빚으로 삼으시고, 또한 그 빚을 갚는 일을 자신의 책무로 간주하시고, 그 빚을 지불하시기 위해 그의 보배로운 피를 흘리시고 죽으시는 일을 그 스스로 베푸셨으니, 아무리 교만한 육체라도 감히 어떻게 이 일에서 하나님의 공의를 요구하며, 또한 하나님의 의로우심을 문제삼을 수 있단 말입니까? 하나님께서 친히 그의 피조물의 손에서 최고의 사랑과 감사의 표현이 있을 것을 약속하셨는데 말입니다.

사실 2. 믿음은 비단 하나님의 공의를, 즉 그가 믿는 죄인을 용서하시면서도 동시에 그 자신이 의로우실 수 있다는 사실을 증언해 주는 것만이 아니라, 회개하지 않는 죄인을 정죄하는 것보다도 오히려 믿는 영혼을 용서하심으로써 그의 공의의 존귀를 더욱 증진시키실 수 있다는 것을 보여주기도 합니다. 하나님께서는 복음의 언약에서 바로 이러한 의도를 지니고 계셨던 것이 분명합니다. 그는 죄인의 죽음으로 말미암아 그의 공의가 확증되기를 바라시는 분이시니, 피조물이 보기에 그의 공의가 더 높이 드러나고 더욱 영광을 받도록 하기 위함이 아니라면 그의 독생자의 죽음에 동의하지 않으셨을 것이 분명합니다. 그리스도께서는 말씀하시기를, 자신이 세상에 오신 것은 우리 죄인들이 "생명을 얻게" 하려함이요 또한 우리가 그 생명을 "더 풍성히 얻게" 하려함이라고 하십니다(요 10:10). 즉, 혹시 아담이 끝까지 무죄한 상태로 있었을 경우에 우리가 물려받았을 그 정도보다 더 풍성히 얻게 하기 위함이라는 뜻입니다. 그러므로 그리스도께서 죽으신 것은 하나님께서 그 받으셔야 할 빚을 받으시기 위함임은 물론 더 나아가 피조물의 손에서 직접 받으셨을 것보다 더 풍성하게 그리스도로부터 받으시기 위함이었다고 말해도 무방하지 않을까요? 그러나 좀 더 구체적으로 하나님의 공의가 여기서 네 가지 영광스러운 정황 중에 나타나는데, 이런 정황은 죄인이 그 자신의 고난을 통해서 그 빚을 갚는 일에서는 도저히 찾아볼 수 없는 것들입니다.

(a) **하나님의 공의가 과연 누구의 손에서 보상을 받으시는지를** 생각해 보십시오. 죄인이 자기가 지은 죄로 인하여 정죄 받을 때에는 그저 불쌍한 사람이 형벌을 받는 것뿐입니다. 하지만 그리스도께서 고난당하실 때에는 더욱 존귀한 손에 의하여 빚이 지불되는 것입니다. 하나님께서 그 자신과 가까운 분에게서, 그렇습니다, 그 자신과 동등하신 분에게서 빚을 지불 받으시는 것입니다. "만군의 여호와가 말하노라. 칼아 깨어서 내 목자, 내 짝 된 자를 치라"(슥 13:7). 가령 재판관이 자기의 친 아들을 정죄한다면, 자기와 관계없는 낯선 자를 정죄할 때 이상으로 그의 정의가 훌륭하게 드러난다고들 말하지 않겠습니까? 하나님은 그 자신의 아들까지도 그냥 두지 않으시고 우리 모두를 위하여 내어 주셨으니, 여기서 그는 과연 죄에 대한 그의 극한 미움과 또한 공의에 대한 변함없는 사랑을 동시에 선포하신 것입니다.

(b) **어떤 방식으로 그 빚이 지불되는지를** 생각해 보십시오. 죄인이 정죄를 받을 때에는 그저 초라한 거지처럼 조금씩 빚을 갚아가는 것입니다. 지금 몇 푼 갚고, 그 다음에 몇 푼을 더 갚고 하는 식입니다. 언제나 빚을 갚지만, 절대로 빚을 다 갚는 때가 오지를 않으니, 영원토록 감옥에 갇혀 있어야 합니다. 하지만, 그리스도의 손에서는 하나님이 그의 빚 전체를 한 뭉치로 받으시게 되니, 그리스도께서는 진정 "다 이루었다"라고 말씀하실 수 있는 것입니다(요 19:30). 이 말씀은 마치 이런 뜻과도 같습니다: "이제 잠시 후면 구속의 역사가 다 이루어지리라. 이제 하나님이 받으셔야 할 그 빚 전체를 갚을 금액이 내 손에 있도다. 이제 내 머리가 숙여지고 숨이 내 몸에서 나가게 되면 모든 일이 다 이루어지리라." 그렇습니다. 그리스도께서는 하나님이 친히 말씀하신 대로 하나님의 공의에 합당한 그 전체의 금액을 지불하셨고, 이에 승리를 거두셨습니다: "나를 의롭다 하시는 이가 가까이 계시니 나

와 다툴 자가 누구냐?"(사 50:8). 그리고 더 나아가서 그리스도께서는 옛 빚만 갚으신 것이 아니라, 동일한 그의 피로써 그의 성도들을 위하여 하나님께 새로이 값 주고 사셨습니다. 그리하여 지금까지 채권자이신 하나님께서 그의 백성에게 채무자가 되시며, 그것도 영원한 생명을 빚진 자가 되십니다. 그리스도께서 그것을 위하여 값을 지불하셨으므로, 각 신자는 그리스도의 이름으로 겸손히 하나님께 그것을 요구할 권리를 지니게 된 것입니다. 이 둘을 한 곳에서 볼 수 있습니다: "오직 그리스도는 죄를 위하여 한 영원한 제사를 드리시고 하나님 우편에 앉으사 그 후에 자기 원수들을 자기 발등상이 되게 하실 때까지 기다리시나니 그가 거룩하게 된 자들을 한 번의 제사로 영원히 온전하게 하셨느니라"(히 10:12-14). 그는 신자들을 위해 채무를 변제하셨을 뿐 아니라 그들을 영원히 온전하게 하셨습니다. 곧, 그들이 지옥 형벌로부터 구원받는 것만이 아니라 그들이 영광 가운데서 완전해지는 것을 확실하게 베푸셨다는 것입니다. 이 사실에 근거하여 히브리서 기자는 "온전한 믿음으로 하나님께 나아가자"라고 권면하고 있는 것입니다(22절). 곧, 우리는 그리스도께서 값을 지불해 놓으신 그것을 하나님의 손에서 받게 될 것이니, 두려워하지 말자는 것입니다.

(c) 하나님께서 죄인을 정죄하실 때에도 **과연 그의 공의가 드러나지만** — 그 정죄 받은 악인들은 그들의 재판장이신 하나님의 처사에 대해 이의를 제기할 의로운 근거가 하나도 없습니다 — **죄인에게 내려지는 이 선고에서는 자비가 영광스럽게 보좌에 앉은 모습이 보이지 않습니다.** 그러나 그리스도께서 고난당하셨을 때에는 공의와 자비가 함께 만났습니다. 사실 하나님에게서나 사람에게서나 자비와 함께 나타날 때만큼 공의가 더 확연히 드러나는 때는 없습니다. 그런데 주 그리스도의 죽으심에서 공의와 자비가 그 충만한 영광 가운데서 드러나며, 그 둘이 서로를 유발시켜 줍니다. 여기서 흰색과 붉은색이 — 장미와 백합이 — 너무나도 훌륭하게 조화를 이루므로, 우리로 인하여 그리스도에게 드리워진 하나님의 진노와 또한 그리스도로 말미암아 우리에게 베풀어진 하나님의 자비 중에 과연 어느 것이 공의의 얼굴을 우리 앞에 가장 아름답게 보이게 하는지를 가늠하기가 어렵습니다.

(d) 하나님께서 죄인을 정죄하실 때에는 **공의가 오로지 수동적으로만 영광을 받습니다.** 하나님께서 마귀들과 또한 정죄받은 영혼들에게서 강제로 그의 영광을 드러내게 하십니다. 그러나 그들은 기꺼이 그 빚을 지불하지 않습니다. 그들은 달리 어찌할 수 없기 때문에 하나님의 공의를 인정합니다만 그러면서 동시에 그를 미

워합니다. 그러나 그리스도께서 제시하시는 보속(보상)에서는 공의가 능동적으로 영광을 받습니다. 그 공의가 그리스도께로부터 능동적으로 영광을 받습니다. 그는 마치 정죄받은 죄수가 감옥에 끌려가고 강제로 형벌을 당하듯이 그렇게 십자가에 억지로 끌려가신 것도 아니고 고난에로 떠밀려 가신 것도 아닙니다. 오히려 "그는 우리를 위하여 자신을 버리사 향기로운 제물과 희생 제물로 하나님께 드리셨"습니다(엡 5:2). 우리가 기꺼이 하나님을 대적하여 죄를 지은 것처럼 그는 기꺼이 우리를 위하여 고난당하신 것입니다. 또한 하나님의 공의가 믿는 영혼들에게서도 능동적으로 영광을 받습니다. 그들을 구속하신 그 하나님의 자비와 공의를 지금도 소리 높여 찬송하며, 또한 천국에서도 영원토록 동일한 사실을 찬송할 것입니다. 그러나 그리스도의 자발적인 고난이 정죄받은 자들의 강제의 형벌보다 얼마나 더 낫겠으며, 천국에서 울려 퍼지는 성도들의 그 기쁨에 찬 찬송들이 정죄받은 영혼들이 지옥에서의 비뚤어진 고백보다 얼마나 더 하나님의 귀에 아름답겠습니까? 바로 그 정도만큼 하나님의 공의가 죄인들의 고난보다 그리스도의 고난을 통하여 하나님의 공의가 더욱 영광을 받는 것입니다. 오오 여러분, 구원받은 영혼이 얼마나 비교할 수 없는 담대한 자세로 은혜의 보좌에게 영광을 돌리겠습니까? 그 영혼은 그리스도께 기대어 죄 용서를 구해도 그의 영원한 구원이 조금도 위협을 받지 않으므로, 이렇게 말할 것입니다: "주님, 저를 정죄하시는 것이 그리스도의 죽으심이 저를 위해 행하신 것보다도, 또한 제가 구원을 받음으로 천국에서 감사의 마음으로 주의 모든 속성들에 돌리게 될 영광보다도 더 — 혹은 동등하게 — 주의 공의를 높인다면, 저는 구원받기보다 정죄받기를 원하나이다."

사실 3. 믿음은 죄를 용서하시는 자비의 행위에서 하나님의 공의가 보존되고 또한 더욱 높여진다는 것을 보게 해줄 뿐 아니라, 아무리 큰 죄를 범했더라도 회개하며 믿는 영혼의 죄들을 용서하시지 않는다면 하나님이 공의로우실 수가 없다는 것도 보게 해 줍니다. 공의의 한 가지 큰 부분은 약속을 성실하고도 정확하게 이행하는 데 있습니다. 그런데 하나님이 그렇게 하시지 않는다면 과연 그가 공의로우신 하나님이실 수가 있겠습니까? 그런데 회개하는 영혼을 그가 용서하시겠다는 말씀이 그의 입에서 나옵니다. 그렇습니다. 하나님은 그 약속을 이행하심으로써 과연 그가 공의로우신지 아니면 불의하신지를 우리 앞에서 증명하고자 하십니다. 자, 하나님께서 그의 공의를 걸고 계시는 본문을 보십시다: "만일 우리가 우리 죄를 자백하면 그는 미쁘시고 의로우사 우리 죄를 사하시며 우리를 모든 불의에서 깨끗하게 하실 것이요"(요일 1:9). 여기서 "그는 자비하시사"라고 말씀하지 않고, "그는 의로우사"라고 말씀합니다. 그리하여 우리가 가장 두려워하는 그의 속성이 우리에게 시비를 걸지 않게끔 하시는 것입니다. 그런데 이것이 그 약속의 이행에 달려 있고, 하나님은 우리가 이것을 알기를 바라십니다. 이 약속을 행하시는 것은 하나님의 자비였습니다. 그러나 자비가 약속해 놓은 그것을 이행하는 것은 그의 공의인 것입니다. "주께서 옛적에 우리 조상들에게 맹세하신 대로 야곱에게 성실을 베푸시며 아브라함에게 인애를 더하시리이다"(미 7:20). 하나님은 아브라함과 그의 후손에게 약속을 하실 의무가 전혀 없으셨습니다. 그러나 일단 그에게 그의 말씀을 전하신 다음에는, 그것이 "야곱에게 성실"이 되었습니다. 그는 하나님께서 그의 조상 아브라함의 손에 맡겨 두신 그 약속의 의무를 그대로 상속받았던 것입니다.

[죄의 위중함에 대항하여 믿음은 약속의 위대함을 제시함]

둘째. 믿음은 죄의 위중함에 맞서서 약속의 위대함을 제시함으로써, 죄의 위중함에 근거한 이 절망의 시험을 소멸시켜 줍니다. 오직 믿음만이 하나님의 위대하심을 볼 수 있습니다. 그러므로 약속들의 위대함을 볼 수 있는 것도 오로지 믿음밖에는 없습니다. 왜냐하면 그 약속들의 가치는 그 약속들을 주시는 그분의 가치에 따라 결정되기 때문입니다. 그러므로 믿지 않는 마음에게는 약속들이 별로 효능이 없게 됩니다. 죄를 멀리하게 만들거나 죄에 대한 두려움 아래서 위로를 얻게 만들거나 하지를 못하는 것입니다. 약속은 마치 우리가 입는 의복과 같습니다. 몸에서 열이 나서 의복을 따뜻하게 하면, 다시 의복이 우리 몸을 따뜻하게 합니다. 그러나 몸에게서 열기를 받지 못하면, 몸에게 열기를 주지도 못하는 법입니다. 약속을 좇아가는 믿음이 있으면, 그 약속이 풍성한 위로와 평안을 줍니다. 마치 톡 쏘는 음료처럼 사람의 가슴을 내적인 기쁨으로 가득 채워 줍니다. 하지만 믿지 않는 죽은 마음에게는 약속이 있어도 냉랭하고 아무런 효과도 없습니다. 마치 죽은 사람의 목구멍에 시원한 음료를 집어넣어도 아무런 효과가 없듯이, 그런 영혼에게는 약속이 아무런 효과를 낼 수가 없는 것입니다. 약속은 마치 불이 열기를 지니고 있는 것처럼 그 본질에 위로를 내포하고 있지 않습니다. 만일 그렇다면 불에 다가가기만 하면 따뜻해지는 것처럼 약속을 마음에 품기만 해도 누구나 위로를 받아야 옳을 것입니다. 하지만 약속은 그렇지 않습니다. 마치 부싯돌에서 일어나는 불과도 같습니다. 부싯돌에서 불이 일어나게 하기 위해서는 무언가 노력과 수고가 필요한 것입니다. 약속의 감미로움과 효능을 이끌어 내는 기술을 가르쳐줄 수 있는 것은 오직 믿음밖에 없습니다. 믿음은 무엇보다 다음과 같이 세 가지 방식으로 그런 기술을 가르쳐 줍니다. 1. 믿음은 약속들의 그 근원에로 인도하여 거기서 그 약속들의 위대함과 고귀함을 잘 조감할 수 있는 최고의 위치에 서게 해 줍니다. 2. 믿음은 약속들의 목적을 바라보게 하여 거기서 그 위대함을 더 깊이 보게 합니다. 3. 믿음은 그리스도인에게 약속의 성취를 경험한 구름같이 허다한 증인들을 제시해 주며, 이들 역시 그 자신과 마찬가지로 큰 죄인들임을 보게 합니다.

[믿음이 약속들의 효능을 이끌어 내도록 가르치는 세 가지 방법]

첫째 방법. 믿음은 **약속들의 근원에로 인도하여**, 거기서 최상의 유리한 위치에서 그 약속들의 위대함과 고귀함을 조망하게 해 줍니다. 어떤 사물이든 그 근원에까지 추적하여 그것이 그 원인 속에 누워 있는 것을 보아야만 그것에 대해 제대로 이해할 수 있는 법입니다. 하나님을 향한 적개심으로 가득 차 있는 독성이 근원이 되어 거기서 죄들이 흘러나오는 것인데, 이러한 근원을 제대로 보아야 사람이 자기의 죄의 위중함을 알게 되며, 그렇게 되면 죄인이 마치 자기 머리 위에 번개가 떨어지는 것 같은 크나큰 위협에 두려워 떨게 됩니다. 죄에 대한 하나님의 완전한 혐오와 또한 죄인을 향하여 불타오르는 그의 무한한 진노가 그 심판의 근원이니, 이것을 바라보게 되면 과연 그 심판이 어느 순간에 자기에게 임하게 될지 몰라 두려워하며 떨게 되는 것입니다. 요컨대, 두려움으로 떠는 심령이라도 하나님의 약속을 그것이 흘러나오는 근원 — 하나님의 값없는 자비하심 — 에서부터 보게 되면 그 약속이 주는 위로를 결코 작게 여기지 않을 것입니다. 하나님의 약속은 그의 값없는 자비하심의 가슴이 근원이 되어 거기서부터 흘러나오는 것인데, 이러한 근원을 깨닫게 되면 두려움에 떠는 불쌍한 심령이 하나님의 약속이 주는 위로를 결코 가볍게 여기지 않을 것입니다. 사실 하나님의 값없는 자비하심이 모든 약속들의 근원입니다. 하나님의 모든 약속들을 포괄하는 언약 자체를 가리켜 "자비"라 부르는데, 이는 그것이 자비의 산물이기 때문입니다. "우리 조상에게 약속하신 자비를 행하시며 그 거룩한 언약을 기억하셨으니"(눅 1:72. 한글개역개정판은, "우리 조상을 긍휼히 여기시며 그 거룩한 언약을 기억하셨으니"). 그런데 믿음은 이렇게 말합니다. "약속들이 하나님의 값없는 자비의 바다에서 흘러나온다면, 그 약속들은 하나님과 똑같이 무한할 수밖에 없고 끝이 없고 무한한 깊이가 있을 것이며, 따라서 여러분의 죄가 크고 많다는 것 때문에 그 약속을 거부하거나 그 약속이 베푸는 내용의 충족함을 의심한다면 그것은 그 자비를 욕되게 하는 것이며 — 그 약속이 하나님의 자비하심의 뱃속에서 잉태된 것이므로 — 하나님께서는 분명히 여러분을 다루실 것입니다. 하나님은 그의 자비가 비방을 받고 비웃음 당하는 것을 가장 견디지 못하시니 말입니다. 여러분이 하나님을 무자비하신 분으로나 자비가 모자라는 분으로 대하면, 여러분이 그를 향하여 최악의 잘못을 저지른 만큼 여러분에게 갚으실 것입니다."

하나님께서 그의 피조물 중에 이런 기질과 이런 자세를 품는 것을 하나님이 어떻게 여기실지를 생각해 보면 이것이 얼마나 큰 죄인가를 알 수 있습니다. 무자비한 마음은 여호와 앞에서는 타의 추종을 불허할 정도로 가증스러운 것입니다. 이것은 이방인들이 범하는 끔찍한 죄들 중에서도 가장 밑바닥에 속하며, 가장 위중한 죄에 속하는 것입니다. 그들을 가리켜 "무정한 자요 무자비한 자"라 칭하는 것입니다(롬 1:31). 그런데 하나님께서 사람에게 있는 것도 그렇게 혐오하시는 그것을 그에게 갖다 붙이다니, 이는 하나님의 선한 이름을 욕되게 하는 것으로 사람의 마음을 정말로 두렵고 떨게 만드는 행위인 것입니다. 여호와 하나님께서는 유다 왕 여호람을 치셔서 "능히 고치지 못할 병이 그 창자에 들게 하셨"고, 그리하여 그는 이년 동안 극한 고통을 당하다가 창자가 밖으로 빠져나와 죽었습니다(대하 21:18, 19). 그런데 어째서 그에게 이토록 극심한 질병이 임하게 되었습니까? 자기 형제들과 왕자들을 지극히 잔인하게 살육한 그로 하여금 그들을 향한 자비의 마음이 자기에게 없다는 것을 그 스스로 알게 하기 위함이었습니다. 그의 마음에 자비(bowels)가 없었으니, 그러므로 그의 몸에도 창자(bowels)가 없게 된 것입니다. 여러분, 형제들을 향하여, 원수들을 향하여, 마음을 굳게 한 자들을 향하여 하나님께서 진노를 발하신다는 증거를 보면서 회개하며 그리스도의 이름으로 하나님께 자비를 구하지 않습니까? 그러면서도 감히 하나님께 자비가 없으시니 여러분에게 자비를 베풀지 않으실 것이라고 한단 말입니까? 오오 여러분, 이것을 조심하기 바랍니다. 어려움에 처한 형제에 대해 자비로운 연민의 마음을 닫아 버리는 것은 막중한 죄요, 또한 그것은 여러분 속에 과연 하나님을 사랑하는 것이 거하는지를 의심하게 만드는 것입니다(요일 3:17). 그러나 마치 하나님이, 어려움에 처하여 회개하고 돌아오기를 소원하는 불쌍한 영혼을 향하여 자비와 연민을 닫아 버리기라도 하신 것처럼 하나님의 자비로운 마음을 헐뜯는 것은 그보다 훨씬 더 위중하고 가증스런 죄입니다. 그리고 이런 죄가 지속된다면 하나님을 사랑하는 것이 그 사람에게 거하지 않는다는 것이 그야말로 명약관화한 것입니다. 하나님을 향한 사랑이 있다면 하나님을 그렇게 형편없는 모습으로 그린다는 것이 도무지 불가능한 일입니다.

둘째 방법. 믿음은 **약속의 목적을 바라보게** 하며, 이를 통하여 약속의 위대함을 더 확실하게 보게 합니다. 그런데 믿음은 말씀의 빛으로부터 약속들에서, 특히 죄 사함의 자비에 대한 약속에 두 가지 목적을 보게 해 줍니다.

목적 1. 값없는 은혜의 풍성함을 드높여 기리며 찬송하는 것입니다. 곧, 그 모든 영광 가운데서 하나님을 드러내는 것입니다. 물론 피조물인 사람에게 가능한 만큼만 그렇게 하는 것입니다. 하나님의 영광을 완전히 바라보는 것은 오로지 하나님 자신에게만 가능한 일이니 말입니다. 이러한 경륜과 신비한 계획이 멋지게 제시되는 것을 보십시오(엡 1:6, 9, 11, 12). 그 골자는 바로, 하나님께서 친히 그리스도로 말미암아 불쌍한 죄인들의 무리를 용서하시고 구원하시고자 하는 목적을 취하셨다는 것이요, 또한 이것을 복음의 약속들 속에서 선포하셨다는 것입니다. 그리고 이 모든 계획의 목적은 이 모든 이들을 마지막에 천국에 모으시고 — 그들 중 일부는 이미 거기에 있고, 일부는 현재 이 땅에 있으며, 일부는 아직 출생하지 않았습니다 — 또한 그들이 모두 하나의 영광스러운 찬양대를 이룰 때에 거기서 그들이 그들의 승리의 노래와 할렐루야들로 천국을 가득 채워서 그들을 용서하시고 구원하신 그 자비의 영광을 찬송하며 감사하게 하고자 하는 것입니다. 그런데 믿음이 하나님의 자비를 찬송하는 것이 하나님께서 그의 약속에서 의도하신 목적임을 깨닫고서, 두려움에 떠는 영혼에게 복된 소식을 갖고 찾아와서 이야기해 줍니다. 곧, 하나님께서 그의 목적을 진실로 이루시고 처음에 세우신 그 목표를 계속해서 지향해 가시는 분이실진대, 그는 불쌍한 죄인이 회개하며 그에게 나아갈 때에 그의 죄가 아무리 크다 해도 결코 그를 거부하실 수가 없다는 것을 알려 주는 것입니다.

믿음은, 하나님께서는 불쌍한 죄인들을 용서하시겠다고 약속하실 때에 그의 자비가 높이 기림을 받을 것을 염두에 두고 계신다는 것을 이야기해 줍니다. 그런데 어느 것이 하나님의 자비를 가장 크게 높여 주겠습니까? 작은 죄인을 용서하는 것입니까, 아니면 큰 죄인을 용서하는 것이겠습니까? 과연 누가 가장 크고 우렁찬 목소리로 하나님의 자비를 찬양하며 노래하리라고 보십니까? 분명 용서함 받은 것이 가장 많은 사람일 것입니다. 그러니 하나님께서는 가장 큰 죄인들이 진정 회개할 때에 가장 기꺼이 그들을 사하실 준비를 갖추고 계실 수밖에 없는 것입니다. 유명해지고 싶은 의사라면 자기의 기술과 실력을 최고도로 발휘할 수 있는 중환자는 보내 버리고 오로지 가볍고 일상적인 환자만을 진료하려 하지는 않을 것입니다. 위중한 환자를 치료할 때에 그 소문이 멀리 또는 가까이에 퍼지는 것입니다. 자기 자신이나 다른 이들에게서 이미 죽은 자로 인정된 사람이 의사의 기술로 죽음의 문턱에서 구원받아 마침내 건강을 회복하였다면, 모든 사람들이 그를 칭찬할 것이요, 일 년 내내 일상적인 환자들만을 진료했을 경우보다 훨씬 더 그 의사의 명성이 높아질 것입니다. 큰 죄를 용서함 받은 자들에게서 하나님을 향하여 큰 찬송이 나오는 법입니다. 그리스도께서 친히 하신 말씀처럼(눅 7:43) 오백 펜스를 탕감 받은 사람은 오십 펜스를 탕감 받는 사람보다 더욱 감사와 사랑이 있을 것입니다. 사랑이 가장 큰 사람에게서 찬송도 가장 큰 법입니다. 사랑이 찬송으로 이어지니 말입니다. 이렇게 말할 수 있을지 모르겠지만, 천국의 찬양대 중에서 므낫세와 막달라와 바울 같은 이들의 음성이 가장 크게 울려 퍼질 것입니다. 사실은 회개하는 죄인을 용서하시는 하나님의 생각 속에서 죄의 위중함이 장애거리가 되기는커녕 오히려 — 아무리 작은 죄를 범한 죄인일지라도 — 스스로 자기의 죄가 위중하다는 것을 깨닫고 인정하고서 그에게 나아와 죄 사함을 구하는 죄인들 이외에는 그 누구의 죄도 용서하시지 않으시는 것입니다. 그러므로 하나님은 율법을 사용하셔서 율법의 정죄와 양심에 주는 두려움을 통하여, 회개하는 죄인의 마음속에서 그 하나님의 용서하시는 자비를 더 높이 기리며 존귀하게 하도록 준비를 갖추게 하십니다. "율법이 들어온 것은" — 즉, 모세를 통해서 처음 반포되었고 또한 지금도 전해지는 것은 — "범죄를 더하게 하려 함이라"(롬 5:20). 즉 양심 속에서 죄에 대한 더 깊은 지각과 회한이 생기도록 한다는 뜻입니다. 그러니 "죄가 더한 곳에 은혜가 더욱 넘치게" 하고자 함이 아니라면 무엇 때문이겠습니까? 우리 죄를 사하시는 자비에 대한 생각이 우리가 범한 죄에 대해 우리 스스로 갖는 생각들과 합당하게 잘 어울려야 합니다. 우리 죄를 별로 중하게 생각하지 않는다면, 어떻게 죄 사함의 자비를 크게 생각할 수 있겠습니까? 그리고 만일 우리가 우리 죄의 위중함을 깨닫고 두려워 떤다면, 죄 사함의 자비가 그 죄의 위중함을 한없이 뛰어넘을 만큼 크다는 것을 깨닫게 될 때에 승리의 기쁨으로 그 자비를 찬송하지 않을 수 없을 것입니다. 높은 산을 보고 경이로워하는 자는, 잘 보이지 않도록 덮여 있는 강의 아주 얕은 깊이를 보고서도 더 경이로워할 것입니다.

목적 2. 약속의 두 번째 목적은 바로 신자에게 위로를 주는 것입니다. 말씀은, 특히 이 부분은, "우리로 하여금 인내로 또는 성경의 위로로 소망을 가지게" 하기 위한 목적으로 기록되었습니다(롬 15:4). 하나님은 불쌍한 죄인들에게 그의 실질적인 의도에 대해서와 또한 영원 전부터 그의 자비로 정해 놓으신 그 경륜 — 곧, 그리스도를 받아들이는 모든 이들을 구원하신다는 것 — 의 불변함에 대해서, 또한 그리스도를 통하여 복음에 제시된 조건들에 대해서 모든 안전과 만족을 베풀어 주고자 하셨습니다. 그는 그 일들을 행하시리라는 것을 성경에 반포하십니다. 곧, 성경에서 그의 마음을 열어 보이시고 또한 불쌍한 죄인들의 구원을 위하여 영원 전에 그가 취하신 사랑의 목적들을 성경에서 드러내시니, 그 죄인들이 볼 수 있도록 여러 고귀한 약속들이 성경 전체에 마치 정맥처럼 흐르게 하시며, 또한 하나님의 지혜로 하실 수 있는 모든 인침과 확증들을 그 약속들에 덧붙이심으로써 사람의 믿지 못하며 투기하는 마음이 바라는 대로 하시는데, 이 모든 일은 시험받는 불쌍한 영혼들의 어지러운 심령을 고요하게 하고 그들의 삶을 좀 더 편안하게 하며, 자기들의 크고 많은 죄들에 대해 안타까이 외치는 자들로 하여금 그리스도 예수를 그들의 삶을 위한 성소로 취하게 하고자 하는 의도에서 그가 행하신 것입니다. 이것이 그렇게 많은 말씀들로(*in toridem verbis*) 제시되었으니, "이는 하나님이 거짓말을 하실 수 없는 이 두 가지 변하지 못할 사실로 말미암아 앞에 있는 소망을 얻으려고 피난처를 찾은 우리에게 큰 안위를 받게 하려 하심이라"(히 6:18). 마귀가 사람의 죄의 위중함과 무수함을 연자 맷돌로 삼아 불쌍한 죄인의 목둘레에 맬 수도 있고, 또한 시험받는 죄인이 그것을 칼로 삼아 자기의 믿음을 죽일 수도 있으므로, 하나님께서는 이를 방지하기 위하여 더욱 자주 또한 더욱 풍성하게 이에 대한 약속들을 베풀어 주셨습니다. 이를 위하여 출 34:5; 렘 3장; 사 1:18; 45:7-9, 12; 히 7:25; 요일 1:9 등의 고귀한 성경 본문들을 읽어 보십시오. 이러한 본문들이야말로 영혼을 상대로 이러한 공격이 행해질 때에 믿음이 퇴각하여 기댈 수 있는 강력한 요새들인 것입니다.

"오오 내 영혼아, 성경에서 거의 매 페이지마다 답변되어 있고 또한 성경의 상당 부분이 그것을 반박하기 위해 기록된 것인 데도, 그저 죄의 위중함에 근거한 논지로 인해서 네가 괴로움을 당한다면 부끄러운 일이 아니냐?"라고 믿음은 말합니다. 사탄은 이러한 자기의 논리를 무적이라고 여기지만, 믿음은 이것을 코웃음 치며 물리칩니다. 마치 학교를 갓 졸업한 달변의 학자가 어리석고 대담하게도, 정신이 온전한 사람이라면 누구나 다 인정하는 어떤 원리를 부정할 때에 그를 향하여 코웃음 치며 반박하듯이 말입니다. 그러나 여기서 저는 오류를 범하고 싶지 않습니다. 절망을 치료한다고 하면서 사람들을 뻔뻔스럽게 만드는 일이 있어서는 절대로 안 되니 말입니다. 절망도 뻔뻔한 것도 모두 영혼에게 똑같이 치명적으로 위험한 것입니다. 또한 이 둘은 마치 차가운 위(胃)와 뜨거운 간(肝)이 동일한 사람에게 있는 것처럼 서로 반대되는 것입니다. 의사가 그 사람의 소화 기능을 돕기 위해 위를 따뜻하게 하기 위하여 열을 가하다가 때때로 불행하게도 간에 열이 전달되어 그 기능이 악화되는 일이 생기기도 하는 것입니다. 그러므로 절망에 빠진 영혼의 사기를 북돋아 주고 약속을 붙잡고 신뢰함으로 위로를 얻도록 강건하게 해 주려 하다가 주제 넘는 뻔뻔스런 자신감에게 뜨거운 열기를 불어넣어 줄 위험이 항상 있습니다. 그러한 열기가, 하나님을 기쁘시게 하기 위해 조심하며 또한 그가 혹 불쾌하실까 하며 두려워하는 모든 경건한 자세를 금방 다 먹어치울 것이요 결국 영혼 속에 있는 참된 믿음의 모든 근거까지 다 사라지게 만들 것입니다. 믿음과 두려움은 마치 사람의 몸의 본성적인 열기와 필수적인 습기와도 같습니다만 이 둘이 함께 보존되지 않으면 절대로 몸이 좋을 수가 없는 것입니다. "여호와는 자기를 경외하는 자들과 그의 인자하심을 바라는 자들을 기뻐하시는도다"(시 147:11). 그러므로 그리스도인 여러분, 조심하라는 당부를 드리고 싶습니다. 괴로움 중에 하나님의 자비하심으로부터 무언가 안위를 찾고자 할 때에, 여러분의 정욕들과 계속 친하게 지내면서도 여전히 하나님께 자비를 얻을 수 있을 것이라는 생각을 하지 않도록 조심하기를 바랍니다. 그것은 마치 빛을 어둠과 함께 공존하게 하며, 낮을 밤과 함께 거하게 하는 것만큼이나 허무맹랑한 생각입니다. 여러분이 죄를 회개한다면 죄가 아무리 위중하다 해도 그것 때문에 여러분의 죄가 용서함 받았다는 것을 믿기를 두려워할 필요가 없습니다. 하지만 하나님의 자비하심이 크다고 해서 그것을 의지하고 마음껏 대담하게 죄를 범할 생각을 갖는 것을 두려워해야 합니다. 자비는 두려워 떠는 죄인에게는 기꺼이 성소(聖所)가 되어 주고 또한 죄의 저주로부터 그를 보호해 주지만, 정욕에 휩싸여 죄를 범하는 대담한 죄인에게는 그의 날개를 펼쳐서 보호해 주기를 지극히 혐오하는 것입니다. 무엇이라고요? 죄 용서의 약속들이 있고 그 약속들이 우리 죄를 훨씬 능가하는 하나님의 자비로 베풀어진 것이니 죄를 짓는다고요? 정말이지 이것은 하나님께서 자비로 그 약속들을 베푸신 의도와는 정반대되는 것이요, 복음을 거꾸로 뒤집어 엎어놓는 것입니니다. 그것은 마치 오로지 병들거나 기진할 때에만 사용하도록 하기 위해 포도주를 창고에 저장해 놓았는데, 종이 거기에 들어가 마구 마시고 취하여 있는 것과 마찬가지입니다. 오오 여러분, 성소의 그릇으로 마구 마시지 않도록 주의하기 바랍니다. 이 위로의 포도주는 죄를 짓는 영혼이 아니라 병들어 지친 영혼의 것인 것입니다.

셋째 방법. 믿음은 그리스도인으로 하여금 약속의 성취를 얻은 구름같이 허다한 증인들을 바라보게 합니다. 그들 역시 그 그리스도인 자신만큼 큰 죄인들입니다. 성경의 실례들은 확증된 약속들입니다. 그들은 약속들과 더불어 믿음이 격려하기 위해 사용하기도 하는 책장(책꽂이)들입니다. 이러한 시험 — 절망 그 자체가 영혼 속에 들어오게 하므로 영혼에 임하는 모든 시험 중에 가장 위험한 — 을 사라지게 함으로써 시험받는 영혼들에게 그렇게 귀한 유익을 주는 것이 아니었더라면, 하나님께서는 절대로 성도들의 큰 허물들을 성경에 그대로 남겨두셔서 온 세상이 대대로 그것들을 보도록 해놓으시지 않으셨을 것입니다. 사도 바울은 큰 죄인들에게 죄 용서를 베푸시는 그 놀라운 자비의 행위들이 왜 성경에 기록되어 있는지 그 이유를 에베소서 2장에서 제시하고 있습니다. 그는 먼저 복음의 은혜에 참여한 자들이 되기 전에 그 자신은 물론 기타 당시의 신자들이 얼마나 더럽고 추악한 존재들이었는지를 보여 줍니다. "전에는 우리도 다 그 가운데서 우리 육체의 욕심을 따라 지내며 육체와 마음이 원하는 것을 하여 다른 이들과 같이 본질상 진노의 자녀이었더니"(엡 2:3). 그리고 이어서 그는 그처럼 정죄 받은 절박한 상태에서 그들을 꺼내어 구원하신 하나님의 풍성하신 자비하심을 높이 기리며 찬송합니다. "긍휼이 풍성하신 하나님이 우리를 사랑하신 그 큰 사랑을 인하여 … 우리를 그리스도와 함께 살리셨고"(4, 5절).

그런데 어째서 세상이 이 모든 일을 알아야만 합니까? 오오 하나님께서는 그들은 물론 그 이후의 사람들을 위하여 자비로우신 계획을 갖고 계셨습니다. "이는 그리스도 예수 안에서 우리에게 자비하심으로써 그 은혜의 지극히 풍성함을 오는 여러 세대에 나타내려 하심이라"(7절). 복음이 나아가는 곳마다 하나님이 얼마나 큰 죄들을 용서하셨는가 하는 것이 전파되게 하사, 불신자가 세상 끝까지 그 입을 다물게 되고, 사탄이 쏘아대는 이 화살이 무기력하게 되게 하시는 것입니다. 하나님께서는 여호수아에게 명하여 요단 강에서 열두 돌을 가져다 세우게 하셨습니다. 그런데 그 이유를 주목하기 바랍니다. "이것이 너희 중에 표징이 되리라. 후일에 너희의 자손들이 물어 이르되 이 돌들은 무슨 뜻이냐 하거든, 그들에게 이르기를 요단 물이 여호와의 언약궤 앞에서 끊어졌나니 곧 언약궤가 요단을 건널 때에 요단 물이 끊어졌으므로 이 돌들이 이스라엘 자손에게 영원히 기념이 되리라 하라"(수 4:6, 7). 이처럼 하나님은 죄를 사하시는 자비하심으로 크나큰 악명 높은 죄인들을 그 깊은 죄의 수렁 밑바닥에 — 이를테면 지옥 밑바닥에 — 누워 온갖 형태의 가증스러움에 완전히 삼킨 바 된 처지에서 건져 주셨고, 또한 그런 사실들을 그의 말씀 속에 세워 놓으셔서, 세상 끝날까지 불쌍한 영혼이 시험을 받아 자기들의 죄의 위중함에 대한 두려움 속에 완전히 압도되어 있을 때에 하나님께서 이들을 위하여 행하신 일을 보고 읽음으로써 이런 실례들 — 이는 하나님께서 과거에 다른 이들에게 행하신 일들의 기념비이며 따라서 그가 앞으로 세상 끝날까지 아무리 큰 죄인들이라도 회개하고 믿을 때에 그들을 위해 행하실 일들의 표증이기도 합니다 — 을 통하여 위로와 평안을 얻도록 하신 것입니다. 그 어떠한 죄라도, 그것이 요단 강의 물만큼 크고 많다 할지라도, 하나님의 은혜로우신 언약의 자비 앞에서는 설 수가 없을 것이요, 영원히 끊어질 것이요, 또한 그 죄인들이 영원토록 사함 받게 될 것입니다.

오오 여러분, 과연 죄 사함 받은 죄인들의 명부에서 므낫세와 막달라와 사울을 읽고, 또 아담 — 자기 자신을 망하게 하고 자기와 함께 온 세상을 망하게 한 — 을 읽고서, 자기에게까지 돌아올 자비가 남아 있지 않을지도 모른다는 두려움 때문에 그 약속에서 돌아설 자가 어디 있겠습니까? 이들은 말하자면, 하나님의 자비하심이 어느 정도나 뻗어나가며 어느 정도나 미치는 그 엄청난 경계를 보여주는 지계석(地界石)들입니다. 아무리 큰 죄인들일지라도 마지막까지 회개하지 않음으로 스스로 구원받지 못하게 만들지만 않는다면, 모두 그의 팔로 안으시고 죄를 사하시는 자비를 얻게 되는 것입니다. 의심하는 그리스도인 여러분, 한 번 주위를 둘러다니며 맨 끝에 있는 지계석을 보고, 하나님이 죄 사하시는 자비로 세우신 경계가 어디까지인지를 살펴보는 것은 매우 건강한 일일 것입니다. 그렇게 하면 여러분 자신의 불신앙으로 하나님의 자비에 대해 편견을 갖게 되지도 않을 것이고, 사탄의 거짓말에 속아 넘어가 화를 당하지도 않을 것입니다. 사탄은 여러분의 심령을 더욱 어지럽히기 위하여 하나님의 지계석을 옮겨 버리려 애씁니다. 그 일로 자기 자신이 저주를 받는데도 말입니다. 그러나 그렇게 했는데도 여러분의 죄가 성경에서 죄를 사함받은 모든 사람의 죄를 능가하는 것처럼 보인다면 — 이는 아주 이상스러운 일입니다만 — 믿음에게는 이 수렁에서 여러분을 건져줄 한 가지 길이 있으니, 그것은 그리스도를 바라보게 하는 것입니다. 그는 스스로 죄를 지으신 일이 없음에도 그의 목숨을 내어 주사 모든 택한 자들을 위하여 죄 사함을 값 주고 사셨고 또한 그것을 이루셨습니다. 그러므로 택하심 받은 모든 이들이 죄 사함을 받게 되는 것입니다. 믿음은 이렇게 말합니다: "가령 그대의 죄가 다른 모든 성도의 죄보다 크다 해도, 택함 받은 자들의 모든 죄를 다 합쳐놓은 것보다 더 크겠느냐?" 이에 대해 감히 그렇다고 말하거나 그렇다고 생각하지 못할 것입니다. 택함 받은 수백만 이상의 성도들에게 죄 사함을 베푸신 그리스도께서 여러분 한 사람에게 죄 사함을 베푸시지 못하겠습니까? 그렇습니다. 여러분의 죄가 성도들 모두의 죄를 합친 것만큼 크다 해도, 그 결과는 마찬가지입니다. 그 죄들이 한 사람에게 있거나 여러 사람에게 있거나 간에 하나님께서는 용서하실 수 있는 것입니다. 그리스도는 "세상 죄를 지고 가는 하나님의 어린 양"이십니다(요 1:29). 여기서 택함 받은 모든 이들의 모든 죄가 한 분에게 지워져 있습니다. 그리고 그는 그 짐을 가볍게 지고 망각의 땅으로 들어가시는 것입니다. 자 여러분, 믿음이 여러분에게 이야기해 줄 것입니다. 세상을 구속한 그리스도의 피의 모든 효능과 공로가 여러분에게 베풀어지고 있고, 여러분의 영혼에게 전달되고 있다고 말입니다. 그리스도께서는 그의 피를 짐으로 사서 한 사람에게 조금, 또 다른 사람에게 조금 주신 것이 아닙니다. 만일 그렇다면 여러분도 무언가 할 말이 있을 수 있을 것입니다. 하지만 그는 자기 자신 전체를 믿는 각 신자에게 주시는 것입니다. 그리스도의 모든 것이 여러분의 것이요, 여러분은 그리스도의 것입니다. 오오 여러분, 그렇게 위대하신 구속자께서 보증하시는 약속을 신뢰하고 거기서 유익을 얻지 못하게 만드는 것이 어디 있겠습니까?

[다른 모든 위중한 죄들에 맞서서 믿음은 절망의 죄의 위중함을 제시함]

셋째. 믿음은 사탄이 회개하는 불쌍한 영혼을 절망에 빠뜨리기 위하여 죄의 위중함으로 무장시켜 쏘아대는 이 불화살을 소멸시키기 위하여, 모든 다른 죄들이 위중하지만 이 한 가지 절망의 죄가 가장 위중하다는 것을 가르쳐 줍니다. 믿음은 이렇게 말해줍니다: "사탄이 무엇이라고 하며 너를 설득하겠느냐? 네가 그렇게 위중하고 잔악한 죄인이었으니 약속을 믿지도 말고, 그것이 네게 복된 소식이라고 감히 생각하지도 말라고 하느냐? 오오 내 영혼아, 그의 논리로 그에게 응수하고, 너로 하여금 믿지 못하게 하기 위해 그가 제시하는 바로 그것이 오히려 너로 하여금 절망하지 않도록 막아 주니, 곧 너의 다른 모든 죄보다 이 한 가지 죄가 더 크다는 것이라고 그에게 말해 주어라." 혹 사탄이 여러분을 비난하는 것이 사실이며, 여러분이 그가 말하듯 정말 위중한 죄인이라 하더라도 — 그의 이야기를 믿을 이유가 하나도 없지만 그의 말하는 것을 십분 인정하더라도 — 절망한다고 해서 과연 여러분의 그런 처지가 조금이라도 나아지리라고 생각합니까? 그가 여러분에게 보여주는 친절이 고작해야 그가 여러분을 크나큰 죄인으로 만들고 자기 자신처럼 절박한 죄인으로 만드는 것이란 말입니까? 사실 이것이 여러분의 모습을 더욱 악하게 만들게 하기 위해 그가 생각할 수 있는 유일한 방법입니다. 믿음은 이 처절한 죄에 대해 네 가지를 고려함으로써 과연 이것이 사실이라는 것을 입증해줄 수 있습니다. 이 네 가지를 고려하면 이 절망의 죄야말로 다른 어떠한 죄보다도, 아니 다른 모든 죄를 다 합쳐놓은 것보다도 더 사악하다는 것을 쉽게 알 수 있습니다. 1. 절망은 하나님의 모든 명령 가운데 가장 큰 명령에서 그를 대적하는 것입니다. 2. 절망은 다른 죄들보다도 훨씬 더 하나님을 욕되게 하는 그 특유의 방법을 지니고 있습니다. 3. 절망은 영혼에게 있는 다른 모든 죄들을 강화시키고 격동시킵니다. 4. 절망의 죄의 위중함은 바로, 아무리 작은 죄도 절망의 죄와 결부되면 사하심을 받을 수 없게 되고, 또한 아무리 큰 죄도 절망의 죄가 결부되지 않으면 사하심을 받을 수 있다는 사실에서 나타납니다.

[절망의 죄가 다른 모든 죄를 합친 것보다 더 위중함을 입증하는 네 가지 고려사항]

1. 절망은 하나님의 모든 명령 중에 가장 큰 명령에서 그를 대적합니다. 성경 전체에서 나타나는 다른 명령들과 비교할 수 없는 가장 큰 명령은 바로 믿으라는 것입니다. "우리가 어떻게 하여야 하나님의 일을 하오리이까?"라고 유대인들이 물을 때에 주 예수께서는 이렇게 대답하십니다: "하나님께서 보내신 이를 믿는 것이 하나님의 일이니라"(요 6:28, 29). 이는 마치 이런 뜻과도 같습니다: "내가 너희에게 줄 수 있는 가장 간명한 대답은 바로 믿음으로 나를 너희 마음에 영접하는 것이니라. 이를 행하라. 그러면 너희가 이 한 가지로 모든 것을 행하는 것이니라. 이것이야말로 모든 것 중의 모든 것(*instar omnium*)이니라. 이 일을 행하기까지는 너희가 행하는 모든 것이 망하고, 너희 자신들도 망한 처지에 있느니라. 너희가 나를 믿고 영접하면, 그것으로 너희가 마치 율법 전체를 지킨 것같이 인정받게 되느니

라." 과연 율법 전체를 지키는 것 대신 그를 믿는 것을 하나님이 받으십니다: "일을 아니할지라도 경건하지 아니한 자를 의롭다 하시는 이를 믿는 자에게는 그의 믿음을 의로 여기시나니"(롬 4:5). 여기서 "일을 아니할지라도"라는 말씀은 게으르게 빈둥거리는 죄인이 아무 일도 하지 않는 것을 뜻하는 것도 아니고, 반역적인 죄인이 하나님의 거룩한 율법이 명하는 일에 대해 거역하는 마음이 가득한 것을 뜻하는 것도 아니고, 오히려 겸손한 죄인이 열심히 일을 하려고 애쓰나 율법이 요구하는 만큼 일을 완수할 능력이 없는 것을 뜻하는 것입니다. 그는 아무리 일을 해도 율법의 요구에 부응할 수가 없습니다. 율법은 완전한 순종에 못 미치는 것은 가납하지 않으니 말입니다. 그런데 이 사람이 그리스도를 믿으면 하나님께서 그것을 의로 받으십니다. 즉, 하나님이 그를 그렇게 간주하시는 것이요, 따라서 그는 저 큰 날에 심판주의 선고에 의하여 마치 율법의 정도(正道)에서 한 걸음도 어긋난 적이 없는 것처럼 무죄 방면을 받는 것입니다. 그러므로 만일 믿음이 다른 무엇보다 월등하게 하나님의 일이라면, 불신앙은 마귀의 일이요 그가 여러분에게 조장하는 일입니다. 그리고 절망은 불신앙이 최악의 상태에 있는 것입니다. 죄 중에서 불신앙의 죄는 마치 질병 중에서도 악성 괴질과 같아서 지극히 위험합니다. 불신앙이 절망에까지 이르면, 그것은 마치 괴질이 죽음의 증상을 동반하는 것과도 같은 것입니다. 불신앙은 절망이 움이 트는 상태에 있는 것이요, 절망은 불신앙이 완전히 다 자란 상태에 있는 것입니다.

2. 절망은 다른 죄들보다도 훨씬 더 하나님을 욕되게 하는 그 특유의 방법을 지니고 있습니다. 죄마다 각기 하나님의 법에 상처를 주고, 그 법의 옆구리를 통하여 하나님의 이름을 해칩니다. 그러나 회개하는 죄인이 믿음으로 그리스도께 나아와 그를 붙들 때에 이 상처가 치유됩니다. 그리스도로 말미암아 충족한 보상이 이루어졌으므로 하나님께서는 그의 율법에 행해진 잘못을 해결된 것으로 간주하시며, 또한 사람이 과거에 저지른 허물로 인하여 욕을 얻은 하나님의 이름이 이제 원상복구된 것으로 간주하시는 것입니다. 그렇습니다. 하나님의 이름이 더욱 찬란하게 빛나고 그리하여 더욱 영광스럽게 나타납니다. 그 본래의 존귀에다 죄를 사하는 자비라는 존귀가 한 가지 더 덧붙여져서 빛을 발하기 때문인데, 그러한 존귀는 이런 기회가 아니었다면 사람들 앞에 그렇게 환히 드러나지 못했을 것입니다. 그러나 율법에 상처를 주고도 그것이 회복되기를 바라지 않고, 하나님을 현저하게 욕되게 하고도 자신이 하나님의 얼굴에 드리워놓은 더러운 먼지가 깨끗이 씻겨지

는 것을 바라지 않는 저 몹쓸 죄인에 대해서는 무어라 말하겠습니까? 제 생각에는 그런 몹쓸 사람을 보게 되면 아마도 온갖 화가 다 끓어오를 것입니다. 그리고 마치 그 옛날 아하수에로 왕이 왕후 에스더에게 물었던 것처럼, "감히 이런 일을 심중에 품은 자가 누구며 그가 어디 있느냐?"라고 묻게 될 것입니다(에 7:5). 과연 이 사악한 절망이야말로 하나님의 원수입니다. 절망하는 심령은 바로 자신의 죄로 인하여 하나님께 저지른 잘못에 대해 그리스도께서 보상해 주시는 것을 원치 않는 자입니다. 가령 어떤 사람이 화가 끓어올라 다른 사람에게 아주 위험스러운 상처를 준 다음, 그 어떤 의사도 와서 그 상처를 치유해 주지 못하도록 막는다고 합시다. 그러면 모든 사람들은 이구동성으로 말하기를, 그의 나중 행동이 처음 행동보다 훨씬 더 악하고 잔인하다고 할 것입니다.

믿음은 이렇게 말합니다: "오오 내 영혼아, 네가 하나님의 거룩한 율법을 어기고 그 위대하신 천지의 하나님의 이름을 욕되게 하여 정말 큰 악을 행하였으니, 이에 대해 네 마음이 아파야 마땅하도다. 그러나 이보다 훨씬 더 악한 것은 하나님의 자비에 대해 절망하는 것이니라. 이는 그리스도를 거부하는 것이요 그가 너로 말미암아 해를 입은 그 율법의 공의를 보상하시지 못하도록 — 또한 네 죄로 말미암아 상처를 입은 그의 이름의 존귀를 회복시키시지 못하도록 — 가로막는 것이니라. 네 절망이 말하는 언어가 이것 외에 또 무엇이 있느냐? 하나님이 그의 권위와 존귀로써 나아오시더라도 너는 절대로 그리스도를 믿지 않을 것이요 그리하여 그를 돕는 적극적인 도구가 되지 않을 것이로다."

오오 절망이 하나님의 자비를 그의 철천지원수 사탄이 보는 앞에서 얼마나 욕되게 하는지 모릅니다! 사탄은 이것을 보고 손뼉을 칩니다. 하나님의 모든 영광스러운 속성들이 비슷하게 그 존귀를 다 빼앗겨 버리니 말입니다. 사탄에게 이것은 고기요 음료입니다. 그 저주받은 영은 영혼이 약속들을 마치 종(鐘)처럼 뒤로 치는 것을 듣기를 음악 듣는 것보다 좋아합니다. 그는 자기의 정죄에 대한 절박한 생각에 휩싸여, 그 약속들을, 지옥불이 이제 양심에 지펴졌으므로 하나님의 자비하심이 영원토록 그것을 소멸시키지 못하리라는 것을 말하고 확증하는 데에만 사용합니다. 마치 저 무자비한 유대인들과 로마의 병정들이 그리스도의 머리에 가시면류관을 씌우고, 옆구리를 창으로 찌르고, 손과 발을 못으로 십자가에 박는 등, 그리스도의 몸의 거의 모든 부위에 잔악을 행한 것처럼, 절망에 싸인 죄인은 하나님의 이름 전체에게 그렇게 행합니다. 그는 이를테면 하나님의 지혜의 머리에 가짜 면류관을 씌워 그를 조롱하며, 어리석게도 그것이 아무것도 아닌 것처럼 비난하고, 마치 하나님의 구원 방법이 무한히 지혜로우신 하나님의 사려 깊으신 섭리로 이루어진 것이 전혀 아닌 것처럼 비아냥거립니다. 그는 자기가 지은 죄들이 하나님의 능력 밖의 것이어서 그가 아무리해도 거기서 구원해 주실 수가 없다고 생각하며, 하나님의 전능하신 능력의 손에 못을 박습니다. 그는 하나님의 자비하심을 관통하여 그의 부드러운 옆구리를 찌릅니다. 아무리 하나님이 자비가 있으실 뿐 아니라 그 자신이 자비요 사랑이시라 할지라도 거기서 그의 자비하심을 충족히 보지 못하므로 그에게서 죄 사함의 은총을 기대할 희망을 갖지 않는 것입니다. 요컨대, 절망에 빠진 영혼은 자신의 마음과 의지를 꼼짝못하게 붙잡아 놓고는, 하나님에 대해 아주 조잡하게 생각합니다. 마치 그가 말씀이 선포하는 것만큼 그렇게 자비의 일을 행하시기를 원치도 않으시고, 불쌍한 죄인들에게 죄 사함의 역사를 행하기를 원치도 않으시는 것처럼 여기는 것입니다. 그렇습니다. 절망은 영혼에게 하나님에 대해 아주 일그러지게 보도해 줍니다. 마치 그가 장애자 하나님이시라 발이 없어서 — 즉, 애정이 없어서 — 죄를 용서하는 일을 행하지 못하시기라도 하는 것처럼 말입니다.

그러면, 이런 모든 일이 과연 어느 정도나 악한 일일까요? 만일 이 유례없는 일의 잔악무도함을 가중시키는 이런 위중한 정황을 생각하면서도 두려움이나 놀람이 없다면, 이는 피조물이 스스로 하나님을 죽이려 하는 정말 최고의 악행이라 아니할 수 없습니다. 하나님의 지혜와 능력과 자비와 그의 모든 속성들의 무한함이, 심장의 피가 사람의 생명에 고유한 요소인 것보다 훨씬 더 하나님의 본질과 존재에 고유한 것입니다. 사람에게서 심장의 피가 나오게 하는 자가 — 특히 군주나 왕에게 그렇게 하는 자는 더욱더 — 살인자가 아닙니까? 그러니 살인자에 합당한 형벌을 받아야 하지 않겠습니까? 그러니 하나님의 생명이라고 감히 말할 수 있는 그의 속성들의 무한함을 생각 속에서 지워 버림으로써 하나님의 생명을 없애고자 시도하는 자는 — 물론 그의 팔과 칼이 너무 짧아 그 목적을 이루지는 못하겠지만 — 살인자 중에서도 최악의 살인자로 간주되고, 그렇게 형벌을 받아야 마땅하지 않겠습니까? 하나님은 저 형편없는 피조물의 손에 그의 이름의 영광을 빼앗기시지도 않으며, 그 이름이 욕을 당하시지도 않으며, 그의 모든 속성들을 다 동원하사 그런 일을 시도하는 그 몹쓸 자에게 복수하실 것입니다. 그러므로 절망 중에 있는 자들이여, 두려워 떨어야 합니다. 이것보다 속히 여러분의 얼굴을 까맣게 만들고,

여러분의 영혼을 저주받은 영혼의 모습으로 만들어 주는 것이 없습니다. 여러분은 지옥에 있는 자들을 본받아 죄를 범하는 것입니다.

3. 절망은 영혼 속에 있는 다른 모든 죄들을 강화시키고 격동시킵니다. 후방의 지원을 바라지 않는 자들만큼 맹렬하게 싸움에 임하는 자가 없습니다. 그들은 스스로를 죽은 자로 간주하며, 그리하여 기꺼이 목숨을 바칠 각오가 되어 있습니다. 삼손은 블레셋 사람들의 손아귀에서 벗어날 가망이 없다고 여겼습니다. 그는 스스로 도망할 기력이 없다고 여겼던 것입니다. 그러니 이처럼 절박한 상황에서 비록 자신의 목숨도 함께 잃더라도 원수들을 패망시키는 것 외에 달리 무엇을 생각하겠습니까? 집을 무너뜨려 블레셋 사람들 머리 위에 떨어지게 할 수만 있다면, 자신이 그로 인하여 목숨을 잃는 것에 대해서는 전혀 개의치 않았습니다. 압살롬은 아히도벨의 저주받은 조언으로 인하여, 다윗에게서 좋은 대접을 받을 희망을 완전히 상실할 정도로 그를 미워하게 되어 분노를 발하여 그의 아버지 왕을 불과 칼로 멸망시킬 생각을 가졌습니다. 절망이란 정말 잔인한 것이어서, 아무것도 바라지 않게 만들고 아무것도 존중하지 않게 만듭니다. 그러나 이는 마귀 자신에게서 가장 선명하게 드러납니다. 그는 자신이 용서함에서 배제되어 있다는 것을 알고서 하늘만큼 높은 분노로 죄를 범합니다. 그런데 사람들에게서도 그 정도에 따라서 동일한 죄가 마귀에게 일으킨 것과 동일한 효과를 일으킵니다. "그들이 말하기를, 이는 헛되니 우리는 우리의 계획대로 행하며 우리는 각기 악한 마음이 완악한 대로 행하리라 하느니라"(렘 18:12). 어느 집 문을 두드리다가 아무런 대답이 없거나 거부의 말을 듣고는 곧바로 그에게서 아무것도 얻지 못할 것이라고 결론짓고는 그 집에 사는 사람을 향하여 저주와 분노를 퍼붓는 그런 완악한 거지를 본 일이 없습니까? 절망은 죄인으로 하여금 이처럼 사악한 언어를 하늘의 하나님을 향하여 토해 내게 만드는 것입니다. 절망이 들어오면, 모독의 언사를 멀리하기가 불가능합니다. 그러므로 이 화살을 격퇴시키도록 기도하시고 최선의 노력을 경주하십시오. 그렇지 않으면 여러분의 영혼이 조만간 이 모독의 지옥불 속에 휩싸이게 될 것입니다.

오오 죄로 인하여 매 맞은 영혼들이여, 과거에 지은 끔찍한 범죄들 때문에 여러분의 인생을 한숨과 흐느낌과 눈물로 보내지 않았습니까? 그런데도 다시 예전보다 더욱 맹렬하게 하나님을 대적하고 싸우고 싶습니까? 그러기를 바라지 않으신다면, 절망을 조심하십시오. 한때 하나님의 마음이 여러분을 향하여 굳어져 있다고 생각했다 해도, 여러분의 마음은 그를 향하여 오랫동안 완악해지지는 않을 것입니다. 그리고 이것이 은혜 안에 있으나 괴로움을 지닌 몇몇 영혼들의 생각에 위로를 줄 수도 있습니다. 곧, 믿음이 있으나 그것을 찾을 수가 없어 자주 스스로를 절망자로 여기는 그런 사람들 말입니다. 이처럼 안타까운 처지에 있는 여러분에게 한 가지를 묻겠습니다. 하나님께로부터 여러분에게 임하는 사랑의 기운은 찾지 못하더라도, 여러분의 마음속에 그를 향한 사랑이 숨 쉬는 것이 느껴지지 않습니까? 하나님께서 자비를 베풀어 주실 희망은 가질 수 없을 것 같더라도 그를 향하여 죄를 짓는 일이 두렵지 않습니까? 만일 그렇다면, 선한 위로를 받으시기 바랍니다. 비록 여러분의 믿음이 연약할지라도, 여러분은 절망의 권세 아래 있는 것과는 거리가 멉니다. 절망 중에 있는 영혼에게는 보통 하나님을 향한 사랑이나, 그를 기쁘시게 하고자 하는 마음이 보존되어 있지 못합니다. 이런 움직임의 원인은 바로 믿음이며, 그러므로 여러분에게는 분명 믿음이 있는 것입니다. 마치 시계 속에 있는 용수철처럼 믿음 그 자체는 보이지 않지만, 그것을 통해 움직이는 다른 은혜들을 통해서 그것이 드러나 보이는 것입니다.

4. 절망의 죄의 위중함은 바로, 아무리 작은 죄도 절망의 죄와 결부되면 사하심을 받을 수 없게 되고, 또한 아무리 큰 죄도 절망의 죄가 결부되지 않으면 사하심을 받을 수 있다는 사실에서 나타납니다. 사람이 자비하심을 받을 수 없도록 만들어 주니 이는 죄 중에서도 가장 가증스러운 죄일 수밖에 없을 것입니다. 가룟 유다는 그의 반역과 살인만으로 정죄를 받은 것이 아닙니다. 유다와 똑같이 끔찍한 사실에 손을 깊이 담았으나 믿음으로 말미암아 죄 사함을 얻은 자들이 많습니다. 그러나 유다는 절망과 최종적인 회개치 않음의 그 썩은 것들로 마음이 가득 차서 그의 죄의 사악함이 최고조에 이르렀고, 그리하여 무한히 더 비참한 저주의 상태에 있게 된 것입니다. 절망이 그러하니, 오오 그 저주스러운 깊은 바다에 빠지지 않도록 주의해야 할 것입니다.

지침 9

하나님의 전신갑주의 부품들: 다섯째 부품 — 그리스도인의 투구

"구원의 투구 … 를 가지라"(엡 6:17).

여기서 그리스도인의 전신갑주에 속하는 또 하나의 부품이 제시되고 있으니, 곧 전투 시에 머리를 가려주는 투구 — 구원의 투구 — 가 그것입니다. 이는 사도가 제시하는 부품 중에 다섯 번째에 해당합니다. 여기서 관찰할 수 있는 것은, 대부분의 부품과 더불어 이것은 방어용 무기로서 그리스도인을 죄로부터 방어해 주는 것이지, 고난에서 안전하게 지켜 주는 것은 아니라는 것입니다.

첫째. 이것들은 대개 방어용 무기입니다. 사실 이 전신갑주에 속하는 부품 가운데 공격용 무기는 "검" 하나밖에 없습니다. 여기서 한 가지 힌트를 얻게 되는데, 곧 그리스도인의 영적 전쟁은 방어가 주를 이루며, 따라서 대부분 방어용 무기가 필요하다는 점입니다. 하나님은 각 성도의 마음에 은혜의 풍성한 보화를 저장해두셨습니다. 마귀는 이것에 대해 크게 앙심을 품고서 성도에게서 그것을 약탈하려 하고, 그것과 더불어 행복을 앗아가고자 하여 성도를 대적하여 피비린내 나는 전쟁을 개시하는 것입니다. 그러므로 그리스도인이 마귀에게 정복당하지 않을 때에 그 자신이 그의 원수를 정복하는 것입니다. 그의 은혜를 잃어버리지 않으면 그가 그날의 싸움을 이기는 것입니다. 그러므로 그의 임무는 원수에게 있는 것을 빼앗아오는 것이 아니라 자기에게 있는 것을 지키는 데 있는 것입니다. 성도의 전쟁이 주로 방어를 위한 전쟁이라는 이 한 가지를 잘 유념한다면, 그리스도인이 사탄과 또한 그의 도구들과의 싸움을 어떻게 운영할 것인가를 잘 이해하게 될 것입니다.

1. **사탄과 더불어.** 그리스도인 여러분, 보십시오. 여러분은 항상 방어의 자세를 취하고 서 있습니다. 군인과 마찬가지로 무장을 취하고서 하나님께서 여러분더러 지키라고 주신 여러분의 영혼이라는 성을 방어하며, 사탄이 접근할 때마다 그의 공격들을 격퇴시키기 위해 용맹스럽게 싸울 태세를 갖추고 있습니다. 그러나 여러분에게 주어진 위치 바깥으로 나가라는 설득에 속아 넘어가서도 안 되고, 하나님께서 여러분을 부르셔서 그리로 끌어내셨다는 이야기에도 속아 넘어가서는 안 됩니다. 안 됩니다. 원수들의 진영에 들어가면 더 큰 승리를 얻을 것이라는 식의 헛된 열심과 희망을 가져서도 안 될 것입니다. 원하면 사탄더러 공격하라고 하고, 그더러 여러분에게 와서 시험하라고 하십시오. 그러나 그를 유혹하여 그렇게 하도록 만들려고 허세를 부려서는 안 됩니다. 스스로 위험을 자초하는 자가 실패하기 마련인 것입니다. 베드로는 대제사장의 관사에서 바로 이런 실패를 경험했습니다. 거기서 그는 비겁하게도 주를 부인하고 말았습니다. 이로써 그가 후에 겸손히 자기 자신을 부인하게 되었지만 말입니다.

2. **사탄의 도구들과 더불어.** 그들이 여러분의 화를 돋우고 여러분을 모욕할 수도 있습니다. 그러나 여러분의 임무가 방어에 있다는 것을 기억하십시오. 화를 돋운다고 여러분도 화를 돋우려 해서는 안 되고, 모욕을 당한다고 모욕으로 갚으려 해서는 안 되는 것입니다. 복음은 여러분이 그들의 무기를 사용하여 그들에게 타격에는 타격으로(*quid pro quid*) 돌려 줄 자유는 허락하지 않습니다. "불쌍히 여기며 겸손하며, 악을 악으로, 욕을 욕으로 갚지 말고 도리어 복을 빌라"(벧전 3:8, 9). 여기서 그들의 공격으로부터 여러분 자신을 방어할 허리띠와 호심경은 — 여러분 자신의 순전함과 거룩한 삶의 위로가 있으므로 그것으로 여러분의 얼굴에 던져지는 더러운 것들을 씻어낼 수 있습니다 — 여러분에게 있습니다만, 보복을 위한 무기는 없습니다. 방패가 여러분의 손에 들려 있어서 그것을 아래위로 흔들어 그들의 불화살을 소멸시킬 수는 있으나, 쓰라린 말의 화살을 그들에게 되돌려 줄 수는 없는 것입니다. 여러분은 "평안의 신을 신고" 있습니다(엡 6:15). 그러니 그들이 여러분에게 해를 가하더라도 여러분의 심령에 어떠한 찔림이나 고통이 없이 안전하게 걸을 수 있습니다만, 그렇게 잘못을 저지르는 사람들을 교만하게 짓밟을 수는 없는 것입니다.

둘째. 대부분의 부품들이 방어용이며, 따라서 모두가 죄로부터 방어해 주는 것이며, 그 중에 하나도 그리스도인을 고난당하지 않도록 지켜 주는 것은 하나도 없다는 것입니다. 이 부품들은 고난 중에 여러분을 방어해 주는 것이지, 고난을 벗어나는 특권을 가져다주는 것이 아닙니다. 고난을 견딜 방비를 잘 갖추었으니만큼 고난을 견딜 준비가 더 잘 되어 있어야 마땅할 것입니다. 집의 화로 앞에서 편안히 그것들을 착용하라고 전신갑주가 주어진 것이 아닙니다. 싸움터에서 쓰라고 주어진 것입니다. 무기의 특성을 제대로 알지 못하면 그것을 만든 이를 어떻게 찬송하겠습니까? 그리고 칼과 화살들이 난무하는 싸움터가 아니면 어디서 그 특성이 증명되겠습니까? 일 년 내내 여름인 그런 섭리의 섬에서 평생을 살기를 바라는 자는 결코 좋은 그리스도인이 될 수가 없습니다. 환난에 단호히 대처할 줄 알아야 합니다. 아니면 여러분의 갑주를 내려놓으십시오. 그리스도의 북소리를 듣고도 그의 깃발 아래로 오는 사람이 그렇게 적고, 또한 겉으로는 그의 아래 있겠노라고 등록한 사람들 중에서 금방 떨어져 나가고 본색을 드러내는 자가 그렇게 많은 참된 이유가 여기에 있습니다. 그들이 고난의 일을 싫어한다는 것입니다. 대부분의 사람들이 양심보다는 자기들의 살가죽에 더 신경을 씁니다. 그들의 영혼을 죄와 사탄에서 지켜 주는 갑주보다는 오히려 그들의 육체를 죽음과 위험과 죽음에서 지켜 주는 갑주를 복음이 가져다주기를 바라는 것입니다.

그러나 성경은 "소멸하고 구원의 투구를 가지라"고 말씀합니다. 그 앞의 부품인 믿음의 방패와 연결지어 주는 접속어가 있음을 여기서 보게 되는데, "… 하고"가 그것입니다. 이것이 여러 부품들 사이의 연결성을 보여주는데, 여기서 몇 가지를 관찰하고자 합니다. 첫째, 부품 그 자체 — 구원의 투구. 둘째, "투구"의 용도, 혹은 그리스도인의 전투에서 소망이 발휘하는 기능. 셋째, 구원의 투구에 관한 가르침의 몇 가지 적용인데, 이는 투구를 지닌 자들과 투구를 지니지 않는 자들에게 주는 같이 해당되는 것입니다.

방패를 비롯한 앞의 부품들과 투구의 연결성

여기서 접속어인 "… 하고"를 주목해 봅시다. "… 하고 구원의 투구를 가지라"고 합니다. 즉, 믿음의 방패를 비롯하여 여기서 제시하는 모든 다른 부품들과 함께, 이것도 같이 갖고서 싸움터로 나아가라는 것입니다. 여기서 각 은혜가 정말 사랑스럽게 다른 동료들과 함께 엮어져 있는 것을 봅니다. 그리고 여러 부품들이 있지만, 모든 것들이 결국 하나의 전신갑주를 이루게 됩니다. 많은 것들이 연결되어 있어서 그 모든 것이 하나를 이루는 것입니다. 이는 은혜들의 긴밀한 연관성(the concatenation of graces)을 보여주는 것입니다.

[은혜들의 긴밀한 상호 연관성 — 그 출생, 성장, 쇠퇴에서]

주목할 사항. 성령께서 베푸시는 거룩하게 하는 구원의 은혜들은 서로 불가분리의 관계로 연결되어 있습니다. 서로 간에 긴밀한 연관성이 있는데, 그 출생, 성장, 쇠퇴에서 이것이 나타납니다.

첫째 연결성. 그 출생에서. 거룩하게 하는 한 가지 은혜가 있으면 거기에 나머지 은혜들이 그것과 함께 발견됩니다. 일상적인 은사들과 은혜들의 경우는 그렇지 않습니다. 이것들은 마치 아브라함이 첩들에게서 얻은 자식들에게 베푼 재산처럼(창 25:6), 사람마다 다릅니다. 어떤 이는 이런 은사를, 다른 이는 저런 은사를 지니고 있고, 모든 은사를 다 가진 이는 아무도 없습니다. 예컨대 지식의 은사가 있는 자는 언변의 은사가 없는 식입니다. 그러나 거룩하게 하는 은혜들은 마치 아브라함이 이삭에게 준 기업과도 같습니다. 참된 신자는 누구나 그것들을 다 갖고 있는 것입니다. "누구든지 그리스도 안에 있으면 새로운 피조물이라. 이전 것은 지나갔으니 보라 모든 것들이 새 것이 되었도다"(고후 5:17. 한글개역개정판에는 "모든 것들이"가 없음). 자, 새로운 피조물은 모든 방면을 다 포괄하는 것입니다. 본성적인 부패성이 모든 죄에 미치는 보편적인 원리로서 사람의 본성의 모든 부문을 다 썩게 만드는 것처럼, 거룩하게 하는 은혜 역시 보편적인 원리로서 완전히는 아니라 할지라도 즉시 전인(全人)을 새롭게 하는 것입니다. 누군가 말하기를, 영혼이 몸 속에 즉시 임하듯이, 은혜도 그렇게 영혼 속에 임한다고 하였습니다. 사실 그 은혜는 단계별로 자라지만, 나는 것은 즉시 단번에 나는 것입니다. 새로운 피조물은 정도는 다르지만 그 모든 부분들이 함께 형성된 것입니다. 어떤 한 가지 은혜가 두드러져서 다른 은혜보다 그리스도인의 눈에 띌 수도 있습니다. 그의 영혼이 믿음으로 하나님께 의지하는 것을 느끼기 전에 성령에게서 나오는 거룩한 두려움과 경이감 속에서 하나님에 대한 경외감이 먼저 느껴질 수도 있습니다. 하지만 하나님을 의지하는 은혜가 하나님에 대한 경외의 은혜보다 먼저 있는 것이 아닙니다. 세계의 한 지역을 발견한지 오랜 후에 다른 지역이 발견되기도 합니다만, 그러나 온 세계가 함께 지어진 것입니다. 그런데 이처럼 은혜들이 출생에 있어서 상호 연결되어 있다는 사실은 두 가지 도움을 줍니다.

1. 순전한 그리스도인이 은혜 안에 있는 자신의 상태에 대해 의심할 때에 그를 안돈시켜 줍니다. 참된 신자인데도 자신이 찾는 어느 한 은혜가 현재 자기에게서 발견되지 않는 것 때문에 자신의 구원받은 상태를 의심할 때에 이 사실이 그를 안돈시켜 주는 것입니다. 어쩌면 여러분이 믿음을 찾아왔는데 그것이 전혀 손에 잡히지 않을 수도 있습니다. 자 그리스도인 여러분, 여러분 자신이 성도가 아니라고 결론짓기 전에 여러분 자신을 더 시험해 보시기 바랍니다. 정탐꾼을 보내어 그리스도를 향한 사랑 등의 다른 은혜가 없는지를 살펴보십시오. 믿음의 은혜는 보이지 않더라도 이 은혜에 대해 좋은 소식을 듣게 될 수도 있을 것입니다. 하나님과 그리스도를 향한 여러분의 사랑이 마치 요셉이 방탕한 그의 여주인에게 당하던 그런 시험 중에 보이지 않던가요? 그래서 여러분도 요셉처럼 그 시험에 대해 "내가 어찌 이 큰 악을 행하여 하나님께 죄를 지으리이까?"(창 39:9)라고 대답하지 않았나요? 그렇습니다. 물론 그것이 하루 종일 언제나 보이지는 않을 수도 있습니다. 하지만 하나님을 기쁘시게 하고자 하는 순전한 열심이나, 혹은 여러분이 무언가 그를 근심하시게 하는 일을 행하였을 때 마음에서 우러나오는 안타까운 슬픔은, 그리스도를 사랑하는 영혼의 생명의 피가 그 속을 흐르는 두 가지 핏줄인 것입니다. 또 다른 상황에서 그리스도께서는 "나를 본 자는 아버지를 보았다"고 말씀하셨습니다(요 14:9). 이처럼 저도 여러분에게 말씀드리겠습니다: "그리스도를 향한 여러분의 사랑을 보았다면 그 사랑의 모습 속에서 여러분의 믿음도 본 것입니다."

그러나, 어쩌면 그리스도를 향한 여러분의 사랑도 똑같이 구름 속에 가려 있을 수도 있습니다. 자, 그때는 여러분의 죄를 보며 여러분 자신을 혐오하는 복음적인 회개의 기미가 여러분에게 있는지를 살피십시오. 과거에는 여러분이 죄를 무자비한 무기로 삼아 하나님의 아들의 이름에 해를 끼치고 그를 죽이기를 떡먹듯이 했었고 그 원수들의 꾐에 빠져 하나님을 배반하였었는데, 이제는 그 죄들을 향하여 복수의 불길이 일어나지 않습니까? 그렇다면, 여러분, 보십시오. 여러분이 찾는 그 은혜가 여러분 앞에 서 있는 것입니다. 하나님의 사랑이 곧 죄를 하나님의 원수로 여겨 그것을 대적하는 열정이 아니고 무엇이겠습니까? 아비새는 다윗을 저주하는 시므이를 향하여 격분하며 도저히 견디지 못하고, "이 죽은 개가 어찌 내 주 왕을 저주하리이까? 청하건대 내가 건너가서 그의 머리를 베게 하소서"(삼하 16:9)라고 다윗에게 간청하였는데, 이것이 다윗을 향한 아비새의 사랑에서 비롯된 것이 아니었습니까? 여러분도 인정하다시피 여러분의 정욕들이 하나님을 향하여 짖어대는 것을 들을 때에 마음이 괴롭고, 하나님께서 재가해 주시기만 하면 아비새가 반역자 시므이의 목을 베고자 한 것 이상으로 그것들을 죽이고자 하는 의지도 있습니다. 그런데도 여러분이 과연 하나님을 사랑하는지를 의심하고 있습니까? 그렇다면 희미한 불꽃은 보이지만 불길은 보이지 않고, 열심은 보이지만 사랑은 보이지 않는 상태일 것입니다. 그러므로 사슬 하나를 붙잡아 당기면 물속에 잠겨 있는 나머지 것들이 다 끌려올라오듯이, 한 가지 은혜를 발견하게 되면 곧 모든 은혜가 시야에 보이게 될 것입니다. 요셉과 마리아는 자기 아들이 친척들과 함께 동행하는 줄로 잘못 알았습니다(눅 2:44). 그러나 여러분은 여기서 그들처럼 될 수는 없습니다. 왜냐하면 이 거룩한 각양 은혜들이 언제나 함께 동행하기 때문입니다. 그것들은 한 몸의 지체들로서 서로서로 긴밀하게 연결되어 있는 것입니다. 여러분, 사람의 얼굴만 보아도 사람 전체가 거기 있다는 것을 의심하지 않는 법입니다.

2. 이는 순전한 그리스도인을 안위하게 해주지만, 동시에 **외식자의 전모를 드러내어 수치에 싸이게 만들어 줍니다.** 그들은 한 가지 은혜에 대해서는 자기들에게 있는 것처럼 꾸며대면서도 동시에 다른 은혜는 미워하니 말입니다. 이는 거짓된 마음의 확실한 증표입니다. 모든 은혜를 다 사랑하지 않는 자는 한 가지 은혜도 없는 자입니다. 모세는 이스라엘 백성의 절반만 데리고 나가지 않았습니다(출 10장). 모두가 나가든지, 아니면 하나도 나가지 않을 작정이었습니다. 하나님의 성령도 그의 거룩하게 하는 은혜들의 절반만 지니고 영혼 속에 임하시지 않습니다. 그 은혜들 전부를 지니고 임하시는 것입니다. 그러므로 만일 여러분의 마음이 어느 한 가지 은혜를 반대한다면, 그것은 곧 여러분이 나머지 은혜들에 대해 낯선 자라는 증거인 것입니다. 어느 한 가지 은혜를 극히 흠모하고 사랑하는 것처럼 보이더라도, 다른 은혜들을 배척하고 거부한다면, 바로 그 사실이 그 얼굴을 치장한 그럴듯한 페인트를 씻겨내는 것입니다. 사랑과 미움이 하나의 전체에 속하여 있습니다. 한 사람의 성도를 사랑하거나 미워하는 자는 모든 성도에 대해서도 동일하게 처신하는 법입니다. 이와 마찬가지로 한 가지 은혜를 기꺼이 받아들이는 자는 모든 은혜 하나하나를 동일하게 받아들이고 사모할 것입니다. 태양의 한 가지 광선이 그 옆의 또 다른 광선과 흡사하듯이, 그 은혜들이 서로 흡사하니 말입니다.

둘째 연결성. 거룩하게 하는 은혜들은 그 **성장과 쇠퇴**에서도 서로 연결되어 있습니다. 한 가지 은혜가 강건해지면, 모든 은혜가 강건해집니다. 한 가지가 잘못되면, 모든 은혜가 잘못되어 버립니다. 그 이유는 그것들이 상호간에 도움을 주기 때문입니다. 한 가지 은혜가 상처를 입으면 그것이 그리스도인의 전인에게 행하고, 또 행하여야 할 도움을 제대로 행하지 못하게 되고, 그리하여 전인이 전혀 도움을 받지 못하거나 그 도움이 매우 약화됩니다. 사랑이 식으면, 순종이 느슨해지고 둔해집니다. 순종이 제대로 굴러가려면 그 바퀴에 사랑이 떨어뜨려 주는 기름이 있어야 하는데 그 기름을 공급받지 못하기 때문입니다. 순종이 희미해지면, 믿음이 덩달아 약화됩니다. 성실한 순종이 별로 없는데 어떻게 거기에 큰 믿음이 있을 수 있겠습니까? 믿음이 약화되면, 소망이 덩달아 흔들립니다. 소망이 하나님께로부터 선한 것을 기대하게 되는 것이 바로 믿음의 보고(報告)에 근거하는 것이니 말입니다. 그리고 소망이 흔들리면 인내가 깨어지고, 인내의 상점이 문을 열 수가 없습니다. 왜냐하면 인내는 소망이 빌려주는 상품들로 장사를 하기 때문입니다. 몸에 많은 지체들이 있으나 모든 지체들이 한 몸을 이루고 있습니다. 그리고 모든 지체 하나하나가 다 유용하며, 다른 지체들이 그것의 신세를 지고 있습니다. 이와 마찬가지로 그리스도인에게 많은 은혜들이 있지만 그 은혜들이 하나의 새로운 피조물을 이루고 있습니다. 그러므로 지식의 눈이 믿음의 손더러, "내게는 네가 필요 없다"라고 말할 수도 없고, 믿음의 손이 순종의 발에게 그런 말을 할 수도 없습니다. 모든 은혜들이 상호간에 보살핌을 통하여 보존되는 것입니다. 성벽의 어느 한 부분에 구멍이 생기면 그로 인하여 성 전체가 패망할 수 있고, 육체의 어느 한 지체에 상처를 입으면 사람이 기진해버리듯이, 어느 한 가지 은혜가 망하게 되면, 반드시 모든 은혜들이 망하게 될 수밖에 없는 것입니다. 우리 영혼의 은혜들 사이에 있는 필연적인 결속 관계는 우리 몸의 지체들 사이에 있는 것보다 훨씬 더 강력합니다. 몸에서 몇몇 지체들을 떼어내더라도 사람이 죽지 않는 것이 가능하고 또 흔히 그렇습니다. 몸의 모든 지체가 다 필수적인 것은 아니기 때문입니다. 그러나 새로운 피조물에게 있는 은혜는 그 하나하나가 다 필수적이며 본질적이어서, 그 중에 어느 것을 떼어내고 다른 것으로 대체시킬 수가 없는 것입니다. 몸의 경우는 눈 하나가 빠지면 나머지 눈으로 그 임무를 대신하게 할 수 있고, 손 하나가 잘리면 다른 손으로 — 물론 똑같을 수는 없겠지만 — 임무를 대신하게 할 수도 있습니다. 그러나 거룩하게 하는 은혜는 경우가 다릅니다. 믿음이 사랑의 직무를 할 수 없고, 사랑이 순종의 직무를 할 수 없는 것입니다. 톱니바퀴 하나가 빠지면 시계 전체의 작동이 멈추고 맙니다. 이와 같이 한 가지 은혜가 없으면, 이 희귀한 작품이 성도의 마음에 세워진 목적이 이루어질 수가 없는 것입니다.

[은혜들의 연결성에 근거한 두 가지 추론]

첫째 추론. 그리스도인 여러분 이 지혜를 배우시기 바랍니다. 곧, 제대로 돌보지 못해서든 아니면 사탄의 시험으로 상처를 받아서든 어느 한 가지 은혜가 약화되는 것을 발견할 때마다, 속히 그것을 회복시키기에 힘써야 한다는 것입니다. 그 한 가지 은혜가 역사하여 얻을 수 있는 위로가 상실될 뿐 아니라 다른 모든 은혜들까지 약화되기 때문입니다. 지붕에 난 구멍 한두 개를 제때에 수리하지 않아서 집을 무너뜨릴 위험에 빠뜨리는 남편이 있다면, 그는 정말 형편없는 남편이 아닙니까? 그렇다면 여러분에게 있는 한 가지 은혜에 결함이 있음을 알고도 소홀히 하여 그것을 적시에 회복시키지 못하여 여러분의 은혜의 상태 전체가 위험에 빠진다면, 과연 여러분은 어떻겠습니까? 그러므로 어느 한 가지 죄에 유혹을 받을 때면, 그것을 한 가지 죄로 보지 말고 다른 모든 죄들이 그 뱃속에 들어 있는 것으로 여기시기를 바랍니다. 여러분의 행동 하나가 여러분 앞에서 사탄을 만족시켜 준다는 것을 기억하십시오. 한 가지 죄로 인하여 죄의 몸 전체를 강화시키게 되기 때문입니다. 한 가지 죄에게 지면, 그것이 여러분의 문 앞에 더 많은 거지들을 보낼 것입니다. 그리고 그것들은 그 앞의 죄들보다 더 강력한 힘을 갖고 여러분에게 호소할 것입니다. 그 죄들에게는 그렇게 했는데, 이 죄에게도 그렇게 해줄 수 없겠느냐고 하면서 말입니다. 가장 좋은 길은 모든 죄에 대해 문을 잠가 두는 것입니다. 그렇게 하지 않으면, 한 가지 죄만 영접할 생각을 가져도 나머지 모든 죄들이 다 밀려들게 되는 것입니다. 그러나, 이러한 죄의 연결성을 끊어 버려서, 여러분이 가장 좋아하는 고리는 남겨두고 그 다음에 이어지는 모든 죄들은 다 끊어 버리는 일이 혹시 가능하다 할지라도, 죄책의 연결성은 그대로 남아 있다는 것을 아셔야 합니다. "누구든지 온 율법을 지키다가 그 하나를 범하면 모두 범한 자가 되나니"(약 2:10). 마치 아무리 적은 것이라도 사망한 자의 재산을 물려받는 자는 그 사람의 빚도 전부 지불해야 할 의무를 지게 되고 그 사망한 자의 채권자들을 자기에게 불러들이게 되는 것처럼, 한 가지 죄를 짓게 되면 그것이 아무리 작은 것일지라도 그로 인하여 온 율법 전체를 등에 짊어지게 되고 그 율법에 붙들려서 그 계명 전체를 위반한 범법자가 되어 하나님의 법정에 서게 된다는 것입니다. 얼굴의 어느 부위를 때려도, 그 맞은 사람의 얼굴 전체가 일그러지고 그 사람 전체가 거기에 반응하게 됩니다. 이처럼 율법은 연결성을 지니고 있습니다(copulative). 그 중 한 계명을 거스르면 율법 전체를 욕되게 하는 것이 되며, 율법제정자이신 하나님께서 그렇게 진노하시는 것입니다. 그의 권위가 율법의 계명 하나하나에 동등하게 미치기 때문입니다.

둘째 추론. 이는 자기들에게 장차 변화가 생겨 사정이 달라져서 한 번도 신중하게 생각하지 못한 일이 자기들에게 닥칠 때에 과연 어떻게 대처할까 하는 것으로 고민하는 자들에게 위로를 줄 수 있습니다. 지금은 정말 감사하게도 이럭저럭 자기의 처한 위치에서 하나님을 섬기고 있습니다. 하지만 빈곤이나 질병, 혹은 재난이나 파산 등, 곤경이 닥치면 어떻게 할까요? 그때에도 과연 지금처럼 변함없이 처신하게 될까요? 이런 파고에 휩쓸려 빠지는 일이 없이 역경을 이길 만한 믿음이나 인내나 자족함, 혹은 기타 고난의 은혜들이 과연 있게 될까요? 그럴 때에 이런 고난을 이길 은혜들이 자기들에게 별로 없을까 하여 염려합니다. 자, 그리스도인 여러분, 마음에 격려를 받으십시오. 여러분의 현재 처지에서 은혜들이 — 즉, 모든 일들이 잘 될 때에 발휘하도록 하나님께서 베푸신 은혜들이 — 활발하게 역사하고 있다면, 고난을 이기게 할 다른 은혜들에 대해서도 얼마든지 편안하게 소망을 가질 수 있습니다. 그 은혜들이 지금은 휘장 뒤에 가려서 보이지 않지만, 상황이 변하여 하나님께서 그 은혜들이 자기 몫을 하도록 부르실 때가 오면 그것들이 동일하게 역사할 것이니 말입니다. 풍족한 중에 여러분이 겸손할수록, 고난 중에서도 분명히 더욱 인내를 보이게 될 것입니다. 지금 세상의 쾌락을 즐기는 데에서 마음이 벗어나 있는 것처럼, 그때에도 똑같이 괴로움과 슬픔에서 마음이 벗어나 있게 될 것입니다. 나무들은 땅 위에서 자라는 만큼 땅 속에서도 자란다고 합니다. 그리스도인의 은혜들 역시 이와 비슷한 것입니다.

제 1 부

구원의 투구란 무엇인가

"구원의 투구 … 를 가지라"(엡 6:17)

지금까지 접속어를 살펴보았고, 이로 인하여 이 투구가 그 앞의 부품과 연결되어 있다는 것을 보았습니다. 이제는 이 전신갑주의 부품 그 자체에 대해서 — "구원의 투구를 가지라" — 말씀드릴 차례가 되었습니다. 다른 부품과는 달리 여기서는 그 은혜가 무엇인지가 제대로 표현되지 않습니다만, 염려할 필요가 없습니다. 다른 본문에서 사도가 이 본문의 뜻을 풀 수 있는 열쇠를 제공해 주기 때문입니다. 사도의 말씀을 해석하는 데에 사도 자신만큼 적합한 사람이 어디 있겠습니까? 사도는 다른 곳에서 "구원의 소망의 투구를 쓰자"라고 말씀합니다(살전 5:8). 그러므로 더 이상 갸우뚱거릴 필요가 없이, 성령께서 여기서 바로 "소망"의 은혜를 의도하고 있다고 생각해도 무방할 것입니다. 그런데 이 은혜에 대해 강론하기 위해서는, 이 강론의 주제가 되는 요점들이 있는 몇 개의 방에 더 잘 들어가도록 안내하기 위해 입구에 밝히는 등불의 역할을 하는 예비적인 설명이 약간 필요할 것인데, 곧 다음과 같습니다. 첫째, "소망"이란 무엇인가. 둘째, 어째서 "구원의 소망"이라 부르는가. 셋째, 이 "소망"을 어째서 "투구"에 비하는가.

[투구 역할을 하는 소망의 본질]

첫째 탐구. 그리스도인의 투구 역할을 하는 소망의 본질이 무엇인가? 하는 것입니다. 이 소망이라는 은혜의 본질을 약간 해명하기 위해서는 그것에 대해 간단명료하게 묘사하고, 그 부분들을 간략하게 설명하는 것이 가장 좋을 것 같습니다. 소망이란 하나님의 초자연적인 은혜로서, 신자로 하여금 그가 아직 받지 못했거나 받았더라도 충만히 받지 못한 약속의 모든 선한 것들을 그리스도로 말미암아 기대하고 기다리게 해주는 것입니다.

첫째. 여기 소망을 만드시는 이, 혹은 근원이 여기 나타나는데, 곧 하나님이십니다. 그는 "모든 은혜의 하나님"이십니다(벧전 5:10). 즉, 모든 은혜를 베푸시는 자(the giver)요, 일으키시는 자(the worker)이시니, 그 첫 씨앗에 대해서는 물론 그 이후에 자라나는 것에 대해서도 그러하십니다. 피조물로서는 조그만 풀 한포기를 만드는 것도, 만든 다음 그것을 자라게 하는 것도 불가능합니다. 이와 마찬가지로 마음속에 지극히 작은 은혜의 씨앗을 만드는 것도, 그 씨앗을 한 자라도 자라게 하는 것도 불가능합니다. 그렇습니다. 하나님이 아버지로서 땅의 식물들이 움트고 자라도록 비를 주시듯이, 그가 영적인 이슬과 영향력들을 베푸셔서 각 은혜마다 힘을 얻고 번성하게 하시는 것입니다. 사도 베드로는 앞에 언급한 본문(벧전 5:10)에서 하나님이 성도들을 "온전하게 하시며 굳건하게 하시며 강하게 하시며 터를 견고하게 하시리라"고 말씀하는데, 여기서도 동일한 사실을 가르쳐 줍니다. 모든 은혜에 대해서도 그렇지만, 특히 이 "소망"의 은혜에 대해서도 그렇습니다. 사도 바울은 하나님을 "소망의 하나님"이라 표현하며, 그로 말미암아 우리가 "소망이 넘치게" 될 것을 말씀합니다(롬 15:13). 이것은 **초자연적인 소망**이며, 그렇기 때문에 이것은 이방인들의 소망과는 구별되는 것입니다. 이방인들의 경우 그들에게서 도덕적인 훌륭한 점들이 발견되면 그것들은 모두가 하나님께로부터 온 것입니다. 세상에 출생한 사람은 누구나 그 지닌 모든 빛에 대해 하나님께 빚을 지고 있는 것이니 말입니다(요 1:9). 그러므로 그들의 소망은 사람이 최초에 지녔던 고상한 원리들의 잔재에 지나지 않습니다. 때때로 장엄한 궁궐이 무너진 후 그 잔재 중에 깨어진 첨탑 같은 것이 보이기도 하는데, 그런 것은 보는 이로 하여금 한때 거기에서 있던 건물이 얼마나 훌륭했는가를 추측하도록 도와주는 정도의 역할밖에는 하지 못하는 것처럼 말입니다.

둘째. 여기서 소망의 주체인 신자를 보게 됩니다. 참된 소망은 오직 그리스도의 신부만이 지니는 보석이요, 오직 신자의 영혼 외에는 어느 누구도 누리지 못하는 은혜입니다. 그리스도가 없는 것과 소망이 없는 것이 함께 연결되어 나타납니다(엡 2:12). 그런데 여기서 소망이 믿음과 관련해서 서 있는 순서를 놓칠 수가 없습니다. 시간상으로 보면, 어느 것이 앞서고 어느 것이 뒤에 따라오는지를 말할 수 없습니다. 하지만 그 본질과 활동의 순서로 보면, 믿음이 소망보다 우선합니다. 먼저 믿음이 약속을 참되고 신실한 말씀으로 깨닫고 그것을 붙잡고, 그 다음에 소망이 영혼을 일깨워 그 약속의 성취를 기다리게 해주는 것입니다. 오리라고 믿지도 않는 사람을 만나러 나갈 사람이 어디 있겠습니까? 약속은 이를테면 하나님께서 그의 교회와 신부에게 주시는 사랑의 편지로서, 거기에 그의 마음이 담겨 있고, 또한 그가 그의 교회와 신부를 위해 행하고자 하시는 모든 것이 담겨 있습니다. 믿음이 그것을 읽고 기쁨으로 그것을 받아들이며, 그렇게 되면 믿는 영혼이 소망으로 창문 너머를 쳐다보며 그 남편이 마차를 타고 와서 그 약속을 이루시기를 바라고 기대하는 것입니다. 바울도 자신의 믿음에 근거하여 자신의 소망의 이유를 자신의 믿음에 근거하여 제시하고 있고(행 24:14, 15), 또한 로마인들에게 소망이 있도록 믿음을 주시기를 위해 기도하는 것입니다(롬 15:13).

셋째. 소망의 대상이 여기에 있습니다.

1. 개략적으로 말하면, 무언가 선한 것이 그 대상입니다. 악한 것은 두려워하고 그것을 피하려 합니다만, 선한 것에 대해서는 그것을 바라고 기대합니다. 그런데 소망과 믿음은 한 가지 차이점이 있습니다. 믿음은 선뿐 아니라 악도 믿습니다만, 소망은 선에만 관심이 있다는 것입니다.

2. 약속에 속하는 선(善)이 소망의 대상입니다. 이 점에서 믿음과 소망이 서로 일치합니다. 이 둘의 선(線)이 동일한 약속의 중심과 연결되어 있습니다. 약속이 없는 소망은 마치 땅도 없는데 닻을 드리우는 것과 같습니다. 소망은 그 이름에 약속을 품고 있는 것입니다. 사도 바울은, "여기 서서 심문 받는 것은 하나님이 우리 조상에게 약속하신 것에 대한 소망을 인함이니"라고 말씀합니다(행 26:6). 다윗도 어디에다 자기의 배를 정박시키고 닻을 드리울지를 다음과 같이 보여줍니다: "나는 주의 말씀에 소망을 두나이다"(시 119:81. 한글개역개정판은 "나는 주의 말씀을 바라나이다"로 번역함). 참된 소망은 오직 참된 선에만 관심을 둡니다. 선하신 하나님께서 약속하시지 않은 것을 선한 것으로 여길 수는 없습니다. 약속이 다음과 같이 베풀어지니 말입니다. "주께서 … 정직하게 행하는 자들에게 좋은 것을 아끼지 아니하시리이다"(시 84:11).

3. 약속에 속하는 모든 선한 것들이 소망의 대상입니다. 하나님께서는 약속에다 모든 선한 것들을 풍성하게 베푸셨을 뿐 아니라, 오로지 선한 것들만을 약속하셨습니다. 그러므로 약속이 담고 있는 모든 것들이 소망의 대상입니다. 하나님은 그

자신이 최고의 선이시며, 따라서 하나님의 역사하심이 피조물의 극한 행복으로 약속되어 있습니다. 그러므로 참된 소망은 그 주요 목표를 하나님께 향하고, 또한 결국 다른 모든 약속들을 영혼이 하나님께 더욱 가까이 나아가게 해 주는 데 도움을 주는 것들로 여겨 그것들을 바랍니다. 하나님을 가리켜 "이스라엘의 소망"이라 부릅니다(렘 17:13). 신자가 누리기를 바라는 것 중에 그 어떠한 것도 하나님을 능가하지 못하며, 따라서 신자는 다름 아닌 하나님으로 만족을 누리며, 그러기 위해서 자신이 약속을 통해서 하나님께 감당해야 할 모든 것들을 충만히 하나님께 드리는 것입니다. 그러나, 하나님을 충만히 완전하게 누리는 것은 오로지 천국의 복락에서만 이루어지는 일이므로, 그것을 가리켜 "영광의 소망"(골 1:27), "영생의 소망"(딛 3:7), 또한 "구원의 소망"(살전 5:8)이라 부르는 것입니다.

4. 약속에 속하는 선한 것들 중에서도 이미 얻은 것이 아니라 장차 이루어질 것이 소망의 대상입니다. "우리가 소망으로 구원을 얻었으매 보이는 소망이 소망이 아니니 보는 것을 누가 바라리요?"(롬 8:24). 소망의 대상이 되기 위해서는 반드시 미래의 것이어야 합니다. 바로 이 점에서 소망이 믿음과 구별됩니다. 믿음은 약속을 현재의 것으로 인식하며, 따라서 "바라는 것들의 실상"인 것입니다(히 11:1). 약속에 속하는 선이 이를테면 믿음으로 말미암아 영혼 속에서 실재하는 것입니다. 그것은 이를테면 천국을 미리 보는 것과도 같습니다. 곧, 그리스도인과 천국을 함께 있게 하는 것입니다. 마치 그가 천국에 이미 가 있는 것처럼 말입니다. 그러므로 신자들이 마치 두 친구가 서로 만날 때에 하는 것처럼 믿음으로 약속에게 입을 맞추고 환영하였다고 말씀하는 것입니다(히 11:13). 믿음은 현재 시제로 말합니다. "우리는 이기는 자들이다. 그렇다. 이기는 자들보다 더한 자들이다"라고 말입니다(롬 8:37. 한글개역개정판은 "우리가 넉넉히 이기느니라"로 번역함). 그러나 소망은 미래의 언어(*in futuro*)로 말합니다. "내가 … 하리라"라고 말입니다. 그리고 마지막으로, 아직 충만히 이루어지지 않은 것도 소망의 대상에 덧붙이고 싶습니다. 약속이 부분적으로 이루어지는 경우는 아직 소망이 필요합니다. 하지만 완전히 이루어진 것에 대해서는 소망이 끝이 나서 사랑과 기쁨 속에 삼켜져 버립니다. 약속이 완전히 성취되거나 경고가 그대로 실현되면, 모든 소망이 끝이 납니다. 천국에서는 약속이 완전히 성취되고 소망이 사라집니다. 왜냐하면 바라던 것이 이루어졌고, 또한 경고들이 지옥에서 완전히 실현되기 때문입니다. 그러므로 지옥에 버려진 자들에게는 소망을 찾을 수가 없습니다. 방면될 가능성이 전혀 없기 때문입

니다.

넷째. 소망을 돕는 손길이 여기에 있습니다. 곧, 약속을 얻기를 기대할 수 있도록 도움을 주시는 분이 계시는데, 예수 그리스도가 바로 그분이십니다. 소망은 그리스도 안에서 그리스도로 말미암아 모든 것을 바랍니다. 그러므로 그를 가리켜 "우리의 소망"이라 부르는 것입니다(딤전 1:1). 그로 말미암아 우리가 약속된 것에 대해 소망을 갖기 때문입니다. 그는 값 주고 사신 분으로서, 그의 죽으심으로 말미암아 우리가 하나님께로부터 "선을 기대할 권한과 자유"를 얻으며, 또한 그의 성령으로 말미암아 "선을 기대할 능력"을 얻는 것입니다. 그러므로 소망의 권한과 능력이 모두 그리스도께로부터 옵니다. 그 권한은 그가 우리를 위해 피를 뿌리신 사실에서 비롯되며, 그 능력은 그의 성령을 우리 속에 부어 주시는 사실에서 비롯되는 것입니다.

[이 소망을 구원의 소망이라 부르는 이유]

둘째 탐구. 그리스도인의 소망을 가리켜 "구원의 소망"이라 부르는 이유는 무엇입니까? 두 가지 분명한 이유가 나타납니다.

첫째 이유. 구원이 소망의 대상 전체를 포괄하고 그 속에 포섭하기 때문입니다. "구원"이란 여기 조금 저기 조금 흩어져 있던 자비들과 약속들을 누리는 것이 귀하게 만나는 — 마치 첫 창조 때에 궁창을 통하여 처음 발산되었던 빛이 태양 속에 모인 것처럼 — 놀라운 복락의 상태를 뜻합니다. 언약 속에 약속된 모든 선한 것들을 다 한데 묶어 놓으면, 그 총체가 바로 구원인 것입니다. 궁극적인 총체 혹은 통일(*Ultima unitas*)이 모든 것을 다 포괄하는 것이듯이, 구원이 그리스도인이 기대하는 궁극적인 대상이며, 그것이 나머지 모든 것을 다 포괄하며 그의 소망을 규정해 주는 것입니다.

둘째 이유. 그것을 "구원의 소망"이라 부르는 것은 세상 사람들의 소망과 구별하기 위함입니다. 세상 사람들의 몫은 이생에 있고(시 16편), 따라서 그들의 소망 역시 그렇습니다. 물론 이들 중에 구원의 소망을 갖고 있는 체하는 이들도 많습니다. 그러나 사실 그들은 구원의 소망을 가질 권리도 없고, 그것을 매우 사모하지도 않습니다. 그들은 자기들이 세상에서 훌륭하게 자리를 잡고 있다고 생각합니다. 그러므로 혹시 바랄 것이 있다면, 하나님께서 그들을 세상에서 데려가지 마시기를 바라는 것뿐일 것입니다. 그들이 구원받기를 소망한다고 말하지만, 사실상 그들의 양심은 저 세상에서 자신의 모습이 변화될 소망을 갖고 이 세상과 작별하기보다는 차라리 이 세상에 그대로 남아 있기를 바란다고 말할 것입니다. 그들이 구원을 소망하고 바라는 쪽으로 자신들을 부풀려 몰아가는 것은 천국을 사모해서라기보다는 오히려 지옥을 혐오해서인 것입니다. 그들 중에 정죄 받는 것보다 구원받는 것을 — 지옥에 들어가는 것보다 천국에서 사는 것을 — 원하지 않을 사람은 없을 것입니다. 그러나 그 둘보다도 그들에게 가장 좋은 것은 이 세상에 그대로 사는 것입니다.

[소망을 투구에 비하는 이유]

셋째 탐구. 소망을 투구에 비하는 이유는 무엇입니까? 이에 대해 두 가지 이유를 생각할 수 있습니다.

첫째 이유. 투구가 몸의 가장 중요한 부위인 머리를 화살과 칼에서 지켜 주듯이, 이 "구원의 소망"도 사람의 가장 주요한 부분이요 주요한 기능인 영혼을 보호해 주며, 그리하여 사탄이나 죄가 위험을 — 치명적인 위험은 더욱 분명히 — 가하지 못하게 해주기 때문입니다. 시험이 괴롭게 할 수는 있으나 상하게 하지는 못합니다. 단, 시험의 화살들이 의지에게 들어가 거기에 상처를 남기고, 그로 하여금 동의하고 좋아하게 만들어 놓지만 않는다면 말입니다. 그런데 바로 이 소망의 투구가 — 그것이 제대로 만들어진 것이고 또한 그리스도인의 머리에 잘 맞는다면 — 그렇게 되지 않도록 보호해 주는 것입니다. 신하가 현재 왕의 총애를 입어 만족한 상태에 있고, 또한 장차 왕의 궁정에서 최고의 직위에까지 오르리라는 소망의 계단에 서 있다면, 그 신하를 꾀어 왕에 대해 반역을 저지르게 만들기가 매우 어려울 것입니다. 그렇습니다. 반역과 배반의 무기들은 대개 불만이 가득한 대장간에서 벼려지고 만들어지는 법입니다. 신하들이 왕이 자기들을 무시하고 소홀히 한다고 생각할 때에 — 그들에 대한 왕의 배려가 끝났고, 그에게서 더 큰 호의를 기대할 수 없다고 여길 때에 — 그로 인하여 마음이 약해져서 왕에게 원수된 자의 꾐에 빠져 왕에게 불충을 저지르게 되는 것입니다. 이스라엘 사람들에게서 이것을 보게 됩니다. 그들이, 다윗과 한 지파에 속한 유다 사람들이 왕의 은혜를 독점하고 있고 자기들은 그와 동등하게 몫을 받지 못한다고 생각하자, 그들이 얼마나 속히 다윗 왕을 대적하여 배반하는지 모릅니다. 그저 세바가 미혹의 나팔을 한두 번 불자 곧바로 거기에 넘어가 버리는 것입니다. 세바가 이렇게 외칩니다: "우리는 다윗과 나눌 분깃이 없으며 이새의 아들에게서 받을 유산이 우리에게 없도다. 이스라엘아 각각 장막으로 돌아가라!"(삼하 20:1). 그러자 마치 도화선에 불이 타서 폭약이 터지듯, 모두 반역에 가담합니다: "이에 온 이스라엘 사람들이 다윗 따르기를 그치고 올라가 비그리의 아들 세바를 따르나"(2절). 이와 마찬가지로 자신이 하나님께 분깃이 없을까 두려워하며 그에게서 올 기업을 기대하지 않게 되면, 영혼이 시험하는 자의 나팔 소리에 곧바로 휩쓸려 아무리 큰 죄라도 마다하지 않고 저지르고 마는 것입니다.

둘째 이유. 투구가 군인의 머리가 상처를 입지 않도록 지켜 주듯이, 구원의 소망도 그 마음이 무너지지 않도록 지켜 주기 때문입니다. 투구를 쓰면 칼과 화살이 난무하는 싸움터에 있을지라도 두려움 없이 담대해집니다. 놋쇠로 된 투구와 기타 무기로 무장한 골리앗이 싸움터에서 얼마나 자신감을 갖고 대담하게 전면에 나섰습니까? 자신의 전신갑주가 완전하다고 생각하여 그 어떠한 무기도 자신에게 접근하여 죽음의 메시지를 전해줄 수 없을 것처럼 자신감이 넘쳤습니다. 그리하여 그는 창을 높이 들고 앞으로 나와 이스라엘 군대에게 호령하다가 결국 자신의 교만과 어리석음으로 인하여 목숨을 잃고 말았습니다. 하지만 여기의 이 투구를 쓰면 누구라도 거룩한 자신감 때문에 부끄러움을 당할 위험이 전혀 없습니다. 하나님께서 친히 역사하시고 그리하여 소망 중에 즐거워하게 하시는 것입니다. "네가 나를 여호와인 줄을 알리니 이는 나를 바라는 자는 수치를 당하지 아니함이라"(사 49:23). 이로 말미암아 거룩한 다윗은 그의 원수들에 둘러싸여서도 용기를 잃지 않았습니다. "군대가 나를 대적하여 진 칠지라도 내 마음이 두렵지 아니하며 전쟁이 일어나 나를 치려 할지라도 나는 여전히 태연하리로다"(시 27:3). 그의 소망이 그 원수들이 그에게 어떻게 할지를 두려워하여 마음이 두근거리게 내버려 두지 않으니 말입니다. 그는 이 "구원의 투구"를 쓰고 있었습니다. 그렇기 때문에 "이제 내 머리가 나를 둘러싼 내 원수 위에 들리리라"고 말할 수 있었던 것입니다(6절). 머리가 물 위에 떠 있는 동안에는 사람이 절대로 익사할 수가 없는 법입니다. 그런데 그리스도인이 위험에 처할 때에 그를 위하여 소망이 해주는 역할이 바로 이것입니다. "이런 일이 되기를 시작하거든 일어나 머리를 들라 너희 속량이 가까웠느니라"(눅 21:28). 그리스도께서 아주 이상스런 때에 제자들에게 그 머리를 들라고 명하신다고 생각할 수도 있을 것입니다. 다른 "사람들이 세상에 임할 일을 생각하고 무서워하므로 기절하는" 것이 보이는 때에 그런 말씀을 하시니 말입니다(26절). 그러나 다른 사람들의 태양이 저물고 캄캄한 어둠이 그들을 엄습할 때야말로 그들의 태양이 떠오르는 때입니다. 이제까지 오랫동안 소망이 그 위(胃)를 비워놓고 기다려왔는데 이제야말로 그 고대하던 그리스도인의 잔치가 다가오고 있는 것입니다. "너희 속량이 가까웠느니라." 고개를 떨어뜨리게 만드는 것은 두 가지이니, 곧 두려움과 수치가 그것입니다. 그런데 소망이 이 두 가지 모두에 대해 그리스도인의 마음을 편안하게 해주고, 그리하여 우울한 모습으로 낙담한 마음을 드러내지 않도록 해주는 것입니다. 자, 이 정도면 단어들에 대한 설명으로 족하리라 봅니다. 이제는 이 갑주의 부품에 대한 강론에서 깨달아야 할 한 가지 전반적인 가르침을 제시하고자 합니다.

제 2 부

투구의 용도, 혹은 그리스도인의 전투에서 소망의 역할

V

이제 그 가르침은 바로, 소망이란 우리의 영적 전쟁과 그리스도인의 여정 전체에서 뛰어난 용도를 지닌 하나의 은혜라는 것입니다. 우리는 구원의 투구를 쓰라는 명령을 받고 있습니다만, 이는 어느 특정한 기회에 쓰다가 다시 무슨 특별한 상황이 생겨서 다시 쓰게 될 때까지 그냥 걸어놓으라는 것이 아닙니다. 하나님께서 이 투구를 벗기시고 대신 영광의 면류관을 씌워 주시기까지 절대로 벗어 놓아서는 안 되는 것입니다. 사도 베드로는 "근신하여 … 끝까지 소망을 가질지어다"라고 권면합니다(벧전 1:13. 한글개역개정판은 "온전히 바랄지어다"로 번역함). 이따금씩만 필요한 전쟁 무기도 있습니다. 마치 성벽을 타고 올라갈 때 쓰는 사다리 같은 것이 이에 해당되는데, 그것들은 한동안 옆에 제쳐두어도 아쉬울 것이 없습니다. 그러나 투구는 계속해서 사용할 것입니다. 죄와 사탄과의 전쟁이 계속되는 한 투구는 항상 쓰고 있어야 합니다. 그리스도인은 땅 위에 있는 한 소망 밑에 있는 것이 아니요, 하늘 아래 있는 동안 소망 위에 있는 것도 아닙니다. 그 하늘의 영화로운 성문에 들어갈 때에야 비로소 "소망과 영원히 작별하고 사랑을 환영하는" 것입니다. 그때에 거룩한 순교자와 더불어, "갑주는 흙이 되고, 예복은 천국이 된다"고 말할 수 있을 것입니다. 소망은 전쟁터로 나아가 마지막 전투가 치러지고 승리를 거두기까지 그리스도인을 돌봅니다. 그리고 그때에 믿음과 소망이 함께 그를 약속의 마차에 싣고 천국 문에까지 데려가고, 거기서 그리스도인의 영혼을 사랑과 희락의 손길에게 넘겨주면, 사랑과 희락이 그를 호위하여 하나님의 복락의 임재 속으로 들어가는 것입니다. 여기서 그리스도인에게 소망이 해주는 역할들에 대해 좀 더 구체적으로 말씀드릴까 합니다. 몇 가지 역할들이 있는데, 그것을 다음 네 가지로 정리할 수 있을 것입니다. 첫째. 소망은 그리스도인으로 하여금 높고 고귀한 공적을 지향하게 해 줍니다. 둘째. 소망은 그리스도인으로 하여금 아무리 하찮은 일에도 부지런하고 신실하게 만들어 줍니다. 셋째. 소망은 그리스도인으로 하여금 극한 고난 중에서도 인내하도록 지켜 줍니다. 넷째. 소망은 하나님께서 약속들을 아무리 더디 이루시더라도 영혼을 안돈시켜 고요하게 해 줍니다. 그러면 첫째 역할부터 먼저 살펴보도록 하겠습니다.

—

첫째 역할

[소망은 그리스도인의 투구로서 그리스도인을 자극하여 고귀한 공적들을 지향하게 해줌]

구원의 소망은 그리스도인으로 하여금 높고 고귀한 공적을 지향하게 해 줍니다. 소망은 큰 행동을 위하여 출생한 은혜입니다. 믿음과 소망은 그리스도인의 모든 고귀한 업적들을 가능하게 하는 두 가지 기둥입니다. 육신적인 소망이 육신적인 사람들을 자극하여 세상에서 이름을 얻게 해주는 업적을 행하게 하듯이, 이 하늘에 속한 소망도 성도들을 움직여 일을 하도록 영향력을 발휘하는 것입니다. 상인이 집과 땅을 팔고 자신의 전 재산을 갖고서 전혀 딴 쪽 세상으로 나아가는 — 그것도 해적들과 파도와 바람의 위험을 수없이 감수하면서까지 — 이유가 무엇이겠습니까? 그런 대담한 모험을 통해서 더 많은 재산을 얻으리라는 소망 때문이 아니겠습니까? 명예와 전리품을 취하리라는 소망이 아니라면 무엇 때문에 용감한 군인이 죽음을 무릅쓰고 격렬한 전쟁터에 돌진해 들어가겠습니까? 소망이야말로 온갖 위험을 당해서도 웃게 만들어 주는 그의 투구요 방패요, 모든 것입니다. 보통 사람이 알지 못하는 자연의 신비한 것들에 대한 지식에서 진일보하고자 하는 소망이 아니라면 무엇 때문에 학자가 학문적인 탐구를 위해 머리를 쥐어짜며 힘들여 연구하겠습니까? 그런데 그는 자신이 바라는 것을 다 이루어도 그가 겪은 모든 고통과 연구에 대해 별로 얻는 것이 없습니다. 그러므로 그는 손과 무릎이 다 해지도록 애를 쓰며 험한 산을 올라갔는데, 그 산이 서 있을 가치가 별로 없는 황량하고 쓸쓸한 곳이요 또한 거기 서 있는 동안 구름에 가려 다른 사람들에게 자기 모습이 보이지도 않으므로 그저 자기가 다른 사람들의 머리 위를 보므로 그들보다 좀 더 멀리 볼 수 있다는 것에 만족하며 위로를 얻기밖에 하지 못하는 사람과 별 차이가 없습니다. 그런데 이런 하찮은 소망들도 사람들로 하여금 이 한심한 것들 — 그저 사람의 환상과 상상에만 선하게 보이는 것들 — 을 얻기 위해 그렇게 단호하게 결단하고 행동에 옮기게 만든다면, 하물며 그리스도인에게 있는 영생의 소망은 얼마나 더 그 고귀한 공적들을 이루도록 그리스도인을 독려하겠습니까! 몇 가지 사실들을 제시하는 것으로 족할 것입니다. 첫째. 이 소망은 그리스도인 속에 전에 그를 굴레 속에 사로잡았던 그 정욕들에 대항하는 영웅적인 결단을 일으켜 줍니다. 둘째. 세상의 모든 사람들이 현 세상의 모든 화려한 것들과 보화와 쾌락거리들에 비열하게 종노릇하고 있지만, 이 소망은 그리스도인의 품위를 높여서 그 모든 것들을 멸시할 수 있게 해 줍니다. 셋째. 이 소망이 꾸준히 역사할 때에 그리스도인을 하나님을 위하여 능동적이고도 열정적이 되게 해 줍니다. 넷째. 이 소망은, 특히 그것이 자라나 어느 정도 강건해지면, 그리스도인 속에 더 많은 것을 이루는 것에 대한 거룩한 갈증이 생기게 해 줍니다.

[소망이 고귀한 공적들을 지향하도록 그리스도인을 일으켜준 실례들]

첫째 사실. 이 소망은 그리스도인 속에 전에 그를 굴레 속에 사로잡았던 그 정욕들에 대항하는 영웅적인 결단을 일으켜 줍니다. 애굽 사람들 아래서 종살이하는 동안 이스라엘 백성들은 거기에 잘 길들여져서 그들을 압제하는 자의 멍에를 깨뜨려버릴 시도도 하지 못하던 상태였습니다. 그러나 모세가 하나님께로부터 보내심을 받아 다가오는 구원에 대해 소망을 주었고, 또한 그의 보도가 믿을 만한 신빙성이 있는 것으로 여겨지자, 새롭게 소망을 갖게 되고 그 소망으로 인하여 그들의 생각에 굉장한 변화가 일어난 것을 보게 됩니다. 갑자기 용기가 돌아오고, 고뇌와 절망 가운데서 오랫동안 얼어 있던 피가 다시 뜨거워졌습니다. 누가 들을까봐 감히 탄식 소리조차 내지 못했고 힘든 노동으로 사기가 완전히 땅에 떨어진 처지에 있던 사람들이 이제 소망으로 무장하고서 감히 감옥 문을 깨뜨리고 애굽 땅을 떠나 약속하신 안식의 땅을 향하여 나아간 것입니다. 불 같은 바로의 권세와 그의 진노가 그들을 뒤쫓는데도 전혀 아랑곳하지 않고 말입니다. 과연 소망은 죄의 굴레에 관하여 영혼에 이와 같은 변화를 일으킵니다.

이 하늘의 소망이 없는 영혼은 얼마나 용기가 없고 무기력한지 모릅니다! 사탄에게 잘 길들여진 종이 되어 있습니다! 그런 자는 모든 더러운 정욕에게 짓밟히는 발등상과도 같습니다. 마귀가 등 뒤로 와서 자기가 원하는 곳으로 그 사람을 몰아가도 전혀 움츠러들지 않습니다. 그렇게 더러울 수 없는 웅덩이인데도 사탄은 길게 꼰 실에 묶어서 그를 그리로 끌고 갈 수 있습니다. 이 불쌍한 사람은 자신의 치욕스런 종살이에 너무나 만족하고 있습니다. 자기가 섬기는 주인보다 더 나은 주인도 전혀 모르고, 또한 자기의 정욕이 바라는 그런 관능적인 쾌락의 음식찌꺼기들보다 더 나은 품삯을 전혀 모르기 때문입니다. 그러나 이 죄에게 속고 있는 이 영혼의 귀에 구원의 소식이 임하고 영적인 눈이 떠져서 그 구원이 주는 그 놀라운 영광을 보게 되어, 사탄을 버리고 그리스도를 취하며, 자신의 정욕에 노예된 상태를 버리고 그의 구속자를 섬기는 자유를 취하게 되면, 그 자신이 그 구원을 상속받을 자가 되리라는 조그만 소망의 틈이 그에게 열리게 되면, 오오 여러분, 그 영혼이 자기의 정욕들에게 얼마나 굉장한 폭력을 휘두르게 되는지 모릅니다. 그는 즉시 모든 것들을 죽일 것을 맹세하고, 어떻게 하면 그것들을 가장 신속하고도 가장 효과적으로 제거할까를 궁리하게 되는 것입니다. "주를 향하여 이 소망을 가진 자마다 그의 깨끗하심과 같이 자기를 깨끗하게 하느니라"(요일 3:3). 이제 그는 자기의 정욕들을 보기를, 마치 사로잡힌 왕이 어떻게 하든 자기를 지키는 잔인한 병사들의 손아귀에서 도망쳐서 자기 나라로 돌아가 왕좌를 다시 누릴 궁리를 하는 것처럼 합니다. 그러므로 그는 그 정욕들에게 극한 보복을 가할 궁리를 합니다. 육신에 속한 자들도 이따금씩 우연히 자기들의 정욕에 싫증이 나서 경솔하게 그것들을 다스리려 하기도 합니다만, 아뿔싸! 잠시 후면 그 꺼내든 칼을 다시 칼집에 집어넣게 되고 그 서슬이 퍼렇던 분노가 아무 일도 없었던 것처럼 금방 사라지고 맙니다. 마치 에서처럼 속에 분노가 가득하여 나갔다가 갑자기 정욕들이 자기들을 해롭게 하지 말아 달라는 뜻으로 주는 뇌물을 받고서는 금방 그것들과 화해해버립니다. 에서가 그 동생에게 한 것처럼, 방금 전만 해도 죽이겠다고 했던 그 정욕들의 목을 끌어안고 입을 맞추는 것입니다. 그런데 이 모든 것이 하늘에 속한 참된 소망이 없어서 그 정욕들이 화를 누그러뜨리고자 주는 선물들의 값어치를 크게 여기는 데서 기인하는 것입니다. 만일 참된 소망이 있다면 절대로 영원한 구원을 잃어버리는 무한히 큰 일을 감수하면서 그렇게 뇌물들로 꿰매어 놓은 평화에 굴복하는 일은 없을 것입니다. 죄의 움직임들을 대항하여 갖가지 논리들로 무장할 만한 사고력이 있는 사람은 구태여 멀리까지 가지 않고도 그것들을 찾을 수 있습니다. 그러나 이 죄를 잘 취급하여 머리에까지 와 닿게 하는 자는 더 많은 것이 필요 없을 것입니다.

이 사람이 엎드리지 않을 죄가 무엇이겠습니까? 여러분은 그 어떠한 감각적인 정욕에도 마음이 비워져 있습니까? 여러분이 과연 천국에서 무엇을 찾기를 바라는지 여러분의 소망에게 물어보십시오. 천국에서 순결하고도 거룩한 천사들처럼 되기를 소망하여, 이 땅에서 짐승처럼 대접을 받더라도 그것을 받아들일 수 있겠습니까?

이득을 바라는 죄(a sin of profit)가 여러분을 사로잡고 있습니까? 천국의 소망이 이 마귀를 너끈히 물리칠 만한 강력한 힘이 없습니까? 황금이 전혀 값이 없는 그 거룩한 성의 상속자가 되고자 하는 소망이 있는데 과연 황금이 여러분을 흔들 수 있겠습니까? 그 복락의 처소가 길이 황금으로 덮여 있다고 말씀하는 것이, 거기서는 그것이 아무 가치도 없어 그냥 밟을 뿐이라는 것을 알게 하고자 함이 아니고 무엇이겠습니까? 머지않아 발로 짓밟게 될 그것을 과연 마음에 담고 있으렵니까?

보복의 죄가 여러분을 사로잡고 있습니까? 사랑하는 구주께서 여러분의 사정을 다 신원해 주실 날이 올 것을 소망하지 않습니까? 그런데 구주께서 그의 손으로 하실 일을 구태여 빼앗아 여러분이 행할 필요가 무엇이겠습니까? 소망이 없는 자더러 자기 자신을 심판하라고 하십시오. 심판주가 오시면 그가 하실 일을 하실 것입니다.

둘째 사실. 세상의 모든 사람들이 현 세상의 모든 화려한 것들과 보화와 쾌락거리들에 비열하게 종노릇하며 감옥에 갇힌 죄수처럼 그 사슬에 발이 묶여 있지만, 이 소망은 그리스도인의 품위를 높여서 그 모든 것들을 멸시할 수 있게 해 줍니다. 일단 믿음이 그리스도인에게 그가 장차 있게 될 천국을 보여주게 되면, 소망으로 말미암아 그는 그 천국을, 잠시 후 이 땅을 떠날 때에 자신이 차지하게 될 곳으로 여겨 그곳을 바라보기 시작합니다. 그렇게 되면 그에게는 과연 이 세상의 행복이 별로 값어치가 없게 되어 버립니다. 그것에 걸었던 과거의 소망 전부를 매우 헐값에 팔 수 있습니다. 그렇습니다. 하나님께서 부르시면 이 세상에서 지니던 모든 것과 기꺼이 작별할 수 있습니다. 알렉산더 대왕이 자기가 취한 성들과 작별하고 세상을 떠난 것보다 훨씬 더 자유로운 마음으로 말입니다. 왜냐하면 이 모든 것이 가버려도 그 위대한 왕이 가졌던 것보다 훨씬 더 나은 소망이 그에게 남아 있기 때문입니다. 그리스도인의 생각에는 천국의 소망이 세상을 가려 보이지 않게 하는 것입니다. 사울이 기름 부음을 받고 나자 바로 전에 찾아다니던 나귀가 아무것도 아닌 것이 되어 버렸던 것처럼, 그에게는 세상이 아무것도 아닌 것이 되어 버리는 것입니다.

어느 터키인들이 마호메트의 무덤을 보고서 어처구니없게도 자기들의 눈을 빼 버렸다는 이야기가 있습니다. 그렇게 신성한 것을 보는 복을 누린 다음 다른 일상적인 것을 봄으로써 눈을 더럽히게 될까봐 그렇게 했다는 것입니다. 확신하건대, 은혜 안에 있는 수많은 영혼들이 위대하신 하나님의 궁전인 천국의 영광이 그들의 믿음의 눈 앞에 펼쳐지는 것을 보고 그 넘치는 복에 압도되어, 하나님께서 차라리 죽음으로 그들의 눈을 봉해 주시기를 바랐던 것을 볼 수 있습니다. 마치 하나님의 "구원"을 두 눈으로 목도하고나면 더 이상 하루도 더 살기를 바라지 않았던 시므온처럼 말입니다. 아브라함은 이 구원의 소망 아래 있었고, 그리하여 "믿음으로 그가 이방의 땅에 있는 것 같이 약속의 땅에 거류하 … 였으니, 이는 그가 하나님이 계획하시고 지으실 터가 있는 성을 바랐음이라"(히 11:9, 10). 만일 하나님께서 그가 주고자 하신 천국을 그에게 말씀하지 않으셨다면 그는 가나안 땅으로 만족하였을 것입니다. 그러나 천국이 있음을 알고 나자 가나안 땅은 그에 비하면 더러운 가불 땅(왕상 9:13)에 지나지 않게 여겨진 것입니다. 이와 같이 바울도 세상을 낮게 보는 자신의 생각을 말씀할 뿐 아니라 그의 생각이 일관되고 정착된 소망을 지닌 모든 신자들의 공통적인 생각과 일치하는 것임을 보여 줍니다. "우리의 시민권은 하늘에 있는지라. 거기로부터 구원하는 자 곧 주 예수 그리스도를 기다리노니"(빌 3:20). 여기서 그는 성도들과 땅을 등지고 천국을 바라봅니다. 그리고 "거기로부터 … 기다리노니"라고 말씀하는 것입니다. 사실입니다. 천국을 기다리는 자는 반드시 땅을 바라보던 시선을 거둘 수밖에 없습니다. 육신의 시선과 영혼의 시선이 거의 차이가 없는 것입니다. 사람마다 자기가 가장 큰 이익과 유익을 얻을 소망이 있는 곳에 가장 신경을 많이 씁니다. 세리는 세금을 받는 곳에 앉아 있습니다. 거기서 이득이 생기기 때문입니다. 궁궐의 신하는 임금의 팔꿈치 곁에 서 있습니다. 상인을 만나고 싶으면 창고에나 또는 가게에 가야 합니다. 그러나 그리스도인의 소망은 그를 데리고 이 모든 문들을 그대로 지나쳐 갑니다. 그는 이렇게 말합니다. "이곳은 내가 소망을 둘 곳도 아니고, 나의 본거지도 아니다. 내 소망은 천국에 있으니 거기로부터 구주께서 오시기를, 또한 나의 구원이 그와 함께 임하기를 기다리도다. 거기서 내가 살고 행하리니, 나는 그 때를 기다리리라."

사람의 세상적인 소망들을 전부 값 주고 살 수 있는 것은 오직 견고하며 든든한 구원의 소망밖에는 없습니다. 소망이 없이는 사람의 마음이 이 세상에 있을 수 없고, 또한 천국에 대한 소망이 없으면 이 땅에 사로잡혀 있을 수밖에 없습니다. 세상적인 소망보다 세상적인 마음에 더 잘 어울리는 것이 어디 있겠습니까? 사람은 자기가 소망을 두고 있는 것을 — 그것이 초라하고 하찮은 것이라도 — 높이 바라보며, 또한 그것과 작별하기가 매우 힘든 것입니다. 물에 빠져 죽을 처지에 있는 사람을 보면, 해변에 있는 무슨 지푸라기나 가지 같은 것밖에 붙잡을 것이 없어서 죽기까지 그것을 놓지 않고 붙잡고 있습니다. 아무리 여기저기에 부딪혀서 상처를 입어도 그것은 놓지 않습니다. 그 어떠한 것도 그에게서 그 지푸라기를 빼앗아 갈 수 없습니다. 차라리 그가 소망을 두는 그 지푸라기로 말미암아 그가 물에 빠져 죽지 않도록 바라는 것이 더 낫습니다. 이 세상에 소망을 두고 있는 사람이 이와 같습니다. 거기서 행복을 얻기를 바라는 것입니다. 그런 사람이 얼마나 세상을 껴안으며 또한 세상에 매달려 있는지요! 그런 사람에게 그 소망들을 버리게 하는 것보다는 차라리 개들을 피하여 굴에 숨어 있는 여우를 설득시켜 거기서 나오게 하는 것이 더 빠를 것입니다. 아닙니다. 이 재물 저 명예가 없으면 그는 망하고 맙니다. 소망과 목숨이 같은 손에 붙들려 있습니다. 그를 겁주고 위협해 보십시오. 그 사람의 마음은 요동하지 않을 것입니다. 예, 지옥 불을 그의 가슴에 던지고, 세상을 사랑하는 이 사랑이, 황금을 소망으로 삼는 이것이 장차 그를 망하게 할 것이라고 아무리 이야기해도, 그는 여전히 그의 길을 고집할 것입니다.

벨릭스가 이 사실을 잘 보여주는 실례입니다(행 24:26). 바울이 그의 앞에서 벽력 같은 말씀을 전했습니다. 설교자인 바울은 죄수의 자리에, 벨릭스는 위의 재판석에 앉아 있었으나, 하나님께서 그 말씀에 권능을 주사 그는 그 죄수가 "의와 절제와 장차 오는 심판"에 대해 하는 말씀을 듣고 두려워 떨었습니다. 그러나 이 사람은 심판에 대한 두려움으로 양심에 괴로움을 느끼면서도 동시에 그의 마음을 탐욕에 내어 주어 뇌물을 바랐고, 뇌물을 받지 못하자 그 하나님의 복된 종을 그의 철천지원수의 손에 넘겨 주고 말았습니다. 성경은 이렇게 보도합니다. "바울에게서 돈을 받을까 바라는 고로 더 자주 불러 같이 이야기하더라"(행 24:26). 그러나 그는 실패하고 말았습니다. 약간의 돈을 바라는 더러운 소망으로 인하여 비열하게도 그를 구하기를 거부하였으나, 바울은 저 세상에 대한 복된 소망으로 인하여 그의 손에 뇌물을 쥐어주고 구원을 사기를 거부하는 더욱 존귀한 처신을 한 것입니다.

셋째 사실. 이 소망은 그것이 꾸준히 역사할 때에 그리스도인을 하나님을 위하여 능동적이고도 열정적이 되게 해 줍니다. 그것을 가리켜 "산 소망"이라 부릅니다(벧전 1:3). 그것이 있는 사람은 용기의 사람입니다. 다른 많은 사람들보다 그에게 더 많은 기대를 걸 수 있고, 결코 그 기대가 무너지지 않습니다. 어째서 사람들이 하나님을 섬기는 일에 무디고 또 그 일을 힘겨워합니까? 그들의 소망이 그렇기 때문입니다. 소망 없는 것과 활기가 없는 것은 서로 함께 갑니다. 열심히 수고해도 품삯을 제대로 받을 소망이 없거나 적으면 일을 제대로 하지 않는다고 해서 놀랄 것이 없습니다. 노래를 바라고 일하는 자는 일하면서 노래하지 않는다고들 합니다만, 흥도 없고 의욕도 없이 일한다는 말입니다. 최고의 고객이 가장 먼저 가장 좋은 서비스를 받는 것이 분명합니다만, 최고의 고객이란 우리가 보기에 가장 많은 돈을 지불할 것으로 기대되는 사람입니다. 만일 하나님이 그런 분이라고 생각되면, 다른 모든 것을 제쳐두고 그의 일을 행할 것입니다. 바울은 바로 "약속에 대한 소망"(행 26:6. 한글개역개정판은 "약속하신 것을 바라는 까닭"으로 번역함)이 있었기에 세상의 친구들을 다 잃어버리고 그 자신의 목숨까지 위험에 처할 정도로 그렇게 깊이 복음을 섬기는 일에 매진하게 되었던 것입니다. 하나님을 경외하는 다른 이스라엘 사람들도 똑같은 경위로 경건의 길을 그렇게 면밀히 따른 것입니다: "이 약속은 우리 열두 지파가 밤낮으로 간절히 하나님을 받들어 섬김으로 얻기를 바라는 바인데"(7절). 여기서 주목하십시오, 그들의 소망은 즉각적이며(instant) 동시에 항구적(constant)이었습니다. "간절함으로"라고 합니다. 그들은 마치 달리기 경주를 하듯 전속력으로 달렸고, 그것도 밤낮으로 — 중간에 중지하거나 휴식하는 것도 없이 — 계속해서 달려갔습니다. 그들을 그렇게 힘차게 달리게 만든 것이 무엇이었을까요? 그것은 바로 결국 그 약속된 구원에 이르리라는 소망이었습니다. 하나님을 섬기는 데에서 나타나는 이런 무딘 게으름과 무기력한 심령의 가래를 토해

내어 영혼을 깨끗하게 해 주는 것으로, 힘 있게 잘 적용된 소망보다 나은 것은 없습니다. 사도가 이런 증상에 대해 처방한 것이 바로 그 명약인 것입니다: "우리가 간절히 원하는 것은 너희 각 사람이 동일한 부지런함을 나타내어 끝까지 소망의 풍성함에 이르러 게으르지 아니하 … 게 하려는 것이니라"(히 6:11, 12).

넷째 사실. 이 소망은, 특히 그것이 자라나 어느 정도 강건해지면, 그리스도인 속에 더 많은 것을 이루고자 하는 거룩한 갈증이 생기게 해 줍니다. 우리가 가진 구원의 소망이 높이 올라갈수록 우리의 마음도 거룩한 갈망 중에 더 넓어지고 확대될 것입니다. "그뿐 아니라 또한 우리 곧 성령의 처음 익은 열매를 받은 우리까지도 속으로 탄식하여 양자 될 것 곧 우리 몸의 속량을 기다리느니라"(롬 8:23). 아직 얻지 못한 것에 대한 탄식이 그들에게 있지만 그보다는 이미 얻은 것에 대하여 즐거워하는 것이 그들에게 더 잘 어울릴 것이라고 생각할 수도 있을 것입니다. 아침을 잘 먹어서 위가 든든한 사람만큼 저녁 식사를 위해 오랫동안 잘 기다릴 수 있는 사람이 어디 있겠습니까? 그러나 이는 육신의 양식에는 해당되겠지만, 영적인 양식에는 해당되지 않습니다. 그들은 첫 열매를 통해서 그 감미로운 맛을 보았기 때문에 그로 인하여 심령에 의욕이 생겼습니다. 그러나 아직 충만한 상태에 미치지 못했다는 생각으로 인하여 탄식하는 것입니다. 소망은 모든 것을 기다립니다. 그리고 모든 접시들이 식탁에 완전히 다 차려지기까지 — 약속의 밭에서 모든 곡식들이 다 거두어들여져 곳간에 쌓이기까지 — 그 영혼은 편안히 앉아 만족을 누리지 못하는 법입니다. 그렇습니다. 그리스도인이 약속의 부분적인 성취를 더 많이 누릴수록 소망이 그 영혼으로 하여금 앞에 남아 있는 것을 붙잡고자 더 깊이 탄식하게 만드는 것입니다. 그 이유는 다음과 같습니다.

1. 이렇게 먼저 맛을 봄으로써 그리스도인이 천국에 있는 그 기쁨의 본질을 더 많이 접하게 되고, 그리하여 자신의 생각을 더욱 확대시켜 이미 거기에 가 있는 자들이 누리는 행복에 대해 좀 더 진전된 것을 깨닫게 되기 때문입니다. 지식이 늘어나면 그만큼 욕망도 커지기 마련이며, 또한 영광을 입은 성도들이 그 감미로운 포도주를 큰 대접으로 충만히 마시는데 자신은 그저 한 모금 맛만 볼 수밖에 없어서 만족이 없고 오히려 갈증만 더 커지는 형편이라는 것을 생각하고서 그 욕망들이 안타까운 탄식이 되어 터져 나오는 것입니다. 전에 그렇게 많이 알지 못하던 때보다는 지금이 이 땅에 살기가 더 힘들게 느껴집니다. 그는 마치 화려한 연회장 바깥문간에 서 있는 사람과도 같습니다. 그 안에 있는 사람들이 즐겁게 떠드는 소리들을

다 듣습니다. 그들이 얼마나 다양한 음식들을 즐기는지를 열쇠구멍으로 다 들여다봅니다. 바깥으로 내오는 나무접시에 담긴 음식들을 조금 핥는 것으로도 그 사람들이 먹는 음식이 얼마나 맛있는가를 느낄 수 있습니다. 그런 사람이 연회장을 동경하며 얼마나 군침을 삼키고 입맛을 다시겠습니까? 그 연회장에 대해 듣지 못했거나 들었어도 실제로 그 음식들을 맛보지 못한 자들은 그렇게 되지를 않습니다. 영혼이 천국에 가까이 서 있어서 천국에 있는 자들의 기쁨에 대해 더 많이 알수록 그만큼 그들을 더 부러워하며 또한 스스로 안타까워하는 것입니다. 천국을 많이 누리는 자보다 천국을 더 사모하는 자는 없습니다. 그런 사람에게는 지금 그것이 속히 오지 않고 지체되는 것이 굉장히 지루하고 힘듭니다. "이 마차가 왜 이렇게 더디 오는가? 그의 마차의 바퀴가 왜 이리 느린가?"라는 탄식이 그들에게서 계속해서 터져 나옵니다. 기술 훈련을 받는 도제(徒弟)에게는 그 어느 때보다도 그 훈련의 마지막 해가 가장 길게 느껴집니다. 이제 훈련이 끝날 때가 아주 가까이 왔기 때문입니다. 약속이 지체되는 것이 그렇게 지루하다면, 버려짐을 당하는 것은 그런 영혼에게 어떠하겠습니까? 성령의 감미로운 역사와 영광을 미리 맛봄으로써 자신의 구원에 대한 소망이 크게 고조되었는데, 자신이 버려짐을 당한다면 과연 그 심정이 어떻겠습니까? 가나안 땅에 아주 가까운 곳에서 정탐꾼들의 손에서 그 땅의 열매를 맛본 후에 죽은 모세는 아마도 지극히 괴로웠을 것입니다. 다 자란 아이 하나를 잃는 것이 요람에 누워 있는 갓난아기 둘을 잃는 것보다 더 괴롭습니다. 갓난아기 때에는 그에 대한 기대가 아직 영글지 않았으나, 다 자란 후에는 그 아이에 대해 가졌던 소망이 금방 열매를 맺을 것으로 기대되기 때문입니다. 사실 그리스도인은 절대로 그의 소망을 잃어버릴 수가 없습니다. 다만 그 소망이 상처를 받고 뒤로 후퇴할 수는 있습니다. 이른 봄에 따뜻한 햇살에 식물들이 파릇파릇 움터오를 때에 갑자기 날씨가 추워지면 겨울철보다 오히려 더 차갑게 여겨집니다. 이와 마찬가지로 하나님의 선하심을 지각함으로 영광의 소망을 인하여 기뻐하는 데에까지 진보한 사람은 하나님께서 자기를 버려두신다는 느낌이 들 때에 다른 누구보다도 더 안타까운 감정이 생기는 법입니다. 전능하신 하나님께서 얼굴을 찡그리시거나 혹은 지금까지 그렇게 충만히 누리던 그 빛이 물러가 캄캄한 밤중이 되어 버리는 등 갑작스런 변화가 영혼에게 주는 실망감이란 정말이지 얼마나 끔찍한지 모르는 것입니다.

2. 현재까지 누려온 이 은혜나 위로들이 영혼으로 하여금 더 많은 것을 기대하게

해주며, 또한 그리스도인을 자극하여 그 모든 것을 충만히 갚기 위해 전진하게 해주기 때문입니다. 다윗에게서 이 두 가지를 다 볼 수 있습니다: "주는 나의 도움이 되셨음이라 내가 주의 날개 그늘에서 즐겁게 부르리이다"(시 63:7). 그는 지금까지 얻은 은혜로 인하여 앞으로 올 것을 소망하고 그 안에서 즐거워하며, 이로 말미암아 더욱더 주를 좇기를 진력합니다. 바로 다음 절에서 이것이 나타납니다: "나의 영혼이 주를 가까이 따르니"(8절). 하나님께서 그의 백성들에게 체험을 통해서 바로 그것을 각인시켜 주신다는 것을 — 즉, 자신이 앞으로 행하실 자비들에 대해 그들의 기대치를 높여 주신다는 것을 — 생각하면 이는 전혀 이상할 것이 없습니다. "[내가] 거기서 비로소 그의 포도원을 그에게 주고 아골 골짜기로 소망의 문을 삼아 주리니"(호 2:15). 여기서 하나님은 새로이 회심하여 언약 속에 들어온 영혼에게, 하나님과 화목하고 그리스도와 혼인한 복된 결과로 그가 어떤 복들을 그에게 베푸실지를 말씀하시면서, 자신이 이스라엘에게 행하신 일에 빗대어 말씀하고 계십니다. 그들은 황량한 광야에서 — 그들은 40년 동안 그 곳을 방황하면서 말할 수 없는 어려움을 다 겪은 바 있습니다만 — 나와 열매가 가득한 그 땅에 들어왔는데, 바로 그 문턱에 이 아골 골짜기가 있었습니다. 하나님은 그 골짜기를 그들에게 주실 당시에 그들이 그 땅을 별로 가치가 없는 좁은 땅으로 보지 말고, 그 곳을 가나안 정복의 문으로 보기를 바라셨습니다. 곧, 그 곳을 통과한 후에 시간이 경과하면서 결국 가나안 땅 전체를 소유하게 될 것을 내다보기를 바라신 것입니다. 그들이 그것을 믿었으므로 여호수아는 지극히 교만한 원수들을 상대로 그렇게 용기 있게 깃발을 들고 전진했던 것입니다. 하나님께서 그 백성에게 그 문을 열어 놓으신 이상 사람이 그 문을 닫을 수가 없다는 것을 잘 알고 있었던 것입니다.

하나님은 한 가지 부패를 이기도록 그리스도인에게 구체적인 도움을 베푸시는데 그 도움 하나하나가 다 아골 골짜기로 주시는 것입니다. 곧, 하나님께서는 그리스도인이 그 도움 하나하나를 "소망의 문"으로 받아, 그로 인하여 장차 그 저주받은 씨가 그의 가슴에서 완전히 무너지게 될 것을 기대하기를 바라시는 것입니다. 그가 그의 은혜나 위로에 지극히 작은 힘을 더하셔도, 그는 장차 그가 영광 중에 그 은혜와 위로를 완성하실 것을 바라보라는 의미로 우리에게 아골 골짜기를, 혹은 소망의 문을 주시는 것입니다. 두려움과 실의에 빠진 여러분, 이것을 깨닫고 크게 용기를 가져야 마땅하지 않겠습니까! 바울은 에베소에 그를 대적하는 원수들이 많았으나, "광대하고 유효한 문이 열렸다"는 것을 깨닫고 힘을 얻어 담대하게 나아갔습니다(고전 16:9). 원수가 완강하게 저항하던 끝에 결국 패퇴하고 성문이 열리면, 군병들이 "이 성은 이제 우리 것이다!"라고 고함을 지르며 힘을 다하여 그리로 들어가는 것처럼 말입니다. 이와 마찬가지로, 죄 사함을 위하여, 혹은 죄를 이기는 힘을 얻기 위하여 오랫동안 하나님과 씨름한 끝에 드디어 약속의 문이 열려서 하나님이 임하사 그의 임재로 무언가 도움을 주시고 위로를 베푸시게 되면, 소망이 마음을 취하게 되고 갑절의 힘과 열정으로 영혼을 사로잡는 것입니다.

—

둘째 역할

[소망은 그리스도인의 투구로서 아무리 하찮은 일에도 부지런하고 신실히 임하게 해줌]

소망은 그리스도인의 사기를 높여 큰 공적들을 시도하게 하는 것은 물론, 하나님의 섭리가 그에게 아무리 하찮고 보잘것없는 일을 맡겨도 부지런하고 신실하게 그 일을 감당하도록 만들어 줍니다. 그들의 거주의 경계를 지정해주는 섭리와 동일한 섭리가 각 사람에게 일과 소명을 지정해주는 것입니다. 어떤 이들은 하나님께서 땅의 높은 곳에 두시고 그들에게 그 자리에 합당한 존귀한 일들을 지정해주십니다. 또 어떤 이들에 대해서는 낮은 곳에 장막을 치고 살도록 지정하시고 그들에게 희미한 곳에서 평생토록 보잘것없는 일을 담당하게 하십니다. 그러므로 위대하신 하나님께서 우리에게 지정하신 일을 담당하면서 부끄러워할 필요가 전혀 없는 것입니다. 이탈리아 사람들은 "자기에게 주어진 일을 다하는 자의 손은 절대로 더럽지 않다"라고 말하는데, 이는 정말 옳습니다. 그런데 각 그리스도인을 격려하여 자신의 처지에서 신실하도록 하기 위해서 하나님은 그들 모두에게 적용되는 약속을 주셨습니다. 약속들은 마치 태양 광선처럼 왕의 궁궐의 창문에나 가난한 자의 움막의 창문에나 똑같이 빛을 비춥니다. 소망이 그 약속들을 제시하며, 이를 통하여 그리스도인이 용기를 얻어 임무에 임합니다. 믿음과 소망이 속에서 역사하는 정도만큼 우리가 우리의 소명을 신실하게 담당하는 것입니다.

그런데, 여러분이 관찰하게 되겠지만, 하나님은 약속을 주시되 부르심을 받고 나아가는 우리를 약하게 하고 실망에 빠뜨릴 소지가 가장 많은 주요 요인을 이길 수 있도록 우리의 손과 마음을 강건하게 하십니다. 높은 공직에 있는 자들 — 국가의 관리들 — 을 실망시키는 요인은 자기 지역에서 일어나는 난제들과 화난 세상으로부터 오는 반대입니다. 그러므로 이들에게는 세상이 그들을 대적하여 제기하는 그 권세와 분노를 상대로 마음을 든든히 할 수 있게끔 해주는 그런 약속들을 주셔서 그들을 보호하시고 뒷받침하십니다. 이스라엘의 최고 지도자에게 "내가 너를 떠나지 아니하며 버리지 아니하리니"라는 약속이 주어졌습니다(수 1:5). 그리고 목사들에게 주어진 약속도 그들에게 잘 어울립니다. 그들 역시 일상적으로 동일한 난제들과 원수들과 실망스런 일들을 당하니 말입니다. "그러므로 너희는 가서 모든 민족을 제자로 삼아 … 가르쳐 지키게 하라. 볼지어다. 내가 세상 끝날까지 너희와 항상 함께 있으리라 하시니라"(마 28:19, 20). 또한 낮고 천한 일을 담당하는 사람들에게는 대개 바로 그들 자신의 비천함이 시험거리가 됩니다. 그것이 어떤 이들에게는 불만과 타인을 향한 질투의 원인이 됩니다. 자기는 마루에서 일하는데 다른 형제는 그보다 더 존귀한 일을 맡고 있으니 말입니다. 그리고 또 어떤 이들에게는 그것이 마음속에 낙담을 일으키기도 합니다. 다른 이들은 높은 곳에서 하나님을 더 존귀하게 하는 유리한 위치를 누리고 있는데 자기들은 마치 내시처럼 마른 나뭇가지와 같아서 아무 짝에도 쓸모없고 하나님께 영광을 드리지도 못하는 것처럼 보이는 것입니다. 그런데, 하나님께서는 이런 시험을 이기고 또한 이런 실망감을 제거하도록 그리스도인을 무장시키시고자, 아무리 미천한 일에서라도 신실하게 감당하는 자에게 가장 존귀한 상급을 주시겠다는 약속을 덧붙이셨습니다. 종의 임무보다 더 미천하고 보잘것없는 것이 어디 있습니까? 그런데 바로 그들에게도 그 임무를 신실히 담당할 때에 천국이 상으로 베풀어질 것을 약속하고 계시는 것입니다. 그는 종들에게 이렇게 말씀합니다: "무슨 일을 하든지 마음을 다하여 주께 하듯 하고 사람에게 하듯 하지 말라. 이는 기업의 상을 주께 받을 줄 아나니 너희는 주 그리스도를 섬기느니라"(골 3:23, 24). 여기서 다음을 관찰하시기 바랍니다.

첫째. 초라한 종이 담당하고 있는 일에 어떠한 존귀를 부여하고 있는지를 관찰하십시오. 그 종은 주 그리스도를 섬기는 것입니다. 그렇습니다. 자신의 직무에 해당하는 일이 지극히 비천하지만, 그 일에서 주님을 섬기는 것입니다. 그의 기도와 말씀 듣는 일은 물론이고 그의 고되고 힘든 일도 주님을 섬기는 것입니다. 사도가 여기서 "무슨 일을 하든지"라고 말씀하고 있으니 말입니다. 그리고 또 관찰하십시오.

둘째. 그런 자에게 예비된 상을 관찰하십시오. 나라를 다스리는 일을 신실히 담당한 자가 받을 상과 똑같이 큰 상이 — 곧, "기업의 상"이 — 그에게 예비되어 있습니다. 이 말씀은 마치 이런 뜻과도 같습니다: "오오, 내 자녀여, 네가 담당하는 초라한 일을 혐오하지 말라. 머지않아 네가 왕의 규를 뒤흔드는 자와 똑같이 높은 자리에 앉으리라. 지금 네가 하는 일이 그의 일과 같지 않지만, 내가 너를 그와 동등하게 여기며 또한 네가 받을 상도 그와 동일하리라." 우리가 몸의 지체 중에서 덜 존귀하다고 여겨지는 것들에게 더 풍성한 존귀를 부여하듯이, 그리스도께서도 그의 몸의 지체 중에서 이 세상에서 지위가 낮아서 지극히 멸시를 당하는 자들에게 풍성한 존귀를 베푸시겠다고 약속하신 것입니다. 그리고 소망이 높아지면, 그리스도인이 그것에 대한 기대감으로 인하여 더 감미로운 만족을 얻지 않을 수가 없는 것입니다. 아무리 비천한 농부라도 성도로서 구원을 수확할 소망으로 쟁기를 든다면, 용감무쌍한 장군이 그의 일에 충성을 다하여 만족을 얻는 것과 똑같이 그도 자기 지위와 일에서 만족을 얻을 것입니다. 이것을 생각해 보십시오. 여러분 중에 누구든지 종을 택하여야 할 경우, 마음을 다하여 신실하게 일을 하기를 바란다면, 주위에서 구원의 소망을 가진 자를 종으로 고용하십시오. 그런 자라면 혹시 그럴 기회가 있더라도 여러분에게 해를 주지 않을 것입니다. 그들의 투구가 그런 시험에서 그들을 지켜줄 것입니다. 야곱은 밤낮으로 땀을 흘려 그의 주인인 라반을 위해 일했으나, 라반은 품삯을 깎고 바꾸기를 계속 하면서 야곱을 선대하지 않았습니다. 그러나 야곱은 소망 중에 주인을 섬겼고, 라반보다 훨씬 나은 주인에게서 상을 기대했고, 그리하여 비록 신실하지 못한 주인일지라도 그에게 신실하게 대했던 것입니다. 요셉은 주인의 아내가 요구해도 그 주인에게 잘못을 행하려 하지 않았습니다. 그는 그녀의 정숙하지 못한 사랑을 받아들이느니 차라리 주인의 부당한 분노를 당하기를 택하였습니다. 수천 파운드의 보증금보다도 오히려 종에게서 나타나는 이런 은혜의 증거가 그의 신실한 직무를 더 확실하게 보장해 주는 것입니다.

셋째 역할

[소망은 그리스도인의 투구로서 극한 고난 중에서도 그를 지켜줌]

이러한 구원의 소망은 지극히 큰 환난 중에서도 영혼을 지켜 줍니다. 그리스도인의 인내는 이를테면 짐을 지는 그의 등입니다. 그런데 어떤 환난은 너무도 무거워 그것들을 잘 지기 위해서는 넓은 등이 필요하기도 합니다. 그러나 소망이 그의 등과 그의 짐 사이에 약속이라는 베개를 놓아 두지 않으면 곤경이 아무리 작아도 그것을 질 수가 없습니다. 그러므로 그것을 가리켜 "소망의 인내"라 부르는 것입니다(살전 1:3). 사람이 큰 곤경에 처하여 있으나 자신의 힘으로 도저히 그것을 해결하지 못하고 구원받을 소망도 없을 때에 어쩔 수 없이 일종의 고요한 상태에 빠지게 됩니다만, 이럴 때에 나오는 인내 이상 더 나은 인내를 알지 못하는 이들이 많습니다. 저는 이것을 절박한 인내라 부르고 싶습니다. 어느 정도는 이런 인내가 힘을 발휘할 것입니다만, 그저 잠시뿐입니다. 절망이 괴로움을 이기는 좋은 방법이라면, 영원히 멸망할 자들이 더 편안히 그것을 이겼을 것입니다. 절망이 도움이 된다면 그들에게는 절망이 충분하니 말입니다. 세상에는 또 다른 인내가 매우 흔합니다만, 바로 아둔하고 미련한 인내가 그것입니다. 이것은 마치 나발의 연회(삼상 25:36)와도 같아서 무지와 무감각에 취하여 있을 동안에만 효력이 있고, 다시 제정신이 들어 자신의 처지를 제대로 알게 되면 마음이 속에서 무너져 내리는 것입니다.

그러나 우리가 지금 다루고 있는 이 "소망의 인내"는 건전한 은혜요, 소망이 있는 한 언제나 지속되는 것입니다. 소망이 활기 있고 능동적으로 역할을 하면, 마치 탄탄한 배가 폭풍이 치는 바다에서 그렇듯이 이 인내가 떠올라 환난의 물결 위에서 춤을 추기까지 합니다. 그러나 소망에 구멍이 생기면 물결이 그리스도인의 가슴속으로 들어와 가라앉습니다. 그러다가 소망이 약속의 펌프를 갖고 힘쓰고 애써서 영혼에서 물을 제거한 뒤에야 다시 회복됩니다. 다윗의 경우가 바로 그랬습니다. "하나님이여 나를 구원하소서. 물들이 내 영혼에까지 흘러 들어왔나이다"(시 69:1). "물들이 내 영혼에까지 흘러 들어왔"다는 것은 무슨 뜻입니까? 그것들이 그의 심령을 짓누르며 이를테면 그의 양심에까지 파고 들어와서 두려움과 당혹감을 일으켜서, 그가 지은 죄들로 인하여 그의 믿음과 소망이 현재 고장 난 상태에 있어서 당분간 그의 환난이 편안히 종결될 것을 보지 못하고 마치 물 밑에 있는 자처럼 두려움에 싸여 있다는 뜻일 것입니다. 그 다음 절에서 이 점이 잘 나타납니다: "나는 설 곳이 없는 깊은 수렁에 빠지며 깊은 물에 들어가니 큰 물이 내게 넘치나이다"(2절). 그는 자신을 밑바닥을 모르는 깊은 수렁에 빠져 허우적대는 자에다 비합니다. 그런데 그의 이런 곤란한 상황에 어디에서 비롯되었고, 어디서 물들이 그에게로 들어왔는지를 관찰하십시오: "하나님이여 주는 나의 우매함을 아시오니 나의 죄가 주 앞에서 숨김이 없나이다"(5절). 이 거룩한 사람은 무언가 육체의 죄책 아래 있고, 이것이 그로 하여금 환난 중에 그리도 불편을 당하게 만든 것입니다. 그 환난의 얼굴에서 자기 죄를 보았고 그 죄에 대해 하나님이 불쾌해하시는 것을 그 외적인 괴로움에서 느꼈기 때문에 그로 인하여 그렇게 쓰라린 아픔을 겪은 것입니다. 그러므로, 그가 자신을 낮추고 자신의 죄에 대해 안타까이 고백하고, 그리하여 자신과 천국 사이에서 해변을 뚜렷이 볼 수 있게 되고 또한 자신의 죄가 사해졌음을 믿게 되고, 하나님께로부터 좋은 소식을 들을 소망을 다시 갖게 되자, 다시금 감미로운 심정을 회복하고서, 전에는 환난을 당하여 그 속에 가라앉았었으나 이제는 동일한 환난을 당하고서도 오히려 노래할 수 있게 된 것입니다. 그러나 좀 더 구체적으로 소망이 환난 중에 있는 그리스도인에게 어떠한 강력한 영향력을 발휘하며 또 그것을 어떻게 발휘하는지를 살펴보고자 합니다. 첫째. 소망이 어떤 영향력을 발휘하는가. 둘째. 어디서 어떻게 이를 발휘하는가.

[환난 중의 그리스도인에게 미치는 소망의 영향력]

첫째. 소망은 환난 중에 있는 그리스도인에게 어떤 영향력을 발휘합니까?

1. 소망은 환난 중에 있는 그리스도인을 고요하게 하고 잠잠하게 해 줍니다. 소망의 영향력이 없으면 금방 마음속에서 야단법석이 벌어질 것인데, 소망이 마음속에서 왕의 평안이 유지되게 해주는 것입니다. 소망이 없는 영혼은 소란스럽습니다. 어떤 이는 하나님을 탓하고, 또 어떤 이는 그의 도구들을 욕합니다. 평안이 오래갈 수가 없습니다. 마음을 안돈시키는 소망이 거기에 없으니 무리도 아닙니다. 이맛살을 찌푸리고 있는 심령을 고요하게 해줄 수 있는 것은 소망 외에는 없습니다. 소망이 그 희귀한 기술로 그를 안돈시켜 주는 것입니다. 아기가 울 때에 막대기는 그

아기를 더 세차게 울게 만들지만, 어머니는 가슴에 안아 젖을 물려서 우는 아기를 고요하게 잠재우는 것입니다. 다윗은 이를 취하여 그 효력을 체험했습니다. 그가 환난을 당하여 영혼이 어지러울 때에 그는 그의 영혼을 약속의 가슴에 안기게 합니다. "내 영혼아 네가 어찌하여 낙심하며 어찌하여 내 속에서 불안해하는가? 너는 하나님께 소망을 두라"(시 43:5). 그러자 마치 아기가 어머니의 젖꼭지를 입에 물고 잠이 드는 것처럼 그의 영혼이 고요하게 잠이 듭니다. 그런데 이런 경우가 자주 나타나는 것을 볼 때에 그가 일상적으로 이런 방법을 사용했다는 것을 알게 됩니다. 시편 42편과 43편에서 이런 경우가 세 차례 나타납니다. 아론과 미리암이 모세에게 지극히 예의 없이 행동하며 폭언으로 괴롭게 하였는데, 이때에 그 거룩한 사람은 심령에 큰 괴로움이 있었을 것입니다. 그리고 이런 날카로운 화살이 다른 사람이 아닌 자기 친족에게서 나오는 것을 생각할 때에 슬픔이 더욱 가중되었을 것입니다. 그러나 모세는 평안을 유지했고, 하나님께서 자신의 무고함을 입증해 주시기를 기다렸습니다. 그가 이렇게 인내하자 하나님께서는 그들이 이 온유한 사람에게 잘못을 범하는 것을 보시고 더욱 진노하셨습니다. 그리하여 그는 모세에게 드리워진 그 더러운 티가 다른 이들의 생각 속에 스며들어 오명거리로 고착되기 전에 그것을 그렇게도 속히 씻어 주신 것입니다. 환난의 상태에서 온전히 하나님께서 구원해 주시기를 기다리는 자에게는 거룩한 침묵이 있습니다. "나의 영혼이 잠잠히 하나님만 바람이여 나의 구원이 그에게서 나오는도다"(시 62:1). 예리한 고통 중에 우리에게 육체의 감각이 있음에도 시끄럽게 소리지르지 않고 고요하고 잠잠히 있다는 것은 큰 자비입니다. 그런데 마음이 잠잠히 인내한다는 것은 그보다 더한 자비일 것입니다. 머리만큼이나 마음도 속히 열을 받아 이상 상태가 되는 것입니다. 자, 여러분, 자주 포탄을 발사하여 대포가 뜨거워질 때에 스펀지가 그 열을 식혀 주는 것처럼 수많은 환난 중에 있는 영혼에게 소망이 그렇게 해 줍니다. 영혼이 갈기갈기 찢겨져 하나님을 대적하여 병적인 생각이나 말을 토해 내지 않도록 그것이 그 영혼의 열기를 식혀서 유순하게 만들어 주는 것입니다.

2. 이 소망은 환난 중의 영혼에게 내적인 기쁨과 위로를 가득 채워서 눈에서 눈물을 흘리면서도 속으로 웃을 수 있게 해 줍니다. 한숨과 노래가 동시에 나오게 말입니다. 이것을 가리켜 "소망의 기쁨"이라 부릅니다(히 3:6. 한글개역개정판은 "소망의 확신"). 사실 소망은 그 어느 때보다 환난 중에서 더 많은 기쁨을 줍니다. 비온 후에 구름 사이에서 태양이 저 아름다운 형형색색의 무지개를 그려 놓는 것입니다. "하나님

의 영광을 바라고 즐거워하느니라. 다만 이뿐 아니라 우리가 환난 중에도 즐거워하나니"(롬 5:2, 3). 환난 중에 미칠 듯이 즐거워한다는 것입니다. 그 즐거움이 너무도 커서 그리스도인의 가슴속에 갇혀 있을 수 없어서, 그 속에 어떤 기쁨이 자리잡고 있는가 하는 것이 다른 이들에게 표현되어 나타나는 것입니다. 입가에 기쁨이 가득할 때에는 위로의 샘이 그 사람의 속에 충만한 법입니다. 그런데 고난 중에 있는 성도가 누리는 이 모든 즐거움이 그리스도께서 베푸시는 소망에게서 비롯되는 것입니다. 그리스도께서 천국에서 그들에게 말할 수 없는 즐거움을 공급하사 그들이 천국으로 향하는 도중에 온갖 환난을 당하면서도 그들 자신을 측은히 여기거나 탄식하지 않고 당당하게 고난을 감당하도록 해주시는 것입니다. "재난들이 때리고 압박해도, 은혜로운 약속들이 복으로 그들을 기름 부어 줍니다"(*Dum mala pungunt, bona promissa unguunt*). 소망이 그리스도인의 머리 위에 약속의 향수가 들어 있는 옥합을 깨뜨려 그 속의 위로들을 영혼 전체에 퍼뜨리며, 그리하여 그것이 보배로운 기름과 같은 기능을 발휘하여 지친 상태에 있는 심령을 새롭게 하고 기쁨에 가득 차게 하여, 환난으로 인하여 그리스도인의 마음에 드리워진 상처를 치유하고 그 고통을 없애 주는 것입니다. 사도는 앞에서 언급한 곳에서 이렇게 말씀합니다: "소망이 우리를 부끄럽게 하지 아니함은 우리에게 주신 성령으로 말미암아 하나님의 사랑이 우리 마음에 부은 바 됨이니"(롬 5:5).

그리스도께서 영혼을 기쁨으로 채우시기 위하여 다른 무엇보다 특별히 사용하시는 두 가지 은혜가 있으니, 믿음과 소망이 바로 그것입니다. 이 두 가지가 기쁨의 포도주를 문 바깥에서 가져다 줍니다. 믿음은 그리스도께서 영혼을 위해 행하신 일을 말씀하여 위로를 줍니다. 그리고 소망은 그리스도께서 장차 하실 일에 대한 소식으로 영혼에 새로운 힘을 불어넣습니다. 그리고 이 두 가지 모두 한 가지 꼭지에서 — 즉, 그리스도와 그의 약속에게서 — 기쁨을 끌어옵니다. 다른 은혜들은 영혼에게 그 자체의 고유한 탁월한 기능들을 — 그리스도께서 그들을 위하여 행하시는 것보다는 영혼 자신이 그를 위하여 행하고 당하는 것들을 — 제시하므로, 그것이 그리스도를 존귀하게 하지도 않을 뿐더러 성도가 이 그릇에서 기쁨을 끌어내는 것이 안전하지도 않습니다. 그리스도를 존귀하게 하지 않습니다! 이것은 마치 왕의 면류관을 신하의 머리에 씌우고 우리 속에 있는 그리스도의 은혜에게 호산나 하며 외치는 것과도 같습니다. 그러나 호산나 찬송은 오직 우리 속에 계신 하나님의 자비에게만 해당되는 것입니다. 우리가 기쁨을 얻는 그곳에다 우리의 찬양을 가져가기 마련인데, 우리는 오직 그리스도께 충성하는 자들이므로 오직 그리스도 예수 안에서 즐거워하며 육체를 신뢰하지 말아야 하는 것입니다(빌 3:3). 은혜들이란 썰물처럼 빠져나가기를 자주 하므로 그 활동이 항구적이지 못하고 우리 마음도 불안정하기 때문에 우리가 안전하지도 못하고 그리스도를 존귀하게 하지도 못할 것입니다. 따라서 우리의 기쁨도 항구적일 수가 없습니다. 우리의 은혜가 그렇지 못하기 때문입니다. 그 은혜들이 높게 혹은 낮게 솟아남에 따라서 우리의 기쁨이 높게 일어나기도 하고 사라지기도 하는 것입니다. 그렇습니다. 우리는 분명 포도주보다는 물을 더 많이 마십니다. 기쁨이 있을 때보다는 없을 때가 더 많습니다. 그러나 그리스도인의 잔이 절대로 비어있을 이유가 없습니다. 그가 결코 다함이 없는 샘으로부터 그의 포도주를 길어오기 때문입니다. 우리에게 있는 고유한 은혜의 샘은 분명 이따금씩 그 샘은 불쌍한 영혼을 그냥 돌려보내어 부끄러움을 당하게 하는 일이 절대로 없습니다. 우리에게 고유하게 있는 은혜의 샘은 왕왕 그런 일이 있지만 말입니다.

[환난 중에 뒷받침해 주는 소망의 영향력은 어디서 어떻게 오는가]

둘째. 소망의 그런 영향력은 어디서 어떻게 옵니까? 혹은 과연 소망의 어떤 성분이 환난 중에 있는 성도의 심령을 그렇게 활기 있게 해줍니까?

첫째 답변. 소망은 복된 결말을 예고하는 — 현재의 고난으로 인하여 당한 모든 상처들이 금방 치료되리라는 — 분명한 소식을 전해 줍니다. 하나님께서 환난을 당하는 그의 종들을 구하러 오실 때에, 그가 그들의 소망들을 예상하실 수 있고 또한 그들이 그를 기다리기 전에 임하셔서 그들을 놀라게 하실 수도 있으나, 기다리지도 않는 상태에서 오시지는 않습니다. 구원은 그들이 기다릴 때에 임하는 것입니다: "너희를 향한 나의 생각을 내가 아나니 평안이요 재앙이 아니니라 너희에게 미래와 희망을 주는 것이니라"(렘 29:11). 즉, 결말이 너희가 가진 소망과 기대에 합당할 것이라는 뜻입니다. 소망이란 살피는 은혜로서 섭리의 외형적인 상태를 넘어서서 볼 줄 압니다. 소망은 약속의 도움을 받아 하나님의 가슴속을 엿보고 그리스도인의 구체적인 처지에 관하여 어떤 생각과 목적들이 거기에 기록되어 있는지를 읽어서 그것을 그에게 전해 주고, 또한 하나님께서 섭리의 언어로 거칠게 말씀하시는 것을 들으면서 절대로 근심하지 말라고 당부할 수도 있습니다. 소망은 이렇게 말씀합니다: "주께서 하시는 말이 어떻게 들리든 그가 네게 대하여 선한 뜻을 갖고 계시다는 것을 나는 확신할 수 있노라. 아브라함에게 약속이 임한지 수백 년 후에 온 율법이 그 약속을 폐할 수 없었듯이, 그 어떠한 환난이 중간이 개입되더라도 그것들이 그렇게 오래 전에 너를 구원하시고자 주의 마음에 세우신 그 사랑의 생각과 뜻들을 폐할 수 없는 것이니라." 그러니 이처럼 소망의 도움을 얻는 자는 그 어떤 사람보다도 하나님께서 현재 자기에게 행하시는 일에 대하여 심령을 안돈시키고 만족시킬 수 있는 유리한 위치에 있을 수밖에 없을 것입니다. 외형적인 섭리로 나타나는 하나님의 역사하심은 지금 안타깝고 괴롭지만, 그 속에 담긴 하늘의 의도를 알고 있고, 또한 이를테면 하나님의 은밀한 계획의 옷 방 속에 들어갈 허락을 받아서 거기서 결국 자신이 입게 될 구원의 의복이 준비되고 있는 것을 보고서 거기서 기쁨으로 나오기 때문입니다. 여행객은 폭풍을 만날 때에 비가 오는 동안 나무 아래 서서 인내하며 기다릴 수 있습니다. 왜냐하면 하늘 한 쪽이 캄캄하지만 다른 쪽에서는 날이 개는 것이 보이므로 비가 곧 그칠 것을 기대할 수 있기 때문입니다. 분명히 확신하건대, 섭리는 절대로 구름이 끼고 캄캄한 것만이 아닙니다. 약속으로부터 맑은 날이 오는 것을 소망으로 볼 수 있는 것입니다. "이런 일이 되기를 시작하거든 일어나 머리를 들라 너희 속량이 가까웠느니라"(눅 21:28).

그리스도인의 사정이 지극히 암울할 때에, 금방 복된 변화가 생겨날 수도 있습니다. 고린도전서 15:52에 의하면, 그 복된 날에 우리가 "한순간에, 눈 깜짝하는 사이에" 변화할 것입니다. 어느 순간에 병들고 괴로우나 그 다음 순간에 다 회복되고 좋아져서 더 이상 탄식과 눈물을 모르게 될 것입니다. 지금은 죽을 육체의 누더기를 입고 있어서 그것에 수반되는 온갖 괴로움으로 비참한 처지에 있으나 "눈 깜짝하는 사이에" 불멸의 예복으로 치장하고, 지금은 눈이 부셔서 도무지 볼 수 없는 태양보다 천 배나 더 찬란한 영광을 지닌 빛의 예복을 입게 될 것입니다. 한 거룩한 순교자는 함께 불 속에서 고난당하는 동료에게 말하기를, "눈 깜짝하는 사이에 우리의 고통과 슬픔이 다 끝날 것이오"라고 했다고 합니다. 하늘로부터 어떤 복된 소식을 듣게 되며 또 얼마나 속히 현재의 고통을 모르게 될 것인지를 잘 알고 있는 성도라면 환난 중에도 즐거워하는 것이 이상할 것이 무엇이겠습니까? 멀리서도 상처들을 치유한다는 특수한 연고에 대해 들어보았을 것입니다만, 소망이 바로 그런 연고입니다. 성도의 소망은 하늘에 있습니다만, 그것이 그들이 땅에서 받는 모든 상처들을 치유해 주는 것입니다. 하지만 이것이 다가 아닙니다. 소망은 그리스도인의 환난들이 복된 결말을 맞을 것을 예언해 주는 동시에, 환난 중에도 잘 보살핌을 받으리라는 확신을 그에게 주는 것입니다. 그리스도께서 제자들을 바다로 보내실 때에는 그가 함께 계시는 것이 그들에게 절실할 것임을 보시고 그들과 함께 하고자 하시는 것입니다. 건강한 아이는 어머니가 잠시 동안 홀로 버려둘 수도 있으나, 병중에 있는 아이는 한시도 떼어놓지 않는 것입니다. "네가 물 가운데로 지날 때에 내가 함께 할 것이라"(사 43:2).

모세가 하나님이 맡기시는 사명을 꺼려하여 갖가지 핑계를 대며 자신의 무능력을 호소할 때에 하나님께서 그에게 무어라 말씀하셨는지를 잘 알 것입니다. 그는 어떻게 하든지 자기가 받은 사명을 벗어 버리려고 했습니다. 그런데 하나님께서는, "이제 가라 내가 네 입과 함께 있어서 할 말을 가르치리라"라고 말씀하셨고 (출 4:12), 또다시, "레위 사람 네 형 아론이 있지 아니하냐? 그가 말 잘 하는 것을 내가 아노라 그가 너를 만나러 나오나니"라고 말씀하셨습니다(14절). 하나님은 이렇게 해서 모세에게 용기를 주셨고, 그가 자신이 부르심 받은 그 힘든 곳을 선호하도록 그를 이끄셨습니다. 그런데 소망이 하나님의 사자가 되어 무언가 큰 괴로움을 당하여 그것에 대한 생각에 눌려 침체해 있는 영혼에게 바로 이런 식으로 말씀해주고, 그리하여 그 영혼으로 하여금 그 험난한 파도를 능히 이길 수 있다는 확신을 갖고 기쁨으로 머리를 들고 나아가게 해준다고 믿습니다. 소망은 이렇게 말씀합니다: "오오 나의 영혼아, 가라. 네 하나님이 너와 함께 하시니, 너는 그의 명령에 따라 고난을 당하는 것이라. 그리스도께서 네 형제가 아니시냐? 그가 네 남편이 아니시냐? 그가 구유에서부터 십자가에 이르기까지 고난을 당하셨으니, 그가 어떻게 고난당할지를 말씀해 주실 수 있으리라. 보라. 그가 임하사 너를 만나 주시고, 기꺼이 네 얼굴을 보시며 고난을 이기는 그의 비법을 전수해 주시리라." 감옥에서 어떻게 생활하며 거기서 어떻게 구원을 받을지를 전혀 알지 못하는 사람이 감옥에 들어가야 할 처지가 되면, 그는 정말 무거운 마음으로 감옥에 들어갈 수밖에 없을 것입니다. 그러나 소망이 이런 자의 마음을 안돈시켜 줍니다. 소망을 지니고 있으면 고난이 해(害)가 없으며, 결코 두려워할 것이 못 되는 것입니다.

둘째 답변. 소망은 그리스도인에게 다가오는 구원의 확실함에 대해서만이 아니라, 현재 당하는 고난의 슬픔이 장차 올 구원의 기쁨과 도무지 비교할 수 없을 정도로 그 구원이 탁월하다는 것에 대해서도 확신을 줍니다. 초기의 그리스도인들은 바로 이것을 통하여 원수들이 그들의 피를 흘릴 때에도 낙심하지 않았습니다. 그들은 이러한 소망을 통해서 심령에 기쁨을 유지했습니다: "그러므로 우리가 낙심하지 아니하노니 우리의 겉 사람은 낡아지나 우리의 속사람은 날로 새로워지도다"(고후 4:16). 피를 흘리는 중에도 이처럼 그들의 활기와 용기가 더 커졌다는 것이 이상하지 않습니까? 이것은 정말이지 듣도 보도 못한 일입니다! "우리가 잠시 받는 환난의 경한 것이 지극히 크고 영원한 영광의 중한 것을 우리에게 이루게 함이니"(17절). 보십시오. 하늘의 소망과 세상의 소망이 다른 점이 바로 여기에 있습니다. 세상의 소망은 상상에서 나온 것으로 허약하며, 아주 커 보이지만 실상 손에 잡고 있는 것이 하나도 없습니다. 마치 하와의 실과처럼 나무에 달려 있을 때에는 보암직하지만, 먹어보면 맛도 쓰고 영양가도 없는 것입니다. 누군가가 재치 있게 이야기한 것처럼 그것들은 "두 접시 사이에 있는 아무것도 아닌 것들"입니다. 사람들이 그들의 세상적인 소망을 통해서 불의한 청지기가 얻은 정도만큼만 되어도, 또 백 가지의 복을 약속했는데 그 중에 오십 가지만 얻어도 괜찮을 것입니다. 그런데 안타깝게도 그런 좋은 결과를 얻을 기대를 해서는 안 됩니다. 결과가 그보다 훨씬 더 실망스러울 것이니 말입니다. 한동안 소망 가운데서 즐거워하며 좋아할 수도 있습니다. 마치 농부가 밭에 잘 자라고 있는 곡식을 흐뭇하게 바라보듯이 말입니다. 그러나 막상 곡식을 수확하고 그들이 소망하던 것을 타작할 때가 되면, 지푸라기와 겨 껍질 외에는 거의 얻는 것이 없고, 아무것도 없는 공허만이 남아 있을 것입니다. 하나님이 아십니다만, 그들이 그동안 지불해 온 시간과 힘의 비용과 비교할 때 그 소득이 그야말로 초라할 것입니다. 자기 양심에 생긴 손해를 보상하기에 턱없이 부족합니다. 세상의 쾌락거리들을 좇는 탐욕스러운 사냥꾼 중에서 자기 양심에 빚을 지지 않는 자가 없습니다. 황금을 너무 사모하는 나머지 양심의 평안을 값으로 주고 그것을 사니 말입니다. 그러나 천국은 값을 주고 얻는 것이 아닙니다. 물론 우리의 육신적인 관심사들을 모두 버리고, 심지어 목숨까지도 버리기도 하지만 말입니다. 빛의 성도들이 얻게 되는 그런 영구한 기업을 버려두고, 이제 만료기일이 며칠 남지 않은(우리의 이 세상의 삶이 그렇습니다) 이 땅의 밭을 적은 소작료로 세를 얻으려고 아등바등할 사람이 어디 있겠습니까? 신실한 하나님의 종들은 언제나 이것을 생각하고서 목숨을 그들의 손에 들고 기꺼이 내어 놓고자 하는 심정이었습니다. 그들이 "주목하는 것은 보이는 것이 아니요 보이지 않는 것이니 보이는 것은 잠깐이요 보이지 않는 것은 영원함이라"(고후 4:18).

셋째 답변. 소망은 천국의 구원의 확실함과 탁월함에 대해서 확신을 주는 것은 물론, 환난이 이 구원을 얻는 데에 필수적인 도움을 준다는 것을 확신시켜 줍니다. "그리스도가 이런 고난을 받고 자기의 영광에 들어가야 할 것이 아니냐?"(눅 24:26). 그리스도의 이 말씀은 이런 뜻과도 같습니다: "마치 너희의 모든 소망이 다 사라져 버리기라도 한 것처럼 어째서 너희 주인의 죽음을 슬퍼하고 낙담하느냐? 그가 고난당하여야 마땅한 것이 아니냐? 그를 기다리고 있는 그 천국의 영광을 소유할 수 있는 다른 길이 있었더냐? 그가 그렇게 되는 것이 싫지 않거든, 비록 그의 가는 길에 깊은 고난의 수렁이 있다 할지라도 그가 그리로 나아가는 것을 보고 절대로 무절제하게 괴로워하지 말 것이니라." 성도가 구원을 향하여 나아가는 길도 참으로 그리스도께서 가신 길과 동일합니다. "우리가 그와 함께 영광을 받기 위하여 고난도 함께 받아야 할 것이니라"(롬 8:17). 다만 우리에게는 한 가지 유리한 점이 있으니, 곧 그리스도께서 앞서 가시며 그 길을 평탄하게 하셨으므로 지금 우리는 너끈히 걸어갈 수 있게 되었다는 것입니다. 그가 아니었다면 우리로서는 절대로 그 길을 건너갈 수가 없었을 것입니다. 이러한 사실을 — 배가 항구에 다다르기 위해서는 물이 필요하듯이 우리가 영광에 이르기 위해서는 고난이 필수적이라는 것을 — 확실히 깨닫고 환난을 이해하면, 우리 생각에 아무리 괴로움이 들어도 그것이 누그러지며, 그리하여 기쁨으로 환난과 더불어 행하게 될 것입니다. 파리의 알베르투스(Albertus Parisiensis)는 이러한 지식을 가리켜 "신적인 지식의 일곱 광채 중의 하나"(*unus de septem radiis divini scientiae*)라고 불렀습니다. 이것이 없이는 선을 악이라 부르고 악을 선이라 부르고, 번영의 따스한 볕에 있을 때에는 하나님이 우리를 복 주신다고 생각하고 또한 역경의 구름이 끼어 있는 처지가 되면 그가 우리를 저주하신다고 생각하게 되기 때문입니다. 그러나 소망은 구름이 낀 날에도 하늘을 볼 수 있는 눈이 있고, 또한 깊은 물 속에서도 자신을 고정시켜 줄 견고한 땅을 찾을 수 있는 닻이 있습니다. 유대인들은 번개가 치고 우렛소리가 울릴 때면 그들의 메시야가 그럴 때에 올 것이라고 기대하고서 창문을 열어 놓는다고 합니다. 단언하건대 소망이야말로 폭풍과 광풍의 날에 창문을 활짝 열어놓는 것입니다: "내가 곤고하고 가난한 백성을 네 가운데에 남겨 두리니 그들이 여호와의 이름을 의탁하여 보호를 받을지라"(습 3:12); "오직 나는 여호와를 우러러보며 나를 구원하시는 하나님을 바라보나니 나의 하나님이 나에게 귀를 기울이시리로다"(미 7:7). 소망이 드리우는 닻이 얼마나 강한지를 보십시오. 뒤의 구절에서 "그러므로"는 정말 놀라운 말입니다(한글개역개정판은 "오직"으로 번역함). 교회의 일들이 모두 그렇게 절박할 수가 없기 때문에 — 사람의 생각에는 그렇게 여겨집니다 — "그러므로 나는 여호와를 우러러보며 하나님을 바라보리라"라고 말씀하는 것입니다. 하나님은 잔 찌꺼기를 만들려고 도끼를 손에 잡으시는 것이 아닙니다. 그가 도끼질을 하실 때에 도끼날이 깊이 들어가면, 그의 백성들은 그 일이 끝날 때에 무언가 아름다운 작품이 나오기를 기대할 수 있는 것입니다.

"우리가 알거니와 하나님을 사랑하는 자 곧 그의 뜻대로 부르심을 입은 자들에게는 모든 것이 합력하여 선을 이루느니라"라는 말씀(롬 8:28)에 대해 파리의 알베르투스는 다음과 같이 멋진 묵상을 남기고 있습니다. "오오 내 영혼아, 동료 일꾼들과 함께 네가 그렇게도 사모하는 구원에 이르도록 돕기 위해 오는 네 환난들 가운데 동료 일꾼들과 함께 있는 것 말고 대체 어디서 근심과 걱정이 없이 더 만족을 얻겠느냐?" 환난들은 규례들과 기타 하나님의 섭리의 역사들과 더불어 합력하여 선을 이루는 것입니다. 그렇습니다. 그것들은 여러분의 최고선을 이루는 것입니다. 그러므로 하나님께서 정해 주시는 다른 수단들과 마찬가지로 그것들의 도움을 마다할 수 없는 것입니다. 아침에 잠자리에서 일어났는데 갑자기 사람들이 지붕에서 기와들을 뜯어내고 도끼와 망치들로 지붕을 헐어내리고 있는 광경을 보게 되면, 처음에는 깜짝 놀라며 황망해할 것입니다. 도둑들이 무리로 몰려와 자기 집을 부수고 있다고 생각할 것입니다. 하지만 그들이 집을 수리하고 더 좋게 만들기 위해서 아버지가 보낸 일꾼들이라는 것을 알게 되면 — 그 일을 하자면 기와와 지붕 일부를 뜯어내지 않을 수 없다는 것을 알므로 — 다소 시끄럽고 불편해도 그것을 기꺼이 견디며, 그렇게 자기를 위해 비용과 수고를 아끼지 않는 아버지에 대해 감사하는 마음을 갖게 될 것입니다. 그들의 일이 끝날 때에 자기가 누리게 될 그것에 대한 소망으로 잠시 동안 옛 집의 폐허와 쓰레기 더미 위에서도 즐겁게 지낼 수 있는 것입니다. 소망이 없는 심령들이 고난을 당할 때에 그렇게 조급해하는 것이 — 가끔씩 마음이 딴 데에 마음을 쓰기도 하지만 금방 다시 두려움이 밀려듭니다! — 무리가 아닙니다. 그럴만한 이유가 있습니다. 그들의 모든 세상적인 즐거움과 위로들이 끌어내려지는 것이 귀에 들리니, 위로를 줄만한 것이 무엇이 남아 있습니까? 저 세상에서 들어갈 지옥 외에 바라볼 것이 더 무엇이 있겠습니까? 그러나 신자의 마음은 그런 모든 일에도 고요히 안정을 찾습니다. 그 환난들이 더 좋은 목적을 위하여 하늘 아버지께로부터 보내심을 받은 자들이라는, 약속에 근거한 확신이 그들에게 있기 때문입니다. 그 아버지의 의도는 결코 그를 해치려는 것이 아닙니다. 오히려 선을 베푸시려는 것입니다. 그의 영혼의 그 폐허 같은 구조를 다시 세워 결국 영광스러운 성전이 되게 하시려는 것입니다. 그러한 일을 위하여 여러 수단들 가운데 이 환난들이 임하는 것입니다. 이로 인하여 그는 만족을 얻고 이렇게 말할 수 있습니다: "주여, 주께서 뜻하시는 대로 저를 잘라 주시고 베어 주시어, 마지막에 주께서 사랑으로 제게 뜻하시는 그 모양으로 제가 깨끗이 닦여지고 세워지도록 해주시옵소서." 무식한 사람은 백토(白土)나 비누로 옷이 뒤범벅된 것을 보고 옷을 완전히 버렸다고 생각하겠지만, 그것들이 깨끗이 씻겨내는 성질이 있다는 것을 아는 자는 옷이 그렇게 되어도 전혀 걱정하지를 않는 것입니다.

—

넷째 역할

[소망은 그리스도인의 투구로서, 하나님이 그 약속을 더디 이루셔도 그 심령을 고요하게 해줌]

소망이 행하는 마지막 네 번째 역할은, 하나님이 그의 약속들을 이행하시기를 더디 하실 때에 그리스도인의 심령을 고요하게 하고 안정시켜 주는 것입니다. 말씀드렸다시피, 인내는 그리스도인이 그의 짐을 지는 등이며, 소망은 짐을 쉽게 지게 하기 위해서 등과 짐 사이에 놓은 베개입니다. 그런데 인내에게는 두 어깨가 있는데 그 하나로는 현재의 악한 처지를 지고, 다른 하나로는 약속되었지만 아직 지불되지는 않은 미래의 선을 미리 집니다. 그리고 소망은 현재의 힘겨운 십자가의 짐을 가볍게 지게 해주며, 동시에 약속된 미래의 선이 더디 오는 것을 짧게 느끼게 해 줍니다. 반면에 이 소망이 없으면, 사람은 현재의 환난을 질 수도 없고, 미래의 선을 미리 지고 기다릴 수도 없습니다. 그 스스로 "나의 힘과 여호와께 대한 내 소망이 끊어졌다"고 말하게 됩니다(애 3:18). 소망이 없으면 힘도 없어진다는 것이 여기서 암시되고 있습니다. 모든 소망이 사라지면, 영혼의 위로가 무너지며 금방 헛것이 되어 버리고 마는 것입니다. 하나님께서 광야에서 이스라엘을 보호하시고 필요한 것들을 공급하셨습니다. 그러나 애굽에서 가지고 나온 가루가 다 떨어지고 곳간이 바닥이 나자 그들은 하나님과 모세를 원망하였습니다. 왜 그랬습니까? 가루가 떨어지자마자 소망이 사라졌기 때문입니다. 모세가 산으로 올라가 그가 시야에서 사라진지 불과 며칠밖에 지나지 않았는데도 그들은 황급하게 금송아지를 만들었습니다. 왜 그랬습니까? 그를 잃어버린 것으로 간주하고 그를 다시 보리라는 소망이 완전히 사라졌기 때문입니다. 그렇기 때문에 하나님을 끝까지 붙드는 종이 그렇게 적은 것입니다. 하나님께서 그들에게 무언가를 주시고자 그들로 하여금 기다리게 하시는데, 대부분이 조급하여 기다리지를 못하는 것입니다. 나오미가 그 자부들에게 무어라고 말했는지를 아실 것입니다: "내 딸들아 되돌아가라 … 가령 내가 소망이 있다고 말한다든지 오늘 밤에 남편을 두어 아들들을 낳는다 하더라도 너희가 어찌 그들이 자라기를 기다리겠으며 어찌 남편 없이 지내겠다고 결심하겠느냐?"(룻 1:12, 13). 약속이 그 뱃속에 구원을 잉태하고 있습니다. 하지만 불신자가, 하늘의 소망이 없는 영혼이, 과연 그 약속이 무르익기까지 기다리겠으며, 또한 이 행복이 과연 자라나겠습니까? 아닙니다. 아무리 천국을 기다리는 일이지만, 그렇게 오랫동안 기다리느니 차라리 거지 같은 사람이나 지금 무언가 즐거움으로 갚아줄 비열한 정욕과 짝을 지을 것입니다. 다말은 약속된 남편이 자기가 바라는 만큼 속히 자기에게 주어지지 않자 스스로 창녀 짓을 했습니다(창 38장). 이와 마찬가지로 약속의 위로와 기쁨과 복락이 현재 미루어져 있고, 또한 하나님의 백성들이 그들에게 올 상을 기다리는 처지에 있다는 것 때문에 많은 영혼들이 무너져 내리고, 현재의 음란한 세상에 자신을 던져 그것들을 껴안아 버리는 것입니다. "데마는 이 세상을 사랑하여 나를 버렸다"고 말씀합니다(딤후 4:10). 이 하나님이 주시는 소망이 있는 영혼만이 약속이 실현되기까지 인내로 기다리는 법입니다. 이제 소망의 마지막 역할을 다루면서 다음 세 가지를 말씀드리겠습니다. 첫째. 하나님께서는 약속을 이루시기 전에 오래 지체하시는 경우가 많다는 것을 보여드리겠습니다. 둘째. 하나님께서 아무리 약속을 더디 이루시더라도 기다리는 것이 우리의 임무라는 것입니다. 셋째. 하나님이 아무리 약속을 더디 이루시더라도 소망이 영혼으로 하여금 기다릴 수 있게 해준다는 것입니다.

[하나님은 자주 그의 약속을 더디 이루심]

첫째. 하나님께서는 약속을 이루시기 전에 오래 지체하시는 경우가 많습니다. 약속은 우리의 모든 소망의 문제를 포함하고 있습니다. 그러므로 "약속의 소망"이라 불리는 것입니다. 약속이 없는데도 소망을 갖는 것은 전혀 받을 빚이 없는데도 빚을 갚으라고 하는 것과도 같습니다. 약속의 선한 것들이 아직 지불되지 않고 있습니다. 이미 지불되었다면 약속들이 아무런 소용이 없을 것입니다. 이미 돈을 지불했는데, 지불 보증이 왜 필요하겠습니까? 하나님께서는 아브라함에게 아들을 약속하셨으나 약속의 보증이 주어진 이후에도 여러 해 동안 그 약속이 이행되지 않고 지체되었습니다. 또한 그와 그의 후손에게 가나안 땅을 주시겠다고 약속하셨으나 실제로 그 약속이 시행되기까지는 수백 년이 걸렸습니다. 에서의 자손들이 나라를 이룬 다음에야 약속의 상속자들이 그 기업을 얻었고, 그 땅의 일부를 받았습니다. 그렇습니다. 아브라함의 3대손이던 모든 족장들이 "약속을 받지 못하였"습니다(히 11:13). 시므온은 "주의 그리스도를 보기 전에는 죽지 아니하리라"는 약속을 받았으나(눅 2:26), 그가 세상을 떠날 때가 다 되어 무덤에 한쪽 발을 들여놓을 지경이 되어서야 비로소 그 약속이 이루어졌습니다.

요컨대, 모든 성도들의 몫이요 또한 한 사람만이 아니라 여러 사람의 몫이 될 수도 있는 약속들은 그 성취의 때가 하나님의 작정의 책에 정해져 있습니다. 어떤 약속은 속히, 어떤 약속은 나중에 성취되지만, 약속에는 그것이 나타나 있지 않습니다. 그는 그의 백성의 기도들을 응답하시며 "자기를 경외하는 자들의 소원을 이루"십니다(시 145:19). 그러나 때로는 기도하는 성도에게 그 응답이 돌아오기까지 오랜 항해를 거치기도 하는 것입니다. 씨 뿌리는 기도의 때와 그것을 거두는 때 사이에 흔히 길고도 혹독한 겨울이 있습니다. 그는 우리가 기도하자마자 들으시지만, 우리는 그의 응답을 그렇게 속히 듣지 못하는 경우가 다반사입니다. 기도가 하늘에까지 나아가는 것은 오래 걸리지 않지만, 하늘로부터 충만한 응답이 오는 데에는 오랜 시간이 걸리는 것입니다. 그리스도께서 땅에 계실 때에 하신 기도들 중에 그가 하늘에 계신 지금에도 완전히 응답되지 않은 것들이 있습니다. 그러므로 그가 "후에 자기 원수들을 자기 발등상이 되게 하실 때까지 기다리"신다고 말씀하는 것입니다(히 10:13). 죄와 사탄이 우리 발 아래서 진압되리라는 약속들이 우리에게 있지만, 이 원수들이 여전히 우리 속에 잠복해 있으며, 안타까운 격투를 수없이 벌인 후에야 비로소 그것들이 무너지고 우리 마음에서 사라지는 것입니다. 다른 약속들도 그렇습니다. 때로는 그리스도인이 — 그리스도인이야말로 크나큰 기쁨과 위로의 상속자인데 — 그의 지갑에서 자기에게 속한 하늘의 보화를 한 푼도 보여주지 못하기도 합니다. 그리하여 이 한 가지 조건을 잘 생각하지 못하여 불쌍한 영혼들이 시험에 빠져 심지어 자기들의 성도됨을 의심하기까지 하는 예가 많습니다. 이렇게 말하는 사람도 있습니다: “그런 약속들은 성도들의 몫이다. 하지만 내게 그 약속들이 성취되는 것을 볼 수가 없으니 나는 성도에 속하는 자가 아니다. 내가 수많은 기도를 하늘로 보냈건만 아무런 소식도 듣지 못했다. 성도는 그 정욕들을 정복하는 자들인데 나는 내 정욕에 넘어지고 실패하는 일이 많다. 약속에는 위로의 천국이 있지만 나는 두려움과 공포에 삼켜졌고 말 그대로 지옥 한가운데에 있다.” 마음의 괴로움 중에 있는 불쌍한 영혼들이 이런 식으로 생각하는 것입니다. 하지만 이 한 가지 의심할 수 없는 진리의 원리를 — 하나님께서 그의 모든 약속들을 즉시 성취하지 않으시므로 혹시 그 성취가 아직 손에 잡히지 않더라도 지금 오고 있는 중이라는 것을 — 믿는 믿음이 있다면, 이 모든 괴로움들이 미연에 방지될 수 있는 것입니다.

[하나님이 그의 약속을 아무리 더디 이루시더라도 우리의 임무는 기다리는 것임]

둘째. 하나님께서 약속을 이행하시기 전에 오래 지체하실 때에 우리의 임무는 기다리는 것입니다. “비록 더딜지라도 기다리라”(합 2:3). 여기서 선지자는 하나님께서 그 정하신 때에 약속을 반드시 이루신다는 사실을 말씀하고 있습니다. 그리고 그 약속이 성급한 마음이 바라는 것보다 더디 이루어지므로 그것을 기다리라고 명령하시는 것입니다. 이는 마치 사람이 친구 집을 방문할 생각을 갖고 미리 편지를 보내어 기다리게 하는 것과도 같습니다. 혹시 예정보다 늦어지더라도 분명 갈 것이므로 기다리라고 한 것입니다. 기다린다는 것은 정말 힘든 일입니다! 무엇이라고요? 기다리라고요? 그렇게 오래 기다렸는데도 하나님이 오실 기미가 전혀 없는데, 또 기다리라고 설교하다니요! 하나님이 세우신 규례들과 섭리들의 창문너머로 그렇게 오랫동안 바라보았는데도 그가 자비와 위로로 내 영혼에게 오신다는 소식을 듣지 못했는데, 그러고도 여전히 기다리라고 한단 말입니까? 이것은 정말 사람을 지치게 하는 일입니다. 과연 그렇습니다. 혈과 육에게는 그렇습니다. 하나님이 자비로 갚아 주시는 것을 오랫동안 보지 못하면 연약한 믿음은 그를 그리워하다가 숨을 몰아쉬고 주저앉거나 돌아서 버리기 십상입니다. 그러므로 사도는 간절한 기도로 자신의 임무를 행합니다. “주께서 너희 마음을 인도하여 하나님의 사랑과 그리스도의 인내에 들어가게 하시기를 원하노라"(살후 3:5). 그 앞 장에서 그는 신자들이 위로를 얻을 강력한 근거가 있음을 제시한 바 있습니다. 곧, 주께서 그들을 "택하사 성령의 거룩하게 하심과 진리를 믿음으로 구원을 받게 하"셨고 또한 그들을 "복음으로 … 부르사 우리 주 예수 그리스도의 영광을 얻게 하려 하"셨다는 것입니다(살후 2:13, 14). 그리고 "미쁘"신 하나님이 그들을 "굳건하게 하시고 악한 자에게서 지키"실 것을 그들에게 확신시켜 주었습니다(살후 3:3). 그가 이렇게 하는 것은 그들이 잘못되어 약속된 그 영광에 이르지 못하는 일이 없도록 하고자 함이었습니다. 그러나 그들이 자신의 연약함과 다른 이들의 배도(背道)와 또한 사탄의 공격 중에 있으므로 마지막까지 소망의 확신을 붙들고 나아가는 일이 그들에게 얼마나 어려운지를 잘 알고 있으므로, 그는 그들에게서 시선을 돌려 그들을 위해 하나님께 아뢥니다. "주께서 너희 마음을 인도하여…" 이는 이런 뜻과도 같습니다. "그 길은 너희가 절대로 찾지 못할 길이요, 너희 자신의 힘으로는 절대로 행할 수 없는 일이다. 그러므로 그리스도께서 오사 약속의 충만한 상을 베푸시기까지 인내로 기다려야 한다. 그러므로 주께서 너희 마음을 그리로 인도하시리라." 모세도 시내 산에 오르기 전 장차 그 백성에게 일어날 일에 대해 근심과 불안이 있었던 것으로 보입니다. 곧, 산에 올라가 그들의 시야에서 사라져 오랫동안 하나님과 함께 머물고 있을 때에 이스라엘 자손들이 불신앙적인 자세로 조급해 하며 그가 다시 돌아오기까지 기다리지 못하지 않을까 하여 걱정하였습니다. 그리하여 이런 사태를 방지하고자 그는 산에 오르기 전에 자신이 돌아오기까지 기다리라고 분명하게 명령한 것입니다(출 24:14). 우리의 교만한 마음에 거슬리는 임무가 많겠습니다만 그 중에 이와 같이 조용하고 잠잠히 하나님을 기다리는 임무보다 더한 것이 있을까 싶습니다. 우리는 위대하신 하나님으로 하여금 우리의 마음 자세를 지도하시고 우리 뒤를 돌보시게 할 수 있습니다. 하지만 약속이 전속력으로 우리를 향하여 달려오지 않으면 우리는 그것이 절대로 우리에게 오지 않을 것이라고 생각하는 것입니다.

질문. 그런데 하나님은 어째서 약속을 하시고도 그 백성으로 하여금 그렇게 오랫동안 기다리게 하시는 걸까요?

답변. 이에 답변하기 위해 다른 질문을 한 가지 드리겠습니다. 하나님께서는 대체 왜 그의 피조물에게 약속을 주시는 걸까요? 하나님께서는 그의 피조물에게 여하한 친절도 베푸셔야 할 하등의 책임이 없이 자유로우신 처지이심을 생각할 때에 이는 아주 좋은 질문입니다. 그런데 그가 순전히 그의 기뻐하시는 선하신 뜻에 따라 자기 자신을 굴레 속에 집어넣으사 친히 약속을 주셔서 그의 택하신 자들에게 채무자가 되신 것입니다. 그리고 이러한 사실을 볼 때에 앞의 질문은 주제넘은 것이요 지극히 건방진 것입니다. 이것은 마치 큰 부자가 자기와는 전혀 관계없는 한 불쌍한 거지를 자신의 상속자로 삼아주었는데, 그때에 그 거지가 그 부자에게, "그런데 어째서 내가 그렇게 오랫동안 기다려야 합니까?"라고 묻는 것과도 같습니다. 하나님이 자비를 베푸시는 때가 너무 늦다고 생각하는 자에게는 언제 하나님의 자비가 임해도 너무 이른 것입니다. 하나님이 지체하시는 것이 우리에게 근심이 되지만, 이런 조급한 심령도 하나님께 그만큼 근심이 되는 것입니다. 그 조급한 심령을 움트게 하는 그 쓴 뿌리를 생각해 보면, 하나님께서 그것을 그렇게 악하게 대하시는 것이 전혀 무리가 아닙니다.

첫째. 그것은 **이기적인 마음**에서 나옵니다. 곧, 하나님의 영광보다 우리 자신의 만족을 우선시하는 것인데, 이는 은혜 안에 있는 영혼에게는 어울리지 않습니다. 약속이 이루어지는 데에서 우리의 위로가 솟아납니다. 그러나 하나님께 존귀를 드리는 일은 약속과 그 성취의 중간에 우리가 겸손히 하나님을 기다림으로 되는 것이며, 바로 이를 위하여 그가 그 약속을 성급하게 이루지 않으시는 것입니다. 야곱은 라헬을 위하여 7년을 봉사했습니다. 그러니 하나님께서는 그의 약속을 우리에게 완전히 이루시기까지 우리로 하여금 더 오랫동안 기다리게 하실 수도 있는 것입니다. "너희에게 인내가 필요함은 너희가 하나님의 뜻을 행한 후에 약속하신 것을 받기 위함이라"(히 10:36). 주인이 종보다 먼저 식사하는 것은 지극히 합당한 일입니다. 그러니 종이 주인의 식사시간이 적정선보다 더 길어져서 그만큼 더 오래 식탁에서 시중들어야 한다며 짜증을 내는 것을 주인이 좋아하지 않는다면, 하물며 우리가 약속의 위로 가운데서 하나님의 역사를 기다림으로써 그에게 존귀를 드리지도 않고 먼저 식탁부터 받으려는 건방지고 무례한 태도를 보일 때에 하나님께서 그것을 얼마나 더 불쾌히 여기시겠습니까?

둘째. 그것은 **깊은 배은망덕**에서 나오는데, 이는 하나님과 사람에게 정말 밉살스러운 죄입니다. "그들은 그가 행하신 일을 곧 잊어버리며 그의 가르침을 기다리지 아니하고"(시 106:13). 하나님은 그의 백성들에게 뒤처지게 행하시지 않았습니다. 그가 그들에게 그의 권능과 진리를 체험하게 해주신지 불과 얼마 되지 않았습니다. 그는 자기 손으로 그들을 인도하사 바다를 육지같이 건너게 하셨고, 그리하여 그들의 믿음이 확실해진 것처럼 보였습니다. 바다를 안전하게 건너자 그들은 "그의 말씀을 믿고 그를 찬양하는 노래를 불렀"던 것입니다(시 106:12). 그러니 그 다음부터는 항상 그들이 하나님을 전폭적으로 신뢰하였을 것이라고 생각할 것입니다. 그러나 전혀 그렇지 않았습니다. 그들은 하나님을 신뢰하지 않고 감히 자기들의 식단표 — 무엇을 먹고 마실까 — 따위로 원망했습니다. 그러므로 그들이 하나님의 "가르침을 기다리지 아니하고 광야에서 욕심을 크게 내었다"고 말씀하는 것입니다(13, 14절). 즉, 하나님께서 그들에게 어떤 식탁을 차려 주실 지를 기대하며 기다리기만 했더라도 하나님께서 그의 지혜와 섭리로 그들에게 잘 베풀어 주셨을 것인데, 그들이 이를 망쳐 놓았다는 것입니다. 그들이 어째서 이렇게 조급했습니까? 그들이 "그가 행하신 일을 곧 잊어버렸기" 때문입니다. 과거에 베풀어진 일에 대해 감사하는 마음을 잃어버렸기 때문에 장차 베풀어질 일에 대해서도 기다릴 수가 없었던 것입니다.

[소망은 약속이 아무리 더디 이루더라도 영혼으로 하여금 기다릴 수 있게 해줌]

셋째. 소망은 약속이 아무리 더디 이루더라도 영혼으로 하여금 기다릴 수 있게 해 줍니다. 이는 소망의 본질에 속하는 일입니다. "사람이 여호와의 구원을 바라고 잠잠히 기다림이 좋도다"(애 3:26). 약속된 자비가 임하지 않을 때에 소망은 탄식합니다. 그러나 원망하지는 않습니다. 소망의 탄식은 성령께서 하나님께 탄식으로 간구하시는 데에서 비롯되는 것으로(롬 8:26), 두려움과 고민스런 걱정의 마음을 가볍게 해줍니다. 반면에 소망이 없는 영혼의 탄식은 하나님을 대적하여 불만스러운 걱정을 토해 냅니다. 이것은 마치 불에 세찬 바람이 부는 것과 같아서 더욱 불길을 크게 일게 합니다. "그들이 마시고 비틀거리며 미친 듯이 행동하리니 이는 내가 그들 중에 칼을 보냈기 때문이니라"(렘 25:16). 이는 하나님과 그의 백성의 원수들에 대해 하는 말씀입니다. 하나님께서는 이상한 효과를 내는 기근을 그들에게 예비하셨습니다. 곧, 그들이 "비틀거리며" 독주를 마셔서 머리가 혼란스럽고 정신이 없는 사람처럼, "미친" 것처럼 되는 그런 기근을 보내신 것입니다. 하나님이 그들의 옆구리에 칼을 찌르시자, 마치 술에 취한 사람들이 만나는 사람마다 시비를 걸고 소동을 벌이듯이 그들의 마음이 그렇게 하나님을 향하여 분노에 가득하였습니다. 그들의 상처가 치유될 소망이 전혀 보이지 않았기 때문입니다. 그런데 소망이 있으면, 마음이 곧 고요와 평안을 회복합니다. 소망은 성도들이 현재의 괴로움이 지속되고 기대하는 자비가 더디 오는 것 때문에 그 눈에서 눈물이 흐를 때에 그것을 닦도록 하나님께서 주시는 손수건과도 같습니다. "네 울음소리와 네 눈물을 멈추어라. 네 일에 삯을 받을 것인즉 그들이 그의 대적의 땅에서 돌아오리라 여호와의 말씀이니라. 너의 장래에 소망이 있을 것이라 너의 자녀가 자기들의 지경으로 돌아오리라"(렘 31:16, 17). 몇 가지 다른 편안한 약속들과 더불어 이 약속을 하나님께서 선지자 예레미야에게 주시자 그는 마음이 기쁨에 충만하여, 마치 병들었거나 지쳐 있는 사람이 하룻밤 달콤한 잠을 잔 후에 새로운 기운을 얻는 것처럼 그렇게 신선한 기운과 위로를 얻었던 것입니다. "내가 깨어 보니 내 잠이 달았더라"(26절). 그러나 약속이 이루어지지 않고 오래 지체하는 것 같을 때에, 소망은 세 가지 확신으로 그리스도인을 평안하게 해 줍니다. **첫째**. 소망은 하나님께서 그 약속을 이행하시기 전에 한동안 지체하시지만 그 시기를 연기하시지는 않는다는 확신을 갖게 해 줍니다. **둘째**. 그가 임하실 때에 그 지체하신 것에 대해 풍성히 갚아 주시리라는 확신을 줍니다. **셋째**. 하나님께서 한 가지 약속의 이행을 지체하시는 동안 다른 약속이 주는 위로를 남겨두셔서, 그 약속이 이루어지지 않았더라도 이미 이루어진 다른 약속의 위로와 함께 견디게 하신다는 확신을 줍니다.

[하나님이 그의 약속을 더디 이루실 때에 소망이 그리스도인에게 주는 세 가지 확신]

첫째 확신. 소망은 하나님께서 그 약속을 이행하시기 전에 한동안 지체하시지만 그 시기를 연기하시지는 않는다는 확신을 갖게 해 줍니다. "이 묵시는 정한 때가 있나니 그 종말이 속히 이르겠고 결코 거짓되지 아니하리라. 비록 더딜지라도 기다리라. 지체되지 않고 반드시 응하리라"(합 2:3). 어떻게 이런 일이 있습니까? "비록 더딜지라도 지체되지 않으리라"니요! 더딜지라도 지체되지 않는다는 것을 어떻게 이해하여야 합니까? 좋습니다. 이는 약속이 그 정한 때까지 더디지만 그 때를 넘어서까지 지체되지는 않는다는 뜻입니다. "하나님이 아브라함에게 약속하신 때가 가까우매 이스라엘 백성이 애굽에서 번성하여 많아졌다"고 합니다(행 7:17). 풀이나 식물들은 겨울 내내 땅 속의 뿌리에서 잠자고 있어서 바깥으로 그 모습을 전혀 드러내지 않다가, 봄이 다가오면 오랫동안 전혀 기미가 없던 곳에서 갑자기 싹이 돋아납니다. 약속도 때가 되면 이와 같이 됩니다. 정해진 시기를 지나치는 사람은 연기하는 것이지만, 하나님은 정해진 시간 동안 지체하시다가 그 때가 되면 임하시는 것입니다. 약속마다 정해진 때가 있지만 그 때는 신비에 싸여 있습니다. 그러므로 하나님의 때를 아는 기술이 없는 우리로서는 하나님이 우리를 잊고 계신다고 생각하기가 쉽습니다만, 사실은 우리가 우리 자신의 주제를 잊어버리고 우리가 정해 놓은 시간을 하나님께 설정하고, 또한 그 시간에 우리에게 임하시지 않으면 화를 내어 하나님께 무례를 범하는 것입니다. 이는 마치 사람이 자기 시계를 태양이 아니라 자기의 주린 위(胃)에다 맞추어 놓고서 이제 열두시가 되었는데 왜 식사가 준비되지 않았느냐고 하며 타박하는 것과도 같습니다. 우리는 위로에 대한 욕심이 지나쳐서, 약속이 우리의 조급한 마음에 맞도록 시간을 맞추어 이루어지기를 기대하고, 또한 그렇게 되지 않으면 불만을 표시합니다. 이는 정말로 어리석은 일입니다! 우리가 시계를 빨리 가게 맞추어 놓는다고 해서 태양이 빨리 가는 법은 없습니다. 마찬가지로 우리가 그 이루어지는 시기를 앞당겨 기대한다고 해서 약속이 속히 이루어지는 것이 아닙니다. 누군가 "우리가 날짜를 올바로 계산하는 적이 거의 없으니 하나님께서는 우리의 날짜에는 거의 오시지 않으나 그의 날짜는 절대로 어기지 않으신다"라고 말했는데, 과연 그렇습니다. 사도의 말씀이 눈여겨볼 만합니다. 그는 데살로니가 교회에게 권면하기를, "주의 날이 이르렀다고 해서 쉽게 마음이 흔들리거나 두려워하거나 하지 말아야 한다"라고 하였습니다(살후 2:2, 3). 그러나 크게 기뻐함으로 그 날이 오기를 기다리는 성도들에게 이러한 권면이 무슨 필요가 있겠습니까? 그들의 구속의 날이, 그들이 새롭게 되는 날이 가까이 온다는 이야기를 들으며 마음이 괴로울 수가 있겠습니까? 그러므로 그들이 마음이 흔들리며 두려워하는 것이 주의 날이 오고 있다는 사실 때문이 아니고, 미혹하는 자들이 그들을 꾀어 헛된 기대를 갖게 만들기 위해 꾸며대는 그 시간이 오고 있다는 사실 때문이라고 봅니다. 만일 그들의 말이 사실이어서 그 날이 문턱에 와 있고 그들 세대에 갑자기 임할 것이었다면, 이는 정말 안타까운 일이 아닐 수 없었을 것입니다. 그렇게 되면 여러 예언들과 약속들이 아직 성취되기도 전에 주의 날이 임해 버린 것이 되고, 또한 그렇게 되면 하나님의 진리가 흐리멍텅하게 주어진 것이 되는데, 이는 있어서도 안 되고 있을 수도 없는 일이기 때문입니다. 사도는 "먼저 배교하는 일이 있고 저 불법의 사람 곧 멸망의 아들이 나타나기 전에는 그 날이 이르지 아니하리니"라고 분명히 말씀하고 있으니 말입니다(살후 2:3). 그러므로 그 약속보다 먼저 이루어질 그 중간의 사실들이 이루어지기까지는 그 약속이 지체될 수밖에 없을 것이고, 그 다음에는 지체되거나 멈추는 일이 전혀 없이 그 약속이 이루어질 것입니다. 그러므로 그 일들이 이루어지기까지 기다리는 것밖에는 없습니다. 하나님께서 중간에 일어나도록 정하신 일들이 다 일어나면 그때에 제시간에 맞추어 정확하게 그 약속이 이루어질 것입니다.

어쩌면 여러분이 죄로 인하여 심령이 상하여 피를 흘리고 있을 수도 있고, 마음에 상처로 인하여 눈물을 흘리고 있을지도 모릅니다. 하나님이 가까이 계셔서 여러분을 소생시키시겠다는 약속이 주어져 있습니다(사 57:15). 하지만 이렇게 기도하고 저렇게 설교를 들어도 하나님의 모습이 보이지도 않고 그 약속이 말씀하는 것 외에는 그가 오신다는 소식도 전혀 들을 수가 없습니다. 그럴 때에 하나님께서는 그가 지체하심으로써 여러분의 생각에 편견이 생기는 것을 바라지 않으신다는 것을 생각하십시오. 그리고 그의 때가 아직 이르지 않았고, 혹시 그것이 아니라면 그가 이미 오셨을 것이라고 결론지으십시오. 그리고 하나님의 긴 시간을 여러분 자신의 잣대로 재지 않도록 조심하십시오. 그에게 가까운 것이 여러분에게는 먼 것이 될 수도 있으니 말입니다. 하나님은 모든 약속 하나하나마다 그 시행 시기를 그의 뜻에 쉽게 제시해 놓으실 수도 있었습니다. 하지만 그는 대부분 그것을 감추어 두셨는데, 이는 우리의 믿음에 그것이 유익하기 때문입니다. 언제 받을지 모르는 그것을 믿음으로 기다림으로써 우리의 확신을 더욱 충만히 표현할 수 있는 것입니다. 하나님께서는 아브라함이 가야 할 곳을 감추셨고, 이로 말미암아 아브라함이 하나님을 좇아감으로써 그의 믿음을 크고도 강하게 드러내게 된 것입니다. 그는 "갈 바를 알지 못하고 나아갔던" 것입니다(히 11:8). 그러므로 그 이루어질 시기가 감추어진 상태로 약속이 주어질 때에 그것을 의지하고 그것에 만족하려면 큰 믿음이 있어야 합니다. 그러나 우리가 상대하는 분이 과연 누구신지를 생각하면, 그가 아무리 약속을 더디 이루신다 해도 그가 그 정하신 성취의 시기를 지키시지 않는다거나 뒤로 늦추신다는 식으로 원망할 이유가 조금도 없는 것입니다. 사람들이 약속 이행의 시기를 깨뜨리거나 연기하는 데에는 세 가지 이유가 있습니다. 1. 잊어버리기 때문입니다. 2. 불성실하기 때문입니다. 3. 무능력하기 때문입니다.

첫째 이유. 잊어버리기 때문입니다. 자기가 약속해 놓고도 그것을 기억하지 못하는 이들이 많습니다. 그 날이 왔는데도 그들의 머릿속에는 그것에 대한 생각이 전혀 없습니다. 빚을 받아야 할 때는 그것을 잊어버리는 경우가 거의 없으나, 빚을 갚아야 할 때에는 그것을 잊어버리는 경우가 많습니다. 아주 특별한 계기가 있어야만 떡 굽는 자의 기억이 되살아나지, 그렇지 않으면 자신이 감옥에서 한 약속을 절대로 다시 생각하지 않는 법입니다. 그러나 하나님의 경우는 절대로 약속을 잊으시는 법이 없습니다. "그는 그의 언약 … 을 영원히 기억하셨으니"(시 105:8). 그의 백성과 그들의 사정을 하나님께서 그의 "손바닥에 새겼고" 또한 그들의 "성벽이 항상" 그의 "앞에 있다"고 말씀합니다(사 49:16). 떡 굽는 자는 바로의 궁의 생활에 취하여 자기가 요셉에게 했던 약속을 잊었으나, 그리스도께서는 천국에서 모든 영광을 보시고 누리시면서도 지금 이 땅에서 환난의 사슬에 매여 고생하는 그의 백성들에게 친히 하신 약속을 결코 잊으시는 법이 없는 것입니다. 하나님께서는 그의 성도들이 그가 오시기까지 다음과 같은 말씀을 주목하여 위로를 얻기를 바라십니다: "너희를 향한 나의 생각을 내가 아나니 평안이요 재앙이 아니니라. 너희에게 미래와 희망을 주는 것이니라"(렘 29:11).

둘째 이유. 불성실하기 때문입니다. 어떤 사람에게는 약속이 원숭이의 목에 걸린 깃보다도 못합니다. 아무리 단단히 매어놓으려 해도 소용이 없습니다. 자기 좋은 대로 얼마든지 자기의 의무를 회피해 버리기 때문입니다. 어쩌면 약속을 해놓고도 그것을 이행할 의도가 전혀 없는 것 같기도 합니다. 그런 이에게 약속은 그저 상대방을 기만하는 도구일 뿐입니다. 어떤 이들은 약속을 할 당시에는 그것을 이행할 의도를 가졌다가도 후에 다시 생각해 보아 그것을 이행할 경우 무언가 불리한 점이 있을 것 같을 때에는 그 약속을 지겨워하게 되고, 그 약속을 이행하지 않기 위해 무언가 다른 핑계를 대거나 이행시기를 뒤로 늦추기도 합니다. 그리하여 리산더(Lysander)는 어떤 사람들에 대해 말하기를, 그들이 맹세와 약속들을 갖고서 어린 아이들이 핀 아홉 개로 놀듯이 그렇게 장난한다고 했습니다. 자기들에게 이익이 있을 것 같으면 약속을 지키지만, 손해가 날 것 같으면 약속을 지켜 지갑에 빚을 지느니 차라리 약속을 깨뜨려 양심에 빚을 지는 편을 택합니다. 그러나 하나님에 대해서는 이런 걱정을 할 필요가 없습니다.

1. 그의 이름이 진실이요 성실입니다. 진실 그 자체가 거짓말을 할 수 있으며, 성실 그 자체가 속일 수 있습니까? 그리스도께서는 이렇게 말씀하십니다: "내 아버지 집에 거할 곳이 많도다. 그렇지 않으면 너희에게 일렀으리라. 내가 너희를 위하여 거처를 예비하러 가노니, 가서 너희를 위하여 거처를 예비하면 내가 다시 와서 너희를 내게로 영접하여 나 있는 곳에 너희도 있게 하리라"(요 14:2, 3). 여기서 우리 주님의 있는 그대로를 드러내시는 정직한 마음을 볼 수 있습니다. 이 말씀은

마치 이런 뜻과도 같습니다. "내가 가면서 너희에게 이리저리 둘러대는 것이 아니고, 절대로 일어나지도 않을 일에 대해 소망을 갖도록 그럴듯한 이야기를 꾸며대는 것도 아니다. 내가 아는 것을 그대로 말하는 것이라. 내 마음이 너희를 향한 사랑으로 충만하므로 너희에게 온갖 세상을 다 주겠다고 거짓말을 한다는 것은 가당치도 않은 일이다. 내가 가는 것을 너희 신뢰할지니, 내가 가는 것을 보는 것처럼 확실하게 내가 다시 오는 것을 너희 눈으로 보게 되어 영원한 기쁨을 얻게 될 것이로다." 그에게는 그 어떠한 약속도 예와 아니오가 되지 않고, "예와 아멘"이 되는 것입니다(고후 1:20).

2. 그는 진실이신 동시에 지혜이십니다. 그가 진실이시므로 그의 말씀을 어기사 우리에게 잘못을 행하거나 우리를 속이실 수 없거니와, 그는 지혜이시므로 그 자신에게 편견을 갖게 만들 그런 약속을 하시는 것이 불가능한 것입니다. 그러므로 그는 그의 목적이나 약속에 오점을 만드시는 법이 없고, 그가 행하시는 것은 무엇이든 다 불변합니다. 회개는 피조물에게는 하나의 지혜로운 행동입니다만 이는 어리석음을 전제로 하는 것이요, 따라서 하나님께는 있을 수가 없습니다. 요컨대, 사람들은 경솔히 성급하게 약속을 하는 경우가 너무도 많습니다. 그렇기 때문에 성급히 한 약속은 느슨하게 이행하는 법입니다. 맹세하기 전에는 생각을 하지 않다가 나중에 맹세를 한 후에 그것을 지키는 것이 좋을지를 궁리하는 것입니다. 하지만 전지하신 하나님은 이처럼 뒷북을 칠 필요가 전혀 없으십니다. 세상을 창조하실 때에 그는 훌륭한 골격을 세워 놓으시고 그 세부적인 부분들을 보셨으나 그것들이 그의 의도와 정확히 들어맞아서 다시 연필을 들고 최초의 계획안을 수정하실 필요가 전혀 없었습니다. 그의 약속도 이와 마찬가지입니다. 그것들이 그처럼 무한한 판단과 지혜로 주신 것이므로 그가 주신 그것을 그가 영원토록 지키실 것입니다. "내가 네게 장가들어 영원히 살되 공의와 정의와 은총과 긍휼히 여김으로 네게 장가들리니"(호 2:19). 공의와 은총으로 장가를 드는 것이므로 영원한 것입니다.

셋째 이유. 무능력하기 때문입니다. 안타깝게도 사람이 하는 약속들은 온갖 우발적인 사건에 의존할 수밖에 없습니다. 돈을 빌릴 당시에는 부자였으나, 그 돈을 지불할 날짜가 되어서는 빈털터리가 되기도 합니다. 바다에서 배가 침몰하든지, 뭍에 있어도 불이 나든지 아니면 안타까운 사건이 일어나서 완전히 망하기도 하고, 혹은 부채를 갚을 기한을 연기해 달라고 구걸할 수밖에 없는 처지가 되기도 합니다. 복음서에 나타나는 종이 "내게 참으소서. 다 갚으리이다"라고 애걸하는 것처럼 말입니다(마 18:26). 그러나 지존하신 하나님은 그런 곤경에 처하실 수가 없습니다. "이스라엘의 지존자는 거짓이나 변개함이 없으시니"(삼상 15:29). 이행할 의도가 없는 약속을 할 경우 이는 악의가 있는 거짓말을 하는 것입니다만, 자기가 약속하는 바를 이행할 수가 없을 경우 이는 자신의 연약함 때문에 어쩔 수 없이 거짓말을 하는 것입니다. 그러므로 사실 모든 사람이 자기에게 의지하는 모든 자들에게 거짓말쟁이가 되는 것입니다. 그리하여 모든 사람을 가리켜 "거짓되고 헛된 것"이라 부르는 것입니다. "헛된 것"이란 텅비고 불충분한 것인데, 자기들이 주지도 못할 것을 약속하기 때문에 "거짓되고 헛된 것"이라고 하는 것입니다. 그러나 하나님은 이런 점에서 우리의 믿음이 의지할 견고한 터가 되십니다. "너희는 여호와를 영원히 신뢰하라. 이는 주 여호와 안에 영원한 힘이 있음이니라"(사 26:4. 한글개역개정판은 후반부를 "주 여호와는 영원한 반석이심이로다"로 번역함 — 역주). 그러한 힘이 그의 것이므로 그에게는 그것을 떠받칠 다른 이의 힘이 필요 없습니다. 한 사람이 자기 약속을 이행할 수 있으려면 다른 사람이 자기의 빚을 갚아 주어야 합니다. 그 다른 사람이 빚을 갚지 못하면 그도 역시 어쩔 수 없이 자기 빚을 갚을 수가 없습니다. 이처럼 한 상인이 파산하면 자기 재산이 그의 수중에 들어가 있는 다른 여러 상인들이 파산하게 됩니다. 그러나 하나님의 권능은 독자적인 것입니다. 온 세상이 무너져도 하나님은 언제나 동일하시며, 여느 때처럼 도우실 능력이 있습니다. "비록 무화과나무가 무성하지 못하며 포도나무에 열매가 … 없을지라도, 나는 여호와로 말미암아 즐거워하며 나의 구원의 하나님으로 말미암아 기뻐하리로다. 주 여호와는 나의 힘이시라"(합 3:17-19). 오오, 성도는 얼마나 복된 존재인지 모릅니다. 그들은 온 세상이 완전히 파산해도 절대로 망할 수 없는 백성입니다. 그런 일이 일어나도 권능이 무너지지 않는 하나님의 약속이 그들에게 있기 때문입니다. 하나님께 나아가는 그리스도인은 그가 원하는 것을 하나님으로 말미암아 얻지 못할 때가 없습니다: "주를 두려워하는 자를 위하여 쌓아 두신 … 은혜가 어찌 그리 큰지요"(시 31:19). 아버지가 그 자녀의 몫을 남겨두는 것처럼 그것이 가방 속에 준비되어 있으니, 정한 때가 되면 그에게 지불될 것입니다. 성도는 그 정해진 약속의 날짜를 넘어서는 단 한순간도 지체할 필요가 없습니다. 시편 기자는 "사유하심이 주께 있나이다"라고 말씀합니다(시 130:4). 여러분이 그에게 나아가 약속의 이행을 주장할 때에 그것이 곧바로 여러분에게 주어질 것입니다.

둘째 확신. 소망은 그리스도인에게, 하나님이 비록 오랫동안 지체하시지만 그가 임하시면 그처럼 오래 기다린 것에 대해 풍성히 갚아 주시리라는 확신을 줍니다. 하나님이 그의 경고를 시행하시기를 지체하실 때에 악인이 다만 그 진노의 날을 위하여 진노를 더 쌓는 것밖에는 달리 얻을 것이 하나도 없는 것처럼, 성도들은 약속이 당장 이루어지지 않더라도 그것 때문에 잃는 것이 하나도 없습니다. 다만 그들이 잠시 인내함으로 그 약속이 이루어질 기쁨의 날에 그들이 누릴 기쁨이 더 쌓이는 것밖에 없습니다. "참고 선을 행하여 영광과 존귀와 썩지 아니함을 구하는 자에게는 영생"으로 갚으신다고 말씀합니다(롬 2:7). 주목하십시오. 선을 잘 행하는 것으로는 안 됩니다. 참아야 합니다. 그러나 그냥 참는 것만으로는 안 됩니다. 하나님의 오심이 미루어지는 것처럼 보이는 중에 "선을 행하여" 참아야 하는 것입니다. 쟁기질은 배고픈 일입니다. 그러나 그 일이 앞으로 풍성한 수확을 거두게 될 소망 가운데서 행하는 일이기 때문에 농부는 지치지 않는 것입니다. 소망은 말합니다. "오오 내 영혼아, 네가 식사를 하기를 원하지만 조금만 참아라. 그리하면 밤이 올 때에 진수성찬을 대하게 되리라." 그 약속이 이루어지면, 그것이 이루어지지 않는 동안 그리스도인에게 있던 온갖 걱정거리와 근심들이 다 잊혀지고 그 괴로움이 다 끝나며, 그로 말미암아 생기는 기쁨으로 잔치를 벌이게 되는 것입니다. "소망이 더디 이루어지면 그것이 마음을 상하게 하거니와 소원이 이루어지는 것은 곧 생명나무니라"(잠 13:12). 즉, 오랫동안 기다리던 끝에 하나님의 정하신 때에 그것이 이루어지면, 그로 인하여 기쁨이 넘치리라는 것입니다. 하나님께서 땅의 열매들이 익는 시기를 정해 놓으셔서 그 때가 되기 전에 거두어들이면 손해를 보게 됩니다만, 이와 마찬가지로 하나님께서는 우리가 기다리는 약속의 선한 것들에 대해서도 때를 정해 놓으셨으므로 때가 되기 전에 마치 설익은 사과를 따듯이 그렇게 따서는 안 되는 것입니다. 그런데 그렇게 하는 사람이 너무나 많습니다. 하나님의 때가 오기까지 심령을 고요하게 할 믿음도 소망도 없어서, 정당하지 못한 수단으로 설익은 약속의 열매를 따버리는 것입니다. 때가 되면 저절로 익어서 가슴으로 그 열매들을 누리게 될 것인데도 말입니다.

마음이 조급한 이 사람들이 그렇게 조급함을 부려서 얻는 것이 무엇입니까? 안타깝게도 이들은 야위고 설익은 것을 누릴 수밖에 없습니다. 마치 아직 낫을 댈 때가 안 된 곡식을 거두어 단으로 묶어 놓을 때에 성에 차지 않는 것처럼 말입니다. 그러므로 기다리는 임무를 바로 그와 같은 은유법을 사용하여 강조하는 것을 볼 수 있습니다. "형제들아 주께서 강림하시기까지 길이 참으라"(약 5:7). 하나님이 자기의 약속에 따라 임하셔서 고난의 일을 벗겨 주시기까지 그의 때를 기다리고, 조급하게 네 스스로 어려움에서 벗어나려 하지 말라는 것입니다. 왜 그렇게 해야 합니까? "보라 농부가 땅에서 나는 귀한 열매를 바라고 길이 참아 이른 비와 늦은 비를 기다리나니 너희도 길이 참고 마음을 굳건하게 하라 주의 강림이 가까우니라"(7, 8절). 금언의 말처럼 "명년의 수확에 대한 소망으로 풍요로운" 농부는 곳간에 곡식을 들이는 일도 즐겁지만 하나님의 일상적인 섭리의 과정 속에서 그 곡식이 익을 때까지 기다리는 법입니다. 이른 비가 올 때에 기뻐합니다. 하지만 늦은 비도 오기를 바라며, 그 비가 아무리 늦어져도 그 때까지 기다립니다. 때로는 수확기가 거의 다 된 시점에 소나기가 내려 곡식의 알을 영글게 하는데, 어떤 이들은 이러한 섭리를 불신하여 너무 일찍 낫을 대는 바람에 그 소나기를 놓쳐 결국 손해를 보는 일도 있지 않습니까? 자비를 가장 많이 기다릴 때에 그 자비가 가장 충만하게 임하는 법입니다. 그리스도께서는 가나의 혼인 잔치에서 그의 모친이 바란 것만큼 그렇게 속히 사람들에게 포도주를 공급하지 않으셨습니다. 그들은 포도주가 더 공급되기까지 한동안 더 기다려야 했습니다. 그리스도인이 오랫동안 인내로 기다려오는 그것들을 누릴 수 있기 위해서는 두 가지가 충만히 차야 합니다.

1. **기한이 충만히 차야** 합니다. 하나님이 주시지도 않는데 그의 손에서 낚아채는 열매들은 마치 손님이 방문하는 것과 같아서 오래 가지 못합니다. 다윗이 간음하여 낳은 아이처럼 대개 자라나지 못하고 죽어 버립니다. 아직 영글지도 않은 상태에서 따놓은 열매 같아서 금방 썩어 버리는 것입니다.

그렇게 해서 얻는 것이 과연 풍요로운 것일까요? "속히 부하고자 하는 자"들이 있다고 말씀합니다(잠 28:20). 그러나 이런 자들은 자기들의 구체적인 부르심에 따라 양심적으로 부지런히 일하고 또한 일반적인 부르심에 따라 경건을 실천하면서 하나님을 기다릴 수가 없습니다. 그렇습니다. 그들이 보기에는 하나님의 약속이 도무지 속히 오지를 않습니다. 그리하여 자기들 스스로 속히 부자가 되고 싶어서 온갖 탐욕스러운 행동들로 박차를 가합니다. 그러나 그들이 재산을 속히 모으는 만큼 하나님 역시 그만큼 속히 그들의 재산을 녹여 버리십니다. 운반하는 중에 열을 받은 고기는 아무리 소금에 재어놓아도 썩는 것을 오래 막을 수가 없습니다. 이와 마찬가지로 그렇게 뜨거운 죄악된 수단을 동원하여 얻는 재산은 아무리 사람이 그것을 지키려고 조심하고 애를 써도 하나님의 저주를 막을 길이 없는 것입니다. “망령되이 얻은 재물” — 즉, 헛되고 부정한 과정을 통해 얻은 재물 — “은 줄어가 … 느니라”(잠 13:11). 음식과 술을 탐하는 자들에게 건강하지 못한 지방이 끼게 되는데, 그들을 속히 망하게 하는 요인이 바로 그 속에 들어 있는 것입니다. “속이는 말로 재물을 모으는 것은 죽음을 구하는 자들에게 이리저리 흔들리는 헛된 것이니라”(잠 21:6. 한글개역개정판은 “죽음을 구하는 것이라 곧 불려 다니는 안개니라”로 번역함). 이 말씀은 그런 재물이 한 사람에게 오래 머무르지 않고 마치 공처럼 이 사람에게서 저 사람에게로 왔다 갔다 한다는 뜻입니다. 그리고 욥기 27:11-23과 전도서 2:26에서 보듯이, 경건한 자가 하나님의 섭리에 따라 그 재물 가진 자들의 상속자가 되어 그 재물을 차지하게 되는 경우가 많은 것입니다.

또한 그것이 과연 위로와 내적인 기쁨을 줍니까? 너무 성급하게 이것을 얻으려 하는 자들이 있습니다. 그러나 참된 그리스도인은 비오는 파종기를 보낼 뿐 아니라 수확기가 되어 기쁨을 얻기까지 기꺼이 기다립니다. 혹은 무언가 진전이 있어서, 겸손의 눈물 속에서 심겨진 은혜의 씨앗이 움이 돋아서 과연 자기에게 그 은혜가 실제로 있고 또한 참된 것이라는 견고한 증거가 보여서 어느 정도 만족을 얻게 되기까지 기다리는 것입니다. 그렇게 되면 순전한 그리스도인의 심령이 기쁨을 갖기 시작하고 위로가 지속됩니다. 그렇습니다. 그 기쁨과 위로가 더욱 커집니다. 마치 태양이 두터운 안개 속에 갇혀 있다가 결국 그 수증기를 다 몰아내고 완전한 승리 가운데 빛을 밝히듯이 말입니다. “의인의 빛은 환하게 빛나 … 느니라”(잠 13:9). 즉, 그의 모든 두려움과 의심들을 이기고 환하게 빛난다는 뜻입니다. 그러나 아직 경건한 슬픔을 대하도록 인도받기도 전에 먼저 위로를 얻고자 조급을 부리는 자들이 있습니다. 이들은 고통도 겪지 않고 구원받으며, 의심과 두려움의 연기(煙氣)가 마음속에서 피어나는 것이 보이기도 전에 그들의 믿음이 확신의 기쁨으로 불타오릅니다. 그러나 안타깝게도 그런 것은 얻기가 무섭게 사라져 버립니다. 그것은 너무 일찍 찾아오는 봄과 같아서 수확기에 농부에게 눈물을 뿌리게 만듭니다. 아니면 따뜻한 햇살이 가득한 겨울철의 어느 날과도 같아서 혹독한 추위가 그 뒤를 잇는 법입니다. 돌밭에 뿌려진 씨앗이 이것의 분명한 실례입니다(막 4장). 기쁨을 얻으나 그것을 얻자마자 금방 사라져 버립니다. 박해나 시험의 폭풍이 몰아치면 즉시 실망하고 좌절해 버리는 것입니다.

한 가지 예만 더 들어 보겠습니다. 약속이 그들을 위해 감옥 문을 열어 주고 하나님께서 그의 때에 그들을 석방시키기까지 기다리지 못하는 조급한 심령들은 정당하지 못한 행위를 통해서 자기들 스스로 감옥을 부수고 괴로움에서 벗어나려 합니다. 그런 자들은 스스로 얼마나 우매한 짓을 하는지 모릅니다. 그들은 자기들의 죄악된 계획을 산파로 삼아 자기들의 구원을 앞당길 수 있다고 생각하지만, 결국 그 구원이 뱃속에서 나오다가 죽어 버리고 마는 것입니다. 하나님의 정하신 때에 나왔다면 그것이 그들에게 많은 날을 복되게 해주었을 것인데 말입니다. 유대인들이 이에 대해 안타까운 실례를 보여 줍니다. 하나님께서 그들에게 바벨론 사람의 손에서 그들을 안전하게 지켜 주시겠다고 보장해 주셨음에도 불구하고 그들은 자기들 스스로 방법을 찾고자 했습니다. 섭리를 통해서 일이 일어나기를 기대하기보다는 자기들이 방법을 쓰면 그 구원이 더 속히 올 수 있으리라고 여기고서, 성급하게 애굽에게 기댔습니다. 애굽이 그들을 바벨론에게서 구해 줄 것을 전혀 의심하지 않고 말입니다. 그러나 안타깝게도 결국 전혀 그렇지 않다는 것이 드러나고 말았습니다. 그들이 얻은 것이라곤 고작 그들을 속박하던 사슬이 더 늘어난 것과 지배자들이 더 강력하게 그들을 억누르게 된 것뿐이었으니 말입니다. 이에 하나님께서는 선지자를 통하여 그 모든 일이 그들 자신의 불신앙적인 조급한 마음 때문임을 말씀하셨습니다: "주 여호와 이스라엘의 거룩하신 이가 이같이 말씀하시되 너희가 돌이켜 조용히 있어야 구원을 얻을 것이요 잠잠하고 신뢰하여야 힘을 얻을 것이어늘 너희가 원하지 아니하고"(사 30:15). 사실 하나님께서 임하사 도우시기를 소망하면서 조용히 기다린 자들을 보면, 그들에게 항상 모든 일이 잘된 것을 봅니다. 여호수아는 하나님과 사람으로부터 오는 모든 실망스런 일들을 다 견디고 꾸준히 믿고 인내로 하나님께서 약속하신 땅을 얻기를 기다렸습니다. 그런데 그가 살아남아 광야에서 애굽으로 돌아가려 했던 자들의 무덤 위를 걸어 다니지 않았습니까? 그리고 하나님의 때가 아직 되지도 않았는데 헛된 소망을 갖고서 경솔하게 산으로 올라가 원수와 싸워서 땅을 차지하려던 자들의 종말을 직접 목도하지 않았습니까(신 1장)? 그렇습니다. 결국 그가 그 약속의 땅을 정복하고 분배하였고, 하나님의 약속이 그의 백성들에게 복되게 성취되는 것을 살아서 본 후에 명예롭게 죽지 않았습니까? 다윗도 그랬습니다. 그는 나라를 주시리라는 하나님의 약속을 받은 후에 훌륭한 소망과 인내로 기다렸습니다. 특히 그가 보좌에 오르는 데에 유일한 장애 요인이었던 잔인한 사울을 중도에 제거할 좋은 기회들이 여러 번 있었던 것을 생각해 보면 그의 인내는 정말 훌륭한 것이었습니다. 뿐만 아니라 스스로 왕임을 선언하는 방식으로 면류관을 얻고자 했다면, 그를 따르던 사람들을 만족시키고 그들의 마음을 평안하게 했을 것입니다만 그는 그렇게 하지 않았습니다. 그런 주장들이 설득력이 있고 또한 많은 대중들을 기쁘게 하는 것임을 알고 있었지만, 그 자신의 양심이 평안하지 못하는 것이었습니다. 그리하여 자기 손으로 약속의 자궁을 갈라서 그 성취를 꺼내려 하지 않았고, 충만한 때가 차기까지 인내하며 기다렸습니다만 그는 그로 인하여 잃은 것이 아무것도 없습니다.

2. **축복이 충만히 차야** 합니다. 하나님의 충만한 때에 거두면 이것을 함께 누리지만, 인내가 없어서 그 때까지 기다리지 못하면 이것도 상실하게 됩니다. 이 축복은 그것을 기다리는 영혼의 가슴에 두 가지 방식으로 임합니다. (1) 하나님의 사랑과 그가 베푸시는 위로와 함께 그 약속의 성취를 감미롭게 누리게 됩니다. (2) 약속의 성취를 누리되 그것이 그 복된 열매를 통하여 그에게 거룩히 구별되어 그에게 유익이 됩니다.

(1) 하나님의 사랑과 그가 베푸시는 위로와 함께 그 약속의 성취를 감미롭게 누리게 됩니다. 자기 스스로 일을 도모하고 하나님께서 그의 때에 그 약속을 이루시기까지 기다리지 못하는 자는 이것을 기대할 수가 없습니다. 조급함과 불신으로 행하는 일에는 언제나 죄책이 뒤따르기 마련입니다. 무언가를 얻어 누릴 때에 거기에 죄책이 개입되면, 감미로운 것을 얻어도 그것을 감미롭게 누릴 수가 없는 것입니다. 오오, 죄책은 정말 모든 것을 쓰디쓰게 만드는 몹쓸 것입니다! 하늘로부터 나쁜 소식이 들릴까 하여 계속해서 두려움 속에 있게 만듭니다. 두려움이 있는 영혼은 자비의 감미로움을 음미할 처지가 못 됩니다. 물론 잠시 시끌벅적한 기쁨을 누릴 수도 있고 자기가 지펴놓은 이 성급한 불로 잠시 몸을 덥게 할 수도 있습니다. 하지만 그것을 누리게 된 방법과 자세에 대해 무언가 심각한 생각이 들면 이로 인하여 그 마음이 젖어 버려서 그로 인하여 즐거움이 식어져 그 불이 금방 꺼지고 마는 것입니다. 오오, 자기가 누리는 큰 부귀에 대해 "굉장한 재물이 여기 있지만 내가 이것을 어떻게 얻게 되었는지 하나님이 아시는데!"라고 말한다면 압제자의 마음이 얼마나 찔리겠습니까! "내게 큰 위로가 있는 체하였지만 내가 이것을 어떻게 얻었는지를 하나님이 아시는데!" 이것이 외식자의 기쁨에 얼마나 큰 상처가 되겠습니까! 그러나 인내로 기다린 끝에 하나님께로부터 내적인 혹은 외적인 위로를 얻는 그리스도인은 이런 불안한 생각이 전혀 없으니 겁낼 것도 없고 잔을 입에 가져갈 때에 감미로움을 빼앗길 것도 없는 것입니다. 그는 자기의 외적인 재물과 내적인 위로를 어디서 얻었는지를 잘 압니다. 외식자는 하나님이 계시지 않아야

즐겁지만, 그는 하나님을 모셔서 그것들을 보증하시게 할 수 있습니다. 곡식을 수확하여 기쁘게 곳간에 들이는 농부의 즐거움은 다른 사람의 밭에서 곡식 몇 단을 훔쳐다 쌓아 놓는 도둑의 즐거움과는 엄청난 괴리가 있습니다. 어쩌면 정직한 농부의 집에서보다는 도둑의 집에서 더 크고 왁자지껄하는 즐거운 소리가 들릴 수도 있습니다만, 그 둘은 서로 비교할 수가 없는 것입니다. 경찰이 들이닥쳐 훔친 물건을 찾으려고 집을 수색하게 되면, 그 유쾌하게 떠들던 소리가 순식간에 사라지고 하나는 이리로 또 하나는 저리로 도망할 것입니다. 그러니 그의 훔친 자비와 위로를 수색하러 하나님이 오시는 소리를 들을 때에 죄책 있는 마음에 얼마나 두려움과 수치가 많겠습니까!

(2) 기다리는 영혼은 약속의 성취를 누리되 그것이 그에게 거룩히 구별되어 그에게 유익이 됩니다. 그러나 외식자들은 이것이 전혀 없습니다. 우리에게 유익을 주는 것이 아니라면 대체 자비의 복이 무엇이겠습니까? 조급한 자들은 때에 맞지도 않게 거두어들인 온갖 열매들로 사정이 더욱 나빠집니다. 재물을 갖되 그것이 우리를 해치고, 위로를 얻되 그것이 우리를 해친다면 이것은 그야말로 쓰라린 악이 아닐 수 없습니다. 이스라엘의 죄는 바로 "그의 가르침을 기다리지 아니"한 것이었습니다(시 106:13). 하나님께서 그들을 책임지시고자 그들이 기다리기만 하면 그들에게 공급해 주시려 하였으나, 그들은 그의 조치를 기다리지 않았고 "광야에서 욕심을 크게 내며 사막에서 하나님을 시험하였"습니다(14절). 그들은 자기 입맛에 맞는 것을 가져야 했고, 그것도 그들의 조급한 마음이 원하는 그 때에 가져야 했습니다. 그때가 아니면 아예 갖지 않으려 했습니다. 그리고 그들이 그 바라는 것을 얻었습니다. "여호와께서는 그들이 요구하는 것을 그들에게 주셨"습니다(15절). 그러나 그것이 없는 것이 차라리 그들에게 더 나았습니다. 그들이 그것을 얻었어도 전혀 기뻐할 수가 없었습니다. 여호와께서 그것을 주셨으나 "그들의 영혼은 쇠약하게 하셨"기 때문입니다(15절). 그들이 바라는 것을 얻음과 동시에 은밀한 저주가 함께 임하였습니다. 이는 그들이 뒤이어 범하는 큰 죄에서도 — "그들이 진영에서 모세와 여호와의 거룩한 자 아론을 질투하매"(16절) — 또한 그 동일한 죄로 인하여 하나님이 그들에게 내리신 무거운 재앙에서도 드러납니다(민 11:33). 그러나 이와 반대로 하나님의 방법으로 하나님의 때에 얻는 자비들은 그것을 기다린 영혼에게 더 감미로운 음료가 되고 더 순수한 자양분을 주는 양식이 됩니다. 그들은 그런 흉측한 재앙에 빠지는 일이 없습니다. 다른 사람의 경우 그 자비들이

정욕을 부추기는 요인이 되지만, 이 사람에게는 성도의 은혜들을 자라게 하는 양식이 되어 그로 인하여 더욱 겸손하고 거룩하게 되는 것입니다. 이사야 30:18, 19에서 이것을 보시고, 이를 22절과 비교해 보십시오. 거기서는 그들이 외적인 구원을 위하여 인내로 하나님을 기다린 열매로 그 구원을 얻되 그 구원 자체보다 훨씬 더 값어치 있는 것을 얻습니다. 곧, 그 구원을 선용하고 거룩하게 사용할 은혜를 더불어 주시는 것입니다. 한나가 수많은 기도와 오랜 기다림 끝에 "아들"을 얻은 것도 큰 자비였지만, 그보다 더 큰 자비는 그녀가 그렇게 얻은 그 아들을 다시 하나님께 돌려 드릴 마음을 갖게 되었다는 사실입니다. 하나님을 기다린 끝에 재물과 건강 등의 고귀한 것들을 얻는 것은 자비로운 일입니다. 하지만 이것은 그 마음을 거룩하게 하여 그것들을 하나님의 영광을 위해 쓰게 하는 복과는 도무지 비교할 수가 없습니다. 그런데 이것이 기다리는 영혼에게 주어지는 일상적인 몫입니다. 그저 외형적인 위로만이 아니라 내적인 위로까지도 얻는 것입니다. 순전한 영혼이 이렇게 얻는 기쁨과 내적인 평안은 더욱 겸손하게 하고 거룩하게 하고 천국의 시민답게 만들어 줍니다. 그러나 외식자가 그렇게 속히 얻는 위로는 교만과 자기 자랑으로 전락하거나, 아니면 자기를 텅 비워 무언가 더러운 냄새를 피우는 것으로 뒤바뀌고 맙니다. 때로는 심지어 노골적으로 그 추함을 드러내기도 하고 결국 망하고 마는 것입니다.

셋째 확신. 소망은 하나님께서 한 가지 약속의 이행을 지체하시는 동안 다른 약속을 이행하신다는 확신을 줍니다. 자기 자신을 이해하는 사람이라면 누구나 이것으로 마음을 고요하게 하기에 족할 것입니다. 하나님은 한순간도 신자의 영혼을 위로가 전혀 없는 상태에 있게 하시지 않고 이런저런 약속이 있어서 현재의 모자라는 것을 채워 주시는 멋진 방법으로 일을 행하십니다. 때로는 그가 강하게 바라는 것이 없을 수도 있습니다만, 그럴 때에라도 그의 삶이 유지되도록 보살피십니다. 한 가지 약속이 아직 이루어지지 않을 때에 또 다른 약속이 그리스도인에게 이루어지는 것입니다. 사람이 병들었을 때에 친구들이 모두 한꺼번에 문병을 오지 않고 서로 번갈아가면서 방문하여 그를 홀로 내버려 두지 않는다면, 그 환자가 불평할 것이 어디 있겠습니까?

"생명나무"는 "열두 가지 열매를 맺되 달마다 그 열매를 맺는다"고 말씀하는데(계 22:2), 그러므로 그 나무에는 먹기에 합당한 열매가 열려 있지 않은 때가 없는 것입니다. 그리스도께서 그의 약속들에서 온갖 종류의 과실을 내시고 언제나 어떠한 처지에도 위로를 주시니, 그리스도보다 더 이 나무와 흡사한 것이 무엇이겠습니까? 신자에게는 무언가 약속이 익어 먹을 수 있게 되어 있지 않은 때가 없습니다. 그래서 다음 열매가 익기까지 그 열매로 배를 불릴 수 있는 것입니다. 여기서 그리스도인에게 일 년 내내 먹을 것이 공급되는 것을 볼 수 있습니다. 하늘로 돌아가시기 전에 그리스도께서는 제자들에게 다음과 같은 말씀으로 위로를 주셨습니다. 곧, 그가 다시 오셔서 그들을 그가 영광 중에 거하시는 아버지의 집으로 데려가시겠다고 하신 것입니다(요 14:2, 3). 이것은 정말 감미롭기 그지없는 말씀입니다. 하지만 안타깝게도 제자들은 이 약속이 이루어지기까지 그들을 괴롭힐 그 수많은 폭풍들을 다 이겨야 했습니다. 우리 주님은 이 점까지 생각하시고, 그들을 위로가 없이 그냥 버려두시지 않고 그동안에 모든 것을 유지할 수 있게 해 주는 또 다른 약속을 주셨으니, 곧 그의 성령을 약속해 주신 것입니다. 구주께서 장차 그들을 천국으로 데려가시기까지 그 성령께서 이 땅에 있는 그들과 함께 계시리라는 것이었습니다(요 14:16). 그리스도인은 절대로 소망도 도무지 어찌할 수 없는 그런 황망한 처지에 처하는 법이 없습니다. "무릇 여호와를 의지하며 여호와를 의뢰하는 그 사람은 복을 받을 것이라. 그는 물가에 심어진 나무가 그 뿌리를 강변에 뻗치고 더위가 올지라도 두려워하지 아니하며 그 잎이 청청하며 가무는 해에도 걱정이 없고 결실이 그치지 아니함 같으리라"(렘 17:7, 8). 신자에게는 그 약속들이 "물가"가 되어 거기로부터 계속해서 위로거리를 퍼 올리므로, 마치 강가에 심겨진 나무가 주변의 상황에 관계없이 번성하듯이, 신자도 하나님의 외형적인 섭리의 상황이 어떻든지 간에 그렇게 번성하는 것입니다. 어쩌면 그리스도인이 환난 중에 있는데 구원의 약속이 아직 이루어지지 않았을 수도 있을 것입니다. 하지만 그때에 그런 힘든 처지에서도 소망이 또 다른 약속을 사용하여 그를 지탱시켜 주는 것입니다. 곧, 하나님이 지금 당한 그 환난에서 구해 주시지는 않더라도 그 환난 중에 그를 지켜 주신다는 약속 말입니다(고전 10:13). 그런데 그리스도인이 이 약속이 그의 모든 조급함과 불신과 기타 죄악된 증상들을 말끔히 없애 줄 정도로 완전히는 성취되지 않았을 경우에는, 소망이 다른 쪽 창문을 열어 연기가 들어오도록 해 줍니다. 곧, 연약한 그리스도인으로 하여금 비록 그를 돕는 갖가지 은혜들이 부족한 것들을 완전히 메워 주지 못한다 할지라도 죄 사함의 자비가 그 모든 부족한 것들을 다 채워 준다는 확신을 영혼에게 준다는 것입니다. "사람이 자기를 섬기는 아들을 아낌같이 내가 그들을 아끼리니"(말 3:1). 또한 "주와 같은 신이 어디 있으리이까? 주께서는 죄악과 그 기업에 남은 자의 허물을 사유하시며 인애를 기뻐하시므로 진노를 오래 품지 아니하시나이다"(미 7:18). 하나님께서는 분명 욥에게서 온통 조급함만 터져 나오게 하지는 않으셨고, 무언가 죄 사함의 자비에 여지를 남겨두셔서 다른 모든 것이 사라져도 그것이 역사할 수 있도록 하셔서, 결국 그 덕분에 구원받게도 하셨고, 또한 비록 그의 무정한 친구들은 큰 환난 중에 있는 욥에게서 무언가 혼란스런 자세를 보고서 무자비하게도 그를 외식자로 규정하고 비난하는 우를 범하였을지라도 하나님께로부터는 친히 존귀한 증언을 듣게도 하신 것입니다.

제 3 부

그리스도인의 투구의 가르침의 적용 — 투구를 가진 자에게나 가지지 않은 자에게나 모두 해당됨

V

구원의 투구가 무엇이며 또한 그것이 그리스도인에게 해주는 몇 가지 역할들을 살펴보았으므로, 이제는 그 가르침이 그 투구를 가진 자에게나 가지지 않은 자에게나 어떻게 똑같이 적용되는지를 말씀드리고, 또한 거기서부터 자연스럽게 흘러나오는 바 그 활용에 관한 몇 가지 점들을 제시하고자 합니다. 이것은 다음과 같이 네 가지로 분류할 수 있을 것입니다. 첫째. 우리에게 있는 소망의 투구가 무엇으로 만들어졌는지를 시험하는 것. 둘째. 시험하여 순전하다는 것이 판명된 자들에게 주는 권면으로, 여기서 두 가지 임무를 그들에게 권면함. 셋째. 어째서 우리의 소망을 강화시켜야 하는지에 대한 논지들로서 어떻게 소망을 강화시킬지에 대한 지침들을 제시함. 넷째. 이 소망의 투구가 없는 자들에게 주는 권면.

—

활용을 위한 첫째 요지

[우리의 소망의 투구가 무엇으로 만들어졌는지에 대한 시험]

우리가 과연 이 소망의 투구를 — 즉, 본문에서 쓰라고 권고하는 바로 그 투구를 — 머리에 쓰고 있는지 그렇지 않은지를 시험해 보아야 합니다. 값이 싼 것 때문에 대개 사용하는 그런 싸구려 투구는 안타깝게도 참된 소망으로 불릴 자격이 없습니다. 이는 종이 모자를 투구라 부를 수 없는 것과 마찬가지입니다. 오오 여러분, 여러분의 투구의 재료와 성질을 아주 특별하게 살피기를 바랍니다. 원수가 공격할 때에 이것이 가장 큰 목표가 되기 때문입니다. 뱀은 자기의 머리를 방어하는 데에 온 신경을 다 쓰므로, 여러분을 공격할 때에도 머리를 주요 목표로 노릴 것입니다. 바보나 어린아이 외에는 별게 아닌 일로 근거도 없이 큰 소망을 갖고 우쭐해질 만큼 어리석은 자는 없습니다. 지혜가 있고 생각이 있는 자는 소망을 — 특히 구원에 대한 소망을 — 어디에 둘지를 고심하는 법입니다. 사려 깊은 선장이 짐을 가득 실은 배를 어디에다 정박시키며 어디에다 닻을 내려야 할지를 고심하듯이 말입니다. 이 일에 지극히 조심해야 마땅합니다. 소망이 헛것이었다는 것이 드러나는 것처럼 수치스러운 것이 없기 때문입니다. "거기 와서는 바라던 것을 부끄러워하고 낙심하느니라"(욥 6:20). 즉, 거기에 있을 것이라고 믿고 바랐는데 막상 와 보니 그것이 없어 크게 부끄러움을 당하고 낙심한다는 것입니다. 그런데 영원한 구원에 대한 거짓 소망으로 인하여 죄인이 마지막에 당하게 될 부끄러움만큼 어처구니없는 것이 없습니다. 장차 부활하여 "수치를 당하여서 영원히 부끄러움을 당할 자도 있을 것"이라고 말씀합니다(단 12:2). 그들은 장차 무덤에서 깨어나는 동시에 그 바보의 낙원에서도 깨어날 것입니다. 헛된 소망으로 평생토록 천국을 꿈꾸어 왔는데, 막상 깨어나서 보면 그들이 기대하던 천국이 아니라 지옥이 그들 앞에 입을 쫙 벌리고 있게 되리라는 것입니다. 에글론의 신하들이 그 왕의 문밖에서 기다리고 있다가 그가 죽은 것을 발견하고서 그들이 갖고 있던 소망이 다 깨어지고 부끄러움을 당했다면(삿 3:25), 오오 여러분, 천국에 대한 온갖 소망을 가졌다가 저 마지막 큰 날에 그 소망이 머리가 잘린 채로 죽어서 영원토록 마귀들의 괴로움 속에 남아 있어야 할 신세가 되어 있는 자기들의 모습을 보고서 얼마나 굉장한 수치와 공포가 그 얼굴과 마음에 가득하겠습니까! 한니발의 군사들이 로마를 아직 함락시키지도 않은 상태에서 자신 있게 로마의 금 세공자들의 상점들을 자기들끼리 나누어 가졌습니다만, 수많은 죄인들이 주제넘게도 자기들 마음대로 천국의 환희와 복락을 약속하니, 죽기 전에 좀 더 확실한 소망의 근거를 스스로 보여주기 전에는 이들은 지옥에서 수치를 당하여야 마땅할 것입니다. 오오 그런 분별

없는 몽상가들은 주의 진노의 날에 어떻게 하려는지 모르겠습니다! 주위의 온 세상이 빛이 환하게 드러나는 가운데 하나님께서 — 모든 것을 꿰뚫어 보는 그의 눈으로 그들을 노려보시며 — 사람들과 천사들 앞에 불러서 낱낱이 살피실 때에 대체 어떻게 하려는지 말입니다. 그때에 그들의 마음이 녹아 내릴 것입니다. 그 누구보다도 그들의 양심이 그들 자신을 탄핵할 것입니다. 그 날에 하나님께서는 그들의 혀를 사용하여 그들을 참소하시고, 온 세상이 보는 앞에서 그들의 어리석은 소망의 우매함을 드러내사 그들을 혼란스럽게 하실 것입니다. 선지자는 거짓 선지자들에게 치욕의 날이 닥칠 것을 이렇게 예언하고 있습니다: "그 날에 선지자들이 예언할 때에 그 환상을 각기 부끄러워할 것이며 사람을 속이려고 털옷도 입지 아니할 것이며 말하기를 나는 선지자가 아니요 나는 농부라 내가 어려서부터 사람의 종이 되었노라 할 것이요"(슥 13:4, 5).

정말이지 세상에서 가장 잘 속이는 가장 악명 높은 거짓 선지자는 바로 사람들이 자기들의 구원에 대해 갖는 헛된 소망이라 할 것입니다. 이 소망은 평화와 죄용서와 천국에 대한 예언들을 도무지 하나님의 마음에 그 상속자로 여겨진 적이 없는 죄인들의 몫으로 이야기합니다. 그러나 이 거짓 선지자가 수치를 당할 날이 오고 있고, 또한 속히 올 것입니다. 그때에는 외식자가 자기는 오로지 자기의 환상이 만들어 내는 우상만 가졌었지 참된 구원의 소망은 가져본 적이 없다는 것을 고백하게 될 것입니다. 그때에는 또한 그럴듯한 예복으로 치장하여 자기 자신과 다른 이들을 속여 온 형식주의자도 자기 자신과 온 세상이 보는 앞에서 벌거벗은 채로 나타나게 될 것입니다. 그러므로 각자 자기의 마음을 철저하게 살펴서 자기가 가진 소망이 과연 어떤 것인지를 확인하는 것이 매우 절실한 것입니다.

그런데, 제대로 만들어진 소망은 합리적이며 근거가 확실한 소망입니다. "너희 마음에 그리스도를 주로 삼아 거룩하게 하고 너희 속에 있는 소망에 관한 이유를 묻는 자에게는 대답할 것을 항상 준비하라"(벧전 3:15). "오오 내 영혼아, 너는 무슨 근거로 구원받기를 소망하느냐?"라는 질문에 자기 자신의 양심에게도 제대로 답하지 못하는 자가 어떻게 다른 이들에게 대답할 수 있겠습니까? 아무리 은혜에서 연약하다 할지라도 그리스도인이라면 모름지기 자기가 말하는 소망에 관한 이유에 대해 무언가 성경에 근거한 답변을 갖고 있는 법입니다. 그 어떠한 약속의 말씀의 근거도 없이 무턱대고 스스로 하나님 나라에서 기업을 받을 자격이 있다는 식의 대담한 주제 넘는 생각을 가질 만큼 과연 여러분이 그렇게 막무가내일 수 있겠습니까? 어느 날 갑자기 어떤 사람이 찾아와서는 아무런 서류상의 근거도 없이 여러분의 땅과 집이 자기 것이라고 주장한다면 어떻겠습니까? 여러분이 양도증서를 써준 일도 없으니 당연히 그 사람의 소유를 입증해 주는 서류가 하나도 없는데, 그 사람은 그 전 날 밤 꿈에 여러분의 땅과 집이 자기 것이었으므로 이제 와서 그 것을 요구하는 것이라고 한다면, 그 사람이 정신나간 사람이요 여러분의 재산을 소유하기보다는 차라리 정신병원에 갇히는 것이 합당하다고 생각하지 않겠습니까? 그런데 바로 이 사람처럼 아무런 근거도 없이 자기 생각만으로 구원받을 소망을 갖는 무지하고 속된 죄인들이 많습니다. 성도로서는 마음에 두려움이 생길 때에 그의 영혼에게 어찌하여 걱정하는지를 물어보기만 해도 두려워할 이유가 별로 없다는 것을 깨닫기에 충분하고 이로 말미암아 근심이 사라지게 됩니다만, 이와 마찬가지로 대담한 죄인도 이따금씩 스스로 정산해 보고 자신의 처지를 잘 따져서 만족할 만한 대답을 얻지 못하면 절대로 우쭐해지지 않기로 결심하기만 해도 헛된 소망을 가라앉히기에 충분할 것입니다. "오오 내 영혼아! 하나님에 대해서 무지한 가운데 살며 혹은 하나님을 대적하여 죄를 범하는 생활을 하는 너에게 성경 전체에서 제시하는 이유 중에 과연 어떤 것이 과연 너에게 구원의 소망을 준단 말이냐?" 혼인 잔치의 예복을 입지 않은 사람이 그리스도의 질문에 묵묵부답이었던 것처럼 그 역시 분명 이 질문에 묵묵부답일 것입니다. 그렇기 때문에 사람들이 그야말로 자기들 자신에게 문외한이며 자기들의 마음과 이 문제에 대해 감히 논의를 하지 못하는 것입니다. 그런 것을 논의하면 그들의 양심에서 소란이 일어날 것이고 쉽게 가라앉지 않을 것임을 잘 알기 때문입니다. 그들은 자기들의 거짓된 마음을 달랩니다. 마치 다윗이 아도니야를 달랜 것처럼 말입니다. 그는 평생토록 "네가 어찌하여 그리 하였느냐?"라는 꾸짖어 그를 불쾌하게 만든 일이 한 번도 없었습니다(왕상 1:6). 그들은 죽는 날까지 "영혼아 네가 어찌하여 구원을 소망하느냐?"고 물어서 자기 영혼을 불쾌하게 만들지 않습니다. 혹시 물었다 해도, 마치 빌라도가 전혀 대답을 들을 의향도 없이 건성으로 그리스도께 진리가 무엇이냐고 물은 것처럼 그렇게 물었을 것입니다(요 18:38).

혹 여러분이 그리스도가 누구시며 그리스도 안에 어떤 견고한 소망이 있는지도 모르고, 그저 하나님이 마지막에 여러분을 정죄하시지는 않을 것이라는 막연하고 맹목적인 생각만 갖고 있는 무지한 영혼일는지도 모릅니다. 하지만 어째서 그런 희망적인 생각을 갖는지에 대해서는 전혀 이유를 댈 수가 없습니다. 만일 하나님이 여러분을 지금의 모습 그대로 받아주시고 구원하실 것이라면, 여러분을 위해서 새로운 복음을 다시 만드셔야 할 것입니다. 왜냐하면 성경에 나타나는 복음이 여러분을 소망도 도움도 없이 정죄하기 때문입니다. 복음은 "망하는 자들에게 가리어진 것"입니다(고후 4:3). 그러나 지식이 여러분을 구해 준다면, 여러분은 아마 곧바로 그것을 보여줄 수 있을 것입니다. 지식이야말로 여러분의 방패이니까요. 여러분이 마치 오물 속에 있는 짐승처럼 정욕 가운데서 살고 누워 날마다 그것으로 여러분 자신을 더럽히고 있기 때문에 말씀이 여러분을 공격하고 찌릅니다만, 여러분은 바로 이 지식을 방패로 삼아 그것을 피하고 몸을 가리려 하는 것입니다. 하지만 여러분이 가진 구원의 소망이 과연 참되고 견고한 소망이라는 증거물로 보여줄 수 있는 것이 이것밖에 없습니까? 사실 많은 이들이 성경 지식을 사용하되, 마치 도둑들이 나라의 법에 대한 지식을 사용하는 식보다 나을 것이 하나도 없습니다. 그들은 나라의 법을 연구하되, 그것을 지키기 위해서가 아니라, 자기들에게 문제가 생길 때에 교묘한 방법으로 그것을 피해가기 위해서 연구하는 것입니다. 이처럼 많은 이들이 말씀을 접하지만 — 특히 죄인들을 향한 하나님의 자비가 폭넓게 나타나는 그런 구절들을 주로 접합니다만 — 자기들의 가증스러운 삶으로 인하여 마음에 평안이 깨어질 때에 그 말씀들을 베개 삼아서 그것에다 자기들의 몹쓸 머리를 누이려는 생각으로 그렇게 하는 것입니다. 사랑하는 여러분, 하나님께서 이러한 헛된 소망으로부터 여러분을 구해 주시기를 바랍니다. 여러분, 그 큰 날에 "네가 어찌하여 내가 너를 구원해 줄 소망을 갖느냐?"라는 그리스도의 질문에 대해 이것보다 더 나은 대답을 하기를 바라시지요? 그렇지 않습니까? 여러분이 여러분의 성경 지식을 거슬러 죄악 가운데서 뒹굴고 있는 것이 여러분의 정죄를 간청하게 될 것인데, 과연 여러분의 성경 지식이 여러분의 구원을 그만큼 강력하게 간청해 줄까요? 여러분 같은 사람에게 소망이 있을진대, 유다와 이세벨과 심지어 마귀들과 모든 지옥의 영들이 다 와서 여러분과 한패가 될 것입니다. 여러분 중에 이 구원에 대해서 그 모든 자들보다 더 많은 간청을 할 수 있는 자들이 있으니 말입니다.

하지만 어쩌면 여러분 자신을 위해서 이것보다 말할 것이 더 있을지도 모르겠습니다. 여러분은 그저 지식만 있는 것이 아니라 변화된 사람입니다. 전에는 더러운 죄 가운데 뒹굴었으나 이제는 거기서 피하였으니 말입니다. 그렇습니다. 여러분의 변화가 아주 그럴듯한 신앙의 표현을 통해 장식되고 드러나서 여러분의 이웃들에게 좋은 평판을 얻고 있습니다. 그리하여 여러분의 손으로 천국을 얻을 수 있다면 여러분의 흠 없는 성도다운 행실에 대해 많은 증인들을 제시할 수 있을 것입니다. 하지만 여러분에게 말씀드리고 싶은 것은, 여러분 자신의 영혼에게 성실하기를 바란다면, 여러분에 대한 그들의 호의적인 칭찬에 기대어서도 안 되고, 사람들이 볼 수 있게끔 겉으로 드러나는 여러분의 행실 — 사람의 눈으로는 그 이상을 볼 수가 없습니다 — 에 근거하여 천국에 대한 여러분의 소망을 판단해서도 안 된다는 것입니다. 오히려 여러분 자신의 가슴속을 바라보아야 합니다. 그리고 그렇게 겉으로 드러난 행실로 나타나는 그런 변화와 새로운 움직임의 근원이 무엇인지를 거기서 찾아야 합니다. 그래야만 여러분의 소망이 가짜인지 아니면 정당한 것인지에 대해 올바른 판단을 갖게 되는 것입니다. 겉모양의 행실이 아니라 속마음의 체질을 바꾸어 놓은 새로운 원리가 여러분의 소망이 선하고 순전한 것임을 증명해 줄 것입니다. "우리 주 예수 그리스도의 아버지 하나님을 찬송하리로다. 그의 많으신 긍휼대로 예수 그리스도를 죽은 자 가운데서 부활하게 하심으로 말미암아 우리를 거듭나게 하사 산 소망이 있게 하시며"(벧전 1:3). 거듭난 자가 산 소망을 가질 자격이 있는 것입니다. 영혼이 죽어 있으면 그 소망이 살아 있을 수가 없습니다. 영혼이 죽어 있는데도 그것에다 겉모양의 변화와 그럴듯한 치장을 가미하여 마치 살아 있는 것처럼 꾸며 놓을 수도 있는 것입니다. 죽은 시체를 아름다운 옷으로 장식하는 일이 얼마든지 있을 수 있듯이 말입니다. 만일 여러분이 겉으로 변화된 행실과 말을 보여서 영화로운 하나님의 상속자가 될 수 있다면, 거지의 아들이 부자의 아들의 옷을 입는 것으로 얼마든지 그 부자의 땅을 상속받을 소망을 가질 수 있을 것입니다. 그러나 상속자가 되는 소망은 그 아버지께로부터 오는 것이지, 낯선 사람에게서 오는 것이 아닙니다. 자연인의 상태에 있는 동안에는 옛 아담이 여러분의 아버지입니다. 그러니 차라리 없었던 것보다 못한 그에게서 소망을 가질 것이 무엇이겠습니까? 죽을 수밖에 없는 몸과 죄악된 본성, 그리고 진노하시는 하나님의 무서운 손으로부터 이승의 죽음과 영원한 죽음을 끔찍하게 기대할 수밖에 없다는 것 외에 더 무엇을 바랄 것이 있겠습니까? 오오 여러분, 하나님을 아버지로 모시는 그런 관계에 들어가기까지 어떻게 한눈을 팔겠으며 어떻게 두 눈에 졸음이 오게 할 수 있겠습니까? 한나는 하나님께로부터 아들을 얻기까지 심령이 쓰라리고 상한 여인이었습니다. 여러분은 하나님의 자녀로 받아들여지기까지 그보다 더 심령이 쓰라리고 상하여야 마땅하지 않겠습니까? 자녀가 없이 죽는 것이 아버지 없이 죽는 것보다 천 배나 더 낫습니다. 제 말의 뜻은 곧, 이 땅의 재물을 물려줄 자녀가 없는 것이, 여러분이 세상을 떠날 때에 천국의 기업을 여러분에게 줄 아버지가 없는 것보다 천 배나 낫다는 것입니다.

—

활용을 위한 둘째 요지

[소망의 투구를 가진 이들에게 주는 권고]

시험을 통해 이 소망의 투구를 가졌다는 것이 확인된 신자 여러분에게 권고를 드립니다. 여러분에게 몇 가지 임무를 당부 드려야겠습니다. 첫째. 이 말로 다할 수 없는 선물에 대해 감사하십시오. 둘째. 여러분의 소망에 합당하게 사십시오.

[소망의 투구를 소유한 자의 임무들]

첫째 임무. 이 말로 다할 수 없는 선물에 대해 감사하라는 것입니다. 마음에서 이에 대한 감사가 풍성히 터져 나오지 않는다면 여러분이 소망의 투구를 소유했다는 것을 믿지 못할 것입니다. 사도 베드로는 영광의 찬송 중에서가 아니고는 이에 대해 말씀할 수가 없었습니다. "우리 주 예수 그리스도의 아버지 하나님을 찬송하리로다. 그의 많으신 긍휼대로 … 우리를 거듭나게 하사 산 소망이 있게 하시며 썩지 않고 더럽지 않고 쇠하지 아니하는 유업을 잇게 하시나니"(벧전 1:3, 4). 바울 서신의 서문들에도 대개 이런 기조가 나타납니다(골 1:5; 엡 1:3). 여러분, 천국에 대한 소망이 있습니까? 그렇다면 이것은 온 세상을 손에 다 가진 것보다 더한 일입니다. 이 땅에서 가장 위대한 왕도 죽을 때에 자기의 면류관을 여러분의 투구와 기꺼이 바꾸려 할 것입니다. 그의 면류관도 이 투구를 확보하게 해주지 못합니다. 하지만 그 위대한 왕의 면류관은 사라질 때에 여러분의 투구가 면류관을 갖게 해줄 것입니다. 금 면류관이 아니라, 한 번 쓰면 절대로 벗겨지지 않을 그 영광의 면류관을 말입니다. 오오 그리스도인 여러분, 기억하시기 바랍니다. 얼마 전까지만 해도 여러분에게 천국의 소망이 있기는커녕 오히려 지옥과 영벌에 대한 무서운 기대 아래 있지 않았습니까? 그런데 여러분의 떨리는 양심을 절망 가운데 빠지게 했던 그 죄책의 사슬들이 이제 사라졌고, 이제 머리를 높이 들어 천국의 하나님의 궁정에서 누리게 될 그 귀한 복락을 바라보게 되지 않았습니까? 얼마 전까지만 해도 여러분의 무서운 반역으로 인하여 그 하나님의 진노가 여러분을 향하여 불타오르고 있었는데 말입니다. 세상의 모든 사람 중에 여러분이 과연 하나님의 자비에게 가장 깊은 빚을 진 것이 분명합니다. 빵 한 조각에도 그에게 감사하는 것이 마땅하다면, 면류관에 대해서는 그보다 훨씬 더 감사해야 마땅할 것입니다. 음식과 의복이 비록 초라하고 거칠더라도 — 가령 나무뿌리나 누더기 같은 것일지라도 — 그것들에 대해 하나님께 감사하는 마음이 있어야 한다면, 이 하늘나라에서 먹고 입게 될 그 귀한 진미들과 예복들에 대해서는 얼마나 사랑과 감사가 가득해야 마땅하겠습니까? 특히 여러분에게는 이 모든 복된 것들이 베풀어졌으나, 주변을 둘러보아 한때 여러분과 똑같이 감옥에 갇혀 있던 자들이 여전히 안타깝고 황망하기 그지없는 처지에 있는 것을 보게 되면 더욱더 그럴 것입니다. 교수대에서 사형을 당할 처지에 있다가 오로지 하나님의 은혜로운 사면으로 구원받아 마차를 타고 왕의 궁궐을 향하여 가는 중에 — 거기서 부귀와 영화를 누리며 살기 위하여 — 함께 반역을 도모했던 죄수들 중 몇 명이 형틀에 매여 치욕과 공포가 가득한 상태로 그 교수대로 끌려가는 것을 보게 된다면, 그 왕의 자비와 도저히 감당할 수 없는 호의에 대해 마음속 깊이 감격과 감사가 솟아나오지 않을 수 없을 것입니다. 그리스도인 여러분, 여러분은 하나님의 값없는 자비하심으로 천국과 영광으로 나아가는 길에 서 있는데, 전에 여러분과 죄 가운데서 함께했던 여러분의 수많은 불쌍한 이웃들이 회개하지 않는 불신앙으로 지옥과 멸망을 향하여 나아가는 것이 보이지 않습니까? 오오 여러분, 당장 무릎을 꿇고 외치십시오. "주여, 어째서 이 사람들 말고 제게 주님 자신을 보여주시는지요?" 혹 하나님께서 그들에게는 죄 사함을 베푸시고 여러분에게는 영벌을 명하셨더라도 그 일이 그에게 얼마나 쉬웠겠으며 또한 의로웠겠습니까! 하나님을 찬양하는 데에 여러분의 숨과 심령을 다 소비하고 나서도, 조금이나마 그 빚을 갚고자 이 귀한 일에 함께 할 마음이 있는 모든 동료들과 함께 찬양해야 할 것입니다만, 천국에서 여러분이 영원토록 부여받을 것들이 이 땅에서 여러분이 드리는 모든 찬양보다 훨씬 더 훌륭하므로 — 여기서는 여러분의 영혼에 죄악된 것이 섞여 있을 수밖에 없으니 말입니다 — 이 모든 찬양을 다 함께 모아드린다 해도 그것이 하나님께 진 빚을 조금이라도 갚는 것이 아니라 하나님께 진 빚을 그저 인정하는 것뿐이라 생각해야 옳을 것입니다.

둘째 임무. 그리스도인 여러분, 여러분의 소망에 합당하게 사시기 바랍니다. 원리들과 실천 사이에, 천국에 대한 소망과 이 땅에서의 삶 사이에 단정함이 있도록 하십시오. 눈이 발을 인도해야 합니다. 구원을 바라본다면, 눈이 바라보는 그 길을 실제로 행하여야 하는 것입니다. 말씀에서도 이 점을 자주 강조하는데, 그 필수성과 어려움을 동시에 보여 줍니다. 때로는 "성도에게 합당하게" 행하라고도 권면하고(롬 16:2; 엡 5:3), 때로는 "그리스도의 복음에 합당하게 생활하라"고도 말씀하고(빌 1:27), 때로는 "하나님을 경외한다 하는 자에게 마땅"하게 행하라고도 합니다(딤전 2:10). 단정함과 어울리는 행실(τὸ πρέπον)이 있는데, 그리스도인이 생활 속에서 이것을 지키지 않으면 그의 높은 부르심과 소망을 배반하여 경멸과 조롱의 대상이 되어 버립니다. 높은 곳을 바라보면서 천하고 추하게 산다면 모든 사람들 앞에서 그 모습이 얼마나 우스꽝스럽겠습니까! 모든 사람들 앞에서 고의적으로 어떤 사람을 놀림감이 되게 하고자 할 때에, 그 사람에게 왕의 것과 거지의 것을 섞어서 입힙니다. 그러면 가짜 위엄과 더러운 조잡함이 한데 어우러져 모든 사람들 앞에서 어처구니없는 바보로 조롱을 받게 됩니다. 만일 마귀가 사람에게 옷을 입혀 주기도 한다면 얼마든지 그렇게 할 수도 있습니다. 그렇습니다. 그리스도와 그의 복음에게 가장 큰 수치와 치욕을 안겨 주고자 하여, 몹쓸 죄인을 설득시켜 천국을 향하여 높고 영광된 소망이 있는 체하게 하고, 그 다음 일상생활에서는 그 높이 날아오르는 소망과는 전혀 어울리지 않게 오로지 비열하고 더러운 모습만 지니도록 만드는 것입니다. 군인이 머리에는 구리로 된 투구를 쓰고 한 손에 나무칼을, 다른 손에는 종이방패를 들고, 또한 나머지 장비들도 그런 식으로 착용하고 전쟁터에 나간다면, 여러분은 그가 적군에게 해를 입히기는커녕 오히려 적군들로 하여금 그 모습을 보고 웃느라 허리를 다치게 만들 가능성이 더 많다고 여길 것입니다. 천국의 소망이 있다고 허풍을 떠는 외식자의 모습이 그와 같습니다. 머리는 구원에 대한 대담한 기대로 하늘을 향하여 높이 쳐들고 있으나, 자기에게 있다는 그 큰 소망에 어울리는 은혜를 하나도 보여줄 수가 없습니다. 마귀로 하여금 배꼽을 잡고 웃게 만들지는 모르지만, 절대로 그에게 해를 입힐 수도 없고 자기 자신에게 유익을 줄 수도 없을 것입니다.

질문. 어쩌면 이런 질문을 할 수도 있겠습니다. 곧, 그리스도인이 어떻게 하면 그가 가진 소망에 합당하게 살 수 있을까 하는 것입니다.

답변. 이에 대해 답하자면, 일반적으로는, 그의 소망을 자유로이 발휘할 수 있고 또한 약속에 의지하여 하나님께서 그리스도로 말미암아 그 행동을 인정하시고 또한 그 행동에 대해 그 사람을 상 주실 것을 기대할 수 있는 그런 일이 아니면 그 어떠한 일도 행하지 않도록 조심하여야 한다는 것입니다. 어떤 일에 가담하기 전에 여러분의 영혼에게 진지하게 물어보십시오. "하나님께서 즉시 내게 이 일을 명령하실 것이라고 소망해도 괜찮을까? 이 일에서 하나님의 얼굴을 바라보며 또한 이 일에 대해 하나님께서 복 주시기를 기대할 수 있을까?" 마치 하나님이나 혹은 자기의 양심에게 발각될까 염려하기라도 하는 것처럼 슬며시 어떤 일을 행하는 것은 그리스도인에게 절대로 합당치 못합니다. "소망에 속하지 않는 것은 무엇이든 죄다. 왜냐하면 그것이 믿음에 속한 것일 수가 없기 때문이다." 오오 이 울타리가 온갖 곁길들로부터 그리스도인의 마음을 얼마나 지켜 주는지 모릅니다! 어쩌면 여러분이 이웃을 향하여 원망의 마음을 품고 있을지도 모릅니다. 여러분의 마음속에서 불길이 일어나지만, 아직 그것이 화염이 되어 원한 섞인 말이나 화난 행동으로 나오지는 않습니다. 그리고 이런 상태에서 기도하고 있습니다. 자 여러분, 하나님이 과연 이런 다른 불로 지핀 제물을 열납하실지 여러분의 영혼에게 물어보십시오. 그렇습니다. 하나님께서 베푸신 죄 사함과 구원 얻는 자비에 근거한 소망을 소유한 여러분이 과연 이웃을 향하여 용서하지 않고 분노에 가득한 마음을 갖는 것이 합당한 일인가를 여러분 자신에게 물어보십시오. 마치 먼지가 휘날리는 가운데에서는 태양을 잘 볼 수가 없듯이, 영혼이 분노와 그리스도인답지 못한 격정으로 끓어올라 소동을 부릴 때에는 소망의 눈이 그 바라볼 대상을 — 천국의 구원을 — 제대로 볼 수가 없는 것입니다.

하지만, 여기서 구원의 소망을 소유한 여러분이 단정히 처신해야 할 몇 가지 방면들의 실례들을 들어보겠습니다.

[그리스도인이 그의 소망에 합당하게 처신해야 할 실례들]

첫째 실례. 다른 이들과 어울리는 일입니다. 사람은 사회적인 피조물이며, 교제를 하도록 지음받은 존재입니다. 그렇다면 여러분과 동일한 부류에 속하며 동일한 소망을 지닌 자들 말고 과연 누구와 어울리는 것이 합당하겠습니까? 성도들은 세상과는 구별된 사회입니다. "우리 사람들도 … 좋은 일에 힘쓰기를 배우게 하라"(딛 3:14). "우리 사람들," 즉 우리와 교제하는 사람들이란 뜻입니다. 그러므로 우리들 자신 중에 있는 사람들과 어울리는 것이 우리에게 어울리는 것입니다. 베드로와 요한은 "놓이매 그 동료에게"로 갔습니다(행 4:23). 불경한 세상 중에 있을 때에는 자기 동료와 함께 있는 것이 아님을 알았습니다. 그리하여 필요 이상으로 오래 그들 중에 있지 않은 것입니다. 아브라함은 가나안의 많은 사람들과 교류했을 가능성이 많습니다만 그는 그들이 친밀한 관계를 가질 만한 사람들이 아니라는 것을 알고 있었고, 그리하여 그는 "이방의 땅에 있는 것 같이 약속의 땅에 거류하여 동일한 약속을 유업으로 함께 받은 이삭과 야곱과 더불어 장막에 거하였다"고 말씀합니다(히 11:9). 사실 그는 아모리 사람 마므레와 에스골과 그의 형제 아넬 등과 동맹을 맺었는데(창 14:13), 이는 그가 그들과 보통 관계가 아니었음을 시사해 줍니다. 그러나 이들은 아브라함의 경건한 모습을 보고서 감동을 받아 우상 숭배를 버리고 그와 함께 참되신 하나님을 섬기게 된 개종자들이었을 가능성이 매우 높습니다. 아브라함이 저 우상 숭배하는 이웃의 왕들과 싸울 때에 이들이 깊이 개입했던 것을 보면 그런 쪽으로 생각하게 됩니다. 그들도 우상 숭배자들이었다면 낯설고 종교도 다른 아브라함을 돕는 일을 하지 않았을 것입니다. 아합과 가까이 지냈던 여호사밧을 비롯하여 성도 중에서 악인들과 함께 좋은 관계를 갖고 지냄으로써 큰 대가를 치른 이들이 여럿 있습니다. 이를 알므로, 그런 자들과 함께 교류함으로써 과거 그들이 지불했던 것보다 대가를 덜 지불하기를 바랄 수는 없습니다. 그렇습니다. 우리를 더 지혜롭게 하기 위해서 그들의 어리석은 것들이 기록되어 있으니 말입니다.

오오 그리스도인 여러분, 소망을 갖고 어디로 가고 있습니까? 천국을 향하여 가는 것이 아닙니까? 그렇다면 그 길을 함께 가는 자들과 교류해야 하지 않겠습니까? 악인들이 그 길에 속해 있습니까? 천국의 길과 지옥의 길이 한 길에서 만나면 모를까, 그렇지 않고서는 절대로 그럴 수 없습니다. 함께 교류하는 동료가 천국으로 향하는 길을 가지 않는다면, 그와 함께 걸으면서 대체 무슨 일을 하겠습니까? 그의 길에 너무 휩쓸려 들어가지 않을까 걱정입니다. 그리스도인 여러분, 여러분의 소망은 천국을 향하고 있습니다. 거기에 들어갈 때에 악인과 함께하는 모든 일에서 구원받고자 하는 것이 여러분이 바라는 것 중 하나가 아닙니까? 그것을 바라고 그것을 위해 기도하지 않습니까? 여러분이 참된 성도라면 그 정도로 족합니다.

성도의 소망의 대상이 무엇이든 간에 그것은 그의 기도의 주제가 됩니다. "주의 나라가 임하옵소서"라고 말할 때마다 그것을 위해 그만큼 기도하는 것입니다. 그러니 그들에게서 구원받는 것을 소망하고 또 기도하면서, 거꾸로 여러분 자신을 그들에게 던지고 그들과 친밀하게 교류하는 것이 과연 합당한 일이겠습니까?

둘째 실례. 여러분의 기대가 높은 만큼 여러분의 삶에서도 거룩하기를 힘쓰는 것이 구원의 소망에 합당하게 행하는 것입니다. 사도는 세상의 결국을 생각하고서 이렇게 권면하고 있습니다: "너희가 어떠한 사람이 되어야 마땅하냐? 거룩한 행실과 경건함으로 하나님의 날이 임하기를 바라보고 간절히 사모하라"(벧후 3:11, 12). 그 복된 날을 간절히 사모하는 자라면 흠모할 만큼 거룩하게 행하는 것이 어울리는 것입니다. 그 날에 우리는 영광 중에 있는 천사들처럼 되어 가능하다면 마치 거룩한 천사들처럼 살기를 소망합니다. 신자는 누구나 그리스도의 신부입니다. 회심의 날은 바로 믿음으로 그리스도와 혼인 언약을 맺는 정혼의 날입니다. 그러므로 신자는 그리스도와 정혼한 자로서 장차 그리스도께서 임하사 그를 데리고 아버지의 집으로 가시고 — 마치 이삭이 리브가를 데리고 그 어머니의 장막에 들어간 것처럼 — 영원토록 그와 동거하며 사랑으로 포근히 감싸 안는 그런 삶을 살게 될 그 혼인의 날을 소망하며 사는 것입니다. 그런데 신랑이 찾아주기를 바라는 신부가 과연 펄럭거리는 더러운 옷을 입고 있겠습니까? 아닙니다. "신부가 어찌 그의 예복을 잊겠느냐?"(렘 2:32). 신부가 혼인의 날을 앞두고 혼인예복을 만들기를 잊었다거나 아니면 신랑이 오는 것을 맞으러 나가면서 혼인예복 입기를 잊었다는 이야기를 들어본 일이 있습니까? 거룩이야말로 그리스도인이 입고서 그 왕이요 남편이신 그리스도께로 인도함 받는 "수놓은 옷"인 것입니다(시 45:14). 그런데 이 혼인예복을 짓는 데에 그렇게 오랜 시간이 걸리는 것이 아니면 어째서 그 옷을 오랫동안 입지 못하겠습니까? 예복을 짓는 일이 끝나고 여러분이 그 예복을 입을 준비를 갖추면 그 때에 그 기쁨의 날이 임하게 됩니다: "어린 양의 혼인 기약이 이르렀고 그의 아내가 자신을 준비하였도다"(계 19:7).

그리스도인 여러분, 여러분의 소망을 정비하여 싸우는 것보다 죄에 대한 모든 시험들을 무너뜨리는 확실한 논리가 없고, 그 시험에서 승리를 거두는 명예로운 길이 없는 것입니다. 어느 손에 무너지든지 이 원수가 무너지면 좋은 것입니다. 지옥에 대한 두려움이 사람들의 삶을 어둡게 만들지라도 그런 일이 전혀 없는 것보다는 낫습니다. 그러나 여러분에게 말씀드리고 싶은 것은, 마치 이스라엘 사람들이 블레셋 사람들에게 내려가 "각기 보습이나 삽이나 도끼나 괭이를 벼리는" 숫돌을 빌려오던 시절에는 그 백성의 처지가 아주 열악하고 굴욕적이었듯이(삼상 13:20), 그리스도인이 죄에 빠지지 않기 위해 악인의 논리를 빌려다 쓰고 또한 시험을 이길 힘을 얻기 위해 오로지 할례 받지 않은 세상이 사용하는 그런 숫돌밖에 쓰지 않는다면, 결코 그의 영적인 상태가 바람직하지 못하다는 것입니다. 그리스도인 여러분, 여러분은 이들보다 더 심령이 고상하고 더 절제된 기질을 소유하고 있다고 봅니다. 푸줏간의 칼로 사용하는 칼을 갈기 위해서는 더 섬세한 숫돌을 사용하는 것처럼, 죄를 범하지 않도록 여러분을 더욱 예리하게 유지하는 데에도 악인들을 때때로 압도하여 그들의 사악함을 절제시키는 그런 논리보다 더 신령하고 더 순전한 논리가 필요할 것입니다. 그리스도인 여러분, 여러분의 소망에게로 가십시오. 그리고 노예 같은 죄인이 불과 유황으로 겁을 주어 자기의 정욕을 몰아내려 하는 동안, 여러분은 천국에서 얻게 될 그 위대하고 영광스러운 것들에 대한 소망으로 수치를 주어 여러분의 정욕을 몰아내십시오. 감각적인 쾌락의 죄가 여러분을 공격합니까? 여러분의 영혼에게 이렇게 이야기하십시오: "소망이 천국에서 그렇게 영광스러운 존재가 되게 해줄 것인데 과연 내가 땅 위에서 짐승이 하는 짓을 하겠는가? 머지않아 아브라함의 품에 안기게 될 소망을 갖고 있는데 내가 과연 들릴라의 무릎에 머리를 대고 있겠는가? 천국에서 몸에 예복을 입기를 내 영혼이 소망하는데, 과연 그 몸을 구토가 나는 정욕으로 더럽힐 수가 있겠는가? 오오 아니다! 사탄아, 물러가라! 나는 너와 아무것도 관계하지 않을 것이며, 나를 내가 기다리고 있는 그 복된 곳과 거룩한 상태에 합당치 않게 만드는 그 어떤 일에도 관계하지 않으리라."

셋째 실례. 천국의 소망으로 땅에 대해 애착을 갖기를 삼가십시오. 사도는 "근신하여 … 온전히 바랄지어다"라고 말씀합니다(벧전 1:13). 하늘의 소망을 가진 자에게 세상적인 마음보다 더 어울리지 않는 것이 없습니다. 굉장한 재산을 가진 부자가 가난한 추수 때에 소작농들 사이에 끼어 정말 처절하게 가난한 거지들이 하는 것만큼 부지런히 밭에 남겨진 곡식을 골라 줍는 일을 하고 있다면 정말 어울리지 않는 일이라고 생각할 것입니다. 그처럼 탐욕스런 사람을 보고서 온 세상이 얼마나 수치스럽게 조롱하겠습니까? 그리스도인 여러분, 제가 이런 말을 해도 화내지 말기를 바랍니다만, 만일 여러분이 천국에 대한 소망이 있는 체하면서도 마치 고작해야 하나님께서 이 세상의 밭에 남겨둔 것밖에 얻을 몫이 없는 저 불쌍한 육신적인 죄인들이 그것을 위해 안간힘을 다 쓰는 것처럼 그렇게 이 세상의 쓰레기에 집착한다면, 지금까지 여러분이 앞에서 말한 그 부자보다 더 수치스러운 일을 해 온 것입니다. 이는 여러분의 소망이 거짓이든지, 아니면 좋게 보아 소망이 별로 없든지 둘 중의 하나입니다. 태양이 수평선 위로 높이 떠오를수록 그 광선의 힘이 더욱 강해져서 공기를 더 뜨겁게 하는 법입니다. 여러분의 구원의 소망이 그저 일상적인 수준보다 높이 올라 있다면, 그것으로 말미암아 지금 여러분을 숨막히게 만들고 있는 그 무절제한 욕심들을 흩어 버리고, 그리하여 이 땅의 것들에 대해 애착을 갖지 않도록 그 천국을 향한 갈망의 큰 열기 속으로 여러분을 인도할 것입니다.

제가 기억하기로, 아우구스티누스는 어머니와 천국의 기쁨에 대해 감미로운 대화를 나누는 중에 "주여, 우리의 마음이 그 복된 곳에 대한 감미로운 대화로 뜨거워질 때에 우리 눈에 이 안타까운 세상이 얼마나 추하고 경멸스럽게 보이는지(*quam viluit nobis in illo die hic mundus*)를 제가 아옵니다"라고 말했다고 했습니다. 의심의 여지도 없이 은혜 안에 있는 사람은 누구나 이것을 아는 법입니다. 소망 가운데 천국에 가까이 갈수록 그만큼 그의 욕심이 땅에서 멀어지는 것입니다. 천국의 성벽에 서서 보면, 이 더러운 세상을 "아무것도 아닌 작은 먼지더미"로 내려다 볼 수 있는 것입니다. 스쿨테투스(Scultetus)가 관찰한 바에 의하면, 성경에 기록된 유명한 성도들과 하나님의 종들이 인간의 연약함을 실증하는 갖가지 오점들을 지니고 있지만, 성경 전체에 나타나는 경건한 사람 중에 탐심의 오점을 지녔던 사람은 하나도 없다고 합니다. 만일 이것이 사실이라면, 저로서는 사실이 아니라는 것을 입증할 능력이 없습니다만, 어떻게 오늘날 그것이 신자의 죄로 치부되며, 또한 속된 자들이 자기들보다 더 천국을 향하고 있는 체하는 자들에게 붙이는 흔한 혐의가 되고 있는지 궁금합니다. 오오 화 있을진저, 이런 식의 추한 처신으로 석탄을 악인의 손에 쥐어주어 그들로 하여금 모든 경건한 자들의 이름을 까맣게 칠하게 만들어, 마치 탐욕이 천국에 대한 소망을 가진 자들에게 필수적으로 나타나는 결과라도 되는 것처럼 만드는 자들이여!

넷째 실례. 천국에 대한 소망이 죽음에 대한 두려움을 완전히 장악하게 하십시오. 죽음으로써 오히려 살리라는 소망이 있는 여러분이 무엇 때문에 죽음을 무서워하겠습니까? 직업 훈련을 받는 도제가 그의 때가 오는 날을 두려워하겠습니까? 달리기 경주를 하는 자가 자기 목표점에 너무 일찍 도착하는 것을 걱정하겠습니까? 배의 선장이 모항이 눈에 들어올 때에 마음에 근심이 있겠습니까? 아니면 정혼한 처녀가 혼인할 날이 다가올 때에 근심하겠습니까? 죽음이란 여러분에게 이 모든 것과 같습니다. 그것이 오면 노역의 계약서가 만기가 차는 것이요, 여러분에게 희년이 오는 것입니다. 여러분의 경주가 끝난 것이요 승리의 면류관을 얻은 것입니다. 여러분의 영혼이 몸에서 나올 때에 여러분의 머리가 들리는 것입니다. 풍랑으로 인하여 항해가 아무리 힘들었더라도 이제 그것이 복되게 마쳐졌으니, 죽음이 하는 일은 그저 여러분의 몸이라는 방주의 문을 열어 여러분의 영혼이 영원의 해변에 안전하게 상륙하여 하늘 아버지의 집 문으로 들어가게 — 그렇습니다. 아버지의 따뜻한 포옹 가운데 그리로 들어가서 다시는 바다를 보지 않게 되게 — 해주는 것일 뿐입니다. 죽음이란 한 마디로 여러분의 남편이 여러분과 정혼하던 날에 하신 약속을 이루시고자 죽음의 손으로 여러분의 문을 두드리는 것입니다. 그러므로 만일 그리로 옮겨가기를 바라지 않는다면 여러분은 그를 별로 사랑하지 않는 것입니다. 그의 아버지의 천국의 궁정에서 여러분을 위하여 찬란한 잔치가 마련되어 있는 가운데 — 천사가 보내심을 받아 그 잔치에 대해 여러분에게 알려주어도 여기서는 그것을 알 수가 없습니다만 — 그의 복된 임재를 누리기 위하여 떠나는 것이니 말입니다.

오오, 무한한 자비가 전해 주고, 무한한 지혜가 지어내며, 무한한 공로가 값을 주고 사며, 또한 무한한 권능이 준비시키는 그 복락을 어찌 말로 표현할 수 있겠습니까! 터키인에 대해 다음과 같은 이야기를 읽은 적이 있습니다: "그들은 우리 그리스도인들이 천국을 우리가 말하고 이야기하는 그런 영광된 곳으로 믿는다고 생각하지 않는다. 왜냐하면 우리가 진정 그렇게 믿는다면, 스스로 그리스도인이라 자처하는 많은 사람들처럼 그리로 가기를 그렇게 두려워하지는 않을 것이기 때문이다." 죽음에 대한 모든 무절제한 두려움은 큰 불신앙과 적은 소망을 보여주는 것이라는 것을 부인할 수가 없습니다. 죽음을 올바른 사상을 갖고 바라보지 않기 때문에 그것에 대해 겁내는 것입니다. 믿음으로 그 죽음을 꿰뚫어봄으로써 그것이 우리에게 유익이 된다는 것을 확신하게만 된다 해도, 지금 죽음의 환영을 보고도 겁에 질리는 그만큼 그것을 편안하게 느끼게 될 것입니다. 말(馬)은 약간 멀리 길에 있을 때에는 겁을 내지만 막상 가까이 와서는 선반에 있는 건초를 먹습니다. 길에서는 그 건초에 대해 알지 못하지만 가까이 와서는 알기 때문입니다. 그리스도인 여러분, 죽음이 무슨 메시지를 여러분에게 가져다주는지를 올바로 깨달으십시오. 그러면 죽음에 대한 공포가 사라질 것입니다. 죽음은 이 세상에서 즐기던 것들로부터 여러분을 낚아채어 가지만 그보다 비교할 수 없이 더 좋은 복락들에게로 여러분을 인도하는 것입니다. 연회장에서 첫 번째 코스를 충분히 먹은 후에 종이 그것을 치워가는 것을 타박할 사람이 어디 있겠습니까? 첫 번째 코스를 치워야 그보다 훨씬 더 진기한 맛을 지닌 두 번째 코스를 마련할 자리가 생길 것이 아닙니까?

다섯째 실례. 소망의 기쁨 가운데 사는 것이야말로 여러분의 소망에 걸맞게 사는 것입니다. 슬프고 축 처진 마음은 산 소망에 어울리지 않습니다. 주인을 섬겨도 그것으로 아무것도 얻고 싶지 않으면 어두운 얼굴로 주인 뒤를 따라가라고 하십시오. 여러분은 이런 두려움에서 벗어나 있으니, 여러분이 수심에 잠긴 모습을 하면 그것은 여러분 자신은 물론 여러분의 하나님에게도 잘못을 범하는 것이 됩니다. "우리가 소망의 담대함과 자랑을 끝까지 견고히 잡으면 그의 집이라"(히 3:6). 우리가 어두컴컴하고 음침한 집에 살기를 좋아하지 않듯이, 그리스도께서도 슬프고 수심이 가득한 마음에 거하기를 기뻐하지 않으시는 것입니다. 그러므로 굳게 닫아 건 창문을 활짝 열어젖히고, 약속으로부터 여러분에게 내려 쪼이는 그 빛 속에 거하십시오. 그렇지 않으면 여러분의 그 다정한 구주께서 떠나고 마실 것입니다. 우리는 어두운 방에서 친구들을 접대하거나 방문객들 옆에 울적하고 침울한 표정으로 서 있지도 않습니다. 우리가 자기들과 함께 있는 것을 지겹게 생각하는 줄로 착각하기 십상이기 때문입니다. 그리스도께서 여러분에게 그토록 좋은 소식을 가져오시므로, 우울한 모습과 수심에 잠긴 태도를 갖지 말고 더 나은 자세로 그를 환영하는 것이 합당할 것입니다. 그리스도인 여러분, 구원에 대해 조그마한 소망이라도 — 예, 그렇게 작을 수가 없는 소망이라도 — 주고자 정죄받은 자들에게 그 소식을 전달해 주어도, 지옥 그 자체도 가벼운 곳으로 바뀔 것이며, 그 비참한 영혼들이 고통을 당하는 중에서도 기쁨이 넘치는 심령으로 바뀔 것입니다. 그러니 오오 침울해하는 성도 여러분, 얼굴을 붉히고 수치를 느껴야 합니다! 그 짧게 지나가는 몇 가지 환난의 얄팍한 구름이 머리를 가린다고 해서, 그 때문에 여러분의 심령이 어둠 속에 겹겹이 싸여져서, 여러분이 마지막에 천국에 들어갈 소망을 갖고 있다고 하면서도 그 소망이 한순간도 여러분의 우울한 것을 사라지게 하거나 기쁨과 위로로 가득하게 바꾸어 놓을 수가 없다니 말입니다.

여섯째 실례. 소망을 즐거워함과 동시에 하나님에 대한 철저한 경외를 보존하는 것이 여러분의 소망에 걸맞게 사는 것입니다. "여호와는 자기를 경외하는 자와 그 인자하심을 바라는 자들을 기뻐하시는도다"(시 147:11). 자녀들이 일단 재산을 확실히 보장받고 나면 그 부모에게 마땅히 존경과 예의를 표하는 것을 잊어버리는 경우를 자주 봅니다. 항변파들(Remonstrants)과 교황주의자들이 우리더러 믿으라고 하는 것과는 달리 확신의 교리 그 자체에서 자연적으로 그런 쓰라린 열매가 자라나는 것이 아닙니다만, 그럼에도 불구하고 우리는 그 교리를 악용할 소지가 많습니다. 그렇습니다. 아무리 훌륭한 성도라도 소망이 주는 확신의 보장을 받아 영생과 더불어 하나님을 향한 사랑까지도 다 받은 후에는 시험에 빠져서 추하게 무너져서 제대로 임무를 행하지 않게 될 수도 있는 것입니다. 다윗과 솔로몬을 보십시오. 하나님께서 다른 어느 누구에게서는 거의 볼 수 없을 정도로 그들에게 마음을 활짝 여사 그들에게 놀랍게 사랑의 증거들을 보여주시고 난 후에 그처럼 안타깝기 그지없는 잘못들을 범한 것입니다. 이 아버지와 아들은 그것에 대해 하나님께 책망을 받았고, 그들의 역사에 오점을 남기게 되었습니다만, 이는 이것이 그들의 죄에게 얼마나 안타까운 기회를 주었는지를 — 그들이 그토록 놀라운 하나님의 사랑을 부여받은 후에 무너져 내렸다는 것을 — 보여주기 위한 것인 동시에, 또한 이 세상의 삶에(그것도 성경을 기록한 저자 등 지극히 훌륭한 성도들의 삶에) 그저 인간적인 연약함만이 아니라 은혜의 연약함도 있다는 실례들을 우리에게 남겨주기 위함이기도 합니다. 우리의 소망이 지극히 큰 확신으로 자라고, 그리하여 이 확신이 우리가 기대하는 그 영광을 확실히 얻을 것이라는 사실로부터 높디높은 즐거움으로 퍼질 때에는 우리 마음속에 하나님에 대한 거룩한 경외를 배양해야 하는 것입니다. 그렇게 하지 않으면 풍성한 평안 속에서 자만심에 넘쳐 하나님을 잊어버리게 되기 때문입니다. 마치 대장장이의 작업대에 놓인 철물에 물을 부어 불이 붙지 않도록 막아주는 것처럼, 혹은 자연의 하나님이 우리 몸의 심장 둘레에 심막(心膜: pericardium)을 해자처럼 둘러놓으셔서 그것으로 수분을 공급하여 심장이 계속해서 움직이는 동안 비정상적인 열기에 휩싸이지 않게 하신 것처럼, 이 거룩한 경외가 우리의 기쁨에 그러한 역할을 하게 될 것입니다.

마귀는 어느 때든 성도로 하여금 죄를 짓게 만들면 좋아하지만, 성도들이 그 거룩한 예복을 입고 먼지 속에서 뒹굴게 만들고, 그들 스스로 구원의 옷을 입고서 — 즉, 하나님께서 자기 자신에 대해 무언가 보통 이상으로 드러내신 것들을 몸소 지니고서 — 자신을 더럽히게 만들 때에 가장 기뻐합니다. 그럴 때에 그들이 마귀를 제대로 상대하지 못하면, 그는 하나님께 나아가 그의 자녀가 얼마나 추한지를 내어 보이면서 그를 조롱하고 또한 그리스도인의 확신과 위로를 들어 보이며 거기에 피와 더러운 짐승 같은 더러운 죄의 얼룩이 묻어 있는 것을 지적하며 비웃으며, "이 추한 것이 과연 주께서 그에게 주신 천국에 대한 확신입니까? 이것이 과연 주께서 그에게 입혀 주신 구원의 옷입니까? 그가 그 옷을 입고 어디에서 뒹구는지, 그 옷을 입고 얼마나 추하게 노는지를 보십시오!"라고 하나님께 참소할 아주 좋은 기회를 잡았다고 생각합니다. 은혜 안에 있는 영혼 중에, 자신이 마귀의 입에다 그런 망령된 언사를 주어 그것으로 살아 계신 하나님을 모욕하게 만들었다는 생각에 과연 떨지 않을 자가 어디 있겠습니까! 그리스도인 여러분, 하나님의 사랑의 햇볕에 앉아 빈둥거리는 법이 없고 발을 민첩하게 움직여 임무를 다하며 — 그의 하나님이 그에게 친절을 베푸사 다른 이들이 보는 것보다 더 흔쾌히 더 편안히 행하도록 이끄시기 때문에 — 또한 하나님께서 친근히 대해 주심을 누리는 중에도 그를 높이며 우러르는 경외를 잃지 않는 자야말로 하나님의 사랑하는 자녀요 또한 하늘 아버지께 지극한 아낌을 받을 자인 것입니다. 모세에게서 아주 드물게 이 점을 볼 수 있습니다. 위대하신 하나님이 그 거룩한 사람 모세에게 얼굴을 맞대고 직접 말씀하시고 또한 그의 모든 선하심을 그의 앞에서 지나가게 하셨는데(출 34:6), 과연 그 이외에 그가 죽을 인간에게, 육체를 입은 성도에게 그렇게 친근하고도 자기를 낮추시면서 대하신 적이 있습니까? 그런데 그가 이처럼 초자연적인 놀라운 은혜의 역사를 누리며 어떻게 처신합니까? 하나님의 위엄이 이처럼 몸을 낮추어 그렇게 낮은 자세로 그와 대화하신 일로 그가 교만해져서 하나님과 자기 자신 사이의 현격한 차이를 잊어버렸습니까? 아닙니다. 평생토록 그의 마음이 그 때만큼 하나님을 향한 우러름과 경외가 가득 차 본 적이 없었습니다. 시내 산에서 그는 떨었고, 과연 두려움으로 몸이 진동했을 것입니다. 그러나 그 때나 지금이나 그의 아버지를 향한 경외는 뚜렷했습니다. 사실 영혼을 압도하는 사랑과 선하심 — 그리고 특히, 자신이 죄인임을 알고 있었고 또한 이때에 율법이 엄정하게 반포되는 역사를 통하여 그의 영혼에 큰 두려움이 엄습함으로써 그 사실을 더욱더 심각하게 느끼고 있던 그에게 나타난 죄 용서하심의 자비 — 이라는 하나님의 속성들이 이처럼 굉장하게 나타났으니, 그의 기쁨이 최고조에 달하고 그의 영혼이 그토록 은혜로우신 하나님을 향한 감미로운 사랑으로 압도되어 있었을 수밖에 없었을 것입니다. 그러나 이처럼 감미로운 사랑의 높은 파고 속에서도 하나님을 향한 모세의 철저한 경외의 자세는 가라앉지도 사라지지도 않았습니다. "모세가 급히 땅에 엎드려 경배하였음"을 그 다음 구절이 보도하고 있기 때문입니다(8절). 하나님께서 그를 향한 사랑을 최고조로 표현하실 때에 과연 이 천국의 총애를 받은 모세가 하나님을 향한 경외를 최고로 보여주고 있다는 사실을 주목하기 바랍니다.

—

활용을 위한 셋째 요지

[우리의 소망을 든든히 해야 할 이유와 또한 그 방법에 관한 논지들]

오오 성도 여러분! 여러분의 소망을 든든히 하기를 힘쓰십시오. 연약한 믿음이 있듯이 흔들리는 불안정한 소망도 있는 법입니다. 모든 수단을 부지런히 사용함으로 이런 소망을 세우고 견고히 해야 하는 것입니다. 그런데 그리스도인이 반대 받을 것에 대한 두려움으로(*fomidine opposti*) 들쭉날쭉하지 않으면 그 소망이 견고하고 든든합니다. 소망이 없는 자는 낙심과 혼란스런 두려움에 삼켜버리고, 또한 소망이 연약한 자 역시 안타깝게도 그런 것에 불안해하고 이리저리 흔들리기도 하지만, 소망이 약속에 내리고 있는 이 견고한 닻으로 말미암아 그런 것들로부터 보호함을 받는 것입니다. 견고한 것이란 이질적인 것들이 뒤섞여 있지 않고 순전한 것들로 꽉 찬 것입니다(*Solidu, est quod sui solius est plenum*). 이물질이 끼지 않고 순전한 금일수록 더욱 견고합니다. 소망도 마찬가지로 근거가 없는 경솔함과 노예적인 두려움과 불신이 적을수록 더욱 견고하고 든든한 법입니다. 성경은 이를 가리켜 "소망의 확신"이라 부릅니다. 이제 여러분이 이것을 갖기 위해 힘쓰는 거룩한 열정을 갖도록 분발하게 하기 위해서 다음을 생각해 보기로 하겠습니다. 첫째. 그것은 여러분이 행하여야 할 임무입니다. 둘째. 그것을 행하지 않으면 그것은 그리스도와 그가 베푸신 구원을 가볍게 여기는 태도입니다. 셋째. 여러분의 소망이 극심한 압박을 받아 여러분이 죽게 될지도 모릅니다.

[우리의 소망을 든든히 해야 할 이유에 관한 논지들]

첫째 논지. 그렇게 하는 것이 여러분의 임무라는 것을 생각하기 바랍니다. 교황주의자의 교의에 의하면, 그 어떤 사람도 그런 확신을 갖기 위해 힘쓸 이유가 없다고 합니다. 그러나 여러분, 하나님과 그들 중에 우리가 과연 누구를 믿을 것인지를 판단하기 바랍니다. 하나님의 성령께서는 이렇게 말씀하십니다: "우리가 간절히 원하는 것은 너희 각 사람이 동일한 부지런함을 나타내어 끝까지 소망의 충만한 확신에 이르러 게으르지 아니하고 믿음과 오래 참음으로 말미암아 약속들을 기업으로 받는 자들을 본받는 자 되게 하려는 것이니라"(히 6:11, 12. 한글개역개정판은 "충만한 확신"을 "풍성함"으로 번역함). 여기서 다음을 살펴봅시다.

첫째. 사도가 무엇을 부지런히 힘쓰라고 하는가 하는 것인데, 곧 "소망의 충만한 확신에 이르기"를 힘쓰라는 것입니다. 소망이 연약한 자들은 옆에서 부는 바람이 아주 미약한 상태로 항해하는 것입니다. 사도는 그들이 바람을 앞서 나아가 그 바람의 힘을 충만히 받아 천국에까지 이끌려가기를 바라고 있습니다. 곧, 마치 바람을 온전히 받기 위해 돛을 활짝 펼치는 것처럼, 영혼의 돛을 활짝 펼쳐서 약속의 참됨과 선함을 가득 받아 약속된 것에 대한 확신 있는 소망으로 충만히 부풀어, 영원의 해변에 다다를 때에 얻게 될 것에 대한 확실한 기대감 속에서 즐거워하는 것을 뜻합니다. 그리로 항해하는 중에 만나는 온갖 시험과 시련들로 인해서 이리저리 흔들리고 비바람에 시달리지만 말입니다.

둘째. 그가 누구에게 이 임무를 다하라고 강권하는가를 관찰하십시오. 몇몇 훌륭한 그리스도인에게 주는 권고가 아닙니다. 이는 나머지 동료 군사들보다 뛰어난 군사들을 위해 별도로 주어진 임무가 아닙니다. 오히려 스스로 그리스도인임을 입증할 모든 사람에게 주는 권고입니다. "너희 각 사람이 동일한 부지런함을 나타내라"고 말씀합니다. 가난한 사람이 그 도시에서 가장 부유한 상인들 몇 사람이 상거래를 통해서 누리게 된 그 엄청난 재물을 자기도 누리고 싶고, 그 정도에 못 미치는 재물로는 도무지 만족하지 못한다면, 이는 죄악된 자세일 것입니다. 하지만 영적인 문제에 있어서는 그렇지 않습니다. 그리스도인 누구나 가장 풍성한 은혜를 누리기를 바라고 탐하는 것이 지극히 정당한 일입니다. 바울 자신도 만일 여러분이 그 자신만큼 거룩한 사람이 되기를 바란다 해도, 또한 그 자신만큼 강한 믿음과 견고한 소망을 갖기 위해 애쓴다 해도 전혀 개의치 않을 것입니다. 그렇습니다. 여러분이 지금까지 얻은 것보다 조금이라도 더 나은 은혜가 있다면, 지금까지 얻은 것으로 만족해서는 안 되는 것입니다.

셋째. 성도들의 은혜의 연약함을 무엇의 탓으로 돌리는가를 관찰하십시오. 더 나은 은혜에 이를 수 없다는 것 때문이 아니라 그들의 게으름과 나태함의 탓으로 돌립니다. 그렇기 때문에 그는 그가 그렇게 바라는 복된 마음의 자세를 유지하게 하기 위하여, "게으르지 아니하고"라고 말씀하는 것입니다(히 6:12). 세상의 일에서도 부지런한 자가 부해지는 법인데, 이 천국의 보화 역시 마찬가지인 것입니다.

둘째 논지. 여러분이 지닌 구원의 소망을 든든히 하기를 힘쓰십시오. 그렇게 하지 않는다면 그것은 그리스도와 그가 베푸신 구원을 가볍게 여기는 태도입니다. 우리가 어떤 것을 귀하게 여기면 그것을 더욱 확실하게 얻기 위해서 힘쓰는 법입니다. 왕이 겉옷의 단추를 하나 잃어버렸거나 혹은 그의 지갑에서 동전 한 닢을 잃어버렸다면, 누군가가 그것을 찾았다는 소식을 전해 받아도 그것이 사실인가 거짓인가에 대해 별로 개의치 않습니다. 그것이 너무도 하찮은 것이기 때문입니다. 하지만 그의 나라의 운명을 가늠하는 전쟁이 벌어지고 있을 때에 그의 군대가 원수를 무찌르고 있다는 보고를 받으면, 현재의 자신의 소망이 더욱 견고해지고 또한 더욱 강하게 확증되기를 얼마나 바라겠습니까? 그저 여러분이 거기에 들어가리라는 약간의 개연성과 불확실한 추정들로 만족할 만큼 천국이 여러분에게 별 가치가 없습니까? 과연 여러분이 천국에 들어갈 수 있는지에 대해 더 이상 알려고도 하지 않고 관심도 없다면 여러분은 그 복된 곳을 비열하게 멸시하는 것입니다. 길르앗 라못을 치러 군대를 진군시키고자 하는 아합에게 미가야는 아합이 열렬하게 바라는 대로 "올라가서 승리를 얻으소서"라고 말하여 승리에 대해 일말의 소망을 갖게 해주는 것 같았습니다. 그러나 아합은 최악의 상황을 두려워하였고 그리하여 이 문제에 대해 더 많은 내용을 알기까지 안심할 수가 없었습니다. "왕이 그에게 이르되 내가 몇 번이나 네게 맹세하게 하여야 네가 여호와의 이름으로 진실한 것으로만 내게 말하겠느냐?"(왕상 22:16).

어쩌면 이리저리 흔들리는 천국에 대한 다소 느슨한 소망이 여러분의 영혼 속을 떠다니고 있을지도 모르겠습니다. 만일 지금 그 소망이 참되냐 거짓되냐에 따라 영원한 복과 화가 달려 있다고 생각한다면, 여러분의 마음을 말씀에 비추어 살피고, 여러분의 상태가 어떠한지 과연 여러분이 하나님의 이름 속에 있게 될지에 대해 벌거벗은 진실을 여러분의 양심이 편견 없이 그대로 여러분에게 전하도록 할 것입니다. 그리고 그 몹쓸 왕처럼 — 그는 미가야에게 진실을 말하도록 맹세하게 하였으나 정작 그가 신실하게 말씀을 전해도 그 말씀을 믿으려 하지 않았습니다 — 외식적으로가 아니라, 마음의 진실함으로 그렇게 할 것입니다. 그 일이 여러분이 영원토록 어떤 처지가 될 것인가에 관한 중차대한 문제이니 말입니다. 베드로는 그리스도께서 부활하셨다는 소식에 깜짝 놀랐고 또한 그 소식이 도무지 믿기지 않았으나, 그는 속히 달려가 무덤 속을 들여다보았습니다. 이는 그가 얼마나 그의 주님을 사랑했고 또한 그가 사셨다는 소식이 참이라면 정말 좋겠다는 강렬한 바람이 그에게 있었다는 것을 보여주는 것입니다. 그러므로 그리스도인 여러분, 영생에 대한 약속으로 인하여 전혀 의심 없이 소망의 확신을 누리는 정도는 아직 되지 않았다 할지라도, 여러분의 소망을 견고히 하고 그 소망에 대한 의심을 몰아내기 위해 힘씀으로 말미암아 과연 여러분이 그 복된 상태에 대해 얼마나 분별 있는 생각을 갖고 있는지를 보여주시기 바랍니다.

셋째 논지. 마지막으로, 여러분의 소망이 극심한 압박을 받아 여러분이 죽게 될지도 모릅니다. 지혜로운 뱃사람은 가장 긴 날을 대비하여 배에 양식을 준비해 놓습니다. 궂은 날씨와 역풍 때문에 항해가 지연되고 더 힘들어질 수도 있다는 것을 계산하여 준비합니다. 바다에서 양식을 얻는 것보다 그리로 양식을 갖고 가는 것이 더 쉽다는 것을 잘 알기 때문입니다. 물론 어떤 이들은 짧은 항로와 순조로운 항해를 예상하고 그것에 따라 양식도 준비하기도 합니다. 평화로운 때에 보호할 방비를 미리 해놓지 않으면 역경 중에서는 그것을 쉽게 찾을 수가 없는 것입니다. 하나님께서는 친히 우리에게 "인내가 필요"하다는 것을 말씀하십니다. 곧, "하나님의 뜻을 행한 후에 약속하신 것을 받기 위하여" 인내를 크게 저장해 놓고 있어야 한다는 뜻입니다(히 10:36). 이는 인내에는 물론 소망에도 그대로 적용됩니다. 인내가 모든 것을 소망의 등에다 짐 지우기 때문입니다. 그런데 어느 정도의 소망이 있어야 괜찮은지를 우리가 알지 못하기 때문에 — 하나님은 우리에게 지우고자 하시는 환난과 시험의 무게를 의도적으로 숨기셨으므로 — 우리로서는 그 소망을 견고하게 하는 노력을 쉬지 말아야 하는 것입니다. 행하기 어려운 임무도 있고, 견디기 힘든 강력한 시험도 있으니, 이 모든 것들이 거기에 합당한 소망을 필요로 하는 것입니다. 우리는 "소망의 확신과 자랑을 끝까지 굳게 잡고 있어야" 할 것입니다(히 3:6). 그런데 과연 연약한 소망을 지닌 그리스도인이 그렇게 할 수 있을까요? 안타깝게도 그런 사람은 짐을 가득 실은 배에 구멍이 난 것과도 같습니다. 항구에 도착하기 전에 가라앉을까 두려워하는 나머지 배에 보화를 가득 싣고도 기쁨이 없습니다. 그런 사람에게 천국에 그를 위하여 기업이 예비되어 있으니 기뻐하라고 해도, 그는 과연 자신이 거기에 가게 될지 의문이라고 말할 것입니다. 연기되고 뒤로 미루어지는 자비를 인내로 기다리는 일은 또 하나의 힘든 임무입니다: "사람이 여호와의 구원을 바라고 잠잠히 기다림이 좋도다"(애 3:26). 그런데 연약한 소망은 숨이 짧아서 고요한 상태로 오래 머물 수가 없습니다. 허약한 사람들은 대개 기쁘게 하기가 가장 힘든 사람들(*Omne invalidum est querulum*)입니다. 자기들이 갖고 싶은 것을 원하는 때에 얻지 못하면 금방 짜증을 내고 심술을 부리니 말입니다. 다윗의 믿음과 소망이 비정상적인 상태에 있게 되자 그는 무너졌습니다. 그에게 나라의 소식을 전해준 선지자도 그의 비난을 피하지 못했는데, 이 모든 것이 약속의 성취가 그가 기대한 것보다 더 늦어졌기 때문이었습니다: "내가 성급하게 이르기를 모든 사람이 거짓말쟁이라 하였도다"(시 116:11. 한글개역개정판은 "성급하게"를 "놀라서"로 번역함 — 역주). 그 약속은 정해진 때에서 하루도 더 지체하지 않았으나, 그는 자신의 무절제한 욕심으로 인하여 끝까지 기다리지를 못한 것입니다. 그러나 영적으로 건강한 상태에 있을 때 — 그의 믿음과 소망이 강할 때 — 에는 다윗이 하나님께서 자비를 베푸시기를 간구하면서 성급하게 처신하지 않고, 자신의 처지가 하나님의 손에 있으니 이미 그 자비가 임한 것과 똑같이 안전하다고 여기는 것을 봅니다. "하나님이여 찬송이 … 주를 기다리오며"(시 65:1) 이는 תהלה דמיה(두미야 테힐라)로서, "찬송이 주를 위하여 침묵하오며"라는 의미로 볼 수도 있습니다. 거룩한 사람 다윗의 이 말씀은 마치 이런 뜻과도 같다 하겠습니다: "주여, 내가 주를 찬송할 그 때를 조용히 기다리나이다. 주께서 더디 오시는 것 때문에 내 영혼이 소란하지 않음이니이다. 투덜거리지 않고 비파를 타며, 나의 구원의 기쁜 소식이 처음 올 때에 탈 준비가 되어 있도록 많은 인내와 확신으로 내 악기의 줄을 맞추나이다." 어린아이는 큰 잔칫상이 준비되는 것을 보면서도 저녁 식사 때까지 시끄럽게 우니, 달래기가 무척 힘듭니다. 그러나 장성한 사람은 식사 시간이 다소 늦어지더라도 금방 마음의 평온을 되찾고 잠잠히 기다리는 것입니다. 오오 그리스도인 여러분, 하나님의 약속을 인내로 기다리지 못하고 금방 조급함을 부리는 것은 우리의 어린아이 같음과 은혜의 — 특히 소망의 — 연약함 탓입니다. 소망을 견고히 하십시오. 그러면 인내가 그와 함께 자랄 것입니다.

그리스도인 여러분, 천국 문으로 들어가 구원의 예복을 입을 때까지 큰 시련들과 강한 시험들을 다 이겨야 합니다. 그러니 여러분의 소망을 보호하십시오. 그러면 그것이 그런 시련들과 시험들에서 여러분을 지켜줄 것입니다. 소망을 견고히 하십시오. 그러면 그것이 모든 것들을 이기도록 해줄 것입니다. 각 지체가 다 힘을 발휘하여 머리를 보존시켜야 합니다. 머리가 가격당하지 않도록 손을 들어서 막아야 하고, 발이 달려서 머리를 위험으로부터 피하게 해야 하며, 머리로부터 가스와 체액을 빼내기 위해서 입에 불쾌한 약을 먹어야 합니다. 구원이 바로 이 머리와 같습니다. 영혼은 구원을 가장 중요하게 여겨서 그것을 지키기에 최선을 다해야 합니다. 그런데 그 머리를 지키기 위해 투구를 쓰듯이, 소망이 바로 구원에 그 투구의 역할을 하는 것입니다. 전쟁터에서 화살들이 난무하는 중에 머리를 다칠 위험을 감수하고 허술한 투구를 쓰는 사람이 지독히 지혜가 없는 사람이라면, 연약한 소망으로 구원을 잃을 위험을 감수하는 사람이야말로 그보다 훨씬 더 지혜 없는 사람일 것입니다. 그리스도인 여러분, 여러분의 원수와의 싸움의 승리 여부가 여러분의 소망에 달려 있습니다. 소망이 무너지면 모든 것이 무너지고 맙니다. 마치 왕이 직접 그 군대 중에서 싸우는 것처럼, 여러분의 소망도 그렇게 시험과 고난과 싸우는 것입니다. 왕이 모든 군사들을 돌아보며 그들을 격려하여 그들이 사기가 충천하여 싸움에 임하도록 하는 것입니다. 그런데 왕이 전사했다는 보도가 그들의 귀에 들리면 그들이 용기를 잃게 되고 낙심하게 되는 것입니다. 그러므로 아합은 자신이 혹 위험에 처한 것을 알면 그의 온 군대가 용기를 잃게 될 것이므로, 자신의 위험 사실을 숨기고 마차에 그대로 남아 있고자 하였던 것입니다.

여러분의 소망이야말로 사탄의 화살이 겨냥하는 목표입니다. 가능하다면 그 화살들에 맞아 해를 입지 않게 하십시오. 그리고 어느 때든 사탄의 화살이 날아와서, "네가 저지른 그런 큰 죄들이 과연 사함 받을 수 있겠느냐? 네 정욕들이 그렇게 오랫동안 곪은 종기 같은데 그것들이 치료될 수 있겠느냐? 환난이 그렇게 오랫동안 그렇게 무겁게 계속되고 있는데 그것을 과연 견딜 수 있겠으며 또한 그것이 사라질 수 있겠느냐?"라는 등등의 질문들을 통해서 여러분의 영혼에 상처를 주어 피를 흘리기 시작하면, 비록 그 소망이 상처를 입은 상태로 약속의 마차에 올라타고 있지만, 여러분의 영적 생명을 위하여 여러분의 소망을 붙들어 세우기를 힘쓰고, 또한 낙심하여 머리를 숙여 마귀가 여러분의 영혼을 짓밟게 되는 일이 없게 하시기 바랍니다. 여러분의 소망이 포기하자마자 이 저주받은 원수가 그의 발로 여러분을 짓밟고 여러분에게 복수할 것이며, 그런 중에도 여러분은 아무런 힘이 없이 그저 속수무책으로 당하고 있을 수밖에 없습니다. 이런 처지가 되면 여러분이 완전히 사기를 잃어 모든 노력과 구원의 수단들에 참여하는 일까지 다 포기해 버리게 됩니다. 그렇습니다. "소망이 하나도 없는데 기도나 말씀 듣는 일이나 묵상하는 일을 생각하는 것이 무슨 소용이 있을까?"라고 절박하게 외치게 되는 것입니다. 무엇이라고요? 친구가 죽었는데 의사를 불러와야 한다고요? 머리가 몸에서 잘려 나갔는데 그 몸을 문지르고 흔들고 하는 것이 무슨 소용이 있습니까? 아합이 죽었다는 소식이 알려지자마자 모든 군대가 흩어져 버렸습니다. 소망이 사라지면 여러분도 이와 같이 죄와 사탄을 상대로 싸워볼 생각조차 아예 버리게 되고, 가룟 유다의 양심의 공포에 빠지거나, 가인처럼 무신론자가 되어 여러분의 절박한 처지에 대한 생각들을 온갖 세상적인 계획들의 무더기 속에 묻어 버리게 되는 것입니다.

이제 어떻게 하면 그리스도인이 소망을 최고로 견고히 할 수 있을지에 대해 몇 마디 권면의 말씀을 드리겠습니다. 이를 위해 다음과 같이 여섯 가지 구체적인 지침을 드리겠습니다. 1. 구원의 소망이 견고해지고 든든해지기를 바라면, 하나님의 말씀을 부지런히 공부하십시오. 2. 여러분의 양심을 순전히 지키십시오. 3. 날마다 하나님께 의지하고 그에 대한 소망을 더 강건하게 해주시기를 간구하십시오. 4. 여러분의 사랑을 증가시키기를 힘쓰십시오. 5. 여러분의 소망을 부지런히 많이 발휘하십시오. 6. 과거에 얻은 자비들에 대한 체험들을 쌓아 두십시오. 그러면 여러분의 소망이 미래를 위하여 더 견고히 자랄 것입니다.

[우리의 소망을 든든히 하기 위한 여섯 가지 지침]

첫째 지침. 구원의 소망이 견고해지고 든든해지기를 바라면, **하나님의 말씀을 부지런히 공부하십시오.** 그리스도인은 말씀으로 양육 받으니, 또한 말씀을 먹어야 합니다. 그렇지 않으면 그의 은혜가 죽게 됩니다. 어미의 가슴에서 젖을 잘 받아먹는 아이가 자라는 아이입니다. 하나님께서 각 지혜를 자라게 하는 양식을 그의 말씀에 마련해 놓으셨듯이, 성경을 기록하실 때에도 성도의 소망의 복지와 성장을 그 기록의 한 가지 주요한 목표로 염두에 두신 것입니다. "무엇이든지 전에 기록된 바는 우리의 교훈을 위하여 기록된 것이니 우리로 하여금 인내로 또는 성경의 위로로 소망을 가지게 함이니라"(롬 15:4). 마귀도 이 사실을 너무 잘 알기 때문에 말씀에 저장되어 있는 도움을 그리스도인에게서 빼앗아 가는 데에 온 신경을 쏟습니다. 이것은 그가 잘못 짚은 것이 아닙니다. 하나님의 성(城)을 즐겁게 해주는 이 강(江)을 막지 않으면 그 보배로운 약속들의 물줄기들이 그들에게로 전해지므로 아무리 그들을 에워싸도 절대로 그들을 곤경 속에 빠뜨릴 수가 없기 때문입니다. 그러므로 그는 어떤 이들에게서는 그저 게으름과 나태함으로 소망을 빼앗아 갑니다. 그들은 자기들의 의심과 두려움에 대해 몇 차례 불평하나 아무런 해결을 얻지 못합니다. 마치 게으름뱅이들이 침대에 누워 빈둥거리면서 자기들의 궁핍한 처지를 한탄하면서도 일어나 말씀을 상고함으로 만족을 얻어 그 문제를 해결하는 수고를 하려 하지 않습니다. 자기 앞에 빵이 있는데도 가슴에서 손을 빼내어 빵을 집어 입에다 대는 수고를 하기가 싫어서 굶어 죽어가고 있는 사람이 있다면 누가 그를 측은히 여기겠습니까! 마귀는 또한 말씀을 영혼에 그릇 적용시키게 함으로써도 그리스도인들을 망치려 합니다. 빈약한 깨달음과 괴로운 심령으로 인하여 하나님의 진리들을 탈색시켜 그것들을 잘못 이해하고 판단하게 하여 — 심지어 능숙하게 손을 놀려 다루면 사탄의 시험거리들을 충분히 무너뜨릴 수 있을 그런 약속들까지도 그릇 깨닫게 하여 — 결국 자기들의 지팡이로 자기를 때리는 우를 범하게 만드는 것입니다. 마귀는 굉장한 신학도이며, 그리스도인을 죄에 빠뜨리거나 죄 지은 사실을 빌미로 절망에 빠뜨리는 등 그에게 해를 끼치도록 교묘하게 사용하는 데 이외에는 자기의 성경지식을 사용하지 않습니다. 마치 논쟁에 능한 악덕 변호사가 오로지 법정에서 아주 곤란한 질문들을 던져서 정직한 사람을 곤란에 빠뜨리는 데에만 자기의 법 지식을 사용하는 것처럼 말입니다. 자, 사탄이 여러분의 소망을 약화시키고 여러분의 기업을 빼앗아갈 정도로 말씀에 해박하다면, 여러분 자신이 여러분의 권리를 지키고 여러분의 소망을 수호할 만한 거룩한 지식을 갖추어야 할 무슨 이유가 더 필요하겠습니까? 그런데 말씀을 공부하면서 다음의 두 가지 목표를 염두에 두시고, 그것들을 얻기까지 부지런히 나아가시기를 바랍니다.

첫째 목표. 저 세상에서의 생명과 구원을 위하여 확신 있는 소망을 갖도록 허락하시기 위해 각 영혼에게 하나님께서 요구하시는 조건들이 무엇인지를 말씀에 근거하여 분명히 깨닫기를 힘쓰기 바랍니다. 의심이 하나도 없으려면 누구든지 무언가 조건들을 충족시켜야 합니다. 그런 조건이 없다면 무슨 일을 하든 어떻게 살든 상관이 없이 누구나 다 천국과 구원을 얻을 권리가 있다고 주장할 수 있을 것입니다. 만일 하나님이 시내 산에 경계를 정해 놓지 않으셨고, 또한 누가 산에 올라야 하는지, 혹은 누가 산에 오르지 말아야 하는지에 대해 아무 말씀도 하지 않으셨다면, 모세 말고 다른 누가 산에 올라갔더라도 전혀 주제 넘는 일이 아니었을 것입니다.

이처럼 하나님께서 소망을 갖는 사람이 갖추어야 할 조건들을 제시하지 않으셨다면, 누구나 다 천국에 들어갈 수 있을 것입니다. 그렇다면 짐승 같은 죄인도 성도와 똑같이 하나님의 거룩한 산을 범접해도 돌에 맞을 염려가 없을 것입니다. 하지만 이것은 판단 있는 양심을 지닌 사람이라면 도저히 인정할 수 없는 역겨운 교의가 아닐 수 없습니다. 자, 참된 소망을 갖기 위해서는 반드시 조건들을 충족시켜야 한다는 것이 납득되었으니, 이제 그 조건들이 무엇인지를 찾아야 할 것입니다. 말씀은 두 가지 언약을 좇아 두 가지 종류의 조건들을 제시합니다.

1. 본성의 언약(이를 행위 언약[a covenant of works]이라 부름 — 역주) 혹은 율법의 언약이 있는데, 이는 하나님께서 무죄한 아담과 맺으신 것입니다. 이 언약의 조건은 그가 완전히 순종하면 그것으로 복을 누리게 된다는 것이었습니다. 이것은 지금 요구되는 조건은 아닙니다. 이것을 통하여 생명에 들어가기를 바라는 소망을 갖고 이 문 앞에 서성이는 자는 그 문이 못이 박혀 있어서 들어갈 입구가 없는 것을 발견하게 될 뿐 아니라, 활짝 열려 있어서 그리로 들어가는 자는 모두 생명을 얻게 되는 참된 문으로 들어갈 혜택도 빼앗기고 말 것입니다. "율법 안에서 의롭다 함을 얻으려 하는 너희는 그리스도에게서 끊어지고 은혜에서 떨어진 자로다"(갈 5:4). 그러므로 여러분은 나머지 다른 언약이 무엇인지를 찾아야 하는데, 그것은 바로 다음과 같습니다.

2. 은혜의 언약입니다. 본성의 언약은 한 번도 타락한 일이 없는 친구들을 보존하는 언약이었던 반면에, 이 언약은 하나님과 사람을 화목시켜 서로 친구로 만들어 주는 언약입니다.

그런데 이 언약의 조건은 회개와 믿음입니다. 이에 대해 누가복음 24:47; 요한복음 3:36; 사도행전 2:38; 5:31; 20:21; 갈라디아서 5:5 등을 보십시오. 그러므로, 이 약속들의 진실성에 대해 확실히 납득하고서, "누구든지 자기 죄를 순전하게 회개하고 '거짓이 없는 믿음'으로 그리스도를 자기의 주요 구주로 영접하는 자는 거짓말하실 수 없는 하나님의 말씀과 맹세로 말미암아 죄 사함과 영혼의 구원을 얻는 사람이다"라는 것을 깨뜨릴 수 없는 불변의 원리로 붙잡기를 힘쓰기 바랍니다. 이에 대한 강력한 납득이 여러분의 소망을 발휘하는 데에 얼마나 큰 도움이 될지를 여러분이 보게 될 것입니다. 그런 납득이야말로 여러분의 소망의 근저를 이루는 것입니다. 그리스도인의 건물 전체의 무게가 그것에 드리워져 있기 때문에, 하나님의 성령께서는 성경에서 죄인들이 그들의 구원에 관한 소망을 복음적 진리들과 약속들 위에 세워야 한다는 것을 말씀하시면서, 거기에 다른 진리들에 관한 크나큰 단언들을 덧붙이시고 또한 보통 그 약속들의 확실함과 변경할 수 없음에 관하여 모든 의심을 제거해 줄 수 있는 몇 가지 정황들을 덧붙이시는 것입니다. "그는 실로 우리의 질고를 지고 우리의 슬픔을 당하였거늘"(사 53:4). 우리가 마셔야 할 잔을 그가 마셨으며 우리의 빚을 그가 갚으셨다는 사실에 대해서는 의심을 제기할 수가 없습니다. 그렇게 큰 고난을 당하신 목적이 이것 말고 또 무엇이 있을 수 있겠습니까? 어떻게 참으며 인내해야 할지에 대해 모범을 보여주시기 위해서 고난당하신 것일까요? 그렇습니다. 하지만 이것이 전부는 아닙니다. 우리의 동료 성도들 중에서도 이에 대해 훌륭한 모범을 보여준 이들이 있었기 때문입니다. 그는 "우리의 슬픔을 당하였"으며, "그가 찔림은 우리의 허물 때문"이었다고 합니다(사 53:4, 5). 이것은 우리의 동료 성도들 중에서는 누구도 행할 수 없고 오직 하나님의 아들만이 행하시기에 합당한 큰 임무였습니다. "미쁘다 모든 사람이 받을 만한 이 말이여 그리스도 예수께서 죄인을 구원하시려고 세상에 임하셨다 하였도다"(딤전 1:15). 이는 마치, "여기에 거짓이나 사기가 있을까 염려하지 말라. 이것은 진리 그 자체만큼이나 진실하니라. 그 말씀을 하신 그분이 바로 그런 분이시니라"라는 뜻과도 같습니다. 이것을 믿지 못한다면, 여러분은 마귀보다 더 못한 자입니다. 이것은 그야말로 도무지 인기 없는 사실이지만, 그럼에도 불구하고 그는 이 진리를 그의 양심에서 제하여 버릴 수가 없습니다. "만일 우리가 우리 죄를 자백하면 그는 미쁘시고 의로우사 우리 죄를 사하시며 우리를 모든 불의에서 깨끗하게 하실 것이요"(요일 1:9). 하나님의 의로우심이 과거에는 하나님으로 하여금 그를 향하여 진노하였으나 이제는 그의 의로우심이 그의 친구가 되었으니, 회개하는 죄인이 두려워할 것이 무엇이겠습니까? 그렇습니다. 그 친구가 죄인을 향하여 진노를 시행하는 일에 그렇게도 깊이 개입되어 있는 것처럼, 그 약속을 이행하는 일에도 똑같이 깊이 개입되어 있는 것입니다. "하나님은 약속을 기업으로 받는 자들에게 그 뜻이 변하지 아니함을 충분히 나타내시려고 그 일을 맹세로 보증하셨나니"(히 6:17). 신실하신 하나님이 자의로 이렇게 약속해 주셨는데, 속이는 사람에게서도 어떻게 이보다 더 확실한 보증을 얻을 수 있겠습니까? 로마인들은 국가의 관리들에게도 맹세는 하지 않았습니다. 그들의 인격과 장소의 위엄과 존귀만으로도 충분히 그들이 진실되고 의롭게 행할 수 있다고 여긴 까닭입니다. 그렇다면 과연 하나님의 말씀은 신뢰를 받기에 합당할 것입니다. 그 말씀 자체가 우리에게 맹세로 보증하지 않아도, 하나님께서 친히 자신을 낮추어 이를 행하사 그가 말씀하신 사실의 진실성이 우리의 뇌리에 깊숙이 들어가 박히게 하신 것입니다. 그가 확실한 단언과 맹세의 무게로 그 약속들을 해놓으셨으므로 그것이 우리의 마음에 더욱 깊고 확실한 족적을 남겨 주는 것입니다.

둘째 목표. 그 언약의 조건이 무엇인지를 찾은 다음에는, 여러분 자신의 영혼이 그 조건을 충족시키는지, 또한 여러분이 과연 이 회개하고 믿는 죄인이라고 분명히 말할 수 있는지를 확인하기까지 만족하지 말기를 바랍니다. 이 두 가지 목표에 대해서 분명한 증거를 갖는 것으로부터 강하고 견고한 소망이 생기는 것입니다. 우리는 성경에서 세 가지 확신을 읽습니다. (1) 이해의 확신(골 2:2). (2) 믿음의 확신(히 10:22). (3) 소망의 확신(히 6:11). 이에 대해 한 예리한 교사는 다음과 같이 좋은 설명을 해주고 있습니다: "이 세 가지는 하나의 실질적인 삼단논법을 이루는데, 여기서는 지식이 명제를 제시하고, 믿음이 가설을 제시하며, 소망이 결론을 짓는다." 그리스도인은 이렇게 이야기합니다: "죄인이 회개하고 믿을 때에 구원을 얻으리라는 것을 말씀에 근거하여 확실히 알고, 또한 내가 거짓 없이 회개하고 믿는다는 것을 나의 양심이 내게 증거해 주므로, 내가 아무리 무가치한 존재라 할지라도 내가 구원받으리라는 확고한 소망이 있다." 결론의 내용이 전제의 내용보다 더 많을 수가 없다는 것을 우리가 잘 알고 있습니다. 그러므로 그리스도인이 그 약속의 진실성에 얼마나 강력히 동의하며, 또한 그 약속의 조건 — 즉, 회개와 믿음 — 이 그의 영혼에게서 충족된다는 증거가 얼마나 강력한가에 따라서 그의 소망도 그만큼 견고해질 것입니다. 과연 그럴 수밖에 없습니다. 약속의 진실성에 대한 동의가 약하거나, 혹은 자신의 믿음과 회개의 진실성에 대한 증거가 어두컴컴하거나 불확실하다면, 이것들에 근거하여 생겨나는 그의 소망도 그 모체들의 허약함을 그대로 물려받을 수밖에 없고, 따라서 그 소망 자체가 허약하고 흔들릴 수밖에 없을 것입니다.

둘째 지침. 여러분의 소망을 견고히 하기를 바라십니까? 그렇다면 여러분의 양심을 순전히 지키십시오. 양심을 더럽힐 수가 없습니다. 그렇게 하면 소망이 허약해질 수밖에 없으니 말입니다. "경건함으로 이 세상에" 사는 것과, 또한 저 세상에 우리를 위하여 예비된 그 "복스러운 소망"을 기다리는 것이 하나로 연결되어 있습니다(딛 2:12, 13). 경건함이 정말 결핍된 영혼은 모든 참된 소망이 결핍될 수밖에 없으며, 또한 경건한 사람일지라도 거룩한 삶에서 느슨하고 부주의하면 그의 소망도 곧 시들어질 것입니다. 모든 죄는 마치 학질 균을 담고 있는 음식과도 같아서, 영혼이 그것을 마구 주무르다가는 몸서리치는 두려움과 마음의 떨림을 얻을 수밖에 없습니다. 그러나 고의로 계획적으로 범한 죄는 그리스도인의 소망에는 독(毒)입니다. 그 죄들은 어떤 면에서 그리스도인의 활력을 죽이는 것입니다. 그의 영혼이 하나님에 대한 생각들을 끔찍하게 여기게 만듭니다. 그 영혼이 거룩한 상태에 있을 때에는 그 생각들이 그야말로 큰 기쁨이요 위로였는데 말입니다. "내가 하나님을 기억하고 불안하여 근심하니 내 심령이 상하도다"(시 77:3). 그 죄들은 그리스도인으로 하여금 임무를 통해 하나님을 바라기를 두렵게 만들고, 심판 날의 하나님은 더더욱 기다리기를 두렵게 만듭니다. 종이 자기가 한창 함부로 날뛰며 아무렇게나 행하고 있는 중에 주인이 집에 돌아오기를 바랄 수 있겠습니까? 칼빈 목사(Mr. Calvin)는 옆의 동료들이 그에게 일을, 특히 밤에 하는 연구를 좀 줄이라고 하자, 그들에게 "주께서 오셔서 내가 게으름 피우고 있는 모습을 보시면 좋으시겠습니까?"라고 반문했다고 합니다. 오오 절대로 그래서는 안 됩니다! 그리스도인 여러분, 여러분이 임무를 소홀히 하고 방종을 부릴 때에 죽음이 찾아오게 해서는 안 됩니다. 어떤 죄를 회개하지 않은 채로 그 가운데 뒹굴고 있을 때에 갑자기 죽음이 찾아와서도 안 될 것입니다. 이는 정말이지 애석한 일일 것입니다. 오오 여러분, 그런 상태라면 죽음이 얼마나 끔찍하겠으며, 여러분의 행실을 낱낱이 검사받아 그것으로 영원을 결정 받는 그 일을 당하기가 얼마나 두렵겠습니까! 그 때에 과연 여러분의 소망이 기쁨으로 그 엄숙한 일을 감당하게 해주겠습니까? 날개 하나가 꺾인 새가 제대로 날 수 있겠습니까? 믿음과 선한 양심은 소망의 두 날개입니다. 그러므로 어떤 죄를 범하여 여러분의 양심이 상처를 받았다면, 그 죄를 사함받기 위하여 믿음을 행사할 수 있도록 회개를 새롭게 하십시오. 그렇게 믿음을 행사하면 소망을 돌려받을 수 있습니다. 그것을 얽매고 있던 저당금이 갚아지기 때문입니다. 유대인이 자기의 잠옷을 저당 잡혔을 경우, 하나님께서는 자비를 베푸사 밤이 되기 전에 그것을 돌려 주도록 하셨습니다. 그는 말씀하시기를 "그것이 유일한 옷이라 그것이 그의 알몸을 가릴 옷인즉 그가 무엇을 입고 자겠느냐?"(출 22:27)라고 하셨습니다. 과연 그렇습니다. 소망이 그 잠옷입니다. 그의 육체가 무덤 속에 뉘어져 잠자고 있을 때에 그가 소망으로 자신을 감싸는 것입니다. 다윗은 말하기를, "내 육체도 소망 중에 쉬리니"(시 16:9. 한글개역개정판은 "내 육체도 안전히 살리니"로 번역함 — 역주)라고 합니다. 오오 그리스도인 여러분, 여러분의 인생의 태양이 저물기 전에 여러분의 소망을 돌려받도록 각성하기 바랍니다. 그렇지 않으면 여러분은 분명코 슬픔 중에 눕게 될 것입니다. 영생에의 부활에 대한 소망이 없이 무덤의 침상에 눕는 것이야말로 정말 슬픈 일이 아닐 수 없습니다.

셋째 지침. 날마다 하나님께 의지하고 그에 대한 소망을 더 강건하게 해주시기를 구하십시오. 사도 바울은 로마의 성도들로 하여금 이 고귀한 은혜를 더욱 얻을 수 있도록 돕기 위해 바로 이 방법을 취하였습니다. "소망의 하나님이 모든 기쁨과 평강을 믿음 안에서 너희에게 충만하게 하사 성령의 능력으로 소망이 넘치게 하시기를 원하노라"(롬 15:13). 여러분, 하나님은 소망의 하나님이십니다. 그것도 최초의 씨앗의 상태에 있는 소망만이 아니라 그 소망이 우리 속에 충만해지고 넘치게 되는 것까지도 주관하시는 하나님이십니다. 그는 성도에게 첫 회심의 은혜를 던져 주시기만 하시고, 그것을 사용하여 자라는 일은 전적으로 우리의 기술과 보살핌에 맡겨 두시는 것이 아닙니다. 마치 아버지가 아이에게 무슨 일을 하도록 최초에 필요한 것만 주고는 그 이후로는 전혀 도움을 주지 않고, 그 혼자서 부지런히 수고하고 노력하여 그 처음의 보잘것없는 것으로 후에 큰 재산을 이루도록 하는 것처럼, 그렇게 하시지 않습니다. 오히려 마치 밭에 자라는 곡식이 처음 움이 돋을 때나 수확할 때까지 자랄 때나 항상 똑같이 하늘의 영향력을 필요로 하는 것처럼, 그렇게 역사하시는 것입니다. 그러므로, 성장을 위해 끊임없이 하나님을 기다림으로 겸손히 하나님을 인정하여야 한다는 것을 명심하기 바랍니다. "젊은 사자들"도 "그들의 먹이를 하나님께" 구한다고 합니다(시 104:21). 즉, 배고플 때에 소리 높여 부르짖음으로써 그 필요를 표현하고, 그를 조물주로 알고 그에게 공급해 주시기를 구하도록 하나님께서 사자들을 가르치셨다는 것입니다. 마치 갓난아기가 처음에는 오로지 울음으로만 자기의 필요를 표현하는데, 그 어머니를 알면 곧바로 그 어머니에게 소리 높여 울어서 자기의 필요를 구하듯이 말입니다. 그리스도인 여러분, 하늘 아버지께서 여러분의 사정을 다 알고 계심을 잘 알고 있습니다. 그는 여러분이 무엇을 원하는지를 잘 아시지만 여러분이 부르짖기까지 그것을 공급하기를 미루시다가, 여러분이 부르짖으면 그때에 곧바로 그의 젖을 여러분에게 물리시는 것입니다. 하나님께서 들의 짐승들을 돌보십니까? 그렇다면 하물며 그의 집에 속한 그의 자녀인 여러분의 영혼을 돌보지 않으시겠습니까? 더 부자가 되게 해 달라는 기도는 들어주시지 않을 수도 있습니다. 하지만 더 많은 은혜를 구하는 기도는 반드시 속히 들어주실 것입니다.

넷째 지침. 여러분의 소망을 견고히 하기를 바라면, 여러분의 사랑을 증가시키기를 힘쓰십시오. 사랑은 소망에 대해 은밀하지만 아주 강력한 영향을 미칩니다. 우리 모두가 인정하는 일입니다만, 모세는 자기 동족 이스라엘을 사랑하여 그와 더불어 싸우는 애굽 사람을 쳐 죽였습니다. 사랑은 종의 두려움 — 이것이야말로 그리스도인의 소망의 철천지원수 중 하나입니다만 — 을 죽이며, 이로써 소망의 손을 견고히 해 줍니다. 가라지를 뽑아내는 것이 곡식이 자라도록 도와주며, 질병을 몰아내는 것이 몸을 강건하게 해주는 길이 됩니다. 그런데 바로 종의 두려움이 그리스도인의 영을 짓눌러 소망을 강하게 발휘하지 못하게 만듭니다. 그런데, "온전한 사랑이 두려움을 내쫓"습니다(요일 4:18). 자유한 여인이 종된 여인을 내쫓습니다. 종의 두려움은 하갈의 부류에 속하는 것으로, 그것을 지닌 자를 모두 굴레에 갇혀 있게 만드는 정서입니다. 그러나 사랑은 이것을 견디지 못합니다. 사랑하는 영혼은 이렇게 말합니다: "그가 나를 그렇게 사랑하고 나 또한 그를 그렇게 사랑하는데 그가 나를 해칠까 혹은 나를 막 대할까를 두려워하랴? 그런 괜한 생각들일랑 물러가라. 내 가슴속에는 너 같은 것들이 낄 자리가 없다." "사랑은 … 악한 것을 생각하지 아니하며"(고전 13:5). 즉, 상대방에 대해 악한 것을 바라지도 않고, 상대방에게서 악한 의심을 품지도 않는다는 뜻입니다. 그리스도를 사랑할수록, 그에 대한 질투가 적어질 것이요, 그의 안에 있는 소망이 더욱 견고해지고 더욱 편안히 그를 기다리게 될 것입니다. 그러므로 이 두 은혜가 성경에서 그렇게 자주 서로 짝을 이루어 언급되는 것입니다. "주께서 너희 마음을 인도하여 하나님의 사랑과 그리스도의 인내에 들어가게 하시기를 원하노라"(살후 3:5). 그를 사랑하십시오. 그러면 그를 기다리게 될 것입니다. "하나님의 사랑 안에서 자신을 지키며 영생에 이르도록 우리 주 예수 그리스도의 긍휼을 기다리라"(유 21).

다섯째 지침. 여러분의 소망을 부지런히 많이 발휘하십시오. 행동을 반복하면 습관이 강화됩니다. 아장아장 걷는 어린아이가 걸음을 반복함으로써 아주 강하게 잘 걷게 되는 법입니다. 돈을 장롱 속에 넣어두면 그 해 연말이 되어도 하나도 불어나지 않고, 오히려 녹이 슬거나 도둑이 훔쳐가서 줄어들지 않으면 다행입니다. 하지만 그 처음에 가진 것을 투자하여 장사하면 좀 더 많아질 수 있습니다. 그리스도께서는 "게으른 종"에게, "네가 마땅히 내 돈을 취리하는 자들에게나 맡겼다가 내가 돌아와서 내 원금과 이자를 받게 하였을 것이니라"라고 말씀하셨습니다(마 25:27). 그런데 약속들이 소망이 사용할 원금입니다. 사람이 공기가 없이는 살 수 없듯이, 믿음과 소망도 약속이 없이는 살 수가 없습니다. 그렇습니다. 자주 약속들을 새롭게 빨아들이지 않으면 도저히 살 수가 없는 것입니다. 그러므로 그 약속들을 많이 묵상하십시오. 그 일을 위해 일정한 시간을 정해 놓으십시오. 건강을 사랑하는 사람은 집안이나 상점 안에 앉아 일하면서 공기를 들이마시는 것으로 만족하지 않고, 이따금씩 바깥의 들판으로 나가서 더욱 신선한 공기를 한껏 들이마십니다. 이와 마찬가지로, 지혜로운 그리스도인이라면 그저 다른 일을 하다가 어쩌다 생각이 날 때마다 약속들을 잠깐잠깐 대하는 것으로 만족하지 않고 의도적으로 밖으로 나가서 홀로 그것들을 더욱 깊이 묵상할 것입니다. 그리스도인이 그 약속들을 잘 정돈시키고, 자기의 경우에 구체적으로 합당한 내용들을 별도로 잘 간직해 둔다면, 이것이야말로 약속들을 잘 사용하는 것이라 할 것입니다.

때로는 그리스도인이 과거에 지은 죄를 기억하고 당혹스럽게 물러서고, 양심으로 그 죄의 추한 모습을 바라보는 중에 그의 소망이 완전히 꺾여 버리기도 합니다. 이럴 때에 이러한 반론을 응답해 줄 수 있는 한 가지 약속을 끄집어내어 그것으로 소망을 새롭게 하는 것이 좋습니다. 시편 130편에서 다윗이 바로 그렇게 하였습니다. 그는, 하나님께서 만일 그를 있는 그대로 엄밀하게 대하시고 그에게 그의 행한 일에 합당한 삯(*quid pro quo*)을 주시면, 자신의 처지가 정말로 애처로워지리라는 것을 그대로 인정합니다. "여호와여 주께서 죄악을 지켜보실진대, 주여, 누가 서리이까?"(3절). 그러나 바로 그때에 그는 다음과 같은 위로를 주는 결론을 의심의 여지 없는 명백한 진리로 세워둠으로써, 하나님께서 회개하는 영혼을 그리 대하실지도 모른다는 모든 두려움을 그의 심령에서 몰아냅니다. "그러나 사유하심이 주께 있음은 주를 경외하게 하심이니이다"(4절). 즉, "주의 본성 속에 용서하심이 있으며, 주의 가슴속에 용서의 마음을 지니고 계시나이다. 그렇사옵니다. 주의 약속에 용서하심이 있고, 주의 자비로우신 마음으로 인하여 주께서 용서하실 생각을 가지시는 것임은 물론 주의 신실한 약속이 겸손히 용서하심을 구하는 모든 자에게 용서를 베풀도록 요구하고 있나이다"라는 뜻입니다. 자, 이런 터전을 세운 다음 거룩한 사람 다윗이 과연 그 위에 어떤 건축물을 세우는지를 보십시오: "나 곧 내 영혼은 여호와를 기다리며 나는 주의 말씀을 바라는도다"(5절). 이는 마치, "주여, 주의 말씀을 액면 그대로 취하고, 주의 은혜로 말미암아 이 주의 약속의 문 앞에 서서 기다리며 내게 약속하신 그것 — 죄 사함 — 이 내게 올 때까지 조금도 흔들리지 않겠나이다"라는 뜻과도 같습니다. 그리고 이것이 얼마나 감미롭든지 그는 그것을 혼자서만 먹고 싶지 않았습니다. 그리하여 그는 식탁을 베풀고 저 끝에 앉은 비천한 자도 거기에 참석시켜서 모든 경건한 사람이 그와 더불어 그것을 맛볼 수 있게 합니다 — "이스라엘아 여호와를 바랄지어다. 여호와께서는 인자하심과 풍성한 속량이 있음이라. 그가 이스라엘을 그의 모든 죄악에서 속량하시리로다"(7, 8절). 이는 이를테면 이런 뜻과 같습니다: "내 죄들의 아우성소리에도 불구하고 그것이 내게 소망의 근거가 되었으므로, 모든 참된 이스라엘이나 세상의 모든 순전한 영혼이 하나님의 약속에 근거하여 자기 자신과 또한 하나님의 마음을 올바로 깨닫기만 하면 그것이 똑같이 견고하고 든든한 기반이 되리라. 내 영혼에 대해서는 물론 그들에 대해서도 내가 강한 믿음이 있으며, 하나님이 모든 순전한 이스라엘 사람을 자신의 모든 죄악에서 속량하시리라는 이 원리를 의지하고 감히 그것에 내 영혼의 영원한 복락을 저당 잡히노라." 과연 이것이야말로 우리의 죄를 무너뜨리는 길입니다. 사탄이 우리의 죄들로 우리를 욕되게 하고 우리의 소망을 무너뜨리려 할 때에, 때때로 우리가 소망을 두는 그것이 얼마나 크고 위대한 것인가를 근거로 하여 우리의 마음에 불안을 일으킵니다. 가련한 영혼은 이렇게 말합니다: "무엇이라고? 원수인 내가 그 위대하신 하나님의 자녀가 되고 상속자가 되기를 소망하는 것이 큰 일이 아니라고? 반역자인 내가 죄 용서받기를 소망하는 것도 모자라서, 하나님의 총애를 받는 자가 되고 또한 천국에서 영광의 예복을 입고서 천국의 궁정에서 하나님 보좌 주위에서 섬기는 자들 중에 서기를 바라고, 그것도 이 땅에서 그에게 아무런 섬김도 행하지 않은 상태에서 그렇게 되기를 바라다니? 오오, 이것은 너무도 엄청난 소식이라서 도무지 사실로 받아들일 수가 없다." 그리하여 불쌍한 영혼은 — 마치 제자들이 주님의 부활의 소식을 처음 접했을 때에 깜짝 놀랐던 것처럼 — 놀라움에 휩싸여 있고, 또한 자기의 소망을 사탄이 왜곡시켜 놓은 하나의 허탄한 이야기로 간주하고, 주제 넘는 소망을 갖게 해놓고 그 주제넘음으로 인하여 멸망하게 만드는 식으로 취급해 버릴 태세가 되는 것입니다.

그런데 그리스도인 여러분, 이 걸림돌을 이길 수 있으려면, 그 약속에 하나님의 위대하심과 무한하심이 각인되어 있다는 점을 확실히 인식하여야 합니다. 이 꺼림칙한 것을 우리 생각에서 없애고 마음을 자유롭게 하기 위해 성경에 그것이 표현되기도 합니다. 하나님께서는 자신이 아브라함에게 큰 일들을 행하실 것을 약속하시면서 그 약속들을 더 신뢰성 있게 하고 더 쉽게 믿게 하기 위해서, "나는 전능한 하나님이라"라고 덧붙이십니다(창 17:1), 그리고 "악인은 그의 길을, 불의한 자는 그의 생각을 버리고 여호와께로 돌아오라 그리하면 그가 긍휼히 여기시리라 우리 하나님께로 돌아오라 그가 너그럽게 용서하시리라"라고도 말씀하십니다(사 55:7). 하지만 사람들이 평생토록 그것을 구해도 도무지 얻을 수 없는 그런 큰 호의와 사랑을 얻다니, 어떻게 이런 일이 일어날 수 있단 말입니까? 오오, 이에 대해서는 쉽게 답변할 수 있습니다. 하나님은 여러분에게 자신은 불쌍한 사람이 아니라 하나님이시며, 친히 그릇된 것들을 용서하시는 자신만의 방법이 있음을 말씀해 주십니다. 그 방법은 사람으로서는 도무지 가늠할 수 없는 것입니다. 왜냐하면 그의 길은 하늘이 땅보다 높음같이 사람의 길보다 무한히 높기 때문입니다. 그리스도인 여러분, 이것을 잘 관찰하십시오. 이것이 모든 약속들을 열어 주어 그 속에 들어가 거기 있는 모든 신비한 보화들을 얻게 해주는 열쇠가 될 것입니다. 그렇습니다. 이것을 깨달으면 성경의 지극히 큰 약속들을 쉽게 믿게 될 것입니다. 언제든지 성경 속에서 어떤 약속을 읽으면, 그것이 누구의 약속인지를 기억하십시오. 그것은 누구도 아닌 하나님 자신의 말씀인 것입니다. 그리고 하나님에 대해 생각할 때에도, 그를 여러분의 유한한 깨달음으로 가늠할 수 있는 좁은 범위 속에 가두어 두지 말고 언제나 그를 무한하신 존재로, 그 중심이 어디에나 있고, 그 한계가 어디에도 없는 그런 분으로 생각하기를 명심하시기 바랍니다. 마치 사람이 태양을 손으로 잡으려고 언덕이나 산에 올라가 손을 뻗어도 결코 태양을 만질 수 없듯이, 아무리 여러분이 생각을 최고도로 높여도, 하나님의 영광과 광대하심은 여전히 여러분에게서 무한히 멀다는 것을 알아야 합니다. 이것을 인정하는 것이야말로 성경이 명령하는 것처럼(신 32:3) 바로 하나님께 위엄을 돌리는 것입니다. 그리고 이것이 믿음의 역사를 지극히 원활하게 해줄 것입니다.

가령 왕이 한 가난한 절름발이를 자기 아들로 입양하여 그에게 왕위를 잇게 하리라고 결정하여 그에게 사람을 보내어 그러한 약속을 주면서 왕궁에로 불러올렸다고 합시다. 그 가난한 사람의 편에서 이 일은 정말로 믿을 수 없는 꿈 같은 일입니다. 자신이 거지의 움막에서 왕자의 신분으로 격상되다니, 어떻게 이런 일을 상상이나 할 수 있겠습니까! 만일 그를 병원에 보내 준다든지, 아니면 어느 평민에게 맡겨 보살핌을 받게 해준다든지 하는 약속이라면 자신의 비천한 처지에도 더 어울리고 믿기도 더 쉬울 것입니다. 그러나 그럼에도 불구하고 그 왕의 위대함을 생각하고, 또한 그가 마치 하나님처럼 일종의 창조의 능력을 발휘하여 이를테면 어떤 이들을 무(無)의 상태에서부터 신하로서 가능한 최고의 영예의 자리에까지 올림으로써 자신의 총애를 드러내고, 그리하여 그들로 하여금 자신을 섬길 의무를 부여하는 일이 얼마든지 가능하다는 사실을 생각하면, 그러한 전혀 예기치 않은 일이 결코 불가능한 일이 아니라는 것을 깨달을 수 있을 것입니다. 여기서도 바로 그렇습니다. 불쌍한 영혼이 자기 자신의 초라함과 무가치함에만 생각들을 집중시키면, 자기에게 베풀어지는 천국과 영생도 도무지 감당할 수가 없을 것 같고, 또한 자기 자신을 그것을 누릴 자격을 갖춘 그 훌륭한 자들 중에 속하는 자로 본다는 것 자체가 불가능하게 여겨질 것입니다. 하지만 하나님의 위대하심을 믿고, 또한 그가 그의 위대하심을 이런 방식으로 — 비참한 영혼들을 영원한 정죄의 상태에 집어넣어 그들로 영원토록 비참함 속에 있게 하는 것이 아니라 오히려 그들을 복되게 하심으로써 — 드러내시기를 무한히 기뻐하신다는 사실을 믿으면, 그리고 그의 자비가 자유로이 역사하도록 길을 활짝 열기 위해 그가 어떠한 희생을 치르셨는지를 깨닫고서 이것들을 — 이 모든 것들이 약속의 말씀 속에 들어 있습니다 — 잘 분별하고 인정하게 되면, 혹 마음이 수천 개의 자물쇠로 꼭 잠겨 있다 해도 그 마음이 열려서 하나님께서 그 약속 가운데 말씀하신 모든 진리를 다 믿고 받아들일 것이요, 더 이상 그것에 대해 의문을 제기하지도 않을 것입니다. 하나님의 약속들이 우리의 소망을 대적하여 제기되는 구체적인 반론들을 답변하기에 얼마나 합당한지를 한두 가지 구체적인 내용들을 통해 맛보게 해드렸으니, 여기서 그런 사례들을 쉽게 더 늘려 나갈 수 있고, 또한 그 약속들을 구체적인 사례에 쉽게 적용시킬 수도 있을 것입니다. 그러나 여러분의 사정을 다른 누구보다 여러분이 가장 잘 알 것이니, 여러분 자신이 그렇게 하는 것이 가장 효과적일 것입니다. 그러므로 여러분, 여러분의 영혼에게 진실한 친구가 되어서 그 영혼 속의 작은 고통들을 함께 지십시오. 들판에서 몇 가지 약초들을 모아들여서 의사의 지시에 따라 약으로 만들어 내는 것이 다소 수고스럽지만 그 약을 통해서 그 불쌍한 심령이 좋아지고 건강을 회복한다면, 그런 수고가 충분한 가치가 있을 것입니다.

여섯째 지침. 과거에 얻은 자비들에 대한 체험들을 차곡차곡 쌓아 두십시오. 그러면 여러분의 소망이 미래를 위하여 더 견고히 자랄 것입니다. 체험이 소망을 이루어 갑니다(롬 5:4). 하나님께서 자신에게 베푸신 은혜들의 역사(歷史)를 지극히 조심스럽게 잘 보관해 두고 있다가 어느 때든 미래에 대한 두려움으로 생각이 산만해지고 영적인 안식이 깨어질 때마다 거기에 들어 있는 과거의 체험들을 읽는 자야말로 과연 가장 훌륭한 그리스도인입니다. 이런 사람은 환난과 시험의 밤을 위로와 소망으로 지낼 것입니다. 그러나 반면에, 살아오면서 체험한 하나님이 베푸신 놀라운 사랑과 은혜의 사례들을 최소한 기억 속에라도 펜으로 조심스럽게 기록해 두지 않은 사람들은 그 슬프고 힘든 시간에 이 따뜻한 동무의 도움을 전혀 받지 못하고 안타깝게 곤두박질칠 것입니다. 물론 자기들의 처지를 소망이 전혀 없는 완전히 망한 처지로까지 여기게 되지는 않겠지만 말입니다. 때로는 서재에서 발견한 작은 기록 하나 때문에 재산을 구하게 되기도 합니다. 그 기록이 없었다면 어쩌면 그가 감옥에 들어가 거기서 삶을 마감하게 되었을지도 모릅니다. 이처럼 무언가 한두 가지 체험을 기억하면 영혼이 절망에 빠지지 않습니다. 절망은 마귀가 그리스도인을 가두려고 호시탐탐 노리는 감옥입니다. "이것을 내가 내 마음에 담아 두었더니 그것이 오히려 나의 소망이 되었나이다"(애 3:21). 다윗은 소망을 지닌 분으로 유명했는데, 이에 못지않게 하나님의 선하심에 대한 자신의 체험들을 조심스레 보존한 인물로도 유명합니다. 그는 하나님께서 자기에게 행하신 일을 되뇔 수 있었습니다. 그 일들이 그의 묵상과 그의 강론의 주제가 되는 경우가 많아서, 그에게는 언제나 그 일들이 아주 친숙했습니다. 그의 소망이 갈 바를 알지 못할 때에 그는 그저 자신의 기억을 약간 문질러도 금방 자신을 회복할 수 있었고, 또한 자신의 연약함을 채찍질할 수 있었습니다. "내가 말하기를 이는 나의 잘못이라 지존자의 오른손의 해 곧 여호와의 일들을 기억하며 주께서 옛적에 행하신 기이한 일을 기억하리이다"(시 77:10). 사냥개는 냄새를 잃어버리면 뒷걸음질쳐서 그 냄새를 회복하고 어느 때보다 더 크게 짖으며 먹이를 좇는다고 합니다. 그리스도인 여러분, 이처럼 여러분의 소망이 다가올 생에 대해 갈피를 잡지 못하고 또한 저 세상에서의 구원을 의심하게 될 때에, 뒷걸음질쳐서 하나님께서 이미 이 세상에서 여러분을 위해 행하여 주신 일을 기억하시기 바랍니다.

어떤 약속들은 이 땅에서 이행되기도 하고, 또 어떤 약속들은 천국에서 받을 때까지 기다려야 하기도 합니다. 그런데 하나님께서 약속들을 이 땅에서 이루실 때에는 그것이 우리의 믿음에게, 나머지 다른 약속들도 정해진 기한이 다하면 신실하게 이행될 것이라는 하나의 보증이 됩니다. 악인에게 이 땅에서 가해지는 심판 하나하나가 하나님께서 지옥에서 그들에게 채워 주실 그 충만한 진노의 작은 일부분이듯이 말입니다. 하나님은, "죄가 너희를 주장하지 못하리니"라고 약속하셨는데(롬 6:14), 이 땅의 삶에서 죄가 주장하지 못하리라는 뜻입니다. 곧, 이 세상의 삶 속에서 성도가 현재의 상태에서 그렇다는 것입니다. 이 약속이 과연 여러분에게 실행되는 것을 알 수 있습니까? 죄의 권세가 깨어지고, 한때 여러분이 그 신하가 되어 기꺼이 임금처럼 떠받들었는데 그 임금의 손에서 규가 떨어지는 것이 보입니까? 그렇습니다. 여러분의 마음에서 그것을 보좌에서 끌어내려서 이제 그것이 떨어지기 시작하는 것이 보입니까? 과거에는 죄를 여러분의 임금으로 여기고 그렇게 바라보았으나, 이제는 죄를 왕위 찬탈자로 바라보고 하나님의 은혜로 말미암아 그의 폭정을 여러분에게도 견딜 수 없고 하나님께도 욕되는 것으로 여겨 그것을 흔들어 떨쳐 버리기로 결심하고 있습니까? 그리고 하나님을 여러분의 참된 주로 인정하며, 그의 거룩한 법에 순종하기로 마음을 다해 약속합니까? 그렇다면, 이미 이 땅에서 죄의 권세가 여러분에게서 물리쳐지기 시작한 것이요, 또한 머지않아 여러분이 천국에서 죄를 완전히 통치하게 될 것을 확신할 수 있을 것입니다. 다윗은 장차 천국에서 완전한 거룩의 상태에 이르리라는 소망을 이 땅에서 시작된 성화(聖化)를 근거로 견고히 하는 것을 볼 수 있습니다. 먼저 그는 하나님을 향한 거룩한 결단을 선포하고 이어서 하나님께로부터 임하는 높은 기대를 선포합니다. "나는 의로운 중에 계신 주의 얼굴을 뵈오리니, 깰 때에 주의 형상으로 만족하리이다"(시 17:15). 여러분, 온갖 시험과 괴로움 속에서 여러분을 뒷받침해 주시는 하나님의 손길을 발견하고, 그로 말미암아 그 시험과 괴로움에 지지 않고 이겨왔습니까? 다윗이라면 다음과 같은 사실에 근거하여 영원한 구원에 대한 그의 소망을 견지할 것입니다: "주께서 내 오른손을 붙드셨나이다"(시 73:23). 그런데 그 소망이 과연 어떻게 추론하는지를 관찰하기 바랍니다: "주의 교훈으로 나를 인도하시고 후에는 영광으로 나를 영접하시리니"(24절).

그리고 체험들을 조심스럽게 간직하고 지혜롭게 사용함으로써 그리스도인의 소망이 그 주요 대상인 구원과 관련하여 더욱 견고해지게 되는 것은 물론, 이생에서 당하는 십자가와 괴로운 섭리로부터 어려움을 당할 때에 그리스도인의 마음속에서 일어나는 모든 산만한 두려움들 위로 그 머리를 높이 들어올리게 됩니다. 다윗은 어린 시절 들에서 양을 치면서 사자와 곰을 죽인 일이 있는데, 그 사실을 기억하고 위로를 얻지 않았다면, 그 교만한 골리앗을 상대하기 위해 나아갈 때에 두려움이 훨씬 컸을 것입니다. 그러나 저 부정한 짐승들을 죽여 쪼갰을 때에 이미 상징적인 의미에서 이 할례 받지 않은 블레셋 사람을 죽인 것이었습니다. 그러므로 그가 골리앗을 향하여 나아갈 때에 그것을 방패로 삼아 높이 들어 자기 자신을 보

호하였던 것입니다: "여호와께서 나를 사자의 발톱과 곰의 발톱에서 건져내셨은즉 나를 이 블레셋 사람의 손에서도 건져내시리이다"(삼상 17:37). 만일 과거의 체험들이 미래에 곤경을 당할 때를 위한 소망의 — 물론 일시적인 소망의 — 근거가 전혀 되지 못한다면, 기도에서도 그것들이 전혀 힘을 발휘하지 못할 것입니다. 그러나 성도들은 그들이 체험한 것들을 사용하여 미래의 곤경을 이기는 데에서 도움을 얻고, 또한 하나님께 나아가, 이미 그가 자기들을 위해 일을 행하셨으니 그와 같이 앞으로도 아버지로서 보살펴 주실 것을 기대한다고 겸손히 말씀드림으로써 그의 도우심을 촉구하는 것입니다: "나를 사자의 입에서 구하소서. 주께서 내게 응답하시고 들소의 뿔에서 구원하셨나이다"(시 22:21). 은혜 안에 있는 영혼이 과거의 체험에 근거하여 믿음으로 기도할 수도 있고, 과거에 얻었던 자비들이 지금 다시 필요하여 간구할 때에 그 기도에 만족스러운 응답이 있기를 기대할 수도 있을 것입니다. 하나님께서는 친히 자기 백성들에게 자비를 베푸실 때마다 그 자비 자체에서 추상적으로 기대하는 것보다 그들이 거기서 더 많은 위로를 얻기를 의도하시는 것입니다. 그리스도인 여러분, 가령 여러분이 병들어 있을 때에 겸손히 드린 기도를 하나님이 들으시고 여러분을 죽음의 문턱에서 건져 주셨다고 합시다. 그러면 이러한 자비를 통해 얻는 위로는 하나님께서 의도하시는 위로의 작은 일부분이라는 것입니다. 왜냐하면 하나님께서는 이 자비를 통하여 여러분의 믿음이 도움을 받아 장차 어떠한 곤경이 다시 닥쳐서 흔들릴 때라도 여러분의 소망이 이를 통하여 뒷받침 받게 하시는 것이기 때문입니다. "주께서 … 리워야단의 머리를 부수시고 그것을 사막에 사는 자에게 음식물로 주셨으며"(시 74:14). 하나님은 홍해에서 그런 자비를 베푸시면서 이스라엘이 장차 사십 년 동안 함께 먹고 살아야 할 그것을 생각하고 계시고, 또한 그들이 이 굉장한 자비로 인하여 현재에 큰 기쁨을 누리는 것은 물론 그 자비를 기억 속에 담아서 장차 굶주리는 광야 생활 중에도 그들의 믿음이 양식이 없어 넘어지는 일이 없게 하실 것을 염두에 두고 계신 것입니다. 체험이란 마치 잔칫상에 올리지 않고 따로 보관해 둔 차가운 접시와도 같습니다. 때로는 성도의 식탁에 약속과 과거의 체험밖에 양식이 없을 경우도 있습니다. 그런데 이 두 가지 접시만으로 영혼을 새롭게 하는 식사를 하지 못하는 자는 금식하여 마땅할 것입니다. 그리스도인 여러분, 자비를 얻을 때마다 이 점을 관찰하는 것을 명심하십시다. 자비가 베풀어지면 그것은 현재에는 감사할 일이요, 또한 미래의 소망의 근거로 삼아야 할 일인 것입니다. 아골을 가리켜 "소망의 문"이

라 부릅니다(호 2:15). 하나님은 한 가지 자비를 베푸실 때에 그것을 통해서 우리에게 더 많은 자비를 주실 — 그리고 우리도 더 많은 자비를 얻기를 기대할 — 문을 여시는 것입니다. 하나님은 그의 약속을 "비"(雨)에, 곧 "싹이 나게 하여 파종하는 자에게 종자를 주며 먹는 자에게 양식을 주는" 비에 비하십니다(사 55:10). 그러니 오오 그리스도인 여러분, 어째서 자비의 은덕을 절반만 받는 것으로 만족한단 말입니까? 하나님이 그의 약속을 행하사 여러분을 이런저런 곤경에서 구해 주시면, 그 자비로운 역사로 말미암아 굉장히 위로를 받고 그 일에 대해 진정한 감사가 마음 깊은 곳으로부터 우러나올 것입니다. 좋습니다. "먹는 자"를 위한 "양식"이 여기 있습니다. 지금 당장 여러분을 흡족하게 해주는 자비의 역사가 있습니다. 그러나 "파종하는 자"를 위한 "종자"는 어디 있습니까? 농부는 자기가 수확한 곡식 전부를 다 소비하지 않고 얼마간은 이듬해 다시 파종하기 위해 종자로 남겨 둡니다. 그리스도인 여러분, 이와 마찬가지로 여러분도 하나님의 자비로우신 역사로 기쁨의 잔치를 누려야겠지만, 동시에 그 자비의 역사에 대한 기억을 소망의 종자로 남겨 두시기 바랍니다. 그리하면 후에 필요한 시기에 하나님의 자비와 도우심을 구할 때에 그것으로 여러분을 강건하게 할 수 있을 것입니다.

[반론에 대한 답변 및 실천적인 생각들]

하지만, 이렇게 반문할 수도 있을 것입니다. 곧, 하나님께서 성도의 체험들과 전혀 어긋나게 역사하시는 때가 많은데, 어떻게 성도의 과거의 체험이 미래에 대하여 소망을 갖는 데에 그렇게 도움이 될 수 있겠느냐는 것입니다. 한 번은 질병에서 건져 주시지만, 그 다음에는 질병으로 사람을 데려가기도 하십니다. 한 번은 싸움에서 아무런 상처도 없이 깨끗하게 성도를 구원해주시지만, 그 다음 싸움에서는 성도가 죽임을 당하거나 상해를 입기도 합니다. 그런데 어떻게 성도가 과거에 구원받은 일을 소망의 근거와 기반으로 삼아, 비슷한 곤경에서 다시 구원받기를 기대할 수 있겠습니까?

답변 1. 하나님께는 그때나 지금이나 미래에나 여전히 능력이 있습니다. 하나님은 한 번 여러분을 위해 행하신 일은 얼마든지 다시 행하실 수 있습니다. 그렇기 때문에 이 점에서 여러분의 과거의 체험이 도움이 될 수 있습니다. 하나님께서 그의 팔을 그대로 드러내시는 것을 보았으니, 그가 그 이후로 팔의 힘이나 기능을 상실하였고 결국 팔이 불구가 되셨다는 식으로 생각하지 않는 이상, 소망이 활동할 근거와 대상이 여전히 있는 것이요, 그런 소망이 물 위로 머리를 드러내게 해줄 것입니다. 사실 영혼은 하나님의 능력을 붙잡는 것을 상실하지 않는 이상 절대로 절망의 바다 속에 빠져 죽는 법이 없습니다. 하나님이 과연 구원하실지를 의심하게 될 때에는 안타깝게도 영혼 속에 틈새가 생긴 것으로 그리로 수천 가지 두려움이 밀려들어오게 됩니다. 하지만 그리스도인이 이 펌프 — 즉, 하나님의 능력을 믿고 또한 하나님은 그가 원하실 때에 능히 구원하실 수 있다는 것을 믿는 믿음을 발휘하는 것 — 를 사용하는 한, 비록 그의 영혼의 배에서 모든 두려움을 완전히 몰아내지는 못한다 할지라도, 물속에 배가 빠져 들어가는 일은 막아 줄 것입니다. 왜냐하면 그 믿음이 여러분으로 하여금 하나님을 구하는 자세를 견지하도록 보존시켜 줄 것이기 때문입니다. "주여, 원하시면 저를 깨끗하게 하실 수 있나이다"(막 1:40). 그러므로 하나님이 행하신 일을 직접 목격하고서도 하나님이 구원하실 수 없다고 말한다면, 이는 크나큰 불신앙을 드러내는 것임은 물론 사람으로서 지닌 이성을 여러분 스스로 저버리는 것이기도 할 것입니다.

답변 2. 이 질문에 좀 더 구체적인 답변을 드리자면, 성도는 과거의 체험들 — 심지어 세상적인 구원에 대한 체험들 — 에 근거하여, 하나님이 미래의 모든 곤경과 위험에서 그를 구원해 주실 수 있음은 물론 그를 구원해 주시리라는 것을 믿을 수 있고 또한 믿어야만 합니다. 다만, 하나님이 과거에 구원하신 방식과 동일한 방식으로 구원하시리라고 결론지을 수는 없을 따름입니다. 하나님이 또 다른 방식을 사용하셔서 그를 구원해 주신다고 해서 그것 때문에 그의 과거의 체험들이 어긋났다고 생각할 사람은 아무도 없을 것입니다. 계약서에 다른 변제 방법을 금하도록 되어 있는 경우가 아니라면, 부채를 갚을 때에 돈으로 갚든, 그 돈만큼의 값어치를 지닌 다른 것으로 갚든 문제가 될 것이 없습니다. 그런데 하나님께서 베푸시는 자비의 약속에는 하나님께서 이런저런 방식으로 베푸셔야 한다는 단서 조항이 하나도 없습니다. 영적인 자비들 — 성도의 행복에 필수적인 구원과 관련된 자비들 — 의 경우는 사실 한 가지 방식으로만 베풀어지도록 약속되어 있습니다. 왜냐하면 그것들을 대치할 수 있는 다른 동등한 방식이 없기 때문입니다. 그러나 세상적인 자비들은 그 본질이 영적인 자비들에 비해 열등한 것으로 갖가지 방식으로 베풀어질 수 있는 것들입니다. 그렇습니다. 하나님께서는 성도에게 이 자비를 베푸시지 않는 것이 절대로 아닙니다만, 성도의 유익과 풍성한 선을 위해서 그것을 베푸시는 것입니다. 하나님께서 어떤 성도의 주머니에 은금을 가득 채워 주시지 않고, 그의 마음을 풍성한 자족함으로 가득 채워 주셨다고 할 때에, 누가 과연 이 성도를 가리켜 실패한 자라고 하겠습니까? 혹은 하나님께서 병든 성도를 과거처럼 다시 건강하게 회복시켜 주시지 않고 천국으로 데려가신다고 해서 그 성도를 가리켜 실패한 자라고 할 수 있겠습니까? 이 정도면 앞에서 제기한 반론에 대해 충분히 답변이 되었을 것입니다. 이제 그리스도인이 곤경에 처할 때에 과거의 체험을 좀 더 잘 활용하도록 돕기 위해서 두세 가지 생각할 점들을 제시해 드리고자 합니다.

(1) 그리스도인 여러분, 과거의 체험을 돌아보시고, 지금 여러분에게 어지러운 걱정들과 절망적인 생각들을 갖게 하는 그 일보다 더 큰 일들을 과거에 하나님이 행하셨다는 것을 깨달을 수 있는지를 궁구하십시오. 여러분이 현재 당하는 곤경이 클 것입니다. 하지만 전에 이보다 더 큰 곤경을 당하였으나 하나님께서 결국 여러분의 발을 높은 곳에 올려놓지 않으셨습니까? 지금 여러분이 아주 가련하고 슬픈 처지에 있습니다만, 과거에 하나님이 지금보다 더 어두운 구름을 밝게 하시고 여러분을 빛과 기쁨의 상태 속에 들어가게 하지 않으셨습니까? 분명히 말씀드리지만, 아무리 여러분의 소망이 비틀거리더라도 이 체험을 굳게 붙잡으면 그 소망이 무너지지 않을 것입니다. 과거에 하나님이 지금보다 훨씬 더 큰 폭풍에서도 안전한 땅으로 구해 주셨는데, 지금 작은 폭풍을 당하여 좌절하고 오로지 빠져 죽을 것만을 생각하다니, 부끄럽지 않습니까? 다윗이 바로 그런 체험을 묵상함으로써 그의 소망을 굳건히 하는 것을 보시기 바랍니다: "주께서 내 생명을 사망에서 건지셨음이라. 주께서 나로 하나님 앞, 생명의 빛에 다니게 하시려고 실족하지 아니하게 하지 아니하셨나이까?"(시 56:13). 과거에 더 큰 것을 내게 주셨으니, 주께서 나와 함께 계셔서 더 작은 것을 견디게 하시지 않겠습니까? 라는 것입니다. 그리스도인 여러분, 어쩌면 지금의 염려가 배도(背道)인지도 모르겠습니다. 언젠가는 죄의 손에 넘어지고 말 것이라는 생각이 계속 맴돌고 있고, 달리는 생각할 수가 없을지도 모르겠습니다. 그런데 바로 이때야말로 하나님께서 회심의 은혜를 베푸신 그 날을 기억할 적기입니다. 여러분에게 그러한 역사가 일어났다는 것을 감히 부인하겠습니까? 그렇지 않다면, 어째서 여러분이 마지막까지 보존되지 못할 것이라고 절망한단 말입니까? 그 날이 바로 그가 여러분의 영혼을 구원하신 날입니다. 그리스도께서는 삭개오에게, "오늘 구원이 이 집에 이르렀다"고 말씀하셨습니다(눅 19:9). 하나님께서 회심의 은혜로 여러분의 영혼을 구원하셨는데, 과연 그가 유지시키시는 은혜로 여러분의 발이 넘어지지 않도록 지켜 주시지 않겠습니까? 여러분을 죄

와 사탄의 손에 빠져 넘어지지 않도록 보존하는 것보다 여러분을 그들에게서 취하여 내시는 것이 더 큰 자비요 더 큰 권능이었습니다. 만일 이스라엘이 하나님께서 어떠한 권능으로 그들을 애굽에서 인도하여 내셨는지를 기억했더라면, 광야에서 생명을 유지하는 일에 대해 그렇게 자주 염려하지는 않았을 것입니다. 어쩌면 무언가 외적인 환난 때문에 여러분에게 괴로움이 있을지도 모르겠습니다. 하지만 여러분의 환난이 그 잔인한 압제와 포로 상태에서 교회가 당했던 환난보다 더 큽니까? 그 때에 교회는 무언가를 기억하고서 소망을 새롭게 하였습니다. "내 심령에 이르기를 여호와는 나의 기업이시니 그러므로 내가 그를 바라리라 하도다"(애 3:24). 자, 교회는 영적인 자비를 세상적인 구원에 대한 소망의 근거로 삼습니다. 영적인 자비야말로 세상적인 구원과 비교가 되지 않을 정도로 큽니다. 그런데 그리스도인 여러분, 여러분은 하나님을 여러분의 기업으로 택하지 않으셨습니까? 천국을 바라보며 거기서 그를 영원토록 즐거워할 것을 기대하지 않습니까? 그러니 외적인 환난의 지하 감옥이 아무리 캄캄하다 한들 이러한 소망이 빛을 밝혀 환하게 해주지 못하겠습니까? 하나님이 여러분의 영혼에게 그의 사랑을 베푸신 체험을 기억하십시오. 그러면 육체와 외형적인 상황에 대해서도 소망을 잃지 않을 것입니다. 여러분을 위해 하늘에 기업을 예비하셨으니, 여러분이 그리로 가기까지 필요한 모든 비용들을 그가 반드시 지불하실 것입니다.

(2) **하나님이 여러분의 염려를 불식시키시고 불신앙이 거짓 선지자임을 입증하신 일이 얼마나 많았는지를 기억하십시오.** 여러분이 소망의 촛불을 꺼버리고 그를 바라보기를 포기하고 스스로 절망의 침상에 누워 버리려 할 때에 하나님이 내적인 위로와 외적인 구원으로 여러분의 문을 두드리지 않으셨습니까? 히스기야가 자신의 상태에 대해 완전히 결론지었을 때에(사 38:10, 11) 하나님께서 그에게 임하셨습니다. 불신앙 가운데 절망하고 있던 제자들에게도 그렇게 임하셨습니다. "우리는 이 사람이 이스라엘을 속량할 자라고 바랐노라"(눅 24:21). 그들은 마치 예전에 믿음이 있었는지 없었는지를 의심하는 것처럼 말하고 있습니다. 여러분도 과거에 그랬던 적이 없었습니까? 너무도 힘든 곤경에 처하여 — 두려움의 폭풍이 너무 커서 — 소망의 닻을 드리우기를 포기하고 오히려 마치 이제 영원한 밤이 와서 아침을 기대할 수 없을 것같이 낙담과 절망의 생각만이 가득했던 적이 없습니까? 하지만 그럴 때에도 하나님께서 전혀 기대하지 않았던 자비의 역사를 갑작스럽게 일으키셔서 그 모든 여러분의 염려와 절망의 생각들이 거짓임을 입증하시지 않았습

니까? 만일 그렇다면, 이러한 체험을 가슴속에 깊이 새기고서 미래에 시험들이 닥칠 때마다 그것으로 여러분의 소망을 격려하시기 바랍니다. 오오 내 영혼아, 무어라고 말하겠느냐? 다시 이런 거짓 것들 때문에 마비 상태에 빠지겠느냐? 네 소망을 한 번도 수치스럽게 한 적이 없는 그 약속의 보도는 믿으려 하지 않고, 그 신뢰성 없는 절망적인 생각들이 거짓이라는 것을 그렇게 자주 경험해 놓고도 그것들에 다시 귀를 기울이겠느냐? 흔히 성도들은 죽임당한 그들의 염려의 시체 위에 그들의 소망을 든든히 세웁니다. 포로된 유다 백성들을 그 감옥에서 구원하사 고향에 다시 돌아갈 자유를 얻게 하기 위해 하나님이 택하신 시기와 또한 그 수단이 그들에게는 너무도 믿기 어려워서, 그들은 차라리 두 가지 연자 맷돌, 즉 성내의 바벨론 사람들과 성 바깥의 바사 사람들에게 깔아뭉개어져서 산산조각이 될 것을 생각했습니다. 그런데 정작 하나님의 역사가 일어나자 그들은 천사에게 이끌려 감옥에서 나온 베드로와 똑같이(행 12:1-17), 한동안 정신이 몽롱한 상태에 있다가 나중에야 정신을 차리고 과연 그 일이 정말로 일어났는지 아니면 즐거운 꿈을 꾼 것인지를 확인할 수 있었습니다(시 126:1).

그런데 이처럼 갑작스럽게 그들의 염려와 두려움이 불식된 이 사건이 그 이후의 일들에 대한 그들의 소망에 어떤 효과를 가져왔는지를 보시기 바랍니다. 그들은 그렇게 놀랍게 시작된 그 일을 완전히 성취시켜 주실 것을 은혜의 보좌 앞에 나아가 간구합니다. "여호와께서 우리를 위하여 큰 일을 행하셨으니 우리는 기쁘도다. 여호와여 우리의 포로를 남방 시내들 같이 돌려 보내소서"(3, 4절). 하나님의 권능과 자비를 이렇게 체험함으로써 그들은 붙잡을 곳이 생겼습니다. 그리하여 그들은 그가 일을 마저 이루시기까지 그를 놓지 않으려 합니다. 그렇습니다. 그들의 소망이 놀랍게도 확신에까지 도달하여, 이 구체적인 체험을 근거로 그들은 미래의 그 어떠한 환난에서도 그들 자신이나 다른 이들이나 위로를 얻게 해주는 일반적인 결론을 도출하기에 이르는 것입니다. "눈물을 흘리며 씨를 뿌리는 자는 기쁨으로 거두리로다. 울며 씨를 뿌리러 나가는 자는 반드시 기쁨으로 그 곡식 단을 가지고 돌아오리로다"(5절).

(3) 환난과 시험을 당할 때에 여러분이 어떤 죄악된 원망들을 터뜨렸으며, 또한 그런 원망에도 불구하고 하나님께서 어떻게 여러분을 위해 구원의 역사를 이루어 가셨는지를 기억하십시오. 그러면 마치 다윗이 자기의 원수들을 생각하고 승리에 가득 차서 말한 것처럼, 여러분도 가슴속에 있는 이 원수들을 생각하고서 이렇게 말

할 수 있을 것입니다: "주께서 내 원수의 목전에서 내게 상을 차려 주셨도다"(시 23:5). 여러분 속의 부패한 것들이 하나님을 향하여 분을 내며 원망하는 동안, 그의 자비가 여러분의 구원을 위하여 활기 있게 역사한 것입니다. 희미해가는 여러분의 소망에게 이것이 얼마나 감미로운 청량제가 되겠습니까! 그리스도인이 내적이든 외적이든 곤경을 당할 때에, 그들 자신의 죄악된 허약함에 대한 인식이 그 마음을 가라앉히고 심지어 소망의 머리를 짓눌러서 하나님의 도우심과 구원을 바라볼 수 없게 만드는 경우가 많습니다. 그 불쌍한 영혼은 이렇게 이야기합니다: "내가 조급함과 고집스러움을 그렇게 많이 드러냈는데, 감히 하나님이 나를 이런 병든 상태에서 일으켜 주실 것을 어떻게 기대할 수 있으랴? 시험을 당하여 믿음을 거의 발휘하지 못했고 오히려 불신앙만 많이 드러냈는데 어떻게 그가 나를 그 시험에서 건져 주시기를 기대할 수 있으랴? 먼저 나 스스로 처신을 제대로 잘 해야 하늘로부터 좋은 소식이 오기를 바랄 수 있으리라." 그리스도인 여러분, 사탄이 여러분을 참소하지 못하도록 여러분 스스로 여러분의 죄를 자각하고 스스로를 비판하는 것은 잘하는 일입니다. 하지만 그것들로 인해 실망감에 짓눌려서는 안 될 것입니다. 하나님께서 전에도 비슷한 죄악된 반응들을 어떻게 대하셨으며, 또한 그런 것들에도 불구하고 여러분을 어떻게 구원하셨는지를 기억하십시오. 그것들로 인해서 하나님께서 여러분을 향하여 마음을 굳게 하셨다면, 과연 오늘 여러분이 지옥에 들어가지 않고 살아 있겠습니까? 전에 받았던 자비 중에 과연 여러분의 그런 죄악된 반응으로 인하여 더 이상 받지 못하게 된 것이 있습니까? 그리고 그 때문에 하나님이 이제는 여러분을 돕지 않으실 것이라고 두려워하게 된 일이 있습니까? 아니면 여러분 자신에게 그런 체험이 없다면 — 이는 이상스런 일입니다만 — 다른 성도들의 체험을 빌려 오십시오. 다윗은 유례없는 훌륭한 사례를 보여 줍니다. 바로 이러한 정황에서 구원이 임했고, 이로 말미암아 그의 마음이 감동되었습니다: "내가 성급히 이르기를 모든 사람이 거짓말쟁이라 하였도다. 내게 주신 모든 은혜를 내가 여호와께 무엇으로 보답할까?"(시 116:11, 12. 한글개역개정판은 "성급히"를 "놀라서"로 번역함 — 역주). 그는 자신의 죄악된 원망의 처신을 기억하였습니다. 그리고 스스로 수치스런 일을 수치스럽게 받아들이고, 그리하여 감사의 마음을 최고로 높이고자 이를 언급하는 것입니다. 그에게 자비를 선포하러 보내심을 받은 하나님의 사자를 향하여 — 바로 사무엘 자신을 향하여 — 거짓말을 한다고 비난할 때에조차 하나님께서 그에게 자비를 베푸셨으니, 과연 그 하나님을 어떻게 찬양해야 족할지를 모르는 심정이었습니다. 그는 이런 정황을 과거의 일에 대해 찬양할 계기로 삼을 뿐 아니라, 미래에 대해서도 소망의 근거로 삼습니다: "내가 성급히 말하기를 주의 목전에서 끊어졌다 하였사오니 내가 주께 부르짖을 때에 주께서 나의 간구하는 소리를 들으셨나이다"(시 31:22. 한글개역개정판은 "성급히"를 "놀라서"로 번역함 — 역주). 이는 마치 이런 뜻과도 같습니다: "내가 기도했으나 믿음이 거의 없이 기도하였고 또한 나의 일이 이제 완전히 절망적이라고 결론지어 놓고 있어서, 사실상 기도를 하지 않았던 것과 같은데도 하나님께서 나의 성급한 자세를 용서하시고 나의 믿음이 거의 기대하지 못했던 그 자비를 내게 주셨나이다." 각 성도가 어려운 곤경에 처할 때마다 소망을 든든히 하도록 도움을 얻는 것 외에, 그의 이러한 체험의 용도가 무엇이겠습니까? "여호와를 바라는 너희들아 강하고 담대하라"(24절).

—

활용을 위한 넷째 요지

[이 소망의 투구가 없는 이들에게 주는 권고]

아직 이 투구가 없는 여러분에게 권고합니다. 여러분 스스로 투구를 구비해야 합니다. 여러분이 바른 상태에 있다면, 이것을 가장 먼저, 또한 순전한 안타까움으로, 이를 생각하게 될 것이며, 특히 다음 세 가지 사실이 여러분의 생각 속에 떠오를 것입니다. 첫째. 소망이 없는 상태에 있는 것이 얼마나 안타까운 일인가 하는 것입니다. 둘째. 지금은 소망이 없어도 수단을 시의적절하게 또한 왕성하게 사용함으로써 구원의 소망을 얻을 수 있는 가망이 있다는 것입니다. 셋째. 영원한 멸망을 끌어내려 여러분의 머리 위에 드리우는 것이 얼마나 끔찍하고 잔인한 일인가를 생각하여야 한다는 것입니다.

[이 투구를 구비하게 하기 위하여 고려할 세 가지 사실]

첫째 사실. 소망이 없는 상태에 있는 것이 얼마나 안타까운 일인가 하는 것입니다. 사도는 "소망이 없는 자"를 "하나님이 없는 자"로 여깁니다. "그 때에 너희는 … 소망이 없고 하나님도 없는 자이더니"(엡 2:12). 영혼이 육체에 반드시 있어야 하듯이, 하나님도 영혼에게 반드시 있어야 합니다. 영혼이 육체에게서 사라질 때에 그 육체가 얼마나 추하고 더러운 존재가 되는지 모릅니다. 그렇다면 하나님께 속한 것이 하나도 없는 영혼은 대체 어떻겠습니까? 솔로몬은 말씀하기를, "악인의 마음은 가치가 적으니라"라고 합니다(잠 10:20). 왜 그렇습니까? 그 영혼에 가치를 부여하는 것이 하나님이신데 그가 계시지 않으니 어찌 아니 그렇겠습니까? 빛이신 하나님이 여러분의 깨달음 속에 계시지 않으면, 여러분은 눈먼 맹인입니다. 시력이 나빠 목을 부러뜨리기밖에 하지 않는 눈이 대체 무슨 소용이 있겠습니까? 하나님이 여러분의 양심에 계시지 않으므로 평안과 위로를 누리지 못한다면, 여러분은 두려움으로 가득 차 있거나 혹은 감각이 없는 상태일 것이요, 맹렬히 날뛰는 마귀이거나 어리석은 무신론자일 것입니다. 하나님이 여러분의 마음과 정서 속에 계셔서 그것들을 순결하게 하시는 일이 없다면, 여러분은 그저 죄 투성이일 뿐일 것입니다. 하나님이 여러분 속에 계시지 않으면, 마귀가 거기 있는 것입니다. 사람의 마음은 아무도 없이 텅 빈 상태로는 있을 수 없는 그런 집이기 때문입니다. 한마디로 말해서, 이 소망이 없이는 이생의 삶에서도 죽음에서도 여러분이 제대로 잘 있을 수가 없습니다. 이생의 삶이 제대로 살아질 수가 없습니다. 이 땅의 삶에서 온갖 것들을 다 누린다 한들 더 나은 삶에 대한 소망이 없다면 거기서 무슨 위로를 얻을 수 있겠습니까? 그것은 엄청난 유산이 있는데도 자녀가 반역을 행하여 그 소유권을 주장할 수 없게 되어 버린 것처럼 안타까운 상태입니다. 여러분에게 이 땅의 재산이 있을 수도 있습니다. 하지만 여러분이 바라볼 것은 오로지 그것밖에는 없습니다. 여러분의 몫은 이 땅에서 지불되는 것으로 끝이 나며, 정작 성도가 그의 몫을 받으러 나아올 때가 되면 여러분의 몫은 이미 다 소진해 버리고 난 뒤가 될 것이라는 것을 생각하면 여러분의 즐거운 마음에 칼이 꽂히는 것 같지 않습니까? 임종의 시간에 이런 소망이 없다는 것은 더욱더 용납하기 어려운 일입니다. 온갖 슬픔이 가득한 이 세상을 떠날 생각을 하면서 저 세상에서 그것이 줄어들리라는 소망이 없다면 어찌 두려움이 가득하지 않겠습니까? 정죄 받은 죄수는 아무리 감옥 속이 답답하고 힘들어도 거기서 나와 교수대로 나아가는 것보다는 차라리 거기에 있기를 바랄 것입니다. 교수대에서 목숨을 잃는 것보다는 어두컴컴하고 퀴퀴한 감옥 속에서라도 살아 있기를 바랄 것입니다. 소망이 없는 영혼은 — 만일 자신의 처지를 제대로 깨닫는다면 — 지극히 열악한 동굴 속의 극한 상황 속에서 — 그것도 지독한 결석이나 통풍(痛風)의 고통을 감수하면서 — 영원히 지내는 것이 그런 고통이 없이 지옥의 고통 속에 있는 것보다 훨씬 더 낫게 여기는 것이 마땅할 것입니다. 그렇기 때문에 죄악된 자들의 영혼이 그 몸에서부터 나오라는 명령을 받을 때에 그들의 생각 속에 그토록 애처로운 혼란이 있는 것입니다. 이 사랑하는 친구들의 이별에 소망만 있어도 그 죽음의 고통이 줄어들 것인데, 그것이 없으니 그 고통이 강력하기만 한 것입니다. 옆에서 친구들이 자기를 보며 소리를 지르며 슬피 우는 모습을 보면, 죽음을 당하는 당사자는 더욱 혼란스러워지고 죽음의 과정을 통과하기를 더욱 끔찍이 여기게 될 것입니다. 하물며 자신이 이제 지옥을 향하여 가고 있다는 것을 양심으로 인식하는 죄인에게는 얼마나 두려움과 공포가 크겠습니까? 남편이 왕의 총애 아래 직무를 수행하도록 부름을 받아, 얼마 후에 재물과 명예를 한 몸에 지니고 다시 돌아오리라는 기약을 갖고 그녀의 품을 떠나는 여인과, 반면에 남편이 온갖 고통을 당하기 위해 감옥으로 끌려가는 여인의 처지는 너무도 다른 것입니다.

여러분의 처지가 이 후자의 여인과 같지 않습니까? 그렇지 않아도 짧은 인생을 여러 조각으로 잘라내어, 영혼의 구원을 이루어 나가는 일들로 채워야 할 그 작은 시간들을 하찮은 일들로 허비하고 있지 않습니까? 여러분의 영혼이 지옥 속으로 떨어지고 있는데, 여러분은 여러분의 왜소한 시체를 갖고서 요리조리 손질하고 있습니까? 이것이 집이 불타고 있는 와중에 문을 페인트칠 하고 있는 것처럼 어리석은 짓이 아니고 무엇이란 말입니까? 목이 어깨 위에 붙어서 하루를 더 견딜 수 있을지 확실하지도 않은데, 과연 사람이 자기 얼굴을 손질하는 일에 관심을 두겠습니까? 원수가 성문 앞에 진을 치고 있고 나라가 풍전등화와 같은 처지에 있는 때에 벨사살 왕은 주연을 벌이고 흥청망청하고 있었으니, 정말 어처구니가 없는 일이었습니다. 궁에서 그렇게 주연을 벌이고 자신의 몸을 불려 살육을 당하게 하기보다는 성벽 위에서 용감히 싸우는 일이 지혜로운 왕에게 어울리는 일이었습니다만, 그는 그렇게 하지 못했고, 결국 살육을 당하고 말았습니다(단 5:30). 불쌍한 죄인 여러분, 하나님을 찾으시고 여러분의 발에 가득한 죄들에 대해 눈물을 흘리며 호소하십시오. 그러면 혹시 사하심을 얻을지도 모릅니다. 이렇게 하는 것이 여러분의 감각적인 쾌락 속에서 흥청거리며 여러분의 양심을 아둔하게 만들고 잠들게 하는 것보다 훨씬 나을 것입니다. 그렇게 해보아야 그저 여러분에게 다가오고 있는 그 비참한 일들에 대한 고민스런 생각들에서 그저 잠시 벗어나는 것밖에는 아무것도 얻을 수 있는 것이 없으니 말입니다.

둘째 사실. 아직 가망이 있다는 것을 생각하십시오. 여러분의 현재의 모습 그대로가 가망이 있다는 뜻은 아닙니다. 여러분이 현재 모습 그대로 천국에 들어가는 것은 하나님이 거짓말쟁이가 되시는 것만큼이나 불가능한 일이니 말입니다. 하지만, 지금은 여러분에게 소망이 없어도 수단을 시의 적절하게 또한 왕성하게 사용함으로서 구원의 소망을 얻을 수 있는 가망이 있다는 것입니다. 가능한 소망은 사실적인 소망을 얻기 위하여 힘쓰고 애써야 한다는 강력한 논리의 힘을 그 속에 지니고 있는 것이 분명합니다. 지옥에 있는 마귀가 아무리 형편없다 해도, 혹시 자기에게 천 개의 세상을 마음대로 주무를 권리가 주어질 경우 — 그리고 그 하나하나가 우리가 빠져 있는 이 세상보다 훨씬 더 나은 세상일 경우 — 그것을 다 팔아서 그저 가망성밖에는 없는 그런 어떤 세상과 바꾸고 그 세상의 값어치를 한 푼 정도로 하찮게 여길 정도로 형편없지는 않을 것입니다. 니느웨의 이방 왕이 보좌에서 내려와 베옷을 입고 재를 쓰고 하나님의 발 아래 엎드리게 된 것은 바로 하나의 가망성 때문이었습니다. 그러므로 여러분이 그보다 못하면 심판 때에 그가 일어나 여러분을 정죄할 것입니다. 그가 지닌 가망성은 여러분이 지닌 가망성보다 훨씬 더 미약한 것이었기 때문입니다. 그들에게는 분명한 약속을 제시하여 그들로 하여금 자신을 낮추고 주께로 돌아오도록 만든 설교자가 없었습니다. 그들에게는 그저 멸망에 대한 선언밖에는 없었습니다. 이런 상황에서 그들은 그들의 마음속에 새겨진 본성적인 신학에 근거하여 회개한 것입니다. 그 신학이 그들로 하여금 최고선이신 하나님께 용서가 없지 않으리라는 소망을 갖도록 가르친 것입니다. 그러나 여러분에게는 하나님의 신실한 입술로부터 오는 분명한 약속들이 많이 있으므로 여러분이 그 약속을 좇아 하나님을 찾으면 하나님이 지금 천국에 계신 것만큼이나 확실하게 여러분이 그와 함께 거기서 영광 가운데서 살게 될 것입니다: "하나님을 찾는 너희들아 너희 마음이 살리라"(시 69:32. 한글개역개정판은 "너희 마음이 살리라"를 "너희 마음을 소생하게 할지어다"로 번역함 — 역주). 그렇습니다. 무수한 복된 자들이 지금 천국에서 이 말씀의 진실됨을 경험하고 있습니다만 그들 모두가 한때는 지금 여러분처럼 천국에 들어갈 권한이 전혀 없던 자들이었습니다. 그 찬란한 복락의 처소는 아직 꽉 차지 않았습니다. 여러분이 진정 그리로 갈 마음이 있다면 하나님께서 여러분을 위해 자리를 만들어 주실 것입니다. 그리스도께서 이 땅에서 하신 기도 중에 세상 끝날까지 그를 믿는 모든 자에게 천국 문을 활짝 열어 두게 만드는 한 가지 기도가 있습니다. "내가 비옵는 것은 이 사람들만 위함이 아니요 또 그들의 말로 말미암아 나를 믿는 사람들도 위함이니"(요 17:20). 이것이야말로 정말 기쁜 소식이 아닐 수 없습니다. 여러분이 복음의 초대 아래 앉아 있을 때에 마치 엘리사벳의 태중의 아기가 마리아의 문안을 받고 기뻐 뛰었던 것처럼 여러분의 영혼을 가슴속에서 뛰게 만들 소식입니다. 그러니 죄인 여러분, 목사들이 여러분에게 불가능한 일로 짐 지우며 도저히 올라가지 못할 산을 오르라고 재촉한다거나, 도저히 난공불락인 성을 공격하라고 명령한다는 식으로 말하지 마시기 바랍니다. 마귀가 그렇게 말하고 또한 여러분의 믿지 않는 마음이 — 그 마음이 마귀와 연합하여 여러분의 멸망을 꾀하고 있습니다 — 그렇게 말하지만, 절대로 그렇지 않습니다. 이런 모사들의 그럴 듯한 말을 받아들이면 여러분이 잘 될 것처럼 보이지요, 그렇지 않습니까? 자, 여러분, 그들이 무슨 말을 하든, 이것을 알아야 합니다. 곧, 마지막에 가서 천국을 놓치게 되면 — 이런 일은 절대로 금물입니다 — 주께서 여러분의 머리에 대해 손을 씻으시고 여러분의 피에서 완전히 물러서실 수 있다는 것입니다. 그렇게 되면 정죄와 멸망이 여러분의 문에 드리워지게 될 것입니다. 그리고 하나님의 약속에는 속임수가 없었고, 또한 복음의 초대에 미묘한 거짓이 없었다는 것이 그 때에 비로소 드러나게 될 것입니다. 하나님은 자신이 약속하신 것을 진정 주시고자 하였으나 여러분이 자의적으로 영생을 여러분과 여러분의 마음에게서 멀리하였고, 여러분의 입술의 거짓말들이 아무리 아니라고 변명해도 여러분은 그 조건들을 좋아하지 않은 것입니다. "내 백성이 내 소리를 듣지 아니하며 이스라엘이 나를 원하지 아니하였도다"(시 81:11). 그러므로 재판장이 임하여 죽임당한 여러분의 영혼에 대해서 취조하시며 어떻게 해서 이런 비참한 결말에 이르게 되었는지를 물으실 때에, 여러분을 정죄에 이르게 한 것이 바로 여러분 자신이라는 것이 드러나게 될 것입니다: "하나님과 결별하기를 원하는 자 이외에는 아무도 하나님을 잃지 않습니다."

셋째 사실. 여러분, 회개하지 않는 완강한 마음을 갖고서 영원한 멸망을 끌어내려 여러분의 머리 위에 드리우는 것이 얼마나 끔찍하고 잔인한 일인가를 생각하시기 바랍니다. 자기 무덤의 비석에 이런 글이 새겨져 있다면 얼마나 끔찍한 일이겠습니까!

곧, "스스로 목을 잘라 강제로 자기 자신을 버린 사람이 여기에 누워 있도다! 이 남자는, 저 여자는, 구제불능이로다!"라고 말입니다. 그들은 지옥을 뻔히 보면서도 그 속으로 뛰어들었습니다. 그리스도께서 그의 성령을 통해 권면하시고 목사들이 그러지 말라고 애원하는 데도 불구하고 말입니다! 여러분이 그런 일을 자주 감행했을수록, 또한 하나님께서 그때마다 그의 은혜로 여러분의 그런 손을 자주 말리셨을수록, 마지막 날에 하나님과 사람과 천사들 앞에서 여러분의 치욕과 혼란이 커질 것입니다. 하나님은 사람이 자기 자신에게 범하는 그런 잔인한 행위들을 다른 모든 행위들보다 더 잔인하게 보십니다. 자기는 음식을 마음껏 먹는 처지에서 마구간의 말이나 돼지우리의 돼지가 굶어 죽어가는 것을 아무렇지도 않게 바라보는 사람이 있다면 그 사람에 대해 정말 야비한 사람이라고 입을 모을 것입니다. 그리고 자기의 종이 먹을 것을 달라고 아우성치는 데도 그것을 주지 않는 사람은 그보다 더 잔인한 사람입니다. 그러나 종이 아니라 자기 자식이나 아내가 먹을 것을 달라고 아우성치는 데도 주지 않는 사람은 훨씬 더 지독하고 끔찍한 사람입니다. 그러나 무엇보다 자연의 법칙을 깨뜨리는 가장 잔인한 일은 — 자기보존을 위한 노력이야말로 가장 강력한 본성이므로 — 우리가 우리 자신의 목숨을 위해 마땅히 해야 할 임무를 잊어버리는 것입니다. 오오 여러분, 그렇다면 죄인이 "생명의 양식"이신 그리스도를 거부하여 자기 영혼을 굶어 죽게 만들며 그의 영혼의 피를 이 넓디넓은 수도관에다 다 쏟아 버리는 죄인은 어떻겠습니까? 이것은 정말 타의 추종을 불허하는 잔인함 그 자체입니다! 사실 스스로 자기 몸을 죽이는 일이 그렇게 큰 범죄가 되는 것은 바로 그 일로 인하여 그렇게 뚜렷하게 — 저는 불가피하게라고는 말하지 않겠습니다 — 영혼의 멸망을 초래하기 때문입니다. 여러분의 영혼이라는 고귀한 손님을 여러분의 가슴속에 거주시키고 있으면서 저 세상에서 그 거처로 고작 지옥을 준비시켜 준다면, 여러분은 정말 무가치한 존재일 수밖에 없습니다. 여러분이 회개하지 않는 완악한 자세로 여러분 자신을 가로막아 문을 잠가 버리지만 않았다면, 여러분의 영혼은 천국의 영광 가운데서 하나님의 복된 임재에로 나아가고자 할 능력이 있는데 말입니다. 그런데 안타까운 사실은 가장 사악한 살인이 가장 보편적으로 행해지고 있다는 것입니다. 자기 몸에 스스로 폭력을 가하여 살인을 범하는 몹쓸 사람들의 이야기가 이따금씩 들려서 온 나라가 끔찍하게 여깁니다만, 그런 사람들의 숫자는 몇 명 되지 않습니다. 그러나 주중에 아무 날 어느 집에든지 들어가 보면 거의 예외 없이 누군가가 자기 영혼을 죽이려고 시도하는 일을 접하게 될 것입니다. 그렇습니다. 칼과 밧줄을 — 즉, 그들이 애지중지하는 죄들을 말입니다! — 가슴에 품고 있으면서 그것들로 자기 영혼을 찌르고 목 졸라 죽이려 하는 것입니다. 목숨이 위험에 처하면 자기가 가진 값진 모든 것들을 기꺼이 의사에게 다 주고서라도 목숨을 살리려 할 만큼 자기 몸에 대한 본성적인 애착으로 가득 차 있는 자들도, 정죄받아 죽어가고 있는 영혼에게는 그렇게 잔인하게 대할 수가 없습니다. 영혼의 의사이신 그리스도께서 값없이 영혼을 치료해 주시기 위하여 오시는 데도 그를 문 바깥에서 돌려보내니 말입니다.

한 마디로 말해서, 세상적인 사안들을 처리하는 데에서 풍성한 지혜와 사려 깊음을 보이는 자들이 많은데, 이들이 이런 일 저런 일을 행하면서 그에 합당한 이유들을 차근차근 제시하는 것을 보면서 그들이 어떻게 그렇게 이성적일까 궁금하기까지 합니다. 그런데 천국과 또한 그들의 영혼 구원의 문제에 이르면, 그들이 전혀 다른 사람이 되고 맙니다. 그러므로 이 문제들에 대한 그들의 처신만으로 판단한다면, 그들이 사람이라는 것을 도무지 믿을 수가 없습니다. 여러분에게 세상적인 일들을 처리하도록 이성을 제공해 주는 것이 바로 영혼인데, 정작 그 영혼이 그런 세상적인 모든 일을 처리하도록 여러분에게 빌려준 이성에게서 아무런 유익도 얻지 못하고 있으니, 정말 안타깝지 않습니까? 누군가 아주 잘 이야기한 것처럼, 이는 마치 집 주인이 자기 모든 사환들을 위해 양식을 제공해 주는데도, 사환들이 양식을 다 먹어서 정작 그 자신은 먹을 것이 없어 그 집안에서 유일하게 굶고 있는 것과도 같은 것입니다. 과연 이것이 많은 사람들에게서, 또한 세상의 방식대로 볼 때에 지혜로운 자로 여겨지는 자들에게서, 눈으로 볼 수 있는 안타까운 하나님의 심판이요 재앙이 아니겠습니까? 사람들에게 깨달음을 주고, 등과 배와, 집과 가정을 위하여 베풀어 주는 것이 바로 그들의 영혼인데, 정작 그 영혼은 굶어 죽어가고 있지 않습니까? 모종의 정욕의 힘에 눌려서 깨달음과 이성이 발휘되지 못하여, 영혼을 구원하기 위하여 진지하고도 왕성한 노력을 기울이지 못하니 말입니다. 이런 식으로 처우를 받는 영혼들이 어떻게 번성할 수 있단 말입니까?

하나님의 전신갑주의 부품들: 여섯째 부품 — 그리스도인의 검

"성령의 검 곧 하나님의 말씀을 가지라"(엡 6:17).

이제 우리는 그리스도인의 전신갑주 중의 마지막 여섯째 부품을 다룰 차례가 되었으니, 곧 검(劍)이요, 그것도 올바른 제품인 "성령의 검"입니다. 검은 언제나 병사의 무기 중 가장 필수적인 부품으로 귀중히 여겨졌습니다. 그러므로 시대와 민족을 막론하고 그 어떠한 무기보다 더 보편적으로 사용되어 왔습니다. 나라들마다 나름대로 무언가 특수한 무기나 병기들을 갖고 있습니다만, 싸움터에 검을 들고 나가지 않는 나라는 거의 없습니다. 배의 선장이 지도가 없는 것이나, 학자가 책이 없는 것이나, 병사가 검이 없는 것이나, 모두 똑같이 어처구니없는 일입니다. 그러나 이 모든 것보다도 더 터무니없는 것은 그리스도인이면서 하나님의 말씀에 대한 지식과 이 병기를 사용할 어느 정도의 기술이 없는 경우일 것입니다. 성경에서는 전쟁을 가리켜 말할 때에 "검" 혹은 "칼"이라는 명칭을 사용합니다. "내가 칼을 불러 세상의 모든 주민을 칠 것임이라"(렘 25:29). 즉, 전쟁을 보내시리라는 것입니다. 검이야말로 전쟁에서 가장 보편적으로 사용되는 무기요 또한 전투에서 가장 큰 효과를 내는 무기이기 때문입니다. 그런데 하나님의 말씀이 그리스도인의 손에서 바로 그런 무기가 됩니다. 이 검의 날에 그의 원수들이 무너지고, 온갖 놀라운 공적들이 세워집니다. "우리 형제들이 어린 양의 피와 자기들의 증언하는 말씀으로써 그를 이겼으니"(계 12:11). 말씀을 상세히 논의하기 전에 여기서 두 가지 관찰할 사항들을 주목하게 됩니다. 그 첫째는, 그리스도인에게 어떤 용도로 이 무기가 주어지느냐 하는 것이고, 둘째는, 이 무기가 차지하는 위치 혹은 순서에 관한 것입니다.

말씀에서 관찰할 수 있는 두 가지 사항

첫째 관찰 사항. 여기서 검이 어떤 용도로 그리스도인에게 주어지는지를 주목하기 바랍니다. 검은 방어와 공격 모두를 위한 무기입니다. 검이 바로 그렇습니다. 사도가 지금까지 제시한 나머지 모든 장비들은 방어용입니다. 허리띠, 호심경, 방패, 투구 등은 모두 원수의 공격에서 병사를 방어하고 보호하는 데에 소용되는 것들입니다. 그러나 검은 병사를 방어해 주기도 하고 원수에게 해를 입히기도 합니다. 하나님의 말씀도 그리스도인에게 이와 같은 용도로 사용됩니다.

첫째. 검은 방어용 무기입니다. 손에 검을 들고 원수의 공격을 막아내지 못하면 아무리 화려하고 찬란한 다른 장비들을 갖추었더라도 병사가 무장해제 당하기 십상일 것입니다. 그리스도인 역시 이 검으로 사탄의 맹렬한 공격으로부터 보호하지 않으면, 별 어려움 없이 그의 모든 은혜들을 다 빼앗기고 말 것입니다. "주의 법이 나의 즐거움이 되지 아니하였더면 내가 내 고난 중에 멸망하였으리이다"(시 119:92). 이것은 마치 아담이 에덴 동산 안으로 침범하지 못하도록 막기 위하여 하나님께서 동산에 두신 화염검과도 같습니다. 성도를 그리스도의 동산이나 과수원에 비하는 경우가 많습니다. 말씀의 검으로 그리스도께서 그의 과수원이 약탈을 당하지 않도록 지키시는 것입니다. 위대한 약탈자 사탄을 이 검의 예리한 날로 지키지 않으면 그 과수원의 달콤한 과실이 — 은혜들이나 위로들이 — 오래 달려 있을 수가 없을 것입니다. 오오 여러분, 이 하나님의 말씀이 그에게는 공포의 대상입니다. 그는 말씀에 대한 공포를 도무지 이길 수가 없습니다. 그리스도께서 "기록되었으되"라고 말씀하시자, 이 악한 선머슴은 칼리굴라(Caligula: 로마의 황제 — 역주)가 번개가 작렬할 때에 겁에 질려 도망한 것보다 더 큰 혼란과 공포에 질려서 도망하고 맙니다. 그리스도의 복된 입술에서 엄청난 힘으로 나오는 그 말씀이 그를 몰아내었으니, 성도들에게는 지극히 맹렬하고 지독한 시험들을 상대로 자신을 방어할 수 있는 가장 효과적인 무기가 항상 구비되어 있는 것입니다. 다윗에게 이 원수의 공격에서 피하게 해준 무기가 무엇이었냐고 물어보면, 그는 바로 하나님의 말씀이었다고 대답할 것입니다. "사람의 행사로 논하면 나는 주의 입술의 말씀을 따라 스스로 삼가서 포악한 자의 길을 가지 아니하였사오며"(시 17:4). 즉, 다른 이들은 그들을 방어할 이 무기가 없어서 괴로움을 당하였으나, 나는 주의 말씀의 도움을 입어 저 사악한 일들과 포악한 행위들로부터 나를 보존할 수 있었다는 것입니다.

둘째. 검은 공격용 무기입니다. 검은 병사를 방어해 줌과 동시에 그의 원수를 공격합니다. 이처럼 하나님의 말씀도 지켜 주는 검이기도 하지만 또한 죽이는 검이기도 합니다. 외부에서 오는 시험의 힘에 굴복하지 않도록 지켜 주고 지탱시켜 주지만, 동시에 속에 있는 자신의 정욕들을 죽이기도 하며, 이렇게 해서 승리를 완결짓는 것입니다. 어느 날은 원수에게서 피하기도 하지만, 다른 때에는 그에게 무너지기도 합니다. 어떤 이들은 세상의 오염에서 한동안 피하나 그들이 말씀의 능력이 그 마음에 임하여 그 검으로 정욕들을 베어 죽인 적이 없기 때문에 결국 그 마음속에 숨어 있는 이 은밀한 원수에게 무너지고 죽임당하고 만다고 말씀합니다(벧후 2:20. 참조. 22절). 압살롬은 머리카락이 나무에 걸려 매달려 있었지만, 요압이 때마침 그에게 다가와 그를 창으로 찔러 죽이지만 않았다면, 그가 살아남아서 자신을 그렇게 패하게 만든 자들에게 복수했을 것입니다. 우리는 많은 사람들이 양심의 괴로움들을 벗어나고자 꿈틀거리다가 — 이로써 한동안 절제하고 그들의 죄가 이를테면 머리카락 때문에 나무에 걸려 있기도 합니다 — 후에는 과거보다 더 가증스러운 모습이 되어 버리는 안타까운 일들을 날마다 접하는데, 이 모든 것이 믿음으로 이 말씀의 검으로 그들의 정욕의 심장을 찌를 기술도, 용기도, 성실함도 없기 때문에 일어나는 것입니다.

둘째 관찰 사항. 이 무기가 차지하는 위치 혹은 순서를 관찰하기 바랍니다. 사도는 먼저 그리스도인에게 모든 장비들을 제시하고, 또한 그 장비들을 다 갖추고 난 다음 이 검을 찰 것을 명령합니다. 성경에서 하나님의 성령은 언제나 방법을 준수하는 데에 관심을 갖고 계시지는 않습니다만, 바로 검이 차지하는 위치와 순서에 두 가지 의미를 찾을 수 있는 암시가 있는 것으로 보아도 무방하지 않을까 여겨집니다.

첫째. 다른 모든 장비들 뒤에 이를 제시하는 것은, 어쩌면 말씀을 올바로 사용하기 위해서는 하나님의 성령의 다른 은혜들이 반드시 필수적이라는 것을 우리더러 깨닫게 하기 위한 것일 수도 있습니다. 말씀보다 더 많이 오용되는 것이 없습니다. 왜 그럴까요? 사람들이 건전하지 못하고 거룩해지지 않은 마음으로 말씀을 대하기 때문이 아니고 무엇이겠습니까? 이단은 자기의 거짓 교리를 입증하기 위해 말씀을 인용하며 감히 뻔뻔스럽게 말씀을 되뇝니다. 그들이 그 괴물 같은 교리들이 순결하고도 정숙한 하나님의 말씀에서 비롯되었음을 자랑하다니, 어떻게 이런 일이 가능하단 말입니까? 분명 그것은 그들이 말씀에게로 나아와 그것을 대하지만, 순전함의 허리띠를 띠지 않은 채로 그렇게 하니, 그렇게 저주받을 몹쓸 처지가 되는 것일 것입니다. 그들이 말씀을 궁구하는 것이 순전하지 않으므로 공의롭게도 하나님께서는 그들이 진리를 놓치도록 그냥 내버려 두시는 것입니다. 그 자들은 거짓의 아비에게 마음이 사로잡혔고, 그러므로 말씀에게 나아오지만 말씀으로 오로지 그런 자기들의 거짓됨을 드러내기밖에는 못하는 것입니다. 또 어떤 이는 말씀을 읽고는 전보다 더 악해지고, 과거보다 더욱 완악하게 정욕들에 빠지기도 합니다. 그는 몇몇 사람들이 삶에 몇 가지 악한 타락의 오점들이 있고 또한 자기 자신이 지금 빠져서 허우적대고 있는 그런 죄들과 똑같은 죄들에 빠지는 데도 불구하고 하나님의 성령께서 그들을 성도로 지목하는 것을 말씀에서 보고는 대담하게 자기 자신을 성도로 지목해 버리니, 도대체 어떻게 이처럼 주제넘는 짓을 할 수 있단 말입니까? 이는 그가 거룩하지 않은 마음으로 말씀을 대하기 때문이요, 또한 그처럼 위험한 시험의 공격에서 자신을 방어해 줄 의의 호심경이 그에게 없기 때문입니다. 또 어떤 이는 믿음이 없어 진리의 무서운 경고의 존재를 양심에 납득하지 못하여, 대담하게도 이 검의 날 끝에 달려가서 감히 하늘의 하나님께 그것으로 자기를 찔러보라고 도전하기도 합니다. 그리하여 바로 이 날카로운 칼끝을 가지고 장난치는 저 몹쓸 자들을 선지자가 언급하는 것을 봅니다: "여호와의 말씀이 어디 있느냐? 이제 임하게 할지어다"(렘 17:15). 이는 마치 다음과 같이 조롱하는 것과도 같습니다. "네가 이 이상하고 해괴한 것으로 우리를 겁주면서, 하나님의 이름으로 심판이 우리에게 임한다고 협박하는데, 도대체 그것이 언제 오겠느냐? 그것을 보고 싶어 미칠 지경이다. 검을 칼집에서 꺼내는데 그렇게 시간이 오래 걸리는 것을 보니 하나님의 검이 녹이 슨 것이 아니냐?" 그리고 절망에 빠진 영혼은 소망의 투구가 없으므로, 약속들을 대하되 주제넘는 죄인이 말씀의 경고를 대하는 것보다 별로 나을 게 없이 대합니다. 자신의 죄책감에 젖은 양심의 두려움에 대항하여 약속을 높이 들어 자신을 방어하기보다는 자기 스스로 그 검의 날 끝에 넘어져 자신의 영혼을 파멸시킵니다. 원수를 찌르라고 준 무기에 오히려 자신이 찔려 죽는 것입니다. 그러므로 사도께서 먼저 다른 장비들을 다 갖추게 하고, 그 다음에 검을 그들에게 주어서 유익하게 사용하게 한 것인지도 모르겠습니다. 미친 사람의 손에 들린 칼이나, 사악한 자의 입에 들린 하나님의 말씀이나 아주 비슷하게 사용됩니다. 곧, 자기들 자신과 아울러 그들과 가까이하는 자들을 해치기밖에는 하지 못하는 것입니다.

둘째. 다른 모든 장비를 제시한 다음에 검을 제시하는 것은, 어쩌면 그리스도인이 이생에서 은혜로 이룰 수 있는 최고의 수준으로 올라가더라도 말씀을 사용하는 것 위에 있을 수는 없다는 것을, 아니 말씀이 없이는 결코 안전할 수 없다는 것을, 알게 하기 위함일 수도 있을 것입니다. 순전함으로 허리띠를 띠고, 의의 호심경으로 가슴을 감싸고, 믿음의 방패를 손에 들고, 소망의 투구를 머리에 쓰면 구원이 이제 임하여 있다는 것을 의심할 수가 없습니다. 그러나 이 상태에서도 성령의 검, 곧 하나님의 말씀을 반드시 지녀야 합니다. 하나님의 말씀은 그리스도의 학교의 가장 낮은 저학년 학생만 읽는 책이 아닙니다. 천국의 대학으로 옮겨갈 만큼 출중한 최고의 학자에게도 똑같이 필요한 것입니다. 말씀은 회심을 통하여 사람을 그리스도인으로 만드는 데에만 사용되는 것이 아니라, 그를 온전하게 만드는 데에도 사용되는 것입니다(딤후 3:15). 이는 마치 건축자의 자와 줄(線)과도 같아서, 회심 때에 기초를 놓는 데에도 반드시 필요하고 또한 생애의 마지막에 건물의 꼭대기 장식을 놓는 데에도 반드시 필요한 것입니다. 그러므로 건물이 다 완성되지도 않았는데 줄을 던져 버리는 사람이 있다면 그는 정말 어리석은 건축자일 것입니다.

이제는 이 "성령의 검 곧 하나님의 말씀"을 본문 속에서 취하여 다루어보기로 하겠습니다. 이 단어들은 세 가지 부분으로 나뉩니다. 첫째. 무기 그 자체, 즉 "하나님의 말씀"입니다. 둘째, 그 무기를 덮고 있는 은유(隱喩), 곧 "검"이며, 또한 그것을 소유한 분과 함께 "성령의 검"입니다. 셋째. 이 무기를 사용하라는 권고와 또한 그것을 어떻게 사용할지에 대한 지침이니, 곧 "… 와 성령의 검"입니다. 즉, 이 무기를 앞에서 언급한 모든 장비들과 더불어 취하라는 것입니다. 앞의 장비들을 가지라고 지침을 준 바로 그 사람들에게 말씀의 검도 사용하라고 지침을 주는 것입니다. 그런데 남편들과 아내들, 부모와 자녀들, 주인들과 종들 등, 온갖 종류의 사람들이 이에 해당됩니다. 사도는 허리띠나 투구 등과 마찬가지로 그 누구도 이 검이 없이 있는 것을 원하지 않았습니다. 물론 교황주의자들은 이 말씀의 검을 마치 골리앗의 검처럼 자기들의 손에 닿지 않는 곳에 두고 사제들만 지니기를 바라니 이 가르침을 별로 좋아하지 않을 것입니다만 말입니다.

제 1 부

하나님의 말씀이란 무엇을 뜻하는가

"하나님의 말씀"(엡 6:17)

V

먼저 무기 그 자체 — "성령의 검 곧 하나님의 말씀" — 부터 다루기로 하겠습니다. 검이라는 은유에 근거하여 다루되, 먼저 검 그 자체를 다루고, 그 다음에는 그것을 칼집에 꽂아서 다루겠습니다. 첫째. 본질적인 말씀, 이는 곧 영원하신 하나님의 아들이십니다. 둘째. 선포의 성격을 띤 하나님의 말씀인데, 이는 하나님께서 그의 뜻을 사람에게 계시하기를 기뻐하신 갖가지 시대와 다양한 양상에 따라 달라집니다.

["하나님의 말씀"이 지칭하는 것 두 가지]

첫째. 본질적인 말씀이 있는데, 이는 곧 영원하신 하나님의 아들이십니다. "이 말씀이 하나님과 함께 계셨으니 이 말씀은 곧 하나님이시니라"(요 1:1). "또 그가 피 뿌린 옷을 입었는데 그 이름은 하나님의 말씀이라 칭하더라"(계 19:13). 이것은 어느 분에 대해 한 말씀인데, 그는 다름 아닌 그리스도 곧 하나님의 아들이십니다. 그러나 본문에서는 그가 하나님의 말씀으로 나타나지 않습니다. 그리스도께서 성령의 검이신 것이 아니라 오히려 성령이 그리스도의 검이십니다. 앞의 본문 15절에서는 이렇게 말씀합니다: "그의 입에서 예리한 검이 나오니 그것으로 만국을 치겠고."

둘째. 선포의 성격을 띤 하나님의 말씀이 있습니다. 주께서는 여러 가지 다양한 방식과 양상을 통해 그의 뜻을 사람의 아들들에게 선포하시기를 기뻐하셨으니 만큼, 그 말씀도 다양합니다. 우선, 땅에 사람들이 별로 많지 않고 그들의 수명도 여러 세기에 이를 만큼 길었던 시절에는 하나님께서 꿈이나 이상들을 통해 직접적인 계시들로 그의 뜻을 신실한 증인들에게 전해 주셔서 그들로 동시대 사람들을 가르치게 하시고, 그 계시들에 대한 지식을 후시대에 전수하게 하셨습니다. 그들이 그렇게 오래 살았기 때문에 아담의 죽음으로부터 시작하여 이스라엘 사람들이 애굽에 내려가기 직전까지 거룩한 사람 세 사람만으로도 특정한 전통을 통해서 신앙의 순결을 보존할 수 있었습니다. 경건하며 학식 있는 어떤 이가 그 연대를 계산한 것처럼, 므두셀라는 아담과 더불어 이백 년 넘게 살면서 그에게 계시된 하나님의 뜻을 그에게서 전수받았을 것입니다. 셈은 이삭이 오십 세가 될 때까지 살아 있었으며, 이삭은 이스라엘 자손이 애굽에 들어가기 불과 몇 년 전에 세상을 떠났습니다. 그렇게 오랜 세월 동안 하나님은 그의 뜻을 기록으로 옮기지 않으셨는데, 이는 몇몇 소수의 신실한 종들의 손을 통해 전수해도 얼마든지 그의 뜻이 안전하게 보존될 수 있었기 때문일 것입니다.

그러나 팔백 년 혹은 구백 년이었던 사람의 수명이 — 그 당시에는 이것이 일상적인 수명이었습니다 — 모세의 시대에 와서는 불과 수십 년 정도로 줄어들게 되었고(시 90), 또한 몇 명뿐이던 하나님의 백성이 애굽에서 무수한 무리로 — 그것도 우상 숭배로 부패한 상태로 — 성장하자, 하나님은 이제 그 백성을 애굽에서 건져내실 즈음에 그들로 하나의 국가를 형성시킬 것을 의도하시고, 예배가 부패하지 않게 하고 또한 그들의 삶이 타락하지 않도록 방비하기 위하여 기록된 율법을 주셔서 이 두 가지 점에서 그들을 지도할 공적인 기준을 마련토록 하는 일이 합당하다고 여기신 것입니다. 그리하여 그는 친히 그의 손가락으로 돌비에 십계명을 기록하셨고, 모세에게 산 위에서 다른 말씀들을 들려주시고 그 말씀들을 기록하도록 명령하셨습니다(출 34:27). 그러나 그는 시대의 필요성에 따라 특별한 계시들로 그의 뜻을 그의 교회에 알리시기를 계속하셨고, 또한 그의 기록된 말씀의 첫판을 계속 증보하셨습니다. 그리고 교회의 위대한 교사이신 그리스도와 또한 그의 서기(書記)들인 그의 사도들로 하여금 거룩한 성경의 정경을 완성하게 하시고 세상 끝날까지 사용하도록 그의 교회에게 맡기셨습니다. 그렇습니다. 그리스도께서 친히 그 말씀에 가감하는 자에게 저주가 임할 것을 선언하셨습니다(계 22:18, 19). 그러므로 이제는 하나님께서 직접 사람들에게 그의 뜻을 알게 하신 과거의 모든 방식들이 이 성경 하나에 흡수되었습니다. 그러므로 우리는 성경을 믿음과 삶의 완전한 규범을 내포하는 의심의 여지 없는 하나님의 말씀으로 받아들이고, 또한 그의 뜻을 알려 주는 다른 계시를 기대해서는 안 되는 것입니다. 히브리서 1:1-2이 바로 이런 의미입니다: "옛적에 선지자들을 통하여 여러 부분과 여러 모양으로 우리 조상들에게 말씀하신 하나님이 이 모든 날 마지막에는 아들을 통하여 우리에게 말씀하셨으니." 하나님의 뜻을 드러내는 다른 계시를 찾아서는 안 되기 때문에 "이 모든 날 마지막"이라고 부르는 것입니다. 그러므로 우리는 요아킴(Joachim), 아바스(Abbas), 위겔리안(Wigelians) 등의 모독적인 사상을 혐오해야 마땅할 것입니다. 이들은 성 삼위 하나님의 삼위로부터 세 가지 교리가 흘러나온다고 가르칩니다. 곧, 성부로부터는 율법이 흘러나오고, 성자로부터는 복음이 흘러나오는데 이는 신약 성경에 담겨 있으며, 또한 성령으로부터는 자기들이 말하는 소위 영원한 복음(*evangelium eternum*)이 흘러나온다는 것입니다. 반면에 친히 성경을 기록하게 하신 하나님의 성령께서는 성경 속의 가르침을 가리켜 "영원한 복음"이라 부르십니다(계 14:6). 본문에서 하나님의 말씀이 무엇을 지칭하는지에 대해서는 이 정도로 그치겠습니다. 이로부터 다음과 같은 가르침이 이어집니다.

[성경의 신성, 그리고 성경 자체의 증언의 충족성]

가르침. 성경은 의심의 여지 없이 하나님의 말씀입니다. 성경이란 구약과 신약을 뜻합니다. 우리 믿음의 터는 한 가지인데, 바로 신구약 성경이 그 터입니다: "너희는 사도들과 선지자들의 터 위에 세우심을 입은 자라"(엡 2:20). 그것은 하나님께서 그들을 통하여 그의 교회에 전해 주신 교리입니다. 그들은 성령의 오류 없는 인도하심 아래 있었습니다: "모든 성경은 하나님의 감동으로 된 것으로," θεοπνευστος, 즉 하나님에 의해 숨으로 내쉰 바 되었다는 뜻입니다. 마치 우리의 숨결이 우리 몸의 내부로부터 나오듯이, 성경이 진실로 또한 직접적으로 하나님의 마음 그 자체로부터 나온 것이라는 것입니다. 그렇습니다. 그 문제들과 말씀들이 하나님에 의해 지어졌습니다. 그들이 말씀한 것들이 "사람의 지혜가 가르친 말"이 아니라 "오직 성령께서 가르치신 것"이었기 때문입니다(고전 2:13). 하나님께서 그들 스스로 어떤 주제를 주시고는 그들더러 자기들의 역량과 기질을 사용하여 좀 더 상세히 내용을 증대시키게 하신 것이 아니라, 그가 기술하고자 하시는 것을 그대로 전해 주신 것입니다. 그들은 그의 무오한 말씀을 받아 기록하는 그의 대필자나, 혹은 수많은 서기들처럼 하나님의 성령께서 그들 앞에 제시하시는 것을 옮겨 적은 것에 불과했습니다. 그렇기 때문에 그 어떠한 성경 말씀도 우리의 사사로운 공상이나 착상을 갖고서 지각할 것이 아닌 것입니다. 우리는 그 의미를 그 자체로부터 취해야 합니다. 한 본문이 다른 본문을 밝히 해명해 주는 것을 보니 말입니다. 그렇게 해야 하는 이유는 성경이 사람의 사사로운 영에서 비롯된 것이 아니라, "오직 성령의 감동하심을 받은" 거룩한 하나님의 사람들이 "오직 성령의 감동하심을 받"아 말한 것이기 때문입니다"(벧후 1:20, 21). 법을 만들어 내는 권세가 또한 그것을 해석하는 일도 해야 하는 것입니다.

질문. 하지만 개중에는 다음과 같이 말할 사람들이 있을 수도 있을 것입니다. 성경더러 그 자신을 위해 증언하게 한다고요? 성경이 과연 하나님의 말씀이냐 하는 것이 문제인데, 성경이 스스로 그렇게 말한다고 하니, 이런 대답으로 족합니까?

답변. 만일 법정에서 심문을 받는 참 형편없는 자가 이런 말을 한다면 이런 질문이 의미가 있을 것입니다만, 여기 계신 분은 사람보다 더 위대하신 분이십니다. 살비아누스(Salvian)는 이렇게 말합니다(*De Gub. Dei.* lib. iii): "사람은 자기들의 말이 참이라는 것을 증명하고 보증하기 위해 갖가지 논리와 증인들이 필요하지만, 하나님의 말씀은 그 자신에게 충족한 증인이 된다. 왜냐하면 그 말씀은 진리 그 자체이니 순결하며, 따라서 순전하고 참된 증언 이외에는 할 수 없기 때문이다." 그리스도께서는 사람의 증언을 빌려서 자신을 입증하는 것을 자신의 위엄을 욕되게 하는 것으로 여기셨으나 친히 성경이 그 자신에 대해 행하는 증언을 통해 자신을 입증하셨고, 이에 대해 그의 원수들이 어떻게 받아들이든 관여치 않으셨습니다. 왜냐하면 그에 관한 증언이 성경에서 당연히 발견되기 때문이었습니다(요 5:34. 참조. 39절). 성경 자체의 빛으로 이 태양을 보지 못하면, 인간의 증언과 논리의 촛불과 등잔불로 찾으려 해도 헛수고일 뿐입니다. 그런 촛불과 등잔불이 모자라고, 전혀 무용지물이라는 뜻이 아닙니다. 교회의 증언은 높이 기려야 마땅합니다. 교회가 하나님의 말씀들을 거룩한 위탁물(*depositum*)로, 또한 명령으로 받아 수호하도록 그 말씀들이 교회에게 전해지기 때문입니다. 그렇습니다. 교회를 가리켜 "진리의 기둥과 터"라 부르며(딤전 3:15), 또한 성경의 빛을 세상에 환히 비치게 하는 "촛대"라 부르는 것입니다(계 1:12). 왕의 포고문이 시장터 골목의 기둥 위에 걸려 있을 때에, 그것이 그 기둥에 걸려 있으니 진짜 왕의 포고문이 틀림없다고 말할 사람이 어디 있겠습니까? 또한 촛불의 빛이 초를 담은 촛대에서 나온다고 말할 사람이 어디 있겠습니까? 교회의 역할은 섬기는 것 — 하나님의 말씀을 선포하고 알리는 것 — 이지, 권위적이요 절대적인 것 — 자기 기분에 따라 하나님의 말씀을 성경으로 승인할 수도 있고 거부할 수도 있는 것 — 이 아닙니다. 이는 하나님을 사람에게 보내어 그의 승인을 받도록 하는 것과 다를 바 없는 것입니다. 테르툴리아누스(Tertullian)가 그의 「변증」(*Apology*)에서 말하는 것처럼, 이교도들이 자기들의 신들을 바로 그렇게 대합니다. 신들이 원로원의 결의를 통과하고 그들의 선의를 얻고서야 비로소 백성들에게서 신으로 존중을 받을 수 있었다는 것입니다. 로마 교회가 바로 성경을 그렇게 대하는 것이 아니고 무엇입니까? 성경이 성경이라는 것을 믿을 수 있도록 교황에게 재가를 받게 하니 말입니다. 헤르마누스(Hermanus)의 모독적인 발언은 너무도 악명 높습니다. 그는 말하기를, "교회의 증언이 덧붙여지지 않는다면 성경이 이솝의 우화 이상 더 큰 힘을 갖지 못한다"고 했습니다. 로마가 로마와 어찌 그리 똑같은지 모르겠습니다! 미신에 찌든 로마 교회가 이교도 로마와 똑같으니 말입니다! 그러나 이 문제에 대해 결정하기 위해서 굳이 그렇게 멀리까지 갈 필요가 없습니다. 성경 자체가 그렇게 하찮은 일로 그렇게 힘겨운 여정을 감내하는 고통을 당하지 않아도 되도록 만들어 주는 것입니다. 아무리 교황이 주위에 추기경들을 대동하고 옥좌에 앉아 있다 해도 그런 교황보다 성경 자체가 그 신적인 권위에 대해 우리에게 더 만족을 줄 수 있으니 말입니다. 또한 어떤 사자에게 하늘로 올라가서 천국으로부터 인증서를 가져다 달라고 구할 필요도 전혀 없습니다. 성경 자체가 이를테면 그 이마에 천국의 이름이 기록되어 있으므로 그것이 어느 누구도 아닌 오직 하나님 자신께로부터 온 것임을 다 볼 수 있기 때문입니다. 수많은 사람들이 어느 특정한 사람을 그 얼굴과 목소리와 혹은 필적으로 알아보는 일이 가능하다면, 보잘것없는 피조물이 거룩한 성경에 나타난 그의 음성과 기록으로 하늘의 하나님을 알아본다는 것이 이상한 일일 수 없습니다. 하나님께서 창조 세계 속에 그의 영광된 이름을 짜 넣으셔서 그것들이 그의 권능과 신격을 선포하므로, 성경을 전혀 읽지도 않았고 혹은 그런 책이 있다는 것을 들어보지도 못한 자들이 그를 조물주로 여기는 것을 보지 않습니까? 하나님에 대한 관념을 떨치지 못하고 그 양심에 이끌린 바 되어 신의 존재를 시인하는 것입니다. 그리고 깨달음을 얻은 양심과 거룩하게 된 마음은 성경 속에서 비치는 그 압도적인 증거에 사로잡혀서 "이것은 그 어떤 피조물의 말이 아니라 과연 하나님의 음성이다"라고 외치게 되는 것입니다. 성경에 나타나는 위대한 진리들과 주요한 사상들이, 성경을 기록하게 하신 그 동일하신 성령께서 모든 성도들의 마음속에 심어 주신 은혜의 원리들과 완전히 부합되므로, 그 말씀을 읽고 들을 때마다 그들의 영혼이 언제나 기뻐 뛰노는 것입니다. 마치 동정녀 마리아가 인사할 때에 엘리사벳의 뱃속의 아이가 뛰놀았던 것처럼 말입니다. 어린 양은 온 양 떼 중에서도 자기 어미를 분명히 알지만(그 어미의 울음소리에 온 무리들을 지나쳐 그에게로 달려가 젖을 빱니다), 그리스도의 양들이 성경의 구원의 진리들 속에서 그의 음성을 아는 것은 그보다 더 확실합니다. 그들은 성경의 순전한 젖을 사모하며, 그것을 맛보며 다른 모든 젖들과 구별하도록 하나님께 가르침을 받는 것입니다. 하나님의 성령께서 영혼에 빛을 비추시고 깨닫게 하시기까지는, 사람이 성경의 신성을 입증하는 갖가지 논리들에 말문이 막혀 반박은 하지 못하지만 절대로 성경을 신뢰하고 의지하거나 그것을 하나님의 말씀으로 알고 그것을 사모하게 되지는 않습니다. 서기관들과 바리새인들은 그리스도께서 말씀으로 논박하실 때에 어안이 벙벙하고 말문이 막혀 버릴 때가 많았지만, 이 몹쓸 사람들은 계속 사람들을 보내어 그리스도를 공격하였고, 그리스도의 신성의 위엄에 눌려 무너져 내려 설설 기다가도 어느새 다시 일어나 그에게 폭력을 행사하였습니다. 그리하여 이 완악한 바리새인들과 서기관들은 그토록 찔림을 받고 깨우침을 받았음에도 불구하고 그리스도께서 전하신 가르침을 대적하였고, 그들 대부분이 결국 사망에 이른 것입니다. 그렇습니다. 그들이 성경의 일부인 모세의 율법들을 그렇게 높이 떠받드는 것처럼 보였고 또한 그것을 근거로 삼고 그리스도와 논쟁을 벌였으면서도, 정작 우리 구주께서 그들이 그렇게 사모하고 떠받드는 그 모세의 율법을 그들에게 담대히 말씀하시자, 그들은 그것이 하나님의 말씀이라는 것을 믿기조차 하지 않았습니다. 홀로 참된 신적인 믿음을 베푸시는 하나님의 성령께서 그들에게 계시지 않는데, 어떻게 그들이 성경을 믿는 그런 믿음을 가질 수 있었겠습니까? "모세를 믿었더라면 또 나를 믿었으리니 이는 그가 내게 대하여 기록하였음이라"(요 5:46). 에라스무스(Erasmus)는 그의 친구에게 보낸 편지에서 말하기를, 수도사들이 아우구스티누스의 가르침은 건전한 진리로 받아들이면서 정작 루터가 그것들을 가르치니 그 중에 많은 내용들을 이단이라고 규정한다고 하였습니다. 아우구스티누스가 가르친 진리들을 루터를 통해 전해 듣고서 그것들을 정죄하였으니,

사실 그들은 아우구스티누스의 가르침들이 진리라는 것을 전혀 믿지 않은 것입니다. 이와 똑같이 바리새인들도 사실 모세가 기록한 것을 믿은 것이 아닙니다. 그리스도께서는 과거에 모세가 하나님께 받아 말씀한 내용을 확인하신 것밖에 없는데 그들이 그를 대적했으니 말입니다. 그러나 하나님의 성령께서 임하사 하나님의 말씀을 믿게 하실 때에는 그 말씀 속에 담겨 있는 그 논리들에 그 자신의 무게와 힘을 실어 주시고, 그리하여 그것들의 자극이나 성격이 영혼에 인쳐지게 하심으로써 그렇게 하시는 것입니다. 그러므로 성경 자체에서 드러나는 많은 논지들 가운데 한두 가지를 제시함으로써 성경이 과연 신적인 것임을 입증하고자 합니다. 지금 제가 걷고 있는 이 길이 이미 사람들이 지나간 길이라는 것을 잘 압니다. 그러므로 저는 다른 것들(αλλῶς)을 말씀드리지는 않겠으나, 달리(ἀλλα) 말씀드리겠습니다. 많은 다른 사람들에게서 접했을 그런 동일한 내용을 말씀드리지만, 저 자신이 연마하여 약간 다른 방식으로 말씀드리려는 것입니다. 저는 개인적으로 제 자신의 약하고 단조로운 검을 갖고 가기보다는 다른 사람의 잘 다듬어진 검을 빌려서 싸움터에 나아가서, 제 자신의 어리석음과 교만을 여지없이 베어 버리고 집으로 돌아오는 것이 더 지혜로운 일이라 생각합니다.

성경이 신적인 성격을 지녔음을 입증하기 위해 제가 근거로 삼고자 하는 두 가지 요지는 바로 이것들입니다. 첫째. 성경의 주제. 둘째. 성경을 통해 생겨나는 초자연적인 효과들.

—

첫째 요지

[성경의 신성의 증거: 그 주제]

성경에 내포되어 있는 주제 자체가 성경이 천상적으로 유래하였음을 입증해 줍니다. 그 주제는 도무지 피조물에게서 비롯되었거나 피조물의 산물일 수가 없습니다. 성경을 잠시 살피고 그것에 속한 몇몇 부분들을 생각해 보고, 과연 그것들이 모두 하나님의 형상을 드러내는지를 확인하시기 바랍니다. 다음을 생각해 보십시오. 첫째. 성경의 역사적인 부분. 둘째. 성경의 예언적인 부분. 셋째. 교리적인 부분. 넷째. 교훈적인 부분과 또한 이를 강화시켜 주는 약속들과 경고들을 담은 부록들. 이 모든 부분들에 신성의 자국이 각인되어 있지 않은지를 확인하기 바랍니다.

[성경의 역사적인 부분이 신성을 드러냄]

첫째 부분. 성경의 역사적인 부분입니다. 여기서 다음을 생각해 봅시다. 첫째. 그 관련 주제의 상고성(上古性: antiquity). 둘째. 기자들이 그들의 당면 문제들에 관하여 단순하고도 순전하게 기록하고 있다는 사실.

첫째. 성경의 관련 주제의 상고성입니다. 도무지 피조물에게서 나올 수 없는 그런 내용들이 성경에 있습니다. 창조의 역사를 기록할 수 있을 만큼의 지식과 학식을 도대체 어디서 얻을 수 있겠습니까? 이교도들도 본성적인 이성을 발휘하여 다음과 같은 정도는 알아낼 수 있을 것입니다. 곧, 세상이 영원부터 있었을 수는 없고 반드시 그 시작점이 있다는 것과, 또한 세상이 다른 누구도 아닌 하나님의 작업을 통해 있게 되었으리라는 것이 그것입니다. 하지만 이것은 하나님이 어떻게 역사하셔서 세상을 있게 하셨으며, 각 피조물이 어떤 순서로 지음 받았으며, 하나님이 세상의 창조를 완결지으시는 데 얼마나 걸렸는가 하는 것에 대한 명확한 역사에 비하면 아무것도 아닙니다. 그런 내용을 제공해 주신 분은 온 세상보다 먼저 계신 분이셔야 하고, 또한 매일의 창조 역사를 직접 목격하신 분이어야 하는데, 사람은 마지막 날에 겨우 지음 받았으니 결코 이에 해당할 수가 없는 것입니다. 뿐만 아니라 성경에는 이보다 더 오래된 역사가 있습니다. 세상이 시작되기 전 천상의 회의(council table)에서 행해진 일과 또한 거기서 하나님이 후에 지으실 사람에 관하여 정하신 내용 등을 성경에서 보게 되는 것입니다. 이 회의록을 살펴서 영원 전에 하나님이 작정하신 내용들과 또한 성부께서 그 정한 때에 그의 택한 자들에게 베푸실 영생에 관하여 성자에게 주신 약속들(딛 1:2)에 대한 정보 같은 것을 과연 누가 우리에게 가져다줄 수 있었겠습니까?

둘째. 거룩한 성경 기자들이 그들 자신은 물론 그들과 가깝고 친밀한 자들에게 지극히 당면한 문제들을 단순하고도 순전하게 전하고 있다는 사실입니다. 인간 저

자들 중에서도 다른 사람들의 역사를 공정하게 다루며, 그 다루는 인물의 과오들을 기록할 때에도 자기 자신에게 불명예가 되지 않도록 사려 깊게 기록하는 것을 볼 수 있습니다. 그리하여 수에토니우스(Suetonius)는 위대한 황제들이 얼마나 사악한 자들이었는지를 세상에 낱낱이 드러냈고, 그리하여 그는 "황제들이 백성들을 마음대로 자유롭게 다스린 것처럼 그도 그들의 삶을 기록할 때에 똑같이 마음껏 자유롭게 다루었다"는 평을 듣습니다. 그러나 자기의 가문이나 사람의 오점을 아무렇지도 않게 태연하게 기록할 사람이 어디 있겠습니까? 안타깝게도 이 문제에 대해서는 사람들이 제대로 기록하지 않는 것을 봅니다. 역사에 오점을 남길지언정 자기들의 이름에 오점을 남기려 하지는 않는 법입니다. 그들은 마치 알렉산더의 초상화가가 손가락으로 그 흉터들을 가리는 자세로 그의 초상화를 그려 놓은 것처럼 그렇게 그리는 것입니다. 혹시 그런 오점들을 언급하더라도 실제보다 줄여서 완곡하게 묘사하는 것을 보게 됩니다. 그러나 성경의 역사에서는 이런 식의 자기 사랑이 전혀 나타나지 않으며, 성경 기록자들은 자기들 자신의 수치나 벌거벗은 모습을 다른 이들에 대해 기록할 때와 똑같이 세상이 다 보도록 낱낱이 드러내는 것입니다. 모세는 자기 지파가 세겜에서 피비린내 나는 학살을 행한 사실을 기록합니다(창 34장). 모세의 원수가 똑같은 역사에 대해 기록하더라도 그보다 더 적나라하게 기록할 수는 없었을 것입니다. 그의 친 형에 대해서도 좋게 기록하지 않고 그의 우상 숭배의 사실을 그대로 드러냅니다(출 32장). 그의 여동생의 교만한 처신과 또한 그녀에게 임한 하나님의 형벌도 숨기지 않고 그대로 기록하고 있습니다(민 12장). 이보다도, 그의 친 부모의 근친상간 사실도 그냥 지나가지 않고 기록하고 있습니다(출 6:20). 모세는 공의를 시행한 레위에 대해 말하기를, "그는 그의 부모에게 대하여 이르기를 내가 그들을 보지 못하였다 하며 그의 형제들을 인정하지 아니하"였다고 했는데(신 33:9), 우리는 이 말을 전혀 편파성이 없이 공정하게 기록한 모세 자신에게 그대로 적용할 수 있을 것입니다. 그는 자기 집과 가문에 대해서 뿐 아니라 자기 자신에 대해서도 전혀 편파성을 보이지 않고, 자기 자신의 연약한 점들과 과오들을 다 기록합니다. 하나님이 그렇게 선명하게 직접 부르시는데도 자신이 많은 불신앙과 주저하는 모습을 보인 사실(출 3, 4장), 자기 자식에게 할례를 시행하지 않으므로 하나님의 규례를 소홀히 한 일과 또한 그 죄 때문에 치를 뻔한 대가, 하나님께서 세우신 자신의 처지에 괴로움이 있자 그것에 대해 짜증을 내며 조급하여 투덜거린 일(민 11:11-13) 등을 다 기록하고 있으며, 또한 하늘로부터 수많은 이적들이 임하여 하나님의 약속을 보증하였음에도 그가 보인 불신앙과 그로 인하여 이스라엘을 인도하는 권한이 그에게서 떠났고 이스라엘을 이끌고 가나안으로 들어가는 영광을 빼앗긴 사실 — 이는 그에 대해 하나님께서 보이신 극심한 불쾌하심의 표현이었습니다(민 20:12) — 도 그대로 기록하고 있습니다. 인간 이상의 어떤 영에게 인도함을 받지 않았다면, 그가 모든 육신적인 애착거리들을 그렇게 완벽하게 극복하고 자신의 존귀에 흠집을 내는 그런 일들을 전혀 가감 없이 성실하게 기록할 수는 없었을 것이라는 것을 우리는 인정할 수밖에 없습니다.

그런데 동일한 현상이 복음서 기자들이 기록한 복음서의 역사에서도 나타납니다. 그들에게는 모세처럼 찬란한 이름의 존귀가 거의 없었습니다. 그들은 자기들의 오점들과 동료 사도들의 오점들을 자유로이 그대로 보도하는 것이 드러나고 있습니다, 그들은 자기들의 체면을 지키기 위해 그리스도의 삶과 죽으심의 이야기 중에서 이런저런 내용들을 삭제하고 기록하여 교회에 해를 끼치기는커녕, 그리스도와의 관계 속에서 계속해서 그들 자신의 연약한 모습들을 그대로 기록하고 있습니다. 세베대의 아들들의 죄악된 야망과 복수심도 읽게 되며, 베드로가 주님을 시험하는 마귀의 역할을 하는 것도 읽게 되고, 기독교의 몇몇 주요 원리들을 열두 사도 모두가 한동안 알지 못하고 있었던 것도 알게 되며, 큰 자가 되고 싶어 하는 그들의 야망과 그것을 둘러싼 시끄러운 언쟁들도 보게 되며, 사도들이 몸으로 주님을 가로막아 그를 위험에서 지켰어야 했을 때에, 한 사도는 주님을 부인하고, 나머지는 그를 버리고 도망하는 등 — 그들은 목숨을 지키기 위해 그렇게 치졸하게 도망치지 말고 죽기를 각오하고 주님을 지켰어야 했습니다 — 그들의 불신앙과 비겁한 모습들을 그대로 적나라하게 볼 수 있습니다. 이런 내용들은 과연 그들이 기록할 때에 그들 자신이 아니라 그들보다 더 높은 어떤 영의 — 다름 아닌 바로 하나님 자신의 — 인도하심을 받았다는 것을 십분 드러내 준다 하겠습니다. 그들은 하나님을 위하여 그렇게 자신들의 굴욕적인 모습들을 기꺼이 세상에 적나라하게 드러내 보였습니다. 그들 자신의 연약함을 그대로 시인하여 하나님의 이름의 영광을 더욱 높이 드러내고자 그렇게 자기들의 이름에 먼지를 뒤집어씌운 것입니다.

[예언적인 성경들이 신성을 드러냄]

둘째 부분. 성경의 예언적인 부분입니다. 이 부분에는 장차 될 일들에 대한 놀라운 예언들이 들어 있는데, 이는 신적인 손길의 인도함을 받는 자 외에는 도무지 기록할 수 없는 것들입니다. 거기 예언된 모든 일들이 그것들이 성취되리라고 한 바로 그 시기에 실제로 정확하게 성취되었으니 말입니다. 그러니 이것들이 하나님께로부터 온 것이 아니라면 대체 누구로부터 왔겠습니까? "감추어진 일은 우리 하나님 여호와께 속하였거니와"(신 29:29). 그리고 예언들이 그 감추어진 것들을 잘 드러내 줄 것입니다. 곧, 그의 통치의 비밀들을 말입니다. 하나님께서는 그 비밀들을 사람에게 — 그가 누구든지 간에 — 알려 주시고, 그를 자신과 함께 그의 보좌에 세우셔서 그가 장차 될 일을 미리 말씀할 수 있도록 해주신 것입니다. "뒤에 올 일을 알게 하라 그리하면 너희가 신들인 줄 우리가 알리라"(사 41:23). 이것은 면류관의 꽃이요 유일하신 참 하나님의 비공유적인 속성이요 대권이라 고백하지 않을 수 없습니다. 그는 영원의 언덕에 서 계시며 거기서부터 모든 일들을 완전히 전망하시는 분이십니다. 무한하신 그에게는 모든 것이 다 현재입니다. 그의 뜻이 모든 일들의 원인이 되므로 그는 그것들을 아실 수밖에 없습니다. 그가 그것들의 원인을 다 아시니 말입니다. 마귀는 사람들이 자기에게도 이런 대권이 있는 것으로 생각하게 되기를 매우 갈망하여, 시대마다 꼭두각시 선지자들과 예언들을 세워서 그들로 무지하고 어리석은 세상을 어지럽힙니다. 그러나 어쩌면 좋습니까! 그의 이적들이 참된 이적이 아니듯이 그의 예언들도 참 예언이 아닙니다. 어리석은 사람들의 감각을 홀려서 이적이 아닌 것으로 이적처럼 속이듯이, 그는 그 어리석은 자들의 이성을 속여서 거짓 예언을 참 예언처럼 믿게 만드는 것입니다. 그의 예언들은 어둡고 모호하며 아주 교묘하여 마치 그림이 겹쳐진 것 같아서 모자 하나에 두 얼굴이 있습니다. 그리고 간교한 뱀이 나중에 일이 어느 쪽으로 일어나도 자기의 신뢰성이 무너지지 않게 할 요량으로 그 겹쳐진 부분 속에 몸을 숨기고 있는 것입니다. 아폴로(Apollo)가 록시아스(Loxias)라는 이름을 얻은 것이 바로 다음과 같은 이유 때문입니다. 그가 자기에게 신탁을 물으러 온 자들에게 애매한 답변을 주어 그들을 조롱하므로, 그들이 다시 돌아갈 때에도 전혀 지혜가 없이 돌아갔기 때문입니다. 사실 마귀도 그와 같이 하는 것이 필요하다는 것을 알았습니다. 자신이 아주 희미한 것밖에는 알고 있지 못하는데 그것을 늘이고 늘여서 이런 누더기 비밀 같은 것이라도 지니고 있지 않으면, 그 적나라한 모습이 모든 사람 앞에 환히 드러나 그가 수치를 당할 수밖에 없고 그의 예언들이 경멸을 받을 수밖에 없었을 것이니 말입니다. 아니면 마귀의 예언들이 있는 그대로 분명하게 전해진다면, 그것들은,

첫째. 그가 자연의 기본 원리의 도움을 받고 자연의 원인들의 비밀 속으로 들어가 — 그것들이 무딘 사람의 지각에 노출되기 전에 — 무언가 지식에 이르게 된 것들일 것입니다. 사람들은 사탄의 손에 그것들이 있어서 그가 그것들의 안내를 받았다는 것을 알 턱이 없으므로, 사탄이 제시하는 예언들을 놀라운 것으로 초자연적인 것으로 받아들이고 환호하게 되는 것입니다. 거리에서 어떤 사람을 만났는데, 그가 여러분이 불과 몇 분 전에 상태가 좋은 것을 보고 온 여러분의 한 친구에 대해서 말하기를, 그가 몇 달 내에 죽을 것이라고 했는데 그의 말대로 그가 몇 개월 후에 죽었다면, 여러분은 그의 말을 놀라운 예언이라고 생각하기 시작할지도 모릅니다. 하지만 그가 사실은 탁월한 의사였다는 것을 나중에 알게 되고, 그가 그 죽은 친구의 몸을 면밀히 관찰한 결과 지극히 위험한 병이 속에서 자라고 있다는 것을 알고서 여러분에게 그런 말을 했다는 것을 깨닫고 나면, 그에 대한 여러분의 생각이 바뀔 것입니다. 그가 예언자가 아니라 훌륭한 의사라고 말입니다. 이처럼, 사탄의 자연에 대한 지식의 방대함 — 물론 그가 피조된 존재이니 한계가 있습니다만 — 과 또한 장구한 세월 동안의 연구와 경험을 통해서 그 지식들을 그가 계발해 놓은 것을 생각하면, 우리는 그의 예언들을 예언으로 여기지 않고, 오히려 자연적인 원인들의 짧고 어두컴컴한 사실들에 대한 논평과 해명 정도로 여기게 될 것이며, 그를 학식 있는 과학자로는 인정할 수 있어도 참 선지자라는 이름에는 합당하지 않다는 것을 알게 될 것입니다.

둘째. 자연의 원인들에서 힌트를 얻지 않으면, 도덕적이며 정치적인 원인들에 근거하여 그 자신이 추론해 놓은 것을 모아놓은 것들입니다. 그는 자신의 깊은 사고력으로 그 원인들을 비교 분석하여 장차 일어날 개연성이 높고 십중팔구 일어날 그런 일을 추리해 내는 것입니다. 그러니 사울 자신과 그의 군대와 나라가 어떻게 될지에 대해 마귀가 그에게 전해준 것은, 그의 앞에 놓인 상황과 전제들에서 이성적으로 결론지어 낼 수 있는 것 이상 아무것도 아니었습니다. 사울이 하나님께 거부되었고 그를 대신하여 이스라엘의 왕 될 다른 사람이 하나님의 명령을 받아 기름 부음을 받았고, 게다가 사울의 죄의 분량이 이제 하늘을 찌를 만큼 한계 상황

에 이른 것으로 생각할 수 있었고 — 신접한 여인에게 나아가 문의하는 지경이니 — 또한 블레셋의 막강한 군대가 그를 공격할 준비를 갖추고 있는 처지이며, 게다가 사울은 용맹한 군대장관답게 원수들을 무찌르고 전리품들을 챙기고자 하는 기세로 그들에 대항할 수 있는 상황이 아니고 오히려 용기가 꺾였고 양심의 정죄에 매여 마치 사형집행자가 그의 앞에 서서 결정적으로 내리치기를 두려움으로 기다리는 그런 행악자의 처지가 되어 있었으니 말입니다. 이런 모든 상황들이 마귀에게 드러나 있었으니 예언의 은사가 없이도 그것들을 종합하여 얼마든지 그의 멸망을 이야기해 줄 수 있었던 것입니다.

셋째. 하나님께서는 사탄에게 미래의 일들을 계시하실 수도 있고, 때로는 실제로 그렇게 하기도 하십니다. 하나님께서 사탄을 그의 도구로 삼아 그의 목적들 가운데 일부를 행하게 하실 경우에, 그는 그에게 그것을 미리 알게 하실 수도 있고 또한 실제로 알게 하시기도 합니다. 교수형을 집행하는 자가 아무개가 아무 날 아무 시에 교수형이나 참수형을 당할 것이라고 말한다고 해서 그를 선지자로 여기지는 않습니다. 그 일에 대해 왕으로부터 명령을 받았고 권한을 위임 받았기 때문에 그 일을 미리 말할 수 있는 것이니 말입니다. 욥이 그의 재산과 종들과 자녀들과 심지어 자기 몸에게까지 쓰라린 고난이 임할 것을 사탄은 사전에 그에게 이야기해 줄 수도 있었습니다. 왜냐하면 하나님께서 욥에게 그 모든 일들이 일어나게 하는 도구의 임무를 그에게 담당시키셨기 때문입니다. 그러나 자연적인 원인에서 일어나지도 않고, 도덕적이며 정치적인 개연성에서 합리적으로 추론하여 결론지을 수도 없고, 오로지 하나님의 뜻의 서랍 속에 감추어져 있는 그런 일들에 대해서는 사탄도, 사람도 미리 말할 수 있는 능력이 없습니다. 그런데 성경에 나타나는 예언들이 바로 그런 것들입니다. 그러니 이로써 그것들이 하늘로부터 온 것임이 분명하게 드러나는 것입니다. 오직 하나님만이 아시고 오로지 그 시행 여부가 하나님의 뜻에 달려 있는 그런 일을 우리에게 말씀해 주니 그것들이 하나님께로부터 온 것일 수밖에 없는 것입니다. 하나님 외에 과연 그 누가 아브라함에게 그의 후손이 어디에 있게 될지를, 또한 그가 죽은 지 사백 년 후에 그들에게 구체적으로 어떤 일이 일어날지를 이야기해 줄 수 있었겠습니까? 아브라함이 그 후손들이 애굽에서 구원받을 것에 대해 접하기 훨씬 전에 그 이야기를 들었는데(창 15장), 그 일이 예언된 그대로 정확하게 이루어졌습니다(출 12:41). 메시야이신 그리스도에 관한 예언들은 얼마나 놀라운지 모릅니다. 그가 역사의 무대에 등장하시기 오랜 세월 전에 이미 그의 신분과 탄생, 생애와 죽음이 아주 세세한 내용과 그 정황까지 아주 면밀하고도 구체적으로 제시되는데, 그 모든 사실들이 그와 함께 실제로 살았고 일어나는 모든 일들을 눈으로 직접 본 복음서 기자들 자신이 보도하는 내용과 구체적으로 일치하는 것을 봅니다. 사소하고 하찮게 여겨지므로 그렇게 고귀하고 신성한 예언에 구태여 언급할 가치가 없을 것 같은 내용들도 — 우리 주님이 나귀를 타신다는 것(슥 9:9)이나, 그를 위하여 삼십 냥을 주며 그것들로 토기장이의 밭을 산다는 것(슥 11:12, 13), 그의 뼈들을 부러뜨리지 않고 온전하게 보존하리라는 것 등 — 기록하고 있는데, 그 자체로서는 별로 중요하지 않아 보일 수 있지만 그것들이 언급되는 그 목적을 정당하게 가늠하게 되면, 그것들이 예언을 믿는 데에 도움을 주고 강화시켜 주므로 그것들이 없었다면 우리의 연약한 믿음들이 제대로 설 수가 없었을 것임을 깨닫게 되는 것입니다. 사실 예언의 진실성과 신적인 기원을 입증하는 논리가 이 자그마한 돌쩌귀들 위에서 아주 큰 무게를 지니게 됩니다. 왜냐하면 그 사실들 자체가 하찮은 것들일수록 그 작은 것들을 그렇게 머나먼 거리에서 또렷하게 보았으니 그만큼 그 눈이 더욱더 예리하고 그 시력이 더 강력했던 것이기 때문입니다. 무한한 지혜가 아니고서는 결코 이런 일을 행할 수 없었을 것입니다! 그러니 저는, "하지만 그 예언들이 그 일들이 실제로 일어난 후에 슬쩍 삽입해 넣은 것들이 아니고, 그 일들이 일어나기 그렇게 오래 전에 주어진 것이라는 것을 어떻게 알 수 있겠느냐?"라는 식의 질문을 할 사람이 아무도 없기를 바랍니다. 그것들이 유대인의 교회의 공적인 기록에 담겨 있는 것들이며, 그리스도 자신을 부인하는 자들도 그것들은 부인하지 않는 것입니다. 앞에서 제시한 논리에다 다음 한 가지 사실만 더 덧붙여도 그 무게가 차고도 넘칠 것입니다. 곧, 이 예언들이 그렇게도 오랫동안, 또한 그렇게도 공개적으로 읽혀지고 알려졌다는 사실이 그것입니다. 그러므로 사탄도 그 예언들에 대해 무지했을 리가 없고, 또한 틀림없이 그것들에 경계를 받아서 그 예언들이 이루어지는 것을 막기 위해 최선의 노력을 다 했을 것입니다. 자신의 나라 전체의 흥망이 그 일에 걸려 있다는 것을 그도 잘 알고 있었을 것입니다. 그가 그 예언들의 성취를 방해하고 가로막든지, 아니면 그 예언들이 그의 나라를 파멸에 빠뜨릴 것이었습니다. 그런데 이런 모든 일과 더불어, 그 예언들을 가로막는 사탄의 끈질긴 노력이 있었음에도 불구하고 그 예언들은 때가 되자 명확하게 성취되었습니다. 그렇습니다. 많은 사람들이 그 예언들이 아직 뱃속에 있을 때에 그것들을 없애 버리려고 공작을 했는데도 불구하고 말입니다(행 4:27). 여기서 하나님의 지혜와 권능이 빛과 증거의 강력한 광채와 더불어 터져 나오므로, 성경의 원수들 중에 아무도 그것을 거스를 수가 없는 것입니다.

[성경의 교리적인 부분이 신성을 드러냄]

셋째 부분. 성경의 교리적인 부분입니다. 여기서 교리적인 부분이라 함은 오로지 성경에 제시되어 있는 믿음의 근거들과 원리들로서 영생을 바라는 모든 사람들이 믿고 받아들이는 내용들만을 뜻합니다. 이것들의 얼굴 자체에서 그렇게도 숭고한 신적인 영광이 보이므로 그 어떤 피조물도 그것들을 만들어 낸 장본인일 수가 없습니다. 여기서 그저 몇 가지 실례만을 들어보겠습니다. 첫째. 우리의 믿음의 최고의 대상이신 하나님 자신입니다. 그가 누구시며 그의 본질이 무엇인가를 우리에게 이야기해 줄 분이 하나님 외에 또 누가 있겠습니까? 하나님이 계시다는 것은 본성적인 이성도 궁구할 길을 찾아낸 개념입니다. 그렇습니다. 그의 신격과 권능은 자연의 학교에서 배우는 교훈이요, 피조물의 책에서 읽을 수 있는 내용입니다. 그러나 그 이상의 가르침이 없는 사람들이 하나님을 아는 참된 지식에 이르기 위해 얼마나 오랫동안 배워오고 있는데 아직도 별 진전이 없다는 것을 불쌍한 이교도들에게서 봅니다. 그들 중 지극히 지혜로운 철학자들도 그야말로 백치들이었습니다. 시대 시대마다 이 한 가지 원리에 대해서 궁리하는데도 여전히 출구를 찾지 못하고 있습니다. 사도가 "이 세상이 자기 지혜로 하나님을 알지 못"함을 말씀하듯이 말입니다(고전 1:21). 그러나 신격 내의 삼위 하나님에 대한 내용은 너무도 높고 귀하여 절대로 사람이 마음에 품을 수가 없을 뿐더러 그것을 꿈꾸거나 생각을 시작할 수는 더더욱 없는 것입니다. 그러므로 하나님께서 계시해 주지 않았다면, 세상은 영원토록 그것에 대해 무지한 상태로 계속 있을 수밖에 없을 것입니다. 신인(God-man)이신 예수 그리스도나, 그의 피로 이루어지는 믿음으로 말미암는 칭의, 그리고 은혜의 방법 전체와 그리스도로 말미암는 구원 등, 모든 복음의 진리들에 대해서도 같은 말을 할 수밖에 없습니다. 이런 모든 개념들은 세상의 아무리 지혜로운 현학자라도 그 마음에 떠오르거나 품을 수 없는 것이요, 따라서 플라톤과 아리스토텔레스도 무지했던 그 신비한 것들을 복음 선포를 받은 어린아이가 믿는다는 것이 전혀 이상한 일이 아닙니다. 그것들은 우리의 재능이나 근면함을 통해 얻을 수 있는 것이 아니고 신적이며 초자연적인 계시를 통해서 전해지는 것이기 때문입니다. 그렇습니다. 이제 그것들이 계시되어 있습니다만, 그것들이 우리의 본성적인 사고에 어긋나고 낯설며 또한 우리의 짧은 사고의 폭으로 파악하고 납득하기에 너무도 커서, 우리의 이성이 — 은혜가 그 주인이 되어 그것을 굴복시켜 놓지 않으면 — 그 개념들을 뻔뻔스러운 것으로 취급해 버리고, 그것들이 참일 가능성을 반대해 버릴 수밖에 없습니다. 우리의 이성으로서는 도무지 그것들을 가늠할 수가 없으니 말입니다. 이는 마치 올빼미가 그 희미한 눈으로 태양을 바라보는 것을 견딜 수 없다고 해서 태양에게 빛이 없다고 말하는 것과도 같습니다. 이것들은 그것을 전해 주시는 그분을 신뢰함으로 믿어야 할 진리들이지, 우리의 이성의 연약한 상태를 기준으로 그것에 맞는다고 받아들이고 그것과 다르다고 배척할 수 있는 그런 것이 아닌 것입니다. 이 진리들을 믿음이 아니라 자신의 이성을 갖고 다루려 하는 사람은 크리소스톰(Chrysostom)의 비유적인 표현처럼 부젓가락이 아니라 자기 손으로 벌겋게 달아오른 철을 만지려는 대장장이와도 같습니다. 뜨거운 철에 손가락을 데이는 것밖에 달리 무엇을 기대할 수 있겠습니까?

[성경의 교훈적인 부분이 신성을 드러냄]

넷째 부분. 마지막 네 번째 부분은 성경의 교훈적인 부분, 혹은 계명들과 권면들을 포함하는 부분입니다. 이 부분은 이를테면 그 이마에 신성의 표시를 선명하게 지니고 있으므로, 다음 두 가지만 잘 생각해 보면, 앞의 그 어떤 부분에 못지않게 그런 성격이 잘 드러납니다. 첫째. 성경의 명령들의 광대한 범위. 둘째. 그 명령들의 흠 없는 순결함.

첫째. 성경의 명령들의 광대한 범위. 그 어떠한 인간의 법에도 이만한 것은 없고, 아무리 무소불위의 권력을 지닌 위대한 세상의 군주라도 이만한 것을 제시할 수는 없었습니다. 사람의 아들들 가운데 온 인류에게 법을 제시한 군주가 어디 있습니까? 모두들 자기들의 나라에 속하는 백성들에게만 왕의 칙령과 규례들을 통하여 법을 반포하지 않았습니까? 세계에 군림했던 제국 가운데 로마 제국이 가장 큰 제국이었는데, 로마 제국의 판도가 가장 컸을 당시에도 세계 전체의 삼분의 일을 넘지 못했습니다. 그러니 만일 로마 황제가 자기를 알지 못하고 또한 자기도 그들을 알지 못하는 그런 민족들에게 법을 반포하려 했다면, 이는 얼마나 헛되고 우스꽝스러운 일이었겠습니까? 그러나 성경에서 우리는 온 인류에게 관계되는 그런 법을 보게 됩니다. 어디서 살든, 심지어 성경을 본 일도 없는 곳에도 그 법이 반포된 것입니다. 그 법의 음성이 온 땅에 퍼졌고, 그 말씀이 세상 끝까지 나아갔습니다. 성경에 기록된 많은 법들은 성경이 오기 전 사람들의 양심 속에 기록되었던 법들의 두 번째 판이요 또한 그보다 더 나은 법이었습니다. 그러므로 아담의 모든 자손들의 양심 속에 지울 수 없는 성격으로 기록된 그 법들은 하나님께 속한 것일 수밖에 없고, 그렇다면 성경도 역시 하나님께로부터 비롯되었음을 고백할 수밖에 없는 것입니다.

더 나아가서, 성경이 온 인류에게 의무를 부여하고, 빈부나 귀천의 구별이 없이 모든 사람에게 구속력을 발휘하는 것처럼, 또한 그 법들은 전인(全人)에게 적용됩니다. 겉 사람은 물론 가장 속에 있는 생각과 마음도 이 법에 매여 있습니다. 사실 마음이 가장 주요한 주체가 되며, 성경의 계명들이 마음의 충성을 요구하는 것입니다. 하나님을 향한 우리의 임무를 담은 명령들은 모든 일을 마음과 영혼과 더불어 행하여야 할 것을 요구하고 있습니다. 기도할 때에도 "영으로" 기도해야 합니다(요 4:23). 그렇지 않으면 전혀 기도하지 않는 것이나 마찬가지가 되고 맙니다. 기도의 법을 어긴 것이기 때문입니다. 사람에게 행하는 것에 관한 법의 경우도 여전히 마음이 가장 주된 대상이 됩니다. "너는 네 형제를 마음으로 미워하지 말며"(레 19:17); "심중에라도 왕을 저주하지 말며"(전 10:20). 그리고 성경의 명령들에 수반되며 그 명령들에 힘을 불어넣는 약속들과 경고들도 — 사람의 몸에서 동맥들이 정맥들에게 하듯이 — 그 명령들의 영적인 본질에 적합하게 되어 있습니다. 상급에 대한 약속과 형벌에 대한 경고가 그 명령들을 영적으로 수행하느냐 행하지 않느냐에 따라 베풀어집니다. "마음이 청결한 자는 복이 있나니 그들이 하나님을 볼 것임이요"(마 5:8). 손은 깨끗해도 마음이 더럽고 추한 자는 복이 없습니다. 그러므로, "짐승 떼 가운데 수컷이 있거늘 그 서원하는 일에 흠 있는 것으로 속여 내게 드리는 자는 저주를 받으리라"고 말씀합니다(말 1:14). 희생의 가죽만을 드리고 속사람의 기름 — 즉, 마음의 순종 — 대신 겉모양의 순종만을 드리는 속이는 자와 외식자가 있습니다. 그런데 이들을 책하는 주요 대상이 마음의 순종이 없고 불순종만 있다는 것이듯이, 마음의 순종에 대한 복 대신 저주가 임하는 데에도 그것이 주로 마음과 영혼에 관계되는 것을 봅니다: "여호와를 찾는 자는 그를 찬송할 것이라 너희 마음은 영원히 살지어다"(시 22:26). "내가 너희를 위로할 것인즉 너희가 예루살렘에서 위로를 받으리니 너희가 이를 보고 마음이 기뻐 … 하리라"(사

66:13, 14). "그들에게 거만한 마음을 주시고 그들에게 저주를 내리소서"(애 3:65).

그런데 과연 이처럼 사람의 마음을 묶고 또한 사람의 영혼과 양심에 베풀어지는 그런 상급들을 약속해 주는 이런 법들을 제정하려 했던 자가 과연 누구인가를 묻고 싶습니다. 세상의 아무리 위대한 군주라도, 그 밑의 신하들에게 마음과 영혼을 다하여 그를 사랑할 것을 요구하고 또한 마음에 그에 대한 반역적인 생각이 들면 즉시 그에게 고백할 것이요 그렇지 않으면 그의 극심한 분노를 사게 될 것이라는 식의 법을 제정한다면, 그의 교만과 어리석음이 웃음거리가 되지 않을 수 없을 것입니다. 사나운 파도를 제어하여 굴복시키겠다고 하며 헬레스폰트(the Hellespont)에 자기의 족쇄들을 드리웠던 크세르크세스(Xerxes)나, 혹은 자기가 한가히 거니는 시간에 감히 비를 내리지 말라고 공중을 향하여 위협하였으나 우레가 치자 무서워서 감히 공중을 쳐다보지도 못한 치졸한 비겁자였던 로마의 황제 칼리굴라(Caligula)가 웃음거리가 된 것 이상으로 말입니다. 사람의 생각과 마음까지도 자기의 통치 영역 내에 있다고 생각할 만큼 이성을 저버린 그런 미친 사람은 왕의 보좌와 왕궁보다는 정신병동이 더 적합할 것입니다. 범법자 자신 이외에는 아무도 범법사실의 증거를 제시할 수 없는 그런 법을 대체 누가 두려워하겠습니까? 사실 왕을 칼로 찔러 그 목숨을 취할 의도를 갖고 있다가 다른 이들이 알기 전에 자신의 사악한 생각을 뉘우치고 고백한 사람들이 있기는 했습니다. 그러나 그들은 사람의 권세나 법이 무서워서 그렇게 한 것이 아니라 하나님에 대한 두려움에 — 하나님의 법은 사람을 죽이는 일을 금할 뿐 아니라 마음으로 왕들에 대해 저주하는 일까지도 금하는데, 그것을 어기는 것이므로 — 양심이 사로잡혀서 그렇게 뉘우치고 고백하지 않을 수 없었던 것입니다. 바로 이러한 하나님의 법이 지극히 악한 사람들의 양심도 다스리는 것입니다. 하나님께서 그 법으로 극한 죄인들까지도 다스리시며, 그 입에서 그 법을 뒤흔들지 못하도록 그들을 통제하시는 것입니다. 이 법의 신성에 대한 증거로는 이 정도로 족할 것입니다.

둘째. 성경의 명령들의 흠 없는 순결함도 이에 못지않게 그 신적인 기원을 증명해 줍니다. 하나님은 "거룩한 자"이십니다(사 43장). 오직 그만이 완전히 거룩하십니다: "하늘이라도 그가 보시기에 부정"합니다(욥 15:15). 그는 천사들에게도 — 앞의 구절에서 언급하는 "하늘"이 바로 이들을 뜻할 수도 있습니다만 — "미련하다"고 책망하실 수 있습니다(욥 4:18). 왜냐하면 그들은 전혀 죄를 범하지는 않았으나 그럼에도 불구하고 죄 지을 가능성이 있기 때문입니다. 확증하는 은혜로 지킴을 받지 않으면, 그들은 얼마든지 죄를 지을 수가 있습니다. 그들 중에 일부가 죄를 지었듯이 말입니다. 또한 하나님이야말로 유일하신 거룩한 분이시듯이, 성경도 유일하게 거룩한 책입니다. 성경 이외의 책은 모두가 오류를 담고 있는데, 그 오류들이 바로 "여호와를 경외하는 도는 정결하여 영원까지 이르고"라는 말씀을 통해서 교정됩니다(시 19:9). 즉, 여호와의 말씀은 "정결"한데 — 그 말씀을 가리켜 "여호와를 경외하는 도"라 부릅니다 — 이는 그것이 그 도를 가르치기 때문입니다. 하나님이 이삭의 경외의 대상이시기 때문에 그를 가리켜 이삭이 경외하는 이(the fear of Isaac)라 부르는 것처럼 말입니다. 말씀은 정결하여, "영원까지 이르고"라고 말씀합니다. 즉, 언제나 지속되며, 계속해서 지속될 것이라는 뜻입니다. 아무리 훌륭한 사람의 거룩한 글이라도 비평적인 눈으로 자세히 살펴보면 거기에 흠과 티가 나타나기 마련입니다. 그러나 성경은 온갖 종류의 사람들의 세심한 관찰과 비판에 노출되어 왔지만 조금도 거기에 불순한 것이 끼어 있다는 논리가 정당하게 제시될 수가 없었던 것입니다. 그 말씀이 어찌나 정결하고 깨끗한지 그것이 더러운 영혼들을 정결하게 해줍니다: "그들을 진리로 거룩하게 하옵소서 아버지의 말씀은 진리니이다"(요 17:17). 더러운 것이라도 우리의 의복과 몸을 깨끗하게 할 수도 있습니다만, 우리의 영혼을 정결하고 깨끗하게 해주는 것은 반드시 그 자체도 더러운 것이 전혀 없어야 합니다. 그런데 성경이 바로 그렇습니다. 성경에는 육신을 만족시켜 주거나 정욕을 부추기는 것이 하나도 없습니다. 아니 오히려 모든 죄를 검으로 베며, 크거나 작거나 모든 죄인들의 환도뼈를 관통하여 내리칩니다. "육신의 생각은 사망이요 영의 생각은 생명과 평안이니라"(롬 8:6). 그러므로 아테나고라스(Athenagoras)가 잘 말한 것처럼, "외식자가 아니라면 그리스도인인 이상 누구도 악할 수가 없습니다." 성경을 자신의 믿음과 삶의 준칙으로 공언하는 자라면 거짓된 가르침을 용인하거나 더럽고 거룩하지 못한 행위를 용납하지 않을 것이니 말입니다. 이교도들은 그들의 종교와 그들이 섬기는 신들에 의하여 온갖 가증스러운 것에 빠졌습니다. 술 취하고 더러운 신들을 섬기니 그들의 삶이 그렇게 짐승 같고 감각적인 것이 전혀 무리가 아니었습니다. 그들의 종교의 은밀한 것들이 너무도 끔찍하게 불결하여 감히 그것들을 공개적으로 드러내지를 못할 정도였고, 그 냄새가 너무도 강하고 역하여 그들의 감각을 지니지 않은 자들은 그것을 견딜 수가 없을 정도며, 또한 그들을 향한 하나님의 심판으로 말미암아 그들의 어리석은 마음이 완전히 어두워져 있었습니다. 그러나 그리스도인은 자신의 죄 가운데 어느 것도 그의 하나님의 탓으로 돌릴 수가 없고 — 그 하나님은 아무도 악에게로 유혹하신 일이 없고 불법의 일과 또한 불법자를 모두 온전히 미워하시는 분이시므로 — 또한 그의 성경의 탓으로 돌릴 수도 없습니다. 성경은 모든 죄와 또한 죄 가운데서 사는 모든 자들을 정죄하여 지옥 구덩이에 던져 넣기 때문입니다. "악을 행하는 각 사람의 영에는 환난과 곤고가 있으리니 먼저는 유대인에게요 그리고 헬라인에게며, 선을 행하는 사람에게는 영광과 존귀와 평강이 있으리니 먼저는 유대인에게요 그리고 헬라인에게라"(롬 2:9, 10). 그러니 복되신 하나님이 아니시면 이 복된 책의 저자가 누구겠습니까? 만일 성경을 지은 이가 피조물이었다면, 악한 피조물이거나 아니면 거룩한 피조물 둘 중의 하나였을 것입니다.

1. 그 일은 천사든 사람이든 악한 피조물은 누구도 할 수가 없는 일이었습니다. 그 일을 하자면 그들 자신의 어둠의 나라를 끌어내려야 했을 것인데 — 처음부터 마지막까지 성경 전체를 관통하는 것이 바로 어둠의 권세를 끌어내리는 것이므로 — 그들은 절대로 그런 끔찍한 고통을 감내하려 하지 않았을 것입니다. 그것이 그들의 머리에서 나온 것이라면, 누구나 자기 자식을 사랑하는 것이 인지상정이니 그들은 그것에 대해 더욱 애착을 가졌을 것입니다. 시대를 막론하고 마귀와 악한 자들의 무리들이 세상에서 보여준 성경에 대한 무자비한 분노를 볼 때에, 성경이 그들에게서 나왔을 리가 없다는 것이 자명합니다. 아닙니다. 세상에서 거룩을 증진시키는 일은 부정한 영이나 악인들의 이해와 절대로 맞아떨어질 수가 없습니다. 마귀가 아무리 대담하다 해도 이 거룩한 천상의 작품을 자기 것이라고 주장할 만큼 뻔뻔스럽지는 못합니다. 그러나 만일 그가 그런 주장을 한다 하더라도 영광스러운 거룩의 아름다움이 이 책의 전면에서 비쳐 나오므로 이 책이 그 음흉한 망나니의 작품이라고 믿을 사람은 아무도 없을 것입니다. 모든 피조물이 각기 자기를 닮은 것을 낳는 것이 자연스러운 일입니다. 빛과 어둠이 서로 닮은 점이 과연 무엇이 있는지 쉽게 판단할 수 있을 것입니다.

2. 그 일은 천사든 사람이든 거룩한 피조물도 절대로 할 수 없는 일입니다. 하나님을 향한 사랑의 빛이 조금이라도 있거나 혹은 그의 위엄에 대한 두려움이 가슴속에 조금이라도 있는 사람이 하나님의 말씀을 자기 작품이라고 거짓으로 증거하며, 또한 하나님이 아니라 자기들이 저자라고 주장하면서도 "여호와께서 말씀하시되"라고 하며 하나님의 이름을 계속 붙이는 식으로 거짓말을 하는 모독적이며 추악한 행위로 세상을 속인다는 것이 과연 가당한 일이겠습니까? 과연 거룩한 천

사나 거룩한 사람에게서 이처럼 뻔뻔스럽고 무례한 악행이 나올 수가 있겠습니까? 결코 그럴 수 없을 것입니다. 아니, 더 나아가서, 과연 거룩한 피조물 중에 하나님께 보내심을 받지 않고도 하나님의 이름을 빙자하여 말하는 자를 향하여 성경이 하나님의 진노와 보응이 있을 것을 분명히 경고하고 있는데, 과연 거룩한 피조물 중에서 감히 그런 거짓말로 세상을 속이고 또한 하나님의 진노와 보응을 비난할 자가 있겠습니까? 고라와 그의 불경한 무리들이 하나님께로부터 오는 권위를 자기들이 받은 것처럼 행세하다가 땅에 삼킨 바 되었는데, 만일 모세라도 하나님께서 하시지도 않은 말을 자기가 사사로이 지어내어 하나님의 이름을 빙자하여 말했다면 그 역시 살아남지 못했을 것입니다. 그러므로 선하든 악하든 천사든 사람이든 그 어떠한 피조물도 성경의 저자가 될 수 없다는 것이 분명합니다. 그러므로 하나님 이외에는 아무도 성경의 저자일 수가 없습니다. 그는 이적들로써 심지어 무신론자라도 성경의 신성을 충분히 납득하게 하셨습니다.

—

둘째 요지

[초자연적인 효과들에 근거한 성경의 신성의 증거]

성경의 신성을 증명하기 위해서 제가 제시할 두 번째 논증은 성경이 초자연적인 효과들을 일으킨다는 사실에 근거한 것입니다. 성경보다 더 높고 더 위대한 효과를 일으킬 수 있는 것은 아무것도 없습니다. 그러므로 피조물의 활동 영역을 넘어서는 그런 효과들이 성경의 산물이라는 것을 알 수 있다면, 성경 자체가 초자연적이며 피조물의 말씀이 아니라 하나님 자신의 말씀이라는 것이 자명해질 것입니다. 시편 기자가 구름으로부터 나는 자연의 큰 음성인 우레에 대해 말씀하는 것을 성경 속에서 하늘로부터 말씀하는 하나님의 소리에 적용시켜도 무방할 것입니다: "여호와의 소리가 힘 있음이여 여호와의 소리가 위엄차도다. 여호와의 소리가 백

항목을" — 왕들과 나라들을 — "꺾으심이여 … 화염을 가르시도다"(시 29:4, 7). 거룩한 순교자들은 박해하는 원수들에 의하여 뜨거운 화염 속에 던져진 상태에서 이 신령한 물 한 통으로 그 맹렬한 화를 꺼뜨렸던 것입니다. 하나님의 소리는 거칠고 사악한 세상이라는 "광야"를 진동시키시며(8절), 교만하기 그지없는 죄인들의 억센 마음들로 마치 바람에 떨리는 나뭇잎처럼 떨리게 만들고, 또한 전에 아무리 엄청난 범죄에도 전혀 아랑곳하지 않던 자들에게 거듭 남의 고뇌를 가져다주는 것입니다. 하나님의 소리는 "삼림을 발갛게 벗기시"고, 하나님의 보복의 고함소리와 외침을 피하여 그 거짓의 수풀 속으로 숨어든 죄인들을 거기서부터 찾아내시는 것입니다(9절). 하지만, 좀 더 구체적으로 말씀하자면, 말씀이 사람들의 마음에 일으키는 강력하고도 신기한 효과에는 네 가지가 있는데, 이 모든 것이 말씀의 신적 기원을 증명해 줄 것입니다. 첫째. 말씀은 마음을 살피는 능력을 지니고 있으며, 그것으로 사람들의 양심을 샅샅이 뒤지고 파헤칩니다. 둘째. 말씀은 양심을 납득시키고 두려움을 갖게 하는 능력을 지니고 있습니다. 셋째. 말씀은 낙심한 심령에게 위로를 주어 일으키는 능력이 있습니다. 넷째. 말씀은 회심시키는 능력이 있는데, 회심은 오직 하나님만이 행하실 수 있는 것입니다.

[마음을 살피는 말씀의 능력이 그 신적인 기원을 증명함]

첫째 효과. 하나님의 말씀은 마음을 살피는 능력을 지니고 있으며, 그것으로 사람들의 양심을 샅샅이 뒤지고 파헤칩니다. 말씀은 지극히 은밀한 마음의 활동까지도 살피며 우리의 침실에서 행하는 일까지도 우리에게 이야기해 줍니다. 마치 엘리사가 아람 왕에 대해 그리한 것처럼 말입니다(왕하 6:12). 그 어떤 임금의 영장을 갖고도 관원이 사람의 마음을 수색할 수 있는 능력을 가질 수는 없습니다만, 하나님의 말씀은 마음을 수색하는 일을 합니다. 제자들이 "모인 곳의 문들을 닫고" 있을 때에 그리스도께서 오사 그들 중에 서셨다는 말씀이 있습니다(요 20:19). 말씀이 바로 그렇게 합니다. 사람이 모든 문들을 닫아 걸고 있어서 그 가슴속에서 어떤 일이 벌어지는지 알 길이 없을 때에 말씀이 그 죄인의 속에 들어가 그의 지극히 은밀한 계획과 궁리들 가운데 서서 그것들을 파헤칩니다. 엘리사는 게하시에게, 네가 이런저런 일을 행할 때에 "내 마음이 함께 가지 아니하였느냐?"라고 말한 것처럼 (왕하 5:26), 성경 말씀이 죄인에게 그렇게 말씀하는 것입니다. 죄인이 선포되는 말씀을 듣고서 그 말씀으로 인하여 자기 마음이 파헤쳐져서 낱낱이 드러나는 것을 깨닫는 일이 얼마나 많습니까? 목사가 마치 자기 집 창문가에 서서 집안에서 일어나는 모든 일을 눈으로 보기라도 한 것처럼, 혹은 누군가가 자기에 관한 일을 목사에게 고해 바치기라도 한 것처럼 느끼는 일이 얼마나 많습니까? 제가 아는 사람 중에는 목사가 자기의 못된 짓에 대해 듣고서 그것을 지목하여 말씀한 것이 아니라는 것을 도무지 믿으려 하지 않는 이들이 있습니다. 목사가 그들의 행위에 대해 전혀 무지한 상태에서, 마치 누군가가 특별한 목표도 겨냥하지 않은 채 활을 쏘았다가 아합 왕을 맞춘 사람처럼 그렇게 무작위로 책망의 화살을 쏜 것인데도 말입니다. 이런 역사가 하나님이 아니면 누구에게서 올 수 있겠습니까? 하나님이 그러한 비공유적 속성을 지니고 계신 것으로 말씀하지 않습니까: "나 여호와는 심장을 살피며 폐부를 시험하나니"(렘 17:10)? 비록 사람의 활에서 아무렇게나 쏘아지지만 하나님께서 그 선포되는 말씀 속에 계시므로 그 말씀이 그 나아갈 길을 찾아 나아가는 것입니다. 만일 피조물 중에서 사람의 마음의 은밀한 방에까지 들어갈 수 있는 자가 있다면 십중팔구 마귀가 바로 그런 존재일 수 있을 것입니다. 그는 영이며 또한 그토록 예리한 눈을 갖고 있는 영이니 말입니다. 그러나 마귀도 그 은밀한 방에는 들어가지 못합니다. 그 옆방에는 들어가 엿볼 수는 있지만 말입니다.

자, 오직 하나님만이 마음을 살피실 수 있다면, 그런 일을 행하는 말씀은 바로 하나님 자신에게서 온 것일 수 있습니다. 그 마음의 구석구석을 다 아는 자가 아니면 누가 그 마음을 여는 열쇠를 만들 수 있겠습니까? 가령 여러분이 장롱 속에 돈을 넣고 잠가두었고, 또한 그 장롱을 여는 열쇠를 감추어 둔 곳을 아는 사람이 여러분 외에 딱 한 사람이 있다고 합시다. 그런데 그 열쇠가 도난당하고 장롱에서 돈이 꺼내진 것을 발견했다면, 여러분은 그것이 누구의 소행인지를 금방 알아차릴 것입니다. 이와 마찬가지로 여러분의 마음이 드러나고 그 속에 감추어 둔 은밀한 생각들이 말씀 속에서 환히 나타날 때에, 여러분은 하나님이 그 속에 계시다는 것을 금방 알게 될 것입니다. 여러분의 마음을 그렇게 드러내는 열쇠가 바로 여러분 외에 여러분의 은밀한 마음의 생각들을 아시고 속사람의 모든 비밀한 도모들을 다 보시는 유일하신 분인 하나님께서 만드신 것이기 때문입니다. 과연 하나님 외에 누가 여러분이 세상이 보지 못하도록 보물을 숨겨놓은 그 캄캄한 곳을 직접 꿰뚫어볼 수 있단 말입니까? 하나님의 말씀이 밝히 드러내는 은밀한 비밀은 두 가지입니다.

첫째. 사람의 마음은 알고 있으나 그 이외의 다른 피조물들은 모르는 것들. 그리스도께서는 사마리아의 여인에게 그 이웃들이 알지 못하는 사실들을 말씀하셨고, 이를 근거로 그녀는 그를 선지자로 — 하나님의 사람으로 — 결론지었습니다. 성경도 동일한 일을 하니 성경에 대해서도 하나님의 말씀으로 결론지을 수 있지 않겠습니까?

둘째. 사람의 마음도 알지 못하는 것들. 하나님은 "우리 마음보다 크시고 모든 것을 아"신다고 말씀합니다(요일 3:20). 하나님은 우리가 우리 자신에 대해 아는 것보다 우리에 대해 더 많이 아십니다. 그런데 하나님의 말씀이 마음의 밑바닥에까지 내려가 거기에 가득한 것들을 — 전에 말씀의 도움이 없을 때에는 양심의 눈으로도 한 번도 발견해 본 일이 없던 것들을 — 꺼내어 올리지 않습니까? "율법으로 말미암지 않고는 내가 죄를 알지 못하였으니 곧 율법이 탐내지 말라 하지 아니하였더라면 내가 탐심을 알지 못하였으리라"(롬 7:7). 말씀이 이렇듯 사람의 마음으로도 간파하지 못했던 것을 밝히 드러낸다면, 거기에 신성이 있음이 이로써 증명되지 않습니까? 사도는 선포되는 말씀이 마음을 밝히 드러내는 능력이 있다는 사실을 논의하면서 이렇게 말씀합니다: "그 마음의 숨은 일이 드러나게 되므로 엎드리어 하나님께 경배하며 하나님이 참으로 너희 가운데 계신다 전파하리라"(고전 14:25).

[양심을 만지는 말씀의 능력이 그 신적인 기원을 증명함]

둘째 효과. 성경이 사람의 영에 일으키는 두 번째 효과는 — 이는 성경의 신적인 기원을 입증해 주는 것입니다만 — 양심을 납득시키고 두려움을 갖게 하는 것입니다. 양심은 오로지 하나님께로부터 나오는 포화 이외에는 도무지 흔들 수 없는 난공불락의 성(城)입니다. 하늘과 땅이 복종하는 그런 권세 이외에는 그 어떠한 권세도 양심에게 명령하여 고개를 숙이게 할 수가 없습니다. 강한 자를 무장해제시키는 자는 그보다 더 강한 자일 수밖에 없습니다. 양심을 정복하는 자는 그것보다 더 커야 하며, 따라서 오직 하나님만이 이에 해당됩니다(요일 3:2). 그런데 하나님 이외에는 그 누구에게도 굴복하기를 경멸하는 이 영혼의 강력한 보루를 말씀이 뒤흔들어 부술 수 있으니, 그 말씀이 하나님께로부터 온 것일 수밖에 없습니다. 말씀이 양심에게 그런 강력한 능력을 발휘한다는 것을 과연 누가 의심하겠습니까?

교만하기 그지없는 죄인들을 채찍질하며 심지어 그들로 그 악을 깨닫게 하고, 그리하여 마치 회초리를 맞는 어린 아이처럼 흐느껴 울게 하기까지 하는 것을 날마다 보지 않습니까? 그렇습니다. 말씀이 그들을 단번에 넘어뜨려서 하나님께로부터 그들에게 임하는 율법의 그 우레 같은 매를 맞고 무너져 넋이 빠지게 하지 않습니까? 사도 바울은, "죄는 살아나니 나는 죽었도다"라고 말합니다(롬 7:9). 전에는 유쾌한 사람이었던 — 마치 하나님의 손길이 닿기 전에 욥이 자신의 처자들과 양떼와 가축 떼들과 더불어 있으며 스스로 형편이 아주 좋다고 여겼던 것처럼, 그 자신의 영적 상태에 대해 스스로 아주 좋게 생각하고 있었던 — 그였으나, 하나님의 손길에 그의 양심이 완전히 발가벗겨졌습니다. 마치 욥이 외형적으로 당했던 것처럼 말입니다. 사람의 눈이 떠져서 이제 자신이 얼마나 발가벗었는지를 보게 되고 또한 자신에게 거룩함이 하나도 없는 것을 깨닫게 됩니다. 그렇습니다. 바리새인의 철저함으로 가린 그의 훌륭해 보이던 피부가 — 전에는 너무도 아름다워서 마치 자신이 흠도 티도 없이 용모가 준수했던 압살롬을 닮기라도 한 것처럼 그것을 그렇게 애지중지했으나 — 그에게 임한 극심한 질병과 헌데로 임하여 이제는 완전히 추하게 변해 버렸고 그 자신이 지극히 흉물스럽게 되었다는 것을 깨닫습니다. 그렇습니다. 말씀의 능력이 그에게 임하여 그로 하여금 무저갱에 대해 두려워 떨게 만들었고, 자기 자신과 자신의 의에 대해 절망하게 만든 것입니다.

피조물에게 과연 이 말씀의 무기 같은 무기가 있습니까? 사람의 재주로 씌어진 책 중에 어떤 책이 과연 이 성경처럼 사람의 마음을 명하여 두려워 떨게 만들 수 있습니까? 높은 권좌에 앉은 벨릭스조차도 초라한 죄수가 이 말씀을 선포하는 것을 듣고 마음이 흔들렸습니다. 하나님이 아니면 과연 그 누가, 그리스도의 피 속에서 장난질치며 그의 가르침을 멸시하며, 그 가르침을 전하는 자들을 바보나 백치로 여겨 조롱하던 자들을 베드로의 설교를 듣고 마음에 찔림을 받아 겁에 질려서 수많은 대중들 앞에서 "형제들아 우리가 어찌 할꼬?"(행 2:37)라고 외치게 만들 수 있었겠습니까? 이것이 말씀이 신적인 것임을 눈에 보이게 증거해 주지 않습니까? 마치 모세가 손에 든 작은 지팡이로 반석을 쪼갤 때에 신적인 능력이 거기서 드러난 것처럼 말입니다.

질문. 하지만, 말씀 속에 과연 양심을 뒤흔드는 그런 능력이 있다면, 악명 높은 수많은 죄인들이 그 말씀을 접하면서도 그렇게 평안하게 앉아 있고 그렇게 단잠을 자는 일이 어떻게 있을 수 있단 말입니까? 집에서 말씀을 읽기도 하고 말씀이 능력으로 선포되는 것을 듣기도 하는데도 양심에 그런 뒤흔들림을 느끼기는커녕 오히려 무감각한 상태로 그대로 있습니다. 그렇습니다. 설교자의 수고를 비웃으며, 또한 설교를 통해 선포되는 심각한 경고들을 다 떨어 버리기를 마치 사냥개가 강에서 올라와 몸의 물을 떨어 버리는 것처럼 하는 자들이 있습니다.

첫째 답변. 많은 죄인들이 여러분의 눈에는 그렇게 편안한 것처럼 보여도 실제로 그들의 삶은 여러분이 생각하는 것처럼 그렇게 즐겁지 못합니다. 책이 아름답게 장식되어 있어도 그 속에는 아주 슬픈 이야기들밖에 없을 수도 있습니다. 말씀으로부터 양심에 은밀한 책망들을 받아도 죄인들은 그것에 대해 일일이 말하지 않습니다. 즐거운 연회를 베푸는 모습으로 헤롯을 판단하면 그가 즐거움으로 가득한 것처럼 생각할 수도 있으나, 다른 때에 보면 세례 요한의 망령이 그의 양심 속에 자리 잡고 있는 것을 보게 됩니다. 겉으로는 마음에 아무것도 담지 않은 것처럼 보여도 그렇게 말씀이 속에 들어가 자리 잡고 있는 경우가 많은 법입니다. 웃는 가운데도 그들의 마음은 슬픕니다. 그들의 얼굴에서 번개는 보이지만, 그들의 양심에서 울리는 우렛소리는 들리지 않는 것입니다.

둘째 답변. 말씀이 "모든 사람은 아니더라도" 사람의 양심에 그런 인상을 남긴다는 사실만으로도 그 신성이 입증되고도 남습니다. 어떤 일을 입증하는 데에는 수많은 부정적인 증언보다도 한 가지 긍정적인 증언이 더 설득력이 있는 법입니다. 말씀은 물리적인 도구가 아니고, 도덕적인 도구이며, 그 자체에 내재하는 덕에 의해 역사하는 것이 아니라 그것을 지으신 하나님의 성령의 능력을 통해 역사하는 것입니다. 그런데 성령께서는 그 능력을 자신의 선한 뜻에 따라 베푸십니다. 그러므로 동일한 말씀이 한 사람은 두려워 떨게 만들고, 또 다른 사람은 그가 기대고 있는 기둥처럼 거의 움직임이 없는 상태로 있도록 내버려 두기도 하는 것입니다. 두 사람이 맷돌을 갈다가도 한 사람은 취하여지나 나머지는 그냥 남아 있고, 설교를 통해서 한 사람은 낮아지나 다른 사람은 오히려 더 완악해집니다. 이런 현상이 일어나는 것은 말씀이 무기력하기 때문이 아니라 하나님께서 그 능력을 자신의 뜻에 의해서 아무에게나 베푸시기 때문입니다. 그 능력을 보냄 받은 사람에게는 그의 메시지가 변화를 일으키지만, 그 이외에는 아무런 변화도 일어나지 않는 것입니다. 이는 마치 사람이 검으로 내리치는 것과도 같습니다. 칼의 등으로 내리치는지 칼의 날로 내리치는지, 강하게 내리치는지 약하게 내리치는지에 따라서 상처가 크기도 하고 작기도 합니다. 말씀은 그것에 가해지는 신적인 능력의 힘에 따라서 양심을 찌르는 것입니다. 세 어린아이가 불 속에서 걸었으나 데지 않았는데, 다른 이들은 그 불 가까이에 오자마자 타버렸습니다. 그렇다면, 한 사람은 불에 타고 나머지는 타지 않았으니 "그 불이 뜨겁지 않다"라고 말해야 하겠습니까? 어떤 이들은 말씀의 경고의 불꽃이 귀 주위에서 왕왕 울리는데도 전혀 듣지 못하고 그 냄새도 맡지 못하고, 다른 이들은 불길에 휩싸여 그 경고를 두려워하는 것입니다.

셋째 답변. 말씀의 공격을 받는 중에 무감각한 어리석음을 보이는 자들이 있다고 해서 말씀이 무능력하다고 탓해서는 안 됩니다. 오히려 이를 하나님의 의로우신 심판의 탓으로 보아야 할 것입니다. 양심을 마르게 하는 하나님의 저주가 임하여 완전히 굳어져 버린 자들이 흔히 있습니다만, 이들의 판단이 어두워지고 양심이 마비되어 있는 것이 무리가 아닙니다. 두세 마디 말씀에 무화과나무가 말라 버린 일도, 메마른 무화과나무를 다시 살려서 싹이 나게 하는 것만큼이나 그리스도의 능력이 놀랍게 드러난 것이었고, 그의 제자들도 그렇게 여겼습니다. 요시야의 마음이 녹은 일 못지않게 바로의 마음이 완악하게 된 일에서도 하나님의 권능이 놀랍게 나타난 것입니다.

[위로를 주는 말씀의 능력이 그 신적인 기원을 증명함]

셋째 효과. 하나님의 말씀은 낙심한 심령에게 위로를 주어 일으키는 능력이 있습니다. 양심은 피조물의 가슴속에 있는 하나님의 감옥인데, 사람을 거기에 가두신 하나님의 영장이 없이는 그 누구도 거기에 갇힌 사람을 석방시킬 수가 없습니다. 범법자들을 가둘 감옥이 있으나 고작해야 다른 사람이 얼마든지 부수고 문을 열 수 있는 것밖에는 없는 왕이라면 정말 무기력한 왕일 것입니다. 그러나 하나님께서 죄인들을 사슬에 매어 가두시는 이 감옥은 결코 그런 것이 아닙니다. 솔로몬은 말씀하기를, "심령이 상하면 그것을 누가 견디겠느냐?"라고 합니다(잠 18:14. 한글개역개정판은 "누가 일으키겠느냐?"로 번역함 — 역주). 그렇습니다. 그런 심령을 누가 치유할 수 있겠습니까? 만일 피조물이 그 일을 할 수 있다면, 누구보다 마귀들이 그 일을 할 수 있을 것입니다. 그러나 그들은 오늘까지도 하나님께서 그들을 채워 가두어 두신 그 족쇄들을 풀 방법을 찾지 못하여 하나님의 진노의 그 말로 할 수 없는 고통 아래서 울부짖고 있습니다. 이들은 자기들의 상처도 치유하지 못하는 자들이니, 마치 무기력한 의사처럼 다른 이들의 상처는 전혀 치유해 줄 수가 없을 것입니다. 사실 그들은 그런 치유가 그들의 기술이나 능력 밖이라는 것을 시인하고 있습니다. 마귀는 사울에게 이렇게 말합니다: "여호와께서 너를 떠나 네 대적이 되셨거늘 네가 어찌하여 내게 묻느냐?"(삼상 28:16). 괴로운 양심의 고뇌는 죄에 대한 하나님의 진노를 처절하게 지각하는 데에서 생겨납니다. 그러니 영혼에게 하나님의 죄 사함의 자비를 오류 없이 확신시켜 줄 수 있는 분 이외에는 이런 고뇌를 없애 줄 수가 없습니다. 그리고 이 자비는 하나님의 마음속 깊은 곳에 자리하고 있으므로 오로지 자신의 생각을 홀로 아시는 하나님만이 그 자비의 소식을 전해 주는 사자가 되실 수 있습니다. 그러므로 이런 일을 행하는 말씀이 오직 그 하나님께로부터 온 것일 수밖에 없습니다. 또한 말씀이 이 일만이 아니라 "말할 수 없는 기쁨과 충만한 영광스러움"으로 영혼을 가득 채우는 일도 할 수 있다는 사실이 너무도 분명한 진리이므로, 구태여 하늘에까지 올라가서 또 다른 확증을 받아올 필요가 없는 것입니다. 애초에 말씀을 기록하신 성령께서 무수한 신자들의 마음에 그 자비를 인쳐 주신 것입니다.

사실 모든 성도들이 그들의 위로와 평안이 이 구원의 우물에서 길어낸 것임을 시인합니다. "내 속에 근심이 많을 때에 주의 위안이 내 영혼을 즐겁게 하시나이다"(시 94:19). 아니, 시편 기자는 비단 자신의 경험을 말씀할 뿐 아니라 성도들의 위로 역시 동일한 근원에서 나오는 것임을 말씀합니다. "미련한 자들은 그들의 죄악의 길을 따르고 그들의 악을 범하기 때문에 고난을 받"습니다(시 107:17). 그럴 때에 과연 무엇이 그들을 위로해 줄 수 있습니까? 바다나 땅에서 얻을 수 있는 진기한 음식들이 그들의 생각을 분산시켜 그들의 고통을 덜어 주겠습니까? 아닙니다. "그들은 그들의 모든 음식물을 싫어하게 되어 사망의 문에 이르러" 있습니다(18절). 그러면 그들은 과연 어디에서 위로를 얻을 수 있습니까? 기도와 눈물 이외에는 그 어디에서도 위로를 얻을 수 없습니다. "이에 그들이 그들의 고통 때문에 여호와께 부르짖으매 그가 그들의 고통에서 그들을 구원하"십니다(19절). 그러면 하나님께서는 어떤 열쇠로 그들의 감옥 문을 여십니까? "그가 그의 말씀을 보내어 그들을 고치시고 위험한 지경에서 건지신다"고 말씀합니다(20절). 이 모든 것이 외적인 괴로움을 뜻하는 것이라고 말할 수도 있겠지만, 내적인 괴로움이 더욱 심각하고 강하다는 것을 인정해야 할 것입니다. 육체가 고통 중에 신음할 때에 하나님께서 치료의 말씀으로 말씀하시듯이, 낙심한 심령을 치유할 수 있는 것은 오직 하나님의 입에서 나오는 말씀 이외에는 없는 것입니다.

오오 거룩한 말씀이여, 크고 놀라운 일들이 그대에 대해 말씀되며, 또한 그대에 의해 행해지도다! 그대는 세상의 기쁨을 이기며, 그대의 "강력한 위로들"을 그저 맛보기만 한 영혼으로 하여금 곧바로 모든 감각적인 쾌락들을 겉만 번지르르하고 하찮은 것들로 여겨 버리게 만드는도다. 그대가 성도의 가슴에 지펴주는 그 기쁨의 빛이야말로 순결하고 강력하여, 마치 태양 빛이 용광로의 불길을 무색하게 만들듯이 그 광채로 모든 죄악된 육신적인 즐거움을 사라지게 만드는도다. 그대는 죽음의 공포를 정복하여 그것을 전혀 두려워하지 않게 만드는도다. 죽음의 고통을 사라지게 하여 전혀 느끼지 못하게 하는도다. 그대는 전갈과 뱀들을 짓밟아서, 그것들이 그대를 믿는 자들을 찌르거나 상하게 하지 못하게 하는도다. 마귀가 그대를 알고 그대 앞에서 도망하며, 그대를 보자 그 내뻗은 손을 거두며, 오랫동안 그들의 권세와 폭정 아래 가두어 두었던 그들의 양심을 내어보내어 그들로 그대가 베푸는 감미로운 위로들을 누리게 하는도다. 그대(말씀)는 지옥의 화염 자체를 꺼뜨리고, 지금도 절망으로 인하여 하나님의 진노의 맹렬한 용광로 속에 내어던져져 있는 영혼을 자유롭게 하여 그 진노에 대한 생각들 중에서도 평안히 행하게 하는도다. 그대는 이 땅에 천국이 임하게 하며, 믿는 영혼에게 그렇게 멀리 있는 하늘의 예루살렘을 바라보게 하며 마치 지금 그 성의 복된 거리를 활보하는 듯이 여기게 하는도다. 그대는 성도로 하여금 이미 영화롭게 된 성도들이 먹는 — 그들이 더 충만히 먹지만 — 동일한 진미들을 누리게 해주고, 그리하여 때때로 고통과 괴로움이 심할 때에 자신이 몸 안에 있다는 것을 잊게 해주는도다.

성도들이 바로 이런 것들을, 그리고 제가 글이나 말로 표현하는 것보다 더한 것들을 체험하였습니다. 그러므로 아직 성경이 어디에서 왔는지에 대해 의문을 제기하는 자에게, 저는 눈먼 맹인이 그리스도께 고침을 받고 바리새인에게 한 말처럼 이야기하고 싶습니다. 그는 이렇게 말했습니다: "이상하다, 이 사람이 내 눈을 뜨게 하였으되 당신들이 그가 어디서 왔는지 알지 못하는도다"(요 9:30). 여기서도 똑같은 말을 할 수 있습니다. 성경이 이 모든 일을 할 수 있는데 성경이 어디서 왔는지 알지 못한다고 말한다면 이는 이상한 일이요 과연 우스꽝스런 일일 것입니다. 세상이 시작된 이래, 그저 피조물이 지은 말씀이 절망의 산들을 없앨 수 있었고 또한 지옥과 그 자신의 불신앙으로 인하여 그 무거운 돌비석의 무게에 짓눌려 갇혀 있던 불쌍한 죄인의 영혼들을 그토록 크나큰 기쁨과 평안으로 가득 채울 수 있었다는 이야기를 들어본 적이 없습니다.

[회심시키는 말씀의 능력이 그 신적인 기원을 증명함]

넷째 효과. 하나님의 말씀은 회심시키는 능력이 있는데, 회심은 오직 "모든 은혜의 하나님"이신 하나님 이외에는 아무도 행할 수 없는 것입니다. 요한의 제자들이 그리스도께 나아와 그가 메시야이신지 아니신지를 알고자 했을 때, 그리스도께서는 자신이 메시야이신지 아니신지는 말씀하지 않으시고, 자신이 행하신 놀라운 일들에서 그 해답을 찾게 하셨습니다. 그는 이렇게 말씀하셨습니다: "너희가 가서 듣고 보는 것을 요한에게 알리되 맹인이 보며 못 걷는 사람이 걸으며 나병환자가 깨끗함을 받으며 못 듣는 자가 들으며 죽은 자가 살아나며 가난한 자에게 복음이 전파된다" — εὐαγγελίζονται, 복음화된다, 즉 그들이 복음의 본질로 변화되며 또한 복음 안에서 숨 쉬는 그 영으로 말미암아 행한다 — "하라"(마 11:4, 5). 이런 모든 사례들을 제시하심으로써 그리스도께서는 그가 그런 이적들을 행하셨으니 그 자신이야말로 그들이 찾고 있는 바로 그분이라는 것을 그들 스스로 깨닫게 하고자 하신 것입니다. 마지막으로 말씀드릴 것은 바로 말씀이 회심시키는 능력이 있다는 것인데, 이것이 가장 작은 것이라서 마지막에 말씀드리는 것이 아닙니다. 오히려 모든 증거 중에 가장 뛰어난 증거요, 다른 모든 것들을 포괄하는 증거이기 때문에 마지막에 말씀드리는 것입니다. 영혼이 회심하는 것이야말로 맹인이 시력을 회복하는 것입니다. 여러분이 "어둠" 속에 있었으나 이제 "주 안에서 빛"입니다(엡 5:8). 영혼의 발이라 할 수 있는 정서들이 자유함을 얻어 기쁨으로 하나님의 길을 걸을 힘을 얻는데, 이런 점에서 이것은 "못 걷는 사람이 걷는" 것과도 같다 하겠습니다. 더러운 정욕들이 치유 받고 악한 영혼이 거룩하게 되는데, 이는 "나병환자가 깨끗함을 받는" 것에 비할 수 있습니다. 이제 과거에 행해졌던 이적들이 중지되었으나, 그럼에도 불구하고 이 회심의 이적이 — 이는 말씀에 여전히 뒤따라 일어나는 가장 큰 이적입니다만 — 말씀의 신성을 입증해 주는 주요한 증거가 되며, 이는 이성 자체가 도무지 반박할 수 없는 것입니다. 아무리 힘 있는 천사라도 그의 기술과 힘으로는 들판의 조그만 풀을 만드는 것조차도 할 수 없지 않습니까? 그러나 마음에 새로운 피조물을 만들어 내는 일은 그보다 훨씬 더한 일이며, 하나님의 역사 가운데서 가장 고귀한 것입니다.

그러므로 그렇게 마음을 새롭게 하고 사람을 그 이전의 자신의 모습과 전혀 다르게 만드는 — 늑대와 사자처럼 맹렬하고 야만적인 모습에서 어린 양과 소처럼 온유하고 해가 없는 모습으로 만드는 — 것이 있다면, 그것은 분명 하나님께로부터 온 것일 수밖에 없습니다. 그런데 바로 그런 변화들을 "말씀"이 날마다 일으킵니다. 한때 정욕의 권세 아래서 죄만큼이나 많은 마귀들에게 사로잡혀 마치 미치광이처럼 활활 타는 횃불을 던져대며 이리저리 다니며 정욕들을 불태우던 자들이 한 번 복음 설교를 듣고서 완전히 변화되어, 마치 귀신이 떠나간 자가 제정신이 들어 예수의 발 앞에 앉아 자신의 과거 생활을 통렬하게 자복하고 또한 과거에 그렇게 사랑했던 정욕들을 이제는 완전히 혐오하게 되어 버리는 경우가 얼마나 많습니까? 이 글을 읽는 여러분 중에도 사도 바울이 자기 자신과 다른 형제들에 대해 말씀한 것처럼 자기 자신에 대해 다음과 같이 고백할 수 있는 사람들이 있기를 바랍니다: "우리도 전에는 어리석은 자요 순종하지 아니한 자요 속은 자요 여러 가지 정욕과 행락에 종노릇 한 자요 악독과 투기를 일삼은 자요 가증스러운 자요 피차 미워한 자였으나, 우리 구주 하나님의 자비와 사람 사랑하심이 나타날 때에 우리를 구원하시되 … 오직 그의 긍휼하심을 따라 중생의 씻음과 성령의 새롭게 하심으로 하셨나니"(딛 3:3-5). 여러분은 그리스도의 편지요, 잉크로 쓴 것이 아니라 살아 계신 하나님의 성령으로 마음에 새겨놓은 편지인데, 과연 이런 여러분이, 여러분을 하나님께로 데려갈 수 있는 그 말씀에 대해서 그것이 과연 하나님께로부터 온 것인지 아닌지를 의심할 수가 있겠습니까? 얼마나 오랫동안 철학자의 발 아래 앉아 있으면, 그의 도덕 강좌들에서 놀라운 능력을 접하여, 마치 기어다니는 무수한 생물들이 바닷가에 가득하듯이 그렇게 정욕으로 가득한 옛 마음이 사라지고 그 대신 새롭고 거룩한 마음을 갖게 되겠습니까? 물론 개중에는 철학자들에게 배우면서 말초적인 찌꺼기들이 제거되어 다소 세련된 모습이 되는 경우도 있었습니다. 술주정뱅이였던 폴레모(Polemo)는 플라톤에게 강의를 듣고 배우고 나서 절제의 사람이 되었습니다. 그런 천박하고 야수 같은 죄들이 인간의 본성적인 양심의 빛 — 이는 밤 같이 캄캄한 이방 세계를 통치하시기 위해 하나님이 정하신 약한 빛입니다만 — 을 얼마나 망가뜨리는지를 생각해 보면, 그런 일이 일어나는 것이 전혀 무리가 아닙니다. 그러나 철학자들이 아무리 훌륭하다 할지라도, 겉으로 다소 세련된 모습을 갖추고 있을 뿐 속사람의 그 은밀한 마음의 방의 휘장 뒤에서 여전히 죄들이 — 영적인 사악함과 마음의 죄들이 — 활동하고 있는 것을 발견하게 될 것입니다. 이 죄들이 그들의 성공적인 겉모습을 망치는 일이 없기 때문에, 그들은 그 죄들을 절대로 보게 될 수가 없는 것입니다. 그러나 "말씀"이 이 영적인 사악함의 고지들을 밟게 되면, 그들의 보루를 여지없이 다 점령하고 맙니다. 죄와 사탄을 그 요새들에까지 추적하며, 마치 밭이랑에 가득히 숨어 있는 벌레들처럼 마음 속 깊이 숨어 있는 죄인의 정욕들을 파헤쳐 냅니다. 마음도 죄가 숨어 있을 만한 안전한 성소가 되지 못합니다. 말씀이 거기서 그것을 끄집어내어 죽일 것입니다. 마치 요압을 제단 뿔에서 끌어내어 죽인 것처럼 말입니다(왕상 2:28-34). 마음의 부패한 것들이 비록 도덕론자와 정직한 이교도의 검은 피하지만, 말씀의 칼날에는 여지없이 무너지고 마는 것입니다.

말씀의 회심시키는 능력을 보여주는 좋은 실례로서, 사도들이 처음 보내심을 받아 그리스도의 은혜를 선포하며 복음 사역을 시작할 때에 말씀을 통해 사람들의 마음이 이적적으로 변화되는 역사보다 더 나은 것은 없을 것입니다. 그들이 나아가는 곳곳마다 세상이 그들을 대적하여 소동이 일어났고, 세상의 임금인 마귀가 선봉에 서서 그들을 격렬히 저항하였습니다. 그런데 그들이 듣도 보도 못한 승리를 얻지 않았습니까? "영원한 복음" 이외에 다른 칼을 빼든 적이 없는데도 그들이 그 원수들이 스스로 고백하듯이 세상을 완전히 뒤엎었다는 것이 이상한 일이 아닙니까? 그들은 가는 곳마다 마귀의 일들을 가볍게 제쳐 버렸고, 마귀의 요새들을 무너뜨렸고, 마귀가 수천 년 동안 평화로이 지배해 왔던 저 야만적인 이교도들을 완전히 압도해 버렸습니다! 그들은 우상 숭배 속에서 평생 자라오고 또한 그것을 위해 훈련받아 왔는데, 그들 스스로 그 우상 숭배를 버리고 십자가에 못 박히신 예수님을 새로운 주님으로 영접하는 역사가 일어났는데, 그것도 몇 사람의 어리석은 사람들의 보도를 듣고서 그렇게 되었고, 게다가 사람의 재치와 악의가 결합하여 만들어 낼 수 있는 가장 비열한 치욕거리들로 그들을 위협하며, 사도들이 전한 가르침을 지극히 역겨운 것으로 만드는 최악의 상황에서 그런 역사가 일어난 것입니다. 그러므로 이것은 과연 역사상 유례없는 정복이요, 전능하신 하나님의 팔이 아니고서는 도저히 얻을 수 없는 승리인 것입니다. 특히 다음과 같은 두세 가지 요인들이 당시에 있었다는 점을 생각해 보면, 이러한 결론이 더욱더 설득력을 얻게 됩니다.

첫째 요인. 이 가르침을 전파하는 일에 쓰임 받은 사람들의 초라함. 그들은 조건이나 계급에서 아주 초라한 자들이었습니다. 사람들 중에서도 가장 낮은 계층이었고, 그들 중에 많은 이들이 지성적인 면에서도 세상에서 아주 초라하였고, 그들의 능력을 향상시켜 주고 언변을 세련되게 만들어 줄 인간적인 배움도 없는 자들이었습니다. 하나님이 아십니다만, 그런 일에는 도무지 합당하지 않은 사람들이었으니, 그 일의 성공을 위해서 그들 자신이 가진 것에만 의지할 수밖에 없는 처지였습니다. 그들이 나아가 그들의 지혜를 드러내자 그들의 원수들이 깜짝 놀랐습니다. 그들의 출신성분이 열악하여 그런 고차원적인 일을 감당할 조건이 전혀 되지 못한다는 것을 너무도 잘 알고 있었기 때문입니다(행 4:13). 과연 이 초라한 사람들이 자기들에게 있는 것으로 그들의 수고에 따라온 그 놀라운 역사에 행한 공헌은, 고작해야 양각 나팔을 부는 일이 여리고 성을 무너뜨리는 데에 행한 공헌이나, 혹은 여호사밧이 악기들을 소리 나게 한 일이 그의 원수의 막강한 군대를 패주시키는 데에 행한 공헌 정도밖에는 안 되는 것이었습니다. 그러므로 우리는 그 놀라운 역사가 바로 하나님이 숨을 불어넣으신 데에서 비롯된 것이라고 보지 않을 수가 없습니다. 하나님께서 숨을 불어넣으사 그들이 복음의 나팔을 소리 높여 불었고, 또한 그의 성령께서 그 소리를 듣는 자들의 마음을 사로잡으셔서 그러한 놀라운 역사들이 일어난 것입니다.

둘째 요인. 그들이 세상에 선포하고 가르친 그 가르침의 본질을 생각해 보면, 그것은 이상스럽고도 전혀 새로운 것이었을 뿐 아니라 — 듣는 이로 하여금 그것을 부끄럽게 여기도록 만들기에 충분했으며 — 인간의 부패한 본성의 모습에 완전히 역행하는 것이어서 죄인의 마음이 그것에 우호적인 생각을 갖게 할 만한 것이 하나도 없었습니다. 마호메트의 가르침이 아주 감미롭고 사람의 육신적인 기호를 만족시켜 주는 것이니, 그 짭짜름한 잔이 그렇게 그럴듯하게 넘어가는 것이 전혀 무리가 아닙니다. 육체를 만족시켜 주는 것을 금방 진리로 받아들이고, 우리의 정욕들을 채워 주고 만족을 약속해 주는 그럴듯해 보이는 것들에게 설득을 당하여 그 손에 금방 우리 자신을 내어주는 것이 우리의 모습입니다. 사실 기독교 자체도 로마 교회가 입혀놓은 창녀 같은 매혹적인 복장을 하고 — 영적 간음으로 인하여 그 순결함이 상실되고 그 능력이 빼앗긴 채로 — 나타날 때에는 사람들에게 전반적으로 환영을 받는데, 이것이 이상할 것이 하나도 없습니다. 그러나 복음의 가르침을 그 고유의 탁월한 모습 그대로 — 이 협잡꾼들의 손에 들어가기 전의 모습으로 — 보면 그것은 육신적인 마음이 도저히 좋아할 수 없는 것입니다. 모든 죄 하나하나마다 그 뿌리에 도끼를 들이대며, 죄에 가담하는 모든 것에 대해 거부할 것을 명하기 때문입니다. 그러니 그 복음이 자기 문지방을 넘도록 육신적인 마음이 그냥 내버려 둘 리가 없습니다. 이러한 사실을 볼 때에 우리는 옆으로 물러서서

— 모세가 물러서서 가시덤불을 바라보았던 것처럼 — 이 놀라운 역사를 주시하게 됩니다. 곧, 다른 이의 의로 구원을 받으며, 다른 이의 지혜로 지혜로워지며, 어린아이에 불과한 자를 하나님으로 알고 신뢰하며, 스스로 사람들의 분노 아래 고난당하고 죽은 그가 죄와 사탄의 권세에서 우리를 구원해 줄 것을 믿고 의지하라고 가르치는 등, 육신적인 이성의 눈에 그야말로 넌센스인 가르침을 사람들이 믿고 받아들이는 역사야말로 놀랍기 그지없는 것입니다. 오오 인간의 이성이 이 가르침을 대적하여 제기하는 반론들이 얼마나 큽니까? 사람이 그 가르침에게로 나아와 그것을 믿고 받아들이기 전에 먼저 그런 반론들을 극복해야 하는 것이 아닙니까? 그런데도 이 가르침이 그렇게 환영을 받으니, 이 얼마나 놀라운 일입니까! 세상의 그 어떤 군왕도, 아무리 북을 울리고 사람들을 모아도 그 밑의 신민들에게 그토록 열렬한 환영을 받은 일이 없었습니다. 그런데 사도들에게는 무수한 신자들이 몰려들어 스스로 세례를 받았습니다. 곧, 사도들이 새로이 회심하는 자들에게 일종의 군사적인 맹세 같은 것을 하게 했고, 그들은 그것을 기꺼이 받아들인 것입니다. 한 가지만 더 말씀드리겠습니다.

셋째 요인. 그들이 전한 이 말씀이 그 제자들에게 세상적인 격려를 거의 주지 않았다는 점을 생각해 보십시오. 그러면, "하나님이 진정 그 일에 함께 하셨도다"라고 말하게 될 것입니다. 만일 그리스도인이 되는 것이 세상에서 성공하는 길이었더라면, 혹은 그 말씀이 명예의 산을 오르는 방법을 가르쳐줌으로써 세상의 임금들과 군왕들에게 환심을 사서 그들을 그 제자로 삼았더라면, 그렇게 많은 사람들이 그 떠오르는 태양을 경배하게 된 것에 대해 의아하게 여길 이유가 하나도 없었을 것입니다. 하지만, 사도들이 전한 복음에게는 그런 식으로 사람의 환심을 사게 할 만한 뇌물이 하나도 없었습니다. 그들을 끌어들이기 위해 길바닥에 황금 사과들을 던져놓지도 않았습니다. 그리스도께서는 그의 제자들에게 머리에 면류관을 쓰기를 바라지 말고, 오히려 등에 십자가를 질 것을 명령하십니다: "아무든지 나를 따라오려거든 자기를 부인하고 날마다 제 십자가를 지고 나를 따를 것이니라"(눅 9:23). 제자들이라면 자기들에게 없는 세상의 보화를 얻을 꿈을 꾸어서는 안 됩니다. 오히려 그들의 수중에 있는 보화들과 결별할 준비가 되어 있어야 합니다. 확실한 것은 사도들이 복음을 전했을 때, 그 복음은 온갖 좋은 것들을 누릴 수 있는 임금의 궁궐로 인도한 것도 아니요, 그렇다고 자신의 명예를 추구하며 고난을 통해서 승리를 얻었다는 명예를 얻으며, 또한 죽을 때에 그들의 이름이 명예의 전당에 기록되는 것을 기뻐하는 데에로 인도한 것도 아닙니다. 이런 것이었다면 로마교도들도 누구에 못지않게 열심을 내고 인내할 수 있었을 것입니다. 혹은 반대로 그 복음이 순교의 불마차를 타고 가야 하며, 인내와 무용(武勇)으로 값주고 천국의 영광을 사야 할 것을 가르쳤다면, 교황주의적인 애송이들은 그처럼 비참한 죽음이 두려워 지레 겁먹고 그 마음이 더욱 완악해졌을 수도 있을 것입니다. 그러나 사도들이 전한 가르침은 이 모두를 용인하지 않습니다. 오히려 하나님의 대의를 위하여 최선을 다하고, 또한 원수들의 최악의 분노로 인하여 당하는 모든 고난을 당하고 난 다음에도 그 모든 일에 대한 명예를 버리고 스스로 무익한 종임을 인정하여야 한다는 것입니다. 이런 요인들이 한데 어우러져서 성경의 신적 기원에 대한 확고한 믿음을 갖도록 이끌어 주는 강력한 끈이 되는 것입니다.

제 2 부

하나님의 말씀을 성령의 검이라 부르는 이유

"하나님의 말씀"(엡 6:17)

∨

제1부에서는 무기 그 자체, 즉 "하나님의 말씀"을 제시하고 그리스도인이 그것을 사용하도록 촉구하였는데, 이제 제2부에서는 그 "하나님의 말씀"이라는 무기를 "성령의 검"이라는 은유를 사용하여 묘사하는 부분에 대해 다루고자 합니다. 여기서 두 가지를 살펴보게 될 것입니다. 첫째. 하나님의 말씀을 "검"에 비하는 이유. 둘째. 이 검을 성령의 것으로 말씀하며, 그것을 "성령의 검"이라는 명칭으로 부르는 이유.

["성령의 검"이라는 표현에 대한 두 가지 탐구]

첫째 탐구. 하나님의 말씀을 "검"에 비하는 이유는 무엇입니까? 이 질문에 대해서는 다음과 같은 사실로 족할 것입니다. 곧, 검이란 군인들이 전반적으로 또한 항상 사용하는 것이며, 또한 방어용 무기일 뿐 아니라 원수를 공격하는 무기이기도 하므로, 이것이 하나님의 말씀의 필수적이며 탁월한 용도를 아주 적절하게 제시해 주기 때문이라는 것입니다. 그리스도인은 하나님의 말씀을 갖고 자기 자신을 방어하기도 하고 또한 공격하기도 합니다. 그의 앞에 있는 모든 원수들을 하나님의 말씀으로 끊어내는 것입니다.

둘째 탐구. 검을 "성령"의 것으로 돌리는 이유는 무엇입니까? 어떤 이들은 여기서 추상적인 것을 구체적인 것으로 취합니다. 곧, πνεύμα("영")를 πνευματικός("영적인", "신령한")의 의미로 취하여, 성령의 검을 영적인 검(혹은 신령한 검)의 의미로 봅니다. 마치 이 말씀이 "영적인 검, 곧 하나님의 말씀을 가지라"라는 의미인 것처럼 보는 것입니다. 사도의 말씀에 따르면, "우리의 싸우는 무기는 육신에 속한 것이 아니요 … 능력이라" — 즉, 영적인 무기라는 것입니다(고후 10:4). 사실 사탄이 영을 상대로 하니, 영적인 무기로 싸워야 하는 것입니다. 그런데 바로 하나님의 말씀이 그렇습니다. 영적인 검입니다. 그러나 이것이 사실이기는 하나, 본문의 의미를 완전히 드러내 주지는 못합니다. 여기서는 프뉴마(πνευμα)를 인격적으로 취하여, 성령이라는 위격을 나타냅니다. 그리고 다음 세 가지 점에서 기록된 말씀은 성령의 검입니다.

첫째. 그는 그 말씀의 저자이십니다. 말씀은 오직 성령의 손으로 만들어지고 형성된 무기입니다. 그것은 어떤 피조물의 대장간에서 나온 것이 아니라, "성령의 감동하심을 받은 사람들이 하나님께 받아 말한 것"입니다(벧후 1:21).

둘째. 성령이야말로 유일하고 참되신 말씀의 해석자이십니다. 그리하여 베르나르는 다음과 같이 유명한 발언을 하고 있습니다: "성경은 오직 그것을 지으신 성령에 의해서만 읽혀져야 하고, 또한 그에 의해서만 이해될 수 있다." 오직 자물쇠를 만든 자만이 잠겨진 문을 열기에 합당한 열쇠를 가져다줄 수 있는 법입니다. "성경의 모든 예언은 사사로이 풀 것이 아"닙니다(벧후 1:20). 왜 그렇습니까? 바로 그 다음에 이어지듯이, 애초에 그것이 사사로이 아무에게서나 온 것이 아니기 때문입니다. "예언은 언제든지 사람의 뜻으로 낸 것이 아니요 오직 성령의 감동하심을 받은 사람들이 하나님께 받아 말한 것임이라"(21절). 성령 자신만큼 그 자신의 뜻을 잘 아는 자가 어디 있겠습니까?

셋째. 말씀이 영혼 속에서 유효성과 능력을 발휘하게 해 줄 수 있는 것은 오직 하나님의 성령뿐입니다. 제가 말씀한 대로 "믿는 것들의 감동을 영혼에 심어 인치는 것"이 바로 성령의 직무인 것입니다. 우리가 읽고 듣는 진리들에다 성령께서 그의 무게를 실어 주시고, 그것들을 면밀하게 적용시키시고, 이를테면 우리 마음과 정신 속에다 그 형상을 새겨 넣지 않으시면, 마치 도장(印)을 돌이나 바위에다 찍는 것처럼 아무런 영구한 인상이 남지 못하는 것입니다. 우리 자신이나 다른 이들이 극도의 노력을 다하는데도 불구하고 여전히 생각이 들쭉날쭉하고 마음이 만족을 누리지 못하는 것입니다. 제자들이 폭풍을 이기고 해변에 닿게 된 것은 그들이

노를 힘차게 저었기 때문이 아니고, 그리스도께서 그들에게 오셨기 때문이었습니다. 하나님의 성령께서 오시기까지는, 우리가 아무리 연구하고 탐구해도 생각이 정리될 수가 없고, 또한 마음도 말씀을 믿는 믿음 안에서 평안을 누릴 수가 없는 것입니다. 그리스도께서는 제자들에게 "이제는 너희가 믿느냐?"라고 말씀하셨습니다(요 16:31). 그런데 안타깝게도 동일한 말씀들이 계속해서 귀에 울리고 또한 문을 열어 달라고 문을 두드리지만, 성령께서 그의 손가락으로 그 문고리를 들어 올리시기 전에는 절대로 그것들을 받아들일 수가 없는 것입니다. 데버넌트(B. Davenant)는 골로새서 주석에서 제르송(Gerson)이 한 이야기를 인용하고 있습니다. 그가 잘 아는 어느 거룩한 사람은 잦은 의심과 거리낌 때문에 넘어지고 쓰러지고, 그리하여 신앙의 근본 강령조차 의심하게 된 적이 한두 번이 아니었으나, 나중에 선명한 빛을 접하게 되고 성경의 진리에 대한 충만한 증거를 깨닫게 되어서, 이제는 자신이 살아 있다는 사실 이상으로 그것을 확신하고 의심하지 않게 되었다는 것입니다. 그리고 제르송은 말하기를, "이런 일은 분명 성경의 진실성을 입증하는 어떤 새로운 논리를 찾은 데서 온 것이 아니라, 하나님의 성령께서 그의 교만한 지성을 낮추시고 붙잡으시고 또한 그것(성경의 진실성)을 놀랍게 밝히 드러내신 데서 온 것이다" 라고 합니다. 말씀이 그렇게 밝히 드러날 때에 우리는 이러한 중요한 교리적인 결론을 얻게 되는 것입니다.

[기록된 말씀은 그리스도인으로 하여금 이기게 하는 검임]

가르침. 기록된 말씀은, 혹은 성경은, 하나님의 성령께서 그의 성도들로 하여금 그들의 모든 원수들을 이기게 하시는 데에 사용하시는 검입니다. 성령께서는 말씀이 없이는 성도를 위해서 아무것도 하지 않으시며, 또한 성도들도 성령이 없이는 아무것도 행할 수가 없습니다. 말씀은 검이요, 그리스도의 성령은 성도들을 위하여 그 검을 휘두르는 팔이십니다. 그리스도와 그의 성도들이 이 세상에서 이루는 모든 큰 승리들은 바로 이 검으로 얻는 것입니다. 그리스도께서는 그의 대적들을 상대하실 때에 허리에 이 검을 차고 계셨습니다: "칼을 허리에 차고 왕의 영화와 위엄을 입으소서"(시 45:3). 원수들에 대한 그의 승리 역시 이것으로 말미암은 것으로 말씀합니다: "왕은 진리 … 를 위하여 — 즉, 진리의 말씀을 위하여 — 왕의 위엄을 세우시고 병거에 오르소서"(4절). 요한계시록 1:6에서 그리스도께서는 "오른손에 일곱 별"을 쥐고 계시는 것으로 묘사되는데, 이는 그가 그의 백성들을, 특히 교회의 목사들을 — 이들이야말로 다른 누구보다 공격을 많이 받는 자들이므로 — 아주 고귀하게 보살피고 계심을 시사해 줍니다. 그런데 "그의 입에서 나오는 좌우에 날선 검"으로가 아니면 무엇으로 그가 그들을 보호하시겠습니까? 이것이야말로 교회의 아무리 초라한 신자라도 은혜의 언약에 근거하여 누리는 크나큰 특권이요, 아담조차도 첫 언약 안에서 누리지 못했던 특권입니다. 아담은 타락하였을 때에 불타는 검이 그를 지켜 낙원에 들어가지 못하게 했고, 무죄한 상태에 있을 때에도 죄를 범하여 그 복락의 상태에서 쫓겨나는 일이 없도록 지켜 주는 그런 검이 그에게 없었습니다. 그는 홀로 서서 스스로 자기를 방어해야 했습니다. 자기 자신의 노력으로 자신을 지켜야 했습니다. 그러나 지금은 성도들과 모든 위험 사이에 하나님의 말씀이 서 있습니다. 그런데 성도가 상대하여 싸우는 주요 원수들을 지목하여 그들 모두가 말씀 앞에 무너지며, 또한 아비멜렉이 여룹바알의 아들 칠십 명을 "한 바위 위에서" 죽였듯이(삿 9:5) 그들이 단칼에 치명상을 입는다는 사실을 살펴보면, 이 점이 더욱 선명하게 드러날 것입니다. 첫째. 성도들을 살육하는 것을 숨 쉬듯 하며 또한 불과 창검으로 그들을 추적하는 잔인한 박해자. 둘째. 미혹하는 자와 이단. 셋째. 우리 자신의 정욕들. 넷째. 안팎의 갖가지 환난들.

[박해자들이 "하나님의 말씀"에 무너짐]

첫째 원수. 성도들을 살육하는 것을 숨 쉬듯 하며 또한 불과 창검으로 그들을 추적하는 잔인한 박해자. 힘이 있을 때면 그 아비의 어둠의 나라를 유지하기 위하여, 세상을 비추어 그들의 끔찍한 불경을 드러내며 그리하여 사람들의 마음에서 마귀의 뜻을 약화시킬 위험성이 다분한 저 하늘의 별들을 발로 짓밟기를 두려워하지 않는 그런 거인 군단이 항상 있어 왔고, 또한 마귀의 졸개들이 세상에 살아 있는 한 계속 있을 것입니다. 그리하여 성도들을 향하여 피비린내 나는 전쟁들이 일어났고, 잔인한 순교의 불꽃들이 밝혀졌고, 대 학살이 자행되었습니다. 그들은 고통을 극대화하는 기발한 마귀적인 기술들을 개발하여 사용함으로써 이 무고한 영혼들이 고통 속에 더 머물며 죽음의 문턱에서 더 오래 고통을 당하게 하였고, 그리하여 그런 무자비한 고통을 가하는 가해자들마저도 마치 자기들이 죽을 것 같은 느낌을 받을 정도로 야만적이고 비인간적인 짓을 저질렀습니다. 자, 하나님께서 이 도도한 교만을 무엇으로 제지하십니까? 하나님의 백성들은 주와 그의 만군을 이렇게 거역하는 이 괴물 같은 자들을 과연 어떤 무기들로 저항하여 이깁니까? 그 무기들이 어디 있는지 알고 싶으십니까? 그 무기들은 무기저장고로 세워진 다윗의 망대, 즉 하나님의 말씀에 있습니다. 바로 여기에 방패가 있고, 검과 화살들이 걸려 있습니다. 시대마다 하나님의 귀한 백성들은 그것들로 박해자들의 노기를 상대하여 담대하게 방어하였고, 또한 그들의 힘과 권력에 맞서 싸워 영광스러운 승리들을 거두었습니다. 그들은 이 "시내"에서 "매끄러운 돌"들을 취하여 그것들로 이 골리앗들을 넘어뜨린 것입니다(삼상 17:40). 교회의 원수인 이런 자들을 무찌르는 방법은 두 가지입니다. 곧, 그들을 회심시키든지, 아니면 파멸시키든지 하는 것입니다. 하나님의 말씀은 이 두 가지 효과를 내는 검입니다. 이 검은 양쪽에 날이 서 있고(히 4:12), 따라서 양쪽으로 다 그들을 끊어내는 것입니다.

첫째 방법. 성령의 검은, 택한 자이지만 무지와 편견으로 인하여 한동안 악독한 사냥꾼과 잔인무도한 박해자들이 되어 성도들의 원수들과 한편이었던 자들에게 역사합니다. 하나님의 말씀은 이들에게 희생제물을 죽이는 칼이 되어 그들의 마음을 찔러 쪼개며 그들의 죄의 그 뜨거운 썩은 피가 나오게 합니다. 그로 인하여 이들은 하나님의 교회를 대적하여 더욱 미쳐 날뛰는데, 이는 사도 바울이 로마서 15:16에서 훌륭하게 진술하듯이, 회심시키는 은혜를 통하여 그들을 하나님께서 받으실 만한 제물이 되도록 준비시키는 역사인 것입니다. 그리하여 우리의 복되신 주님을 살해한 자들이 베드로의 단 한 번의 설교를 통해서 크나큰 가책을 받아, 전에는 그렇게 좋아했던 그의 피를 역겹게 여겨서 곧바로 토해내며, 또한 이 말씀의 검의 칼날에 찔려 그들이 지니고 있던 그 박해의 무기들을 내던지고 하나님의 긍휼을 구하며 부르짖고, 그리스도의 병적부에 스스로 자기들의 이름을 올리며, 얼마 전만 해도 잔인하게 그의 목숨을 빼앗았던 자들 중 삼천 명이나 되는 자들이 단번에 그리스도의 이름으로 세례를 받는 것을 보게 되는 것입니다(행 2:41). 그렇습니다. 사도 바울이 바로 그런 사람이었습니다. 에라스무스가 아우구스티누스를 "거대한 고래"라 불렀습니다만, 저는 회심하기 이전의 바울을 그렇게 부르고 싶습니다. 그는 그리스도의 교회에 엄청난 해악을 끼친 사람이었습니다만, 그리스도께서는 오로지 말씀으로 그를 내리치시지 않았습니까? 세상에서 이 사람보다 더 열렬하게 그리스도를 대적한 원수는 없었습니다. 성도들을 대적하여 마음에서 분노가 끓어올라서 마치 입이 뜨거운 용광로로 만들어진 것처럼 그의 입술에서 맹렬한 기운이 터져 나왔고, 가는 곳마다 성도들을 무자비하게 살육하였습니다(행

9:1). 그런데 선포되는 말씀 이외에 과연 무슨 무기로 그리스도께서 이 무자비한 사람의 마음의 성을 함락시키셨습니까? 먼저 그리스도께서 하늘의 강단에서 우레와 같은 말씀을 전하사 이 교만한 기수(騎手)를 말에서 내리 앉히시고 그를 그 자신의 괴로운 심령의 족쇄에 묶으셨고, 그리하여 그는 자신이 다른 이들을 묶어놓았다고 생각한 바로 그 곳에 스스로 갇히게 되었습니다. 이어 그리스도께서는 그를 그의 성령께 맡기사 말씀의 석회를 그의 마음에 면밀히 바르게 하사 그를 회심시키는 역사를 이루게 하셨습니다. 이 역사가 그에게 얼마나 능력적으로 이루어졌는지를 그 자신이 이야기해 주고 있습니다: "계명이 이르매 죄는 살아나고 나는 죽었도다"(롬 7:9). 즉, 성령의 깨닫게 하시는 역사로 말미암아 율법이 그의 영혼 속을 파헤치고, 그의 양심을 찌르게 되자, 마치 잠자는 사자처럼 그의 속에 숨어 있던 죄와 정욕들이 다시 살아났다는 것입니다. 그런데 그의 양심이 일깨워지자 그의 죄와 정욕들이 너무도 끔찍하게 으르렁거리므로 그는 이를테면 불쌍한 정죄받은 자처럼 그것들에 대한 공포로 죽은 듯이 무너진 것입니다. 그러므로 그 동일한 말씀과 성령으로 말미암아 복음의 은혜의 기쁜 소식이 때마침 전해져서 소망과 위로의 생명에로 다시 그를 데려가지 않았더라면, 그는 공포와 절망에 혼미하여 완전히 무너져 내리고 말았을 것입니다. 그리하여 이 사납고 맹렬한 성도들의 원수가 율법의 공포로 족쇄에 채워지고 재갈이 물려졌으며, 복음의 온유함과 자비로 말미암아 변화되고 새롭게 되었고, 그리하여 그는 노략질하는 이리가 순진한 어린 양이 된 것 이상으로 완전히 새로운 모습이 되었고, 회심 이전에는 복음을 시인하는 자들의 목숨을 찾아 다녔으나 이제는 복음을 수호하기 위하여 자기 자신의 목숨을 기꺼이 내어놓고자 하는 사람으로 변모한 것입니다.

둘째 방법. 성도들을 박해하는 원수들이 망하고 파멸할 때에도 성령의 검이 역사한 것입니다. 그들이 계속해서 회개하지 않고 하나님의 진리와 그의 종들을 대적하여 스스로 완악하게 하면, 그것이 그들이 당하게 될 유일한 종말입니다. 그들은 마치 "잡혀 죽기 위하여 난" 노략질하는 짐승들과도 같습니다(벧후 2:12). 그들은 그들의 파멸이 분명하다는 사실도, 또한 그들을 파멸에 이르게 할 것이 하나님의 말씀이라는 것도 사전에 알 수도 있을 것입니다. "만일 누구든지 그들을 해하고자 하면 그들의 입에서 불이 나와서 그들의 원수를 삼켜 버릴 것이요 누구든지 그들을 해하고자 하면 반드시 그와 같이 죽임을 당하리라"(계 11:5). 이는 신실한 복음 설교자들을 감히 대적하고 박해하는 자들에 대해 하는 말씀이니, 그들의 입에서 불이 나와서 그들을 파멸시키리라는 것입니다. 그들이 성도들의 육체를 찔러 쪼개고 불에 태우지만, 그들이 전하는 말씀이 그들을 파멸시키리라는 것입니다. 그 말씀이 살아서 그들 뒤에 머물러 있다가, 그들이 성도들에게 진 빚을 갚고 그들의 원수들에게 복수한다는 것입니다. 하나님께서 반드시 그들을 이런 방식으로 죽이실 것이요, 말씀이 그들에게 치명타를 입히게 될 것입니다. 율리아누스(Julian) 황제는 이렇게까지 고백하였습니다. 곧, 치명상을 입고 피를 흘릴 때에, 그 화살이 페르시아인의 활에서 날아온 것이었지만 그는 그것이 페르시아인보다 더 높은 손길로부터 온 것임을 알고서, "오 갈릴리 사람이여, 그대가 이겼노라. 그대가 내게는 너무 힘든 상대였도다"라고 말했습니다. 그리스도의 진리를 향한 그의 악의가 그의 죽음을 초래했다는 것을 그의 양심이 그에게 이야기해 준 것입니다. 그리고 그 이외에도 정의의 심판을 받을 때에 그러한 사실을 시인한 이들이 수없이 많습니다. 그들이 대적하고 반대했던 그 하나님의 말씀의 얼굴이 그들이 당한 심판에 새겨진 것을 본 것입니다.

오오 이 말씀의 검은 그 미치는 범위가 매우 넓습니다. 세상에 있는 하나님과 그의 성도들의 모든 원수의 가슴을 겨냥하고 있습니다. 그러므로 그들이 지금은 자기들에게 닥칠 그 위험이 어디에서 올지를 보지 못하지만 (그 위험이 너무도 크고 강력하며, 너무도 확실하다는 것을 그들도 생각하고 있습니다), 하나님의 말씀이 그들의 종말을 이미 정해 놓고 있으며, 하나님께서 조만간 이쪽 문이나 저쪽 문을 여사 멸망이 그들에게 임하게 하실 것입니다. 선지자가 임박한 블레셋의 멸망을 예언할 때에, 그가 무엇을 그 전조로 제시하는지를 주목하기 바랍니다: "해변 주민 그렛 족속에게 화 있을진저 … 여호와의 말씀이 너희를 치나니"(습 2:5). 이는 마치 이런 뜻과도 같습니다. "너희는 이제 망한 백성이로다. '여호와의 말씀이 너희를 치니' 온 세상이라도 너희를 구원할 수 없느니라." 위협하는 말씀이 마치 우레나 전염병처럼 가는 곳마다 내리치며, 그 저주가 뿌리까지 다 태우는 것입니다. 그러므로 가나안의 일곱 족속들 모두가 마치 잘 익은 열매가 나무를 흔드는 자의 입 속에 들어가듯, 이스라엘 사람들의 입에 들어가고 말았습니다. 그들을 저주하는 여호와의 말씀이 이스라엘 백성보다 앞서 나아가며 그들의 정복을 확실하고도 손쉽게 만들었기 때문입니다. 발락도 이 사실을 알고 있었습니다. 그리하여 발람의 입술을 통해 하나님의 이름으로 이스라엘을 저주하게 하고자 그렇게 애쓴 것입니다. 우리는 세상의 군주들과 그들의 군대를 세상의 역사를 주관하는 장본인들로 바라보지만, 사실상 그들은 바퀴에 붙어 있는 파리와 같은 존재들입니다. 세계 역사의 무대에서 행해지는 모든 일들 속에 하나님의 말씀이 역사하고 있는 것입니다. "보라 내가 오늘 너를 여러 나라와 여러 왕국 위에 세워 네가 그것들을 뽑고 파괴하며 파멸하고 넘어뜨리며 건설하고 심게 하였느니라"(렘 1:10). 사실 온 땅 전체가 하나님의 뜰입니다. 그러니 하나님 자신이 아니면 이 뜰 위에 무엇을 세우거나 넘어뜨릴 권한이 과연 누구에게 있겠습니까? 하나님께서 그의 성도들을 위하여 그의 원수들에게 무슨 일을 행하실지를 그의 말씀 속에 이미 제시해 두셨습니다. 그러므로 성도들이 받고 누리며 또한 은혜로운 약속의 성취로 인정하게 될 그 모든 자비들과, 또한 말씀의 경고대로 그들의 모든 원수들에게 시행되는 모든 심판들을 가리켜 "기록한 판결"이라 부르는 것입니다(시 149:9).

[이단들이 "하나님의 말씀"에 무너짐]

둘째 원수. 그리스도인이 감당해야 할 또 다른 원수는 미혹하는 자인데, 이들도 다른 원수에 못지않게 위험합니다. 아니 다음과 같은 점에서 보면 오히려 이들이 더욱더 무서운 원수입니다. 박해자는 오로지 육체만 죽일 수 있으나 미혹하는 자는 다가와서 영혼에 독을 가득 채웁니다. 마귀가 영혼들을 은밀하게 사로잡기 위해 올무들을 보내는데, 그것들이 가장 의심이 덜한 곳에서 갑자기 오는 경우가 태반입니다만, 살아서 이런 "마귀의 올무"에 사로잡히는 것보다는 차라리 원수의 검으로 단번에 살해당하는 편이 더 나을 것입니다. 바울은 박해자의 입에 먹히는 처지에 있었으나, 자신이 전자의 위험을 피했다는 사실을 귀하게 여기고 즐거워할 수 있었습니다: "나는 선한 싸움을 싸우고 나의 달려갈 길을 마치고 믿음을 지켰으니, 이제 후로는 나를 위하여 의의 면류관이 예비되었으므로 주 곧 의로우신 재판장이 그날에 내게 주실 것이며"(딤후 4:7, 8). 이 거룩한 사람이 어떻게 승리를 거두며 그의 본색을 그대로 유지하는지를 보십시오. 그는 마치 싸움터에서 싸워 승리를 거둔 것처럼 보입니다. 하지만 이 선한 사람은 네로 황제의 잔인무도한 사형집행인들의 손에 머리를 내어놓아야 할 처지에 있었습니다. "전제와 같이 내가 벌써 부어지고 나의 떠날 시각이 가까웠도다"(6절)라는 표현에서 이를 얼마든지 추측할 수 있습니다. 이는 그가 얼마 후에 어떤 식의 죽음을 당할 것인가를 빗대어 말씀하고 있는 것입니다. 하지만 이렇게 질문할 수도 있을 것입니다. 그렇게 절박하고도 안타까운 상황에 처해 있던 그가 대체 무슨 연유로 승리를 외쳤느냐고 말입니다. 그렇습니다. 그로 하여금 승리를 외치게 한 것은 바로 그 자신이 "믿음을 지켰다"는 사실이었습니다. 물론 자신의 목숨을 내어놓는 것이 괴로웠지만, 자신이 "믿음을 지켰다"는 사실이 그보다 천 배나 더한 기쁨과 위로를 그에게 주었던 것입니다. 만일 비겁한 처신으로 믿음을 떠났거나 혹은 그릇된 교훈으로 인하여 믿음을 저버렸다면, 그것으로 그의 영혼을 잃어버리고 말았을 것입니다. 하지만 그 믿음을 지켰으므로 이제 그는 이 세상에서 자기 목숨과 작별하더라도 사람의 손에 빼앗긴 목숨보다 더 나은 것을 하나님의 손으로부터 받게 되리라는 것을 잘 알고 있었던 것입니다. 황충(蝗蟲)이 요한계시록 9장에 언급되는데 — 미드 목사(Mr Mede)는 이를 갓 기독교화 된 로마 세계에 엄청난 불행과 괴로움이 되었던 사라센 족들(Saracens)을 뜻하는 것으로 봅니다만 — 이것들이 "전갈과 같은 꼬리와 쏘는 살이 있는" 것을 보게 되는데(10절), 앞에서 언급한 그 학식 있는 미드 목사는 이것을 그 사라센 족들이 무력으로 정복하는 곳마다 사람들의 영혼에 심어놓아 죽게 만든 그 저주받은 마호메트의 교리의 독(毒)을 뜻하는 것으로 해석합니다.

야만적이며 잔인무도한 원수의 손으로 일어난 전쟁의 검도 무거운 심판이겠지만, 저주받은 오류가 전파되는 것은 그보다 더 큰 심판인 것 같습니다. 이것은 바로 그 심판의 "꼬리의 쏘는 살"입니다. 경건했던 자들 중에 그 원수의 그 검에 완전히 무너져 버리는 자들이 많았을 것이라는 것을 의심치 않습니다. 하지만 하나님의 인침을 받은 자에 속하지 않은 자들이 그들의 저주받은 거짓 교리의 독에 취하여 쏘는 살을 느꼈으며, 그리하여 오직 그들만이 그 황충에게 해를 당하는 것으로 말씀하는 것입니다(4절). 원수의 칼에 베임을 당하여도 해를 당하지 않을 수 있습니다만, 그들의 거짓 교리를 마시고서는 해를 당하지 않는다고 말할 수 없습니다. 그런데 하나님의 말씀이야말로 성령께서 사용하여 성도들로 하여금 이 원수의 공격을 막을 수 있게 해주는 검입니다. 그렇습니다. 이 검이 사탄의 이러한 교묘한 무리를 무찌르는 것입니다. 아볼로에 대해서 성경은, 그가 "공중 앞에서 힘 있게 유대인의 말을 이겼다"고 말씀합니다(행 18:28). 말하자면 그는 그의 무게 있는 논리로써 그들을 무너뜨린 것입니다. 그런데 그가 대체 무엇을 검으로 삼아 그들을 다 이겼습니까? 28절을 읽어 보십시오. "성경으로써" — 유대인의 신비 철학이 아니라 — "예수는 그리스도라고 증언"하였고, 그리하여 그가 "성경에 능통한 자"였다고 말씀합니다(24절). 곧, 그는 성경 지식이 탁월하여 용맹과 전문성을 갖춘 능력 있는 자로서, 마치 나무를 깎아 만든 대검을 든 어린아이가 진검으로 무장한 막강한 군인의 상대가 되지 못하듯이, 오류에 빠진 유대인들이 그의 손에 들린 이 검을 도무지 견디지 못하였다는 것입니다.

바울은 디모데에게 도처에서 수많은 사람들을 홀리는 미혹하는 자들을 상대로 조심스럽게 자신을 방어하라고 권면하였는데, 이때에 그는 그들의 손아귀에 사로잡히지 않는 방법으로서 성경에게로 나아가 그것으로 무장하는 것보다 더 나은 방법이 없음을 알고서 그렇게 할 것을 권면합니다. "그러나 너는 배우고 확신한 일에 거하라"(딤후 3:14). 그리고 그 다음 절에서 그는 디모데가 배운 것이 과연 어떤 것인지를 보여 줍니다. 곧, 그가 어려서부터 성경을 알았는데, 그것이 구원에 이르는 지혜가 있게 해주며, 따라서 성경을 면밀히 공부하면 그가 모든 원수들보다 더 지혜 있게 될 것임을 말씀합니다. 여러 저자들의 저작들을 두루 섭렵해서 무장할 수도 있습니다만, 바로 이 검을 지니고 있고 또한 성령께 이 검의 사용법을 배운 자야말로 마귀가 자기편에 둔 막강한 오류의 챔피언을 만나더라도 그를 능히 무찌르고도 남는 것입니다. 아무리 보잘것없는 여인이라도 이 검으로 무장하고서 명확한 성경 본문 하나로 위대한 박사들의 날카로운 논지들을 무찌르고 그들의 현란한 어법과 논리들을 무력화시킬 수 있었던 것입니다. 마치 한 여인이 그 위대한 장군 아비멜렉의 머리 위에 맷돌 윗짝을 내던져서 그의 두개골을 깨뜨렸던 것처럼 말입니다(삿 9:53). 이러한 병기고에서 바울이 말씀하는 "모든 이론을 무너뜨리는 하나님의 능력"이 되는 무기들이 나오는 것입니다(고후 10:4). "모든 이론을 무너뜨리며" — 고대의 어떤 사람은 헬라 철학자들의 삼단논법을 무너뜨리는 것을 뜻하는 것으로 보았습니다. 사실 말씀을 자기편으로 삼고 또한 그 말씀을 사용할 수 있는 거룩한 기술을 습득하고 있는 사람은, 다른 무장을 하고 다가오는 대적보다 — 그 대적이 아무리 든든하게 방비하고 있을지라도 — 훨씬 더 유리한 위치에 있는 것입니다. 마치 날이 선 검을 든 사람이 손에 버들가지를 들고 오는 사람보다 훨씬 더 유리한 위치에 있는 것처럼 말입니다.

모든 오류는 말씀의 빛을 끔찍하게 여기며 말씀에게 조사받기를 도둑이 준엄한 판사 앞에서 재판을 받는 것을 두려워하는 것보다 더 두려워합니다. 히에론(Hieron)은 말하기를, "이단의 가르침들을 낱낱이 해명하는 것이 그것들을 이기는 길이다"라고 했습니다. 그것들을 낱낱이 드러내고, 그것들을 말씀 앞에 직접 세우면, 마치 가인처럼 그것들이 부끄러움을 당하여 고개를 떨어뜨리게 될 것입니다. 이것이야말로 의심스러운 견해들의 진위를 밝혀내는 유일한 확실한 시험방법입니다. 그것들이 만일 이 불 같은 법 앞에서 손상받거나 책망받는 일이 전혀 없이 걸을 수 있다면, 그것들을 진리로 인정해도 무방할 것입니다. 하지만 그렇지 못하면 그 어떠한 것도 진리로 인정할 수 없는 것입니다. 바울은 "사람이 바른 교훈을 받지 아니"한다고 말씀합니다(딤후 4:3). 아니, 그들의 마음이 바르지 않은데 어떻게 그렇지 않을 수 있겠습니까? 그들이 보기에는 바른 교훈은 너무나 예리하게 그들을 들추어냅니다. 발에 티눈이 나 있으면 부드럽게 걸을 수 있는 좋은 길밖에는 걸을 수가 없습니다. 그들의 정서에 맞으려면 그런 부드러운 교훈이어야 하는데, 말씀은 그렇지 않고 그들을 판단합니다. 그러니 그들은 저 큰 날에 될 일을 너무 일찍 행한다고 생각하여 말씀을 멀리하는 것입니다. 때가 되기도 전에 먼저 괴로움을 당하고 싶지 않기 때문입니다. 그리하여 퀘이커교도들(Quakers)은 자기들의 견해들이 성경의 재판정에서 거짓으로 드러날 것이 뻔하기 때문에 성경을 피해 도망하여 숨을 구멍을 파놓고서, 좀 더 호의적인 대접을 받을 수 있는 또 다른 근거에 호소하는데, 곧 내부의 빛이요, 혹은 일상적인 언어로 말하자면 본성적인 양심이 그것입니다. 그러나 이것은 인간의 정욕이 환심을 사기 위해 제공하는 뇌물을 쉽게 받아들이는 그런 부패한 것으로 너무나 잘 알려져 있는 것입니다. 아아, 불쌍한 사람들이 아닐 수 없습니다. 그들이 뒤바꾸어 놓은 것이 얼마나 안타까운지 모릅니다. 그들은 불변하는 믿음의 규범이며 또한 하나님 자신만큼이나 거짓말도 할 수 없고 속일 수도 없는 그 말씀을 저버리고, 자기들 스스로를 자기들의 안내자로 여기고 신뢰하니 이 얼마나 어처구니없는 일입니까? 마귀조차도 그들을 위해 택할 수 없었을 그런 안내자보다 더 무지하고 어리석고 불성실한 안내자인데 말입니다. 베르나르는 말하기를, "자기 스스로 자기의 선생 노릇을 하는 자는 반드시 바보를 그의 선생으로 삼고 있는 것이다"라고 했습니다. 또한 솔로몬은 말하기를, 예, 솔로몬보다 더 큰 분이신 하나님께서 솔로몬을 통하여 말씀하시기를, "미련한 자는 자기 행위를 바른 줄로 여기나 지혜로운 자는 권고를 듣느니라"라고 합니다(잠 12:15). 그러나 가장 지혜로운 자는 하나님의 말씀을 스승으로 삼고 그 권고를 듣는 자입니다. 교황주의자는 수풀과 나무를 — 고대부터 내려온 전통들을 — 성소로 삼아 성경의 얼굴을 피하여 그리로 도피합니다. 마치 아담이 하나님께서 그에게 나아오실 때에 수풀 속에 숨어 있었던 것처럼 말입니다. 이들은 마치 오래 된 것이면 무엇이든 하나님 자신의 말씀만큼이나 진정성이 있는 것처럼 여깁니다. 그러나 사람의 전통은 무엇이든 성경에 견주어 보아야 하는 것입니다.

굳이 실례를 더 들지 않더라도 소치니주의자(the Socinian)는 자기 자신의 교만한 이성을 높이 떠받들며, 성경을 그것에다 견주어 살펴야 한다고 주장합니다. 오히려 그 이성이 성경 앞에 몸을 굽혀야 하는데 말입니다. 그는 신앙과 성경이 자기 자신의 이성이 그려내는 모델에 적합해야 한다고 여기며, 그렇지 않은 것은 받아들이지 않으려 합니다. 바로 이것이 수많은 악독한 오류들과 이단들의 뿌리를 이루고 있습니다. 테르툴리아누스(Tertullian)는 이런 부류에 대해서 말하기를, "기독교 신앙을 형성하기 위해 플라톤이나 아리스토텔레스의 대장간으로 갔다"고 합니다. 이것이 잡상인의 저울에 금을 올려놓고 무게를 달려 하는 것이나, 혹은 달빛에서 태양빛을 찾으려는 것이 아니고 무엇이란 말입니까! 오늘날의 한 신학자는 말하기를, "대부분의 이단은 교만과 아이티우스(Aetius: 4세기의 아리우스주의에 속한 한 감독 — 역주)의 무지, 혹은 아리우스의 교묘한 추론에서 돋아난다"라고 했는데, 이 중에 맨 마지막은 바울 자신이 "믿음에서 벗어났느니라"라고 말씀하는(딤전 6:21) 그 사람들이 걸려 넘어진 암초인 것 같습니다. 그리하여 그는 디모데에게 이 위험한 암초를 멀리하고 말씀으로 방향을 잘 잡을 것을 그렇게 간절하게 권면하는 것입니다: "디모데야, 망령되고 헛된 말과 거짓된 지식의 반론을 피함으로 네게 부탁한 것을 지키라"(20절). 저는 여기서 말하는 "네게 부탁한 것"이란 다른 것이 아니라 곧 그가 디모데에게 굳게 지키라고 부탁한 "내게 들은 바 바른 말"이라고 봅니다(딤후 1:13).

반론. 그러나 정통적인 사람들 뿐 아니라 이단들도 똑같이 성경을 인용하여 자기들의 지극히 이상한 오류들을 뒷받침하며, 이 검을 빼들고 자기들을 방어하는 것을 보는데, 그렇다면 성경이 어떻게 오류를 방지하는 강력한 무기요 엔진이라 하겠습니까?

답변. 교묘한 두뇌와 부패한 마음과 대담한 얼굴을 가진 사람들이 오류를 품거나 죄악된 길을 도모할 때에 자기들의 사악한 일을 정당화시키기 위해 감히 하지 못할 일이 무엇이겠습니까? 고라와 그의 불경한 무리들은 감히 여호와께서 자기들 중에 계신다고 외쳤고, 거룩히 기름 부음을 받은 아론과 똑같이 자기들도 제사장의 자격이 있다고 주장했습니다(민 16:3). 그리고 아첨꾼 중에 최고라 할 수 있는 시드기야는 자기의 거짓말을 진리의 하나님 자신에게서 온 것처럼 이야기하기를 두려워하지 않았습니다. 그는 "자기를 위하여 철로 뿔들을 만들어 가지고 말하되 여호와의 말씀이 왕이 이것들로 아람 사람을 찔러 진멸하리라 하셨다"하였습니다(왕상 22:11). 하나님은 전혀 그런 말씀을 하신 적이 없는데 말입니다. 그러니 몹쓸 자들이 하나님의 문에다 머리를 들이밀고 성경이 자기들 편이라고 외치는 것이 전혀 놀랄 일이 아닙니다. 그들은 이런 뻔뻔스러움으로 어리석은 자들을 속여 자기들의 말을 믿게 만들 수도 있습니다. 사기꾼이 임금의 인장처럼 생긴 것을 가짜로 만들어 그것을 보여주고 무식한 자들의 지갑을 터는 것처럼 말입니다. 예, 그들이 마치 자기들이 양심의 빛을 거슬러 반역하는 것이 정당한 판단에 근거한 것인 것처럼 속여서 지성적인 자들을 미혹하는 것을 하나님께서 그냥 묵과하실 수도 있습니다. 바로는 모세의 뜻을 따르기를 거부하고자 마술사들을 통해 가짜 이적들을 베풀었습니다. 그리고 저 적그리스도의 당파에 속한 자들이 "이 진리의 사랑을 받지 아니하"므로 "하나님이 미혹의 역사를 그들에게 보내사 거짓 것을 믿게 하시는" 것입니다(살후 2:10, 11). 그러나 겸손히 진리를 찾으며 또한 하나님의 뜻을 알고 그 뜻에 순종하고자 하는 것 외에 다른 의도가 없는 순전한 영혼은 하나님께 신실하게 기도하며 나아갈 때에 성경으로부터 비치는 지극히 선명한 빛을 찾게 되며, 이 빛의 인도함을 받아, 다른 이들이 어두컴컴한 구름에 가려서 저 저주받을 오류들의 구덩이에 빠져 들어갈 때에도 절대로 거기에 빠지는 일이 없이 안전하게 나아가는 것입니다. "여호와를 경외함이 지혜의 근본이라 그의 계명을 지키는 자는 다 훌륭한 지각을 가진 자이니"라고 말씀합니다(시 111:10). 사람들은 말하기를, 여우는 궁지에 몰리면 교묘하게도 개들 사이에 들어가 숨고 마치 그들과 한 편인 것처럼 그들과 더불어 사냥을 다니지만, 그럴 때에도 그의 강한 냄새를 어쩌지 못하여 결국 그 때문에 들통이 난다고 합니다.

이처럼 이단들도 자기들의 오류를 감추기 위해서 성경의 진리 사이에 몸을 숨기고 겉으로 번지르르하게 꾸미고 거짓으로 그럴 듯하게 치장하여 성경과 한 편인 것처럼 보이게 하지만, 그들의 썩은 견해들을 향수로 중화시킬 수 없어 어쩔 수 없이 고약한 냄새를 풍기게 되므로, 감각이 제대로 살아 있는 자들은 그 냄새를 맡고서 그들을 분별해 내게 되어 있는 것입니다. 그 어떠한 이단도 성경에 호소하여 자기의 목적을 달성한 예는 없습니다. 그리스도께서는 다른 상황에서, "칼을 가지는 자는 다 칼로 망하느니라"라고 말씀하셨습니다만(마 26:52), 이는 모든 이단들에게 꼭 맞는 말씀입니다. 그들은 자기 자신을 방어하기 위해서 말씀의 검을 휘두르지만, 바로 그 검으로 인하여 혼란에 빠지고 무너지고 마는 것입니다.

[부패와 정욕이 "하나님의 말씀"에 무너짐]

셋째 원수. 우리 자신의 정욕들이 우리가 상대해야 할 그 다음 원수입니다. 앞으로 나아갈수록 더 악독한 원수를 만나게 됩니다. 이것들은 앞의 두 원수보다 더욱 막강합니다. 그것들이 우리 속에 있기 때문이기도 하거니와 — 우리를 대적하여 일어나는 것이 바로 우리 집에 속한 자들이요 또한 우리 가슴에 있는 정욕들입니다 — 전혀 낯선 원수인 마귀 자신 — 그는 먼저 자기 자신의 갈빗대로 사람을 때리고는 계속해서 우리 자신의 육체를 갖고서 우리에게 악독한 짓을 계속합니다 — 과 왕래하기 때문이기도 합니다. 정욕의 불길이 우리 것입니다만, 그 불꽃은 보통 마귀의 것입니다. 왜냐하면 그의 유혹들이 그것에 바람을 불어 타오르게 하는 풀무이기 때문입니다. 그런데 그런 불이 강한 바람과 만나 퍼지고 그 날개를 펼칠 때에 과연 그것이 어디로 날아가겠습니까? 오오 그것을 끄기가 얼마나 어려운지 모릅니다! 영혼에게서 한 가지 정욕이 나와도 마귀들의 군대 전체가 곧바로 몸에서 나옵니다. 아니 그보다 더 속히 나옵니다. 사탄은 자기의 거처로 집보다 사람의 마음을 더 낫게 여기며, 거기서 나오기를 싫어합니다. 그는 사람에게서 나오게 되자 돼지 떼에게 들어가기를 원했는데(마 8:31), 기왕에 사람의 몸에서 나왔으니 한동안 더 초라한 집에 — 곧, 돼지 떼 속에 — 있는 것으로 만족할 수밖에 없기 때문이었습니다. 그는 그들의 영혼을 더 완전히 소유할 수 있는 더 나은 길을 희망했고, 그것을 얻었습니다. 그런데 이에 대해 말씀이 유일한 무기입니다. 골리앗의 검처럼 이 완악한 원수를 찍어내고 베어내는 데에는 이만한 것이 없습니다. 하나님의 말씀은 교만에 빠져 있는 정욕들을 얼마든지 정복할 수 있습니다. 정욕이 유독 불일듯 일어나는 때가 있다면, 그것은 젊은 피가 끓어오르는 시절일 것입니다. 젊음은 무분별하며, 그 시절에는 정욕이 뜨겁고 맹렬합니다. 우리의 태양이 아직 높이 떠오르고 있는 시절이므로, 우리는 밤이 되려면 한참 멀었다고 생각합니다. 그러므로 젊은 사람으로 하여금 정욕을 멀리하게 만들려면 아주 강한 무기가 있어야 합니다. 젊은 시절이야말로 감각적인 쾌락거리들을 맛보기에 가장 유리한 상태에 있습니다. 늙은 나이보다는 정력이 넘쳐서 육체의 즐거움을 더욱 갈구하는 시기이며, 이제 곧 무덤으로 들어가고 땅에 묻혀서 흙이 될 처지에 있는 늙은 사람보다는 죽음의 공격에 대한 두려움도 훨씬 덜합니다. 자, 이 정력이 넘치는 젊은이가 감각적인 쾌락의 잔칫상을 받고 있을 때에 하나님의 검을 그에게 들이대고서 그저 그의 귀에 몇 마디를 속삭이고 그 칼날로 그의 양심을 살짝 찌르기만 해도, 그는 그 모든 것들로부터 황급히 도망칠 것입니다. 압살롬의 형제들이 잔치에 참석하여 있다가 그 형제 암논이 잔치 석상에서 살해당하는 것을 보고 황급히 그 자리를 떠난 것처럼 말입니다. 다윗은 젊은이에게 — 그저 한 사람이 아니라 모든 젊은이들에게 — 그 정욕을 치유하며 삶의 과정과 길을 깨끗하게 하는 방도를 일러주고자 할 때에, 그는 그저 다음의 요단 강에서 씻기만 하라고 권고합니다. "청년이 무엇으로 그의 행실을 깨끗하게 하리이까? 주의 말씀만 지킬 따름이니이다"(시 119:9). 그 말씀을 가리켜 "주의 권능의 지팡이"라 부릅니다(시 110:2. 한글개역개정판은 "지팡이"를 "규"로 번역함 — 역주). 우리가 아다시피 하나님께서는 큰 이적들을 행하사 애굽 사람들을 치셨고, 또한 모세의 손에 들린 지팡이로 이스라엘 사람들을 구원하셨습니다. 그것으로 교만한 바로를 꺾으시고 결국 그와 그의 백성들로 하여금 이스라엘 사람들을 놓아주게 만드셨습니다. 그렇습니다. 어떤 점에서 그들은 이스라엘 사람들을 자기들에게서 뿜아 내던지고, 전에 그들과 함께 있을 때만큼이나 지금 그들이 없는 것을 기뻐하였습니다. 그는 그 지팡이로 바다를 갈라서 이스라엘이 지나가게 하셨고, 애굽 사람들을 그 파도에 휩쓸리게 하셨습니다. 그 지팡이로 그는 반석을 치셨습니다. 그리고 바로 그의 말씀의 지팡이로 그는 사람들의 영혼 속에서 이와 똑같이 놀라운 이적들을 행하십니다. 그 지팡이로 그들의 양심을 내리치시고, 그들의 굳은 마음의 반석들을 쪼개시며, 그들의 정욕의 파도들을 가르시고, 죄인들을 죄와 사탄의 권세로부터 끌어내시는 것입니다.

아우구스티누스는 "취하여 읽으라, 취하여 읽으라"(*tolle lege, tolle lege*)라는 음성을 듣기까지 정욕의 감옥에서 해방될 수가 없었습니다. 그런데 그 자신이 이야기하듯이(고백록 8장), 그는 그 음성을 듣자마자 곧바로 성경을 취하여 눈이 가는 대로 한 곳, 즉 로마서 13장을 펴서 읽었습니다. 그리고 그 말씀을 읽자, 마치 강력한 지진 같은 것이 그의 영혼의 모든 권세들을 뒤흔들어 그의 마음의 감옥 문이 즉시 활짝 열렸고, 꼼짝하지 못하게 그를 얽매고 있던 정욕의 사슬들이 갑자기 풀어졌고, 정말 이상스럽게도 변화되었습니다. 그리고 그리하여 전에는 정욕들을 잃어버릴까 두려워했는데 이제는 그것들을 싸서 내동댕이치는 것이 그의 즐거움이 되었습니다. 그가 고백합니다만, 그 자신보다 더 정욕에 종이 되었고 그 정욕이 주는 즐거움의 사슬에 더 강하게 얽매였던 사람이 없었습니다. 그의 말처럼 그는 마치 향기로운 침상에서 지극히 값진 기름을 바르고 누워 뒹굴기라도 하듯이 자신의 더러운 정욕의 흙구덩이 속에서 뒹굴었습니다. 그런데 이 한 마디 말씀이 그에게 엄청난 능력으로 다가와서 그 정욕들을 그의 마음에서 완전히 찢어내어 버렸고, 그것들에 대한 애착이 변하여 간절한 미움이 되었습니다. 예전에는 차라리 그 마음 자체를 자기 가슴에서 뽑아내 버릴지언정 절대로 그것들을 마음에서 내버리려 하지 않았을 것인데 말입니다. 말씀이 하나님께서 그의 강한 손으로 죄인들을 사탄과 죄의 권세에서 건져내어 자유의 상태 속에 데려가는 무기이니만큼, 그는 그 무기를 사용하사 모든 후속적인 시험들로부터 그의 성도들을 방어하십니다. 그의 나라에서 내쫓긴 사탄이 그런 시험들을 사용하여 자기 나라를 회복시키려고 안간힘을 쓰고 있으니 말입니다. 칼로 얻은 나라는 반드시 칼로 지킬 수밖에 없습니다. 다윗은 자신이 어떻게 이 원수를 상대로 경계하고 안전을 지켰는지를 이렇게 말씀해 줍니다: "사람의 행사로 논하면 나는 주의 입술의 말씀을 따라 스스로 삼가서 포악한 자의 길을 가지 아니하였사오며"(시 17:4). 이는 마치 이런 뜻과도 같습니다: "사람들이 대개 자유로이 행하는 저 불경한 일들과 행위들을 내가 어떻게 해서 피하게 되었는지를 알고 싶으냐? 나는 그것을 하나님의 선한 말씀의 덕분으로 여길 수밖에 없도다. 그 말씀을 내가 살폈고 그것으로 말미암아 저 악한 길에서 피하였고, 다른 이들이 말씀을 사용하여 자신을 방어하지 않으므로 사탄과 저 포악한 자들에게 휘몰려갔으나, 나는 그 길에 빠지지 아니하였노라."

그리스도께서 그를 시험하는 자를 물리치실 때에 사용하신 그 무기보다 죄와 사탄을 대적하기에 더 나은 무기가 과연 어디 있겠습니까? 그리스도께서는 과연 그렇게 행하심으로 모범을 보이셨습니다. 그는 그들을 대적하여 어떻게 무장을 갖추고 싸움터로 나아가야 할지를 친히 모범으로 보여주신 것입니다. 그리스도께서는 그의 신성을 발휘하실 경우(그가 그렇게 하기를 기뻐하셨더라면) 한 방이면 곧바로 그 대담한 대적을 그의 발 아래 엎드리게 하실 수 있었습니다. 그는 후에 그를 공격하러 나아오는 자들에게 실제로 그렇게 하기도 하셨습니다. 그러나 그는 오히려 자신의 신성의 위엄을 숨기시고 사탄으로 하여금 그에게 더 가까이 나아오게 하셔서 그를 말씀으로 혼비백산하게 만드셨고, 그리하여 자신이 장차 성도들에게 남겨두셔서 그 똑같은 원수의 공격을 막게 하실 그 검의 위력의 증거를 그의 성도들에게 보여주고자 하신 것입니다. 마귀를 가리켜 "리워야단"이라 하며 하나님은 그를 "강한 칼"로 그를 벌하시리라고 말씀하는데(사 27:1), 이 "리워야단"은 거대한 물고기인 고래를 빗대어 말하는 것입니다. 고래는 다른 모든 물고기를 삼켜 버리는 거대한 물고기이지만 황새치(sword fish)의 공격을 받아 죽임을 당하는 경우가 많습니다. 그러나 이 리워야단은 그런 황새치도 전혀 두려워하지 않습니다. 그런 그가 하나님께서 찌르시는 칼날을 받고 황급히 물가로 올라가 거기서 허우적거리다가 죽는 것입니다. 이처럼 영혼들을 삼켜 버리는 자요 스스로 이 세상이라는 바다 속에서 활개치는 자요, 물속의 리워야단으로 인류의 대다수가 속수무책으로 그에게 삼킴을 당하는 자인데, 그런 그가 말씀으로 말미암아 사라져 버리는 것입니다. 사탄이, 이 말씀으로 무장하고 있고 또한 그것을 사용하는 법을 잘 교육받은 성도를 만나면, 그야말로 제대로 된 상대를 만난 것입니다.

[안팎의 환난들이 "하나님의 말씀"에 무너짐]

넷째 원수. 그리스도인에게 닥치는 네 번째 원수는 바로 안팎의 온갖 환난들입니다. 그렇습니다. 때로는 이런 환난이, 때로는 저런 환난이 쉴 새 없이 성도들에게 몰아칩니다. 바울의 경우가 그랬습니다: "밖으로는 다툼이요 안으로는 두려움이었노라"(고후 7:5). 그는 바깥에서 밀려드는 환난의 공격과 그의 가슴속의 싸움들을 동시에 겪었습니다. 성안에 불이 나서 소동일 때에 원수가 바깥에서 그 성을 공격하고 있다면 이는 정말 안타까운 일이 아닐 수 없습니다. 그런데 신실한 성도들의 처지가 이럴 경우가 허다합니다. 등에 채찍을 맞고 있는 중에 동시에 그들의 심령 속에서 하나님의 책망을 듣는 것입니다. "주께서 죄악을 책망하사 사람을 징계하실 때에 그 영화를 좀먹음 같이 소멸하게 하시니"(시 39:11).

하나님께서는 때로 바깥에서는 십자가들로 교정하시면서도 안에서는 미소짓는 모습을 보이기도 하시며, 그러고 나서, 이렇게 말할 수 있을지 모르겠지만, 로즈메리 막대기로 그들을 때리기도 하십니다. 또 어느 때에는 십자가를 보내시고 그 속에서 이맛살을 찌푸리기도 하십니다. 바깥의 환난으로 매를 때리시며, 마치 화난 아버지가 그 자녀에게 "이것은 이 잘못 때문에 맞는 것이고, 저것은 저 잘못 때문에 맞는 것이다"라고 하며 매를 때리듯이 하시는 것입니다. 그럴 때에 매를 맞는 자녀는 자신이 무엇을 잘못했는지를 선명하게 깨닫게 되고, 그 채찍을 통해 아버지가 자신에 대해 크게 노여워하고 있음을 보게 됩니다. 그리고 그리스도인이 그렇게 하나님의 환난의 손길 아래 있거나, 이맛살을 찌푸리시는 하나님의 책망 아래 있을 때면, 사탄이 그리스도인에게서 멀리 있지 않고 가까이 와서 하나님께서 그의 육체나 심령에 베푸신 상처들에다 소금과 식초를 끼얹어서 더욱 상심하게 만들고, 그리하여 이런저런 식으로 더욱 시험에 빠지도록 만들려 합니다. 사실

하나님께서는 그리스도인에게 무수한 환난들을 보내시므로 그것들을 모두 다 환영하며 인내로 견디기가 힘든 경우가 많습니다. 그렇습니다. 하나님의 말씀이 그리스도인에게 어떤 역할을 하며, 그에게 무엇을 공급해 주는지를 잘 모르는 사람은 이처럼 무수한 환난을 당하면서, 그의 영혼을 어떻게 지키며, 또한 어떻게 해야 그 환난들로 인하여 그의 믿음이 먹혀 절망에 빠지는 일이 없을까를 궁리하게 될 것입니다. 그러나 하나님의 말씀이 그 모든 환난들을 견디게 해 줍니다. 말씀이야말로 그의 모사요 위로자인 것입니다. 다윗은 다음과 같이 분명하게 말씀하고 있습니다: "주의 법이 나의 즐거움이 되지 아니하였더면 내가 내 고난 중에 멸망하였으리이다"(시 119:92). 말씀이 그의 심령을 따뜻하게 해주는 영적인 아비삭이었던 것입니다. 말씀이 그의 가슴에 새겨져서 내적인 평안과 위로의 따뜻한 열기를 주지 않았더라면, 세상의 모든 쾌락거리들이 있다 해도 여전히 그의 마음이 냉랭하였을 것입니다: "이 말씀은 나의 고난 중의 위로라 주의 말씀이 나를 살리셨기 때문이니이다"(50절). 왕좌에 오를 소망이 아니라 — 이 시편이 기록될 당시에 그것이 그의 뇌리에 있었던 것이 아니라고들 봅니다만 — 그의 마음속에 말씀이 있어서 그것에서 위로를 찾았던 것입니다. 그런 때에 가련한 영혼에게는 차가운 날씨에 따뜻한 의복이 필요한 것 이상으로 약속의 말씀이 더욱 절실한 것입니다.

아담이 벌거벗은 채로 낙원에서 내어쫓겨 비참한 세상의 차가운 바람 속에 내던져졌을 때에 — 이때에 그는 속의 범죄한 양심과 바깥의 십자가들로 인하여 정말 힘든 상황을 맞았을 것입니다만 — 하나님께서는 그의 몸을 위해 의복을 지어주시기 전에 먼저 그에게 약속의 말씀을 주셔서 그의 영혼을 보존하게 하셨습니다(창 3:15. 참조. 21절). 마귀에게 다시금 먹이가 되지 않도록, 또한 자신과 자신의 후손들이 처한 그 비참하고 슬픈 처지를 바라보며 낙망하지 않도록, 그를 지키기 위해서는 약속의 말씀이 너무도 절실하다는 것을 주께서 충분히 알고 계셨습니다. 그리하여 하루도 그것들의 공격을 받아 충격에 휩싸이게 하지 않으시려고, 곧바로 그의 손에 약속의 검을 쥐어주셔서 그것으로 모든 어려움 중에 그의 슬픈 마음을 지키고 다독이도록 하신 것입니다. 그것은 마치 하나님께서 그 곳을 감미로운 곳으로 만드신 후 그에게 "수고하고 무거운 짐 진 자들아 다 내게로 오라 내가 너희를 쉬게 하리라"(마 11:28)라고 말씀하신 것과 같습니다. 그 말씀이 사자가 되어 그의 괴로움 가득한 영혼의 감옥 문을 열고 내적인 기쁨의 빛을 그에게 비치게 한 것입니다. 그러므로 그는 위로를 주는 성경 한 구절이 없이 있기보다는 차라리 양식이나 음료나 빛이나 공기나 땅이나 생명 등이 없이 있는 것이 더 나았던 것입니다. 단 하나의 약속이 마치 믿음의 손으로 비벼내어 그리스도의 영으로 말미암아 섭취되는 한 알의 곡식처럼 굶주림에 지친 슬픈 심령에게 충만한 만족을 주는 즐거운 식사가 된다면, 그만큼 감미로운 약속들로 온통 가득 차 있는 성경 전체야말로 우리에게 얼마나 값진 것인지 모릅니다!

사랑은 재치가 있어서 머리를 짜내어 그 진정 사랑하는 사람을 위해 이름들을 고안해 내게 만듭니다. 곧, 우리가 그를 얼마나 높이 기리는지를 표현해 줄 수 있고, 그러면서도 그의 속에 있는 그 감미로움을 더욱 드러내어 우리로 하여금 그를 더 사랑하고 아끼게 되도록 만들어 주는 그런 이름들을 말입니다. 많은 거룩한 사람들이 말씀의 약속들에다 그것들을 알아볼 수 있도록 이름들을 붙여서 그 약속들을 바라보도록 만들어 줍니다. 이는 성도들의 유산들로서 은혜와 위로의 젖이 가득 들어 있는 하나님의 가슴과도 같고, 또한 천국을 향하여 헤엄쳐 갈 수 있도록 만들어 주는 성도의 판자 조각과도 같다 할 것입니다. 사실 온갖 보화들을 세상에게서 빼앗아 그 약속의 귀에다 걸어두고, 세상이 자랑하는 모든 훌륭한 점들을 약속들에게 적용시키는 것이 합당할 것입니다. 인도에 있는 모든 은과 금의 값어치보다도 한 가지 약속에 속한 풍요로움과 보배로움의 값어치가 더할 것입니다. 그것은 과연 "그 보배롭고 지극히 큰 약속"이라 할 만합니다(벧후 1:4). 신자는 가련한 처지에서도 그 약속들로 말미암아 천지의 소유권을 동시에 주장할 수 있습니다. 경건이 금생뿐 아니라 내생에서도 약속이 있기 때문입니다(딤전 4:8). 그러나 여기서 제가 추천하고자 하는 약속들의 훌륭함은 바로 가련한 영혼이 지극히 큰 환난 중에 있을 때에 그 약속들이 그들을 돕고 놀랍게 그들을 구원해 준다는 점입니다. 약속들은 과연 풍부한 영적인 공급원입니다. 우리의 요셉도, 우리 주님 예수께서도 극심한 기근의 때에 이를 통하여 그의 형제들을 먹이시고 보존하게 하신 것입니다. 약속들은 마치 달콤한 꿀벌통과도 같아서, 믿는 영혼이 환난의 겨울에 — 바깥의 세상에게서 아무것도 거두어들일 것이 없을 때에 — 따뜻하게 눕고, 쌓아둔 위로 더미에 의지하여 풍족하게 지낼 수 있게 해주는 것입니다. 그것들은 한마디로, 시험받은 영혼이 비바람에 시달린 배를 정박시키고서, 하늘이 개이고 세상과 죄와 사탄으로 말미암는 폭풍이 지나가기까지 안전하게 쉬게 해주는 "미항"(美港)과도 같은 것입니다. 그렇습니다. 죽음이 다가오고 마귀가 마지막으로 한 번 더 도전해 와서 영원한 승리를 얻거나 잃어버릴 때가 오면, 그 때에 믿음이 약속에 근거하여 그의 육체만 죽음의 손에 남겨두고 — 그것도 머지않아 모든 것이 신원되는 그 부활의 날에 다 갚아지리라는 확실한 소망 중에 남겨두는 것입니다만 — 그리스도인의 영혼을 그 육체의 요새 — 이 속에서 그는 그동안 그렇게 어려운 공격을 다 견뎌냈습니다 — 바깥으로 데려가 승리의 기쁨을 안고 천국으로 나아가게 해주는 것입니다.

[적용]

[사람들에게서 이 신령한 검을 빼앗아 버리는 로마 교회의 잔인함과 경솔함]

첫째 적용. 말씀이 그리스도인이 그의 원수들을 무찌르는 성령의 검입니까? 그렇다면 로마 교회는 사람들의 영혼들에게 잔혹한 짓을 하고 있는 것이 분명합니다. 그들은 사람들이 그들을 영원토록 파멸시키려고 달려드는 그 원수들을 상대하여 자기들을 보호할 수 있는 유일한 무기를 빼앗아 그들을 무장해제시키니 말입니다. 그들이 무화과나무 잎사귀 같은 것을 갖고서 자기들의 수치스러운 행위를 그럴듯하게 감추고, 세상으로 하여금 자기들이 사람들을 긍휼히 여겨서 — 사람들이 이 무기를 잘못 다루다가 손가락을 자르고 상처를 입는 일이 없도록 하기 위하여 — 그런 일을 행하고 있다고 믿게 만드는 것은 사실입니다. 그들은 이렇게 말합니다: "비천한 일반 대중의 잘못으로 인하여 얼마나 많은 오류와 이단들이 세상에 난무하는지 모릅니다." 그렇습니다. 그들은 감히 베드로 사도를 자기들 편의 증인으로 세웁니다. 그가 사도 바울의 편지 중에 "알기 어려운 것이 더러 있으니 무식한 자들과 굳세지 못한 자들이 다른 성경과 같이 그것도 억지로 풀다가 스스로 멸망에 이르느니라"라고 말씀한 것을 빌미로 삼는 것입니다(벧후 3:16). 그러므로 성경이 일반 사람들이 다루기에 그렇게 위험하므로, 마치 어린아이들에게서 칼이나 모서리가 날카로운 도구 같은 것을 어린아이들에게 금하고 그들이 아무리 그것을 달라고 보채도 절대로 주지 않는 것처럼, 성경을 그들의 손에 닿지 않게 하는 것이 가장 안전한 길이라고 그들은 판단하는 것입니다. 그렇게 더러운 손에다 얼마나 멋진 장갑을 끼우는지를 보십시오. 그러나 과연 베드로가 일부 무식하고 굳세지 못한 심령들이 성경을 곡해한다고 해서 그들에게 성경을 금지시키거나, 성경을 읽지 못하게 만들었습니까? 사실 이 문제는 매우 심각합니다. 하지만 우리는 정반대의 처신을 베드로에게서 봅니다. 그 다음 절에서 베드로는 그리스도인들에게 악인의 오류에 휩쓸려가지 않도록 "오직 우리 주 곧 구주 예수 그리스도의 은혜와 그를 아는 지식에서 자라 가라"고 말씀합니다(18절). 빛은 태양의 기운을 담아 전달하는 마차입니다. 그러므로 그리스도를 아는 지식은 그것과 함께 그의 은혜의 기운을 마음속에 가져다주는 것입니다. 만일 베드로가 신자들더러 성경을 읽지 못할 의도를 갖고 있었다면, 과연 그들이 그리스도를 아는 지식에서 자라가기를 어떻게 바랐겠습니까? 그리스도를 아는 지식을 배울 수 있는 유일한 책이 바로 성경인데 말입니다. 그러나 교황주의자들은 사람들이 성경에서가 아니라 자기들의 설교에서 그리스도를 아는 지식을 얻게 하고자 합니다. 하지만,

1. 만일 성경을 읽지 못한다면, 교회가 전하는 것이 참되다는 것을 사람들이 어떻게 확신할 수 있겠습니까? 참된 시금석이 되는 성경으로 그들이 전하는 가르침의 진위를 시험해 보아야 되는 것이 아닙니까? 베뢰아 사람들은 바울의 설교를 듣고 바로 그렇게 했습니다(행 17:11). 사도 바울이 교황주의에 속한 그 어떤 설교자보다 훌륭한 설교자였지만, 그들은 그렇게 그의 가르침을 시험해 본 것입니다.

2. 가령 그들이 진리를 전한다 해도, 듣는 백성들이 그들의 전한 말씀들을 곡해하고 잘못 이해하지 않는다는 것을 어떻게 보장하겠습니까? 만일 그럴 염려가 없다면, 그들은 어째서 대중의 언어로 설교하는 것을 허용합니까? 하나님의 말씀을 일반 대중의 언어로 읽는 것이 동일한 이유로 금지되어 있는데 말입니다. 참으로 제 생각은 다음과 같은 학식 있는 분의 생각과 동일합니다: "하나님도 친히 일반 대중의 언어로 말씀하시지 못한다면, 일개 수도사도 그런 언어로 말씀해서는 안 되며, 따라서 일반 대중은 그리스도에 대해 전혀 아무것도 몰라야 마땅하다고 본다"(렘 10:11에 대한 미드[Mede]의 주해). 아닙니다. 그들이 성경을 읽지 못하도록 금지하는 진짜 이유는 오류와 이단에 빠지지 않도록 그들을 지키려는 데 있는 것이 아니라, 그들 자신이 일반 대중에게 부과한 갖가지 것들을 그들이 발견하지 못하게 하려는 데 있는 것입니다. 그런 식으로 자기들의 가게를 어두컴컴하게 해놓지 않으면, 그들이 장사를 하는 동안 그들의 손에서 쓰레기가 깨끗하게 가시지 않을 것입니다. 그리하여 그들 중의 어떤 이는 저 재수 없는 루터가 자기들의 장사를 망쳐놓았다고 격렬하게 불평하면서, "그 사람만 아니었더라면 독일의 백성들에게 건초를 먹으라고 설득했어도 그들이 그렇게 했을 것인데"라고 말하였습니다. 눈먼 사람은 주는 대로 다 받아먹을 것입니다. 그러니 일반 대중이 그렇게 무지에 싸

여 로마 교회의 겉치레들을 그렇게 쉽게 포용하고, 그들의 모든 거짓된 것들을 그렇게 신뢰하고 믿는다는 것이 전혀 무리가 아닙니다. 눈먼 사람은 그냥 가만히 앉아 있든지, 아니면 자기를 인도하는 사람이 이끄는 곳으로 가든지 둘 중의 하나를 택할 수밖에 없습니다. 일단의 군대 전체가 눈이 멀어서, 앞을 볼 수 있는 단 한 사람에게 모두 이끌려갔다는 기사를 봅니다(왕하 6장). 그런데 정말 이상스런 일은, 성경을 잘 알고 또한 성경의 신성(神性)을 인정하는 사람들이 — 그들의 수많은 지도자들이 그렇듯이 — 감히 위대하신 하나님께서 사람의 아들들에게 보내신 이 편지를 — 하나님께서는 친히 서명하셔서 몇몇 부류의 사람들에게가 아니라 어디든 모든 사람 개개인에게 보내셨습니다(롬 1:17; 고후 1:1) — 가로채어 능력이 있다고 여겨지는 몇몇 사람들 외에는 아무도 그것을 보지 못하도록 하는 그야말로 뻔뻔스럽고 건방진 일을 저지르고 있다는 사실입니다. 이것은 정말이지 역사상 유례를 찾아볼 수 없는 건방진 처사가 아닐 수 없습니다. 반포되기 위함이 아니면 무엇 때문에 법이 제정됩니까? 이와 마찬가지로 모든 사람이 읽고 알도록 하기 위함이 아니라면 무엇 때문에 성경이 씌어졌겠습니까? 사도는 그의 서신서를 기록한 후 동일한 권위로 그것을 교회에서 읽도록 명령하고 있습니다(골 4:16). 그리고 교회의 사역자들이 일반 성도들이 성경을 왜곡하여 이단들이 될까 두려워 성경을 호주머니에 집어넣고 일반 성도들의 눈에 띄지 않도록 감추었습니까?

개중에 성경을 "억지로 풀다가 스스로 멸망에 이르는" 자들이 있는 것은 사실입니다. 빵을 먹다가 조심하지 않으므로 숨이 막히는 경우도 있습니다. 그렇다고 숨이 막힐까 두려워 모든 사람들이 빵을 먹지 말고 굶어죽어야 합니까? 어떤 이들은 무기를 잘못 다루어 자기 자신과 동료들에게 해를 입히기도 합니다. 하지만 그렇다고 해서 오로지 몇몇 지휘관들만 허리에 검을 차고 온 군대가 무기를 버려야 하겠습니까? 이것이 성경을 읽지 못하도록 봉인하기에 충분한 합당한 논리라면, 배움이 없고 무식한 자들은 물론 훌륭한 랍비들과 학자들과 박사들도 성경을 읽지 못하게 해야 할 것입니다. 왜냐하면 가장 훌륭한 부류들 사이에서 가장 큰 이단들이 생겨나기 때문입니다. 아이티우스(Aetius)의 무식함보다도 아리우스(Arius)의 학식에서 정말 엄청난 오류들이 생겨났습니다. 그러므로 무식한 자도 그들의 무식으로 성경을 왜곡시키기 때문에 성경을 읽지 말아야 하고, 유식한 자도 그들의 교묘함으로 성경을 왜곡시킬 소지가 있으므로 그들 역시 성경을 읽게 해서는 안 될 것입니다. 그러니, 이런 모든 일에서 우리는, 교만한 자들이 하나님보다 더 지혜로워질 때에 그들의 어리석은 생각들이 어두워져서 급기야 사람의 이성과 사리분별조차 잃어버리는 사태가 벌어지는 것을 보게 되는 것입니다.

[성경의 불충족성을 주장하는 로마 교회에 대한 책망]

둘째 적용. 성경이 불충족하며 구원에 필요한 모든 것들을 다 담고 있지 못하다고 주장하는 자들에게 아주 엄중한 책망이 주어집니다. 하나님께서 그의 백성들을 전쟁터에 보내시면서 손에 나무칼을 쥐어주셔서, 원수들의 공격을 방어하고 천국에까지 나아가기에 부족하게 하셨다는 그런 논지가 얼마나 끔찍하게 하나님을 욕되게 하는 것인지 모릅니다. 신하들의 생명을 사랑하는 자비로운 군주라면, 과연 원수들을 물리치기에 도무지 합당치 못한 그런 형편없는 무기들을 그 신하들에게 주겠습니까? 좀 더 나은 무기를 줄 수 있는 여건이 되는데도 말입니다. 과연 그가 신하들에게 형편없이 부족한 무기를 공급하고는 다른 무기를 사용하지 말라고 명령하겠습니까? 이것은 마치 양을 도살장에 보내는 것이나 마찬가지일 것입니다. 원수들에게 그들 모두 목이 잘리게 만들려는 의도가 아니고서는 절대로 그렇게 하지 못할 것입니다. 하나님께서는 친히 성경이라는 검을 지극히 높여 말씀하시지 않습니까? 사도는 디모데에게 성경이 그리스도인인 그로 하여금 "구원에 이르는 지혜가 있게 하며"(딤후 3:15), 또한 "하나님의 사람"으로, 혹은 복음 사역자로 하여금 "모든 선한 일을 행할 능력을 갖추게" 해준다고 말씀하는 것입니다(17절). 그렇습니다. 하나님은 또한 성경이 우리에게 베풀어 주는 무기 이외에 다른 것을 무기로 사용하지 말도록 금지하지 않습니까? 그는 우리를 "율법과 증거의 말씀"에게로 보내시며(사 8:20), 또한 그의 기록된 말씀 이외에 다른 곳으로 가서 거기서 교훈과 보호를 구하면 그것을 하나님에 대한 충성에서 물러서는 것으로 여기시는 것입니다: "백성이 자기 하나님께 구할 것이 아니냐? 산 자를 위하여 죽은 자에게 구하겠느냐?"라고 말씀하신 다음, "마땅히 율법과 증거의 말씀을 따를지니 그들의 말하는 바가 이 말씀에 맞지 아니하면 이는 그들 안에 빛이 없기 때문이니라"라고 말씀하십니다(19-20절. 한글개역개정판은 "이는 그들 안에 빛이 없기 때문이니라"를 "그들이 정녕 아침 빛을 보지 못하고"로 번역함 — 역주). 그러므로 우리가 "율법과 증거의 말씀"으로 그에게 문의하며, 우리가 듣는 모든 것을 그 말씀에 견주어 시험하지 않는 이상, 하나님께서는 우리가 그를 구하는 것으로 여기지 않으시는 것입니다.

하나님은 분명 그의 말씀이 그의 백성들 가운데서 마치 공인된 기준 계량기와 같은 역할을 하도록 의도하셨습니다. 그것이 다른 모든 교리와 가르침들을 측정하고 시험하는 표준이 되게 하셨으니, 그 말씀 자체가 정확하고 충족한 것이어야만 합니다. 그런데 오늘날 시대에 세상은 성경의 불충족성이 어디에 있는지를 알고 있습니다. 성경은 하나님의 목적을 위해서는 충족하지만, 교황의 목적을 위해서는 그렇지 않습니다. 성경은 어떻게 영혼 구원을 얻을지에 대해 세상의 모든 참된 그리스도인에게 충족한 지혜를 가져다 줍니다. 그러나 교황은 성경을 보며 괴롭습니다. 성경이 그의 머리의 세 겹의 면류관을 지켜 주는 데에 별로 도움이 안 되고, 자기가 주장하는 주권과 신적인 무오성(無誤性) 등 그가 주장하는 갖가지 교리들을 방어할 근거도 제공해 주지 않으니 말입니다. 그가 주장할 수 있는 유일한 성경의 결함은 오로지 이것밖에는 없습니다. 그 결함을 제거하려고 그렇게 잡다한 온갖 전통들을 교회에 들여왔고, 일반 사람들이 빛을 보기 전에 모든 것을 교황이 원하는 의미대로 말하도록 가르친 것입니다. 그리하여 성경을 불충족하고 불확실한 것으로 선언하는 것이 이 무지한 증인들에게 받아들여졌고, 또한 마귀의 — 그는 최초의 약속이 그에게 사로잡혀 있던 아담을 구원한 이후부터 성경에 대해 깊은 앙심을 품어왔습니다만 — 도움으로 그런 일이 일어난 것입니다. 그들 중 어떤 이가 뻰뻰스럽게 주장하는 것처럼, 성경이 "계시된 진리의 지극히 작은 입자"이니, 그것을 온전하게 만들기 위해서는 성경에다 그런 잡다한 전통들을 짜깁기 하여 붙여야 하는 것입니다. 이는 마치 안드로니쿠스(Andronicus)가 황제인 알렉시우스(Alexius)가 허약하여 홀로 통치할 능력이 부족하다는 것을 빌미로 그와 함께 섭정을 하다가 마침내 절대적인 권력을 쥐고서 그를 폐위시킨 것과도 같은 것입니다. 과연 그들의 전통들이 성경을 더 낫게 만들었는지 세상이 판단할 수 있을 것입니다. 전통이 높이 부상하면, 기록된 말씀은 반드시 아래로 떨어지기 마련입니다. 그리스도께서는 바리새인들에게 말씀하시기를, "너희의 전통으로 하나님의 말씀을 폐하는도다"라고 하십니다(마 15:6). ἠκυρωσατε, "너희가 폐위시켰도다"(you have unlorded it), 곧 말씀을 버리고 너희의 전통을 좇는 사람들의 마음속에서 그 말씀의 권위를 없애 버렸다는 뜻입니다.

[자기들의 갖가지 죄를 방어하느라 성령의 검을 휘두르는 자들의 사악함]

셋째 적용. 이는 이 검으로 죄와 사탄을 대항하며 방어하지 않고 오히려 그것을 높이 휘두르며 자기들의 사악하고 가증스런 행위들을 방어하는 자들의 엄청난 악을 정죄합니다. 이단은 이처럼 말씀을 취하여 자기들의 부패한 가르침들을 정당화시키고, 자기의 길을 뒷받침하고자 억지로 성경을 뒤틀어 그 자신을 거슬러 증거하게 만듭니다. 스스로 비난을 피하려고 감히 말씀을 근거로 하여 자기들의 불경한 행실들을 보호하려고 자기 입맛에 맞도록 말씀을 뒤틀어 그것으로 자기들에게 가해지는 공격을 물리치려는 몹쓸 사람들이 많습니다. 호색가에게 짐승 같은 그들의 삶의 모습을 지적하면, 그는 이렇게 대답하기도 합니다. 곧, 솔로몬이 "사람이 먹고 마시고 즐거워하는 것보다 더 나은 것이 해 아래에는 없음이라"고 말씀하니(전 8:15), 그 역시도 그렇게 엄밀하고 빈틈없지는 않았다는 것입니다. 마치 솔로몬이, 그의 펜을 주도하신 하나님께서, 술주정뱅이의 술잔을 가득 채워 주고, 폭식가와 술고래의 친구가 될 것을 의미하기라도 하시는 것처럼 말입니다! 솔로몬이 말하는 "먹고 마시고 즐거워하는 것"이란 모세의 말씀을 빌리면, 하나님께서 우리더러 누리라고 주시는 그 선한 것들을 풍족하게 누리는 가운데 기쁨으로 하나님을 섬기는 것보다 더한 것을 뜻하는 것입니다(신 28:47).

성경의 지극히 감미롭고도 편안한 부분들조차도 정욕을 섬기는 수많은 이들이 극심하게 왜곡시키니, 사람의 마음이 얼마나 절박하게 악한지 모릅니다. 죄인들의 마음을 녹이고 그들로 정욕을 버리고 그리스도께로 돌아오게 하기 위하여 주어지는 하나님의 값없으신 은혜에 대한 선언들이 사람들이 죄 가운데 머물고 더욱 완악해지고 하나님을 멀리하는 빌미로 사용되는 경우가 얼마나 많은지 모릅니다! 거룩한 사람들의 실수와 잘못의 실례들이 서 있는 자들에게는 두려움을 갖게 하고 또한 타락한 자들에게는 절망에 삼킨 바 되지 않고 그 속에 자비에 대한 소망이 살아 있게 하기 위하여 기록된 것인데도, 스스로 배설물 속에 나뒹굴며 짐승처럼 사는 자들이 이 가르침들을 뒤틀고 왜곡하고 악용하여, 그렇게 훌륭한 성도들도 그렇게 형편없이 망가지지만 결국에는 그렇게 좋아지고 죄 사함을 받고 영혼이 구원받으니 자기들에게도 모든 것이 잘 될 것이라고 생각하는 경우가 허다한 것입니다. 나중에 뒤늦게 회개하여 성공을 거둔 실례가 아주 드물게 성경에 나타나는데, 사탄이 이를 이용하여 죄인에게 미적거리며 시간을 벌게 만들고, 여전히 죄악된 소돔의 행위를 계속하게 만드는 것입니다. 그는 이렇게 말합니다: "아직 열한 시가 되지 않았고, 아직 회개가 필요한 때가 멀었는데 어째서 그렇게 일찍 회개하려느냐?" 밤이 되기 한 시간 전에만 출발해도 충분히 여정을 마무리할 수가 있는데 어째서 아침부터 집을 나서겠느냐는 것입니다. 어떤 이의 말처럼 십자가로부터 바로 천국으로 걸어들어간 회개한 도둑의 사례가 — 하나님의 편에서는 전혀 그럴 의도가 없으셨지만 — 수많은 죄인들이 교수대에 나아가기까지 회개하지 않는 계기가 되었지 않았나 싶습니다. 오오, 죄인된 여러분, 여러분의 영혼을 사랑한다면, 이것을 조심하기 바랍니다. 정욕을 지닌 것만으로도 모자라서 말씀으로부터 억지로 격려를 끄집어 내고 하나님이 여러분을 구하시기 위해 손을 뻗으신다고 거짓을 조작하여 이야기까지 한단 말입니까? 마귀야말로 그렇게 성경을 악용하여(마 4:4), 마치 그리스도께서 자신의 저주받은 처신을 기꺼이 용납하시는 것처럼 만드는데, 여러분도 그의 발자취를 따르려 합니까? 그렇게 하면 한 가지 죄를 두 가지로 만들며, 뒤의 죄를 가장 악한 죄로 만들게 됩니다. 벨사살 왕이 술에 취한 것은 심각한 죄였지만, 성소의 기명들로 술을 마신 것은 그보다 훨씬 더 악한 죄였습니다. 사소한 죄라는 것은 없습니다. 하지만 아무리 작은 죄라도 성경을 빌미로 하여 범하게 되면 그것은 신성모독이 되는 것입니다. 마귀로서는 이렇게 하나님 자신의 검을 이용하여 그의 이름에 상처를 주는 것보다 하나님을 대적하여 자신을 자랑할 더 좋은 기회가 없습니다. 배교자 율리아누스(Julian the Apostate)는 이방인 철학자들이 몇몇 그리스도인들의 인간적인 학식으로 논박당하는 것을 보고서 말하기를, "우리가 우리 자신의 날개들에게 먹혔도다"라고 했다고 합니다. 자기들의 무기라고 여기는 그것이 무너지고 깨뜨려지는 것이 그들에게는 크나큰 치욕이었던 것입니다. 말씀은 성령의 검입니다.

오오 그리스도인 여러분, 사탄이 여러분의 수단을 이용하여 여러분의 하나님에 대해 스스로 자랑하도록 만들지 마시기 바랍니다. 하나님의 무기로 그의 이름을 해치도록 여러분을 설득하여 여러분이 거기에 넘어가게 되면, 그는 영락없이 그렇게 하고 말 것입니다. 성경으로부터 부패한 생각이나 행위를 두둔하는 논리를 끄집어 내는 자가 있다면, 그가 하나님 스스로 자기 자신을 상대로 싸우시도록 만들려 하는 것이 아니고 무엇이겠습니까? 하나님의 화살통에서 꺼낸 화살로 그를 겨냥하여 쏘아대는 것입니다. 자신이 죄를 지으면서도, 하나님께서 그렇게 죄를 짓도록 시키신다고 떠드니 말입니다. 하나님께서 특별히 구별하여 지극한 진노의 표적으로 삼으시는 사람이 이 땅에 있다면, 성경의 날개 아래 자신의 사악함을 숨겨두고, 그리하여 하나님을 자기 죄의 후원자로 만드는 자가 바로 그 사람일 것입니다.

[하나님의 말씀과 관련한 두 가지 권면]

넷째 적용. 말씀을 주신 하나님께 감사하여야 하겠고, 동시에 그 말씀을 부지런히 연구하여야 할 것입니다. 1. 이 검을 주사 우리를 방어하게 하시는 하나님을 찬양합시다. 2. 말씀을 연구하여 이 무기를 사용하여 전쟁터에서 우리를 대적하는 각양 힘 있는 원수들을 상대로 우리 자신을 방어할 수 있도록 합시다.

[말씀에 대해 감사하라는 권면]

권면 1. 우리에게 그토록 은혜로이 이 검을 베풀어 주셔서 우리로 하여금 모든 철천지원수들을 상대로 견고히 서서 우리 자신을 방어하게 하신 하나님을 찬양해야 하겠습니다. 사람이 왕국을 소유하고 있어도 그 머리 위의 왕관을 지킬 수 있는 검이 없다면, 그것을 오래 누리기를 기대할 수가 없을 것입니다. 이 세상은 무력의 도움이 없이는 우리가 가진 것을 도무지 안전하게 누리고 지킬 수 없는 곳입니다. 아무런 무장도 하지 않고 벌거벗은 채로 이 위험의 문턱에 있다면 우리의 영혼이 조금도 안전할 수가 없으며, 또한 원수들의 소굴을 통과하지 않고 그냥 우리를 위해 예비된 천국의 복락과 행복 속으로 들어갈 수 있는 길이란 없는 것입니다. 이스라엘이 애굽을 떠나 약속의 땅을 향하여 행진할 때에, 그들을 신뢰하여 자기 나라를 통과하여 지나가도록 허락한 자들이 거의 없었고, 모두가 무기를 들고 일어나 그들을 대적하였습니다. 그런데 그리스도인이 천국에 이르기 위해서는 이보다 더 험난하고 위험한 행진을 감내해야 할 것입니다. 사탄이 옛적보다 더 유순해진 것도 아니요, 악한 세상이 과거에 하나님의 백성들에게 대한 것보다 더 나은 태도를 보이는 것도 아닙니다. 그러니 우리에게 이 검이 있어서 그 모든 원수들의 위험에서 벗어날 수 있으니, 이 얼마나 자비로운 일인지 모릅니다. 그리스도인 여러분, 모세의 손에 지팡이가 들려졌듯이, 여러분에게는 이것이 들려져 있는 것입니다. 마귀들의 군대가 여러분의 뒤에 있고 죄의 바다가 여러분 앞에서 으르렁거린다 해도, 믿음으로 잘 벼려진 이 검이 있으니 그 죄의 바다의 파도들을 통과하여 길을 헤쳐 나갈 수 있고 또한 마귀들의 군대의 손아귀에서 벗어날 수 있습니다. 과연 성경이 있다는 것이야말로 하늘에 태양이 있는 것과는 비교할 수 없이 큰 자비인 것입니다. 교회에게서 성경이 사라지는 것보다는 차라리 태양이 그 궤도를 이탈하는 것이 더 나을 것입니다. 태양이 사라진다면, 우리의 세상적인 사업이 무너지고 우리가 길을 잃고 이 구덩이 저 구덩이에 빠져서 육체의 생명을 잃을 위험이 있는 것밖에는 없습니다. 하지만, 말씀을 빼앗기게 되면, 구원의 역사가 아무런 소용이 없어질 것이요, 우리의 영혼들은 행복으로 나아가는 바른 길을 놓치게 되고, 이적이 일어나 사태를 바로잡지 않는 이상 우리 스스로는 천국으로 향하고 있다고 생각하는 중에 어쩔 수 없이 지옥에 떨어지고 말 것입니다. 하지만 좀 더 구체적으로, 성경과 관련하여 다음 세 가지 자비의 역사에 대해 하나님을 찬양하기 바랍니다.

(1) 대중적인 언어로 성경이 번역된 사실에 대해.

(2) 말씀 사역에 대해.

(3) 말씀과 또한 말씀 사역이 여러분의 마음에 효과적으로 역사하는 것에 대해.

(1) 성경이 번역된 사실에 대해 하나님을 찬송하기 바랍니다. 말씀은 우리의 검입니다. 성경이 번역됨으로써 이 검이 칼집에서 빼내어지는 것입니다. 만일 이 검이 헬라어와 히브리어의 칼집에 들어 있는 채로 주어졌다면, 머릿속에 한 가지 언어밖에는 없는 — 어머니에게서 배운 모국어밖에는 모르는 — 불쌍한 그리스도인에게 그것이 무슨 소용이 있겠습니까? 인봉된 책을 보고 그 속의 내용을 읽을 수 없어 엎드려 슬피 울던 요한과 함께 울 수밖에 없지 않겠습니까(계 5:4)? 오오 하나님께서 천사들이 아니라 사람들의 그 지칠 줄 모르는 수고와 연구에 복을 주시사 돌을 굴려내어 이 샘의 입구를 열어 놓을 수 있는 능력을 주셨으니, 이 얼마나 감사한 일입니까! 그들이 그렇게 힘과 공을 들여 수고하여 여러분이 이 생명수를 누리게 되었는데도, 그 물을 땅에다 흘리고 그 값어치를 완전히 무시해 버려서 하나님을 찬양할 그 자비의 목록 속에 집어넣지조차 않는 것을 보니, 이 얼마나 안타까운 일입니까? 오오 절대로 그런 일이 있어서는 안 됩니다! 여러분이 그 속에서 단 한 가지 약속의 감미로움만 누렸더라도, 혹은 단 한 가지 하나님의 진리의 능력이 여러분의 마음에 들어와 박혔더라도, 그런 일은 절대로 있을 수 없습니다. 멜키오르(Melchior)는 이야기하기를, 루터가 독일어로 성경을 번역할 때에 옆에서 함께 도움을 주었던 부겐하기우스(Bugenhagius)는 그 일이 완성되자 그 일이 독일의 그리스도의 교회들에게 가져다준 그 말할 수 없는 은혜에 너무도 감동하여 해마다 그 일이 완성된 날이 되면 동료들을 불러 엄숙한 잔치를 베풀었는데 그 동료들은 그것을 가리켜 "성경 번역 잔치"라 불렀다고 합니다.

잉글랜드의 드보라라 할 수 있는 엘리자베스 여왕이 왕위에 오를 때에 감옥 문을 열었는데 — 그런 때에는 각종 은혜로운 조치를 취하는 것이 상례였습니다만

— 이때에 어떤 사람이 아주 경건하면서도 재치 있게 여왕에게 말하기를, 아직 감옥에서 나오지 못하고 있는 선한 사람들이 몇 명 있는데, 그들은 다름 아닌 네 복음서 기자들과 바울이라고 하면서, 여왕님이 왕좌에 올라 있는데도 잉글랜드 언어로 마음껏 활보하지 못하고 있으니 그들에게도 호의를 베풀어 달라고 구했다고 합니다. 이에 대해 여왕은 이렇게 대답했다는 것입니다: "그들이 과연 그런 자유를 얻기를 원하는지 그들에게 물어볼 것이며, 그것이 확인되면 그들을 감옥에서 나오게 하여 그대들의 언어로 그대들의 공 예배에서 자유로이 말할 수 있게 할 것이요, 그대 개개인의 집에도 자유로이 방문하도록 할 것이니라." 그런데 그 복된 날이 이미 오래 전에 임하였습니다. 거룩한 틴데일 선생(Mr. Tyndale)은 이에 대해서 이 교황주의에 속한 한 학자에게 말하기를, 비천한 농부도 성경을 읽을 줄 알아야 하고 또한 그 어느 성경학자에 못지않게 자유로이 성경에 대해 대화하도록 허용되어야 한다고 하였습니다. 과연 사람들의 영혼에게 복된 날이 아닐 수 없었습니다.

자, 그리스도인 여러분, 여러분이 하나님의 섭리로 말미암아 그의 환난의 손길로 인하여 집에 갇혀 있을 때에도, 하나님의 말씀이 여러분의 곁에 함께 있어서 외로움을 견디게 해줍니다. 그러므로 비록 형제자매들과 함께 공적인 규례들에서 아버지의 식탁에 앉지 못한다 할지라도, 여러분에게 양식이 전혀 없는 것이 아닙니다. 여러분 스스로는 목사가 여러분을 위해 해주듯이 그렇게 매끄럽게 만들 수 없을 것입니다만, 그럼에도 불구하고 여러분 스스로 자유로이 말씀을 통하여 당면한 교훈과 위로를 얻을 수 있다는 것은 정말이지 고귀한 자비인 것입니다. 하나님의 도우심을 구하는 겸손한 기도에 응답하사 하나님의 성령께서 그렇게 할 수 있도록 해주시니 말입니다. 갖가지 형편에 얽매여 있는 성도들이 이 거룩한 책에서 그토록 놀라운 도움을 얻어온 것입니다. 하나님께서는 환난 당한 성도들을 위하여 가장 유용하고 필수적인 진리들을 — 이런 말을 할 수 있을지 모르겠지만 — 이 생명나무의 밑가지들에 걸려 있게 하셔서 지식에 있어서 그저 보통의 키밖에는 되지 않는 비천한 그리스도인이라도 얼마든지 닿을 수 있게 하셨으니, 이는 과연 은혜로운 역사입니다. 오오 여러분, 하나님의 백성들이 이 나무 가까이 나아오지 못하도록 막기 위해서 피비린내 나는 박해의 검이 휘둘려지던 그 안타까운 시절을 생각하고 또 생각하십시오. 그러면 여러분이 지금 누리는 특권이 얼마나 큰 것인지를 잘 깨닫게 될 것입니다. 그렇습니다. 저 교황주의적인 무지에 사로잡혀 있던 과거 시대를 돌이켜 보십시오. 그 때에는 이 달콤한 생명수가 원어 속에 갇혀 있어서, 완전히 기진맥진한 상태에 있고 또한 영적인 고뇌 속에 있는 불쌍한 영혼들이 그 문을 열어서 감미로운 위로를 접하여 그 지친 영혼의 기력을 회복할 수 있도록 그 열쇠를 가진 사람이 마을 전체에 한 사람도 없었습니다. 그 때를 돌아보면, 반드시 하나님을 찬송하게 될 것입니다. 여러분을 도와서 생명수에게 나아가도록 해줄 사람이 아무도 없을 때에 그가 여러분으로 하여금 그 생명수를 자유로이 얻어 마시게 해주셨으니 말입니다.

(2) **말씀 사역에 대해** 하나님을 찬송하십시오. 이것은 그의 백성을 위해서 그가 개설하신 공립학교로서, 여기서 그 백성들이 이 무기를 사용하도록 배우게 되는 것입니다. 어떤 이들은 말씀으로부터 겉핥기의 얄팍한 지식을 얻고는 자기들의 능력에 우쭐해져서 말씀 사역을 불필요한 일로 여기며 멸시하기도 하는데, 이는 안타까운 일이 아닐 수 없습니다. 고린도 사람들이 이 질병을 앓고 있었고, 사도는 다음과 같은 신랄한 책망으로 이를 치유하고자 힘썼습니다: "너희가 이미 배 부르며 이미 풍성하며 우리 없이도 왕이 되었도다"(고전 4:8). 이 고도의 유능한 사람들에게 바울은 이미 아무것도 아닌 존재가 된 것 같습니다. 바울이 마을에 들어왔을 때 그는 아주 환영받는 사람이었습니다. 젖을 빠는 어린아이는 엄마가 집에 오는 것을 보고 그렇게 기쁠 수가 없고, 엄마의 가슴에 매달리게 해주기를 그렇게 간절히 구할 수가 없었습니다. 그런데 지금은 그 어린아이가 젖을 다 빨아 먹어서 배가 잔뜩 불러 있는 상태와 같아서 마치 더 이상 젖을 빨지 않을 것처럼 젖꼭지를 입에 물고 장난을 치고 있습니다. 밀랍(蜜蠟)으로 된 교만의 날개들이 그들을 너무도 높이 날아오르게 하여, 사도의 말씀 사역이 필요하다는 생각들이 아예 사라져 버린 것입니다. 고린도인들의 지식에도 훨씬 못 미치면서도 자기들의 알량한 지식에 우쭐하여 교만하게도 말씀 사역을 멸시하는 자들이 오늘날 얼마나 많습니까? 여러분, 이런 죄를 삼가 조심하기 바랍니다. 말씀 사역자들의 규례를 조롱하고 멸시하여 모든 사람들이 그들의 장막 가까이 나아가기를 두려워하게 만든 자들에게, 미리암에게 임했던 역병이, 아니, 그보다 더 극심한 영적인 나병이 임하여 허리부터 사타구니까지 뒤덮고 있습니다. 하나님께서 그들을 얼마나 극심한 오류 가운데 남겨두시고, 그로써 그들을 낙인찍으시는지 모릅니다! 한때 남들보다 앞서서 믿음을 고백하던 이들 중에 관능적인 정욕에 완전히 삼켜버린 바 된 자들이 얼마나 많습니까! 누구든지 간에 사람이 스스로 더 이상 성령의 학교에 다닐 필요

가 없다고 생각하게 되면, 그 사람은 가정에서도 성령의 가르침을 받을 기회를 박탈당하는 지름길로 나아가는 것입니다. "성령을 소멸하지 말며 예언을 멸시하지 말며"(살전 5:19, 20). 이 둘이 함께 뭉뚱그려져 있습니다. 이 둘 중 한 가지를 멸시하는 자는 둘 다 잃어버리게 됩니다. 학생이 너무 교만해져서 문지기에게서 배우는 것을 멸시하여 거부하면, 그는 선생에게서도 가르침을 받을 가치가 없는 것입니다.

하지만 이제 겸손히 올바른 자세로 예수님의 발 아래 앉아 있는 겸손한 심령들에게 말씀드려야겠습니다. 진리를 말씀하고 거짓을 말하지 마십시오. 여러분이 당하는 고통에 대해 잘 보상을 받고 있지 않습니까? 학식이 많은 폴리티아누스(Politianus)는 자신의 성경 읽기에 대해 말하기를, 그보다 더 낫은 목적에는 절대로 시간을 보내지 않았다고 했는데, 여러분도 말씀 사역에 참여하여 가르침 받는 일에 대해 감히 그렇게 말하기 바랍니다. 말씀을 듣는 데 쓰는 시간을 잘못 허비하는 잃어버리는 시간으로 여기십니까? 저는 그렇게 생각하지 않습니다. 여러분이 그리스도인이라면, 집에서도 계속 말씀을 대할 것이요 은밀하게 말씀을 묵상하는 중에 달콤한 것을 많이 받아먹을 것입니다. 하지만 이것에 만족하는 나머지, 설교로 선포되는 말씀을 쓸데없이 남아도는 양식이라고 생각합니까? 다윗은 다른 사람 못지않게 홀로 있는 시간을 잘 활용하였습니다만, 홀로 유배되어 있을 때에 그는 공적인 규례를 얼마나 사모하였는지 모릅니다! 그가 성경을 지니고 광야로 들어가기를 잊었다고는 도무지 생각할 수 없습니다. 그만큼 그는 간절하게 말씀을 사모하였습니다. "내가 간절히 주를 찾되 물이 없어 마르고 황폐한 땅에서 내 영혼이 주를 갈망하며 내 육체가 주를 앙모하나이다"(시 63:1). 다윗이여, 그대는 어째서 그렇게 탄식하고 있습니까? 은밀한 중에 읽을 말씀이 없습니까? 두레박을 내려뜨리고 묵상을 통해서 말씀의 우물에서 물을 길어 올릴 수가 없습니까? 그렇지 않다면 어째서 "물이 없어 마르고 황폐한 땅에서 주를 갈망하고" 있습니까? 그는 여기서 상대적인 의미로 말씀하는 것입니다. 은밀한 중에 홀로 말씀을 대하면서도 감미로운 신선함을 얻지만, 공적인 규례 속에서 만나는 것과는 도무지 비교할 수가 없었던 것입니다. 병든 아이가 자기 방에 누워 있을 때에 그를 잊지 않고 그에게 먹을 것을 가져다주는데도 불구하고 그것을 마다하고 굳이 형제들과 함께 아버지의 식탁에 앉기를 간절히 바란다고 해서 그 아이를 나무랄 수 있겠습니까? 다윗의 마음이 사모하고 바란 것은 바로 성소였습니다. 거기서 하나님을 뵙고, 예전처럼 그의 권능과 영광을 뵙기를 바란 것이었습니다. 그것이 없이는 제대로 살 수가 없었던 것입니다.

하나님께서는 "여호와의 말씀을 듣지 못한 기갈"을 보내겠다고 경고하십니다(암 8:11). 여기서 주목하십시오. 말씀을 읽지 못한 기갈이 아니라, 말씀을 듣지 못한 기갈입니다. 말씀이 선포되지 않으면, 집에 성경이 있어서 얼마든지 읽을 수 있다 해도, 그것은 기갈입니다. 그렇게 판단해야 마땅합니다. "여호와의 말씀이 희귀하여 이상이 흔히 보이지 않았더라"(삼상 3:1). 아무리 강한 그리스도인이라도 때에 합당한 이런 규례의 결핍을 느끼게 되는 법입니다. 성(城)이 포위되어 있을 때에 그 속에 곡식이 가득하더라도 성 안의 백성들 모두가 개인적으로 곡식을 빻고 가느라 시간을 다 보내고 있다면, 그들 모두가 금방 어떤 곤경에 처하게 될지 뻔할 것입니다. 훌륭하게 장성한 성도들도 마찬가지입니다. 자기들이 개인적으로 묵상과 수고를 통해 빻고 갈아놓은 곡식 이외에 그 영혼들을 지탱시킬 말씀이 더 이상 없게 되면, 목사를 간절히 사모하게 되고, 또한 그들을 위해서 일주일 내내 곡식을 빻고 가는 직무를 맡은 이가 있다는 것이 그야말로 자비라는 것을 깨닫게 될 것입니다. 이처럼 강한 그리스도인도 아직 완전하지 못하므로 이러한 직무를 담당하는 자가 필요하다면, 연약한 심령은 어떻겠습니까? 마치 고기를 갈아주고 빵을 썰어줄 유모의 도움이 조그만 어린아이들에게 절대적으로 필요한 것처럼, 말씀을 분변해 줄 목사가 절대적으로 필요하지 않겠습니까? 그들이 홀로 말씀을 깨닫도록 그냥 내버려 두는 것은 조그만 아기들에게 빵 덩어리를 통째로 가져다주고 자기들끼리 알아서 먹으라고 하는 것과 마찬가지입니다. 그들은 빵으로 배를 채우기도 전에 먼저 칼에 손가락을 베이기부터 할 것입니다.

(3) 말씀이 여러분의 영혼에 효력을 발생한다는 사실에 대해 하나님을 찬양하십시오. 말씀이 여러분의 마음을 찌른 적이 있습니까? 그 모서리가 여러분의 정욕에게서 피를 내고, 죄의 몸의 썩은 지체를 잘라낸 적이 있습니까? 이에 대해 하나님을 찬양하기 바랍니다. 의사가 몸에서 병든 환부를 도려낼 때에 그 과정에서 엄청난 고통을 겪지만, 그 의사에 대해서 감사하듯이 말입니다. 하나님께서 여러분에게 그보다 더한 친절을 베푸셨다고 생각하기를 바랍니다. 솔로몬은 말씀하기를, "친구의 아픈 책망은 충직으로 말미암는 것이나 원수의 잦은 입맞춤은 거짓에서 난 것이니라"라고 합니다(잠 27:6). 하나님이 그렇게 해서 주시는 상처는 친구가 주는 신실한 상처요, 죄가 주는 입맞춤은 원수에게서 오는 것입니다. 하나님의 상처는 치료하는 것이지만, 죄의 입맞춤은 죽이는 것입니다. 이탈리아 사람들은,

"놀이와 포도주와 여자는 웃고 있는 남자를 삼킨다"라고 말한다고 합니다. 모든 유쾌한 죄들이 그렇습니다. 죄는 웃고 있는 죄인을 죽입니다. 그러나 하나님은 그의 말씀이 주는 상처로 눈물을 흘리고 피를 흘리는 불쌍한 영혼들을 구원하시는 것입니다. 여러분에게 입맞춤하여 죽음에 이르게 했을 그 정욕들의 홀리는 팔에서 벗어나 신실하신 하나님의 손을 붙잡았으니, 여러분은 복된 영혼입니다. 하나님이 여러분에게서 피를 내시므로 고통을 당한다 해도 그로 말미암아 영혼의 생명이 구원받게 됩니다. 아무리 멀리 돌아다니며 찾아도, 그런 친구와 그런 호의를 어디서 만나겠습니까! 잘라냄으로써 치료할 수 있는 그런 검은 세상 어디에서도 다시 찾을 수 없으며, 이 검을 사용하여 그런 놀라운 역사를 이룰 수 있는 팔은 오직 하나님의 성령밖에는 없습니다. 일꾼의 손이 들어올리기 전에는 도끼가 아무 일도 하지 못합니다. 스캔더벡(Scanderbeg) 자신만큼 그의 검으로 그렇게 놀라운 일을 이룰 수 있는 사람은 없었습니다. 분명히 말씀드리지만, 하나님 자신 외에는 그 누구도 양심을 찔러 심령에 상처를 줄 수도, 기름이 붙어 있듯 거기에 끼어 있는 정욕들을 잘라낼 수도 없습니다. 그런데 성경을 읽고 듣는 모든 사람에게 하나님이 그런 일을 행하시는 것이 아닙니다. 그러니 여러분에게 그런 일이 있다면 그것은 크나큰 그의 자비인 것입니다. 하나님께서 그의 선지자를 사르밧의 과부에게 보내실 때에 이스라엘에 수많은 과부들이 있었습니다. 그런데 어째서 그 과부에게 보내셨을까요? 술주정뱅이도, 거짓 맹세자도, 불신자도 많았습니다만, 하나님께서는 그의 말씀으로 무장하시고 바로 여러분을 내리치셨고, 은혜로 여러분의 마음을 찌르신 것이 아닙니까? 오오 이처럼 여러분을 구별하여 복을 주시는 하나님의 자비를 높이 기려 외치기를 바랍니다: "주여, 세상에게가 아니라 제게 주님 자신을 드러내시니 이 얼마나 놀라운 일이옵니까!"

[말씀을 연구하라는 권면]

권면 2. 말씀을 연구하여 말씀을 익숙하게 대하게 되기를 바랍니다. 이에 대해 베뢰아 사람들은 다른 이들보다 더 고상한 사람들로서의 존귀를 얻었으니, 이는 그들이 "성경을 상고"하였기 때문입니다(행 17:11). 하나님께서 그의 교회에게 오로지 한 권의 책을 남겨 주셔서 관심 갖고 공부하게 하시는데도 교회가 그 책을 읽지 않겠습니까? 이 광산에 그렇게도 풍부한 보화들이 매장되어 있다는 말을 듣고도 그리로 가서 땅을 파내는 약간의 고통을 감수하려 하지 않고 계속해서 빈곤한 상태에 있겠습니까? 여기서 요구되는 것보다 더 힘든 수고를 들여야 얻는 은금의 독과 녹이 심판 때에 일어나 많은 이들을 정죄하며 이렇게 말할 것입니다: "너희는 지금 녹과 먼지로 변해 있는 우리를 위해 그렇게 수고하고 공을 들였으나, 썩지 않는 보화가 들어 있는 세상의 밭 위로 계속 걸어 다니면서도 게으름 때문에 그것을 잃어버렸도다!" 과거 성도들의 말씀에 대한 열정을 품고 있는 가슴을 어디 가야 찾을 수 있을까요? 그들은 말씀을 루비와 각양 진기한 보석보다 더 귀하게 여기지 않았던가요? 그 말씀을 발견하면 그것을 얻으려고 땅과 바다를 건너지 않았던가요? 지갑에서 돈을 건네 주고 등에서 외투를 벗어 주고 그것을 샀고, 그 책 속에서 발견한 보화를 그냥 버려두기보다는 차라리 정맥을 흐르는 피와 작별을 고하기를 바라지 않았던가요? 도대체 시장이 얼마나 무너져 있기에 그보다 훨씬 싼 값에 말씀이 제공되는데도 그것을 대하기를 바라지 않는단 말입니까? 말씀의 지식을 그렇게 헐값에 파는 자들이 바보들이든가, 아니면 그렇게 싼 값에 그것을 얻을 수 있는데도 그것을 거부하는 여러분이 바보들이든가, 둘 중의 하나일 것입니다. 하지만, 제가 여러분에게 쓸데없는 일로 부담을 지운다고 생각하지 않도록, 성경 지식을 갖지 않으면 안 되는 필수성이 있다는 것을 알아야 합니다. 이 필수성은 다음 두 가지입니다: 계명의 필수성과 수단의 필수성.

(1) 계명의 필수성이 있습니다. "성경을 연구하라"(요 5:39). 사실 이 의무에 대해 분명한 언명이 없더라도, 성경이 기록되어 있다는 것과 또한 그것이 기록된 구체적인 목적이 있다는 것을 생각하면, 그 임무가 필수적인 것으로 우리에게 다가올 것입니다. 군주나 국가가 어떤 법을 제정하여 그 신민들로 복종하게 하고자 할 때에, 그것을 반포하기만 해도 그 백성은 그 법을 숙지할 의무를 갖게 되는 것입니다. 백성이 이 법을 어기고서 그런 법이 발효 중이라는 것을 몰랐다고 변명해도 통하지 않습니다. 그것이 공포되었으니, 그는 마땅히 그 법에 대해 숙지할 의무를 지니기 때문입니다. 법제정자들이 법을 공포하는 목적이 무엇입니까? 그 백성들이 자기들의 의무를 알도록 하기 위함이 아니겠습니까? 그리스도께서는 지식을 위한 수단이 베풀어져 있는데도 사람들이 무지한 것에 대해 정죄하고 계십니다: "그 정죄는 이것이니 곧 빛이 세상에 왔으되 사람들이 … 어둠을 더 사랑한 것이니라"(요 3:19). 그들이 규범을 알지 못하는 것은 그 규범을 준수하여 행하고자 하는 마음이 없기 때문인 것입니다. 말씀의 빛이 비치는 곳에서 말씀에 대한 무지가 정죄를 받는다면, 그리스도께서는 눈을 밝히 떠서 말씀이 비추는 지식을 속으로 받아

들일 것을 우리에게 명령하시는 것이 분명합니다. 법을 어겨야만 비로소 정죄의 선고가 공포되기 때문입니다. 이방인은 기록된 말씀이 없이 심판을 받게 됩니다만, 그 말씀과 더불어 사는 여러분은 알든 모르든 간에 그 말씀으로 심판을 받게 될 것입니다(살후 1:8). 그리고 여러분이 말씀으로 심판을 받게 된다면, 여러분이 그 말씀으로 교훈을 받아야 마땅한 것이 분명합니다. 과거에 유대인의 손에 말씀이 위탁되었습니다: "그들이 하나님의 말씀을 맡았음이니라"(롬 3:2). 그런데 그들이 그 말씀을 방주 속에 안전하게 보관하여 두고 한 번도 들여다보지 않았다면, 과연 그들이 자기들의 소임을 잘 감당한 것일까요? 하나님께서는 그 말씀을 다른 방에, 곧 그들 자신의 가슴속에 담아두기를 바라신 것입니다. 그 말씀이 그들에게 맡겨졌고, 지금은 우리에게 맡겨져 있습니다. 죽어가는 아버지가 그의 유언집행인이 될 그의 아들에게 유언장을 남길 때에는 그것을 옆에다 그냥 보관해 놓으라는 것이 아니고, 그것을 면밀하게 읽고 주지하여 거기에 담긴 내용 중에 하나도 시행되지 않는 것이 없도록 하라는 것입니다. 그 말씀을 가리켜 "성도에게 단번에 주신", 즉 성도더러 읽고 연구하라고 주신, "믿음의 도"라고 부르는 것입니다(유 3). 만일 우리가 그리스도께서 육체로 세상에 계실 때에 살았고, 또한 그가 세상을 마지막으로 작별하실 때에 우리에게 어떤 일을 특별히 맡기시고 그가 하늘로 가신 후에 그대로 행하라고 하셨다면, 우리 주님의 그 뜻을 면밀하게 시행하지 않았겠습니까? 주님의 어머니를 보살필 임무를 부여받은 사도 요한이 그를 자기 집에 모시고 극진히 돌보았던 것처럼 말입니다. 자, 보십시오. 그보다 더 막중한 책무가 그의 성도들의 손에 맡겨져 있으니, 곧 "성도에게 단번에 주신 믿음의 도"가 그것입니다. 즉, 이 세상이 다하는 날까지 세대마다 그 믿음의 도를 지키고 전수하도록 그들에게 단번에 맡겨진 것입니다. 그러므로 여러분이 성도의 숫자에 포함된다고 여기면, 그 말씀을 집으로 들여서 그것이 그 속에서 풍성하게 거하게 하며, 또한 지극히 사랑하는 친구가 남겨둔 고귀한 손님으로 극진히 모셔야 마땅할 것입니다.

(2) 수단의 필수성이 있습니다. 불쌍한 죄인들을 영생에 이르게 하는 하나님의 온전한 뜻(the whole counsel of God)이 그 말씀에 담겨 있고, 하나님의 뜻은 이것 이외에는 없습니다. 그런데 여러분이 성경을 상고하지 않고 성경에서 성령의 발아래 앉지 않는다면 — 성령께서는 그 학생들을 이 한 권의 책을 통해서 천국에 이르기에 합당하게 만드십니다 — 어디서 또 다른 스승을 만나겠습니까? 과연 다른 누구의 책에서 영생의 말씀을 찾겠습니까? "성경에 능통한" 아볼로에 대해 말

씀하기를, 아굴라와 브리스길라가 그에게 "하나님의 도를 더 정확하게 풀어 이르더라"라고 말씀합니다(행 18:26). 말씀을 풀어 설명하기 위해서는 반드시 "본문"이 먼저 있어야 합니다. 그러므로 이는 그들이 그에게 성경을 더 온전하게 풀어 해명해 주었다는 뜻입니다. 바로 이것이 우리를 하나님께로 인도하는 "하나님의 길"입니다. 그렇습니다. 이것이 유일한 길입니다. 다른 여행에서는 올바른 길을 놓쳐도 물론 더디기는 하지만 결국 원했던 목적지에 도달할 수가 있습니다. 하지만 말씀의 길 이외에는 하나님께로 인도해 주는 다른 길이 결코 없습니다. 그런데 우리가 말씀에 무지하다면 이 하나님의 길로 걸어갈 수가 없는 것입니다. 다른 여행의 경우는 사람이 자기가 길을 제대로 가고 있는지를 몰라도 바른 길을 가고 있을 수도 있고, 그리하여 안전하게 집에 도착할 수도 있습니다. 하지만 하나님의 길에 대해 전혀 무지하다면 그 길에서 아무런 유익도 얻을 수가 없습니다. 아무것도 믿음으로 행할 수가 없기 때문입니다. 오오 여러분, 그러므로 이 책을 공부하기를 힘쓰십시오. 아무리 다른 모든 방면에서 아둔하고 어리석더라도 말입니다! 여러분이 배우고자 하는 것이 과연 무엇입니까? 하나님을 아는 참된 지식이 아닙니까? 지금까지 글을 남긴 모든 철학자들을 다 섭렵해도, 하나님에 대한 올바른 지식은 조금도 얻을 수가 없습니다. 그들이 아무리 훌륭하다 해도, 하나님에 대해 아무리 고도의 지식이 있다 해도, 모두가 짐승 같은 것들뿐입니다. 하나님께서는 세상의 지혜로운 자들이 그들의 지혜로 스스로 종교를 형성하려 할 때에 그들을 수없는 온갖 어리석고 허망한 것들 속에 헤매도록 버려두셨습니다. 그리하여 그들의 어리석음을 드러내신 후에 그들과 온 세상에게 다른 학교에서 배우는 이 교훈을 보내셨으니, 곧 복음 사역이 그것이니, 이는 다름이 아니라 바로 말씀을 해명하고 적용하는 것입니다. "하나님의 지혜에 있어서는 이 세상이 자기 지혜로 하나님을 알지 못하므로 하나님께서 전도의 미련한 것으로 믿는 자들을 구원하시기를 기뻐하셨도다"(고전 1:21).

여러분, 죄에 대한 참된 지식에 이르기를 바라십니까? 이것 역시 다른 곳에서는 발견할 수 없는 지식입니다. 오직 성경만이 죄의 몸 전체를 해부하며, 그 지극히 세세하고 은밀한 부분에 이르기까지 완전한 해부학 강의를 해 줍니다. 이것은 우리의 악한 마음의 종양들을 드러내 줍니다. 수많은 사람들이 그것 때문에 죽는데, 성경에 대해 무지하면 절대로 그들의 질병이 무엇인지를 알게 될 수가 없는 것입니다. 정욕이 겉으로 드러나는 행실로 드러나지 않고 속에 숨어 있으면, 철학자는 그 사람을 깨끗한 사람으로 선언합니다. 마음의 질병은 오랜 고질병이지만 바로 이 거룩한 책이 아니고서는 한 번도 발견된 적도 없고 치료된 적도 없습니다. 그리고 이 책은 그 질병을 완전히 치료해 줍니다. 그렇습니다. 어디서 또한 누구로부터 이 질병이 감염되는지를 깨닫게 해주는 것입니다. 그 질병은 바로 아담에게서 감염된 것입니다. 그에게서 온 세상이 오염되어 온통 병이 들끓는 곳이 되어 버린 것입니다. 이 세상에 그 어떤 지혜자가 이런 계보를 꿈이나 꾸어 본 적이 있습니까? 성경이 이에 대해 알려주기까지 그는 불쌍한 사람입니다. 죄의 구덩이 속에 누워 있으면서도 누가 자기를 거기에 던져 두었는지도 모르고 있는 것입니다.

한 마디로, 여러분, 도움을 받기를 원하십니까? 그렇다면 성경이 해주는 그러한 역할에 신세를 져야 합니다. 여러분 자신의 줄은 너무 짧아서 닿을 수도 없고 또한 너무 약하여 여러분을 그리로 끌어줄 수도 없습니다. 하나님께서 그의 말씀 속에서 여러분에게 드리우시는 그 사랑의 줄을 붙잡지 않으면, 여러분은 결코 성공할 수 없습니다. 자, 생명과 죽음을 여러분 앞에 제시하였으니, 이제 여러분의 선택에 맡기겠습니다. 그런데도 여러분이 전능하신 하나님을 아는 지식을 거부하고, 여러분을 안내하는 이 책이 없이 영원 속으로 여러분의 영혼을 밀어 넣으며, 어디로 빠지는지 어디로 헤엄쳐 가는지 전혀 상관하지 않고 저 세상에서 어느 포구에 도달할지, 지옥에 도달할지, 천국에 도달할지도 전혀 개의치 않는다면, 정죄받은 자들 중에 계속 거하고, 여러분의 단단한 마음을 더욱 완악하게 하십시오. 할 수 있다면, "하나님을 모르는 자들과 우리 주 예수의 복음에 복종하지 않는 자들"(살후 1:8)을 향하여 피어오르는 저 끝없는 불꽃을 무릅쓰고 그렇게 해보십시오. 지금은 악의를 갖고 무지하지만, 언젠가는 성경을 깨닫게 되어 여러분의 고통이 더욱 커질 것이라는 것을 알고 두려워하여야 합니다. 여기서는 성경의 빛을 받지 않으려고 애써 문을 닫아두지만, 그때에는 그 빛이 여러분의 얼굴에 충만히 비추게 될 것이요, 그렇게 되면 여러분이 성경 같은 책이 있다는 것에 대해 들은 바 있다는 것을 잊어버릴 수 있다면 마음이 다소간 편안해질 것입니다만, 그러나 그 때에 여러분의 뜻과는 달리 그것을 잊어버리지 않고 똑똑하게 기억하면서 지옥에 내려갈 것이요, 이 땅에서 성경을 조롱하고 무시했다는 사실이 여러분의 죄악된 양심에 계속해서 새로운 공포를 퍼부을 것입니다. 그러니 약간의 편안함과 게으름을 위해 여러분의 영혼을 팔아 버린 여러분의 그 어처구니없는 어리석음에 대해 생각할 때에 놀라움이 가득 차게 될 것입니다. 지옥이 밑에서부터 올라와 그리로 나아가는 여러분을 마중할 것입니다. 지옥이 죽은 자들을 부추겨 여러분을 맞게 할 것이요, 또한 거기에 갇혀 있게 될 그 처량한 이방인들이 여러분에게로 몰려와서 빈정거리며 여러분을 질책하면서 이렇게 이야기할 것입니다: "당신도 우리처럼 약해졌습니까? 당신도 우리와 같은 신세가 되었습니까? 당신은 지식의 열쇠를 허리춤에 차고 있었으니 얼마든지 쉽게 교훈을 받아 생명의 길을 걸어갈 수 있었을 것인데, 당신도 무지 때문에 망했군요! 우리 처량한 이방인들은 우리를 잘못 지옥에 보냈다고 하나님께 하소연할 수가 없습니다. 복음 같은 것에 대해 한 번도 들은 적이 없지만, 우리에게 있는 작은 빛에 합당하게 행하지 않았으니 말입니다. 우리에게 주어진 그 빛을 대적하여 반역하여 우리의 어리석은 생각이 어두워지게 하지만 않았더라면 우리도 하나님에 대해 더 많이 알았을 것입니다. 하지만 우리는 절대로 당신처럼 그런 값비싼 비용을 치르고 우리의 영혼을 망치지는 않았습니다. 당신은 하나님의 말씀을 거부했고, 성경의 모든 경고들과 약속들을 뻔히 알고서도 여기로 오지 않았습니까!"

[말씀 연구에 대한 육신적인 반론들을 제거함]

첫째 반론. 하지만 이렇게 말할 사람들이 있을 것입니다. "다른 사람들처럼 한가한 시간이 많다면, 우리도 성경을 그렇게 모르고 지나치지는 않을 것입니다. 하지만 안타깝게도 해야 할 일이 너무 많고 세상적인 일들로 너무 바쁘니, 우리가 다른 이들만큼 하나님의 말씀에 대해 그렇게 잘 몰라도 하나님께서 우리를 좀 용납해 주시면 좋겠습니다."

답변. 여러분의 심판자이신 그리스도의 심판대에 서서 그에게 답변을 해야 할 처지가 될 때에 정말로 이렇게 호소하려 합니까? 그가 눈살을 찌푸리시며 경멸과 진노로 여러분의 이러한 변명을 던져 버리실 것을 생각하고서 가슴속에서 심장이 떨리지 않습니까? 이 땅에 계실 때에 그렇게 온유하시던 예수께서, 온갖 구실들을 대며 그의 잔치에 나아오지 않는 사람들에 대해 얼굴에 노기가 가득하셔서 그들을 향하여 절대로 그들이 그 잔치에 참여하지 못하리라는 그런 무서운 심판의 선언이 그의 입술에서 나오지 않았습니까? 오오 그렇다면, 그가 심판대에 오르셔서 죄인들을 초대하시는 것이 아니라 그들을 심판하실 때에, 이런 식의 변명에 대해 영광의 그리스도께서 과연 무어라고 말씀하시겠습니까? 하나님께서 마음과 시간을 들이셔서 이 사랑의 편지를 쓰시고 여러분에게 보내셨는데 정작 여러분은 그것을 읽고 음미할 마음도 시간도 없다니, 과연 이것이 가당한 일입니까? 병든 환자가 의사의 처방전을 볼 시간이 없다고 변명하는 것과 무엇이 다르겠습니까? 임금이 자기를 사면시키는 사면장을 보내 주었는데도 정작 정죄를 받은 악인은 그것을 들여다볼 여유가 없는 것과 마찬가지일 것입니다. 불쌍한 사람이여, 세상이 그렇게 여러분의 시간을 다 빼앗고 여러분을 그렇게 완전히 삼켜 버려야 되겠습니까? 이는 고라에게 주어진 저주 이상의 저주를 받아 마땅한 것입니다! 과연 여러분은 지갑 끈에다 온통 영혼을 묶어 두어서 이 잔인한 주인이 주는 것 이외에는 여러분의 영혼을 구원할 시간이 전혀 없게 될 정도로 여러분 자신에게 종이 되어 있단 말입니까? 그렇다면 여러분이 돈과 함께 멸망해 마땅합니다! 그렇게 비열한 정욕의 처분만 바라니, 영혼이 그야말로 안일한 상태인 것입니다. 이는 한 가지 죄를 또 다른 죄로 덮기만 할 뿐 문제를 해결하는 것과는 거리가 멉니다. 여러분이 세상의 온갖 방해거리들에 얽매이는 것을 허락한 자가 누구입니까? 하나님이 여러분의 시간의 주인이 아니십니까? 그를 위해 쓰라고 그가 시간을 주신 것이 아닙니까? 하나님은 여러분의 시간의 상당 부분을 이 세상의 하찮은 일들을 위해 쓰도록 허용하십니다.

하지만 그렇다고 해서 그를 완전히 도외시하는 것이 그의 의도이겠습니까? 이것은 마치 선원들이 그들 자신을 위한 것들을 배에 조금 실어와도 좋다는 상인의 허락을 받고는 자기들의 물건들로 배를 가득 채우고 정작 그 상인이 뱃삯을 지불하며 의도했던 물건들은 하나도 싣고 오지 않는 것과도 같은 것입니다. "당신의 물건들을 실을 공간이 남아 있지 않았습니다"라고 대답하면 그 상인이 받아주겠습니까? 혹은 마치 주인이 종에게 어째서 하라고 시킨 일을 행하지 않았느냐 물을 때에 그 종이, "술에 취하여 그 일을 할 수가 없었습니다"라고 대답하는 것과도 같습니다. 자 여러분, 이것이 여러분의 시간을 빼앗아가는 도둑이라면, 그것이 여러분의 영혼을 빼앗아가기 전에 가능한 한 속히 그것을 떨쳐 버려야 합니다. 마귀는 여러분에게 더 큰 이득을 바랄 수가 없습니다. 이미 여러분이 그의 수렁에 빠져 있으니 말입니다. 아마도 바로가 이스라엘 사람들에 대해 뿌듯해하는 것보다 더 여러분에 대해 뿌듯해할 것입니다. "이 자는 이미 세상이라는 광야 속에 갇혀 있으니, 나의 손을 피하지 못할 것이다."

만일 친구가 여러분에게 와서 여러분에게 종과 하인들이 너무 많으니 여러분이 빈털터리가 될 것이라고 이야기하면, 그의 권고를 듣고 그들을 문 밖으로 돌려 보내지 않고 그들을 그대로 두어 여러분에게서 빌어먹게 하겠습니까? 그렇다면 여러분의 영혼에 대해서도 그처럼 걱정해야 옳지 않겠습니까? 하나님과 천국에 대한 생각을 완전히 잡아먹을 정도로 세상의 온갖 일들에 대한 염려와 근심들을 계속 지녀야겠습니까? 이런 것들을 다 털어 버려야 합니다. 그렇지 않으면 구원에 대한 소망을 버리는 것이 합당합니다. 하지만 제가 어째서 이것들에 대해 이렇게 구구절절이 이야기합니까? 이것은 대개 사람의 게으름을 포장하는 것에 지나지 않기 때문입니다. 마음이 있다면, 아무리 세상의 일들이 바쁘다 할지라도 그 가운데서라도 말씀을 대할 시간을 찾을 것입니다. 아무리 바빠도 먹고 잠자고, 쉬고 노는 시간은 찾을 수 있습니다. 그런데 하나님과 그의 말씀을 위한 시간은 찾을 수 없다니요? 시간이 날 때마다 짬짬이 영혼으로 하여금 성경을 상고하도록 허용하여, 쉬는 시간이나 한가한 방문이나 쓸데없는 팜플렛을 읽는 등의 시간을 성경을 읽고 묵상하는 데에 사용하기만 해도, 머지않아 영적인 지식에서 상당한 진보를 이루게 될 것입니다. 군인이라는 직업보다 임무가 막중한 직업이 어디 있겠습니까? 그리고 모든 군인 중에서도 휘하의 병사들을 책임져야 하는 장군의 임무는 얼마나 더 막중하겠습니까? 여호수아가 바로 그런 사람이었습니다. 하지만 그에게는 성경을 연구하라는 엄중한 명령이 그에게 주어졌습니다: "이 율법책을 네 입에서 떠나지 말게 하며 주야로 그것을 묵상하여 그 안에 기록된 대로 다 지켜 행하라"(수 1:8). 여호수아는 북소리와 나팔소리, 그리고 전쟁의 그 쉴 틈 없는 일들 속에서 하나님의 율법을 묵상할 시간을 찾아야 했습니다. 그런데, 쟁기질이나 가게 보는 일 등 사사로운 직업의 그 사소한 몇 가지 일들이 있으니, 여러분에게는 여호수아가 감당했던 그 동일한 임무가 면제되리라고 생각하십니까? 여러분, 골방이 여러분의 사업의 원수요, 하나님과 보내는 시간이 세상적인 출세와 성공을 빼앗는 도둑이라고 생각합니까? 절대로 아닙니다. 확신하건대, 하나님은 그의 백성들에게 더 나은 것을 의도하십니다. 앞에서 인용한 본문이 말씀하는 대로, "그리하면 네 길이 평탄하게 될 것이며 네가 형통하리라."

둘째 반론. 하지만 나는 읽을 줄을 모르는데 어떻게 성경을 상고할 수 있습니까?

답변. 하나님께로부터 자녀 양육을 위탁받은 부모들이, 타조가 자기가 낳은 알이 어떻게 되든 상관하지 않는 것처럼 그렇게 자녀의 영혼에 대해 관심을 갖지 않는 것은 정말 안타까운 일입니다. 하나님과 그의 말씀에 대한 지식도 없이 그들을 저 죄악된 세상에 보내어 정욕을 만날 때마다 그것의 먹이가 되게 하여 그들을 마귀의 입에 던지는 것 외에 이들이 하는 일이 무엇입니까? 만일 하나님도 그 무정한 부모들처럼 그들을 불쌍히 여기지 않으셨다면, 그들은 지옥을 향해 헤엄쳐갈 수밖에 없습니다! 하지만 부모들이 무관심했다는 것이 여러분의 무지에 대한 변명이 되겠습니까? 부모가 여러분에게 무정했다고 해서 여러분도 여러분 자신을 긍휼히 여기지 않으렵니까? 하나님을 두려워하는 가운데, 여러분의 근면함으로 그들의 결함을 채우기를 바랍니다. 그렇게 배우는 것을 수치스럽게 여기지 않기를 바라마지 않습니다. 어릴 때 배웠어야 할 것을 이제 나이 든 후에 배우고 있다는 것을 부끄럽게 여기지 말기를 바랍니다. 부모가 이 세상에서 먹고 살도록 기술을 가르쳐 주지 않았다고 해서, 뒤늦게나마 여러분 스스로 무언가 기술을 배우기보다 차라리 구걸하며 살기를 택하겠습니까? 뒤늦게 시작하여 근면하게 노력하는 중에 하나님의 축복으로 어려운 일들을 다 극복한 사람들이 많습니다. 만일 감옥에 갇혀 있다면, 사면장(赦免狀)을 읽기를 배우는 것이 그것을 읽지 못하여 목숨을 잃는 것보다 낫지 않겠습니까? 사실 말씀을 읽을 줄 아는 능력은 여러분의 영혼 구원을 위하여 절대적으로 필요한 것은 아닙니다. 절대적으로 필요한 것은 말씀 속에 담긴 구원 얻는 진리들을 아는 것인데, 이는 읽지 못해도 그보다 나은 다른 사사로운 수단들을 통해서 얻을 수 있는 것입니다. 다른 이들의 교훈을 들을 수 있는 귀가 있는 한, 글을 읽을 줄 모른다 해도 그것이 여러분의 무지에 대한 핑곗거리가 될 수는 없습니다. 하나님께서는 때로 한 가지 감각의 결함을 또 다른 감각의 예민함으로 보상하기도 하시므로, 여러분이 혹 글을 읽을 줄을 모른다 해도 어쩌면 기억력이 뛰어나서 다른 이들이 읽는 것이나 선포되는 설교의 내용을 잘 기억할 수 있을지도 모릅니다. 성경에 나오는 훌륭한 순교자들 중에 어떤 이들은 책으로 학식을 쌓은 일이 전혀 없는데도 불구하고 학식의 대가들을 상대로 진리를 변호할 능력이 있었던 것을 봅니다. 읽을 줄 모르는 자들 중에서 어떤 이는, 성경의 일부분을 늘 지니고 다니다가 글을 읽을 줄 아는 그리스도인을 만나면 그에게 부탁하여 그 중에 일부분을 읽어 주도록 하였고, 그리하여 원수들보다도 지혜로울 정도로 지식과 믿음에서 장성한 분량에 이르렀으며, 목숨을 드리면서까지 진리를 위해 싸운 용감한 용사가 되기도 했습니다.

셋째 반론. 하지만 이렇게 말하는 사람도 있을 것입니다: "나는 읽을 줄은 알지만 이해력이 너무도 약하여 성경에 담긴 그토록 깊은 신비들을 도저히 감당할 자신이 없습니다."

답변. 이런 반론이 여러분의 게으른 마음에서 나오지 않도록 조심하십시오. 게으른 마음은 여러분이 두려워하는 임무가 여러분을 괴롭히지 못하도록 그럴듯한 핑계를 대며 자신을 편안하게 하려 하니 말입니다. 여러분 자신을 시험해 보고, 하나님의 말씀을 교훈받기 위해 가능한 모든 수단을 양심적으로 사용하려고 애써 본 적이 있습니까? 그렇지 못하다면, 여러분의 약한 머리를 탓하지 마십시오. 여러분의 악한 마음에 문제가 있는 것입니다. 어떤 분야의 기술을 배우기 위해 처음 견습생이 되었을 때에 여러분에게 무슨 기술이 있었습니까? 그때에 기술이 없는 것을 보고서 실망하고 달아났습니까? 아닙니다. 몇 년 동안 부지런히 갈고 닦아서 그 신비를 터득하여 이제는 편안하게 그 일을 할 수 있게 되었습니다. 말씀 공부는 그런 기술이 여러분의 몸에게 해줄 수 있는 것보다 여러분의 영혼을 더 활기 넘치게 만들어 줄 수 있습니다. 그런데도 그것을 부지런히 배우지 않으니, 여러분의 게으름을 정죄해야 마땅하지 않겠습니까?

그러나 여러분, 이런 반론이 과연 여러분 자신의 연약함을 정말로 깊이 깨닫는 데에서 비롯되었다면, 다음과 같은 두 가지 격려 사항을 생각하기 바랍니다.

첫째 격려. 하나님께서 자기의 말씀을 여러분에게 해석해 주실 수 있습니다. 하나님의 성령께서 열쇠로 문을 열어 주시지 않으면, 그 누구도 그러한 지식을 얻을 수가 없습니다. 만일 여러분이 지금보다 더 성숙한 두뇌와 더 높은 능력을 지녔다 해도, 그의 도우심이 없으면 마치 롯의 집 앞에 있던 눈먼 소돔 사람들처럼 되어 이리저리 헤매나 참된 구원 얻는 지식에 이르는 길을 도무지 찾을 수 없을 것입니다. 바른 열쇠를 갖지 못한 사람은 열쇠가 전혀 없는 사람과 똑같이 집에 들어갈 수가 없고, 어떤 의미에서는 그보다 못 들어간다고 할 수 있습니다. 열쇠가 없는 사람은 안에 있는 사람을 불러서 문을 열게 하지만, 그 사람은 틀린 열쇠를 믿고서 계속해서 열쇠 구멍에다 열쇠를 끼워 맞추려고 애를 쓰며 서 있을 것이니 말입니다. 바리새인들은 성경에 능통했고 그리하여 존경받는 학자의 위치에 올라 있었고, 사람들 가운데 그렇게 명망이 높고 흠모의 대상이었으므로 "세상의 통치자들"(고전 2:8)이라 일컬음을 받지만, 이런 자들조차도 날마다 성경을 연구하는 중에도 모세와 선지자들의 각 페이지마다 가득 차 있는 그 진리를 — 모세와 선지자들이 말씀하는 그리스도에 관한 그 위대한 진리를 — 보지 못하고 넘어졌습니다. 그런데 그와 동시에 그들이 그렇게 비천하게 여기고 — 예, 저주받은 자로 여겼습니다 —

율법을 깨닫지 못하는 자들로 멸시하던 사람들이 그들이 놓치고 보지 못한 그분을 볼 수 있었던 것입니다. 하나님께서 눈이 멀게 하시고 얼빠지게 만드시지 못할 만큼 학식이 많은 사람은 아무도 없습니다. 이와 마찬가지로, 하나님의 성령께서 눈을 여시지 못할 만큼 몽매하고 무지한 사람도 아무도 없습니다. 성령은 세상을 창조하실 때에 수면 위에 운행하심으로써 그 조잡한 덩이를 지금 우리가 보는 그 아름다운 모양으로 바꾸어 놓으셨고, 캄캄한 혼돈의 상태를 그 찬란한 하늘로 만드시고 거기에 각양 별들로 수놓게 하신 분이시니, 여러분의 영혼이 마치 빛이 없던 첫 날의 세상의 저녁처럼 캄캄하며 지식이 없어도, 그가 거기에 빛을 밝혀 주실 수 있는 것입니다. 학교의 선생은 때로 자신의 모든 학식과 기술을 다하여 가르쳤는데도 제대로 배우지 못하는 학생을 집으로 돌려보내고 그 아버지더러 그에게 다른 직업을 갖게 하도록 요청하기도 합니다.

그러나 하나님의 성령이 스승이 되시면, 여러분이 백치라 해도 반드시 배우게 됩니다. "주의 말씀을 열면 빛이 비치어 우둔한 사람들을 깨닫게 하나이다"(시 119:130). 영혼이 성령의 학교에 입학하자마자 아주 능숙한 사람이 됩니다. 그렇기 때문에 스스로 실망하는 자들을 격려하라는 명령이 우리에게 주어져 있습니다: "너희는 약한 손을 강하게 하며 떨리는 무릎을 굳게 하라"(사 35:3). 왜 그렇게 해야 합니까? 그들에게 전할 좋은 소식이 무엇입니까? "그 때에 맹인의 눈이 밝을 것이며 못 듣는 사람의 귀가 열릴 것이라"(5절). "거기에 대로가 있어 그 길을 거룩한 길이라 일컫는 바 되리니, 깨끗하지 못한 자는 지나지 못하겠고 오직 구속함을 입은 자들을 위하여 있게 될 것이라. 우매한 행인은 그 길로 다니지 못할 것이라"(8절).

둘째 격려. 성령의 가르침을 받기에 합당한 상태가 될수록 여러분 자신의 연약함을 더 깊이 지각하게 됩니다. 교만한 학자와 겸손한 스승은 절대로 생각이 일치하지 않습니다. 그리스도는 "온유하고 겸손하시"며(마 11:29), "교만한 자를 대적하시"나 "겸손한 자들에게 은혜를 주시"는 분이십니다(벧전 5:5). 그는 교만한 자는 견디지 않으시지만, 여러분이 아무리 연약하고 우둔하더라도 겸손하고 부지런하면 여러분을 참아 주십니다. 제자들에게서 보듯이, 우리 주님은 전혀 거부감 없이 동일한 교훈을 거듭거듭 가르치셨습니다. 그리하여 마침내 그들은, 주께서 "지금은 밝히 말씀하신다"고 말하였습니다(요 16:29). 마차에서 이사야서를 읽던 내시는 훌륭한 서기관이 아니었습니다. 하지만 정직한 마음으로 말씀을 사모하였기 때문에 성령께서 빌립을 급히 보내셔서 그에게 가르침을 주셨던 것입니다.

제3부

말씀의 검 사용법

"하나님의 말씀"(엡 6:17)

그러나 어쩌면 어떤 이들이 이렇게 말할지도 모르겠습니다. "우리의 영혼을 방어하는 데에 이 검이라는 무기가 얼마나 필수적이며 또한 그리스도인이 그의 원수들과의 모든 싸움에서 얼마나 훌륭하게 사용되는지에 대해서 이제껏 충분히 말씀해 주셨습니다. 하지만 이것으로 말씀을 맺지 마시고, 어떻게 하면 우리 그리스도인들이 이 검을 잘 휘두르고 사용하여 우리 자신을 방어하고 또한 우리에게 다가오는 각종 원수들을 물리칠 수 있을지에 대해 한 마디 권면의 말씀을 해주시면 좋겠습니다. 이미 싸움터에서 우리를 공격하여 큰 두려움을 주고 있는 원수도 있고, 또한 다른 원수들도 얼마나 속히 우리 앞에 나타날지 모르니 말입니다. 원수들의 공격을 어떻게 막아내고, 또한 그들을 공격하여 우리의 검의 맛을 느끼게 해줄 수 있을지에 대해 가르침을 받지 않는다면, 허리에 검을 차고 있고, 손에 성경을 들고 있은들, 무슨 소용이 있겠습니까?"

여러분의 이런 요청은 지극히 합당합니다. 여러분에게 좀 더 만족을 드리기 위해서, 여러분이 대하게 될 각 원수들의 종류에 따라서 몇 가지 대지로 나누어 지침을 드리겠습니다. 그들의 공격의 성격이 서로 다르므로, 거기에 맞추어 대항할 필요가 있기 때문입니다. 첫째. 박해자를 대항하여 영적인 검을 사용하는 법. 둘째. 이단을 대항하여. 셋째. 우리 가슴속에 있는 정욕들의 군대를 대항하여. 넷째. 밖에서 침입하고 속에서 괴로움을 주는 각종 환난들을 대항하여 영적인 검을 사용하는 법.

첫째 대지

[박해자를 상대로 영적인 검을 사용하는 법에 대한 지침]

먼저 박해자부터 다루겠습니다. 그리스도인 여러분, 그가 피에 물든 깃발을 높이 들고 교회와 그리스도의 양 떼를 짓밟고 그들의 양심을 더럽히며 무자비한 명령으로 그들의 믿음을 제거하려 하다가 뜻을 이루지 못하여 그들을 살육할 때에, 그의 격렬한 공격의 충격을 견뎌내고자 합니까? 그렇다면 첫째. 박해자로 하여금 여러분을 향하여 격노하게 만드는 그 원리들과 행위들에 대하여 확실한 성경적인 근거를 얻도록 주의를 기울여야 합니다. 둘째. 사람보다 하나님을 많이 두려워할 것을 가르치는 성경 본문들을 잘 새겨야 합니다. 셋째. 박해자의 검으로부터 여러분의 목숨이 위협을 당하기 전에 먼저 성령의 검에게 맡겨 여러분의 정욕들을 확실히 도려내기 바랍니다. 넷째. 박해와 특별히 관계되는 약속들 위에 여러분의 믿음을 든든히 세우시기 바랍니다.

첫째 지침. 박해자로 하여금 여러분을 향하여 격노하게 만드는 그 원리들과 행위들에 대하여 확실한 성경적인 근거를 얻도록 최선의 주의를 기울여야 합니다. 사람은 목숨과 그 온갖 즐거워하는 것들을 위험에 빠뜨리는 것에 대해 분명히 알 필요가 있습니다. 안개 속에 있어서 원수와 친구를 잘 구별할 수 없는 상황에서는 용맹한 사람도 용기가 약해지기 마련입니다. 또한 고난의 때에 판단이 분명하지 않고, 자신이 지키기 위해 고난을 당하는 그 원리들이 확고하지 않으면, 그리스도인의 심령이 침체 상태에 있을 수밖에 없습니다. 그러므로 박해자가 여러분더러 의심하게 만드는 그것에 대해 일말의 의심도 없도록 확신이 있어야 합니다. 언제나 그러했던 것처럼 박해자들의 계략은, 그리스도의 종들이 고난을 감수하며 지키고자 하는 그 진리들과 행위들의 아름다운 모습을 할 수 있는 만큼 일그러뜨려서, 자기들의 피비린내 나는 잔인한 짓들을 정의로운 행위처럼 보이게 하여 세상으로 하여금 그리스도인들이 악을 행하기 때문에 고난을 당하는 것으로 믿게 만들려는 것입니다. 그러니 이런 상황에서는 여러분이 과연 의를 위하여 이런 고난을 당한다는 것을 양심으로 충만히 납득하고 있지 않고서는 그들의 무거운 공격의 무게를 절대로 감당해낼 수가 없습니다. 하지만 여러분의 대의에 대해 분명하고도 확고한 생각을 갖고 있으면, 그들이 여러분에게 던지는 티끌들을 쉽게 물리치고 그 원수들이 주는 치욕들을 양심으로 감내하고 오히려 위로를 얻으며 나아갈 수가 있을 것입니다. 살비아누스(Salvian)는 말하기를, "다른 이들이 우리에 대해 무엇을 말하거나 생각하든, 그것은 우리를 비참하게 만들지 못한다"라고 했습니다. 바깥의 세상이 아무리 꾸짖고 욕해도, 그 사람 자신의 생각에서 나오는 한 가지 책망이 그 사람에게 상처가 되는 법입니다. 데살로니가 사람들이 바울이 가르치는 특정한 진리에 대해 만족을 얻자 — 복음이 그들에게 "큰 확신으로" 임하자(살전 1:5) — 그것과 더불어 환난과 박해가 함께 임하였음에도 불구하고 그들은 문을 활짝 열고 "기쁨으로" 그것을 받아들일 수 있었던 것입니다(6절).

둘째 지침. 사람을 두려워하지 말고 하나님을 좀 더 두려워할 것을 가르치는 성경 본문들을 잘 새겨야 합니다. 사람은 누구나 자기가 가장 무서워하는 자의 손에 잡히는 것을 가장 싫어합니다. 그러므로 만일 하나님이 여러분이 가장 두려워하는 분이 되시면, 박해자가 아무리 뜨거운 불을 드리우더라도 차라리 그 불 속으로 뛰어들지언정 하나님을 원수로 만들고 싶지는 않을 것입니다. "고관들이 거짓으로 나를 핍박하오나 나의 마음은 주의 말씀만 경외하나이다"(시 119:161). 다윗은 사람의 분노와 하나님께서 그의 말씀 속에서 경고하시는 것을 함께 저울에 달아보고는 하나님의 손길이 비교할 수 없이 더 무거운 것을 깨닫고 그것에 두려워 떨면서, 사람이 그에게 행할 수 있는 최악의 조처까지도 다 감당하고자 하는 마음입니다. 그러므로 성경이 사람의 권세를 그렇게 떨어뜨리고 있으니 우리는 사람이 아무리 자기의 모습을 크게 만들고 위협해도 그것에 놀라 움츠러들어서는 안 될 것입니다. 사람의 권세를 떨어뜨리고 그의 극한 분노를 지극히 하찮은 것으로 제시하고 있으니, 사람이 최악의 일을 행한다 해도 하나님을 아는 자는 그것을 두려워할 이유가 없는 것입니다. "너희는 인생을 의지하지 말라 그의 호흡은 코에 있나니 셈할 가치가 어디 있느냐?"(사 2:22). "몸은 죽여도 영혼은 능히 죽이지 못하는 자들을 두려워하지 말고 오직 몸과 영혼을 능히 지옥에 멸하실 수 있는 이를 두려워하라"(마 10:28). 어린아이들은 전혀 해를 끼치지 못하는 도깨비는 두려워하면서 그들을 태울 수 있는 불은 갖고 장난을 칩니다. 무서운 공포의 가면을 쓰고 나타나 이맛살 찌푸리지만 실제로 우리에게 두려움을 주는 것 외에 아무런 해도 줄 수 없는 사람을 두려워하여 겁에 질려 죄에 빠지면서도, 하나님이 거기에 우리를 영원히 던져 넣으실 수 있는데도 지옥 불을 갖고 장난치는 것이야말로 어린아이 같은 유치한 짓이 아닐 수 없습니다. 이것은 정말이지 그림 속의 불은 겁을 내면서도 정작 모든 것을 태우는 용광로에 들어가는 겁내지 않는 것과 마찬가지입니다. 얀 후스(John Huss)의 원수들이 그의 머리에 바보의 모자를 씌웠다고 해서 그가 더 나쁘게 된 것이 무엇입니까? 그 원수들이 절대로 벗기지 못하는 소망의 투구를 그 모자 밑에 쓰고 있었으니 말입니다. 혹은 그 원수들이 그의 영혼을 마귀에게 의탁했다고 해서 그 복된 순교자가 지옥에 얼마나 더 가까이 나아갔겠습니까? 그 원수들 중에 교황에 의해서 성인(聖人)이 된 자들이 조금도 천국에 가까이 나아가지 못한 것처럼 그 역시 조금도 지옥에 가까이 나아가지 않은 것입니다. 멜란히톤(Melanchthon)은, 교황에게서 저주를 받은 루터를 비롯한 신실한 그리스도의 종들은 "이중으로 저주를 받는다"고 말했습니다. 하지만 다윗은 무어라고 말씀합니까? "그들은 내게 저주하여도 주는 내게 복을 주소서"(시 109:28). 하나님의 선의(善意)를 지닌 자는 세상의 악의를 두려워할 필요가 없는 것입니다. 개가 짖는다고 해서 달의 색깔이 바뀌는 법이 없습니다. 이와 마찬가지로 박해자들이 격노해도 성도는 안색이 바뀔 필요가 없는 것입니다.

셋째 지침. 박해자의 검으로부터 여러분의 목숨이 위협을 당하기 전에 먼저 성령의 검에게 맡겨 여러분의 정욕들을 확실히 도려내기 바랍니다. 자기의 정욕을 죽여야 하는데도 그것이 너무 아까워 성령의 검의 칼날에 가져가지 못하는 자는 사람의 손에 고난당하도록 부르심을 받을 때에 그리스도를 위하여 자신의 육체를 기꺼이 내어주지 못할 가능성이 다분합니다. 그리스도의 생명을 없애려고 기회를 노리는 원수를 가슴속에 그대로 품고서 그것을 정의의 손에서 보호하고 있으면서 어떻게 그리스도를 위하여 기꺼이 목숨을 드리려 할 수 있겠습니까? 박해자들은 고통을 주는 것은 물론 유혹하기도 합니다(히 11장). 그들은 감옥의 괴로움과 삼키는 불의 잔인함으로 위협하기도 하지만 동시에 궁궐의 존귀들을 약속하기도 합니다. 그러니 세상에 대한 애착이 죽지 않고 있으면, 과연 여러분이 어떤 선택을 할지 쉽게 가늠할 수 있습니다. 데마처럼 그리스도를 전쟁터에 내버려 두고 "이 세상"을 껴안을 것입니다(딤후 4:10). 혹은 천성적인 강인함을 지니고 있어서 고통을 잘 견뎌내며 심지어 여러분이 시인하는 그 참된 신앙을 버리기보다는 차라리 몸을 불에 타도록 내어줄 수 있기까지 하더라도, 여러분이 정욕을 품어온 것이 드러나면 마치 율법에서 부정한 짐승을 하나님께 드린 자와 마찬가지로 그리스도께 전혀 합당하지 않은 자가 되고 말 것입니다. 사람이 그리스도의 대의 가운데 죽어도 그의 순교자가 되지 못할 가능성이 얼마든지 있는 것입니다. 여러분이 지키기 위해 고난당하는 그 대의가 거룩해야 하지만, 동시에 고난당하는 여러분의 마음이 거룩해야 합니다. 여러분에게 고난을 가져다주는 그 대의가 의로워야 하는 동시에 여러분의 처신이 고난 가운데서 은혜로워야 하는 것입니다. 오직 그리스도께서 고난당하신 것처럼 그렇게 그리스도를 위하여 고난당하는 자만이 그리스도의 순교자인 것입니다. 그리스도께서는 부르심을 받을 때에 피 흘리기까지 지키도록 그의 진리를 우리에게 남겨 두셨지만, 동시에 고난 중에 우리가 본받고 따라야 할 모범을 친히 남겨 주셨기 때문입니다. "선을 행함으로 고난을 받고 참으면 이는 하나님 앞에 아름다우니라. 이를 위하여 너희가 부르심을 받았으니 그리스도도 너희를 위하여 고난을 받으사 너희에게 본을 끼쳐 그 자취를 따라오게 하려 하셨느니라. 그는 … 욕을 당하시되 맞대어 욕하지 아니하시고 고난을 받으시되 위협하지 아니하셨으니"(벧전 2:20, 21, 23).

삼키듯 타오르는 불꽃 속에 무자비하게 내어던지는 자들을 향하여 분노와 복수심이 하나도 없이 불 속에서 심령을 냉정하게 지킨다는 것은 정말이지 힘든 일일 것입니다! 그러나 위로부터 내리는 은혜로 말미암아 그렇게 할 수 있게 되고, 영광스러운 승리자가 됩니다. 그렇게 잔인하게 대하는 자들을 향하여 혈과 육은 자비를 구하기보다는 하늘로부터 불이 떨어지게 되기를 구할 것입니다. 원수를 용서할 수 있는 사람에게 그 원수는 적수가 되지 못합니다. 그 원수의 박해는 그의 육체밖에는 상하지 못하지만, 사랑이 주는 상처는 영혼과 양심을 꿰뚫기 때문입니다. 사울은 자기에게 그렇게도 맹렬하게 박해를 받은 다윗을 향하여 그가 더 낫다고 고백할 수밖에 없었습니다: "너는 나보다 의롭도다"(삼상 24:17). 또한 그리스도를 십자가에 못 박기 위해 그렇게 혈안이 되어 있던 자들이 막상 그 일을 끝내고 돌아와서는 자기들이 한 짓에 가책을 받아, 자기들이 그렇게 선한 사람에게 모든 것을 잘못했다고 하며 고개를 흔들었습니다(눅 23장). 자, 서로 반대되는 두 사람들이 경합을 벌일 때에 자신의 본성을 그대로 보존하고 상대방을 자기와 같이 바꾸어놓는 자가 이기는 것입니다. 마치 불이 물에게 자신의 열기를 주입시켜서 뜨겁게 하여 자기와 비슷하게 만들듯이 말입니다. 이처럼 거룩하고 자비로운 심령이 원수를 용서함으로써 이기는 것입니다. 그 원수의 마음을 변화시켜 그를 사랑하게 만들지는 못한다 할지라도 그 원수의 양심으로 그 자신을 대적하게 하여 어쩔 수 없이 그 스스로 자신을 정죄하게 만들고, 또한 그가 그릇되게 박해하던 그 사람의 의로움을 인정하게 만드는 것입니다.

넷째 지침. 박해와 같은 처지에 특별히 관계되는 약속들 위에 여러분의 믿음을 든든히 세우시기 바랍니다. 세상을 이기는 성도의 승리는 바로 그들의 믿음입니다. 다윗은 사울이 그를 자기 발 아래 두었고 또한 궁궐에서 살던 그를 광야의 동굴 속에 몸을 피하도록 만들었다고 생각할 때에 믿음으로 이 교만한 원수를 이기고 마치 숲속의 새처럼 동굴 속에서 기쁨으로 노래했습니다: "하나님이여 내 마음이 확정되었고 내 마음이 확정되었사오니 내가 노래하고 내가 찬송하리이다"(시 57:7). 사울은 몸은 비록 안락을 누렸지만, 그의 마음은 다윗의 마음처럼 확정되지 못했고, 그리하여 다윗처럼 노래할 수 없었던 것입니다. 다윗은 비록 원수들이 그의 목숨을 사냥하기 위해 들판을 뒤지고 있었어도 아무런 두려움이나 근심이 없이 살고 있었으나, 사울은 온갖 생각들과 두려움거리들이 그 머리와 마음을 어지럽히고 있었던 것입니다. 약속을 믿는 믿음이 있으면, 마치 과부에게 기름이 있는 것처럼, 환난과 괴로움으로 인하여 얻은 세상의 모든 근심과 두려움에게 진 빚에서 완전히 자유롭게 되는 것은 물론 말할 수 없는 영광스러운 기쁨으로 편안하게 살 수 있게 되는 것입니다. 그리스도를 위하여 고난당하는 중에 그리스도인의 영혼을 가장 괴롭히는 괴로움은 대개 두 종류입니다. 첫째. 그들 자신의 개인적인 신상에 관한 일들로 괴로움을 당하기 쉽습니다. 둘째. 그들이 증거하는 그리스도의 대의가 망쳐지지 않을까 하여 괴로움을 당하기 쉽습니다. 그런데 이 두 가지 부담에 대해 그리스도인의 마음을 편안하게 해주는 풍성한 것들이 약속들 속에 담겨 있습니다.

[신자들이 당하기 쉬운 두 가지 괴로움에 대한 약속의 배려들]

첫째. 때로는 신자들이 그들 자신의 개인적인 신상에 관한 일들로 괴로움을 당하기 쉽습니다. 이것을 위하여 약속들 속에 풍성한 배려가 주어져 있습니다. 그리스도를 위해 고난당하는 여러분에게 관계되는 약속들을 잘 살펴보고, 혹시 거기에 무슨 틈새가 있어서 일말의 의혹을 갖게 만들어 여러분의 평안을 깨뜨리고 기쁨을 가시게 만들지 않는지 보기 바랍니다. 그런 약속들이 너무 많고 또한 영혼이 만족을 얻고자 하여 제기하는 모든 구체적인 문의들에 정확히 들어맞으므로, 그것들을 부지런히 연구하고 알아야 할 필요가 있는 것입니다. 하나님은 그의 약속들을 종류대로 질서정연하게 서로 엮어놓기보다는 그것들을 여기저기에 흩어놓으셔서 우리로 하여금 그 약속들을 찾느라 성경 전체를 다 접하고, 처음부터 끝까지 면밀하게 구석구석을 다 살피도록 하신 것입니다. 지금 교회가 평안하다고 해서 그 약속들을 공부하는 것이 쓸데없는 일이라고 생각해서는 안 될 것입니다. 약초꾼들은 겨울이 되어서나 사용하게 될 약초들을 여름에 미리 수집합니다. 얼마나 속히 박해가 일어날지 여러분은 모릅니다. 어느 시대에나 교회는 여름과 겨울의 무쌍한 굴곡을 겪어왔고, 앞으로도 그럴 것입니다. 그렇습니다. 때로는 미처 예상하기도 전에 겨울이 닥치기도 합니다. 그런데 그때에 가장 혼란에 빠질 가능성이 있는 사람은 누구겠습니까? 분명, 교회의 번영 속에서 말씀을 기쁨으로 받고도 혹독한 계절을 위해 그것을 쌓아 놓지 않은 자일 것입니다. 그렇다면, 여러분의 두려움은 무엇입니까? 여러분의 실망은 어디서 옵니까? 감옥의 그 비참한 것이 두렵습니까? 아니면 불의 공포나 고문 틀의 고통이 겁이 납니까? 여러분, 여러분의 힘이 그것들을 견디고 승리할 수 없을 만큼 연약하면, 여러분이 그런 혹독한 봉사와 힘겨운 일에 부르심을 받는 일이 절대로 없을 것입니다. 이것을 알고 위로를 받으시기 바랍니다. 하나님의 말씀이 이를 확실히 약속해 줍니다 하나님은 "너희가 감당하지 못할 시험 당함을 허락하지 아니하시고"(고전 10:13).

농부에게 곡식을 갈 때에 땅의 상태에 맞추어 어떤 연장을 쓸지를 아는 분별력을 주시는 하나님이시니, 감당할 능력도 없는 여러분에게 박해자의 혹독한 박해가 임하게 하시지는 않으실 것입니다. 하나님께서 그의 백성이 처음 애굽을 나올 당시에 그들로 블레셋 사람의 땅을 통과하여 더 가까운 지름길로 가게 하시지 않고 어째서 더 멀리 둘러가게 하셨는지에 대해 성경은 이렇게 말씀합니다: "하나님이 말씀하시기를 이 백성이 전쟁을 하게 되면 마음을 돌이켜 애굽으로 돌아갈까 하셨음이라"(출 13:17). 여기서 보십시오. 하나님은 그들의 연약함을 돌아보고 계시는 것입니다. 그들은 아직 전쟁을 감당할 수가 없었습니다. 그러므로 더 연단을 받아 감당할 수 있을 때까지 그들로 전쟁의 시련을 겪게 하지 않으신 것입니다. 그러나 이 무자비하고 맹렬한 시험들을 감당하도록 싸움터로 보냄을 받으면, 약속이 전쟁의 모든 염려와 걱정거리를 다 담당하게 됩니다: "너희를 넘겨 줄 때에 어떻게 또는 무엇을 말할까 염려하지 말라" — 즉, 믿지 못하여 근심하지 말라 — "그 때에 너희에게 할 말을 주실" 것인데(마 10:19), 그 때에 "말하는 이는 너희가 아니라 너희 속에서 말씀하시는 이 곧 너희 아버지의 성령이시니라"(20절). 하나님께서 말을 잘 하게 만드실 수 없을 만큼 무딘 입도 없고, 그가 강하게 만드시지 못할 만큼 허약한 등도 없습니다. 원수들이 여러분을 어디로 끌고 가더라도 그는 여러분과 함께 계시겠노라고 약속하셨습니다. 불과 물도 하나님의 그 감미로운 동행을 막지 못할 것입니다. 이 약속들이 성도들에게 얼마나 부드러운 베개가 되던지, 그들 중 수많은 이들이 무자비한 원수들에게 극도로 잔인하게 괴로움을 당할 때만큼 편안하게 누워 본 적이 없다고들 고백하였습니다. 어떤 이는 편지에 "즐거운 과수원, 곧 그의 감옥으로부터"라고 쓰며, 또 어떤 여자는, "천국으로 향하는 자답게 즐거운 그대의 사랑하는 친구"라고 쓰기도 했습니다. 그들은 고난 가운데서 자기 자신을 측은히 여기기는커녕 그 고난에 대해 그렇게 감사할 수가 없었습니다. 그들의 이런 힘이 어디서 나왔겠습니까? 어디서 그런 기쁨을 퍼 올렸겠습니까? 그 약속들을 그들에게 심어 주시는 그 동일한 성령께로부터 나온 것이 아니겠습니까?

둘째. 신자들은 때로 그들이 증거하는 그리스도의 대의가 망쳐지지 않을까 하여 괴로움을 당하기 쉽습니다. 하나님이 그의 대의와 그의 교회에 대해 아주 자비롭게 선의를 갖고 계시지만, 이런 괴로움 때문에 두려움이 생길 수도 있습니다만, 신자 여러분, 절대로 일어나지 않을 일로 괴로워할 필요가 전혀 없습니다. 방주가 흔들릴 수는 있지만 무너지지는 않습니다. 교회라는 배가 이리저리 흔들릴 수는 있어도 난파되는 일은 없습니다. 그리스도께서 그 안에 계시니, 배가 파선되기 전에 일어나 막으실 것입니다. 제자들은 높은 파도가 일 때에 배에서 주무시고 계시던 주님을 깨우느라 야단이었지만, 아무리 광풍이 교회에 몰아쳐도 우리는 마치 모두 완전히 잃어버린 것처럼 불신앙적인 아우성과 부르짖음으로 그를 깨우느라 야단을 칠 이유가 없습니다. 그럴 때에는 그리스도의 대의와 그의 교회가 가라앉을 위험보다는 오히려 우리의 믿음이 가라앉을 위험이 더 큰 것입니다. 그리스도의 대의와 그의 교회는 약속으로 말미암아 사람들과 마귀들의 손아귀에서 벗어나 있기 때문입니다. 복음은 "영원한 복음"입니다(계 14:6). "천지가 없어지기 전에는 율법의 일점 일획도 결코 없어지지 아니하고 다" 이룰 것입니다(마 5:18). "오직 주의 말씀은 세세토록 있고"(벧전 1:25) 또한 살아서 그 원수들의 무덤 위를 거닐게 될 것입니다. 그렇습니다. 그 큰 주님의 날에 온 세상이 영원토록 그 폐허 속에 파묻히게 될 것이요, 그 때에 주의 말씀이 온 세상의 장례식을 보게 될 것입니다. 교회는 반석 위에 세워져 있으므로 난공불락입니다. "음부의 권세가" 교회를 "이기지 못하리라"고 말씀합니다(마 16:18). 교회가 자주 바다에 떠 있었으나, 물속으로 가라앉은 적은 한 번도 없습니다. 불길에서 벗어나 있은 적이 거의 없으나, 절대로 다 타서 없어지지는 않았습니다. 때로는 이성의 입 속에 삼킨 바 되기도 했으나, 마치 고래 뱃속의 요나처럼 다시 바깥으로 토해낸 바 되었습니다. 박해자의 위(胃)가 아무리 강해도 도저히 소화시킬 수가 없었기 때문입니다. 이러한 믿음이 그 복된 순교자들을 무덤에까지 가게 했고, 이런 믿음 때문에 기쁨으로 피를 흘리며 그리로 헤엄쳐갔던 것입니다. 그 마지막 날에는 교회가 승리를 얻을 것을 알고 있었고, 그리하여 자기들은 천국에서 승리를 얻기 위해 싸움터에서 데려감을 당하지만 다른 사람들을 땅에 남겨두어 그들로 하여금 이 땅에서 승리를 얻게 한 것입니다.

어떤 이들은 예언의 영으로, 지금 박해를 받아 치욕과 멸시 가운데 땅에 묻혀 있는 진리들이 후에 그 교만한 원수들을 이기고 복되게 부활하여 승리를 얻게 될 그 시기까지 예언하기도 했습니다. 얀 후스는 원수들에게 말하기를, 그들이 "거위를" — 그 자신의 이름을 빗댄 것입니다 — "불에 태워 죽이지만" 백년 후에 그를 대신하여 "백조"가 나와서 아름답게 노래하며 공중을 가득 채울 것이라고 했는데, 이 예언이 루터에게서 이루어져서, 그의 가르침이 방방곡곡에 나아가 가는 곳마다 무리들의 마음을 사로잡게 되었던 것입니다. 그리고 또 다른 독일의 사역자인 힐테니우스(Hiltenius)는 악취가 가득한 감옥에 비참하게 갇혀 있으면서 — 그는 거기서 수도사들의 쓰라린 환부를 너무 심하게 문지르다가 그로 인하여 죽었습니다만 — 1516년에(그는 시기를 정확하게 거명했습니다) 또 다른 사람이 그의 뒤를 이어 일어나 수도사들의 왕국을 망하게 할 것이며, 그들이 그의 권세를 저항하지도 못하고 그를 사슬로 얽어매지도 못할 것이라고 했는데, 그 일이 루터에게서 그대로 이루어졌습니다. 그는 기적적으로 그 잔인무도한 원수들의 손에서 벗어났던 것입니다.

둘째 대지

[이단들을 상대로 말씀의 검을 사용하는 법에 관한 지침]

그리스도인에게 나아오는 두 번째 원수는 이단 혹은 미혹하는 자인데, 이들은 앞의 원수보다 훨씬 더 무서운 존재들입니다. 우리 목숨과 결별하는 것보다 하나님의 진리와 결별하는 것이, 우리의 신체에 고통을 당하는 것보다 우리 정신이 부패해지는 것이 훨씬 더 나쁘며, 한 마디로 사람에게 우리 몸이 죽임을 당하는 것보다 우리의 영혼이 하나님께 정죄 받는 것이 훨씬 더 무서운 일이기 때문입니다. 만일 순교자들이 이단보다 죽음을 더 두려워했다면, 그들은 박해자들의 불꽃 속에 뛰어들기보다는 그들의 가르침에 동의하는 쪽을 택하였을 것입니다. 그러므로, 이 성령의 검을 들고서 — 이것이 여러분을 방어할 수 있는 유일한 무기이니 — 이 위험한 원수를 상대로 승리를 거두기를 바라면, 최선의 수단을 사용하여 그의 말씀 속에서 성령께서 뜻하시는 참된 의미를 찾는 일에 면밀하고도 부지런한 노력을 기울이기를 바랍니다. 다른 사람의 손에 있는 검으로는 여러분을 방어할 수가 없습니다. 여러분의 손에 그 검을 지니고 있어야지 그렇지 않으면 그 검의 혜택을 전혀 얻을 수가 없습니다. 문구나 겉으로 드러나는 표현은 껍데기에 지나지 않고, 그 의미와 뜻이 바로 여러분이 지혜로운 상인처럼 얻고자 하는 진주인 것입니다. 성경 한 장에 넘어지고 그 속에 담긴 하나님의 뜻을 깨닫지 못하는 것이나, 알지 못하는 말로 떠벌리는 기도로 넘어지는 것이나 똑같습니다. "귀 있는 자는 성령이 교회들에게 하시는 말씀을 들을지어다"(계 2:7). 우리는 말씀을 듣거나 읽으면서 성령이 그 속에서 하시는 말씀을 들어야 합니다. 그리고 성령이 하시는 말씀을 들을 귀가 있는 자는 미혹하는 자의 말을 들을 귀는 없는 법입니다.

이제 말씀의 의미와 뜻을 찾는 것을 돕고자 다음과 같은 지침들을 드립니다. 이 지침들이 여러분을 든든히 세우기를 바라마지 않습니다. 첫째. 거룩하지 않은 마음으로 성경에게 다가가지 않도록 조심하십시오. 둘째. 여러분 자신의 이성을 표준으로 삼아 그것으로 성경의 진리들을 가늠하려 하는 일이 없기 바랍니다. 셋째. 어느 분파나 어느 견해를 미리 갖고서 그것에 근거하여 판단하지 않도록 조심하십시오. 넷째. 말씀의 신비들을 여는 열쇠를 얻기 위해 기도로 하나님께 나아가십시오. 다섯째. 성경과 성경을 서로 비교하십시오. 여섯째. 하나님께서 교회 내에 여러분 위에 세우신 신실한 안내자들의 자문을 받으십시오.

첫째 지침. 거룩하지 않은 마음으로 성경에게 다가가지 않도록 조심하십시오. 여러분이 하나님의 말씀에서 그의 뜻을 알았다면, 그것은 반드시 성령께서 여러분에게 베풀어 주신 것입니다. 그런데 그렇게 거룩하신 그가 여러분의 더러운 손을 붙잡으시고 여러분을 진리 가운데로 인도하신다고 생각합니까? 아닙니다. 절대로 그렇지 않습니다: "악한 자는 아무것도 깨닫지 못하 … 리라"(단 12:10). 롯의 딸들을 집 안으로 데리고 간 천사는 소돔 사람들을 쳐서 눈이 멀게 하여, 문을 더듬어 찾아도 찾지 못하게 만들었습니다. 부정한 마음으로 말씀에게 다가가는 자도 그런 대접을 받게 될 것입니다. "개들 … 은 다 성 밖에 있으리라"고 말씀합니다(계 22:15). 그들은 마지막에 천국 바깥에 있게 될 것은 물론, 땅에서도 하나님을 아는 참된 지식의 바깥에 있을 것입니다. 악인은 하나님의 말씀을 가지고 있어도, 거룩한 영혼은 "그리스도의 마음"을 가지고 있는 것입니다(고전 2:16). 그러므로 사도는 또한 우리에게, "이 세대를 본받지 말고 오직 마음을 새롭게 함으로 변화를 받아 하나님의 선하시고 기뻐하시고 온전하신 뜻이 무엇인지 분별하도록 하라"라고 권면합니다(롬 12:2). 진리를 우리의 손님으로 모시고 하나님의 마음과 뜻을 알기를 바란다면 그 손님이 거처할 우리의 마음을 거룩하게 준비해야 한다는 뜻이 아니고 무엇이겠습니까? 정욕에 사로잡혀 있던 자들이 흔히 미혹하는 자들에게 포로로 잡히는 법입니다. 미혹하는 자들 중에는 "어리석은 여자를 유인하는 자들이 있으니 그 여자는 죄를 중히 지고 여러 가지 욕심에 끌린 바" 된다고 합니다(딤후 3:6, 7). 다윗은 말씀을 깨닫기를 간절히 구할 때에, 자기가 거룩한 삶의 목적을 갖고 있다는 사실을 근거로 삼아 하나님께 간청합니다: "여호와여 주의 율례들의 도를 내게 가르치소서; 내가 끝까지 지키리이다. 나로 하여금 깨닫게 하여 주소서; 내가 주의 법을 준행하며 전심으로 지키리이다"(시 119:33, 34).

둘째 지침. 여러분 자신의 이성을 표준으로 삼아 그것으로 성경의 진리들을 가늠하려 하는 일이 없기 바랍니다. 자연의 수많은 비밀들도 가늠하지 못하는 어리석은 것으로 말씀의 계시를 시험한다는 것이 과연 합당한 일입니까? 말씀이 우리의 지각을 넘어서는 것들을 — 눈으로도 보지 못했고 귀로도 듣지 못했으므로 — 계시하는 것은 물론, 이성의 범위를 뛰어넘는 것들도 계시하고 있지 않습니까? "사람의 마음으로 생각하지도 못"했던 것들(고전 2:9)을 계시하니 말입니다. 과연 복음 진리의 체계 전체가 이성으로는 도저히 이해할 수 없는 전혀 낯선 언어로 말씀합니다. 믿음이 해석자가 되어주지 않으면 도무지 그것들의 의미를 납득할 수가 없는 것입니다. 성경은 마치 홍해와도 같습니다. 이스라엘 사람들은 믿음으로 그 곳을 안전하게 건넜으나, 애굽 사람들도 건너려 하다가 그 안내자가 없어서 다 빠져 죽고 만 것입니다. 겸손한 신자는 위험한 오류에 빠지지 않고 말씀의 깊은 신비들을 통과하여 안전하게 건넙니다. 그러나 믿음을 제쳐두고 이성을 안내자로 삼는 교만의 아들들은 아리우스주의(Arianism), 펠라기우스주의(Pelagianism), 소치니주의(Socinianism) 등 온갖 정죄 받을 오류에 빠져 죽는 것을 도처에서 보게 됩니다. 성경에 대해 제기된 가장 위험한 오류들이 이 이성이라는 자궁에서 비롯되었습니다. 이것이야말로 사두개인들로 하여금 죽은 자의 부활을 부인하는 데에까지 나아가게 만든 근거였습니다. 그들은 모세의 책을 하나님의 말씀으로 인정하였으나, 그러면서도 그 속에 분명히 나타나는 부활은 부인하였습니다. 우리의 몸이 티끌과 먼지로 화한 후에 다시 생명을 얻어 서게 된다는 것은 그들의 이성으로는 도무지 불가능한 일로 보였기 때문입니다. 그들의 이성이 이것에 대해 코웃음 치는 것입니다. 그러나 우리 주님은 분명하게 이에 대해 말씀하십니다: "너희가 성경도, 하나님의 능력도 알지 못하는고로 오해하였도다"(마 22:29).

셋째 지침. **말씀을 대할 때에 어느 분파나 어느 견해를 미리 갖고서 그것에 근거하여 판단하지 않도록 조심하십시오.** 사전에 뇌물을 먹고 판단이 흐려진 사람은 저울로 재는 것도 좋아하지 않습니다. 이상이 있는 눈은 그것이 감염된 그 색깔로 사물을 보게 됩니다. 미리 선입견을 가진 마음은 말씀에게 그 자신이 원하는 의미를 강제로 부여하게 되고, 그리하여 자기 자신의 견해의 거들먹거리는 교만으로 인하여 진리를 잃어버리고 마는 법입니다. 그런데 안타깝게도 말씀으로부터 가르침을 받기 위해서가 아니라 오히려 자기들이 이미 갖고 있는 것을 확증하려고 성경을 읽는 자들이 얼마나 많은지 모릅니다! 삼손이 자기가 좋아하는 대로 아내를 택한 것처럼 그렇게 자기들에게 좋은 견해를 택하고서는 나아가서 성경의 동의를 얻으려 하는 것입니다. 유대인들도 먼저 자기들의 우상들에게 물어본 다음 자기들이 어떻게 해야 하는지에 대해 하나님의 뜻을 구했습니다(겔 14:4). 그들이 진리가 그들 앞에 환히 놓여 있는데도 그것을 보지 못하고 분별없는 마음에 내어맡겨져서 자기들의 허망한 생각들에 좋아 보이는 말을 믿으며 자기들의 생각대로 장단을 맞추는 것이 과연 하나님의 정의로운 심판인 것입니다. "나 주 여호와가 말하노라

… 그 우상의 수효대로 보응하리니 … 내가 그들이 마음먹은 대로 그들을 잡으려 함이라"(겔 14:4, 5). 오류가 가득한 자기의 마음이 짜낸 허망한 생각들과 어리석은 것들에 미혹되는 때가 아니라면, 대체 사람이 자기 자신의 마음에 사로잡혀 있는 때가 언제이겠습니까?

넷째 지침. 말씀의 신비들을 여는 열쇠를 얻기 위해 기도로 하나님께 나아가십시오. 성경 지식의 보화를 얻는 것은 끈기 있는 영혼이 아니라 기도하는 영혼입니다. 사도 요한이 슬피 욺으로써 인봉된 책이 펼쳐졌습니다(계 5:5). 오랫동안 많은 수고와 연구를 기울여 얻고자 했으나 얻지 못하던 진리를 하나님께서 기도에 대한 응답으로 그리스도인의 손에 쥐어주시는 경우가 많습니다. 깊고 은밀한 일들을 나타내시는 하나님이 하늘에 계시는 것입니다(단 2:22). 그런데 은혜의 보좌에서가 아니면 어디서 그가 그의 말씀의 은밀한 것들을 나타내시겠습니까? "네가 깨달으려 하여 네 하나님 앞에 스스로 겸비하게 하기로 결심하던 첫날부터 네 말이 응답받았으므로 내가 네 말로 말미암아" — 즉, 그의 기도로 말미암아 — "왔느니라"(단 10:12). 14절에서 보듯이 다니엘에게 성경을 더욱 충만히 해명해 주는 것이 아니면 이 천상의 사자의 임무가 무엇이었습니까(21절과 비교하십시오)? 이 거룩한 사람은 말씀을 연구하여 어느 정도 지식을 얻었었고, 그로 인하여 그가 기도하게 되고, 그 기도가 하늘로부터 천사를 보내오게 하여 그에게 더 많은 빛을 주게 한 것입니다. 우리가 하나님의 마음을 안다면, 이에 대해 하나님의 성령의 덕분으로 알아야 할 것입니다. " 진리의 성령이 오시면 그가 너희를 모든 진리 가운데로 인도하시리니"(요 16:13). 그리고 성경은 그리스도의 간구의 열매인 것입니다: "내가 아버지께 구하겠으니 그가 또 다른 보혜사를 너희에게 주사 영원토록 너희와 함께 있게 하시리라"(요 14:16). 그러므로 우리의 기도와 그리스도의 간구가 서로 일치해야 합니다. 우리의 대제사장께서 휘장 속에서 향을 드리실 때에 우리는 바깥에서 그가 속에서 간구하시는 것과 동일한 것을 위해 기도하여야 하는 것입니다. 이제 성령께서 여러분을 진리 가운데로 인도하시기를 위하여 더욱 열정적으로 끈질기게 기도하도록 여러분을 격려하고자 합니다.

[성령의 인도하심을 위하여 더욱 열심히 기도하도록 일깨우는 수단들]

1. 오류와 거짓 가르침들의 위험을 제시하는 성경 말씀들에 대한 두려움이 여러분에게 임하게 하여, 그것들로부터 보호하심을 받기를 기도할 때에 마치 그런 위

험에 빠질 가능성이 별로 없기라도 한 것처럼 그 일을 가볍게 생각하지 않도록 하십시오. 사람들의 생각 속에서 오류들의 값어치를 아주 하찮게 여기게 만들어 그것들이 더욱 잘 팔리도록 만드는 것이 바로 마귀가 갖고 있는 주요 책략 가운데 하나인 것입니다. 심판 때에 오류는 행위로 지은 죄만큼 그렇게 큰 값을 치르지 않을 것이라고 생각하는 사람들이 많습니다. 그렇습니다. 어떤 이들은 어떤 종교를 믿든 구원을 얻을 수 있을 것이라는 식의 헛된 생각을 품을 정도입니다. 이런 원리라면 사람들이 별로 주의를 기울이지 않고 아무렇게나 신앙을 선택하게 될 것입니다. 사람들이 어떤 죄에 대해 거의 혹은 전혀 값을 지불하지 않을 것이라고 생각하게 되면 그 죄를 범하는 사람들이 허다할 것입니다. 아무 값도 지불하지 않고 술에 취하여 만족하는 사람도, 만일 자신이 그 값을 톡톡히 치르게 될 것이라는 것을 확신한다면 결코 그렇게 하지 않을 것입니다. 로마교회의 성직자들 가운데 간음이 그렇게 횡행하는 까닭이 무엇이겠습니까? 그들이 그것을 아주 사소한 죄로 여기기 때문이 아니겠습니까? 오류와 이단에 대해서도 — 이는 마음의 간음입니다 — 그와 같이 사소한 것으로 여기는 일이 없기를 바라는 마음 간절합니다. 그러나 하나님의 말씀이 규정하는 것보다 더 싼 값을 그 죄에 정해 놓고서 사람들을 미혹하는 저 마귀에게 속한 장사꾼들에게는 화가 있을 것입니다. 죄에 대한 끔찍한 마음이 양심에서 떠나면, 대담하게 그 위에서 뛰어다니는 것을 보는 것도 무리가 아닙니다. 마치 우화에 나오는 개구리들이 강바닥에 고요하게 누워 있는 통나무 위를 뛰어다니듯이 말입니다. 두려움은 육체가 병균에 더 쉽게 감염되게 만들지만, 죄의 감염으로부터는 영혼을 보존시켜 주는 것입니다.

그런데 부패하고 불건전한 가르침의 독을 마시는 것에 대해 더욱 경각심을 갖게 하려면, 그 역겹고도 정죄 받을 몹쓸 본질을 보여주는 몇 가지 본문들을 마음으로 생각하기 바랍니다. 갈라디아서 5:19에서는 이단을 가리켜 "육체의 일"이라 부르며, 천국에 이르지 못하게 만드는 죄 가운데 하나로 규정하고 있습니다: "이런 일을 하는 자들은 하나님의 나라를 유업으로 받지 못할 것이요"(21절). 그것들을 가리켜 "귀신의 가르침"이라고도 부릅니다(딤전 4:1). 그것들이 마귀에게서 온 것이라면, 그것들이 지옥 말고 어디로 이끌겠습니까? 복음의 근본 원리들에 어긋나는 것들은 하나님의 사랑과 은혜와도 모순이 됩니다. "지나쳐 그리스도의 교훈 안에 거하지 아니하는 자는 다 하나님을 모시지 못하는" 법입니다(요이 9). 하나님을 모시지 못하는 사람은 과연 누구를 모신다고 생각합니까? 이런 유의 죄에 대해 말씀하는 성경 본문이 베드로후서 2:1 외에 아무것도 없다 해도, 그 본문 하나만으로도 이단의 오금을 저리게 하고, 마치 벨사살이 벽에 쓴 글씨를 보고 그랬던 것처럼 미혹하는 자의 무릎을 떨게 만들기에 충분할 것입니다. "그러나 백성 가운데 또한 거짓 선지자들이 일어났었나니 이와 같이 너희 중에도 거짓 선생들이 있으리라 그들은 멸망하게 할 이단을 가만히 끌어들여 자기들을 사신 주를 부인하고 급속한 멸망을 스스로 취하는 자들이라"(한글개역개정판은 "급속한 멸망"을 "임박한 멸망"으로 번역함 — 역주). 그러므로 만일 사람이 다른 죄인들의 기선을 제압하고 그들보다 먼저 지옥에 있기를 바라는 마음이 있다면, 돛을 활짝 펴고 이단적인 가르침의 바람을 받기만 하면 됩니다. 그렇게 하면 그것으로 인하여 속히 지옥에 이르게 될 것입니다. 그것이 "급속한 멸망"을 취하게 만들기 때문입니다. 하나님의 성령께서는 그들의 절박한 상태를 더욱 위중하게 하시고자 지금까지 죄인들에게 행해진 하나님의 보응의 사례 가운데 가장 끔찍한 사례 세 가지를 제시하고 계시니, 곧 타락한 천사들을 천국으로부터 지옥으로 내쫓으신 일과, 옛 세상을 홍수로 쓸어 버리신 일과, 또한 하늘로부터 이를테면 지옥이 비처럼 소돔과 고모라에 내려서 불태운 일이 그것입니다. 분명히 말씀드리지만, 성령께서는 이런 유의 죄인들에게 반드시 임하게 될 그 보응에 대한 보증과 맹세로서 이 사례들을 제시하시는 것입니다. 자, 이 정도면 이 위험한 원수를 대항하여 드리는 여러분의 기도가 뜨거워지리라 희망해 봅니다. 하지만,

2. 이렇게 부패한 견해에 이끌려가는 것이 마음에 끔찍하게 여겨지면, 순전한 성도는 누구도 영혼을 정죄 받게 하는 오류에 영원히 빠지도록 내버려 둠을 당하지 않는다는 것을 확신하게 해주는 그 위로의 성경 본문들에 근거하여 믿음을 강건하게 하십시오. 그리스도께서는 그의 제사장적인 직임뿐 아니라 그의 선지자적인 직임과 왕적인 직임에서도 동일하게 능력이 있으시며 또한 신실하십니다. 그는 그 백성의 깨달음을 면밀히 돌보실 것입니다. 그것이 전인(全人)을 인도하는 안내자요 또한 회심의 역사가 일어날 때에 처음 발휘되는 기능이니 말입니다. 그러므로 그리스도께서 여러분을 정죄 받을 행위들로부터는 물론 정죄 받을 원리들로부터 보호하실 것임을 믿을 만한 강력한 근거가 여러분에게 있는 것입니다. 한 원수에게서는 보호를 받으나 다른 원수의 의지와 능력에는 그냥 노출되어 있다면 아무런 유익이 없을 것입니다. 그런데 그리스도께서는 그 백성 주위를 빙 둘러서 울타리를 치고 보호하시는 것입니다. 솔로몬은 우리에게 이렇게 말씀합니다: "음녀의 입

은 깊은 함정이라. 여호와의 노를 당한 자는 거기 빠지리라"(잠 22:14). 다른 이상한 가르침들을 — 음탕한 이론들을 — 갖고 다가오는 미혹자의 입도 이와 같습니다. 그런데 이 함정은 누구를 위해 파놓은 것입니까? 사탄의 계획을 바라보면, 그것은 주로 성도를 잡기 위해 파놓은 함정입니다. 그는 할 수만 있다면 "택하신 자를 미혹하려" 합니다(마 24:24). 사탄의 가장 큰 열망은 하나님의 성전인 성도들 속에 자신의 깃발들을 꽂아서 하나님께서 깨끗이 씻어 놓으신 자들을 더럽히는 것입니다. 그러나 하나님의 의도를 헤아리면, 그 함정은 하나님께서 외식자들과 거짓 복음꾼들(false gospellers)을 — 이들은 한 번도 마음깊이 그리스도와 그의 진리를 붙든 적이 없는 자들입니다 — 위한 것이 되도록 허용하시는 함정입니다. 이들이야말로 하나님이 혐오하시는 자들이요, 따라서 하나님께서는 부패한 가르침들로 영혼을 사로잡기 위해 다니는 자들에게 먹이가 되도록 내버려 두시는 것입니다. "이는 그들이 진리의 사랑을 받지 아니하여 구원함을 받지 못함이라. 이러므로 하나님이 미혹의 역사를 그들에게 보내사 거짓 것을 믿게 하심은 진리를 믿지 않고 불의를 좋아하는 모든 자들로 하여금 심판을 받게 하려 하심이라"(살후 2:10-12). 이들은 경내에 있어서 안전할 때에 화살에 맞으며, 마치 성내에 있는 자들은 원수의 격렬한 화를 피하여 도망할 때에 원수에게 화를 당하는 그 성의 바깥 주변과도 같습니다. 성전의 바깥마당은 짓밟히도록 그냥 두라고 말씀합니다(계 11:2). 앞에서 인용한 데살로니가후서의 본문에서도 하나님은 외식자들이 거짓 교사들에게 미혹당하도록 버려두십니다. 마치 아합이 그의 거짓 선지자들에게 미혹당하도록 버려둠을 당한 것처럼 말입니다. 하지만 13절에서는, 택한 자들에게 아주 위로가 되는 말씀을 주시며, 그들을 구원받도록 정하신 그 동일한 작정이 또한 구원에 이르는 필수적인 수단으로 진리를 받아들이도록 정하였음을 보여줍니다: "주께서 사랑하시는 형제들아 우리가 항상 너희에 관하여 마땅히 하나님께 감사할 것은 하나님이 처음부터 너희를 택하사 성령의 거룩하게 하심과 진리를 믿음으로 구원을 받게 하심이니." 하나님께서 그의 진리로 머리를 소유하시고, 또한 그의 거룩하게 하시는 은혜로 마음을 소유하셨으니, 그들을 사탄의 손아귀에서 안전하게 지키실 것입니다.

그러므로 가서 여러분을 보존시키신다는 그 약속에 의지하여 간구하십시오. 이처럼 전면적인 오염의 시기에는 은혜의 보좌 앞에 나아가 믿음으로 그 약속에 호소하는 것이 최선의 방비책이 될 것입니다. 그 약속이 여러분더러 "가서 번성하라"고 명할 때에 절대로 속히 나아가기를 두려워하지 마십시오. 여러분이 구하기도 전에 이미 자비가 허락되었습니다. 다만 하나님께서는 여러분이 그 자비를 누리기 전에 먼저 기도로 그 자비를 요청하게 하시려는 것입니다. 여러분에게 도움을 드리고자 이런 성격의 따뜻한 약속들 몇 가지를 제시해 드립니다. 이것을 잘 깨닫고 간직하면 여러분의 믿음을 위한 근거와 기도를 위한 논지를 얻게 될 것입니다. 마태복음 24:24; 요한복음 7:12; 10:5, 29; 고린도전서 11:19; 빌립보서 3:15; 요한일서 2:19, 20.

다섯째 지침. 성경과 성경을 서로 비교하십시오. 거짓 가르침들은 거짓 증언들처럼 서로 일치하지 않습니다. 그것들은 숫자가 많으므로 "군대"라 부를 수 있을 것입니다. 하지만 진리는 하나요 모두가 본질이 동일합니다. 한 성경이 다른 성경과 곧바로 조화를 이룹니다. 그러므로 성경을 기록한 인간 저자들이 여러 시대에 걸쳐서 많으나, 모든 성경이 오직 한 가지 입밖에 없다고 말하는 것입니다. "주께서 예로부터 거룩한 선지자의 입으로 말씀하신 바와 같이"(눅 1:70). 모든 선지자들이 동일한 하나의 입을 가졌습니다. 그들이 서로 너무도 완벽하게 일치하기 때문입니다. 그러므로 한 본문에 나타난 하나님의 뜻을 아는 가장 좋은 길은 그것을 다른 본문에다 펼쳐보는 것입니다. 보석 세공인은 한 다이아몬드를 사용하여 또 다른 다이아몬드를 자릅니다. 이와 마찬가지로 우리도 성경의 한 곳을 사용하여 다른 곳을 해석하여야 합니다. 성경을 서로 비교하는 것은 마치 유리를 서로 마주 세워 놓는 것과 같아서 서로에게 빛을 비추어 주는 것입니다. "[레위인들이] 하나님의 율법책을 낭독하고 그 뜻을 해석하여 백성에게 그 낭독하는 것을 다 깨닫게 하니"(느 8:8). 트레멜리우스(Tremelius)는 이 말씀을 다음과 같은 뜻으로 읽습니다: "그들이 백성에게 자기들이 읽은 말씀의 뜻을 성경 그 자체를 통하여 제시하였다."

그런데 성경을 성경과 비교함에 있어서, 희미한 본문을 좀 더 명확하고 분명한 본문을 통해서 해석하되, 분명한 본문을 희미한 본문을 통해서 해석하지 않도록 주의하여야 합니다. 오류는 가장 어두컴컴하고 희미한 곳에 끼어들어 그곳을 성소로 삼는 것입니다. "알기 어려운 것이 더러 있으니 무식한 자들과 굳세지 못한 자들이 억지로 푼다"고 말씀합니다(벧후 3:16). 그들이 좀 더 명확한 성경 본문들이 그들로 안전하게 나아가도록 비추어 주는 빛을 향하여 등을 돌리니, 그 어둡고 어려운 본문들에서 실족하는 것도 무리가 아닙니다. "하나님께로부터 난자는 자기 자신을 지키니 악한 자가 그를 만지지도 못하느니라"(요일 5:18. 한글개역개정판은 이를 "하나님께로부터 나신 자가 그를 지키시매 악한 자가 그를 만지지도 못하느니라"로 번역함 — 역주). 이것은 어두운 본문인데, 어떤 이들은 이 본문을 갖고 달려가며 이를 근거로 이 세상에서 죄에서 완전히 벗어난 완전한 상태가 있다고 결론을 짓습니다. 그러나 수많은 명확한 본문들이 그런 결론을 대항하여 증언해줍니다(왕상 8:38; 잠 20:9; 전 7:20; 욥 9:20; 빌 3:12; 요일 1:8-10 등). 그러므로 "하나님께로서 난 자마다 범죄하지 아니하는 줄을 우리가 아노라"라는 말씀은 단서가 붙는 제한된 의미일 수밖에 없는 것입니다. 그는 육신적인 불신자와 같지 않고, 최종적으로나 상대적으로 범죄치 않는다는 것입니다. "악한 자가 그를 만지지도 못하느니라"는, 카예탄의 말처럼, 그의 본성과 기질을 그의 속에 주입시키는 것이 아닙니다. 오히려 불이 철이나 나무에 닿을 때 그것들을 자기의 본질과 유사하게 동화시키듯이 하는 것입니다. 분명한 본문들을 사용하는 이 법칙이 불분명한 본문을 이해하는 열쇠가 되어야 하고, 다른 경우들에도 그대로 적용될 것입니다. 여기서 하나님을 찬양합시다. 그는 우리의 교만을 제어하시기 위하여 몇 가지 힘든 본문들을 삽입해 놓으셨지만, 그럼에도 불구하고 필수적인 구원 얻는 진리들은 이해력이 지극히 부족한 자들도 얼마든지 쉽게 접할 수 있도록 하신 것입니다. 아우구스티누스가 말한 것처럼 "성경의 명확한 본문들 속에 연약한 자들을 굶어죽지 않도록 지켜 주기에 충분한 것이 들어 있으며, 희미한 본문들 속에 강한 자들에게 멸시를 받지 않도록 하기에 충분한 것이 들어 있는 것입니다"(기독교 교육론).

여섯째 지침. 하나님께서 교회 내에 여러분 위에 세우신 신실한 안내자들의 자문을 받으십시오. 사람들이 목사의 소매에다 자기의 믿음을 걸어놓아서는 안 되겠지만, 그럼에도 "사람들은 그의 입에서 율법을 구하게 되어야 할 것이니 제사장은 만군의 여호와의 사자가 됨"입니다(말 2:7). 그리스도는 그의 자녀들의 안전을 위하여 오류로 이끄는 지름길로 빠져서 거짓 교사들의 — 그 거짓을 전하는 자들의 — 손에 빠지는 일이 없게 하기 위하여, 그들에게 "양 떼의 발자취를 따라 목자들의 장막 곁에서 … 먹일지니라"라고 지시하십니다(아 1:8). 마귀는 이를 너무나도 잘 압니다. 그리하여 양 떼들을 잡으려고 목자를 보내 버리는 것입니다. 그런데 오늘날과 같은 때에는 안타깝게도 그가 틀리지 않았다는 것이 드러나고 있습니다. 목사들을 향한 사람들의 애정이 오늘날처럼 식었던 때가 언제였습니까? 그리고 오늘날보다 더 사람들의 판단이 오류로 중독되어 있었던 때가 언제였습니까? 오늘날 불행한 때에 위험한 오류들에 빠진 이들이 어떤 부류의 사람들이었습니까? 그들 대부분이 이런 낙인이 찍히지 않았습니까? 가죽 코트를 입거나 청색 앞치마를 두른 예수회 사람(Jesuit) 등, 낯선 자의 말에 더 솔깃하고, 어디서 왔는지도 모르고 오늘 여기 있다가 내일이면 사라질 사기꾼의 말을, 그들을 치리하고 그들의 영혼을 보살피기 위해 하나님께로부터 보내심 받았고 또한 수년 동안의 삶과 가르침의 경험을 통해서 유능하고도 신실하다는 것이 입증된 그들의 목사들의 말보다 더 믿는 자들이 아닙니까? 하나님을 두려워하는 마음으로 이것을 생각하십시오. 여러분 대다수에게 말씀드립니다만, 그 정죄받을 가르침들을 은밀하게 가져와서 부패한 불건전한 가르침으로 나라의 백성의 큰 무리들을 부풀게 해놓은 자들은 강단과 공적인 사역을 감당하는 여러분의 목사들이 아니라 한쪽 구석에서 교묘하게 여러분을 홀리는 이 사기꾼들과 돌팔이 의사들인 것입니다.

그러므로 오류로부터 보존받기를 바라면, 여러분의 손에 주어진 말씀의 검도 사용해야겠지만, 동시에 여러분을 지키기 위해 하나님께서 여러분의 신실한 목사에게 주신 그 거룩한 기술도 사용해야 할 것입니다. 목사의 공적인 사역에 참여하며, 하나님의 도우심이 그에게 부어지기를 위해서, 또한 그의 수고를 통해서 하나님의 축복이 여러분에게 임하기를 위해서 기도하시기 바랍니다. 어느 때에든 그의 메시지에 대해 희미한 점이 있으면, 그에게 문의하십시오. 여러분에게 감히 약속드립니다만, 그가 자기 이름에 합당한 복음의 신실한 사역자라면 그는 여러분이 다가오는 것을 마음을 다해 환영할 것입니다. 다만 그에게 나아가 트집을 잡지 말고 그에게서 배우십시오. 헛된 호기심 때문에 간지러운 부분을 긁어 주기를 바라서가 아니라 여러분의 양심이 만족을 얻기 위해서 그에게 나아가십시오. 우리 주님은 그가 대중 앞에서 전하신 가르침에 대해 사사로이 더 상세히 풀어 주시고 해명해 주셔서 제자들을 기꺼이 만족시켜 주셨습니다만, 그들이 호기심 때문에 희한한 질문을 할 때에는, 만족스럽게 답변해 주셔서 그것을 권장하시기보다는 오히려 책망을 통해서 그것을 물리치신 것을 봅니다. "때와 시기는 아버지께서 자기의 권한에 두셨으니 너희가 알 바 아니요"(행 1:7)라고도 하시고, 또 다른 때에는 "내가 올 때까지 그를 머물게 하고자 할지라도 네게 무슨 상관이냐?"(요 21:22)라고도 하십니다. 그는 베드로에게 무익한 질문을 버리고 필요한 임무를 다할 것을 주문하시는 것입니다.

셋째 대지

[정욕들을 상대로 말씀의 검을 사용하는 법에 관한 지침]

우리가 싸워야 할 세 번째 원수는 우리 가슴속에 거하고 있는 정욕들의 군대인데, 사탄이 이것들의 우두머리가 되어 우리를 대적하도록 이끌고 있습니다. 영혼이 있어서 그것을 잃어버릴 수도 있고 구할 수도 있다는 것을 믿는 사람 중에, 정욕들과 마귀들이 결합한 이 저주의 무리를 대적하여 싸우기를 원하지 않을 사람이 어디 있겠습니까? 로마 사람들에 대해 이런 말이 있습니다. 곧, 다른 민족들과의 전쟁에서는 명예와 영광을 위해 싸우지만, 카르타고 사람들과의 전쟁에서는 자기들의 목숨과 존재를 위해 싸운다는 것입니다. 죄와 사탄을 상대로 하는 이 전쟁에는 그 두 가지 모두가 걸려 있습니다. 이 전쟁이야말로 모든 전쟁 가운데 가장 고귀한 전쟁인 것입니다.

이 전쟁이 고귀한 것은 그것이 정의로운 전쟁이기 때문입니다. 누군가가 세상의 위대한 군주들이 서로를 상대로 벌이는 전쟁들에 대해 다음과 같은 말을 했는데, 이 말이 너무도 지당한 말이 아닌가 여겨집니다: "전쟁을 주도하는 자들의 양심에 일말의 거리낌도 없을 만큼 그들이 무기를 드는 이유가 그렇게 선명한 경우가 거의 없다." 그러나 이 전쟁의 경우는 추호의 의심도 없습니다. 이 전쟁은 과연 "거룩한 전쟁"이라 부르기에 합당합니다. 왜냐하면 이 전쟁을 거룩하신 하나님이 세상에서 지니신 유일한 원수를 상대로 하는 것이기 때문입니다. 하나님은 친히 전쟁터를 취하시고 그 원수를 상대로 그의 군주의 깃발을 높이 들어 올리시며, 그리로 온 인류를 — 어떤 이들은 본성적인 양심의 음성을 통해서, 또 어떤 이들은 그의 말씀의 큰 소리를 통해서 — 부르시며, 우리가 우리의 주권자이시요 창조주이신 그에게 충성하여 "권세자를 상대로" 그를 돕게 하십니다. 그러나 그가 우리의 도움을 필요로 하시기 때문이 아니라, 그가 우리의 임무를 기대하시며 또한 우리의 반역을 벌하시기보다 우리의 충성을 상 주시고자 그렇게 하시는 것입니다. 어떤 이들은 수치스럽게도 스스로 자살함으로써, 그들의 비겁함 때문에 결국 그들의 군주가 승리를 잃어버리게 되는 경우도 있었습니다. 오오, 만일 우리가 우리의 허약함과 간사함으로 사탄과 죄를 도와서 하나님에 대해 승리를 얻게 만든다면 우리의 얼굴이 얼마나 당혹스럽게 되겠습니까?

하지만, 이 전쟁이 고귀한 것은 또한 그것이 어렵고 힘든 전쟁이기 때문입니다. 이 원수는 우리의 기술과 힘을 극한적으로 시험해 줄 만큼 강력하고도 완고합니다. 비겁자는 한 번도 이 전쟁에서 이긴 적이 없습니다. 죄가 전쟁에 져도 아주 간발의 차이로 지는 것뿐입니다. 이 전쟁을 면밀히 살피는 자들은 평생의 노고가 거기에 필요하다는 것을 알게 될 것입니다. 오오 여러분, 용맹스런 무용담을 좋아하고 오로지 몇몇 용감한 심령들만이 감히 이룰 수 있는 그런 공적들을 찾아다닙니까? 여러분이 찾고자 하는 것이 바로 여기에 있습니다. 사람들을 상대로 싸우고 성(城)을 공략하는 것은, 마귀들 및 정욕들과 싸우는 이 전쟁에 비하면 어린애 장난에 지나지 않습니다. "노하기를 더디하는 자는 용사보다 낫고 자기의 마음을 다스리는 자는 성을 빼앗는 자보다 나으니라"(잠 16:32). "보다 나으니라"라고 말씀하는 것은 그 사람이 그보다 무한히 더 강력하고 막강한 악질적인 원수를 이겼다는 것을 뜻합니다. 안타까운 일이지만, 전쟁의 승리로 명성이 자자한 세계적인 무인(武人)들 가운데 죄에게 종이 되어 살다가 죽지 않은 사람이 거의 없습니다! 이들은 스스로 화려한 철 병거 위에 거만한 자세로 앉아 전쟁에서 포로로 잡은 자들로 그 마차를 끌게 하며 승리를 만끽하지만 실상은 비겁하게도 자기들의 영혼의 목을 저 비열한 정욕에게 굴복시켜 그 철 병거를 끌게 만드는 것뿐입니다. 그러므로 한니발이 외국으로 원정을 나가서는 승리를 거두었으나 자기 나라에서는 패장이 되었던 것처럼, 이들은 바깥에서는 무기를 들고 혁혁한 전공을 세워 그것으로 세상에서 명성을 얻지만, 그들의 내부에서는 그들 자신의 부패함에게 비참하게 패하며 치욕스럽게 짓밟혀서 그로 인하여 저 세상에서 훨씬 더 악명이 높아지는 것입니다.

하지만 성도 여러분, 원수들의 막강한 힘과 숫자에 대한 보고에 당혹해하지 마십시오. 여러분의 승리가 더욱 위대해질 것이요 여러분의 승리의 마차를 끄는 포로들이 더 많아질 것이니 말입니다. 또한 사람들을 무찌르는 정복자의 인생을 산 가이사들이 전쟁을 통해서 다른 이들에게서 얻은 그 존귀한 기장(旗章)들을 이 원수에게 빼앗기고 자기들의 정욕들에 종이 되어 사슬에 매인 채 죽어가는 것을 본다고 해서 여러분의 마음에 실망해서도 안 됩니다. 이것을 기억하고 위로를 받으시기 바랍니다. 곧, 그렇게 죄와 사탄에게 먹이가 되도록 내버려지는 것은 믿지 않는 세상 — 영적인 무기가 없이 하나님께 내버려진 자들 — 뿐이라는 것입니다.

그러나 여러분의 경우는 하나님이 여러분의 편이 되어 주시며, 거룩히 구별된 그의 말씀의 검을 주셔서 여러분을 방어하게 하십니다. 사탄은 이미 이 검의 칼날을 느끼고 있고, 그리하여 믿음이 그 검을 드리울 때마다 두려워 떠는 것입니다. 이 리워야단을 만드신 이는, 그의 이 검을 자기에게 다가오게 하실 수 있고(욥 40:19), 또한 여러분의 모든 정욕들의 심장도 다가오게 하실 수 있는 것입니다. 그러나 여기서 중단하기로 하겠습니다. 여기서 제 임무는 여러분을 부추겨 이 원수와 싸우도록 용기를 주는 것이 아니라, 이 원수와의 싸움을 잘 운영하도록 지침을 드리는 것인데, 이를 위해서는 속에서 일어나는 죄의 움직임을 떨쳐 버리고 바깥에서 들어오는 사탄의 시험을 떨쳐 버리도록 이 한 가지 무기, 곧 하나님의 말씀의 사용법을 가르치는 것이 필요할 것입니다. 첫째, 하나님의 성령께서 그리시는 죄의 추한 모습의 여러 특징들을 말씀에서 수집함으로써, 죄를 더욱 역겹고 끔찍하게 생각하게 만드십시오. 둘째, 사탄의 거짓 논리에 대해 성경의 답변들을 제시하십시오. 셋째, 말씀을 여러분의 마음에 간직하십시오. 넷째, 은혜의 보좌 앞에서 죄를 대적하는 약속을 근거로 호소하십시오.

[말씀에서 죄의 추한 모습들을 수집해야 함]

첫째 지침. 하나님의 성령께서 그리시는 죄의 추한 모습의 여러 특징들을 말씀에서 수집함으로써, 죄를 더욱 역겹고 끔찍하게 생각하게 만드십시오. 그리하여 그 모든 특징들을 다 한데 모아놓고 보면, 사탄이 여러분의 방자한 가슴에 그렇게도 높이 칭찬하는 이 어여쁜 여자의 아름다운 얼굴의 그 추악한 진면목이 보이게 될 것입니다. 가련한 사람은 사탄의 말을 믿고 죄를 범하며, 그 죄를 가슴속에 받아들입니다. 마치 야곱이 자기 아내의 얼굴도 보지 않고 누구인지도 잘 알지 못하는 상태에서 그와 동침하였다가, 아침에 보니 약속된 아름다운 라헬이 아니라 눈이 희미한 레아였던 것이 밝혀진 것처럼, 죄인이 자신이 비참하게 속임을 당하였고, 자기는 낙원을 기대했는데 찾은 것은 연옥일 뿐이라는 것을 나중에 양심이 일깨워질 때에 깨닫고 극심하게 실망하지만 이미 때가 늦은 것입니다. 자, 그리스도인 여러분, 이 괴물 같은 죄의 추한 모습을 더 잘 보려면, 하나님의 말씀에 근거하여 죄에 관한 다음 네 가지 구체적인 사항들을 관찰하기 바랍니다. 첫째, 그 출생과 태생. 둘째, 그것에 주어진 이름들. 셋째, 그 본질. 그리고 넷째, 그 속성들.

[하나님의 말씀에서 취한 죄에 관한 네 가지 구체적인 사항들]

첫째 사항. 죄의 출생과 태생. 죄의 조상은 누구이며, 죄는 누구에게서 비롯되었습니까? 거룩하신 하나님은 아닙니다. 태양이 어둠을 낳을 수 없듯이, "빛들의 아버지"이신 하나님도 죄를 만드신 분이실 수가 없습니다. "온갖 좋은 은사와 온전한 선물이" 그에게서 옵니다(약 1:17). 그렇다면 오오 죄여, 그대는 대체 어디에서 왔습니까? 그대는 하나님의 피조물이 아니니, 그가 그대를 지으시지도, 누구를 움직여 그대를 만들어 내게 하신 적도 없으십니다. 만일 죄가 하나님께로부터 왔다면 그는 분명히 그것을 좋아하고 사랑하실 것입니다. 누구나 자기 자식은 사랑하는 법입니다. 아무리 못 생겼어도 말입니다. 하나님은 그보다 훨씬 더 자기의 소유를 좋아하십니다. 그는 날마다의 창조의 역사를 뒤돌아보셨고, 맨 마지막 날에는 그 지으신 모든 것을 바라보시고 기뻐하셨습니다. 모든 것이 그가 보시기에 "심히 좋았던" 것입니다(창 1:31). 그러나 죄에 대해서는 그가 어떻게 생각하시는지를 신명기 7:25, 26; 잠언 6:16; 요한계시록 2:6, 15 등에서 보십시오. 거기서 그는 죄에 대해 극한 혐오와 미움을 표현하시며, 거기서부터 그의 지극히 거룩한 율법의 맹렬한 입으로부터 죄를 향하여 모든 극심한 재앙과 심판들이 쏟아져 나옵니다. 아니, 죄의 역사만이 아니라, 죄를 위하여 일하는 악의 일꾼들까지도 그의 미움의 대상이 되는 것입니다(시 5:5). 그러니 만일 하나님이 죄를 만드신 장본인이시라면 그는 자기 자신을 미워하는 존재가 되실 것입니다. 자, 그렇다면 하나님께서는 과연 이 망나니를 누구의 문에다 두셔서 그 아버지를 찾으십니까? 분명 마귀의 문입니다. "너희는 너희 아비 마귀에게서 났으니 너희 아비의 욕심을 너희도 행하고자 하느니라"(요 8:44). 또다시 동일한 본문에서, "그는 … 거짓을 말할 때마다 제 것으로 말하나니 이는 그가 거짓말쟁이요 거짓의 아비가 되었음이라"라고 말씀합니다. 죄는 마귀를 아버지와 어머니로 부르는 망나니입니다. 마귀가 스스로, 자신의 자유의지 — 이것이 바로 죄를 품은 자궁이었습니다 — 로 죄를 낳았고, 죄를 낳은 다음, 그 죄를 사람들에게 넘겨 양육하게 했습니다. 그러니 그를 지으신 조물주이신 위대한 하나님을 섬기고 그를 즐거워하도록 지음 받은 사람이 고도의 속임수로 이 지옥의 자식을 품에 안고 젖을 먹이는 것이 아닙니까? 아아, 불쌍한 사람이여, 대체 어째서 그렇게 타락했습니까? 여러분이 누구의 자손인지를 기억하면서도, 여러분의 고귀한 영혼이 그 저주받은 영의 종이 되어 그의 욕심들을 행할 정도로 그렇게 타락하여 있는 것을 보고 끔찍한 두려움에 싸이지 않으니 정말 이상한 일이 아닐 수 없습니다. 우리의 영혼들이 죄의 정욕들과 얼마든지 간음할 수 있으니, 무당이 마귀의 졸개들이 자기 몸을 핥게 만든다고 해서 그녀에게 침을 뱉을 수 있는 상황이 아닌 것입니다.

둘째 사항. 말씀이 죄를 어떤 이름과 호칭으로 낙인을 찍는지를 살펴봅시다. 분명히 말하지만, 하나님은 절대로 누구의 이름을 잘못 부르시는 일이 없습니다. 단 것을 갖고서 쓰다고 말씀하시지도 않으며, 선한 것을 가리켜 악하다고 하시지도 않습니다. 오히려 그렇게 하는 자의 머리에 화를 선포하십니다(사 5:20). 하나님께서 항아리 겉면에 독(毒)이라고 써놓으시면 그 속에 꿀이 있을 거라고 생각해서는 절대로 안 됩니다. 이런 점에서 우리는 아비가일이 자기 남편에 대해 한 말을 모든 죄에 대해 할 수 있을 것입니다. 성경에 기록된 그 이름 그대로인 것입니다. 하나님이 그것을 어리석다고 부르시면, 거기서는 전혀 지혜를 찾을 수가 없습니다. 마귀는 죄인들에게 악한 행위들을 그럴듯한 이름으로 포장하도록 가르칩니다. 미신을 경건으로 포장하고, 탐심을 절약으로, 복장에 대한 교만을 멋짐으로, 방종을 자유로, 미친 상태를 명랑함으로 포장하는 것입니다. 이런 구역질 나는 음식을 덜 역겹게 여기며 삼키기 위해서는 죄인들이 그렇게 할 수밖에는 없을 것입니다. 어떤 이들은 말고기나 혹은 썩은 고기 같은 것을 그럴듯한 이름을 붙여 맛 좋은 음식으로 내어놓은 이들도 있습니다만, 사람들이 그 정체를 알았더라면 위(胃)가 거꾸로 뒤집혔을 것입니다. 그러므로 그 옛날 박해자들이 그리스도인들을 짐승의 가죽으로 둘둘 말아 던져놓아서 그 주위에 있는 사람들에게 아주 좋은 먹이가 되게 했듯이, 사탄과 우리의 거짓 마음이 그럴듯한 이름들을 붙여 죄들을 우리에게 제시하여 그것들에게 구미가 당기게 만들거나, 아니면 최소한 우리의 양심에게서 그것들에 대한 혐오감이 사라지게 만드는 것입니다.

하지만, 여러분, 그렇게 쉽게 속임을 당하는 것으로 만족할 수가 있습니까? 여러분에게 해를 주고자 하는 악한이 여러분이 해를 입지 않을 것이라고 말한다고 해서, 여러분이 손가락을 대도 데지 않을 만큼 불의 화력이 덜해지겠습니까? 여러분, 그러지 말고 진리의 하나님께서 죄에 대해 하시는 말씀을 듣고, 또한 그가 어떤 이름으로 죄를 부르시는지에 주의를 기울이십시오. 그러면 세상의 모든 것 중에서 우리가 끔찍하게 여기고 미워하고 두려워하고 싫어하는 것이 모두 죄에게 적용된다는 것을 알게 될 것입니다. 곧, 개가 토해낸 것, 독사의 자식, 시체의 썩은 냄새, 악성 종양, 나병, 재앙 등이 죄를 일컫는 이름들이며(벧후 2:22; 눅 3:7; 롬

3:13; 딤후 2:17; 왕상 8:38 등), 심지어 지옥까지 거론되어 죄를 지옥 불 그 자체에까지 비해지기도 합니다(약 3:6). 그리고 이런 이름들의 궁핍함과 곤란함 때문에, 하나님께서는 "죄"라는 이름을 죄에게 사용하셔서 "심히 죄되다"고까지 말씀하기도 하십니다(롬 7:13). 위대하신 하나님께서 그렇게 혐오하사 그런 치욕적인 이름들을 붙여서 자신의 혐오를 나타내시니, 그것을 어떻게 해야겠습니까? 은혜 안에 있는 사람이라면 누구나 불과 검으로 그것을 추격하여 결국 그것에 심판을 단행하여 완전히 망하게 만들 것을 곧 결심할 것입니다.

셋째 사항. 말씀이 제시하는 죄의 본질입니다. 그것에 대한 묘사를 보십시오. "죄는 불법이라"(요일 3:4) — 그저 한 두 단어로 묘사하지만, 그 무게는 그것을 범하는 영혼을 지옥에 보내기에, 예, 죄 그 자체를 성도의 마음속에서 죽음에 몰아넣기에 충분합니다. 다음의 사실들을 생각해 보면 이 점을 잘 인식할 수 있습니다.

1. 우리가 죄를 범함으로 어기는 그 법이 누구의 것인지. 그 법은 어떤 작은 나라의 임금의 법이 아니고 — 그런 임금도 자기가 제정한 법에 자신의 명예가 걸려 있음을 깊이 인식하고서 범법자들에 대해 응분의 보복을 행합니다만 — 위대하신 하나님의 법입니다. 죄인은 모든 면에서 바로 그의 영광스러운 이름을 공격하고 욕되게 하는 것입니다. 그렇습니다. 하나님의 생명과 존재 자체를 말살시키려 하는 것입니다. 죄는 살신(殺神: deicide)입니다. 하나님에게서 존귀를 빼앗고자 하는 자는 바로 그의 존재를 대적하는 원수입니다. 하나님의 존재가 그의 영광 속에 완전히 싸여 있으므로, 그 영광을 잃어버리고서는 그가 살 수 없기 때문입니다. 물론 그런 일은 죄인의 짧은 팔로서는 도무지 미칠 수 없는 일입니다만, 그러나 그것이 그 죄인의 덕분은 아닙니다. 비록 하나님을 해롭게 하는 일을 이룰 수는 없다 해도 그의 죄가 그것을 목표로 하고 있기 때문입니다.

2. 그 법이 어떤 법인지. 그 법은 자기들의 정욕만을 생각하고 백성들의 유익은 돌보지 않는 몇몇 폭군들이 공포한 법들처럼 피조물들의 피로 얼룩진 잔악무도한 법이 아닙니다. 이 법은 동등하고 선하며, 그것을 지키는 데에 생명이 있는 그런 법입니다. 우리로 하여금 반기를 들고 일어나게 만드는 그런 불필요한 세금이나 의무 같은 것이 거기에는 없습니다. 하나님은 이렇게 말씀하십니다: "너희 조상들이 내게서 무슨 불의함을 보았기에 나를 멀리 하고 가서 헛된 것을 따라 헛되이 행하였느냐?"(렘 2:5). 아내를 버리는 자는 이혼장을 그 아내에게 주어 자신이 그녀를 떠나보내는 이유를 공포하게 되어 있었습니다. 이처럼 하나님은 자신을 낮추

사 죄인들을 훈계하시며, 그에게나 그의 통치에 어떠한 악이 있기에 그와 그의 통치를 저버리는지를 물으십니다. 하지만 아무런 정당한 이유가 있을 수밖에 없습니다. 오로지 짐승이 풍성한 초장에 있던 짐승이 굳이 울타리를 부수고 먹을 것이 하나도 없어 굶어죽을 것밖에 없는 메마른 황야나 더러운 길로 들어가는 이유와 동일한 이유밖에는 없는 것입니다.

3. 피조물이 하나님의 선한 법을 범하는 것이 누구에게서 나온 생각인지. 그것은 하나님의 원수이자 우리의 원수인 저주받은 영인 마귀의 생각입니다. 자식이 아버지의 철천지원수요 또한 자기의 원수이기도 한 자의 사주를 받아 사랑하는 부모를 대적하여 배반의 칼을 든다면, 이는 괴이한 짓이요 또한 지극히 부자연스런 짓일 것입니다. 그런데 그리스도인 여러분, 죄로 인하여 하나님의 법을 범하는 것은 바로 이와 똑같은 짓입니다. 여러분의 하나님께서 여러분의 죄를 지적하시며, "오 나의 자녀여, 본성과 은혜의 빚으로 인하여 네 자신이 나의 존귀를 위하여 살고 죽어야 마땅한데도, 이 원수가 너를 이용하여 오히려 나의 영광과 생명까지 빼앗아가려는 것이니라!"라고 말씀하실 때에 여러분의 속에서 피가 솟아오르고 화가 끓어오르리라 생각합니다. 여러분의 죄를 형장에다 끌어갈 준비가 되어 있지 않습니까? 마치 아하수에로왕이 하만을 향하여 분노를 쏟아낼 때에 그의 신하들이 그를 붙잡고 그를 죽음의 아들로 대하여 그의 얼굴을 보자기로 쌌던 것처럼 말입니다(에 7:8). 하나님을 향한 사랑이 우리 가슴속에 불타오르기만 해도 우리는 누구든 감히 우리를 미혹시켜 그를 대적하여 죄를 범하게 만들면 그 자의 얼굴에다 불을 뱉기까지 할 것입니다.

넷째 사항. 하나님의 말씀이 드러내는바 **죄의 속성들**입니다. 여기서는 세 가지만 말씀드리겠습니다. 1. 더럽히는 속성. 2. 어지럽히는 속성. 3. 정죄에 빠지게 하는 속성.

1. 죄는 더럽히는 속성이 있습니다. 죄는 "육과 영의 온갖 더러운 것"이라 불립니다(고후 7:1). 마치 짐승이 자신의 배설물과 오물 속에 누워 있고 썩은 시체가 쓰레기더미의 썩은 것들 속에 누워 있는 것처럼, "온 세상"이 "악함 속에 놓여 있다"고 말씀합니다(요일 5:19. 한글개역개정판은 "악한 자 안에 처한 것이며"로 번역함 — 역주). 죄야말로 사람을 오염시키고 또한 그가 사는 집까지도 오염시키는 나병과 같은 존재입니다. 오물처럼 더러운 세대를 지면에서 쓸어 버리기 위함이 아니면, 하나님께서 노아 시대에 홍수를 보내신 이유가 무엇이겠습니까? 그러나 이러한 세상

의 오염된 상태가 충족히 정리되지 않았으므로, 마지막 날에 불로 완전히 정화시키는 일이 예비되어 있는 것입니다. 그리스도인 여러분, 죄로 인하여 곰보가 되기까지 — 이런 말을 할 수 있을지 모르겠습니다만 — 사람이 얼마나 아름다웠으며, 또한 죄가 그 독기 어린 숨결로 그 영광의 빛을 어둡게 하고 손상시키기 전에 얼마나 찬란한 영광이 온 창조세계에 비쳤는가를 생각해 보십시오. 그러면 죄가 얼마나 추한 것인가를 추측할 수 있습니다. 그 악한 영향력이 사람의 영혼과 육체에 퍼지는 것은 물론, 마치 깨뜨려진 철 접시 조각처럼 불로 완전히 녹여서 다시 만들어내기 전에는 그 처음의 아름다움을 회복할 수 없게 만들 만큼 가시적인 창조세계의 온 틀과 구조에 참혹한 영향을 미칠 정도로 죄가 그렇게 강력한 독(毒)인 것입니다. 죄를 생각하기만 해도 여러분의 영혼에게 끔찍스럽게 여겨지지 않습니까? 짐승 중에는 담비처럼 자기의 아름다운 피부를 더럽힐까봐 먼지에 뒤덮이기 전에 죽는 것도 있다고 합니다. 그러니 그리스도인 여러분 — 그의 성령께서 여러분을 정결하게 하시기 위하여 그의 피를 흘려 여러분을 값 주고 사신 후에 — 죄의 웅덩이 속에 허우적거리며 여러분을 더럽히고 싶습니까? 절대로 그럴 수 없습니다! 에스겔은 하나님께서 인분(人糞)을 먹으라고 하시자 그것이 너무도 싫어서, "아하 주 여호와여, 나는 영혼을 더럽힌 일이 없었나이다"라고 외쳤습니다(겔 4:14). 그리스도인 여러분, 그리스도의 식탁에 참여하며 거기서 받아먹을 음식이 어떤 것을 잘 아는 여러분이 과연 하나님이 인분처럼 여기시는 그 부정한 정욕을 맛있는 음식으로 여겨 먹기를 바란단 말입니까? 여러분은 선지자처럼 "아하 주 여호와여 나는 이 가증한 것으로 영혼을 더럽힌 일이 없었나이다"라고 외쳐야 하지 않을까 생각합니다.

2. 죄는 어지럽히는 속성이 있습니다. 죄는 영혼의 평안을 깨뜨립니다. 그렇습니다. 온 세상의 평안을 깨뜨립니다. 죄는 혼란을 가져다주고, 어디를 가든지 그곳을 전쟁의 자리로 만듭니다. 죄가 거처하는 곳에 악의 군대가 그 발꿈치에 앉는 것입니다. "선을 행하지 아니하면 죄가 문에 엎드려 있느니라"(창 4:7). "내 하나님의 말씀에 악인에게는 평강이 없다 하셨느니라"(사 57:21). 죄인을 자신을 괴롭게 하는 양심의 고통 속에 있게 하시는 하나님의 손길이 여기에 있는 것입니다. 비난하는 양심이 느끼는 고뇌와 또한 그 양심을 찢는 그 끔찍한 경련의 발작을 표현할 수 있는 자가 과연 누구겠습니까? 그것이 일어나 외치는 소리가 들립니다. "주의 진노로 말미암아 내 살에 성한 곳이 없사오며 … 내 뼈에 평안함이 없나이다"(시

38:3). 또한, "주께서 두렵게 하실 때에 당황하였나이다"라고도 말합니다(시 88:15). 또한, "내 죄짐을 지기가 너무 무거우니이다"라고도 합니다(창 4:13). 또 어떤 이는 죄책의 아우성소리를 견딜 수가 없어 그 양심의 쓰라린 고함소리에서 벗어나려고 스스로 목숨을 끊기까지도 합니다(마 27:5). 평안을 찾으려고 지옥 불에 자기 자신을 던져 버린다고 해서 그 영혼이 과연 그 고통에서 잘 벗어나겠습니까? 죄는 이와 같이 영혼의 내적인 평안을 어지럽히지만, 또한 세상의 외적인 평안도 어지럽힙니다. 죄가 아니면 과연 그 무엇이 세상으로 하여금 일어나게 하고, 피조물들을 서로 불화하게 만들겠습니까? "너희 중에 싸움이 어디로부터, 다툼이 어디로부터 나느냐? 너희 지체 중에서 싸우는 정욕으로부터 나는 것이 아니냐?"(약 4:1). 바로 이것이 가장 가까운 사람들을 극한 불화에 빠뜨리고, 집을 불살라서 남편과 아내, 부모와 자식이 서로 한 지붕 아래 함께 거할 수 없도록 만드는 것입니다. 들릴라는 자기 남편을 배반하여 그의 철천지원수들의 손에 그를 넘겨 주었습니다. 압살롬은 사랑하는 아버지를 배반하여 일어나 그의 목숨을 취하려 했습니다. 죄가 바로 "친한 벗을 이간하며"(잠 16:28) 우리의 잔으로 함께 마시던 자들을 부추겨 우리를 향하여 발꿈치를 들게 만드는 속삭임입니다. 이것이 "우리가 같이 재미있게 의논하던"(시 55:14) 자들로 우리를 망하게 하려는 계략을 꾸미게 하고, 우리의 목숨까지 앗아가기를 도모하게 만드는 것입니다. 한 마디로, 불을 퍼뜨리는 그 죄는 이웃집으로만 불길을 퍼뜨리는 것이 아니라 한 민족에서 다른 민족에게로도 불길을 퍼뜨리는 것입니다. 나라와 나라 사이에 놓여 있는 바다의 물을 다 길어다 부어도 죄가 일으키는 전쟁을 꺼뜨릴 수가 없습니다. 오히려 죄는 세상의 한 쪽 끝에 사는 사람들로 하여금 다른 쪽 끝에 사는 자들의 피와 보화들을 갈구하게 만드는 것입니다. 그러므로 땅은 오로지 서로 싸우고 죽이는 것 이외에는 거의 아무것도 없는 그런 닭싸움 터에 불과한 것입니다. 그런데도 이 죄를 손님으로 여겨 마음으로 환영하고 가슴속에 받아들일 수 있겠습니까?

3. 죄는 정죄에 빠지게 하는 속성이 있습니다. 죄가 우리에게 행한 모든 악행이 이 세상에 있었어도 충분히 악했을 것입니다. 그러나 우리가 이 땅에 잠시 있다 갈 것을 생각할 때에, 우리가 죄와 이 세상의 삶을 동시에 끝낸다는 것에 다소간 안도감을 갖게 됩니다. 그러나 여기서 죄로 인하여 염려하다가 그로 인하여 정죄를 받아 저 세상에서도 영원토록 고통 받게 되니, 이는 도무지 용납할 수 없는 일입니다. 우리는, "저주를 받은 자들아 나를 떠나 … 영영한 불에 들어가라"(마 25:41)라

는 말씀을 대하고 가만히 앉아 생각해 보아야 마땅할 것입니다. 과연 죄가 그렇게 유쾌하고 사모할 만한 것인지, 과연 덧없이 지나가므로 시작했는가 싶으면 곧바로 끝나 버리는 짧디 짧은 세월 동안 그것을 얻고 즐기다가 그로 인하여 끝없는 고통 가운데 들어가는 것이 과연 가치 있는 일인지를 깊이 따져보아야 할 것입니다. 죄인 여러분, 여러분은 죄악된 쾌락이 주는 최선의 즐거움은 이미 알고 있습니다만, 여러분이 당할 최악의 형벌이 어떨지는 아직 모릅니다. 그 형벌은 인간의 언어로는 그 주요 특질을 도무지 표현할 수가 없고, 아무리 무시무시한 것들이 이 세상에 있다 해도 그것들에 빗대어 나타낼 수가 없을 만큼 무섭고 몸서리치는 것입니다. 이 세상에서 우리가 그렇게 두려워하는 불과 유황도 그 지옥의 불 못에서 타오르는 그것에 비하면 아무것도 아닙니다. 마치 벽에 그려놓은 불이 아무리 무시무시해도 결코 화로에서 타오르는 불과 비교할 수 없는 것처럼 말입니다. 우리의 굴뚝에서 타오르는 불은 우리의 필요를 위해서, 또한 우리를 편안하게 하기 위해서 만들어낸 것이지만, 지옥의 불은 — 그것이 물질적인 불인지 아닌지는 별로 중요치 않습니다 — 오로지 그 속에 있는 죄인들에게 고통을 주는 것 외에 다른 목적이 없는 것입니다. 우리의 부엌에 있는 이 불은 약간 바람을 불어서 피우고 약간의 물로 꺼지지만, 지옥의 불은 마치 유황이 흐르는 개천 같은 여호와의 호흡이 사르는 것입니다(사 30:33). 하나님이 그렇게 지피시는 것을 과연 우리가 무슨 물동이로 꺼뜨리겠습니까? 땅 냄새를 맡는 것이 육체의 건강에 좋다고들 합니다만, 자주 묵상을 통하여 이 지옥 구덩이의 냄새를 맡는 것이 영혼의 건강에 좋을 수밖에 없습니다. 이 땅에 있는 동안 그렇게 지옥 속에 내려가곤 했다면, 그들의 육체가 무덤에 들어갈 때에도 그들의 영혼은 십중팔구 지옥에 떨어지지 않았을 것입니다. 오오 그리스도인 여러분, 때때로 정죄받은 자들이 지옥에 처하여 있는 상태와 거기서 당하는 그 극한 고통들을 말씀하는 성경 본문들과 더불어 걸으시기를 바랍니다. 이것이야말로 진정한 "초상집"이며, 진지한 묵상을 통해 그 집에 들어가는 것이야말로 그것을 "마음에 두게" 만드는 하나님의 주권적인 수단입니다(전 7:2). 그리고 그것을 마음에 두면, 회개하지 않는 완악한 마음 때문에 그렇게 불편하기 그지없는 그 곳에 여러분 자신을 던져 버릴 가능성이 더 작아집니다. 왜냐하면 천국의 복락 속에 있는 그 아름다운 거처가 믿음과 회개 시에 여러분에게 베풀어지기 때문입니다.

[사탄의 거짓 추론들에 대해 성경의 답변을 제시하여야 함]

둘째 지침. 사탄이 여러분의 동의를 더 잘 얻기 위해서 자기의 악한 의도를 그럴듯하게 꾸며 제시하는 거짓 추론들에 대해 성경의 답변을 제시하여야 합니다. 사탄은 간교합니다. 그러니 여러분이 지칠 수밖에 없습니다. 그는 죄악된 것을 제시할 뿐 아니라 그것을 그럴듯하게 꾸며놓고 갖가지 논리로 여러분의 영혼더러 자기가 제시하는 것을 받아들일 것을 촉구합니다. 죄가 그렇게 가다올 때는 마치 골리앗처럼 다가옵니다. 이때에 여러분을 보존시켜주고 원수를 무너뜨릴 수 있는 것은 사울의 무기가 아니라, "시내에서" 주워온 "매끄러운 돌들"(삼상 17:40)이요, 여러분 자신의 결단이 아니라 성경에 근거한 논리의 신적 권위입니다. 그러니 여러분, 사탄의 모든 교묘한 논리를 격퇴할 수 있는 답변을 말씀에서 찾아 입에 담고 있어야 합니다. 그리고 이것은 정말 "성경에 능통한" 아볼로가 되어야 합니다. 그것으로 마귀의 입을 막고, 말씀을 우리와 시험 사이에 시의적절하게 세워서 그것으로 그의 화살들을 막아야 하는 것입니다. 그러므로 연약한 그리스도인들이 이 지침을 좀 더 쉽게 실천할 수 있도록 몇 가지 경우들을 제시하는 것이 헛된 일은 아닐 것입니다. 첫째. 때로 사탄은 한 가지 죄를 아무것도 아닌 것처럼 보이게 만들어서 영혼을 회유하려 합니다. 둘째. 은밀히 죄를 범할 수 있는 기회를 주어서 영혼을 회유하려 합니다. 셋째. 다른 이들의 실례들을 통해서 영혼을 회유하려 합니다.

[사탄은 한 가지 죄를 아무것도 아닌 것처럼 보이게 하여 죄에게로 미혹함]

첫째 경우. 때로 사탄은 다음과 같은 말로 은근히 영혼을 회유하려 합니다. "사람아, 한 가지 죄를 범한다 한들, 그것이 얼마나 상처가 되겠느냐? 얼굴에 점 하나가 있다고 그 아리따움이 망가지지는 않는 것처럼, 한 가지 죄가 있다고 영혼의 아름다움이 망가질 수는 없다. 그것은 나도 바라는 바가 아니다. 내가 만일 그대를 웅덩이마다 다 뒹굴게 만든다면, 그것을 정말 혐오해도 무방할 것이다. 하지만 어째서 그대의 의복에 단 하나의 얼룩도 용납하지 않으려 하는가? 아무리 보석이 훌륭해도 흠이 있는 법이며, 아무리 거룩한 성도도 모자란 부분이 있는 법이다." 자, 이처럼 사탄이 점잖게 예의를 갖추어 다가올 때에 그것을 다음과 같은 답변들로 물리쳐야 합니다.

첫째 답변. 그 어떠한 죄도 혼자 동떨어져 있는 것은 없다는 것을 말씀이 가르쳐줄 것입니다. 한 가지 죄를 받아들이거나 용인하고도 다른 죄들에게서 자유로울 수는 없는 것입니다. 왜냐하면,

(1) 한 가지 죄를 용납하는 자는 율법 전체를 지으신 그 분의 권위를 멸시하는 것이요, 따라서 결국 율법 전체를 다 멸시하는 것이기 때문입니다. "누구든지 온 율법을 지키다가 그 하나를 범하면 모두 범한 자가 되나니"(약 2:10). 그런데 그는 바로 다음 말씀에서 그 이유를 제시합니다: "간음하지 말라 하신 이가 또한 살인하지 말라 하셨은즉 네가 비록 간음하지 아니하여도 살인하면 율법을 범한 자가 되느니라"(11절). 에스티우스(Estius)가 잘 지적하듯이, 개별적으로(distributively) 율법을 범했다는 것이 아니라 전체적으로(collectively) 율법을 범했다는 뜻입니다. 율법은 전체가 하나로 연결되어 있는 것이니 말입니다. 한 가지 계명을 범하면 모든 계명을 함께 범하는 것입니다. 이는 마치 몸의 한 부분에 상처를 입으면 온 몸이 고통을 당하는 것과 같습니다. "하나님이 이 모든 말씀으로 말씀하여 이르시되"(출 20:1). 열 가지 말씀이 있으나, 율법은 한 가지인 것입니다.

(2) 한 가지 죄를 용납하게 되면, 다른 모든 죄에 대하여 우리 자신을 방어할 양심적인 논리를 잃어버리게 됩니다. 한 가지 죄로 양심을 거스를 수 있는 사람은 다른 어떤 죄에 대해서도 양심에 호소할 수가 없습니다. 하나님의 권위를 두려워하여 한 가지 죄를 막게 되면, 다른 모든 죄도 역시 그럴 것입니다. 보디발의 아내가 동침하자고 회유할 때에 요셉은 "내가 어찌 이 큰 악을 행하여 하나님께 죄를 지으리이까?"라고 말하였습니다(창 39:9). 그녀가 혹 그더러 자기를 위하여 거짓말을 하라고 했어도 요셉은 동일한 대답을 했을 것이라 믿어 의심치 않습니다. 7계명은 물론 9계명도 똑같이 그에게 해당되었기 때문입니다. 그러므로 사도는 "마귀에게 틈을 주지 말라"(엡 4:27)고 권면하는데, 이는 한 가지 죄를 용인하면 우리의 근거를 잃어버리게 되고, 우리가 잃어버리면 사탄이 얻는 것임을 시사하는 것입니다. 작은 송곳으로 구멍이 뚫어지면, 그 다음에는 일꾼이 큰 못을 거기에 박을 수 있게 되는 것입니다. 한 가지 죄가 목구멍을 넓혀 놓으면, 그 다음 죄를 넘기는 것이 별로 고통스럽지 않게 될 것입니다.

(3) 한 가지 죄를 용납하면, 하나님께서 여러분을 다른 죄들에게 내버려 두실 것입니다. "그러므로 하나님께서 그들을 마음의 정욕대로 더러움에 내버려 두사"(롬 1:24). 이방인들이 우상 숭배에 빠지자, 하나님께서는 그들을 다른 짐승 같은

정욕에 내버려 두셨습니다(22절). 유다가 도둑질을 시작했을 때 이미 그는 배반자가 되기로 작정한 것이 아닌가 의심스럽습니다. 아닙니다. 그의 배반은 그의 도둑질에 대한 형벌이었습니다. 그가 한 가지 은밀한 죄를 용납하자, 하나님께서는 더 공공연하고 끔찍한 죄에 내버려 두신 것입니다. 하지만,

둘째 답변. 가령 — 물론 불가능하겠지만 — 한 가지 죄를 가슴에 품고 나머지 모든 죄를 다 멀리한다고 가정해도, 여러분이 바로 그 죄의 종이며 따라서 그런 상태로는 여러분이 하나님의 종이 될 수가 없다는 것을 성경이 말씀해 줄 것입니다.

(1) 여러분이 바로 그 한 가지 죄의 종이 된다는 것을 말씀해 줍니다. "너희 자신을 종으로 내주어 누구에게 순종하든지 그 순종함을 받는 자의 종이 되는 줄을 너희가 알지 못하느냐?"(롬 6:16). 여러분을 지으신 하나님을 대적하여 이 한 가지 성(城)을 지키려 하여 결국 마귀의 나라를 방어하니, 여러분이 마귀의 종인 것입니다. 그럴 의도가 없었다고 해도 그런 변명이 통하지 않습니다. 어쩌면 탐욕이 여러분의 죄요, 여러분은 마귀의 편을 들어 하나님을 대적한 것이 아니라 이득을 목표로 삼았을 수도 있습니다. 물론 하나님을 대적하는 것이 죄를 짓는 여러분의 분명한 목표는 아닙니다만, 여러분이 짓는 죄의 목표이며, 또한 여러분을 부추겨 죄를 짓게 하는 사탄의 목표입니다. 그러므로 결국 그 혐의가 여러분에게 지워지는 것입니다. 일반 병사는 대개 자기의 봉급 이외에 다른 목표가 없습니다. 봉급 때문에 싸움터에 나아가는 것입니다. 그런데 그 병사들이 만일 임금을 대항하도록 이끄는 자를 도우면, 그들 스스로 반역자가 되는 것이며, 그 때에는 자기들이 임금을 대적하고자 한 것이 아니라 봉급을 받기 위해 싸운 것뿐이라고 말해도 전혀 소용이 없는 것입니다. 아합은 그 "자신을 팔아 여호와 보시기에 악을 행하였"습니다(왕상 21:20). 그러나 그가 마귀와 구체적인 언약을 맺었다는 기록은 찾아볼 수 없습니다. 이 말씀의 뜻은 결과적으로 여호와께 악을 행하게 되는 그런 일을 그가 행했다는 의미입니다. 그는 자신이 죄를 범하면 그것에 대해 자기 영혼을 그 값으로 지불해야 한다는 것을 알고 있었습니다. 그러나 그런 엄청난 대가를 알고 있으면서도 그는 정욕을 채우고자 했습니다. 그리하여, 결국 말하자면 그는 자기 죄를 즐기기 위하여 자기 영혼을 판 것입니다.

(2) 어느 한 가지라도 죄에 종이면서 동시에 하나님의 종일 수가 없다는 것을 말씀에서 배울 수 있습니다. "한 사람이 두 주인을 섬기지 못할 것이니 … 너희가 하나님과 재물을 겸하여 섬기지 못하느니라"(마 6:24). 재물이란 한 가지 구체적인

정욕, 곧 탐심을 뜻합니다. 한 육체에 두 영혼이 있을 수 없듯이, 한 영혼에게도 두 주인이 있을 수 없습니다. 한 영혼에게는 오직 하나의 사랑밖에는 없습니다. 두 가지 사랑이 동시에 지배할 수는 없는 것입니다. 어떤 몹쓸 사람이, 자기는 한 영혼은 하나님께 드리고, 다른 영혼은 마귀에게 드린다고 말하는 것을 들은 적이 있습니다. 하지만, 한 영혼이 지옥에 가 있으면 천국에 가 있는 다른 영혼이 그에게 있을 수가 없는 것입니다. 그런데 한 가지 죄나 천 가지 죄나 똑같이 여러분을 그리로 데려갈 것입니다. "미혹을 받지 말라 음행하는 자나 우상 숭배하는 자나 탐색하는 자나 남색하는 자나 도적이나 탐욕을 부리는 자나 술 취하는 자나 모욕하는 자나 속여 빼앗는 자들은 하나님의 나라를 유업으로 받지 못하리라"(고전 6:9, 10). 여기 모든 항목에 해당되는 자나, 오로지 한 가지 항목에만 해당되는 자나 똑같이 하나님의 나라를 유업으로 받지 못하는 것입니다. 모든 사람이 다 죽는 것은 분명하지만, 모두가 다 동일한 질병으로 죽는 것은 아닙니다. 이와 마찬가지로 회개하지 않는 죄인들은 모두 정죄를 받습니다만, 죄인마다 정죄를 받는 죄목이 각기 다릅니다. 그러나 모두가 결국 동일한 지옥에서 만나게 될 것입니다.

[사탄은 은밀히 죄를 범할 기회를 제공함으로써 죄에 빠지도록 유혹함]

둘째 경우. 어쩌면 은밀히 죄를 범할 수 있는 기회 — 위신을 잃는 대가를 지불하지 않아도 쾌락을 누릴 수 있는 그런 기회 — 를 통하여 죄에 빠지도록 유혹을 받을 수도 있습니다. 이것은 단순한 청년이 발을 빠뜨리기 쉬운 함정이었습니다. 그와 함께한 창녀는, "남편은 집을 떠나 먼 길을 갔다"고 말합니다(잠 7:19). 좋은 상황이 갖추어졌습니다. 도둑질에 대해 정죄를 받을 두려움이 전혀 없이 마음껏 도둑질한 물을 마실 수 있는 처지가 된 것입니다. 안타깝게도, 세상에서 부끄러움을 당할까 두려워 앞문은 두드리지 못하면서도 뒷문으로 슬며시 들어갈 수 있으면 얼마든지 쉽게 죄를 짓는 자들이 너무나 많습니다. 사울도 겉으로는 신접한 자에게 묻는 죄를 범하는 자를 사형에 처한다고 공포하여 자신이 그 죄를 혐오한다는 것을 세상에 알려놓았기 때문에 임금의 복장으로 신접한 여인에게 가는 것을 부끄러워했습니다만, 자기 신분을 감춘 상태로 가는 것은 꺼리지 않았습니다. 마귀가 그리스도를 시험으로 공격했을 때에 그리스도께서는 광야에 홀로 계셨고, 그리하여 아무도 둘 사이에 일어나는 일에 대해 알지 못하는 상태에서 사사로이 그를 시험했으니, 이 시험의 무게가 더욱 무거웠습니다. 또한 그리스도께서 그 모든 시험들에서 사탄을 이기셨으니 그의 완전한 승리의 영광 또한 그렇게 큰 것이었습니다. 그런데 말씀의 검으로가 아니면 과연 그리스도께서 어떻게 그 시험에서 성공하셨겠습니까? 그리스도인 여러분, 그러므로 그 동일한 무기를 들고서 그 동일한 원수의 공격에 맞서서 여러분을 지키시기 바랍니다.

1. **하나님은 지극히 은밀한 죄라도 살피신다**는 것을 말씀이 가르쳐 줄 것입니다. "주께서 우리의 죄악을 주의 앞에 놓으시며 우리의 은밀한 죄를 주의 얼굴 빛 가운데에 두셨사오니"(시 90:8). 밝은 대낮에 모든 것이 환하게 눈에 보이듯이, 그렇게 하나님께서 그 모든 것들을 명확하게 보십니다. 아니, 그가 그것들을 보시고 아시는 것뿐 아니라 그것들을 그의 복수의 화살을 날리실 과녁으로 세워 두시기까지 하십니다. "여호와의 눈은 어디서든지 악인과 선인을 감찰하시느니라"(잠 15:3). 여러분이 골방 문을 닫고 들어가 은밀한 중에 기도할 때에 그가 여러분의 순전함을 상 주시듯이, 은밀한 중에 방문을 닫고 죄를 범할 때에도 그가 그것을 보시고 여러분의 외식에 대해 그대로 보응하실 것입니다. 만일 왕이 보좌에 앉아 "그의 눈으로 모든 악을 흩어지게"(잠 20:8) 한다면 하나님의 눈은 그보다 얼마나 더 강력하겠습니까? 그의 눈이 우리를 향하시면 우리의 죄로 이끌리는 마음속의 모든 은밀한 움직임 하나하나를 다 잡아 내시는 것입니다. 하나님이 여러분의 죄를 보시는 것보다는 차라리 온 세상이 여러분의 죄를 보는 것이 더 낫습니다. 모든 죄 하나하나가 그를 거역하여 행해지는 것이요, 그는 여러분에게 그 죄 하나하나에 대해 정의를 시행하시는 분이시니 말입니다. 그는 의로운 재판장이시므로 그 어떠한 죄도 형벌하지 않고 그냥 지나치실 수가 없습니다. 그러나 어떤 죄들은 더욱 즉각적인 하나님의 보응의 손길을 요하는 것들이 있는데, 그것을 가리켜 "울부짖는 죄"(crying sins)라 부릅니다. 그것들은 그 범죄자의 지위나 권세로 인하여 사람이 감히 벌할 수 없거나, 아니면 은밀하게 범하였으므로 그 범죄의 사실을 사람이 인지할 수 없는 그런 죄들입니다. 가인이 그의 동생을 잔인하게 살해한 죄가 여기에 해당합니다. "네 아우의 핏소리가 땅에서부터 내게 울부짖느니라"(창 4:10. 한글개역개정판은 "울부짖느니라"를 "호소하느니라"로 번역함 — 역주).

2. **여러분의 가슴속에 고발자가 있다**는 것을 말씀이 알려줄 것입니다. 곧, 여러분과 함께하는 양심이 여러분의 모든 세세한 계획들을 증언해 주고, 그 보는 것을 기록해 놓습니다. 아무리 죄를 빨리 지어도 그것이 다 그 사항을 기록해 놓습니다.

양심이 우리 죄를 기록할 때에 쓰는 펜은 촉이 매우 예리하여 죄인의 마음과 영혼을 깊이 도려냅니다. 이방인들도 그들의 생각이 그들을 고발한다고 합니다(롬 2:15). 그런데 양심의 고발만큼 쓰라린 고통은 세상에 없습니다. "사람의 심령은 그의 병을 능히 이기려니와 심령이 상하면 그것을 누가 일으키겠느냐?"(잠 18:14). 누가 일으키겠습니까? 사람도 천사도 일으키지 못합니다. "죄인 자신의 눈보다 더 죄인을 두렵게 하는 눈은 없다. 죄인은 자신의 눈을 피하기를 지극히 바라나 조금도 그것을 피할 수 없다"(베르나르). 그런 불쌍한 자는 마치 사방에 못이 박혀 있는 통 속에 갇힌 레굴루스와 같은 처지여서 어느 쪽으로 몸을 돌려도 찔리고 상처를 받을 수밖에 없는 것입니다. 가인과 사울과 유다 등 이런 처지에 빠진 자들의 안타까운 사례들을 성경에서 읽어 보십시오. 그러면 양심이 서 있는 곳에서 죄를 범하기가 두려워질 것입니다.

3. 말씀을 상고해 보면, 대개 하나님께서는 자기들의 죄를 지극히 은밀하게 감추려 하는 자들을 세상에서 부끄러움을 당하게 하신다는 것을 알게 될 것입니다. 하나님의 이름 중 하나가 "은밀한 것을 나타내시는 이"입니다(단 2:47). 그리고 그는 모든 은밀한 것들 중에서도 "어둠에 감추인 것들"을 — 다른 것들보다 더 어두컴컴한 속에서 범해지는 죄들을 — 잊지 않고 "드러내"시고(고전 4:5), 그것도 이 세상에서 그렇게 드러내시는 경우가 많습니다. 이런 은밀한 죄들에서 사람들은 자기들이 하나님에 대해 얼마나 비열한 생각들을 갖고 있는지를 여실히 드러냅니다. 마치 그가 낮의 하나님이시요 밤의 하나님은 아니시기라도 한 것처럼 말입니다. 그리하여 하나님께서는 사람들의 이런 태도를 입증하시고 또한 그것에 대한 내적인 두려움을 그들의 마음속에 심어 주시고자, 이 여우들을 그들이 파고 들어가 있는 굴에서 파헤쳐내시고 그들의 죄를 세상이 보는 앞에 드러내시는 것입니다. 그 죄들은 오직 자기들과 또한 함께 범죄에 참여한 동행들 외에는 아무도 알지 못할 것이라고 생각했는데 말입니다. 아나니아와 삽비라의 은밀한 죄가 드러났을 때에 바로 그런 효과가 나타났습니다. "온 교회와 이 일을 듣는 사람들이 다 크게 두려워하니라"(행 5:11).

그러므로 사람이 자기들의 죄를 포장하여 세상의 눈에서 숨기려고 노력해도 하나님께서 이처럼 그들을 바보로 만드신 것을 보십시오. 족장들도 형제를 향한 자기들의 부자연스러운 죄를 감추려고 시도했습니다. 늙은 아버지에게 그들이 얼마나 그럴듯한 이야기를 꾸며 댔습니까? 그러나 그는 그들의 말을 그대로 다 믿고 더 이상 추궁하지 않았습니다. 그렇게 많은 형제들이 함께 그 계교에 가담했지만 그들은 자기들끼리 비밀을 잘 지켰고, 누구하나 사실을 누설하지 않았습니다. 이처럼 은폐된 사실이 얼마 만에 드러났습니까? 또한 얼마나 이상스런 섭리로 그들의 악행이 백주에 드러났습니까! 게하시 역시 아주 간교한 일을 꾸미고는 대담하게 주인 앞에서 터무니없이 거짓말을 했습니다. 주인이 자신의 죄를 꿰뚫어보고 있다는 것은 꿈에도 모르고 말입니다. 그러나 이 사람의 죄가 드러났고, 거짓말로 나아만에게서 얻는 의복들 대신 여호와께로부터 또 다른 의복, 곧 죄수복을 받아서 그것을 입을 수밖에 없게 되었습니다. 그는 나병으로 옷 입었습니다. 자기의 수치를 가려주는 다른 의복과는 달리 이 의복은 수치를 온 세상에 드러내는 그런 의복이었고, 아람의 장군에게서 받은 두 벌의 의복보다 더 오래가는 것이었습니다. 평생토록 입어야 하는 것이었고, 그것은 해어지지도 않는 것이요 그의 자녀들도 입어야 하는 것이었으니 말입니다(왕하 5:27). 한 마디로 그는 성도가 아니었습니다만, 은밀하게 사악한 계교를 부려서 자신의 죄의 수치를 감추려 하다가 오히려 자신이 감추려고 했던 그 수치를 완전히 뒤집어쓰게 되고 말았던 것입니다. 우리아가 피를 흘린 것은 오로지 다윗의 체면을 세우기 위한 죄악된 편의수단이었습니다. 밧세바와 벌인 자신의 어리석은 짓이 공공연한 추문이 된다면 그의 위신이 형편없이 추락하고 말 것이었기 때문입니다. 그래서 그는 속히 그런 악한 짓을 시행했습니다. 그런데, 아뿔싸! 모든 일이 결국 그에게 더 큰 수치를 가져오고야 말았습니다. 다윗은 이 일을 통하여 자기가 자기의 위신을 생각하는 것만큼 하나님께서도 하나님 자신의 존귀를 귀중히 여기신다는 것을 알게 될 것이었습니다: "너는 은밀히 행하였으나 나는 온 이스라엘 앞에서 백주에 이 일을 행하리라 하셨나이다"(삼하 12:12). 그렇습니다. 결국 다윗은 자신의 악한 계략을 혐오하게 되었고, 나중에 가서는 전에 자기 죄를 감추려고 전전긍긍했던 것 이상으로 그것을 기꺼이 시인하였습니다. 그러므로 우리는 그가 시편 51편에서 이를테면 백지(白紙) 위에 자신을 세우고서, 세상 끝날까지 하나님의 모든 교회들이 집회에서 성경을 읽을 때마다 볼 수 있도록 스스로 자신의 죄를 고백하는 것을 보게 되는 것입니다.

[사탄은 다른 이들의 실례를 통해서 죄에게로 유혹함]

셋째 경우. 어쩌면 여러분이 다른 이들의 실례들을 통해서 죄에게로 유혹을 당할지도 모릅니다. 사실 실례는 아주 소박한 논거이지만, 그래도 많은 사람들에게 큰 힘을 발휘합니다. 특히 그렇게 죄를 두둔하는 쪽으로 인용되는 사람들의 숫자가 지극히 많거나, 아니면 그들이 최고의 사람들로 여겨지는 경우는 더욱 그렇습니다. 숫자가 지극히 많을 경우는 거짓 마음을 지녔거나 허약한 머리를 지닌 자들에게 큰 힘을 발휘합니다. 마치 죽은 물고기들과 가벼운 지푸라기들이 물에 둥둥 떠서 흘러내려가듯이 말입니다. 죄의 수치가 아무리 커도, 무수한 무리들이 떼로 죄를 지으면 그 수치가 사라지는 법입니다. 모두가 벌거벗고 걸어가면 얼굴을 붉힐 사람이 별로 없을 것입니다. 오히려 혼자서 유별나게 행하며 다수의 무리들을 따르지 않는 자들이 수치를 얻을 것입니다. 모든 궁중의 선지자들이 아합의 귀를 즐겁게 해주는 발언을 하는데도 그들과 합류하지 않고 바른 말씀을 선포하다가 큰 치욕을 당한 미가야처럼 말입니다. 혹은, 지혜와 경건으로 명성을 얻고 있는 자들이 죄를 두둔하는 경우에는 흔히 순진한 자들에게 올무가 됩니다. 그러므로 높은 지위에 있는 자나 훌륭한 은혜를 누리는 자들은 그들의 생각이나 처신을 지극히 삼가야 할 것입니다. 마귀는 그런 자들이 행하는 증언이 우리들에게 잘 먹혀들도록 아주 허풍을 잘 떱니다. 그런 증언들이 온 나라에 울려 퍼질 것이요, 그들의 실례가 곳곳에서 다른 사람들을 끌어들일 것입니다. 아무개 아무개가 이런 생각을 갖고 있고, 이런저런 것을 지지하는데, 그 사람이야말로 여러분이 높이 우러르며 존귀하게 여기는 사람이라는 식입니다. 자, 이럴 경우 말씀으로 돌아가시기 바랍니다. 말씀이 이런 유혹을 물리치게 해 줄 것입니다.

1. 말씀은 **사람들의 실례들을 — 그들이 누구인지 간에 — 말씀에 근거하여 시험할 것을** 명령하고 있습니다. 그들의 생각이 사람들 사이에 인정을 받습니까? "마땅히 율법과 증거의 말씀을 따를지니, 그들의 말하는 바가 이 말씀에 맞지 아니하면 이는 그들에게 빛이 없음이니"(사 8:20. 한글개역개정판은 "이는 그들에게 빛이 없음이니"를 "그들이 정녕 아침 빛을 보지 못하고"로 번역함 — 역주). 사람이 등불을 들고 가는데 거기서 비치는 빛을 보고 우리가 그 사람을 좇는 것입니다. 그 빛이 사라지면 우리도 그 사람을 떠나게 됩니다. 그런데 이 본문의 가르침에 따르면, 말씀에 맞는 생각을 갖고 있지 않은 자에게는 빛이 없는 것입니다. 그러므로 그런 사람은 자기도 자기 자신이 어디로 가는지를 모르는 것이요, 우리도 그가 우리를 어디로 이끌고 가는지를 모르는 것입니다. 또한 여러분이 본받아서 따르는 것이 다른 사람의 행위입니까? 이에 대해 말씀은 무어라고 합니까? "다수를 따라 악을 행하지 말라"(출 23:2). 사람의 모범이나 실례들이 아니라 말씀의 계명이 우리의 보증인 것입니

다. 사람이 죄를 지었는데 그 죄에 다른 선례(先例)가 있다고 해서 그것 때문에 무죄 방면되지는 않습니다. 아담은 여자가 그에게 실과를 주었다고 말했습니다. 하지만 아담은 죄가 면제되지 않고 여자와 함께 정죄를 받았습니다. 여자가 먼저 범죄하였으나, 둘이 똑같이 형벌을 받은 것입니다. 다른 사람이 대담하게도 독을 맛보았다고 해서 여러분도 따라서 그 독을 먹겠습니까? 그 사람이 아무리 독이 없다고 장담해도 그 때문에 독이 덜해지는 것이 아닌 것입니다.

2. 말씀은 아무리 훌륭한 성도도 언제나 올바로 처신하는 것은 아니며 오히려 그 반대로 잘못 실수를 범하는 경우가 너무나 많다는 것을 말씀해 줍니다. "우리가 다 실수가 많으니"(약 3:2). 스스로 곁길로 빠질 소지가 많은 사람이니, 여러분도 곁길로 인도할 소지가 다분한 것입니다. 그러므로 이 세상의 누구보다 거룩한 사람인 바울은 자기를 따라오라고 하면서, 두 눈을 똑바로 뜨고서 그가 그리스도를 따르는지를 살피고서 그를 따를 것을 말씀합니다: "내가 그리스도를 본받는 자 된 것 같이 너희는 나를 본받는 자가 되라"(고전 11:1). 이 세상의 아무리 훌륭한 성도의 아무리 거룩한 삶이라도 말씀에 있는 완전한 거룩의 규범에 비하면 불완전할 수밖에 없고, 따라서 삶을 말씀으로 시험해야만 하는 것입니다. 그러므로 순전한 자는 함께하는 사람이 아니라 길을 살피는 것입니다. "악을 떠나는 것은 정직한 사람의 대로이니"(잠 16:17). 그는 말씀을 살펴서 자기의 길이 선한지 악한지를 판단합니다. 그 길이 악하다는 것이 드러나면 아무리 훌륭한 성도가 함께 가자고 해도 그 길로 가지 않습니다. 사실 하나님께서 어떤 이들이 그릇된 길로 들어가는 것을 허용하는 것은 다른 이들의 순전함을 증명하기 위함입니다. "너희 중에 이단이 있어야 너희 중에 옳다 인정함을 받은 자들이 나타나게 되리라"(고전 11:19. 한글개역개정판은 "이단"을 "파당"으로 번역함 — 역주). "너는 그 선지자나 꿈꾸는 자의 말을 청종하지 말라. 이는 너희의 하나님 여호와께서 너희가 마음을 다하고 뜻을 다하여 너희의 하나님 여호와를 사랑하는 여부를 알려 하사 너희를 시험하심이니라"(신 13:3). 지금까지 이 말씀의 검을 사용하여 — 마치 그룹의 손에 들려 있는 것처럼 — 그리스도인이 어떠한 경우라도 죄를 범하지 않도록 스스로를 지키는 몇 가지 경우들을 말씀드렸습니다.

[죄의 유혹에서 우리를 지키기 위해서는 말씀을 마음에 간직해야 함]

셋째 지침. 말씀을 마음에 간직하십시오. 다윗이 바로 이렇게 했습니다. "내가 주께 범죄하지 아니하려 하여 주의 말씀을 내 마음에 두었나이다"(시 119:11). 죄를 멀리하는 데에 효과를 발휘한 것은 손에 들고 읽는 성경도, 혀 위에 있어서 말로 이야기하는 말씀도, 머리에 있어서 개념적인 지식을 얻게 해주는 말씀도 아니었습니다. 오직 마음에 간직한 말씀이 죄를 물리치는 역사를 이루었습니다. 몸에 영양분을 주는 것은 접시에 들어 있는 음식이 아니라 위(胃)에 들어 있는 음식이며, 몸의 질병을 치료해 주는 것도 잔 속에 들어 있는 약이 아니라 몸에 섭취한 약인 것입니다. 자, 성경에서 "마음"이란 영혼의 온갖 기능들을 뜻하는 것으로도 사용되지만, 주로 양심과 그 정서(affections)를 뜻하는 것입니다.

첫째. 성경에서 마음은 흔히 **양심**을 뜻합니다. "이는 우리 마음이 혹 우리를 정죄할 일이 있어도 하나님은 우리 마음보다 크시고 모든 것을 아시기 때문이라"(요일 3:20. 한글개역개정판은 "정죄"를 "책망"으로 번역함 — 역주). 즉, 우리의 양심이 우리를 올바로 정죄한다면, 우리의 처지가 아주 절박해진다는 것입니다. 왜냐하면 우리가 우리에 대해 아는 것보다 하나님이 우리에 대해 더 많은 것을 아시고, 따라서 우리의 양심이 보지 못하는 갖가지 죄들에 대해서도 그가 우리를 정죄하실 수 있기 때문입니다.

그러므로 그리스도인 여러분, 말씀을 여러분의 마음에 — 즉, 여러분의 양심에 — 간직하기를 힘쓰기 바랍니다. 말씀이 거기서 보좌에 앉아 있게 하십시오. 그러면 그것이 여러분을 거룩한 두려움 속에 있게 할 것입니다.

1. 말씀을 신적인 권위로 인쳐진 것으로, 위대하신 하나님이 그의 초라한 피조물인 여러분으로 하여금 기준으로 삼아 행하도록 주시는 법으로 바라보십시오. 이것이 여러분의 양심에 각인되어 있으면 죄를 생각만 해도 두려워하게 될 것입니다. 죄는 하나님의 법을 멸시함으로써 감히 하나님 자신을 찌르는 반역자의 단검인 것입니다. 자객들도 임금을 살해하려 하다가도 그의 이마에서 번쩍이는 인간적인 위엄에 눌려서 마음이 요동하여 감히 그렇게 하지를 못하기도 하는데, 그의 말씀에서 나와서 피조물의 양심 속에 드리워지는 위대하신 하나님의 위엄은 얼마나 더 처절하게 두렵겠습니까? 조물주에 대해 반역을 저지를 수가 없게 되지 않겠습니까? "고관들이 거짓으로 나를 핍박하오나 나의 마음은 주의 말씀만 경외하나이다"(시 119:161). 이는 마치 "나의 죄로 인하여 주의 말씀이 나의 원수가 되게 하느니 차라리 나의 거룩으로 인하여 그들에게 진노를 사겠나이다"라는 뜻과도 같

습니다.

2. 하나님의 말씀을 그 큰 날 여러분이 받을 심판의 기준이 될 그 법으로 바라보십시오. "하나님이 사람들의 은밀한 것을 … 나의 복음에 따라서 심판하시리라"(롬 2:16. 한글개역개정판은 "나의 복음에 이른 바와 같이 하나님이 … 사람들의 은밀한 것을 심판하시는"으로 번역함 — 역주). 그 때에 여러분의 양심의 책이 펼쳐지고 또한 이 법과 비교될 것이며, 여러분의 재판장이신 그리스도께서 그것에 준하여 생명이나 사망을 선고하실 것입니다. 여러분이 그 날에 어떻게 될 것인지를 사전에 미리 알 수도 있습니다. 지금 초라한 목사가 말씀을 열어 여러분의 양심에 적용할 때에 그 말씀 앞에서도 설 수가 없다면, 그리스도께서 말씀을 여실 때에는 대체 어떻게 하겠습니까? 지금은 말씀에 근거하여 여러분의 양심이 여러분을 정죄하지만 그것은 최종적인 정죄가 아닙니다. 시의적절한 회개와 믿음을 통하여 이러한 은밀한 양심의 선고가 얼마든지 뒤집어질 수 있으며, 또한 그리고 지금 여러분을 묶어 사망에 내어주는 그 말씀이 여러분을 무죄 방면하고 의롭다고 선포할 것이니 말입니다. 그러나 그 큰 심판 날에는 여러분에 대해 최종적인 결정이 있을 것입니다. 그 날의 심판이 여러분을 정죄하면, 여러분은 영원토록 잃어버린 사람일 수밖에 없습니다. 선고가 뒤집어지는 일이 절대로 없습니다. 형 집행정지 같은 것도 없습니다. 재판장의 입에서 선고가 나가자마자, 죄인이 즉시 그 얼굴을 가린 채 형 집행자의 손에 넘겨지는 것입니다. 그러니 하나님의 말씀에 의하여 모든 죄인을 매어달게 될 교수대가 세워지고 영원한 사슬이 준비되고 있는 것이 보이는데도 정욕을 환영하고 감히 죄를 범하겠습니까? 여러분에게 드리워질 선고를 읽으면서도, 여러분의 목을 앗아가고야 말 죄를 좋아할 수가 있단 말입니까?

둘째. 마음은 성경에서 가장 비근하게 의지와 애착을 뜻하는 것으로 사용됩니다. "내 아들아 네 마음을", 즉 네 사랑을 "내게 주며"(잠 23:26), 그리하여 "그를 사랑하며 마음을 다하고 뜻을 다하여 네 하나님 여호와를 섬기라"(신 10:12). 그러므로 그리스도인 여러분, 말씀을 여러분의 마음에 간직하는 것이야말로 죄의 독을 막는 희귀한 방책이 될 것입니다. 사랑의 사슬은 두려움의 사슬보다 더 강합니다. 헤롯이 요한을 두려워하였으나 헤로디아를 향한 사랑이 그 두려움보다 훨씬 더 강했습니다. 요한을 두려워하는 것이 그의 양심을 어느 정도 붙잡고 있었고 한동안 그의 손을 제어하고 있었습니다. 그러나 그의 앞잡이에게 온통 애착이 가 있었고, 그런 마음이 그의 손을 풀어놓고 말았습니다. 헤로디아에 대한 사랑으로 인하여 요한에 대한 존경심을 떨쳐 버렸고, 결국 그의 피를 흘리는 데에 손을 더럽히고 말았습니다. 오직 명령에만 붙잡혀 있고 또한 양심을 울리는 두려움의 사슬에 매여 어쩔 수 없이 선한 행실을 행하는 자는 그런 것이 사라지면 순종도 떨쳐 버리고 마는 법입니다. 그러나 말씀과 또한 그 계명들의 순결함을 사랑하는 자는 결코 배반할 수가 없습니다. 그런 자가 죄를 범하면, 법을 어긴 것에 대해 상처를 받고 또한 이에 못지 않게 그 자신의 마음에 깊은 상처를 받으며, 하나님을 불쾌하게 한 것에 대해 두려워 몸서리치는 것입니다. "내가 주의 증거들을 사랑하나이다. 내 육체가 주를 두려워함으로 떨며 … 두려워하나이다"(시 119:119, 120). 사랑에서 비롯되는 두려움이야말로 복된 두려움입니다. 자, 이제 여러분의 마음에 말씀에 대한 사랑의 불꽃이 일어나도록 하기 위하여 다음을 깊이 생각하기 바랍니다. 곧, 말씀이 세상에서 여러분이 지닌 **가장 신실한 권고자**요 또한 **가장 따뜻한 위로자**라는 사실입니다.

1. 말씀은 여러분의 가장 신실한 권고자입니다. 말씀은 여러분의 모든 과오들을 선명하게 지적해 주며, 죄가 여러분에게 놓여 있는 것을 그냥 지나치지 않고, 영혼의 고귀한 생명을 노리는 그 원수를 지적해 줍니다. 사탄과 또한 여러분이 사모하는 정욕들이 여러분을 향하여 갖고 있는 온갖 계교들을 드러내 줍니다. 그렇기 때문에 다윗은 말씀을 그토록 사랑하였고, "또 주의 종이 이것으로 경고를 받았던" 것입니다(시 19:11). 다른 모든 선한 기능들 외에도 말씀은 여러분에게 모든 위험에 대해 경고해 주며 또한 그것을 어떻게 피할지도 보여 줍니다. 그러니 여러분이 말씀을 얼마나 사모해야 마땅한지 모르는 것입니다! 아사수에로가 모르드개가 한 번 그를 대적하는 반역을 미리 발견하여 그의 목숨을 구해 준 것으로 그에게 풍성한 존귀를 베풀어 주었습니까? 그렇다면 하나님의 그 선한 말씀은 얼마나 더 존귀하게 여기고 사랑해야 하겠습니까? 그것이 그렇게도 자주 여러분의 영혼을 영적인 원수들의 손에서 구해 주었고, 또한 죄의 함정을 피할 수 있도록 날마다 경계를 주니 말입니다. 그것이 없다면 그 원수들을 발견하는 것도, 그들을 피하는 것도 불가능했을 것입니다. 다윗은 격정에 휩싸여 피를 흘릴 뻔한 상황에서 아비가일의 선한 권면을 통하여 그 일을 피할 수 있었고, 그런 그녀의 지혜와 사랑에 크게 감복하여 그녀를 아내로 삼고 품에 안음으로써 그녀의 호의에 대해 상을 베풀었습니다. 그렇다면 말씀이 여러분에게 베푼 권면들에 감복하여 그 말씀을 깊이 사랑해야 마땅하지 않겠습니까?

2. 말씀은 여러분의 가장 따뜻한 위로자입니다. 가련한 영혼이 죄책으로 괴로워하며 또한 자신의 죄에 대해 하나님이 내리실 진노에 대한 공포로 시달릴 때에, 이 세상의 쾌락과 보화들은 얼마나 형편없는 위로자들인지 모릅니다! 그런 영혼의 괴로움을 도무지 달래 줄 수가 없으니 말입니다! 해변가에 서서 멀리 바다에서 친구가 빠져 죽는 것을 지켜보면서도 그에게 다가가 도와줄 방법을 알지 못하는 사람이나 마찬가지입니다. 파도 위를 걸어서 그에게로 나아가 영혼을 안돈시킬 수 있는 것은 오직 말씀밖에는 없습니다. 아무리 절망의 바다의 밑바닥을 헤매고 있을지라도 말씀은 능히 영혼을 회복시키고 수면 위로 떠오르게 할 수 있는 것입니다. 영혼이 마치 속수무책인 뱃사람들처럼 망연자실해 있고 어찌할 줄을 몰라 하더라도, 그 때에 말씀이 일어나 — 마치 그들 앞에서 바울이 일어난 것처럼 — 그 영혼에게 이렇게 말하는 것입니다. "불쌍한 영혼아, 내 음성을 들었어야 옳았다. 그랬다면 이렇게 하나님을 거슬러 죄를 범하여 그대의 포구에서 떠내려와서 이렇게 해로운 처지에 이르지는 않았을 것을. 하지만 기운을 내라. 이리저리 행하라. 그대의 어리석음을 회개하고, 속히 그리스도 예수 안에서 그대의 하나님께로 돌아가라 그러면 그대의 생명을 잃지 않으리라. 주께 사유하심이 있으니 그를 두려워할 것이니라." 이처럼, 다른 모든 환난 속에서와 같이, 말씀이 성도에게 위로를 주는 것입니다. 세상이 성도에게 쓰디쓴 쓸개즙을 줄 때에 말씀은 그에게 포도주를 가져다 줍니다. 세상에서 십자가들과 괴로움거리들 밖에 만나지 못할 때에 말씀은 따뜻한 위로를 통하여 심령을 새롭게 해 줍니다. 그리스도인은 여기서 그의 모든 근심거리들을 없애주고 깨끗이 씻어주는 시원한 물을 얻는 것입니다. 메마르거나 더운 지방에서는 시원한 샘물이 얼마나 귀한 보배인지 모릅니다. 그리스도인 여러분, 구원의 우물에서 몇 번이나 시원한 물을 마셨는지를 생각하면, 다윗과 함께 이렇게 외치게 될 것입니다: "내가 주의 법도들을 영원히 잊지 아니하오니 주께서 이것들 때문에 나를 살게 하심이니이다"(시 119:93). 여러분의 원수가 여러분이 위로를 얻지 못하도록 여러분의 우물을 가로막으려고 애쓰는 것은 이상한 일이 아닙니다만, 여러분이 그에게 설득 당하여 여러분 스스로 우물을 가로막게 된다면 이것은 정말 이상한 일일 것입니다.

[은혜의 보좌 앞에 나아가 죄에 관한 약속을 탄원하여야 함]

넷째 지침. 은혜의 보좌 앞에 나아가 죄에 관한 약속을 탄원하십시오. 법이 자기편에 있는 자는 임금을 상대로 소송을 제기할 수 있고, 약속이 자기편에 있는 자는 겸손한 담대함으로 하나님께 요청할 수 있을 것입니다. 몸 속의 핏줄에 동맥이 있어 그 속으로 피가 공급되듯이, 말씀 속의 계명들에도 약속들이 있어 그리스도인에게 용기와 능력을 주어 임무를 다하게 해주는 것입니다. 기도하라는 명령이 있습니까? 또한 기도를 가능하게 해주시리라는 약속이 있습니다(슥 12:10; 롬 8:26). 하나님께서 우리의 마음을 그에게 드릴 것을 요구하십니까? "내 아들아 네 마음을 내게 주며"(잠 23:26). 약속은 이렇게 말씀합니다: "새 마음을 너희에게 주되 너희 육신에서 굳은 마음을 제거하고 부드러운 마음을 줄 것이며"(겔 36:26). 하나님께서 우리에게 부패한 것들을 죽이라고 명하십니까? 그런데 그가 또한 "죄가 너희를 주장하지 못하리니"(롬 6:14)라고 약속하시지 않습니까? 자, 이 약속을 얻기 위해서는 믿음으로 은혜의 보좌 앞에 그것을 탄원하고 간청해야 합니다. 계명이 명하는 것을 믿음의 기도가 간청하여 얻는 것입니다. 그러므로 하나님을 여러분께로 모셔들이십시오. 먼저 천국을 침노하십시오. 그러면 죄와 지옥에 사로잡히기를 두려워하지 마십시오. 천국을 얻은 것이니 말입니다. 이제 여러분은 여러분 자신의 수고가 아니라 하나님의 수고에 의지하여 싸우는 것입니다. 하나님이 여러분을 싸움터에 두시니 그가 이기게 하실 것입니다. 다윗은 무사였고, 원수를 상대로 무기를 다룰 줄 아는 사람이었습니다만, 하나님을 그의 곁에 두기까지는 감히 스스로 성공을 약속하지 않았습니다: "나의 발걸음을 주의 말씀에 굳게 세우시고 어떤 죄악도 나를 주관하지 못하게 하소서"(시 119:133). 그러나 여러분 자신의 결단의 힘으로 승리를 훔칠 생각을 하면, 반드시 무너지고 말 것입니다. 그리고 그렇게 무너진다는 것이 긍휼일 것입니다. 왜냐하면 실패로 인하여 겸손을 배우게 될 것이기 때문입니다. 승리는 여러분을 더욱 교만하게 만들 것이요, 그렇게 되면 그것은 정말 안타까운 승리가 되고 말 것입니다. 한 가지 죄와의 싸움에서 얻은 전리품들을 다른 죄가 취하여 가버리니 말입니다. 여호사밧은 싸움터에 내보낼 군대가 거의 백만 명이나 되었고 그들을 다 내보내도 자기의 호위대는 그대로 남아 있는 정도였으나, 속히 올바른 길을 취하였습니다. 훌륭한 인간적인 수단이 있었으나 마치 자기를 위해 싸울 사람이 하나도 없는 것처럼 하나님의 전적인 도우심을 구한 것입니다: "우리 하나님이여 그들을 징벌하지 아니하시나이까? 우리를 치러 오는 이 큰 무리를 우리가 대적할 능력이 없고 어떻게 할 줄도 알지 못하옵고 오직 주만 바라보나이다"(대하 20:12). 만일 알렉산더 대왕이나 가이사 황제가 그런 군대를 거느리고 있었다면, 그들이 어떻게 처신했을지 분명합니다. 그러나 여호사밧은 거룩하고 겸손한 자로서 그들보다 더욱 훌륭하게 처신했습니다. 그는 만군의 여호와께서 함께 하시지 않으면 아무리 많은 대군이라도 결국 아무것도 아니며, 아무리 용맹한 자들이라도 그들을 지으신 자의 허락이 없으면 전투의 날에 용기도 힘도 발휘할 수 없다는 것을 잘 알고 있었습니다. 그리스도인 여러분, 여러분이 하나님께로부터 은혜를 받았다 할지라도 그것을 자극시켜 힘을 발휘하게 해줄 새로운 은혜를 하나님께로부터 받지 않으면, 시험의 순간에 여러분의 은혜를 사용할 수가 없다는 것을 알아야 합니다. 여러분이 이 은혜를 하나님께로부터 기대한다면, 하나님께서는 여러분에게서 그것에 대한 간구를 들으시기를 기대하시는 것입니다. 하나님은 그가 약속하신 것을 여러분이 은혜의 보좌 앞에 탄원하기까지는 그것을 베풀어 주시지 않으십니다만, 그렇다고 해서 하나님이 약속하시고서 그 약속하신 것을 주기를 싫어하신다고 말해서는 안 될 것입니다. 하나님이 이 방법을 취하시는 것은 다만 그 약속하신 것을 주시는 과정에서 그의 영광을 드러내시기 위함이며, 또한 이렇게 기도를 통해서 그것을 얻음으로써 우리로 하여금 더 큰 위로를 얻게 하시기 위함인 것입니다.

—

넷째 대지

[외적이며 내적인 환난들에 대항하여 말씀의 검을 사용하는 법에 관한 지침들]

이제는 그리스도인이 마지막 네 번째 원수 — 외부에서 침입하며 내부에서 그리스도인을 괴롭히는 온갖 환난거리들로 이루어진 군대 — 를 대항하여 자신을 방어하기 위하여 이 말씀의 검을 사용하는 법에 관하여 지침을 드리므로 조금 도움을 드리고자 합니다. 그리스도인은 마치 여러 집들이 울타리도 쳐 있고 언덕이나 수풀을 등지고 있어서 한쪽에서만 바람이 불 수 있도록 서 있는 것처럼 그런 식으로 이 세상에 서 있는 것이 아닙니다. 아닙니다. 그는 사방에서 폭풍과 광풍이 몰아칠 수 있는 허허벌판에 서 있는 것입니다. 욥의 자녀들은 "집 네 모퉁이를 치는" 이상한 바람에 휩싸여 죽임을 당했습니다. 과연 그렇습니다. 그리스도인에게는 환난들이 그런 식으로 에워쌉니다. 어느 한 모퉁이도 공격하지 않고 내버려 두지 않는 것이 없습니다. 사방에서 동시에 공격을 받는 경우도 매우 허다합니다. 경제적으로도 위기에 처하고, 몸도 허약하고, 동시에 심령에도 괴로움이 엄습하는 식입니다. 이처럼 환난의 파도가 동시에 한꺼번에 몰아칠 때에는 그리스도인의 마음이 상처를 받지 않고 든든히 견디기가 쉽지 않은 법입니다. 아무리 훌륭한 성도라도 낙담하고 동요하며, 때로는 크게 괴로워하기도 하는데, 이것이 복음의 원리들이 그들을 뒷받침하고 위로를 주기에 결함이 있기 때문이 아니라는 것은 너무도 분명합니다. 오히려 성도들이 그렇게 되는 것은 갖가지 상황 속에서 복음의 원리들을 자신에게 제대로 적용시키지 못하는 그들 자신의 무능력과 미숙함 때문일 것입니다. 지금 제 임무는 연약한 그리스도인에게 몇 마디 권면의 말씀을 — 어떻게 하면 이 말씀의 검을 잘 사용하여 외부에서 오는 환난이나 내부에서 일어나는 심령의 동요에서 자신을 잘 방어하고 위로를 지킬 수 있느냐 하는 것에 대해 — 드리는 것입니다. 여기서 구체적인 사례들은 거론하지 않고 — 그렇게 하자면 방대한 분량이 필요할 것이니 여기서는 적절치 않을 것입니다 — 다만 모두에게 적용될 수 있는 몇 가지 일반적인 규범들을 말씀드리는 것으로 만족해야 할 것입니다. 말씀 중에 용기를 주고 회복을 주는 부분 — 즉, 주로 괴로움과 번민 중에 있는 영혼에게 위로를 주기 위해 마련된 말씀들 — 이 약속들에 포함되어 있습니다. 오직 이 부분들을 잘 공부하고 새기는 것만이 여러분을 평안한 그리스도인으로 만들어 줄 수 있습니다. 자 여러분, 약속들을 잘 새겨서 괴로움이 닥치는 날에 사탄에게 무너지고 짓밟히지 않고 소망과 확신으로 현재의 괴로움의 파도 위로 머리를 높이 들게 되기를 바라십니까? 그렇다면 여러분을 돕기 위해 드리는 다음 몇 가지 일반적인 규범 혹은 지침들을 잘 들으시기 바랍니다. 첫째. 그 약속들에 여러분이 해당이 되는지, 여러분이 그 약속들에 대해 권한이 있는지를 분명히 확인하는 일을 최우선의 과제로 삼으십시오. 둘째. 그 약속들을 잘 구분하며 적절한 위치를 잘 파악하십시오. 셋째. 그 약속들의 범위를 관찰하십시오. 넷째. 그 약속들을 많이 묵상하십시오. 다섯째. 은혜의 보좌 앞에서 그 약속들을 탄원하십시오. 여섯째. 그 약속들을 탄원한 다음 그 약속들을 이루실 하나님의 능력과 진실하심에 대해 여러분의 믿음을 발휘하십시오.

[우리가 과연 그 약속들에 해당되는지를 선명히 바라보아야 함]

첫째 지침. 그 약속들에 여러분이 해당이 되는지, 여러분이 그 약속들에 대해 권한이 있는지를 분명히 확인하는 일을 최우선의 과제로 삼으십시오. 이 문제를 명확히 해결하지 않으면 괴로움이 닥칠 때에 이것이 여러분과 사탄 사이에 큰 논란거리가 될 것입니다. 오오 여러분, 불쌍한 그리스도인이 어두운 환난의 밤에 약속의 문 앞에 서 있으면서도 손잡이를 잡아 당겨 문을 열기를 두려워하니 이 얼마나 안타까운 일인지 모릅니다! 마치 자녀가 아버지의 집에 들어가듯이 담대히 문을 열고 그 보금자리로 들어가야 하는데 말입니다. "내 백성아 갈지어다. 네 밀실에 들어가서 네 문을 닫고 분노가 지나기까지 잠깐 숨을지어다"(사 26:20). 약속에 대해 권리가 있는 자는 말씀이 그 자신의 양심에게 그 사실을 입증해 주는 것이요, 그렇게 되면 그의 평안한 마음이 쉽사리 흔들리지 않는 법입니다. 나봇은 왕이 좋아하든 나빠하든 전혀 개의치 않고 자신의 기업을 버리려 하지 않고, 죽으면서까지 자신의 권리를 굳게 지켰습니다. 욥에게도 마찬가지로 그런 결단이 있었습니다: "내가 죽기 전에는 나의 온전함을 버리지 아니할 것이라"(욥 27:5). 이것이 그가 천국에 속해 있다는 것을 입증해 주는 그의 증거였습니다. 그러므로 사탄이 아무리 꾀를 부려서 그로 하여금 그것을 던져 버리게 만들려 애써도 결코 뜻을 이루지 못했습니다. 그의 권리가 선명했고, 그래서 그는 사탄이 아무리 논란을 제기해도 거기에 넘어가지 않았던 것입니다. 아니, 하나님께서 그의 섭리로 그에게 극심히 대하고 그를 마치 원수처럼 대하실 때에 그는 하나님 앞에서도 그 권리를 주장하기를 두려워하지 않았습니다: "주께서는 내가 악하지 않은 줄을 아시나이다!"(욥 10:7). 자기에게 죄가 없다고 말한 것이 아니라, 하나님께 자신의 신분을 변호하여 자신이 "악하지 않다"는 사실을 겸손히 아뢴 것입니다. 이로 인하여 그 힘겨운 고난 중에서도 그의 소망의 마차가 계속해서 굴러갔고, 비록 때로 기우뚱거리고 흔들리기는 했으나 한 번도 전복된 일이 없었던 것입니다.

[성경의 약속들이 우리에게 해당된다는 것을 선명히 아는 법]

질문. 하지만 내가 그 약속들에 대해 권리가 있는지를 어떻게 알 수 있을까요?

첫째 답변. 여러분이 믿음으로 말미암아 그리스도와 연합하여 있는지 그렇지 않은지를 확인하십시오. 그 약속들은 아무나 다 누릴 수 있는 것이 아니라 그리스도의 양떼들만이 먹고 누릴 수 있는 것입니다. "너희가 그리스도의 것이면 곧 아브라함의 자손이요 약속대로 유업을 이을 자니라"(갈 3:29). 약속은 아내에게 남겨진 유산이므로 그리스도와 혼인하지 않고서는 취할 수 없는 것입니다. 그리고 믿음은 영혼이 그리스도를 복음에 제시되는 대로 취하겠다고 동의를 표하는 은혜입니다. 그러므로 그것을 가리켜 그리스도를 영접하는 것으로 부르는 것입니다(요 1:12). 여러분은 분명 그리스도를 전하는 자들의 말씀 사역을 통해 그를 소개받고서, 그리스도에 관하여 마치 그 옛날 리브가가 이삭을 남편으로 취하는 일에 대해 받았던 것과 같은 질문을 받았을 것입니다. 곧, "네가 이 사람과 함께 가려느냐?"(창 24:58)라고 말입니다. 그들은 말씀에 근거하여 그리스도의 영광을 여러분에게 제시하며, 그가 누구신지, 그가 무엇을 가져다주시는지를 말씀했습니다. 그리하여 여러분은 그리스도께서 여러분과 혼인하시며 여러분을 그의 사랑하는 아내로 취하실 조건들에 대해서도 들었을 것인데, 곧 다음과 같은 조건들이 그것입니다.

1. 전에 여러분이 사귀었던 다른 애인들을 다 돌려보내는 것입니다. 그는 여러분에게 다른 애인이 있는 것을 용납하지 않으십니다. 이스라엘의 입에서 바알들의 이름이 제거되어야만 비로소 하나님께서 그 백성과 혼인을 맺으시는 것입니다(호 2:17, 18).

2. 그의 사랑은 물론 그의 법도 좋아하는 것입니다. 그리스도께서 주인이 되지 못하신다면 남편도 되지 않으실 것입니다.

3. 흥하거나 쇠하거나 그를 남편으로 취하며, 그의 면류관이나 그의 십자가나 똑같이 받아들인다는 것입니다. 그리스도와 함께 다스리는 것은 물론 그를 위하여 고난 받는 것도 기꺼이 당한다는 것입니다. 자, 여러분, 이 조건들에 대해 어떻게 생각하십니까? 그리스도에 대해 나타난 사실들을 보고 그를 좋아하게 되었습니까? 그에 대해 도저히 그칠 줄 모르는 열정이 속에서 불타오를 만큼 과연 그가 여러분의 눈에 무한히 사랑스러우며 여러분의 영혼에게 고귀합니까? 한때 사모하는 갖가지 정욕들을 다 버리고서 과연 그를 얻고자 하는 마음이 간절합니까? 그의 품에 안기고 싶어서 여러분의 모든 육신적인 쾌락거리들과 죄악된 즐거움들을 다

내던져 버립니까? 그가 과연 여러분의 애인이 되시는 것은 물론 여러분의 주(主: Lord)가 되시는 것을 기꺼이 바랍니까? 한 마디로, 여러분이 그에게 완전히 매료되어 그가 없이는 도무지 살 수가 없고, 그를 즐거워하는 것이 아니면 달리 아무런 즐거움도 얻을 수 없습니까? 그의 사랑과 또한 그의 사랑스러움이 쏜 화살에 맞아 여러분의 마음에 상처를 받았고, 그가 친히 그 상처를 치료할 수 있는 유일한 치료약을 여러분에게 발라 주시는 것입니다. 그가 원하시는 것을 여러분의 손에 요구하시게 하십시오. 그가 명하시는 그 어떠한 것도 다 행할 것입니다. 그가 여러분에게 아버지와 아버지의 집을 떠나라고 명하시면, 세상 끝까지라도 그를 따라갈 것입니다. 그가 여러분더러 그를 위하여 이 세상에서 비천하고 가난하라고 말씀하시면, 그 없이 세상을 통치하는 것보다는 그와 함께 구걸하는 것을 기꺼이 따를 것입니다. 그렇습니다. 그 없이 살기보다는 그를 위하여 죽기를 택할 것입니다. 자주의 복된 자들이여, 나아오십시오. 그리고 약속의 팔찌들을 차십시오. 그것들은 제가 그리스도의 손에서 받아 전해 주고 그의 이름으로 혼인을 약속하는 사랑의 증표들입니다. 그리스도께서 친히 여러분과 정혼하시니 여러분은 과연 복된 영혼입니다. 믿지 못하는 두려움으로 더 이상 고민하지 마십시오. 그리스도께서는 영혼의 감정들을 이리저리 엉클어지게 만들고 또한 그가 영혼의 사랑을 얻으신 후에 자기의 사랑을 그들에게 주지 않으시고 그들을 내던져 버리는 그런 분이 아니시라는 것을 알고 위로를 얻으시기 바랍니다.

둘째 답변. 약속이 여러분의 영혼에게 어떤 효과를 주는지를 살피시기 바랍니다. 약속에 대해 권리가 있는 자들은 누구나 그 약속으로 말미암아 변화됩니다. 사탄이 "너희가 결코 죽지 아니하리라"(창 3:4)라는 약속을 통해서 독의 씨앗을 하와의 마음속에 뿌렸고, 그리하여 하와가 죄를 품게 되었고 결국 사탄의 더러운 본성과 흡사하게 변하여 마귀처럼 악하게 되었듯이, 하나님께서도 복음의 약속들을 사용하셔서 — 그러므로 이 약속들을 "썩지 아니할 씨"(벧전 1:23)라고 부릅니다만 — 택한 자들의 마음속에 그의 형상과 모양을 낳으시는 것입니다. "그 보배롭고 지극히 큰 약속을 우리에게 주사 이 약속으로 말미암아 … 신성한 성품에 참여하는 자가 되게 하려 하셨느니라"(벧후 1:4). 즉 여러분을 마치 하나님 자신처럼 만들어 줄 천상의 거룩한 성품들과 기질들에 참여하는 자가 되게 하셨다는 뜻입니다. 복음의 약속들은 그 속에 적합성을 갖고 있고, 그리하여 하나님의 성령으로 말미암아 적용될 때에는 그것이 마음을 깨끗하게 하고 양심을 평안하게 하는 능력을 갖는 것입니다. 그리스도께서는 제자들에게 말씀하시기를, "너희는 내가 일러 준 말로 이미 깨끗하여졌으니"라고 하셨습니다(요 15:3). 그러므로 여러분, 손을 마음에 얹고 자유롭게 말하십시오. 그 약속들이 여러분에게 거룩한 방향으로 변화시키는 역사를 이루었습니까? 그 약속들을 접한 이후 그 이전보다 하나님의 어떤 점을 여러분의 마음에 더 품게 되었습니까? 어떤 이들은 약속들을 죄를 막는 논리보다는 죄를 보호하는 논리로 사용하기도 합니다. 죄가 계명을 기회로 삼아 육신적인 마음속에 온갖 욕망들을 불러일으키는 것처럼, 많은 사람들이 약속을 근거로 더욱 대담하게 자유로이 죄를 범하는 것을 봅니다. 마치 가짜 약장수들이 자기들이 파는 치료약의 효능을 과시하기 위하여 독을 마시는 것처럼 말입니다. 자, 그 약속이 과연 여러분의 마음속에 이 둘 중 어떤 식으로 역사합니까? 만일 약속의 인(印)이 하나님의 형상의 자국을 여러분에게 남기지 않는다면, 그 약속은 여러분에게 아무런 소용이 없습니다. 그것이 여러분에게 거룩을 전혀 이루어내지 못한다면, 그것은 여러분에게 전혀 기쁨이 되는 것이 아닙니다. 한 마디로, 그 약속이 여러분에게 은혜의 씨앗이 되지 못하면, 영광의 증거도 될 수 없는 것입니다. 그러나 만일 여러분이 과연 그 약속이 여러분에게 하나님의 서명(署名)을 남겨둔다는 것을 발견할 수 있다면, 그것이 과연 여러분을 향한 하나님의 사랑과 은혜를 확신시켜줄 것입니다.

셋째 답변. 명령의 말씀에 대해 여러분의 마음이 어떤 자세로 서 있는지를 살피십시오. 그 약속이 여러분의 입맛에 아주 달콤할 수도 있을 것입니다. 그것을 마치 설탕 덩어리처럼 혀 밑에 넣고 굴리지만, 여러분의 이(齒)가 그 명령을 마치 담즙이나 쓰디쓴 쑥처럼 여겨 꼭 깨물고 있지는 않습니까? 약속에 대해서는 미소짓지만, 임무를 다하라는 명령이 주어지면 안색이 변하고 이맛살을 찌푸리지는 않습니까? 하나님이 마치 종에게 무겁기 그지없는 짐을 지워서 등골이 휘게 만드는 무자비한 주인 같은 분이시기라도 한 듯 말입니다. 여러분은 여러분 자신이 이따금씩 명령을 어겨도 약속에 대한 권리를 몰수당하지 않도록 재량권이 주어졌으면 하고 마음으로 바랄 수도 있습니다만 그런 것은 기대할 수가 없기 때문에, 마음속에 세워 놓은 무슨 쾌락이나 이익의 우상에게 절하도록 여러분 자신을 내버려 두고, 그리고는 하나님께서 여러분에게 자비를 베푸시기를 바랄 수도 있을 것입니다. 하나님 앞에 담대하게 나아갈 길은 오로지 그의 자비를 구하는 것밖에 없으니 말입니다. 그러나 만일 이런 신발이 여러분의 발에 꼭 맞다면 — 이것이 여러분의 마음의 진정한 성격이라면 — 여러분은 절대로 약속에 해당되는 자가 아닙니다. 시편 50:15("환난 날에 나를 부르라 내가 너를 건지리니 네가 나를 영화롭게 하리로다")에는 큰 위로를 주는 약속이 주어져 있습니다만, 불순종하는 몹쓸 자들이 침투하여 그 감미로운 열매를 얻는 일이 없도록 그 주위에 보초가 세워져 있습니다. "악인에게는 하나님이 이르시되 네가 어찌하여 내 율례를 전하며 내 언약을 네 입에 두느냐? 네가 교훈을 미워하고 내 말을 네 뒤로 던지며"(16, 17절). 반대로, 거룩한 명령이 거북스러운 것이 아니라 여러분 자신이 그 명령을 더 완전하게 순종할 수 없다는 것이 거북스럽다고 — 하나님의 법을 지키는 것이 괴로운 것이 아니라 그 법을 어기는 것이 괴롭고, 또한 너무도 자주 실족하지만 그럼에도 불구하여 마음으로 그 법을 붙잡으며, 넘어진 그 자리에 그냥 누워 있지 않고 몸을 일으키며 다시 넘어지지 않기 위해 걸음걸이를 제대로 고치고 있다고 — 진심으로 말할 수 있다면, 불쌍한 여러분, 이처럼 명령에 대해 순전한 존중이 있다는 것이야말로 여러분이 진정 약속에 대해 권리가 있다는 가장 확실한 증거라는 것을 알고 위로를 받으시기 바랍니다. 다윗은 자신이 계명을 사랑하고 있다는 것을 확신할 수 있을 때에 약속에 대한 자신의 권리를 의심하지 않았습니다. 시편 119:113에서 그는 계명들에 대한 자신의 순전한 사랑을 단언합니다: "내가 헛된 생각들을 미워하고 주의 법을 사랑하나이다"(한글개역개정판은 "헛된 생각들"을 "두 마음 품는 자들"로 번역함 — 역주). 주목하십시오. 그는 헛된 생각들이 자기에게 **없다**고 하지 않고, 그것들을 **미워한다**고 말합니다. 집에 침입한 도둑 떼들과 함께 하는 것을 혐오하듯이, 그렇게 그 생각들과 함께 하는 것을 원치 않는 것입니다. 또한 그는 법을 **완전히 지켰다**고 하지 않고, 그 법을 **사랑한다**고 말합니다. 법을 엄밀하게 순종하지 못하였을 때라도 여전히 그 법을 사랑하는 것입니다. 자, 율법에 대한 그의 사랑에 대해 그의 양심이 제시하는 이러한 증언을 근거로 그 다음 절에서는 약속에 대한 그의 믿음이 명확하고도 강력하게 발휘되는 것을 봅니다: "주께서는 나의 은신처시며 방패시니, 내가 주의 말씀을 바라나이다"(시 119:114).

넷째 답변. 어느 한 약속에 대한 권리가 의심되면, **다른 약속에 대한 권리를 확신할 수 있는지**를 물어보십시오. 그렇게 할 수 있다면, 지금 의심이 되는 그 약속에 대해서도, 다른 모든 약속에 대해서도, 권리가 있다고 결론지어도 무방할 것입니다. 은혜들마다 서로 연결되어 있듯이 — 한 가지 은혜가 있는 자는 모든 은혜가 있는 것입니다만 — 약속도 마찬가지입니다. 한 가지 약속에 권리가 있는 자는 모든 약속에 권리가 있는 법입니다. 어쩌면, "마음이 청결한 자는 복이 있나니 그들이 하나님을 볼 것임이요"(마 5:8)라는 약속의 말씀을 읽을 때에, 여러분의 마음속에서 아직 완전히 죽지 않은 남아 있는 부패성 때문에 그 약속을 여러분의 몫으로 누리기가 겁이 날 수도 있습니다. 그러나 어쩌면 바로 그 앞의 약속, 곧 "의에 주리고 목마른 자는 복이 있나니 그들이 배부를 것임이요"(6절)라는 약속에 대해서는, 여러분의 죄책과 거룩 없음에 대해 쓰라림을 느끼고서, 고열에 시달리는 사람이 목이 말라하며 굶어 죽어가는 사람이 배가 고파 음식을 탐하지만 여러분도 여러분을 의롭다 하게 할 그리스도의 의(義)와 또한 여러분을 거룩하게 할 그리스도의 은혜를 그만큼 갈구하고 그것을 달라고 부르짖고 있다는 것을 시인하지 않을 수가 없는 — 이 약속이 바로 여러분을 위한 것임을 직시하지 않을 수 없는 — 그런 상태에 있을 수도 있습니다. 만일 이 약속이 여러분의 것이라면, 그 앞의 약속도, 또한 다른 모든 약속들도 여러분의 것입니다. 왜냐하면 그 약속들은 동일한 언약에 속한 가지(枝)들이며, 하나님은 그것들을 잘라내지 않으시고, 모든 가지에서 자라는 열매를 전부 신자의 몫으로 주시기 때문입니다. 그러므로 그들을 가리켜 "약속의 상속자들"(히 6:17. 한글개역개정판은 "약속을 기업으로 받는 자들"로 번역함 — 역주)이라 부릅니다. 이 약속, 저 약속의 상속자들이 아니라 "약속의 상속자들", 즉 복음의 모든 약속들을 다 포괄하는 언약의 상속자들이라는 것입니다. 그러므로, 사람의 손을 붙잡고 있으면 그 사람의 몸 전체를 붙잡고 있는 것이 되는 것처럼 — 손이 몸의 한 지체에 불과하지만 그것이 나머지 몸 전체와 연결되어 있어서 손을 통해서 온 몸을 끌어당길 수도 있으므로 — 어느 한 약속을 붙잡고 있으면 그것은 곧 다른 모든 약속들을 다 붙잡고 있는 것이며, 따라서 그 약속들에 대해 얼마든지 권리를 주장할 수 있는 것입니다. 조그만 구멍 하나로 큰 포도주 통에 가득 들어 있는 포도주를 다 퍼낼 수 있듯이, 신자는 자기가 갖고 있고 누릴 수 있는 어느 한 가지 약속을 통해서 언약 전체가 주는 위로를 얻고 누릴 수 있는 것입니다. 사도 요한은 이렇게 말씀합니다: "우리는 형제를 사랑함으로 사망에서 옮겨 생명으로 들어간 줄을 알거니와 사랑하지 아니하는 자는 사망에 머물러 있느니라"(요일 3:14). 영생이야말로 모든 언약의 축복의 정수(精髓)요 최고봉입니다. 그런데 가련한 그리스도인이라도 자기 마음속에 이 한 가지 사랑의 은혜가 있는 것을 느낌으로써 — 그것이 이 약속에 붙어 있는 조건이므로 — 자신이 생명과 복락의 상태에 있다는 것을 알 수 있는 것입니다. 어째서 그렇습니까? 어디든 이 은혜가 있는 곳에는 사실상 구원을 얻는 다른 모든 은혜들이 있는 것이기 때문입니다. 그리스도는 이 은혜들에서 나누어져 계시지 않습니다. 그러므로 이 약속을 누릴 수 있는 자는 모든 약속들에 대해서 권리가 있는 것입니다.

[약속들의 합당한 위치들을 잘 구별해야 함]

둘째 지침. 성경을 읽을 때에 약속들을 잘 가늠하여 그 합당한 위치들을 알도록 힘쓰십시오. 하나님이 그의 성도들에게 베푸시는 시험과 유혹들은 매우 다양합니다: "의인은 고난이 많으나"(시 34:19). 또한 갖가지 고난에 합당한 위로를 주기 위해 베풀어지는 약속도 매우 다양합니다. 성경은 마치 온갖 질병들을 치료하게 해주는 갖가지 약초들이 자라나는 영적인 약초 동산과도 같습니다. 그러니 만일 각 종류마다 조금씩 모아들인다면 그것이야말로 아주 바람직하게 성경을 사용하는 것이라 하겠습니다. 특별히 자기 마음에 긴요하게 와 닿는 것 — 오리게네스(Origen)의 말처럼 "성경의 이 부분은 내 것이로다"라고 말할 수 있는 그런 것들 — 을 모으고, 그 다음 마치 의사가 이런저런 질병에 대해서 자기들 나름대로 기록을 해놓는 것처럼 그것들을 글로 적어 놓는다면 아주 좋을 것입니다. 학자는 큰 서고에 있는 책을 하나하나 다 알고 또한 그 다루는 내용들도 다 알며, 그리하여 그 어떠한 책도 금방 집어내어 필요한 대로 사용합니다. 그러나 그리스도인은 별로 두껍지도 않은 단 한 권의 책을 숙지하면 구원을 얻기에 지혜를 얻기에 충족하며, 자기가 처할 수 있는 모든 처지에서 스스로 위로를 얻을 수가 있습니다. 그런데도 그것을 제대로 숙지하지 못하고 있고, 환난과 곤고를 당할 때에 조언과 위로를 얻게 해주는 고귀한 약속들을 제대로 알지 못하고 있다면, 정말이지 수치스러운 일이 아니겠습니까? 그런데 이 일을 하기에 가장 좋은 때는 바로 여러분이 편안한 처지에 있을 때, 건강과 번영 중에 있을 때입니다. 약재상(藥材商)은 겨울에 쓸 약재들을 봄에 채취하여 모아놓습니다. 뱃사람은 바다에 나가기 전에 미리 항해에 쓸 기구들을 다 준비해 놓습니다. 이처럼 지혜로운 그리스도인이라면 건강할 때에 질병에 관한 약속들을 미리 준비해 놓고, 평안 중에 있을 때에 장차 위험에서 필요한 약속들을 미리 모아둘 것입니다. 길을 가는 중에 폭풍을 만나서 그때서야 외투를 가지러 집으로 달려갈 생각을 하면 너무 때가 늦은 것입니다. "슬기로운 자는 재앙을 보면 숨어 피하여도 어리석은 자는 나가다가 해를 받느니라"(잠 22:3).

[약속들의 포괄성을 관찰해야 함]

셋째 지침. 약속들의 온전한 범위를 관찰하십시오. 은혜 언약은 강건한 그리스도인이든 연약한 그리스도인이든 다 포괄합니다: "자녀이면 또한 상속자 곧 하나님의 상속자요 그리스도와 함께 한 상속자니"(롬 8:17). "이 나이까지, 혹은 저 키만큼 자란 자녀이면"이라고 하지 않고 그냥 "자녀이면"이라고 말씀합니다. 그리스도의 집에는 모든 처지의 자녀들이 다 있습니다. 작은 아이들도 있고, 키가 큰 그리스도인도 있습니다. 그러므로 여러분이 자녀이면 — 혹시 요람 속에 누워 있는 어린 자녀라 해도 — 약속이 여러분의 몫인 것입니다. "하나님의 약속은 얼마든지 그리스도 안에서 예가 되니"(고후 1:20). "그러므로 이제 그리스도 예수 안에 있는 자에게는 결코 정죄함이 없나니"(롬 8:1). 여기서 보십시오. 사람이 처한 상태와 관계가 바로 이 약속에 대한 권리를 가져다주는 것입니다. 어떤 성도들은 다른 이들보다 그리스도께로부터 더 많은 은혜를 받아서 연약한 형제들보다 이 약속들을 잘 사용할 수 있는 능력이 더 많고, 그리하여 그 약속들로부터 더 많은 유익과 소득을 얻습니다. 그러나 그렇다고 해서 그들이 다른 이들보다 그리스도 안에서 더 큰 구원을 얻는 것이 아닙니다. 그러므로 연약한 그리스도인도 강건한 그리스도인과 똑같이 약속에 대한 권리가 있는 것입니다. 발이 "내가 몸의 가장 낮은 지체이니 혀가 내게 말하지 않으며 머리가 나를 돌보지 않으리라"라고 말하겠습니까? 물론 여러분이 그리스도인 중에 가장 비천하고 낮은 자에 속할 수도 있습니다. 하지만 그럼에도 불구하고 발이 몸에 속해 있듯이 여러분도 그리스도 안에 있는 것입니다. 그런데 그리스도께서는 그의 안에 있는 모든 이들에게 약속을 주신 것입니다. 그 약속들이 마치 곁눈질을 하여 어떤 성도는 보고 어떤 성도는 보지 않는 것처럼 만든다면 그것은 그 약속들을 왜곡시키는 것입니다. 그 약속들은 모든 성도에게 속한 것이니 말입니다: "아들을 믿는 자에게는 영생이 있고"(요 3:36). 여기서 어떤 사람을 뜻합니까? 조금도 의심없이 믿는 자만을 뜻합니까? 그렇지 않습니다. "믿음이 연약한 자"를 받아들이라고 명하시는 그분께서 스스로 그런 자들을 버리시는 일은 없을 것이니 말입니다.

[약속들을 많이 묵상하여야 함]

넷째 지침. 그 약속들을 많이 묵상하십시오. 가엾은 그리스도인이 현재 닥쳐오는 환난으로 그렇게 괴로움을 당하는 것이 그가 약속보다는 자신의 곤고를 더 많이 생각하기 때문이 아니고 무엇이겠습니까? 그 약속 가운데 그의 심령을 새롭게 해 줄 수 있는 것이 있습니다. 약속에 생각을 고정시키기만 하면 됩니다. 아기가 울 때에 젖꼭지를 물고 젖을 빨기 시작하면 금방 울음을 그치고 가슴에 얼굴을 묻고 잠들어 버립니다. 이처럼 그리스도인도 약속을 붙잡고 그 감미로운 향취를 마음으로 음미하게 되면 자신의 환난에 대해 불평을 그치게 되는 것입니다. "내 속에 근심이 많을 때에 주의 위안이 내 영혼을 즐겁게 하시나이다"(시 94:19). 벌통에서 벌 떼들을 꺼내놓으면 그것들이 무질서하게 이리저리 날아다니지만, 다시 벌통 속에 집어넣으면 시끄럽던 것이 조용해지고 다시 예전처럼 평화로이 일을 하게 됩니다. 그리스도인의 마음 또한 마찬가지입니다. 우리에게 약속을 주신 하나님께서 영혼의 벌통이십니다. 그리스도인이 생각들을 하나님께로부터 꺼내면 현재의 환난이나 시험거리들 앞에서 두려움과 염려로 시끌벅적하게 이리저리 날아다닙니다. 그러나 마음을 가다듬고 다시 약속에 생각을 기울이면 예전의 평화와 평정을 회복하게 되는 것입니다. 그러므로 하나님의 성령께서는 환난 당하는 성도들로 하여금 괴로운 생각들을 물리치고, 괴로움을 주는 그것들에게서 생각들을 돌려 하나님께로 향할 것을 촉구하십니다. 오직 하나님 안에서만 고요함과 편안함을 얻을 수 있는 것입니다. "여호와 안에서 쉬고 참고 그를 기다리라"(시 37:7. 한글개역개정판은 "여호와 앞에 잠잠하고 참고 기다리라"로 번역함 — 역주). 다윗은 그의 영혼이 마치 물 위를 날아다니나 쉴 곳을 찾지 못하는 비둘기와 같은 것을 보고서, 하나님과 그의 약속을 묵상하는 데에로 영혼을 다시 불러들입니다. 그것이야말로 쉼을 찾을 수 있는 유일한 방주이기 때문입니다. "내 영혼아 네 평안함으로 돌아갈지어다"(시 116:7). 떠나지 않고 항상 있는 생각들의 색깔대로 그리스도인의 마음이 물들여지는 법입니다. 문뜩 스쳐지나가는 덧없는 생각들은, 좋든 나쁘든 간에 영혼에 별 영향을 미치지 못하며, 기쁨이나 슬픔 속에 젖어들게 하지 못합니다. 독(毒)이 아무리 해롭고 음식이 아무리 영양가가 있어도 몸 속에 남아 있지 않으면 아무런 영향을 주지 못하는 것입니다. 그런데 환난이 마음속을 흠뻑 적시고 그리스도인의 심령을 쓰라리게 하고 안타까운 걱정과 불안한 생각 속에 빠뜨리게 되면, 그런 생각들이 날마다 마음속에서 슬픔을 자아내게 되고 — 마치 복음서에 나오는 여자처럼 앓아누워 꼬부라져서 일어나지 못하게 되고(눅 13:11) — 자기가 당한 십자가와 시험에 대한 생각이 마음속에 가득 차서 도무지 약속에 대해 묵상하는 쪽으로 나아가지를 못합니다. 그렇게 하면 마음이 새로워질 것인데도 말입니다. 사탄과 자기들 자신의 수심에 싸인 마음이 그들 자신을 꽁꽁 묶어 놓아서, 위로를 얻는 묵상이 그들에게 와 닿지도 못하고 오래 머물지도 못하는 사람들이 있는 것을 하나님이 아십니다.

그러나 약속이 그리스도인의 마음에 매이고, 그가 그 약속으로 자신을 일깨우고 그것과 더불어 행하면, 그 약속이 효과적으로 역사합니다. 고통을 느끼고 위험을 걱정해도, 그것 때문에 마음이 의기소침해지지 않습니다. 오히려 마치 삼손이 길을 가다가 벌집에서 꿀을 먹은 것처럼 약속의 감미로움을 누리는 것입니다. 이러한 그리스도인은 다른 사람이 한숨 쉴 때에 노래를 부르며, 환난의 때를 하나님을 찬송하며 보낼 수 있습니다. 다른 이들은 자기들이 당하는 고통에 대해서만 생각이 집중되어 자기들의 비극적인 처지에 대해 불평하고 하나님 자신을 원망하는 열매 없는 일에 빠져 있는 경우가 허다한데 말입니다. 그리스도인 여러분, 그러므로 이와 같은 묵상의 임무를 실천하는 일에 온 관심을 기울이기 바랍니다. 마치 문 앞에 서서 지나가는 친구와 몇 마디 말을 나누듯이 그렇게 약속과 몇 마디 대화를 나누기만 해서는 안 됩니다. 아브라함이 천사들을 집 안으로 불러들인 것처럼(창 18장), 약속을 마음속으로 불러들이고, 충만히 그것을 누리기 전에는 돌려보내지 마십시오. 그렇습니다. 제자들이 그리스도께 강권한 것처럼, 환난의 밤이 지나갈 동안 줄곧 여러분과 함께 머무르기를 강권하십시오. 이것이야말로 진정 평안을 가져다주는 하나님과의 사귐입니다. 성도들은 바로 이 방법으로 그들의 믿음을 높여 지극히 강력한 재난을 당하고서도 승리를 얻었던 것입니다. "내 사랑하는 자가 온 밤을 내 품에 누우리라"라고 아내는 말합니다(참조. 아 1:13). 즉, 슬픈 환난의 섭리로 캄캄한 지경에 처할 때에, 남편의 사랑과 사랑스러움, 그의 아름다움과 감미로움을 묵상하는 가운데 위로를 얻고 그 밤을 지나가리라는 뜻입니다. 그리스도인도, 이 약속의 아비삭을 가슴에 품고 기리기 전에는 그의 심령에 이러한 따뜻한 위로를 얻을 길이 없는 것입니다. 그러나 약속을 가슴이 품으면 과연 그렇게 됩니다. 겨울이 아무리 혹독하게 추워도 뜨거운 화로 옆에 앉아 있거나 따뜻한 침대 속에 누워 있으면 그 추위를 느끼지 못하는 것처럼, 이 묵상이라는 천상의 기술을 터득한 심령은 아무리 환난이 혹독하다 해도 그 혹독함을 느끼지 못하는 것입니다. 잉글랜드의 순교자인 줄리어스 팔머(Julius Palmer)는 다음과 같은 유명한

말을 남겼습니다: "마치 도둑의 발이 양말 한 켤레에 매여 있는 것처럼 그렇게 생각이 육체에 매여 있는 자들에게는 죽는 것이 매우 어렵습니다. 하지만 누구든 자기의 영혼을 자기 육체에게서 떼어내면, 하나님의 성령의 도우심으로, 이 잔을 마시는 것이 아무런 문제가 되지 않습니다." 그의 말은, 곧 사람이 그 크고 보배로운 약속들에 대한 고귀한 묵상을 통하여 자기의 마음과 생각을 현재의 고난 위로 높이 올리면, 고난당하는 것이 아무것도 아닌 것이 된다는 뜻입니다. 그런 자는 그 영혼이 천국에 있습니다. 그러니 천국에 있는 영혼이 육체가 이 땅에서 만나는 갖가지 고난들을 거의 느끼지 못하는 것은 당연한 일입니다. 오오 그리스도인 여러분, 이것이야말로 천국에 이르기 전에 우리가 바라볼 수 있는 가장 영광된 것입니다!

영혼이 이처럼 묵상의 비스가 산에 서서, 신실하신 하나님이 그를 위하여 예비해 두신 그 모든 크고 보배로운 것들을 약속에 근거하여 믿음의 눈으로 바라보면, 이 세상의 사랑과 분노 같은 것은 쉽게 멸시하게 됩니다. 그런데 안타깝게도 거기까지 올라가는 것이 매우 어렵습니다. 우리가 숨이 짧고 몇 걸음 옮기기가 무섭게 지쳐 버리기 때문에 이 하나님의 산에 오르기가 쉽지 않습니다. 그러나 다윗과 함께, "나보다 높은 바위에 나를 인도하소서!"(시 61:2)라고 외치십시다. 또한 그와 함께, "누가 나를 이끌어 견고한 성에 들이겠나이까? 하나님이여 주께서 그렇게 해주시지 않겠나이까?"라고 외치십시다(참조. 시 60:9-10). 우리를 이 높은 묵상의 거룩한 산에, 밑에서 밀려와 우리를 때리는 거센 파도들보다 높이 있어서 우리의 모든 인간의 쾌락거리들이 다 쓸려가는 것이 내려다보이지만 정작 우리들 자신은 조금도 파도에 젖지 않는 그런 높은 산에까지 과연 누가 우리를 올려다 주겠습니까? 오 하나님이여, 주께서 그렇게 해주시지 않겠나이까? 그렇습니다. 우리 하나님이 우리를 위해 이 일을 해주십니다. 우리가 게으름을 떨쳐 버리고 우리의 합환채를 버림으로써 하나님과 함께 있는 것을 고귀하게 여긴다는 것을 보여주기만 하면, 하나님이 그렇게 하실 것입니다. 제 말의 뜻은, 곧 우리가 자주 세상으로부터 물러나고, 저급한 쾌락거리들과 즐거움들을 위해 쏟아붓는 시간을 은밀하게 하나님을 바라는 시간에 어느 정도 할애하기만 해도, 하나님의 성령께서 우리에게 찾아오신다는 것입니다. 악인이 그의 생각들이 희롱하고 놀 수 있도록 정욕을 세워 놓으면, 금방 마귀가 와서 그런 일을 도와 줍니다. 그렇다면 성령께서는 거룩한 묵상을 기꺼이 돕지 않으시겠습니까? 이것을 믿지 못하겠습니까? 의심할 나위도 없이 그는 그렇게 하십니다. 여러분의 돛을 활짝 펴십시오. 그러면 성령께서 그의 하늘의 바람으로 그 돛을 가득 채우실 것입니다. 여러분은 제사장이 되어 나무와 제물들을 준비하여 가지런히 놓기만 하면 됩니다. 그러면 하늘에서 불이 내려와 그것들을 태우게 될 것입니다. 여러분이 연료를 준비해 놓기만 하면 — 약속들로부터 묵상할 거리를 모아들이고 여러분의 생각을 그것에게 모으기만 하면 — 하나님의 성령께서 여러분 속에 뜨거운 마음을 불러일으키실 것입니다. 다윗은 이렇게 말합니다: "내 마음이 내 속에서 뜨거워서 작은 소리로 읊조릴 때에 불이 붙으니 나의 혀로 말하였다"(시 39:3). 이삭은 자기 신부를 들에서 만났습니다. 은혜를 누리는 영혼도 홀로 약속을 생각하고, 그 약속과 함께 걸을 때에 그 사랑하는 자를 만나는 것입니다.

[은혜의 보좌 앞에서 그 약속들을 탄원해야 함]

다섯째 지침. 은혜의 보좌 앞에서 그 약속들을 탄원하십시오. 이 지침이 앞의 지침들과 동떨어져서는 안 됩니다. 훌륭한 처방에 속한 약재들은 그 하나하나가 별도로 치료 효과를 내는 것이 아니라, 모두 함께 어우러져서 그런 효과를 내는 것입니다. 그러므로 이 지침들도 따로따로 떼어놓아서는 안 되고 함께 연결지어 시행해야 합니다. 그리고 지금 제가 말씀드리는 이 지침은 다른 모든 지침에 미치는 보편적인 영향 이외에도 앞의 지침과 특별히 밀접하게 연관되어 있습니다. 총을 쏠 의도가 없다면, 굳이 총에 화약을 장전해 놓을 필요도 없습니다. 묵상이 천국의 것들로 마음을 가득 채워 주지만, 기도가 그것을 하나님께 토로하고 쏟아놓으며, 그리하여 하나님이 그리스도인에게 그 바라는 위로와 구원을 베푸시게 되는 것입니다. 약속은 마치 청구서나 계약서와도 같아서, 하나님께서는 그것을 통해서 친히 사람에게 채무자가 되십니다. 자, 현재 빵을 살 돈이 하나도 없는 가난한 사람이 자기의 청구서와 계약서를 읽고서 자기가 굉장한 돈을 받을 것이 있는 것을 알게 되면 다소 위로가 될 것입니다. 하지만 그것이 현재의 핍절한 상태를 해결해 주거나 당장 빵을 살 수 있게 해주지는 못합니다. 그 계약서를 법정에 제시하여야만 해결을 얻을 수 있습니다. 약속에 대한 묵상을 통해서 거기에 후원이 있고 구원이 있으며 환난에 대처할 힘이 있다는 것을 보게 됩니다. 하지만 여러분이 소송을 개시하고 믿음의 기도를 통해서 채무자를 불러 세우기 전에는 그 중 아무것도 여러분에게 임하지 않습니다. "하나님을 찾는 자들아 너희 마음이 살리라"(시 69:32. 한글 개역개정판은 "너희 마음을 소생하게 할지어다"로 번역함 — 역주). "그들이 주를 앙망하여 빛을 얻었으니"(시 34:5). 여러분이 하나님께 무언가 듣기를 기대할 수 있기 전에 먼저 하나님이 여러분에게서 듣기를 기대하시는 것입니다. 여러분이 기도를 억제하면, 약속된 자비를 얻지 못하는 것이 이상한 일이 아닙니다. 묵상은 마치 변호사가 법정에서 변론하기 위해서 소송 사건을 면밀히 연구하는 것과 같습니다. 그러므로 약속을 바라보고 그 풍성함으로 마음에 간절함을 얻으면, 은혜의 보좌 앞에 나아가 그것을 토로하고 여호와 앞에 그것을 펼쳐놓기를 바랍니다. 다윗도 그렇게 했습니다: "주의 종에게 하신 말씀을 기억하소서. 주께서 내게 소망을 가지게 하셨나이다"(시 119:49).

[약속들을 이행하실 하나님의 권능과 신실하심에 대해 우리의 믿음을 발휘하여야 함]

여섯째 지침. 그 약속들을 탄원한 다음에는 그 약속들을 이행하실 하나님의 권능과 신실하심에 대해 여러분의 믿음을 발휘하십시오. 혹 약속이 여러분의 지각과 이성에 어긋나서 여러분을 의기소침하게 만들지라도 그렇게 하십시오. 왜냐하면 여러분의 믿음이 연약하냐 강하냐에 따라서 약속들로부터 감미로운 것을 적게 얻기도 하고 많이 얻기도 하기 때문입니다. 성도의 안전은 약속자이신 하나님의 능력과 신실하심에 달려 있습니다. 그러나 영혼이 환난을 당할 때에 하나님을 그런 분으로 믿고 의지함으로써 위로와 평안이 얻어지는 것입니다. 그렇기 때문에, 신자들이 아무리 처절한 처지에 있더라도 위험이 없는데도 안타깝게도 심령에 두려움과 실망이 가득한 사람들이 너무나 많습니다. 이는 전능하신 하나님에 대해 믿음이 연약하게 발휘되기 때문이요, 신실하신 하나님을 미심쩍어하고 의심하기 때문입니다. "어찌하여 무서워하느냐? 믿음이 적은 자들아"(마 8:26). 물이 새어 들어와 그들의 심령을 가라앉게 만든 그 틈새 구멍을 여기서 봅니다. 믿음이 적었다는 것이 바로 그것입니다. 하나님 자신이 어떤 분이신가가 아니라 현재 하나님에 대해 우리가 어떻게 깨닫고 믿고 있느냐가 큰 곤경 중에 영혼을 안돈시키고 위로하는 것입니다. 집이 반석처럼 견고해도 사람이 그 집이 폭풍에 무너져 내릴 것을 두려워할 수도 있습니다. 그런 사람은 집이 견고하다는 생각이 확실히 들 때까지 마음이 편안하지 않을 것입니다. 사람이 그렇게 신실할 수가 없는 친구에게서 보호를 받고 있으면서도, 그가 결국에는 자신을 떠나거나 버릴 것이라는 두려움이나 의심으로 가득 차 있다면, 이 사람은 아무런 이유도 없이 정말 편치 않은 삶을 살 수밖에 없을 것입니다. 그러니 약속들의 능력과 진실성에 대한 여러분의 믿음의 왕성한 활력을 유지하는 것이 얼마나 중요한지 모릅니다. 그렇게 하려면, 지각과 이성이 여러분의 조언자가 되지 못하도록 그것들을 버려야 합니다. 약속이 그렇게 이상한 것이었는데도 아브라함은 믿음이 흔들리지 않았습니다. 그가 어떻게 해서 그렇게 되었습니까? 사도는 우리에게 말씀해 줍니다: "그가 자기 몸이 죽은 것으로 생각하지 아니하고"(롬 4:19. 한글개역개정판은 "자기 몸이 죽은 것 같 … 음을 알고도"로 번역함 — 역주). 사가랴는 무엇 때문에 주춤했습니까? 그는 지각을 자기의 조언자로 삼았고, 그리하여 자기는 너무 늙었으므로 그런 소식이 사실일 수가 없다고 생각했습니다. 이것은 믿음에게는 독(毒)입니다. 그러니 결국 환난 중에 임하는 위로에게도 독일 수밖에 없습니다. 우리는 도마처럼 우리의 믿음을 손가락 끝에다 두고, 우리의 지각이 닿는 만큼만 하나님을 신뢰하게 되기가 너무 쉽습니다. 그러나 지각이 닿을 수 있는 거리는 멀지 않고, 그저 이성의 침침한 눈이 볼 수 있는 거리 이상 더 나아가지 못합니다. 그러나 환난을 당하는 종들이 그들의 지각과 이성으로 자기들의 처지가 절박하다고 결론짓고 있을 그때에 하나님께서 임하사 약속을 이행하시고 그들에게 기쁨의 소식을 가져다주시는 경우가 허다한 것입니다.

지각(sense)과 이성(reason)과 믿음(faith), 이 세 가지는 서로 구별되는 것들이므로 한데 뒤섞어놓아서는 안 됩니다. 지각으로는 알지만 이성으로는 이해할 수 없는 일도 있습니다. 예컨대 천연자석 철(鐵)을 끌어당기는 것이 그것입니다. 어째서 금은 끌어당기지 않고 값어치 없는 철은 끌어당기는지 이성으로 알 길이 없습니다. 또한 뱃사람의 지남침이 유독 북쪽을 향하는지도 이성으로 알 길이 없습니다. 그리고 이성으로는 이해되지만 지각으로는 분별하지 못하는 것도 있습니다. 태양의 크기가 땅의 둘레보다 훨씬 더 큰 데도 눈에는 마치 조그만 모자 하나로 거의 다 덮어 버릴 수 있을 것처럼 보이는 것처럼 말입니다. 그러니 믿음에게는 분명한데도 지각과 이성에게는 터무니없어 보이는 것들도 있는 것입니다. 지각과 이성으로 판단할 때에는 모든 소망이 사라져 버린 것 같은 그 절박한 폭풍 가운데서도 바울은 한 사람도 목숨을 잃지 않으리라는 것을 믿음으로 알았습니다. "그러므로 여러분이여 안심하라 나는 내게 말씀하신 그대로 되리라고 하나님을 믿노라"(행 27:25). 천사가 베드로의 옆구리를 치며 "급히 일어나 나를 따르라"고 명할 때에, 그는 지각과 이성이 개입하여 그 일이 불가능하다는 것을 항변하도록 허용하지 않았습니다. "사슬에 채워져 있는데 내가 어떻게 걸을 수 있으랴?" 혹은 "쇠문이 굳게 닫혀져 있는데 가서 무엇하랴?"라고 하지 않았습니다. 그는 일어섰고, 사슬이 떨어져 내렸습니다. 그가 천사를 따라가자 쇠문이 스스로 열렸던 것입니다.

그리스도인 여러분, "이 환난은 도무지 견딜 수 없어! 저 시험은 통과할 수 없어!"라는 말을 하지 마십시오. 믿음으로 약속을 따라가십시오. 그러면 하나님께서 지각과 이성에 매어놓은 매듭을 풀어 주실 것입니다. 루터는 "'어째서?'라는 단어를 십자가에 못 박으라"라고 강변합니다. 그저 명령에 순종하고 하나님이 어째서 그런 명령을 주시는지 그 이유를 묻지 말라는 것입니다. 큰 환난과 시험 중에 있는 그리스도인에게는 "어떻게?"라는 단어를 십자가에 못 박으라는 명령이 필요합니다. "어떻게 이 환난을 지나갈 것인가?" 혹은 "저 곤고를 어떻게 이겨낼 것인가?"라고 하지 마십시오. "어떻게 할 것인가?"라는 단어를 버리십시오. 신실하시며 위대하신 하나님께서 이미 여러분의 마음에 이 불필요한 염려와 걱정이 없어도 될 만큼 족한 약속들을 주시지 않았습니까? 그는 이렇게 말씀하십니다. "내가 과연 너희를 버리지 아니하고 너희를 떠나지 아니하리라"(히 13:5). "(그 어떠한 것도) 우리를 우리 주 그리스도 예수 안에 있는 하나님의 사랑에서 끊을 수 없으리라"(롬 8:35). 이 외에도 여러분과 모든 해로움 사이에 버티고 있는, 진리의 입술로부터 나온 위로와 확신의 약속이 백 가지도 넘습니다. 그러니 여러분으로 하여금 다가오는 구원에서 위로를 얻지 못하게 하려고 지각과 속된 이성이 쌓아 놓는 이런 불가능과 저런 엄청난 어려움 같은 것을 염두에 둘 이유가 무엇이겠습니까? 유대인의 잠언처럼 "창문을 닫으십시오. 그러면 집이 환하게 밝아질 것입니다." 지각으로 판단하지 말고, 전능하신 하나님을 믿는 믿음으로 판단하십시오. 그러면 이런 걱정거리들로 겁먹는 일이 없을 것입니다. "가장 그럴듯해 보이지 않는 것들을 믿는 것이야말로 우리의 이성의 최고의 행위이며, 고통과 수치를 가져다주는 일들을 그리스도를 위하여 즐거이 취하는 것이야말로 사랑의 최고의 행위이다"(파리시엔시스[Parisiensis], 믿음[*De Fide*]). 뒷부분에서 혈과 육에 가까운 육신적인 정욕의 만족을 우리 스스로 부인하듯이, 앞부분에서는 하나님의 권능과 힘을 대항하여 논란을 벌이는 우리의 육적인 이성적인 추론을 부인하는 것입니다.

[적용]

[특별히 이 검을 맡은 목사들에게 주는 권면]

목사들에게 — 말씀의 검이 아주 특별하게 여러분의 손에 주어져 있습니다. 그 검의 사역이 여러분에게 맡겨져 있는 것입니다. 하나님은 그 사역을 무작위로 모든 사람에게 맡기셔서 그들로 복음을 공적으로 선포하게 하시지 않았습니다. 모든 사람에게 주어진 일은 아무에게도 주어지지 않은 것과 마찬가지입니다. 그러므로 하나님께서는 교회에 항구적인 직분자들을 세우사 그들에게 이 임무를 지우셨고, 그들이 그 직분을 다할 것을 기대하시는 것입니다. "하나님께서 … 화목하게 하는 말씀을 우리에게 부탁하셨느니라"(고후 5:19). 즉, 임금이 이런저런 사람을 택하여 자기의 사신으로 세우는 것처럼 하나님이 그렇게 세우신 것입니다. "디모데야 … 네게 부탁한 것을 지키라"(딤전 6:20). 이를 보고, 여러분의 손에 맡겨진 그 중요한 책무를 떨림으로 받아야 합니다. 여러분은 위대하신 하나님께서 복음에 포함되어 있는 조건을 따를 때에 얻게 되는 영원한 평화를 가련한 죄인들에게 전하도록 보내시는 사신들입니다. 여러분은 하나님 밑에서 일하는 일꾼들로서, 사람들의 마음속에 그의 성전을 지으며 돌 하나하나를 이 말씀의 선과 규범에 따라 놓아야 할 임무를 부여받은 자들입니다. 여러분은 하나님의 청지기들로서, 그의 가족에게 때에 맞게 그들의 몫을 나눠줄 임무를 맡은 자들이요, 여러분의 쓸 것을 모두 이 말씀의 저장소에서 취하여 내어야 하는 것입니다. 한 마디를 더하자면, 여러분은 하나님의 목자들로서, 다른 곳이 아니라 바로 이 "푸른 초장"에서 그의 양 떼들을 이끌고 먹일 책무를 받은 자들입니다. 그런데 그 평화가 얻어지지 않으면 사신이 소환을 당하고 그의 과오에 대해 문책 받을 것입니다. 건물이 제대로 지어지지 않거나 무너지면, 임무를 소홀히 한 일꾼이 화를 당할 것입니다. 가족이 굶는다면, 청지기가 얼마나 혹독하게 화를 당하겠습니까? 임무를 소홀히 하여 양 떼들이 방황하거나 죽는다면 게으름을 피운 목자 말고 누가 그 손해를 보상하겠습니까? 자, 이처럼 여러분에게 맡겨진 공적인 임무를 제대로 수행하도록 하기 위해서 저는 말씀에 관하여 여러분에게 맡겨진 두 가지 임무들만을 지적하고자 합니다. 한 가지는 서재에서 행하여야 할 임무요, 또 한 가지는 강단에서 행하여야 할 임무입니다.

첫째 임무. 서재에서 하나님의 말씀과 친숙해지십시오. 똑같이 성경을 읽고 연구해도 보통 그리스도인에 대해서는 부지런하다고 할 수 있지만, 목사에 대해서는 게으르다고 말할 수도 있습니다. 성경 연구는 일반 그리스도인과 공통적인 우리의 일반적인 소명의 일부인 것만이 아니고, 한 주간의 처음부터 마지막까지 우리가 시행해야 할 특수한 소명에 속하는 것입니다. 농부는 하루의 일을 감당하고자 끊임없이 삽과 곡괭이를 들고 밭에 나아가는데, 목사도 이에 못지않게 성경의 보화를 캐내는 일에 전력을 기울여야 하는 것입니다. 이런저런 일을 하다 짬이 나면 이따금씩 성경 한 장을 읽는 식이거나, 다른 학문적인 연구를 행하다 시간을 조금 내어 지나가면서 성경을 읽고는 곧 다시 덮어 버리는 식이어서는 안 됩니다. 성경 연구는 고정적으로 행하는 일이어야 하고 끈기 있게 계속 진행하는 일이어야 합니다. 다른 모든 일들을 이 일에 굴복시켜야 합니다. 가령 여러분이 플라톤이나 아리스토텔레스나 세상 학문의 대가들이 쓰고 가르친 모든 깊은 내용들을 다 섭렵하고 있다 해도 의의 말씀을 다루는 능력이 없다면, 여러분은 바울이 말하는 "알지 못하는 자"가 될 수밖에 없고, 목사가 될 자질이 없는 것입니다. 법학에 대해 완전한 지식을 가졌을지라도 의학에 대해 모르면 의사로서는 부적격자일 수밖에 없는 것입니다. 제 말은 여기서 목사의 직무에 인간적인 학문은 필요 없다고 생각하는 저 무식한 자들의 헛된 허풍을 격려하고자 하는 것이 아닙니다. 인간적인 학문에 대한 소양이 없다면 예전에 있었던 야만적인 상태로 되돌아가고 말 것입니다. 언젠가 읽은 내용입니다만, 베다라는 사람이 프랑스 국왕 프랑수아 1세가 대학교에 각종 언어를 가르칠 교수들을 임용하려 하였는데, 베다(Beda)라는 사람이 이를 말리고자 왕에게 ― 그것도 저 박식한 부데우스(Budaeus)가 임석한 자리에서 ― "그리스어는 모든 이단의 근원입니다"라고 말하였는데, 정작 자기는 그리스어를 전혀 모르면서 그런 발언을 한 것이 드러났다는 것입니다. 사실, 학문에 대해 쓸데없다고 이야기하는 자들은 거의 학문의 유용성을 전혀 이해하지 못하는 자들인 것이 대부분입니다. 어떤 자들은 성경 이외의 모든 책들을 불태우라고 하기도 했습니다만, 저는 감히 목사들더러 그렇게 하라고 말하고 싶지 않습니다. 아닙니다. 그렇게 하지 마십시오. 다만 말씀드리고 싶은 것은 다른 모든 책들보다 성경을 우위에 두고 다른 모든 학문적인 지식들을 동원하여 성경을 이해하는 일에 도움을 얻으라는 것입니다. 벌들이 온 동네를 날아다니면 이 꽃 저 꽃에서 꿀을 가져다가 자기 벌집 속에 모아들이듯이, 목사도 다른 모든 책들을 두루 섭렵하여 거기서 얻은 것들로 성경을 이해하는 일에 도움을 얻어야 하는 것입니다. 이스라엘 사람들이 애굽 사람들에게서 얻은 온갖 금은보화들을 드려서 성막을 짓는 일에 쓰이게 한 것처럼, “철학자들이 한 좋은 말들이 다 그리스도인들의 재산인 것입니다.” 잘 다듬고 복음화시키면 그리스도인의 귀에 어울리는 그런 좋은 보석들이 그들에게도 있는 것입니다. 이처럼 포로로 잡아온 처녀도 머리를 깎고 손톱을 깎고 의복을 갈아입혀서 이스라엘 사람의 품에 취하여 들일 수 있었던 것입니다(신 21장). 신앙과 학문이 함께 부흥하였습니다. 에라스무스(Erasmus)가 학계에 들여온 빛이 루터(Luther)의 교회 안에서의 수고에 도움을 주었던 것입니다.

하지만 여기서 다시 당면한 권면으로 돌아갑시다. 오오 복음의 사역자 된 여러분, 말씀 연구에 전념합시다. 누군가가 말했듯이 우리는 사도의 “동생”과 같은 존재들입니다. 맏아들이 상속자로서 아버지에게서 유산을 물려받듯이, 그들은 그리스도께로부터 목회 사역의 은사들을 물려받았습니다. 하지만 우리는 우리 스스로 힘써 노력해야 합니다. 마치 야곱이 사냥도 하지 않고 고기를 받은 것처럼 그들은 말씀에 대한 지식을 받았습니다. 그러나 우리의 경우는 하나님의 뜻을 알려면 부지런히 힘써 그것을 찾아내야 합니다. 언제나 기도와 더불어 힘쓰고 수고해야 하는 것입니다. 바울이 디모데에게 준 다음의 명령이 바로 이것이라고 확신합니다. “읽는 것 … 에 전념하라”(딤전 4:13). 오오 디모데야, 네 책을 면밀히 좇고, “이것들을 묵상하고, 그것들에 전심전력하라”(15절). 'Eν τουτοις ἴσθι, *in his totus sis* — 그것들에 완전히 몰입하라. 그런데 어째서 그렇게 해야 하는지를 주목하십시오: “너의 성숙함을 모든 사람에게 나타나게” 하기 위함입니다. 곧, 여러분이 자라는 설교자라는 것이 여러분의 말씀을 듣는 자들에게 나타나게 하기 위함이라는 것입니다. 목사가 자라지 않는다면 교인들이 어떻게 자라겠습니까? 쏟아내는 것보다 더 많은 것을 날마다 마시지 않는다면 그가 어떻게 자라겠습니까? 서재에 끊임없이 들어가 연구하는 것이 없는 목사는 자기가 가진 것을 소비하기만 할 수밖에 없습니다. 음식을 잘 먹지 않는 유모는 자기 자신은 물론 아기까지 소진하게 만들 것입니다. 우리의 품 안에 안겨 있는 영혼들이 젖이 없어 괴로워하거나 혹은 우리 자신들이 사역에서 쇠진하는 것이 보고 싶지 않으면, 우리가 충분히 내어놓을 수 있도록 충분히 받아들이고 섭취하기를 힘써야 할 것입니다. 연구하고 기도하시고, 또다시 기도하고 연구하십시오. 주일이 지나면 한 주간의 모든 일을 다 했다는 식으로 생각하지 마십시오. 잠시 숨을 고른 다음 다시 수고로 돌아가야 합니다. 농부가 밭 끝자락에 앉아 잠시 쉰 다음 다시 일어나 쟁기를 들고 일을 시작하는 것처럼 말입니다. 우리는 다른 사람보다 우리의 시간을 더 보람되게 써야 합니다. 우리의 시간이 우리 것이 아니기 때문입니다. 여러분의 교구에 속한 사람들 중에 여러분의 시간의 한 몫을 차지하지 않는 사람은 아무도 없습니다. 우리가 교인들의 최상의 유익을 위하여 우리의 시간을 갈고 닦지 않는다면 우리는 그들의 영혼을 도둑질하는 자가 될 것입니다. "바울이나 아볼로나 게바나 … 다 너희의 것이요"(고전 3:22). 그들이 너희의 믿음을 위하여 섬긴다는 의미에서 너희 것이라는 뜻입니다. 부모된 자가 자녀들의 쓸 것을 공급하기 위해서 자기의 재산과 시간을 운용해야 할 책임을 지고 있지 않습니까? 그렇다면 영적인 아버지 역시 자기 교인들에게 그런 애정을 가져야 마땅하지 않겠습니까? 그러기 위해서 정신과 육체가 얼마나 많은 수고를 해야 하는지를 깨닫는다면, 교인들이 목사의 수고에 대해 더욱 동정하며 그의 일을 격려할 것입니다. 신실한 일꾼들에게 복을 주시는 하나님께서 여러분의 마음을 움직이사 그 일에 전심전력하게 하시기를 바랍니다. 세상적인 일들은 교인들로 스스로 돌보도록 하고, 그들을 도와서 스스로 공부하도록 도우십시오. 이것이 여러분을 위한 길입니다. 자기들이 가진 것이 너무 초라하여 목사로 하여금 그 본연의 임무를 제대로 하지 못하고 자기들을 돕게 만들면서 그것을 감사하게 여기는 이들이 있을 수도 있습니다. 그러나 그들은 목사의 활력을 짓누르고 탈취함으로써 그로 하여금 어쩔 수 없이 세상적인 일에 정력을 쏟게 만드는 것이요, 영혼들을 위하여 양식을 마련하는 데에 보내야 할 시간을 자기들의 육체를 위한 양식을 마련하게 하는 데에 쏟아붓게 만드는 것입니다.

둘째 임무. 강단에서 이 말씀의 검 이외에는 사용하지 말고 또한 그 검을 신실하게 다루십시오. 여러분이 맡은 임무가 누구에게서 부여받은 것인지를 기억하고, 그 임무를 1. 순결하게, 2. 자유로이 행하십시오.

1. 말씀의 검을 **순결하게** 사용하십시오. 그리고 다음과 같이 세 가지 면에서 그렇게 하십시오. (1) 오류로부터 순결하게. (2) 격한 감정으로부터 순결하게. (3) 경박함과 허식으로부터 순결하게.

(1) 오류로부터 순결해야 합니다. 여러분이 택한 본문이 성경이라는 것으로 족하게 여기지 말고, 여러분의 설교 전체가 성경이 되게 — 즉, 성경과 일치하게 — 하십시오. 여러분은 사신입니다. 그러니만큼 받은 교훈에 매여 있는 것입니다. 여러분 자신의 꿈과 헛된 망상들을 하나님의 이름으로 토해내지 않도록 조심하기 바랍니다. "내 말을 받은 자는 성실함으로 내 말을 말할 것이라"(렘 23:28) — 즉, 자

기 자신의 꿈과 뒤섞거나 하지 말고 순결하게 말하라는 뜻입니다. 그러므로 선지자는 이렇게 말씀합니다: "여호와의 말씀이니라 … 겨가 어찌 알곡과 같겠느냐?" 순결한 하나님의 말씀 이외에는 모두가 겨입니다. 알곡이 겨와 무슨 관계가 있기에 그것과 뒤섞는단 말입니까? 그렇게 뒤섞는 자는 그가 강단에 있는 동안 하나님께서 하늘로부터 거짓을 주시지는 않을까 염려할 것입니다. 오오 여러분, 여러분 자신의 동전에 하나님의 형상을 찍어놓지 마십시오. 우리는 아주 과장이 심한 시대를 살고 있습니다. 많은 이들이 성경에 있는 평범한 진리들로 만족하지 못합니다. 그리하여 어떤 이들은 사람들의 허황된 기대들을 만족시키고자 자기들의 생각을 높이 끌어올려서 성경을 시야에서 사라지게 만들고, 자기도 모르는 사이에 자기는 물론 다른 사람들과 더불어 위험한 오류를 향하여 돌진합니다. 먼저 여러분이 전하고자 하는 내용이 과연 진리라는 것을 확신하고서 교인들에게 전하기를 바랍니다. 사기꾼 노릇을 하려거든 강단을 무대로 삼지는 마십시오. 풀무불의 시험을 통과하지 못하여 아직 의심쩍은 것을 전하여 교인들의 영혼에게 실험을 하는 따위의 일은 하지 마십시오. 그저 평범하지만 건전한 가르침으로 교인들을 먹이는 것이, 죽음을 가져오는 야생 호리박 같은 것이 담긴 그런 가르침을 이상야릇한 접시에 담아 먹이는 것보다 훨씬 더 낫습니다.

(2) 격한 감정으로부터 순결해야 합니다. 강단은 우리의 불만이나 격한 감정을 쏟아내기에는 전혀 어울리지 않는 장소입니다. 이런 다른 불을 조심하십시오. 하나님의 사람은 부드럽고 온유해야 하며, 그의 말씀도 지혜의 온유함이 있어야 합니다. 기름을 묻혀 놓으면 판자에 못을 박아도 쪼개지지 않고 잘 박힙니다. 말씀을 부드럽게 전할 때만큼 그 말씀이 마음에 잘 와닿는 때는 없는 법입니다. "왕은 진리와 온유와 공의를 위하여 왕의 위엄을 세우시고 병거에 오르소서"(시 45:4). 할 수 있는 만큼 교인들의 영혼에게 온유하게 대하고 그들의 죄를 거칠게 대하십시오. 책망의 채찍을 여러분의 손에 쥐고 있습니까? 여러분이 매를 때리는 것이 분노가 아니라 사랑이라는 것을 교인들이 보게 하십시오. 유모들은 젖을 뜨겁게 데우면 그 젖을 빠는 아이가 성질이 나빠진다는 것을 알기 때문에 그렇게 하지 않도록 조심합니다. 따뜻한 마음에서 우러나와서 전해지는 말씀이야말로 최선일 것입니다. 하지만 뜨거운 열기가 함께 전해진다면 듣는 이들의 생각에 역심이 생겨나 그 젖을 토해내고 말 것입니다. 내가 목사의 열정을 거슬러 말씀하지 않는다는 것을 하나님이 아십니다. 그러니 위로부터 난 지혜답게 "순결하고 화평하게" 전해야 하

는 것입니다. 여러분의 뜨거운 탄식은 하나님께 올려드리고, 여러분 자신의 목적을 위해 소비하지 마십시오. 하나님께서 들으셨으면 그것으로 족한 것입니다. 그러나 하나님을 대적하여 죄가 범해졌을 경우에는 이 온유한 사람에게서 뜨거운 불길이 일어날 수 있는 것입니다: "하나님 편이 될 자가 누구냐? 누구냐?"(참조. 왕하 9:32). 자기의 목적을 위해서는 지극히 절제하며 또한 자기에게 행해진 온갖 악행들은 기꺼이 무덤에 파묻는 목사라 할지라도, 하나님을 향하여 저지른 교인들의 죄들에 대해서는 지극히 자유롭게 책망할 수 있을 것입니다.

(3) 경박함과 허식으로부터 순결해야 합니다. 어떤 이들은 설교를 겨우 경박스런 말로 자기를 자랑하거나 우스꽝스런 재치를 드러내는 것 정도로 만들어 버립니다만, 장난스럽게 이리저리 가볍게 떠들기에는 하나님의 말씀은 너무도 신성한 것이요 설교는 너무도 엄숙한 일입니다. 대체 그런 장난 같은 것들이 설교와 무슨 관계가 있단 말입니까? 설교가 마치 어린아이가 갖고 노는 아기 장난감 같아서 그 입혀 놓은 옷을 벗겨 버리면 값어치 있는 것이 하나도 남지 않는 그런 경우가 너무도 많습니다. 이 이야기를 걷어내고, 저 장황한 말을 벗겨내면 도대체 설교에 남는 것이 하나도 없습니다. 무언가 유익이 있으려면 말만이 아니라 능력이 함께 있어야 합니다. 그런 우스꽝스런 이야기들이나 장난스런 것들이 수천 가지가 있어도 사탄은 눈 하나 깜짝하지도 않습니다. 그러므로 이 검을 칼집에서 꺼내어 그 예리한 날로 찌르십시오. 이것이 교인들의 양심을 찔러 죄들이 피를 흘리게 하는 유일한 방법임을 알게 될 것입니다. 그렇다고 해서 하나님께서 사람들 누구에게나 주신 그런 성정들을 사용하지 말라는 뜻은 아닙니다. 또한 사람들의 감정을 자극하고 귀를 즐겁게 하여 그들의 마음속으로 파고들어가는 식으로 말씀을 전개하는 것이 합당하지 않다는 뜻도 아닙니다. 이것은 우리의 임무입니다. "전도자는 지혜자이어서 … 힘써 아름다운 말들을 구하였나니"(전 12:9-10). 무례하거나 흐트러져 있거나 제대로 소화하지도 못한 것들을 초라하게 내어놓아서, 마치 남루한 요리사의 모습 때문에 손님들이 입맛을 다 잃어버리게 되는 것처럼 되어서는 안 됩니다. 약사는 약의 내용물을 잘 섞어서 환자가 좋아하게 하지는 못하더라도 역겨움을 최소한으로 느끼도록 만들며, 그러면서도 그 때문에 약효가 떨어지지 않도록 노력하는 것입니다. 설교자의 말씀이 "아름다운 말"인 만큼 동시에 올바른 "진리의 말씀들"이어야 하는 것입니다(10절).

2. 말씀의 검을 순결하게 사용하며, 동시에 자유롭게 사용하십시오. 하나님의

말씀을 여러분 자신의 정욕이나, 혹은 여러분 교구에서 가장 유력한 어떤 사람의 뜻에 종노릇하게 만드는 일이 없도록 조심하기 바랍니다. 일을 맡은 청지기에게 요구되는 것은 "신실함"입니다(고전 4:2. 한글개역개정판은 "충성"으로 번역함 — 역주). 그런데 설교자는 그에게 그 임무를 맡기시는 그분께 신실해야 합니다. 청지기가 자기가 받은 것을 나누어줄 때에 집의 모든 종들을 다 기분 좋게 해준다는 것은 거의 불가능합니다. 그런 직원이 있다면 최선을 다해 일을 해도 감사를 얻지 못할 것입니다. 사람들을 즐겁게 해줄 생각을 하면 끝없이 불필요한 일에 계속해서 매어달리게 됩니다. 그러나 사람이 무슨 말을 해도 그것이 여러분의 뼈를 부러뜨리지는 못합니다. 지혜로운 의사는 환자를 즐겁게 해주려 하지 않고 그를 치료하려 애쓰는 법입니다. 병들어 있을 때에 약이 쓰다고 타박하는 사람도, 회복되고 나서는 의사에게 감사하는 것입니다. 사도는 사람들의 생각을 그저 사소한 것으로, 자기의 일을 멈추고 돌아볼 만한 가치가 없는 것으로 여깁니다. "너희에게나 다른 사람에게나 판단 받는 것이 내게는 매우 작은 일이라"(고전 4:3). 이는 마치 이런 뜻과도 같습니다: "내 주께서 오셔서 나를 심판하실 그 심판대 앞에서 과연 내가 신실했는지가 드러날 것이다. 그가 그의 종을 신원하실 그 때에 내 이름이 올바로 회복된다면 그것으로 족하다." 미가야는 아합의 사자가 와서 왕이 듣기에 좋은 말을 해달라고 회유할 때에 그 유혹을 견디기가 매우 힘들었을 것입니다만, 그의 고귀한 답변을 주목하십시오 — "여호와께서 내게 말씀하시는 것 곧 그것을 내가 말하리라"(왕상 22:14).

어떤 이들은 미가야가 아합에 대한 심판을 탄핵한 그 변장한 선지자였으며, 그가 감옥에서 풀려나왔다고 보기도 합니다. 아합 왕이 "그를 다시 성주 아몬에게로 데려가라"고 명령하기 때문입니다(왕상 22:26. 한글개역개정판은 "미가야를 잡아 성주 아몬과 왕자 요아스에게로 끌고 돌아가라"고 번역함 — 역주). 그렇다면 미가야는 그 한 번의 아첨하는 설교 덕분에 왕의 은혜를 입어 자유를 얻은 것입니다. 그러나 그는 아합의 정욕에 말씀을 팔아버리기보다는, 다시 감옥으로 돌아가는 쪽을 택할 것입니다. 사도 바울도 동일한 마음이었습니다: "복음으로 말미암아 내가 죄인과 같이 매이는 데까지 고난을 받았으나 하나님의 말씀은 매이지 아니하니라"(딤후 2:9). 이는 마치 이런 뜻과도 같습니다: "나를 감옥에 넣고 나를 형틀에 가두어도 나는 절대로 그들의 종이 되지 않으리라." 말씀이 매이는 것에 만족했더라면 그는 아마 자유를 누렸을 것이 분명합니다. 하지만 그는 신실한 자로, 결코 죄악된 침묵으로 진리를 감옥에 가둠으로 자기의 자유를 얻으려 할 수가 없었습니다. 목사들에게 유혹의 때가 있다면 — 이때일수록 하나님의 인내의 말씀을 지키도록 그들을 자극할 필요가 있습니다만 — 바로 "사람이 바른 교훈을 받지 아니하"리라고 예언된(딤후 4:3) 이 세상 마지막의 죄악된 때가 그 때일 것입니다. 그러므로 진리를 증거하고, 그런 패역하고 악한 세대에서 그 사역을 완전히 증명해 보이기 위해서는 혈과 육이 도와줄 수 있는 것보다 더 큰 용기가 필요합니다. 동료들 가운데서 진리를 자유롭게 말하는 것은 목사에게 시련이 아닙니다. 하지만 진리를 멸시하며 또한 그 진리를 전하는 자에게 격분을 쏟아내는 그런 자들 가운데서 진리를 자유롭게 전한다는 것은 크나큰 시련입니다. 그런 점에서 우리 주님의 증언은 과연 영광스러운 것이었습니다(딤전 6:13). 주님은 그의 철천지원수요 또한 그가 증언하시는 그 진리의 철천지원수인 본디오 빌라도 앞에서 증언하셨던 것입니다. 그러므로 우리 교인들은 우리가 하나님의 이름으로 자유롭게 말씀을 전해도 우리를 잘 견뎌줄 것입니다. 그렇습니다. 우리가 그들의 터를 흔들고, 우리의 메시지가 그들의 양심을 찔러도 말입니다. 우리는 사명을 받았습니다: "내가 이미 너를 내 백성 중에 망대와 요새로 삼아 그들의 길을 알고 살피게 하였노라"(렘 6:27). 만일 경찰이 손에 수색영장을 들고 와서 여러분의 집을 뒤진다면, 그가 그런 일을 한다고 그에게 화를 낼 수가 없을 것입니다. 감히 여러분이 그의 일을 가로막다가는 왕의 진노를 사게 될 것이기 때문입니다.

하나님의 전신갑주를 입은 그리스도인에게 필수적인 임무: 혹은 영적인 전신갑주를 계속 갈고 닦는 유일한 방법

"모든 기도와 간구로 항상 성령 안에서 기도하고,
모든 인내로 또한 모든 성도들을 위한 간구로
이에 대해 살피라"(엡 6:18).

드디어 이제 여러분에게 전신갑주를 갖춘 그리스도인의 모습을 제시하게 되었습니다. 이제 그는 전투를 위해서, 혹은 승리를 얻기 위해서 더 갖추어야 할 것이 없습니다. 다만 그를 인도하고 지혜로운 처신으로 명예롭게 싸움을 마치도록 해 줄 대장군(大將軍)이 있기만 하면 됩니다. 그런데 대장군이 함께 계시게 하기 위하여 사도는 기도를 명합니다 — "모든 기도와 간구를 하되." 이는 마치 이런 뜻과도 같습니다: "그리스도인이여, 여러분은 이제 하나님의 전신갑주를 갖추었으나, 겸손한 기도로 도우심을 구하여 하나님께서 이 전신갑주에 개입하시게 하기를 잊지 않도록 조심하십시오. 그렇지 않으면 아무리 전신갑주를 갖추었더라도 전투에서 연전연패하고 말 것입니다. 오직 전신갑주를 주시는 그분만이 그것들의 사용법을 가르쳐 주시며 또한 그것들을 사용하여 이기게 하실 수 있으니 말입니다." 어떤 이들은 이 "기도"를 전신갑주의 한 부품으로 보기도 한다는 것을 모르지 않습니다. 사실, 이것을 전신갑주의 한 부품으로 보느냐, 혹은 전신갑주를 사용할 때에 필수적으로 요구되는 임무 혹은 수단으로 보느냐 하는 것은 그렇게 중요하지 않습니다. 그러나 저는 후자를 따를 것입니다. 다른 것들과는 달리 기도에 대해서는 구체적인 갑주의 부품이 함께 연관되어 언급되지 않기 때문이기도 하거니와, 기도가 바로 그 앞의 말씀만이 아니라 전신갑주에 관한 말씀 전체와 연결되므로 앞에서 언급된 모든 부품들에 영향을 미치는 전반적인 임무로서 덧붙여진 것 같기 때문입니다. 곧, 모든 기도로 기도하며 진리의 허리띠를 띠라, 모든 기도로 기도하며 의의 호심경을 붙이라, 모든 기도로 기도하며 구원의 투구를 가지라, 등등의 의미로 이해하는 것입니다. 기도의 기름으로 닦고 문지르지 않으면 그리스도인의 전신갑주가 녹슬고 맙니다. 태엽을 감아 주어야만 시계가 돌아가듯, 기도가 있어야 은혜들이 역사합니다. 기도가 그 은혜들을 감아 주어 계속 발휘되게 하는 것입니다. 본문에서 다음을 관찰하기 바랍니다.

첫째. "기도"의 임무에 대한 명령과 그 목적을 제시합니다. 곧, 모든 은혜들과 수단들을 도움으로써 죄와 사탄과의 전쟁을 수행하게 해주는 것이 그 목적입니다. *προσευχόμενοι* — "기도하고."

둘째. 기도를 위한 지침: 어떻게 기도의 임무를 행할지에 대해 여섯 가지로 구분하여 지침이 제시됩니다. 첫째. 기도를 위한 시간 — "항상 기도하고." 둘째. 기도의 종류 — "모든 기도와 간구." 셋째. 기도가 솟아나오게 하는 기도의 내적인 원리 — "성령 안에서." 넷째. 기도의 임무에 관련되는 경계 사항 — "살피라." 다섯째. 기도의 임무에 끈질기게 꾸준히 임하여야 함 — "모든 인내로." 여섯째. 이 임무가 포괄적임. 혹은, 우리가 기도하여야 할 사람들 — "모든 성도들."

제 1 부

임무를 명함. 그리고 말씀 전체와의 연결성

"기도하고"(엡 6:18).

먼저 전반적인 임무를 다루고, 또한 이것이 그 앞에 나오는 전신갑주에 대한 말씀 전체와 연결되어 있는 점을 말씀하고자 합니다. 이러한 연결성은 분사 *πρόσευχόμενοι* — "기도하고"에서 암시되고 있습니다. 곧, 하나님의 전신갑주를 갖추고, 또한 이 모든 은혜들에 기도를 더하여 여러분의 영적인 원수들에 대항하여 방어하라는 뜻입니다. 이 문제에 대해 다음 세 가지 대지로 살펴봅시다. 첫째. 기도는 그리스도인에게 필수적인 임무임. 둘째. 전신갑주와 더불어 기도가 우리의 방어에 필수적인 수단이 되는 이유. 셋째. 기도를 대적하는 사탄의 계교들.

—

첫째 대지

[기도는 영적 전쟁 중에 있는 그리스도인에게 필수적인 임무임]

지금까지 다룬 내용에서 다음과 같은 가르침을 얻어낼 수 있습니다.

가르침. 기도는 그리스도인이 영적 전쟁 중에 다른 모든 수단들과 더불어 반드시 행하여야 할 필수적인 임무라는 것입니다. 이것이야말로 천국을 울리고 하나님께 구원을 청하는 "나팔"입니다(민 10:9). 하나님께서 일어나시기 전에는 성도들의 원수들이 무너지지 않습니다. 그런데 하나님께서는 성도들이 기도로 구하기 전에는 일어나시지 않습니다. "하나님이 일어나시니 원수들은 흩어지리이다"(시 68:1). 기도는 보편적인 임무요 또한 우리의 모든 일들과 사정들에서 사용해야 할 수단입니다. 우리 식탁에 빵과 소금이 필수적이듯이, 기도도 그리스도인에게 모든 일에서 필수적입니다. 무슨 음식을 식탁에 올려놓든 간에 빵과 소금은 반드시 올려놓습니다. 이와 마찬가지로 우리의 사정이 어떻든 간에 기도는 절대로 잊어서는 안 되는 것입니다. 모든 음식을 소금에 찍어 먹고 또한 빵과 함께 먹듯이, 모든 은혜를 행하고, 임무를 행하고, 시험을 이길 때마다, 거기에 기도와 함께 하여야 하는 것입니다. 내부의 원수로부터 오든, 외부의 원수로부터 오든, 죄로부터 오든, 마귀로부터 오든, 사람으로부터 오든, 위험과 곤경을 만날 때마다 언제나 은혜의 보좌 앞에 나아가며 기도의 줄을 드리우는 것이 성도들의 삶의 모습이었습니다. 그것이 자기를 방어하는 유일한 안전한 길인 것을 인식하고서 그리했던 것입니다. 하나님께서 아브라함을 하란으로부터 낯선 땅으로 부르셨을 때에, 그는 낯선 사람들이 가득한 그 땅 이곳저곳을 돌아다녔습니다. 그런데 그 낯선 사람들은 아브라함에 대해 의혹을 갖지 않을 수가 없었고 — 그가 거느린 무리들이 컸으므로 — 이런 의혹으로 인하여 그는 주변의 왕들로부터 많은 위험을 당하기도 했습니다. 그런데 이때에 아브라함이 어떻게 해서 자기를 보호할 수 있었는지를 잘 보시기 바랍니다. 그는 가는 곳마다 아주 특별한 일을 행하였으니, 곧 "그 곳에서 여호와께 제단을 쌓고 여호와의 이름을 부른" 것입니다(창 12:7, 8; 13:3, 4). 이것이야말로 그가 세우고 그 속에 자기 자신을 숨겼던 성(城)이었습니다. 그는 기도로 자기 자신을 하나님께 내어드려 보호하심을 구했고, 그 다음에는 자신이 그의 성 안에 있는 것으로 간주하였습니다. 하지만 아브라함은 어째서 그렇게 자주 그런 일을 해야 했을까요? 처음 길을 떠날 때에 이미 하나님께서 그를 축복하는 자를 축복하시고 그를 저주하는 자를 저주하시겠다는 약속의 보장을 받지 않았습니까? 그리고 하나님께서 과연 자신의 약속을 그대로 이행하시는 그런 신실하신 하나님이심을 믿고 있지 않았습니까? 과연 그렇습니다. 약속의 보장도 있었고, 또한 하나님의 신실하심도 있었습니다. 하지만 하나님의 약속도, 또한 그 약속에 대한 아브라함의 믿음도, 기도해야 할 임무를 면제시켜 주는 것이 아니었습니다. 약속이 믿음의 근거로 주어지고, 또한 믿음은 기도를 격려하는 도움으로 주어집니다. 하지만 어느 것도 우리의 임무를 면제시켜 주고 기도의 수고를 필요 없게 해주도록 의도된 것이 아닙니다.

아브라함이 행했던 것을 모든 성도들이 언제나 그대로 행해 왔습니다. 그들이 원수들에게서 탈취한 큰 전리품들은 바로 기도의 싸움터에서 얻은 것이었습니다. 모세는 여호수아를 골짜기로 보내어 아말렉 사람들을 치게 하고는, 여호수아가 이 땅의 원수와 싸움을 벌이는 동안 그 자신은 산꼭대기에서 기도로 하늘을 울리게 했습니다. 그러므로 승리는 여호수아의 검을 통해 얻어진 것이 아니라 바로 모세의 기도로 얻어진 것이 분명했습니다. 여호사밧은 거의 백만이나 되는 군사들이 진용을 갖추고 있었는데도, 마치 자기 편에 한 사람도 없는 것처럼 그렇게 간절히 기도하는 것을 봅니다: “어떻게 할 줄도 알지 못하옵고 오직 주만 바라보나이다”(대하 20:12). 이 귀한 믿음의 사람들이 그저 혈과 육을 대하여만 — 자기들과 같은 사람들과만 — 싸움할 때에도 하늘로부터 오는 도우심을 구하였고, 필수적인 임무와 수단을 소홀히 하지 않기 위해 기도를 보조 전력으로 사용하였다면 — 그것도 다른 도움들이 모자라지 않은 상태에서 그렇게 했다면 — 하늘의 통치자들과 권세자들을 상대로 영적인 싸움을 하는 그리스도인에게는 이 기도가 얼마나 더 절실한 임무이겠습니까! 성도들의 은혜들이 아무리 잘 훈련되고 시행된다 할지라도 기도가 없으면 도무지 사탄을 상대하여 맞설 수가 없습니다. 사람이 군사작전으로 자기들과 동등한 원수들의 힘을 물리치려 하는 경우라면 혹 모를까, 사탄과의 영적 싸움에서는 도저히 승리할 수가 없는 것입니다. 우리 주님은 이렇게 말씀하십니다: “시험에 들지 않게 깨어 기도하라”(마 26:41). 이 길을 제대로 지키지 않으면, 원수 사탄이 틈타기에 아주 좋은 기회를 만들어 주고 마는 것입니다. 제자들이 그리스도의 이러한 권면을 따르지 않다가, 모두 거룩한 사람들인데도 다 수치스럽게 넘어지고 만 것을 보기 때문입니다. 그들의 주님이 원수의 손에 붙잡혀 있는데도 그들 대부분이 비겁하게 도망쳤던 것입니다. 그리고 동료보다 더 큰 용기가 있다고 스스로 생각했던 베드로는 결국 주님을 스스로 부인하여 더 깊은 죄책과 치욕을 얻고 말았습니다. 주님은 그를 위하여 죽음 앞에 처하셨고, 그 아버지의 진노를 당하고 계셨는데 말입니다. 그런데 여기서 주목할 것은, 그들이 그들 스스로 기도를 소홀히 함으로 인하여 시험에 빠졌는데, 그리스도의 기도로 말미암아 그들이 다시 구원받아 회복되었다는 사실입니다. 사전에 그리스도의 간구가 그들을 위하여 긍휼로 올려졌던 것입니다: "내가 너를 위하여 네 믿음이 떨어지지 않기를 기도하였노니"(눅 22:32).

그러나 무엇보다 이 기도의 임무를 우리에게 설득력 있게 제시해 주는 것은 바로 그리스도께서 친히 기도를 실천하셨다는 사실입니다. 그는 언제나 기도를 하셨지만, 사탄과 그의 졸개들에게서 공격을 받을 만한 큰 일이 있을 때면 더욱더 기도에 매진하셨습니다. 세례를 받으시고 이제 공생애 사역을 시작하시며 또한 사탄의 맹렬한 공격을 뚫고 길을 가셔야 할 상황에서 — 그는 사십 일 동안 홀로 계신 후에 사탄과 직접 대면하여 싸우셔야 했습니다 — 그는 기도하셨습니다(눅 3:21). 바로 그 기도에 곧바로 응답이 있었습니다. 하늘이 열리고 성령이 그의 위에 강림하시며 소리가 나기를, "너는 내 사랑하는 아들이라 내가 너를 기뻐하노라"라고 했던 것입니다(22절). 이제 그리스도께서는 조금도 주저하지 않으시고 그를 기다리는 원수를 대면하기 위해 광야로 나아가셨습니다. 뿐만 아니라, 사도들을 보내어 복음을 전하게 하고자 하실 때에도 — 그 일로 인하여 사자가 우리에서 나와 미친 듯이 울부짖을 것이며 또한 세상이 그들을 향하여 격하게 분노하리라는 것을 그는 잘 알고 계셨습니다 — 그는 먼저 제자들에게 기도하게 하시며(마 9:38), 또한 그들을 보내시기 전 밤새도록 친히 기도하였습니다(눅 6:12). 그러나 무엇보다도 이 세상 임금과의 마지막 싸움을 싸우시며 또한 사람의 죄를 인하여 그를 내리치고 그에게 쏟아부어질 아버지 하나님의 진노를 대면하고자 하실 때에 — 그 일의 성공 여부가 그의 중보의 나라를 구원하기도 하고 잃어버리기도 하는 중대한 기로에 서 있을 때에 — 그는 그 어느 때보다 간절히 기도로 자신을 쏟아부으셨습니다! 그가 "더욱 간절히 기도하셨다"고 말씀하고 있습니다(눅 22:44). 씨름꾼이 몸의 힘을 다 모으듯이, 그는 온 힘을 모아서 "심한 통곡과 눈물로 간구와 소원을 올렸고 그의 경건하심으로 말미암아 들으심을 얻었고"(히 5:7), 비록 그 자신이 그 곳에서 죽임을 당하셨으나 그 싸움에서 승리하신 것입니다. 이 영광스런 승리의 전리품들을 신자들이 지금 나누어가지는 것이요, 또한 영원토록 그것을 누릴 것입니다. 이 모든 말씀이 기도의 필수성과 능력을 보여주는 것이 아니고 무엇이겠습니까? 기도가 없이는, 전신갑주를 갖추었더라도 승리할 수가 없습니다. 그러나 기도가 있으면 모든 일에 승리를 얻게 될 것입니다.

둘째 대지

[영적 전쟁 중의 그리스도인에게 기도가 필수적인 이유]

그러면, 어째서 기도가 우리를 지켜주기 위한 다른 전신갑주와 더불어 그렇게 필수적인 수단인지 그 이유를 다음과 같이 말씀드리겠습니다. 첫째. 이 기도의 임무가 그리스도인을 지키기 위한 다른 모든 수단들과 함께 협력하도록 하나님께서 그렇게 지정하셨기 때문입니다. 둘째. 기도가 우리의 모든 은혜들에 미치는 영향력 때문입니다. 셋째. 기도가 하나님께 설득력을 지니기 때문입니다.

[기도가 그리스도인을 방어하기 위한 다른 수단들과 협력하므로 필수적임]

첫째 이유. 첫째 이유는 이 기도의 임무가 그리스도인을 지키기 위한 다른 모든 수단들과 함께 협력하도록 하나님께서 그렇게 지정하셨다는 데 있습니다. 진리의 허리띠와 의의 호심경 등을 취하라고 명하시는 그분께서는 이 기도의 임무도 소홀히 하지 말 것을 명령하십니다. 하나님이 하나가 되게 하신 것을 우리가 나누어서는 안 됩니다. 함께 협력하는 수단들의 효능은 바로 그 연결성에 있습니다. 군대의 힘은 이 부대, 혹은 저 부대의 힘에 있는 것이 아니라 온 군대가 한 몸을 이루고 있는 데 있습니다. 한 부대 혹은 한 무리가 단독으로 원수를 상대하여 싸우려 한다면, 원수에게 짓밟히고 그들의 상관에게 징벌을 받는 것 외에 무엇을 기대할 수 있겠습니까? 이 수단 저 수단을 사용한다는 말을 하지 맙시다. 어느 한 가지 임무를 소홀히 하게 되면, 순종의 황금 사슬이 깨어지고 마는 것입니다. 또한 "모든 부분이 다 좋지 않으면 진정 좋은 것이 아닙니다." 선한 행동의 경우 그 모든 요인들과 원인들이 함께 일치해야 하는 것처럼, 선한 그리스도인이라면 반드시 모든 지정된 수단들을 양심적으로 면밀히 사용해야만 하는 것입니다. 여기서 실패하고 저기서 주저앉는 식이어서는 안 되고 주님을 "온전히" 따라야 합니다. 사탄의 큰 책략 중에 하나는 이런저런 임무들 사이에 끼어들어 사람이 자기 힘과 노력을 하나로 묶지 못하게 만드는 것입니다.

아무런 수단도 사용하지 않을 정도로 나쁜 사람은 별로 없습니다. 그러나 모든 수단을 양심적으로 사용할 정도로 하나님과 자기 자신에게 신실한 자도 많지 않습니다. 어떤 이는 스스로 순전한 체하고, 자기의 의도가 선하고 자기 마음이 선하다고 감히 하나님께 호소하기도 합니다. 그러나 "의의 호심경"에 대해서는 너무도 무겁고 성가시게 여깁니다. 또 어떤 이는 매우 공정하고 의로운 것처럼 보입니다. 이웃에게 잘못을 행하지도 않고 조금도 재물을 탐하지 않습니다. 그러나 그리스도를 믿는 믿음에 대해서는 전혀 돌아보지 않습니다. 또 어떤 이는 자기의 믿음과 소망을 자랑하며, 자기 구원에 대해 전혀 의심치 않는 것 같습니다. 그러나 그 믿음과 소망을 낳고 증진시키는 하나님의 말씀에 대해서는, 정말 무심하여 집에서도 읽는 일이 거의 없고, 공적으로 말씀을 듣는 일도 거의 없습니다. 또 어떤 이는 "나는 늘 설교 말씀을 들으며 교회당의 내 자리가 공석인 적이 거의 없고, 집에서도 자주 성경을 손에 들고 읽습니다"라고 스스로 말합니다. 그러나 기도에 대해서는, 이런 말을 할 수 있을지 모르겠지만, 그의 골방이 그가 거의 또는 전혀 기도하지 않는다는 것을 증언할 수 있습니다. 이처럼 절반만 행하는 것은 영혼이 전적으로 망한 처지에 있다는 것을 드러내 보여줄 것입니다. 사무엘은 이새에게, "네 아들들이 다 여기 있느냐?"라고 물었습니다(삼상 16:11). 막내아들 하나만 거기에 없었을 뿐인데도 사무엘은 그를 불러오게 하고서야 자리에 앉았습니다. 이처럼 저도 갖가지 임무들과 수단들을 바삐 시행하고 발휘하는 많은 이들에게 이렇게 물어보아도 될지 모르겠습니다: "하나님께서 여러분에게 책임 맡기신 것들이 모두 여기 있습니까?" 그 중 하나만 없어도, 하나님의 복도 그에게 없을 것입니다. 또한 이새의 아들 중에 그 자리에 없었던 자가 바로 하나님께서 왕으로 세우고자 하신 아들이었던 것처럼, 우리가 가장 소홀히 하는 임무와 수단이 바로 하나님께서 특별히 귀하게 여기사 우리가 신실히 행할 때에 복 주고자 하시는 바로 그 수단이라는 것을 생각하여야 할 것입니다.

[기도는 그리스도인의 은혜들에 영향력을 미치므로 필수적인 임무임]

둘째 이유. 둘째 이유는 기도가 우리의 모든 은혜들에 미치는 영향력에 있으며, 그것도 두 가지 점에서 그렇습니다. 기도는 은혜의 진실성을 증명하는 데에 도움을 주며, 또한 은혜의 성장을 증진시키는 데에도 도움을 줍니다.

첫째. 기도의 임무를 자주 또한 영적으로 시행할 때에 그것이 우리의 은혜들의 진실성을 증명해 주는 수단이 됩니다. 그리고 이것은 그리스도인이 시험하는 자와 상대해야 할 경우에 매우 중요합니다. 시험하는 자는 주로 그리스도인으로 하여금 그의 속에 있는 은혜의 역사에 대해 스스로 의심하게 만들어 그의 소망의 기반 자체를 뒤집어 버리고, 이로써 그 자신의 노력을 기준으로 자기를 바라보게 만듭니다. 자기가 올바른 길에 서 있지 않다는 두려움이 있는 자는 과연 더 나아갈 힘이 거의 없습니다. 정치가들이 자기들의 계획에 유리하게 하고자 의례적인 거짓말들을 — 그 신빙성이 얼마 가지 못하는데도 — 사용하기도 한다는 이야기를 들었습니다. 그런데 이 기법을 배우는 자는 스스로 그리스도인을 대적하는 자기의 계획을 위하여 그것을 더 많이 사용하는 법입니다. 그리스도를 무덤 속에 가두어 둘 수 없으니, 그는 세상에서 그의 부활에 대한 믿음을 방해하기 위하여 거짓말을 퍼뜨립니다. 또한 은혜가 베풀어지는 것을 막을 수가 없으므로, 그리스도의 일에 대해 그릇된 생각들을 꾸며냅니다. 모든 것이 그 자신의 거짓된 마음에서 비롯된 하나의 사기(詐欺)인 것처럼 생각하게 만드는데, 연약한 피조물인 우리는 이것을 그대로 믿어 버리기가 너무나도 쉽습니다. 그리하여 그 두려움이 거짓이며 근거가 없는 것인데도, 그것을 믿어 버리고, 그렇게 되면 안타깝게도 마치 그 두려움이 참인 것처럼 생각에 혼란이 생기고 심령에 괴로움이 생기게 됩니다. 야곱은 요셉이 전혀 죽지 않았는데도 마치 그가 정말 살해당한 것처럼 그렇게도 슬피 통곡하였습니다. 사탄의 거짓된 이야기를 — 그들의 은혜의 진실성을 말살시키는 — 신빙성 있는 것으로 받아들이면, 귀한 성도들은 악한 자들보다 훨씬 더 공포와 두려움을 겪게 됩니다. 그러므로, 기도 중에 그리스도인은 자신의 진실한 상태를 확인할 수 있는 유리한 고지를 차지하게 되는데, 다음 두 가지 점에서 그렇습니다.

1. 하나님께서는 그의 백성들이 그에게 영혼을 토로할 때에 대개 이를 그의 마음을 그들에게 여시고 그들 자신과 그들의 은혜 모두에 대해 친히 증거하시는 시간으로 삼으십니다. 하나님께서 그의 성령께서 그 자녀들의 상태와 은혜에 대해 증거하시는 그런 인치심의 시간이 있습니다. 그 중에 기도의 시간이 으뜸입니다. 야곱에게 "네가 이스라엘이라 일컬음 받으리라"라고 하시며 그에게 새로운 존귀의 칭호를 주사 그를 놀랍게 높이신 곳이 기도의 들판이 아니고 어디였습니까? 천사가 다니엘의 문을 두드리고 하나님이 그를 얼마나 사랑하시는지를 알게 했던 그

복된 시간이 언제였습니까? 그가 기도로 천국 문을 두드리던 그 시간이 아니었습니까? "네가 기도를 시작할 즈음에 명령이 내렸으므로 이제 네게 알리러 왔느니라 너는 크게 은총을 입은 자라"(단 9:23). 가나안 여인이 자기 믿음의 진상을 보았고, 그것이 참일 뿐 아니라 강하다는 것을 알게 된 것이 — "여자야 네 믿음이 크도다" — 바로 그녀가 기도로 간절히 자기 마음을 토로할 때가 아니고 언제였습니까? 그렇습니다. 그리스도께서도 친히 하늘을 향하여 눈을 들어 기도하실 때에 하늘로부터 "너는 내 사랑하는 아들이라 내가 너를 기뻐하노라"라는 놀라운 음성을 들으셨던 것입니다(눅 3:21-22).

2. 기도의 임무는 그것을 영적으로 행하는 그 영혼의 은혜의 진실성을 입증해 주는 논지를 제시해 줍니다. 하나님의 성령은 성도의 은혜의 진실성을 증거하실 때에 성도 자신의 영혼과 연합하여 그 일을 행하곤 하십니다: "성령이 친히 우리의 영과 더불어 우리가 하나님의 자녀인 것을 증언하시나니"(롬 8:16). 그런데 그리스도인의 영혼이 자기를 위해 내어놓는 증언은 그의 속에서 활동하는 새로운 피조물의 본질적인 행위들 — 순전함이나 죄에 대한 경건한 슬픔, 거룩에 대한 사랑 등 — 로부터 취해지는 것입니다. 그런데 그리스도인들 스스로 이런 은혜들을 감각적으로 느끼는 방법으로 기도만한 것이 없습니다. 그리스도인이 있는 마음 그대로 자기의 모든 죄를 왜곡시키지 않고 자유로이, 또한 숨기는 것이나 보류해 놓는 것이 없이 — 영혼의 서랍 속에 죄를 감추어둔 거짓된 상자 같은 것이 하나도 없이 — 벌거벗은 상태로 고백할 때에 거기서 순전함이 드러나는 것입니다. 다윗은 시편 32편에서 아무런 죄도 전가받지 않는 자가 "복이 있도다"라고 선언한 다음(1절), 5절에서 자기 자신이 순전함을 증언하여 이르기를, "주께 내 죄를 아뢰고 내 죄악을 숨기지 아니하였다"고 하고, 이어서 "주께서 내 죄악을 사하셨나이다"라고 말씀합니다. 이처럼 그리스도인은 여기서 [즉, 기도 중에] 그리스도인이 죄로 인하여 마음으로 애통하며, 죄에 대한 내적인 탄식으로 아파하는 것입니다. 기도는, 그리스도인이 자기를 책하며 자기의 악을 인하여 자기를 책하며 판단하며 깊은 수치와 자기혐오를 느끼며 또한 그 가운데서 경건한 탄식이 분출되며 뜨거운 눈물이 흐르는 통로인 것입니다. 한 마디로, 바로 기도 가운데서, 거룩을 향한 영혼의 사랑이 거절을 도무지 참을 수 없는 격렬하고 열정적인 바람과 요구 속에서 불꽃처럼 피어나오는 것입니다.

이렇게 해서 우리는 기도의 심령이야말로 진실한 은혜에 대한 하나의 증거요,

또한 참된 은혜를 발휘하도록 이끄는 수단이며, 이를 통하여 그 은혜의 진실성이 더 확연히 드러난다는 것을 보았습니다. "은총의 심령"과 "간구하는 심령"이 함께 합쳐져 있습니다(슥 12:10). 후자가 전자를 나타내 줍니다. 기도가 성령께서 영혼 속에 불어넣으신 그 은혜를 토로하는 것이 아니고 무엇이겠습니까? 하나님께서 사람 속에 생명의 숨결을 불어넣으시자 그가 살아 있는 영이 되었습니다. 이와 마찬가지로, 하나님께서 사람에게 영적 생명의 숨결을 불어넣으시면, 그가 기도하는 영이 되는 것입니다. 하나님께서는 아나니아에게 바울에 대해 말씀하기를 "그가 기도하는 중이니라"라고 하셨습니다(행 9:11). 이는 마치 이런 뜻과도 같습니다: "그를 두려워하지 말라. 그는 정직한 영혼이니라. 그가 기도하고 있으니 그를 믿을 수 있으리라." 갓난아기에게 우는 것이 자연스러운 일이듯이, 새로운 피조물에게는 기도하는 것이 자연스러운 일입니다. 갓난아기는 우는 기술을 배우거나 다른 이의 모범을 통해서 습득하는 것이 아니고, 세상에 나면서 본성적으로 우는 것입니다. 기도 역시 기술을 배우거나 법칙을 습득하여 행하는 것이 아니라, 새로운 생명 그 자체의 원리에 따라 자연스럽게 나오는 것입니다.

둘째. 기도의 임무는 증거를 보여주는 수단인 것은 물론, 또한 **은혜를 증진시키는 수단이기도** 합니다. 기도하는 그리스도인이야말로 분투하는 그리스도인입니다. 반대로 기도를 소홀히 하고 게으른 자는 은혜를 헛되이 버리는 자입니다. 그런 자는 마치 큰 비용을 소비하며 살면서도 그 삶을 유지할 비용을 거의 또는 전혀 벌어들이지 않는 자와도 같습니다. 기도는 은혜가 증진되고 자라는 일을 위해 두 가지로 도움을 줍니다. 1. 은혜의 습관들을 행동에 옮기게 하며 실행하게 합니다. 2. 영혼이 하나님과 가까이 있게 해 줍니다.

1. 은혜의 습관들을 행동에 옮기게 하며 그것들을 발휘하게 합니다. 운동이 육체에 두 가지 유익을 주는 것처럼 기도도 영혼에 두 가지 유익을 줍니다.

(1) 운동은 소화를 돕기도 하고, 혹은 심령을 괴롭히는 나쁜 기질들을 토해내도록 도움을 줍니다. 몸에 자극을 별로 주지 않는 사람은 뚱뚱해지고 금방 무기력에 빠지게 되는데, 운동을 하면 몸이 그런 상태에서 벗어나게 됩니다. 기도는 성도에게 있는 은혜들이 숨을 쉬며 활동하는 운동장입니다. 기도는 마음을 시원하게 쓸어 주는 바람과도 같고, 화롯불이 재가 되어 꺼져가는 것을 막아주는 풀무와도 같습니다. 그리스도인은 이 세상에 사는 동안 지극히 건강하지 못한 기후 속에서 살 수밖에 없습니다. 세상이 즐거울 때에는 그리스도를 향한 사랑이 사그라지고 무뎌지며,

세상에서 환난을 만나면 약속에 대한 믿음이 움츠러듭니다. 그러니 은혜의 보좌 앞에 토로할 수 없다면 과연 초라한 그리스도인이 이런 비정상적인 상태에서 어떻게 벗어나겠습니까? 그러나 그의 영혼이 뜨거운 열기 속에 있을 때에 그 보좌 앞에 나아가 모든 것을 쏟아내면, 그 악성 질병이 토해지고, 다시 정상적인 상태를 회복하게 되는 것입니다. 거룩한 선지자가 처음 무릎을 꿇고 기도할 때에는 두려움과 의심이 가득하나, 기도가 끝나기 전에 하나님과의 친숙한 교제 속에 들어가 그의 심령이 안식을 누리게 되는 것을 얼마나 자주 보는지 모릅니다. 그는 마치 하나님께서 다시는 그를 친절히 바라보시지 않으리라는 생각을 가진 것처럼 그렇게 기도를 시작합니다: "여호와여 어느 때까지니이까? 나를 영원히 잊으시나이까?" (시 13:1). 그러나 어느 정도 기도를 행한 후에는 그의 혼란이 사라지며 안개가 걷히고, 그의 믿음이 태양 속으로부터 강하게 드러납니다: "나는 오직 주의 사랑을 의지하였사오니 나의 마음은 주의 구원을 기뻐하리이다"(5절). 이처럼 그의 믿음이 머지않아 잔치가 베풀어질 것을 기대하며 예복을 입습니다. 지금은 하늘로부터 좋은 소식을 들을지에 대해 의심하지만, 결국에는 믿음이 강하여져서 자기에게 임할 자비에 대한 소망으로 즐거워하는 것입니다. 아브라함은 오십 명으로 시작하였으나, 단계마다 그의 믿음이 하나님께 터를 두었고, 결국에는 그들의 구원의 대가로 열 명까지 내려간 것입니다.

(2) 운동은 원기를 얻기 위해서 반드시 섭취해야 할 음식에 대해 식욕을 돋구어 줍니다. 또한 직접적인 원인의 더 먼 원인은, 어떤 의미에서 더 직접적인 원인에서 결과로 흘러나오는 것의 원인입니다. 농부의 낫의 날을 가는 숫돌은 그로 하여금 풀을 잘 깎도록 도움을 줍니다. 기도로 규례를 위해 준비를 갖추는 그리스도인만큼 말씀을 — 이것이야말로 성도의 은혜를 강건하게 하는 양식입니다 — 예리하게 갈아놓는 자는 없습니다. 자연적인 열기가 강할수록 사람의 위가 음식을 잘 받아들이는 법입니다. 그런데 사랑은 영혼에게 마치 몸의 자연적인 열기와도 같습니다. 말씀을 사랑할수록, 영혼이 더욱더 그것을 사모하게 됩니다. 그런데 운동이 몸의 자연적인 열기를 올려 주는 것처럼 기도가 성도의 가슴속에 말씀을 향한 이 사랑의 영적 열기를 자극시켜 올려 주는 것입니다. 고넬료의 경우가 이 점을 훌륭하게 보여 줍니다. 그는 집에서 간절히 기도하였고, 그 때에 환상 가운데 베드로를 데리러 사람을 보내라는 명령을 받았습니다. 그리하여 결국 베드로가 그에게 복음을 전하게 되었으니, 이는 그의 기도의 헌신에 대한 복된 상급이 아닐 수 없습니

다! 그런데 이 기도하는 심령이 말씀에 대한 욕구가 얼마나 강렬한지를 보십시오. 그는 베드로를 부르러 사자들을 보내놓고는 그가 오기 전에 사람들을 한데 불러 모읍니다. 모을 수 있는 사람들을 다 모아들인 것이 분명합니다. 그리고는 집에 앉아 간절히 사모함으로 설교자를 기다립니다. 베드로가 모습을 드러내자 그는 그의 발 앞에 엎드려 절하고 마치 하늘로부터 내려온 천사를 맞아들이듯이 그렇게 높이 우러르는 존경의 자세로 그를 맞아들입니다. 그가 오랜 여정에 지쳐 있을 것이니 먼저 약간의 간식 같은 것으로 숨을 돌리게 하는 것이 예의 있는 일이라고 생각할 법도 한데, 그는 곧바로 베드로로 하여금 말씀을 전하게 합니다. 그 선한 사람은 베드로가 전하는 메시지를 듣기에 지극히 갈급하였으므로 더 이상 지체할 수가 없어서 마치 정말 굶주린 사람처럼 곧바로 베드로에게서 전해지는 진리의 말씀을 — 그 말씀이 그렇게 쓰라릴 수가 없었을 것인데도 — 받을 준비를 갖추고 있는 것입니다. "이제 우리는 주께서 당신에게 명하신 모든 것을 듣고자 하여 다 하나님 앞에 있나이다"(행 10:33). 그리고 설교가 끝나자, 그 양식이 너무도 달고 흡족하여 그에게서 더 많은 말씀을 듣고 싶어서 베드로와 헤어지기가 싫었습니다. 그리하여 그에게 며칠 더 머물기를 간청합니다. 한 번의 설교를 통해서 또다시 설교를 듣고자 하는 갈급한 심령이 일어난 것입니다. 기도하며 설교자를 기다리는 고넬료에 비하면 급하게 세상으로부터 나아와 설교를 듣는 사람들은 얼마나 다른지 모릅니다.

2. 기도는 우리의 은혜들을 도울 뿐더러 영혼이 하나님과 가까이 있게 해 줍니다. 기도 중에서 "하나님을 가까이 하며"(약 4:8), "그의 임재 앞에 나아가"(시 95:2. 한글개역개정판은 "그 앞에 나아가며"로 번역함 — 역주)는 것이라고 말씀합니다. 기도 가운데서 우리는 "한 성령 안에서 아버지께 나아감을 얻습니다"(엡 2:18). 마치 임금에게 탄원하는 자가 그의 접견실로 부르심을 받듯이 말입니다. 기도를 통해 우리는 천국에 들어가기 이전에 사람에게 가능한 가장 근접한 거리에서 하나님을 대하게 됩니다. 휘장 내에 높이 서 있는 분향단이 이 점을 나타내 줍니다. 기도를 가리켜 "은혜의 보좌"라 부릅니다. 우리는 기도로 하나님의 보좌 앞에 나아가, 그 존귀한 보좌 위에 앉으신 하나님을 뵈옵고 친히 그의 손에다 우리의 탄원을 올려 드리는 것입니다. 그러니, 기도가 하나님께 그렇게 가까이 나아가는 것이니 만큼, 성도의 은혜의 성장에 두 가지 영향을 미칩니다.

(1) 이처럼 하나님께 가까이 나아감으로써, 영혼이 자기를 바라보시는 하나님의

순결하고 예리한 눈을 바라보고 더욱더 거룩한 두려움과 경외심을 갖게 됩니다. 하나님께서 언제나 우리 가까이에 계시는 것은 사실입니다. 기도하든 하지 않든 우리는 그의 임재에서 벗어날 수가 없습니다. 그런데 기도할 때에 영혼은 이를테면 입에서 입으로 직접 하나님께 말씀합니다. 그러니 자신이 기도 중에 말씀을 올리는 그분의 위엄이 얼마나 높고 고귀한지를 생각하면, 그의 앞에서 지극한 경외감과 떨림이 있을 수밖에 없습니다. 그리고 이런 자세가 모든 은혜 하나하나를 품는 것입니다. 마치 어린아이가 유모의 팔에 안기듯 그 은혜들이 이 기도의 팔에 안기는 것입니다. 기도는 진리의 허리띠를 든든히 띠고 있게 해 줍니다. 그 영혼은 이렇게 말합니다: "오오 기도를 그만두든지, 아니면 외식으로 하나님과 장난치는 일을 그만두든지 해야겠구나!" 기도는 거룩의 호심경도 든든하게 해 줍니다. 그리스도인이 하루 종일 느슨하게 살다가 밤이 되어 갑자기 자유로이 하나님과 친숙하게 된다는 것은 불가능한 일입니다. 임금을 지근에서 모시는 자는 그의 눈을 거스르게 하는 것이 자기에게 없도록 조심합니다. 그렇습니다. 무언가 의혹을 살 만한 말이 임금의 귀에 들어가서 혹시 자기가 현재의 직위에서 파면당하지 않을까 하여 두려워합니다. 궁궐에 있는 신하들에게는 언제나 할 수만 있으면 그들을 해치려 하는 자들이 있는 것입니다. 그리스도인에게도 그런 원수가 없는 때가 없습니다. 사탄이 언제나 그의 오른편에 서서 모든 잘못들을 걸어 그를 하나님께 참소하며, "이 자가 당신이 총애하는 자입니다. 이 자는 기도는 그렇게 열심히 하지만 그 임무를 마치고 나면 이런 일도 할 수 있고 저런 일도 할 수 있습니다"라고 말하니 말입니다. 그러니 이 세상에서 누구보다 자기를 묶어서 정확하게 살아야 하는 사람이 있다면, 여호와 앞에서 임무를 다하며 섬기는 자들일 것입니다. 임금들은 멀리 떨어져 있는 자들보다 바로 옆에서 수행하는 자들에 대해 더욱 관심이 많습니다. 다윗이 아기스 왕 앞에서 약간 정신이 흐트러진 모습을 보이자, 그는 곧바로 다윗을 물러가게 합니다. "내게 미치광이가 부족하여서 너희가 이 자를 데려다가 내 앞에서 미친 짓을 하게 하느냐?"(삼상 21:15). 티끌의 보좌 위에 앉아 있는 죽을 인간이 — 동료보다 조금 높은 자리에 올라앉은 것밖에 없는 자가 — 자기 휘하의 신하가 자기 앞에서 정신 나간 짓을 하는 것을 견디지 못하여 그런 태도를 보인다면, 하물며 위대하신 하나님께서는 — 우리는 다른 이들의 더러운 죄에 대해 잠깐 눈을 감아 버리면 그뿐이지만 — 그의 측근의 높은 자리에 앉아 그를 섬기는 자들의 거룩하지 못한 행실에 대해 묵과하지 않으시고 얼마나 더 진노하시겠습니까? 바로 이 때문에 가인은 하나님의 임재로부터 그렇게 속히 도망한 것이 분명합니다. 자기처럼 그토록 거룩하지 못한 마음을 지니고서 하나님 가까이에 있다는 것이 도무지 견딜 수 없다는 것을 잘 알았기 때문입니다.

(2) 기도 중에 하나님께 가까이 나아감으로써, 영혼이 하나님께로부터 감미로운 은혜의 영향력을 받습니다. 모든 은혜는 은혜의 하나님께로부터 옵니다. 은혜의 첫 씨앗뿐 아니라 자라나고 증가된 은혜까지도 그로부터 옵니다. 그리고 하나님은 보통 그의 백성과의 하나된 교제를 수단으로 그의 은혜를 비추어 주십니다. 그러므로 그리스도인은 기도를 통하여 하나님과의 가장 친밀한 교제 가운데로 인도됩니다. 그리고 교제(communion)에 뒤이어 교류(communication)가 이어집니다. 병아리들이 어미 닭의 날개 아래 앉을 때에 느끼는 그 체온을 귀하게 여기듯이, 성도들의 은혜들도 하나님과의 친밀한 교제로부터 얻어지는 감미로운 영향력으로 말미암아 활기를 얻고 강해지는 것입니다. 그리스도인이 나무에 비해집니다(시 1). 그런데 태양 가운데 가장 많이 서 있는 나무가 가장 크게 번성하고 가장 감미로운 열매를 맺는 법입니다. 기도하는 그리스도인이야말로 로도스 섬 사람들에 대해 말하는 것처럼 "태양 속에 자리 잡고" 있는 것입니다. 그는 하나님과 가까이 서 있으며, 또한 하나님께 구하는 모든 일에서 하나님께서 그의 가까이에 계시게 하는 것입니다. 그러므로, 기도의 임무를 소홀히 하거나 자주 행하지 않음으로 그늘에 서 있고 하나님께로부터 멀리 떨어져 있는 자가 가지에 열매를 별로 맺지 못하고 혹시 맺어도 설익은 열매만 맺을 때에, 그는 잘 익어 달콤한 열매를 맺을 것을 기대할 수 있는 것입니다. "이는 여호와의 집에 심겼음이여 우리 하나님의 뜰 안에서 번성하리로다. 그는 늙어도 여전히 결실하며 진액이 풍족하고 빛이 청청하니"(시 92:13, 14).

[기도는 하나님께 설득력이 있으므로 필수적인 임무임]

셋째 이유. 그리스도인이 다른 모든 수단에 기도를 합해야 하는 셋째 이유는 바로 기도가 하나님께 큰 설득력을 지녔다는 데 있습니다. 하나님은 기도가 없이는 성도를 위해 큰 일을 절대로 행하지 않으시지만, 성도가 기도로 요청할 때에는 아무리 큰 일이라도 그를 위해 행하시는 것입니다. 기도는 마치 요나단의 화살과 같아서, 합당한 조건을 갖추어 행해질 때에 절대로 헛되이 돌아오는 법이 없습니다. 신실한 기도는 바다에서 잃어버려지는 일이 절대로 없습니다. 기도하는 성도만큼 분명하게 거래하는 상인은 없습니다. 어떤 기도는 다른 기도보다 더 기나긴 여정을 거칩니다. 하지만 결국에는 더욱 풍성한 짐을 싣고서 항구에 정박하게 되는 것입니다. 상거래에서는 자금이 풍족하여 가장 오래 견디는 자가 가장 많은 이윤을 얻습니다. 기도가 되돌아오기까지 가장 끈질기게 기다릴 수 있는 그리스도인이 가장 큰 복을 누리는 것입니다. 그런 영혼은 그 기다림이 결코 수치스럽게 되는 법이 없습니다. 위험 중에라도 약속이 그를 안전하게 지켜 주는 것입니다(요일 3:22). 오오 신자의 기도의 능력적인 언변을 과연 누가 표현할 수 있겠습니까? "하나님의 자녀가 기도 중에 내뱉는 아버지라는 이 작은 단어야말로 데모스테네스, 키케로 등 이 세상의 그 유명한 모든 언변가들을 능가하는 것입니다"(루터).

천국을 "힘으로" 취한다는 말씀을 읽습니다(마 11:12. 한글개역개정판은 "침노하는"으로 번역함 — 역주). 과연 이런 일을 행한다는 말할 수 있다면, 바로 기도로 그렇게 하는 것입니다. 테르툴리아누스(Tertullian)는 이렇게 말합니다: "우리가 천국을 두드리면, 하나님의 자비로우신 마음이 날아오고 우리는 그것을 가지고 내려온다." 또한 동일한 변증에서 그는 그리스도인에 대해 말하기를, "그들이 마치 원수가 성(城)을 포위하고 무력으로 함락시키듯이 그렇게 기도한다고 합니다." 그리고 이렇게 덧붙입니다: "기도로 하나님께 드리는 이 거룩한 폭력이야말로 하나님을 크게 기쁘시게 하는 것입니다." 과연 그렇습니다. 만일 그렇지 않다면 하나님께서 그렇게 기도하는 그리스도인을 돕지도 않으실 것이요, 기도에 대해 상을 베풀지도 않으실 것입니다. 그러나 그는 이 두 가지를 모두 행하십니다. 그는 야곱을 도우사 이기게 하셨습니다: "그는 … 힘으로는 하나님과 겨루되"(호 12:3). 즉, 그 자신의 힘이 아니라 하나님께로부터 받은 힘으로 겨루었다는 뜻입니다. 그리고 나서 하나님께는 그 승리를 인하여 야곱에게 존귀를 베푸십니다: "네 이름을 다시는 야곱이라 부를 것이 아니요 이스라엘이라 부를 것이니 이는 네가 하나님과 및 사람들과 겨루어 이겼음이니라"(창 32:28). 성경에서 기도를 통하여 이루어진 위대한 공적들의 역사에 대해서는 쉽게 예를 들 수가 있습니다 기도야말로 하늘을 열고 다시 닫은 열쇠입니다(약 5:17). 기도는 막강한 군대를 물리쳤고(사 37장), 마귀의 능력으로도 찾지 못하는 그런 은밀한 일들을 깨닫게 했습니다(단 2:18). 기도는 지독한 계교가 아직 뱃속에 있을 때에 그것을 죽였고(삼하 15:31), 성도들을 상대로 준비된 그 잔인한 계략들이 실패하여 그것을 만든 이들에게 미치게 되어 다른 이들을 위해 세워 놓은 교수대에 그들 자신이 매달리게 하였습니다(에 4:16). 기도의 노크 소리에 감옥 문이 열렸고(요 11:41), 무덤이 그 죽은 자를 내어놓았으며(요 11:41), 바다의 리워야단이 그 먹이를 삼키지 못하여 다시 토해 내게 하였습니다(욘 2:2). 기도는 하늘의 태양의 움직임을 멈추었고, 오히려 거꾸로 돌아가게 만들었습니다(수 10:12, 14; 왕하 20:10). 그리고 무엇보다 뛰어난 것은 기도가 전능하신 하나님을 사로잡아, 사람들과 백성들을 대적하여 진군하시던 그가 자비로이 퇴각하시도록 하였습니다(시 106:23; 겔 22:30). 과연 기도는 하나님께 능력으로 다가가며, 나머지 모든 일에 승리를 거두는 것입니다.

하나님의 마음을 여는 열쇠를 가진 자는 피조물의 문을 열지 못하고 바깥에 서 있을 수가 없습니다. 그런데 기도가 하나님을 움직이고 그를 압도하지만, 하나님의 뜻에 무언가 변화를 일으키거나, 하나님으로 하여금 그 백성들을 향하여 전에는 의도하신 적이 없던 새로운 생각을 갖게 하는 것은 아닙니다. 그렇지 않습니다. 하나님은 불변하시며, 그의 백성을 위하여 행하시는 선한 일들은 영원 전에 이미 뜻하신 것입니다. 그런데 기도는 하나님을 압도하는 것보다 더한 일을 한다고 말씀합니다. 왜냐하면 하나님께서는 영원 전에 주시기로 뜻하신 바를 그 백성이 그에게 간구할 그 때에 주시기 때문입니다. 하나님께서 그의 성도들을 위해 어떤 일을 행하시기로 작정하셨지만, 그와 동시에 그들이 그 일을 위해 간구하여야 할 것도 뜻하신 것입니다. "그래도 이스라엘 족속이 이같이 자기들에게 이루어 주기를 내게 구하여야 할지라"(겔 36:37). 기도라는 산파(産婆)가 사용될 때에 하나님께서 뜻하시고 약속해 놓으신 자비들이 성도들에게 임하는 것입니다. 히스기야는 이를 깨닫고서, 선지자를 불러 출산 중인 교회에게 기도하게 하라고 요청하였습니다. "아기를 낳으려 하나" — 즉, 구원을 하려 하나 — "해산할 힘이 없"으니 "기도하라"고 한 것입니다(사 37:3, 4). 다니엘은 하나님의 약속이 완전히 이루어질 — 포로들을 다시 복귀시키기 위하여 약속된 그 구원이 임하게 될 — 그 때가 가까운 것을 깨닫고서, 엎드려 간절히 기도합니다. 구원을 베푸시려는 하나님의 뜻이 있다고 해서 그에게 간구하여야 할 우리의 의무가 면제되는 것이 아님을 잘 알았기 때문입니다(단 9:3).

[하나님께서 뜻하시고 또한 주시겠다고 약속하신 것을 위해 그리스도인이 기도해야 하는 이유]

질문. 하지만 하나님께서는 무엇 때문에 성도들에게 이런 의무를 부과하시는 걸까요? 그가 주시기로 뜻하시고 약속하신 일을 위해 성도들로 하여금 기도하도록 하시니 말입니다. 첫째. 그들로 하여금 그리스도와 일치하게 하시기 위함입니다. 둘째. 약속하신 선한 것들을 주시면서도 그의 존귀를 안전하게 지키시기 위함입니다. 셋째. 그가 성도들의 기도를 크게 기뻐하신다는 것을 보여주시기 위함입니다.

첫째 답변. 그들로 하여금 그리스도와 일치하게 하시기 위함입니다. 하나님의 의도는 모든 성도 하나하나를 그리스도를 닮게 만드는 것입니다. 이는 영원 전부터 작정된 일입니다(롬 8:29). 그런데 마치 화공(畵工)이 초상화를 그릴 때에 그 초상화의 주인공의 모습을 잘 살피고 그 모습에 가장 가깝게 선을 그려나가듯이, 하나님께서도 그리스도를 원형(原型: archetype)으로 취하시고 성도로 하여금 고난에서나 은혜에서나 영광에서나 그를 닮도록 하시면서도 동시에 그리스도께서 모든 점에서 가장 뛰어나게 하시는 것입니다. 그리스도께서 고난당하셨으므로, 성도는 누구나 고난당해야 합니다. 십자가에 달리신 머리 밑에 함께 달려 있는 몸이 허약한 상태에 있는 것은 있을 수가 없습니다. 그러나 그 누구도 그리스도께서 당하신 것과 동일한 고난은 당한 일도 없고, 당할 수도 없습니다. 그리스도께서 거룩하시니, 성도는 누구나 거룩해야 합니다. 하지만 그리스도와는 비교할 수 없을 만큼 훨씬 열등한 정도로 거룩해질 수밖에는 없습니다. 진흙에 찍어 놓은 형상이 황금에 새긴 형상과 모든 점에서 정확히 일치할 수는 없습니다. 그런데, 다른 점에서와 같이 이 기도와 관련해서도 우리가 그리스도를 닮은 점이 나타납니다. 그리스도께 주어진 약속들이 그가 아버지께 기도하심으로써 그에게 이루어진 것처럼, 그의 성도들에게 주어진 약속들도 똑같은 방식으로 기도를 통해서 이루어지는 것입니다. 하나님께서는 그의 아들에게, "내게 구하라 내가 … 주리니"(시 2:8)라고 말씀하십니다. 그리고 사도는 우리에게, "너희가 얻지 못함은 구하지 아니하기 때문이요"(약 4:2)라고 말씀합니다. 하나님께서는 그리스도께 그의 모든 환난 중에 그를 뒷받침하실 것을 약속하셨었습니다: "내가 붙드는 나의 종, 내 마음에 기뻐하는 자 곧 내가 택한 사람을 보라"(사 42:1). 그런데도 그는 사망의 그늘에 발을 디디셨을 때에 "심한 통곡과 눈물로" 기도하셨습니다(히 5:7). 그에게 씨가 약속되었고, 그의 원수들에 대한 승리가 약속되었습니다. 그러나 이를 위하여 그는 지금도 하늘에서 간구하시는 것입니다. 그리스도께서는 우리에게 왕으로 행하십니다만 그의 아버지께는 제사장으로 행하십니다. 그는 하나님께 무릎을 꿇으시고 기도와 간구를 올리고 계십니다. 성도도 이와 같습니다. 약속이 그들을 그들의 정욕에 대하여 왕이 되게 하며, 그들의 원수들에 대해서도 정복자들이 되게 합니다. 하지만 그 약속은 동시에 하나님께 대해서는 제사장이 되게 합니다. 그리하여 성도는 제사장으로서, 약속으로 주어진 그 큰 일들을 기도를 통해서 하나님께 겸손히 요청하는 것입니다.

둘째 답변. 약속하신 선한 것들을 주시면서도 그의 존귀를 안전하게 지키시기 위함입니다. 하나님의 영광을 확실히 지켜드리면, 성도는 그가 원하는 바를 얻을 수 있습니다. 하나님의 생명 그 자체가 그의 영광과 직결되어 있으니 말입니다. 피조물의 경우는 영광이 그의 존재에 본질적인 것이 아닙니다. 왕은 면류관과 왕국이 사라져도 사람인 것은 변하지 않습니다. 그러나 하나님은 영광스럽지 않으시면 하나님이실 수가 없습니다. 또한 거룩하고 의로우며 자비하고 신실하지 않으시면 영광스러우실 수도 없습니다. 그런데 이러한 그의 영광이 드러나고 나타나는 것이야말로 그가 세상을 지으시고 운영하시는 큰 목적인 것입니다: "여호와께서 모든 것을 그 자신을 위하여 지으셨으니"(잠 16:4. 한글개역개정판은 "여호와께서 온갖 것을 그 쓰임에 적당하게 지으셨나니"로 번역함 — 역주). 만일 세상에서 하나님의 영광에 전혀 이바지하지 않는 일이 하나라도 일어난다면, 이로 인하여 하나님의 존재가 의심받게 될 것입니다. 그러나 무한히 지혜로우신 하나님은 모든 일의 결과로 그의 영광이 드러나도록 그렇게 그의 모든 피조물들의 행위들을 지으시고 지도해 오셨습니다. 사실 일부의 사람들에 대해서는 강제로 그의 영광이 드러나게 하기도 하셨습니다. 마치 임금이 불순종하는 신하들에게서 강제로 무거운 세금을 부과하듯이 말입니다. 그리하여 사람의 노여움이 주를 찬송하게 될 것입니다(시 76:10). 그러나 그는 성도들이 그의 영광을 드러내는 적극적인 도구들이 되며, 또한 마치 임금의 총애를 받는 신하들처럼 기쁨과 감사의 함성으로 마음껏 그에게 찬송을 돌리기를 기대하십니다. 그리하여 그는 그들이 그렇게 할 수 있도록 그들의 그런 찬송의 임무에 가장 합당하게 그의 자비들을 그들에게 부어주시니, 곧, 그에게 기도를 통하여 겸손하게 구할 때에 그가 그들에게 뜻하시고 약속하신 그 선한 것들을 주시는 것입니다. 그런데 이런 수단을 통해서 두 가지로 하나님의 영광이 드러납니다.

1. **성도는 기도의 임무 그 자체로써** — 정당한 자세로 그 임무를 행할 때에 —

하나님을 높이 영화롭게 합니다. 기도는 은혜의 통로인 동시에(근원이신 하나님께로부터 우리 가슴의 우물들 속으로 복들을 이끌어내어 전달해 주므로), 예배의 수단(우리가 하나님께 경배를 드리고 그의 신성의 영광을 그에게 드리는 수단)이기도 합니다. 기도를 통해서 우리는 그에게 "그의 힘의 영광"(살후 1:9)을 돌리는 것입니다. 기도는 우리의 무능력함에 근거하여 하나님의 전능하심에게 드리는 겸손한 호소입니다. 집에서 편안히 지낼 수 있는 사람은 구태여 다른 사람에게 찾아가 구걸하지 않습니다. 그리고 하나님이 능력이 없다고 생각하면 그에게 가지 않고 다른 이에게 가려 할 것입니다. 우리는 그에게 그의 주권과 통치의 영광을 드리며, 또한 그가 우리가 구하는 것을 주실 수 있을 뿐 아니라 그가 주시는 것에 대한 권리와 복도 우리에게 주실 수 있다는 것을 인정합니다. 그러므로 그리스도께서는 우리가 왜 하나님께 기도를 드리는지에 대한 이유를 제시하기 위하여 "나라와 권세와 영광이 아버지께 있사옵나이다"라고 말씀하심으로써 그의 기도를 끝맺으십니다. 하나님이 홀로 우리에게 무엇이든 베푸시고 권한을 주실 수 있는 주권자이시기 때문에 우리가 그에게 기도하는 것입니다. 그러므로 그에게 기도하지 않고 우리 스스로 무언가를 소유하고 누리려 한다면, 혹은 그 이외의 다른 존재에게 기도한다면, 이는 하나님의 면류관과 위엄을 거스르는 심각한 반역 행위인 것입니다. 전자의 행위는 하나님의 주권을 우리 스스로 탈취하는 것입니다. 그런 자들은 이렇게 말합니다: "우리가 주(主)들이니 다시는 주께로 가지 않으리라"(렘 2:31. 한글개역개정판은 "우리는 놓였으니 다시 주께로 가지 아니하겠다"로 번역함 — 역주). 그리고 후자의 행위는 하나님의 나라와 주권을 다른 이에게 주어 버리는 것입니다. 마귀는 그리스도더러 그에게 엎드려 경배하게 만들고 그리하여 자기가 세상의 주권자임을 시인하게 만들려 했는데, 이때의 그의 의도가 바로 이것이었습니다. 또한 기도를 통하여 그의 값없는 자비의 영광을 그에게 돌리는 것입니다. 빛에 대해서는 요구하지만, 구제물에 대해서는 구걸합니다. 기도할 때에 우리는 공로를 다 버립니다. "가령 내가 의로울지라도 대답하지 못하겠고 나를 심판하실 그에게 간구할 뿐이며"라고 합니다(욥 9:15). 또한 다른 모든 속성들에 대해서도 동일한 자세를 보일 것입니다만, 그저 몇 가지만 맛보는 것으로도 족합니다. 근본적으로 볼 때에 하나님께서는 기도를 통해서 그의 신성에 대한 인정을 받으시며, 또한 기도를 통하여 성부, 성자, 성령의 거룩한 삼위 하나님께서 존귀를 받으시는 것입니다. 성부 하나님께 기도드림으로 우리는 그를 모든 은혜와 자비의 근원이요 원천으로 인정하고 그에게 존귀를 돌립니다. 또한 성자의 이름으로 성부께 기도를 드림으로써 그에게 존귀를 돌리는 것이요, 또한 그가 우리가 구걸하는 그 자비를 값 주고 사신 분이심을 인정하는 것입니다. 그리고 성령께서는 우리가 그에게서 도움을 받아 기도의 임무를 행한다는 것을 시인함으로써 존귀를 받으시는 것입니다. 우리가 성자로 말미암아 성부께 기도하는 것이듯이, 성령의 도우심을 받아 기도하는 것이기 때문입니다.

2. 기도의 임무를 정당하게 행할 때에 그 행위 가운데서 하나님이 존귀를 받으시는 것은 물론, 기도를 통해서 그리스도인이 마음에 깊은 감동이 일어나 자신이 기도를 통해서 얻는 자비들에 대해 하나님을 찬송하고 그에게 영광을 돌리게 되는 것입니다.

(1) 기도는 하나님의 자비들을 인하여 그를 찬송하게 만듭니다. 기도 중에 우리는 하나님의 자비를 구걸하는 것만이 아니라, 우리가 구걸하는 그 자비들에 대해 하나님께 찬송드릴 것을 서원합니다. 기도를 가리켜 "서원"이라 부릅니다: "주 하나님이여 주께서 나의 서원을 들으시고"(시 61:5). 즉, 내가 구한 구원에 대해 내가 주께 찬송드릴 것을 엄숙히 서원하였으니, 나의 그 기도를 들으시리라는 뜻입니다. 서원이 담겨 있지 않는 것은 기도가 아닙니다. 하나님은 얽매어 놓고 우리 자신은 마음대로 풀어 놓는다는 생각을 해서는 안 됩니다. 하나님께서는 우리를 도우시리라는 약속에 자기 자신을 매어 놓으십니다. 하지만 우리 편에서 감당해야 할 의무 조건은 바로 우리가 그 하나님을 영화롭게 한다는 것입니다. 하나님께서 그에게 자비를 구하도록 허락하시는 조건은 다른 것이 아닙니다. "환난 날에 나를 부르라 내가 너를 건지리니 네가 나를 영화롭게 하리로다"(시 50:15). 그러니, 기도하는 그리스도인의 마음으로서는 하나님께로부터 받는 자비들을 거룩하게 사용하여야 하며, 동시에 기도를 통해 얻은 것들에다 감사의 옷을 입히기를 힘써야 합니다. 이것이 얼마나 중요한지 모릅니다! 그리스도인이 사람의 거짓말로 속임당하기를 끔찍이 싫어한다면, 하나님께 그 자신이 거짓말로 속이는 자가 되는 것은 훨씬 더 끔찍하게 여겨야 할 것입니다. 하나님은, "그들은 실로 나의 백성이요 거짓을 행하지 아니하는 자녀라"고 말씀하시고 "그들의 구원자가 되"셨습니다(사 63:8).

(2) 기도는 찬송하고자 하는 마음을 일으키는 수단입니다. 기도와 찬송은 곧 서로 서로에게로 용해됩니다. 다윗은 기도로 시편을 시작하나, 대개 찬송으로 끝을 맺

습니다. 사물은 그 본래 왔던 곳으로 다시 돌아갑니다. 강물은 바다로부터 오며 산도 그것을 막을 수가 없습니다만, 다시 바다로 흘러갑니다. 공급받기를 위하여 영혼을 하나님께로 나아가도록 이끄는 성령께서는 또한 찬송으로 그 동일한 하나님께로 향하도록 이끄십니다. 이 사람에게 돈을 빌려놓고 다른 사람에게 그 돈을 갚지는 않습니다. 하나님께서 여러분의 "힘"이 되셨다면, 분명 그에게 "노래"로 찬송할 것입니다. 도둑은 물건을 도둑질하고 나오면서 그 주인에게 감사하지 않습니다. 그러니, 기도로 간구하지 않은 자들이 하나님께서 베푸신 자비를 받고도 그에게 영광을 돌리지 않는 것도 놀랄 일이 아닙니다. 자기 스스로 한 일은 자기 자신의 공으로 돌리기 마련입니다. 잘못 얻은 자비는 흔히 잘못 소비하기 마련입니다. 그 자비들이 그들에게 거룩하게 온 것이 아니므로 그들의 정욕을 만족시키는 도구가 되어 버립니다. 그러므로 더 많은 것을 받아 누릴수록 더욱 교만해지고 더욱 감사할 줄 모르는 것입니다. 그러나 기도로 말미암아 그리스도인이 누리는 것들이 거룩해지고, 다른 이들을 우쭐하게 하여 교만에 빠지게 만드는 그 허세들이 교정됩니다. 똑같은 자비를 받아도 기도를 통해 받으면 성도들의 은혜들에 자양분이 되지만, 기도가 없는 죄인의 경우에는 그것이 썩어 해로운 정욕들로 돌아가고 마는 것입니다.

셋째 답변. 하나님께서 그의 백성으로 하여금 그가 뜻하시고 약속하신 것을 위하여 기도하게 하시는 것은 **그가 성도들의 기도를 크게 기뻐하신다는 것을 보여주시기 위함입니다.** 이는 마치 아버지가 해외에 나가 사는 아들에게 생활 유지를 위해 돈을 주겠다고 약속했을 경우, 그 돈을 그 아들에게 그냥 보내줄 수도 있지만, 구태여 시간을 정하여 그 돈을 받으러 자기에게 오도록 하는 것과도 같습니다. 왜 그렇게 합니까? 아들을 괴롭게 하려는 것이 아니라, 그 아들과 함께 있는 것을 친히 즐기기 위함입니다. 하나님은 기도하는 성도들과 함께 하시는 것을 어찌나 즐거워하시는지 그들의 편에서 전혀 어색하게 되지 않도록 기도를 명령하셨고, 그들이 무언가를 잃어버리지 않기 위해서라도 그 임무를 소홀히 하지 않도록 하셨습니다. "너희가 얻지 못함은 구하지 아니하기 때문이요"(약 4:2). 그러므로 기도에 풍성할수록 더 많은 복을 받습니다. 요아스가 땅을 친 횟수만큼 그가 아람에 대해 승리를 얻었습니다(왕하 13:18-20). 우리가 기도라는 화살로 하늘을 향해 쏘는 만큼, 하늘로부터 자비가 우리에게 돌아올 것입니다. 하나님께서 자비를 베풀기를 매우 싫어하셔서 우리더러 자주 길게 기도하라고 하신 것이라고 여겨서는 안 됩니다. 그가 우리더러 기도하라고 하시는 것은 오히려 그가 우리의 기도를 즐거워하시기 때문입니다. 기도하게 하시는 것은 바로 그의 성령의 은혜들을 그의 자녀에게서 이끌어내기 위함입니다. 그 은혜들의 음성과 언어가 기도로 나타날 때 그것이 하나님의 귀에 지극히 감미로운 가락이 되는 것입니다. 그런데 사실 이 점에 있어서 우리는 마치 우리의 창문 아래서 음악을 연주하는 악사들과 너무 흡사합니다. 그들은 돈이 그들에게 떨어지기까지는 음악을 연주하다가 돈이 떨어지고 나면 곧바로 연주를 끝내 버리는 것입니다. 만일 우리의 필요한 것들이 한 번의 기도로 응답되어 우리가 더 이상 갑자기 필요한 것이 없어지면, 마치 그 악사들처럼 사라져 버릴 것이요, 하나님께서는 황급히 그를 부르는 우리의 기도 소리를 더 이상 듣지 못하시게 될 것입니다.

[적용]

[기도 없는 영혼들에 대한 책망, 그런 자의 황망한 상태]

첫째 적용. 이 기도의 임무를 완전히 무시하며 사는 자들에게 한 말씀 드리겠습니다. 자기들에게 주어진 날들을 마치 수많은 돼지들처럼 헛되이 보내는 그런 인류의 쓰레기 같은 자들이 있습니다. 그들은 하나님께서 친히 허리를 숙이게 만드시기까지 절대로 하늘을 쳐다보지 않습니다. 칼이 목구멍을 겨누기 전에는 기도로 부르짖는 소리도 들을 수 없습니다. 하늘의 하나님을 향한 충성심을 완전히 저버린 이 거인들과 땅의 아들들에게는 도대체 할 말이 없습니다! 이 바산의 암소들은 마치 미친 느부갓네살처럼 사람의 마음을 상실하여 야만인처럼 살며, 풀을 뜯어 먹으면서도 자기들을 위해 들판을 풀로 가득 채워 주시는 그분을 전혀 지각하지 못하는 짐승처럼 사는 것입니다. 하늘의 하나님을 인정하거나 그에게 기도하지 않는 그들이 과연 사람의 말은 듣겠습니까? 여러분의 처지는 정말 딱합니다. 무엇이라고요? 기도를 하지 않는다고요? 하나님을 여러분의 조물주로 소유하게 되는데 이처럼 그에게 엎드리는 것도 하지 못한단 말입니까? 하나님의 정의의 손길이 여러분을 대적하고 있는데 여러분의 영혼을 위해서 그 하나님께 생명을 구걸하는 일도 하지 못한단 말입니까? 이런 식으로 해서 여러분 자신을 지키기 위해 한 번 힘을 써보지도 않고 정말 여러분 자신을 마귀의 입에다 던져 주기로 작정했단 말입니까? 하나님께서 이보다 더한 일을 여러분에게 요구하셨더라도 여러분의 영혼을 구원하기 위해서는 그 일을 마땅히 하고자 했을 것입니다. 그런데 이만한 일도 하지 않는단 말입니까?

하나님께서는 우리더러 우리의 속량금을 내라고 요구하시는 것이 아닙니다. 아닙니다. 우리를 감옥에서 구해 주시는 대가를 지불하라고 하시는 것이 아닙니다. 다만 여러분에게 기도하라고 하시는 것뿐입니다. 그렇게 하면 그 자신이 지불해주시겠다는 것입니다: "하나님을 찾는 너희들아 너희 마음이 소생하리라"(시 69:31. 한글개역개정판은 "너희 마음을 소생하게 할지어다"로 번역함 — 역주). 오오 여러분, 지옥에서 여러분의 양심이 여러분을 향하여, 기회가 있었을 때에 하나님 앞에 영혼을 낮추고 겸손히 그의 은혜를 구하여 그리스도께서 그의 피로 값 주고 얻으신 그 길에 있게 되었더라면 그 지옥에 있게 되지 않았을 것이라고 말하게 된다면 그때에 이 하나님의 기도의 명령을 생각할 때에 여러분의 상처가 얼마나 더 쓰라리겠습니까! 이 아둔한 귀신을 내쫓아야 합니다. 그렇지 않으면 반드시 그로 인하여 여러분이 정죄를 받게 될 것입니다! 만일 범죄자가, 재판관이 그의 교만한 마음이 꺾여 목숨을 위하여 구하기를 기다리며 의도적으로 선고를 미루고 있는데도, 그 앞에서 무릎을 꿇거나 입을 열어 자비를 구하려 하지도 않고 뻣뻣하게 서 있다가 결국 사형을 선고받고 죽는다면 그처럼 패역한 자가 어디 있겠습니까? 그리스도께서 아무 말씀도 하지 않고 계시자 빌라도가 얼마나 화가 났는지 모릅니다: "내게 말하지 아니하느냐? 내가 너를 놓을 권한도 있고 십자가에 못 박을 권한도 있는 줄 알지 못하느냐?"(요 19:10). 하지만 빌라도는 그리스도께서 말씀하신대로 그를 위해서나 그를 대적해서 아무것도 할 수가 없는 처지였는데도 그렇게 말한 것입니다. 그러므로 그리스도께서는 그를 두려워하지도 않으셨고 또한 그에게 구차히 한 마디라도 하실 필요가 없으셨던 것입니다. 그리스도의 죽음을 위한 허가장(許可狀)은 하늘에 인봉되어 있었습니다. 그러므로 빌라도를 비롯해서 분노에 차 있던 나머지 그리스도의 원수들은 모두 하나님께서 미리 정하신 작정에 따라 시행하는 하나님의 종들 이상 아무것도 아니었던 것입니다. 하지만 사람이 하나님을 무시할 때에 그 위대하신 하나님께서는 얼마든지 "내게 말하지 아니하느냐? 내게 기도하지 않느냐? 내가 너를 구원할 권세도 있고 정죄할 권세도 있으며, 너를 형 집행자에게 내어줄 권세도 있고 그의 손에서 벗어나게 할 권세도 있는 줄 알지 못하느냐?"라고 말씀하실 수 있지 않겠습니까? 아니면 여러분이 기도하든 하지 않든 하나님이 반드시 여러분을 구원하시게 되어 있다고 생각하십니까? 그런 생각이 사실이라면, 분명히 말씀드리지만, 하나님께서는 다른 이들보다 여러분을 훨씬 더 위하고 계신 것입니다. 그렇습니다. 그의 아들보다도 말입니다. 그는 어떻게 하셨습니까? 하나님께서 구해 주시기를 심한 통곡과 눈물로 간구하셨습니다(히 5:7). 하나님께서 친히 구원의 방법을 세워 놓으셨고, 또한 여러분을 기쁘게 하고자 그것을 변경시켜서 그의 뜻에 오점을 남길 생각이 추호도 없으신 것입니다. 그가 기록하신 것은 이미 기록하신 것이요 결코 뒤집어지지 않는 것입니다. 그렇습니다. 아무리 다른 사람들이 여러분의 영혼을 불쌍히 여겨서 여러분을 위해 기도한다 할지라도, 여러분이 기도가 없는 상태 그대로 있다면 여러분은 반드시 정죄의 죽음을 죽을 것입니다. 노아와 사무엘과 다니엘이 일어나 여러분의 목숨을 구걸한다 할지라도 결코 가납되지 않을 것입니다. 이런 경우 대리 기도는 전혀 소용이 없습니다. 그러므로 이스라엘 백성들이 사무엘에게 나아와 자기들을 위해 기도해 주기를 간청할 때에 — 이 선한 사람은 그러겠노라고 쉽게 약속하였습니다만 — 그가 뒤에 덧붙이는 단서를 주목하기 바랍니다: "오직 여호와를 두려워하며 너희의 마음을 다하여 진실히 섬기라"(삼상 12:24. 한글개역개정판은 "오직 여호와를 두려워하며"를 "오직 그를 경외하며"로 번역함 — 역주). 이는 이런 뜻과도 같습니다: "너희들 자신도 하지 않는 일을 나더러 하라고 하지 말라. 너희가 악하고 하나님을 믿지 않는다면 내가 아무리 기도해도 하나님의 진노가 하늘로부터 떨어지지 않게 할 수는 없느니라. 그러므로 '오직 여호와를 두려워하며 그를 섬기라.'" 곧, 기도하고 그에게 순종하라는 뜻입니다.

두려워하는 것이 하나님을 예배하는 것을 뜻하는 경우가 많습니다. 하나님을 가리켜 "이삭의 두려움"(창 31:53. 한글개역개정판은 "이삭이 경외하는 이"로 번역함 — 역주)이라고 부르는데, 이는 곧, 그가 두려워하고 예배한 하나님이라는 뜻입니다. "이방 사람들의 왕이시여 주를 두려워하지 아니할 자가 누구리이까?"(렘 10:7. 한글개역개정판은 "경외하지 아니할 자가 누구리이까"로 번역함 — 역주). 즉, 나무나 돌이 아니라 주를 예배하리라는 것입니다. 하나님을 예배하는 것이 그를 향한 존숭(尊崇)과 두려움에서 귀결되는 것이기 때문입니다. 그리스도는 "그의 두려워하심으로 말미암아 들으심을 얻었다"고 합니다(히 5:7. 한글개역개정판은 "그의 경건하심으로 말미암아 들으심을 얻었느니라"로 번역함 — 역주). ἀπὸ τῆς εὐλαβείας, 곧 고뇌 중에 하나님께 토하신 그의 심판 통곡에서 나타나는 그의 종교적인 두려움, 즉 경외를 뜻합니다. 그러므로 여러분에게 기도가 없으면, 이는 여러분이 하나님에 대한 두려움이 없이 사는 것입니다. 그러니 그런 패역한 자가 감히 저지르지 못할 일이 무엇이겠습니까? 사탄이 시키는 일이라면 무엇이든 다 할 것입니다. 심지어 점술사를 찾아가는 일도 마다하지 않을 것입니다. 사울은 하나님의 뜻이 궁금하여 견딜 수 없자 신접한 여인을 찾아가 문의하여 마귀의 문을 두드린 것을 봅니다(삼상 28:7). 오오 여러분, 시험하는 자를 가까이에 두고 사는 일이 없도록 주의하십시오! 사탄이 바라는 것이 있다면 바로 이것일 것입니다. 곧, 사람이 기도 없이 사는 것 말입니다. 왜냐하면 이것을 통해서 그가 하나님께 가장 큰 앙갚음을 할 수 있기 때문입니다. 그렇게 하여 사람으로 하여금 하나님의 모든 속성들을 다 무시하게 만들고, 그리하여 그 죄인 자신에게도 가장 큰 불이익을 가져다주게 되니 말입니다. 마치 강도가 여행객을 노리다가 그를 고랑 속에 집어던지고 그의 입을 막아서 다른 이들에게 도움을 구하지 못하게 만들어 놓는 것처럼, 사탄이 그렇게 하고자 여러분을 노리고 있습니다. 요컨대 여러분은 마음껏 사탄의 정욕을 만족시켜 주는 먹이가 되어 있습니다. 그러나 기도하는 자는 하나님과 더 깊은 만남을 갖도록 그를 초청하는 것이요, 금방 그렇게 그를 만나게 될 것입니다. 바울은 기도하여 하나님께로부터 보내신 아나니아를 만났습니다. 그러나 기도의 임무를 무시하며 사는 자는 마귀에게 자신을 더 완전히 소유하게 만드는 것입니다. 여러분이야말로 모든 사람들보다 마귀가 무신론자로 만들기에 가장 적합한 사람입니다. 이미 하나님에 대한 믿음을 끔찍하게 생각할 수밖에 없도록 그렇게 하나님을 멀리하는 삶을 살고 있으니, 하나님이 없다는 마귀의 말에 여러분이 넘어간다 해도 전혀 이상할 것이 없습니다. 헤롯은 금방 설득을 당하여 요한의 머리를 베어버리고 말았습니다. 요한은 살아 있을 때에 헤롯의 양심을 너무도 찌르고 괴롭혔기 때문입니다. 여러분의 죄악된 양심이 하나님께로부터 좋은 이야기를 하나도 듣지 못하니, 여러분도 그와 같이 손쉽게 설득을 당하여 금방 하나님에 대한 모든 생각들을 물리쳐 버리려 할까 두렵습니다. 그렇습니다. 여러분에게 이미 무신론이 너무 많이 있을 것입니다. 그렇지 않다면 하나님을 아는 자들이 하나님께 드리는 최소한의 본성적인 예배라도 감히 드리지 않을 수 없을 것입니다. 성경은 이런 무신앙자를 무신론의 문간에다 세웁니다: "어리석은 자"는 스스로 헛되이 자기 자신을 설득시켜 "하나님이 없다"고 여기게 만들려 합니다(시 14:1). 그리고 자기 양심을 완전히 장악하여 하나님을 자기의 신조에서 제외시키게 되면, 금방 하나님을 향한 기도도 삶에서 제외되는 것입니다(2절).

질문. 하지만, 복음이 전해지는 곳에서도 이처럼 무신론으로 인하여 기도를 무시하는 경우가 있을 수도 있다고 생각하지 않느냐고 묻는 이가 있을지도 모르겠습니다.

답변. 그렇습니다. 과연 그렇게 생각합니다. 아니, 그보다 더 나아가서, 아직 동이 튼 적이 없는 캄캄한 밤중인 아메리카보다도 오히려 환한 복음의 빛 아래에 더 악한 무신론자들이 있다고 생각합니다. 풍요로운 땅에서 가라지들이 더 기승을 부리고, 뜨거운 기후에서 열매들이 잘 맺듯이, 복음의 태양이 높이 떠 있는 곳에서 죄가 가장 크게 자라는 것입니다. "맹인이 누구냐 내 종이 아니냐? … 누가 여호와의 종 같이 맹인이겠느냐?"(사 42:19). 복음의 밝은 빛이 있는데도 눈을 감아 버린 자들만큼 지독한 무신론자들이 또 어디 있겠습니까? 불쌍한 인도 사람들이 하나님에 대해 거의 알지 못하는 것은 복음의 빛이 없기 때문입니다. 그러므로 복음의 빛이 그들에게 임하면 이 문제가 치료될 수 있습니다. 하지만 사리분별이 있는 무신론이 — 복음의 빛이 밝히 비치는 때와 장소에서 흔히 그렇습니다만 — 영혼을 설득시켜 복음의 빛을 고의적으로 대적하게 만드는 경우는 치료가 불가능합니다. 이 경우는 눈을 감아 버려서 볼 수 있는 기능이 사라지고 없는 것이니 말입니다.

[기도에 풍성한 성도들에게 주는 권면]

둘째 적용. 성도들에게 주는 권면입니다. 여러분, 이 기도의 임무에 전보다 더 부지런히 임하도록 자극을 받으시기 바랍니다. 기도를 소홀히 하면 여러분의 모든 은혜들이 전반적으로 부패하게 됩니다. 나라의 항구와 항만이 막혀 버려 상인들이 왕래하지 못하게 되면 내국의 상거래가 전면적으로 가라앉게 되고, 그렇게 되면 원수가 구태여 무기를 동원하여 치지 않아도 됩니다. 자기들끼리 서로 먹으려고 아우성치는 꼴을 그냥 지켜보기만 하면 됩니다. 시편 기자는 "하나님의 성 … 을 기쁘게 하는" 한 시냇물에 대해 말씀합니다만(시 46:4), 약속이 바로 이 시냇물입니다. 이 시냇물을 통하여 성도들이 모든 생필품들을 문 앞에까지 전달받습니다. 이런 왕래가 계속되면, 사탄이 성도들을 많이 힘들게 할 수가 없습니다. 그런데 그들이 이 시냇물에 기도들을 띄워 천국에 보낼 수 있으면 그런 왕래가 이루어집니다. 그러나 일단 그런 왕래가 중단되면 그들이 메말라지는 것입니다. 다른 나라들은 전쟁으로 인해 가난해지는 것이 보통인데 우리의 이웃인 네덜란드는 전쟁으로 인해서 오히려 부유해진 것을 보게 되는데, 이는 전쟁을 통해서 그들이 외국과의 상거래와 무역을 확대시켰기 때문입니다. 그리스도인 여러분, 여러분도 온갖 시험거리들을 활발히 이용하게 되면 여러분도 똑같이 될 것입니다. 무슨 일을 하든 간에 천국과의 왕래를 굶겨 죽이는 일은 없어야 합니다. 하나님은 ― 여러분이 이 기도의 임무를 더 부지런히 행하게 하시기 위하여 ― 약속의 모든 보화들이 이 기도를 통해서 여러분에게 전달되도록 그렇게 정해 놓으신 것입니다. 기도는 마치 상인의 배(船)와 같아서 "먼 데서 양식을 가져오는" 것입니다(잠 31:14). 자비가 만일 여러분의 나라에서 자라나는 것이라면, 구태여 천국에까지 가서 가져오려 할 필요가 없을 것입니다. 마지막 떡을 구워먹고 죽어야 하는 처지가 되어 버릴 그 과부가 오랫동안 삶을 지탱할 수 있었던 것은 그릇에 들어 있던 가루나 항아리에 조금 남아 있던 기름 덕분이 아니었고, 그것들을 계속 늘어나게 만드신 하나님의 복 덕분이었습니다. 그러므로, 여러분은 현재 있는 은혜나 힘이나 위로 같은 것으로 살 수는 없습니다. 하나님께서 여러분에게 베푸시는 새로운 샘에 근거하여 살아야 하는 것입니다. 그런데 기도를 중단하면, 은혜의 기름도 더 이상 흐르지 않을 것입니다. "너희가 얻지 못함은 구하지 아니하기 때문이요"(약 4:2). 이런 상태에서는 창고의 물건들을 다 소비하고 나면 성(城)이 항복할 수밖에 없는 것입니다. 사탄의 손아귀에 빠지기를 바라지 않는다면, 은혜의 보좌 앞에서 하나님과 교류하는 선한 일을 보존하지 않음으로 여러분의 최고의 우군이신 그분과의 교제를 잃어버리는 일이 없게 하시기 바랍니다.

자, 이런 일을 더 잘 행하도록 하기 위해, 이 기도의 왕래를 더 성공적으로 행하도록 촉구하기 위해, 몇 가지 권면의 말씀을 드린다 해도 헛된 일은 아닐 것입니다. 사탄은 성도들의 기도를 통해서 치욕스럽게 계획이 좌절된 일을 많이 당하였으므로 이 기도라는 천국의 고귀한 규례의 강력한 힘에 두려워 떱니다. 저 산 같은 교만을 뒤흔들며 불 같은 시험의 화염들을 갈라놓으며 그것들을 무력화시켜서 치욕과 실망을 안겨 주는 것이 바로 성도들에게서 나오는 하나님의 권능의 음성인 것입니다. "여호와여 원하옵건대 아히도벨의 모략을 어리석게 하옵소서"(삼하 15:31). 이 한 번의 기도가 아히도벨은 물론 그와 함께 일을 도모한 자를 바보로 만들었으니, 곧 사람과 마귀의 지혜를 다 무력화시킨 것입니다. 사탄은 기도에 대해 몸서리치기 때문에 ― 기도의 손길로 말미암아 당한 일들을 기억하고서 ― 가능한 모든 수단과 방법을 다 동원하여 여러분이 기도하지 못하도록 가로막고자 하는 것입니다. 바리새인들은 그리스도에 대해 이렇게 말했습니다: "이 사람이 많은 표적을 행하니 우리가 어떻게 하겠느냐? 만일 그를 이대로 두면 모든 사람이 그를 믿을 것이요 그리고 로마인들이 와서 우리 땅과 민족을 빼앗아 가리라"(요 11:47-48). 기도를 통해서 크고 놀라운 일들이 일어난 사실은 사탄도 부인할 수가 없습니다. 기도의 심령이 올라가는 만큼 그의 나라가 내려갑니다. 쓰러지는 하만이 모르드개 앞에 서 있지 못하듯이, 그도 기도 앞에서는 도무지 서 있을 수가 없는 것입니다. 자 여러분, 기도가 바로 사탄에게 그토록 놀라운 역사를 행한다는 것을 깨달았으니, 사탄의 온갖 계략들로부터 기도를 지키는 일에 더욱 힘쓰는 것이 필요한 것입니다. 큰 포대가 군대에게 그렇게 유익하며 또한 원수에게는 가공할 힘을 발휘하기 때문에 막강한 병력을 동원하여 그것을 보호하고 지키는 것입니다.

—

셋째 대지

[기도에 대항하기 위한 사탄의 계교]

기도에 대항하기 위한 사탄의 음모에는 세 종류가 있습니다. 첫째. 할 수 있다면 여러분이 기도를 하지 못하도록 막는 것입니다. 둘째. 기도 중에 있는 여러분을 방해하고자 애씁니다. 셋째. 이런 방법이 먹히지 않으면, 그는 여러분의 기도의 성공과 응답을 방해하려고 애씁니다.

[사탄은 기도를 하지 못하도록 막기 위해 애씀]

첫째 음모. 그리스도인을 향한 사탄의 첫째 음모는 그로 하여금 기도를 하지 못하도록 막는 것입니다. 이를 이루기 위하여 그는 갖가지 술책들을 동원합니다. 온갖 방해거리들을 가져다 놓고, 또한 온갖 실망과 좌절을 던져놓아서 이 기도의 임무를 방해합니다. 그리하여 그 중 하나에 넘어지지 않으면 다른 것에 넘어지게 만들려 하고, 기도를 시작하기 전에 그 일에 대해 염증을 느끼게 만들고자 합니다. 그리고 가장 고질적인 것은, 사탄의 이야기에 곧바로 귀를 기울이고자 하는 그런 속성이 여러분의 가슴속에 있다는 것입니다. 그렇습니다. 사탄의 논리를 취하고, 이 기도의 임무를 행하지 못하도록 속에서 갈등을 계속 일으키는 그런 면이 여러분 속에 있는 것입니다. 사탄의 술책들 가운데 몇 가지를 제시하고, 또한 그가 오지 못하도록 그 술책들에 대한 대응법을 제시해드리겠습니다.

[사탄은 그리스도인에게 외식의 혐의를 씌움으로 기도를 하지 못하게 함]

첫째 술책. "무엇이라고? 네가 기도한다고? 네가 기도한다면 그것은 외식(外飾)을 드러내는 것밖에 아무것도 아니니 차라리 아예 기도를 하지 않는 것이 더 낫다." 아니, 어쩌면 여러분 자신의 죄악된 마음이 같은 생각을 갖게 할 수도 있고, 혹은 최소한 사탄의 이런 술책을 그대로 인정하게 하여, 과연 기도해야 할지에 대해 생각이 흔들리게 만들 수도 있습니다. 자, 이런 술책에 대해 방비하기 위해서 다음의 사실들을 잘 생각하기 바랍니다.

1. 여러분은 혹시 여러분이 기도하면 외식을 드러내게 되지 않을까 염려하는 것뿐입니다만, 기도를 하지 않으면 여러분 스스로 무신론자임을 분명하게 드러내게 됩니다. 그런데 사탄이 바로 이것을 노리는 것입니다. 이미 다 알고 있는 임무를 혹시 잘못 행하게 될까 염려하여 그 임무를 소홀히 할 만큼 여러분이 어리석지 않기를 바랍니다. 전혀 사자가 없는데도 혹시 사자를 만날까 염려하여 이미 다 아는 죄 가운데 — 그렇습니다. 지속적으로 그 죄를 범하는 자를 무신론자로 규정할 만큼 아주 폭넓은 죄 가운데 — 그대로 누워서 반드시 행하여야 할 명령에 순종하지 않는 그런 어리석은 자가 아니기를 바랍니다.

2. 여러분은 실제로 외식을 행할 위험이 적습니다. 여러분이 그것을 염려하고 있으니 말입니다. 육체적인 질병 중에는 염려와 상상 때문에 얻어지는 것들도 있습니다. 전염병이나 발진(發疹)이 걸리지 않을까 극히 염려하는 자는 십중팔구 그 질병에 걸릴 가능성이 있습니다. 그러나 죄에 빠지지 않을까 하여 극히 염려하는 사람만큼 죄로부터 안전한 사람은 없습니다. 사실 여러분이 외식을 두려워한다는 것보다 여러분의 순전함을 증명해 줄 수 있는 더 좋은 증거는 필요 없습니다. 이것이 여러분의 영혼을 괴롭히는 큰 문젯거리라면, 여러분이 여러분의 외식을 두려

워하는 것보다 마귀가 여러분의 순전함을 두려워하는 것이 더 합당하다는 것을 믿으시기 바랍니다. 그리고 무엇보다 바로 여러분이 순전하기 때문에 마귀가 여러분을 겁주어 기도하지 못하게 막는 것입니다. 여러분이 기도한다는 것이야말로 그에게는 가장 염려스런 일이기 때문에 그렇게 하는 것입니다. 그의 말대로 만일 여러분이 외식자라면 그 스스로 여러분에게 기도하라고 권유할 것입니다. 그렇습니다. 기도하지 말라고 막는 것이 아니라 오히려 기도하도록 등을 떠밀 것이고, 여러분이 기도를 마치고 일어서면 여러분에게 수고했다고 감사를 표시할 것입니다. 하나님께서 여러분의 기도를 듣지 않으시리라는 것을 그가 알고 있기 때문입니다. 외식자는 하나님에게보다는 마귀에게 더 큰 유익을 줍니다. 마귀가 이세벨이 금식하는 것을 그렇게 반대했다고 하면, 분명 여러분은 믿지 못할 것입니다. 아닙니다. 오히려 이세벨의 머리에 금식할 생각을 집어넣어 준 것이 바로 마귀라는 것이 의심의 여지가 없습니다. 이세벨이 금식하면 그것이 하나님과 사람을 조롱하는 것이 될 테니까 말입니다. 이세벨의 금식은 마귀에게는 큰 잔치였습니다.

3. 여러분의 마음에 대해 전혀 문외한인 제가 생각하는 것 외에 — 여러분 자신만큼 여러분의 마음에 대해 잘 아는 자가 누구겠습니까? — 여러분이 외식을 행하는 것이 아닌가 하고 염려하는 다른 이유가 있다면, 즉 이것이 바로 여러분으로 하여금 기도의 임무를 행하지 못하게 만드는 죄라고 여겨지는 그런 죄가 달리 있다면, 모세가 이스라엘 사람을 구하기 위해 애굽 사람을 쳐 죽였던 것처럼, 그 죄를 죽여서 기도의 임무를 멀리하는 데에서 여러분의 영혼을 구해내기 바랍니다. 여러분은 정말 유리한 고지를 점하고 있습니다. 하나님께서는 기도의 임무를 시작하기 전에 이미 여러분으로 하여금 위험이 어디서 오는지를 감지하며, 그 원수를 무너뜨리고 그에게 더 완전한 복수를 행할 수 있도록 은혜로이 여러분에게 지성을 주셨습니다. 마음으로 이 추악한 죄를 미워하고, 그것을 없애고자 하는 확실한 결단을 갖기를 바랍니다. 그러면 하나님이 복을 베푸셔서, 그 죄가 여러분을 해치는 일도, 혹은 기도를 방해하여 하나님께 환영받지 못하게 하는 일도 없을 것입니다.

[사탄은 그리스도인의 기도의 은사를 얕봄으로써 기도를 하지 못하게 함]

둘째 술책. 사탄은 이렇게 말합니다: "오오, 하지만 네게는 기도를 할 수 있는 은사가 없다. 기도는 좀 더 멋지게 그 임무를 감당할 수 있는 자들에게 맡겨두어라."

"은사"란 과연 무엇을 뜻합니까? 어떤 이들은 물 흐르듯이 유려한 말솜씨가 있어서 갑자기 기도를 해도 오래 계속해서 말을 이어가며 모든 주제들을 말끔하게 정리하여 논하며 산뜻하고 감동적인 표현을 섞어 간구하는데, 이런 것을 가리켜 은사라고 한다면 여러분에게는 이런 은사가 없을 것입니다. 하지만, 이런 능력이 없다고 해서 기도를 멀리하거나 불편한 마음으로 기도에 임하는 일이 있어서는 절대로 안 됩니다. 그런 능력이 없다는 것은 그저 여러분의 머리가 그들만큼 좋지 않다는 것을 보여주는 것 외에 아무것도 아닙니다. 머리가 좋지 않아도 여러분의 마음이 그들과 똑같이 은혜 가운데 있는 일은 추호도 방해를 받지 않습니다. 그리고 여러분의 마음이 아니라 여러분의 머리에서 결함이 발견되는 것이 훨씬 낫습니다. 그런 결함 때문에 여러분의 기도가 더 메마를 수도 있습니다만, 그러나 비록 서로 연결도 잘 되지 않는 문장으로 하나씩 따로따로 입에서 발설된다 할지라도 여러분의 마음은 유려한 말솜씨로 기도하는 자들의 마음과 똑같은 열매를 얻을 수도 있는 것입니다. 여러분의 언어는 그렇게 정돈되어 있고 화려하지 못할 것입니다만, 여러분의 영혼은 음악과 같은 유려한 말솜씨로 듣는 이의 귀를 매료시키는 그런 많은 이들의 영혼만큼이나 건전할 수도 있고, 오히려 그들보다 더 올바를 수도 있는 것입니다. 사람이 썩은 몸에다 훌륭한 의복을 걸치는 일도, 또한 언어는 화려하나 양심은 천한 누더기인 경우도 얼마든지 가능한 것입니다. 의복은 화려하나 몸은 건강하지 못하고 병든 것보다는 의복은 평범하더라도 건강한 몸을 갖기를 — 은사는 훌륭하나 마음이 썩은 것보다는 은사는 미천하나 순전한 것을 — 바라지 않을 사람이 어디 있겠습니까? 우리가 최고의 애국자로 여기는 자는 의회에서 다른 사람보다 연설을 뛰어나게 잘 하는 사람이 아니라, 오히려 항상 올바른 편에 서서 의로운 대의를 행하는 쪽에 확실히 표를 던지는 자일 것입니다.

하나님이 가치 있게 여기시고 받으시는 것은 혀에서 나오는 유려한 수사(修辭)가 아니라, 순전한 영혼이 모든 거룩한 요구를 인치며 발하는 마음에서 우러나오는 "아멘"인데, 여러분의 정직한 마음이 그렇게 하도록 도와줍니다만, 순전함이 없는 자는 그 머리로 그렇게 할 수가 없는 것입니다. 차용증서의 효력은 그 증서를 쓴 손의 아름다움에서 나오는 것이 아니라, 그 증서를 써서 인을 친 그 사람에게서 나오는 것입니다. 만일 그 증서의 효력이 손의 아름다움에서 나온다면, 대서인(代書人)이 온 나라 전체를 자기의 채무자로 만들 수도 있을 것입니다. 은사는 아름다운 글씨를 만들어낼 수 있으나 — 이것은 외식자도 할 수 있는 일입니다만 — 믿음과 순전함이 정당한 기도를 만들어내는 것이요, 오직 정당한 기도만이 약속의 그 귀한 것들을 요청할 수 있는 것입니다. 한 마디로, 여러분이 순전한 영혼이라면, 다른 이들처럼 기도의 은사가 없어도 어느 누구에게도 못지않게 그리스도를 "말할 수 없는 은사"(고후 9:15)로 소유하고 있는 것입니다. 여러분, 하나님의 마음을 열어 긍휼이 베풀어지게 하는 열쇠가 되는 것은 그들에게 있는 훌륭한 은사가 아니라 여러분과 다른 모든 신자들에게 주시는 하나님의 이 은사라는 것을 알고 영원토록 격려를 받으시기 바랍니다. 그렇습니다. 제단이 그 위를 두른 황금을 거룩하게 하듯이, 이 은사가 그들의 번쩍이는 은사를 거룩하게 해야만 합니다. 그렇지 않으면 그들의 은사가 오히려 여호와께 가증스런 것이 되고 말 것입니다.

[사탄은 기도가 내키지 않도록 함으로써 기도를 가로막음]

셋째 술책. 사탄과 육체는 공히 여러분이 정해진 시간에 기도의 임무를 이행하려 할 때에 갖가지 변명거리로 지연시킴으로써 그 임무를 행하지 못하게 합니다. 그리스도인 여러분, 은혜의 보좌 앞에 나아가 간구하려 할 때에 사탄과 여러분의 육체가 여러분의 귀에 대고 다음과 같이 속삭이는 일을 당해 본 적이 없습니까? "네가 무슨 일을 하려 하느냐? 지금은 네가 기도하기에 적절한 시간이 아니다. 좀 더 편리한 때가 오기까지 기다려라." 여기서 마귀는 지극히 온건해 보입니다. 기도를 전혀 하지 말라는 것이 아니고, "지금은" 때가 아니라고 말합니다. 회의를 무산시키는 것이 아니라 좀 더 적절한 때를 위하여 "정회(停會)"시키라고만 말하는 것입니다.

답변. 그리스도인 여러분, 이런 때에는 여러분의 발이 함정 가까이에 있다는 것을 알고 조심해야 합니다. 마귀의 권면을 받아들여 그가 뜻하는 편리한 때를 기다리게 되면, 아마도 그 때는 바울의 말씀을 더 상세히 듣겠다던 벨릭스의 "틈이 날 때"(행 24:25)처럼 아예 오지 않을 것입니다. 육체나 사탄이 여러분에게서 시간을 청하면, 그것은 여러분에게서 시간을 도둑질하기 위한 것입니다. 어느 때에 한 번 임무를 물리게 하면, 거기에는 항상 그 임무에서 떠나 있게 만들려는 계획이 있는 것입니다. 마귀는 아주 교묘한 궤변가여서, 뻔뻔스럽게도 터무니없는 것을 구하는 자보다는 아주 작은 것을 구하는 온건한 거지가 자기가 바라는 것을 속히 얻을 수 있다는 것을 익히 잘 알고 있습니다. 입다는 몇 달만 유예시켜 달라는 딸의 소원을 받아들였습니다만, 만일 그 딸이 아버지의 서원에서 완전히 면제받기를 간청했더라면 딸의 말을 들어주지 않았을 것입니다. 은혜 안에 있는 영혼은 하나님을 찾고 부르기로 서원한 상태입니다. 그러니 사탄은 처음부터 나아가 전혀 기도하지 말고 하나님과 대면하는 일을 아예 그만두라고 압박하면, 성도가 그의 얼굴을 붉히면서 완전히 뒤로 물러설 것이라는 것을 잘 알고 있습니다. 그렇기 때문에 그는 성도가 기도하는 것에 대해 기꺼이 동의하는 태도를 보이는 것입니다. 그는 이렇게 말합니다: "그럼! 기도해야지. 네 가장 친한 친구에게 등을 돌리게 하고 싶지는 않다. 다만 지금은 그렇게 좋은 때가 아니라는 것뿐이다."

[기도의 때에 관하여 그리스도인을 속이기 위한 사탄의 두 가지 구실]

1. 기도가 내키지 않는 그리스도인이 기도가 내키지 않는 상태에 있는 것. 2. 당장 돌아보아야 할 세상적인 일.

첫째 구실. 그리스도인이 기도가 별로 내키지 않는 상태에 있는 것. 그 시험하는 자는 이렇게 말합니다: "기도의 임무를 하고픈 기분이 생겨 더 의욕적으로 기도하게 될 때까지 그냥 기다리라. 손이 따라주지도 않는데 억지로 두서없이 휘갈겨 쓰는 것보다는 차라리 쓰는 일을 하지 않는 것이 낫다." 기도가 내키지 않는 상태를 사탄과 육체가 본색을 감추고 구실로 삼아 이용하는데, 그런 상태에는 두 가지가 있습니다.

(1) **몸이 내키지 않는 상태.** 몸이 현재 이상 상태에 있을 때에, 이 시험하는 자들은 성경은 여러분에게 하나님이 긍휼을 원하고 제사를 원치 아니하신다고 말씀한다고 이야기합니다. 그리고 하나님의 계명들이 몸을 혹사시키는 것이 아니므로 성경이 몸에 대해서까지 배려하고 있다는 것은 부인할 수가 없습니다.

답변. 하지만 이 함정에서 벗어나도록 돕고자 하는 말인데, **여러분의 몸의 그런 이상 상태가 얼마나 심합니까?** 어쩌면 여러분이 다소 힘들기는 하지만 세상의 일을 돌보지 못할 만큼 그렇게 상태가 악화되어 있지 않은데도 막상 기도를 하려 하면 그 전보다 더 머리가 지끈거리고 쑤실 수도 있습니다. 가게에 들어가서 일을 돌볼 만큼 몸 상태가 괜찮은데도, 골방에 들어가 기도는 할 수 없단 말입니까? 시장을 두루 다닐 수는 있어도, 집에 머물며 기도할 수는 없단 말입니까? 세상과의 일을 돌볼 정도로 여러분의 몸 상태를 극복하면서도, 천국과의 왕래는 몸 상태가 나빠서 하지 못한단 말입니까? 그렇다면 분명 모든 것이 잘못된 것입니다. 하나님께서, "나야말로 네가 세상에 못지않게 함께 해야 마땅한 자가 아니냐?"라고 말씀하시지 않겠습니까? 그러나 가령 여러분이 병이 들어 자리에 누워 있어서 세상의 일에 전혀 관여할 수 없는 처지라고 합시다. 하지만 이것이 은혜의 보좌 앞에 나아가지 않는 핑곗거리가 되겠습니까? 하나님께서 여러분을 가게에 나가지 못하게 하시는 것은 바로 골방에 들어갈 길을 보여주시기 위함입니다. 세상의 일에서 벗어나게 하시는 것은 천국의 일을 좀 더 면밀하게 따르도록 하기 위함입니다. 물론 건강할 때만큼 그렇게 길게 계속 말로 기도할 수는 없을 것입니다. 그러나 하나님께서도 그것을 기대하시지는 않습니다. 앞에서 마귀가 여러분을 함정에 빠뜨리려고 제시했던 그 성경 본문 — "[하나님이] 긍휼을 원하고 제사를 원치 아니하노라"(마 9:13) — 이 바로 이런 여러분의 처지에 꼭 맞습니다. 그러나 이때야말로 여러분이 즉흥 기도의 화살들을 하나님께 쏘아 올릴 때입니다. 우리의 몸이 숨이 가빠지면, 숨을 빨리 자주 쉬는 법입니다. 비록 오래 기도하지는 못하나, 하늘을 향하여 영혼의 이런 애처로운 간구를 많이 올려드릴 수는 있는 것입니다. 그리스도인은 그의 화살통에 이런 화살을 가득 지니고 있어야 합니다. 비록 짧지만 이처럼 강력하게 날아가는 화살 말입니다. 그리스도께서도 고뇌 중에 계실 때에 지극히 간절하게 기도하셨는데, 그 기도가 바로 이런 성격의 기도였습니다: "내 아버지여, 만일 할 만하시거든 이 잔을 내게서 지나가게 하옵소서. 그러나 나의 원대로 마시옵고 아버지의 원대로 하옵소서"(마 26:39). 그리고 잠시 멈추신 후에 — 그때에 그를 짓누르고 있었던 그 말할 수 없는 짐 때문에라도 잠시 숨을 돌리는 것이 필요했습니다 — 동일한 화살을 하나씩 다시 하늘을 향하여 세 번 쏘아 올리셨습니다(44절). 한 마디만 더 하자면, 그리스도인 여러분, 여러분은 원하는 것만큼 기도할 수 없더라도 다른 이들에게 여러분을 위해서 여러분과 함께 기도하기를 바랄 수 있습니다. 장로들을 불러 여러분을 위해 기도하게 하라는 명령이 우리에게 있습니다. 그렇습니다. 그 외에 다른 사람들에게도 기도를 요청해야 하는 것입니다. 하나님이 우리를 동정하시므로, 우리가 연약하여 우리 자신의 생각들을 기도로 올려드릴 수 없을 때에는, 라헬이 빌하로 하여금 자기 무릎에 아들을 두게 한 것처럼(창 30:3) 그렇게 기도를 올려드릴 수도 있는 것입니다. 우리가 늘 하던 대로 할 수 없을 때에는 다른 사람들의 기도의 어깨 위에 실려 그들의 믿음의 날개 위에 올라 하늘을 향하여 날아오를 수도 있는 것입니다.

(2) **마음이 내키지 않는 상태.** 그러나 두 번째로, 몸의 질병이 아니라, 여러분의 마음이 죽어 있는 것 때문에, 여러분의 영혼이 내켜하지 않는 것 때문에 기도의 임무를 행하지 않는 것이라고 말할 수도 있을 것입니다. 여러분은 마음의 상태가 나

아지기를 간절히 바라고 있고, 또한 상태가 나아지면 오랫동안 기도에 문외한인 상태로 있지 않을 것입니다.

답변 1. 그리스도인 여러분, 여러분의 마음을 잘 살펴볼 때에 그렇게 뒤로 미루어두는 것과 변명하는 것에서 과연 어떤 결과가 생겨났는가를 묻고 싶습니다. 한 때 임무를 소홀히 하다가 다른 때에 그 임무를 열정적으로 하게 된 일이 과연 있었느냐는 것입니다. 저는 그렇게 보지 않습니다. 잠을 잔다고 해서 태만이 치료되는 것이 아니고, 하는 일 없이 빈둥거린다고 해서 게으름이 치료되는 것이 아닙니다. 다리가 감각이 둔할 경우는 걸으면 그것이 사라집니다. 오늘 학교를 무단결석하고 다른 데서 놀면 내일은 학교에 가는 것이 더 싫어진다는 것을 사탄은 잘 알고 있습니다. 육체에게 조금 여유와 틈을 주게 되면 나중에는 정상으로 돌려놓는 것을 견디기가 더 어렵게 될 것입니다. 짐승의 입에 물린 재갈을 없애버리고 나서 날뛰는 짐승을 다시 휘어잡기는 힘듭니다. 그러므로 순전히 이런 이유 때문에 이런저런 임무를 옆으로 물려두고자 할 때마다 그 뒤에 일어날 일을 깊이 고려하여야 할 것입니다. 다음 두 가지 중 하나가 일어날 것인데, 먼저 여러분의 죄를 직시하게 되고 여러분이 소홀히 한 것에 대해 수치와 회한을 느끼며 다시 돌아오게 될 수도 있습니다. 그러니 그런 일을 겪은 후에 나중에 기도하는 것보다는 지금 기도하는 것이 덜 힘들지 않겠습니까? 이방인도, "회개를 벌려고 죄를 짓고 싶지는 않다"고 말할 수 있습니다. 여러분은 영혼에게 무엇이 해로운지를 아는 면에서 이방인보다 더 지혜로우니, 그들보다 얼마나 더하겠습니까? 아니면, 두 번째로, 한 가지 임무에 소홀히 하는 것으로 인하여 또 다른 임무에 소홀히 하게 되고, 다시 또 다른 임무에 소홀히 하게 되어 결국 양심을 저버리는 쪽으로 계속 나아가게 되고, 결국 하나님과의 교제가 너무 오랫동안 단절되어 버려서 새삼스레 그와의 교제를 새롭게 회복할 생각 자체를 포기하게 되어 버릴 수도 있을 것입니다.

답변 2. 지금의 이런 내키지 않는 마음이 어디서 온 것인지를 잘 살펴보십시오. 그러면 아마도 그 원인이 여러분의 그리스도인으로서의 삶에 무언가 죄악된 잘못에 있거나 아니면 이 임무를 수행하는 데로 나아가도록 해주는 예비적인 수단을 소홀히 한 데에 있다는 것을 발견하게 될 것입니다.

[1] 잘 알면서도 어떤 죄와 상관해 오지 않았는지를 살펴보십시오. 죄 짓는 것과 기도하는 것은 서로 상극인데, 부분적으로는 죄책감 때문이기도 합니다. 죄로 인하여 영혼이 자신의 과오를 의식하게 되므로 하나님 앞에 나아가기를 꺼리게 되는

것입니다. 하루 종일 바깥에서 빈둥거리며 놀던 아이는 아버지의 꾸지람이나 혹 그보다 더한 벌을 받을까 두려워서 밤중에 살며시 침대로 숨어들어가거나, 될 수 있으면 눈에 띄지 않으려 합니다. 죄와 기도가 그렇게 서로 반대되기 때문에 그 중 어느 하나에서 다른 하나로 걸음을 옮기는 것이 불가능합니다. 샘이 막혔거나 진흙탕이 되어 버렸다면 그런 때에는 거기서 물을 길어오기가 어렵습니다. 일꾼의 연장들이 무뎌졌거나 금이 가 있다면, 날을 다시 갈고 고치기까지는 일을 제대로 할 수가 없습니다. 마귀의 계략은 이렇게 그리스도인을 괴롭게 하고 약하게 만들어 임무를 감당하지 못하게 함으로써 계속해서 임무를 행하지 않는 상태 그대로 있게 만드는 것입니다. 그러므로 무엇보다도 여러분의 마음의 샘을 하루 종일 깨끗하게 유지시키는 일에 신경을 쓰기 바랍니다. 기도를 통해 여러분이 하나님께 토로하는 거룩한 감정들을 바로 그 샘에서 길어내어야 하기 때문입니다. 여러분의 영혼의 그 어떤 능력도 사탄의 도구로 빌려 주어 더러운 죄의 일에 쓰이게 하는 일이 없도록 조심하기 바랍니다. 그렇지 않으면 그 힘을 영적인 유익을 위해 사용해야 할 때에 도무지 사용할 수 없는 상태가 되고 맙니다. 선한 종은 접시나 항아리를 지저분한 상태로 놓아두어 막상 사용해야 할 때에 사용하지 못하게 만들지 않고, 그것들을 깨끗하게 유지하며 선반 위에 가지런히 정리해 두어 언제든 필요할 때에 쓸 수 있도록 만들어 둘 것입니다. 참된 그리스도인의 모습도 바로 이와 같습니다. "그러므로 누구든지 이런 것에서 자기를 깨끗하게 하면 귀히 쓰는 그릇이 되어 거룩하고 주인의 쓰심에 합당하며 모든 선한 일에 준비함이 되리라"(딤후 2:21).

그러나 다시 말씀드립니다만, 죄책감을 가져서 기도로 하나님께 가까이 나아가기가 두려워지면 — 그렇습니다. 기도의 임무가 마음에서 멀어지면 — 가장 좋은 길은 속히 회개하며, 죄를 사하시는 자비와 깨끗이 씻으시는 은혜에 대한 믿음을 새롭게 하는 것입니다. 오랜 다툼보다 갓 일어난 갈등이 회복하기가 더 쉽고, 새로 얻은 상처들이 오래된 상처보다 쉽게 치유되며, 오랫동안 굳어져 깊이 스며들고 난 다음보다는 처음 얼룩이 생겼을 때에 그것을 씻어내기가 더 쉬운 법입니다. 할 수 있다면 눈물로 땅을 적시고, 여러분의 죄에 대한 안타까운 탄식으로 하늘을 가득 채우십시오. 하지만 절대로 마음에 내키지 않는다는 것을 구실로 기도의 임무에서 떠나서는 안 됩니다. 그렇게 한다고 문제가 해결되는 것이 아니고, 오히려 더 악화되기 때문입니다. 요나는 하나님의 자비를 드높이는 일보다는 자기의 명예에 신경을 썼습니다. 어떻게 하면 자기를 보내신 위대하신 주 하나님의 이름을 높일까 하는 것보다는, 어떻게 하면 자기의 임무를 명예롭게 잘 마칠까 하는 것에 관심을 두었던 것입니다. 그러나 그는 이 죄악된 생각들이 그의 속에서 부추긴 것보다 — 이것으로 인하여 그는 더욱 자신을 낮추어야 옳았습니다만 — 더 악한 일을 했습니다. 곧, 주의 일을 아예 팽개치고 도망한 것입니다. 그러니 그리스도인 여러분, 죄와 연관됨으로써 여러분의 거룩한 삶에 흠집을 만드는 것도 잘못된 일인데, 전에 지은 죄로 인하여 여러분 자신을 낮추고 규례를 행하여야 하는데 거기서 아예 하나님께 등을 돌려 버림으로써 더 큰 죄를 범하려 합니까? 한 가지 죄가 또 다른 죄를 범하는 것에 대한 합당한 근거가 될 수 있습니까? 가령 낮에 죄에 빠졌다고 합시다. 그렇다고 해서 밤에 기도를 하지 않겠습니까? 오늘 범한 죄에 대해 하나님께 용서를 구하고, 내일 비슷하거나 더 악한 죄를 범하지 않도록 더 많은 은혜를 구하는 것이 더 나을 것입니다. 임무를 게을리하는 것은 결코 지금 빠져 있는 구덩이에서 나오게 하거나 또 다른 구덩이에 빠지지 않도록 돕는 길이 아닌 것입니다. 여러분, 더 깊은 시험 속으로 달려 들어가는 일이 없도록 조심하시기 바랍니다. 이 무기(기도)가 여러분의 손에 없는 지금이야말로 마귀가 여러분에게 올무를 씌우기에 좋은 때입니다. 여러분이 찾아야 할 가장 좋은 것은 바로 도망한 하나님의 종인 여러분을 다시금 돌이켜 임무를 행하게 만드는 그 하나님께서 보내시는 폭풍입니다. 그 폭풍이 속히 올수록 그가 여러분에게 더 자비하신 것입니다.

[2] 성실하게 살펴본 결과, 여러분의 삶의 여정 가운데 어떤 알려진 죄로 인하여 임무가 내키지 않게 된 일 때문에 마음이 책망을 받을 만한 일이 없었다는 것이 드러나는데도 여전히 마음이 무겁고 기도가 내키지 않는다면, 아마도 그 기도의 임무를 실제로 준비하는 일을 마지못해 억지로 할 것입니다. 그러므로, 여러분, 적절한 묵상을 통해서 습관이 되어 버린 여러분의 은혜의 석탄에 불을 붙이려고 엄숙히 노력해 보았습니까? 그 은혜가 무슨 심각한 죄로 인하여 그 은혜가 꺼진 것은 아니지만, 그럼에도 불구하고 세상적인 일들에 너무 바쁜 나머지 죽어 있고 재로 뒤덮여 있는 상태일 수도 있습니다. 한 번의 펌프질로 물이 흘러나올 만큼 우물에 물이 가득 차 있는 경우는 거의 없습니다. 이와 마찬가지로 마음도 세상적인 일들에 최선의 노력을 기울인 후에 그 상태를 높이 일으키려고 노력하지도 않는데도 저절로 하나님의 가슴속에 끊임없이 자신을 쏟아 부을 정도로 그렇게 신령한 상태에 있는 경우는 별로 없습니다. 그렇습니다. 은혜의 샘이 너무 깊숙이 있어서 그저 펌프

질만으로는 마음을 일으켜 기도하고자 하는 자세를 갖게 할 수가 없고 강력한 논리들이 영혼 속에 부어져야만 — 마치 펌프에 마중물을 많이 붓듯이 — 비로소 기도를 향한 감정이 일어나는 경우가 태반인 것입니다. 그렇기 때문에 거룩한 사람들은 마음을 사용하여 은혜로운 정서를 불러일으켜 기도의 규례 속에서 하나님과 교제하기에 적절하도록 만들고자, 독백과 담화들을 사용하는 것을 보게 됩니다. "내 영혼아 여호와를 송축하라 내 속에 있는 것들아 다 그의 거룩한 이름을 송축하라. 내 영혼아 여호와를 송축하며 그의 모든 은택을 잊지 말지어다"(시 103:1, 2). 다윗은 마음이 그가 바라는 만큼 선한 상태에 있지 못한 것을 깨달았거나, 그것을 염려하여, 두 번씩이나 스스로 다짐하는 것 같습니다. 그는 그의 마음이 다소 무기력한 것을 깨닫고서, 눈을 문지르고 자신을 일깨우며 이 기도의 임무를 통해 하나님께 나아가고 있는 것입니다. 때로는 마음을 부르고 자극을 주는 것으로는 안 되고, 마음을 꾸짖고 사정없이 두들겨야만 하는 경우도 있습니다. 그리하여 다윗은 다른 때에는 자신을 기꺼이 그렇게 다루기도 했습니다. "내 영혼아 네가 어찌하여 낙심하며 어찌하여 내 속에서 불안해하는가?"(시 42:11). 무거운 새들은 빨리 달려야만 날개가 힘을 받아 날 수 있습니다. 우리 마음도 마찬가지입니다. 정상적으로 임무를 다하고 있을 때보다는 임무를 위해 마음을 준비시키는 것이 더 힘든 것을 알게 될 것입니다. 자, 여러분, 이런 일을 힘써 해 보셨나요? 장애물을 제거해 주는 수단도 사용해 보지 않고, 어떻게 여러분이 내키지 않는다는 것을 구실로 삼아 임무를 뒤로 물리려 할 수 있겠습니까? 이는 마치 잔치에 초대를 받고도 전혀 예복을 갖출 준비를 하지 않고서는 예복을 갖추지 못했다는 것을 핑계로 대며 잔치에 가지 않는 것과 마찬가지입니다. 하지만 앞의 질문에 적절히 답변할 수 있고 또한 예비적인 수단을 소홀히 한 적이 없다고 정직하게 말할 수 있는 처지인데도 여전히 내키지 않는 죽은 마음의 상태 그대로 남아 있다면, 또 한 가지 다른 사실을 제시해드리겠습니다. 흔히 있는 일은 아니지만 그래도 있을 수 있는 경우인데, 그리스도인이 묵상의 숯불 위를 걷고 있는데, 어느 때에는 영혼이 완전히 불길에 휩싸이고 그의 은혜들이 불꽃 속에 있을 수도 있지만, 다른 때에는 그 숯불에서 열기를 별로 느끼지 못할 수도 있는 것입니다. 아마도 여러분의 경우가 이렇지 않은가 생각됩니다. 그러므로,

답변 3. 하나님께서는 활력을 주시는 그의 임재를 영혼이 그 일에 완전히 몰입하게 되기까지 감추실 수도 있고 또한 때때로 그렇게 하기도 하신다는 것을 생각하

기 바랍니다. 그러니 그런 기회를 잃어버린다면 안타깝지 않겠습니까? 어떤 임무를 막 시작할 때에 여러분 자신이 그저 고요하기만 하고 아무런 변화도 느끼지 못하는 경우가 얼마나 많습니까? 마치 배가 돛을 활짝 올려도 — 해변가나 나무숲 그늘 아래 있는 동안에는 — 그 돛에 바람이 거의 불지 않는 것처럼 말입니다. 하지만 배가 넓은 바다로 들어서면 시원하고도 강한 바람을 만나는 것입니다. 사도들이 바다에 나간 것처럼 그렇게 임무를 시작했는데, 마치 하나님의 성령께서 여러분을 도우시기는커녕 오히려 여러분을 거꾸로 잡아당기시는 것처럼 맞바람이 치지만, 그 임무가 끝나기 전에 그리스도께서 여러분에게 걸어오시는 것을 깨닫게 되고 그리하여 결국 풍성한 항해가 되는 것을 겪어본 일이 한 번도 없습니까? 아브라함은 산 위에 올라가기 전에는 하나님께서 그의 제사를 위해 예비해 두신 어린 양을 보지 못했습니다.

기도의 산 위에 올라가야 하나님이 보입니다. 그리스도인이 아직 하나님의 모습이 보이지 않기 때문에 무거운 마음으로 임무를 향하여 산길을 오를 때도 자주 있습니다. 그럴 때에 뒤돌아서서는 안 됩니다. 용기를 갖고 계속 올라가십시오. 여러분이 생각하는 것보다 하나님이 여러분 곁에 더 가까이 계실 수도 있으니 말입니다. 그리스도께서는 "그 때에 너희에게 할 말을 주시리니"라고 말씀하십니다(마 10:19). 다윗은 "내가 간구하는 날에 주께서 응답하시고 내 영혼에 힘을 주어 나를 강하게 하셨나이다"라고 말씀합니다(시 138:3). 바로 약속이 우리에게 보증해 줍니다: "여호와의 길이 … 힘이요"(잠 10:29. 한글개역개정판은 "여호와의 도가 … 산성이요"). 사람이 처음 길을 떠날 때에는 사지(四肢)가 나른하고 힘이 없는 것을 느끼지만, 길을 갈수록 힘이 더 생기는 것을 느낍니다. 마치 자기가 딛고 가는 땅에서 힘이 솟아나기라도 하는 것처럼 말입니다. 성도들이 바로 이런 것을 하나님의 길에서 발견하는 것입니다: "여호와여 내가 밤에 주의 이름을 기억하고 주의 법을 지켰나이다. 내 소유는 이것이니 곧 주의 법도들을 지킨 것이니이다"(시 119:55, 56). 시편 기자의 뜻은 주의 법도들을 지키려고 최선을 다함으로써 그 법도들을 더 잘 지킬 수 있게 되었으므로, 자기의 수고에 대하여 큰 보람을 느끼고서 그것을 — "내 소유는 이것이니" — 자랑스럽게 여긴다는 것입니다. 성도는 기도에서 이런 것을 경험합니다. 곧, 더 잘 기도할 수 있도록 합당한 마음을 얻는 것 말입니다.

아이를 갖지 못하는 여자가 아이를 낳을 때에 그 부모에게 크나큰 위로가 되는 것을 성경에서 볼 수 있습니다. 이삭과 사무엘과 세례 요한을 보십시오. 여러분이 느끼기에 여러분의 마음의 메마름과 죽어 있는 상태가 심하고 또한 그런 상태에서 벗어날 소망이 적을수록 하나님이 임재하셔서 다시 살려주실 때에 더욱더 큰 기쁨을 얻게 될 것입니다. 이처럼 여러분의 기대를 훨씬 뛰어넘는 하나님의 도우심이야말로 진정한 이삭이요, 기쁨과 웃음의 자식일 것입니다. 그런데 하나님께서 그렇게 하시는 두 가지 이유가 분명히 나타납니다. **순전한 순종을 하나님이 크게 기뻐하신다**는 데에서 그 한 가지 이유를 볼 수 있습니다. "순종이 제사보다 낫고"(삼상 15:22). 순종함으로 기도하는 것이 그냥 기도하는 것보다 낫습니다. 순종은 기도의 반지에 박힌 보석입니다. 순전한 순종으로 기도하는 것은 바로 눈에 보이는 도우심이나 느낄 수 있는 격려가 하나도 없는 상태에서 기도의 임무를 시작하는 것입니다. 즉, 하나님께서 손을 내미셔서 나를 인도하사 기도하게 하시기 때문에 기도하는 것이 아니라, 그가 기도하라는 계명으로 내게 명령하시기 때문에 기도하는 것 말입니다. 장군이 그의 군대를 향하여 진군하라는 명령을 하달했는데, 병사들이 그냥 가만히 서서 조건을 따지며, 좋은 의복을 주고 급여를 지불하는 등의 조건이 충족되기 전에는 그 명령을 따르지 않겠다고 버틴다면, 이는 결코 명령에 복종하는 잘 훈련된 군대의 모습이 아닐 것입니다. 그러나 만일 명령을 하달받고 즉시 막사를 차고 나와 진군을 시작한다면, 혹시 한밤중에 명령이 하달되고 자기들의 지갑에 돈도 없고 등에 여분의 의복도 없을지라도 그 모든 것에 대한 염려는 장군에게 맡기고 그들은 그저 어떻게 하면 하달 받은 명령을 최상으로 이행할까 하는 것에만 관심을 집중시킨다면, 이런 군대야말로 순종하며 진군한다고 말할 수 있을 것입니다. 그러므로 수단들을 성실하게 사용했는데도 여전히 마음이 죽어 있고 무뎌져 있으나, 그럼에도 불구하고 명령에 순종하여 무릎을 꿇고 — 비록 마음이 너무나도 가라앉아 있어서 과연 하나님께 한 마디라도 아뢸 수 있는 힘이 있을지에 대해서도 의문이 생길 지경이지만 — 그 명령에 불순종하여 도망하느니 차라리 아무 말도 아뢰지 못하더라도 임무에 충실하려 한다면, 이 사람은 과연 순종하는 자요 또한 그 길을 가는 중에 머지않아 하나님을 만날 소망이 있는 것입니다. 마치 나병환자들이 "제사장에게 몸을 보이라"는 그리스도의 명령에 순종하여 가는 도중에 — 처음 길을 떠날 때에는 아무런 증거도 보지 못하였으나 — 치유함을 받은 것처럼 말입니다.

사탄이 그리스도인으로 하여금 때가 적절치 않다는 핑계로 기도의 임무를 뒤로 물리게 만드는 또 다른 구실은 다음과 같습니다.

둘째 구실. 당장 해결해야 할 이런저런 세상적인 사안. 그런 일들에 대한 생각이 그리스도인의 관심을 기도로부터 멀어지게 만듭니다: "지금은 기도할 여유가 없다. 이 일을 당장 해야 하고, 저 일을 반드시 해결해야 한다. 그러니 좀 더 자유롭고 여유가 있을 때까지 기도의 임무를 뒤로 미루어야겠다."

자, 그리스도인 여러분, 그런 핑계와 구실들을 대항하여 여러분을 든든히 무장시키기 위하여, 몇 가지 지침을 제시해 드리겠습니다.

[기도의 기회를 방해하는 것에 대해 방비하기 위한 다섯 가지 지침]

(1) 세상적인 일로 너무 무거운 짐을 지지 않도록 조심하십시오. 하늘과의 교류와 그리스도인의 소명을 돌아보는 것보다 그런 일이 더 여러분을 사로잡고 있다면, 여러분은 세상적인 일로 너무 무거운 짐을 지고 있는 것입니다. 세상에 속한 것을 세상에게 주는 것은 하나님께서도 허용하십니다. 그러나 여러분이 하나님께 드려야 할 것을 갖고서 세상에게 준다면 그것은 하나님이 용납하시지 않습니다. 마리아의 것을 빼앗아 마르다에게 빌려 준다거나, 골방에 속한 것을 훔쳐서 부엌을 위해 지불하는 따위는 합당치 않습니다. 여러분이 가진 직업은 여러분의 대장께 도움이 되도록 하기 위하여 하나님께서 주신 것입니다. 그러므로 유익을 위해 여러분에게 베푸신 것을 오히려 장애물로 만든다면 그것은 죄입니다. 그 자체가 죄인 것을 빌미로 임무를 소홀히 하게 해 달라고 탄원하는 일은 있을 수가 없는 것입니다. 종이 주인이 명한 일을 행하여야 하는데, 그 일을 해야 할 시간에 술을 마셔서 너무 취하였으니 일을 하지 못하겠다고 주인에게 이야기한다 해도 전혀 통하지 않을 것입니다. 마찬가지로 세상에서 할 일이 너무 많아서 도무지 기도할 시간이 없다고 이야기한다 해도, 그것이 기도의 시간을 건너뛰는 합당한 구실이 될 수가 없는 것입니다.

(2) 세상의 일들을 잘 운용하여 기도할 시간을 갖기를 힘쓰십시오. 만일 하루에 두 가지 일을 해결해야 한다면, 우리는 이리저리 궁리하여 가능하면 그 두 가지가 서로 방해가 되지 않도록 할 것입니다. 우리가 날마다 시간을 잘 활용하여 우리의 골방과 상점, 우리의 기도 시간과 세상적인 직업의 요구들을 서로 조화 있게 돌아보도록 거룩한 섭리가 역사하므로, 그 섭리가 일상적으로 우리의 삶에 큰 무질서와 혼란이 없도록 방지해 줄 것입니다. 선지자는, "존귀한 자는 존귀한 일을 계획하나니"라고 말씀합니다(사 32:8). 우리 마음이 우리의 이성을 납득시켜서 기도 시

간에 영향을 주지 않고 다른 일들을 처리할 수 있는 방안을 궁리하고 연구하게 한다면, 기도할 시간이 없게 되기가 쉽지 않을 것입니다. 똑같은 천도 솜씨 없는 재단사에게는 너무 작아서 제대로 의복을 만들 수가 없게 보이지만, 숙련된 재단사는 그 천으로 너끈히 의복을 만들고 또한 남는 것으로 다른 데에 사용할 수도 있는 것입니다. 우리의 시간을 잘 쪼개어 잃어버리는 것이 없도록 하는 데에는 상당한 기술이 필요한 것입니다.

(3) **기도에 대해 올바른 생각을 갖고 있어야 한다는 것을** 명심하십시오. 어떤 사람은 골방에서 보낸 시간의 일분일초를 아깝게 버린 시간으로 여깁니다. 그런 이들은 기도 때문에 다른 일들이 방해를 받는다고 생각하니 그런 일들 때문에 기도를 멀리하게 되는 것이 놀랄 일이 아닙니다. 하지만 그리스도인 여러분, 여러분은 그보다는 더 잘 배웠으리라 믿습니다. 농부가 자기 낫을 갈아야 한다는 것을 구실로 밭을 덜 일구겠습니까? 아닙니다. 기도도 그리스도인의 세상일이나 즐거움을 방해하기는커녕, 오히려 세상일을 촉진시키고 즐거움을 거룩하게 하는 것입니다. 어떤 일을 제대로 완수하는 데에는 — 비단실의 실타래를 감는 일처럼 — 첫 단추를 올바로 꿰는 일만큼 도움이 되는 것이 없습니다. 단언하건대 어떤 일이든 그 첫 단추는 하나님과 더불어 시작하는 것이요 또한 그가 개입하셔서 우리를 돕도록 하는 것입니다. "너는 마음을 다하여 여호와를 신뢰하고 네 명철을 의지하지 말라"(잠 3:5, 6)고 말씀하는 것입니다.

(4) **하나님과의 교통을 유지하기 위하여 많은 곤경과 어려움을 이길수록 하나님께서 그것을 더 친절하게 대하십니다.** 많은 장애거리들을 다 물리치고 우리를 찾아주는 친구만큼 우리에게 반가운 친구는 없습니다. 게으른 사람의 방문에는 희생도 별로 없고 따라서 사랑도 별로 들어 있지 않습니다. 그런 자는 달리 할 일이 없으니까 우리를 만나러 오는 것뿐입니다. 마리아는 그리스도께서 아끼셨는데, 그녀는 그리스도의 발 아래 앉아 있기 위하여 세상을 발 아래 밟기를 무릅썼습니다. 그리고 벧세메스 사람들은 — 그들의 열정은 정말 놀랍습니다 — 추수일로 한창 바쁜 와중에 여호와께 나아와 제사를 드렸던 것입니다(삼상 6:13).

(5) **기도의 임무를 행할 시간에 기도를 하지 못하는 변명거리로 제시되는 그 일의 중요성과 필수성을 성실하고도 불편부당하게 따져 보시기 바랍니다.** 그처럼 어쩔 수 없이 기도의 엄숙한 임무를 잠시 뒤로 미룰 수밖에 없는 — 이는 죄 짓는 것이 아닙니다 — 사정이 생길 수도 있다는 것을 부인할 수가 없습니다. 아침에 일어나

늘상 하나님께 찬송과 기도의 엄숙한 제사를 드리는 그리스도인이 급하게 이웃집에 불이 나서 그것을 끄는 일 때문에 그런 시간을 갖지 못할 수도 있다는 것을 누가 의심하겠습니까? 그렇습니다. 특별한 사정이 아니더라도, 만일,

(a) 그 자체가 정당하며

(b) 중요하며

(c) 바로 그 때에 즉각 해결해야 할 필요성이 있는 일이 일어나고, 또한

(d) 그 일이 우리 자신의 과오로 인하여가 아니라 갑자기 부지중에 일어난 경우에는 기도의 임무를 좀 더 적절한 시간으로 미루어도 죄가 되지 않을 것입니다.

그러나, 아주 그럴듯한 핑계를 대어 임무를 행하는 수고도 덜고 동시에 그 임무를 행하지 않는 것에 대한 양심의 책망도 피하여 우리의 게으른 마음을 만족시키기 위하여 짐짓 어떤 일이나 행동의 필연성을 꾸며대는 일이 없도록 주의해야 할 것입니다. 바보 중에도 가장 바보는 자기 꾀로 자기 자신을 속이는 자요, 특히 자기의 영혼을 속이는 자입니다. 그런 자는 지금 그의 양심이 덜 꾸짖을수록, 나중에 굴레에서 벗어날 때에는 그것이 더 강렬하게 꾸짖으리라는 것을 생각해야 하는 것입니다.

또한, 중요하고도 필연적인 상황이 생겨서 불가불 이 기도의 임무를 엄숙히 수행하지 못할 때에는 하나님께서 여러분을 인도하시고 보호하시도록 짧게 토로하는 기도로 하나님께 마음을 올려드려야 할 것입니다. 엄숙한 기도의 장검(長劍)을 뽑을 수 없을 때에는 이것이 바로 여러분 자신을 시험에서 지켜 주는 단검(短劍)인 것입니다. 이렇게 하면 어느 곳에서든 어떤 사람들과 함께 있든 어떤 일을 하든 전혀 관계없이 기도할 수 있을 것입니다. 짧은 괄호는 논지의 의미의 흐름을 방해하는 것이 아니라 오히려 그 논지에 세련미를 더해 주는 것입니다. 이처럼 짧게 토해내는 기도는 여러분이 행하고 있는 그 일을 방해하는 것이 아니라 오히려 그 일에 상당한 유익을 줄 것입니다.

또한, 세상적인 일로 인하여 하나님과의 교제를 갖지 못하여 생긴 손실을 다음 기회에 더욱 풍성히 그 임무를 수행함으로써 회복시키기를 명심하기 바랍니다. 상인은 장날에 바빠서 저녁 식사를 하지 못하면, 저녁에 일을 끝내자마자 더 여유를 갖고 저녁 식사를 합니다. 이런저런 일로 하룻밤을 제대로 쉬지 못하면, 그 다음 날에는 편안한 쉼을 가질 것입니다. 오오 우리 영혼을 위해서도 이처럼 지혜롭기를 바랍니다. 어떤 일에 얽매어 기도를 하지 못하게 되면, 다른 기회를 이용하여

배나 마음을 쏟아 기도와 묵상에 힘쓰는 것이 합당할 것입니다!

[사탄은 요구하는 내용이 너무나 크다는 것을 구실로 기도를 가로막음]

넷째 술책. 때때로 사탄은 그리스도인이 기도의 임무를 행하는 중에 은혜의 보좌 앞에 내어놓아야 하는 요구 사항들이 너무도 크다는 것을 빌미로 방해하기도 합니다. 사탄은 이렇게 말합니다. "그리스도인아, 네가 지금 기도하고 있는데, 네가 하나님께서 죄를 용서하시고 사랑과 자비로 영생을 베푸시는 것 등을 구하는 것이 아니냐? 네가 그렇게 대담한 요구 사항을 갖고서 나아가는데 하나님이 문 앞에서 환영하시리라고 생각한다면 너는 너무도 뻔뻔하고 너 자신만 생각하는 것이다. 이것은 그저 몇몇 총애를 받는 자들만이 누리는 혜택인데, 어떻게 감히 네 자신이 그런 자들에 속한다고 생각할 만큼 네 자신을 높이 볼 수 있단 말이냐?"

그리스도인 여러분, 이에 대해 여러분을 무장하기 위해서는 기도의 임무를 멀리해서도 안 되며 또한 여러분의 요구 사항이 너무도 크다는 이 말을 잘못 오해하고 나아가서도 안 되며, 다음 다섯 가지 점들을 잘 생각하기 바랍니다. 이 사실들이 이러한 트집에 대해 충족한 답변을 줄 것입니다. 1. 여러분의 간구를 들으시는 그 하나님이 크시다는 사실로써 여러분의 요구가 너무도 크다는 것을 물리치십시오. 2. 약속으로 여러분의 두려움을 물리치십시오. 3. 그 요구 사항들의 고귀한 근거로 여러분의 두려움을 물리치십시오. 4. 요구 사항이 아무리 크다 하더라도 그것이 방해거리가 될 수는 없습니다. 가장 크게 구하는 자가 가장 크게 환영을 받기 때문입니다. 5. 하나님은 그 백성의 요구들을 훨씬 뛰어넘으십니다.

[요구하는 내용이 너무 크다는 것을 빌미로 기도를 방해하는 사탄의 술책에 대한 다섯 가지 답변]

답변 1. 여러분의 간구를 들으시는 그 하나님이 크시다는 사실로써 여러분의 요구가 너무도 크다는 것을 물리치십시오. "너희는 우리 하나님께 크심을 돌릴지어다" (신 32:3. 한글개역개정판은 "위엄을 돌릴지어다")라는 명령이 우리에게 주어져 있습니다. 그리고 특히 무릎을 꿇고 기도할 때에 하나님께 크심을 돌리는 것입니다. 미약한 귀족에게나 혹은 이름 없는 사람에게 무언가를 요구할 경우에도 여러분이 혹 주전자에 너무 많은 것을 채우려 하는 것은 아닌지를 살펴야 마땅할 것입니다. 그가 감당할 수도 없는 것을 요구할 수도 있으니 말입니다. 사마리아의 기근 중에 여자가 "나의 주 왕이여 도우소서"라고 청합니다만, 아무것도 얻지 못했습니다: "여호와께서 너를 돕지 아니하시면 내가 무엇으로 너를 도우랴?"(왕하 6:26, 27). 어쩌면 요구 사항을 들어줄 수 있는 능력은 있으나 그럴 마음이 없을 수도 있습니다. 세상에는 나발의 후예들이 많습니다. 그런 구두쇠들은 자기 자신이 먹지 않는 빵은 모두 잃어버린 것으로 생각합니다. 심지어 자기 뱃속에 필요한 음식을 넣어 주는 것도 아까워하는 이들도 있습니다. 그런 자에게서는 문전박대 이외에 달리 무엇을 기대할 수 있겠습니까? 하지만 우리의 간구를 들으시는 분이 권능이 크신 위대하신 하나님이심을 기억하십시오. 그에게는 지나치게 요구할 수 있는 것이 없습니다. 활을 끝까지 다 잡아당겨도 하나님의 권능보다 멀리 쏠 수는 없습니다. 여러분의 욕망을 최고조에까지 끌어올리더라도 그는 그보다 위에 계십니다. 그는 "우리가 구하거나 생각하는 모든 것에 더 넘치도록 능히 하실 이"이신 것입니다(엡 3:20).

여러분의 죄를 사함받기를 원하십니까? 이 질문에 여러분은 이렇게 대답할 것입니다: "예, 그 죄들이 너무 큰 것이 아니라면 사함받기를 바랍니다. 하지만 여러 해 동안 끊임없이 죄를 지어서 그렇게 거대한 빚이 쌓여졌는데, 내가 이미 지금까지 받은 자비도 엄청난데 과연 하나님께서 그 빚까지도 즉시 면제해 주실 수 있겠습니까?" 그렇고 말구요. 그는 자기 자신에게 어떤 잘못도 행하지 않으시고 다른 누구에게도 통제를 받지 않으시면서도 얼마든지 "너그럽게 용서하실" 수 있습니다(사 55:7). 생명과 사망의 주권적인 권세가 그의 손에 있으므로 그는 그 어느 누구에게도 통제를 받지 않으십니다. 정의의 행동에 대해서는 물론이고 자비에 대해서도 그렇습니다. "의롭다 하신 이는 하나님이시니 누가 정죄하리요?"(롬 8:33, 34). 만일 여러분이 어떤 사람에게 그릇 행하였을 경우, 그 사람이 여러분을 용서한다고 해서 하나님께서도 여러분을 용서하신다고 생각할 수는 없습니다. 하나님이 여전히 여러분을 향하여 진노를 발하실 수도 있으니 말입니다. 하나님의 권한을 사람이 선심 쓰듯 베풀 수는 없는 것입니다. 사람이 자기를 강탈한 도둑에게 자비를 베풀어 그를 용서한다고 해도, 법의 형벌을 면제해 주는 것은 그의 능력 밖의 문제입니다. 그러나 만일 법을 제정한 임금이 벌을 면제해 주면, 누구도 반박할 수가 없습니다. 하나님이 자비의 역사를 베푸시면, 여러분은 정말로 자유를 얻은 것입니다. 권한이 하나님의 손에 있기 때문입니다.

권력자의 정욕 때문에 압제를 당하는 중에 거기서 구원받기를 간구하십니까? 여러분이 기도하는 하나님은 감옥 문을 깨뜨려 여시고, 그 속에 갇힌 여러분을 해방시키실 수 있는 분이십니다. 그는 여러분의 원수들을 마치 여러분의 칼 앞에 티끌처럼 만드실 수 있습니다. 그렇습니다. 그의 눈초리로만 그들을 무너뜨리실 수 있는 분이십니다: “여호와에서 … 애굽 군대를 보시고 애굽 군대를 어지럽게 하시며”(출 14:24). 그의 시선만으로도 마치 목에 연자 맷돌을 걸어놓은 것처럼 무거워졌습니다. 곧바로 그들의 말과 마병들이 마치 납처럼 바다 속에 가라앉았습니다. 하나님 앞에서는 죄와 사탄도 바로와 그의 군대의 처지가 되고 마는 것입니다.

한 마디 더하자면, 여러분이 얻기를 바라는 것이 위로입니까? 오오 여러분의 기도를 들으시는 그분이 창조주라는 것을 기억하십시오! 여러분의 마음이 마치 혼돈 속에 빛이 없는 것만큼 위로가 없다 해도, 그는 한 마디 말씀만으로 여러분의 혼란스런 심령 속에서 기쁨의 새 하늘이 생겨나게 하시고, 한순간에 어둠에서 빛으로 옮겨가게 하실 수 있는 것입니다. 그의 자비는 그의 권능만큼이나 큽니다. 오오 여러분, 그러므로 밑바닥이 없는 바다 속으로라도 믿음으로 뛰어드십시오! 이런 깊은 물 속에서 하나님의 놀라우신 역사들을 바라보며, 어처구니없이 하나님과 마음이 좁디좁은 사람을 서로 비교하여 불신앙에 빠지는 일이 없기를 바랍니다. 그는 하나님이요 사람이 아니십니다. 그러므로 그의 자비에는 무능한 우리 사람들에게 있는 것 같은 그런 결점들이 전혀 없습니다. 우리가 때때로 흐린 것을 보는데 그것은 태양 자체 때문이 아니라 그것을 가로막는 구름 때문에 생기는 것입니다. 우리는 별들이 반짝거린다고 생각하지만 사실은 전혀 그렇지 않습니다. 우리가 지극히 멀리 떨어져 있어서 우리의 눈이 연약하여 전혀 깜빡거리지 않고 계속해서 별을 바라볼 수가 없기 때문에 반짝거리는 것처럼 보이는 것입니다. 시험받는 영혼들이 갖는 투기나 두려움 따위가 하나님의 자비와 신적 본성의 근거를 해치는 일도 있을 수 없습니다. 그것들은 그저 이유 없는 근심거리에 불과합니다. 곧, 사탄이 괴로움 중에 있는 그들의 심령의 어둠과, 침울한 상상의 비정상적인 상태를 이용하여 그들을 겁주는 것에 지나지 않습니다. 그러므로 여러분, 하나님의 자비의 감미롭고 사랑스런 얼굴을 일그러뜨리는 일이 없도록 조심하십시오. 그의 자비의 얼굴은 회개하며 기도하는 불쌍한 영혼 하나하나에게 똑같이 미소를 지으시는데, 마치 그가 사람마다 차별하여 자비의 시선을 보내시는 것으로 상상한다면 이는 여러분이 잔인한 불신앙으로 하나님의 영광된 이름을 갈가리 찢는 것과 마찬가지인 것입니다! 하나님께서 기도를 더디 들으시며 여러분의 기도와 눈물에 잘 역사해 주지 않으신다는 식의 완악한 생각을 갖고 있으면, 사탄이 여러분을 꾀어 어떤 죄라도 범하게 만들기가 매우 쉽습니다. 여러분이 하나님께서 자비를 베푸시기를 전혀 기대하지 않으니 말입니다.

답변 2. 약속으로 여러분의 두려움을 물리치십시오. 전부터 믿음의 기도에 대해 베푸시기로 약속된 것 이외에는 아무런 자비도 바랄 수가 없습니다. 여러분이 얻기를 바라는 자비는 이미 천국에서 논의되어 통과된 것입니다. 오직 여러분이 은혜의 보좌 앞에 나아오기까지 하나님이 거기에 머무시는 것이요, 여러분은 거기서 그가 전에 하신 약속을 의지하여 간구하는 것입니다. 자비가 약속의 뱃속에 있으며 여러분의 믿음의 기도가 산파 역할을 하여 아름답게 출산되게 하기까지 그 속에 머물러 있는 것입니다. 히스기야는 "아이를 낳으려 한다"고 말합니다. 곧, 약속이 크므로 아직 남아 있는 남은 자를 위하여 기도를 올리라는 뜻입니다(사 37:3). 무언가가 도움이 된다면, 바로 그것이리라는 것입니다. 임금에게 무언가 큰 호의를 구하는 자가 바랄 것이, 그 임금의 자비롭고 불쌍히 여기는 마음과 또한 자기가 바라는 그것을 내어주기로 한 그 임금 자신의 약속 외에 달리 무엇이 있겠습니까? 그런데 하나님의 약속들을 별 가치가 없는 것으로 가볍게 취급할 수 있겠습니까? "구하라 그리하면 받으리니 너희 기쁨이 충만하리라"(요 16:24)와 같은 약속을 들어본 일이 없습니까? 진리의 입술에서 헛된 말이 떨어진 일이 있습니까? 그가 어느 날은 명령하시다가 다른 날은 그것을 뒤집으십니까? 그의 말씀이 "예와 아멘"이 아니라(고후 1:20), 예도 되고 아니요도 됩니까? 거지들은 대개 눈치가 빠릅니다. 벤하닷의 시종들은 작은 구멍에서 빛을 보았습니다. 아합의 입에서 떨어지는 몇 마디 친절한 말에서 그가 그들의 군주에 대해 마음에 자비가 있다는 것을 간파했고 곧바로 그것을 이용하여 그를 쳤습니다. 요압은 다윗의 안색을 보고 그의 마음이 압살롬을 향하고 있는 것을 보았고, 그리하여 과부의 비유를 마치 깊은 우물 속에 있는 물을 길어내는 두레박처럼 이용하여 그의 마음속 깊은 곳에 있는 자비를 퍼 올리려 했습니다. 그런데 그리스도인 여러분은 그저 하나님의 생각을 추측하기만 하는 것이 아니고, 여러분을 위해 속히 선하게 도우시겠다는 분명한 약속에 대한 확신이 있으니, 이보다 얼마나 더 하나님께 담대하게 아뢸 수 있겠습니까?

하나님의 이런 선한 말씀을 마음에 이렇게 더디 믿으니 우리가 얼마나 바보입니까! 모세는 자기가 친절한 자세로 그의 동족들을 찾아가고 이스라엘 사람 하나를 그 압제자의 손에서 구원하였으니 하나님이 그를 통해서 그들 모두를 구원하시리라는 것을 그들이 깨달았을 것이라고 여겼습니다. 그렇다면 하나님께서는 얼마나 더 그의 백성이 그들을 향한 그의 사랑의 뜻을 깨닫기를 기대하실 수 있겠습니까? 그가 그의 약속을 통해서 그의 마음을 그렇게 분명하게 드러내사 그들이 믿음의 눈으로 확실히 보도록 해 놓으셨고, 또한 그가 그의 약속을 그대로 이루어 주신 수많은 실례들을 통해서 그의 약속의 진실성을 확증해 주셨으니 말입니다. 구스 내시가 그 감미로운 주의 약속(사 53장)을 읽고도 그 뜻을 깨닫지 못한 것처럼, 우리도 하나님의 약속들을 읽으면서도 깨닫지 못하고 있습니까? 하갈이 우물 옆에 앉아 있으면서도 그것을 보지 못했듯이, 위로가 그렇게 가까이 있는데도 눈으로 그것을 보지 못하고 있습니까? 조금만 파 들어가면 우리의 모든 빚을 다 갚고 필요한 모든 것을 다 공급받을 수 있는 보화를 찾을 수 있는데도, 하나님의 약속들을 그저 황폐한 땅처럼 여기고 그냥 지나치는 일이 과연 있을 수 있겠습니까?

답변 3. 약속들의 위대함뿐 아니라 그 약속들이 얼마나 고귀한 근거 위에서 이루어지는가 하는 것으로 두려움을 물리치십시오. 여러분이 기도하는 것들을 위해 그리스도께서 값을 지불하십니다. 여러분은 자비를 구걸하지만, 그리스도께서 여러분이 구걸하는 바로 그것을 빚처럼 요구하시는 것입니다. 하나님은 여러분에게는 자비하시나, 그리스도께는 공의로우십니다. 그러므로 그리스도인 여러분, 조금도 자비가 남아 있지 않을 것 같은 상태로 마음이 가라앉는다 할지라도 그리스도의 공로를 생각하는 것이 합당합니다. 여러분이 아무리 비천한 처지에서 아무리 큰 자비를 구걸할지라도 그의 공로는 그 큰 자비를 훨씬 뛰어넘는 것입니다. 아버지께서는 그의 아들에게 무한한 영광을 덧입히셨으므로 여러분이 그 아들에 대해 굴욕적인 생각을 갖는 것을 절대로 원치 않으십니다. 그렇습니다. 아버지 하나님 자신의 존귀로 그를 감싸셨으므로 누구든지 아들을 욕되게 하는 자는 그를 보내신 아버지를 욕되게 하는 것입니다. 그런데 각 신자 하나하나를 위하여 값 주고 사신 세 가지 특권이 있는데, 이 중 어느 하나도 잃어버릴 수가 없습니다. 그것을 잃어버리는 일이 있다면 그것은 아들에게 욕이 될 것이니 말입니다.

(1) 그는 기도할 자유(liberty)를 값 주고 사셨습니다. 그리스도께서 그의 피로 길을 깔아놓으셔서 하나님께 안전하게 나아갈 수 있게 하지 않으셨다면, 하나님께 기도로 하나님께 나아간다는 것은 죽음이었을 것입니다(히 10:17).

(2) 우리를 위해 성령을 값 주고 사셔서 기도할 능력(ability)을 주셨습니다. 그리하여 그를 "약속의 영"이라 부릅니다.

(3) 우리의 기도들이 안전하게 응답되도록 하셨습니다. "너희가 무엇이든지 아버지께 구하는 것을 내 이름으로 주시리라"(요 16:23). 사실, 우리를 대변하시고 그의 피를 모든 성도들의 간구를 위하여 지불하신 돈으로 아버지께 내어놓으셔서 성도들의 요구들에 대해 반대가 제기되지 않도록 하시는 것이 바로 그리스도께서 지금 하늘에서 하시는 일입니다. 그러므로, 그리스도께서 여러분을 위해 간구하신다는 이 조목을 여러분의 신앙 고백에서 삭제해 버리든지, 아니면 법정에서 여러분을 위해 대변하시는 그렇게도 좋으신 친구가 계신데도 하나님이 여러분에게 자비를 베푸시리라는 것을 의심하는 것에 대해 부끄러운 줄을 알아야 할 것입니다.

답변 4. 여러분의 요구 사항이 아무리 크다 해도 그 때문에 하나님이 속히 들어주시는 것이 방해받을 수는 없습니다. 하나님께서는 가장 많이 구하는 자를 가장 환영하시기 때문입니다. 자기들의 큰 욕심들을 드러내며 또한 지극히 사소하고도 무가치한 자비들에 대한 극한 탐심을 내어놓는 자말고 과연 은혜의 보좌 앞에서 박대를 받는 자가 누가 있겠습니까? "그들이 침상에서 울부짖을 때에도 그들은 성심으로 내게 부르짖지 아니하였도다"(호 7:14. 한글개역개정판은 "성심으로 나를 부르지 아니하였으며 오직 침상에서 슬피 부르짖으며"로 번역함 — 역주). 여기서 주목하십시오! 주께서는 그들이 크게 부르짖으며 기도한 것에 대해 전혀 관심을 갖지 않으셨습니다. 왜 그러셨습니까? 그 다음에 이어지는 말씀에서 드러나는 대로 그들은 자기들이 받기에 전혀 합당하지 않은 것을 큰 부르짖음으로 구하면서도 진지하지 못하고 그저 건성으로 그렇게 하였기 때문입니다. "곡식과 새 포도주로 말미암아 모이며 나를 거역하는도다." 그들은 포도를 완전히 수확하고 곡식을 거두어들이기만을 바랐으며, 이런 부스러기들만 얻으면 그것으로 만족하고 더 이상 하나님을 귀찮게 해드릴 마음이 없었습니다. 하나님도, 그의 사랑과 은혜도, 애초에 그들의 관심 밖이었습니다. 그저 자기들의 배만 불리면 그뿐이요 그 나머지 더 좋은 것들은 다른 이들에게나 주라는 식이었습니다. 오오 하나님은 이렇게 엎드리는 영혼들과 그들의 육신적인 기도들을 얼마나 혐오하시는지 모릅니다! 사람들이 기도 중에 "박하와 회향과 근채의 십일조"(마 23:23)를 드리면서도, 그리스도 안의 구원이나 죄 사함, 새 마음, 이 땅에서의 은혜와 미래의 영광 등, 약속에 속하는 더 중한 것들을 무시하는 것 말입니다! 그러므로 여러분의 요구하는 것이 크다는 것을 두려워하지 마십시오. 하나님은 땅보다는 차라리 하늘을 여러분에게 주실 것입니다. 하나님은 그를 무시하는 자에게 빵 부스러기를 주는 것보다는 그를 사랑하는 여러분에게 자기 자신을 주는 것을 더 기꺼워하시는 것입니다. 여러분이 큰 자비를 구할수록 그에게 더 큰 것으로 지불할 것입니다. 그는 덜 주실수록 덜 받으십니다. 작게 구하면 두 가지 잘못을 동시에 범하는 것이 됩니다. 우선 여러분 자신에게 도둑이 됩니다. 구해야 할 것들을 제대로 다 구하지 않고, 큰 그릇을 가져와서 그것을 가득 채우게 될 수도 있는데 아주 작은 그릇을 가져오는 것이니 말입니다. 뿐만 아니라 여러분의 하나님께 마땅히 선한 친구가 되어야 하는데 그렇게 되지를 못하는 것이기도 합니다. 그에게서 작은 은혜를 얻으므로 그만큼 그에게 돌리는 영광도 작아질 것이니 말입니다. 반사되어 비치는 광선의 밝기는 그것이 반사하는 그 본래의 광채의 밝기에 비례합니다. 은혜 자체가 약하면, 그 은혜를 반사하여 나타나는 하나님을 향한 찬송과 영광의 빛도 약하고 희미할 수밖에 없는 것입니다.

답변 5. 하나님은 그의 자비를 베푸시는 데에서 어찌나 자유로우시고 풍성하신지, 그 백성이 겸손하게 구하는 것보다 더 많은 것을 주십니다. 그는 흔히 그들이 믿음으로 구하는 것보다 훨씬 더 넘치게 베풀어 주십니다. 게하시가 은 한 달란트를 구할 때에 나아만 장군이 억지로 은 두 달란트를 준 것처럼 말입니다(왕하 5:22, 23). 아브라함은 자기가 죽을 때에 자기를 대신할 상속자가 없어서 하나님께 아들을 구하였습니다. 그런데 하나님은 그에게 아들뿐 아니라 무수한 자손을 주시마고 약속하십니다. 그렇습니다. 그것도 그냥 자손을 주시는 것으로 그치지 않으시고 그 자손을 통하여 "땅의 모든 족속이 복을 얻을 것"임을 약속하시는 것입니다. 야곱은 하나님께서 그를 보호하사 가서 안전하게 돌아오되 필요한 양식과 의복을 공급받게 해 주시기를 구하였습니다(창 28:20). 그런데 이것을 그대로 받게 됩니다. 그러나 하나님은 그것으로 부족하다고 여기시고, 집을 떠날 때에 나그네의 지팡이 외에는 가진 것이 별로 없었던 그를 두 무리를 이끌고 집으로 돌아오게 하신 것입니다. 솔로몬은 지혜를 구하나, 하나님께서는 거기에 부귀와 명예를 덧입혀 주십니다(대하 1:10). 가나안 여인은 개에게 던져 줄 만한 부스러기를 간청하였으나, 그리스도는 그에게 자녀가 받을 몫을 주셨습니다. 그 여인은 병든 아들이 고침을 받았고, 그와 더불어 그 자신의 영혼의 생명도 얻었습니다. 그렇습니다. 그리스도는 그의 보고(寶庫)의 열쇠를 그 여인의 손에 주시고, 이를테면 거기 들어가서 그 여인이 원하는 대로 하게 하신 것입니다: "네 소원대로 되리라"(마 15:28).

[사탄은 기도를 방해하려고 애씀]

둘째 음모(p. 514에서 연결). 사탄이 그리스도인을 대적하여 갖고 있는 둘째 음모는 바로 그리스도인이 기도할 때에 그를 방해하는 것입니다. 기도를 하지 못하게 막을 방법이 달리 없을 경우에는 이 계획을 시행합니다. 마귀가 눈치 채지 못하도록 슬며시 기도를 행하기는 도저히 힘듭니다. 그리스도인 여러분, 그는 여러분의 움직임을 보고 있고, 여러분이 어디로 향하든 발꿈치에서 여러분을 주시하고 있습니다. 여러분이 악한 행동을 하려 하면, 그는 여러분의 팔꿈치에서 여러분에게 힘을 주고, 아니면 여러분이 중도에 지겨워져서 그 일을 그만두는 일이 없도록 여러분의 앞에서 모든 장애물을 다 제거하여 여러분이 그 일을 부드럽게 행할 수 있도록 만듭니다. 길르앗라못으로 올라갈 계획이 아합의 생각 속에 떠올랐을 뿐인데, 사탄은 곧바로 그의 수족을 그에게 붙여 그리로 올라가도록 그를 부추겼습니다. 다윗은 그저 이런저런 교만한 생각을 갖고서 백성의 숫자를 계수하고자 하는 의도가 생겼을 뿐인데, 사탄은 이를 이용하여 그 일을 구체적으로 추진하게 만들고, 그리하여 결국 칠만 명을 잃는 쓰라린 심판을 하나님께 자초하도록 만들었습니다. 그런데 사탄은 악인을 부추기는 일에 못지않게 거룩한 일을 방해하는 데에도 똑같이 유능하고 의욕적입니다.

하나님의 아들들이 주 앞에 나타날 때에 사탄도 잊지 않고 그들 중에 있습니다. 그는 여러분이 하나님을 예배할 때에도 그 자리에 있기를 주저하지 않습니다. 사실 그가 가장 먼저 그 자리에 있고 가장 나중에 그 자리를 떠납니다. 때로는 그가 그 자신이 제시하는 행동을 불러일으키게도 하고, 때로는 여러분 자신의 행동을 부추겨 일으키기도 합니다. 헛된 생각이나 여러분의 방자한 상상에서 생겨나는 죄를 보게 되면, 그는 여러분을 도와 그 길을 좇아가게 하려 합니다. 분명히 말씀드리지만, 여러분에게 어떤 무절제한 생각이 있든지, 반드시 그 한쪽 끝에 그가 있어서 그것을 품게 만들기도 하고 그것들을 부추겨 겉으로 나오게 하기도 하는 것입니다. 이것들이 너무도 많고 다양하므로, 태양빛 속에서 입자들을 분간해 낼 수 없듯이 그리스도인이 기도 중에 겪는 이 떠도는 잡다한 생각들의 숫자도 셀 수 없고 종류별로 구분할 수도 없습니다. 때로는 그가 죄악되고 교만하고 더럽고 망령된 생각 같은 것들을 심어 놓습니다. 물론 사탄이, 그리스도인이 그런 불청객들을 마음으로 환영할 것이라고 기대하지는 않습니다. 은혜 안에 있는 영혼이 그것들에 대해 동의하여 그것들을 마음 깊이 간직하는 것은 더더욱 기대하지 않습니다. 그는 다만 그리스도인의 심령을 이리저리 휘젓고 혼란스럽게 하여 그리스도인이 행하는 그 거룩한 활동을 방해하고자 하는 것입니다. 때로는 그 자체로는 거룩하지만 전혀 관계없는 그런 생각들을 — 다른 때라면 사탄 자신이 힘을 다하여 반대했을 그런 생각들을 — 불러일으키기도 합니다. 십중팔구 그리스도인이 그것들을 환영할 것이요 그리하여 기도를 방해하려는 그 자신의 목적이 이루어질 가능성이 높기 때문입니다. 기도의 임무를 행하며 또한 마음으로 그 임무를 감당하는 자라면 사탄의 이러한 계획에 대해 전혀 모르지는 않을 것이라 믿습니다. 그런데 그는 이중적인 계략을 갖고 있습니다. 그 하나는 하나님을 상대로 하는 것이요, 또 하나는 이것을 통하여 그리스도인을 상대로 하는 것입니다.

[사탄이 기도를 방해하는 데에 사용하는 두 가지 계략]

첫째 계략. 기도를 방해함에 있어서 사탄은 하나님을 향한 계략을 갖고 있습니다. 그리스도인이 이 엄숙한 행위에 임하여 무릎을 꿇고서 조금이라도 자기에게 존귀를 돌리지 않을 것이라는 것을 — 물론 그 존귀를 빼앗아 가로채는 것이 그의 큰 야망이기는 하지만 — 마귀도 잘 알고 있습니다. 하지만 그는 절망하지 않습니다. 그의 계획이 먹히면, 그리스도인으로 하여금 하나님을 지극히 욕되게 하게 할 수 있기 때문입니다. 하나님은 기도에서 다른 무엇보다도 그의 이름이 거룩히 여김을 받기를 기대하시니 말입니다. 하나님께 가장 가까이 설 수 있도록 허락을 받은 자들에게 그 하나님을 가장 크게 욕되게 하는 불행한 기회가 있는 것입니다. 가령 왕의 머리에 왕관을 씌우는 영예를 지닌 자가 그 관을 더러운 용기에 담아서 더러운 것이 관에 다 묻게 하거나, 혹은 왕관 대신, 왕을 웃음거리로 만들려는 목적으로 고안해 낸 무슨 지푸라기 같은 것으로 만든 우스꽝스런 관을 가져다 씌운다면, 그 왕에게 그보다 더한 모욕과 치욕거리가 어디 있겠습니까? 하나님의 속성들은 그의 왕관입니다. 그런데 그 위대하신 하나님이 그리스도인에게, 이를테면 그의 머리에 이 왕관을 씌우는 일을 허락하셨으니 이는 결코 작은 영예가 아닙니다. 그리스도인이 기도 중에 하나님의 무한히 완전한 신성에 합당하도록 겸손한 앙모와 거룩한 기쁨으로 그의 위엄과 거룩함과 권능과 자비와 진실함과 신실함 등의 영광을 그에게 돌릴 때에 바로 그의 머리에 왕관을 씌워드리는 것입니다.

그러나 기도 중에 우리의 생각이 하나님께 가 있지 않거나, 혹은 하나님과 그의 이러한 영광된 속성들에 합당하지 못하다면, 우리는 그의 이름을 존귀하게 하는 것이 아니라 더럽히는 것이요, 그를 예배하는 것이 아니라 그를 조롱하는 것입니다. 한 마디 더하자면, 이는 그에게 왕관을 씌워드리는 것이 아니라 오히려 그의 머리에 씌워진 왕관을 벗겨내는 것입니다. 그러니 그리스도인 여러분, 마음이 떨려오지 않습니까? 여러분이 사탄의 도구가 되어 여러분의 하나님이시요 왕이신 분께 이런 치욕을 드린다니 말입니다. 성도라면 여러분은 성령의 전이요, 겸손한 마음의 제단으로부터 기도라는 신령한 제사를 드려야 마땅합니다. 그런데 여러분이 헛된 생각들과 더러운 생각들을 품어서 사탄으로 하여금 이 하나님의 전에 앉아, 여러분이 예배하는 그 하나님보다 높은 자리로 올라가게 하겠습니까? 가령 왕을 호위하는 신하들의 부주의 때문에 경망스러운 불량배들이 왕이 식사하는 방에 난입하여 접시들을 이리저리 던지며 소란을 피운다면, 그 신하들이 그들의 임무 소홀에 대해 큰 벌을 받아 마땅하지 않겠습니까? 예배의 규례들은 바로 하나님의 식탁입니다. 율법 아래서는 제사들이 하나님의 음료요 떡이라 불렸습니다. 성도가 기도할 때에 하늘의 왕께서 그의 식탁에 앉으시는 것입니다(아 1:12). 그에게 베풀어지는 접시들은 성도에게 있는 그의 성령의 은혜들입니다. 그런데 헛된 생각들이 들어와, 말하자면 그 식탁을 뒤집어엎고, 부어드려야 할 포도주를 쏟아 버립니다. 그렇다면 여러분의 마음의 문을 제대로 지키지 못한 것에 대해 하나님께서 여러분을 어떻게 책하시겠습니까?

둘째 계략. 기도를 방해할 때에 사탄에게는 그리스도인 여러분을 향한 계략이 있습니다.

1. 여러분으로 하여금 이런 것들에 빠지게 하거나 혹은 격렬한 저항이 없이 그것들에게 넘어가게 할 수만 있다면, 기도가 자기에게 해를 입히지도 않고 여러분에게 유익을 주지도 못하리라는 것을 그는 잘 알고 있습니다. 여러분의 마음이 함께하지 않는 그런 기도를 하나님께서 환영하시리라 생각합니까? 그리고 여러분이 마음을 다른 길로 보내 버렸다면 어떻게 그 마음이 기도와 함께 갈 수 있겠습니까? 특정한 항구를 향하여 나아가도록 키를 조정하는 선장이 없거나 혹은 선장이 있더라도 키를 제대로 조정할 기술이 없어서 파도 따라 물결 따라 이리저리 떠다니

는 배에게서는 결코 보람 있는 항해를 기대할 수가 없습니다. 이리저리 배회하는 마음에서 나오는 기도가 바로 그와 같습니다. 여러분이 하나님을 조롱하고 있는데 하나님께서 그 기도를 들으시겠습니까? 이것이 하나님을 조롱하는 것이 아니라면 대체 무엇이 그를 조롱하는 것이겠습니까? 마치 장난으로 문을 두드리고는 달아나 버리는 어린아이들처럼, 여러분도 그렇게 하나님께 목소리를 올리고는 배회하는 생각들에 빠져 세상과 이런저런 이야기를 하거나, 아니면 바로 전에 누구와 말씀을 나누었는지조차 완전히 잊어버리는 것입니다. 이것이 하나님과 까꿍 놀이를 하는 것이 아니고 무엇이겠습니까? 거룩한 사람은 기도에서 자기가 하는 행위가 하나님께 얼마나 해로우며 무가치한지를 이렇게 스스로 탄식합니다. "내가 기도를 올릴 때에 나 자신도 듣지 못하는 나의 기도를 하나님이 들으셨으면 좋겠고, 기도 중에 내가 하나님도 나 자신도 생각하지 않을 때에도 하나님께서 귀를 내게 기울이셨으면 좋겠다."

2. 사탄은 여러분이 기도에 대해 지쳐 버리도록 만들고자 여러분의 기도를 방해합니다. 여러분이 이 독(毒)이 계속해서 여러분의 마음속에 있게 내버려 둔다면, 그는 십중팔구 목적을 이루는 것입니다. 이 독으로 인해 여러분이 기도의 감미로운 맛을 잃어버릴 것이니 말입니다. 그리고 골수(骨髓)가 사라져 버리면, 뼈 자체도 금방 던져 버리게 될 것입니다. "고기의 맛을 잃어버리는 자는 고기를 버릴 위험이 있다." 기도를 행하는 즐거움을 모르는 자에게 기도란 지루하기 그지없는 일입니다. 기도에 대해 지루하게 여기면 바로 기도 자체를 지루하게 여기게 되기 마련인 것입니다.

3. 오직 하나님의 성령이 여러분이 임무를 완수하게 하실 수 있는데, 여러분이 그를 자극하여 그로 하여금 여러분을 돕는 손길을 물리시게 하는 것입니다. 자기가 무슨 일을 행하는지 전혀 개의치 않는 자를 과연 누가 돕겠습니까? 다윗이 압살롬을 잃은 일에 대해 무절제하게 격정에 휩싸일 때에 요압이 그에게 이렇게 말하였습니다: "왕이 만일 나가지 아니하시면 오늘 밤에 한 사람도 왕과 함께 머물지 아니할지라 그리하면 그 화가 왕이 젊었을 때부터 지금까지 당하신 모든 화보다 더욱 심하리이다"(삼하 19:7). 과연 그렇습니다. 여러분이 게으름과 산만함에서 벗어나도록 속히 여러분 자신을 일으키지 않으면, 성령께서 떠나실 것입니다. 그리고 그가 떠나시면 여러분에게 그 어느 때보다 해가 될 것입니다. 그렇게 되면 과연 누가 여러분을 도와 임무를 다하도록 하겠습니까? 그리고 그를 떠나가시지 않도록

지키는 것보다 떠나가신 그를 다시 돌아오시게 하는 것이 더 어렵다는 것을 알게 될 것입니다. 여러분의 불완전한 상태에 갖가지 오점들이 끼어 있더라도 여러분이 그것들을 저항한다면, 그것들 때문에 성령께서 떠나시는 일은 없습니다. 하지만 여러분이 그것들을 마음에 간직하면 그는 그것을 여러분이 그더러 떠나라고 경고하는 것으로 받아들이십니다. 사신(使臣)이 외국에 거주하는 동안 혹 거리의 불량배들에게서 모욕을 받더라도 그것은 그냥 묵과할 수 있습니다. 하지만 그 나라의 왕에게서 똑같은 모욕을 받게 되면 그것은 그 나라와의 외교 단절의 사유가 되는 것입니다. 그러므로 여러분, 하나님과 여러분의 영혼 사이의 동맹 외교를 방해하는 그런 것들에게 호의를 보이지 않도록 유의하여야 합니다. 그리스도께서는 기도의 집이어야 할 여러분의 마음이 장사꾼의 소굴이 되는 것을 그냥 두고 보지 않으실 것입니다. 이 장사꾼들을 채찍을 때려 내쫓아야 합니다. 그렇지 않으면 성령께서 떠나실 것입니다. "멸망의 가증한 것이 거룩한 곳에 선 것"(마 24:15)이라는 말씀을 보는데, 어떤 이들은 이를 예루살렘이 함락되었을 때에 거기에 걸렸던 로마의 문장(紋章)들을 뜻하는 것으로 해석합니다. 이 가증한 것이 패망을 선도하였습니다. 여러분, 이리저리 배회하는 생각들로 여러분의 마음의 성전에 가증한 것을 세워 놓는 것이 아니고 무엇이겠습니까? 오오 여러분, 이것들을 던져 버리십시오. 여러분이 패망한 처지가 되고 하나님의 은혜의 임재가 완전히 사라지는 처지가 되지 않으려면 그렇게 하여야 합니다.

질문. 여러분, 이제 이런 질문이 생길 수 있을 것입니다. "기도 중에 이처럼 사탄이 틈타고 우리 자신의 헛된 생각들이 떠도는 것을 방비하는 것에 대해 어떤 조언을 주실 수 있겠습니까? 어떻게 하면 우리 마음을 지키고 또한 사탄도 틈타지 못하게 할 수 있을까요?"

답변. 사실 그것들을 완전히 막기란 불가능합니다. 그것들이 — 마치 창문에 번개가 치듯이 — 너무도 갑작스럽고 은밀하게 오니 말입니다. 문을 닫아도 갖가지 틈새로 바람이 새어 들어오는데, 그 바람을 완전히 막을 수는 없는 것처럼, 우리 마음을 지켜서 완전히 방해받지 않도록 하는 것은 불가능한 일입니다. 그러나 그렇다 할지라도 우리는 그것들을 막기 위해 최선의 노력과 수고를 기울여야 합니다. 몸의 여기저기에 종기가 나는 경우가 있지만, 그것들이 머리에 몰리고, 몸의 관절과 부위에 정착되는 경우만큼 위험하지는 않습니다. 동방의 어느 곳에는 메뚜기들이 어찌나 많이 떼로 몰려다니는지 그것들이 날아오면 하늘이 컴컴해지고 곡식들을 완전히 다 먹어치운다고 합니다. 그리하여 그곳의 주민들은 메뚜기 떼가 떠다니는 것이 감지되면 들판에 불을 붙여 연기를 피워 그것들이 가까이 오지 못하도록 막는다고 합니다. 이런 산만한 헛된 생각들이 이따금씩 머리에서 날아오르는 것을 막을 수는 없습니다. 하지만 그것들이 정착하지 못하게 막을 수는 있습니다. 그것들이 생겨나는 몇 가지 원인들을 말씀드리고 그에 따른 지침들을 제시해 드릴 텐데, 이를 잘 지키기 바랍니다. 기도 중에 이리저리 배회하게 되는 것은 다음 네 가지 원인 때문이라 할 수 있습니다. 첫째. 우리 생각의 본성적인 허망함과 경박함. 둘째. 기도하는 자의 마음이 죽어 있고 작동하지 않음. 셋째. 세상적인 걱정거리들의 방해. 넷째. 기도 행위 중에 마음을 관찰하지 않음.

[기도 중에 방황하는 생각들이 일어나는 네 가지 원인]

첫째 원인. 첫째 원인은 다른 모든 원인의 뿌리라 할 수 있는데, 바로 우리 생각의 본성적인 허망함과 경박함이 그것입니다. 우리의 생각(minds)은 마치 수은(水銀)처럼 일관성이 없습니다. 그리하여 사람들은 운동의 원리이지만 정지(靜止)의 원리는 아니라고 말합니다. 그것들은 마치 물처럼 안정성이 없습니다. 액체라서 땅바닥에 조금만 부어도 여기저기로 스며들어 곧 말라 버리고 사라집니다. 이처럼 우리의 헛된 생각들도 전혀 무관한 것들 속으로 흩어져 버립니다. 하지만 영적인 임무들을 수행할 때만큼 심한 적은 없습니다. 무엇보다 그럴 때에 우리 심령의 경박함이 드러나는 것입니다. 사람은 타락으로 인하여 머리와 마음이 다 상하였는데, 이런 심령의 경박함은 사람의 타락에 뒤따라 생겨난 악 가운데 작은 것이 아닙니다. 성도의 경우 하나님의 은혜로 말미암아 머리와 마음에 부분적인 치유가 있기는 하나, 여전히 그의 영혼 속에 광기(狂氣: craze)가 남아 있어서 신령한 것들에 대해 오래 집중하지 못하고 생각들이 흐트러지곤 하는 것입니다. 타락하기 전 무죄한 상태에 있던 아담은 온 세상을 걸어다니고 온갖 다양한 것들을 접해도 그의 마음의 생각을 헛된 것에다 두거나 하지를 않았을 것입니다. 그의 영혼의 눈에게는 온 삼라만상이 하나님께로 귀결되게 만드는 하나의 분명한 매개물이었습니다. 하지만 안타깝습니다! 우리의 처지는 마치 무언가 위험스런 실족으로 인하여 두개골이 깨진 사람의 처지와 같아서, 회복된 후에도 뇌가 지극히 약화되어 무언가 진지한 일에 몰두하려면 원하는 만큼 오래 집중할 수가 없고 이리저리 산만하게 흐트러지는 것을 어찌할 수가 없습니다. 그런 변덕스런 방해거리들이 우리 마음이 임무를 행할 때에 끼어드는 것입니다. 그리고 사탄은 이런 것을 십분 이용하여 우리를 방해하려 합니다. 바닥짐이 없어 배가 가볍고 게다가 강한 바람이 불어온다면, 돛을 올려 항해하거나 배가 뒤집히지 않도록 막기가 얼마나 어렵겠습니까! 허망한 마음과 강한 시험이 한데 합쳐지면 안타까운 일이 일어날 수밖에 없습니다. 하나님이 물러 계시고 사탄이 역사하도록 내버려 두신다면 반드시 무너질 수밖에 없는 것입니다. 그러니 항해를 떠나기 전에 여러분의 바닥짐을 든든히 준비하기를 명심하여야 합니다. 기도에 임하기 전에 여러분의 마음의 중심을 잡도록 힘쓰기 바랍니다. 그렇게 하면 다음과 같은 지침들을 잘 활용할 수 있게 될 것입니다.

[기도 중의 경박스러움을 막기 위한 지침들]

지침 1. 일상생활에서 거룩한 생각들을 마음에 가득 채우십시오. 그릇들을 무언가 특별한 용도로 사용하려 할 때에 그것들이 새지 않게 지키는 가장 좋은 길은 그것들을 가득 채워 놓는 것입니다. 기도하지 않을 때에 허망한 상태에 있는 마음은 기도 중에도 별로 달라지지 않을 것입니다. 일상생활에서 거룩한 생각들과 훌륭한 강론에 친숙하게 있을수록 기도의 임무에 대해서도 더 마음에 의욕이 생길 것입니다. 혼자 있을 때에도 자신이 공부한 내용들을 자주 되새기며 동료들과도 그것에 대해 자주 대화하는 학자는 그 내용을 자기 것으로 만듭니다. 그리하여 그것을 발표할 때가 되면 즉시 그것들이 뇌리에 신선하게 떠오르게 됩니다. 그러나 평소에 이처럼 채우는 것이 없는 자는 생각해 오던 것들이 전혀 없으므로, 온갖 부적절한 것들을 산만하게 뒤져야만 비로소 때와 장소에 합당한 생각들을 끄집어 낼 수가 있습니다. 일상적인 생활에서 우리 마음에게 자유를 주어 육신의 정욕대로 생각하게 하면, 우리의 생각들이 예배의 임무들에 더욱 부적절하게 되어 버리는 것입니다. 그런 생각들과 말들이 영혼에 색깔을 남기게 되고, 그리하여 영혼이 하나님의 임재 속으로 돌아가 더 나은 색깔을 취하려 할 때에 그것이 방해받게 되기 때문입니다. 하루 종일 죄악된 생각들과 어울리며 살면, 골방에 들어가 기도하려 할 때에 그 생각들에 대해 문을 닫아걸기가 매우 힘들 것입니다. 그런 죄악된 생각들에게 담대할 것으로 가르쳐 놓았으니, 이제 그것들이 여러분과 아는 체하며 아우성칠 것이고 여러분을 따라 골방 속으로 밀려들어올 것입니다. 마치 어린아이들을 데리고 놀아주고 팔로 안고 다니면 그들을 떼어놓으려 해도 계속 울며 달려드는 것처럼 말입니다.

지침 2. 하나님의 위엄과 거룩하심에 대한 존숭의 자세를 마음에 간직하십시오. 이것이 바로 "마음의 허리를 동이는" 것이요(벧전 1:13), 마땅히 생각할 것을 생각하는 것입니다. 감히 하나님을 예배하는 임무 중에 그의 위엄을 갖고 가볍게 장난칩니까? 살아 계신 하나님 앞에서 유치하게 행동합니까! 한쪽 눈으로는 그를 바라보고, 다른 쪽 눈으로는 정욕을 바라봅니까! 하나님께 한 마디 하고 세상과 두 마디를 나눕니까! 이런 것에 마음이 떨리지 않습니까? 베르나르(Bernard)는 이렇게 말합니다: "마치 여러분이 무수한 영광된 시종들이 하늘에서 시종하는 가운데 높은 보좌 위에 앉아 계신 하나님께로 이끌려가 그의 앞에 서 있는 것처럼 여기고 기도하라." 그런 보좌의 광경으로 인하여 분명 놀라움과 두려움이 생길 것입니다. 만일 여러분이 이미 정죄를 받아 사형이 언도되었고 재판관 앞에 서서 여러분의 목숨을 보존하기 위해 스스로 변론할 수 있는 시간이 15분 정도밖에는 되지 않는다면, 과연 이 짧은 시간 동안 이 사람은 무슨 옷을 입었고 저 사람은 무슨 옷을 입었는지를 돌아볼 여유가 있겠습니까? 기도 시간을 형편없이 허비하는 우리의 어리석음에 대해 부끄러운 줄을 알아야 합니다. 하나님의 손에 여러분의 목숨을 구걸하는 것이 아니던가요? 이것이 악을 행한 범죄자가 사형을 언도한 재판관에게 목숨을 구걸하는 것보다 낫습니까? 무릎을 꿇을 때에 여러분에게 과연 15분 정도라도 시간이 허용될 것인지 그렇지 않은지를 알기는 합니까? 그런데도 별 생각도 없이 엉뚱한 것들을 주절거리겠습니까? 그렇게 하고 있다면 더 나아져야 하지 않겠습니까? 생각을 더 분명하게 정리하여 말씀드려야 하지 않겠습니까? 하나님께서 우리가 가게나 집에서나 일할 때나 놀 때에 한 모든 헛된 말 하나하나에 대해 우리를 심판하실까요? 그렇다면 기도 중에 늘어놓은 헛된 말들에 대해서도 심판하시지 않겠습니까? 그리고 그런 헛된 말들이 진중하지 못한 게으른 마음과 잠자는 마음에서 나오는 것이 아닙니까? 나답과 아비후가 무엇 때문에 그렇게 갑작스럽게 죽임을 당했습니까? 다른 불을 피웠기 때문이 아닙니까? 생각과 입이 따로 움직이는 이것이 과연 다른 기도가 아닙니까? 그럴 자신이 있으면 감히 임금 앞에서 그렇게 처신하십시오. 손으로는 간절히 구걸하면서도 눈은 다른 것을 쳐다보고 혀로는 전혀 엉뚱한 말을 해보십시오. 임금이 미친 광대를 데려왔냐고 호통을 치지 않겠습니까? 아기스는 다윗이 그의 앞에서 미친 체하자, "내게 미치광이가 부족하여서 너희가 이 자를 데려다가 내 앞에서 미친 짓을 하게 하느냐?"라고 했습니다(삼상 21:15). 오오 여러분, 열쇠구멍에다 눈을 대고, 영광된 천사들이 하늘에서 끊임없이 하나님의 얼굴을 대면하면서 과연 어떻게 그를 섬기는지를 볼 수만 있어도, 기도 중에 행하는 여러분의 온갖 가벼운 행동들을 생각하며 두려워 떨게 될 것입니다.

지침 3. 이 임무를 여러분 자신의 힘으로 하려 하지 말고, 믿음으로 하나님의 영의 역사하심에 여러분 자신을 맡기십시오. 하나님께서는 말 그대로 마음을 일으키고 준비시켜 주시겠다고 약속하셨습니다. 마음이 일으켜지고 정해지면 마음이 준비된 것입니다. 우리의 느슨한 마음이 진지하게 임무를 계속하면, 손이 떨려도 금방 좋은 글이 써질 것입니다. 욥처럼 여러분의 눈과 언약을 맺고, 지나가는 온갖 소리들로부터 여러분의 귀를 닫는다 해도, 과연 얼마나 오래 여러분 자신을 지킬 수 있겠습니까? 여러분 자신이 여러분의 생각조차 제대로 제어하지 못하는데 말입니다. 가장 좋은 길은 여러분의 손에서 여러분 자신을 빼앗아 여러분의 다리보다 여러분을 더 잘 지탱시켜 줄 수 있는 그분에게 여러분의 무게를 올려놓는 것입니다. 다윗처럼 이렇게 기도하십시오: "주의 자원하는 영으로 나를 붙드소서"(시 51:12. 한글개역개정판은 "자원하는 심령을 주사 나를 붙드소서"로 번역함 — 역주). 포도넝쿨이 벽에 기대어 있으면 그 자신과 그 열매를 보존할 수 있습니다. 그런데 그처럼 벽에 기대어 도움을 받지 않으면 그 무게로 인하여 곧 땅바닥에 누워 버리고 마는 것입니다.

둘째 원인. 기도 중에 생각들이 이리저리 방황하는 두 번째 원인은 기도하는 자의 마음이 죽어 있고 활동하지 않는 데 있습니다. 감정(affections)이 사라지면 그리스도인은 마치 벽이 무너져 내린 성(城)처럼 되어 버립니다. 그렇게 되면 생각들을 붙잡아 놓을 수도 없고, 사탄이 들어오지 못하게 막을 수도 없습니다. 영혼은 활동성이 강한 존재입니다. 우리가 그것을 제어하여 사용하든지, 아니면 그것이 속수무책으로 우리를 사용하게 됩니다. 한심한 사람들은 일자리를 구해 주어도 그냥 집에서 놀고 있습니다. 하지만 자기들이 일자리를 원하면, 온 나라를 뒤지며 일자리를 찾아다닙니다. 감정은 마치 일꾼의 우두머리와 같아서, 우리의 생각들을 움직여 일하게 합니다. 사랑은 그 사랑하는 대상에 대한 유쾌하고 즐거운 생각들로 영혼에 활력을 줍니다. 슬픔은 영혼을 움직여 그 당하는 고통과 괴로움에 대한 서글픈 생각들로 가득 차게 합니다. 그러므로 그리스도인 여러분, 여러분의 마음이 죄에 대한 생각으로 피를 흘리고 있는 한, 죄를 고백할 때에 방황하고 이리저리 헤매는 생각들이 끼어들 여유가 없어지는 것입니다. 기도할 때에 여러분의 마음이 은혜와 자비를 향한 거룩한 열정으로 활력 있게 불타오르면, 이것이 마치 "불로 둘러싼 성곽"(슥 2:5)처럼 여러분의 생각들을 지켜줄 것입니다.

게으른 기도는 바로 이리저리 돌아다니는 기도입니다. 이스라엘이 광야로 사흘 길을 가게 해주기를 구하자, 바로는 이렇게 말했습니다: "너희가 게으르다 게으르다 그러므로 너희가 이르기를 우리로 가게 하라고 하는도다." 이는 마치 "이 자들이 할 일이 없구나. 바쁘면 이렇게 한가하게 돌아다닐 생각을 하지 못하리라"라는 뜻과도 같습니다. 그러므로 이를 바로잡기 위하여 그는 그 백성들에게 일을 더 많이 시키도록 명령했습니다(출 5장). 이리저리 방황하는 우리의 마음에 대해 "게으르다"라고 해야 옳을 것입니다. 기도하기는 합니다. 하지만 감정이 완전히 무뎌져 있고 죽어 있습니다. 생각들이 제대로 활동하도록 제어하는 임무를 마음이 전혀 하지 못하고 있습니다. 그저 몇 마디를 말하거나 읽기만 할 뿐입니다. 사람은 전혀 다른 것에 온통 생각을 집중시키면서도 얼마든지 다른 것을 읽거나 말할 수 있습니다. 하지만 감정이 살아나고, 죄를 고백하는 중에 안타까움이 생기고, 간구하는 중에 거룩한 탄식과 한숨이 터져 나오면, 과연 생각이 고정됩니다. 그렇게 되면 몸이 동시에 두 곳에 있을 수 없듯이, 영혼도 두 곳에 나뉘어 있을 수가 없습니다. 그리고 이러한 거룩한 감정은 영혼의 방황하는 기질을 방지해줌과 동시에 사탄이 수단을 부리는 일도 더욱 어렵게 만듭니다. 항아리가 식은 상태로 창문가에 있을 때에는 파리가 쉽게 날아들지만, 불 위에 올려놓아 뜨겁게 끓고 있을 때에는 쉽게 날아들지 못하는 법입니다. 브엘세붑 — 즉, 파리의 신 — 은 마귀의 이름 가운데 하나인데, 이는 파리들이 우글거리며 날아드는 우상 숭배의 제물들을 빗대어 일컫는 것입니다. 열정이 가득한 여러분의 마음의 제단에 화염이 피어오를 때에는 이 파리가 여러분의 제물에 쉽게 날아들지 못하는 것입니다.

그런데, 기도 중에 여러분의 감정을 뜨겁고도 생기 있게 보존하기 위해서는, 여러분의 죄와 결핍과 자비들을 진지하게 생각함으로써, 그리스도인이라면 누구에게나 반드시 있는 그 본성적인 열기를 자극하고 일깨우는 것이 중요합니다. 이런 것들을 곰곰이 생각하는 동안 여러분의 눈이 여러분의 마음을 일깨울 것입니다. 마치 아비삭이 다윗에게 그랬던 것처럼, 여러분의 품에 누워 따뜻한 온기를 전달하여, 기도하는 동안 여러분의 영혼으로 하여금 감정에 젖어들게 해줄 것입니다.

여러분이 지은 죄들을 다시 바라보며 그 위중함이 고조되는 것을 보고서 경건한 눈물의 샘이 여러분의 마음속에서 일어나게 될 것입니다. 죄 범한 여러분의 영혼이 양심의 법정에서 손을 모으고 서게 되어 여러분이 범한 갖가지 죄들을 읽을 때에 과연 눈물을 흘리며 슬피 울 수밖에 더 있겠습니까? 하나님의 거룩한 법을 범하였고, 그의 성령을 근심하게 하였고, 또한 여러분의 무자비한 손으로 그의 아들을 죽였고, 그것도 그가 여러분을 자비로 대하실 때에 그런 일을 저질렀다는 선고를 들을 때에 과연 슬피 울지 않을 수 있겠습니까? 피비린내 나는 싸움이 벌어진 뒤에 그 싸움터를 걸어다니며 피로 범벅이 되어 있는 원수들의 시체를 바라볼 때에 비록 전쟁의 열기로 인하여 분노가 다 가시지는 않았다 할지라도 그 죽은 자들에 대해 애처로운 마음이 들지 않을 수 없을 것입니다. 그런데 만일 아버지나 혹은 사랑하는 친구가 바로 그 곳에 죽어 있는 것을, 그것도 자기 자신의 손으로 어처구니없이 가한 상처로 인하여 죽어 있는 것을 보게 된다면 어떻겠습니까? 속이 뒤집히지 않겠습니까? 예, 분명 그럴 것입니다. 가슴에 사람의 마음을 지니고 있는 자라면 당연히 그럴 것입니다. 그리스도인 여러분, 이것을 통해서 그런 묵상이 여러분의 죄에 대해 마음을 찢게 하는 데에 큰 도움을 준다는 것을 추측할 수 있을 것입니다. 그런 것을 묵상하게 되면 분명 그리스도의 심장을 깊이 찌르는 도구가 되었던 그 불행한 검을 던져 버리게 될 것입니다. 그리고 이것이야말로 슬피 우는 것 중에서 가장 좋은 것입니다. 다시 말씀드리지만, 여러분의 결핍의 상태를 잘 가늠하는 것이야말로 여러분의 열정에 날개를 다는 것이 될 것입니다. 여러분의 진정한 상태를 직시하고 그것에 사로잡히게 되면 — 하늘로부터 은혜를 공급받는 것이 여러분에게 얼마나 절실한지 그것이 없이는 굶주려 죽고 만다는 것을 진정 깨닫게 되면 — 열정이 솟아날 것입니다.

셋째 원인. 생각이 이리저리 헤매는 셋째 원인은 세상적인 걱정거리들의 방해에 있습니다. 하나님과 말씀을 나누려 할 때에 세상의 온갖 것들이 문 밖에서 그와 이야기하겠다고 아우성치고 있으면, 도무지 기도 중에 하나님과 은밀한 교제를 누릴 수가 없을 것이 뻔합니다. “세상적인 일의 무리 속에 있을 때만큼 신앙에 위험스러운 적이 없다.” 그런 사람이 기도하면 얼마 가지 못하여 무언가가 그의 뇌리에 들어와 그를 데려가 버립니다. “이삭이 … 묵상하다가 눈을 들어보매 낙타들이 오는지라”(창 24:63). 그런 자의 시야에 금방 세상이 다가오는 것입니다. 신령한 생각

중에 한 손을 하늘에다 내밉니다. 하지만 세상적인 것이 그의 앞에 끼어들어 금방 손을 빼내게 되고, 그리하여 기도의 임무가 깨어져버리는 것입니다. 솔로몬은 말씀하기를, "걱정이 많으면 꿈이 생긴다"고 하는데(전 5:3), 걱정이 많으면 꿈꾸는 기도가 생기는 법입니다. 그런 기도는 이질적이고 서로 관계도 없는 온갖 생각들이 가득 차 있습니다. 가게나 헛간이나 창고는 기도하기에 적당하지 못한 장소입니다. 제 말은 마음의 가게나 마음의 헛간이 그렇다는 뜻입니다. 책에서 읽은 내용이지만, 어떤 사람은 걸어다니는 도서관과 같다고 합니다. 서재에서 책들에서 배운 내용을 그냥 두지 않고 가는 곳마다 지니고 다닌다는 것입니다. 곧, 읽은 내용을 다 소화하여 자기 것으로 만들어 놓고 그것을 기억하고 그것에 따라 판단한다는 것입니다. 그런데 걸어다니는 가게와 헛간이라 할 수 있는 사람이 얼마나 많습니까? 침대와 판자, 교회당과 골방을 함께 갖고 다니는 자들 말입니다. 온갖 생각들을 함께 지니고 있으니 그런 사람들이 어떻게 하나 된 마음으로 기도할 수 있겠습니까? 오오 거룩한 영혼이여, 그리스도께서 네게 그의 사랑들을 주시기를 바란다면, 너 홀로 나아가라! 여러분의 남편이 정숙한 분이신지를 모릅니까? 그는 무리들이 가득한 곳에서는 영혼을 껴안지 않으실 것이요, 시장 바닥에서는 입맞춤을 하지 않으실 것입니다. 야곱이 그의 무리를 강 건너편으로 보내자, 하나님께서 그의 평생에 가장 감미로운 만남을 그에게 허락하셨습니다. 그로 하여금 밤새도록 기도하게 하시고, 또한 그를 환영하신 것입니다. 자, 그리스도인 여러분, 이런 상황에 대처하도록 도움을 드리겠습니다.

[기도 중의 세상적인 걱정거리들의 방해를 막기 위한 지침들]

지침 1. 세상과 거리를 유지하기를, 또한 세상의 이익과 쾌락거리들을 다스리도록 하나님께서 여러분에게 주신 권위를 지키기를, 힘쓰십시오. 그렇게 하지 않으면 그 외의 모든 것들이 다 여러분에게 올무가 될 것입니다. 아버지나 주인이 자기 위치를 알고 일정한 거리를 지키면, 종들과 자녀들도 임무를 다하고 신실함으로 자기들의 위치를 지킬 것입니다. 하지만 이것을 망각하여 아버지가 한 자녀만을 총애하고 주인이 어느 한 종과 지나치게 가까이 지내면, 금방 권위를 잃어버리게 되고, 자녀들과 종들이 건방져져서 명령을 따르지 않을 것입니다. 가라고 명해도, 그들이 꿈쩍도 하지 않을 수도 있습니다. 과제를 주어도, 오히려 여러분이 알아서 하라고 할 수도 있습니다. 그리스도인의 경우가 바로 이와 같습니다. 모든 존재들이 그의 종들입니다. 그가 그의 마음으로 하여금 그것들과 거룩한 거리를 유지하게 하며 그것들의 주인으로서의 위치를 유지하며, 또한 하나님이 발 아래 밟으라고 주신 것을 품에 안지 않는 한(시 8편), 만사형통입니다. 하나님을 예배하는 임무를 합당한 자세로 감당하게 됩니다. 하나님과 홀로 교제를 누릴 수도 있고, 그것들이 감히 끼어들어 그를 방해하지도 못합니다. 그러나 우리가 그것을 좋아하고 그것들과 지나치게 친해지면, 그것들에게 얼마나 시달리는지 모릅니다. 여종으로 있는 동안 하갈이 그 주인에게 무례히 행하였다는 보도가 없습니다. 하지만 사라가 그녀를 아브라함의 품에 안겨 주고 그와 동침하는 특권을 나누어주자, 그녀가 주인인 사라 자신을 멸치기 시작하고 그녀에게 건방지게 행하는 것을 봅니다. 그렇습니다. 아브라함도 전에는 그녀를 내쫓는 것을 마다할 이유가 없었으나 이제 그녀를 자기 침상에 취하여 들인 지금에 와서는 그녀를 내쫓는 일을 용인할 마음을 먹기가 어려웠습니다. 그리하여 하나님께서 사라의 편에 서셔서, "사라가 네게 이른 말을 다 들으라"고 명령하시는 것을 듣고서야 비로소 그녀를 내쫓았던 것입니다.

그리스도인 여러분, 이처럼 세상을 종으로 사용하기 바랍니다. 그러면 아브라함이 종들을 산 아래에 놓아두고 산으로 올라간 것처럼 여러분도 기도에로 나아갈 수 있을 것입니다. 하지만, 세상의 이익이나 쾌락거리들로 하여금 그리스도와만 나누는 부부간의 애정을 함께 나누도록 하면, 그리스도께서 친히 여러분과의 은밀한 교제 속으로 여러분을 부르시면서 이 하갈을 내어 보낼 것을 요구하시더라도 여러분의 마음이 그것을 몹시 싫어하게 될 것입니다. 세상을 마치 전혀 사용하지 않는 것처럼 사용하십시오. 그렇지 않으면 마치 전혀 기도하지 않는 것처럼 그렇게 기도하게 될 것입니다. 용광로에서 나오는 연기와 불꽃들은 바람이 부는 방향으로 날아가기 마련입니다. 여러분의 마음이 세상을 향하고 있으면, 생각들이 그리로 날아가지 않도록 지키려 해도 할 수가 없습니다. 여러분의 심령에 거룩한 고요함이 있어서 세상을 향한 무절제한 정욕의 사나운 바람이 잠잠해질 때에야 비로소 여러분의 기도가 향처럼 올라가게 될 것입니다. 세상적인 직업에 대한 근면함을 피하라는 말이 아닙니다. 그런 근면함 자체는 절대로 선한 기도를 망치는 법이 없습니다. 다만 여러분의 마음을 살펴 무절제하게 그것을 포용하는 일이 없도록 하여야 할 것입니다. 순전하게 다듬어진 칼은 이리저리 휘어지지만 아주 휘어지지 않고 곧바로 다시 본래의 똑바른 상태로 돌아옵니다. 올바른 상태에 있고 또한 하늘의 인(印)이 쳐져 있는 마음은, 세상적인 직업의 지극히 낮은 행동에 이르기까지 굽히고 휘어지지만 하나님과의 교제에 합당하도록 다시 본래의 위치로 돌아옵니다. 세상의 피조물에게로 아주 휘어지는 것이 아니라 하나님과 그를 향한 예배에로 똑바로 나아가는 직선을 유지하는 것입니다.

지침 2. 이 세상의 일에 대한 하나님의 섭리를 믿는 믿음을 든든히 하기 바랍니다. 의심하는 마음은 항상 생각이 많습니다. 무슨 일을 하든지, 혹시 자기가 실패하지 않을까 하여 온통 그 일에 생각이 가 있습니다. 상인이 자기 사업에 대해 보험을 들어놓고 있으면 결과가 어떻든 손해가 별로 없으니, 마음이 편안하고 고요한 상태로 식사도 할 수 있고, 배가 파선되거나 해적들에게 공격당하는 꿈을 꾸지 않고 잠을 잘 수 있습니다. 그러나 자신의 전 재산이 바다에 떠 있는 사람은 결과가 어떻게 될 것인지에 대해 두려움이 많습니다. 이 사람은 어디를 가든지 무슨 일을 하든지 온갖 불안한 생각들에 완전히 사로잡혀 있습니다. 이 얼마나 불쌍한지 모릅니다! 바람 소리가 조금만 강하게 들려도 바다에 떠 있는 배에 대한 걱정 때문에 잠을 이루지 못합니다. 이처럼 다른 사람이 기도 중에 방해거리들로 괴로움을 당할 때에, 과연 믿음으로 약속을 붙잡는 심령은 모든 일이 복되게 결말지어지는 것을 보게 될 것입니다. 그러므로 하나님께서는 구체적으로 이런 짐을 어깨에서 내려놓고 그에게 맡겨둘 것을 말씀하십니다. 그리하여 기도할 때에 이런 걱정거리들로 인해서 잡생각이 일어나 방해하는 일이 없게 하라는 것입니다. "아무것도 염려하지 말고 … 너희 구할 것을 감사함으로 하나님께 아뢰라"(빌 4:6). 이는 마치 이런 말씀과도 같습니다: "네 일을 돌보는 것은 내게 맡기고 너는 내 일을 돌아보아라. 만일 네 재물이나 명예나 가족들의 일들이 잘못되면, 내가 책임을 지리라. 그러니 그렇게 되면 너는 하나님이 네 일을 제대로 돌보아 주시지 않았다고 말해도 무방할 것이다." 이스라엘의 남자들이 예루살렘에 올라가 하나님을 예배할 때에, 그들의 마음이 산만해지지 않도록 하기 위하여 — 싸움을 할 수 있는 남자가 하나도 없이 온 가족들이 원수의 공격에 그대로 노출되어 있다는 것 때문에 걱정이 생길 것이었으므로 — 하나님께서는 그동안 그들의 가족들을 특별히 돌보아주시는 것을 봅니다(출 34:24). 우리 자신처럼 마음을 다하여 우리의 일을 돌보아주리라고 믿을 수 있는 충직한 종이 있다면, 바깥에 나와 있을 동안 집에 무슨 일이 있을지 전혀 염려하지 않고 자유롭고 고요한 심정으로 얼마든지 일을 할 수 있을 것입니다. 그러므로 오오 여러분, 하나님의 섭리에 대한 우리의 믿음으로 말미암아 온갖 흐트러지는 염려의 짐에서 이보다 훨씬 더 자유롭게 되지 못한다면 정말 부끄러운 줄 알아야 할 것입니다.

넷째 원인. 이처럼 방황하는 생각들이 일어나는 것은 그리스도인이 기도 행위 중에 마음을 관찰하지 않는 것 때문이기도 합니다. 기도에 임하기 전에 아무리 수고하여 준비했더라도, 기도 중에 자기 자신을 면밀히 살피지 않으면 그의 마음(heart)이 실족하여 온갖 헛된 것들과 합당치 않은 것들에게로 달려갈 것입니다. 사람의 마음(mind)은 아주 민첩한 존재여서, 한순간에는 하늘에 있다가도 바로 그 다음 순간에는 땅에 있는 것을 보게 됩니다. 마치 빌립이 내시의 마차에 올라타 있었는데 갑자기 그의 시야에서 사라져서는 그 곳에서 아주 먼 아소도(Azotus)에 모습을 드러낸 것처럼, 우리 마음도 그 방종한 상상 속에서 현재 행하고 있는 임무에서 떠나서 세상 끝에까지 나아가 방황하는 것입니다. 그렇습니다. 이보다 더 나쁜 것은 때로 마음이 이리저리 어슬렁거리는데도 그리스도인이 계속 입술로만 수고하면서 생각들이 곁길로 가고 있는 것을 알아차리지 못하는 것입니다. 마치 아들이 뒤에 남아 다른 이들과 함께 있는 데도 요셉과 마리아가 그것을 모르고 하룻길을 더 간 것처럼 말입니다. 그리하여 그리스도인이 기도의 임무 중에 자기 마음을 잃어버리고 그저 형식적인 행위만 계속하는 나머지, 때로는 기도가 거의 끝나갈 무렵에 가서야 비로소 자기 마음의 자리가 비어 있고 자기 영혼이 그동안 계속해서 그와 함께 하지 않았다는 것을 알아차리는 경우도 있습니다. 처음에 자기 생각들이 곁길로 가는 것을 알아차렸다면, 마치 다윗이 그의 아내들과 자녀들을 아말렉 사람들에게서 구하여 낸 것처럼 별 어려움 없이 그 헛된 것들로부터 생각들을 다시 제자리로 돌이킬 수도 있었을 것인데 말입니다. 그러므로 그리스도인 여러분, 여러분의 마음을 면밀히 지키십시오. 그것이 기도의 임무에서 자기 몫을 하고 있는지, 아니면 음악 연주회에서 소리를 내지 않고 있는 현악기처럼 그냥 있는지를 잘 관찰하기 바랍니다. 여러분의 어린 자녀들을 대하듯이 여러분의 어린아이 같은 마음도 그렇게 대하여야 합니다. 어린 자녀들이 교회당에 가려고 여러분을 기다립니다. 하지만 여러분이 자리에 앉아 눈길을 주지 않으면 어느샌가 사라져서 설교시간 내내 마당에서 놀고 있습니다. 그런데 여러분은 그런 사실을 전혀 눈치 채지 못하고 있습니다. 이런 일을 방지하기 위해서 그 아이들을 여러분 앞에 앉히고 그들의 태도와 행동을 관찰하는 것입니다. 이렇게 여러분의 생각들을 관찰하고 살피면서 기도하면, 여러분의 심령이 더욱 안정된 상태가 될 것입니다.

아니, 기도의 임무 중에만 여러분의 생각들을 관찰할 것이 아니라, 기도 후에도 그것들을 불러 다시 점검하기 바랍니다. 마치 어린 학생들이 학교를 파하고 나오면서 다시 학교에 갈 때까지 그 날 공부한 내용을 전혀 생각하지 않는 것처럼 그런 식으로 기도를 마치는 사람들이 많습니다. 기도를 마치면서, 기도하면서 생각했던 모든 것들을 다 벗어 버리는 것입니다. 이는 참 부끄러운 일이니 그렇게 해서는 안 됩니다. 여러분이 여러분 자신을 살피기를 소홀히 하면 나중에 여러분의 선배들 앞에서 그것과 또한 그 소홀히 한 것에 대해 심판을 받게 된다는 것을 생각하기 바랍니다. 하나님께서 친히 그것에 대해 완전히 심판하실 것입니다. 하나님은 어떻게 행했는지를 알 필요가 없는 일을 사람에게 시키시는 법이 없습니다. 그러니 그의 처절한 심판대 앞에서 직고하는 것보다는 여러분의 은밀한 양심의 법정에서 감사를 받는 것이 더 낫지 않겠습니까? 그러므로 이 점에 대해 여러분의 마음과 교류하기 바랍니다. 그리고 이 일은 행동의 정황들이 여러분의 기억에 아직 새로울 때에 속히 할수록 더 나은 결과가 얻어질 것입니다. 그러니 여러분의 마음을 점검하기 전에는 골방에서 나오지 마십시오. 기도 중에 여러분의 생각들이 모든 것에서 자유롭고 온전히 드려졌다면, 감정이 뜨겁고 생동감 있었다면 이것이야말로 기뻐할 일이요 또한 여러분이 호시탐탐 여러분을 노리던 그 수많은 방랑자들과 약탈자들의 손길에서 피했으니 하나님께 감사를 드릴 일일 것입니다. 그러나 여러분이 신중을 기하고 주의 깊게 행했다고 해서 여러분 자신을 칭찬하는 일이 없도록 조심하십시오. 여러분을 지킨 것은 여러분이 아닙니다. 여러분의 기도에 귀를 기울이시는 그분께서 기도할 마음을 여러분에게 주신 것이요, 또한 기도 중에 그 마음을 지켜 주신 것입니다. 그러니 다윗처럼 이렇게 말하십시오: "나와 내 백성이 무엇이기에 이처럼 즐거운 마음으로 드릴 힘이 있었나이까? 모든 것이 주께로 말미암았사오니 우리가 주의 손에서 받은 것으로 주께 드렸을 뿐이니이다"(대상 29:13). 살펴본 결과 여러분의 마음이 빈둥거리고 있었던 것이 드러난다면, 정말 수치로 여겨야 할 것입니다. 그렇지 않으면 나중에 여호와 앞에서 수치를 당하게 될 것이니 말입니다. 정말 어리석게도 사탄이 시키는 그 한가한 심부름을 그대로 하느라 오르락내리락하면서 그렇게도 중요한 여러분 자신의 임무를 소홀히 하여 하나님과 여러분의 영혼에게 그렇게 불성실했다는 것을 생각하고 얼굴이 붉어져야 옳을 것입니다. 다음과 같은 아내의 탄식을 내가 해야 옳을 것입니다: "[그들이] 나를 포도원지기로 삼았으나 나의 포도원을 내가 지키지 못하였구나."

음식을 사러 시장에 보냄을 받고는 거기서 만나는 모든 동료들에게 이끌려 한가하게 시간과 돈을 허비하고는 정작 저녁에 빈털터리로 돌아와 가족을 굶게 만드는 종이 있다면 정말 한심한 자일 것입니다. 오오 그리스도인 여러분, 여러분이 은혜의 보좌 앞에 나아간 것이 여러분의 궁핍한 영혼이 하늘로부터 새롭게 공급받기 위함이 아니었습니까? 그런데 마치 새로운 물건을 가게에 들여놓기 위해 주어진 돈처럼 여러분에게 기도의 시간과 기회가 주어졌는데도 그것을 그냥 허비함으로써 영혼이 궁핍에 빠져 있다는 것을 생각하면 한탄스럽지 않습니까? 기도하는 자세를 취하고 있었고, 손 모아 하늘을 향하여 목소리를 올려드렸습니다. 정말 기도하는 것처럼 말입니다. 하지만 — 포도원에 가겠다고 말하고 가지 않은 사람처럼 — 여러분은 다른 길로 돌이켰고, 다른 곳에서 일하는 데에 생각이 가 있었습니다. 이것이 여러분의 마음에 영향을 주지 않겠습니까? 분명 영향을 줄 것이고, 또한 괴롭게 할 것입니다. 그리고 이러한 여러분의 심령의 괴로움이 미래를 위해 여러분의 관심을 다시 불러일으키기 위한 하나님의 주권적인 수단이 될 것입니다. 학생이 자기 과오를 관찰하지 못하면 그것을 고칠 수도 없을 것이고, 그 다음에도 교정하지 못하게 될 소지가 다분합니다. 기도에서 이리저리 방황하는 생각들은 마치 방랑자와 같습니다. 나라에서 그런 자를 없애고, 마음에서 그런 생각들을 없애는 방법으로 법을 적용시키는 것만한 것이 없습니다. 곧, 채찍을 때리는 것입니다.

질문. 이렇게 말하는 그리스도인도 있습니다: "오오! 하지만 저는 이 수단을 사용했지만 여전히 그것들로 인해 고통이 있어 마음이 괴롭습니다."

답변. 다음 몇 가지 위로의 말씀을 받고서, 이처럼 방황하는 생각들로 인한 부담 때문에 괴로워하는 마음을 편안하게 하기를 바랍니다.

[기도에서 방황하는 생각들로 인하여 지나치게 의기소침해 있는 그리스도인들에게 주는 위로]

위로 1. 그것들로 인하여 심령이 괴롭다는 사실이, 그것들의 존재가 주는 불안보다 더한 위로를 줍니다. 그처럼 문제 많은 불청객들로 인하여 괴로움을 당하는 일은 지극히 훌륭한 성도들도 다 알고 시인하는 일입니다. 다윗이 하나님께 "마음을 모아 주의 이름을 경외하게 하소서"(시 86:11. 한글개역개정판은 "일심으로 주의 이름을 경외하게 하소서"로 번역함 — 역주)라고 기도한 것이 그가 자기 마음이 이리저리 방황하는 것을 알았기 때문이 아니면 무엇이겠습니까? 바울이 "선을 행하기 원하는 나에게 악이 함께 있다"고(롬 7:21) 탄식한 것이 그가 자신의 들쭉날쭉한 생각들을 완전히 제어하지 못하였기 때문이 아니면 무엇 때문이겠습니까? 여러분이 새삼 새로운 질병으로 괴로움을 당하는 것이 아닙니다. 여러분이 겪는 그런 고통은 하나님의 자녀들에게 보통 있는 것이요, 성도의 겉옷에서 언제나 보이는 하나의 얼룩입니다. 그런데 여러분이 그것들로 괴로움을 당하고 있다는 것은 다음 두 가지 중 한 가지를 증거해 주는데, 그 두 가지 모두 여러분에게 위로가 됩니다. 그것들이 여러분의 마음에서 생겨난 것이 아니요 사탄이 주입시켜 놓은 것일 수도 있고, 혹은 그것들이 여러분의 마음에서 생겨난 것이라 해도 하나님의 성령께서 여러분의 마음에 내주하고 계시니 그것들은 침입자들에 불과한 것입니다.

(1) 그런 짐을 지고 있는 것에 대해 탄식한다는 것은 그것들이 여러분 자신이 불러들인 것이 아니라 사탄이 보낸 것이라는 증표가 됩니다. 곧, 여러분 자신의 마음이 생겨나게 한 것이 아니라 사탄이 주입시켜놓은 것이라는 것입니다. 우리 자신의 생각들이라면 우리에게 괴로움이 되는 것이 아니라 즐거움과 기쁨이 될 것입니다. 어머니가 그 몸에서 난 열매를 사랑하듯 그에 못지않게 우리 마음에서 나온 것을 사랑하기 마련입니다. 그렇기 때문에 그것들을 우리의 "길"이라 부르고 우리의 말들과 생각들을 우리의 "즐거움"(사 58:13. 한글개역개정판은 "오락"으로 번역함 — 역주)이라 부르는 것입니다. 그러므로 여러분의 마음이 그렇게도 끔찍이 여기고 괴로워하는 것은 바로 사탄의 활에서 쏘아진 것일 가능성이 많은 것입니다. 혹은,

(2) 만일 그것들이 여러분의 마음에서 생겨난 것이라 하더라도, 여러분의 심령이 괴로워한다는 사실이 바로 하나님의 성령과 은혜가 여러분의 마음의 내주자가 되시니 그것들은 침입자들이요 여러분의 진지한 생각이 혐오하는 것들임을 보여 줍니다. 이렇게 말할 수 있을지 모르겠지만, 그것들이 여러분의 가족이라면 그들에 대해 그렇게 문을 닫아 버리지도 않을 것이요 혹은 그것들이 들어오려 할 때에 비명을 지르지도 않을 것입니다. 남편이나 자녀나 하인들이 방에 들어올 때에 아내는 소리를 지르지 않습니다. 하지만 도둑이나 흉한(兇漢)이 들어오면 소리를 지를 수밖에 없습니다. 그것들에 대한 여러분의 행동을 볼 때에 그것들은 여러분과 면식이 있는 것도 아니요, 여러분이 그것들과 함께 어울리기를 좋아하는 것도 아닌

것 같습니다. 그러므로 너무 염려하지 마십시오. 사탄은 할 수만 있다면 거짓된 염려로 여러분의 마음을 불안하게 만들고자 하며, 그것들을 보내어 그렇게 만드는 것입니다. 거룩한 생각들이 악인에게 전혀 영향을 미치지 못하듯 이 악한 생각들 역시 여러분에게 아무런 영향도 미치지 못합니다. 그들이 거룩한 생각들을 좋아하지 않으므로 전혀 유익을 얻지 못하듯이, 그것들도 동일한 이유로 여러분을 해치지 못하는 것입니다.

위로 2. 그것들이 여러분의 불완전한 상태에 필연적으로 있는 약점들이라는 것을 아시기 바랍니다. 그러므로 여러분이 신실하여 그것들에 저항하고 그것들에 대해 안타까워하는 한, 하나님께서는 여러분에게 진노를 내리시기보다 오히려 측은히 여기시고 긍휼을 베푸실 것입니다. 자녀가 아버지께 무슨 일을 지시받고는 고의로 태만하여 맡은 일을 제대로 행하지 않는 것은, 본성적인 연약함 때문에 일을 정확히 처리하지 못하는 것과는 전혀 경우가 다른 것입니다. 주인이 종에게 포도주 한 잔을 달라고 하는데 종이 포도주를 가져다 땅에 쏟아 버린다면 그 주인은 그를 불쾌히 여겨 징계하여 마땅할 것입니다. 하지만 종이 조심했는데도 불구하고 마침 손에 경련이 와서 포도주를 가져오다 조금 흘렸다면, 자비로운 주인은 포도주를 흘린 것에 화를 내기보다는 그 종의 질병에 대해 측은히 여길 것입니다. 그런데 하나님께서 그의 종들로 하여금 그를 힘든 주인으로 생각하게끔 하신 일이 한 번이라도 있습니까? 그가 아버지가 그를 섬기는 자녀를 대하듯이 그렇게 우리를 대하시겠다고 약속하지 않으셨습니까? 그 백성의 모자란 것들에 대해 그가 이렇게 저렇게 변명하시는데, 이것이 그의 긍휼한 마음에서 나오는 것이 아니면 대체 어디서 오겠습니까? 그리하여 그들의 연약한 것들이 그들의 뜻이나 바람이 없어서가 아니라 기술이나 힘이 없어서 그런 것이라고 이해하시는 것이 아닙니까? 사탄이 여호수아의 더러운 의복을 비난하자 그리스도께서는 그를 대신하여 "이는 불에서 꺼낸 그슬린 나무가 아니냐?"라고 대답하십니다(슥 3:2). 또한 제자들이 기도 중에 조는 것에 대해 주님은 "마음에는 원이로되 육신이 약하도다"라고 이해하셨습니다(마 26:41).

위로 3. 신자들의 기도는 하나님의 손에 올려지기 전에 순화 과정을 거칩니다. 성도들의 건방진 호소들을 나오는 그대로 가감 없이 그가 다 읽으신다면, 과연 그 결과가 어찌 될까를 아무리 염려해도 지나치지 않을 것입니다. 하지만 그것들은 교정자의 손을 거치게 됩니다. 우리 주 예수께서 그것들을 점검하시고, 우리의 모든 잘못된 요구들과 맞지 않는 간구들을 올바로 만드십니다. 그의 피로써 우리의 흠과 티를 씻으시는 것입니다. 그는 마치 세밀한 체로 치듯이 우리의 기도들을 치셔서 거칠고 이질적인 것들을 순전한 것들로부터 골라내십니다. 그의 성령의 숨결에 합한 것을 내어놓으시며, 우리의 육체가 붙여놓은 것들은 가리셔서 우리의 기도를 정화시키시는 것입니다. 이것이 바로 제사장이 백성이 드리는 성물과 관련된 죄책을 담당하는 일에(출 28:38) 담겨진 감미로운 복음 진리였던 것입니다.

위로 4. 이것들의 존재가 여러분에게는 큰 괴로움이지만, 하나님께서는 그것들을 통하여 여러분을 향하여 그의 뜻을 이루실 것입니다. (1) 여러분을 낮추시고, 또한 여러분에게서 모든 자랑을 취하셔서 여러분이 교만하지 않도록 하시고자 함입니다. 여러분의 기도가 그처럼 결점이 있어서 그 때문에 여러분이 낮아지지 않았더라면 십중팔구 여러분이 그렇게 될 것이니 말입니다. (2) 그리스도인의 여정 속에서 늘 깨어 조심하게 하고자 하심입니다. 이런 것들로 방해를 받음으로써 여러분이 전쟁이 아직 끝난 것이 아니라는 것을 깨닫습니다. 가나안 족속이 아직 그 땅에 있습니다. 땅을 점령하고 있지는 않지만, 갑자기 길의 독사처럼 나타나 여러분의 발꿈치를 물어 뒤로 넘어지게 만들고, 그리하여 여러분 자신도 모르는 사이에 승리를 훔쳐가려고 그들의 소굴과 요새에 숨어서 호시탐탐 노리고 있습니다. 더 노골적인 죄들로는 싸움에서 여러분을 무너뜨리기를 포기하고는 그런 작전을 쓰는 것입니다. 그리스도인 여러분, 여러분이 하나님과 교제를 나누고 있는 중에 — 여러분의 요새와 성(城)에서 그렇게 가까운 곳에서도 — 그가 감히 그렇게 대담하게 여러분을 노린다면, 여러분이 하나님과의 교제에서 멀어져 세상적인 일을 행할 때에 그가 그것을 좋은 기회로 삼아 여러분을 공격하는 일이 없도록 여러분 주위를 항상 잘 살피는 일이 정말 절실하지 않겠습니까? (3) 하나님께서는 이런 것들을 통하여 여러분으로 하여금 여러분보다 더 많이 모자라는 형제들에 대해 더 긍휼히 여기고 덜 비판하게 되도록 만드실 것입니다.

위로 5. 그것들과 신실하게 싸우는 가운데, 결국에는 여러분이 승리를 거두게 될 것을 여러분 스스로 약속할 수 있습니다. 그러나 하나님께서 이스라엘의 대적들에 대해 말씀하신 것처럼, 그들이 단번에 혹은 갑자기 여러분의 손에 넘겨지는 것이 아니라 점차로 그렇게 될 것을 예상해야 합니다. 그러므로 싸움을 계속하십시오. 그것들의 완강한 저항에 기진하지 마십시오. 기도하시고, 기도를 더 잘하지 못한다는 것을 안타까워하십시오. 안타까워하시고 다시 싸우십시오. 싸우고 또한 그것들이 여러분을 자기들의 발 아래 누이기도 하지만 그래도 그것들이 반드시 무너진다는 것을 믿으십시오. 하나님께서는 홍수 후에 노아에게 하신 약속 중에서 그에게 피조물들을 다스리는 권세를 주셨습니다. "땅의 모든 짐승과 공중의 모든 새와 땅에 기는 모든 것과 바다의 모든 물고기가 너희를 두려워하며 너희를 무서워하리니 이것들은 너희의 손에 붙였음이니라"(창 9:2). 하지만 수많은 짐승들이 사람들에게 사납고 잔인한 것을 봅니다. 그러나 그럼에도 불구하고 그 약속이 이루어집니다. 사도의 말씀처럼(약 3:7) 그것들이 아무리 사납고 제멋대로여도 사람의 기술로 길들이지 못하는 것은 없었습니다. 이와 같이 하나님께서는 그의 성도들에게 죄와 사탄을 다스리는 권세를 약속으로 주셨습니다. 하나님께서 죄와 사탄을 여러분의 발 아래에 두게 하실 것입니다. 성도에 대한 처절한 두려움이 지극히 교만한 마귀에게 있게 될 것이요, 성도의 발이 지극히 사나운 정욕의 목덜미를 밟을 것입니다. 그러나 그렇게 되기까지 성도 편에서 힘을 다해 싸워야 하는 것입니다.

[사탄은 기도의 성공을 방해하고자 온 힘을 기울임]

셋째 음모(p. 537에서 연결). 성도가 이 중대한 기도의 임무를 행할 때에 사탄이 그를 향하여 갖는 마지막 세 번째 음모는 바로 **그의 기도의 성공을 방해하는** 것입니다. 그리스도인 여러분, 그는 할 수만 있다면 언제든, 어떤 식으로든, 배가 항해를 시작하는 상황이든 물건을 가득 싣고 귀환하는 상황이든, 반드시 여러분을 가로막을 것입니다. 아니, 우리 기도가 하늘로부터 오는 자비들을 가득 싣고 올 것을 기대하고 바랄 그 때에 더 큰 패배가 예상됩니다. 자, 그는 기도의 성공을 방해하고자 두 가지 방식으로 애씁니다.

첫째. 그는 성도들의 기도들이 하나님께 환영받는 것을 방해하고자, 그 기도들을 마치 법정 바깥에서 행해지는 탄원처럼 만들어서 하나님께서 그것들을 돌아보시지 않게 하려고 애씁니다.

둘째. 이 일이 성공하지 못하면, 그는 뒷일을 도모합니다. 곧, 할 수 있으면, 하나님께서 그 기도들을 환영하사 하늘에서 은혜로이 받으셨더라도 땅의 성도로 하여금 그것을 믿지 못하게 하고, 그 기도들을 잃어버린 것으로 여겨 포기하고 더 이상 그것들을 바라보지 않게 만들려고 애씁니다. 이것으로 그 기도가 완전히 수포로 돌아가지는 않으나, 마귀가 이를 통하여 큰 이득을 보게 됩니다. 성도가 기도의 응답을 얻기 전에 싸움을 통해서 누리게 되는 현재의 위로와 유익을 그에게서 빼앗아가는 것입니다.

[사탄은 하나님께 환영받지 못하는 것으로 만들어 기도의 성공을 방해하려 함]

첫째 방해법. 사탄은 성도들의 기도를 마치 법정 바깥에서 행하는 탄원처럼 만들어 하나님께서 돌아보시지 않도록 하여 하나님께 환영받지 못하게 방해하고자 애씁니다. 그런데 우리 기도들은 몇 가지 방식으로 하늘 문에서 멈추어 서서 하나님께 은혜로이 상달되지 못하여 응답을 받지 못하게 됩니다. 이는 성도들의 기도들에 해당되는 것입니다. 악인들의 기도들에 대해서는 오로지 한 가지 법, 곧, 법정에 던져지고 문이 닫히는 것밖에는 없습니다. 하나님이 보시기에 아름다운 열매를 맺으려면 나무 자체가 선해야 하는 것이니 말입니다. 그런데 성도들의 기도가 환영받지 못하는 것은 하나님께서 자비 베풀기를 원치 않으시거나 그의 문 앞에서 구걸하는 자들을 싫어하시기 때문이 아닙니다. 하나님은 자비 베풀기를 어찌나 즐겨하시는지, 구걸하는 자들이 구걸하도록 하고 또한 그 구걸하는 자들에게 자비를 베푸시고자 세상과 세상에 속한 모든 것을 지으셨습니다. 그런데 우리가 자물쇠에다 돌을 집어넣어서 그것 때문에 기도의 열쇠를 거기에 집어넣고 돌리지 못하게 되는 것입니다. 그러니 과연 우리에게 베풀어지는 자비의 문을 우리 스스로 닫아 버리는 것입니다. 마귀 자신이 직접 성도의 기도가 환영받지 못하도록 방해할 수는 없습니다. 우리가 그(마귀)의 입에다 말을 두어 그로 하여금 우리를 비난하도록 도와주지 않는 한, 그는 하나님의 귀를 닫을 권한이 없습니다. 그가 거짓된 참소자로서 하나님께 거짓말을 늘어놓는다고 해서 우리에 대한 하나님의 생각들이 영향을 받는 것도 아니고, 그가 우리의 기도들을 받아들이지 않으시는 것도 아닙니다. 그러나 그의 참소가 사실일 경우는 하나님이 들으십니다. 그가 온갖 말을 꾸며대는 악한 영이고 그가 바로 하나님의 사랑하는 자녀인 우리를 참소하는 것이지만 말입니다. 아버지는 악한 자가 와서 그의 자녀가 저지른 잘못에 대해 이야기할 때에, 비록 악한 원수가 하는 말이라도 그것이 참이면 얼굴에 이맛살을 찌푸리고 그 자녀를 꾸짖는 법입니다. 자, 성도 스스로 은혜의 보좌 앞에 기도를 올릴 때에 하나님이 그 기도를 듣지 않으시게 만드는 몇 가지 잘못들을 말씀드리겠습니다. 1. 기도하는 내용이 하나님의 뜻에 합하지 않을 경우. 2. 성도가 지향하는 목적이 올바르지 않을 경우. 3. 기도와 더불어 합당한 수단을 부지런히 사용하지 않을 경우. 4. 성도의 마음속에 형제를 향한 은밀한 투정이 숨겨져 있을 경우. 5. 믿음이 없을 경우.

[기도하는 성도가 하늘에서 그 기도를 듣지 못하도록 가로막는 잘못들]

잘못 1. 기도하는 내용이 하나님의 뜻에 합하지 않을 경우. 우리가 원하는 바를 그냥 무작위로 기도할 자유는 우리에게 없습니다. 은혜의 보좌가 세워져 있는 것은, 우리가 그 앞에 나아가 갑작스럽게 비정상적으로 솟아나오는 격정들을 하나님 앞에 토로하거나 머릿속에 떠오르는 온갖 건방진 것들을 그에게 쏟아놓을 수 있게 하기 위함이 아닙니다. 우리가 간구할 거리들의 당위성을 전혀 따지지 않고 그냥 모든 간구들을 다 내어놓으리라고 작정했다면, 하나님께서는 그에게 영광이 되지 않을 것들이 허다하여 그 간구거리들을 그냥 무시하고 지나치셔야 할 경우가 너무나 많을 것입니다. 헤롯은 자기의 총애하는 여자아이에게 자기 나라의 절반이라도 주겠다고 했는데, 이는 너무 과한 호의였습니다. 그는 그 대가를 톡톡히 치렀습니다. 그는 그 여자아이에게 한 사람의 머리를 주었는데 이는 그의 온 나라보다 더 값어치 있는 것이었습니다. 그가 베어 준 그 머리로 인하여 그가 왕관을 잃어버렸으니 말입니다. 그렇습니다. 우리가 대하는 하나님은 지혜로우신 분이십니다. 그는 그처럼 바라기에 합당하지 않고 또한 하나님으로서도 주시기에 합당하지 않은 온갖 것들을 달라고 구하는 그런 건방진 걸인들의 입을 막으시고자 기도의 법칙을 제시하셨고, 또한 그 문제를 분명히 하셨으니, 곧, "너희가 기도할 때에 하늘에 계신 우리 아버지여 …"라는 것입니다. 즉, 믿음으로 기도하여 받을 수 있는 것이 무엇인지를 여기서 배우라는 것입니다. "그를 향하여 우리가 가진 바 담대함이 이것이니 그의 뜻대로 무엇을 구하면 들으심이라"(요일 5:14).

약속이 없으면 믿음은 마치 발이 딛고 설 든든한 땅이 없는 것과도 같습니다. 루터는 "내 뜻이 이루어지이다. 주여, 내 뜻이오니, 이는 내 뜻이 주의 뜻임이니이다"라고 말했는데, 이는 이를 잘 해석한 것이었습니다. 그런데 약속이 이 하나님의 뜻을 담고 있습니다. 여러분의 모든 기도의 꽃들을 이 동산에서 모아들이기를 명심하십시오. 그러면 잘못되는 일이 없을 것입니다. 그러나 그 꽃들을 여러분 자신이 꺾어놓은 야생 수세미 같은 것들과 뒤섞지 않도록 조심하십시오. 주께서 제자들이 원한을 갚고자 하는 열정으로 구하는 것을 꾸짖으시면서 하신 책망을 기억하기 바랍니다: "주여 우리가 불을 명하여 하늘로부터 내려 저들을 멸하라 하기를 원하시나이까? 예수께서 돌아보시며 꾸짖으시고 말씀하시기를, '너희 영의 상태가 어떤지를 너희가 알지 못하는도다'"(눅 9:54-55. 한글개역개정판에는 "말씀하시기를, '너희 영의 상태가 어떤지를 너희가 알지 못하는도다'"가 없음. — 역주). 제자들에게는 그들의 행위를 뒷받침해 줄 만한 선례가 있었습니다. 그러나 엘리야를 비롯하여 여러 선지자들의 행위들에서 나타나는 그 범상치 않은 자세는 우리가 기도에서 견지해야 할 항구적인 규범이 아닙니다. 그런 자세는 하나님의 성령으로부터 그들에게 임한 것이지만, 우리 속에서는 마귀의 영으로부터 그런 자세가 생겨날 수도 있습니다. 이는 주님의 말씀에 암시되어 있습니다: "너희 영의 상태가 어떤지를 너희가 알지 못하는도다." 이는 마치 이런 뜻과도 같습니다: "누가 너희를 부추기는지를 전혀 생각하지 않는구나. 너희가 지닌 숯은 하나님의 제단이 아니라 사탄의 용광로에서 취한 것이니라."

오오 여러분! 하나님께 나아갈 때에 우리가 마귀의 심부름을 하지 않도록 주의하기 바랍니다. 기도의 규범에 어긋나거나 당위성이 없이 기도할 때에 우리가 그런 일을 저지르게 되는 것입니다. 하나님 앞에서 원수들을 향하여 제멋대로 나오는 격렬한 화를 쏟아내는 일이 없기를 바랍니다. 제자들이 그랬습니다. 또한 욥이 자기의 괴로움에 겨워서 자기 목숨을 취해 가시라고 하나님께 간구한 것처럼 무절제한 슬픔을 조급하게 토로하는 일이 있어서도 안 될 것입니다. 말씀의 교훈을 취하여, "하나님 앞에서 함부로 입을 열지 말며 급한 마음으로 말을 내지 말기"를 바랍니다(전 5:2). 다니엘의 방법이 옳았습니다(단 9:2). 먼저 그는 성경으로 돌아가 하나님께서 그의 백성을 포로 상태에서 돌이키시겠다고 약속하신 때에 관하여 하나님의 뜻이 어떤지를 살폈습니다. 그리고 그것을 발견하고 어떻게 간구해야 할지를 깨달은 다음, 나아가 은혜의 보좌 앞에 아뢸 바를 토로하였습니다: "내가 … 주 하나님께 기도하며 간구하기를 결심하고"(3절). 여러분, 병이 들었거나 궁핍합니까? 세상적인 자비에 모자람이 있습니까? 가서 이것들이 어떤 조건들에 근거하여 약속되었는지를 살펴서, 그것들을 절대적으로 사모하고 바라는 나머지 여러분의 믿음이 약속의 기반을 넘어서기까지 분출되는 일이 없게 하십시오. 만일 그렇게 되어 하나님께서 약속하신 것보다 더 많은 것을 구하게 되면 여러분이 세워 놓은 집이 무너질 것이요, 여러분이 부끄러움을 당하게 될 것이니 말입니다.

잘못 2. 성도의 기도의 주제가 말씀에 근거할지라도, **성도가 지향하는 목적이 올바르지 않을 경우에는** 이것이 그의 기도가 막히는 두 번째 문이 됩니다. 첫 번째 문을 통과했더라도 이 문에서 기도가 막히고 말 것입니다. "구하여도 받지 못함은 정욕으로 쓰려고 잘못 구하기 때문이라"(약 4:3). 그런데 마치 바늘이 천연 자석에 닿으면 흔들려서 자연적으로 그 원하는 지점에서 벗어나게 되듯이, 은혜 안에 있는 영혼도 특정한 행동이나 간구에서 사탄에게 휩싸이고, 더 가까이 있는 원수인 자기 자신의 죽지 않은 부패성에 뒤흔들려서 올바른 목적에서 벗어날 수 있는 것입니다. 언제나 과녁을 정확히 맞추는 사람은 정말 희귀한 사수가 틀림없습니다. 성도가 육체와 영혼의 괴로움 중에 자기 자신의 편안함과 안락함을 바라는 지나치게 이기적인 관심사로 인하여 자기의 건강을 위해 기도하고 영혼의 위로를 위해 기도하는 일이 얼마든지 가능하다고 생각하지 않습니까? 분명 그렇습니다. 무언가 탁월하게 쓰임 받아 자기 자신이 크게 명예를 얻고 칭송을 받고자 하는 마음으로 은사와 도우심을 구하는 일도, 자기 집의 명예를 세우고자 하는 무절제한 욕망으로 자녀를 달라고 구하는 일도 있습니다만, 우리의 간구 가운데 이런 식의 심령의 뒤틀림에서 자유로울 만큼 은혜로 가득 차 있는 사람은 아무도 없습니다. 다음과 같은 말씀에 이런 의미가 담겨 있는 것으로 이해해도 무방할 것입니다: "내가 나의 마음에 죄악을 품었더라면 주께서 듣지 아니하시리라"(시 66:18). 우리 자신의 건강이나 평화나 명예를 바라는 것은 죄악이 아닙니다. 하나님께서 제시해 주신 약속들 속에 담겨 있을 때는 그렇습니다. 그러나 그것들이 차고 넘쳐서 하나님의 영광을 넘어서기까지 부풀어 오르면 — 그렇습니다. 하나님의 영광과 동등한 수준에까지 올라가게 되면 — 이는 정말로 가증스러운 것이 됩니다. 건전한 음식도 온도가 높은 곳에 놓아두면 상하여 그 속에 독이 생기게 되는 것과 마찬가지입니다.

그러므로 그리스도인 여러분, 기도하기 전에 여러분 자신을 교육시키기 바랍니다. 오오 내 영혼아, 과연 무엇 때문에 이런 간구를 드리려 하느냐?라고 물으시기 바랍니다. 여러분이 무엇을 위하여 기도하는지 여러분의 마음을 잘 알기 바랍니다. 그러면 금방 여러분이 어떻게 해야 할지에 대해 하나님의 뜻을 깨닫게 될 것입니다. 하나님의 영광을 최고로 삼으십시오. 그러면 여러분에게 임하는 하나님의 자비를 얻을 수 있게 될 것입니다. 만일 아도니야가 왕위를 탐내서가 아니라 아비삭에 대한 진실한 사랑으로 그녀를 달라고 구했더라면, 솔로몬이 그들의 결혼을 거부하지 않았을 수도 있습니다. 그러나 이 지혜로운 왕은 그가 왕위를 그렇게 갈구하고 있었고 그리하여 그녀를 왕위를 얻는 하나의 발판으로 이용하려 한다는 것을 간파하고서, 그의 요청을 단호히 거부한 것입니다. 여러분, 여러분의 간구가 충실할 경우라도 여러분의 목적과 의도에 반역적인 것이 없는지를 살피기 바랍니다. 거기에 그런 것이 있다면, 하나님이 반드시 찾아내실 것입니다.

질문. 기도에서 내가 과연 하나님을 목적으로 하는지 나 자신을 목적으로 하는지를 언제 알 수 있겠습니까?

답변. 이는 대개 하나님께서 우리의 기도하는 바를 주시기를 지체하시거나 거부하실 때에 우리 마음의 상태가 어떤지로 알 수 있습니다. 지체나 거부를 묵인하고 인내하는 영혼은 — 곧, 구원에 절실한 것도 아니고 절대적으로 약속된 것도 아닌 덜 중요한 성격의 자비들에 대해서 그러하다는 것입니다만 — 자기 자신의 사사로운 관심사와 편의보다 하나님의 영광을 더 무게 있게 대하고 있다는 희망적인 모습을 보인다 할 것입니다. 이기적인 마음은 조급하며 고집불통입니다. 그런 마음은 그 부르짖는 것을 반드시 가져야 하고 그것도 속히 가져야 합니다. 그렇지 않으면 생기를 잃고 투정부리며, 실망에 빠지고, 투덜거리며 불평을 쏟아놓고, 하나님 자신의 약속들과 속성들에 대해 타박하기를 마지않습니다. “우리가 금식하되 어찌하여 주께서 보지 아니하시오며 우리가 마음을 괴롭게 하되 어찌하여 주께서 알아주지 아니하시나이까 하느니라”(사 58:3). 자, 우리 자신을 지나치게 중시하는 데서가 아니면 어디서 이런 마음이 일어나겠습니까? 우리가 그렇게 바라던 것을 얻지 못하고 지체되고 거부되면 역심이 일어나 하나님의 영광을 해치게 되는 것입니다. 하나님께서는 그리스도로 하여금 그 쓰디쓴 잔을 마시지 않도록 허락해 주신 것보다 오히려 그 자신의 목숨을 위한 간구를 거부하심으로써 오히려 더욱 영광을 받으셨습니다. 그리스도께서는 이를 완전히 이해하시고 자신을 굴복시키시며 이렇게 말씀하신 것입니다: “아버지여, 아버지의 이름을 영광스럽게 하옵소서”(요 12:28), “나의 원대로 마시옵고 아버지의 원대로 하옵소서”(마 26:39). 주님의 말씀은 마치 이런 뜻과도 같습니다: “아버지의 영광에 조금이라도 해가 된다면 제 목숨을 구하지 않겠나이다.” 이것이야말로 우리 모두가 그대로 본받아야 할 것입니다. 사실 제멋대로인 우리의 마음이 악하고 조급하여 하나님이 기뻐하시는 것을 그가 기뻐하시는 때에 주시는 것으로 만족할 줄 모를 경우에 하나님이 그런 정욕들을 만족시켜 주신다면 그것은 우리를 사랑하시는 처사가 아닐 것입니다.

그렇게 되면 제멋대로인 우리의 성향을 조장하는 것이 될 것이니 말입니다. 그런 비정상적인 마음의 상태는 장려하고 키울 것이 아니라 굶겨서 고치는 것이 더 합당한 것입니다.

잘못 3. 기도와 더불어 합당한 수단을 부지런히 사용하지 않는 것도 그리스도인이 기도하며 범하는 잘못 가운데 하나입니다. 마치 게으른 사람들이 항상 부자 친척에게 구걸하기만 하고 자기 손으로는 아무 일도 하지 않는 것처럼, 그런 식으로 하나님께 기댈 생각을 해서는 안 됩니다. 하나님께서 기도를 지정해 주신 것은 우리의 태만을 덮어 주기 위함이 아니라 우리의 부지런함을 돕기 위함입니다. 게으른 걸인은 하나님께도 사람에게도 결코 환영받지 못합니다. 무엇이라고요? 손을 높이 들어 하나님께 기도하고는 다시 그 손을 호주머니에 집어넣는다고요? 전혀 소용이 없는 일을 그에게 행하는 것을 하나님이 금지하시지 않습니까? "너희에게 명하기를 누구든지 일하기 싫어하거든 먹지도 말게 하라 하였더니"(살후 3:10). 우리라도 벌하여 마지않을 그런 게으름을 그가 장려하시겠습니까? 베르나르는 "우리의 마음과 손을 아울러 하늘에 계신 하나님께 들자"(애 3:41)라는 예레미야의 말씀에 대해 다음과 같이 매우 잘 이해하였습니다: "기도하는 동시에 수단을 부지런히 사용하는 자야말로 그의 마음과 손을 아울러 하나님께 드는 자"라는 것입니다. 그러므로 그리스도인 여러분, 눈물과 땀을 뒤섞으시고, 기도와 수고를 뒤섞으시기 바랍니다. 여러분의 기도가 여러분으로 하여금 일하게 하지 않으면, 그 기도는 하나님을 움직여 여러분을 위해 일하시게 하지 못할 것입니다. 여러분, 지금 정욕을 물리치기 위하여 기도하십니까? 그러면서 가만히 한가하게 앉아 그 정욕이 혼자 저절로 죽는지를 보고 계십니까? 또 다른 정욕이 — 곧, 여러분의 게으름이 — 코 앞에 살아 있는데 과연 그 기도가 한 가지 정욕인들 죽이겠습니까? 여러분이 손을 벌려 일하지 않으면, 하나님께서는 여러분의 영혼도 구원하지 않으시고 여러분의 죄도 멸하지 않으실 것입니다. 여호수아가 이스라엘의 패배에 대해 슬퍼하며 엎드려 기도할 때에 하나님께서 그를 어떻게 땅에서 일으키시는지를 보십시오: "일어나라 어찌하여 이렇게 엎드렸느냐? 이스라엘이 범죄하 … 였느니라"(수 7:10, 11); "그러므로 이스라엘 자손들이 그들의 원수 앞에 능히 맞서지 못하고 그 앞에서 돌아섰나니 … 너는 일어나서 백성을 거룩하게 하라"(12, 13절).

오오 여러분, 하나님께서 무릎을 꿇고 있는 우리를 일으켜 세우시며 이렇게 말씀하실 경우가 얼마나 많은지 모릅니다: "네가 어찌하여 한가하게 여기 엎드려 기도하고 있느냐? 네가 나의 교훈을 듣지 않고 나의 명령을 순종하지 아니하여 죄를 범하였느니라. 기도하며 또한 살피라고 명하였거늘, 어찌하여 너는 기도만 하고 살피지 않느냐? 사탄이 너에게 드리우는 함정에 빠지지 않도록 기도할 뿐 아니라 거기서 피하라고 명하지 않았느냐? 그런데 네가 피하지 않으니 네 정욕을 이기지 못하는 것이로다." 모세는 죄 지은 이스라엘을 대신하여 감히 하나님께 나아가 기도하지 못하였습니다. 하나님을 위한 열정으로 그들의 죄의 문제를 처리하고 난 다음 곧바로 나아가 기도하였습니다(출 32:25. 31절과 비교). 하루 종일 되는대로 행하여 여러분의 정욕의 손에 여러분 자신을 내어놓아 하나님의 영광을 거스르다가도 밤에 기도하기만 하면 그 모든 문제가 다 해결되리라고 생각하십니까? 참 안타깝습니다. 여러분의 비겁함과 태만이 여러분의 기도보다 먼저 하늘에 상달되므로, 기도를 한다 해도 여러분은 부끄러움을 당하게 될 것입니다.

잘못 4. 성도가 기도하면서 **마음속에 형제를 향한 은밀한 불만을 숨기고** 있을 경우도 있는데, 이 역시 잘못입니다. 화(禍)와 분노를 품고 기도하는 것은 우리의 향에 다른 불을 붙이는 것과 마찬가지입니다. 하나님과의 교제를 위해서는 하나님의 집의 문을 열고 들어가야 하는데 그 집의 모든 문에는 — 즉, 모든 규례에는 — 한 가지 법문이 씌어져 있으니, 곧 "네 형제를 사랑하라"는 것이 바로 그것입니다. 말씀을 들으러 나아갈 때에, 우리가 갖추어야 할 조건이 무엇이겠습니까? "모든 악독과 모든 기만과 외식과 시기와 모든 비방하는 말을 버리고 갓난아기들 같이 순전하고 신령한 젖을 사모하"는 것이 아니겠습니까(벧전 2:1, 2)? 분노에 찬 심령에게는 복음이 평안을 말씀하지 않습니다. 분노와 악독은 마치 위(胃)를 헐게 하는 염분처럼 말씀의 젖을 도로 토해내게 하여 그 말씀이 우리에게 자양분을 공급할 수 없게 만들고 맙니다. 여러분이 복음의 잔치에 참석해 있지 않습니까? 이는 사랑의 잔치입니다. 그런데 그 잔치의 음식과 더불어 죄악된 근심이라는 쓴 풀을 함께 먹을 수는 있지만, 분노와 악독의 떡을 함께 먹어서는 안 되는 것입니다. "너희가 교회에 모일 때에 너희 중에 분쟁이 있다 함을 듣고"(고전 11:18). 그리고 그 다음에 무어라고 말씀하는지를 주목하십시오. "이는 주의 만찬이 아니니"(20절. 한글개역개정판은 "주의 만찬을 먹을 수 없으니"로 번역함 — 역주). 다투고 싸우는 무리와는 그리스도께서 교류하지 않으실 것입니다. 그런 손님이 오면, 그는 자기 자리에서 일어나실 것입니다. 마치 압살롬이 형제 암논을 죽이자 다윗의 다른 아들들이 모두 일어나 도망한 것처럼 말입니다(삼하 13:29). 여러분, 잘 알다시피 "분노와 다툼이 없이 거룩한 손을 들어" 기도하는 것이 바로 기도의 법칙입니다만(딤전 2:8), 이는 믿음과 분노를 동시에 지니고 기도하는 것이 불가능하다는 것을 시사하는 것입니다. 우리의 기도가 두 가지로 방해를 받을 수 있으니, 곧 하나님을 대적하여 죄를 범하고 엎드리거나, 혹은 우리에게 범한 형제의 허물을 용서하지 않고 분노 중에 엎드리는 것이 그것입니다. 주님 가르치신 기도 가운데 "우리가 우리에게 죄 지은 자를 사하여 준 것"과 "우리 죄를 사하여 주시옵고"는 서로 분리시킬 수 없는 것입니다. 만일 그렇게 한다면 그것은 상처 속에 박힌 철심과 같아서 우리의 기도가 우리에게 전혀 효과가 없을 것입니다. 마치 화살촉이 살 속에 그대로 남아 있는 채로 상처를 싸매는 것과도 같을 것입니다.

그런데 하나님이 이 점에 대해 그렇게 면밀하신 이유는 그 자신이 그렇게 자비로우시기 때문입니다. 그는 "사랑"이시므로 "사랑 안에" 거하지 않는 자는 아무도 환영하실 수가 없습니다. 이교도들은 신들이 자기들과 같은 자들의 제물 이외에는 받지 않는다는 생각을 갖고 있었습니다. 그러므로 난쟁이는 누구도 절대로 헤라클레스(Heracles)에게 제물을 드릴 수 없었습니다. 슬프고 우울한 사람은 누구도 즐거움의 신인 바쿠스(Bacchus)에게 제물을 드릴 수 없었습니다. 그들의 생각이 비록 어리석었지만 우리는 이로부터 훌륭한 진리 하나를 추출해 낼 수 있습니다. 곧 하나님을 좋아하고 그를 기쁘시게 하고자 하는 자는 반드시 하나님을 닮아야 한다는 것입니다. 우리 하나님은 평화의 하나님이시요 하늘 아버지는 자비로우신 분이십니다. 그러므로 평화의 자녀인 자들과 아버지처럼 자비로운 자들 외에는 아무도 그에게 나아가 교제할 수가 없는 것입니다. 그러므로 여러분의 마음을 살펴서, 사탄이 던지는 불덩이들이 — 그는 조금만 틈이 있어도 여러분의 창문으로 그것들을 던져댑니다만 — 여러분의 심령을 사로잡아 형제를 향하여 불일 듯 화를 품지 않도록 조심하시기 바랍니다. 여러분의 가슴속에서 조금이라도 연기가 피어오르는 것이 보이거나 불 냄새가 나거든 그 불을 끄기 전에는 절대로 잠자리에 들지 마십시오. 잠자리에 들 때에 화로에 담겨진 불을 끄는 것보다 오히려 이 마음의 불길을 끄는 일에 더욱 신경을 쓰기 바랍니다. 가슴속에 분노의 불길을 지닌 채로 어떻게 기도로 여러분 자신을 하나님의 손에 맡길 수 있겠습니까? 여러분이 연약한 사람이니 그런 불길이 여러분 속에서 솟아오르는 것을 막을 수 없겠지만, 여러분이 과연 그리스도인임을 증명하려거든 반드시 그 불길을 꺼뜨려야 합니다(제롬). 아니 더 나아가서, 여러분 자신이 그리스도인임을 보이고 또한 여러분의 기도가 하나님께 상달되기를 바란다면, 여러분의 마음에 있는 불길은 물론 형제의 마음에 있는 불길도 꺼뜨리도록 최선을 다해야 할 것입니다. 여러분이 형제에 대해 평화로운 마음을 갖는 것만으로는 안 됩니다. 형제 역시 여러분에 대해 평화로운 마음을 갖게 되도록 힘써야 하는 것입니다. "예물을 제단에 드리려다가 거기서 네 형제에게 원망들을 만한 일이 있는 것이 생각나거든 예물을 제단 앞에 두고 먼저 가서 형제와 화목하고 그 후에 와서 예물을 드리라"(마 5:23, 24).

제롬은 하나님께서 그리스도인의 기도를 들으시지 않으시는 원인에 관하여 이렇게 권고합니다. "주여, 내 형제가 내게 대하여 원망하는 것이 저와 무슨 관계가 있나이까? 나도 어쩔 수 없나이다. 그 형제의 잘못 때문에 내가 드리는 예물을 받지 않으시렵니까?" 그는 이에 대해 하나님께서 이렇게 대답하신다고 말씀합니다. "악한 종아 네가 무슨 말을 하느냐? 네 뜻은 내가 안다. 그러나 네게는 무슨 뜻이냐? 너는 그에 대해 원망이 하나도 없느냐? 그를 사랑하느냐? 그를 사랑한다면 그의 영혼을 구원하려 하지 않겠느냐? 그러니 그의 영혼이 구원을 얻게 되도록, 가서 그 형제에게 간청해서라도 너와 평화하게 하라."

우리가 얼마나 큰 시험의 시대를 살고 있는지를 잘 알고 있으므로, 이 문제에 대해 좀 더 구체적인 말씀을 드리겠습니다. 안타깝게도 그리스도인들 간의 견해의 차이들로 인하여 서로 간에 불화와 반목이 생겨서 그것이 분노와 증오로 번지는 일이 비일비재합니다. 그렇습니다. 이 세대의 다수의 사람들 가운데 돌이킬 수 없는 사랑의 고갈로 귀결되지 않도록 사전에 방지할 수만 있다면, 그것이 훌륭하게 치유되는 것이라 하겠습니다. 특히 그리스도인들 사이에 민족적인 분열이 개입되어 그로 인하여 이런 교회의 분쟁들에 격렬한 악의가 끼어드는 것을 생각할 때에, 그리고 그로 인하여 오랜 세월 동안 이 비참한 민족적인 반감 이외에 아무것도 보여주지 못하고 안타깝게도 우리들끼리 서로 칼을 겨누는 일이 있는 것을 생각할 때에, 더욱 그렇습니다. 오오, 교회 내의 갈등과 민족 간의 갈등, 이 두 가지가 얼마나 큰 불평과 적개심과 끓어오르는 격렬한 마음을 만들어 냈는지 모릅니다. 그런데 드디어 칼이 평화의 칼집에 들어가게 되었으니 정말 하나님을 찬양할 일입니다. 하지만 우리는 계속 칼을 겨누고 있기를 바라지 않습니까? 그리고 무자비한 복수와 악의의 심령이 여전히 우리들 사이에 남아 있는 경우가 비일비재하지 않습니까? 우리들 바깥에서 불던 광풍은 이제 사라졌습니다. 하나님을 찬양할 일입니다. 하지만 우리들의 가슴속에서는 여전히 광풍이 세차게 몰아치고 있지 않습니까? 민족적인 재난의 홍수는 잦아들었습니다. 그런데 홍수가 사라지고 난 지금 무정한 투기와 원한과 분노와 복수심의 쓰레기 더미가 우리 마음에 그대로 남아 있지 않습니까? 민족적인 회개의 홍수로도 전쟁과 기타 혼란의 바다가 던져 놓은 쓰레기들을 다 씻어내지 못하는데, 우리가 또 다른 원한과 판단을 우리들 사이에 조장해서야 되겠습니까? 하지만 이 모든 잘못을 우리들이 범하고 있다면 우리는 정말 한심한 처지일 것입니다. 그것들이 우리의 기도를 방해하니 말입니다. 하나님께서는 분노의 불에서 태워지는 그런 제물들을 열납하지 않으실 것이기 때문입니다.

잘못 5. 믿음이 없을 경우도 그리스도인이 기도에서 잘못을 범할 수 있습니다. 기도는 활이요 약속은 화살이며, 또한 믿음은 활을 당겨서 마음의 메시지를 담은 화살을 하나님께로 보내는 손입니다. 화살이 없는 활은 전혀 소용이 없고, 활이 없는 화살도 별 가치가 없습니다. 둘 다 손의 힘이 보태지지 않으니 목적을 이룰 수가 없습니다. 기도가 없는 약속도, 약속이 없는 기도도, 혹은 믿음이 없는 기도나 약속도 그리스도인에게 아무런 유익이 되지 못합니다. 이스라엘 백성이 "믿지 아니하므로" 가나안 땅에 "능히 들어가지 못하였다"고 말씀하였는데(히 3:19), 우리의 많은 기도에 대해서도 동일한 말을 할 수 있을 것입니다. 믿음으로 올려지지 못하니 하나님께 상달될 수가 없는 것입니다. 그런데 기도하는 사람과 관련해서나 혹은 올려지는 기도와 관련해서 믿음을 논할 수 있을 것입니다.

[믿음으로 기도한다는 것은 무엇인가?]

첫째 요건. 기도하는 사람이 신자라야 합니다. 그러나 이것만으로는 부족합니다.

둘째 요건. 그 사람에게 믿음의 습관이 거해야 함은 물론 믿음의 행위가 기도에서 발휘되는 것이 있어야 합니다. "무엇이든지 기도하고 구하는 것은 받은 줄로 믿으라. 그리하면 너희에게 그대로 되리라"(막 11:24). 우리가 바라는 것이 약속에 들어 있지 않으면, 그것을 달라고 기도하는 것은 죄입니다. 그리고 그것이 약속에 속하여 있으면, 그것을 달라고 기도할 때에 믿지 못하는 것은 죄요, 그것도 작은 죄가 아닙니다. 왜냐하면 믿지 못함으로써 위대하신 하나님의 규례와 이름을 더럽히고 헐뜯는 것이기 때문입니다.

질문. 하지만 믿음으로 기도한다는 것은 과연 무엇입니까?

답변 1. 부정적으로. 이는 우리가 기도하는 것이 항상 "그 종류 그대로" 주어지리라는 것을 믿는 것이 아닙니다. 그리스도는 믿음으로 기도하셨고 그의 기도는 들으심을 받았습니다(히 5장). 그는 자신이 구하시는 것이 종류 그대로 주어지리라는 것을 믿지도 않으셨고, 그것이 주어지지도 않았습니다. 그러나 그의 기도는 응답되었습니다. 그러므로, 기도할 때에 믿음을 발휘하는 올바른 방법을 터득해야 하는데, 이는 여러분이 근거로 삼는 약속의 본질에서 취해야 합니다. 마치 물이 그것을 담는 그릇의 모양에 따라 둥글게 아니면 네모나게 모양을 갖추듯이, 우리의 믿음도 약속에 따라 모양을 갖추어야 하는 것입니다. 만일 여러분이 구하는 것이 절대적인 것이라면 — 구원에 필수적인 것들이 그렇습니다만 — 다른 것이 아닌 바로 그것이 약속에 따라 주어질 것을 믿음으로 기대할 수 있을 것입니다. 그러나 그렇지 않은 경우라면 여러분의 믿음을 여러분이 구하는 바로 그것에다 제한시켜서는 안 되고, 돈을 기대하거나 아니면 돈의 값어치가 있는 것을 기대하거나, 건강을 기대하거나 아니면 건강만큼 좋은 것을 기대하거나, 구출 받는 것을 기대하거나 아니면 구출 받는 것보다 더 좋은 것을 기대할 수도 있어야 하는 것입니다. 직접적인 계시가 없는데도 — 이것을 찾아다녀서는 안 됩니다만 — 조건적인 약속에 대해 절대적인 믿음을 갖는 것은 공상이지 믿음이 아닙니다. 이는 은혜의 행위가 아니라 죄를 범하는 것이요, 허락도 없이 자유로이 하나님의 호주머니를 뒤지는 처사입니다. 왜냐하면 이것은 약속의 전제 조건보다도 우리의 믿음 그 자체를 더 신뢰하는 것이기 때문입니다. 이것은 형편없는 논리이며 동시에 형편없는 신학인 것입니다.

답변 2. 긍정적으로. 믿음으로 기도하는 것은 하나님이 약속하신 것들을, 그것들을 행하실 그의 능력과 진실하심에 의지하여, 그리스도의 이름으로 하나님께 구하는 것이요, 이때에 시간이나 방법 혹은 수단에 그를 얽어매지 않는 것입니다.

(1) 하나님께서 약속하신 것을 구해야 합니다. 그렇지 않으면 우리 스스로 선택하는 것이지 구하는 것이 아닙니다. 그것은 하나님의 뜻을 우리 뜻에 굴복시키는 것이지, 우리 뜻을 그의 뜻에 굴복시키는 것이 아닙니다. 그것은 가짜 계약서를 내밀고 빚 독촉을 하는 것과 마찬가지로 터무니없는 처사입니다. 자기 스스로 약속을 주장하는 자는 자기 스스로 그것을 갚아야 하는 것입니다.

(2) 믿음으로 기도하기 위해서는 반드시 그리스도의 이름으로 기도해야 합니다. 믿음이 반드시 약속에 근거한 것이어야 하듯이, 약속도 반드시 그리스도의 이

름으로 주장해야 합니다. 왜냐하면 하나님의 약속은 모두가 그리스도께 주어진 것이요 그를 위하여 이행되는 것이기 때문입니다. 그것들은 모두 그에게 주어진 것입니다. 언약이 그와 연계되어 있기 때문입니다: "영생의 소망을 위함이니 이 영생은 거짓이 없으신 하나님이 영원 전부터 약속하신 것이니"(딛 1:2). 그런데 그 때에는 그 약속을 받는 자로서 오직 그리스도 이외에는 어느 누구도 존재하지 않았습니다. 그러므로 아버지가 값 주고 사 놓은 재산의 권리를 그 자녀가 주장하듯이, 우리도 그리스도의 상속자들로서, 또한 그리스도와 함께 상속자 된 자들로서 그 약속에 대한 권리를 주장하게 되는 것입니다. 또한 약속이 그리스도께 주어진 것이듯이, 그것은 그를 위해 이행되는 것입니다. 왜냐하면 그가 피를 흘리심으로써 약속의 의무 조건을 이행하셨고, 그리하여 하나님께서는 그리스도께 빚지신 것을 인정하시고 친히 그리스도의 상속자들이 그의 이름으로 정당하게 주장하는 모든 것을 이행하시기로 언약에 명시해 놓으셨기 때문입니다. 그러므로 하나님께 담대히 나아가 약속 이행을 주장하는 것만으로는 부족합니다. "주여 용서하소서. 주께서 용서해 주시겠다고 약속하셨음이니이다. 은혜와 영광을 베푸소서. 주께서 그것들을 약속하셨음이니이다"라는 식으로 말입니다. 우리가 법적으로 정당하게 — 즉, 믿음의 법에 따라서 — 간구를 드릴 의도라면, 그리스도의 이름의 보호 아래서 그것들을 간구하여야 하는 것입니다. 거룩한 사람 다니엘은 이처럼 그리스도께 의지하여 기도를 올리는 것입니다: "그러하온즉 우리 하나님이여 지금 주의 종의 기도와 간구를 들으시고 주를 위하여 주의 얼굴빛을 주의 황폐한 성소에 비추시옵소서"(단 9:17).

(3) 믿음으로 기도하기 위해서는 은혜로이 응답해 주실 것을 그리스도를 통하여 하나님께 의지하는 것이 필요합니다. 앞의 조건들을 행하면서도 사람들이 이 점에서 무너집니다. 곧, 믿음으로 기도하는 것이 아니라 하나님과 그리스도의 이름을 헛되이 취하는 것입니다. 이처럼 의지하는 행위는 바로 기도 중에 하나님을 붙잡는 것입니다(사 64장). 폭풍우가 칠 때에 뱃사람들이 닻을 던져도, 그것이 바다 속의 땅에 든든히 걸려서 배를 지탱시키고 출렁이는 격렬한 파도를 이기게 해주지 못한다면, 아무런 소용이 없을 것입니다. 이와 마찬가지로 손으로 하나님을 붙드는 것이 없는 그런 기도 역시 아무 도움이 되지 못하는 것입니다. 그러므로 그리스도인이 기도에 속히 응답을 받을 때에 그의 복된 성공이 벌거벗은 기도 그 자체 때문이 아니라 하나님께 의지하는 그것으로 옷 입고 힘을 얻은 때문이라는 것을 알

게 될 것입니다. "유다 사람이 … 여호와께 부르짖고"(대하 13:14). 그런데 보십시오: "그 때에 … 유다 자손이 이겼으니 이는 그들이 그들의 조상들의 하나님 여호와를 의지하였음이라"(대하 13:14). 기도 후에 하나님을 의지하지 않는 자는 기도 중에 거짓말하는 것일 뿐입니다. 이는 마치 한 손으로 하나님께 드리고는 다른 손으로 도로 빼앗아가는 것과도 같은데, 이는 하나님을 조롱하는 것이나 마찬가지인 것입니다. 기도함으로써 하나님께로부터 선한 것을 기대하는 체하면서도, 그를 의지하지 않음으로써 이 기대를 없애버리고 그리하여 그런 선한 것을 전혀 구하지 않는다는 것을 스스로 선언하는 것입니다.

그런데 이처럼 영혼이 하나님을 의지하는 것은 마치 갈고리가 두 개 달린 닻처럼 두 가지 방식으로 하나님을 든든히 부여잡습니다.

(a) 하나님의 능력을 부여잡습니다. 그리스도는 고뇌 중에 "자기를 죽음에서 능히 구원하실 이에게 심한 통곡과 눈물로 간구와 소원을 올렸"습니다(히 5:7). 기도로 우리는 우리의 사정을 하나님께 아뢰며, 우리가 얼마나 죄악되며 연약하며 무능한 존재인지를 드러내고, 그 다음에 우리의 뜻을 하나님께 맡깁니다. 그런데 자기 손으로 해도 얼마든지 안전하다고 여기는 일을 다른 자에게 시킬 사람은 아무도 없을 것입니다. 또한 자기 스스로 도저히 할 수 없는 일을 행할 능력이 있다고 분명히 믿어지지 않는데도 아무에게나 그 일을 맡기는 사람도 없을 것입니다. 엘리바스가 욥에게 하는 권면을 보십시오: "나라면 하나님을 찾겠고 내 일을 하나님께 의탁하리라"(욥 5:8). 이는 마치 이런 뜻과도 같습니다: "내가 만일 네 처지라면 나는 이길 저 길을 찾아 헤매지 않고 곧바로 은혜의 보좌 앞에 나아갈 것이요, 일단 하나님께 내 마음속의 것을 아뢴 다음에는 더 이상 고민하지 않고 내 사정을 그에게 맡기고 모든 근심 걱정의 짐을 내 마음에서 없애버리리라." 그런데 그는 무슨 생각을 가졌기에 이런 일을 하겠다는 것일까요? 바로 그 다음 말씀이 이를 말해 줍니다: "하나님은 헤아릴 수 없이 큰 일을 행하시며 기이한 일을 셀 수 없이 행하시나니." 먼저 그는 하나님이 위대한 일들을 행하실 수 있다는 믿음을 바탕에 두었습니다. 그리고 그 다음에 자신의 요구 사항을 그런 능력의 하나님의 팔에 내어놓고 그것을 의심하지 않고 모든 걱정거리들을 던져 버리고 현재의 조건이 어떻든 간에 마음의 평정을 누렸던 것입니다. 과연 이것이야말로 믿음이 맨 먼저 건물의 밑바닥에 드리워놓는 돌입니다. 기초가 잘못되면 집 전체가 허약해지는 법입니다. 그러므로 맨 밑바닥에 놓는 이 기초석을 지극히 조심스럽게 놓아야 할 것입니다.

위대하신 하나님을 섬기면서 이 위대하신 하나님을 별로 신뢰하지 못한다면, 이 얼마나 어울리지 않는 일이겠습니까! 강력하신 하나님을 두고도 그의 전능하신 능력에 대한 믿음이 허약하다니요! 그런 능력의 하나님을 믿지 못하는 것은 본성의 빛 그 자체를 거스르는 것입니다. 왜냐하면 "그의 영원하신 능력과 신성"이 피조 세계의 눈에 보이는 "만물"에 분명히 보여 알려지는 것이니 말입니다(롬 1:20). 재료도, 도구도, 일꾼도 없이 그렇게 아름다운 직물을 지으신 분께서 무엇인들 행하실 수 없겠습니까? "그가 하실 수 있는가?"라는 말을 지워 버려라. "그가 과연 용서하실 수 있을까? 그가 죄를 씻으실 수 있을까?"라는 등, 전능자의 귀를 그렇게 거슬리게 만드는 질문일랑 없애 버리십시오. 그가 뜻하시는 바를 행하실 수 있는 자가 행하지 못하실 것이 무엇이겠습니까?

(b) 약속을 이행하시는 **하나님의 신실하심**을 부여잡습니다. 사도는 우리 자신을 하나님께 의탁할 때에 그의 미쁘심을 직시하고 그렇게 하라고 명령합니다 "미쁘신 창조주께 의탁할지어다"(벧전 4:19). 성도가 구하는 자비가 아직 임하지 않고 잠자고 있는 동안 성도의 믿음은 놀랍게 하나님의 신실하심을 붙잡고 있습니다: "하나님이여 찬송이 시온에서 주를 기다리오며 사람이 서원을 주께 이행하리이다"(시 65:1). 그는 악기의 줄을 맞추어놓고서 기도 응답이 올 때에 찬양의 음악을 하나님께 올리려고 준비하고 서 있습니다. 그 기쁜 복락의 때에 그것을 반드시 연주하게 되리라는 것을 조금도 의심하지 않고서 말입니다. 그는 "만일" 혹은 "그리하시면" 등의 언어를 사용하지 않습니다. "오오 기도를 들으시는 주여, 서원을 주께 이행하리이다." 그러나 그 좋은 날은 아직 오지 않았습니다. 그러면서도 한편으로 그는 "죄악이 나를 이겼나이다"라고 외치고 있으니 말입니다(3절). 그러므로 그는, "내가 알거니와 여호와는 고난당하는 자를 변호해 주시며 궁핍한 자에게 정의를 베푸시리이다"라고 선포합니다(시 140:12). 왜 그렇습니까? 어떻게 그가 그렇게 확신하게 되었습니까? "진실로 의인들이 주의 이름에 감사하리이다"(13절). 이는 마치 이런 뜻과도 같습니다: "주는 약속을 지키시는 은혜로우시고 신실하신 하나님이라는 이름을 지니고 계시온데, 주께서 주의 말씀을 무너뜨리심으로 이 이름을 더럽히시는 일은 절대로 없을 것이옵니다." 그리스도인 여러분, 여러분 자신의 모든 가치를 다 걸고라도 공적으로 하나님을 믿고 신뢰하여야 할 것입니다. "여호와의 말씀은 순결함이여 흙 도가니에 일곱 번 단련한 은 같도다"(시 12:6). 하나님은 결코 자신의 거룩하신 뜻을 무산시킴으로써 거짓말쟁이나 언약을 파기하는

자가 되시는 일이 없으실 뿐더러 그의 지극히 거룩하신 마음속에 거짓이나 불성실한 생각을 품으시는 일도 절대로 없습니다.

질문. 하지만 내가 기도 중에 그렇게 믿음을 발휘한다는 것을 어떻게 알 수 있겠습니까?

[기도 중에 믿음을 발휘하는지의 여부를 알 수 있는 네 가지 법칙]

(1) 우리가 기도 중에 과연 믿음을 발휘했느냐 하는 것은 **기도 후에 나타나는 우리 심령의 평온함과 평정으로** 알 수 있습니다. 믿음은 폭풍 속에서도 살 수 있습니다. 하지만 폭풍이 자기 속에 살도록 하지는 않습니다. 믿음이 성하여 일어나는 만큼, 불만과 근심의 생각이 일으키는 거센 바람이 잦아드는 법입니다. 마음에 믿음이 있는 그 만큼 또한 평화가 있는 것입니다. 조용함과 신뢰는 하나로 엮어져 있습니다: "너희가 돌이켜 조용히 있어야 구원을 얻을 것이요 잠잠하고 신뢰하여야 힘을 얻을 것이어늘"(사 30:15). 그러므로 "믿음 안에 있는 평강"이라고 합니다(롬 15:13). 심지어 믿음이 지극히 약할 경우에도 마음의 불안을 책망하지 않고 그냥 내버려 두는 법은 없습니다: "내 영혼아 네가 어찌하여 낙심하며 어찌하여 내 속에서 불안해하는가? 너는 하나님께 소망을 두라"(시 42:5, 11). 무엇이라고? 영혼아, 꿇었던 무릎을 펴기가 무섭게 다시 불안 가운데 있다고? 너를 도우실 능력이 있으신 하나님께 네 탄식을 아뢰고도 여전히 편안하지 못하단 말이냐? 영혼을 짓누르는 문제에 대해 기도할 때에 믿음이 영혼을 안돈시켜 줍니다. 반면에 믿음이 없는 영혼은 그 불안의 원인을 그대로 지니고 있습니다. 기도 중에 그 불안거리를 내어놓고 그 고뇌를 하나님께 맡길 힘이 없기 때문입니다. 그리스도인 여러분, 기도를 시작할 때에 가졌던 그 짐을 기도하고 나서도 여전히 등에 지니고 있습니까? 그렇다면 그것을 어깨 위로 들어올려 던져 버릴 믿음이 없는 것입니다. 믿음이 있었다면, 그리고 그 믿음이 역동적으로 활력 있게 역사했다면, 그 짐을 던져 버려서 가벼운 마음을 갖게 해주었을 것입니다. 한나가 기도한 후에 "가서 먹고 얼굴에 다시는 근심 빛이 없었던" 것처럼(삼상 1:18), 또한 그리스도께서 고뇌에 가득 찬 마음으로 무릎을 꿇으셨으나 거룩한 용기를 얻고 일어나 나아가 다가오는 죽음과 또한 그를 공격하러 오는 그 원수들을 담대하게 맞으신 것처럼 말입니다. 그는, "일어나라. 함께 가자. 보라, 나를 파는 자가 가까이 왔느니라"라고 제자들에게 말씀하셨습니다(마 26:46). 사람과 함께 했을 때보다 오히려 하나님의 임재 속에 있을

때에 만족을 덜 얻을 수도 있다는 생각이 우리에게 있다면 얼굴이 붉어지지 않겠습니까? 만일 여러분이 가난한데 부자인 친구가 필요한 것을 줄 테니 여러분의 자녀를 보내라고 한다면, 자녀들의 쓸 것을 위해 염려하던 마음이 곧바로 평안을 얻지 않겠습니까? 그런데 하나님은, "아무것도 염려하지 말고 오직 모든 일에 기도와 간구로, 너희 구할 것을 감사함으로 하나님께 아뢰라"(빌 4:6)고 말씀하시면서 이보다 더한 것을 약속하시지 않습니까?

(2) **하나님께서 계속 응답하지 않으실 때에도 계속해서 기도합니까?** 믿지 않는 마음도 금방은 어느 정도 열의를 지닐 수 있습니다만, 오랜 여정에서는 반드시 지쳐 버리고 맙니다. 하나님께서 명령하시고 약속이 격려하는 한 믿음은 계속해서 기도의 그물에 던질 것입니다. 그레이하운드 사냥개는 눈으로 보고 좇아가기 때문에 사냥감이 보이지 않으면 좇아가기를 포기해 버립니다. 그러나 진정한 사냥개는 냄새를 맡고 좇아가므로 사냥감이 눈에 보이지 않아도 울타리와 구덩이를 넘어서 하루 온종일 먹이를 좇습니다. 믿지 못하는 마음도 무언가 자비가 임할 것이라는 눈에 보이는 가망성과 희망에 이끌려 기도를 할 수 있습니다만 이것들이 시야에서 사라지면 마음이 그냥 식어 버립니다. 그러나 믿음은 약속의 냄새를 계속해서 맡으므로 중도에 포기하는 법이 없는 것입니다.

(3) **하나님을 제한합니까, 아니면 여러분이 지정한 대로가 아니라 그가 그 자신의 방식대로 여러분의 기도에 응답하실 것을 신뢰할 수 있습니까?** 능력이나 성실성에 대해 의심이 가는 사람을 대할 때에는 우리의 조건에 따라 그를 시험하여 그를 확실히 알려고 애씁니다. 그러나 그 능력과 진실성에 대해 확신하는 사람에 대해서는 그들이 재량껏 하도록 모든 것을 맡겨둡니다. 그러므로 환자가 도움이 필요하여 의사를 부를 때에도 의사 스스로 청구서를 쓰도록 맡겨둡니다. 상인은 중개인에게 상품을 넘기고 그가 재량껏 지불해 주는 값을 최선으로 여겨 그대로 받아들입니다. 이처럼 믿는 영혼도 하나님께 기도로 마음을 열 때에, 하나님의 선하심과 지혜와 신실하심에 자기 자신을 맡기고 그가 베푸시는 응답을 그대로 받는 법입니다. "내 하나님이여 나를 위하여 이 일도 기억하시옵고 주의 크신 은혜대로 나를 아끼시옵소서"(느 13:22). 여기서 이 선한 사람은 담대하게도 하나님께서 자기 일을 기억해 주시기를 구합니다. 그러나 감히 자신이 구체적인 사항이나 조건을 제시하지는 않습니다. 구체적으로 어떻게 응답해 주실지는 "주의 크신 은혜"에 맡기는 것입니다. 그러므로 하나님께서 어떤 식으로 응답하시든, 믿는 영혼은 그 응답

을 환영하는 것입니다.

건강을 위해 기도하는데 건강해지지 않습니까? 그래도 그는 질병 중에 함께해 주시는 하나님을 찬송합니다. 자녀들을 위해 기도하는데도 그들이 십자가가 되어 계속 괴롭힙니까? 그래도 그는 다른 길에서 응답을 찾으며 그것으로 만족합니다. 다윗은 그의 가족에 대해 많은 기도를 한 후에도 여전히 그들을 위해 참았습니다만, 그는 평안한 심정으로 자기의 기도에 대한 응답을 받아들이는 것을 봅니다. 그 자비가 전면에 나타나지 않았으나, 그는 그 자비를 누립니다: “내 집이 하나님 앞에 이 같지 아니하냐? 하나님이 나와 더불어 영원한 언약을 세우사 만사에 구비하고 견고하게 하셨으니 나의 모든 구원과 나의 모든 소원을 어찌 이루지 아니하시랴”(삼하 23:5). 과연 신자는 자신의 소원을 놓치는 법이 없습니다: “그는 자기를 경외하는 자들의 소원을 이루시 … 리로다”(시 145:19). 하나님의 뜻과 충돌하는 소원들은 갖지 않기 때문입니다. 욥이 자기 자녀들을 위해 기도한 것보다 더 열정적으로 자기 자녀들을 위해 기도한 자가 어디 있었습니까? 그는 날마다 그들을 위해 하나님께 간구하였습니다. 그러나 그들을 향한 그의 신앙적인 염려에도 불구하고, 그는 지극히 무거운 소식들을 접했습니다. 그들을 위해 수없이 하나님께 제물을 드렸었는데 그들이 죽음의 제물이 되었다는 소식을 접한 것입니다. 그러나 그는 어리석게 하나님을 원망하거나 기도한 것이 모두 허사였다고 말하지도 않았습니다. 아닙니다. 그의 영혼에 부어진 은혜의 향이 사라지지 않았음을 그의 모습에서 알 수 있습니다. 하나님께서는 그를 지탱시키시는 은혜로 응답하셨고, 그리하여 그는 죽임을 당한 자녀들의 비석 앞에서도 하나님을 사랑하고 찬송할 수 있었던 것입니다.

(4) 자비를 간구하고서 그 자비를 얻는 수단을 사용하는 데에 마음을 기울이는 것으로 알 수 있습니다.

(a) 믿음으로 기도한다면, 기도 외에도 다른 수단을 사용하게 될 것입니다. 사도가 이것들을 하나로 연결시키는 것을 주목하기 바랍니다: “부지런하여 게으르지 말고 열심을 품고 주를 섬기라. 소망 중에 즐거워하며 환난 중에 참으며 기도에 항상 힘쓰며”(롬 12:11, 12). 믿음이 기도를 날개 삼아 하늘로 날아오르는 것처럼, 믿음은 또한 의무와 순종을 발로 삼아 그것으로 땅 위를 힘 있게 걷는 것입니다.

(b) 믿음은 수단을 사용하게 할 뿐더러, 하나님께 기도로 아뢰는 바를 얻는 합당한 수단을 선택하게 해줄 것입니다. 믿음은 일하는 은혜입니다만, 오로지 하나님에 의

해서만 일을 시작할 것입니다. 믿음은 이렇게 묻습니다: "내가 하나님의 길에 있는가?", "이것이 하나님이 지정하신 수단인가?" 그렇지 않다면 단호히 그것에서 돌아서며, 마귀의 도구들과 더불어 그 일을 던져 버립니다. 신자는, "구태여 내 죄가 돕지 않아도 하나님은 내 기도에 응답하실 수 있다"라고 말합니다. 부귀가 내게 좋다 해도, 거짓말이나 속임수를 쓰는 희생을 치르고까지 그것을 얻을 필요는 없습니다. 건강이 내게 필요한 자비라면 구태여 내가 마귀의 의사들과 더불어 그것을 권고하지 않아도 하나님께서 내게 그것을 보내 주실 수 있습니다. 기쁨과 위로가 필요하다고 해도 마귀의 음악으로 그것을 끄집어 낼 필요까지는 없습니다. 때가 악하면, 이 사람 저 사람의 비열한 아첨과 시치미에 기대어 달려가지 않도록 하나님이 나를 숨겨 주실 수 있습니다. 에스라가 예루살렘을 향하여 떠날 즈음에 엄숙한 금식과 기도의 날을 지켜서 자기 자신과 또한 자기와 함께 가는 자들을 하나님께 의탁하고, 또한 하나님이 그를 찾는 자들에게 행하실 놀라운 일을 선포하여 하나님을 높였습니다만, 이때에 그는 바사 왕에게 자기들을 호위할 군대를 청하는 일을 자신이 공포한 신앙에 전혀 어울리지도 않을 뿐더러 바사 왕이 듣는 데에서 자신이 그렇게 높이 찬양한 그 하나님께도 욕이 되는 일이라고 생각했습니다. 호위할 군대를 청하게 되면 자신의 믿음이 완전한 허세(虛勢)요 근거 없는 신념에 지나지 않는 것으로 의심받게 될 것이기 때문이었습니다: "이는 우리가 전에 왕에게 아뢰기를, 우리 하나님의 손은 자기를 찾는 모든 자에게 선을 베푸시고 자기를 배반하는 모든 자에게는 권능과 진노를 내리신다 하였으므로 길에서 적군을 막고 우리를 도울 보병과 마병을 왕에게 구하기를 부끄러워하였음이라"(스 8:22).

(c) 기도 중에 믿음을 발휘한다면, 그 믿음이 여러분이 사용할 수단을 선택하게 해줄 뿐 아니라 신중을 기하여 하나님이 여러분을 위해 선택하시는 그 수단을 사용하게 해줄 것입니다. 혹시라도 수단 그 자체를 신뢰함으로 하나님께 드리는 신뢰를 도둑질하여 하나님의 빛을 가리게 되지 않을까를 두려워할 것입니다. 믿음은 수단을 하나님의 규례로 사용하도록 가르치지만 동시에 하나님께서 그 수단을 복주시기를 의지하도록 가르칠 것입니다. "농사짓는 작물이 아니라 하늘의 영향력이 풍년을 만든다." 때로는 의사가 포도주나 맥주에 가루약을 풀어 마시라고 지정해 주기도 합니다. 이때 치료를 해주는 것은 맥주나 포도주가 아니고 그 가루약입니다. 포도주나 맥주는 그 약을 위(胃)에까지 도달하도록 운반해 주는 데 쓰이는 것일 뿐입니다. 이처럼 수단을 사용하는 중에 하나님의 복 주심으로 말미암아 우리에

게 자비가 전달됩니다. 그러나 수단이 자비를 누리게 해준다고 생각해서는 안 됩니다. 하나님의 복 주심이 그 수단과 어우러져서 그 자비를 누리게 해주는 것입니다.

(d) 기도 중에 믿음을 발휘한다면, 하나님이 수단을 주실 때에 그것을 신중하게 사용하게 되며, 또한 하나님께서 수단을 주지 않으실 때에도 믿음을 정지시키지 않을 것입니다. 믿는 영혼은 수단이 주어질 때에도 감히 그 수단을 신뢰하지 않습니다. 그러므로 수단이 없다고 해서 감히 하나님을 불신하는 법도 없습니다. 하나님이 수단을 사용하시지만 실상 그에게는 아무 수단도 필요 없다는 것을 믿음이 잘 알고 있는 것입니다. 풀과 식물을 자라게 하기 위해 하나님은 해와 비를 수단으로 사용하십니다. 그러나 그는 해나 비가 있기 전에도 땅에서 그것들이 자라나게 하셨습니다(창 1:11). 쟁기질하고 씨 뿌리는 일은 사람이 빵을 공급받는 일상적인 수단입니다. 하지만 하나님은 이스라엘의 수고와 경작이 없이도 그들에게 빵을 주어 먹이셨습니다. 배는 바다를 건너게 해주는 수단입니다. 하지만 하나님은 배가 없이도 이스라엘 백성으로 하여금 홍해를 건너게 해주셨습니다. 때가 힘들어 여러분이 가난할 수도 있고, 맡겨진 일은 큰 데 얻는 수입은 적을 수도 있습니다. 선지자와 함께 한 과부처럼 얼마 안 되는 남은 가루로 마지막 빵을 만들어 먹어야 할 처지일 수도 있습니다. 이성적으로 생각할 때에는 구걸하든지 도둑질하든지 아니면 죽든지 해야 할 처지입니다. 그런데 이럴 때에 여러분의 하나님께 기도하고서, "진실로 네가 양식을 먹으리라"(시 37:3. 한글개역개정판은 "그의 성실을 먹을거리로 삼을지어다")라고 하신 그의 약속과 또한 그의 섭리를 — 참새까지도 섭리로 보살피시는 것을 기록하여 그 자녀를 위해서야 더욱더 세밀하게 보살피신다는 것을 확신하도록 해주시니 — 의지하고 하나님을 기다릴 수 있겠습니까? 아니면 기도한 후에 불신의 두려움으로 인하여 하나님께 탄식하고 그에게 소망을 둔 것에 대해 조금이라도 원망이 생깁니까? 만일 이런 곤경 가운데서 기도하기 전보다 기도한 후에 더 하나님을 붙잡는 마음이 생기지 않았다면, 여러분은 믿음이 없든지 아니면 기도 중에 믿음을 발휘한 것이 아니든지 둘 중의 하나입니다. 참된 믿음은 이런 마음의 실의를 제거하든지, 아니면 최소한 그것을 대적하여 저항하기라도 하는 법입니다.

[사탄은 기도를 들으셨다는 믿음을 갖지 못하게 함으로써 신자의 기도의 성공을 방해하려 함]

둘째 방해법(p. 558에서 연결). 이제 우리는 사탄이 그리스도인의 기도의 성공을 방해하기 위해 사용하는 두 번째 계략을 다루게 되었습니다만, 저는 이것을 부분적인 방해 혹은 부분적인 잘못이라 불렀습니다. 곧, 기도 그 자체는 잃어버리지 않으나 — 하나님께서 기도를 받아들이지 않으실 경우에만 이런 일이 생깁니다 — 그리스도인이 자신의 기도가 하늘에 상달되는데도 불구하고 그 사실을 믿지 않는 것이 그것입니다. 그 사실을 믿지 못하고 의심함으로써, 기쁨의 응답이 분명히 돌아오리라는 기대로 말미암아 얻게 될 평안을 잃어버리는 것입니다. 이는 마치 배가 안전하며 물건을 가득 싣고 돌아오는 중인데도(맞바람 때문에 도착이 늦어지는 것일 뿐), 그 배 주인이 자기 배가 난파된 것으로 믿는 것과도 같습니다. 배가 안전하다는 것을 알지도 못하고 믿지도 못하기 때문에, 정말 배가 난파되기라도 한 것처럼 스스로 공연한 근심과 걱정에 빠지는 것입니다. 공상과 상상은, 근거도 없고 타당성도 전혀 없을 경우라도, 얼마든지 사람의 마음에 실질적인 효과와 안타까운 결과를 이루어놓을 수 있는 것입니다. 요셉이 죽었다는 거짓 소식을 접하고 늙은 야곱은 큰 슬픔에 잠겼습니다. 그가 죽는 것을 목격했고 무덤에까지 그를 따라갔을 경우만큼이나, 아니 오히려 그보다 더 슬퍼했습니다. 빌립보 감옥의 간수는 죄수들이 다 도망하였고 또한 그 사태의 모든 책임을 자기가 져야 한다는 것이 두려워 스스로 칼을 빼어 자결하려 했습니다. 때마침 바울이, "네 몸을 상하지 말라 우리가 다 여기 있노라"(행 16:28)라고 소리치지 않았더라면 아마도 그는 자결하고 말았을 것입니다.

믿지 못하는 우리의 두려움도 과연 이에 못지않게 우리 마음에게 힘이 있습니다. 그것들은 그리스도인에게서 삶의 기쁨을 앗아갑니다. 그리고 그것이 사라지면 사람은 그저 쓰라린 흙 조각에 지나지 않습니다. 그냥 기도하기만 하는 것이 아니라 기도의 응답을 믿고 기도하는 것이 기쁜 마음과 즐거운 모습을 갖게 해주는 것입니다. 한나는 자주 기도했습니다. 여러 해 동안 그 일을 행하였으나, 자기가 잘 되리라는 믿음을 갖기 전에는 그 심령의 큰 짐을 내려놓을 수가 없었습니다. 그렇습니다. 더 나아가서 믿지 못하는 두려움은 기도의 영을 허약하게 만듭니다. 기도에 대해서 별로 기대하지 않는 자는 기도를 많이 하지 않을 것입니다. 사람은 수고한 것에 대해 최고의 대가를 지불해줄 것이라는 희망이 있는 직업을 가장 선호하기 마련입니다. 하나님은 이렇게 말씀하십니다: "너희 가운데 쓸데없이 문을 닫을 자가 누구냐? 너희도 쓸데없이 내 제단에 불을 지피겠느냐?"(말 1:10. 한글개역개정판은 "너희가 내 제단 위에 헛되이 불사르지 못하게 하기 위하여 너희 중에 성전 문을 닫을 자가 있었으면 좋겠도다"). 농부가 씨앗을 자유로이 뿌리는 것은 그것이 뿌리를 내리리라는 소망이 있기 때문입니다. 그리고 가장 귀한 씨앗을 가장 비옥한 땅에 뿌리는 것은 거기서 그것이 가장 큰 수확을 얻게 해주리라는 것을 기대하기 때문입니다. 그렇기 때문에 다윗이 기도를 그렇게 좋아하여 절대로 떠나지 않았습니다: "여호와께서 내 음성과 내 간구를 들으시므로 내가 그를 사랑하는도다. 그의 귀를 내게 기울이셨으므로 내가 평생에 기도하리로다"(시 116:1, 2). 마치 상인이 풍부한 이윤이 돌아올 것을 알고서 자기의 전 재산을 들여 상품을 구매하듯이, 다윗도 자기 자신을 온전히 기도에 바칩니다: "나는 사랑하나 그들은 도리어 나를 대적하니"(시 109:4), "나는 기도할 뿐이라." 이것이 그들의 모든 공격을 막기 위해 내가 드는 유일한 무기라는 뜻입니다. 반면에 불신앙은 영혼으로 하여금 하나님에 대해 수많은 부적절한 생각들을 갖게 하며, 하나님의 이름을 깎아내리고 그의 명예를 약화시키며, 또한 기도의 임무를 행하지 않게 만들거나 소망이 없이 그 임무를 행하게 만드는데, 이것이야말로 사탄이 지극히 바라는 일입니다. 상인이 자기 상품이 유실되었다고 생각하게 되면, 중개인을 원망하게 되고, 그의 성실성이나 일 수행 능력을 의심하게 됩니다. 우리 기도가 바라는 대로 제대로 행해지지 않을 때에 때때로 우리의 믿음 없는 마음의 소리를 들어보면 그런 속삭임을 들을 수 있습니다. 욥이 바로 하나님께 이런 큰 원망을 올렸습니다 — 물론 후에 자신이 그렇게 원망할 이유가 하나도 없었다는 것을 깨닫고서 하나님을 원망한 자신을 탓했습니다만 — "내가 주께 부르짖으나 주께서 대답하지 아니하시오며 내가 섰사오나 주께서 나를 돌아보지 아니하시나이다"(욥 30:20). 이 거룩한 사람은 하나님의 책 속에 깊이 들어 있었고, 언제나 그랬듯이 하나님의 큰 은혜를 입고 있었습니다만, 사탄이 그의 속에 역사하여 하나님에 대해 거짓된 이야기들을 늘어놓고 또한 현재의 암울한 섭리를 교묘히 이용하여 하나님에 대해 비방하는 것을 그대로 듣는 데까지 나아갔습니다. 사탄의 거짓말을 사실로 받아들이기 시작한 것입니다. 이것이 욥에게 공격하는 돌이 될 수도 있었다면, 하물며 여러분은 얼마나 더 그 돌에 발이 부딪쳐 넘어질까를 걱정해야 하겠습니까? 사탄이 하나님과 여러분을 대적하여 꾸미는 이 악한 계략을 적절히 대항하도록 주의를 기울여야 할 것입니다. 기도를 던져 버리게 하고 그렇게 풍성한 것을 버리고 이 밑바닥에서 헤엄치게 만드는 것이라면 결코 작은 문제가 아닐 것입니다. 자기의 기업을 그렇게 값싸게 팔아 버린 에서는 "망령된 자"라는 이름을 얻었습니다(히 12:16). 여러분이 신자라면 당연히 약속의 상속자요, 이 약속은 — 즉, 그리스도의 이름으로 믿고 구하는 것은 받으리라는 것은 — 약속 중에서도 결코 작은 것이 아닙니다. 그런데 여러분의 기업인 이 약속을 저버리는 것은 에서의 망령된 짓과 마찬가지이며, 약속을 통해 여러분에게 기업을 주신 그 하나님의 신실하심을 깎아내리지 않고서는 도무지 할 수 없는 행위인 것입니다.

또 다른 때에 욥은 다음과 같은 영웅적인 결단을 했는데, 이에 대해 우리는 그를 높이 칭송하여 마지않습니다: "나는 결코 너희를 옳다 하지 아니하겠고 내가 죽기 전에는 나의 온전함을 버리지 아니할 것이라"(욥 27:5). 우리도 사탄에게 이렇게 말해야 옳을 것입니다: "사악한 너를, 혹은 내 하나님을 향한 너의 거짓된 참소를 나는 결코 옳다 하지 아니하겠고, 죽을 때까지 하나님의 순전하심과 신실하심을 붙들 것이라." 기도를 버리지 않기 위해 목숨을 걸었던 다니엘은, 분명히 기도를 포기하여 하나님의 선하신 이름에 누를 끼치기보다는 수천의 목숨이라도 기꺼이 버렸을 것입니다. 그는 하나님이 신실하사 믿음의 기도에 대하여 반드시 성도의 가슴에 은혜로운 응답을 주실 것을 믿었던 것입니다.

그러나 사탄의 이 계교에 대해 더욱 견고하게 방어하도록 하기 위해서, 사탄이 그리스도인의 어리석음을 기회로 삼아 그를 이런 시험에 — 과연 기도가 열납되는지에 대해 그렇지 않다는 분명한 결론을 갖게 하지는 않으나 그것에 대해 믿지 못하게 하고 마음속에 의심을 갖게 만드는 시험에 — 빠지게 만들고자 이용하는 몇 가지 논지들을 살펴보기로 합시다. 다음 세 가지 논지들을 말씀드리겠습니다. 첫째. 사탄이 그리스도인을 주저하게 만들고 이런 불신앙적인 염려를 조장하기 위해 사용하는 첫째 논지는 바로 그리스도인 자신과 기도에 죄악된 연약함이 있다는 사실입니다. 둘째. 둘째 논지는 기도 중과 기도 후에 하나님께서 그리스도인에게서 물러가신다는 것입니다. 셋째. 마지막 셋째 논지는 악인이 기도 없이 얻는 것을 성도들은 기도를 통해 얻게 되는 하나님의 일상적인 섭리입니다.

[신자로 하여금 자신의 기도가 상달되는지에 대해 의심을 갖게 만드는 사탄의 논지들]

논지 1. 그리스도인으로 하여금 자기 자신과 자신의 임무에 대한 사랑에서 떠나도록 만들고자 사탄이 사용하는 첫 번째 논지는 자기 자신과 자신의 기도에 개입되는 죄악된 연약성에 근거한 것입니다. 이를 이용하여 사탄은 자신의 기도가 하늘에 상달되어 환영받으리라는 성도의 소망을 깨뜨리려 합니다. 그는 이렇게 말합니다: "무엇이라고? 우물쭈물 대는 그대의 기도가 하나님의 귀에 음악으로 들린다고! 진흙이 덕지덕지 묻은 그대의 임무들에 과연 주께서 그의 손가락을 대셔서 자신을 더럽히시겠는가? 만일 그대가 사무엘이나 다니엘이었다면, 그대가 만일 하나님을 훌륭히 섬긴 것으로 이름 있는 그 귀인들 가운데 속한다고 주장할 수 있다면, 하나님께서 그대의 간구에 귀를 기울이실 소망을 가질 수 있겠지만, 그대는 그저 보잘것없는 풋내기요, 은혜보다는 죄가 더 많은 심술궂은 어린아이에 지나지 않는데, 과연 그대의 기도가 상달되리라고 생각한단 말인가?" 정말이지 이 논지는 거의 무게가 나가지 않습니다. 언약의 특권이 형제들보다 은혜에서 더 훌륭한 몇몇 총애받는 자들에게만 해당되는 것이 아니고 모든 성도가 다 함께 속하는 온 가족 전체에 다 적용되므로 — 그것은 "일반으로 받은 구원"(유 1:3)이요, "동일하게 보배로운 믿음"(벧후 1:1)입니다 — 언약의 기조에서 볼 때에도 이 논지는 전혀 지지를 받지 못합니다. 그런데도 이것이야말로 수많은 성도들이 두려워하는 큰 허깨비입니다.

그러므로 이 논지에 대항하여 무장할 수 있도록 한두 말씀 드리겠습니다. 여러분이 이 죄악된 연약함을 부추기지 않고 — 그런 연약함을 부추기면 그것이 뻔뻔스러움으로 바뀌게 될 것입니다만 — 그것을 애통해하며, 또한 그것을 치유하기 위해 가장 효과적인 수단을 적용하기를 소홀히 하지 않는다는 사실만 전제된다면 — 이는 지극히 당연한 일입니다만 — 여러분 자신은 물론 여러분의 기도가 하나님께 그렇게 거슬림이 되지 않는다는 것을 아시고 위로를 얻으라고 말씀드리고 싶습니다. 그리스도의 중보를 통하여 여러분의 기도들이 깨끗하게 순화되어 그 역겨운 냄새가 다 사라지는 것입니다.

혹시 여러분의 일상생활과 그리스도인으로서의 삶에서 저질러지는 죄악된 행위들로 인해서 거리낌이 생깁니까? 하나님께 기도하여 응답을 받은 엘리야를 묘사하면서, 하나님의 성령께서 그의 은혜가 다른 이들보다 뛰어나다는 것을 말씀하지 않고 그가 다른 이들과 똑같이 연약하다는 것을 말씀하신 것을 잘 살피고서, 그런 거리낌을 없애기 바랍니다: "엘리야는 우리와 성정이 같은 사람이로되 그가 비가 오지 않기를 간절히 기도한즉 삼 년 육 개월 동안 땅에 비가 오지 아니하고" (약 5:17). 하나님께서는 마치 이렇게 말씀하시는 것 같습니다: "내가 만일 네가 두려워하는 그것을 살폈다면, 엘리야의 기도는 응답받지 못했을 것이다. 그도 연약한 점이 없지 않았으니 말이다." 아기스 왕 앞에서 전혀 엉뚱하게 행한 다윗의 처신에 얼마나 많은 실수들이 있었습니까? 그는 왕 앞에서 미친 사람처럼 처신했으니 말입니다. 그러나 그가 그렇게 불신앙적인 온갖 두려움에 휩싸인 모습을 보였던 그 당시에도 하나님은 그의 기도를 들으셨습니다. "내가 여호와께 간구하매 내게 응답하시고 내 모든 두려움에서 나를 건지셨도다"(시 34:4). 이 시편의 제목을 읽어보면 이렇게 되어 있습니다: "다윗이 아비멜렉 앞에서 미친 체하다가 쫓겨나서 지은 시."

여러분, 죄악된 연약함이 여러분으로 하여금 기도의 임무를 저버리게 만듭니까? 제자들의 기도에 있었던 것보다 더 많은 연약함을 과연 여러분의 기도에서 찾을 수 있겠습니까? 그들은 그리스도께서 "믿음이 없다"고 하실 만큼 믿음을 거의 발휘하지 못했습니다. "어찌하여 이렇게 무서워하느냐? 너희가 어찌 믿음이 없느냐?"(막 4:4). 그렇습니다. 그들은 그리스도께 간구하였고, 다음과 같이 원망하였습니다: "선생님이여 우리가 죽게 된 것을 돌보지 아니하시나이까?"(막 4:38). 그러나 그리스도께서는 그들의 그런 연약함 더미 속에 순전함이 감추어져 있는 것을 아시고 그들의 청을 들어주신 것입니다. 그리스도께서 그들을 꾸짖으신 것은 사실입니다. 하지만 그가 바람을 꾸짖으신 것도 역시 사실입니다. 성도가 연약함으로 기도한다고 해서 그 때문에 기도를 들으시겠다는 하나님의 약속이 무효가 되지는 않는 것입니다. 그렇습니다. 이것들이 은혜로운 응답을 기대하는 여러분의 심령을 뒤흔들고 방해하는 힘이 적을수록 하나님께서 더 친절히 여러분의 기도에 응답하실 것입니다. 아브라함은 "자기 몸이 죽은 것 같고 사라의 태가 죽은 것 같음을 알고도 믿음이 약하여지지 아니하였다"고 말씀하며, 그는 이 일로 높이 칭송받았습니다. 왜냐하면 그는 이 일로 하나님의 능력을 크게 영화롭게 하였기 때문입니다. 그는 자기 부부의 육체적인 무기력함이 하나님께 전혀 장애거리가 되지 않는다는 것을 믿었던 것입니다. 이와 마찬가지로, 여러분 자신의 영적인 무기력함이나, 혹은 여러분의 기도가 상달되지 못하리라고 생각할 수밖에 없게 만드는 큰 방해거리인 여러분의 마음의 죽은 것 같은 상태로 인하여 망설이지 않고 하나님을 의지할 수 있다면, 이것이야말로 하나님을 크게 기쁘시게 하는 일일 것입니다. 왜냐하면 이로써 여러분은 그리스도께 그의 죽으심 — 이로써 그는 값을 지불하사 여러분의 연약한 기도가 은혜의 보좌 앞에 값없이 나아갈 수 있게 하셨습니다 — 과 또한 그의 간구하심 — 여러분의 기도에 온갖 죄악이 뒤섞여 있더라도 이로써 그 기도가 정결하게 됩니다 — 의 존귀를 드리는 것이기 때문입니다.

논지 2. 사탄은 기도 중과 기도 이후에 영혼을 향하시는 하나님의 태도에서 논지를 이끌어 냅니다. 이 논지에서 그는 흔히 세 가지를 주장하고, 그리스도인의 생각에 혼란을 조장시키려 합니다. (1) 하나님의 침묵하심. 사탄은 그리스도인이 이를 하나님께서 그와 그의 기도를 무시하시는 것으로 이해하도록 만들려 합니다. (2) 하나님이 눈살을 찌푸리심. 사탄은 이를 이용하여 그리스도인이 하나님께서 그 자신과 그의 기도를 받아들이지 않으시는 것으로 결론짓게 만들려 합니다. (3) 하나님이 자비를 베풀지 않으심. 사탄은 이를 근거로 그리스도인에게 하나님께서 그의 기도를 받지 않으시는 것이라고 말합니다.

[기도 후에 그리스도인을 대하시는 하나님의 처신을 근거로 하는 사탄의 속임수]

(1) 기도 이후의 하나님의 침묵. 악인이 죄를 범할 때에 하나님께서 침묵하시는데, 그들은 이것을 근거로 하나님이 자기들과 자기들의 길을 인정하신다고 감히 생각하는 경우가 종종 있습니다. 그런데 이처럼 은혜 안에 있는 영혼이 기도할 때에 하나님께서 침묵하시는 경우가 있는데, 이때에 불쌍한 영혼은 하나님께서 그 자신과 그의 기도 모두를 인정하지 않으시는 것이 아닌가 하고 두려워하기 시작합니다. 그런데 사탄은 그리스도인의 마음에 어떤 생각들이 일어나기 쉬운지를 잘 알고서 그리스도인의 가슴속에 있는 원수와 합하여 그의 불신앙적인 두려움을 확증시켜 주려고 애씁니다.

이러한 올무를 헤치고 거기서 벗어나기 위해서, 다음과 같은 지침들을 취하기 바랍니다:

(a) 성도의 기도를 하나님이 들으시는 것과 그 기도에 답하시는 것을 서로 구별하기를 배우십시오. 신실한 기도라면 반드시 그 즉시 하나님의 귀에 들립니다. 하지만 하나님께서는 항상 그 기도에 신속히 응답하시는 것이 아닙니다. 아들이 무언가를 간절히 청하고자 아버지께 편지를 쓸 때에, 그 아버지는 아들의 그런 행동을 좋아합니다. 그리고 그의 편지에 마음을 두고, 그 내용을 마음에 허락합니다. 그러나 그가 정한 때가 되어야 비로소 그런 마음의 허락을 그 아들에게 알리고 행동으로

옮기기는 것입니다. 임금들도 비망록에다 상급을 베풀어 줄 자신의 총애하는 신하들의 이름들을 기록해 놓고 있습니다만, 그런 자비로운 상급이 실제로 그들에게 하사되기까지는 몇 년이 걸릴 수도 있는 것입니다. 모르드개의 이름이 아하수에로 왕의 책에 기록되어 있었으나 한동안의 시간이 걸린 후에야 비로소 그에게 존귀가 베풀어졌던 것입니다. 이와 마찬가지로 하나님도 그의 성도들의 이름과 그들의 기도들을 기록해 놓고 계십니다. "여호와께서 그것을 분명히 들으시고 여호와를 경외하는 자와 그 이름을 존중히 여기는 자를 위하여 여호와 앞에 있는 기념책에 기록하셨느니라"(말 3:16). 그러나 오랜 시간이 지난 후에야 비로소 섭리로 나타나는 하나님의 응답을 듣게 되는 경우가 허다한 것입니다. 아브라함은 아들을 얻고자 기도하였고, 하나님은 이 기도를 들으셨습니다. 하지만 실제로 그가 아들을 품에 안게 되기까지 얼마나 많은 세월이 걸렸습니까? 어찌나 오랜 세월이 걸렸든지 중도에 그는 하갈에게로 들어가서 — 그의 아내의 조언 때문이기도 했고 또한 그 자신의 연약함 때문이기도 했습니다만 — 하나님께서 주실 아들 대신 서자를 얻었습니다.

그리스도인 여러분, 여러분이 하나님께로부터 응답을 속히 듣지 못한다고 해서 그 때문에 하나님께서 여러분의 기도를 들으셨는지를 의심하는 시험에 빠지지 않도록 주의하십시오. 인내하십시오. 그러면 반드시 응답을 듣게 될 것입니다. 자비가 임하기까지 오랜 시간이 걸릴수록, 결국 더욱 완전한 자비가 임하게 될 것입니다. 하나님은 아브라함에게 그의 아들 이스마엘에 관하여 속히 답을 주셨습니다. 하나님은 이스마엘에 관하여, "내가 네 말을 들었나니"라고 말씀하셨습니다(창 17:20). 이삭의 순이 아직 움트기도 전에 과연 이스마엘은 번성하여 큰 민족으로 성장하였습니다. 애굽으로 내려갈 당시 야곱의 가족의 숫자가 얼마나 적었습니까? 하지만 하나님이 정하신 때가 가까워오고, 약속의 때가 가까이 이르자 하나님께서는 그동안 오래 기다린 것에 대해 이자를 지불하셨습니다. 시간을 들이고 자비가 베풀어지기까지 오랫동안 기다리며 견디는 자만큼 은혜의 보좌 앞에서 더 많은 것을 얻는 사람은 없는 법입니다.

(b) 하나님의 섭리 속에 여러분이 기도한 내용에 관하여 깊고 깊은 침묵이 있을 때에도 약속 가운데 분명한 응답이 있다는 것을 생각하기 바랍니다. 그러므로 이런 말은 하지 마십시오: "누가 하늘에 올라가서, 과연 그대의 기도가 거기에 안착했고 하나님께서 선히 들으셨다는 정보를 가져오겠느냐?" 하나님께서 친히 이런 수고

가 필요 없도록 해주셨습니다. 약속이 과연 여러분을 만족시켜 줄 것입니다. 여러분의 기도가 합당한 것이라면 하나님이 그 기도에 대해 마음을 닫으실 수가 없다는 확신을 약속을 통해 얻게 되니 말입니다. "의인의 간구는 역사하는 힘이 큼이니라"(약 5:16). 성도들은 이것을 확신하고서 섭리를 통해 응답을 얻기 전에도 약속 자체를 신뢰하고서 기쁨에 휩싸이며, 그 기대하는 것에 대한 소망으로 가득 찼습니다만, 아직 그 약속을 행하신 하나님의 신실하심은 아직 보지 못한 상태였습니다: "내가 하나님을 의지하고 그 말씀을 찬송하올지라"(시 56:4). 여기 문구를 주목하십시오. 성도는 아직 자신이 바라는 자비를 얻지 못했고, 다만 그 자비가 반드시 오리라는 약속의 말씀만 있을 뿐입니다. 그런데 그 약속을 주신 하나님의 권능과 진실하심을 생각하고서 그는 실제로 그 바라는 것을 얻게 되었을 때만큼 즐거워하며, 하나님이 약속을 이행하시기 전인데도 그 하나님께 찬송을 올리는 것입니다.

(2) 사탄이 그리스도인으로 하여금 불안한 생각 중에 자신의 기도의 결과에 대해 의심하게 만들기 위해 이용하는 하나님의 두 번째 처신은 바로 그리스도인을 향하여 그가 눈살을 찌푸리시는 것입니다. 때로는 하나님의 사랑받는 성도가 진노하시는 하나님에 대한 심령의 안타까운 인상 때문에 마음이 아파서 기도의 임무에서 떠나기도 한다는 것을 부인할 수는 없습니다. 그리스도인에게 이런 일이 벌어질 때는 과연 사탄은 그를 시험에 빠뜨릴 호기가 왔다고 생각합니다. 곧, 하나님께서 그를 향해 보이시는 안색과 처신을 근거로 그 자신의 기도가 하나님께 어떻게 받아들여졌는지를 읽을 수 있다는 식으로 그를 회유하는 것입니다. 사탄은 이렇게 이야기합니다: "하나님께서 그대의 기도를 들으셨다면 과연 그가 그대를 그렇게 대하시겠느냐? 절대로 아니다. 이렇게 그대를 그의 팔로 짓밟으시기는커녕, 그의 팔로 그대를 안으시고 그대에게 입을 맞추셨을 것이다. 그는 측은해하는 눈길로 그대를 바라보시며 그대에게 사랑의 화살을 쏘아 보내시고 은혜를 베푸셨을 것이고, 그대의 영혼을 진노의 화살로 찌르셔서 의욕을 상실하게 하시지는 않으셨을 것이다. 과연 아끼는 친구에게 이런 상처들을 줄 수가 있으며, 이런 처신이 과연 그대를 향한 선의란 말인가?" 욥의 생각들을 어지럽히고 그의 심령을 쓰라리게 했던 시험이 바로 이런 것이었습니다(욥 9:17). 그는 하나님이 그의 기도를 응답하셨다는 것을 믿을 수가 없었습니다. "그가 폭풍으로 나를 치시고 까닭 없이 내 상처를 깊게 하"셨으니 말입니다. 마치 하나님의 자비가 항상 세미한 음성 중에 임하였

고, 회리바람 속에서는 절대로 임한 적이 없기라도 한 것처럼 말입니다. 자, 여러분, 이럴 경우 다음의 두 가지 조언의 말씀을 귀담아 들으시기 바랍니다.

조언 (a) 이 회리바람이 여러분의 배(船)에 요나가 타고 있는지, 여러분이 죄를 범하고 있는지, 혹은 회개하지 않은 과거의 죄에 흠뻑 젖어 있는지, 혹은 여러분의 양심이 여러분 자신을 부지런히 살펴서, 비록 온갖 실패들이 있지만 그럼에도 불구하고 여러분의 삶이 순전하다는 것을 증거하는지를 가려내기 위하여 임하는 것이 아닌지를 살피기 바랍니다. 만일 여러분이 요나처럼 도망치는 항해 중에 있거나 아버지의 집을 떠난 탕자처럼 무질서한 삶을 살고 있다면, 과연 여러분은 하나님의 응답을 의심해 마땅한 이유가 있습니다. 그렇습니다. 이런 처지에서는 여러분의 입술에서 하나님이 받으실 만한 기도가 나올 수가 없다는 것이 너무도 분명한 것입니다. 무엇이라고요! 하나님께로부터 도망하면서, 그 하나님께 기도를 올린다고요! 이것은 여러분의 정욕에게 자비를 베풀기를 바라는 것입니다! 그러나 만일 여러분 자신을 신실하게 살펴서, 여러분이 임무를 순전하게 행하고 있는 중인데 이 거센 바람이 몰아치는 것이라면 — 마치 제자들이 그리스도의 명령에 따라 바다를 건너다 폭풍을 만난 것처럼 — 낙심하지 마십시오. 하나님께서 화난 표정을 지으시고 거친 언어를 사용하시지만, 그의 마음은 그의 백성에게 자비를 베풀고 사랑을 전해 주는 데로 향하고 계신 것이 늘 있는 일이니 말입니다. 아시다시피 야곱은 오랫동안 힘겹게 씨름하였고, 허리를 다친 후에야 승리를 얻었습니다. 그리고 가나안 여인은 거친 말로 마치 개처럼 취급당하였으나 결국 그리스도께서 그녀를 자녀로 인정하사 그녀의 마음에 만족을 주셨습니다. 순전하면 하나님께로부터 화를 당할까 두려워할 필요가 없습니다.

바로 이런 염려 때문에 욥이 수면 위로 목을 드러내느라 안간힘을 썼습니다(욥 16:12). 여기서 그는 하나님께서 그의 목을 붙잡으시고 이리저리 흔드시고 그를 세워 과녁으로 삼으신다고 합니다. 그런데 17절에서 이로 인하여 괴로움을 당하는 그의 심정이 드러납니다. 곧, 이 모든 일이 그가 순종하며 행할 때에 그에게 일어났다는 것입니다. "그러나 내 손에는 포학이 없고 나의 기도는 정결하니라." 그리하여 그는 자신감을 갖습니다: "지금 나의 증인이 하늘에 계시고 나의 중보자가 높은 데 계시니라. 나의 친구는 나를 조롱하고 내 눈은 하나님을 향하여 눈물을 흘리니"(19, 20절). 이 거룩한 사람은 이 모든 일로 두려움을 갖고서 은혜의 보좌로부터 멀어지지 않았습니다. 눈에 눈물이 가득하나 여전히 하나님을 바라보며 온갖 고초 후에 결국 복된 소식이 올 것을 기대하는 것입니다. 우리도 이와 같이 해야 합니다. "만일 우리 마음이 우리를 책망할 것이 없으면 하나님 앞에서 담대함을 얻고"(요일 3:21). 이 말씀은 제가 드리고자 하는 두 번째 조언의 말씀과 직결됩니다.

조언 (b) 하나님이 이처럼 눈살을 찌푸리시는 중에도 여전히 여러분에게 기도의 심령이 역사하고 있는지를 살피기 바랍니다. 어쩌면 여러분이 이런 일을 당하면서 기도의 임무를 던져 버리기보다 오히려 더 안타까운 탄식과 한숨으로 주께 애통하며 부르짖고, 더욱 간절히 기도하게 될 수도 있습니다. 이처럼 여러분 속에 기도의 심령이 일어난다면 다음 두 가지를 확신할 수 있을 것입니다.

[1] 하나님께서 이맛살을 찌푸리시고 화를 내시는 것처럼 보이나 그의 마음은 그렇지 않다는 것을 확신할 수 있습니다. 그것은 그저 얇은 휘장일 뿐이며, 믿음으로 그 속을 들여다보면 그의 사랑이 여러분을 향하고 있는 것을 볼 수가 있습니다. 만일 하나님이 진짜로 진노하시는 것이면, 영혼 속에서 역사하시는 하나님의 성령의 임재하심이 성립될 수 없습니다. 하나님의 진노가 올라가면, 성령의 임재가 내려갈 것입니다. 하나님께서는 곧바로 평화의 사신이신 성령님을 도로 불러들이실 것이요 최소한 그의 도우시는 역사를 유보하시고 물리실 것입니다. 우리아의 문제로 하나님과 다윗 사이에 안타까운 틈이 생겼을 때, 다윗의 마음은 정상이 아니었습니다. 그의 "오른손이 그의 재주를 잊"었고(시 137:5), 그의 마음에서 기도의 심령이 아주 침체되었습니다. 이렇게 말할 수 있을지 모르겠으나 그 은혜의 공백 기간 중에 다윗이 기록한 시편이 어디 있습니까? 그 기간 동안 그 죄에 완전히 젖어서 전혀 기도한 일이 없었다고 말하는 것은 아닙니다. 그러나 그 기도들은 그가 타락하기 전과 그가 회복된 이후 그에게 역사한 그 심령의 거룩한 호흡과 하나가 되기에 적절치 못한 것들이었습니다.

그리하여 선한 사람 다윗은 마치 한동안 정상적인 지각을 잃게 만들었던 위험한 질병에서 회복된 사람처럼 회개를 통하여 정상적인 상태를 회복하자 자기 자신의 연약함을 느끼기 시작하며, 또한 은혜의 성령이 그의 죄 때문에 그의 속에서 얼마나 쇠약하여졌는지를 느끼기 시작합니다. 그리고 그 때문에 그는 하나님께서 그의 "속에 정한 마음을 창조하시"고 그에게서 "주의 성령을 거두지 마"시기를 그렇게도 열정적으로 간청하는 것입니다(시 51:10, 11). 성령은 과연 값지고 고귀한 자비이시므로 그의 은혜가 여러분 속에서 활발히 역사하는 것을 깨달을 수 있다면 — 그런데 기도만큼 그것을 확실하게 느낄 수 있는 것이 없습니다. 그가 말할 수 없는 한숨과 탄식으로 영혼을 도우시니 말입니다 — 비록 지금 여러분의 영혼이 한밤중처럼 캄캄한 상태에 있다 하더라도, 하나님이 여러분과 친구가 되시지 않는다고 생각할 하등의 이유가 없는 것입니다.

[2] 여러분의 눈에 하나님의 얼굴이 감추어져 있을 때에도 그의 귀가 여러분의 부르짖음을 들으신다는 것은 확신할 수 있습니다. 바로 이 성령께서 여러분의 기도를 도우시는 분이시요 또한 여러분에게 모든 신령한 화살들을 공급하사 은혜의 보좌를 향하여 쏘아 올리게 하시는 분이시라는 것만을 생각해 보십시오. 그가 과연 하나님의 마음을 아는 분이 아니십니까? 그러니 그가 하늘이 환영하지 않을 간구를 하도록 여러분을 도우시겠습니까? 그런데 이처럼 그 성령께로부터 도우심을 받았다면, 아버지께서 여러분을 환영하시고 받으신다는 것을 의심해서는 안 됩니다. 한 마디만 더 하면, 탄식과 한숨으로 기도하도록 여러분을 도우시는 성령님은 바로 다름 아닌 여러분이 기도를 올리는 그 하나님이시라는 사실입니다. 그러니 그 하나님께서 자기 자신을 부인하시겠습니까? 바로 이것이 다음 성경 말씀의 의미의 주요 부분은 아니더라도 그 일부라고 생각합니다: "나는 … 야곱 자손에게 너희가 나를 헛되이 찾으라고 이르지 아니하였노라"(사 45:19. 한글개역개정판은 "너희가 나를 혼돈 중에서 찾으라고"로 번역함 — 역주). 즉, "내가 한 영혼을 휘저어 기도하게 하고, 나의 영으로 힘을 베풀어 열정적으로 간절히 거룩한 자세를 좇아 기도하게 할 때에는 언제나 그 목적을 이루는 것이로다"라는 뜻입니다. 절대로 하나님께서는 그 어느 누구에게도 "나를 헛되이 찾으라"라고 말씀하신 적이 없습니다.

(3) 사탄이 그리스도인의 마음에 자신의 기도가 열납되었는지에 대해 거리낌을 조장하기 위해 이용하는 세 번째 것은 바로 그가 기도하는 것과 동일한 종류의 자비를 하나님이 거부하시는 것입니다. 우리 스스로 그런 생각을 갖기가 너무나 쉬운데, 사탄은 이를 이용하여 우리 속에 나쁜 성향을 조장하려 합니다. 혹은 우리 마음이 하나님이 이렇게 행하시는 것에 대해 평안한 상태를 유지하는 것처럼 보이면 그는 자기 나름대로 방법을 강구하여 불만과 불신의 악한 심령을 조장하려 합니다. 그는 이를 위하여 욥의 아내를 보내어 욥으로 하여금 하나님에 대해 악한 생각을 갖게 하고 악한 말을 하게 만들려 했습니다. "당신이 그래도 자기의 온전함을 굳게 지키느냐?"(욥 2:9). 이 말은 마치 이런 뜻과도 같습니다: "무엇이라고! 예전에 하던 일을 계속하며, 여전히 하나님께 기도하고 그를 찬양한다고? 그가 당신

이나 혹은 당신이 그를 섬기는 것에 대해 어떻게 여기는지를 보지 못하는가? 그렇게 온통 헌신하고서 과연 얻은 것이 무엇이냐? 재산도 다 없어졌고, 자녀도 죽임당하여 한 무덤에 묻혔고, 당신도 극심한 질병을 얻은 것밖에 없지 않은가? 당신의 삶을 드려 섬겼는데 고작 현재의 비참한 처지를 당하고 과거의 십자가들의 결과를 당하는 것 외에 무엇이 남아 있는가?"

사실, 우리가 기도하는 것이 거부당할 때에 거기서 응답을 찾아낼 수 있기 위해서는 약속의 본질과 또한 그 약속들을 이루시는 하나님의 다양한 방식들에 대해 상당한 통찰이 필요합니다. 그러나, "그의 계명을 지키는 자는 다 훌륭한 지각을 가진 자"입니다(시 110:10). 그런 자들은 하나님께서 그들의 기도에 응답하실 때에 그들의 생각과 희망 속에 열어 놓은 문으로 들어가지 않으시고 또한 그들의 바라는 걸음대로 걷지 않으실지라도, 하나님이 행하시는 모든 일들에서 그의 신실하심을 인정하고 신뢰할 수 있습니다. 이 시편 전체에 걸쳐서 하나님의 섭리의 역사 속에서 나타나는 하나님의 신실하심에 대한 증언이 주어집니다. 그의 섭리의 역사는 그 속에 신비가 감추어져 있으므로 육신적인 눈에는 거리낌이 되지만, 은혜 안에 있는 영혼은 그 신비를 좀 더 면밀히 관찰하고 궁구함으로써 그 섭리들과 약속이 서로 아름답게 조화를 이룬다는 것을 깨닫게 되고, 그리하여 이렇게 결론짓게 되는 것입니다: "여호와를 경외함이 지혜의 근본이라 그의 계명을 지키는 자는 다 훌륭한 지각을 가진 자이니 여호와를 찬양함이 영원히 계속되리로다." 그들은 하나님의 성품을 아는 열쇠를 지니고 있으므로 그의 섭리의 손길을 읽을 수 있고, 그리하여 그를 찬양할 수 있는 것입니다. 다른 이들이 하나님을 저주하려 할 때에도 그들은 그가 신실하시다는 것을 잘 아는 것입니다.

그러나, 이런 시험에서 건지거나 혹은 거기에 빠지지 않도록 여러분 자신을 지키기 위해서는 먼저 하나님께서 여러분의 간구를 거부하시는 것이 얼마나 자비로운 일인지를 생각하여야 할 것입니다. 그것이 성도로서 여러분이 누릴 행복에 필요하지 않은 그런 종류의 복인 것은 아닙니까? 모든 세상적인 자비들이 그런 복에 속합니다. 하나님의 나라는 양식과 음료에 있는 것이 아닙니다. 그 이외의 다른 것에 대해서는 절대적인 거부를 당하는 일이 없을 것입니다. 그는 그의 사랑과 은혜와 영광을 구할 때에 결코 하나님이 그것들을 거부하실 것이라고 여기지 말 것을 명하셨습니다: "여호와와 그의 능력을 구할지어다. 그의 얼굴을 항상 구할지어다" (시 105:4). 즉, 이것들에 대해 포기하지 말고, 하나님께서 여러분에게 그것들을 주실 때까지 하나님의 문 앞에서 살고 죽으라는 뜻입니다. 자, 우리가 당연하게 아는 것은 바로 세상적인 자비를 구할 때에 그것이 거부를 받는다는 것입니다. 그런데 하나님의 사랑에 대해서나 여러분의 기도가 열납된 사실에 대해 의심하고픈 시험이 올 때에는, 다음과 같은 세 가지 점을 생각하기를 바랍니다.

(a) 하나님께서 다음 두 가지 면에서 여러분이 그렇게 의심하는 것을 얼마나 나쁘게 여기실지를 생각해 보십시오. [1] 여러분이 삶 속에서 세상적인 것들을 누리는 일처럼 사소하고 하찮은 문제로 인하여 하나님의 사랑을 의심한다는 점입니다. 하나님 보시기에 그런 것은 신령하고도 영원한 언약의 축복들에 종속되는 것으로 언급되는 것 이외에는 약속에 명시될 만큼의 가치가 없는 것들입니다: "너희는 먼저 그의 나라와 그의 의를 구하라 그리하면 이 모든 것을 너희에게 더하시리라" (마 6:33) — 즉, 너희에게 필요한 만큼 더하시겠다는 뜻입니다. 그는 그것들을 더 광대한 복들에 덧붙여 주십니다. 마치 상인이 그에게서 많은 상품들을 구매하는 자에게 실이나 종이 혹은 비단 같은 것을 덤으로 주는 것처럼 말입니다. 가령 어린 자녀가 어린 마음에 장난감이나 하찮은 것을 사려고 아버지에게 돈을 요구하면 아버지가 그의 청을 들어주지 않는다고 합시다.

그런데 그 자녀가 네거리에 나가서, 그 아버지가 자기를 사랑하지도 않고 인정해 주지도 않는다고 하며 자기 아버지를 욕하면 — 자기에게 음식이나 의복에 모자람이 전혀 없는데도 — 그 자녀의 행위가 과연 제대로 된 것이겠습니까? 그리스도인 여러분, 여러분이 하나님의 사랑을 의심한다면, 여러분 자신은 그렇지 않다고 생각하겠지만, 여러분이 바로 그 자녀처럼 행하는 것입니다. 그러니 하나님의 거부하심으로 인하여 그의 사랑을 의심하는 것보다 오히려 하늘 아버지께서 그의 선하신 이름을 욕되게 하는 여러분의 처신으로 인하여 그를 향한 여러분의 사랑을 의심하셔야 마땅하지 않겠습니까? 또한, [2] 여러분의 의심이 하나님의 지혜를 비방하는 것이기 때문에 그가 그것을 나쁘게 여기실 수도 있습니다. 지혜로우신 하나님이 그의 사랑과 또한 여러분의 기도에 대한 응답을 보여주실 길이 과연 이것밖에 없겠습니까? 그가 건강을 거부하시고 인내를 주실 수는 없겠습니까? 여러분의 재물을 취해 가시고 그것을 만족으로 바꾸실 수는 없겠습니까? 그가 낮아지도록 여러분을 가르치시고, 또한 낮아진 것으로 인하여 하나님을 찬양하게 하실 수도 있는 것입니다. 천국에서는 이 세상에서 누리던 것들이 다 사라질 것인데, 거기서 여러분을 그렇게 행복하게 하실 하나님께서 그 중 몇 가지가 없다고 해서 이 땅에서 여러분의 삶을 평안하게 만드실 수 없겠습니까?

(b) 이처럼 거부당할 때에 과연 여러분이 어떻게 기도했었는지를 생각해 보십시오. 독단적으로 절대적으로 기도했습니까, 아니면 하나님의 뜻에 굴복하며 조건적으로 기도했습니까? 독단적으로 기도했다면 여러분은 규범에서 벗어난 것이요, 바로 이 때문에 여러분의 기도가 헛되이 되돌아온 것입니다. 하나님은 명령조의 기도는 듣지 않으시며, 그것을 참지도 않으십니다. 세상적인 자비를 원하는 자는 그것을 얻음으로써 영적인 저주를 얻게 될 수도 있습니다만, 동시에 반드시 세상적인 십자가를 얻게 되는 법입니다. 들릴라가 삼손에게 그랬습니다. 삼손은 부모의 권면을 듣지 않고, 나중에 어떻게 되든지 간에 들릴라를 얻기를 원했습니다. "내가 그 여자를 좋아하오니 나를 위하여 그 여자를 데려오소서"(삿 14:3). 그러나 그는 후에 그 선택에 대한 대가를 톡톡히 치렀습니다. 그런 선택이 여러분을 크게 기쁘게 해줄 수도 있습니다. 육신적인 마음이 그것을 사모하고, 그리하여 무절제하게 그것을 위해 기도합니다.

그러나 참 안타깝습니다. 그것을 얻게 되면, 과연 그것으로 무엇을 하렵니까? 기꺼이 그것에다 머리를 들이밀려 하는데, 그렇게 되면 그것이 여러분의 은혜를 흔들어 잠들게 하고, 이어서 여러분을 속여 죄와 심판의 손아귀에 집어넣고 마는 것입니다! 그러나, 만일 여러분이 여러분 자신은 하나님과 여러분 자신 모두가 좋아한다는 조건 하에서 순종적인 자세로 기도했노라고 이야기한다면, 만일 그렇다면, 이제 여러분이 바라는 그것을 얻는 것이 여러분에게 좋지 않다고 하나님께서 그의 뜻을 선언하신 것이 확실해진 지금에 와서야 비로소 여러분의 기도 내용을 철회하는 것은 무슨 이유입니까? 여러분이 하나님께 아뢰었습니다만, 하나님의 뜻대로 결단하여야 하지 않겠습니까? 하나님께서 여러분에게 가장 좋은 길을 취하신다는 생각을 하는 것이 마땅하지 않겠습니까? 하나님께서 이를테면 무게를 달아 보시고 숙고하시는 그런 기도에 대해서만 하나님께서 그의 사랑으로 지혜를 발휘하사 그에게도 큰 영광이 되며 그의 자녀에게도 유익이 되는 그런 방식으로 응답하시는 것입니다. 그런데 그의 응답이 그토록 무한한 지혜와 사랑의 산물이므로, 여러분은 그것을 그대로 받아들여야 합니다. 그렇습니다. 그것에 대해 하나님을 찬양해야 하는 것입니다. 다윗은 큰 곤경 중에 그렇게 했습니다: "내 하나님이여 내가 낮에도 부르짖고 밤에도 잠잠하지 아니하오나 응답하지 아니하시나이다"(시 22:2). 자, 하나님은 그의 기도를 들으시지만, 그는 하나님께로부터 아무 응답도 듣지 못합니다. 그러나 그런 하나님의 처신에 대해 불평하거나 원망하지 않습니다. 아닙니다. 오히려 그는 하나님의 처신을 정당하게 여기며 그를 찬송하는 것입니다: "이스라엘의 찬송 중에 계시는 주여 주는 거룩하시나이다"(3절).

(c) 여러분의 기도 내용을 거부하시는 하나님의 자세로부터 무언가 여러분을 감미롭게 해주는 것이 없는지를 살피십시오. 어쩌면 하나님께서 여러분의 간구를 거부하시면서도, 얼굴에 미소를 지으시고 무언가 자비와 사랑의 표정을 보이셔서, 그가 여러분의 간구를 거부하시는 것이 여러분을 불쾌히 여기시기 때문이 아니라는 것을 확실히 알게 될 수도 있을 것입니다. 가령 사랑하는 친구가 와서 여러분에게 돈을 꾸어 달라고 할 때에, 돈을 꾸어 주는 것이 그에게 유익이 되지 않는 것을 분명히 알기 때문에 감히 꾸어 줄 수가 없다고 합시다. 이때에 그 친구의 요구를 거부하지만, 그가 여러분이 그를 사랑하지 않고 존중하지 않기 때문에 꾸어 주지 않는 것이라는 식으로 잘못 오해하지 않도록 하기 위해, 그에 대한 여러분의 마음의 애정이 잘 드러나도록 그런 언어를 사용할 것이요, 그를 사랑하기 때문에 지금 비록 그의 요청을 거부하더라도 그에게 유익이 되는 일이라면 그 이상의 일도 기꺼이 하리라는 여러분의 뜻이 전달되도록 할 것입니다. 이처럼 하나님께서도 비록 그의 백성의 간구들을 거부하시더라도 때때로 그들의 백성의 마음에서 온갖 역심이 일어나지 않도록 그의 사랑과 애정을 충분히 드러내기도 하시는 것입니다. 다윗이 하나님을 위해 성전을 건축하고자 하는 마음이 간절하여 하나님께 간구하였으나 하나님은 이를 거부하셨습니다. 그러나 하나님은 자신이 다윗의 선한 뜻을 귀하게 받으셨으며 또한 그에 대해 애정을 갖고 계시다는 것을 증언해 주셨습니다. 비록 하나님을 위해 성전을 짓지는 못하지만, 하나님께서는 그의 소원을 자비로 받으사 그를 위해 영원토록 지속될 집을 세워 주시겠다고 하신 것입니다.

이처럼, 때때로 신실한 목사가 하나님께 그의 수고에 복을 주사 사람들이 회심하는 역사가 일어나게 해달라고 간절히 구하지만 그것이 거부당하기도 합니다. 그러나 하나님께서 과연 그를 사랑하신다는 증표가 임하고, 그의 상급이 여호와께 있다는 약속이 베풀어지고, 그리하여 그의 기도가 비록 거부당하지만, 그의 가슴속에 평화가 돌아오기도 하는 것입니다. 또 어떤 이는 이렇게 간절히 기도합니다: "오오 예루살렘이 고요히 안정된 거처가 되며, 거기에 진리와 평화가 번성하는 것을 보기를 소원합니다!" 하지만 하나님께서 그의 약속을 그의 교회에게 성취하시기로 정하신 그 시기가 아직 되지 않아서 그 사람의 소원이 가납되지 않을 수도 있습니다. 그러나 그럼에도 불구하고 하나님께서는 그를 향하여 사랑을 드러내시며 교회를 사랑하는 그의 마음을 얼마나 높이 기리시는지를 나타내시는 것입니다. 하나님께서 다니엘에게 그렇게 하셨습니다. 그에게 천사를 보내셔서 그의 간구가 얼마나 귀하게 상달되었으며, 또한 그야말로 하나님께 "크게 은총을 받은 자"임을 알게 하신 것입니다(단 9:23). 그러므로 세상적인 자비에 대해서도 그렇습니다. 여러분이 이런저런 괴로움과 환난에서 구해 주시기를 위해 간구하는데, 하나님께서 그것을 거부하시면서 동시에 그 거부를 갑절이나 보상해 주는 메시지를 함께 주실 수도 있는 것입니다. 하나님의 사랑의 감미로운 증표들을 여러분의 가슴속에 떨어뜨려 주시거나, 아니면 가장 알맞은 때에 구원해 주시리라는 확신을 주셔서 여러분이 믿음과 승리로 가득 차게 하기도 하실 것입니다. 하나님께서 바울을 그렇게 대하셨습니다: "내 은혜가 네게 족하도다"(고후 12:9). 사울은 그의 아버지의 나귀를 찾고 있을 때에, 애타하며 고통을 당하다가 결국 나귀 대신 나라를 찾지 않았습니까? 거룩한 여인들은 예수님의 시신에 향유를 바르려고 무덤에 갔다가 그가 다시 사신 것을 보았으니 그들의 수고가 허사가 된 것일까요? 그들이 다시 사신 예수님을 뵙고 아쉬워했겠습니까? 세상에서 온갖 것들을 다 누리지만, 하나님을 섬기면서 얻는 신령한 자비들과 약속이 주는 위로에 비하면 아무것도 아닙니다. 다시 사신 주님의 시신(屍身)에도 못 미치는 것입니다. 죽은 세상의 위로는 얻지 못하지만, 살아 계신 하나님께로부터 오는 따뜻한 위로와 포옹을 얻는 것입니다.

논지 3. 사탄이 그리스도인으로 하여금 자신의 기도가 상달된 것에 대해 의심을 갖게 하고 또한 기도 후에 자비의 응답이 임할 때에 과연 그것이 기도에 대한 자비로운 응답인지를 의심하게 만드는데, 이때에 그가 빌미로 이용하는 마지막 세 번째 논지는, 악인이 기도 없이 얻는 그것을 성도는 기도를 통해 얻게 되는 하나님의 일상적인 섭리에서 취한 것입니다. 사탄은, 그대에게 임한 자비들이 일상적인 섭리의 일환으로 임한 것이 아니라 그대의 기도의 응답으로 임했다는 것을 어떻게 아느냐고 하며 치근댑니다. 이런 함정에 빠지지 않기 위해서는, 이 문제를 결정짓는 무슨 특별한 방법들을 기대해서는 안 되고 하나님의 말씀이 제시해 주는 빛으로 만족해야 한다는 것을 알아야 합니다. 말씀의 빛은 비단 이것만이 아니라 우리의 양심의 모든 문제들을 해결해 줄 수 있는 것입니다. 하나님께서 때때로 특정한 상황 속에서 기도의 응답으로 자비가 임한다는 증거를 나타내기도 하시는 것이 사실입니다. 아브라함의 종이 우물가에서 주인의 일이 잘 이루어지도록 하나님의 은혜로우신 도움을 기도하고 나자, 곧바로 리브가가 그에게로 와서 친절하게 대하고 초청함으로써 마치 꼭 맞는 열쇠로 자물쇠를 열듯이 그렇게 그의 기도가 적절히 응답되었습니다. 여기서 그 종은 자신의 기도가 하늘에 상달되었음을 실제의 경험으로 알았습니다. 기도를 드리고 난 후 이차적인 원인이 전혀 결부되지 않고 이상스럽고도 갑작스럽게 자비가 임하는 경우 — 모두가 눈에 보이도록 사형 선고를 받은 상태에 있는데 그들의 활동 영역 바깥에서 그 구하던 것이 임하는 경우 — 에는 기도 이외에 그것과 경합하는 다른 무엇이 있을 수가 없습니다. 사도들이 짧게 하늘을 향하여 기도를 올린 후에 병든 자를 낫게 했는데, 이때 치료를 위해 의사의 자문을 구한 일이 전혀 없었습니다. 옥에 갇힌 베드로를 위해 교회가 기도하고 있을 때에 베드로가 와서 문을 두드렸습니다만, 오로지 하늘의 도우심만으로 간수를 잠들게 하여 전혀 지각하지 못하게 하고 베드로를 묶은 사슬을 다 벗어 버리게 했는데, 이것이 기도의 응답이 아니면 무엇이겠습니까? 철장 문을 여는 열쇠도 없는 그의 앞에서 철문이 열렸는데, 과연 무엇이 그렇게 한 것이겠습니까? 우리는 기도가 하늘 문을 열었고, 교회의 기도에 하늘이 감옥 문을 연 것이라고 고백할 수밖에 없는 것입니다.

그러나, 기도를 통해서 얻어지는 자비로운 응답이 이처럼 눈에 띄게 두드러지는 방식으로 임하지 않는 경우가 더 흔하다는 것도 사실입니다. 회심의 은혜가 어떤 사람에게는 큰 두려움과 자기 비하와 더불어 임하지만 또 어떤 사람에게는 그런 것이 별로 없이 슬며시 마음속에 임하며, 또한 그런 경우가 더 흔한 것처럼, 기도의 응답도 조용히 이차적 원인의 도움을 받아 임하는 경우가 더 흔한 것입니다. 그리스도인이 이 세상의 삶에서 필요한 것을 공급해 주시기를 기도할 때에 하나님께서 그가 직업에 근면하도록 복을 주심으로 그 기도에 응답하시는 경우처럼 말입니다. 병든 그리스도인이 병 낫기를 위해 기도할 때에, 하나님께서 그의 음식과 약을 철저하게 사용하셔서 그를 회복시키기도 하십니다. 그런데, 하나님께서는 전적으로 자신의 뜻에 따라서 이차적인 손길을 통해서 자비를 베풀기도 하시고, 혹은 친히 그 자신이 사자가 되셔서 그의 직접적인 손길을 통하여 비범한 방법으로 자비를 베풀기도 하십니다. 그러나 우리는 우리가 바라는 것이 비범한 방식으로 임하기를 기대한다는 것을 빌미로 일상적인 길을 벗어나고 일상적인 수단을 무시할 자유가 없는 것입니다. 이와 같이 기도의 응답으로 일상적인 방식으로 자비가 베풀어지는 것에 대해 다음 두 가지를 살펴야 할 것입니다.

(1) 기도를 드린 여러분이 과연 언약에 속한 자인가를 살펴야 합니다. 기도의 응답으로 자비를 베푸실 때에 하나님은 "그 언약을 기억하신다"고 합니다(시 105:8; 111:5). 그의 눈이 먼저 그 사람을 주시하며, 그가 누구인지, 그의 자녀인지 아닌지를 주목하시고, 그 다음에 그의 귀를 기울여 그의 부르짖음을 들으시는 것입니다: "여호와의 눈은 의인을 향하시고 그의 귀는 그들의 부르짖음에 기울이시는도다" (시 34:15). 이삭은 야곱에게, "내 아들아 네가 누구냐?"라고 물은 다음에(창 27:18) 그에게 축복했습니다. 하나님께서 여러분이 그의 자녀가 아닌 것을 보시면 — 늙은 이삭의 눈은 어두워 얼마든지 그를 속일 수가 있었으나 하나님의 눈은 결코 침침하지 않습니다 — 여러분의 기도는 받아들여지지 않습니다. 사실 그런 상태에서는 복음적인 의미에서 전혀 기도할 수도 없고, 하나님께서 은혜로이 여러분의 기도를 환영하실 수도 없습니다. 왜냐하면 기도의 영은 언약의 은혜요 또한 그리스도의 중보 역사에 관여되는 것이 언약의 특권이므로 이 두 가지가 없이는 그 어떠한 기도도 받아들여질 수가 없기 때문입니다. 하나님께서는 그의 성령이 속에서 기도하지 않는 자와 또한 그의 아들이 위하여 간구하시지 않는 자의 기도는 듣지 않으십니다. 그런데 언약에 속하여 있는 자 외에는 그 누구도 이 조건에 합당하지 못한 것입니다.

(2) 기도의 임무 중과 그 임무를 행한 후에 여러분의 마음의 상태가 어떠한지를 살펴야 합니다. 여러분이 언약에 속하지 않았다면, 여러분의 기도가 열납되지 않은 것이요, 결국 여러분이 자비를 얻었다 해도 그것이 그 기도에 대한 은혜로운 응답으로 임한 것이 아닙니다. 그러나 여러분이 언약에 속하여 있다는 것도 여러분이 드린 기도가 열납되었다고 결론지을 만한 충족한 근거가 되지 못합니다. 여러분이 언약에 속하여 있더라도 기도의 응답을 얻는 유익을 얻지 못하도록 무언가가 개입하여 방해할 수 있기 때문입니다. 여러분의 상태는 선할지라도 여러분의 현재의 자세와 행실이 나쁠 수도 있으니 말입니다. 여러분이 하나님의 자녀이면서도 회개하지 않은 어떤 죄책과 더러움을 지니고 있을 수도 있습니다. 이럴 경우 하나님은 그의 자녀에게도 문을 닫으실 수가 있는 것입니다. 여러분이 "어떤 것에 대한 권리"(*jus in re*)로는 성도이지만 "어떤 것에 대한 적합성"(*aptitudinem ad rem*)으로는 아닐 수 있습니다. 성도로서는 언약의 모든 약속에 대해 권리가 있으므로

이에 대한 여러분의 기도에 하나님께서 귀를 기울이십니다. 그러나 성도이지만 죄책 아래 있거나 아직 회개하지 않은 어떤 죄로 인하여 더러워져 있을 때에는 성도로서 누릴 권리가 있는 그것을 누리기에 합당하지 않은 것입니다. 하나님께서 여러분의 상속권을 박탈하시지는 않으나, 약속을 여러분에게서 일시적으로 압류하시며 따라서 여러분이 회개하고 주 예수께서 그것을 사하셨음을 믿는 믿음을 새로이 할 때까지 그 약속이 여러분에게 적용되지 않는 것입니다. 하나님께서는 후에 더 적절한 시기에 그의 사랑을 여러분에게 드러내실 것입니다. 율법 아래서 나병환자는 정결하게 되기까지 멀리 있어야만 했습니다. 이와 마찬가지로 여러분의 하나님께서도 여러분이 죄에서 정결하게 되기까지 여러분의 기도에 등을 돌리시는 것입니다.

또한, 가령 여러분이 성도이며 어떤 큰 죄로 더럽혀진 상태도 아니지만 기도의 임무를 시행하는 중에 여러분 속에 있는 은혜가 발휘되지 않을 수도 있습니다. 기도했지만, 믿음도 간절함도 없이 했을 수도 있습니다. 마음속에는 은혜가 있으나, 기도의 임무에는 하나도 발휘되지 못했을 수도 있는데, 그런 기도는 열납되지 않습니다. 약속은 믿음과 간절함으로 기도하는 성도에게 적용되는 것입니다. "효과적이고 간절한 의인의 기도는 역사하는 힘이 크니라"(약 5:16. 한글개역개정판은 "의인의 간구는 역사하는 힘이 큼이니라"). "너희가 온 마음으로 나를 구하면 나를 찾을 것이요 나를 만나리라"(렘 29:13).

마지막으로, 기도로 마음이 일깨워졌으나 기도 이후에 응답을 위하여 하나님께 의지하지 않았을지도 모릅니다. 기도 중에 믿음으로 하나님을 붙들고 또한 하나님께로부터 자비가 임하기까지 그를 기다리는 것이 바로 믿음으로 기도하는 것입니다. 자, 이 모든 내용들을 고려하면, 여러분의 당면한 문제를 해결할 수 있으리라 믿습니다. 여러분이 언약에 속하여 있고, 또한 지은 죄를 회개하지 않은 상태가 아니라면 — 간절히 기도하며, 비록 많은 연약함과 머뭇거림이 있을지라도 하나님을 향하여 믿음을 발휘하여 응답이 임하기를 위하여 하나님을 붙든다면 — 진실로, 전혀 허세가 없이, 이처럼 질서 있게 하나님을 바라고 기도하는 여러분에게 기도에 대한 은혜로운 응답 속에 자비가 임할 것이라고 결론지을 수 있을 것입니다. 편지 겉봉에 우리에게 보내는 것이 분명히 명시되어 있을 때에는, 혹시 다른 사람에게 보내는 편지가 아닐까 하고 그 편지 봉투를 뜯기를 두려워하지 않는 법입니다. 약속을 살피십시오. 그러면 그것이 그렇게 기도하는 여러분에게로 향하는 것이라는 것을 여러분의 이름이 명시된 것을 보고 분명히 알게 될 것입니다.

제 2 부

명령된 임무를 시행하는 법 — 기도를 위한 지침

"모든 기도와 간구를 하되"(엡 6:18).

지금까지 일반적인 기도의 임무에 대해 다루었고 이제는 몇 가지 대지들을 다루게 되었습니다만, 이 대지들이 다 합쳐져서 그리스도인으로 하여금 기도의 임무를 더 잘 행하게 하도록 하는 훌륭한 지침이 됩니다. 사실 사도는 여기서 그리스도인에게 기도하는 법을 가르치는 것만이 아니고, 목사에게 기도하는 법을 가르치고 있습니다. 그들의 임무가 무엇인지를 적나라하게 이야기하지 않고 그들이 재량껏 행하도록 그냥 맡겨두니 말입니다. 그러나 그 기도의 임무를 더 잘하게 하기 위하여 몇 가지 지침들과 규범들을 덧붙여서 기도를 시행하는 중에 그것들을 놓치지 않도록 합니다. 설교자가 어떤 임무를 강조하면서도 — 그렇게 열정적으로 그것을 강조하지만 — 그 임무를 행하는 구체적인 방법을 다루지 않는다면, 이는 잠긴 문에다 사람을 데려다 놓고는 열쇠도 주지 않고 집안으로 들어가라고 명령하는 것과, 혹은 방향을 잡고 항해할 해도(海圖)를 주지도 않고 일꾼들을 바다에 내보내는 것과 다를 것이 없는 것입니다.

자, 이제 지침들로 나아갑니다. 그것들은 여섯 가지입니다. 첫째. 기도를 위한 시간 — "항상 … 기도하고." 둘째. 기도의 종류 — "모든 기도와 간구를 하되." 셋째. 기도가 나오도록 하는 기도의 내적인 원리 — "성령 안에서." 넷째. 기도의 임무에 있어야 할 경계 — "이를 위하여 깨어." 다섯째. 기도에서 발휘되어야 할 지칠 줄 모르는 끈기 — "모든 인내로"(한글개역성경에는 나타나 있지 않음 — 역주). 여섯째. 기도의, 혹은 기도하여야 할 대상의 포괄성 — "모든 성도를 위하여"(한글개역성경은 "여러 성도를 위하여"로 번역함 — 역주).

첫째부터 다루기로 하겠습니다.

제 1 장
기도를 위한 시간

"항상 … 기도하고"

첫 번째 지침, 곧 기도의 임무를 행하는 시간에 대해서부터 먼저 다루겠습니다 —"항상." "항상"이라는 단어는 삼중적인 의미가 있습니다. 첫째. "항상" 기도한다는 것은 "모든 일에 기도한다"는 말과 같은 뜻입니다. 이는 동일한 사도가 다른 서신에서 말씀한 내용과도 부합됩니다: "오직 모든 일에 기도와 간구로, 너희 구할 것을 감사함으로 하나님께 아뢰라"(빌 4:6). 둘째. "항상" 기도한다는 것은 모든 조건에서 기도한다는 의미일 수도 있습니다. 셋째. "항상" 기도한다는 것은 날마다 기도한다는 뜻입니다.

["항상 기도하고"라는 표현의 세 가지 의미]

I. 항상 기도한다는 것은 모든 일에 기도한다는 의미입니다. 기도는 보편적인(catholic) 임무입니다. 이는 마치 어떤 일이 있어도 항상 띠는 허리띠와 같습니다. 기도는 마치 우리 식탁에 없어서는 안 될 빵과 소금과도 같습니다. 식탁에 무엇을 올려놓든지 이것들을 잊어서는 안 됩니다. 이와 마찬가지로 우리가 무엇을 하든, 어떤 일이 있든, 큰일이든 작은 일이든, 기도가 반드시 있어야 하는 것입니다. 이교도들은 어떤 일에 대해서는 신들에게 기도하고 또 어떤 일에 대해서는 기도하지 않습니다. 가난하면 부자가 되게 해 달라고 기도합니다. 병이 들었으면 건강을 위해 기도합니다. 하지만 인내나 만족 등 마음에 관계되는 좋은 덕목들을 위해서는 기도하지 않습니다, 그것들은 구태여 신들에게 도움을 구하지 않고도 자기들 스스로 충분히 갈고 닦을 수 있다고 생각하기 때문입니다. 다음의 시인은 이런 사고를 갖고 있는 것 같습니다.

"주기도 하고 취해 가기도 하는 제우스에게는

내게 생명과 부귀를 달라고 기도하는 것으로 족하도다:
그것에 걸맞는 영혼은 내 스스로 준비하리라."

사람이 더 큰 것을 할 것이니 하나님이 더 적은 것을 주기를 바라니, 무지(無知)가 얼마나 교만한지 모릅니다!

그러나 그들의 어리석음을 기이하게 여길 것이 아닙니다. 우리 중 많은 이들은 참되신 하나님을 알고 있다고 하고, 또한 그에게 어떤 예배를 드려야 할지를 가르쳐 주는 그 하나님의 말씀의 빛이 있다고 공언하면서도 불신앙을 보이고 있으니 이것이 더 기이한 일이 아닐 수 없습니다. 심지어 어떤 이들은 지식이 얼마나 야만적인지, 모든 일에 대해서는 커녕 그 어떤 일을 위해서도 기도하지 않습니다. 어쩌면 그들은 죄 사함과 영혼의 구원에 대해서는 — 마치 나무의 가장 꼭대기에 열린 열매처럼 — 그것들이 자기들의 팔로는 도무지 닿을 수 없는 것처럼 여겨서 그것들을 올려다보면서 그저 이따금씩 그것들을 위해 건성으로 하나님께 기도합니다. 그러나 세상적인 것들은 그보다 더 낮은 곳에 달려 있는 것처럼 여겨서 구태여 기도의 사다리를 놓고서 올라가지 않아도 얼마든지 자기들의 노력으로 그것들을 딸 수 있다고 생각합니다. 계획하고 궁리하는 데에는 바쁘면서 기도는 거의 하지 않으니, 자기들의 안전이 하나님의 섭리가 아니라 자기들의 계획에서 얻어진다고 생각할 수밖에 없는 것입니다. 혹은, 자기들이 가게에서 얼마나 열심히 일하며 또한 그들의 수고에 하나님께서 복 주시기를 위해 골방에서 기도하는 일에는 얼마나 게으른지를 그들 스스로 보고 있으니, 이들은 하나님의 은혜와 자비보다는 자기들의 노력을 통해서 더 많은 재물을 얻는다고 결론짓는 것입니다.

한 마디로, 그들은 무슨 큰 일이 있어야만 하나님 앞에 무릎을 꿇고 기도를 드립니다. 아주 중요한 일을 앞두고 있는데 강력한 반대나 큰 난관이 있거나 할 때에는 기도로 하나님의 문을 두드립니다. 자기들의 능력으로는 어찌할 도리가 없다는 것을 알기 때문입니다. 하지만 일상적인 생활에서는 자기들 좋아하는 대로 행하여 주인을 기쁘시게 할 수 있다고 생각하여, 그의 임재나 도우심을 구하지 않고 하나님의 문을 그냥 지나쳐 버리는 것입니다. 이렇게 해서 한 사람은 가게로 달려가고, 또 한 사람은 밭으로 나아갑니다만, 하나님께서 그들의 사업과 일에 주의를 기울이신다는 것을 전혀 눈치 채지 못합니다. 가령 바다나 육지로 먼 여행을 할 경우에는 큰 위험 요소가 있는 것을 생각하고 하나님께서 함께 해주시기를 기대합니다. 그러나 집에 그냥 머물러 있거나 그저 일상적인 일로 이리저리 다닐 때에는 그들을 돌보시는 하나님의 섭리의 날개를 구하지 않습니다. 이런 것은 "항상" 기도하는 것이 아닙니다. 그러므로 여러분이 과연 그리스도인이라면, 그렇게 하나님을 부분적으로 대해서는 안 됩니다. 삶의 큰 일들은 하나님께 맡기고, 작은 일들에 대해서는 여러분 자신을 의지하면서 말입니다. 그렇게 하지 말고, 범사에 하나님을 인정하고, 어떤 일에서든 여러분의 명철을 의지하지 말아야 할 것입니다(잠 3:5, 6). 그렇게 하는 것이 바로 그의 우주적인 섭리로 모든 피조물들과 그들의 움직임을 주관하시는 하나님께 영광을 돌리는 것입니다. 그의 권능을 뛰어넘을 만큼 큰 일이 이 세상에 하나도 없듯이, 그의 보살피심이 미치지 않을 만큼 작고 사소한 일도 없는 것입니다. 그는 높은 산들의 하나님이시요 동시에 골짜기들의 하나님이십니다. 울타리 위의 참새도, 우리의 머리털도 하나님께서 돌보십니다. 또한 그것들을 처음 지으신 것이 하나님이시니 그것들이 그의 영광스러운 위엄을 욕되게 하는 것이 결코 아닙니다. 그러므로 이로써 하나님께 영광을 돌릴 뿐 아니라 여러분 자신도 안전하게 지키는 것입니다. 왜냐하면 여러분의 인생 전체에서 당하는 일 중에 너무나 사소하고 하찮아서 — 하나님이 그의 보살피심과 섭리하심을 거두어들이실 경우 — 죄나 위험을 초래할 가능성이 전혀 없는 것이 하나도 없기 때문입니다. 그런 위험거리들이 모든 일에서 하나님을 의지함으로 여러분 자신을 지킬 것을 촉구하는 것입니다.

첫째. 여러분의 인생에서 맞는 지극히 작은 일이 여러분에게 죄의 기회가 될 수도 있습니다. 지극히 작은 문으로 큰 죄가 들어오는 경우가 얼마나 많은지를 우리는 날마다 봅니다. 다윗의 눈이 그저 별 목적 없이 밧세바를 향하였는데, 그만 그 선한 사람의 발이 마귀의 함정에 빠지고 말았습니다. 그러니 여러분이 어디를 가든지 하나님께서 여러분의 감각 기관에 보초병을 세워 주시기를 기도하고, 다윗과 함께 "내 눈을 돌이켜 허탄한 것을 보지 말게 하"소서(시 119:37)라고 외칠 필요가 있지 않겠습니까? 디나는 그저 그 이웃들, "그 땅의 딸들"을 방문하러 간 것뿐이었습니다. 그것은 그저 일상적인 예의를 실천하기 위함일 뿐이었습니다. 그러니 그녀가 집을 나갈 때에는, 매춘부 노릇을 하고 다시 집으로 돌아오리라는 것을 생각조차 하지 못했을 것입니다. 하지만 안타깝게도, 그녀는 욕을 당하고 말았습니다. 그러니 여러분을 지켜 주셔서 아침부터 밤까지 그를 경외하는 마음으로 가득하게 해주시기를 위해 하나님께 구하는 일이 얼마나 절실한지 모르는 것입니다.

둘째. 인생에서 겪는 일 중에 여러분을 무언가 큰 위험에 빠지게 만들 위험이 없을 만큼 작은 일은 하나도 없습니다. 자기 집의 식탁에 앉아 자기들의 양식으로 질식하여 죽은 사람들이 얼마나 많습니까? 자기 집에서 들보가 떨어져 치명적인 상처를 받은 사람들이 얼마나 많습니까? 여러분이 어떤 일을 시작할 때에 그 일의 결국이 어떻게 될 것인지를 과연 알 수 있습니까? 요셉은 아버지의 명을 받아 들판에 있는 형제들을 만나러 갔습니다만, 그 두 사람은 그것이 기나긴 여정이 될 것을 전혀 생각조차 하지 못했습니다. 그러나 이 일로 그는 낯선 땅에 노예로 팔려가는 처지가 되고 만 것입니다. 욥의 종들은 주인의 명을 받아 바깥에 나가 있다가 하늘로부터 벼락을 맞아 죽고 말았습니다. 하늘의 눈이 여러분을 향하고 있지 않으면, 과연 어느 곳에 있어야 여러분이 안전하겠습니까? 길을 걷다가 잘못 발을 디디거나, 말을 타고 가다가 말이 엉뚱한 곳으로 가도, 여러분의 뼈가 부러질 수도 있고, 목이 부러질 수도 있습니다. 여러분, 그러니 하나님께서 여러분의 앞에서 여러분의 길을 평탄하게 해주시는 것이 얼마나 절실한지 모르는 것입니다! 그는 바로 "사람과 짐승을 구하여 주시"는 분이십니다(시 36:6). 그러니 겸손하게 기도함으로 여러분의 마음을 토로하지 않는데, 과연 그의 보호하심을 기대할 믿음을 가질 수가 있겠습니까? 하나님의 존귀를 전혀 무시하는 자를 하나님께서 안전하게 돌보셔야 할 이유가 무엇이란 말입니까?

II. 항상 기도한다는 것은 **모든 조건에서 기도한다**는 의미일 수도 있습니다. 즉, 번창할 때나 역경 중에 있을 때나 항상 기도한다는 뜻입니다. 칼빈(Calvin)도 이런 의미로 이해합니다: "번창할 때나 역경 중에 있을 때나, 모든 때를 다 동등하게 취한다는 뜻이다." 사실 하나님께서 환난을 주실 때에는 우리 손에 기도할 특별한 시간을 주시는 것입니다. 그러나 그가 우리의 재물을 크게 하실 때라도 우리를 기도의 임무에서 방면시켜 주시는 것이 아닙니다. 기도는, 날씨가 더워지면 여행객이 겉옷을 벗듯이, 그렇게 뒤로 제쳐둘 수 있는 것이 아닙니다. 기도는 겨울철 방한복(防寒服)이 아닙니다. 과연 더워질 때가 옵니다. 그러나 번영의 여름에도 기도는 버려둘 수 있는 것이 아닙니다. 어떤 이들은 천둥이 치고 번개가 칠 때까지 기다려야 겨우 기도하는 것을 볼 수 있습니다. 그들은 폭풍이나 광풍이 불지 않으면 기도하는 법이 없습니다. 이런 자들은 날씨가 궂을 때 이외에는 울거나 시끄러운 소리를 절대로 내지 않는 새를 닮았습니다. 그러나 이런 것은 항상 기도하는 것이 아닙니다. 하나님을 섬기는 것이 아니라 하나님을 빌미로 우리 자신을 섬기는 것입니다. 하나님을 찾아가되, 그와 함께 있기를 사모하여 친구로서 그에게 가는 것이 아니라 그저 우리의 현실의 당면한 문제거리를 해소하고자 거지로서 그에게 나아가는 것일 뿐입니다. 기도를 하기는 하나 교황이 설교를 이용하듯이 그렇게 기도하는 것입니다. 곧, 우리가 바라는 자비를 다 잡아들일 그물을 달라고 기도하지만, 고기가 잡히면 그 기도의 임무를 던져버릴 심사로 그렇게 하는 것입니다. 그리스도인 여러분, 이것을 경계하기 바랍니다. 여러분의 조건이 어떠하든지 간에 기도의 바퀴를 항상 굴러가도록 해야만 하는 족한 이유들이 여러분에게 있는 것입니다.

[모든 조건에서 기도해야 할 이유]

첫째. 번영 중에 기도하십시오. 그러면 역경 중에 처할 때에도 곧바로 기도하게 될 것입니다. 지금 하나님을 인정하여야만, 그때에 가서 그가 여러분을 인정하실 것입니다. 우리가 무언가를 꾸고자 할 때 외에는 한 번도 방문하지 않는다면, 과연 친구가 그런 우리를 환영해 주겠습니까? 그런 것은 거지가 하는 일이지 친구가 할 일은 아닌 것입니다.

둘째. 번영 중에 기도하십시오. 그러면 여러분이 환난 중에 있을 때에 외식으로 기도하는 것이 아니라는 것을 입증하게 될 것입니다. 역경 중에 행하는 온갖 임무들보다도 한 번의 기도가 여러분의 순전함을 보여주는 더 나은 증거가 될 것입니다. 색깔은 밤중의 촛불 아래서보다는 밝은 대낮에 더 분명하게 구별됩니다. 확신하건대, 임무를 행할 때의 우리 마음의 진실함과 순전함은 번영 중에 가장 잘 드러날 것입니다. 역경 중에는 심지어 은혜 안에 있는 영혼들도 자기들 자신을 구하고 있다는 거리낌을 갖습니다. 아픔과 고통으로 인하여 부르짖게 되고 그리하여 나중에 가서야 비로소 그들이 환난 중에 하나님과 대면하기를 시작하지 않았다는 것을 기억하게 될까 두려워합니다만, 그들은 이런 곤경들로 인하여 하나님께 나아가기 이전에도 하나님과 함께하기를 즐거워했던 것입니다.

셋째. 번영 중에 기도하십시오. 그러면 여러분의 번영의 올무에 걸리지 않을 것입니다. 에브라임과 므낫세는 형제였고, 풍부한 자요 잊어버리는 자였습니다. 그들의 이름이 이런 뜻을 지녔습니다. 번영은 기억에게 좋은 친구가 못됩니다. 그러므로 우리가 충만할 때에 하나님을 잊지 않도록 조심하라고 경계하는 것입니다: "현재의 번영이 기쁨 가득한 미소를 지을 때에 그것에 조롱당하거나 악용당하지 않는 사람이야말로 과연 거룩한 사람이다."(베르나르) 오오, 번영을 기뻐하면서도 그것의 올무에 걸리지 않는다는 것이 얼마나 힘든 일인지요! 솔로몬은, "포도주는 거만하게 하는 것"이라고 말씀합니다(잠 20:1). 그것으로 지나치게 거만해지면 금방 그것이 그 사람을 부끄럽게 만들고 맙니다. 번영도 마찬가지입니다. 그것에 조금만 취해도 우리가 무슨 일을 행하는지를 알지 못하는 것입니다. 번영이 훌륭한 사람들에게 시험거리가 되는 경우가 많았습니다. 성도들이 아주 평탄한 땅에서 정말 안타깝게 넘어지는 경우를 성경에서 봅니다. 온 세상이 홍수에 가라앉은 것을 본 노아는 안전하게 살아나오기가 무섭게 스스로 포도주에 빠졌습니다. 광야에 있을 때에 다윗의 마음은 고정되어 있었으나, 왕궁의 정원을 거닐 때에 그의 방자한 눈이 한눈을 팔았습니다. 건강이나 명예나 부귀나 쾌락 등 이 세상이 주는 즐거움들은 달콤한 포도주와도 같습니다. 그것들을 조금만 마시고 그만둘 수가 없습니다. 우리의 육신적인 미각에 너무나도 달콤하니 말입니다. 또한 그것들이 많아지면 감당할 수가 없습니다. 그것들이 강하고, 사람을 들뜨게 하며, 교만과 육신적인 자만심을 발산시키기 때문입니다. 그런데 기도야말로 이런 상태의 이런 악한 것을 방지하는 훌륭한 대비책이 됩니다.

1. 기도는 우리의 기쁨을 감사로 바꾸어 줍니다. 더러운 기쁨은 육신적인 기쁨이요 금방 썩어 버립니다. 그런데 환난 중에 기도가 하나님을 향하여 거룩한 탄식을 토로함으로써 그리스도인의 근심을 정결하게 해주며, 그리하여 하나님을 원망하고 불평한 죄악된 행위에서 지켜주듯이, 번영 중에도 기도는 기쁨이 하나님께 감사와 찬양을 올리는 신령한 분출구가 되게 하여 그리스도인이 육신적인 기쁨에 휩싸여 그 영혼을 많은 더러운 죄에 빠지게 만드는 일이 없도록 보존시켜 줍니다. 바로 이런 목적으로 야고보 사도는 이 두 가지 경우에 해당되는 교훈을 제시하는 것입니다: "너희 중에 고난당하는 자가 있느냐 그는 기도할 것이요 즐거워하는 자가 있느냐 그는 찬송할지니라"(약 5:13). 이는 마치 이런 말씀과도 같습니다: "고난당하는 영혼은 불평하게 되지 않도록 기도할 것이요, 즐거움을 누리는 성도는 그의 기쁨이 감각적인 것이 되지 않도록 찬송할지니라." 육신적인 마음은 번영을 누릴 때에 쉽게 즐거워하고 기뻐하게 됩니다. 오직 성도만이 찬송으로 가득 차는 법입니다. 시편 기자는 바다의 풍랑 중에 파선될 위기에 처하여 있다가 구원받은 뱃사람들에 대해 이렇게 말씀합니다: "그들이 평온함으로 말미암아 기뻐하였다"(시

107:30). 그러나 그렇게 기뻐하면서도 감사할 줄 모를 수도 있습니다. 그러므로 시편 기자는 이렇게 덧붙입니다: "여호와의 인자하심과 인생에게 행하신 기적으로 말미암아 그를 찬송할지로다"(31절).

2. 기도를 통하여 모든 세상적인 쾌락거리들에서 누리는 것보다 더 고상한 기쁨들을 접하게 되고, 그리하여 그것들을 무절제하게 귀히 여기고 높이는 데에 빠지지 않게 됩니다. 어디에서 더 나은 것을 얻게 되는지를 잘 알기 때문입니다. 사람들이 세상적인 행복을 누림으로 지나치게 높이 우쭐해지는 진정한 이유는 신령한 행복에 대해 무지한 데에 있는 것입니다.

3. 기도는 우리의 피조물의 위로들을 거룩하게 하는 하나님의 규례입니다. 모든 것이 다 "하나님의 말씀과 기도로 거룩하"게 됩니다(딤전 4:5). 그러니, 이것을 터득하면 그리스도인이 안전하게 이 시냇물들을 마실 수가 있습니다. 들소가 그 뿔로 그것들을 깨끗하게 했으니, 하나님께서 그것들에 대해 복 주시기를 구하지 않는 자들의 경우와는 달리 사탄이 그것들로 그를 더럽게 할 수가 없습니다. 모든 사람에게는 허영심과 허세가 있으므로, 기도를 통하여 교정하지 않으면 그 사람에게 소화되지 않는 체액이 생겨나기 마련인 것입니다.

넷째. 번영을 누릴 때에 기도함으로써 여러분이 하나님께 의지함으로 현재의 처지를 누리고 있다는 것을 보여주십시오. 여러분에게 생명을 주신 그분이 삶 속에서 여러분의 영혼을 붙잡고 계십니다. 다윗은, "주의 얼굴을 가리시매 내가 근심하였나이다"라고 말씀합니다(시 30:7). 하나님의 권리를 끊어내려 할 때야말로 하나님께서 그의 손길을 거두시는 때입니다. 그럴 때에 누리는 번영은 기도로 초청하지 않았는데도 오는 객인 것입니다. 솔로몬은 우리의 세상적인 자비들에게 날개가 있음을 말씀합니다. 그런데 이 날개들을 붙잡아 매어 떠나가지 않게 할 수 있는 것이 있다면, 바로 기도가 그것입니다. 하나님은 이스라엘을 멸하고자 하셨으나, 모세가 중간에 서 있었습니다. 그들에게 있던 자비가 날개를 펴고 날아갈 지경이었던 적이 여러 번이었으나 그 거룩한 사람의 기도로 인하여 날아가지 않았던 것입니다. 하나님께서는 그의 기도를 뒤에서 잡아채어 무산되게 하실 마음이 없었습니다. 아닙니다. 이스라엘을 살려 두십니다. 그러나 모세의 기도가 그들의 목숨을 구하였다는 것을 알아야 했습니다. 자, 한 거룩한 사람의 기도가 전혀 선하지 못한 다른 이들을 위해 역사하여 그들의 목숨을 구했다면, 하나님의 백성을 위한 성도의 기도는 하나님께 역사하는 힘이 클 것입니다. 땅의 부모를 공경하는 자에게 장

수(長壽)가 약속되어 있습니다. 그런데 기도는 우리 하늘 아버지께 가장 큰 공경을 드리는 것입니다. 그러므로 목숨, 혹은 자비를 누리는 삶이 오래 지속되기를 바라면, 그 아버지께 기도로 공경을 드리기를 잊지 말아야 할 것입니다. 그렇습니다. 하나님께서 여러분에게 복 주신 것을 후손에게 전하고 싶으면 가장 좋은 길은 기도로 그것을 하나님의 손에다 잠가두는 것입니다. 여러분이 어떻게 되든, 하나님께서는 반드시 그것을 시행하실 것입니다. 뜻을 갖고 목적을 갖는 것은 사람이지만, 시행하시는 분은 하나님이십니다. 그에게 맡기십시오. 그러면 여러분의 후손을 그가 보살피실 것입니다.

다섯째. 번영을 누릴 때에 기도하십시오. 그리하면 번영이 사라져도 여러분은 그대로 있을 것입니다. 기도가 혹 세상적인 자비가 살아 있도록 지켜줄 수 없을 경우가 있으나, 그것이 사라질 때에도 기도는 여러분의 마음이 살아 있도록 강력한 영향력을 발휘할 것입니다. 오오, 사람의 재물과 위로가 동시에 같은 무덤에 파묻힌다면, 이는 참 슬픈 일입니다! 세상의 것들을 누리는 동안 기도로 임했던 자만큼 그것들을 잃어버리는 상황을 잘 견디는 사람은 없습니다. 욥은 번영을 누리고 있고 자녀들은 물론 다른 모든 것들이 살아 있을 때에, 바로 이 임무를 통하여 하나님과 끊임없이 교제했습니다. 그는 날마다 자녀들을 "성결하게" 했습니다(욥 1:5). 그는 부귀를 누리며 스스로를 칭찬하지 않았고, 그들에게 하나님께서 복 주시기를 구하였습니다. 그런데 그가 얼마나 편안하게 모든 일을 다 견디는지를 보십시오: "주신 이도 여호와시요 거두신 이도 여호와시오니 여호와의 이름이 찬송을 받으실지니이다"(욥 1:21). 다윗은 아들이 살아 있는 동안 그를 위하여 기도하였고, 그가 죽었을 때에 그만큼 눈물을 덜 흘린 것입니다.

Ⅲ. 항상 기도한다는 것은 날마다 기도한다는 뜻입니다. 그리스도인이 날마다 끊임없이 이 임무를 행할 때에, 기도는 안식일에 하는 일이 아니라 매일 행하는 일상적인 일이 됩니다: "내가 날마다 주를 송축하며 영원히 주의 이름을 송축하리이다"(시 145:2). "매일 드리는 제사"가 이것을 예표하며, 그리하여 그것을 "늘 드릴 번제"(출 29:42)라 부릅니다. 이는 날마다 그리스도로 말미암아 하나님의 손에 자비를 구하여야 한다는 것을 보여주는 것입니다. 주님이 제자들에게 기도를 가르치실 때에, 그는 일주일 분의 양식을 구하라거나 내일의 양식을 구하라고도 하지 않으셨고, 오늘 필요한 양식을 구하라고 하셨습니다. 이는 분명 우리가 날마다 하

나님께 양식을 구하여야 한다는 것을 나타내 주는 것입니다. 또한 하나님께서 만나를 주실 때에 한 달 먹을 양이나 일주일 먹을 양을 한꺼번에 주시지 않고, 하루에 필요한 양만을 주심으로써, 날마다 계속해서 하나님께 의지하여야 하고 또한 양식을 베풀어 주시는 그분을 날마다 바라보게 하고자 하는 목적이었습니다. 우리 역시 그들과 마찬가지로 필요한 것들이 있지 않습니까? 우리의 몸도 그들처럼 연약하여 날마다 양식이 공급되지 않으면 지탱될 수가 없습니다. 낮과 밤에 필요한 떡을 위하여 하나님께 의지하고 있지 않습니까? 그러므로 구태여 오늘 하나님과의 교제를 새롭게 하지 않고 어제의 양식으로도 얼마든지 활기 있게 살 수 있다고 생각하는 사람은 자기의 영혼의 상태를 너무나 과대평가하는 것입니다. 젖을 빠는 아이가 하루 종일 젖을 마다하면 그 아이의 건강상태가 좋지 않다고 생각할 것입니다. 이와 마찬가지로 하루 종일 기도로 영적인 양식을 얻기를 마다한다면 여러분의 영혼의 상태가 잘못되어 있다고 결론지을 수 있는 것입니다. 이 기도의 임무가 제대로 굴러가지 않는다면, 날마다 여러분이 새롭게 범하는 죄들로 인하여 매일 그것들을 고백하고 용서를 구해야 할 처지가 될 것입니다.

해가 지도록 형제를 향하여 분을 품지 말아야 한다는 법이 우리에게 있습니다(참조. 엡 4:26). 그런데 날마다 하나님의 진노를 받아 마땅한 우리가 감히 해가 지도록 그 문제를 하나님과 우리 사이에 올려놓지도 않는단 말입니까? 요컨대, 날마다 그 날에 합당한 새로운 자비가 베풀어집니다. "여호와의 인자와 긍휼이 무궁하시므로 우리가 진멸되지 아니함이니이다. 이것들이 아침마다 새로우니 주의 성실하심이 크시도소이다"(애 3:22, 23). 이 새로운 긍휼로 인하여 우리는 날마다 새로운 빚을 지게 되는데, 하나님께서는 그 빚을 지불하는 길을 말씀하셨습니다. 곧, 찬송을 올리는 것이 그것입니다. 이것이 없이는 그 긍휼을 거룩하게 사용하기를 기대할 수가 없습니다. 베풀어지는 음식을 먹고도 감사할 줄 모르는 자야말로 가장 몹쓸 사람입니다. 어제 감사를 드렸으니 구태여 새삼스레 감사하지 않고도 이 음식을 먹을 수 있다고 생각한다면, 이는 정말 어리석은 변명입니다. 우리는 매일 그저 식탁에 차려지는 음식만이 아니라 그보다 훨씬 더한 긍휼과 자비를 얻고 있으니 매일 하나님을 찬송해야 마땅합니다. 우리는 긍휼을 입고 있고, 긍휼을 숨 쉬고 있고, 긍휼에 의지하여 행하고 있습니다. 우리의 인생 전체가 사실상 한 가지 긍휼에서 또 다른 긍휼을 누리는 데에로 나아가는 것 외에 아무것도 아닙니다. 하나의 의복이 해어지면 또 다른 의복을 입고 새로운 잔치를 맞이합니다. 그런데, 하나님이 날마다 새로운 기름으로 우리 머리를 적셔 주시니 우리는 새로운 찬송으로 그에게 면류관을 씌워드리는 것이 합당하지 않습니까? 그리스도인이 하루에 몇 번이나 기도해야 하는지에 대해서는 자세히 말씀드리지 않겠습니다. 최소한 아침과 저녁, 두 차례는 되어야 합니다. 기도는 아침을 여는 열쇠요 밤을 잠그는 자물쇠가 되어야 합니다. 아침에 자리에서 일어날 때에 기도로 눈을 뜨지 않고, 또한 밤에 자리에 누울 때에 기도로 눈을 감지 않는다면, 우리가 그리스도인이라는 것을 보여주지 못하는 것입니다. 이는 율법에서 아침과 저녁 제사를 명령하는 것과도 일치하는 것입니다. 그렇게 두 차례의 제사를 명하여, 그 중간에 원하는 대로 얼마든지 자원하는 대로 제사를 드릴 여지를 남겨놓은 것입니다. 아침과 저녁 외에 원하는 만큼 자주 기도하십시오. 그리하여 이 경건한 임무가 여러분의 구체적인 직업의 필수적인 임무들과 서로 다투지 않게 하십시오. 더 자주 기도할수록 더 좋습니다. 다윗은 하루에 일곱 번 기도했습니다. 그러나 여러분이 정한 기도의 시간을 줄이고 잘라 버리지 않도록 주의하십시오. 시편 기자는 이렇게 말씀합니다: "주의 이름을 찬양하고 아침마다 주의 인자하심을 알리며 밤마다 주의 성실하심을 베풂이 좋으니이다"(시 92:2, 3). 하나님은 알파와 오메가이십니다. 그러므로, 우리는 그의 긍휼을 우리에게 베푸심으로 하루를 시작하시고 끝맺으시는 그 하나님을 찬양함으로 하루를 시작하고 끝맺는 것이 합당한 것입니다.

자, 그리스도인 여러분, 이제 여러분이 해야 할 임무를 분명히 보셨습니다. 하루의 수고에 하나님께서 함께하시고 밤의 쉼을 편안하게 해주시기를 바라면, 아침과 저녁의 기도로 그 둘을 움켜쥐십시오. 아침에 하나님 몫의 시간을 떼어드리기를 소홀히 하는 자는 하나님이 받으셔야 할 것을 그에게서 빼앗는 것은 물론, 신실한 기도를 통해 하늘로부터 그의 하는 일에 임하게 될 복을 잃어버리니 하루 종일 자기 자신에게 도둑이 되고 맙니다. 그리고 기도가 없이 밤에 눈을 감는 자는 침상이 펴지지도 않았는데 자리에 눕는 것과 마찬가지입니다. 그런 자는 마치 성을 지킬 보초병을 세우지도 않고 홀로 잠자리에 드는 어리석은 장군과도 같습니다. 하나님은 그의 백성을 지키시는 분이십니다. 그런데 하나님께서 그의 섭리로 자신을 지켜 주시도록 밤을 그에게 맡기지도 않은 자가 과연 그의 지키심을 받을 기대를 할 수 있겠습니까? 하나님의 명령에 천사들이 그의 성도들의 처소 주위에 장막을 칩니다. 그러나 마치 북이 울려서 보초병들을 불러 모아 경계하듯이, 하나님께서도 우리가 겸손한 기도로 그 천사들의 지키는 사역을 구하기를 기대하시는 것입니다. 자, 이제 여러분이 날마다 이 기도의 임무를 행하는 중에 주의해야 할 점을 한 가지 말씀드리고 이 강론을 마치도록 하겠습니다.

주의사항. 이 기도의 임무를 날마다 행하다가 그것이 생명 없는 형식으로 전락하는 일이 없도록 주의하기 바랍니다. 흔히 겪는 일이지만 그 일을 행할 때에 그저 습관적이고 별 의미 없이 행하게 되기가 쉽습니다. 기도를 끊임없이 계속하면서도 습관적이 되지 않는 자는 보기 드문 그리스도인일 것입니다. 외형적인 형식과 질서 있는 행위가 없이는 신앙의 힘이 보존될 수가 없습니다. 하지만 날마다 행하는 그런 임무 중에 형식적이 되지 않는다는 것도 매우 힘듭니다. 단정한 예복을 입고 있을 때에는 매우 산뜻하고 멋져 보이다가도 평상복으로 갈아입으면 아주 꾀죄죄해지는 사람들이 많습니다. 이처럼 금식 중에나 안식일에 그 거룩한 때와 그 일의 특별한 무게감으로 인하여 기도의 임무에 어울리는 무언가 엄숙함과 신령한 면을 드러내 보이다가도, 매일의 일상적인 기도에서는 너무 가볍고 꾀죄죄한 모습으로 바뀌는 경우가 얼마나 많습니까!

자, 그리스도인 여러분, 온 힘을 다하여 날마다 하나님께 나아가는 일에서 여러분의 심령의 생기와 활기를 그대로 유지할 것을 다짐하시기 바랍니다. 음식을 먹기 전에 식욕을 돋우듯이 기도하기 전에 여러분에게 있는 은혜들을 잘 돋우기를 바랍니다. 허기진 상태로 저녁 식사를 대하듯이, 그렇게 허기진 상태로 이 임무에 임하기를 힘쓰십시오. 이를 위해서는 여러분의 삶의 여정 전체에서 여러분의 마음을 거룩하게 살피는 것만큼 효과적인 것이 없습니다. 하루 종일 마음을 잘 살핀 사람은 밤에 기도하기에 합당하도록 마음을 잘 준비할 가능성이 매우 높습니다. 그러나 느슨하게 행하게 되면 게으르고 산만한 기도를 낳게 되기 십상입니다. 밤에 행할 일을 자주 기억하며 낮 동안을 지내기를 바랍니다. 여러분의 하나님께 가까이 나아가야 하고, 그렇게 하면 낮 동안 하나님께로부터 책망 받을 우려가 있는 일을 하기를 두려워하게 될 것입니다. 사도는 이렇게 교훈합니다: "외모로 보시지 않고 각 사람의 행위대로 판단하시는 이를 너희가 아버지라 부른즉 너희가 나그네로 있을 때를 두려움으로 지내라"(벧전 1:17). 이는 마치 이런 뜻과도 같습니다: "기도하기를 진정 원하느냐? 그러면 너희 삶의 여정 전체를 살펴보고, 과연 하나님을 두려워함 가운데 있는지를 확인하라. 그렇지 않으면 그 일을 행할 마음이 별로 없게 될 것이요, 또한 그만큼 하나님이 너희를 반가이 맞으시리라는 소망도 별로 없을 것이다. 왜냐하면 그는 기도하는 모든 사람을 판단하시되, 그들의 기도로

만이 아니라 그들의 행위와 삶으로 판단하시기 때문이다."

제 2 장
기도의 종류

"모든 기도와 간구를 하되"

기도에 대한 사도의 지침 가운데 두 번째 대지가 이어지는데, 이는 그리스도인이 기도를 행할 때에 염두에 두어야 할 기도의 종류에 관한 것입니다. 때에 관해서는 "항상" 기도해야 하며, 기도의 종류에 관해서는 "모든 기도와 간구"를 해야 합니다. 그런데 두 대지로 상세히 밝히겠습니다만, "모든"에는 두 가지가 있습니다. 첫째. 기도의 모든 양태(all manner)가 있습니다. 둘째. 기도의 모든 문제(all matter)가 있습니다.

—

첫째 대지

["모든 기도"는 양태의 다양성을 지칭함]

첫째 대지부터 다루겠습니다만, 기도의 양태(*modus orandi*)가 그것인데, 여기에는 몇 가지 구분과 구별이 있습니다. 첫째. 갑작스러운 즉흥 기도가 있고, 미리 작성된 정해진 기도가 있습니다. 둘째. 작성된 기도는 홀로 하는 기도나 혹은 다른 이들과 함께 하는 공동 기도로 나누어집니다. 셋째. 공동 기도는 가족 내에서 행하는 사적인 기도나 혹은 교회 내에서 행하는 공적인 기도로 나누어집니다. 넷째. 홀로 하는 기도나 공동 기도, 사적인 기도나 공적인 기도는 보통 기도나 혹은 특별 기도로 나누어집니다.

[즉흥기도와 작성된 기도의 구분]

첫째 구분. 갑작스러운 즉흥 기도가 있고, 미리 작성된 정해진 기도가 있습니다.

첫째. 갑작스러운 즉흥 기도란 다른 것이 아니라 갑작스레 닥치는 환경에 즈음하여 영혼이 하나님께 토로하는 간구로, 짧지만 생기 있는 표현으로 우리의 소원을 하나님께 아뢰는 것입니다. 때로는 음성으로 나오기도 하고, 때로는 은밀한 마음의 활동으로 그저 탄식으로만 나오기도 합니다. 혀의 활을 사용하지 않고서도 하늘을 향해 화살을 쏘아 올리는 것입니다. 모세의 기도가 바로 이런 기도였습니다. 그의 기도가 하나님의 귀에 어찌나 크게 울렸든지, 하나님께서 모세에게 물으셨습니다: "너는 어찌하여 내게 부르짖느냐?"(출 14:15). 그러나 본문에는 그가 아뢴 말씀이 하나도 나타나지 않습니다. 그 당시는 모세가 다른 때처럼 홀로 물러가 안정되고 고요한 상태에서 기도를 드릴 여유가 전혀 없었습니다. 원수들이 등 뒤에 와 있고, 또한 이스라엘 백성들은 그가 공연히 그들을 꾀어내어 바다에 빠져 죽거나 애굽 사람들에게 죽임 당하거나 둘 중의 하나밖에 없는 함정에 몰아넣었다고 하며 투덜거리며 원망하고 있었기 때문입니다. 그리하여 모세는 짧은 즉흥적인 말로 가장 확실하고도 신속하게 그의 소원을 하늘로 올려 보냈을 것이며, 16절에서 보듯이 그것이 급속하고도 복된 응답으로 돌아온 것이 분명합니다.

느헤미야 역시 왕을 알현하고서 그에게 질문을 받고 대답하기 전에 하나님께 짧게 기도를 올렸습니다: "왕이 내게 이르시되 그러면 네가 무엇을 원하느냐 하시기로 내가 곧 하늘의 하나님께 묵도하고 왕에게 아뢰되"(느 2:4, 5). 왕으로 하여금 그의 대답을 기다리게 하는 무례를 범하지 않도록, 이 거룩한 사람은 하늘을 향하여 아주 잠깐 동안 — 순간적으로 — 하나님께 아뢰었습니다. 때로는 활을 당겨 화살을 날리듯이 성도들이 그들의 소원을 몇 마디 아주 열정적인 말로 표현하는 것을 보기도 합니다. 그 옛날 야곱은 자기 아들들을 애굽으로 다시 보낼 때에 그 땅의 총리의 마음을 누그러뜨리고자 갑절의 돈과 진기한 선물을 그들에게 들여보내면서, 하나님께서 그들과 함께해 주시기를 바라는 소원을 즉흥적인 기도로 올렸습니다: "전능하신 하나님께서 그 사람 앞에서 너희에게 은혜를 베푸사 그 사람으로 너희 다른 형제와 베냐민을 돌려보내게 하시기를 원하노라"(창 43:14). 또한 다윗은 아히도벨이 압살롬의 편에 섰다는 첩보를 접하고서, 다음과 같은 즉흥 기도를 하나님께 드립니다: "여호와여 원하옵건대 아히도벨의 모략을 어리석게 하옵소서"(삼하 15:31). 다윗은, "내가 하루 일곱 번씩 주를 찬양하나이다"(시 119:164)라고 말하는데, 이는 바로 이런 종류의 기도를 뜻하는 것으로 보입니다. 마치 교황주의자들이 그들의 7시간의 정규시간에 맞추어 행하듯 그렇게 다윗이 매일 일곱 번씩 정규기도 시간을 가졌다는 뜻은 아닙니다. 여기 일곱이라는 특정한 숫자는 불특정한 다수를 뜻하는 것입니다. 그러므로 이 말씀은 다름이 아니라, 곧 그가 하루에 매우 자주 하나님을 찬양하였고, 언제나 섭리의 기미가 보일 때마다 그의 거룩한 마음이 이를 취하여 기도와 찬양으로 하나님께 올려드렸다는 뜻입니다.

자, 이러한 즉흥 기도를 행하게 하기 위해, 먼저 그리스도인이, 하나님과 더 엄숙한 교제를 나누는 정해진 기도 시간 외에 이따금씩 이처럼 속마음을 토로하는 즉흥 기도로써 하나님을 찾고 그의 임재 속으로 들어가야 하는 이유가 무엇인지를 말씀드리겠습니다. 이러한 즉흥 기도가 그리스도인을 방해한다거나 혹은 그가 누리는 다른 것을 가로막을 필요가 없기 때문입니다. 여행하는 중입니까? 이때에 짧게 마음을 하나님께 토로한다 해도 집으로 향하는 여정이 조금도 지체되지 않습니다. 밭에서 일을 하는 중입니까? 이 기도 때문에 쟁기가 그냥 서 있을 필요가 없습니다. 꿀벌이 꽃에서 꿀을 빨아들인다고 들판이 더 나빠지는 것이 아니듯이, 은혜 안에 있는 영혼이 즉흥 기도를 통하여 영적인 교제를 갖는다고 해서 그 사람의 세상적인 일들이 방해를 받는 것이 아닌 것입니다.

[그리스도인이 즉흥 기도를 사용해야 할 네 가지 이유]

이유 1. 첫 번째 이유는 하나님께 기인합니다. 그는 그 자녀들의 기도를 크게 기뻐하신다는 것을 보이시고자 그의 문을 활짝 열어두셔서, 낮이든 밤이든 언제든지 우리가 그럴 마음이 있을 때에 기도로 그를 찾고자 할 때에 우리가 환영받도록 하십니다. 아니, 그저 우리에게 그럴 자유를 주신 것만이 아니라 한 가지 법을 세우셨으니, 곧 할 수 있는 만큼 자주 그에게 아뢰어야 한다는 것이 그것입니다. 그렇기 때문에 그는 우리더러 "쉬지 말고 기도하라"고 하시며(살전 5:17), 또한 "무엇을 하든지 말에나 일에나 다 주 예수의 이름으로 하고 그를 힘입어 하나님 아버지께 감사하라"고 명령하시는 것입니다(골 3:17). 이런 본문들이 뜻하는 것이 무엇이겠습니까? 우리가 그의 성령과 섭리로 말미암아 기회가 생길 때마다 기도로 우리 마음을 그에게 올려드려야 한다는 것이 아니겠습니까? 아침에 기도로 하루를 시작하고 난 후 밤에 다시 기도로 하루를 마감할 때까지 한 번도 하나님을 다시 생각하지 않는 것이 계속해서 기도하는 것이라 할 수가 있겠습니까? 아버지가 멀리 사는 아들에게 자주 소식을 전해 달라고 당부할 때에, 배달부가 올 때마다 장문의 글월을 기대하지는 않아도, 후에 여유가 있을 때에 자기의 생각을 충실하게 담은 글월을 보내더라도 그 때까지 입의 말로 소식을 전하든가 하는 방법으로라도 짧게나마 소식을 주기를 기다릴 것입니다. 하나님은 쉬지 말고 기도하라고 명령하십니다. 자, 우리가 언제나 무릎을 꿇고 엄숙하게 기도의 임무를 행하고 있을 수는 없다는 것을 그도 잘 아십니다. 그러므로 그는 우리가 일이 있을 때마다 그를 기억하고 그에게 기별하기를 기대하시며, 하루에 일어나는 갖가지 섭리들로써 이 임무를 넌지시 암시해 주시고, 성령께서 기꺼이 우리의 배달부가 되사 우리의 소식을 하나님께 전달해 주시는 것입니다.

이유 2. 두 번째 이유는 그리스도인의 삶 전체에서 즉흥 기도가 훌륭하게 쓰인다는 데에서 취할 수 있을 것입니다.

(1) 즉흥 기도는 사탄이 우리의 마음에 쏘아대는 갑작스런 화살들을 대적하는 데에 훌륭하게 쓰입니다. 훌륭한 성도들에게 마귀가 공격하느라 바쁘지 않다면 이는 이상한 일일 것입니다. 이 더러운 영이 감히 공격하지 못할 만큼 마음이 순결하고 정결한 자는 아무도 없습니다. 마귀의 시험이 우리의 상상을 색칠해 놓으면 그것들을 말끔히 닦아내기가 힘듭니다. 그것이 깊이 젖어들어 우리의 감정에 무언가 악성의 티를 남기게 되는 법입니다. 그러므로, 그런 화살이 지옥으로부터 여러분에게 날아올 때에, 무언가 거룩한 즉흥적인 간구를 통하여 여러분의 화살을 하늘로 쏘아 올리는 것만큼 그 시험을 해결하는 좋은 방법이 없는 것입니다. 이처럼 믿음으로 하는 즉흥 기도로 그 원수의 심장을 꿰뚫을 수 있을 것입니다. 다윗이 한 번 드린 짧은 기도에 그를 대적하던 아히도벨의 모략을 무력화시키신 하나님이시니, 그는 여러분의 믿음의 기도에 마귀까지도 바보로 만드실 수 있습니다. 그리스도께서는 "사탄아, 주께서 너를 꾸짖으시기를 원하노라"라고 말씀하십니다(유 1:9). 하늘이 경계하면, 이때야말로 사탄이 물러갈 때입니다. 도둑들이 집을 털려고 할 때에 그 안에 있는 사람들이 북을 두드리거나 비명을 지르며 도움을 청하면

그들은 곧바로 도망칩니다. 혹여 시험을 당할 때에 여러분이 한 번 도움을 요청했는데도 하나님께서 임하사 이 불청객들을 제거해 주지 않으신다 해도, 여러분의 부르짖음 그 자체가 — 그것이 마음에서 우러나온 간절한 것이라면 — 그 불청객들의 악한 짓에 여러분이 가담했다는 의혹을 제거시켜 줄 것입니다.

(2) 즉흥 기도는 세상에 대한 그리스도인의 애착을 줄이는 하나님의 주권적인 수단 중의 하나입니다. 세상이야말로 그리스도인이 당면하는 가장 악한 원수 중의 하나입니다. 왜냐하면 그것이 영혼을 질식시키고, 그리스도인의 심령을 무디게 하고, 그의 성격 자체를 변화시키기 때문입니다. 죽어가는 사람이 아니면 과연 누가 땅의 냄새를 풍기며 안면에서 땅의 색깔을 풍기겠습니까? 마음이 땅의 냄새를 많이 풍기면 속히 은혜가 죽어 버리고 맙니다. 그런데, 기도가 무엇입니까? 영혼을 땅으로부터 하늘로 들어올리는 것이 아닙니까? 이를테면 하나님께로부터 오는 신선한 공기와 새로운 은혜의 영향력을 하루에 많이 들이마실수록 우리의 심령도 그만큼 세상적인 애착에 물들지 않게 될 것입니다. 어떤 사람이, "훌륭한 모양의 품위 있는 집을 갖기를 바랍니까?"라는 질문을 받고, 이렇게 대답했다고 합니다: "아닙니다. 내가 로마에 있었는데, 거기서 그보다 더 훌륭한 건물들을 많이 보았으니 말입니다." 사탄이 그리스도인에게 세상의 쾌락거리들이나 보화들을 제시할 때에 — 그는 그리스도인을 속여 그런 것들에 홀딱 빠지도록 만들려 합니다 — 은혜 안에 있는 영혼은 이렇게 대답할 수 있을 것입니다: "아니다. 내가 천국에 있었는데, 거기서는 내 하나님과의 교제 속에서 이것들보다 더 좋은 것을 누리지 않은 때가 단 한 시간도 없었다."

이유 3. 즉흥 기도는 주어진 임무를 더욱 엄숙하게 행하고자 하는 거룩한 정서를 그리스도인의 마음에 유지시켜 줍니다. 세상적인 일에서 하늘에 속한 자의 면모를 잘 유지하는 자는 하늘에 속한 일에서 세상적인 면모를 드러내는 면이 적을 것입니다. 한 성도는 죽어가면서 다음과 같이 멋지게 말했습니다: "나의 처소가 바뀌는 것일 뿐, 나와 함께 하는 동무가 바뀌는 것은 아니다." 이처럼 즉흥 기도를 자주 드리는 그리스도인은 더 엄숙한 기도의 시간을 가질 때에 세상으로부터 하나님께로 나아가는 것이 아니라 하나님께로부터 하나님께로 나아가는 것입니다. 곧, 하나님을 일시적으로 바라보던 데에서 하나님을 좀 더 꾸준히 바라보는 데에로 옮겨가는 것입니다. 반면에, 그렇지 않은 사람은 오전에 하나님을 뵙고는 물러가서 더 이상 그를 대면하지 않다가 습관적으로 행하는 기도 시간이 되어야 비로소 다시 하나님을 뵈려 하는 것입니다. 오오 여러분, 그런 사람이 하늘에 속한 자의 마음으로 기도하기가 얼마나 어렵겠습니까! 그릇에 가득 채워 놓은 내용물을 그 그릇에서 퍼낼 수 있습니다. 물을 그릇에 가득 채워 놓았는데, 거기서 포도주를 퍼낸다는 것은 기적이 일어나지 않는 한 불가능한 일입니다. 그런데 무엇이라고요? 여러분이 하루 종일 여러분의 마음을 땅의 흙으로 가득 채워 놓고는 — 하루 종일 하나님을 생각 속에 담지도 않고 — 밤에 거기서 하늘을 퍼내려 한다고요? 저녁 제사를 위해 쓸 불을 얻고 싶습니까? 하늘로부터 새로운 불이 갑자기 떨어지기를 기대하지 말고, 이미 여러분의 제단에 있는 불을 하루 종일 지키기를 힘쓰십시오. 이를 위해서는 이 즉흥 기도의 연료를 계속해서 공급하는 것보다 더 좋은 방법은 없는 것입니다.

이유 4. 즉흥 기도는 여러분의 영혼이나 육체를 무겁게 짓누르는 큰 환난을 가볍게 하는 데에 훌륭하게 쓰입니다. 다른 이들이 수심에 잠겨 있고, 마음에 원망이 가득하고 근심걱정으로 기력을 낭비하고 있는 동안, 이 즉흥 기도는 그리스도인에게 날개가 되어 근심걱정을 넘어서 훨훨 날아가게 해주며, 현재 당하는 환난의 시끄러운 소음 가운데서도 그의 영혼으로 하여금 즉시 하늘로 화살을 날리게 해 줍니다. 무언가가 불안을 조장하기 시작할 때에 그것이 생각에 박혀서 마치 육체의 가시처럼 되게 하지 않고 즉시 무언가 하늘의 묵상을 하거나 하나님께 즉흥적으로 기도함으로써 그것을 발산시켜 버리는데 어떻게 불편한 마음의 상태가 오래 갈 수 있겠습니까? 환난의 소식이 하나씩 목을 짓누를 때에, 욥이 오로지 그가 당하는 환난만을 생각했더라면, 그 환난을 도무지 견딜 수가 없었을 것입니다. 그러나 그는 그의 마음을 하나님께로 높이 올릴 수 있었고 — "주신 이도 여호와시요 거두신 이도 여호와시오니 여호와의 이름이 찬송을 받으실지니이다"(욥 1:21) — 이런 경건한 묵상 혹은 즉흥 기도가 그에게 말할 수 없는 평안을 가져다준 것입니다. 사실 아주 쓰라리고 격렬한 환난 중에는 긴 시간 아뢸 수가 없습니다. 다른 때처럼 계속해서 장시간 기도의 임무를 행할 수가 없습니다. 전투가 격렬해지고 군대가 원수들과 백병전을 펼치게 될 때에는 큰 대포를 장전할 여유가 없습니다. 그때에는 단검(短劍)이 가장 유용한 법입니다. 환난의 경우가 바로 그렇습니다. 신자는 몸은 허약하고 영혼은 온갖 시험에 압박을 당하는 처지에 있습니다. 사탄이 그에게 무더기로 공격을 해대니 안 그럴 수가 없습니다. 이럴 때에 신자가 잘 할 수 있는 것은 그저 재빨리 짧게 기도를 드리는 것입니다. 자신이 느끼는 고통으로 인하여 한숨짓고는 하늘을 향하여 화살을 쏘아 올려서 하나님의 도우심을 요청하는 것이 전부입니다. 그런데 이런 화살이 전통에 가득한 사람은 복 있는 사람입니다. 그리스도께서는 고뇌 중에 길게 기도하지 않고 짧게 자주 기도하셨습니다: "내 아버지여 만일 할 만하시거든 이 잔을 내게서 지나가게 하옵소서 그러나 나의 원대로 마시옵고 아버지의 원대로 하옵소서"(마 26:39). 그는 기도 사이사이마다 조금 시간적인 간격을 두고 이 짧은 즉흥 기도를 세 번 올리셨고, "그의 경건하심으로 말미암아 들으심을 얻었"습니다(히 5:7).

[적용]

[즉흥기도를 아예 하지 않거나 올바로 하지 않는 자들에게 주는 책망]

적용 1. 이런 기도를 전혀 하지 않거나, 행하되 속된 방식으로 행하거나, 혹은 이 기도는 행하다 다른 종류의 기도는 소홀히 하는 자들에게 주는 책망.

1. 즉흥 기도를 전혀 하지 않는 자들에 대한 책망. 이들의 화살통에는 즉흥 기도의 화살이 하나도 없습니다. 이런 자들의 마음은 마치 활을 구부렸고 또한 화살통에 화살들이 가득한 상태와 같습니다. 하지만 그들이 쏘아대는 화살들은 모두 이 표적을 맞추지 못합니다. 세상이 그들의 사격장이고, 그들은 그들의 모든 생각들을 그리로 날아가게 하는 것입니다. 그들에게 하나님은 그야말로 낯선 분입니다. 하나님과 함께 하루 종일 길을 가면서도, 아침부터 밤까지 그와 대화를 나누거나 그에 대해 생각하는 일이 거의 없습니다. 그런데 여러분, 하나님이 그 사람에게 그렇게 가까이 계시면서도 그의 생각에서 그렇게 멀리 계신다는 것이 얼마나 이상한 일입니까? 도대체 여러분이 어디에 있으며 무엇에 관심을 두기에, 하나님을 기억하지 않고 또한 그에게 마음을 올려드리지 못한단 말입니까? 어느 곳에 있든 하나님이 여러분과 함께 하십니다. 무엇을 사용하든지, 자비를 누리든지, 환난을 느끼든지, 손을 들어 일을 하든지, 그의 조언을 구하고 그가 주시는 복을 구하며 그의 보호하심을 바라며, 혹은 그의 은혜로우신 섭리에 대해 그를 찬송하게 만들지 않는 상황은 결코 없습니다. 여러분이 타고 가는 짐승조차도, 만일 그것이 말을 할 수 있다면 — 전에 발람의 나귀가 그랬던 것처럼 — 여러분의 불신앙을 책망할 것입니다. 길을 가면서도, 그 길에서 사람과 그 짐승 모두를 보존시켜 주시는 그분을

전혀 인식하지 못하고 있으니 왜 아니 그렇겠습니까? 하나님께서 한두 번 말씀하시는데도 야만적인 사람들은 그것을 지각하지 못합니다. 솔로몬은 말씀하기를, "악인의 마음은 가치가 적으니라"(잠 10:20)라고 했습니다. 하나님이 생각 속에 전혀 없는 자의 마음이 그렇다는 것입니다. 아무런 가치가 없는 것들로만 가득 차 있는 마음이 무슨 가치가 있을 수 있겠습니까? 얼마 동안 살아 있다가 이 악인이 죽을 것인데, 그때에는 그들의 모든 생각도 사라지고 무(無)로 돌아갈 것입니다. 과연 그렇습니다. 가령 여러분이 왕과 황제라 할지라도, 여러분의 생각이 하루 종일 땅의 것들로만 가득 차 있다면 — 생각이 높이 날아올라 하나님과의 교제 속으로 들어가는 것이 전혀 없이 — 여러분은 저 더러운 냄새나는 구덩이에 산 채로 파묻혀지는 벌레들과 다를 것이 하나도 없습니다. 여러분의 영혼이 먹고 사는 양식이 저급하고 추하니, 여러분의 영혼의 기질 역시 그럴 수밖에 없는 것입니다.

오오 여러분, 등에는 찬란한 진홍색의 휘장을 두르고 있으나 그 영혼은 더러운 구덩이 속에 뒹굴고 있는 사람들이 세상에 얼마나 많은지 모릅니다! 그들은 산해진미로 배를 채우면서도 영혼에게는 제대로 양식을 공급해 주는 일이 없습니다. 거지인 육체가 말 잔등에 올라 앉아 있고, 임금인 영혼이 말 밑에서 발로 걸어갑니다. 영혼이 겨우 자기 노예를 말 위에 태우고 시중드는 일밖에는 하지 않고, 그 노예인 육체를 어떻게 채우며 무엇을 공급할까 하는 것에 온 생각을 집중시키는 나머지 자기 자신을 위해서는 아무것도 생각할 겨를이 없는 것입니다. 그런데도 이런 자들이 세상에서 유일하게 행복한 자들로 치부되고 있습니다! 반면에 겉으로 드러나는 모습으로는 참으로 초라하기 짝이 없으나 그러면서도 베틀을 잡고 물레바퀴를 돌리는 중에 하나님과 자주 교통하는 이들이 있습니다. 또한 평생토록 온갖 사치와 육신적인 복락 가운데서도 평생을 통틀어 이들이 하루 동안에 누리는 천국과 참된 위로만큼도 못 누리는 이들도 있습니다. 이런 사람들은 그들의 영혼의 장자(長子)인 그들의 생각을 어떻게 운용했는지에 대해 대체 하나님께 무어라고 말씀하겠습니까? 하늘로 올려 보내어 하나님과 담화하게 하는 것이 생각들을 가장 잘 이용하는 것인데, 전혀 엉뚱한 것들이 그들의 생각들을 온통 삼켜 버렸으니 이 얼마나 안타까운 일인지 모릅니다. 하나님이 사람으로 하여금 몸을 똑바로 세우고 걷게 하셨으니 — 다른 짐승처럼 네 발로 기며 등을 하늘로 향하고 입을 땅으로 향하고 네 발로 기게 하지 않으시고 — 사람의 영혼이 그렇게 밑바닥을 기고 땅의 흙을 양식으로 삼아 핥는 것은 절대로 그의 의도가 아니었습니다. 오히려 하나님을 바라보며 영들의 아버지이신 그와의 교제를 누리는 것을 낙으로 삼는 것이 그의 의도인 것입니다. 사람이 기형이어서, 혹은 불구여서 짐승들처럼 손과 발을 다 써서 기어다닌다면 이는 참 보기 민망한 광경일 것입니다. 그러나 영혼이 무지와 감각적인 애착에 완전히 빠져서 땅에서 눈을 떼지 못하고 계속해서 땅만 훑고 있고 눈을 들어 그를 지으신 하나님과 대면하지를 못한다면, 이는 훨씬 더 민망한 일일 것입니다.

2. 이따금씩 이 즉흥 기도의 화살을 하늘로 날리기는 하지만 하나님과 또한 은혜 안에 있는 사람들에게 역겨움을 주는 그런 지극히 속된 방식으로 그 일을 행하는 자들에게 주는 책망. 몹쓸 악인이 말을 할 때에 맹세와 기도를 이상하게 뒤섞어 내뱉는 것을 — 지극히 속된 이야기를 하는 중에 맹세를 내뱉고 헛된 기도를 지껄이는 것을 — 들어본 일이 없습니까? "하나님, 용서하소서!", "하나님, 복을 주소서!", "하나님, 자비를 베푸소서!" 등의 말을 그것이 무슨 뜻인지를 생각지도 않고 그저 무턱대고 떠벌리는 것입니다. 그들의 맹세와 기도 중에 과연 어느 것이 먼저 하늘에 닿으리라 생각합니까? 그들의 맹세와 그들의 기도 중 과연 어느 것이 가장 악한 것인지를 가늠하기가 힘듭니다. 이 몹쓸 악인들이 저 위대하신 하나님을 대체 얼마나 천하고 낮게 생각하기에, 두려움과 떨림이 없이는 생각하거나 발설하지 못할 그의 거룩하고 존귀한 이름을 그렇게 대담하게 떠벌린단 말입니까! "저는 자의 다리는 힘없이 달렸나니 미련한 자의 입의 잠언도 그러하니라"(잠 26:7). 곧, 전혀 어울리지 않는다는 것입니다. 하나님의 이름은 속된 입이 떠벌릴 만한 것이 아닙니다. 그의 이야기는 힘이 없습니다. 지옥과 천국은 서로 너무나 거리가 멂으로, 동시에 한 발은 지옥을, 또 한 발은 천국을 디딜 수가 없습니다. 맹세로 하나님께 화살을 날리고, 기도로 그를 공격하니, 이것이 거룩한 수단을 갖고서 장난질치는 것이 아니면 무엇이겠습니까? 신앙과 눈은 너무나 민감하여 가지고 장난질칠 수가 없습니다. 이런 기도들은 마귀의 화살에서 쏘아지는 것으로 절대로 하늘에 상달될 수가 없고, 그런 화살을 쏘아대는 자에게 저주만 되돌아올 뿐입니다.

3. 이런 즉흥 기도만으로 만족하는 자들에게 주는 책망. 이들은 이따금씩 짧은 즉흥 기도로 하나님을 쳐다보기는 하지만, 좀 더 엄숙한 방식으로 하나님을 구할 생각은 전혀 하지 않습니다. 하나님의 문을 쳐다보고는 곧바로 돌아서 나오는 것에 지나지 않는 이런 것이 과연 여러분이 행하는 기도의 전부입니까? 때로는 하나님께서 여러분이 문 안으로 들어가 좀 더 오랜 시간 진득하게 머물러 교제하기를 기

대하신다는 생각은 하지 않습니까? 이처럼 진득하게 오랜 시간 머물며 교제하는 일을 양심적으로 행하며 동시에 이따금씩 짧게 방문한다면, 이는 분명 하늘에 속한 마음을 지녔다는 훌륭한 징조일 것이며, 또한 그런 방문이 매우 잦다는 것은 은혜가 있다는 것을 여실히 드러내 보여주는 증거일 것입니다. 사람이 정해진 식사 시간이 되기 전에 매우 시장하여 무언가를 먹어 위를 채우고도 저녁 식사 때에 마치 아무것도 먹지 않은 것처럼 왕성한 식욕으로 식탁을 대한다면, 이는 그 사람이 건강하고 강하다는 증거일 것입니다. 하지만 식사 때가 되기 전에 조금씩 먹었다고 정상적인 식사 시간에 거의 혹은 전혀 먹지 못한다면 이는 썩 좋은 증표가 아닙니다. 여기서도 마찬가지입니다. 그리스도인이 아침과 밤에 행하는 정규적인 기도 시간 사이에 영적인 갈증을 느껴 하나님과의 교제를 강하게 갈구하여 도무지 정해진 기도 시간까지 기다릴 수가 없어 이따금씩 즉흥 기도의 음료로 새로운 기운을 얻지만, 그럼에도 불구하고 일상적인 기도 시간에 기도의 임무를 충실히 행한다면, 이는 은혜가 강력하고 활기 있다는 것을 보여주는 것입니다. 하지만 그런 즉흥 기도를 정규적인 기도를 소홀히 하는 핑곗거리로 삼는다면, 이는 그의 심령이 허약하고 어긋나 있다는 것을 보여주는 것입니다. 정규적인 기도에서 감미로움도 별로 맛보지 못하며, 영적인 자양분도 별로 얻지 못한다는 증거입니다. 그렇지 않다면 여러분의 영혼이 하나님과의 교제를 더욱 사모하게 될 것입니다. 다윗은 아침에 눈을 뜨자마자 그의 마음이 하나님을 향하였습니다: “내가 깰 때에도 여전히 주와 함께 있나이다”(시 139:18). 그리고 낮 동안 이리저리 행할 때에도 일이 있을 때마다 그는 하나님과 함께 하였습니다: “내가 하루 일곱 번씩 주를 찬양하나이다”(시 119:164). 즉, “의인은 하루에 일곱 번씩 넘어진다”라는 말처럼, 자주 기도한다는 뜻입니다. 하지만, 이처럼 짧게 하나님을 대면한다고 해서 다윗이 더 엄숙한 기도의 임무를 소홀히 했습니까? 아닙니다. 그에게는 기도를 위해 정해진 시간이 있었음을 봅니다. “저녁과 아침과 정오에 내가 기도하고 크게 외치리니”(시 55:17. 한글개역개정판은 “내가 근심하여 탄식하리니”). 에인즈워스 목사(Mr. Ainsworth. 잉글랜드의 청교도인 Henry Ainsworth[1571-1622])는 이를 정규적으로 정해 놓은 엄숙한 기도를 지칭하는 것으로 해석합니다만, 경건한 유대인들을 하루에 세 차례 시간을 정해 놓고 기도를 드리는 것이 관행이었던 것 같습니다. 저로서는 엄숙한 기도 시간을 소홀히 하는 사람이 즉흥 기도를 진지하게 자주 행한다는 것을 믿을 수가 없습니다. 이는 하나님이 지정하신 날을 지키기를 소홀히 하는 사람이 매일매일을 안식일로 지킨다는 것을 믿을 수 없는 것이나 마찬가지입니다.

[즉흥 기도를 자주 행할 것에 대해 신자에게 주는 권면]

적용 2. 성도들에게 주는 권면. 여러분, 이 즉흥 기도의 임무를 자주 행하기를 바랍니다. 여러분이 이 기도에 대해 전혀 문외한은 아니라고 봅니다만 — 여러분 스스로 그리스도인이라 여기며 또한 그렇게 행한다면 — 저는 이런 종류의 기도와 더욱 친근하게 더욱 가까이 지내는 데에로 여러분을 인도하고 싶습니다. 우리가 이 기도에 능한 사람이기만 하면 우리의 영적인 상태가 금방 복된 전진을 이룰 것이요, 또한 지금 대다수의 그리스도인들이 보여주는 것보다 우리의 지갑에 더 많은 돈을 — 즉, 우리 마음에 더 많은 은혜와 위로를 — 지니게 될 것입니다. 영적인 연금술을 통해서 우리 손에 닿는 모든 것을 황금으로 만들며, 땅에서 천국을 추출해 내며, 또한 만나는 모든 사람과 섭리를 날개로 삼아 하나님께로 날아가는 데에 도움이 되게 할 수 있을 것입니다. 우리의 삶 전체가 — 어느 거룩한 사람에 대해 쓴 글에서 읽은 것입니다만 — 그리스도와 함께 하는 교제로 가득 찬 하루에 지나지 않게 될 것입니다. 그렇게 되면 친구도 원수도, 기쁨도 슬픔도, 직장도 여가도 — 이 세상에서 관여하는 그 어떠한 것도 — 그리스도와의 교제를 방해할 수 없을 것입니다. 그런데 현실은 얼마나 안타까운지요! 마치 불투명한 몸처럼 모든 것이 중간에 가로막아 하나님과 천국을 보지 못하도록 만듭니다. 지금 우리는 — 마치 수렁의 낮은 골짜기를 지나는 여행객처럼 — 이 세상에 대한 생각들이 천국에 대한 생각들 위에 가득 덮여 있는 나머지, 아침부터 밤까지 우리가 목표로 삼고 나아가고 있는 그 영광스러운 성을 거의 바라보지 못하며 또한 그리하여 우리의 여정에서 기쁨을 많이 상실하고 있으므로, 천국을 기쁨으로 바라봄으로써 우리의 나그네 길의 갖가지 난관들 속에서도 위로를 얻고, 또한 우리가 다다를 그 곳을 바라보며 거룩의 길에서 우리의 발을 더욱 민첩하게 움직이게 되어야 할 것입니다. 태양이 수평선에서 떨어지는 일이 거의 없는 그런 환경 속에서 사는 사람들을 아주 유쾌한 환경에 처한 것으로 여깁니다. 그런데 과연 이 즉흥 기도의 임무를 친숙하게 행하며 즐거워하는 사람만큼 내적인 기쁨과 평안의 빛이 끊임없이 그 영혼에 비치는 사람은 없습니다. 그들은 로도스 섬 사람들(Rhodians)에 대해 이야기하는 것처럼 태양 속에 처해 있습니다. 이들은 하나님과의 교류를 — 전혀 중단이 없는 교류는 아니더라도 빈번한 교류를 — 누리며 그로부터 모든 위로와 은혜의 영향력들을 얻을 수 있는 최고로 유리한 위치에 있습니다. 태양빛을 가장 많이 받는 나무들이 가장 멋지고 아름다울 수밖에 없다면, 당연히 하나님과 가장 많이 교류하는 자들이 남들보다 위로와 은혜에서 더 뛰어날 가능성이 높을 것입니다. 꿀벌은 한 꽃에 오래 머물지는 않으나 꿀통을 들락날락하면서 조금씩 꿀을 갖다 놓는데, 이 작은 것들을 통해 많은 양의 꿀이 저장되는 것입니다. 이런 즉흥 기도로는 하나님과 함께 오래 있을 수가 없습니다만, 이 기도를 빈번하게 되풀이함으로써 은혜가 더욱 증가되는 데에 큰 역할을 하게 되는 것입니다. 조금씩 모아도 그 일이 빈번하게 되풀이되면 지갑이 두툼하게 채워집니다. 조금씩 내리는 보슬비도 계속해서 내리면 곡식을 풍성하게 하고 창고를 가득 채우게 하는 것입니다. 이와 마찬가지로, 즉흥 기도처럼 짧은 외침들이 — 천국을 향한 영혼의 분출들이 — 이 마음속에 은혜를 풍성하게 하고 더 많게 하는 것입니다. 자, 어떻게 하면 이런 즉흥 기도를 더욱 친근하게 행할 수 있는지를 궁금해 하신다면, 다음의 몇 마디 권면의 말씀에 귀를 기울이기 바랍니다.

[즉흥 기도를 친숙하게 행하게 하기 위한 몇 가지 도움]

도움 1. 여러분의 마음을 — 즉, 여러분의 마음의 정서(affections)를 — **부지런히** 지키십시오. 하나님을 향하여 이처럼 이따금씩 기도로 마음을 토로하는 일이 거의 없는 이유는 우리의 마음의 정서의 무게가 다른 쪽으로 기울어져 있기 때문입니다. 대접은 기우는 쪽으로 넘어지며, 시냇물은 그 근원의 위치에 따라 흘러내립니다. 우리의 정서가 육신적이면 우리가 땅 쪽을 향하여 가게 되고, 하나님은 거의 안중에 없게 됩니다. 아담은 "자기의 형상과 같은 아들을 낳았다"고 말씀합니다만 (창 5:3), 모든 사람의 마음도 마찬가지입니다. 마음이 땅에 속하여 있으면, 땅에 속한 것에 애착을 둡니다. 마음이 하늘에 속하여 있으면 하늘에 속한 것에 애착을 갖는 것입니다. 그러므로 여러분의 마음이 하늘에 속한 상태를 유지하도록 힘쓰기 바랍니다. 특히 다음의 세 가지 정서들을 — 여러분의 사랑, 두려움, 기쁨을 — 신경 쓰기 바랍니다.

(1) **여러분의 사랑.** 이 불길이 일어나면 거기서 더 많은 불씨들이 나와서 하나님께로 향하게 됩니다. 사랑은 기억과 아주 친한 친구입니다. 간음하는 자는 그 눈이 온통 음녀에게로 향하여 있습니다. 그러나 거룩한 사랑은 그 만큼 하나님을 바라보는 것입니다. 그런 영혼은 줄곧 하나님을 바라봅니다: "내가 여호와를 항상 내

앞에 모심이여"(시 16:8). 또한 하나님을 자주 생각함으로 인하여 마음이 그를 더욱 사모하게 됩니다. "우리 영혼의 사모함이 주의 이름에 있고 주를 기억함에 있나이다"(사 26:8. 한글개역개정판은 "주의 이름을 위하여 또 주를 기억하려고 우리 영혼이 사모하나이다"). 그런데 그 다음에 이어지는 내용을 보십시오: "내가 내 영혼으로 밤에 주를 사모하였사오며, 과연 내 속의 영으로 내가 일찍 주를 구하오리니"(9절. 한글개역개정판은 "밤에 내 영혼이 주를 사모하였사온즉 내 중심이 주를 간절히 구하오리니"). 사랑이 영혼으로 하여금 깊이 생각에 잠기게 하며, 또한 깊은 생각이 기도로 이어지는 것입니다. 묵상은 광석의 상태에 있는 기도로서, 금방 거룩한 사모함으로 녹아지는 것입니다. "내가 깊은 생각에 잠길 때에 불이 붙어서 나의 혀로 말하기를, 여호와여 나의 종말과 연한이 언제까지인지 알게 하사 내가 나의 연약함을 알게 하소서"(시 39:3, 4). 이것은 악인과 함께 있을 때에 시편 기자가 그의 영혼으로부터 쏘아올린 즉흥 기도였습니다.

(2) 여러분의 두려움. 기도에 전혀 문외한이라 생각하는 악인조차도 두려움에 질릴 때면 하나님의 문을 두드리는 것을 봅니다. 그러니 그리스도인은 그보다 훨씬 더하게 모든 일에서 거룩한 두려움으로 그 마음을 하나님께로 올려드리는 것입니다. 직장에서 일하는 중입니까? 거기에 있는 함정을 두려워하십시오. 그러면 그로 인하여 거기서 어떻게 처신할지에 대해 날마다 하나님의 도우심을 구하게 될 것입니다. 다른 사람과 함께 하고 있습니까? 여러분이 상처를 주거나 상처를 받을까를 두려워하면, 여러분을 지키시는 유일한 분이신 그분께 여러분의 마음을 올려드리게 될 것입니다. 거룩한 두려움만큼 이 간구의 임무를 항상 염두에 두도록 만드는 신실한 도구는 없습니다. "여호와를 경외하는 자와 그 이름을 존중히 여기는 자를 위하여 여호와 앞에 있는 기념책에 기록하셨느니라"(말 3:16). 다윗은 이렇게 말씀합니다: "내가 두려워하는 날에는 내가 주를 의지하리이다"(시 56:3). 두려움은 우리로 하여금 우리의 안전이 어디에 있는지를 생각하게 하고, 그리하여 우리를 피난처로 인도해 줍니다. 노아가 홍수를 두려워하지 않았다면 방주는 지어지지 않았을 것입니다. 사람들이 죄도 위험도 두려워하지 않기 때문에 그들이 하루 종일 하나님께 구하지 않는 것입니다. 불경한 세상은 하늘을 등지고 걸으며 아침부터 밤중까지 하나님을 전혀 쳐다보지 않습니다. 그 이유가 무엇인지 우리는 잘 압니다. 곧, "그 눈에 하나님을 두려워하는 빛이 없기" 때문입니다(시 36:1).

(3) 하나님 안에서 누리는 기쁨과 즐거움. 오오 여러분, 이것을 추구하십시오. 두려움이 기도하게 하듯이 기쁨은 찬송하게 합니다. 이제 비로소 여러분의 마음의 도구가 준비를 갖추었습니다. 하나님의 섭리로부터 한 가지 힌트만 주어져도, 그의 성령의 만지심이 한 번만 있어도 그런 영혼은 하나님을 찬양하게 될 것입니다. 육신적인 사람들은 기분이 좋고 즐거운 마음이 들면 집에 앉아서나 말을 타고 길을 가면서 콧노래를 부릅니다. 하물며 하나님의 사랑을 지각하면서 행하는 은혜 안에 있는 영혼은 얼마나 더 자주 가슴 벅찬 기쁨으로 하나님께 거룩한 찬송을 올리겠습니까? "주의 인자하심이 생명보다 나으므로 내 입술이 주를 찬양할 것이라"(시 63:3). "나의 평생에 주를 송축하며"(4절). 그리고 또다시 "나의 입이 기쁜 입술로 주를 찬송하되"라고 합니다(5절). 시편 기자가 거듭거듭 동일한 사실을 말씀하고 있음을 봅니다. 향유를 감출 수 없듯이 기쁨도 감출 수가 없습니다. 향유가 감미로운 향기로 자신을 드러내듯이, 거룩한 기쁨도 하나님께 올려드리는 찬송 소리로 자신을 드러내는 것입니다. 그리스도인 여러분, 그러므로 여러분의 정맥 속의 피가 순결하고 맑기를 바라는 것처럼 여러분의 기쁨도 그렇게 되게 하는 것이 중요합니다. 왜냐하면 이 기쁨 속에서 찬송과 감사의 심령이 표출되기 때문입니다. 자, 여러분의 기쁨을 자라게 하시겠습니까? 그렇다면 약속들을 빨아들이십시오. 약속들은 위로를 주는 가슴이며, 거기로부터 순결하고도 강력한 자양분이 가득한 양식이 흘러나와 이내 피가 — 즉, 기쁨과 평안이 — 되며, 이로써 찬양의 심령이 자라나는 것입니다.

도움 2. 크든 작든 여러분의 모든 일에 하나님께서 섭리로 역사하신다는 강한 깨달음을 마음에 간직하십시오. 곧, 하나님이 하늘과 땅에서 그가 기뻐하시는 일을 행하시므로 이 주요한 바퀴가 움직이기 시작하기 전에는 — 그의 섭리가 행동을 개시하기 전에는 — 여러분이 아무리 땀을 흘리며 수고해도 허사라는 것을 분명히 깨닫는 것입니다. 오오, 이것을 깨달으면 여러분이 얼마나 자주 하나님의 임재 속에 들어가 그에게 마음을 토로하겠습니까! 가령 어떤 사람이 매우 중요한 일을 성사시키려 하는데 그 일의 성패의 열쇠를 쥐고 있는 사람을 알고 있다고 합시다. 그런데 그 사람이 그 중요한 사람과 하루 종일 같이 지내면서도 그와 친해질 생각을 하지 않는다면 이상한 일이 아니겠습니까? 여러분의 처지가 바로 이와 같습니다. 여러분과 관련된 모든 일들이 절대적으로 그 위대하신 하나님의 처분에 맡겨져 있습니다. 여러분의 모든 일 하나하나가 전적으로 그분께서 여러분을 복 주시느냐, 망하게 하시느냐에 달려 있습니다. 그가 함께 하시지 않으면, 여러분의 일은 당장 멈추고 맙니다. 그런데, 이 하나님께서 언제나 여러분과 함께 계십니다. 집에 있든 바깥에 있든, 침상에 누워 있든, 일터에 있든 항상 함께 계십니다. 이 사실을 확실히 믿는다면, 하루에 여러 번씩 그에게로 나아가 여러분의 하는 일에 복 주시기를 간청할 것입니다.

도움 3. 삼가 성령의 역사하심에 순종하십시오. 그리스도인은 성령께서 기억나게 하시는 분으로서 이 기도의 임무를 더욱 엄숙하게 행하도록 일깨워 주시며, 또한 권고자로서 갖가지 일이 있을 때마다 묵상할 거리들을 생각에 제시해 주신다는 것을 알게 될 것입니다. 심지어 세상적인 일을 하는 중에도, 이때야말로 하나님께 즉흥적인 기도로써 하나님께 나아갈 적절한 때라는 것을 일깨워 주시고, 그리하여 하나님의 임재 속으로 나아갈 문을 열어 주시는 것입니다. 때로는 여러분이 과거에 읽었거나 들었던 진리나, 여러분이 받은 자비나, 혹은 여러분이 저지른 죄를 기억나게 해주시기도 합니다. 이 모든 일들이 여러분을 돕고자 하시는 것이 아니면 무엇이겠습니까? 그는 여러분의 생각들을 자극하셔서 여러분으로 하여금 즉흥적으로 하나님께 여러분의 영혼을 토로하게 하고자 그렇게 하시는 것입니다. 자, 그가 주시는 힌트를 취하십시오. 그러면 더욱 그와 함께 하게 될 것이요, 이런 유의 도움을 얻게 될 것입니다. 악한 영이 자신의 사악한 제안들이 환영을 받는 것을 보게 되면 금방 문이 열릴 것을 알고서 더욱 담대하게 그 문을 두드리는 것처럼, 성령께서도 그의 역사하심이 친절한 대접을 받는 것을 보시면 더욱 빈번히 접근하시고, 반면에 여러분이 그의 역사하심을 소홀히 하면 그가 물러가 여러분 자신의 게으른 심령의 움직임대로 행하도록 내버려 두시니 말입니다. 그리스도께서도 제자들이 졸고 있을 때에 세 차례 졸음을 쫓도록 권고하셨으나, 그들이 여전히 졸자 그들에게 "이제는 자고 쉬라"고 말씀하셨습니다(마 26:45).

[계획된 기도: 은밀한 기도와 공중 기도로 구분됨]

둘째 구분. 계획된 기도는 홀로 하는 기도와 다른 사람들과 합하여 하는 공중 기도로 구분됩니다. 이 기도를 계획된 기도라 칭하는 이유는 그리스도인이 상당한 시간을 정하여 다른 일에서 벗어나 좀 더 자유로운 상태에서 스스로 더 엄숙하게 기도하며 하나님과의 충만한 교제를 나누기 때문입니다. 먼저 은밀한 기도부터 말씀드리겠습니다.

첫째. 은밀한 기도. 이는 그리스도인이 홀로 은밀한 장소로 물러가 거기서 그의 영혼을 하나님의 품에 쏟아놓는 것입니다. 그러므로 이 일은 하나님과 그 당사자 자신 외에는 아무도 모릅니다. 여기서 저는 1. 이것이 우리에게 주어진 임무라는 것을 증명하며, 아울러 2. 그 이유를 제시하고자 합니다.

[은밀한 기도는 임무임, 그리고 그 이유]

1. 은밀한 기도 혹은 골방 기도가 우리에게 주어진 임무라는 것을 증명해 드리겠습니다. 은밀하게 홀로 기도로 하나님과 교류하는 일이 그리스도인의 임무라는 것은 그 실천 여부를 떠나서 당연한 일이라 여겨집니다. 오랫동안 빛을 보면서도 그 빛에 대해 반역을 행하며 그 어리석은 마음이 어두워지고 하나님을 바라보는 것도 지각하는 것도 완전히 잃어버린 경우가 아니라면, 심지어 이를 행하는 일에 문외한인 자들도 가슴속에 이 일을 무시하는 것에 대한 가책을 지니고 있는 법입니다. 만일 기도가 임무라면 은밀한 기도는 당연히 임무일 수밖에 없습니다. 은밀한 기도와 다른 모든 기도의 관계는 마치 용골(龍骨)과 배의 관계와도 같습니다. 은밀한 기도와 다른 모든 기도를 떠받쳐 주는 것입니다. 성경의 성도들의 모습을 보면, 그들 모두가 이 은밀한 기도로 하나님과 늘 교류했다는 것을 보게 됩니다. 아브라함은 브엘세바에 나무를 심고 거기로 물러가서 "거기서 영원하신 여호와의 이름을 불렀"습니다(창 21:33). 리브가도 이 임무에 문외한이 아니었습니다. 그녀는 뱃속에서 아이들이 싸울 때에 하나님께 여쭈었는데(창 25:22), 칼빈은 이를 은밀한 중에 기도한 것으로 봅니다. 야곱은 밤중에 이를테면 손과 손을 맞잡고 하나님과 씨름한 것으로 유명합니다. 거룩한 다윗의 삶도 별로 다를 것이 없습니다. 그는 그저 기도할 뿐이었습니다(시 109:4). 시편 119편에서 보듯이, 그는 공적이며 사적인 갖가지 일들을 위하여 어느 정도 시간을 보내는 것을 제외하고 그 나머지 시간은 대부분 묵상과 기도에 할애하였습니다. 엘리야는 로뎀나무 아래에서, 베드로는 다락방에서, 고넬료는 집 모퉁이에서 기도한 것을 봅니다. 그렇습니다. 우리의 복되신 주님은 — 그는 기도가 없이도 전혀 손상받지 않으시고 계속 자신을 유지하실 수 있는 분이셨으나 — 그 누구보다도 은밀한 기도를 자주 하셨습니다. 이른 아침 그는 홀로 기도하셨고(막 1:35), 늦은 밤에도 홀로 기도하셨습니다(마 14:23). 누가복음 22:39, 21:37 등에서 나타나는 것처럼 이러한 그의 기도는 일상적

인 생활이었습니다. 그리하여 그리스도께서 친히 모범을 통해서 이 임무를 거룩하게 뒷받침하셨습니다. 그렇습니다. 이를 정당하게 행할 때에 우리에게 임할 복에 대한 감미로운 약속이 있습니다. 하나님께서는 우리더러 하지 말라고 친히 명하신 일을 우리가 행한 것에 대해 복을 주시겠다고 약속하시지는 않습니다. 그런데 그는 이렇게 말씀하십니다: "너는 기도할 때에 네 골방에 들어가 문을 닫고 은밀한 중에 계신 네 아버지께 기도하라 은밀한 중에 보시는 네 아버지께서 갚으시리라"(마 6:6). 여기서 우리 주님은 하나님의 자녀가 기도로 그 하늘 아버지께 자주 나아가는 것을 지극히 당연한 일로 여기십니다. 그러므로 기도하라고 새삼 명령하시지 않고, 그들이 기왕에 하고 있는 그 기도의 일에 대해 격려하시는 것입니다. 이는 곧 이런 뜻과도 같습니다: "너희가 기도 없이 살 수 없다는 것을 내가 아노니, 너희가 하나님께 기도할 때에 '네 골방에 들어가 기도하라.'" 하지만 그리스도인은 어째서 이런 하나님과의 은밀한 교류를 지속해야 하는 걸까요?

2. 은밀한 기도 혹은 골방 기도가 우리에게 주어진 임무인 이유를 말씀드리겠습니다.

(1) **하나님과 관련한 이유.** 하나님은 우리의 은밀한 눈물을 보실 눈이 있으시고, 우리의 은밀한 탄식을 들으실 귀가 있으시기 때문입니다. 그러므로 우리는 은밀한 중에 그것들을 하나님께 쏟아놓아야 합니다. 은밀한 기도를 어떤 특정한 장소나 시간에만 결부시키는 것은 큰 미신입니다. 사도는 이렇게 말씀합니다: "각처에서 남자들이 … 거룩한 손을 들어 기도하기를 원하노라"(딤전 2:8). 하나님은 어디에나 계십니다. 우리가 교회에 있든, 집에 있든, 가족과 함께 있든, 골방에 홀로 있든, 그를 만날 수 있으니 어디서든 기도해야 하는 것입니다. 우리가 절대로 하나님의 보시고 들으시는 범위 바깥에 있을 수가 없다는 것이야말로 은혜 안에 있는 영혼에게 얼마나 큰 위로가 되는지 모릅니다! 어디서든 우리 자신을 그에게 토로할 수가 있으며 절대로 하나님의 보살피심에서 벗어나 있을 수가 없다니요! 보지 못하면 생각도 사라지는 것이니 말입니다. 이것이 거룩한 다윗에게 큰 위로가 되었습니다. 안타깝게도 그의 친구들과 친족들이 멀리 떠나 있었습니다. 어쩌면 그는 병상에 누워서 마음이 아파 울부짖어도 아무도 들을 수 없었는지도 모릅니다. 하지만 그는 이런 외로운 중에도 하나님께 토로함으로 마음의 평안을 얻습니다. "주여 나의 모든 소원이 주 앞에 있사오며 나의 탄식이 주 앞에 감추이지 아니하나이다"(시 38:9). 요셉은 애굽의 감옥에 갇히는 큰 환난을 당했으나 야곱은 그의 아들

의 그런 처지를 도무지 알지 못했고 상상조차 하지 못했습니다. 그러나 그에게는 그가 환난을 당하는 동안 내내 그와 함께 하셨던 하나님이 계셨습니다.

이 낮은 땅에서 성도들이 홀로 온갖 일들을 당하는 동안 하늘로부터 그들에게 임한 크고 풍성한 도움의 손길들을 성경에서 잘 볼 수 있습니다. 다윗은 이렇게 말씀합니다: "이 곤고한 자가 부르짖으매 여호와께서 들으시고 그의 모든 환난에서 구원하셨도다"(시 34:6). 다윗의 이 말씀은 마치 이런 뜻과도 같습니다. "혹시 여러분이 은밀한 기도로 홀로 하나님께 담대히 나아가기를 두려워할지도 모른다. 다른 이들과 함께는 감히 기도하며 그런 좋은 이들과 함께하니 환영을 받을 것을 기대하고 바라지만, 혼자서는 '과연 하나님이 나를 돌아보시며, 나 혼자서 하는 기도를 들으실까?' 하고 생각할 수도 있다. 하지만 나를 보라. 나는 그야말로 비천한 처지에서, 마치 사람에게 구걸하는 거지의 처지만큼 안타까운 곤경 중에서 — 나의 피를 보려고 목말라 하는 원수들 중에서 도망해 있는 불쌍한 상황에서 — 하나님을 뵙고 그에게 아뢰었는데, 그런 처지에서 부르짖는 나의 간구를 하나님은 들어주셨다. 그러니 외적인 곤경에 처해 있거나 내적인 연약함에 처해 있거나 간에 순전한 심령이 있다면 누구도 겸손한 담대함으로 하나님께 나아가기를 두려워할 필요가 없다." 아니, 더 나아가서 하나님은 우리가 은밀한 중에 기도할 때에 측은한 눈으로 바라보실 뿐 아니라, 우리가 기도하지 않을 때에 진노의 눈으로 바라보시는 것입니다. 어느 임금은 밤중에 변장을 하고 바깥으로 나가서 신하들의 창문 곁에서 그들이 하는 이야기를 들으며, 그들이 과연 자기에 대해 이야기하는지, 또한 자기에 대해 무어라고 이야기하는지를 알고자 했다고 합니다. 단언하건대, 하나님의 눈과 귀가 우리를 살피고 있습니다. "그 때에 여호와를 경외하는 자들이 피차에 말하매 여호와께서 그것을 분명히 들으시고"(말 3:16). 하나님은 그를 경외하는 자들과 그의 이름을 존중히 여기는 자들을 기념책에 기록해 놓고 계시며, 아울러 그를 마음과 골방 바깥에 세워두고 문을 잠가 버리는 자들의 이름도 형벌을 위한 명부에 기록하시는 것입니다. "여호와께서 하늘에서 인생을 굽어살피사 지각이 있어 하나님을 찾는 자가 있는가 보려 하신즉"(시 14:2). 그의 보좌는 하늘에 있으나 그의 눈은 땅을 향하고 있습니다. 그런데 그가 그의 눈으로 살피시는 것이 "지각이 있어 하나님을 찾는 자" 말고 누구겠습니까?

(2) **우리 자신과 관련한 이유.** 우리의 순전함을 더 확실히 입증해 주는 것이기 때문입니다. 은밀한 중에 기도하는 것이 순전함을 보여주는 오류 없는 특징이라

고는 말하지 않겠습니다. 마치 개구리 떼들이 바로의 침실에 기어들었듯이, 우리가 문을 닫을 때에 외식이 우리의 골방 속으로 기어들어올 수도 있으니 말입니다. 하지만 은밀한 기도는 외식자에게서 일상적으로 볼 수 있는 모습은 아닙니다. 은밀한 기도의 임무를 빈번히 행하는 자의 마음이 아무것도 아닐 수도 있습니다만, 분명한 것은 사람들 앞에서만 기도하고 하나님과의 은밀한 교통에 대해서는 전혀 문외한인 자의 마음은 선할 수가 없다는 것입니다. "너희는 기도할 때에 외식하는 자와 같이 하지 말라. 그들은 사람에게 보이려고 회당과 큰 거리 어귀에 서서 기도하기를 좋아하느니라 … 너는 기도할 때에 네 골방에 들어가 문을 닫고 은밀한 중에 계신 네 아버지께 기도하라"(마 6:5, 6). 이 계명은 우리로 하여금 교회로 뿐 아니라 골방으로도 들어가게 합니다. 그러니 그 중 하나만을 택하고 다른 하나를 무시하는 자는 외식자입니다. 왜냐하면 그렇게 함으로써 그 중 어느 것에 대해서도 양심이 깨끗하지 못하니 말입니다. 그는 사람들에게서 신앙인이라는 이름을 얻게 해줄 만한 것을 좋아하며, 그리하여 겉으로 신앙적인 습관을 지닙니다만, 그러는 동안 집에서는 마치 무신론자처럼 사는 것입니다. 그런 사람도 일시적으로 세상의 유명한 성도가 될 수 있을지 모릅니다만, 마지막에 가서는 하나님께서 그의 본 모습을 보이시고 그가 외식자임을 온 세상 사람들의 눈앞에 드러내실 것입니다. 참으로 친구를 사랑하는 사람이라면 그 친구가 혼자 있을 때에 그를 찾아가 그와 더불어 사사로운 교제를 나누기를 기뻐하기 마련입니다. 어느 경건한 사람은 자신이 정해 놓은 사적인 경건의 시간이 되면 누구와 함께 있든지 간에, "나를 기다리는 친구가 있어서 가야겠네! 다음에 보세!"라고 말하고는 홀로 물러갔다고 합니다. 이 세상의 친구가 아무리 좋아도 하늘의 하나님과의 교제를 누리기 위해서라면 그들과 이별하는 것이 합당한 일일 것입니다. 어떤 이는 자기 친구들이 자기에게서 시간을 빼앗는다고 해서 그들을 도둑들이라 불렀다고 합니다. 과연 우리의 기도 시간을 빼앗아가는 자보다 더 나쁜 도둑은 없을 것입니다.

(3) 그 임무 자체와 관련한 이유. 은밀한 기도를 거룩하게 운용함으로써 그리스도인의 삶에 미치는 영향이 지대하기 때문입니다. 이 은밀한 기도의 임무는 우리의 영적인 건축물의 뼈대 전체를 지탱시키는 대들보입니다. 이것이 없으면 그리스도인의 집은 — 솔로몬이 게으름뱅이에 대해 말씀한 것처럼 — 창문가에서 무너져 내릴 것입니다. 집이 서 있도록 유지하는 데에 가장 필수적인 것은 땅 속에 있는 기초입니다. 사람의 생명을 유지시켜 주는 것은 바로 그의 가슴속의 심장인

데 이것은 눈에 보이지 않습니다. 은밀한 교제를 중단해 버린다는 것은 여러분의 집 전체를 가벼이 대하는 것이요, 여러분의 경건의 심장을 찌르는 것과 마찬가지인 것입니다. 나무의 뿌리가 자라지 않으면, 머지않아서 그 가지가 말라 버립니다. 이런 식으로 쇠퇴하는 자는 다른 데에서도 결코 유익을 얻을 수가 없습니다. 아무리 열정적으로 보인다 해도 이 은밀한 기도가 없으면, 마치 겉의 기관들은 뜨겁게 달아오르는데 속의 기관들은 냉기가 흐르는 것처럼 정상이 아닌 열병 증상 이외에 아무것도 아닌 것입니다. 그런 사람은 다른 이들은 살리고 위로를 주도록 기도하면서도, 정작 자기 자신은 아무런 유익을 얻지 못하는 것입니다. 사실 이것은 배도(背道)로 향하는 첫 걸음인 것입니다. 타락하는 자들은 맨 먼저 은밀한 중에 하나님과 대면하는 것에서부터 멀어지는 법입니다. 이 임무에서 얻는 기쁨이 조금씩 조금씩 쇠하여 가고, 그리하여 그런 은밀한 기도의 빈도수가 점점 적어집니다. 그러다가 급기야 그 임무를 아예 내던져 버리고 마는데, 그러면서도 공적인 규례들에서는 굉장히 열심 있는 자들처럼 보일 수도 있습니다. 그러나 그들이 잃어버린 이 은밀한 기도를 회복하지 않으면, 머지않아 공적인 규례들에서도 멀어지게 되는 것입니다.

[적용]

[은밀한 기도로 하나님과 교통하는 것, 혹은 그것을 소홀히 하는 것은 무엇을 시사하는가]

적용 1. 여기서 친히 자신을 낮추시는 하나님의 사랑을 앙모합시다. 그는 초라한 피조물들이 죽을 수밖에 없는 운명의 누더기를 뒤집어쓰고 있고 또한 갖가지 죄악된 오염거리들로 지저분해져 있는 처지인데도 몸을 굽히사 그들과 교통하시는 분이십니다. 천국에서 우리가 — 그 위대하신 왕을 시종하기에 어울리도록 — 영광의 예복을 입게 될 때에 가서 비로소 하나님께서 우리를 그의 찬란한 임재 속으로 받아들이시고 우리를 영광의 자리에 앉게 해주시는 것만으로는 족하지 못합니다. 그런데 그가 과연 우리의 의복이 감옥 냄새를 풍기고 아직 수의(壽衣)를 입지도 않은 지금 현재에도, 그렇게 가까이에까지 우리를 받아주시겠습니까? "보라 아버지께서 어떠한 사랑을 우리에게 베푸사 하나님의 자녀라 일컬음을 받게 하셨는가!"(요일 3:1). 그러니 자녀로서 어눌하고 깨어진 언어로도 말할 자유가 있으며,

또한 우리의 그런 말들이 복된 천사들과 영화롭게 된 성도들의 찬양을 계속해서 듣고 계신 그에게 기쁨이 되는 것입니다! 아니, 더 나아가 이런 자유는 우리가 공예배에서 함께 모여 함께 찬양드릴 때뿐 아니라 우리가 홀로 은밀하게 이야기할 때에도 누리는 것입니다. 비천한 사람이 언제든 물러서서 집의 한 모퉁이에서 하나님을 찾고자 할 마음이 있으면 그 위대하시고 위엄 있으신 하나님께서 그를 팔로 껴안아 주시는 것입니다! 이는 너무도 엄청난 일이어서 흠모하기는 해도 표현하기는 어려울 것입니다. 만일 남루한 거지가 위대한 왕과 아주 친숙하게 대하는 것을 — 모든 신하들이 똑바로 서서 호위하는 중에 왕이 그를 포옹하고 친숙하게 그에게 귓속말로 이야기하는 것을 — 본다면, 그 위엄 있는 왕이 그런 거지에게 베푸는 은혜의 행위에 깜짝 놀라지 않겠습니까? 바로 이것이 이 땅에 있는 모든 성도 한 사람 한 사람의 영광된 특권입니다. 성도는 기도할 때에 영광스러운 천사들에 둘러싸여 계신 하나님의 보좌에 올라가 마치 어린아이가 그를 따뜻하게 대하는 아버지에게 이야기하듯이 그의 가슴을 향하여 마음껏 영혼을 토로할 자유가 있는 것입니다. 이에 대해서 우리의 선한 친구요 형제이신 주 예수 그리스도께 감사합시다! 우리를 하나님의 임재 속으로 데려가시고 마치 요셉이 자기 형제들을 바로 앞에 세운 것처럼 그렇게 우리를 그의 면전에 세우시는 분이 바로 그리스도이십니다. 이렇게 하나님께 담대히 나아가 이야기할 수 있는데 과연 성도가 누구의 얼굴을 대면하기를 무서워하겠습니까? 그리스도인 여러분, 이 사실로 위로를 받으시기 바랍니다. 이 땅의 힘 있는 사람에게 간청하였으나 그가 그것을 들어주지 않고, 부유한 친척에게 청하였으나 거절할 때에, 그들에게서 등을 돌리고, 여러분의 하나님께 나아가십시오. 그가 여러분을 보시고 그의 아들 안에서 여러분을 그의 자녀로 인정하시고 들어주실 것입니다. 땅의 사람들의 마음과 돈지갑에게 명령하실 수 있는 그 하나님이 여러분의 간구를 들으시는 것입니다. 야곱의 기도는 그의 형으로 하여금 그의 뜻을 돌이키게 했습니다. 형은 본래 야곱을 죽일 생각이었으나 결국 그를 껴안고 목에 입을 맞추게 되었습니다. 느헤미야는 바사 왕에게 청을 할 일이 있었는데, 그는 그렇게 청을 할 수 있는 은덕을 얻고자 육신적인 사람이 보기에는 먼 길을 돌아가는 것처럼 보이도록 처신을 합니다. 곧, 먼저 하늘의 문을 두드리는 것입니다: "오늘 종이 형통하여 이 사람들 앞에서 은혜를 입게 하옵소서"(느 1:11). 그리고는 궁궐에 나아가는데 거기서 그가 두드리기도 전에 문이 열리는 것을 봅니다. 왕이 먼저 그에게, "네가 무엇을 원하느냐"라고 말했으니 말입니다(느 2:4). 여러분, 보다시피 이 한 가지 열쇠로 두 문을 열 수도 있는 것입니다. 이 거룩한 사람의 기도에 하나님과 사람이 모두 은혜로이 응답하는 것입니다. 그리스도인이 기도만 할 수 있다면, 결코 핍절한 상태가 그에게 오래갈 수가 없습니다. 어떤 사람이 말하기를, 교황은 손에 펜을 들 수만 있으면 절대로 그에게 돈이 떨어지지 않는다고 했습니다. 믿음으로 기도하기만 하면, 그리스도인이 얻고자 하는 그 일이 이루어지는 것입니다. "아무것도 염려하지 말고 오직 모든 일에 기도와 간구로, 너희 구할 것을 감사함으로 하나님께 아뢰라. 그리하면 모든 지각에 뛰어난 하나님의 평강이 그리스도 예수 안에서 너희 마음과 생각을 지키시리라"(빌 4:6, 7). "네 길을 여호와께 맡기라 그를 의지하면 그가 이루시고"(시 37:5). 그 액수가 얼마든 간에 성도들의 청구액이 즉시 지불된다는 것입니다. 그리스도께서 그것을 지불하시는 집행인이 되시며, 그가 아버지의 가슴속에 예치해 놓으신 예금 잔고가 여전히 유효하므로, 그의 모든 성도들이 — 이 땅에서 지극히 비천한 자라 할지라도 — 그의 아버지께 환영을 받는 것입니다.

적용 2. 그러므로 이 임무를 전혀 행하지 않는 자들은 성도의 반열에서 그 이름이 지워지는 것입니다. 무엇이라고요? 성도이면서도 교회나 가정에서 다른 이들과 더불어 하나님과 교제하는 것으로 만족하고 하나님과 자기 자신 간의 사사로운 교제는 전혀 사모하지 않는다고요? 하나님과 홀로 이야기를 나누기를 바라게 만드는 거리가 전혀 하나도 없습니까? 그렇다면 여러분이 과연 성도인지를 의심하지 않을 수 없습니다. 임금이 거리를 지나가면 모든 사람들이 그를 보기를 원하여 줄을 지어섭니다. 그러나 임금의 아들은 이렇게 보는 것으로는 성에 차지 않습니다. 그와 더불어 집으로 가서 그와 함께 살며 날마다 그와 눈을 마주쳐야만 되는 것입니다. 외식자들과 속된 자들도 공적인 규례들에는 참여합니다. 그러나 은혜 안에 있는 영혼은 홀로 물러가 하나님과 함께 나누는 것이 없이는 도무지 살 수가 없는 것입니다.

적용 3. 오오 성도 여러분, 하나님과의 은밀한 교제를 유지하기를 힘쓰기 바랍니다. 바울이 베스도에게 말한 것처럼, 과연 여러분이 성도라면, 제가 이 임무에 관해 말씀한 "일에" 대하여 "하나라도 아시지 못함이 없는 줄 믿"습니다(행 26:26). 그런데 이것이 여러분이 마땅히 해야 할 임무라는 것을 믿습니까? 여러분이 믿는 줄을 압니다. 그런데 여러분 과연 은밀한 중에 기도합니까? 감히 그것을 의심하지는 못하겠습니다. 여러분 속에 계신 그리스도의 영께서 여러분이 그 임무에 대해 전혀 문외한인 상태로 있도록 내버려 두지 않으실 것이니 말입니다. 하지만, 그 임무에 더욱 풍성히 임하시기를 간절히 촉구하고 싶습니다. 사도 요한은 이렇게 말씀합니다: "내가 하나님의 아들의 이름을 믿는 너희에게 이것을 쓰는 것은 너희로 하여금 … 하나님의 아들의 이름을 믿게 하려 함이라"(요일 5:13. 한글개역개정판에는 "하나님의 아들의 이름을 믿게 하려 함이라"가 없음. — 역주). 즉, 그 아들의 이름을 더욱 분명히 믿게 하려 함이라는 것입니다. 은밀한 중에 하나님의 이름을 부르시는 여러분에게 제가 이런 일들을 말씀드리는 것은 여러분으로 하여금 더 자주 그의 이름을 부르게 하려 함입니다. 여러분이 다른 형제들보다 사탄의 소굴에서 더 멀리 떨어져 살고 있다면 모를까, 그렇지 않다면 이것이 과연 여러분에게 절실히 필요합니다. 이 임무만큼 사탄이나 혹은 우리의 게으른 마음이 대적하고 반대하는 것이 없습니다. 마귀는 여러분이 교회의 공동 기도에 참석하는 것도, 여러분의 가정 예배도 다 허용할 수 있고, 이따금씩 골방에서 형식적으로 기도하는 것도 허용할 수 있습니다. 그러고도 얼마든지 여러분을 자기 손아귀에 장악할 수 있으니 말입니다. 그러므로 여러분의 은밀한 기도를 잘 유지해 가기 위해서는 다음 서너 가지 지침들을 잘 새겨야 할 것입니다.

[은밀한 기도를 위한 지침들]

지침 1. 그것이 끊임없이 지속되게 하십시오. 굴러가는 돌에는 이끼가 끼지 않습니다. 불안정하고 끈질긴 것이 없는 마음은 이 임무나 혹은 다른 어떤 임무에도 절대로 훌륭한 면모를 보이지 못합니다. 기도의 영은 은혜입니다만, 날마다 시행함으로써 더욱 향상되는 법입니다. 자주 시행하면 친숙해지고, 친숙해지면 확신이 생기게 됩니다. 자주 찾아가는 집에는 담대하게 문을 열고 들어가는 것입니다.

지침 2. 그것이 진정 은밀한 기도가 되게 하고, 공연히 이름만 은밀한 기도가 되게 하지 마십시오. 은밀한 중에 여러분이 기도하는 소리가 바깥에서 들리는 일이 없도록 주의하십시오. 그리스도께서는, "네 골방에 들어가 문을 닫고 … 기도하라"고 말씀하셨습니다(마 6:6). 허영의 바람이 스며들지 않도록 골방 문을 꼭 닫기를 명심하십시오. 골방 문을 닫을 뿐 아니라 여러분의 입술의 문도 닫으십시오. 여러분의 입이 메시지를 전하지 않아도 하나님은 다 들으십니다. 다니엘이 창문을 열고 기도한 것은 사실입니다. 하지만 그것은 자신의 교만이 아니라 자신의 믿음을 드러내 보이기 위함이었습니다. 그가 세상의 분노를 얼마나 두려워하지 않는지를 세상으로 하여금 알게 하기 위함이었지, 세상의 칭송을 탐하였기 때문이 아니었던 것입니다. 하나님은 여러분의 눈이 어디를 향하는지를 살피십니다. 그러므로 여러분이 하나님의 상급이 아니라 사람이 주는 상을 기대하고 세상에 기대게 되면 하나님은 그냥 참아 보지 않으실 것입니다. 사람의 칭송을 얻으려고, 하나님의 "잘 하였도다!"를 잃어버리는 일이 있어서는 안 될 것입니다. 이것은 하늘을 땅으로 바꾸는 일이요, 이는 정말로 형편없는 장사인 것입니다.

지침 3. 자유로이 모든 것을 다 열어 놓으십시오. 은밀한 중에 하나님께 나아가서 여러분의 은밀한 비밀들을 그에게 감추어서는 안 됩니다. 여러분의 마음을 그대로 말씀드리고 아무것도 그에게 감추지 말아야 할 것입니다. 무언가를 은밀하게 남겨둔다는 것은 친구간의 진정한 친교의 법칙에 위배되는 것입니다. 그리스도께서는 말씀하십니다: "너희를 친구라 하였노니 내가 내 아버지께 들은 것을 다 너희에게 알게 하였음이라"(요 15:15). 그리스도께서 그가 아시는 것은 우리의 유익을 위하여 하나도 감추지 않으실 만큼 마음을 다 열어 놓으셨는데도, 여러분은 할 수만 있다면 그로 하여금 보시지 못하게 하고 싶어서 여러분의 장롱 속에 은밀한 상자를 감추어두겠습니까? 여러분, 죄를 고백하고 계십니까? 여러분의 영혼을 다 벌거벗겨 내어놓으시고, 하나님께 요리조리 핑계를 대지 마십시오. 만일 여러분이 핑계를 댄다면, 이는 다음 두 가지 중 한 가지일 것입니다. 여러분이 미래에 대해 무언가 은밀한 죄악된 계획을 갖고 있거나, 아니면 여러분의 과거의 죄들과 관련하여 여러분의 가슴에 하나님에 대한 원망을 갖고 있거나 — 마치 하나님께서 신실하지 못하셔서 여러분이 자유로이 죄를 고백하면 그 죄를 용서해 주시지 않을 것처럼 여겨서 — 둘 중의 하나일 것입니다. 마치 어느 타락한 아들이 아버지가 그의 빚을 다 갚아주고 그도 용서해 주겠다고 약속을 해주었는데도 불구하고, 그 액수가 커서 그의 아버지의 약속을 액면 그대로 신뢰하지 않고 일부를 감추고 아버지 앞에 고백하는 것처럼 말입니다. 첫 번째 경우는 하나님의 자녀의 오점은 아닙니다. 하지만 하나님의 자녀들이 두 번째 경우에 빠져서 한동안 사탄의 책략과 그들 자신의 불신앙에 사로잡혀 있는 일이 종종 있습니다. 그러나 그리스도인 여러분, 여러분이 무슨 죄를 지었든, 그 죄가 얼마나 크든, 감추는 것이 아니라 그것을 고백하는 것이 그 죄를 사함 받는 길임을 명심하기 바랍니다. 여러분이 그것을 고백하지 않는다고 해서 그것이 하나님께 감추어지는 것이 아닙니다. 하지만 하나님은 여러분의 입에서 나오는 고백을 어찌나 좋아하시는지 여러분이 수치를 드러내놓기가 무섭게 친히 죄 사함의 자비로 그것을 신실하게 덮어서 가려주시는 것입니다. "만일 우리가 우리 죄를 자백하면 그는 미쁘시고 의로우사 우리 죄를 사하시며"(요일 1:9). 또한 하나님께 여러분의 요구 사항을 내어놓고 있습니까? 하나님의 약속이 여러분 편에 있는 이상, 하나님을 너무 많이 성가시게 한다거나 너무 지나친 것을 구한다는 어리석은 겸손과 우려로 여러분의 심령에 짐을 지우지 마십시오. 그리스도는 그의 성도들이 기도하면서 너무 입을 크게 벌리고 너무 많은 것을 요구한다고 불평하신 일이 한 번도 없습니다. 아니 오히려 그는 제자들에게 입을 더 크게 벌리라고 명하시며, 또한 제자들에게 "너희가 내 이름으로 아무것도 구하지 아니하였다"고 말씀하십니다(요 16:24). 곧, 베풀어 주고자 하시는 그의 큰 마음에 걸맞는 것을 하나도 구하지 아니하였다는 것입니다.

지침 4. 그것이 시의적절해야 합니다. 시의적절함이야말로 모든 것을 아름답게 해 줍니다. (1) 그것이 공 예배와 충돌되지 않도록 주의하십시오. 마귀는 하나님의 규례들을 서로 상충되도록 세우는 것을 크게 기뻐합니다. 어떤 이들에게는 공동 기도를 열심히 하고 은밀한 기도를 무시하도록 설득합니다. 그리고 또 다른 이들에게는 은밀한 기도를 하는 다른 이들을 칭찬함으로써 공동 기도에 대한 열의가 식어지게 만들려 합니다. 그러나 여러분의 그리스도인의 여정에는 두 가지가 다 필요한 것입니다. 모세는 애굽 사람은 죽였으나, 서로 다투는 두 이스라엘 사람들은 서로 화해시키려 애썼습니다. 골방에서 기도하는 체하면서 그것을 핑계 삼아 공적인 성도의 교제를 소홀히 하여 사탄에게 틈을 주지 않도록 주의하시기 바랍니다. 이것은 하나님의 거룩한 규례들이 서로 충돌하게 만드는 처사입니다. 공 예배와 은밀한 기도는 서로 자매 규례입니다. 그러므로 서로 어긋나서는 안 됩니다. 공적인 예배에 참석하기를 거부하면, 여러분의 골방에서도 하나님의 임재를 잃어버리고 말 것입니다. "사람이 귀를 돌려 율법을 듣지 아니하면 그의 기도도 가증하니라"(잠 28:9). (2) 그것이 여러분의 특정한 직업상의 임무를 방해하지 않도록 주의하십시오. 기도를 위하여 골방 문을 닫아야 하듯이, 세상에서의 여러분의 소명인 직업을 따라 여러분의 가게 윈도우도 열어놓아야 합니다. 가게에 들어가기 전에 먼저 골방에 들어가십시오. 그렇게 하지 않으면 여러분은 무신론자입니다. 그러나 골방에서 하나님과 지낸 후에는 여러분의 가게와 직업의 임무에 충실하십시오. 그렇지 않으면 여러분은 외식자입니다. 여러분에게는 영혼과 육체가 있는데, 하나님은 그 둘 모두에 충실할 것을 요구하십니다. 육체와 영혼 모두에 관계된 임무에 충실하지 않는 자는 그 둘 모두에게 양심적이지 못합니다. 육체의 각 기관이 필요한 자양분을 공급받을 때에 건강이 유지됩니다만, 여기서도 마찬가지입니다. 영적인 상태와 세상적인 상태를 위한 보살핌들을 지혜롭게 잘 분배하는 자가 건전한 그리스도인입니다. 오전에 기도 시간을 그냥 지나쳐 버리고는 세상적인 일이 너무 분주하니 기도를 빼먹을 만한 사유가 충분하다는 식으로 생각해서는 안 됩니다. 낮에 지나친 노동으로 여러분의 육체를 혹사시키거나, 혹은 세상적인 일에 대해 지나치게 골몰히 머리를 써놓고는 너무 지치고 피곤하니 밤에 하는 기도를 빼먹어도 괜찮을 것이라고 생각해서도 안 됩니다. 이것은 임무를 게을리 하는 죄를 범하는 것을 오히려 변명거리로 삼는 것입니다.

둘째. 공동 기도(social prayer) — 다른 이들과 함께 어울려서 행하는 기도. 이 기도에는 두 가지, 곧 사적인 기도와 공적인 기도가 있습니다. 이를 별도로 구분하여 말씀드리겠습니다.

[공동 기도: 가정 기도와 교회 기도로 구분됨]

셋째 구분(p. 624에서 연결). 함께 어울려 행하는 공동 기도는 가정에서 행하는 사적인 기도와 교회에서 행하는 공적인 기도로 나뉩니다. 먼저 가정 기도부터 말씀드리겠습니다.

[가정 기도는 가장(家長)에게 주어진 임무임]

첫째. 함께 어울려 행하는 공동 기도는 가정에서 사사로이 행해지기도 합니다. 여기서 가정이란 혈연적이든 시민적이든 상호 관계가 있는 특정한 사람들이 남편이나 주인 혹은 부모의 다스림 아래 함께 살아가는 하나의 사회(社會)를 뜻합니다. 그런 가정이 있는 곳에서는 어디서든 그 가정의 가장은 하나님께 드리는 예배와 또한 특히 그 예배의 일부를 이루는 가정 기도를 세울 임무가 있습니다. 유대인들은 가장이 집에서 가족들과 함께 행하는 가정 제사가 있었습니다(출 12:21). 지금도 기도와 감사의 영적인 제사가 남아 있는데, 각 가정마다 가장이 가족 구성원과 더불어 이 제사를 하나님께 올려드려야 합니다. 가정이야말로 그리스도인이 날마다 식구와 더불어 하나님께 예배드리는 처소인 것입니다. 교회는 한 가정에서 시작되었고, 지금도 여러 가정들의 경건을 통해 지탱되고 있습니다. 종묘실(種苗室)이 보존되지 않으면, 과수원은 금방 쇠락하고 말 것입니다.

질문. 하지만 과연 가정 기도가 임무라는 것을 어떻게 증명할 수 있느냐는 질문이 생길 것입니다.

답변. 성경 본문이 구체적으로 이것을 문자 그대로 명확하게(*in terminis*) 명령하여야만 이를 임무로 받아들이고, 그렇지 않으면 이를 임무로 받아들이지 않겠다는 태도를 갖는 사람이 하나도 없기를 바랍니다. 그리스도인의 안식일을 지키라거나 유아 세례를 베풀라고 명확한 말(*totidem verbis*)로 명령하는 말씀을 찾기가 어렵습니다만, 그렇다고 해서 어떤 사람들처럼 그 규례들을 내던져 버리는 일이 있어서는 절대로 안 될 것입니다. 필연적인 결과를 통하여 성경으로부터 연역해 낼 수 있는 것은 성경에 명확한 말씀으로 제시되어 있는 것과 똑같이 성경의 가르침인 것입니다. 여러분이 이것을 만족스럽게 받아들인다면 — 그러리라고 믿습니다만 — 여러분이 어느 정도 만족을 얻을 것이라 기대할 수 있을 것입니다.

[가정 기도가 임무라는 사실에 대한 증명]

1. 기도에 대한 전반적인 명령이 있으니 가정 기도 역시 우리의 임무의 범주 내에 있는 것입니다. "그러므로 각처에서 남자들이 … 기도하기를 원하노라"(딤전 2:8). 퍼킨스 목사(Wiliiam Perkins[1558-1602])는 이 본문의 주해에서, 가정이야말로 하나님께서 가장 가까운 관계에 있는 사람들끼리 함께 묶어놓으신 곳이니 "각처에서" 기도하여야 한다면 분명히 가정에서도 기도하여야 하는 것이라고 말씀합니다. 바울은 아굴라와 브리스길라의 집에 있는 교회에게 문안합니다(롬 16:5). 그들이 함께 살면서도 함께 기도하는 것이 없었다면 과연 이상한 교회가 아니었겠습니까? 하나님을 그런 식으로 문 밖에 세워 두었다면, 과연 그들이 그렇게 높고 존귀한 이름을 얻을 자격이 있었겠습니까? 유대인들은 그들 중 누구든지 거주할 새 집을 짓게 되면 그것을 하나님께 봉헌하도록 되어 있었습니다(신 20:5). 그런데 새로 지은 집을 봉헌하는 방식은 바로 기도와 더불어 하는 것이었습니다. 시편 30편의 제목에서도 이를 볼 수 있습니다: "다윗의 집의 봉헌에 즈음한 시와 노래"(한글 개역개정판에는 "다윗의 시, 곧 성전낙성가"로 되어 있음). 그들이 이를 행한 것은,

(1) 그들에게 거처를 주신 하나님께 감사한 마음을 표현하고자 함이었습니다. 사실 우리가 거처할 수 있는 정착된 처소를 — 우리 자신과 친족들이 평화로이 거

주할 수 있는 편리한 집을 — 갖는다는 것은 작은 자비가 아닙니다. 이는 "광야와 산과 동굴과 토굴에 유리"했던 저 고귀한 성도들의 처지와는 전혀 다른 것입니다(히 11:38). 그렇습니다. 그리스도께서 당하신 처지보다도 훨씬 나은 것입니다: "여우도 굴이 있고 공중의 새도 거처가 있으되 인자는 머리 둘 곳이 없다"(마 8:20).

(2) 이는 그들 스스로 하나님의 세입자들(tenants)임을 인정할 것을 교훈하는 것이었습니다. 곧, 그들이 위대한 소유주이신 하나님의 집을 점유하고 있으며, 따라서 그들이 거기 사는 동안 그에게 예배드리는 성소로 그 집을 사용함으로써 그에게 충성을 다하여야 하는 것이었습니다. 몰레루스(Mollerus)가 그 본문(즉, 신 20:5)에 대해 그렇게 설명하고 있습니다.

2. 가정을 다스리는 자에게 주어지는 신뢰가 그 가정에서 기도를 공고히 하는 것이 그들의 임무임을 입증해 줍니다. 목사뿐 아니라 각 가정의 장(長)에게도 영혼을 보살필 책무가 그에게 있다는 말입니다. 가장은 자기 집에서 선지자요 왕이요 제사장인데, 이 하나하나가 각기 그에게 이 임무가 있다는 것을 보여 줍니다.

(1) 그는 선지자로서 가족을 가르치고 훈육할 책임을 지고 있습니다. 아내들은 집에서 남편에게 배우라는 명령을 받습니다(고전 14:34, 35). 그러니 남편은 집에서 그들을 가르칠 책무가 있는 것입니다. 부모들은 자녀들을 훈육할 명령을 받습니다. "그것을 너희의 자녀에게 가르치며 집에 앉아 있을 때에든지, 길을 갈 때에든지, 누워 있을 때에든지, 일어날 때에든지 이 말씀을 강론하고"(신 11:19). 또한 "아비들아 너희 자녀를 … 오직 주의 교훈과 훈계로 양육하라"(엡 6:4). 그런데 교리 교육을 통해서는 물론 하나님께 기도하며 하나님을 찬송함으로도 가르치고 교훈할 수가 있습니다: "시와 찬송과 신령한 노래로 서로 가르치고 권면하며"(골 3:16. 한글개역개정판은 "피차 가르치며 권면하고 시와 찬송과 신령한 노래를 부르며"). 가장이 가족과 함께 기도하게 되면, 결국 어떻게 기도하는지를 그 가족들에게 가르치게 됩니다. 그가 가정 기도 시간에 행하는 죄의 고백들, 그가 올리는 간구들, 그리고 그가 감사하는 하나님의 자비로운 역사하심 등은 가족들이 스스로 기도할 때에 본받을 만한 훌륭한 주제들이 되는 것입니다. 많은 종들과 자녀들이 가장들이 될 때에 그 가족들의 입이 되어 하나님께 기도하지 못하는 일이 발생하는 것이, 그들이 기도가 없는 가정에서 자라났고 또한 이 임무에 대한 무지 속에 계속 있었기 때문이 아니면 무엇 때문이겠습니까? 그러니 그렇게 가정을 위해 기도하는 일에 합당한 머리도 마음도 없고, 그럴 지식도 끌리는 마음도 없을 수밖에 없지 않겠습

니까?

(2) 그는 자기 집의 왕으로서 하나님을 경외함으로 자기 가족을 다스릴 책임을 지고 있습니다. 정치적인 통치자의 임무가 자기 나라에 하나님을 향한 참된 예배를 세우는 것이듯이, 가장 역시 자기 집에서 그 일을 하여야 할 임무가 있습니다. 그는 여호수아처럼, "오직 나와 내 집은 여호와를 섬기겠노라"(수 24:15)라고 말해야 합니다. 왕이 자기 자신은 궁에서 하나님을 섬기면서도 자기 나라에서 하나님께 드리는 공적인 예배를 세우지 않았다면, 그것은 죄가 아니겠습니까? 그렇다면 가정을 다스리는 자가 자기 스스로는 골방에서 기도한다 할지라도 자기 가정에서 기도를 세우지 않는다면 그것은 죄인 것입니다.

(3) 그는 자기 집의 제사장입니다. 그런데 제사장이 있는 곳에는 반드시 제사가 있게 마련인데, 기도와 감사의 신령한 제사가 아니면 그리스도인들에게 무슨 제사가 있겠습니까? 다윗도 이처럼 공적인 규례를 마치고 가족과 더불어 사사로운 임무를 행한 것을 봅니다: "다윗이 자기의 가족에게 축복하러 돌아오매"(삼하 6:20). 어떤 이가 이 본문에 대해 말한 것처럼 다윗은 가족과 사사로이 하나님께 예배드리고 하나님께서 그들에게 복 주시기를 구하려고 돌아온 것입니다. 이는 다음 세 번째 사항을 암시해 줍니다.

3. 가족을 신앙적으로 보살피는 것이 시대를 막론하고 성도들이 행한 일이었습니다. 선한 여호수아는 자기와 자기 가족은 여호와를 섬기겠노라고 약속하였습니다. 그가 마음속으로 하나님을 예배하는 것을 약속한 것이라면, 그는 자기 가족에 대해 자기가 할 수 있는 것보다 더한 것을 약속한 것이 됩니다. 가족의 마음속에 은혜가 임하게 하는 일은 그의 능력 밖의 일이었으니 말입니다. 그러므로 그의 가족이 마음으로 하나님을 예배하지 않았다 해도 그것은 그의 잘못이 아니었습니다. 그로서는 그들이 그렇게 예배하게 하도록 가능한 모든 수단을 다 사용할 것이었기 때문입니다. 그는 스스로 모범을 보여 그것을 가족들이 본받게 하고자 했을 것이요, 또한 그의 가족 내에서 하나님께 예배하지 않고 사는 일이 없도록 주의를 기울였을 것입니다. 또한 엘리사도 그의 사환과 함께 — 주인과 종이 함께 — 기도하였고(왕하 4:33), 에스더 왕비도 가정에서 하녀들과 함께 사사로이 금식한 것을 봅니다(에 4:16). 에스더가 그렇게 놀랍게 그 일을 행하고 또한 다른 이들을 독려하여 함께 행하게 한 것을 볼 때에, 그녀가 일상적인 기도와 금식에 대해 전혀 문외한이었다는 생각은 상당히 무리가 있는 것 같습니다. 에스더는 그 당시 당면

한 큰 환난 속에서 다급하여 어쩔 수 없이 처음 이 임무를 시작한 것은 분명 아니었습니다. 그 일이 지난 후 일 년 내내 그녀의 가정에서 하나님께 드리는 예배가 사라졌다면, 그때에 행했던 금식은 그야말로 폭식의 금식이었을 것입니다. 고넬료의 가정의 신앙도 성경에 기록되어 있습니다: "그가 경건하여 온 집안과 더불어 하나님을 경외하며 백성을 많이 구제하고 하나님께 항상 기도하더니"(행 10:2). 여기서 주목하십시오. "그가 경건하여 온 집안과 더불어 하나님을 경외하였다"고 합니다. 경외한다는 것은 하나님께 예배드리는 것을 지칭하는 경우가 많습니다. 하나님을 가리켜 "이삭의 경외"(창 31:53. 한글개역개정판은 "이삭이 경외하는 이"로 번역함)라 부릅니다. 즉, 이삭이 예배했던 하나님이라는 뜻입니다. "오직 … 여호와만 경외하여 그를 예배하며 그에게 제사를 드릴 것이며 … 다른 신들을 경외하지 말라"(왕하 17:36, 37). 즉, 다른 신들을 예배하지도 말고 그들에게 기도하지도 말라는 뜻입니다. 그러므로 고넬료는 경건한 사람이요 가족과 함께 하나님을 경외한 사람이었습니다. 자기 문 앞에 있는 가난한 자들에게 긍휼을 베풀고 구제하여 그들의 주린 배를 채워 주는 사람이, 자기의 신앙을 자기 혼자만의 골방 속에 가두어 두고 친족들에게 전수해 주지 않을 만큼 그들의 영혼을 잔인하게 대할 수는 없었을 것입니다.

[가정 기도에 관한 세 가지 반론과 답변]

반론 1. 하지만 온 가족이 구태여 함께 모여 하나님께 예배할 필요가 어디 있습니까? 각자가 자기 골방에서 홀로 기도하는 것으로 족하지 않겠습니까?

답변. 가정이란 하나의 집합체(a collective body)입니다. 그러므로 집합체로서 하나님께 예배드리는 것이 마땅합니다. "고독한 자들은 가족과 함께 살게 하시는" 분은 하나님이십니다(시 68:6). 가족을 이루게 하신 분이 하나님이시니 그들이 그를 인정하여야 합니다: "주의 이름으로 기도하지 아니하는 족속들에게 주의 분노를 부으소서"(렘 10:25). 이는 족속들 뿐 아니라 가족들에게도 해당됩니다. 민족들이나 가족들이나 하나님의 대적이 된다는 말입니다. 민족이 지는 죄를 민족이 고백해야 하듯이, 가족이 지은 죄는 가족이 고백해야 합니다. 가족에게 필요한 것들이 있는데, 이는 가족이 함께 간구하여야 합니다. 가족 내의 특별한 일들도 있고 함께 행하는 것들이 있는데, 그들이 함께 하는 수고에 복이 임하여 전체에 유익이 되게 하기 위해서는 가족 전체가 힘을 합하여 구해야 하는 것입니다. "여호와께서 집을 세우지 아니하시면 세우는 자의 수고가 헛되며"(시 127:1). 함께 힘을 합쳐서 일하는 자들이 그 수고에 복 주시기를 위해 함께 힘을 합쳐서 기도하는 것이 합당한 일이 아니겠습니까? 온 사회가 함께 공유하는 가족의 자비들이 있습니다만, 함께 잔치에 참여하여 먹고 마시는 자들이 함께 동일한 찬송을 불러 가족을 지으신 하나님께 영광을 돌리는 것이 합당하지 않겠습니까? 온 가족 전체에게 심판이 임할 수도 있습니다. 그러므로 모든 구성원이 함께 힘을 모아 그것을 방지하여야 그 위험을 막을 수가 있습니다. 일손이 많으면 일이 가벼워지는 법입니다. 여러 가닥으로 꼬아놓은 밧줄은 한 가닥보다 훨씬 더 강합니다. 이와 마찬가지로 많은 사람들이 함께 하는 기도가 더 힘을 발휘합니다. 십중팔구 각 사람이 홀로 골방에서 기도할 때보다 함께 모여 기도할 때에 — 물론 서로 경쟁적으로 기도하는 것이 아닙니다만 — 더 열정적으로 기도할 것이기 때문입니다. 둘 다 필요합니다. 폴라누스(Polanus)의 말에 의하면, 스위스 베른 지방의 한 마을에 90가구가 살았는데 1584년 지진이 나서 그 중 한 가구의 절반만 빼놓고 다 죽었는데, 그 집의 가장이 그 아내 및 자녀와 함께 무릎을 꿇고 하나님께 간절히 기도했다는 것입니다.

반론 2. 하지만 나는 그런 일을 할 능력도 은사도 없으니 그 일을 행하다가 망치느니 차라리 하지 않고 그냥 두는 편이 낫겠습니다.

답변. 지금의 직업을 갖기 위해 처음 도제(徒弟)가 되고자 했을 때에도 여러분은 기술도 능력도 없었습니다. 그 일을 위해 마음을 기울이십시오. 그 임무를 여러분의 양심에 매어 두십시오. 기도의 문제를 다루며 또한 기도의 임무를 행하는 법칙들을 제시하는 성경을 상고하십시오. 여러분의 마음을 살피고, 여러분의 가족의 죄가 무엇이며 그 결핍된 것이 무엇이며 날마다 필요한 자비는 무엇인지를 궁구하여 그것들이 여러분의 심령을 뜨겁게 만들기까지 여러분의 가족의 상태를 관찰하십시오. 요컨대, 여러분 스스로 자주 은밀한 기도를 행하시고, 그때마다 성령께서 여러분에게 힘을 주사 가족 기도에 잘 임하게 해주시기를 간절히 구하십시오. 그리고 나태함과 세상적인 생각과 교만 등 기타 사악한 것들로 인하여 성령을 몰아내는 일이 없도록 주의하십시오. 그렇게 하면서 가정 기도를 행하면, 하나님께서 여러분과 함께 하셔서 그 일을 도우시기를 편안한 마음으로 기대하게 될 것입니다. 모세는 하나님께서 그를 불러 하게 하신 그의 일이 싫었고, 그리하여 "나는 본래 말을 잘 하지 못하는 자니이다 … 나는 입이 뻣뻣하고 혀가 둔한 자니이다"라는 상투적인 변명으로 그 일을 물리고자 했습니다. 그러나 이런 반론에 대해 하나님은 즉시 답변하십니다: "여호와께서 그에게 이르시되, 누가 사람의 입을 지었느냐? 누가 말 못 하는 자나 못 듣는 자나 눈 밝은 자나 맹인이 되게 하였느냐 나 여호와가 아니냐? 이제 가라. 내가 네 입과 함께 있어서 할 말을 가르치리라"(출 4:11, 12). 그가 받은 부르심은 비범한 것이었고, 따라서 비범한 도우심이 그에게 임했던 것입니다. 그러나 여러분이 가장으로서 이 임무를 위해 받은 부르심은 일상적인 것이니, 일상적인 도우심을 구하면 되는 것입니다. 어쩌면 여러분은 다른 몇몇 사람들처럼 유려한 말로 여러분 자신을 표현할 수 있는 능력이 전혀 없을지도 모릅니다. 하지만 그렇다고 해서 주눅들 필요는 없습니다. 하나님은 유려한 말이나 다양한 표현이 아니라 마음의 순전함과 헌신을 보시는 분이시니 말입니다. 열쇠가 문을 여는 것은 그 화려한 장식 때문이 아니라 그 열쇠가 자물쇠 구멍에 들어맞기 때문입니다. 여러분의 기도 제목이 하나님의 뜻에 맞으며 거룩하고 정당한 것이 되게 하고 또한 여러분의 마음이 겸손하고 간절하게만 하십시오. 그러면 기도가 응답될 것에 대해 염려할 필요가 없습니다. 그렇습니다. 기도를 오랫동안 계속하십시오. 어제 한 기도를 오늘도 하십시오. 그러나 어제 행한 기도에 새로운 감정을 덧붙이십시오. 그러면 비록 여러분의 기도 제목에 새로운 모양을 입히지 못할지라도 하나님께서 여러분을 그의 임재 속으로 영접하실 것입니다. 하나님께서는 그의 자녀가 날마다 새로운 패션의 옷을 입고 나아오지 않는다고 해서 그 때문에 그를 문 밖에 세워 두지는 않으시는 것입니다.

반론 3. 어떤 이들은 자기들의 연약함을 탓하는 것이 아니라 가족 구성원들의 악함을 탓하며 가정 기도를 행하지 않기도 합니다. 그들은 자기들 자신의 은사에 대해서는 확신이 있으나 다른 구성원들의 은혜에 대해서 의심하면서 그들이 과연 그렇게 함께 기도하겠느냐고 합니다.

답변. 가족 중에 그런 자들이 있다는 것은 십분 인정합니다. 하지만 이것이 하나님께 드릴 예배를 제쳐두는 이유가 되겠습니까? 이런 생각을 하게 되면 과연 어떤 일이 일어날지를 조금만 생각하면 알 수 있습니다. 이런 생각이 합당하다면 하나님께 드리는 예배가 대부분의 가정에서는 물론 모든 공적인 회중들에서도 제쳐두어야 옳을 것입니다. 여러분의 가족 중에 악한 자가 있으니 가족과 기도할 수 없다면, 어떠한 공적인 교회에서도 함께 기도할 수 없을 것입니다. 거기에 참석하는 모든 이들이 다 경건하다는 것을 도무지 확신할 수가 없으니 말입니다. 또한 무리 중에 악한 자들이 있을까 두려우니, 목사도 거기서 기도할 수 없을 것입니다. 그렇게 되면, 회중이 모두 참된 성도들로 이루어졌다는 것이 확인되기 전에는 하나님께 드리는 예배가 교회에서 내동댕이쳐질 수밖에 없을 것입니다. 천국에 이르기 전에는 그런 사람이 무리 중에 있는지 없는지를 확인할 수 있는 자가 아무도 없는 것입니다. 성경에 나타난 성도들도 그처럼 까다롭지 않았습니다. 제자들 중에 가룟 유다가 있는데도 그리스도께서는 그들과 함께 자주 기도하시지 않았습니까! 기도하는 것이 악인을 포함한 모든 이들의 임무라는 것을 다른 곳에서 이미 분명히 입증한 바 있습니다. 그러니 하나님께서는 그에게 드리는 기도의 행위를 죄로 간주하시는 일이 절대로 없고, 다만 기도할 때의 부정한 마음 자세를 죄로 여기십니다. 그러니 여러분이 다른 가족과 합심하여 기도할 때에 그 다른 사람의 죄악된 마음 자세를 여러분의 탓으로 돌리시는 일은 더더욱 없는 것입니다. 믿음으로 기도하십시오. 그러면 그 사람의 불신앙 때문에 여러분의 믿음이 왜곡되는 일도 없을 것이요, 그 사람의 교만 때문에 여러분의 겸손이 왜곡되는 일도 없을 것입니다. 그와 기도의 임무를 함께 하나 그의 죄를 함께 공유하지는 않는 것입니다. 그런데 혹시, 여러분이 이렇게 말할지도 모르겠습니다. 곧, 기도하는 중에 소매치기가 다른 사람의 호주머니를 뒤지면 함께 있는 모든 사람이 그 소매치기의 혐의를 받게 된다고 말입니다.

그리스도인 여러분, 가족 중의 악인과 함께 기도하지 않을까 하여 우려하는 것보다 여러분 자신의 악한 마음과 함께 기도하지 않을까 하여 우려하는 것이 얼마나 더 낫겠습니까? 악인과 함께 기도한다고 해서 여러분의 영혼을 해치는 일은 없으며, 또한 그 사람을 핑계로 기도하지 않는다고 해서 그 사람의 영혼이 더 나아지지도 않는 것입니다. 그가 속마음은 육신적일지라도 겉으로는 함께 기도하기를 수락할지도 모릅니다. 그런데 그가 여러분과 함께 기도하는 중에 여러분이 하는 기도를 듣고 그의 마음에 찔림을 받아 회심에 이르게 될는지 어떻게 알겠습니까? 이처럼 함께 기도하는 중에 마음에 처음 감동을 받은 사람의 이야기를 저도 들은 바 있습니다. 그 사람이 육신적일 뿐 아니라 하나님께 예배드리는 것을 조롱하며 기도의 임무를 훼방하는 자일 경우에는 마치 아브라함처럼 그런 이스마엘을 문밖으로 쫓아내는 것이 나을 것입니다. 그 사람을 지킨다는 핑계로 하나님께 당연히 드려야 할 예배를 드리지 않음으로써 하나님을 문 밖에 세워 두는 것보다는 그 편이 훨씬 나은 것입니다.

[적용]

[기도 없는 가정에 불필요하게 스스로 들어가 사는 자들에게 주는 책망]

적용 1. 가정 기도에 대해 지금까지 드린 말씀이 하나님께 드리는 예배가 확립되어 있지 않은 가정에 불필요하게 스스로 들어가는 그리스도인들에게 책망을 줍니다. 여러분이 과연 어디로 가고 있는지를 아십니까? 여러분은 요나와 함께 하나님의 임재로부터 도망하고 있는 것입니다. 그러니 폭풍이 여러분 뒤를 좇아갈 수도 있습니다. 어쩌면 여러분이 종으로서 과거 한때 경건한 가정에 소속되어 일하며 살면서 갖가지 귀한 특권과 영적인 유익을 누렸을지도 모릅니다. 그런 가정에 소속되어 있는 동안 날마다 여러분의 육체를 위해서는 물론 영혼을 위해서도 식탁이 베풀어지고 그 외에도 이따금씩 특별한 영적인 임무들에 참여하여 큰 유익을 얻음으로, 그야말로 땅에서 일종의 천국을 누렸을 것입니다. 그런데 일을 조금 편하게 하고 싶어서, 혹은 급여를 더 많이 받고 싶어서, 경건과는 거리가 멀고 배울 것이라곤 기도보다는 저주와 거짓 맹세밖에 없는 — 그리고 그 가정의 질서에 따라 주일과 평일의 구별이 없고, 조물주께 드리는 예배도 찬송 같은 것도 전혀 없는 — 그런 가정을 스스로 선택하여 그 지붕 밑으로 들어갔을지도 모릅니다. 그렇다면 정말 참 안타까운 일입니다! 무엇이라고요? 전에는 그렇게 푸른 초장에 있었는데, 이제는 고귀한 영혼을 위한 양식을 하나도 얻을 수 없는 메마른 광야를 스스로 방황하고 있다고요? 길보아 산처럼 여러분의 영혼이 그토록 흠뻑 젖고 싶어 하는 그 하늘의 이슬이 하나도 내리지 않는 그런 곳에서 헤매고 있다고요? 여러분은 따뜻한 태양 속에 있게 해 주는 하나님의 축복에서 떠나 있는 것이 분명합니다. 만일 하나님께서 그의 섭리를 통해서 여러분을 그런 곳에 던지셔서 어쩔 수 없이 그런 곳에 있게 되었다면, 과거처럼 풍성한 영적인 양식을 누리지 못 하더라도 그런 영적인 열악한 상황 속에서도 여러분의 영혼이 든든히 지킴을 받으리라는 소망을 가질 수 있을 것입니다. 하지만 여러분 스스로 선택해서 그런 곳에 있게 되었다면 머지않아 여러분의 영적인 상태를 안타까워하며 괴로워하게 될 것을 염려해야 할 것입니다. 입으로 먹는 것이 열악하니 지방이 계속 줄어들 것이고, 그러는 동안 영혼이 야위어 주름살이 생길 것이 뻔합니다. 여러분의 호주머니는 점점 무거워지겠지만, 여러분의 영혼은 계속 가벼워지고 궁핍해질 것입니다. 머지않아 여러분이 나오미처럼, "내가 풍족하게 나갔더니 내게 비어 돌아오게 하셨느니라"(참조. 룻 1:21)라고 말하는 것을 보게 될 것입니다. 하나님께서 그의 은혜로우신 임재로 거하시지도 않는데 어떻게 감히 그런 곳을 택해서 거주한단 말입니까? 하나님은 그 백성의 찬양 속에 거하시고 기도의 집을 거처로 삼으십니다. 그런데 성령께서 거주하지 않으시고 행하지 않으시는 집은 필경 악한 자가 장악하게 되어 있습니다. 그러니 할 수 있는 한 그런 곳에는 오래 있어서는 안 됩니다. 죽은 자는 죽은 자와 함께 거하도록 버려두십시오. 무신론자는 무신론자끼리 거하게 하십시오. 그들보다 더 나은 무리와 함께 거하는 것이 여러분에게 안전할 것입니다. 교회에 경건한 가정이 그렇게 없습니까? 문을 열어 여러분을 반겨줄 그런 가정이 전혀 없습니까? 지금 현재의 가정에 머물러 있지 말고, 가서 그런 가정이 있는지를 찾아보시고, 여러분의 영혼을 위하여 그런 가정에서 지극히 천한 일이라도 맡아 해주면서 과거에 누렸던 그 영적인 특권들을 누리기를 바랍니다. 짐승들은 으르렁거리면서 악인을 섬기지만, 거룩한 천사들은 스스로 성도들을 섬기는 일을 마다하지 않는 것입니다.

그런데 어쩌면, 그런 일이 여러분이 선택할 수 있는 일이 아니고 여러분 자신도 어쩔 수 없는 일이라고 말할 수도 있을 것입니다. 여러분의 부모가 여러분을 악한 주인 밑에 도제로 집어넣었거나 혹은 여러분이 부모의 그늘 아래서 살고 있어서 그들이 속된 삶을 사는 것에 대해 여러분이 어찌 할 수 없는 처지일 수도 있고, 혹은 남편이 과거에 그를 택할 때에는 그가 여러분의 영혼을 위해주는 배우자가 되리라는 희망을 가졌었는데 결국 그렇게 되지 못하였을 수도 있습니다. 이럴 경우에는 어떻게 하겠습니까?

1. 그것을 여러분의 큰 고난으로 여겨 탄식하십시오. 다윗이 사울의 악한 가정에 살 때에 그렇게 했습니다. 사울의 궁궐과 가정은 불신앙과 속된 것이 가득했고, 다윗은 이를 야만적인 아라비아 사람들과 속된 이스마엘 족속들에 비하며, 그런 자들과 함께 있는 것을 애통해했습니다. 자신의 관계 때문에 그들을 떠날 수도 없고, 그들의 사악함을 견디기는 더 힘든 실정이었던 것입니다. "메섹에 머물며 게달의 장막 중에 머무는 것이 내게 화로다"(시 120:5).

2. 하나님과의 은밀한 교제에 더 힘쓰십시오. 만일 여러분이 여러분을 괴롭히며 먹을 것을 하나도 주지 않는 수전노와 함께 살고 있다면, 여러분의 호주머니에 동전 한 푼밖에 없다 해도 굶어죽기보다는 그 돈으로 빵을 사먹지 않겠습니까? 가정

에서 일용할 양식을 제대로 받아 먹지 못하니 한 구석에서라도 좀 더 먹을 필요가 있습니다. 하나님과의 교제가 없이는 여러분의 영혼이 살 수가 없습니다. 다른 이들이 여러분이 그런 교제를 갖도록 허용하지 않으면 여러분 스스로 그 교제를 가져야 합니다. 그리고 여러분의 시간을 좀 더 잘 활용하면 그렇게 할 수 있을 것입니다. 그렇게 함으로써 하나님께서 복 주심에 따라 (1) 여러분의 영적 생명과 활기를 유지하고, (2) 더러운 속된 공기를 날마다 마심으로써 여러분의 영혼이 오염되는 것을 방지하며, (3) 그런 처지에서 만날 수밖에 없는 근심과 모욕과 시련들로 인해서 얻어지는 영혼의 괴로움을 해소할 수 있을 것입니다. 경건한 한나는 원수인 브닌나와 한 가족이 되어 있었고, 그 원수는 극심하게 그녀를 괴롭혀 초조하게 만들었습니다. 그러나 한나는 이 일로 인하여 기도로 하나님께 나아갔고, 그리하여 그의 영혼의 짐이 덜어졌습니다.

3. 다른 가족 식구들이 바라는 것만큼 그렇게 선하지 못할지라도, 그들에게 여러분의 임무를 성실하게 행하는 것으로 하나님을 향한 여러분의 경건을 아름답게 장식하십시오. 여러분이 종으로서 속된 주인을 섬기고 있습니까? 주인에게 복종하고, 겸손하고 부지런하고 성실하게 임무를 다하십시오. 감히 게으름 피움으로 주어진 시간을 허비하거나 거짓으로 주인의 재산을 축낸다든가 하는 일이 없고 오히려 최선을 다하여 맡겨진 임무를 주인을 위해 성심으로 행한다는 것을 그에게 보여주십시오. 신자라 칭하는 종들이 임무를 소홀히 하고 불성실하게 행하는 것 때문에 속된 주인들이 그들로 하여금 하나님께 예배를 드리지 못하도록 더 가로막는 경우를 자주 보게 됩니다. 주어진 임무에 성실히 임하지 않는 것을 보면서, 그들이 신앙을 빌미로 하나님을 향하여 경건의 임무들을 열심히 하고자 하는 것을 그저 사람의 불성실함을 가리기 위한 외식적인 가면에 불과한 것으로 생각하여 그들의 신앙적인 임무들을 혐오하게 되고, 그리하여 그 종들이 설교를 듣고 하나님의 규례들에 참여하기 위해 가게 해 달라고 요청할 때에, 바로가 이스라엘 사람들에게 한 것처럼 말하게 되는 것입니다: "너희가 게으르다 게으르다 그러므로 너희가 이르기를 우리가 가서 여호와께 제사를 드리자 하는도다"(출 5:17). 그러므로 사도께서 말씀하다시피, 신앙을 고백하는 종들의 악한 행실로 인하여 하나님의 이름과 그의 교훈이 욕을 당하는 것입니다(딤전 6:1).

또한, 여러분이 아내인데 여러분의 남편이 속된 자로서 자기나 한 지붕 아래 사는 가족들의 영혼에 대해 전혀 관심이 없이 사는 사람입니까? 그가 여러분과 함께 기도하지 않으니, 더욱더 그를 위해 기도하십시오. 남편이 집에서 기도를 하지 않으니, 여러분이 골방에서 가정을 위해 기도하기 바랍니다. 그러나 이와 더불어, 남편에게 지혜와 온유로 행하고 온 가족들에게 온전히 처신함으로써 남편의 양심이 여러분의 경건한 모습을 인정하게 하고, 또한 그의 눈에도 그것이 보이게 하십시오. 인쇄가 잘 되어 있으면 책을 읽고 싶은 마음이 들기 마련입니다. 남편을 향하여 온유하고 성실하게 대하고 모든 일에 사려 깊게 처신하는 것으로 여러분의 신앙을 멋지게 인쇄해 놓으면, 때가 되어 그가 여러분을 그렇게 성실하고 사려 깊은 사람으로 만들어 놓은 그 신앙의 훌륭함에 대해 깊이 생각하게 될지 어떻게 알겠습니까? 고기를 낚으려 하면서 고기를 겁주어 다 쫓아 버리는 자는 정말 아둔한 낚시꾼입니다. 이와 마찬가지로 남편이 회심하기를 바라며 위하여 기도하면서도 짜증이 가득하고 불성실한 행실로 남편에게 역겨움을 주는 아내는 정말 지혜 없는 그리스도인일 것입니다.

[기도하는 가정에 사는 자들에게 주는 권면]

적용 2. 하나님께서 신앙적인 가정에 심어놓으신 여러분에게 주는 한 마디 권면.

1. 하나님께서 여러분의 영혼을 그렇게 편안한 자리에 있게 하시고 그렇게 비옥한 땅에 있게 하셨으니 그를 찬양하십시오. 날마다 은혜의 보좌 앞에 나아가는 경건한 부모나 다른 주인들로부터 하나님의 성령의 감미로운 공기를 마실 수 있으니 이 얼마나 감사한 일입니까! 무지몽매한 불신 가정에 속하여 불경한 가족과 함께 살면서 조물주 하나님에 대해 아무것도 알지 못한 채 세월을 보내는 것은 물론, 악인의 가정에 있기 마련인 하나님을 저주하는 것에 연루되고 하나님의 이름을 부르지 않는 가정에 쏟아 부어질 그 검은 심판의 구름 아래 매달려 있는 처지가 아닌 것이 얼마나 감사합니까! 주위의 이웃들을 둘러보십시오. 여러분은 날마다 하늘의 빛을 받으며 살고 있지만, 일 년 내내 하늘의 빛을 전혀 보지 못한 채 캄캄한 암혈과 동굴 속에서 짐승처럼 살아가고 있는 가정들이 얼마나 많습니까? 여러분이 만일 "하나님이 없이 세상에서" 사는 부모나 주인의 관할 아래 살고 있다면, 과연 여러분의 영혼이 무슨 양육과 보살핌을 받겠습니까? 스바 여왕은 솔로몬 앞에 서 있는 자들을 복된 자들로 여겼습니다만 이는 그들이 그의 화려한 모습을 볼 수 있기 때문이 아니라 그의 지혜를 들을 수 있기 때문이었습니다. 오오 여러분, 경건한 주인을 섬기고, 은혜 안에 있는 부모 아래 있고, 혹은 거룩한 남편과 맺어져서 그

에게서 경건한 기도와 지혜와 그리스도인의 모범들을 접하여, 솔로몬의 궁궐의 많은 부와 진기한 것들을 얻어 누리는 것보다 더 많은 유익을 누리게 되었다면, 여러분은 정말 복된 사람이 아닐 수 없습니다.

2. 이러한 영적인 이점을 잘 활용하기 바랍니다. 그렇지 못하면 오히려 다른 이들보다 여러분이 더 나빠질 수도 있습니다. 반역한 이스라엘은 "그들이 한 선지자가 자기 가운데에 있었음을 알리라"는 말씀을 듣습니다(겔 33:33). 곧, 그들이 그것을 알고 크게 후회하리라는 뜻입니다. 주인들이 솔선수범하여 선한 모범을 통해서 천국으로 향하는 길을 보여주었는데도 그런 가정에 살면서 그것을 깨닫지 못한 자들은 그 주인들의 기도와 눈물을 그렇게 자주 접하였음에도 그들의 고귀한 영혼이 전혀 유익을 얻지 못한 것에 대해 애통해할 것입니다. 그런 가정에 속하여 있으면서도 지옥으로 향하고, 그렇게 되지 않도록 그토록 훌륭한 수단들이 제공되어 있었는데도 억지로 정죄의 길을 향하는 일이 있어서는 절대로 안 될 것입니다. 그를 낳은 아버지가 그를 쳐서 증언하여 다음과 같이 이야기한다면 가인은 과연 무엇이라고 답하겠습니까? "여호와여, 내가 낳은 이 악한 자식의 불신앙은 절대로 내게서 배운 것이 아니옵니다. 나는 그를 예배에 참석시켰고 여호와 경외하기를 가르쳤으나, 그가 그것을 좋아하지 않았고, 먼저 살인자로 드러나더니 그 다음에는 배교자가 되었나이다. 먼저 여호와를 섬기는 일에 사악하게 행하더니, 후에는 여호와의 집 문에서 도망하여 완전히 떠나 버렸나이다." 다윗의 불경한 아내는 — 그녀는 그토록 경건한 남편 곁에 있는 특권을 누리면서도 악인에 속하여 있었습니다 — 그가 하나님을 예배하는 열정으로 행하는 것을 보고 그를 조롱한 것에 대해 책망을 받을 때에 과연 무어라 말하겠습니까? 아니면, 가정에서 그렇게 올바로 행한 그 거룩한 사람 다윗의 악한 자식들은 마지막 큰 날에 경건한 그 아버지의 얼굴을 어떻게 보겠습니까? 볼턴 목사(Mr. Bolton)는 죽어가면서 다음과 같이 말했다고 합니다: "내 자녀들아, 심판의 날에 감히 거듭나지 않은 상태로 나를 만나는 일이 없기를 바란다." 그 거룩한 사람들의 기도와 권고를 들은 자들은 그 막중한 무게로 인하여, 캄캄하고 몽매한 가족들에 속하여 있다가 지옥에 빠진 다른 불경한 자들보다 더 깊이 가라앉을 것입니다.

[하나님께 드리는 예배가 없는 가정의 가장들에게 드리는 말씀]

적용 3. 가정의 가장이면서도 하나님께 드리는 예배를 가정에 세울 마음이 없는 여러분에게 말씀드립니다. 가정에서 전혀 기도하지 않으니, 여러분의 골방에서 행하는 기도도 하나님께서 듣지 않으실까 우려됩니다. 친족들의 영혼을 전혀 보살피지 않으니 여러분 자신의 영혼은 보살피는지 의심이 듭니다. 여러분이 과연 스스로 하나님과 대면하여 그와의 은밀한 교제 속에서 감미로움을 맛본 일이 있다면, 여러분의 가족에게서 그런 큰 복을 빼앗을 수가 있겠습니까? 여러분이 그렇게도 좋아하는 보화를 갖고 있으면서도 그것을 가족에게 숨길 수가 있겠습니까? 그들의 영혼도 여러분의 영혼 못지않게 귀한 것이 아닙니까? 여러분처럼 여러분의 가족도 천국으로 향하는 길을 찾게 되기를 바라지 않습니까? 그렇습니다. 여러분은 가족들의 육체는 물론 영혼까지도 보살필 임무를 맡은 하나님의 관리인이 아닙니까? 여러분의 돼지나 말을 돌보는 것 이상으로 여러분의 자녀와 종을 돌보아야 마땅하지 않습니까? 가족의 육체를 돌보는 것 이상으로 그들의 영혼을 돌보아야 하지 않겠습니까? 여러분이 하나님께 예배드리는 거룩한 모범을 보임으로써 그들이 마음에 죽는 날까지 평생토록 잊을 수 없는 강렬한 인상을 받게 될지 어떻게 알겠습니까? 하나님께 예배드리는 경건한 가정에 살면서 하나님의 일들의 맛과 은밀한 지각이 그들의 마음에 은밀하게 들어온 것이 계기가 되어 처음 천국을 향하여 돌아서게 되었다고 하며 하나님을 찬송하는 사람들의 이야기를 한 번도 들어본 일이 없단 말입니까? 우리가 어린 시절 사사롭게 행하는 신앙의 임무들과 더 많이 접했더라면, 공적으로 행하는 목사의 일이 더욱 손쉬워졌을 것입니다. 그랬더라면 많은 사람들의 양심이 더욱 민감해졌을 것이요 그리하여 선포되는 말씀의 권고를 더욱 잘 받아들이게 되었을 것입니다. 그런데 현재 대부분의 가정에 만연되어 있는 불신앙과 무신론으로 인하여 그들의 마음이 완악해져서 선포되는 말씀이 거의 뚫고 들어갈 수 없을 정도가 되어 있으니, 안타깝게도 마귀가 그 덕을 보고 있는 현실입니다. 햇빛을 거의 받지 못하는 나무가 번창하지 못하는 것이 이상한 일이 아닙니다만, 이처럼 일주일에 겨우 한 번 하나님의 규례의 빛 속에 나아오고는 다음 안식일까지 더 이상 하나님에 대해 아무것도 듣지 못하는 자들이 계속해서 속되고 악하게 사는 것도 이상한 일이 아닌 것입니다.

안타깝습니다! 일주일 내내 꺼지지 않도록 아무런 조치도 행하지 않는데 어떻게 불씨가 살아 있기를 바라겠습니까? 어떤 이는 공적인 말씀 사역을 집을 짓는 벽돌공에 비하고, 가장(家長)들을 벽돌을 만드는 일꾼에 비하여 말하기도 하는데, 이는 정말 일리가 있습니다. 자, 만일 가장인 여러분이 임무를 게을리하여 벽돌 대신 진흙을 가져오면, 말씀 사역을 담당하는 목사의 일이 배로 늘어나는 것입니다. 사실을 말씀드리자면, 가정 예배를 소홀히 하는 것은 불경스러움이 홍수처럼 교회 속으로 밀려들어오도록 수문을 활짝 열어 놓는 것과 마찬가지입니다. 지금 여러분이 여러분의 가정에서 하나님께 예배드리는 것이 없이 살고 있습니다만, 몇 년 후에는 여러분의 한 가정의 그런 실상이 여러 다른 가정과 자녀와 종들에게 퍼져갈 것이고, 그들 역시 여러분을 그대로 본받게 될 것입니다. 배운 것이 없으니 그렇게 하지 않고 달리 하게 되면 오히려 그것이 이상한 일일 것입니다. 그러니 십중팔구 이렇게 해서 불신앙이 급속히 퍼져갈 것입니다. 여러분의 머리가 흙에 묻힐 때에도 여러분의 불경스러움은 여러분과 함께 무덤에 묻히지 않습니다. 아닙니다. 여러분이 여러분 뒤에 오는 다른 이들이 그것을 살아있게 만들도록 조장합니다. 오오 여러 세대를 위하여 죄의 기초를 쌓아 두다니 이 얼마나 무서운 일입니까! 아직 태어나지 않은 자녀들이 일어나 그런 자들을 저주할 것입니다. 어쩌면 그 자녀는 임종 때에, 내 아버지가 기도하는 것을 들었거나 혹은 그가 모범을 보여 하나님께 예배드리는 일을 접하게 되었더라면 내가 이처럼 이교도처럼 살지는 않았을 것이라고 말할 수도 있을 것입니다. 자, 여러분의 자녀와 종들이 그들의 입에 탄식과 원망이 가득한 채로 저 세상에서 여러분을 만나게 되는 것을 바라지는 않을 것이니, 여러분의 가정을 불신앙의 상태로 다스리지 말기를 바랍니다. 여러분이 종의 영혼에 대해 불성실하였으니 하나님께서 그 종이 여러분에게 불성실하도록 내버려 두는 것이 정당한 일일 것입니다. 여러분이 어린 자녀들을 이교도처럼 양육하여 그들이 하나님께 행하여야 할 임무를 배운 일이 없으니 그들이 나중에 자란 후에 여러분에게 행하여야 할 의무를 잊어버리는 것이 정당한 일일 것입니다.

[하나님께 예배드리는 가정의 가장들에게 드리는 말씀]

적용 4. 가정에 이 임무를 확립시켜 놓은 여러분들에게 좀 더 거룩하게 그 일을 유지할 수 있도록 몇 마디 권면의 말씀을 드리고자 합니다.

1. 가정에서 기도한다는 것만으로는 여러분이 성도라는 사실을 입증하기에 부족하다는 것을 생각하십시오. 가정에는 하나님께 드리는 예배를 세워 놓았지만, 여러분의 마음에는 하나님을 보좌에 앉혀 드리지 않을 수도 있으니 말입니다. 이 일로 여러분 자신을 칭송하면서, 이 일을 하고 있으니 여러분 자신이 성도라는 식

으로 자부하는 일이 있어서는 절대로 안 됩니다. 안타깝게도 여러분이 하는 일은 몇몇 외식자들도 해온 일입니다. 그 임무는 선하나, 외형적으로 그 일을 행한다고 해서 그것이 그 당사자가 성도임을 입증해 주는 것은 아닙니다. 이보다 더 천국에 가까이 있는 모습을 보이면서도 지옥으로 향하고 있는 자들이 많습니다. 그러므로 그 행위에서 눈을 떼고, 여러분이 그 일에서 의도하는 지향점이 무엇인가를 바라보십시오. 목표물을 정확히 조준하기도 전에 먼저 화살부터 날리는 자는 정말 어리석은 궁수(弓手)일 것입니다. 하나님께서 물으시는 질문은 바로 이것입니다: "과연 네가 내게, 정말로 내게, 기도하느냐?" 여러분이 기도로 다른 이들에게 영향을 미치고, 여러분의 고백들을 통해서 그들의 마음을 깨뜨리며 또한 여러분이 내뱉는 감미로운 표현들을 통해서 그들의 심령을 새롭게 하는 도구가 되면서도, 정작 여러분은 그동안 내내 외식자로서 행한 것뿐일 수도 있습니다. 그러므로 여러분의 가정에서 이 임무를 계속 행하는 목적이 어디에 있는지를 잘 생각하는 것이 필요한 것입니다. 그것이 다른 이들에게서 여러분이 신앙적이라는 말을 듣기 위한 것은 아닙니까? 그렇다면, 여러분은 이길 수 없는 게임을 하고 있는 것입니다. 사실 신앙이 이런 겉모양의 행위로 얻어지는 것이라면, 그것은 참 애석한 것일 것입니다. 이 목적을 얻었을 때에도 여러분의 양심은 조금도 평안을 얻지 못하며, 여러분에게 임하는 지옥의 고통스러운 불길을 조금도 끄지 못할 것이니 말입니다. 그러나 여러분이 이것을 목표로 삼고 추구한다면, 과연 여러분이 지옥이 있는 것을 믿느냐 하는 것부터 문제일 것입니다. 믿음으로 다음 몇 가지 원칙들로 여러분의 생각의 허리를 동이기 바랍니다. 곧, 하나님이 계시며 또한 그는 그를 부지런히 찾는 자에게 상 주시는 분이시라는 것과, 순전한 자들에게는 천국이 예비되어 있고, 외식자에게는 지옥이 기다리고 있다는 것만 잘 새겨도, 이 가정 기도의 임무에 임할 때에 여러분의 마음이 올바로 잡혀질 것입니다. 위험이 보이지 않는 곳에서는 여행자가 그 가는 길을 신경 쓰지 않지만, 조금만 미끄러져도 깊은 낭떠러지 아래로 떨어져 목숨을 잃을 수 있는 좁고 위험한 다리를 지날 때면 발을 잘 딛기 위해 그의 눈이 세심히 살필 것입니다. 여러분의 경우가 바로 이러합니다. 기도는 여러분이 평생토록 행하는 엄숙한 일입니다. 그런데 이 일에서 사심을 갖게 되면 여러분의 영혼이 위험에 빠지고 맙니다. 우리 자신을 추구해서도 안 되지만 우리 영혼을 잃어버려서도 안 될 것입니다.

2. 거룩하지 못한 삶으로 여러분의 거룩한 임무에 오점을 남기지 않도록 주의하기

바랍니다. 낮에 죄의 검은 일로 손을 더럽힐 의도라면 오전에 기도로 손을 씻을 이유가 어디 있겠습니까? 하루를 하나님과 함께 시작해 놓고는 종일 마귀와 함께 동행한다면 이는 전혀 사리에 맞지 않는 일입니다. 여러분의 집에서 신앙적인 일들을 하면서 처신은 제멋대로인 것은 서로 맞지 않습니다. 오오, 여러분의 종들과 가족들이 하나님께 드리는 예배를 천한 일로 생각하게 해서는 안 됩니다. 포도주를 좋아하는 사람도 더럽고 지저분한 잔에다 포도주를 담아오면 역겨워할 것입니다. 하나님을 예배하는 임무들은 육신적인 자들에게서도 경외심을 요구합니다. 하지만 나태하고 행실이 좋지 않은 자들이 그 일을 하면 그 임무들 자체가 역겨워집니다. 엘리의 아들들은 백성들로 하여금 여호와께 드리는 희생 제사를 혐오하게 만들었습니다. 여러분의 신앙적인 임무들은 여러분의 삶의 복사판입니다. 오오, 잉크가 번지는 종이에 글을 쓰지 마시기 바랍니다. 무릎을 꿇은 모습은 잠시 뿐입니다. 잠시 헌신의 열정을 보인다고 해서 그것이 하루 종일 게으름과 나태함으로 불경하게 지내는 죄악된 모습을 가릴 수는 없는 것입니다. 그리스도의 "가르치시는 것이 권위 있는 자와 같고 그들의 서기관들과 같지 아니하였다"고 말씀합니다(마 7:29). 서기관들의 가르침에 권위가 없었기 때문이 아닙니다. 그들은 모세의 자리에 앉아 있었습니다. 그런 것이 아니고, 그들이 자기들의 가르침에 합당하게 행하지 않으므로, 그들의 지위와 가르침이 듣는 자들의 양심에 가져다주었을 존경심을 잃어버렸기 때문입니다. 그들은 말만 하고 행하지 않았고, 그리하여 그들의 가르침이 전혀 효력이 없었던 것입니다. 여러분, 권위와 능력으로 기도하려거든, 순결한 삶으로 여러분의 임무들을 강건하게 하여야 합니다.

3. **여러분의 가정에 평안과 하나 됨을 보존하십시오.** 서로 으르렁거리는 가족은 기도하는 가족이 될 수 없습니다. 사도는 남편과 아내에게 기도가 "막히지 아니하도록" 서로 사랑하고 하나가 되라고 권면합니다(벧전 3:7). 가정 내에 분쟁이 있으면 기도의 영이 막히게 되고, 또한 기도에 대한 응답도 막히게 됩니다.

(1) **기도의 영을 가로막습니다.** 하나님의 영은 평안과 사랑의 영이시며, 따라서 분쟁의 공기 속에서 숨쉬기를 기뻐하시지 않습니다. 그를 내어보내는 분명한 방법은 서로 싸우고 으르렁거리는 것입니다. 사도는 "하나님의 성령을 근심하게 하지 말라"고 말씀합니다(엡 4:30). 그런데 어떻게 하면 그렇게 하지 않을 수 있습니까? 사도의 권면을 들어보십시오: "너희는 모든 악독과 노함과 분냄과 떠드는 것과 비방하는 것을 모든 악의와 함께 버리라"(31절). 이런 것들이 가시고 난 후에,

오직 그때에 비로소 성령께서 함께하시기를 구하십시오. 여러분의 집에 싸움이 났는데 그런 와중에 함께 기도할 수 있다면, 불난 집에서 함께 편안히 살 수도 있을 것입니다.

(2) 분쟁은 기도의 응답을 가로막습니다. 우리가 화난 상태에서 기도하면 하나님께서 기뻐하실 수가 없습니다. "사람이 성내는 것이 하나님의 의를 이루지 못함이라"(약 1:20). 센 바람은 연기를 몰아냅니다. 우리의 기도를 향에 비합니다만, 이 바람이 가라앉기 전에는 기도의 향이 하늘로 올라가지 못하는 법입니다. 이런 상태에서 나아가 기도하면, 하나님께서는 서로 화목하여 나아진 후에 다시 오라고 하실 것입니다. 성령께서는 그런 기도에 도우시지 않습니다. 성령께서 돕지 않으시면 그리스도께서도 그 기도를 아버지께 올려드리지 않으실 것이고, 그렇게 되면 아버지께서도 받지 않으실 것이 분명합니다. "[그리스도]로 말미암아 우리가 한 성령 안에서 아버지께 나아감을 얻"는 것이니 말입니다(엡 2:18).

4. 여러분의 가족의 일원이 될 사람을 택하는 일에 매우 신중하십시오. 할 수만 있다면 여러분의 가정 예배에서 여러분과 함께 마음을 다하여 참여할 사람을 한 지붕 아래로 맞아들이십시오. 악한 아내와 종과 더불어 기도하는 것이 죄는 아닙니다만, 그렇게 하지 않을 수도 있는데 그런 사람을 가족의 일원으로 택하는 것은 죄입니다. 그러나 안타깝습니다! 가정의 축복과 위로가 이 문제와 깊이 연관되어 있는데도, 이 점을 고려하는 경우가 거의 없으니 말입니다! 약간의 아름다움과 명예, 혹은 재물로 인하여 우리의 눈이 가려서 천국으로 향하는 길과 또한 천국의 일에 어울리지 않은 자들인데도 그들이 은혜 안에 있기를 바라는 마음을 갖고 그렇게 간주해 버리는 경우가 얼마나 많은지 모릅니다. 다윗은 미갈이 나쁜 가문 출신임을 알았으나, 혹시 그녀가 하나님을 섬기는 일에 자기의 뜻을 따라줄 수도 있다는 희망을 가졌습니다만, 결국 그녀는 그에게 아주 혹독한 십자가였다는 것을 보게 됩니다. 솔로몬은 자기 집을 해롭게 하는 자들에 대해 말씀합니다(잠 15:27). 그런데 육신적인 이유들로 악한 아내를 품에 들이거나 악한 종을 자기 가정에 들이는 자야말로 과연 자기 집을 해롭게 하는 자입니다. 그가 기도하고 하나님을 찬송할 때에 그의 아내가 욥의 아내처럼 그에게 저주를 퍼부을지도 모릅니다. 그가 하나님을 위하여 임무를 행하고 있을 때에 그의 아내가 마음으로 마치 미갈이 다윗에게 한 것처럼 남편을 멸시하고 그의 열심을 조롱할지도 모릅니다. 어떤 종이 비록 악하고 불경하나 그에게 무언가 천성적인 재능이 있는 것을 발견하고 위험을 무

릅쓰고 그를 받아들이는 자도 이처럼 그 값을 톡톡히 치르게 됩니다. 그런 자들은 흔히 불경함이라는 역병을 갖고 들어오게 되는데, 그것이 모든 사람들에게 오염되며, 그리하여 손으로 주인들에게 벌어다주는 것을 그들의 죄로 도로 다 빼앗아가고, 그로 인하여 하나님의 저주를 그 가정에 임하게 만드는 것입니다. 지혜로운 자라면 불에 타고 있는 목재로 집을 지으려 하지는 않는 법입니다. 악한 상태에 있는 종은 불길이 타오르고 있는 것이요 그것이 여러분의 집을 위험에 빠뜨릴 것입니다. 그러므로 경건한 가정을 심는 일에 세심한 주의를 기울여야 할 것입니다. 바로 이것이 다윗의 결단이었습니다. 어쩌면 그는 자신이 과거에 행한 선택의 오점을 보았을지도 모릅니다: “내 눈이 이 땅의 충성된 자를 살펴 나와 함께 살게 하리니 완전한 길에 행하는 자가 나를 따르리로다. 거짓을 행하는 자는 내 집안에 거주하지 못하며 거짓말하는 자는 내 목전에 서지 못하리로다”(시 101:6, 7). 여러분이 가정의 일원으로 받아들이는 자들이 거룩한 임무들에 합당한 자들일 경우 여러분의 집에 화목이 있게 되고, 그럴 때에 여러분의 가정 예배에 감미로운 음악이 흐르게 될 것입니다.

5. 가정의 죄와 가정에 베풀어진 자비들을 일지로 기록해 두어, 죄에 대해 고백하고 스스로를 낮추며 또한 자비들에 대해 감사하는 일을 놓치지 않도록 해야 합니다. 그렇게 하면 안타깝게도 대부분의 사람들에게서 보는 것처럼 무미건조하고 메마른 마음으로 그 임무를 행하는 일이 없을 것입니다. 이 두 가지들에 여러분의 마음이 젖어들도록 어느 정도 시간을 할애하십시오. 여러분이 상한 심령으로 기도하게 되면 여러분과 함께 참여하는 자들 역시 동일한 정서를 갖게 될 것입니다. 금속을 가장 신속하게 녹이는 법은 녹고 있는 금속을 그 위에 붓는 것입니다. 기도하며 조는 것처럼 말하는 자는 흔히 그와 함께 하는 나머지 사람들을 졸게 만드는 법입니다. 그러므로 형식적이 되지 않도록 주의하시기 바랍니다. 이것이야말로 신앙적인 임무들의 심장을 좀먹는 폐해인 것입니다. 가장인 여러분은 회중 앞에 서 있는 목사와 같은 존재라는 것을 기억하십시오. 목사가 죽은 마음으로 기도하고 설교하면 교인들에게 악영향을 미쳐서 그들도 그와 같이 되어 버리는 것처럼, 여러분 역시 얼마든지 여러분의 가족에게 그런 영향을 미칠 수 있습니다. 여러분 혼자만 잘못되는 것이 아니라 여러분과 함께 하는 나머지 사람들에게도 해를 주게 되는 것입니다. 여러분이 재산을 탕진할 때에 여러분의 아내와 자녀와 종들이 해를 받게 되고 고통을 당하게 되듯이, 여러분이 세상에 대한 무절제한 근심으로 마음

을 가득 채우거나 혹은 기타 죄악된 삶으로 인하여 기도의 임무를 소홀히 하게 되면 여러분의 온 가족이 여러분과 더불어 해를 받게 되는 것입니다.

6. 여러분의 가정에서 기도의 임무를 위하여 가장 적절한 시기를 찾아 행하시기 바랍니다. 곧, 가장 자유로운 시간에, 또한 가장 방해를 받지 않을 때에 가정 기도의 임무를 행하여야 한다는 것입니다. 세상적인 사무들이 밀려오기 전 아침에 기회를 잡으시기 바랍니다. 제가 관찰한 바로, 바쁜 일들이 있는 가정들의 경우에 세상적인 사무를 해결하기까지 기도의 임무를 미루어놓게 되면, 기도의 임무를 급히 행할 적절한 시간을 찾다가 결국 아예 행하지 않는 것과 별로 다를 바 없이 되어 버립니다. 이런 불상사를 방지하기 위해서는 세상의 사무보다 기도의 임무를 앞세우는 것이 최상의 방법입니다. 그러므로 아침을 기도의 임무를 행하는 시간으로 정해 둠으로써, 우리의 생각들이 이리저리 산만해지기 전에 날마다 그 날의 첫 열매를 하나님께 드리는 것이 가장 적절한 것입니다. 이스라엘 백성들은 만나를 이른 아침에 거두어들였고 “햇볕이 뜨겁게 쬐면 그것이 스러졌”다고 합니다(출 16:21). 특히 세상적인 사무가 많은 이들은 갖가지 일들로 인하여 생각이 아직 흐트러지기 전인 아침 이른 시간에 하나님과 교제를 가지기를 바랍니다. 그렇게 하지 않으면, 다른 일들로 인하여 생각이 산만해져서 마음을 모아 하나님께 긴밀하게 나아가기가 여간 어렵지 않게 될 것입니다. 또한 밤이 오면, 그 일을 뒤로 미루지 말고, 베개를 베고 눕기 전에 그 일을 행하기 바랍니다. 그렇지 않으면 기도하기보다는 졸음에 겨워 잠을 자고 말 것입니다. 눈에 졸음이 오면, 영혼이 깨어 있을 수가 없습니다. 특히 낮에 열심히 수고한 여러분의 종들을 생각하기 바랍니다. 여러분, 그들로 하여금 졸며 기도하는 유혹에 빠지게 해서는 안 될 것입니다! 우리 마음이 기도의 임무를 즐거워한다면, 과연 어느 때가 하나님과의 교제를 위해서 최상의 시간이 될 수 있는지를 생각하고 계획할 것입니다. 서로 사랑하는 연인들이 아무런 방해 없이 가장 오붓하게 서로 만날 수 있는 방법이 무엇이고 그런 때가 언제인지를 생각하고 계획하듯이 말입니다.

[공적인 혹은 교회의 기도]

둘째. 교회에서 행하는 공적인 기도 역시 공동 기도에 속합니다. 곧, 교회가 하나님을 예배하기 위해 함께 모여 있을 때에 행하는 기도를 뜻합니다. 이에 대해 다섯 가지를 말씀드리겠습니다. 1. 하나님께서 그 백성에게 공적인 예배를 요구하신다는 것. 2. 기도는 그가 명하시는 이 공적인 예배의 일부라는 것. 3. 하나님께서 공적인 예배를, 또한 공적인 기도를 요구하시는 목적. 4. 공적인 기도에 관한 한두 가지 질문에 대한 답변. 5. 이 주제에 대한 적용.

1. 하나님께서 **그 백성에게 공적인 예배를 요구하신다**는 것. 일반적인 예배, 즉 *cultus*라는 단어는 우리가 누구에게든 그의 훌륭함에 따라 드리는 존귀와 경의입니다. 이는 세 가지가 있으니, 시민적, 도덕적, 신적 예배가 그것입니다. **시민적 예배**(civil worship)는 군왕이나 아버지 혹은 주인 등 우리보다 위의 지위와 권세를 지닌 자에게 우리가 마땅히 드려야 할 존귀와 경의입니다. **도덕적 예배**(moral worship)는 우리에 대해 권세가 있는 것은 아니나 훌륭한 덕성을 지닌 사람에게 우리가 드리는 정당한 존경과 경의를 뜻합니다. 우리와 함께 이 땅에 사는 성도들에게 존귀와 경의를 표하며, 또한 천국에 있는 성도들과 천사들에게도 그렇게 합니다. **신적인 예배**(divine worship)는 우리의 존재의 주인이시요 우리의 행복의 근원이신 그 존재에게 드리는 존귀와 경의입니다. 그런데 이 존재가 바로 하나님이시요, 오직 그 분만이 그 존재이십니다. 그러므로 신적인 예배는 오직 그에게만 합당한 것입니다. "네 하나님 여호와를 경외하며 그를 섬기며 그의 이름으로 맹세할 것이니라. 너희는 다른 신들 곧 네 사면에 있는 백성의 신들을 따르지 말라"(신 6:13, 14). 이런 참되신 하나님께 드리는 신적인 예배는 여러 가지로 구분되는데, 내적인 예배, 외적인 예배, 사사로운 예배, 공적인 예배 등이 그것입니다. 하나님께 드리는 공적인 예배, 즉 교회 회중 — 이는 "거룩한 자들의 모임"(시 89:5), "거룩한 자의 모임"(7절)이라 불립니다만 — 이 집회에서 하나님께 드리는 예배가 현재 우리가 다루는 주제입니다. 이 땅의 하나님의 교회는 한 가정에서 시작되었고, 하나님께 드리는 예배 역시 마찬가지입니다. 그러나 숫자가 늘어나자 하나님께 드리는 예배가 더 공적인 성격을 띠게 되었습니다: "그 때에 사람들이 비로소 여호와의 이름을 불렀더라"(창 4:26). 머서(Mercer)의 말에 따르면, 그때에 그들이 공적으로 예배를 드리기 시작했다는 뜻입니다. 셋과 기타 신앙적인 혈통에서 난 자들이 거룩한 집회를 갖고 하나님을 섬기기 시작했다는 뜻입니다(윌렛: Willet). 하나님께서는 이스라엘 백성을 처음 국가로 형성시키시던 때에 시내 산에서 율법을 반포하셨는데, 이때에 그의 이름에 대한 공적인 예배를 확립시키는 일에 특별한 관심을 기울이셨습니다. 그 때는 "정혼의 날"(렘 2:2)이었습니다. 그때에 하나님은 공적인 예배의 엄숙한 형식을 제정하셨는데, 예배를 시행할 엄밀한 규칙들까지

제정하셨습니다. 우리 주 예수님 역시 그의 복음 교회를 위하여 동일한 관심을 기울이셨습니다. 예배를 위하여 교회의 규례들과 직분자들을 지명하신 것입니다.

2. 기도는 교회가 공적인 집회에서 행하여야 할 공적인 예배의 일부입니다. 그렇습니다. 가장 주된 부분입니다. 그러므로 기도가 예배 전체를 뜻하는 의미로 흔히 사용되는 것을 봅니다. "이 성읍 주민이 저 성읍에 가서 이르기를 우리가 속히 가서 만군의 여호와를 찾고 여호와께 은혜를 구하자 하면 나도 가겠노라 하겠으며 많은 백성과 강대한 나라들이 예루살렘으로 와서 만군의 여호와를 찾고 여호와 앞에 기도하리라"(슥 8:21, 22. 한글개역개정판은 "여호와 앞에 기도하리라"를 "여호와께 은혜를 구하리라"로 번역함 — 역주). 이는 복음 시대에 신자들이 열심히 서로를 독려하여 교회의 모임에 나아와 — 여기 예루살렘은 교회의 모형이었습니다 — 함께 기도하며 하나님께 예배드릴 것에 대한 예언입니다. 우리 주님은 말씀하기를, "기록된 바 내 집은 만민이 기도하는 집이라 칭함을 받으리라고 하지 아니하였느냐"(막 11:17)라고 하셨습니다. 이 일은 사도 시대에 많은 회심자들이 예루살렘에 몰려들어 거기서 하나님께 예배드린 일에서 부분적으로 성취되었습니다. 그러나 이는 온 열방에서 모여 집회 때마다 계속해서 하나님께 예배드리는 그리스도의 교회에서 더 충만히 성취되고 있습니다. 누가는 초기 그리스도인들이 집회 시에 행한 갖가지 임무들과 행사들 가운데 기도를 잊지 않고 언급하고 있습니다: "그들이 사도의 가르침을 받아 서로 교제하고 떡을 떼며 오로지 기도하기를 힘쓰니라"(행 2:42). 퍼킨스 목사(Mr. Perkins. 잉글랜드의 청교도인 윌리엄 퍼킨스[William Perkins: 1558-1602])는 "사도의 가르침"을 지속적으로 받은 것을 사도들의 설교를 들은 것으로 이해하며, "교제"는 집회 때에 거둔 것으로 가난한 자들에게 구제한 것으로 이해하는데, 이 일은 예배에 아주 적절한 일이었습니다. 왜냐하면 "하나님은 이같은 제사를 기뻐하시기" 때문입니다(히 13:16). "떡을 떼며"는 주의 성찬을 나눈 것으로, 또한 "기도"는 교회의 모임에서 하나로 함께 기도를 올린 것으로 봅니다. 기도가 맨 마지막에 언급된 것이 그것이 교회의 임무 중에 가장 작은 것이어서가 아니라 오히려 그 모든 것들에게 필수적으로 영향을 미치기 때문이었습니다. 하나님께서 그의 백성들을 거룩하게 하기 위하여 사용하시는 말씀과 성례 그 자체가 기도를 통해서 거룩하게 되는 것입니다. 그러므로 사도 바울은 디모데전서 1장에서 목사들이 교회에서 어떤 가르침을 전해야 할지를 말씀하고서, 2장에서는 공적인 기도에서 주로 무엇을 강조할지를 말씀합니다: "그러므로 내가 첫째로 권하노니

모든 사람을 위하여 간구와 기도와 도고와 감사를 하되 임금들과 높은 지위에 있는 모든 사람을 위하여 하라 이는 우리가 모든 경건과 단정함으로 고요하고 평안한 생활을 하려 함이라"(딤전 2:1, 2). 그리스도의 교회는 언제나 바로 이것을 공적인 예배의 주요 부분으로 여긴 것입니다. 테르툴리아누스(Tertullian)는 교회의 집회에 대해 이렇게 말합니다: "우리가 집회로 모이는 것은 우리의 열정적인 기도를 통해서 마치 군대가 성(城)을 에워싸듯이 그렇게 하나님을 에워싸는데, 우리가 이 거룩한 선발대로 천국을 공격하는 것이 하나님을 기쁘시게 하는 것입니다." 이제 세 번째로 넘어가겠습니다.

3. 하나님께서 공적인 예배를, 혹은 그의 백성이 하나로 모여 함께 드리는 예배를, 요구하시며, 또한 이 구체적인 기도의 임무를 요구하시는 목적이 무엇인가 하는 것입니다.

(1) 예배는 그들이 하나님께 의존하며 그에게 충성한다는 자유롭고도 공개적인 시인이기 때문입니다. 우리는 세상을 대면해서도 우리가 섬기는 하나님을 시인하는 것이 가장 적절하며, 니고데모처럼 우리의 신앙을 속에 감추고 있어서는 안 됩니다. 주인의 제복을 입고 거리에서 그를 따르기를 부끄러워하는 자는 그 주인을 섬기는 자로서 합당한 자가 아닙니다. 모세는 이스라엘 백성에게 이렇게 말씀합니다: "네가 오늘 여호와를 네 하나님으로 인정하고 또 그 도를 행하고 그의 규례와 명령과 법도를 지키며 그의 소리를 들으라. 여호와께서도 네게 말씀하신 대로 오늘 너를 그의 보배로운 백성이 되게 하시고 그의 모든 명령을 지키라 확언하셨느니라"(신 26:17, 18). 심지어 이교도들도 자기들이 믿는 신을 공개적으로 시인하고 섬겨야 한다는 정도는 이해하고 있습니다. "만민이 각각 자기의 신의 이름을 의지하여 행하되 오직 우리는 우리 하나님 여호와의 이름을 의지하여 영원히 행하리로다"(미 4:5). 그런데 하나님의 이름을 의지하여 행한다는 것은, 같은 장 1, 2절에서 보듯이, 바로 그의 이름을 부르며 공적인 예배로 그를 공적으로 시인한다는 뜻입니다. 이것은 마지막 때에 관한 복음적인 예언입니다. 여기서 우리는 공적인 규례들과 또한 사적인 규례들을 내동댕이치는 자들의 어리석음과 교만을 엿볼 수 있습니다. 그들은 스스로 높은 수준에 이른 체하면서, 그런 신앙적인 임무들을 아직 어린아이 상태에 있는 자들을 이끌어 주는 끈 같은 것으로 여겨 멀리한 것입니다. 자기들 자신을 그렇게 높이 평가한다는 것은 그야말로 끔찍한 교만이요 무지(無知)입니다. 그렇지만 그들이 과연 스스로 거짓되게 상상하는 것처럼 그렇게 완

전해서 더 이상 가르침이 필요 없었다 해도, 여전히 하나님께 예배드림으로써 하나님을 공적으로 시인해야 하지 않았습니까? 신적인 예배가 마땅히 하나님께 드려야 할 의무가 되는 근거는 바로 하나님 자신의 무한한 완전하심에 있으며, 또한 우리의 존재의 주(author)이시요 또한 우리의 복락의 근원으로서 우리가 그에게 의존하고 있다는 사실에 있는 것입니다. 그러므로 하늘에 있는 천사들과 성도들도 그들의 영화롭게 된 상태에 적합한 방식으로 그를 예배하는 것입니다. 이 땅의 전투적 교회(church militant)에 합당한 몇 가지 규례들은 사실 천국에서는 중지될 것입니다. 그러나 예배는 그대로 존속됩니다. 그렇습니다. 예배야말로 그들이 끊임없이 행하는 일입니다. 이 땅의 성도들은 언제나 하나님을 섬깁니다만, 항상 예배만 드릴 수는 없습니다. 그러므로 예배를 위해 일정한 시간이 지정되어 있는 것입니다. 그러니 하나님께 드리는 예배를 던져 버린다는 것은 하나님 자신을 버리는 것이요, 또한 이 땅에서 이루어지고 또한 천국에서 이루어질 그의 교회와의 교제를 버리는 것입니다. "오직 나 여호와를 버리며 나의 성산을 잊 … 는 너희여"(사 65:11). 그들은 하나님께 드릴 공적인 예배를 드리지 않았고, 그리하여 하나님은 이를 그들이 하나님 자신을 하나님의 자리에서 내어던진 것으로 간주하시는 것입니다. 고백하건대, 때로는 박해자들로 인하여 교회의 문이 닫히기도 하는데, 이런 홍수가 밀려올 때에 시온으로 나아가는 길들이 슬피 웁니다. 그러나 그때에 우리는 여호와와 그의 방주를 위해 애통해해야 할 것입니다. 거룩한 다윗은 사적인 예배를 전혀 모르는 문외한이 아니었습니다. 그런데도 그는 공적인 예배에서 떠나 있을 수밖에 없는 자신의 처지를 탄식합니다: "하나님이여 주는 나의 하나님이시라 내가 간절히 주를 찾되 물이 없어 마르고 황폐한 땅에서 내 영혼이 주를 갈망하며 내 육체가 주를 앙모하나이다. 내가 주의 권능과 영광을 보기 위하여 이와 같이 성소에서 주를 바라보았나이다"(시 63:1, 2).

(2) 교회 안에 사랑과 연합을 보존하시기 위함입니다. 하나님은 한 분이시며, 따라서 그의 백성 중의 하나 됨과 연합을 극진히 사랑하십니다. 그는 성막의 휘장들을 서로 연결하여 잇게 하신 이유가 바로 "한 성막"이 되게 하기 위함이라고 하십니다(출 36:13-18). 이 휘장들을 그렇게 서로 든든하게 죄어 연결하는 목적이 바로 성막이 하나가 되게 하기 위함이라는 것입니다. 곧, 성도들이 사랑 가운데 서로 하나로 엮어지고 연결되는 것을 의미하는 것입니다. 그런데, 이 일은 주로 그들의 마음에 역사하시는 성령의 내적인 역사로 말미암아 일어납니다. 오직 그만이 성도

들의 영혼을 한 뭉치로 엮어 놓으실 수 있기 때문입니다. 그러나 그는 공적인 규례들 중에 함께 나누는 교제를 하나의 복된 수단으로 사용하셔서 그것을 통하여 은혜를 전달하시사 그들을 사랑 가운데 함께 든든히 묶으시는 것입니다. 이것들이 이 신비한 몸에 속한 성도들을 서로 묶는 끈입니다. 그러므로 그리스도인들이 하나로 연합하여 있을 때에 마치 사람의 육체의 지체들이 하는 것처럼 서로 돌보며 서로를 동정하는 것을 보지 않습니까? 그러나 이 끈이 끊어지고 예배에서 하나 됨이 깨어지면, 한 지체가 다른 지체와 결별하고, 서로 간에 돌보는 것이나 사랑이 없어지는 것을 보는 것입니다. 사도는 이를 강조하여 권면하고 있습니다: "서로 돌아보아 사랑과 선행을 격려하며 모이기를 폐하는 어떤 사람들의 습관과 같이 하지 말고"(히 10:24, 25). 이는 이런 뜻과도 같다 하겠습니다. "서로 함께 하나님께 예배드릴 의사가 없다면 이는 서로를 향한 사랑이 너희에게 거의 없는 것이니라." 유대인들의 "은총"이라는 막대기가 꺾어지자, 사랑의 막대기 역시 오래가지 못했습니다(슥 11:10). 신앙(religion)은 *a religando* — 묶는 것 — 에서 유래한 것입니다. 그것은 강력하게 묶는 것입니다. 교회의 교제의 아름다운 질서가 깨어지면, 사람들이 모두 금방 제각기 떨어져나가게 될 것입니다. 처신과 하나 됨이 얼마나 애틋한지를 사소한 일들에서도 잘 볼 수 있습니다. 같은 학교에 다니는 학생들이나, 같은 기숙사에 거주하는 자들, 같은 젖을 빨고 같은 배에서 난 쌍둥이들은 서로에게 향한 애정이 정말 각별합니다. 그러니 그런 자들이 다 함께 모이는 교회의 하나 됨은 얼마나 각별하며 영향력이 크겠습니까? 그들이 동일한 목회 사역의 학교에 다니고 있고, 동일한 성찬상에 앉으며, 동일한 규례에서 젖을 함께 먹으며, 동일한 교회의 가슴에 누우니 왜 아니 그렇겠습니까? 이 점이 초기 그리스도인에게서 훌륭하게 나타납니다. 그들은 규례들에서 교제를 나눔으로써 서로를 향하여 놀라운 사랑을 발휘하였고, 자기들 자신의 가슴에는 거의 마음이 가 있지 않을 정도였습니다: "믿는 사람이 다 함께 있어 모든 물건을 서로 통용하고 … 날마다 마음을 같이하여 성전에 모이기를 힘쓰고 집에서 떡을 떼며 기쁨과 순전한 마음으로 음식을 먹고"(행 2:44, 46). 그러나 교회의 하나 됨에 틈이 생기게 되면 사랑이 식어지고, 분열이 증가함에 따라 그런 냉랭함이 그리스도인들에게 자라나는 것입니다. 그런데 우리의 질병의 원인을 그렇게 쉽게 알 수 있으니 그 치료법 역시 어렵지 않게 알 수 있을 것이라고들 생각할 것입니다. 안타깝지만 그렇습니다.

(3) 원수들에게서 성도들을 지켜 그들을 안전하게 하기 위함입니다. 바울은 골로

새의 성도들의 질서와 굳건한 믿음을 칭찬했습니다(골 2:5). 질서(order)는 군사용어로, 각 부분이 상대방의 방어에 도움이 되도록 합당하게 정렬하여 진용이 잘 갖추어진 군대를 의미합니다. 하나님의 다스림에 따라 함께 하나 된 교제 속에 서 있을 때에 성도들의 모습이 바로 그런 군대와 같습니다. 우리 구주께서는 이 땅에서 천국으로 떠나실 때에 그가 떠나신 후에 제자들로 하여금 방어 태세를 갖추도록 하기 위해서 어떤 조치를 취하셨습니까? 각자 집으로 보내어 자기 자신을 잘 돌보도록 하셨습니까? 아닙니다. 그들을 예루살렘에 머물러 있게 하시고, 거기서 이를테면 함께 하나 된 몸을 이루어 서 있게 하셨습니다(행 1장). 물방울은 강 속에서는 안전하지만 거기서 분리되면 사라지고 맙니다. 병사는 군대와 함께 행진할 때에는 안전하지만, 거기서 홀로 떨어져 나오면 사로잡히고 맙니다. 가인은 자기 자신을 하나님의 교회로부터 출교 당한 자로 여겼고, 그리하여 자기가 무언가 큰 악한 일을 당하게 될 것이라고 생각했습니다. 그러므로 아내는 — 곧, 은혜 안에 있는 영혼을 뜻합니다만 — 믿는 신자들의 모임이 어디인지를 묻게 되는데, 그 모임에 합류함으로써 위험이 닥칠 때에 보호하심을 받을 수 있기 때문입니다: "내 마음으로 사랑하는 자야 네가 양치는 곳과 정오에 쉬게 하는 곳을 내게 말하라 내가 네 친구의 양 떼 곁에서 어찌 얼굴을 가린 자 같이 되랴"(아 1:7).

(4) **그가 그 백성이 마음을 합하여 함께 기도하고 찬송하는 것을 크게 기뻐하시기** 때문입니다. 교회의 공적인 기도를 높이기 위해 사사로운 경배의 훌륭함을 감소시킬 필요는 없습니다. 둘 다 필수적이며, 또한 하나님께 큰 기쁨이 되는 것들입니다. 그러나 교회의 공적인 기도를 우선시한다 해도 특정한 성도의 사사로운 경배에게 잘못을 행하는 것이 아닙니다. 하나님께서도 친히 말씀하시기를, "여호와께서 야곱의 모든 거처보다 시온의 문들을 사랑하시는도다"라고 합니다(시 87:2). 신실한 성도들이 자기 집에서 사사로이 하늘로 올려드리는 기도들을 하나님께서 기뻐 받으시는 것은 물론입니다. 하지만 성도 개인이 올리는 기도의 목소리가 하나님의 귀에 그렇게 감미롭게 들린다면 교회의 합창은 — 성도들이 연합하여 함께 드리는 기도 소리는 — 더욱더 그럴 것입니다. 아버지는 자녀 중 누가 그를 방문해도 반갑게 맞아들이지만, 자녀들이 함께 방문하면 더욱더 반가워합니다. 그리고 모든 자녀들이 다 집에 모이면 그야말로 큰 잔치가 벌어지는 것입니다. 교회의 공적인 찬양들은 천국의 전형 그 자체입니다. 거기서는 모든 천사들과 성도들이 오직 한 목소리밖에는 내지 않습니다. 하나님의 백성들의 합심 기도에는 놀라운

능력이 있습니다. 베드로가 옥에 갇혀 있을 때에 교회가 모여 그를 원수의 손에서 건져 주시기를 위해 기도합니다. 국왕은 지극히 사랑하는 한 신하의 요구에는 응하지 않더라도, 성의 모든 사람들이 연명하여 똑같은 요구를 탄원할 경우에는 윤허할 것입니다. 공적인 기도에는 특별한 약속이 주어져 있습니다: "두세 사람이 내 이름으로 모인 곳에는 나도 그들 중에 있느니라"(마 18:20). "그는 '내가 있으리라'라고 말씀하시지 않는다. 그가 그 일을 뒤로 미룬다든지 반대하시는 것이 아니기 때문이다. 오히려 '내가 거기에 있느니라 — 그러니 뜻을 가지는 즉시 내게로 나아올지라 — 내게 나아와서 나의 특별한 호의와 은혜를 받으라, 이러한 화합된 기도를 내가 크게 기뻐하느니라'라는 뜻이다." 이것은 이 본문에 대해 루카스 브루겐스(Lucas Brugens)가 붙인 주석입니다.

4. 공적인 기도에 관한 한두 가지 질문에 대해 답변드리겠습니다.

(1) 첫째 질문은 교회의 공적인 기도들을 교인이 이해하지 못하는 언어로 행하는 것이 과연 합당한가? 하는 것입니다.

답변. 교회의 모든 일들과 예배에서 행하는 임무들은 믿음을 강건하게 하도록 시행되어야 합니다. 이것은 사도적인 규범(canon)입니다. 그러므로 자신이 이해하지 못하는 것을 통해서 믿음이 강건하게 되는 유익을 얻을 수 있는 사람은 아무도 없습니다. 그러므로 그런 것은 베자(Beza)가 교황주의의 라틴어 예배를 가리켜 일컫는 것처럼 하나님과 사람을 조롱하는 것일 수밖에 없습니다. 교회에서 사람들이 무슨 뜻인지도 모르면서 주절거리는 그런 식의 기도는 조롱일 수밖에 없을 것입니다. 사도는 이렇게 말씀합니다: "내가 만일 방언으로 기도하면 나의 영이 기도하거니와 나의 마음은 열매를 맺지 못하리라"(고전 14:14). 이는 곧, 교회의 회중은 자기가 이해할 수 있는 기도를 드릴 경우 외에는 아무런 유익을 얻지 못한다는 뜻입니다. 우리는 다른 사람의 믿음으로 구원받을 수도 없고, 다른 사람의 지식으로 우리의 믿음이 강건해질 수도 없는 것입니다. 하나님은 하늘에 맞닿을 만한 탑을 건설하려 한 그 교만의 자식들의 대담한 시도를 무너뜨리고자 하셨고, 이를 위해 그가 하신 일은 그 사람들이 서로 의사소통을 하지 못하도록 그들의 언어를 혼잡하게 만드신 일이었습니다. 그 일이 있자 당장 그들의 일이 중단되고 말았습니다. 그들이 탑을 건설할 수가 없었던 것과 마찬가지로, 교인들이 이해하지 못하는 언어로 기도하는 목사 역시 교인들의 믿음을 강건하게 할 수가 없는 것입니다. 말을 못하는 목사나 야만적인 언사를 쓰는 사람이나 교인들에게 유익을 끼칠 수는 없습니다. 목사의 목소리는 그의 공적인 사역에 필수적인 것입니다. 아우구스티누스는 *significandae mentis suae causa, non ut Deus sed ut homines audiant*라고 말했는데, 이 말의 뜻은, 하나님이 들으시게 하기 위함이 아니라(그는 굳이 혀를 사용하여 표현하지 않더라도 얼마든지 기도를 들으시므로), 교인들로 하여금 듣게 하여 자신과 함께 한 마음으로 하나님께 올려드리게 하기 위함이라는 것입니다. 목사가 교인들을 위하여 기도해야 하듯이, 교인들도 그와 함께 기도해야 하며 또한 기도가 끝날 때에 마음으로 아멘 하여 그와 함께 기도한다는 것을 입증해야 합니다. 그러나 그들이 목사의 기도를 알아듣지 못한다면 그렇게 할 수가 없는 것입니다. 우리는 이에 대해 사도 바울이 한 말씀을 믿습니다: "그렇지 아니하면 네가 영으로 축복할 때에 알지 못하는 처지에 있는 자가 네가 무슨 말을 하는지 알지 못하고 네 감사에 어찌 아멘 하리요"(고전 14:16). "지혜로운 자의 마음은 그의 입을 슬기롭게 하고"(잠 16:23), 즉 생각하기도 전에 혀를 굴리지 않고, 혀를 움직이기 전에 자기가 할 말을 잘 안다는 뜻입니다. 이 모든 것보다 먼저, 우리가 사람에게가 아니라 하나님께 말하도록 우리의 기도에서 지혜가 드러나야 할 것입니다. 알아듣지도 못하는 기도에 아멘이라고 말하는 것은, 바보들의 제사를 드리는 것이 아니고 대체 무엇이겠습니까? 기도를 통해 아뢰는 거룩한 주제는 하나님께 올려드릴 향이고, 혀는 그것을 담는 향로(香爐)입니다. 그러나 경건한 영혼의 간절한 마음이 그 향에 불을 붙이는 것이요, 그래야 비로소 그 향이 달콤한 향기가 되어 하나님께로 올라가는 것입니다. 그런데 지성에 빛이 없어 기도하는 주제가 무엇인지를 알지 못한다면, 감정이 차갑거나 냉랭할 수밖에 없으며, 그렇다고 그냥 야생의 불을 사용할 수도 없습니다. 그런 불은 기도의 향을 올려드리기에는 합당하지 못하기 때문입니다. 기도하는 영혼이 무언가 경건한 감정들을 접하는 것만으로는 안 되고, 기도하는 주제를 잘 지각하는 데에서부터 감정들이 일어나 그 감정들이 기도하는 주제에 잘 들어맞아야 하는 것입니다.

(2) 둘째 질문은, 미리 정해놓은 기도의 형식을 교회에서 사용하는 것이 정당한가? 하는 것입니다.

그것이 정당하지 못하다면, 그것은 정해진 기도의 형식을 사용함으로써 하나님의 일부 계명을 범하기 때문일 것입니다. 법이 없으면 그것을 범하는 것도 없으니 말입니다. 그런데 모든 정해진 형식들을 — 그 내용이 아무리 거룩하다 해도 — 완전히 부정하는 자들은 정해진 형식에 맞추어 기도하는 것을 금지하는 명령이나 혹은 분명한 표현을 통해서나 필연적인 결과를 통해서 그런 형식의 사용을 인정하지 않는 말씀을 성경에서 제시하지를 못합니다. 그렇습니다. 분명히 인정해야 할 사실은, 성경이 다른 문제에 대해서는 물론 하나님께 예배하는 이 구체적인 임무에 대해 완전한 규범이라는 사실입니다. 그런데 하나님의 책에 담긴 모든 강령들과 규범들 가운데서, 미리 정해진 형식에 따라 기도해서는 안 된다고 명령하는 것은 하나도 없습니다. 성경은 하나님께만 기도하고 그 외에는 누구에게도 기도하지 말라고 명령합니다(시 44:20). 또한 누구의 이름으로 기도해야 하는지도 말씀합니다(딤전 2:5; 엡 5:20). 기도의 주제에 관해서도, 무엇을 구해야 할 것인지에 대해서도 말씀합니다(요일 5:14). 그리고 마지막으로 어떤 자세로 기도해야 할지에 대해서도 말씀합니다. 기도하는 내용을 알고서 기도해야 하며(요 4:22; 고전 14:16; 히 11:6), "믿음으로" 기도해야 하며(약 1:6; 히 11:4), 간절함으로 기도해야 하며(렘 29:12), 요컨대, "성령 안에서"(엡 6:18), 혹은 "성령으로"(유 20) 기도해야 한다고 말씀합니다. 그러므로 이 모든 요건에 따라 기도할 수 있다면, 자신이 정당하게 기도하는 것이요 따라서 그 기도를 하나님이 받으신다는 것을 두려워할 필요가 없습니다. 그리고 정해진 형식으로 기도하는 자도 얼마든지 이렇게 기도할 수 있다는 것을 인정해야 합니다. 그렇지 않으면 대담하게도 성경에 나타나는 많은 훌륭한 성도들이 합당하지 않게 기도했다고 말할 수밖에 없을 것입니다. 솔로몬이 그의 아버지 다윗이 써놓은 형식을 그대로 사용했다고 해서, 누가 감히 그가 합당하지 않게 하나님을 찬송했다고 말할 수 있겠습니까? 혹은 모세는 언약궤를 일으켜 행진하게 할 때와 다시 내려놓을 때에 천편일률적인 형식을 사용하여 기도했는데, 그렇다고 해서 과연 누가 감히 그가 성령 안에서 기도하지 않았다고 말할 수 있겠습니까? 이렇게 하나님께서 우리의 기도를 그가 받으실 만한 기도가 되게 하시기 위하여 정해 놓으신 내용들을 보았습니다. 그리고 정해진 형식으로 기도하는 것이 우리의 기도를 가증스럽게 만들 정도로 끔찍한 결과를 낳는 것이었다면, 하나님께서 그의 백성에게 그 사실을 경고하시지 않았을 리가 있겠습니까? 특히 지난 천 삼사백 년 동안의 역사에서 보듯이 그의 교회들이 집회 때마다 전반적으로 그런 정해진 형식을 사용하게 될 것을 그가 미리 보셨을 것이니 더욱더 그 점에 대해 경고하셔야 하지 않았겠습니까? 여호와께서 그의 말씀 속에서 기도할 때의 우리의 말의 외형적인 틀과 모습에 대해서, 즉흥적이어야 한다든지 아니면 사전에 정해놓은 어떤 형식에 맞추어야 한다는지 등으로 지정해 놓으신 일이 없고 다만 모든 일을 규모 있게 행하라는 일반적인 규칙만을 주시는 사실을 볼 때에, 우리로서는 우리의 입을 성급하게 움직이거나 우리 마음이 하나님 앞에서 급하게 아무 말이나 발설하지 말아야 하며, 어떤 형식이든 합당한 기도를 올려야 한다고 결론지을 수 있고, 또 그렇게 결론지어야 마땅한 것이 아니겠습니까? 성경이 이쪽으로나 저쪽으로 결정지어 주지 않았으니 둘 다 합당하며 정당한 것이라고 결론지어야 마땅할 것입니다. 그러므로 어느 한 쪽의 방식을 신앙적인 것으로 보고 그 나머지 방식을 불법적인 것으로 정죄하는 것은, 어떤 학식이 높으신 경건한 사람의 말처럼 미신에 가까운 것입니다. 하나님께서 친히 양심에 어느 쪽으로도 말씀하지 않은 것이 분명한 데도 어느 한 쪽으로 치우치니 말입니다.

경건한 그리스도인이 그 풍성한 마음으로 속에 품은 내용을 기도하며 그의 요구 사항들을 하나님께 토로할 때에 그 훌륭함에 대해서 입을 열어 감히 비난할 자는 오로지 추한 속된 자밖에는 없을 것입니다. 그러나 과연 그런 기도의 훌륭함을 드높이는 방법이 다른 방식의 기도를 죄악된 것으로 비난하며 악담하는 것밖에 없습니까? 안타깝습니다. 악한 것은 형식 그 자체가 아니요 형식주의에 있습니다. 마음에 품은 내용으로 기도하는 자에게서도 그런 형식주의가 얼마든지 나타날 수 있는 것입니다. 형식이 없이 기도하면서도 얼마든지 형식적으로 기도할 수도 있는 것입니다. 물론 정해진 형식에 끊임없이 자신을 얽어매는 사람은 — 특히 홀로 사사로이 행하는 기도에서도 그렇게 하는 사람은 — 그런 나태한 병적인 상태로 떨어질 위험이 더 많은 것이 사실입니다. 그러나 이 문제를 신속히 처리하기 위해서는 — 이 점과 관련하여 모든 점들을 상세히 다 다루는 것보다 몇 가지 큰 주제들만을 제시하고자 하는 것이 저의 의도이며, 또한 이에 대해서는 여러 귀한 논고들에서 대개 중요하게 다루는 문제이기도 합니다만 — 모든 정해진 형식의 정당성에 대해 거리낌을 갖고 계신 분들이 성경에 기록되어 있는 정해진 축복과 기도와 감사의 형식문구들을 잘 바라보고 또한 하나님의 종들이 그런 형식문구들을 사용하여 하나님께 아뢴다는 점을 잘 살펴보고, 또한 하나님께서 과연 정당하지 못한 것들을 지정하시거나 받아들이시겠는가를 생각해 보기를 바랍니다. 제사장들은 정해진 형식을 사용하여 백성들을 축복했습니다(민 6:24). 모세 역시 앞에서 힌트를 드린 대로 언약궤를 움직일 때와 다시 내려놓을 때에 각기 다른 일정한 형식의 기도문을 사용했습니다: "여호와여 일어나사 주의 대적들을 흩으시고 주를 미워하는 자가 주 앞에서 도망하게 하소서"(민 10:35); "여호와여 이스라엘 종족들에게로 돌아오소서"(36절). 그리고 바로 이 기도문을 다윗이 계속 사용했습니다(시 68:1). 다윗은 아삽과 그의 형제들에게 정해진 감사문을 주어 공예배 시에 사용하게 했습니다: "그 날에 다윗이 아삽과 그의 형제를 세워 먼저 여호와께 감사하게 하여 이르기를"(대상 16:7). 공예배에서 이 감사문을 가장 먼저 노래하도록 지정해 놓았고, 또한 나중에는 그 여러 부분들이 상당히 확대되었습니다. 시편 105편을 앞에서 인용한 그 본문에 나오는 감사문의 전반부와 비교해 보고, 또한 시편 96편을 그 후반부와 비교해 보면 이 점을 잘 볼 수 있습니다. 솔로몬도 성전을 봉헌할 때에 그의 아버지가 기록해 놓은 찬양문을 사용했습니다(대하 7:6). 선한 왕 히스기야는 레위인들을 명하여 "다윗과 선견자 아삽의 시로 여호와를 찬송하게 하"였습니다(대하 29:30). 이 거룩한 사람은 얼마든지 즉흥적인 찬양으로 하나님을 찬양할 수 있었음이 분명합니다. 갑자기 분통을 터뜨리게 만드는 편지가 그에게 보내졌을 때에 그는 하나님께 즉흥적으로 기도하여 마음을 토로한 바 있으니 말입니다(왕하 19:14). 그러면서도 그는 공적으로 찬양을 드릴 때에 정해진 형식을 사용하는 것을 부당한 것으로 여기지 않았던 것입니다. 그렇습니다. 복되신 우리 주님은 — 주님이 행하신 일은 모든 실례를 넘어서는 실례입니다만 — 제자들에게 기도의 문구를 가르쳐 주셨을 뿐 아니라 세 차례나 동일한 말로 기도하기를 마다하지 않으셨습니다: "또 그들을 두시고 나아가 세 번째 같은 말씀으로 기도하신 후"(마 26:44). 그리고 그가 제자들과 함께 부르신 그 찬송이 학자들은 유대인들이 유월절을 지킬 때에 사용했던 그 시편의 일부였다고 봅니다(베자[Beza]와 게르하르트(Gerhard)의 논지를 보라).

5. 이제 공기도에 대한 이 문제를 다루면서 다섯 번째 것을 다루어야 할 차례가 되었는데, 이는 바로 이 문제를 적용시키는 것입니다.

(1) 이는 하나님의 백성들이 어디에서 살든 간에 국가의 선한 위정자들을 위해, 특히 왕들과 군주들을 위해, 기도해야 할 이유가 무엇인지를 보여 줍니다. 이 땅에서 순례하는 동안 교회와 나라의 관계는 마치 여행객과 여관의 관계와 같습니다. 나라들이 세상에서 교회에게 그런 용도로 쓰이며, 교회가 나라를 그렇게 누린다는 것입니다. 사도는 이렇게 말씀합니다: "모든 사람을 위하여 간구와 기도와 도고와 감사를 하되, 임금들과 높은 지위에 있는 모든 사람을 위하여 하라. 이는 우리가 모든 경건과 단정함으로 고요하고 평안한 생활을 하려 함이라"(딤전 2:1, 2). 여기서 경건이란 특별히 진리를 자유로이 공언하며 하나님께 드리는 순전한 예배를

공적으로 시행하는 것을 뜻합니다. 성도들이 경건하게 살며 마음에 진리를 포용하고 은밀하게 기도를 행하는 것은 그 어느 국가의 위정자도 방해할 수 없을 것입니다. 다니엘은 느부갓네살이 최악으로 방해해도 여전히 기도하고자 했고, 또한 기도할 수 있었습니다. 그러나 군주들은 교회의 문 열쇠를 허리에 차고서 그 문을 열거나 닫을 수 있습니다. 신실한 위정자들이 정권을 쥐고 있으면, 시온으로 향하는 길이 활짝 열려서 그리고 가기가 쉬워집니다. 그러나 하나님의 길과 예배를 대적하는 원수들이 통치권을 쥐고 있으면, 성도들이 슬피 울게 되고, 그리스도의 종들에게 교회 문이 닫히고 감옥 문이 열리게 됩니다. 그렇게 되면 여자가 광야로 도피하며, 사도 시대에 교회가 문을 닫고 베드로를 위해 기도했던 것처럼 교회가 사사로운 골방으로 숨어들어가게 됩니다. 오오 여러분, 임금들과 군주들을 위해 기도하십시오. 그들이 교회 문 열쇠를 쥐고 있지만, 하나님께서 그 기뻐하시는 대로 그들의 마음의 문을 여는 열쇠를 지니고 계시니 말입니다.

(2) 이는 공 예배에 등을 돌리는 자들을 책망합니다. 그런데 그런 자들에는 두 종류가 있으니, 곧, 속된 무신론자들과 까다롭게 거리낌을 갖는 분리주의자들입니다.

(a) 불신앙적인 무신론자들, 곧. 불경스러운 심령으로 하나님께 드리는 공적인 예배에 등을 돌리는 자들입니다. 유대인들에게는 한 랍비의 다음의 말이 매우 유명합니다: "회당이 있는 도시에 사는 자가 그곳의 기도회에 참석하지 않는다면, 나쁜 이웃이라 불러 마땅한 사람입니다." 우리 주위에 함께 사는 사람들 중에 일 년 내내 공 집회에 거의 모습을 드러내지 않는 나쁜 이웃들이 얼마나 많습니까? 과거에 세례 받을 때에 인쳐진 관계를 이미 끊어 버렸고 또한 조물주에 대한 모든 경배를 저버렸고, 세상을 향하여 자기들이 그에게 예배할 의무가 전혀 없다고 이야기하고 싶은 것처럼 사는 사람들이 많습니다. 이런 자들은 돼지우리의 돼지나 마구간의 말보다 더 못한 짐승입니다. 돼지나 말은 우리를 위해 지음 받았고, 그리하여 우리를 섬깁니다. 사람은 조물주를 섬기기 위해 지음 받았습니다. 신앙을 위해 지음 받은 존재입니다. 어떤 이들은 이성적인 기능이 아니라 바로 이 점을 근거로 인간의 본성과 짐승의 본성을 구별하여 정의하기도 합니다. 사실 몇몇 짐승들에게는 사람의 사고 능력과 유사하게 보이는 영민함이 있기도 합니다. 그러나 짐승들의 본성으로는 신앙은 전혀 불가능합니다. 그러므로 무신앙(無信仰)만큼 사람을 정말 짐승이 되게 만드는 것도 없는 것입니다. 유대인의 탈무드는, 하나님께서는

어째서 사람을 안식일 직전의 저녁에 지으셨습니까? 라는 질문을 제기하고는 그 한 가지 이유를 이렇게 제시합니다: 하나님께서 사람을 안식일 직전의 저녁에 지으신 것은 사람이 안식일을 거룩히 지키라는 명령을 곧바로 준수하게 하고, 그리하여 말하자면 하나님을 예배하는 것으로 생을 시작하게 하기 위함이라는 것입니다. 그를 예배하는 것이야말로 그 날이 그에게 주어진 주요한 목적이니 말입니다. 그러니 하나님을 예배하는 일을 이처럼 무섭게 경멸함으로써 자기들이 창조된 목적 그 자체와 정반대되는 삶을 사는 이런 불경한 몹쓸 자들을 그냥 살려두시는 하나님의 인내에 의아해하는 것이 마땅하지 않겠습니까? 하나님을 예배하는 시간을 우리에게 알려주는 종소리들이 만일 씨름이나 축구나, 술주정뱅이의 축제를 알리는 종소리라면, 오오, 그들이 얼마나 속히 모여들지 모를 것입니다! 그러나 그들은 기도나 설교 따위에는 관심이 없습니다. 우리들 주위의 수많은 사람들의 이런 무신앙과 무신론이 도대체 어디서 나오는 것일까요? 이는 범죄한 양심에서 나오는 것이 분명합니다. 가인에 대해서 성경은, "가인이 여호와 앞을 떠나서"라고 말씀합니다(창 4:16). 즉, 어떤 주석가들에 의하면, 하나님께서 그의 교회와 예배를 두신 그 곳을, 하나님께서 특별히 임재해 계시는 그곳을, 떠났다는 뜻이라고 봅니다.

죄책은 과연 사람으로 하여금 하나님을 두려워하게 만듭니다. 이것이 그들로 하여금 그들의 흉악한 양심에 괴로움을 주는 신(神: a Deity)에 대한 생각들을 떨어버리기 위해 할 수 있는 일을 다 하게 만드는 것입니다. 그런데 이를 행하기 위해서는 하나님과 또한 자기들의 죄를 기억나게 만드는 그런 임무들을 멀리하는 것 외에는 달리 방법이 없습니다. 헤롯은 주위의 설득에 넘어가서, 혀로 자기의 과오를 담대하게 지적하는 요한의 목을 치고 말았습니다. 불경한 심령들은 그들의 쓰라린 양심을 거칠게 문질러 괴로움을 주는 그런 임무들을 쉽게 내던져 버리고 마는 것입니다. 그러나 그런 사람은 정말 처지가 비참할 수밖에 없습니다. 그의 상처를 치료해 주는 석고를 내던져 버리는 것 말고는 편안함을 얻을 방법을 모르니 말입니다. 아아, 불쌍한 죄인들이여! 그렇게 한들 아무 소용이 없습니다. 죄수가 재판관이 내리는 선고를 귀를 막고 듣지 않는다 한들, 과연 그렇게 해서 교수대에서 구원을 받을 수 있겠습니까? 전혀 아닙니다. 법정에서 행동거지를 똑바로 하고 재판관에게 겸손히 목숨을 구해줄 것을 간청한다면 혹시 사형선고가 뒤집힐 수도 있겠지만, 그렇게 법정을 멸시한다면, 오히려 더 속히 교수대에 오르게 되고 말 것입니다. 죄인들이 말씀을 듣든 듣지 않든, 예배의 처소로 나아오든 오지 않든, 하나님께서 그의 일을 진행하실 것입니다. 하나님을 조롱하고, 그를 예배하는 일에 대해 등을 돌리는 것은 하나님의 심판을 막는 것이 아니라 오히려 재촉하는 길입니다. 그러니 여러분의 재판관에게 겸손히 간청하는 것이, 그렇게 지혜롭게 처신하는 것이 얼마나 더 나은 길인지 모릅니다! 악한 사람이라도 규례에 참여하며 기다리면 소망이 있습니다. 그들이 은혜의 수단 아래 있으니 말입니다. 그러나 그것을 던져 버린다면, 그것은 그들의 멸망을 재촉하는 것이 되는 것입니다.

(b) 까다롭게 거리낌을 갖는 분리주의자들이 있는데, 이들은 앞의 경우처럼 불경한 무신론적인 자세에서 공 예배에 불참하는 것이 아니라, 기도 모임을 시행하는 데에 무언가 부족한 점이 있다는 것 때문에, 혹은 최소한 그들의 생각에 그런 부족한 점이 있다고 여겨서, 과연 그런 기도 모임에 참석하는 것이 정당한가에 대해 거리낌이 있어서 불참하는 자들입니다. 그런 부분들을 혐오하여 그 때문에 모임에 불참하는 것입니다. 어쩌면 기도의 임무를 미리 정해놓은 형식에 따라 행하기 때문에 그것이 부당하다고 여겨서 불참하는 것일지도 모릅니다. 하지만 이에 대해서는 앞에서 이미 말씀드린 바 있으므로 그냥 넘어가기로 하겠습니다. 아니면, 정해진 형식 그 자체 때문이 아니라, 형식을 진행해가는 중에 나타나는 이런저런 요인들에 대해 거리낌을 갖고, 그 때문에 모임에 참석하지 않는 것일 수도 있습니다. 그러므로 다음과 같은 질문이 제기됩니다.

질문. 무언가 결점을 지니고 있는 그런 예배나 기도 모임에 참석하는 것이 정당한가?

이 질문에 답변하기 위해서는 우선 결점을 구별하여야 합니다. 모든 결점이 다 동등한 것이 아니기 때문입니다. 기도의 주제와 관련되는 결점도 있고, 기도의 형식과 방법과 관련된 결점도 있습니다. 또한 주제와 관련되는 결점 중에서도 근본적인 것도 있고, 그보다 부차적인 것도 있습니다. 그리고 그런 부차적인 결점들이 기도 전반에 걸쳐서 고루 퍼져있어서 그들에게 계속해서 거리낌을 줄 수도 있고, 혹은 몇몇 특정한 과정에서만 결점이 나타날 수도 있습니다.

또한, 기도에 나타나는 과오들과 결점들과 부패한 요인들을 승인하는 것과, 또한 일들을 잘못 행하는 그런 예배에 참석하는 것을 서로 구별해야 합니다. 이제 답변 드리겠습니다. 겉모양에서 오류라 여겨질 수 있는 것들이 개입되어 있고, 또한 근본적이지 않은 문제에서 오류가 나타나되 기도의 전체에서 전반적으로 나타나지는 않고 다만 중간의 몇몇 과정 중에 오류가 있는 경우 그런 기도 모임에 참석하는 것은 그리스도인으로서 정당한 일이라는 것입니다. 하나님께서 그의 은혜와 사랑으로 임재하시는 곳에는 우리도 참여할 수 있습니다. 어린 양께서 어디를 가시더라도 우리는 그를 안전하게 따를 수가 있습니다. 그런데 기초와는 거리가 먼 가르침에서 부패한 것이 나타나거나 혹은 예배와 관련하여 예식이나 하찮은 것들에서 부패한 것이 나타나는 경우에는 하나님께서 그의 임재를 거두어가시지 않으십니다. 그러니 우리도 그런 자리에 참석하지 않을 이유가 없습니다. 하지만 만일 교리의 기본이 파괴되거나 예배가 우상 숭배로 변질된다면, 이런 경우에는 하나님께서 우리보다 먼저 떠나시며, 또한 그가 모든 신실한 백성들에게 그를 따라 그런 교회의 교제에서 떠날 것을 촉구하시는 것입니다. 그러나 교회에 나타나는 부패한 것들이 전자의 성격을 띠며 또한 교회가 그 교제에서 부당한 것들을 반드시 승인하도록 법으로 규정하여 강요하지 않는 이상, 그 교회의 모임에 참석하고 교제를 유지하는 것이 죄가 아니라, 오히려 그 교제를 물리는 것이 죄이며, 또한 그것도 결코 가벼운 죄가 아닌 것입니다. 평화와 연합을 유지하고 또한 하나님께 드리는 예배를 누리는 일을 위해서는 많은 것들이 용납되어야 합니다. 그 많은 것들을 고치는 일이 우리의 힘으로 되지 않으니 말입니다. 또한 우리가 어느 교회의 규례에 참석한다고 해서, 거기서 행해지는 모든 일에 대해 우리가 동의하는 것으로 해석할 수는 없습니다. 용납하는 것과 승인하는 것은 전연 별개의 문제입니다. 교회의 예배에 참석하는 사람은 그 교회의 목사의 기도의 내용에, 그가 내뱉는 부패한 한담에, 혹은 설교에 나타나는 성경 본문에 대한 그릇된 해석에 일일이 다 동의하는 것이라고 과연 누가 말할 수 있겠습니까? 만일 그렇다면, 우리 주님은 백성들을 함정에 빠뜨리신 것이 될 것입니다. 그는 제자들에게 바리새인의 가르침의 누룩을 주의하라고 명하셨지만, 동시에 그들이 가르치는 것을 들을 것도 명하셨기 때문입니다(마 23:3).

(3) 이는 권면을 줍니다.

(a) 교회의 공예배에 양심으로 참석하십시오. 예배에 참석하거나 하지 않는 것이 여러분의 자유 선택에 맡겨져 있다고 생각하지 말고, 양심에 그것을 하나의 임무로 묶어두십시오. 왜냐하면 과연 그 일이 마땅히 해야 할 임무이기 때문입니다. 여러분은 규례들을 시행하는 것이 목사의 임무라고 생각합니다. 교회에서 교인을 보지 못할 때면 그가 집에서도 여러분을 위해 기도할 수도 있습니다. 여러분이 참석하지 않는 것 때문에 그가 여러분의 영혼에 양식을 주지 않는다면, 그 때문에 그

에게 화가 미치겠습니까? 합리적인 생각을 가졌다면 도무지 그렇게 생각할 수 없을 것입니다. 그리고 예배에 참석할 때에도 말씀을 듣고 그 말씀이 여러분에게 거룩하게 와 닿도록 준비시켜 주는 기도 순서에는 참석하지 못해도 설교 시간에만 그 자리에 있으면 그것으로 족하다는 식으로도 생각해서는 안 됩니다. 한 규례를 무시하면 다른 규례를 통해서도 유익을 얻을 길이 없는 법입니다. 설교를 하는 것은 목사이겠지만, 하나님께서 반드시 여러분을 가르치셔야만 여러분이 유익을 얻게 되는 것입니다. 하나님께서 여러분의 명철을 여셔서 생각하게 하시고 여러분의 마음을 여셔서 받아들이도록 하지 않으시면, 아무리 말씀을 들어도 거기서 열매가 맺혀지지 못합니다. 그런데 그의 성령이 여러분의 마음을 여는 열쇠이듯이, 하나님의 마음을 여는 열쇠가 바로 기도인 것입니다.

(b) 공예배의 다른 부분에는 물론 특히 기도에 여러분이 어떻게 나아가며 어떻게 처신할지를 주의하십시오. [1] 공예배에 어떤 자세로 나아갈지를 주의하십시오. 더러운 상태로 나아가지 않도록 조심하시기 바랍니다. 곧, 여러분의 마음의 불의를 돌아보지도 않고 그냥 나아가서는 안 된다는 것입니다. 깨끗이 씻고 그 다음에 기도하십시오. 다윗은 이렇게 결심합니다: "여호와여 내가 무죄하므로 손을 씻고 주의 제단에 두루 다니리이다"(시 26:6). 이는 제사장들이 제물을 제단에 드리려 나아가기 전에 대야에 가서 씻는 것에 빗댄 표현입니다(출 40장). 고약한 냄새를 풍기면서 임금 가까이에 감히 나아가는 일은 지극히 외람된 행동으로 처벌받았습니다. 하물며 여러분에게 죄가 있는 상태 그대로 그 위대하신 하나님께 가까이 나아가는 것은 얼마나 대담한 행동이겠습니까! 그렇게 되면 여러분의 기도가 냄새를 풍기게 될 것이 자명하며, 여러분이 하나님께 가증한 자가 될 것이 분명할 것입니다. [2] 그 임무에서 어떻게 처신할지를 주의하십시오. 거룩한 경외심으로, 곧 내적인 경외심과 또한 외적인 경외의 모습으로 임무에 참여해야 하는 것입니다.

우리는 내적인 경외심으로 예배의 임무에 임하여야 합니다. 하나님을 가리켜 그의 백성의 "두려움"이라 부릅니다만, 이는 그 백성들이 그에게 거룩한 경외심으로 나아가기 때문입니다. 하나님께 드리는 온전한 예배를 "경외"(fear, 두려움)라 하는데, 이는 그 예배의 어느 한 부분도 거룩한 떨림이 없이 행해서는 안 되기 때문입니다. 바로 이것이 마치 음의 떨림이 음악에 주는 효과처럼 우리의 기도와 찬양 모두에게 은혜를 주고 또한 하나님께 받아들여질 수 있게 해주는 것입니다: "여호와를 경외함으로 섬기고 떨며 즐거워할지어다"(시 2:11). 자, 하나님을 향한 경외심으로 가득 채워지기 위해서는 여러분의 생각 속에 거룩과 위엄과 권능이 충만하시며 무한히 영광스러우신 하나님에 대한 올바른 관념을 세우기를 힘써야 합니다. 불경심은 한 인격자에 대해 가볍게 생각하는 데서 생기는 것입니다. 그러므로 무지한 심령은 겉으로 아무리 겸손한 태도를 보일지라도 하나님을 진정으로 경외한다는 것이 불가능합니다. 하나님이 어떤 분이신지를 전혀 알지 못하기 때문입니다. 왕이라도 변장을 하고 거리에 나가면 아무도 그를 알아보지 못하고, 따라서 왕의 위엄의 모습을 드러내며 나갈 때와는 달리 전혀 왕의 대접을 받지 못하는 것입니다. 성도들은 기도할 때에 하나님의 위엄의 칭호들을 생각에 머금고서 그에 대한 경외를 표현하곤 합니다(시 89:6, 7).

또한 **외적인 경외의 모습으로** 예배의 임무에 임하여야 합니다. 하나님은 영이시지만, 우리는 영혼은 물론 우리의 육체로도 그를 경외해야 합니다. 영혼과 육체 모두가 그의 것이고, 특히 공적인 자리에서는 더욱 그렇기 때문입니다. 왕의 신하가 아무도 없는 왕의 침실에서 경망스럽게 행동하는 것도 왕의 눈에 거슬릴 것인데, 하물며 많은 신하들이 보는 앞에서 보좌 위에 앉아 있을 때에 신하가 경망스럽게 행동하는 것은 얼마나 더 거슬리겠습니까? 자, 공 기도에서 하나님께 드리는 경외를 표현하는 가장 적절한 몸의 자세는 무릎을 꿇는 것입니다. "오라 우리가 굽혀 경배하며 우리를 지으신 여호와 앞에 무릎을 꿇자"(시 95:6). 바울 역시 에베소의 장로들과 작별하면서 그들 모두와 함께 무릎을 꿇고 기도했습니다(행 20:36). 또한 두로의 모든 그리스도인들도 아내와 자녀들과 함께 배에까지 바울을 전송하면서, "바닷가에서 무릎을 꿇어 기도하"였습니다(행 21:5). 무릎을 꿇을 수 없을 때에는, 몸이 허약하여 할 수 없는 경우만 아니면 일어서서 기도했습니다. 앉는 것은 성경에서 기도의 자세로서 장려하는 것을 찾아볼 수 없고, 그리스도의 교회들도 그것을 장려하지 않습니다. 테르툴리아누스는 이렇게 말합니다: "앉아서 기도하는 것은 교회의 질서에 준하는 것이 아니다." 다윗이 여호와 앞에 앉았다는 표현이 있습니다만(삼하 7:18), 이는 그가 여호와 앞에 머물렀다는 뜻으로 읽는 것이 합당할 것입니다. 다른 곳의 말씀들도 역시 그런 의미로 취하여야 합니다(창 27:44; 레 14:8; 삼상 1:22).

또한 예배의 임무에서 주의를 집중시키고 마음을 모아 열정적인 감정을 갖고서 목사의 인도를 따르고, 기도를 드릴 때에도 마음을 다하여 듣고 마지막에 아멘하여 그 내용에 대한 마음의 동의를 표하여야 합니다(대상 16:36; 느 8:6; 고전

14:16). 그렇지 않으면 조율이 되지 않은 현악기로 합주에 참여하는 것 같아서 나머지 악기들과 일치하지 못하고 결국 조화가 깨어지고 마는 것입니다.

[여러 종류의 기도를 구별함: 일상적인 기도와 특별 기도]

넷째 구분. 홀로 하는 기도와 합심하여 하는 기도나, 사사로운 기도와 공적인 기도는 일상적인(ordinary) 기도일 수도 있고 특별한(extraordinary) 기도일 수도 있습니다. 이런 구분에 대해서는 다음 다섯 가지 질문에 답하는 것으로 내용을 다루고자 합니다. 첫째, 특별 기도란 무엇인가? 둘째, 특별 기도는 누가 행하는 것인가? 셋째, 어떤 특별한 시기에 특별 기도를 하여야 하는가? 넷째, 일상적인 기도에 특별 기도를 더하는 이유는 무엇인가? 다섯째, 이 임무를 합당하게 성공적으로 행하는 데에 필요한 권면이나 지침은 무엇인가?

[특별 기도의 본질]

첫째 질문. 특별 기도란 무엇인가?

답변. 다음 두 가지 점에서 기도를 특별 기도라 부를 수 있습니다. 1. 그 기도를 행하도록 별도로 시간을 정해 놓았다는 점. 2. 기도에 부수적인 사항들이 덧붙여질 경우, 그 점과 관련하여.

1. 기도를 행하도록 별도로 시간을 정해 놓았을 경우 그 기도를 특별 기도라 부를 수 있습니다. 일상적으로 행하는 기도와는 달리 특별히 시간을 정해 놓고 기도에 전적으로 할애할 때에 그 기도는 특별한 기도입니다. 야곱은 새벽까지 씨름하였고(창 32장), 여호수아는 이스라엘의 장로들과 저녁때까지 기도하였습니다. 야곱은 밤새도록 기도하였고, 여호수아는 하루 종일 기도에 전념한 것입니다. 이스라엘은 베냐민과 사울 때에, "울며 거기서 여호와 앞에 앉아서 그 날이 저물도록 금식하"였습니다(삿 20:26). 다니엘은 여러 날 동안 기도한 것을 봅니다(단 10:12).

2. 기도에 부수적인 사항들이 덧붙여질 경우에도 특별 기도라 부를 수 있습니다. 기도의 임무에 금식이 덧붙여질 경우, 특별 기도라 부릅니다. 그런데 금식은 신앙적인 금욕으로서 — 필연성과 예의가 허용하는 만큼 — 정해진 시간 동안 이 땅의 모든 위로거리들의 사용을 금하여 우리의 영혼에 괴로움을 더하여 기도를 강화시키는 것입니다.

(1) 고기든, 음료든, 음식을 금하는 경우입니다(에 4:16; 욘 3:7). 이것으로부터 그런 금지 활동 전체를 가리켜 금식(fast)이라 부르는데, 이는 음식을 절제하는 것이 아니라 — 이는 언제든지 행하여야 할 일입니다 — 본성적으로 허약하다든가 질병이 있다든가 하여 어쩔 수 없는 경우가 아니면 전적으로 금하는 것을 의미합니다. 이 경우 작은 임무가 더 큰 임무에 굴복할 수밖에 없기 때문입니다. 금식의 목적이 기도를 돕는데 있는데, 금식 때문에 기진맥진해진다면 이는 합당한 것이 아닙니다. 우리의 육체의 기력이 떨어져 축 늘어지면, 영혼이 날아오를 수가 없는 것입니다.

(2) 값비싼 의복과 몸의 장신구들을 모두 금하는 경우입니다. 금식일에 화려한 복장을 하는 것은 상가집에 가벼운 장신구들을 달고 가는 것보다 나을 것이 없습니다. "백성이 … 슬퍼하며 한 사람도 자기의 몸을 단장하지 아니하니"(출 33:4). 이는 하나님의 명령에 따른 것이었습니다: "여호와께서 모세에게 이르시기를 이스라엘 자손에게 이르라 … 너희는 장신구를 떼어 내라 … 하셨음이라"(5절). 요컨대 그들은 이 특별한 시기에 음악이나 향수 등 감각을 즐겁게 만드는 모든 육신적인 쾌락거리들을 금하였던 것입니다(단 6:18; 10:2, 3을 보라). 음식을 금하는 것이나 기타 극심한 것들을 겉 사람에게 부과하는 것 그 자체가 예배의 행위인 것이 아니요 기도의 본질에 필수적인 요건도 아니지만, 특별한 기도에 있어서는 기도를 돕는 요소로서, 또한 영적인 목적을 위하여 그것들이 요구되는 것입니다.

(a) 이런 금욕을 통하여 우리가 그런 위로거리들을 누릴 자격이 없다는 것과 또한 우리가 자의로 일시적으로 금지하는 그것을 하나님께서 얼마든지 정당하게 취하여 가실 수 있다는 것을 인정하는 것입니다.

(b) 외형적인 금욕과 금식을 통해서 우리는 특별 기도에서 발휘되는 바 그 강력하고도 간절한 내적인 감정들을 표현하는 것입니다. 사람들은 식사와 육체의 즐거움을 금지하여 마음의 격렬한 감정들을 나타내곤 합니다. 슬픔의 격정에 사로잡힌 사람이 있습니까? 그 사람은 식음을 전폐할 것입니다. 다윗이 그랬습니다: "내가 음식 먹기도 잊었으므로 내 마음이 풀 같이 시들고 말라 버렸사오며"(시 102:4). 무언가 큰 위험이 다가오고 있다는 느낌 때문에 마음에 두려움이 가득 차 있습니까? 그런 사람도 음식 먹기를 거부합니다. 뱃사람들이 큰 풍랑을 만났을 때 그랬습니다(행 27:21). 화가 마음에 가득 차 있습니까? 아합은 나봇의 포도원을 얻지 못하자 격렬한 화가 치밀어 올랐고, 침상에 몸을 던지고 음식을 거부했습니다(왕상 21

장). 머리와 마음이 온통 무언가 이루고자 하는 큰 계획에 대한 갈망으로 가득 차 있습니까? 그런 사람 역시 음식 먹을 시간을 허용하지 않을 것입니다. 사울은 이렇게 말합니다: "저녁 곧 내가 내 원수에게 보복하는 때까지 아무 음식물이든지 먹는 사람은 저주를 받을지어다"(삼상 14:24). 선지자의 말씀에 철공은 자신의 우상 숭배의 일에 열정이 얼마나 크든지, 배가 고파 기진해도 먹지도 않고 물을 마시지도 않을 정도라고 합니다(사 44:12). 그런데, 특별 기도를 행할 때에 그리스도인은 이런 모든 열정을 갖고 신령하고도 거룩한 자세를 가능한 만큼 최상으로 드러냅니다. 죄에 대해 깊이 탄식하며, 하나님의 심판이 임할까 하여 두려워하고 떨며, 죄를 향하여 거룩한 화와 분노를 나타내며, 하나님께 행하여진 모욕에 대해 격렬한 복수심을 드러냅니다. 그리고 하나님과 화평을 이루고 또한 죄로 인하여 빼앗긴 그의 사랑을 회복하기를 간절히 바랍니다. 자, 본성적인 격정이 지나쳐도 사람이 이렇게 몸을 괴롭히고 또한 본능적인 욕망까지도 부인하게 되는 법이니, 하나님께서는 그의 백성들이 특별히 스스로를 겸비할 때에도 그렇게 행하게 하셔서, 인간의 본성이 은혜를 부끄럽게 하는 일이 없도록 하시는 것입니다.

(c) 이런 금욕을 통해서, 특히 금식을 통해서, 우리는 방자한 우리의 육체를 길들이고 제어하며, 감각적인 정욕들을 죽여서 그것들이 육체를 부추겨 불 일듯 일어나게 하지 못하도록 만드는 더 큰 유익을 얻게 됩니다. 필요한 것들이 다 채워진 몸은 정욕이 무성하게 자라기에 좋은 땅과도 같습니다. "몸이 실컷 만족을 얻으면 육체의 정욕들이 살지게 됩니다." 몸을 높은 상태로 유지하게 되면, 육체적인 정욕들을 낮게 유지하기가 쉽지 않은 법입니다. 바울이 자주 금식과 살피는 일을 통하여 자기 몸을 쳐 복종시킨 것이 몸에게서 힘을 얻는 정욕들을 더 완전하게 가격하고자 함이 아니고 무엇이었겠습니까? "실컷 먹은 말은 말탄 자를 던지기 십상입니다." 성령께서는 영혼은 물론 육체도 사용하셔서 일하시는데, 이런 금식의 굴레는 육체를 제어하는데 훌륭하게 사용됩니다(히에로니무스).

(d) 금식은 우리의 심령을 예리하게 하고 기도의 임무에서 영혼의 능력에 활기를 주기 위해서 반드시 필요합니다. 이렇게 말할 수 있을지 모르겠지만, 배가 가득 채워져 있으면 영혼이 짓눌리고 부담을 받게 되니 말입니다. 몸에 필요한 것들이 다 채워지면, 눈이 무거워지고, 정신이 어지러워집니다. 그러니 졸면서 기도하는 것 외에 무엇을 기대할 수 있겠습니까? 특히 일상적으로 하는 것보다 더 오랜 시간을 계속해서 기도에 임해야 할 때에는 더욱 그렇지 않겠습니까?

[누가 특별 기도를 행하여야 하는가]

둘째 질문. 이 특별 기도의 임무를 시행하여야 할 자들은 누구입니까?

답변. 특별 기도에 대한 명령은 이 임무의 본질을 이해할 능력이 있는 연령에 속한 모든 자들에게 다 해당됩니다. 교회와 국가에게 이 임무가 요구되는 것을 봅니다. 국가적으로 요구될 시 신민들에게 이 임무를 공적으로 시행하도록 촉구하는 것이 국가 관리(magistrate)의 임무입니다(욜 2:15; 느 9:1). 이때에 관리의 요청을 거부하는 자는 그 일을 통하여 하나님과 사람 모두에게 범법자가 되는 것입니다(레 23:29). 이 임무는 사사로운 가족들에게까지 이릅니다. 에스더와 그녀의 하녀들은 함께 금식을 행하였습니다(에 4:16). 그렇습니다. 그것은 한 개인에게 부여된 임무요, 이는 은밀한 골방에까지 해당되는 것입니다. "너는 금식할 때에 머리에 기름을 바르고 얼굴을 씻으라. 이는 금식하는 자로 사람에게 보이지 않고 오직 은밀한 중에 계신 네 아버지께 보이게 하려 함이라 은밀한 중에 보시는 네 아버지께서 갚으시리라"(마 6, 17, 18). 본문의 정황으로 보아 이는 은밀한 골방에서 은밀하게 금식하는 것을 뜻합니다. 이 모든 것들이 함께 나타나는 곳이 있습니다: "온 땅 각 족속이 따로 애통하되"; 민족적인 금식이 있습니다. "다윗의 족속이 따로 하고 … 나단의 족속이 따로 하고"; 각 가문이 별도로 행하는 금식이 나타납니다. "그들의 아내들이 따로 하며"; 곧 개인이 골방에서 은밀하게 행하는 금식이 나타나는 것입니다(슥 12:12).

반론. 그러나 이런 특별한 기도와 금식은 복음의 시대에 행할 임무로서는 너무도 가혹하고 엄정한 것이 아닐까요? 대체 그리스도께서 어디서 복음의 시대에 사는 그의 백성들에게 이처럼 가혹한 일들로 몸을 혹사시키라고 명령하십니까? 복음의 자유에는 기뻐하고 찬송하는 것이 더 잘 어울리는 것입니다.

반론에 대한 답변. 최근 모든 것이 느슨해진 시대에 몇몇 사람들이 이렇게 거친 투정을 했습니다만, 이들은 오늘날처럼 불행한 시대가 오기 전에는 세상이 거의 접해본 일이 없는 새로운 부류의 성도들입니다. 그들은 때가 되기도 전에 천국에 이미 들어가 있으려 하고, 또한 죽을 때에도 그리스도께서 닦아주실 눈물을 전혀 남겨두지 않을 것입니다. 만일 죄와 고난이 없이 살 수 있다면, 이들의 탄원이 일리가 있을 수도 있을 것입니다. 하지만 만일 그렇더라도 여전히 "육체 가운데" 있으므로, 자기들을 위해서는 눈물을 흘리지 않더라도 형제들을 위해서는 눈물을 흘려야 마땅할 것입니다. 사도께서 우리에게 "즐거워하는 자들과 함께 즐거워하고 우는 자들과 함께 울라"라고 명령하고 있으니 말입니다(롬 12:15). 느헤미야는 바사 황제의 총애를 받으며 번영을 누리는 처지였으나, 그는 괴로움 중에 있는 예루살렘의 형제들을 위해 금식하였습니다. 하지만 죽을 육체를 입은 사람 중에 죄에서 자유롭고 슬픔이 완전히 면제된 사람은 하나도 없습니다. 그러므로 이 땅에서는 아무리 훌륭한 성도라 하더라도 때로는 슬피 애통하는 것이 잘 어울리는 것입니다. "부드러운 옷을 입은 사람들은 왕궁에 있느니라"(마 11:8).

영화롭게 된 성도들은 하늘의 임금의 궁궐에 거하며 언제나 기쁨으로 가득 차 있습니다만, 이 땅에서는 슬픔과 고통이 성도의 예복인 것입니다. 이따금씩 즐거움도 누리지만, 슬픔의 때가 없지 않은 것입니다. 주님은 제자들에게 말씀하셨습니다: "혼인집 손님들이 신랑과 함께 있을 동안에 슬퍼할 수 있느냐? 그러나 신랑을 빼앗길 날이 이르리니 그 때에는 금식할 것이니라"(마 9:15). 제자들은 분명 복음의 시대에 살았습니다. 만일 바울이 자기 몸을 쳐 복종시키며 금식으로 자기 자신을 채찍질하는 것을 보았다면, 이처럼 즐거움을 추구하는 자들은 아마도 그가 그리스도인의 자유에 대해 전혀 무지하다고 여겼을 것입니다. 이처럼 미혹의 상태에 있는 불쌍한 영혼들이 이 땅에서 그렇게 즐거움을 추구하고 저 세상에서도 슬픔이 하나도 없기를 바라는 것이야말로 어불성설입니다. 신자의 임무가 고되고 엄격하다고 해서 그것에 대해 투정을 부리고 문제를 삼고, 방종한 육체가 불편하다고 이야기한다고 해서 그 때문에 목에서 멍에를 벗어 버린다는 것은 정말 나쁜 징조 외에 아무것도 아닙니다. 이들은 마치 선지자가 "곡식 밟기를 좋아하나" 멍에를 메고 밭을 갈기는 싫어한다고 말씀하는 에브라임과도 같습니다(호 10:11). 그 일은 어렵고 배고픈 일입니다. 감사절에는 잔치가 벌어집니다. 그들은 이 날을 좋아하고 복음의 임무 대신 그런 잔치가 있기를 바랍니다. 하지만 기도와 금식일은 육체를 약간 괴롭힐 수밖에 없는데, 이 날에는 잔치가 없습니다. 그러나 반드시 목구멍으로 내려가 배를 채워 주어야만 잔치라 할 수 있습니까? 정욕에 사로잡힌 사람들이 이 복된 임무에 오명을 씌우지만 이는 결코 합당한 일이 아닙니다. 육신적인 불신앙자들에게는 이것이 과연 무거운 멍에요 고된 일일 것입니다. 언약궤를 끌고 가던 젖소가 빼앗긴 송아지들 때문에 음메 소리를 지른 것처럼, 이들은 금식일에 세상적인 일들과 오락거리들이 금지되는 것을 견디지 못해서 소리를 질러댑니다. 참 안타까운 사람들입니다. 젖소들에게 언약궤가 무거운 짐 외에 아무것도 아니었던 것처럼 이들에게도 금식과 기도는 무거운 짐 외에 아무것도 아닙니다. 그러나 참된 성도는 겸손히 죄를 고백함으로써 그의 양심이 허물을 벗음으로 그의 마음이 얼마나 평안을 얻으며, 하나님과의 교제 속에서 그의 영혼이 얼마나 감미로운 만족을 얻으며, 또한 그 임무를 시행할 때에 얼마나 믿음이 생기며 내적인 평안을 얻는지를 잘 알므로, 이 금식과 기도의 규례의 성격에 대해 전연 달리 증언할 것입니다. 그는 왕의 식탁에서 연회를 즐기는 것보다는 오히려 하나님과 함께 있으며 금식하는 것을 택할 것이라고 말할 것입니다. 산 아래에서 육신적인 이스라엘 백성들과 더불어 먹고 노는 것보다 모세와 함께 산 위에서 금식하는 것을 택하지 않았을 성도가 어디 있겠습니까? 육체의 음식을 마다하고서라도 그런 규례 중에 하나님의 임재를 통해 얻는 그 기쁨들로 영혼을 가득 채우기를 바라지 않을 자가 어디 있겠습니까? 자신이 흘리는 눈물을 구주께서 입맞춤으로 닦아 주시는데, 과연 죄에 대해 애통하며 슬퍼하기를 즐거워하지 않을 자가 누구겠습니까? 선술집에 서서 찔끔찔끔 빨아대는 자에게는 — 건성으로 기도의 임무에 임하는 자에게는 — 그것이 무미건조한 일일 것입니다. 하지만 포도주 창고로 인도되어 거기서 하나님의 사랑을 충만히 받아 마시는 자에게는 그 임무야말로 영혼을 새롭게 하는 지극히 감미로운 규례인 것입니다. 그 임무의 아래쪽 외형적인 부분은, 야곱의 사다리의 맨 밑 부분처럼 땅 위에 서 있는 것이요, 따라서 사람을 그냥 거기 머물러 있게 만듭니다. "육체의 연단은 약간의 유익이 있으"니 말입니다. 하지만 맨 꼭대기 영적인 부분은 하늘에까지 닿아 있으며, 은혜 안에 있는 영혼으로 그리로 올려서 하나님과 가슴으로 교제하게 해주는 것입니다. 성도와 외식자 혹은 육신적인 심령이 똑같이 이 기도의 임무에 임하고 있다고 할 때에, 이 둘은 마치 감옥에 갇혀서 간수의 감시를 받는 도둑과 연구실에 스스로 갇혀서 큰 즐거움을 주는 책에 빠져 있는 학자만큼이나 서로 다른 법입니다. 도둑에게 감옥은 정말 힘겨운 고역입니다만, 학자에게 연구실은 도무지 비할 데 없는 기쁨인 것입니다.

[특별 기도를 행하여야 할 특별한 경우]

셋째 질문. 어떤 특별한 경우에 그리스도인이 이 특별 기도의 임무를 시행해야 합니까?

답변. 일반적으로 말씀드리면, 그리스도인의 삶의 과정 속에서 섭리로 특별한 계기가 생길 때마다 그렇게 행하여야 할 것입니다. 이 종류의 기도는 일상적인 기도처럼 끊임없이 행할 것은 아닙니다. 일상적인 기도는 음식이요, 이 특별 기도는 약

(藥)과도 같다 할 것입니다. 일 년 내내 약을 복용한다는 것은 터무니없는 일일 것입니다. 그러니 교황주의자들의 금식 행위는 정말 어리석다 할 것입니다. 이들은 일이 잘 될 때나 잘 되지 않을 때나, 일상적일 때나 범상치 않을 때나 항상 때를 정해 놓고 금식을 시행합니다. 여기서 금식의 시간을 정해 놓는 것을 제가 반대하는 것으로 오해하지는 마시기 바랍니다. 우리도 매 달마다 금식일을 지켜오고 있습니다. 그러나 금식일을 정하는 특별한 계기도 계속 생기고 있습니다. 그러나 그리스도인이 이 특별한 임무를 행할 만한 적절한 계기가 되는 특별한 경우들을 몇 가지 말씀드리겠습니다.

경우 1. 그리스도인이 무언가 특별한 일을 시작하고자 할 경우, 큰 어려움이나 위험을 만날지도 모르고 또한 그 결과가 크게 자비로운 것이 될지, 아니면 환난이 일어날지 모를 때, 특별 기도를 시행합니다. 이럴 경우야말로 이 특별한 임무를 시행할 적절한 시기입니다. 이럴 때에 특별 기도는, 가로막는 온갖 난관의 모든 산들을 다 평탄하게 하고 그 행하는 일이 복된 성공으로 이어지게 할 수 있는 놀라운 수단이 됩니다. 아하수에로 왕이 저 악한 하만의 요청에 의하여 유다 백성들을 살육하는 일에 대해 친히 윤허하여 그 백성의 목숨이 풍전등화의 상태에 있을 때에 에스더는 그들의 생명을 구하고자 부름 받지 않은 상태에서 왕을 알현하는 모험을 행하기 전에 — 이는 죽음을 당할 수도 있는 행동이었습니다 — 먼저 금식과 기도로 하나님께 나아가며, 또한 모든 다른 이들도 함께 기도에 동참하게 하였습니다. 그리고 이 금식과 기도를 무기로 삼아 바사의 법을 위반하고 스스로 왕 앞에 나아갔습니다. 그리고 이로 말미암아 자기 목숨을 잃기는커녕 오히려 그 백성의 목숨에 드리워진 그 불의한 심판을 역전시켰고, 또한 그런 계략을 꾸민 자를 장대에 매어 달게 했습니다. 기도가 왕의 마음을 활짝 열어젖혔고, 그리하여 에스더가 그 구하는 바를 왕의 손으로부터 얻었던 것입니다.

어떤 큰 계획을 활기 있게 시행하게 하고 소기의 목적을 이루게 해주는 엔진으로 이 특별 기도만한 것은 없습니다. 사방에서 온통 미움을 받고 있던 에스라와 또한 그와 함께 간 나그네의 무리들이 바벨론으로부터 예루살렘까지 안전하게 도착할 것이라는 것을 과연 누가 믿을 수 있었겠습니까? 그런데 이 백성의 지도자 에스라는 원수들이 흥분하며 날뛰는 것을 피하여 여정을 안전하게 마무리하기 위해 과연 무슨 방책을 썼습니까? 바사 왕에게 호위대를 파송해 주기를 요청했습니까? 아닙니다. 그는 그들이 섬기는 그 하나님을 어찌나 높이 여겼는지 왕에게 보호를 요청하여 그의 보호 아래 있는 것을 부끄럽게 여겼고, 그리하여 금식과 기도를 행하였습니다(스 8:21). 그런 다음 길을 떠났는데, 시종일관 모든 여정이 순적하게 진행되었습니다(31절). 우리의 복되신 주님은 친히 거룩한 모범을 보이사 이 임무를 거룩하게 하셨습니다. 그는 복음을 전파할 자로 열둘을 택하여 보내시고자 하는 목적을 위하여, 그들이 그 사명을 더욱 충실히 행할 수 있도록 하시고자 기도로 그들을 내어보내시고, 이를 위하여 친히 그 전 날 밤을 기도로 보내십니다(눅 6:12, 13). 물론 모든 그리스도인이 다른 그리스도인처럼 크고 공적인 사역에 부르심을 받아 평생 그런 사역에 헌신하는 것도 아닙니다. 하지만 자신이 사사로이 개입하여 있는 갖가지 정황들 속에서 또한 인생의 여정에서 겪는 섭리의 변화들 속에서 이 임무를 행하도록 얼마든지 힌트를 얻게 될 것입니다. 가령 여러분이 어떤 일을 시작한다거나 아니면 기존에 하던 일에 많은 어려움과 시험이 있을 수도 있습니다. 먼 길을 떠나거나 위험스런 항해를 앞두고 있을 수도 있습니다. 아주 교묘하고 힘 있는 원수를 대하여야 할 입장일 수도 있습니다. 여러분의 뜻이 선하지만 그 원수를 도저히 이기지 못하는 처지일 수도 있습니다. 이럴 때야말로 주 앞에 나아가 입을 열어, 교훈과 도움과 보호를 요청할 좋은 기회가 되는 것입니다. 가령 여러분에게 자녀가 있는데 이들이 새로이 직업 전선에 뛰어들거나 배우자들을 만난다고 합시다. 이런 일이 여러분의 밑바닥에까지 영향을 미칠 큰 모험을 하게 되는 그야말로 중차대한 일이 아니겠습니까? 그 자녀들에게 생기는 이런 큰 변화로 인하여 야기될 결과에 따라서 여러분에게 큰 슬픔이 생기든지 아니면 큰 기쁨이 생기지 않겠습니까? 그런데도 사람들이 이 일을 얼마나 가볍게 여기는지 모릅니다. 자식을 결혼시키는 일이 마치 말이나 소를 시장에 내어다 파는 일보다 별로 중요하지 않은 것처럼 여깁니다. 안타깝게도, 하늘에서 정해지는 — 즉, 엄숙한 기도로 하나님께 아뢰어 하나님의 뜻을 구하는 — 그런 결혼의 예가 별로 없습니다. 아브라함의 종의 실례를 접하고 수많은 부모들은 부끄러움을 느낄 수밖에 없습니다. 그는 주인인 아브라함의 아들의 아내감을 취하러 보내심을 받을 때에 자신의 임무의 완수를 위하여 간절히 기도했습니다만, 수많은 부모들은 정작 자기들의 친 자녀들의 결혼을 위해서도 기도하지 않는 것입니다. 그러나 그들 스스로 그런 일들에서 저급하고 정욕적인 목적들을 추구하는 자들이니, 기도로 자녀들의 결혼에 대해 하나님께 묻거나 그들의 결혼에 하나님께서 복주시기를 청하기를 잊어버리는 것이 전혀 이상한 일이 아니라 여겨집니다.

경우 2. 그리스도인이 어떤 진리에 관하여 어둠 속에 있어서 겸손하고도 부지런히 그 진리에 대해 탐구하는데도 불구하고 만족할 만한 깨달음을 얻지 못할 때, 특별 기도를 행합니다. 이럴 때야말로 특별 기도를 행할 때입니다. 특별 기도야말로 그 진리 속에 담긴 하나님의 뜻을 알게 해주는 훌륭한 수단이니 말입니다. 기도는 하나님의 마음을 여는 적절한 열쇠요, 또한 오직 하나님만이 우리에게 깨달음을 주시고 그리하여 우리의 양심을 만족시켜 주실 수 있는 것입니다. 다니엘이 이런 방법을 취하였고, 모든 공부를 통해서보다 금식과 기도를 통해서 더 많은 깨달음을 얻었습니다. 사자가 하늘로부터 보내심을 받아 그에게 "지혜와 총명을 주"었기 때문입니다(단 9:20-23; 10:12). 그리고 천사는 다니엘에게 그가 이런 특별한 은혜를 받은 것이 그의 특별 기도로 인함이요 또한 하나님께서 그 기도에 속히 응답하셨음을 볼 때에 그런 기도가 하나님께 얼마나 합당한지를 조심스럽게 알려 주었습니다. 그가 특별 기도로 자신의 영혼을 토로하는 일을 시작하자마자 하나님이 그 기도를 들으시고 사자를 명하여 그의 기도에 응답하게 하셨다는 것입니다. 기도가 하늘에서 그 신용을 상실한 것이 아닙니다. 지금도 하나님께서는 언제나 그러셨듯이 기도를 환영하십니다. 천사를 성도에게 보내셔서 응답해 주시는 것은 아니지만, 천사보다 더 존귀한 손길을 통해서 응답해 주시니, 곧 다름 아닌 그의 백성을 진리로 인도하시는 성령님이십니다. 사도행전 10장의 고넬료도 금식과 기도로 특별히 하나님을 구함으로써 교훈을 받아 복음의 비밀을 깨닫게 되었습니다. 당시 혼란스러운 시대에 이 선한 사람은 아마도 유대인의 예배의 옛 길에 열심인 많은 사람들과 또한 새 길을 전하는 사람들을 보면서 과연 어떻게 해야 할 지에 대해 일말의 의심이 있는 상태에 있었을 것입니다. 그리하여 그는 기도와 금식을 통해 하나님께 도우심을 구하게 되었고, 하나님께서 빛을 비추어 주사 진리의 길로 나아가도록 인도해 주시기를 구하였을 것입니다. 이는 그가 기도하는 중에 본 환상 중에 하나님께서 주신 메시지의 어조에서도 드러나는 것 같습니다. "네가 지금 사람들을 욥바에 보내어 베드로라 하는 시몬을 청하라 네가 할 일을 그가 네게 말하리라"(행 10:5, 6. 한글개역개정판에는 "네가 할 일을 그가 네게 말하리라"가 없음 — 역주). 온갖 상이한 판단들이 제기되는 혼란한 오늘날의 시대에서도, 우리들끼리 왈가왈부하는 일이 적고 하나님과 씨름하여 성령의 가르치심을 구하는 일이 더 많았더라면, 수많은 이들이 더듬거리며 찾고 있는 그 진리의 문을 발견하는 길에 더 확고히 서 있게 되었을 것입니다. 논쟁과 격렬한 분쟁의 길은 먼지를 일으켜, 그 속에서 돌진하는 자들의 눈을 멀게 하여 진리를 놓치게 만듭니다. 그러나 무릎을 꿇는 겸손한 심령들은 은혜의 보좌 앞에서 그 진리를 발견하는 것입니다. 사도들도 서로 분쟁하는 동안에는 그리스도께로부터 아무것도 얻지 못하고 그저 다툴 뿐이었습니다(눅 22:24). 그러나 그들이 함께 간절히 기도할 때에 그리스도께서는 성령을 보내사 그들을 가르치신 것입니다(행 2장).

경우 3. 그리스도인이 큰 환난을 당할 때에 특별 기도가 필요합니다. 큰 환난을 당할 때야말로 특별 기도를 행할 적절한 때인 것입니다. "너희 중에 고난당하는 자가 있느냐 그는 기도할 것이요"(약 5:13). 즉, 그럴 때에는 그저 일상적인 기도만이 아니라 더욱 특별히 기도하여야 한다는 것입니다. 그리스도인이라면 구태여 환난을 당하지 않을 때도 기도해야 하며, 또한 기도할 것이기 때문입니다. 본문의 의미는 지금 환난을 당할 때에는 특별한 자세로 기도해야 한다는 것입니다. 더욱더 열정적으로 기도해야 합니다. 하나님께 드리는 우리의 모든 말씀이 다 그렇습니다만, 우리 마음이 활기 있게 움직이는 것을 하나님께 표현해야만 합니다. 이것이 없으면 우리 기도가 무미건조하게 됩니다(차가운 기도는 언제나 차가운 응답을 받을 수밖에 없습니다). 그런데 하나님은 거룩한 사람들이 이 기도의 임무를 특별히 시행하는 중에, 그런 특별한 기도의 기회를 잘 선용하여 보통 하던 것 이상으로 그들의 마음을 높이 올려 그에게 토로하기를 기대하시는 것입니다. 그들이 궁지와 환난 중에 있을 때에 그들을 바라보면, 그들이 자기들의 역량을 지극히 높여 마치 임금과 같은 자세를 견지하는 것을 봅니다. 야곱이 기도 중에 그렇게 처신했습니다(창 32:28). 마치 임금이 자기의 면류관과 왕국을 위해 전쟁터에서 싸우듯이 천사와 씨름했는데, 그 천사는 다름 아닌 바로 하나님 자신이셨습니다. 씨름꾼이 강력한 원수를 상대하여 온 힘을 기울여 싸우듯이 그는 온 마음과 온 힘을 기도에 쏟아 부은 것입니다. 이스라엘의 우상 숭배로 인하여 당혹스런 진노의 구름이 그들에게 드리울 때에, 모세는 그들을 위하는 열정에 완전히 사로잡혀서, 죄 사함의 기쁜 소식을 지니지 못한 채 산을 내려가기보다는 차라리 그 자리에서 죽게 해 달라고 간구합니다(출 32:32). 그리고 느헤미야는 여호와 앞에서 자기 영혼을 괴롭히며 기도하였는데, 이때에 그의 심령의 고뇌가 어찌나 격렬했든지 그 수심의 흔적이 그 표정에 나타났고, 그의 섬김을 받던 왕이 그것을 알아차리기까지 했던 것입니다.

또한 환난 중에 우리는 더욱 열정적으로 기도해야 할뿐 아니라 더욱 광범위하게 기도해야 합니다. 즉, 더 길게, 더 자주 기도해야 한다는 말입니다. 우리 주님도 ἐκτενεστερον προσηύξατο 하셨는데, 루카스 브루겐시스(Lucas Brugensis) 등은 이를 *prolixius orabat*, 즉 그가 더 오래 기도하셨다는 뜻으로 봅니다. 그가 평상시보다 더 많은 시간을 기도로 보내셨다는 것입니다. 그는 세 번씩이나 그렇게 기도하셨습니다(마 26:44). 그의 고뇌가 컸고 그의 환난의 파고가 격렬했습니다. 그러므로 그는 깊은 한숨과 강렬한 울부짖음으로 두 차례, 아니 세 차례나 아버지께 마음을 토로하신 것입니다. 크게 압박을 받을 때만큼 본성의 고뇌가 극대화되는 때는 없습니다. 그렇게 압박을 받으면 관자놀이가 튀어 오르고, 폐가 헐떡거리며, 마음이 요동칩니다. 환난 중에는 이와 같이 기도의 영이 더욱 강렬하게 고뇌를 토로하게 되는 것입니다.

경우 4. 그리스도인이 무슨 시험에 시달리거나 부패의 공격에 힘이 눌리는데 일상적인 수단을 사용해서는 그 시험을 물리치거나 그 부패를 정복하고 죽일 수가 없을 때에 특별 기도가 필요합니다. 일상적인 기도의 짧은 단검(短劍)이 정욕의 심장을 찌르지 못하면, 특별 기도의 긴 장검(長劍)을 빼어 그것을 찔러야 하는 것입니다. 우리 주님이 말씀하시듯이, "기도와 금식이 아니면" 나가지 않는 그런 "유"의 마귀가 있는 법입니다(마 17:21. 한글개역개정판 난외주를 보라 — 역주). 주님이 언제 이 말씀을 하셨는지 여러분은 잘 압니다. 어떤 사람이 귀신 들린 자기 아들에 대해서 "내가 주의 제자들에게 데리고 왔으나 능히 고치지 못하더이다"(17절)라고 불평하였을 때에 이 말씀을 하신 것입니다. 가련한 심령들이 이처럼 주께 불평합니다. 그렇게 오랫동안 말씀 앞에 나아와 그 전해지는 말씀을 들었고, 날마다 기도를 통해 그런 정욕을 물리칠 능력을 달라고 구했고, 여러 차례 결심도 했건만, 이런 수단을 다 써도 그것을 고치지 못했으니 이제 더 이상 무엇을 더 할 수 있겠느냐고 탄식하는 것입니다. 여기서 주님은 말씀하십니다. 기도와 금식의 이 엄숙한 규례를 시행하여 여러분의 사정을 그리스도께 내어놓으라는 것입니다. 이것이야말로 불쌍한 그리스도인들로 하여금 온갖 수단을 다 사용해도 도무지 이길 수 없었던 그 영적인 원수들에게 결국 원수를 갚게 하고, 또한 삼손처럼 마귀의 온 집을 그 머리 위에서 무너지게 하는 복된 수단인 것입니다.

경우 5. 우리가 사는 시대와 또한 우리가 사는 곳이 죄가 보통 이상으로 가득 차 있을 때에 특별 기도가 필요합니다. 죄가 가득한 시대는 언제나 성도들이 기도하는 시대였습니다. 에스라는 그런 시대에 무거운 마음으로 그 백성의 죄를 고백하였고, 여호와 앞에 가증스러운 그들의 행실들을 탄식하였습니다(스 9장). 그리고 예레미야는 당시의 타락한 세대 중 사악한 무리들에게 말하기를, "나의 심령이 너희 교만으로 말미암아 은밀한 곳에서 울 것이라"고 하였습니다(13:17). 사실 때로는 죄가 어찌나 도도하고 교만하게 다가오는지 모든 경건한 자들이 할 수 있는 것이라곤 그저 한 구석으로 들어가 당대에 만연된 부패와 오염에 대해 탄식하는 것밖에 없을 지경이 되기도 합니다. 루터는 이렇게 말합니다: "형제여, 골방에 들어가 슬피 울라." "터가 무너지면 의인이 무엇을 하랴?"(시 11:3). 국가의 통치의 초석이 무너져 버리고 군사적인 혼란 속으로 소용돌이쳐 들어가는 그런 국가적인 혼란의 당혹스러운 때를 우리 눈으로 보았습니다. 사람들의 처지가 그와 같다면, 과연 의인이 무엇을 할 수 있겠습니까? 그렇습니다. "금식과 기도", 이것은 할 수 있고 또 해야만 합니다. 사람을 구원하는 일이 인간의 능력의 한계를 넘어설 때에는 하늘에 계신 하나님을 구할 것밖에는 없습니다. 그 다음에 이어지는 말씀이 암시해 주듯이, 지금이야말로 하나님께 호소할 때인 것입니다: "여호와께서는 그의 성전에 계시고 여호와의 보좌는 하늘에 있음이여"(4절). 곧, 하나님이 마치 성전에 계시듯 하늘에 계시니, 그런 절박한 처지에 있을 때에야말로 그를 향하여 기도로 호소하여야 한다는 것입니다. 또한 이 기도야말로 분명 이 가련한 국가의 상황을 다시금 돌려서 그 본래의 정당한 통치의 터전 위에 다시 세워지도록 하는 효과적인 수단이었던 것입니다.

경우 6. 이제 마지막으로 말씀드립니다만, 큰 기대가 있는 시기는 특별한 기도를 해야 할 시기입니다. 하나님의 백성들이 그들에게 큰 자비의 역사가 다가오리라는 기대에 부풀어 있을 때에 그들은 더욱더 풍성히 기도에 임했습니다. 새벽이 가까워올수록 암탉이 세차게 울어대듯이, 성도들도 하나님께서 교회에 주신 약속들을 성취하실 때가 가까워 오는 것을 알수록 더욱 간절히 기도하는 법입니다. 임신한 여자가 해산할 때가 가까워 오는 것을 느끼면, 산파가 옆에 와서 대기하기를 간절히 바랍니다. 그런데 기도야말로 예부터 자비를 낳게 하는 산파역으로 아주 훌륭한 수단이었던 것입니다. 선한 히스기야는, "아기를 낳으려 하나 해산할 힘이 없다"고 말하였고, 선지자가 기도를 통해 아이를 순산하도록 하는데 도움을 주기를 바랐습니다: "바라건대 당신은 이 남아 있는 자를 위하여 기도하라"(사 37:3, 4). 선지자 다니엘은 연구를 통해 유대인들의 죄로 인하여 그들의 목을 매고 있던 그 칠십년의 포로기가 이제 끝날 때가 가까이 왔다는 것을 깨닫고서(단 9:1), 특별한 자세로 여호와 앞에 영혼을 토로하여 기도합니다. 우리도 그 영적인 바벨론 — 즉, 로마 교회 — 이 얼마 가지 않으리라는 희망을 가질 이유가 있습니다. 그러므로 지금이야말로 성도들이 더욱 간절히 기도함으로써 그 바벨론의 무덤을 파는 일에 매진하여야 할 합당한 때인 것입니다.

[특별 기도를 행하여야 할 이유들]

넷째 질문. 날마다 행하는 일상적인 기도가 있는데 그리스도인이 구태여 특별 기도를 더해야 하는 이유는 무엇입니까?

답변 1. 하나님의 명령에 순종하여 특별 기도를 더하는 것입니다. 그는 "항상 기도하라"고 명령하실 뿐 아니라 "모든 기도로" 기도할 것을 명령하시는데, 특별 기도도 그 중의 하나인 것입니다. 그러므로 우리 중에 누구도, 하루에 한두 번 기도하는 것으로 족하고, 하루 종일 기도하여 직업과 가정에 해를 줄 필요는 없다는 식으로 말해서는 안 될 것입니다. 만일 하나님께 어느 정도의 시간을 들여서 예배하여야 하는가 하는 문제가 전적으로 우리의 재량에 맡겨져 있다면, 하나님께 지극히 인색하게 처신할 자들이 있을 것입니다. 이들의 투정은 마치 유다의 불평과 흡사합니다: "무슨 의도로 이것을 허비하느냐 이것을 비싼 값에 팔아 가난한 자들에게 줄 수 있었겠도다"(마 26:8, 9). 그러나 "이렇게 말함은 가난한 자들을 생각함이 아니요 그는 도둑이라 돈 궤를 맡고 거기 넣는 것을 훔쳐감이러라"(요 12:6). 과연 그렇습니다. 정욕적인 자들이 기도와 금식으로 시간을 허비한다고 하며 타박하며 "그 시간을 다른 데 써서 잘 선용한다면 그들의 직업과 가정과 아내와 자녀들에게 얼마나 유익이 되었겠느냐"라고 하는 말을 들을 때에, 저는 그들의 핑계처럼 그들이 자기들의 친족을 그렇게 애틋하게 여기기 때문이 아니라(기도로 하루를 보내는 것에 대해 타박하는 자들 중에는 선술집에서나 혹은 할 일 없이 빈둥대며 몇날 며칠을 허비할 것이니 말입니다), 하나님께 마땅히 드릴 것을 강탈하기를 즐기며 그를 모욕하기를 탐내는 도둑의 심보를 지니고 있기 때문이라는 생각이 듭니다. 임금에게 일상적인 충성은 드리지만, 국가의 사정상 그보다 더 많은 충성이 요구될 때에 그것을 거부하든지 아니면 하는 수없이 투덜거리며 드리는 신하를 과연 충성된 신하라 할 수 있겠습니까? 하나님의 명령들은 그런 것과는 다릅니다. 너무도 가혹하고 심하여 누구라도 그것을 행하며 신음하고 투덜거릴 수밖에 없는 그런 것이 아닙니다. 그 멍에들은 — 즉, 임무들과 명령들은 — 겉보기에는 지극히 힘들어 보이지만 그 속에 지극히 부드러운 안감이 있는 것입니다. 고난보다 더 힘들어 보이는 것이 무엇이겠습니까? 하지만 고난을 당할 때만큼 성도들이 하늘의 기쁨으로 충만해 있는 때는 없는 것입니다. 금식과 영혼을 괴롭게 하는 것보다 더 가혹한 것이 어디 있겠습니까? 그러나 감각적이고 표피적인 이 불순종자들이 무서워하는 이 사자의 품속에서 그리스도인은 내적인 위로라는 지극히 단 꿀 송이를 발견하는 것입니다. 성전의 일은 제대로 행하면 거기에 합당한 대가를 받게 되어 있습니다. 그 일이 하나님의 집에서 지극히 작은 일이라 할지라도 그는 그 일을 공짜로 시키시는 법이 없습니다. 제단에 불을 지피는 일도 공짜로 행해지는 것이 아닙니다. 그러므로 감히 다음과 같이 말하는 자는 자기들의 손으로 치욕을 취하는 자인 것입니다: "하나님을 섬기는 것이 헛되니 만군의 여호와 앞에서 그 명령을 지키며 슬프게 행하는 것이 무엇이 유익하리요?"(말 3:14). 임무 자체가 잘못된 것이 아니라 그들 자신이 잘못되었으니, 임무를 행하여도 아무런 유익을 얻지 못한 것입니다. 몹쓸 종이 그 자신의 악행 때문에 아무런 유익도 누리지 못하고 궁핍을 겪으며, 더 힘든 상전을 만나 더 어렵게 되는 것처럼 말입니다.

답변 2. 하나님의 섭리를 접하고서, 적절한 임무를 행함으로써 우리를 향하신 그의 역사하심에 부응하기 위해 특별 기도를 더하는 것입니다. 하나님께서 그의 섭리로 특별히 역사하실 때에 그는 그의 백성들이 일상적인 것보다 더하게 그를 찾고 구하기를 기대하십니다. 선지자의 다음 말씀의 뜻이 이것 말고 무엇이겠습니까? "이스라엘아 내가 이와 같이 네게 행하리라 내가 이것을 네게 행하리니 이스라엘아 네 하나님 만나기를 준비하라"(암 4:12). 하나님은 여기서 그들을 대적하여 그가 행하실 특별한 일들을 통해서 그들을 경계하십니다. 이 경계를 잘 받아들여서 속히 엄숙하게 회개하고 마음을 낮춤으로써 — 이것이 하나님을 만나는 적절한 자세입니다 — 그들을 향하여 몰려올 하나님의 진노의 폭풍을 피하라는 것입니다. 강력한 군대가 쳐들어올 때야말로 국가가 그 군대를 모아 방어에 힘쓸 합당한 때가 아닙니까? 사 25:20, 21에서도 이것이 나타납니다. "내 백성아 갈지어다 네 밀실에 들어가서 네 문을 닫고 분노가 지나기까지 잠깐 숨을지어다." 여기서 하나님은 그의 백성을 밀실과 골방에 들여보내셔서 영혼을 괴롭게 하고 열정적으로 기도하게 하사 하나님의 진노의 날에 숨을 곳을 찾을 수 있게 하시는 것입니다. 그런데 그들이 어째서 그렇게 해야 합니까? "보라 여호와께서 그의 처소에서 나오사 땅의 거민의 죄악을 벌하실 것이니라"(21절). 하나님이 그의 처소에서 일어나 나오신다는 것은 그가 무언가 놀라운 일을 행하시리라는 것을 뜻합니다. 주인이 일어나 나올 때에 종들이 그냥 가만히 앉아 있는 것은 합당한 자세가 아닙니다. 주인이 어디를 가든지 그를 따를 준비를 갖추고 함께 일어나야 하는 것입니다. 하나님께서는 우리가 어찌 처신하는지, 우리가 그의 심판 혹은 자비의 섭리에 어찌 부응하는지를 특별히 주목하여 보십니다. "그 날에 주 만군의 여호와께서 명령하사 통곡하며 애곡하며 머리털을 뜯으며 굵은 베를 띠라 하셨거늘"(사 22:12), 즉 그가 선지자들은 물론 그의 섭리의 음성으로 그들을 부르셨고, 그것이 너무도 분명하여 그들이 정욕으로 인하여 귀가 막혀 귀머거리가 되지 않은 이상 그 음성을 들을 수밖에 없고, 또한 지금이야말로 그들이 굵은 베옷을 입고 눈물로 그들의 영혼을 낮추는 것을 하나님이 기대하시는 때라는 것을 깨달을 수밖에 없다는 것입니다. 그런데 그들이 안일하여 그의 섭리를 무시하고 욕되게 하는 것을 하나님이 얼마나 악하게 여기시는지를 보십시오. "만군의 여호와께서 친히 내 귀에 들려 이르시되 진실로 이 죄악은 너희가 죽기까지 용서하지 못하리라 하셨느니라 주 만군의 여호와의 말씀이니라"(14절). 이보다 하나님의 진노를 더 촉발시키는 죄는 별로 없습니다. "그들은 여호와께서 행하신 일과 손으로 지으신 것을 생각하지 아니하므로 여호와께서 그들을 파괴하고 건설하지 아니하시리로다"(시 28:5). 또한 "벨사살이여 왕은 그의 아들이 되어서 이것을 다 알고도 아직도 마음을 낮추지 아니하고"(단 5:22). 이로 인하여 그는 자신의 목숨과 나라를 잃어버렸습니다. 반면에 아합은 물론 진지하게 한 것은 아니지만 회개하여 한동안 구원을 받았습니다. 일시적으로 자기를 낮춤으로 그는 일시적으로 유익을 얻은 것입니다.

답변 3. 이 특별한 임무를 엄숙히 시행함으로써 우리의 삶과 경건 생활의 과정 전체에 미치게 될 큰 영향을 위해서도 특별 기도를 더하는 것입니다. 몸을 건강하게 유지하기 위해서는 날마다 음식을 먹어야 하는 것은 물론 이따금씩 약을 복용하는 것도 필요합니다. 지극히 조심하고 절제하는 것이 몸의 건강을 유지하는 데에 유익하지만, 때때로 여분의 체액을 공급받아 몸 속에 유지시키는 것이 필요합니다. 그런데 영혼의 상태 역시 연약하여 육체만큼 세심한 보살핌이 필요한 것입니다. 일상적인 기도는 성도의 음식입니다. 날마다 대하는 식사를 거를 수 없는 것처럼 일상적인 기도도 걸러서는 안 되는 것입니다. 그러나 특별 기도는 영혼에 감염된 잘못된 병 증상을 — 이는 일상적인 수단으로는 도무지 정복할 수가 없습니다만 — 제거해 주고, 동시에 그리스도인의 은혜들의 힘과 활력을 고조시켜 주는 약(藥)이라 할 수 있습니다. 하나님께서는 그의 지혜로우신 섭리 가운데서 특정한 계절에 한 별을 명하여 태양과 연계하여 큰 영향을 미치게 하셔서 이 추운 지방에서 곡식들이 무르익게 하시는데, 이와 마찬가지로 그는 그리스도인의 영적 유익을 위하여 또한 세상의 차가운 기후 속에서 그들을 잘 보존시키기 위하여 이따금씩 일상적인 기도와 더불어 이 엄숙한 임무를 취하게 하시는 것입니다. 이 강력한 특별 규례의 영향 아래 자주 있는 성도들은 은혜와 위로의 열매들을 속히 효과적으로 맺게 되는데, 그런 특별한 임무가 없는 경우에는 그런 열매들이 더디 익게 되는 것입니다.

[특별 기도를 위한 지침들]

다섯째 질문. 이 엄숙한 임무를 바람직하게 성공적으로 행하기 위해서는 어떤 권면이나 지침이 필요하겠습니까?

답변. 이제 이 마지막 질문에 답하고 이 문제에 대한 강론을 마치도록 하겠습니다. 이 문제는 아주 심각하고 또한 절실한 것입니다. 사실 이것은 마치 아주 날카로운 연장이어서 제대로 사용하면 아주 훌륭하게 쓰이지만, 사용법을 잘 모르는 자의 손에 들어가면 아주 위험한 것입니다. 어떤 약처럼 독을 씻어내는가 하면 독을 더 심화시킬 수도 있습니다. 곡식이 아주 잘 자라는 비옥한 토양에서는 가라지도 기승을 부리는 법입니다. 이 엄숙한 규례를 잘 습득하고 있는 자들에게서처럼 은혜나 죄가 크게 잘 자라는 경우가 없습니다. 그러므로, 마치 물살이 빠른 바다에 배를 띄운 자들이 더욱 면밀하게 그 나아가는 방향을 잘 살펴야 하듯이 — 그렇게 하지 않으면 빠른 속도로 떠내려가서 모항에 다다르든지 아니면 침몰하게 되고 말 것이니 — 이 임무를 행하는 자들도 매우 조심해야 합니다. 임무가 특별하니 만큼 그 결과도 일상적일 수가 없기 때문입니다. 그러므로 이에 대해 제시할 권면이나 지침도 세 가지로 구분할 필요가 있습니다. 1. 임무 전에 필요한 예비적 지침. 2. 임무 시행 중에 살펴야 할 것. 3. 임무 시행 후에 살펴야 할 것. 성곽 전체를 안전하게 지키지 않으면 성 전체가 안전할 수 없습니다. 원수가 전면에서 공격하든 군대의 후미를 치든 마찬가지입니다. 배를 바다에서 가라앉히든, 항해를 다 마치고 모항에 정박해 있을 때 가라앉히든 결과는 똑같은 것입니다.

[특별 기도에 임하기 전에 필요한 요건]

요건 1. 특별 기도의 임무에 앞서서 예비적인 지침이 필요합니다. 두 가지 예비적인 요건이 있습니다. 그 중 하나는 멀리서부터 필요한 요건이고, 또 하나는 즉각적인 요건입니다. 혹은 습관적인 준비와 실질적인 준비라 할 수 있겠습니다.

(1) 멀리서부터 필요한 준비, 혹은 습관적인 준비가 있습니다만, 이는 특별 기도의 엄숙한 임무를 행하는 데에 크게 유용합니다. 이 준비는 바로 이것입니다. 그리스도인 여러분, 날마다의 생활을 양심적으로 삼가며, 또한 일상적인 경건 생활에서 기도의 임무를 끊임없이 행하는 것입니다. 그렇게 하지 않으면 이 특별 기도의 임무를 행하려 할 때에 십중팔구 그 일을 제대로 감당할 수 없을 것입니다.

(a) 일상적인 임무를 소홀히 하면 특별 임무를 행할 마음이 도무지 생기지 않을 것입니다. 초장에서 풀도 제대로 먹지 못한 말을 타고 경주에 나가려 할 사람이 어디 있겠습니까? 특별 기도에서는 영혼이 최고의 속도를 내고, 있는 힘껏 최대한으로 힘을 발휘하고, 그것도 오랜 시간 동안 지속해서 그 일을 해야 합니다. 그러니 날마다 행하는 일상적인 기도에서도 숨을 제대로 가누지 못하는 심령이 과연 전속력으로 달려야 하는 긴 경주를 감당할 수가 있겠습니까? 혹시 은혜가 있더라도그것이 게으름으로나 형식적인 자세로 인하여 질식해 버리지 않겠습니까? 어떤 지체든 많이 사용할수록 힘이 강해지는 법입니다. 우리가 흔히 오른손으로 일을 하기 때문에 잘 사용하지 않는 왼손보다 오른손이 더 힘이 셉니다. 여러분의 게으른 영혼의 힘에 연약함이 밀려올 것입니다. 그래서 여러분이 게으름의 의자에 그냥 앉아 있을 동안에는 느끼지 못하지만 막상 일어나서 엄숙한 임무를 감당하려 하면 그때서야 마치 삼손처럼 여러분이 게으름과 태만의 잠 속에서 힘을 다 잃어버렸다는 것을 알게 될 것입니다. 병에 새 포도주가 담겨 있을 때 그것을 그냥 지나치기가 어렵듯이, 감미로운 포도주를 곰팡이가 낀 퀴퀴한 병에 담아둘 수는 없습니다. 포도주 병이나 통을 감미롭게 유지하는 유일한 방법은 그 속을 그냥 비어둔 채로 오래 놓아두지 않는 것입니다.

(b) 일상적인 임무를 소홀히 하면 이 엄숙한 특별 기도의 임무를 행할 마음이 도무지 생기지 않을 뿐더러, 그렇게 일상적인 임무를 소홀히 한다는 것은 여러분의 영적인 상태가 아주 나쁘다는 것을 보여주는 증상이기도 한데, 이것이 앞의 것보다 더욱 나쁩니다. 은혜는 일률적으로 역사하며 또한 그 활동에 합당한 적절한 열매를 드러내 보입니다. 왕의 아들이 어떤 특별한 날에는 평상시보다 더 화려하고 찬

란한 복장을 한 것을 볼 수도 있습니다. 하지만 그가 초라하고 추한 누더기 옷을 입고 있는 모습은 절대로 볼 수 없을 것입니다. 아무리 평상시라 하더라도 그는 여전히 왕의 아들로서 어울리는 복장을 하고 있을 것이니 말입니다. 어쩌면 그리스도인도 특별한 날 특별한 임무 중에 평상시보다 기도에 더 강렬한 열정을 보이고 또한 그의 처신에서 그의 은혜들이 더 높이 고귀하게 드러날 수도 있습니다. 하지만 그가 자신이 입고 있던 은혜의 의복을 완전히 벗어 제쳐두는 것은 결코 볼 수가 없습니다. 참된 성도는 날마다의 일상에서도 여전히 그의 고귀한 지위를 드러내 보이는 법입니다. 일상적인 임무들을 무시하거나 하나님과의 교제를 내동댕이치며 살지는 않는 것입니다. 오오 여러분, 마치 눈(雪)이 한 쪽에는 두껍게 쌓이고 다른 쪽에는 전혀 쌓이지 않는 것처럼 경건한 헌신의 모습이 들쭉날쭉하며, 한때는 천사처럼 열정이 있는 것처럼 보이다가도 일주일 후에는 마치 무신론자처럼 산다면, 이는 외식자의 모습에 다름 아닙니다. 은혜는 분명 이보다는 더 골고루 역사하며, 또한 그 자신에 어울리지 않는 모습을 하는 경우는 전혀 없는 것입니다. 그것은 마치 명절이 되어야 비로소 식탁에 좋은 고기를 올리고 그 이외의 때에는 전혀 아무것도 올리지 않는 그런 수전노의 집에서 사는 것과도 같아서, 특별한 기도 일에는 그처럼 훌륭한 상을 차리지만 그 이외의 때에는 자기 자신과 가족을 완전히 굶겨서 아사의 지경에 이르게 만드는 것입니다. 자, 여러분, 일상적으로 기도를 행하는 일에 스스로 단련되기 전에는 절대로 이 특별한 기도의 임무를 행할 생각을 해서는 안 됩니다. 날마다 하나님과 함께 행하는 일에 더 많은 주의를 기울여야 하는 것입니다.

(2) 보다 긴밀하고 직접적인 준비가 필요한데 저는 이것을 실제적인 준비라 부르고 싶습니다. 평상시에 일상적으로 신앙의 실천을 양심적으로 또한 주의를 기울여 행하는 자는 그 일을 소홀히 하거나 게으름을 피우는 자보다 이 특별한 임무를 행하기에 굉장히 유리합니다. 왜냐하면 그런 자는 마음의 정서가 특별한 임무에 더 가까이 있을 수밖에 없기 때문입니다. 마치 의복을 입고 깨어 있는 자가 침상에 누워 잠자고 있는 자보다 더 신속하게 주인의 지시를 행할 수 있는 것처럼 말입니다. 그러나 우리의 일상적인 경건한 삶에 대해 주의를 기울이는 것 외에도, 마음을 높이 올려서 이 엄숙한 임무를 감당할 수 있는 그런 자세를 갖추기 위해서는 별도의 고통을 감수해야 합니다. 깔끔한 주부는 집안을 깨끗하게 유지하기 위해 항상 힘쓰지만, 특별한 일이 있을 때에는 방을 청소하고 그릇들을 깨끗이 닦고 정

돈하는 일에 훨씬 더 노력을 기울이고 더 꼼꼼하게 그 일을 행하는 법입니다. 그리스도인도 그렇게 해야 합니다. 지금 여러분도 매일의 생활에서 얻는 때와 먼지들을 떨어 버리고 또한 일상생활에서 드러나는 여러분의 은혜가 더 한층 찬란하게 빛을 발하도록 그것을 깨끗하게 해야 하는데, 이 일은 고통이 따르고 또한 시간을 요하는 것입니다.

그리스도인은 마치 한동안 달리며 도움닫기를 하지 않고서는 도무지 날개로 날아오르지 못하는 몸집이 무거운 새와도 같습니다. 아니면, 있는 힘껏 밀어서 옆으로 기울여야 비로소 소리를 내는 거대한 종(鐘)과도 같습니다. 그런데 묵상이 이런 준비를 위한 일에 사용할 만한 훌륭한 도구입니다. 특별 기도의 날이 오기 전에 상당한 시간을 들여서 홀로 물러가 은밀한 중에 여러분 자신의 마음과 대화하는 시간을 가지십시오. 이런 일은 무리 중에서는 할 수가 없고, 그렇다고 특별 기도의 임무에 들어가는 시간까지 미루어둘 수도 없는 일입니다. 이 두 가지 임무들을 한꺼번에 행할 수는 없습니다. 농사꾼이 낫 가는 일과 유리 자르는 일을 동시에 할 수는 없습니다. 그러므로 여러분, 골방에 들어가서 먼저 여러분의 생각들을 세상으로부터 불러들이고, 또한 여러분이 행할 그 일과 상관없는 모든 것들을 할 수 있는 만큼 여러분의 영혼 속에서 벗어 버리기 바랍니다. 이것이야말로 수첩에 무언가를 적기 전에 그 수첩을 깨끗이 닦는 것과도 같은 것입니다. 그런데 여러분의 마음에 거룩한 진지함이 생기게 하고 여러분의 생각들을 한 데로 모으기 위해서는, 여러분이 행하게 될 그 임무의 그 위대함과 중요성을 먼저 여러분 앞에 펼쳐 보이는 것이 매우 효과적입니다. 이제 여러분이 저 위대하신 하나님 앞에 서게 되고, 그것도 특별한 임무 중에 그에게 매우 가까이 나아가 서게 될 것이니, 여러분 자신의 처신 여하에 따라서 그 하나님의 존귀하심을 거룩히 높이든가 아니면 욕되게 하든가 하게 될 것이고, 그에 따라서 아름다운 축복으로 그의 사랑이 임하게도 되고 아니면 처절한 저주로 그의 진노가 임하게 되든가 할 것입니다. 이런 일들을 진중하게 직시하도록 여러분의 마음의 생각을 끈으로 동여매시기 바랍니다. 자연적인 두려움이 심령으로 하여금 외부의 몸으로부터 안으로 움츠러들어 마음에 집중하게 만들듯이, 혹시 이 엄숙한 임무를 잘못 이행하면 어떻게 할까에 대한 거룩한 두려움은 외부의 모든 육신적인 것들로부터 여러분의 생각들을 불러들여 여러분이 행하고자 하는 그 임무에 집중하도록 해주는 훌륭한 수단이 되는 것입니다: "주를 경외함으로 … 예배하리이다"(시 5:7). 인장에 새겨진 조각이 그대로 양초에 자국을 남기는 법입니다. 하나님을 향한 두려움(경외)이 여러분의 마음에 깊이 새겨지면, 여러분이 행하는 그 임무에도 그에 합당한 자국이 남게 될 것입니다. 자, 이제 법정이 열리고 침묵이 명해졌으니, 이 준비의 일에 관하여 몇 가지 생각들을 여러분에게 구체적으로 제시하고자 합니다.

[준비를 위한 세 가지 지침]

첫째. 특별 기도를 행함으로써 여러분이 이루고자 하는 목적이 무엇인지에 대해 여러분의 영혼을 점검하시기 바랍니다. 자기가 맡은 임무가 무엇인지를 알지도 않고 무턱대고 달려가는 자는 어린아이든지 아니면 바보든지 둘 중에 하나일 것입니다. 지혜로운 자는 손으로 어떤 일을 행하려 하기 전에 그 일의 목적이 무엇인지를 궁구할 것이며, 또한 그 일이 막중할수록 그렇게 하는 것이 더욱 절실할 것입니다.

1. 여러분이 추구하는 목적이 악하다면, 그 임무가 선할 수 없다는 것을 생각하십시오. 여러분의 마음이 그 임무를 행하면서 순전할 수가 없기 때문입니다. 마음의 순전함은 외형적으로 어떤 임무를 행하는 것에서가 아니라, 그것이 세우는 표지와 또한 임무에서 지향하는 목적을 통해서 그 모습을 드러내는 법입니다. 도둑과 정직한 여행객이 똑같은 길을 달려갈 수 있습니다. 하지만 그 달려가는 목적이 서로 다르며, 이것이 그 둘을 구별지어 주는 것입니다. 이처럼 성도와 외식자가 동일한 임무에 함께 참여하고, 이를테면 동일한 화살을 쏘아도, 그들의 눈은 동일한 목표를 향하지 않으며, 따라서 그들이 쏘는 화살도 동일한 과녁을 맞추지 않습니다. 한 사람의 기도는 가증스런 것으로 여겨져 거부당하고, 다른 사람의 기도는 은혜로이 상달됩니다. 포로로 잡혀간 유대인들이 70년 동안 금식을 행해왔으니 이들보다 더 경건하게 보였던 자들이 어디 있었겠습니까? 그런데도 하나님은 그들의 고통을 가납하시지 않았습니다. 그들의 목적이 올바르지 못했기 때문입니다: "너희가 칠십 년 동안 다섯째 달과 일곱째 달에 금식하고 애통하였거니와 그 금식이 나를 위하여, 나를 위하여 한 것이냐?"(슥 7:5). 사람이 자기 길을 벗어나 있으면, 속도를 높여 힘껏 달릴수록 더 나쁜 법입니다. 열정이란 어떤 임무를 행하는 데 있어서 가장 좋은 것이기도 하고 가장 나쁜 것이기도 합니다. 오오, 열정은 정말 훌륭한 것입니다. 하지만 방향이 잘못되어 있으면 완전히 헛된 것입니다. 그런데 올바른 목적을 지향한다는 것은 쉬운 일이 아닙니다. 올바른 방향을 보려면 눈이 머

리에 올바로 박혀 있어야만 합니다. 총신(銃身)이 잘못 만들어져 있다면 총알이 똑바로 과녁을 향해 날아갈 수가 없습니다. 그릇된 마음은 — 육신적인 마음은 어느 것이든 다 그릇된 것입니다만 — 참된 목적을 지향할 수가 없는 것입니다.

2. 임무에 들이는 여러분의 노력이 여러분이 지향하는 목적에 잘 부합되는 것이어야 한다는 점을 생각하십시오. 여러분의 목적이 낮은 데 있다면 여러분의 노력이 그 목적을 이루는 것 이상 더 나아가지 않을 것입니다. 조그만 움막을 지을 생각을 하는 사람은 그저 보통의 진흙과 짚을 쓰는 것으로 만족합니다. 그러나 웅장한 궁궐을 계획하는 자는 훨씬 더 귀한 재료들을 쓰는 법입니다. 그러므로 다윗은 성전을 짓기 위한 재료들에 대해 굉장한 관심을 기울였습니다. 그는 이렇게 말합니다: "이 성전은 사람을 위한 것이 아니요 여호와 하나님을 위한 것이라 내가 이미 내 하나님의 성전을 위하여 힘을 다하여 준비하였나니 곧 기구를 만들 금과 은과 놋과 철과 나무와 또 마노와 가공할 검은 보석과 채석과 다른 모든 보석과 옥돌이 매우 많으며 성전을 위하여 준비한 이 모든 것 외에도 내 마음이 내 하나님의 성전을 사모하므로 내가 사유한 금, 은으로 내 하나님의 성전을 위하여 드렸노니" (대상 29:1-3). 외식자가 금식에서 갖는 목적은 저급하고 비열한 것입니다. 곧, 사람들에게 신망을 얻고 육신적인 이득을 얻는 따위가 목적입니다. 그러므로 그의 노력은 오로지 겉으로만 그 임무를 행하는 데 기울여집니다. 점잖은 표정과 경건한 모습과 또한 기도에서 듣는 이들에게 좋은 인상을 줄 만한 표현들을 사용한 것 등에만 관심을 기울입니다. 그러나 은혜 안에 있는 영혼은 다윗처럼 말합니다. 내가 짓는 이 성전은, 내가 행하는 이 임무는, "사람을 위한 것이 아니요 여호와 하나님을 위한 것이라." 그러므로 그는 더욱 귀한 재료들을 사용하는 데에 가장 큰 관심을 기울입니다. 곧, 자신의 죄로 인하여 상한 마음으로 죄를 고백하며, 믿음과 간절함으로 간구하며, 자신이 받은 하나님의 자비를 깨닫고 인정하며 사랑과 감사를 표하는 것입니다.

질문. 하지만 과연 언제 이 임무에 악한 목적이 개입될까요?

답변. 우리가 목표로 삼는 것 그 자체의 본질이 악하면 우리가 지향하는 목적이 근본적으로 악하게 되고, 또한 우리의 목표를 너무 높게 잡거나 낮게 잡거나 하여 비정상적인 것으로 만들어도 우리의 목적이 악한 것이 됩니다.

(1) 목적이 근본적으로 악한 경우는 두 가지입니다.

(a) 사람이 무언가 사악한 목적을 포장하고 그것을 교활하게 이루고자 하여 기도와

금식을 하는 경우가 그렇습니다. 이것은 끔찍한 악이요 정말 처절하게 가증스런 것입니다. 문 바깥에는 천사의 표지를 걸어놓고 안에서는 별 의심을 받지 않으면서 마귀 역할을 하려는 것이 아니고 무엇이겠습니까? 그런데 그런 깊은 외식이 사람의 마음에서 드러나 감히 하나님의 날개 아래에 그 맹렬한 독사의 알을 내려놓고, 이 엄숙한 규례를 이용하여 자기들의 사악한 계획들을 품는 도구로 삼는 것입니다. 여우가 궁지에 몰리게 되면 자기를 구하기 위해 개들 가운데에 들어가 그들의 동료인 것처럼 행세한다고 합니다. 이처럼 외식자도 자기의 사악한 계략들을 숨기고서는 성도들 가운데로 달려들어가서 마치 자신이 그들 중에서 가장 훌륭한 자인 것처럼 이런저런 임무에 아주 열정적으로 임하는 것입니다. 하나님의 규례를 덮개삼아 사악한 계략들을 감추는 것이야말로 사탄의 오래된 수법이요 또한 그는 그것을 자기 수족들에게 가르쳤습니다. 세겜 사람 하몰의 아들과 또한 시므온과 레위 사이에 어떤 계략과 반대 계략이 오갔습니까? 그런데 양쪽 모두 자기들의 계략들을 이루기 위해 하나님의 규례를 편리한 수단으로 사용했습니다. 하몰 쪽에서는 할례를 받음으로써 야곱의 가족의 재산 전체를 자기 수중에 넣을 수 있을 것으로 기대했습니다: “그러면 그들의 가축과 재산과 그들의 모든 짐승이 우리의 소유가 되지 않겠느냐”(창 34:23). 그리고 시므온과 레위는 그들이 할례로 인한 상처가 아직 아물지 않아 고통 중일 때에 그들을 완전히 살육해 버릴 의도를 갖고 있었던 것입니다. 압살롬은 자기 아버지를 대적하는 반역자 노릇을 더 잘 하기 위해 헤브론에서 자기 서원을 갚도록 떠나게 해주기를 청했습니다. 이세벨은 나봇에게 올무를 놓았고 그를 확실하게 무너뜨리기 위해서 심지어 하나님 앞에서조차 거짓으로 금식하는 모습을 보였습니다. 바리새인은 자신이 행하는 금식을 자랑하지만, 우리 주님은 그것이 “과부의 가산을 삼키기” 위한 것임을 말씀하셨습니다(눅 20:47). 그러나 교부의 말씀처럼 그들이 땅에서 삼키는 그 부스러기들이 위(胃)에 걸려 속을 더부룩하게 할 것이요, 그들은 지옥에서 영원토록 그것을 소화시키게 될 것입니다. 이처럼 외식자는 적그리스도처럼 하나님의 성전에 앉아서 거기서 지극히 가증스런 짓들을 자행하며, 기도하는 집을 강도의 소굴로 만드는 것입니다. 오오 여러분, 이 끔찍한 악에 대해 치를 떨어야 합니다. 신앙을 가장하여 저질러질 때에는 죄가 시뻘겋게 되는 것입니다.

(b) 사람이 금식과 기도를 통해서 하나님께 자기의 죄에 대해 보상하거나 무언가 하나님께서 어여삐 여기실 만한 공로를 세우리라고 생각하는 경우도 그렇습니다. 이것

은 사악하고도 가증스런 것이요, 마치 값을 주고 사는 것이 구걸하는 것과 완전히 반대되는 것처럼 그만큼 기도의 본질과 어긋나는 것입니다. 솔로몬은 말씀하기를, "가난한 자는 간청한다"고 합니다(잠 18:23). "가령 내가 의로울지라도 대답하지 못하겠고 나를 심판하실 그에게 간구할 뿐이며"(욥 9:15). 우리가 율법에 근거한 간구를 그만두기 전에는 은혜의 보좌의 은덕을 얻을 수가 없습니다. 그리스도께서는 의인으로서 간구하시며 또한 우리를 위해 구하시는 바를 정당하게 바라십니다. 그가 그것을 위해 값을 이미 지불하셨기 때문입니다. 하지만 우리는 죄인들로서 기도하는 것이요, 따라서 모든 것을 긍휼에 호소하는 것입니다. 그렇습니다. 그리스도께서 가장 큰 선물이요 또한 값 없는 선물이시기 때문에 우리가 그리스도의 공로를 간구하는 것입니다. 하지만 사람의 마음이 어찌나 교만한지, 그리스도의 공로를 은혜로 받을 생각을 하기보다는 차라리 상인 노릇을 하려 합니다. 육신적인 유대인들을 유혹한 것이 바로 이것이었습니다. 마치 야곱이 화난 자기 형을 안돈시키려 한 것처럼 그들은 하나님께 온갖 임무들을 떼로 가져다 드리면 그의 진노를 가라앉힐 수 있을 것이라 여겼고, 그렇게 큰 값을 지불했는데도 하나님이 받아들이지 않으시자 자기들이 행한 임무들이 제값대로 평가를 받지 못했다고 생각하였습니다. 그리하여 그들은 대담하게도 여호와께 다음과 같이 탄원하였습니다: "우리가 금식하되 어찌하여 주께서 보지 아니하시오며 우리가 마음을 괴롭게 하되 어찌하여 주께서 알아주지 아니하시나이까?"(사 58:3). 그만큼 자기들 자신을 훌륭하게 여기고 있었던 것입니다. 여러분, 이것을 삼가기 바랍니다. 교만은 규례의 임무를 우상으로 바꾸어놓는 것입니다. 우리가 겸비하여 자신을 낮추기 위해 금식하며 기도할 때에 하나님께서는 그것들을 받으십니다. 그러나 우리 자신을 정당화시키고자 그것들을 행할 때에 그는 그것들을 가증스럽게 여기시는 것입니다. 바리새인은 자신이 얼마나 자주 금식하는지를 떠벌리며 교만을 떨어 스스로 망하였으나, 불쌍한 세리는 겸손히 자기의 죄를 고백하여 상을 얻었습니다(눅 18장). 웅덩이에 고인 물로 얼굴을 씻으리라고 생각하는 사람은 그로써 얼굴을 깨끗이 씻기는커녕 오히려 더욱 더럽게 만들 뿐입니다. 우리가 흘리는 눈물이 아무리 깨끗하다 해도 결코 깨끗한 것이 아닙니다. 그것들 자체가 깨끗이 씻음 받아야 하는데 그것들이 어떻게 우리를 깨끗하게 만들 수 있겠습니까? 거룩한 욥도 감히 자신의 순결함을 의지하려 하지 않습니다: "내가 눈 녹은 물로 몸을 씻고 잿물로 손을 깨끗하게 할지라도 주께서 나를 개천에 빠지게 하시리니 내 옷이라도 나를 싫어하리이다 하나님은 나처럼 사람이 아니신즉 내가 그에게 대답할 수 없으며 함께 들어가 재판을 할 수도 없고"(욥 9:30-32).

(2) 목적 자체가 본질적으로 악한 것은 아니나 그것을 지정하는 데에서 무언가 잘못이 있어서 결국 그 목적이 악하게 될 수도 있습니다. 임무를 행하는 부차적인 목적이어야 하는 것을 우리의 궁극적인 목적으로 삼을 경우 이런 일이 일어나게 됩니다. 제자리에 있으면 정당하고도 합당한 목적이 될 것인데, 그것이 궁극적인 목적을 밀어내고 그 자리에 올라가면 죄악된 것이 되고 마는 것입니다. 하나님의 영광이 궁극적인 목적이어야 합니다. 예배의 모든 임무에서는 물론 먹는 것과 마시는 것 등 우리의 모든 일상적인 행위들에서도 그렇습니다. 그런 낮은 행동들이 이 높은 목적에 걸맞게 높여져야 하는 것입니다(고전 10:31). 그가 우리의 궁극적인 목적이셔야 할 분명한 이유가 있습니다. 우리의 시작부터가 그에게서 말미암았으니 말입니다. 만물이 그에게 속하였으니, 만물이 그를 위하여 있는 것이 합당한 것입니다. 그러니, 우리의 가장 저급한 행위들에서도 그렇게 높은 목적을 가져야 한다면, 우리의 가장 높은 행위들에서도 역시 높은 목적을 가져야 하는데, 예배의 행위야말로 하나님을 직접 대하는 가장 높은 행위들입니다. 그러므로 우리가 "예수 그리스도로 말미암아 하나님이 기쁘게 받으실 신령한 제사를 드릴 거룩한 제사장"이라 칭함 받는 것입니다(벧전 2:5). 각종 규례들이 지정된 목적이 또 하나 있으니, 곧 하나님께로부터 우리에게 내리는 각양 복들을 전달하는 통로가 되게 하기 위함입니다. 그러나 이것은 부차적인 목적이며 따라서 그 앞의 목적에 종속되어야 합니다. 그렇지 않으면 우리가 하나님의 영광을 우리의 부차적인 유익에 종속시키게 되는데, 하나님은 이것을 묵과하시지 않습니다. 가령 우리가 무언가 큰 환난 중에 있다고 합시다. 이런 상황에서 우리는 구원을 얻기 위해 기도하게 됩니다. 여기까지는 정도를 취하는 것입니다. 그러나 우리의 구원을 하나님의 영광보다 더 관심 갖게 되면 이는 주객이 전도되는 것입니다. 이는 신하를 임금의 보좌에 앉히는 것과 같습니다. 피조물을 누리고자 하나님을 이용하는 것입니다. 이것을 삼가야 합니다. 우리가 하나님의 영광보다 더 바라는 것이 있다면, 그것이 무엇이든 간에 그것은 우상이요 우리는 우상 숭배하는 것이 됩니다. 손으로만 우상을 새기는 것이 아닙니다. 마음으로도 얼마든지 새길 수 있고, 마음속에 새겨진 우상도 집 안에 세워놓은 우상에 못지않게 악한 것입니다.

질문. 하지만 내가 기도할 때에 하나님의 영광을 가장 주된 목적으로 삼는지 아니면 다른 무언가 선한 것을 목적으로 삼는지를 어떻게 알 수 있습니까?

답변. 다음 두 가지 방법으로 알 수 있습니다. (a) 기도 중의 자세를 통해서, (b) 기도 후의 자세를 통해서.

(a) **기도 중의 마음의 자세를 통해서.** 만일 기도 중에 하나님의 영광을 주된 목적으로 삼는다면, 그것이 그 기도의 임무 전체의 색깔이 되며, 각 부분 부분에 영향을 미치며, 여러분의 간구의 내용들이 이 목적에 합당하게 맞추어집니다. 화살을 당기는 팔로부터 나오는 비밀한 힘이 화살을 날아가게 하여 표적을 맞추게 하듯이, 기도의 임무 중에도 비밀한 능력이 있어서 그것이 영혼을 이끌어 자신이 가장 중요하게 지향하는 목적에 합당하도록 행동하게 만드는 것입니다. 자신이 그 무엇보다 가장 바라는 것을 스스로 방해하거나 가로막으려 하는 사람은 아무도 없기 때문입니다. 가령 죄 사함을 바라고 그것을 위해 간구한다고 합시다. 이 경우 만일 여러분이 죄 사함의 은혜는 물론 하나님의 영광을 순전하게 바란다면 — 그렇습니다, 죄 사함의 은혜보다 하나님의 영광을 더 우선적으로 바란다면 — 그로 인하여 여러분은 죄를 고백하는 중에, 여러분이 죄를 범하여 하나님의 영광을 가린 것에 대한 안타까움이 죄로 인하여 여러분 스스로 초래한 하나님의 진노에 대한 두려움보다 더 클 것입니다. 그러므로 하나님께 간구할 때에 감히 하나님을 욕되게 할 수 있는 그런 조건으로 용서를 구해서는 안 되고, 하나님의 영광이 확보되고 증진되는 그런 방식으로 긍휼을 구하여야 할 것입니다. 회개하지 않는 몹쓸 죄인은 여전히 자신의 정욕을 사랑하고 좋아하여 하나님의 영광스러운 이름을 무한히 욕되게 하므로, 하나님께서는 그의 죄를 사하실 수가 없는 것입니다. 그러므로, 여러분의 말처럼 하나님의 영광이 여러분의 눈에 그렇게 높이 보인다면 죄를 사하시는 긍휼 못지않게 거룩하게 하시는 은혜를 간절히 구하게 될 것입니다. 비단 그 은혜가 없이는 죄 사함을 얻지 못하기 때문만이 아니라 — 병든 사람이 쓰디쓴 약을 좋아하는 것이 그 약을 좋아해서가 아니라 자기 목숨을 구하기 위함인 것처럼 — 그 은혜로 말미암아 여러분이 하나님을 영화롭게 하는 일에 합당하게 되기 때문에 그것을 구하게 되는 것입니다.

(b) **기도 후의 마음의 자세를 통해서도** 알 수 있는데, 구한 바를 얻었을 경우와 구한 바를 얻지 못하였을 경우로 구분하여 생각할 수 있습니다.

긍휼을 구하여 그것을 얻었을 경우를 먼저 생각해 봅시다. 그것을 구할 때에 여러분의 주요 관심사가 하나님의 영광에 있었다면, 이제는 그것을 받았으니 하나님의 영광을 위하여 그것을 잘 사용하는 것이 주요 관심사가 될 것입니다. 그러나 자기 자신이 주요 관심사인 상태에서 그것을 구한 사람은 그것이 얻어지면, 그것을 달라고 구할 때만큼 하나님을 생각하지 않고 그것을 사용합니다. 한나는 하나님께로부터 얻은 아들을 여호와께 드립니다. 왜 그렇게 했습니까? 아들을 달라고 구할 때에 그의 목적이 바로 그것이었기 때문이 아니고 무엇입니까? (삼상 1:11을 28절과 비교하라.) 다윗의 기도가 응답되어 그가 구원받자, 그가 무엇을 결심하는지를 주의깊게 보십시오. "내가 생명이 있는 땅에서 여호와 앞에 행하리로다"(시 116:9). 그리고 또 이렇게 말씀합니다: "여호와여 나는 진실로 주의 종이요 주의 여종의 아들 곧 주의 종이라 주께서 나의 결박을 푸셨나이다"(16절). 그는 하나님께서 베푸신 긍휼에 대해 거룩한 삶을 사는 것으로 그에게 되돌려드립니다. 건강을 달라고 간구하다가 다리로 일어설 수 있게 되자마자 하나님을 떠나 달려가는 자가 있다면, 혹은 재물을 달라고 구하고는 재물이 얻어지자 자기 정욕을 채우는 일에다 그것을 다 써버린다면, 어떻게 그 사람이 하나님의 영광을 목적으로 기도했다고 생각할 수 있겠습니까?

또한, 간구한 것을 얻지 못했을 경우에도 알 수 있습니다. 긍휼을 구할 때에 — 즉, 조건적으로 약속된 그런 자비들을 구할 때에 — 순전하게 하나님의 영광을 목표로 삼는 사람은, 그것을 얻지 못해도 여전히 기쁨으로 하나님의 뜻에 굴복합니다. 하나님께서는 간구하는 바를 베풀어 주실 때나 베풀어 주지 않으실 때나 똑같이 그 자신을 영화롭게 하시기 때문입니다. 다윗은 병든 아들의 목숨을 위하여 금식하며 기도하였습니다. 그러나 그 아들이 죽었습니다. 자, 구하는 바를 얻지 못하였으니 그가 하나님을 떠납니까? 그가 불만을 품고 불평합니까? 아닙니다. 그의 마음에서도 전혀 풍파가 일지 않고, 그의 표정에도 궂은 모습이 전혀 없이 한결같이 하나님을 섬기는 것입니다. 그는 흐르던 눈물을 닦고, 의복을 갈아입고는 즐겁게 하나님의 집에 들어가 경배하였습니다(삼하 12:20). 하나님의 뜻이 너무도 강력하게 그의 뜻을 결정지은 것입니다. 천체(天體)들이 제1동인(*primum mobile*)에 의해서 각기 기우는 성향과 반대로 이끌려가듯이, 성도의 경우도 은혜가 그의 본성적인 성향을 압도하여, 하나님의 뜻이 자기의 뜻에 거스를 때에도 그의 뜻에 굴복하여 나아가게 되는 것입니다. 우리의 복되신 구주께도 본성적인 뜻이 있었습니다. 그리하여 할 수만 있다면 자신이 당할 고난의 쓴 잔을 그 자신에게서 거두어 주시기를 간구하셨습니다. 그러나 그는 기꺼이 아버지의 뜻에 굴복하실 자세였고, 그리하여 자신이 목숨을 잃으실지언정 그로 인하여 아버지께서 친히 영광을 받으시기를 바라신 것입니다(요 12:27, 28).

둘째(p. 691에서 연결). 이제 목적을 올바로 세운 다음 여러분이 해야 할 두 번째 일은 사사로이 여러분의 마음과 생활을 살펴서 여러분의 사정을 주님 앞에 더욱 충실하고도 간절히 내어놓을 수 있도록 하는 것입니다. 이 일을 위해서 여러분이 살펴야 할 것이 크게 세 가지입니다. 1. 여러분이 지은 죄들을 살펴야 합니다. 2. 여러분이 받은 자비들을 살펴야 합니다. 3. 여러분에게 현재 결핍되어 있는 것이 무엇인지를 살펴야 합니다.

[마음과 삶을 살펴 찾아야 할 세 가지]

1. 여러분이 지은 죄들을 살펴야 합니다. 금식의 주요 목적은 회개를 행하는 데 있으며, 마음을 면밀히 살피는 일이 없이는 회개가 이루어질 수 없습니다. "우리가 스스로 우리의 행위들을 조사하고 여호와께로 돌아가자"(애 3:40). 도둑을 심문하기 위해서는 먼저 그를 찾아야 하고, 그를 정죄하고 형벌을 집행하기 위해서는 먼저 심문해야 하는 법입니다. 죄 중에는 별 어렵지 않게 찾을 수 있는 것들이 있습니다. 그러나 여러분이 하나님과 여러분 자신의 영혼에게 진실하다면, 그 어떠한 죄라도 빠져나가는 것을 용인하지 않을 것입니다. 모든 죄들을 정의롭게 처리하는 것을 바라지 않는 사람이 어떻게 어느 한 가지 죄에 대해 사함 받기를 기대할 수 있겠습니까? 그리고 여러분이 깨닫고 인정하고자 하는 마음이 없는 죄들이 정의롭게 처리되기를 바란다는 말을 어떻게 할 수 있겠습니까? 탄원과 애원 때문에 어쩔 수 없이 도둑들의 무리를 찾아 나서고는 샅샅이 수색하여 그들을 찾으려 하지 않고 누구든지 그냥 도망하도록 내버려 두는 경찰이 있다면, 그는 정의에 대한 열정이 거의 없는 사람일 것입니다. 그렇다고 해서 여러분이 모든 죄들을 모조리 다 찾을 능력이 있다는 말은 아닙니다. 여러분이 부지런히 노력함으로써 그 어떠한 죄도 숨기려 하지 않는 순전함을 입증한다면 그것으로 족합니다. 그러므로 그 일에 순전한 열심을 기울이십시오. 마치 사람들이 살인자들을 찾으려고 그들이 숨어 있는 숲속을 뒤지듯이, 그렇게 마음과 삶을 살피십시오. 젊은 날과 장성한 시절 등 여러분의 삶의 갖가지 단계들을 살피고, 거기서 여러분이 가지고 행했던 모든 관계들과 직능들을 살피십시오. 여러분이 받은 일반적인 소명과 구체적인 소

명을 살피되 여러분이 살았던 모든 곳과 거기서 여러분이 행한 행실들 하나하나를 살피십시오. 양심을 불러들여서 그것이 여러분에 대해 아는 것을 토설하도록 하고, 가감이 없이 모두 다 자유로이 털어놓도록 격려하십시오. 그리고 이 양심이라는 증인을 회유하여 여러분에 대해 부드럽게 증언하도록 만드는 일이 없도록 조심하십시오. 마치 부패한 재판관들이 나쁜 동기를 갖고서 증인에게 은밀히 지시하여 — 마치 다윗이 요압에게 한 것처럼 — 거짓으로 증언하도록 만드는 것처럼 그렇게 하지 않도록 말입니다. 여러분의 상태가 완전히 드러나고 그것을 덮고 있는 것들이 다 펼쳐지는 것을 기꺼이 받아들이십시오. 마치 의회의 창고 속에 석탄과 장작더미 깊숙한 곳에 폭약 상자들이 놓여 있는 것처럼, 악한 계획들이 그럴듯한 모습으로 가려져 있는 경우가 허다합니다. 하늘의 도우심을 구하면서 할 수 있는 만큼 여러분 자신을 살피고 여러분이 찾아내지 못한 악한 것이 더 있는지를 시험한 후에는, 상한 마음으로 그것들에 대해 여러분 자신을 판단하고, 그런 악에 대해 여러분을 향해 정죄를 선언하신 하나님의 의로우심을 인정하여야 합니다. 요컨대, 묵상하는 가운데 모든 죄 하나하나마다 정당하게 따지고 그것에 생각을 집중시키되, 그것들에 대한 분노의 불길이 마음에서 솟구칠 때까지 해야 한다는 것입니다. 그렇습니다. 그 죄들을 향한 거룩한 분노가 불길처럼 솟아올라서, 여러분 스스로 그것들을 완전히 죽이고 파멸시키도록 최선을 다하리라는 맹세의 마음을 갖는 것입니다. 그렇게 여러분의 죄들을 죽이겠다고 서원한 후에야 비로소 여러분의 생명을 위해 간구할 수 있는 처지에 있게 되는 것입니다.

2. 여러분이 받은 자비들을 살펴야 합니다. 여러분이 영혼을 그야말로 형편없이 대하여 오지 않았다면, 필경 받은 자비들이 — 최소한 가장 두드러지는 그 몇 가지 사례들이 — 있을 것입니다. 혹시 하나님께서 성도들로 하여금 눈물을 가득 흘리게 하는 것이 합당하다고 여기실지라도, 성도들은 하나님께서 베푸신 자비들을 잊어서는 안 될 것입니다. 그런데 하나님께서 베푸신 자비들을 잘 읽고 새겨야 할 특별한 때가 있습니다. 성도가 이 특별 기도의 임무에 임하고자 하는 때가 바로 그런 때입니다.

(1) 이 자비야말로 죄로 인하여 마음이 녹아지는 가장 효과적인 수단이 됩니다. 하나님께로부터 오는 자비들은 죄를 억누르는 크나큰 효과를 내므로, 죄로 인하여 마음을 깨뜨리는 가장 강력한 도구가 되기 마련입니다. 하나님은 범죄하는 이스라엘을 다음과 같이 꾸짖으십니다: "어리석고 지혜 없는 백성아 여호와께 이같

이 보답하느냐?"(신 32:6). 혹시 하나님께서 그들을 그렇게 선대하지 않으셨다 해도, 그들이 그렇게 현저하게 악을 행해서는 안 되었습니다. 하나님께서 그 백성들의 죄의 상처를 터뜨리고자 하실 때에는, 그는 가장 귀한 자비들을 습포로 삼아 그들의 마음에 그것을 붙이사 온기가 전달되게 하십니다. 다윗은 수개월 동안 율법의 강론을 들으며 앉아 있었으나 자신이 저지른 잔혹한 죄를 깨닫지도 않았고 그로 인하여 마음이 낮아지지도 않았습니다. 그런데 나단 선지자가 보내심을 받고 그에게 와서 하나님께서 그에게 은혜로 베푸신 그 많은 자비들을 전하자, 이것을 머리로 깨닫는 동안 그의 마음이 곧바로 무너져 내렸습니다(삼하 12장). 해가 떠서 따스한 햇살이 강력하게 내려 쪼이기 전에는 서리가 땅에서 녹아내리지 않습니다. 그러나 따스한 햇살을 받으면 곧바로 녹아내리는 것입니다. 이와 같이 마음의 완악함도 하나님이 베푸신 자비들을 지각하여 온전히 뜨거워져야만 비로소 제거되는 것입니다. "거기에서 너희의 길과 스스로 더럽힌 모든 행위를 기억하고 이미 행한 모든 악으로 말미암아 스스로 미워하리라"(겔 20:43). "거기에서"란 바로 문맥에서 드러나듯이 하나님의 자비들에 대한 생각들 가운데를 뜻하는 것이 아니고 무엇이겠습니까? 도끼와 그 받침대를 보고서도 전혀 마음의 동요가 없던 자가 임금으로부터 사면을 받고는 눈물을 흘리는 것입니다. 진노를 보면 양심에 불이 솟구쳐 오릅니다. 하지만 자비를 느끼게 되면 그 마음이 녹여지고 의지를 이기게 되는 것입니다.

(2) 자비를 깨닫는 것이야말로 우리의 모든 기도에 있어야 할 필수적인 요소입니다. "너희 구할 것을 감사함으로 하나님께 아뢰라"(빌 4:6). 우리의 모든 헌물에 이러한 양념이 반드시 있어야 합니다. 바라는 자비를 달라고 기도하면서도 받은 바 자비에 대해 감사하지 않는 자는 자기 자신에 대해 관심이 있고 하나님은 전적으로 잊어버리는 사람이며, 그렇게 함으로써 자신의 기도를 밖에 두고 문을 닫아 버리는 것입니다. 하나님께서는 찢어진 주머니에는 자비를 부어 주시지 않습니다. 그런데 감사할 줄 모르는 마음이 바로 그런 주머니와 같습니다. 자비를 받고서도 금방 기억 바깥으로 흘려 버리기 때문입니다.

3. 여러분에게 현재 결핍되어 있는 것들을 살펴야 합니다. 상인은 시장에 나가기 전에 상점에 없는 물건이 무엇인지를 확인합니다. 여러분에게 필요한 은혜와 자비들을 얻기 위해서 여러분이 이 임무를 행하는 것입니다. 그렇다면 여러분의 상황이 어떠한지를 살피는 것이 필요하지 않겠습니까? 여러분의 개인을 위해 필요

한 것이 무엇이며, 관계를 위해 필요한 것이 무엇인지를 알아야 하지 않겠습니까? 그러나 동시에 공공의 사회에 필요한 것이 무엇인지도 잊지 말아야 합니다. 사회가 평안하고 행복해지는 것이 큰 관심사일 수밖에 없습니다. 이 사회라는 배(船)가 가라앉으면 그 배의 선실을 차지하고 있는 여러분도 안전할 수가 없으니 말입니다. 미리 묵상하고 생각을 기울여서 방지하려 하지 않고 이런 일이 일어나도록 그냥 내버려 둔다는 것은 생각 있는 그리스도인으로서는 도저히 취할 수 없는 그야말로 어처구니없는 잘못입니다. 뿐만 아니라 여러분의 기억력뿐 아니라 여러분의 감정도 도움이 필요합니다. 그렇지 않으면 우리의 죄와 또한 결핍들이 생각에 들어왔다가도 마음속에 자리잡지 못하고 그냥 사라질 수도 있습니다. 진정 사실을 알고서 깊이 마음에 깨달음을 얻기보다는 그냥 머리로만 알기가 쉽습니다. 그리고 하나님께 기도로 나아가 아뢸 때에는 그냥 사실을 있는 그대로만 말씀드리고 마는 것이 아니라 깊은 한숨과 탄식으로 하나님께 간절하고도 감정에 북받친 상태로 아뢰는 것입니다. 하나님이야말로 우리의 죄를 용서하실 수 있고 또한 우리의 결핍된 것을 주실 수 있는 분이심을 알기 때문입니다.

셋째. 이처럼 여러분 스스로 살펴서 깊은 묵상과 더불어 감정이 솟아나 이것들을 깊이 지각하게 되면, **말씀의 약속들에 근거한 논리로 무장하여 여러분의 기도에 힘을 불어넣고 하나님께 상달되도록 하기를 바랍니다.** 말씀의 약속들이야말로 믿음의 근거요, 믿음이 강력하게 되면 그것으로 여러분이 간절한 마음을 갖게 되고, 또한 그런 간절함이야말로 기도의 싸움터에서 속히 승리를 얻고 돌아오게 하는 것입니다. "의인의 간구는 역사하는 힘이 큼이니라"(약 5:16). 기도를 통해서 발설되는 말들은 화약에 불과하며, 말씀의 약속은 발사되어 날아가는 총탄이요, 믿음은 영혼으로 하여금 총탄을 장전시키게 하는 은혜요, 또한 간절함이 총탄을 발사하고 그것을 하나님의 가슴에 강력한 힘으로 맞추어 전능자로 하여금 그것을 가로막지 못하시게 하는 것입니다. 전능하신 하나님이 그것을 가로막으실 수 없을 것입니다. 그가 가로막지 않으실 것이기 때문입니다. 자, 총탄을 자기의 총구멍에 맞추어 보지도 않고 그냥 싸움터로 나가는 자는 그야말로 뻔뻔스러운 병사일 것입니다만, 이와 마찬가지로 자기의 사정과 요구 사항에 합당한 말씀의 약속들을 찾아놓지도 않고 무작정 그렇게 엄숙한 임무에 임하는 자가 있다면 그는 정말 지혜 없는 그리스도인일 것입니다. 다니엘은 먼저 약속을 찾았습니다. 하나님께서 그의 백성을 위하여 친히 행하시겠다고 말씀하신 것이 무엇이며, 또한 그 약속이 언제 마감되는지를 찾았습니다. 그리고 묵상과 연구를 통해서 마음으로 견고한 믿음을 갖게 된 다음에야 비로소 하나님께 거룩한 열정으로 기도하였고, 하나님께 간구하되, 그의 자비하심에만이 아니라 그의 의로우심에도 호소하여, 그의 약속을 기억하시고 응하게 해주시기를 구하였던 것입니다. "주여 구하옵나니 주는 주의 공의를 따라 주의 분노를 주의 성 예루살렘, 주의 거룩한 산에서 떠나게 하옵소서"(단 9:16). 말씀 속에 있는 내용이 강력할수록, 그는 기도로 더욱 강하게 그것을 호소하는 것입니다. 이처럼 예비적인 지침을 말씀드렸으니, 이제는 그 임무 자체에서 준수해야 할 것들에 대해 다루기로 하겠습니다.

[특별 기도에서 필요한 것]

요건 2(p. 688에서 연결). **특별 기도의 임무를 시행하는 중에 준수해야 할 것이 있습니다.** 다른 곳에서 일반적인 기도의 임무에 관하여 말씀드린 지침들이 여기서도 그대로 적용될 것이기 때문에, 몇 가지만을 간략하게 말씀드리기로 하겠습니다.

(1) 이 특별 기도의 임무에 임할 시간이 되면, 여러분이 얼마나 잘 준비를 해오셨던지 간에, **여러분이 행한 준비를 신뢰하지 않도록 주의하시기** 바랍니다. 훌륭한 스승 한 분이 목사들에게 설교에 관해서 준 한 가지 지침이 기도와 관련하여 그리스도인들에게 그대로 적용될 수 있습니다. 그는 목사들에게 마치 강단에서 하나님의 도우심을 전혀 기대하지 못할 것처럼 생각하고 그렇게 설교를 준비하되, 강단에 올라가서는 마치 준비를 전혀 하지 않은 것처럼 전적으로 하나님의 도우심에 내어맡기라고 말씀했습니다. 기도와 금식의 임무를 시행하기 전에 마치 그 임무에서 아무런 도우심이 없을 것처럼 그렇게 생각하고 준비를 하되, 그 임무를 시행할 때에는 마치 여러분이 준비를 전혀 하지 않은 것처럼 전적으로 하나님의 도우심에 여러분 자신을 내어맡기기 바랍니다. 이 큰 일에 하나님의 도우심이 있을 것으로 기대하고서 아무런 준비도 하지 않는 자와, 하나님의 도우심이 없을 것으로 여기고 최선을 다해 준비하고서는 자신의 준비를 의지하고 하나님의 은혜로운 도우심을 전혀 의지하지 않는 자 중에 과연 누가 더 악한지 모르겠습니다. 첫 번째 사람은 이 엄숙한 규례를 아주 하찮게 여기는 자입니다. 그렇습니다, 그 임무에 관여하시는 그 위대하신 하나님을 아주 값어치 없게 생각하는 자입니다. 그리고 두 번째 사람은 자기 자신을 너무 높게 생각하는 자입니다.

그리스도인 여러분, 지금 여러분이 아주 멋지게 행진하고, 마음을 잘 다스리고 있다 칩시다. 그러나 아뿔싸! 얼마나 속히 그 모든 준비가 망가지고, 여러분이 그렇게 애써서 기름칠 해놓은 마차 바퀴들이 제대로 굴러가지 않거나 빠져 버릴지 모르는 것입니다. 지금은 여러분의 생각들이 하나가 되어 있다고 여길 수도 있습니다. 하지만 하나님께서 그 생각들이 계속 하나로 모여 있도록 도우시지 않으면 과연 몇 분 후에 그 생각들이 어떻게 흐트러질지 과연 알고 계십니까? 여러분의 불안정한 생각들이 흐트러지지 않게 막는다는 것은 바람을 가방 속에 집어넣어 두는 것만큼이나 어려운 일입니다. 지금은 여러분의 마음이 상당히 높은 곳을 향하여 집중되어 있습니다. 하지만 과연 그 마음이 미끄러져 내리지 않도록 붙잡아 둘 수 있겠습니까? 여러분이 기도 중에 손을 내어 뻗을 때에 하나님께서 그 손이 마르게 하실 수 없겠습니까? 여러분이 혀로 기도의 말을 내어 뱉을 때에 그가 그 혀를 굳어 버리게 하실 수 없겠습니까? 그렇습니다. 갑자기 여러분의 심령에 찬물이 끼얹어져서 뜨겁던 여러분의 마음과 열정이 식어져 버리고 마치 가슴속에 돌을 품은 것처럼 냉랭하게 되어 버리게 하실 수 없겠습니까? 사람의 상태가 아무리 훌륭하다 할지라도 그 모든 것이 헛된 것일 뿐입니다. 사람의 몸의 상태나 사람이 누리는 세상적인 유익 거리들은 물론 사람의 심령의 상태도 그렇습니다. 정신의 예리함과 은혜의 활력이 한 번의 임무에서 쇠하고 시들어 버리는 것을 얼마나 자주 보는지요? 하나님의 성령께서 그의 부드러운 숨결로 그것들을 살리실 때에는 그것들이 힘을 얻어 일어나며 그 향기를 풍성하게 퍼뜨리는데 말입니다. 오오 여러분, 여러분 자신이 준비해 놓은 것으로 스스로 뽐내지 마십시오. 금방 사라질 수도 있으니 말입니다. 또한 여러분 자신이 해놓은 준비에다 이 임무의 성공을 걸어 버리는 위험천만한 선택도 해서는 안 됩니다. 그 밑바닥이 새고 있으니 말입니다.

(2) 한 번에 매우 길게 기도하는 것보다는 자주 기도하는 것이 좋습니다. 아주 오래 기도하면서 우리의 마음이 느슨해지지 않기란 매우 힘듭니다. 한 번 태엽을 감아 줄 때에 보통 시계보다 오래 가도록 만들어진 시계들은 태엽이 거의 풀릴 때에 가서는 대개 느려집니다. 육신은 연약합니다. 그러므로 몸이 피로해지면 이 짐승을 타고 가는 영혼 역시 뒤처질 수밖에 없습니다. 우리 주님도 자신의 목숨을 위해 기도하실 때에 한 번에 오래 기도하시지 않고 자주 기도하신 것을 봅니다. 오랜 여정에서 말이 숨을 돌릴 수 있도록 자주 말에서 내려 쉬는 자가 있는 힘껏 계속해서 질주하게 하는 사람보다 목적지에 더 빨리 도착할 것입니다. 특히 공적인 기도에

서 이를 준수하기 바랍니다. 왜냐하면 무리 중에서 기도할 때에는 우리와 함께 힘겹게 그 임무에 참여하고 있는 자들을 고려해야 하기 때문입니다. 야곱은 이렇게 말씀했습니다: "나는 앞에 가는 … 자식들의 걸음대로 천천히 인도하여 … 나아가리이다"(창 33:14). 그러나 그렇다고 해서 기도를 도우시는 하나님의 성령의 역사를 방해해야 한다는 뜻은 아닙니다. 때로는 성령의 도우시는 역사가 너무도 강력하여 그리스도인이 말하자면 완전히 거기에 압도되어 저항할 수 없이 이끌려가기도 합니다. 영혼의 배는 전속력으로 나아갈 때에 가장 효율적으로 나아가는 것입니다. 성령의 그런 도우심이 기도하는 사람에게도, 또한 그와 함께하는 사람들에게도, 효과적으로 임하여, 은혜를 누리는 자들의 경우, 또한 동일한 역사 아래 있는 사람들이 전혀 지루해지지 않도록 해 줍니다. 성령께서 열정적인 감정을 불러일으켜 주기 때문입니다. 그런 영혼은 마치 전속력으로 달리는 배와도 같아서 그에게서 토해지는 것이 생기 있고 활기가 가득합니다. 반면에 또 다른 때에 하나님의 성령께서 그런 도움을 주시지 않으면, 혹 다른 사람들은 느끼지 못하더라도 자기는 자기의 기도가 무기력해지는 것을 느끼게 되는 것입니다.

(3) 영혼을 낮아지게 하는 일에서 여러분의 신실함을 드러내 보이도록 매우 조심하기 바랍니다. 자유롭고도 충만하게 고백하며, 죄에 대해서도 깊이 지각하며, 죄에 대한 안타까움도 진지하고도 복음적이 되게 해야 합니다. 이 일에서 여러분이 진지하지 못하면 모든 부문에서 다 그렇게 됩니다. 죄를 간절하게 고백하면, 그 죄를 대적하는 기도를 열정적으로 하게 될 것입니다. 죄에 대한 안타까움이 깊어서 마음과 영혼에까지 와 닿게 되면, 죄 사함의 긍휼과 죄 씻음의 은혜를 구하는 간구 역시 마음에서부터 우러나오게 되고, 그리하여 뜨겁고 열정적이게 될 것입니다. 그러나 죄를 고백하면서도 마음이 녹아지지 않는 사람은 죄를 대적하는 기도를 드리면서도 마음이 냉랭한 상태로 있게 되고, 그의 눈물 역시 거짓된 것이 될 수밖에 없고, 그의 열심이 참된 것일 수가 없는 것입니다. 자기들이 고백하는 죄의 사악함을 뼈저리게 느끼지 못하고 그것을 혐오하지도 못하기 때문이 아니라면, 대체 사람들이 어째서 자기들의 마음으로 바라지도 않는 그런 은혜를 간구하겠습니까? 그리하여 많은 사람들이 자기들의 죄를 고백하기를 마치 거지들이 때로 자기들의 덧난 상처들을 보여주듯이 합니다. 그들은 그 상처들이 낫게 되기를 바라지 않습니다. 그냥 불쌍하게 보여 몇 푼을 더 받기를 바랄 뿐입니다. 죄를 고백할 때의 모습 그대로 긍휼을 받아들이게 됩니다. 여러분의 죄로 인하여 여러분 자신을

낮출수록 하나님의 긍휼을 찬양할 때에 여러분이 더 높이 올라가게 될 것입니다. 공을 내어 던지는 힘만큼 그 공이 다시 튀어 오르는 법입니다. 고백할 때에 깊이 내려갈수록 여러분의 찬양의 고음이 그만큼 예리할 것입니다. 이 둘은 서로를 가중시키기 때문입니다. 우리가 받는 긍휼이 클수록 우리의 죄가 그만큼 큰 것이요, 또한 우리의 죄가 클수록 그 죄에도 불구하고 우리의 선하신 하나님께서 우리에게 베푸시는 긍휼하심이 더 큰 것입니다. 그러므로 죄에 대한 지각은 긍휼에 대한 지각에 비례하게 됩니다. 죄로 인하여 괴로움을 당하는 만큼 긍휼을 얻고 누리게 되는 것입니다.

(4) 기도 사이의 틈을 **시의적절한 묵상**들로 채워서 더욱 생기 있고 활력 있게 기도의 임무에 들어갈 수 있게 하기 바랍니다. 묵상은 기도가 시작되기 전과 기도가 끝난 후에 기도를 수종드는 몸종입니다. 그것은 기도의 임무를 위해 마음을 준비시켜 주는 것으로, 마치 씨를 뿌리기 전에 쟁기질을 하는 것과도 같고 또한 씨를 뿌린 후에 흙을 덮기 위해 써레질을 하는 것과도 같습니다. 제분기의 깔때기가 기계 속으로 곡식들을 집어넣듯이, 묵상이 마음속에 기도거리들을 집어넣어 주는 것입니다. 자, 기도를 하기 전에 무엇을 기도해야 할지를 생각할 필요가 있다면, 기도가 끝난 후에도 어떻게 기도했는지를 다시 돌아볼 필요가 반드시 있는 것입니다. 기계가 돌아가는데도 곡식이 빻아지지 않을 수도 있습니다. 이처럼 갖가지 죄들을 고백하면서도 여러분의 마음이 그 중 어떤 죄들에 대해서도 안타까움으로 깨어지거나 빻아지지 않을 수도 있는 것입니다. 갖가지 은혜들을 위해 기도하면서도 그것들을 위해 하는 여러분의 기도에서 은혜를 거의 혹은 전혀 발휘하지 못할 수도 있습니다. 여러분의 마음이 게을러서 그 일에 전혀 진지하게 임하지 않습니다. 그러나 이런 것이 없으면 이 양념들이 부서지지 않고 따라서 그 달콤한 향내를 풍겨내지 못하는 것입니다. 그러므로 이미 행한 임무를 뒤돌아보시고, 그 임무에서 여러분의 마음의 움직임이 어떠했는지를 면밀히 관찰하십시오. 그래서 여러분의 마음이 게을렀고 한가한 생각들을 하며 객기를 부렸다는 것이 깨달아지면 — 요컨대, 죄악된 비정상적인 상태에 빠져 있었다는 것이 발견되면 — 기도의 임무에로 다시 돌아갈 때에는 여러분 스스로 부끄러움과 안타까움으로 충전하게 되도록 해야 할 것입니다. 이것이 하나님의 심판의 손길을 멀리하며 그가 여러분을 대적하여 고소를 시작하시지 않도록 막는 유일한 길입니다: "우리가 우리를 살폈으면 판단을 받지 아니하려니와"(고전 11:31). "정의가 종결되면 그곳에서 심판이

시작된다." 만일 우리 스스로 정의를 행하지 않으면, 하나님께서 친히 의를 이루실 수 있을 뿐 아니라 실제로 의를 이루실 것입니다. 그런 마음의 게으름들을 대적하여 저항함으로써 여러분이 하나님 편에 서 있음을 보이기까지는 이 죄들을 용서해 달라는 기도를 믿음으로 드릴 수가 없을 것입니다. 모세는 올바른 방법을 취하였습니다. 그는 이스라엘이 저지른 금송아지의 죄를 대적하는 그의 열정을 먼저 하나님을 위해 표현하였고, 그 다음 엎드려 그 죄를 용서해 주시기를 하나님께 간절히 구하였습니다. 그는 하나님을 위한 자신의 열심을 토로하기 전에는 감히 이스라엘을 위해 하나님께 입술을 열어 구할 수가 없었던 것입니다(출 32:26. 30, 31절과 비교하라). 다른 이들을 위해 간구할 때에도 그가 이런 방식을 취하였다면, 여러분이 여러분 자신의 죄를 용서해 달라고 기도할 때에는 더욱더 그렇게 해야 할 것입니다.

또한 이처럼 여러분의 기도를 다시 돌아보아서 여러분의 마음이 뜨겁게 임무에 임했고, 여러분의 감정이 하나님께 토로되었고 그가 여러분에게 다시금 그의 사랑을 알게 해주셨다는 것을 깨닫게 되면, 은밀한 교만 때문에 이처럼 새로이 얻은 보화를 잃어버리는 일이 없도록 조심하기 바랍니다. 그것들이 여러분에게서 나온 것이 아니라는 것을 기억하고 겸손하며 또한 감사해야 할 것입니다. 또한 이처럼 여러분을 격려하기 위해 베풀어진 하나님의 은혜들을, 마치 룻을 위하여 보아스의 밭에 떨어뜨려 놓은 몇 줌의 곡식 낟알처럼 여겨 조심스레 선용하기 바랍니다. 하나님은 그 은혜들로 인해 여러분이 입을 닫아 버리는 것이 아니라, 다시 기도하러 나아올 때에 입을 더 크게 벌리기를 원하실 것입니다. 여러분의 마음이 가슴속에 녹아지기 시작했습니까? 오오, 여러분, 마음이 더 깨어지기를 위해 외치기 바랍니다. 하나님께서 여러분을 따뜻하게 바라보셨습니까? 그의 사랑을 더욱 충만히 발견하게 되기를 사모하기 바랍니다. 거지는 부자가 지갑에 손을 넣는 것을 보면 더욱 간절하게 외칩니다. 하나님께서 손을 내밀어 주려 하십니다. 그러니 여러분이 더욱 담대히 외쳐야 합니다. 하나님께서 가까이 다가오실 때에 아브라함이 더욱 자신을 땅에 낮추어 하나님을 맞이한 것처럼 말입니다(창 18:27).

[특별 기도 후에 필요한 사항]

요건 3. 특별 기도 후에 필요한 것. 세 번째 지침은 그리스도인에게 주는 것인데, 특별 기도의 날이 끝날 때에 어떻게 처신해야 하는가에 관한 것입니다. 그것은 바로 자기 자신에 대해 거룩하게 삼가며 살피는 것에 있습니다. 기도하면서도 살피지 않는 자는 귀한 씨앗을 밭에다 뿌리고는 문을 그냥 열어두어서 돼지 떼들이 들어와 밭을 초토화시키게 만드는 자와 같습니다. 혹은, 온갖 수고를 다하여 돈을 벌은 다음 그 돈을 안전하게 보관하는 일에 전혀 신경을 쓰지 않는 자와도 같습니다. 사탄이 싸움터에서 여러분을 패배시키지 못하면, 그는 여러분이 싸움터에서 물러나 군장을 풀어놓고 부주의한 상태로 누워 있을 때에 여러분을 공략할까 하여 노립니다. 에서는 야곱에게 원수를 갚을 것을 스스로 다짐했습니다: "아버지를 곡할 때가 가까웠은즉 내가 내 아우 야곱을 죽이리라"(창 27:41). 사탄은 이렇게 말합니다: "애곡과 금식의 날이 끝날 때가 가까웠으니 그가 항상 무릎을 꿇고 기도하고 있지는 않으리니, 그때에 내가 그를 공략하리라." 그런데 다음 두 가지 중 한 가지 방식으로 여러분에게 위험이 닥칠 공산이 큽니다. 곧, 여러분의 믿음에 상처를 가하거나, 아니면 여러분의 순종의 삶을 무디게 하고 느슨하게 만드는 것입니다. 이 둘 중 한 가지만 성공해도 사탄은 여러분의 기도에 큰 타격을 주게 될 것입니다.

(1) 그러므로 특별 기도의 날이 끝난 후 여러분의 믿음을 살피십시오. 기도하고서 믿음을 발휘하지 않는 것은 마치 화살을 쏘고서 그 화살이 맞는 곳을 쳐다보지 않는 것과도 같고, 상품을 가득 실은 배를 바다로 떠나보내고는 그 배가 다시 돌아오기를 기대하지 않는 것과도 같습니다. 기도 중에 여러분은 하나님께서 여러분의 간구를 들으시고 여러분을 도우시도록 만들고자 힘을 다하였습니다. 그러니 이제는 여러분의 마음으로 고요히 하나님을 기다리며 전적으로 그를 신뢰하도록 만드는 일에 똑같은 수고를 기울여야 하는 것입니다. 여호사밧은 공적인 금식을 마친 다음 그 이튿날 일어나 그와 함께 엄숙한 금식의 임무에 참여했던 그의 백성들에게 이렇게 말합니다: "유다와 예루살렘 주민들아 내 말을 들을지어다 너희는 너희 하나님 여호와를 신뢰하라 그리하면 견고히 서리라 그의 선지자들을 신뢰하라 그리하면 형통하리라"(대하 20:20). 우리 복되신 주님께서도 제자들에게 기도를 가르치신 후에 그들이 기도하는 그 하나님께 그들 자신과 그들의 일을 전적으로 맡길 것을 당부하시는 것을 봅니다(마 6:19-34). 이렇게 하지 않으면 특별 기도는 그저 특별 중얼거림에 지나지 않습니다. 우리는 하나님을 조롱하는 것이 되고, 우리의 기도가 우리를 조롱하게 될 것입니다. 아무런 열매도 나오지 않을 것이니 말입니다. 사냥꾼은 자기의 저녁을 원하지만, 그의 개는 먹이를 위해 속히 달려가도 가까이 가서는 감히 이빨로 물어뜯으려 하지 않는 것과도 같습니다. 그런데 약

속을 굳게 붙잡고 하나님을 붙드는 것이 바로 믿음이 하는 일입니다. 이것이 없으면 기도 중에 아무리 크게 외쳐도 아무런 소용도 없고 열매도 없습니다. 오오 여러분, 변호사에게 여러분의 송사를 다 이야기하고 그 문제를 그에게 맡깁니까? 여러분의 질병 증상을 의사에게 다 이야기한 후 그의 처방을 그대로 따르며 그의 손에 여러분의 목숨을 맡깁니까? 그러면서도 하나님께 그렇게 영혼을 쏟아 열정적으로 간구해 놓고는 그의 손에 감히 여러분의 일을 의탁하려 하지 않는단 말입니까! 이는 정말이지 어리석은 짓입니다. 대체 어째서 하나님의 전능하심이나 진실하심이나 신실하심이 도움이 될 수 없다고 생각한단 말입니까? 그렇습니다. 불신앙으로 인하여 그 위대하신 하나님의 이름에 의문을 제기한다는 것은 정말 위중한 죄입니다. 그런데 우리 주님은 그의 백성들에게서 더 나은 것을 기대하시는데 정작 그들은 하나님께 그렇게밖에 대하지 않는다는 것을 탄식하십니다. "하물며 하나님께서 그 밤낮 부르짖는 택하신 자들의 원한을 풀어 주지 아니하시겠느냐? 그들에게 오래 참으시겠느냐? 내가 너희에게 이르노니 속히 그 원한을 풀어 주시리라." 성도의 마음이 신실하신 하나님의 말씀 이외에 그 무엇에게서 더 큰 안심을 얻을 수 있단 말입니까? 그런데 구원을 위해 열심히 기도한 다음, 하나님의 말씀을 전적으로 기다릴 수 있는 자가 별로 없을 것이라고 하십니다: "그러나 인자가 올 때에 세상에서 믿음을 보겠느냐?"(눅 18:7-8).

(2) 특별 기도의 날이 끝난 후 여러분의 순종의 삶을 살피십시오. 솔로몬은 "너는 하나님 앞으로 들어갈 때에 네 발을 삼갈지어다"라고 권면합니다(전 5:1). 제가 드리고 싶은 권면은, 하나님 앞에서 나올 때에 여러분의 발을 삼가라는 것입니다. 지옥의 모든 마귀들이 여러분에게 가할 수 있는 것보다 더 많은 악들을 여러분이 여러분 자신에게 가할 수도 있습니다. 마귀들은 여러분의 기도들을 낚아채거나 그 기도들이 여러분의 가슴속으로 복되게 되돌아오지 못하도록 방해할 수가 없습니다. 그러나 여러분은 곧바로 그런 일을 행할 수 있습니다: "여호와의 손이 짧아 구원하지 못하심도 아니요 귀가 둔하여 듣지 못하심도 아니라. 오직 너희 죄악이 너희와 너희 하나님 사이를 갈라놓았고 너희 죄가 그의 얼굴을 가리어서 너희에게서 듣지 않으시게 함이니라"(사 59:1, 2). 이것이야말로 절친한 친구들을 갈라놓는 이간질하는 자입니다. 우리의 최고의 친구이신 하나님으로 하여금 그의 백성들과 그들의 기도로부터 멀리 떨어져 서 있게 만드는 존재인 것입니다. 그리스도인 여러분, 금식한 후에는 강한 약을 복용한 후에 하는 것처럼 그렇게 조심하시기 바랍

니다. 지금 감기에 걸리면 — 여러분의 삶에 약간의 무질서한 모습이 있게 되면 — 그것이 쓰라린 결과를 가져올 수도 있습니다. 여러분이 기도를 마친 것처럼 여호와께도 여러분의 서원이 마쳐졌다는 것을 기억하십시오. 하나님께서 여러분의 기도를 응답하시기를 기대하듯이, 하나님께서도 여러분이 서원을 이루기를 기대하시는 것입니다. 하나님께 드린 약속을 깨뜨리면, 그가 여러분에게 베푸실 긍휼을 여러분의 손으로 차 버리는 것과 마찬가지입니다. 하나님은 묶어놓고 여러분 자신은 자유로이 있을 수 있다는 것은 어리석은 생각입니다. 자, 이렇게 해서 기도의 종류에 대하여 다룬 첫째 대지를 마쳤습니다. 즉, 다양한 기도의 방식들을 다루었는데, 곧 우리가 즉흥적인 기도와 미리 준비된 기도, 홀로 하는 기도와 함께 드리는 합심 기도, 사사로운 기도와 공적인 기도, 일상적인 기도와 특별 기도 등, 모든 방식의 기도로 기도해야 한다는 것을 말씀드렸습니다. 자, 이제는 둘째 대지로 넘어가겠습니다.

—

둘째 대지

["모든 기도"는 주제의 다양성을 보여줌]

기도의 다양한 방식에 관해서 말씀드렸으니, 이제는 다양한 기도거리(the diverse matter of prayer)에 대해 살펴볼 차례가 되었습니다. 그러므로, 모든 기도와 간구로 기도한다는 것은 하나님께서 받으실 만한 것이면 그 어떠한 것도 우리의 기도 바깥에 다 두지 않고, 기도거리 전체를 우리의 임무의 범주 내에 두는 것입니다. 그런데 이러한 기도거리의 다양성이 본문의 두 단어 — προσευχὴ와 δεήσις — 에서 발견된다고 보는 이들도 있습니다만, 저는 그처럼 미세한 비평을 제 논지의 근거로 삼지는 않을 것입니다. 우리는 사도께서 제시하는 다음과 같은 구분으로 만족할 것입니다: "아무것도 염려하지 말고 오직 모든 일에 기도와 간구로, 너희 구할 것을 감사함으로 하나님께 아뢰라"(빌 4:6), 그리고 "쉬지 말고 기도하라 [18] 범사에 감사하라"(살전 5:17, 18). 두 본문 모두 기도거리 전체를 두 가지로 포괄하여 다룹니다: 첫째는 요청, 혹은 간구의 기도요, 둘째는 감사입니다. 이 두 가지는 마치 공기를 들이마시고 또한 내어보내는 폐의 두 가지 활동과도 같습니다. 간구의 기도에서 우리는 무언가를 바라고 하나님의 손에 올려놓습니다. 그리고 감사에서는 그로부터 받은 바 긍휼에 대해 찬송으로 되돌려드립니다. 간구의 기도부터 먼저 말씀드리겠습니다.

[간구의 기도]

첫째. 기도거리 전체를 두 가지로 구분할 때에 그 첫째는 간구의 기도(petitionary prayer)입니다. 이것은 세 가지가 있습니다. 첫째. 선을 구하는 간청의 성격을 띠는(precatory) 기도. 둘째. 악을 제거해 주시기를 구하는 간청의 성격을 띠는(deprecatory) 기도. 셋째. 악을 베푸시기를 구하는 간청의 성격을 띠는(imprecatory) 기도. 남을 위한 중보기도(intercession)에 대해서는 여기서는 다루지 않고, 후에 "여러 성도를 위하여 구하라"라는 말씀을 다룰 때에 가서 다루도록 하겠습니다.

[간구의 기도의 첫째 종류 — 선을 구하는 간청의 기도]

첫째. 선을 구하는 간청의 기도(precatory prayer)인데, 이는 그리스도인이 무언가 약속에 속한 선한 것이 자신에게 베풀어지기를 그리스도의 이름으로 하나님께 구하는 기도를 뜻합니다. 그런데 약속된 선한 것이 영적인 것일 수도 있고 혹은 세속적인 것일 수도 있습니다. 즉, 우리의 영혼과 우리의 영원한 구원에 관한 것일 수도 있고, 혹은 우리의 육체와 이 세상의 세속적인 문제들에 관한 것일 수도 있다는 말입니다. 그리스도인에게 그의 요청에 따라서 그토록 큰 밭이 주어진 것입니다. 왜냐하면 "경건은 범사에 유익하니 금생과 내생에 약속이 있는" 것이니 말입니다(딤전 4:8). 성도에게 이 낮은 땅은 약속의 땅입니다. 물론 가장 주요한 약속의 땅은 아니지만 말입니다. 하나님은 성도에게 당장 하늘을 약속하시지 않고 그를 넓은 세상에 두셔서 외형적인 삶을 유지하게 하셨습니다. 그는 영혼을 위해 오로지 믿음으로만 살 것을 명하신 것이 아니라, 몸을 위해 재능껏 살라고 하셨습니다. 그렇습니다. 성도에게 "은혜와 영화"를 주시겠다고 약속하신 하나님은 또한 "정직하게 행하는 자에게 좋은 것을 아끼지 아니하실" 것을 말씀하셨습니다(시 84:11). 내세의 기업뿐 아니라 현세의 삶을 위해서도 공급해 주시는 것입니다. 그러므로 제가 여기서 하고자 하는 것은 여러분의 손에 나침반을 들려 주어서, 세속적인 자비든 영적인 자비든 간에 약속에 근거하여 간구하며 이 땅에서 살아갈 때에 그러한 여러분의 여정이 안전하게 이루어지도록 해드리는 것입니다. 그리고 바른 길을 벗어나 바위나 모래 언덕으로 들어서는 일이 없도록 성경과 더불어 사용하도록 그 나침반의 바늘을 추천해드리고자 하는데, 곧 우리에게 약속된 영적이며 세속적인 선한 것들을 구하는 일에 사용할 수 있는 네 가지 긍정적인 점들과 세 가지 부정적인 점들이 그것입니다.

1. 선을 구하는 간구에서 적용해야 할 네 가지 긍정적인 요건들이 있습니다.

(1) 세속적인 복들을 구하든 영적인 복들을 구하든 간에, 여러분 자신의 무가치함을 인식하고서 기도해야 합니다. 그런 복들을 받을 자격이 여러분에게 없으니 말입니다. 그리스도께서 우리를 위해 간구하실 때에 그는 정의를 구하는 대리인의 자격으로 간구하십니다. 그는 기도하시기 전에 먼저 대가를 지불하셨으니, 그가 이미 값을 치르신 것을 구하시는 것뿐입니다. 그러나 우리는 구걸하는 자들이요 따라서 모든 것을 순전히 구제물로 여기고 구해야 합니다. 왜냐하면 돈이 우리 주머니에서 나오는 것이 아니기 때문입니다. 또한 성부 하나님도 그 아들을, 혹은 그 아들이 자기 자신을 우리를 구원하는 일에 개입시키실 하등의 의무가 없으십니다. 우리가 스스로 저버림으로써 하나님의 정의의 손 안으로 넘어진 것이기 때문입니다. 그러므로 죄인인 여러분이 하나님께 할 수 있는 유일한 간청은 긍휼을 구하는 것뿐입니다. 사람에게는 여러분의 권리를 주장할 수 있습니다. 그래서 야곱도 라반에게 품삯을 달라고 요구했습니다. 그러나 하나님을 대할 때에는 간청하는 내용이 달라지고 가난한 자의 입장에서 구하게 됩니다: "나는 주께서 주의 종에게 베푸신 모든 은총과 모든 진실하심을 조금도 감당할 수 없사옵니다"(창 32:10). 다니엘도 마찬가지로 말씀합니다: "우리가 주 앞에 간구하옵는 것은 우리의 공의를 의지하여 하는 것이 아니요 주의 큰 긍휼을 의지하여 함이니이다"(단 9:18). 긍휼을 구할 때에는 아무리 큰 복도 얻을 수 있지만, 공로에 근거할 때에는 아무리 작은 복도 얻을 수 없습니다. 그러므로 하나님의 손에 무언가를 구하려 할

때에는 여러분이 아무런 자격도 없음을 고백하기 바랍니다. 우리가 우리의 눈에 지극히 작은 존재가 될 때에 우리가 하나님께로부터 큰 것들을 받기에 합당하게 됩니다. 우리 자신이 티끌조차도 받기에 합당치 않다고 판단하면, 그때에 면류관이 가장 가까이에 있게 되는 것입니다. 교만한 바리새인은 하나님께 기도하면서 자기 의를 가져왔고, 그리하여 그의 죄에 매인 상태가 되었습니다. 그러나 세리는 겸손한 고백으로 자기 죄를 가져왔고, 그리하여 죄 사함과 의롭다 하심을 얻었습니다. 하나님께서는 복을 주실 때에 야곱처럼 손을 엇바꾸어 얹으시는 것입니다.

(2) 두 가지 간구에서 모두 우리는 믿음으로 구해야 합니다. 영적인 복도 세속적인 복도 다 약속되어 있으니, 여러분은 하나님께서 이 세상의 삶에 관한 저급한 약속들이나 저 세상의 영원한 복락에 환한 중대한 문제들에 대한 약속들이나 간에 신실하고도 때에 맞게 이행하시리라는 것을 믿어야 하는 것입니다. 영적인 복들은 은혜와 영화를 주시겠노라고 약속하셨습니다. 하지만 세속적인 복들은 종류에 따라, 혹은 가치에 따라, 주시겠다고 약속하십니다: "좋은 것을 아끼지 아니하실 것임이니이다"(시 84:11). 그러니 언제 세속적인 복을 누리는 것이 우리에게 좋을지, 아니면 그것 대신 무언가 다른 것을 주는 것이 더 나을지를 그가 판단하시는 것이 합당한 것입니다. 그리하여 우리 주님의 기도에서도 동일한 방법이 제시됩니다. "오늘 우리에게 일용할 양식을 주옵시며"라고 기도하기 전에 먼저 "주의 뜻이 이루어지이다"라고 기도하는 것입니다. 그러나 세속적인 약속들이나 영적인 약속들이나 그것들을 인준하는 도장(印)은 동일합니다. 세속적인 약속들을 이행하시는 데에나 영적인 약속들을 이행하시는 데에나 하나님은 똑같이 진실하시고 신실하십니다. 그러므로 저 세상에서의 구원에 대해서와 마찬가지로 이 세상에서의 보호와 공급하심에 대해서도 똑같이 그의 보살피심과 섭리에 모든 것을 맡겨야 할 것입니다. 만일 하나님이 그렇지 않으시면서 자신이 섭리로 이루지도 않으실 일들에 대해 염려하지 말라고 하신다면 이는 그 백성들을 잘못 대하신 것이 될 것입니다. 만일 하나님이 우리더러 이런 것들에 대해 전혀 염려하지 말고 오로지 우리의 소원들을 그에게 말씀드리라고 명령하신다면, 우리가 편안히 있다가 모든 것을 잃어버리게 될 것을 의도하시는 것이 아니고, 오히려 우리로 하여금 그가 친히 우리를 보살피시며 또한 결국 섭리를 베푸셔서 모든 일이 우리에게 가장 유익한 대로 이루어지게 하심으로써 그의 사랑과 신실하심을 충실히 입증하실 것임을 깨닫고 믿게 하고자 하심입니다.

(3) 영적인 복을 구하든 세속적인 복을 구하든, **기도와 함께 모든 수단을 힘써 사용하여야** 할 것입니다. 게으른 거지들이 우리의 대문에서 위로를 받아서는 안 될 것입니다. "우리가 … 너희에게 명하기를 누구든지 일하기 싫어하거든 먹지도 말게 하라 하였더니"(살후 3:10). 우리 대문에서도 박대를 당할 자들은 하나님께서도 그의 문 앞에서 환영하지 않으실 것입니다. 펌프에 손을 대고 열심히 수고하는 중에 기도하여야 합니다. 그렇지 않으면 우리가 기도하는 와중에 배가 가라앉고 말 것입니다.

여러분, 세속적인 삶을 위해 기도합니까? 기도하면서 일하십시오. 그렇지 않으면 기도하다가 굶어죽습니다. 여러분은 가슴에다 손을 파묻고 앉아 있으면서 하나님더러 일하시라고 하겠습니까? 솔로몬의 두 가지 잠언이 눈에 들어옵니다. "손이 부지런한 자는 부하게 되느니라"(잠 10:4); "여호와께서 주시는 복은 사람을 부하게 하고 근심을 겸하여 주지 아니하시느니라"(잠 10:22). 기도하되 부지런하지 않은 자는 부하게 되지 못할 가능성이 다분합니다. 부지런하되 기도하지 않는 자는 부하게 될 수는 있어도 그의 부귀로 복을 받을 수는 없습니다. 그러나 순전한 기도와 더불어 근면하게 일함으로써 부귀를 얻는 자는 하나님께서 주시는 복으로 부하게 되며, 세상 사람들이 돈에다 드리워놓는 근심을 피하게 될 것입니다. 그렇습니다. 재물을 갖지 못한다 해도 여전히 하나님의 복을 누립니다. 그리고 수중에 돈이 없을 때에 그 복이 그를 부요하게 만들어 주는 것입니다.

여러분, 무언가 영적인 복을 위해 기도합니까? 하나님의 일들에 대해 더 많이 알고 싶으십니까? 수고도 없이 그냥 여러분의 뇌리에 그런 지식이 뚝 떨어질 것처럼 생각하지 마십시오. 다니엘은 눈을 크게 뜨고 말씀을 연구하였고, 또한 하늘을 우러러 기도하였습니다(단 9:2). "많은 사람이 빨리 왕래하며 지식이 더하리라"(단 12:4). 그런 지식은 기도와 연구를 병행하는 결과로 얻어지는 것입니다. 상인의 배가 한 항구에서 물건을 실고, 또 다른 항구에서 물건을 싣듯이, 그리스도인도 한 설교에서 빛을 얻고, 또 사경회에서도 빛을 얻으며, 한 임무에서 조금, 또 다른 임무에서 조금 빛을 얻는 것입니다. 그러므로 한 가지 임무를 행하면서도 나머지 임무에 게으름 피우며 소홀히 하는 자는 그나마 얻은 것을 잃어버리는 고통을 당할 수밖에 없습니다. 때로는 이 임무에서 하나님을 발견하며, 때로는 저 임무에서 하나님을 발견하게 되니, 그 어떠한 것도 소홀히 하지 않고 모든 것을 균형 있게 감당하게 하기 위함인 것입니다.

(4) 영적인 복을 구하든 세속적인 복을 구하든, 감사를 양념으로 쳐야 할 것입니다. "너희 구할 것을 감사함으로 하나님께 아뢰라"(빌 4:6); "범사에 감사하라"(살전 5:18). 하나님의 사랑과 은혜를 위해 기도하고 있습니까? 여러분이 소망도 도움도 없는 지옥에 있지 않고 그것을 얻을 수 있는 곳에 있다는 것을 하나님께 감사하십시오. 여러분이 바라는 것이 건강입니까? 여러분에게 생명이 있다는 것에 대해 하나님을 송축하십시오. 우리가 소멸되지 않고 있다는 것이 바로 주의 긍휼하심입니다. 무언가 자비가 전혀 함께 섞여 있지 않은 것만큼 안타까운 처지는 세상에 없습니다. 그 어떠한 긍휼의 기미도 없는 완전한 어둠은 지옥에만 있는 것입니다. 그러므로 기도하러 나아올 때에는 반드시 하나님께 찬송을 드릴 제목을 함께 갖고 나아와야 할 것입니다. 하나님께서는 손을 펴사 베푸시는 분이시지만, 동시에 그는 밝은 눈으로 그의 문 앞에 나아오는 자가 누구인지를 보시며, 또한 감사할 줄 아는 거지인지 아니면 감사할 줄 모르는 거지인지를 분별하시는 분이십니다. 전에 베풀어 주신 모든 것을 다 잃어버린 자에게 하나님께서 더 많은 것을 주시겠습니까? 하나님은 악인과, 감사를 모르는 자들에게도 과연 선을 행하십니다. 그러나 그것은 그들의 기도에 대한 은혜로우신 응답이 아니고, 그저 일반적인 섭리의 역사입니다. 그러므로 그가 그들을 향하여 심판의 섭리를 베푸실 때에는 그들에게 거의 위로가 없고 오로지 그들의 죄가 가중되어 괴로움만 더해질 것입니다. 자, 이제는 세 가지 부정적인 점들을 말씀드리겠습니다. 영적인 자비와 세상적인 자비를 구할 때에 이 점들을 잘 지켜야 할 것입니다.

2. 선을 구하는 간구에서 적용시켜야 할 부정적인 점들이 세 가지입니다. 세상적인 자비들은 주로 영적인 자비들을 위하여 구하여야 하나, 영적인 자비들은 세상적인 자비들을 위해서가 아니라 그 자체를 위해서 구하여야 합니다.

(1) 세상적인 자비는 주로 영적인 복을 위하여 구하여야 하고, 그 자체를 위해서 구해서는 안 됩니다. 여행객이 말을 구하는 것은 말 자체를 위해서가 아니라 그가 행하여야 할 여정을 편안하게 하기 위해서 구하는 것입니다. 이처럼 그리스도인도 세상적인 것들을 위해 구할 때에 하늘을 향하여 나아가는 길에 도움이 되는 것들로서 그것들을 바라고 구해야 할 것입니다. 생명과 건강과 기타 세상의 위로거리들을 바라는 것이 부당하다는 말이 아닙니다. 이것들이 우리의 본성적인 정서에 안락함을 주며 또한 우리의 외형적인 필요들을 채워 주기 때문입니다. 그러나 오로지 이것만을 바라는 것은 비열한 것이요 천박한 것입니다. 이는 그저 짐승의

외침에 지나지 않습니다. 까마귀도 이렇게 울부짖고 들의 모든 짐승들도 하나님께 양식을 구합니다. 곧, 그것들도 생명의 보존을 바라고 그리하여 생명을 지탱시켜 줄 먹이가 없을 때에 탄식하며 부르짖습니다. 그리고 이런 짐승들은 이런 구체적인 좁은 의미의 선한 것들을 누리는 것 외에 그보다 더 높은 목적을 위해 지음 받은 것이 아니므로 그저 자기들의 창조의 법칙을 그대로 준수하는 것뿐입니다. 그러나 여러분은 지성적인 존재요 또한 여러분은 비록 저급한 육체의 부분을 지니고 있으므로 짐승에 가깝지만 동시에 영적인 본질에 속한 불멸의 영혼을 지니고 있으므로 그만큼 하늘에 있는 천사들과 유사합니다. 그렇습니다. 여러분은 여러분을 지으신 하나님과 한 편입니다. 그로 말미암아 지음 받았을 뿐 아니라(짐승도 마찬가지입니다) 그를 위하여 지음 받은 것입니다(짐승은 그렇지 않습니다). 하나님이 과연 여러분의 최고 선(善)이십니다. 그러므로 만일 여러분이 바라는 것이 하나님께 미치지 못한다면 그것은 하나님은 물론 여러분 자신까지도 무한히 욕되게 하는 처사가 되는 것입니다. "여러분의 최고 선이신 하나님이 없이는 아무것도 여러분에게 선하지 못합니다." 그러므로 여러분, 이렇게 말하고 기도해야 하겠습니다: "오오 주님, 제가 주께 제 자신을 드리지 않으면 제가 드리는 모든 헌물과 봉사들이 주를 기쁘시게 하지 못하는 것처럼, 주께서 자신을 제게 베풀어 주지 않으시면 이 모든 풍성한 선물들이 저를 만족시키지 못하나이다"라고 말입니다. 그런데 세상적인 것들을 위한 기도에서 이러한 마음의 정상적인 움직임이 나타나는 사람은 오직 속에 있는 바퀴들이 — 즉, 능력과 기능들이 — 하나님의 은혜의 손길로 말미암아 똑바로 정돈되어 있는 사람들뿐입니다. 부패한 상태 속에 있는 사람은 들풀과 함께 거하던 느부갓네살과 같습니다. 그는 마음이 짐승의 마음과 같아서 그의 감각적인 욕구를 만족시키는 것 이상의 다른 어떤 것을 갈구하지 않습니다. 그러나 은혜로 말미암아 새로워짐을 얻으면 그의 지성이 되돌아오고 그로 인하여 세상적인 것들을 위해 기도하되 그의 욕구를 더 높고 고귀한 목적에로 높이 올릴 수 있게 되는 것입니다.

병든 다윗이 그의 세상의 삶을 더 늘리기 위해 시간을 더 연장시켜 달라고 기도합니까? 그가 그렇게 기도하는 것은 이 세상이나 세상의 육신적인 쾌락에 대한 애착 때문이 아니었고, 저 세상의 삶을 위해 스스로 더 잘 준비하기 위함이었습니다. "주는 나를 용서하사 내가 떠나 없어지기 전에 나의 건강을 회복시키소서"(시 39:13). 그가 과연 이 땅에서 더 오래 머물 소망으로 위로를 받습니까? 그의 거룩한 가슴에 기쁨을 불일듯하게 하는 것은 이 세상의 육신적인 쾌락이 아니고, 오히려 이 땅에 더 삶으로써 산 자의 땅에서 하나님을 찬송할 수 있는 기회를 더 확실하게 갖게 될 것이기 때문입니다. "너는 하나님께 소망을 두라 나는 그가 나타나 도우심으로 말미암아 내 하나님을 여전히 찬송하리로다"(시 42:11). 성도도 다른 이들처럼 감각이 있어서 세상적인 긍휼의 달콤한 맛을 속히 지각합니다. 하지만 그 마음이 영적인 성격을 지니며 또한 더 고상한 것들을 인식하고 있으므로, 그는 루터와 함께 하나님께서 이 세상적인 복들로 자신을 혼미하게 하시지 않기를 바라는 것입니다. 오오 세상적인 복들에 대해 그렇게 기도하는 사람이 얼마나 적은지요! 그런 복들을 위해 기도하는 동안 자기들의 정욕을 채우는 데에만 급급한 사람들이 대부분입니다. "구하여도 받지 못함은 정욕으로 쓰려고 잘못 구하기 때문이라"(약 4:3). 어떤 이는 병들어 있는데, 다시 노름이나 매춘부들과 함께 있고 싶어서 건강을 달라고 기도합니다. 어떤 이는 자녀가 없는데, 세상에서 그리스도의 가족이 늘어나기를 바라서가 아니라 자기 가문의 자랑과 위세를 유지할 상속자를 얻고 싶어서 자녀를 달라고 기도합니다. 또 어떤 이는 세상에서 더 권력이 큰 사람이 되고 싶어 합니다. 그런데 무엇 때문인지 아십니까? 지금은 도무지 보복을 할 능력이 없으니 더 큰 권력을 가져서 원수에게 완전히 보복하고 싶어서 권력을 얻으려 하는 것입니다. 그리고 다른 사람은 그렇게 악한 의도로 제물을 가져다드리지는 않으나, 자기들이 누리고 싶어 하는 그것을 누리는 것으로 만족하는 육신적인 자세를 가질 뿐 그보다 더 높은 것을 바라보지 못합니다. 이는 그 누리고 싶어 하는 것을 누리는 그들의 처신에서 잘 드러납니다. 바다의 풍랑 속에 있는 뱃사람의 자세가 그렇습니다. "이에 그들이 그들의 고통 때문에 여호와께 부르짖으매"(시 107:28). 그리고 그들이 바라는 대로 그들이 목숨을 건지게 되면, "그들이 평온함으로 말미암아 기뻐"합니다(30절). 그리고는 이제 그들이 소원을 이루었으니 더 이상 하나님께 아무것도 아뢰지 않습니다. 이는 그들이 이기적이며 이러한 긍휼을 위해 드린 그들의 기도가 육신적이었다는 분명한 증거가 아닐 수 없습니다. 그들은 하나님이 베푸시는 그 세상적인 자비를 영적인 목적을 위하여 사용하지 않기 때문입니다. 그리하여 시편 기자는 그런 거룩한 방도를 취하고 그렇게 행할 것을 촉구하는 것입니다: "오오 여호와께서 베푸신 선하심에 대해 그를 찬송하기를 원하노라"(한글개역개정판은, "여호와의 인자하심 … 으로 말미암아 그를 찬송할지로다")(31절). 그러나 이보다 훨씬 더 가증스러운 것은 무언가 세상적인 유익을 얻고 싶어서 그것 때문에 영적인 자비들을 위해 기도하는 것입니다. 마술사 시몬은 스스로 유명하고 이름 있는 사람이 되고 싶어서 성령의 은사를 얻기를 바랐습니다. 그런데 자기 가게의 수입을 더 늘리기 위한 방편으로 복음을 자기 마을에 전하려고 애쓰는 사람도 있지 않습니까? 또 어떤 이들은 성령의 도우심을 받아 그것을 수단으로 사람들에게서 칭찬을 얻고 싶어서 성령의 도우심을 구하며, 그리하여 거룩한 것들을 세속적인 이익의 도구로 전락시키는 비열한 짓을 행하지 않습니까? 오오, 이 얼마나 끔찍한 비열한 짓입니까! 마치 뜨거운 오븐을 끄기를 바라서 임금의 예복을 얻고자 하는 것처럼 말입니다. 이것은 아우구스티누스의 말처럼 하나님을 등자(橙子)로 삼고 또한 피조물을 우리의 안장으로 삼는 것입니다.

(2) 우리의 행복에 필수적이며 또한 우리의 구원에 불가결하게 필요한 그런 영적인 복들이 있는데, 이것들을 위해서는 간절하게 끈질기게 기도해야 합니다. 죄 사함, 하나님의 사랑과 은혜, 그리고 성령의 거룩하게 하시는 은혜들이 여기에 속합니다. 이런 것들을 위한 기도에 냉담하거나 무관심하다는 것은 크나큰 악입니다. 우리가 끈질기게 구하면 그 약속이 반드시 우리에게 이루어질 것입니다: "여호와와 그의 능력을 구할지어다 그의 얼굴을 항상 구할지어다"(시 105:4). "원하는 자는 값없이 생명수를 받으라"(계 22:17). 신앙의 문제에 있어서는 우리가 힘이 있다는 것입니다. 이 영적인 복들에 대한 허약한 지각과 그것들에 대한 희미한 열망처럼 그것들을 잃어버리게 만드는 것이 없습니다. 세상적인 복들에 대한 기도에는 하나님의 뜻에 복종하는 자세가 반드시 필요합니다. 왜냐하면 그런 복들은 조건적으로 약속된 것들이기 때문입니다. 약속이 우리 믿음의 기초가 됩니다. 그러므로 우리의 기도라는 건물이 그 기초의 범주를 넘어설 수는 없는 것입니다. 그런데 이스라엘은 바로 이 문제에서 죄를 범하였습니다: "누가 우리에게 고기를 주어 먹게 하랴?"(민 11:18). 하나님께서는 과연 광야에서 그들을 먹이시겠다고 약속하셨었습니다. 하지만 그들의 방탕한 식욕을 채워 주겠다고 하신 적은 없었습니다. 그리하여 하나님께서 베푸신 양식이 만족스럽지 못하자 그들은 고기를 달라고 외쳤고, 이때에 그들은 쓰라린 양념과 더불어 자기들이 원하던 것을 얻었습니다: "그들의 먹을 것이 아직 그들의 입에 있을 때에 하나님이 그들에게 노염을 나타내사 그들 중 강한 자를 죽이시며 이스라엘의 청년을 쳐 엎드러뜨리셨도다"(시 78:30-31). 이처럼 그들은 무절제하게 고기를 탐함으로써 그 고기를 먹고 살육을 당한 것입니다. 오오 세상적인 것들에 대해서 요구하는 기도를 할 때 삼가 조심하기 바랍

니다. 잘못하면 여러분 스스로 채찍을 자초하게 되기 때문입니다. 라헬은 자녀를 얻지 않으면 죽겠다고 했고, 결국 두 아들을 얻었습니다. 그러나 막내를 해산할 때에 진통으로 죽었습니다. 어떤 사람이 아내가 아들을 간절히 바라다가 드디어 아들을 얻었는데 그 아들이 전혀 지혜롭지 못하자, 그 아내에게 다음과 같이 아주 재치 있는 말을 했다고 합니다: "여보, 당신이 사내아이(a boy)를 그렇게도 오랫동안 간절하게 바라더니, 이제 항상 어린애(a boy)로 있을 아이를 얻게 되었소이다." 하나님은 우리의 요구하는 기도에 대해 응답하사 자비를 주시되, 얼마든지 거기에 그의 진노를 함께 담아서 주실 수도 있는 것입니다. 오오 그러니, 결국 잃어버릴 수밖에 없고, 혹은 얻기는 해도 누리지는 못할 그런 것을 어째서 그토록 간절히 바란단 말입니까?

(3) 성도의 행복에 본질적으로 필요한 영적인 복들은 한이 없는 열정으로 구해야 합니다. "그 만큼 은혜를 주시면 더 이상은 주를 성가시게 해드리지 않겠나이다"가 아닙니다. 그렇지 않습니다. 하나님께서 작은 은혜를 주시는 것은 우리의 입을 다물게 하기 위함이 아니라 더 많은 것을 위하여 더 크게 입을 열게 하기 위함입니다. 그러나 안타깝게도 대부분의 사람들이 이 문제에서 얼마나 생각 없이 합리적인지 모릅니다. 거룩을 바라되 마치 소금처럼 큰 죄들로 인하여 썩지 않도록 하는 정도만 바라고 그것으로 그칩니다. 이웃 사람들의 코에 썩은 냄새를 풍기지 않는 정도나 혹은 양심의 채찍을 맞아 괴로움을 당하지 않을 정도의 거룩만 있으면 그것으로 만족하는 것입니다. 마치 회초리를 맞지 않을 정도로만 학과 수업에 충실하고 그 이상은 관심을 갖지 않는 학생들처럼 말입니다. 그러나 여러분, 이것은 전혀 거룩을 바라지 않는 것과 마찬가지입니다. 여러분이 바라는 것은 겉으로는 사람들에게 칭찬을 받는 것이요 속으로는 양심을 잠잠하게 하는 것입니다. 그래서 거룩을 통해서 이런 것에 도움을 얻고자 하는 것입니다. 그러나, 은혜의 참된 가치를 아는 자는 영광중에 그 은혜로 만족을 얻기까지 절대로 그 은혜에 만족하지 않습니다. 바울은 형제들보다 더 많은 은혜를 받았으나 마치 하나도 받지 못한 것처럼 끊임없이 더 많은 은혜를 구하고 그것을 위해 힘썼습니다(빌 3:13-14). 그러나 세상적인 것들에 대해서는 우리의 바람을 줄여야 하고, 그리하여 그것들을 위해 기도할 때에 우리의 애착의 돛을 모조리 다 올리지 않도록 해야 할 것입니다. 은혜 안에 있는 마음은 그런 복이 너무 적은 것도 우려하지만 동시에 그것들을 너무 많이 받는 것도 원하지 않는 법입니다: "나를 가난하게도 마옵시고 부하게도 마

옵시고 오직 필요한 양식으로 나를 먹이시옵소서"(잠 30:8). 성도라면 반드시 아굴의 이 기도에 기꺼이 아멘으로 화답할 수 있으리라 생각합니다. 반드시 그래야만 할 것입니다. 집을 세울 가장 좋은 자리는 황량한 산꼭대기도, 습기가 차는 산 밑바닥도 아닙니다. 지혜로운 자라면 이런 세상적인 좋은 것들의 본질을 보고서, 중간이 최상이라는 것을 얼마든지 납득할 것입니다. 그것들은 그리스도인에게 화물(貨物)이 아니라 배의 무게 중심을 잡아주는 데 필요한 밸러스트일 뿐입니다. 그러므로 그것들은 배의 중심을 잡을 정도만 있으면 되고, 그것들로 배를 가득 채우기를 바라서는 안 될 것입니다. 그것들은 그리스도인의 기업이 아닙니다. 천국이 그들의 기업입니다. 세상적인 복들은 천국으로 향하는 여정에서 쓸 돈과도 같습니다. 그런데 지혜로운 여행자 중에 과연 누가 자기의 여정 중에 필요 이상으로 더 큰 돈을 지니기를 바라겠습니까?

[간구의 기도의 둘째 종류 — 악을 제거해 주시기를 구하는 간청의 기도]

둘째. 악을 제거해 주시기를 구하는 간청의 기도(deprecatory prayer)입니다. 간구의 기도의 둘째 종류는 악의 제거를 구하는 간청의 기도인데, 이는 우리가 느끼거나 두려워하는, 혹은 우리에게 가해졌거나 가해지리라는 위협을 받은, 모종의 악을 제거해 주시기를 그리스도의 이름으로 하나님께 구하는 것입니다. 그러므로 악의 제거가 이 기도의 목표입니다. 여기서는 제거를 구해야 할 그 악한 것들이 무엇이며, 또한 이런 간청의 기도에서 하나님께 어떻게 간청해야 하는지에 대해 간단하게 말씀드리겠습니다. 모든 악한 것들은 다음 두 가지로 다 포괄됩니다. 1. 죄. 2. 고난.

[악의 제거를 위한 간청의 기도의 첫째 대상]

대상 1. 죄. 이것이야말로 악한 것 중에 악한 것이며, 우리는 주로 이것을 대적하여 기도의 화살들을 날려야 할 것입니다. 이것이야말로 본래부터 본질적으로 악한 유일한 것입니다. 고난은 우리에게 악한 것으로 다가오는 것일 뿐 그 자체가 악한 것은 아닙니다. 우리의 죄들의 악함 때문에 고난들이 존재하고 또한 악하게 여겨지는 것입니다. 죄가 없었더라면, 고난도 없었습니다. 죄가 사라지면 고난도 찾을 수 없게 됩니다. 천국에는 슬픔이 없습니다. 죄가 없기 때문입니다. 이 둘은 마치 쌍둥이처럼 함께 살고 함께 죽습니다. "선을 행하지 아니하면 죄가 문에 엎드려 있느니라"(창 4:7). 즉, 만일 죄의 악을 행하면 고난의 악을 만날 것을 대비하라는 뜻입니다. 그런데 죄에는 제거해야 할 두 가지 요소가 있으니, (1) 죄책(guilt), 또한 (2) 더러움(filth) — 죄의 더럽히는 힘이 그것입니다.

(1) **죄책.** 이것이야말로 모든 죄의 합당한 효과요 결과입니다. 어떠한 죄든 일단 범하면 죄책이 생기게 되고, 그 때문에 하나님의 진노에 대해 거리낌을 갖게 됩니다. 그리고 이 죄책은 시간이 지나도 사라지지 않고, 하나님께서 죄 사함의 자비로 용서하시기까지 계속해서 죄인을 얽어맵니다. 그러므로, 죄의 행위는 그것을 범하자마자 사라지지만, 그것을 행한 사람은 믿음과 회개를 통해서 죄 사함을 얻게 되기까지 자신이 저지른 악행에 얽매이며, 하나님의 정의에게 갇힌 자로서 죄책의 사슬을 지게 되는 것입니다. 이는 마치 중대한 범죄를 저지른 흉악범이 당장 붙잡혀 법의 심판을 받지 않을 수도 있지만, 그는 사면을 받기까지는 어디에 있든지 범법자요 법의 추적을 받는 상태에 있을 수밖에 없는 것과 마찬가지 이치입니다. 그런데 여러분, 죄책의 제거를 위해 기도하도록 여러분을 촉구하기 위해 죄책 아래 있는 영혼의 그 당혹스럽고 처절한 처지를 여러분에게 새삼 설명할 필요가 있겠습니까? 각성한 양심에게는 아무리 작은 죄에 대한 죄책이라도 산(山)보다 더 무거운 법입니다. 영혼이 죄책으로 사로잡히느니 차라리 집이 마귀들로 들끓는 것이 낫습니다. 여러분의 양심이 여러분에게 "불의에 매인 바 되었도다"라고 말하면, 여러분이 "악독이 가득하게" 되지 않을 수가 없습니다. 이 둘이 함께 가기 때문입니다(행 8:23). 죄책이란 죄인이 질 수도 없고, 그렇다고 던져 버릴 수도 없는 무거운 짐입니다. 이것은 짐승에게 따라붙어 성가시게 하는 쇠파리에 비유할 수 있을 것입니다. 고통을 줄이기 위해 손발을 휘저어도 여전히 사라지지 않고 몸에 달라붙어 있는 것입니다. 이것은 마치 육체의 가시처럼 그의 영혼 속에서 쑤시는 고통을 주어 낮에도 쉬지 못하고 밤에도 잠을 자지 못하게 만듭니다. 마치 못들이 박혀 있는 통 속에 갇힌 레굴루스(Regulus)처럼 침상에 누워도 도무지 잠을 이룰 수가 없습니다. 그런 죄책으로 인해서 마을에 전염병만 돌아도 두려움에 휩싸입니다. 자신이 심판을 받아 그것에 감염되어 죽지나 않을까 하고 말입니다. 죄책이 가득하여 덤불만 보아도 그 속에 자기를 노리는 사람이 있다고 생각하게 되고, 모든 사람을 마치 자기를 죽이려고 오는 하나님의 심판의 사자인 것처럼 여기는 것입니다. 죄를 범한 가인에게 하나님이 주신 "표"(창 4:15)에 대해서, 여러 해석자들은

그것이 두려움에 떠는 마음이며, 이것은 그런 마음이 창백한 얼굴과 불안하여 안절부절못하는 모습으로 나타나는 것이라고 봅니다. 그리고 12절의 "너는 땅에서 피하며 유리하는 자가 되리라"는 문구를 칠십인역은 στένων καὶ τρέμων ἔσῃ ἐπὶ τῆς γῆς로 읽습니다. 곧, 땅에서 한숨지으며 벌벌 떨게 되리라는 의미입니다. 그 어떠한 엄청난 일도 죄가 영혼을 떨게 만드는 것만큼 육체를 뒤틀리게 만들지는 못합니다. 자, 죄책의 제거와 용서를 위한 기도에서 다음과 같은 구체적인 요건들을 준수하여야 할 것입니다.

[죄책의 제거를 위한 기도에서 준수해야 할 다섯 가지 구체적인 요건들]

(a) 여러분의 죄에 대한 깊은 지각과 슬픔으로 기도하십시오. 기도에서 가장 말이 되지 않는 것은 마음과 관련되는 점입니다. 곧, 제거해 달라고 간청하는 그 죄나 혹은 얻기를 바라는 그 자비를 전혀 지각하지 못하는 것입니다. 우리의 기도에 대해 하나님의 마음을 닫게 만드는 것으로 기도에서 우리의 마음이 닫히는 것보다 더한 것은 없습니다. 그리고 반대로, 우리의 마음이 안타까움과 슬픔으로 무너져 내리는 것만큼 하나님의 마음을 녹여 우리의 기도에 귀를 기울이시게 만드는 것도 없습니다. "포도주는 마음에 근심하는 자에게 줄지어다"(잠 31:6)라고 말씀하시는 하나님은 이 잔을 — 즉, 하나님의 포도주 창고에서 가장 달콤한 포도주를 담은 잔, 곧 죄를 사하는 긍휼에 대한 약속을 — 남겨두셔서 "통회하는 자의 마음을 소생시키려" 하시는 것입니다(사 57:15). 죄로 인하여 흘리는 눈물 한 방울이 귀에 장식한 보석보다 더욱 사람을 아름답게 해주며, 그런 자의 기도는 그 모든 미사여구가 할 수 있는 것보다 더 많은 것을 할 수 있는 것입니다. 세리가 자기 가슴을 때릴 때에 그는 하나님의 품에 안겼고, 죄 사함을 얻고 집으로 돌아갈 수 있었습니다. 여러분이 여러분 자신의 죄에 대해서도 눈물을 흘리지 못하는데, 과연 그리스도께서 여러분으로 하여금 죄 사함을 받게 하려고 그의 피를 흘리시겠습니까? 사실은, 하나님의 마음을 어떻게 움직이느냐가 아니라 죄인의 마음을 어떻게 녹일까 하는 것이 난제인 것입니다. 죄인이 자기 죄의 짐을 지각하고 느낄 때에 용서하시는 하나님이 그 죄의 짐을 제거하시는 일보다, 죄인으로 하여금 자기 죄를 느끼게 만드는 일이 더 어려운 일입니다. 따뜻한 마음씨를 지닌 의사가 피를 많이 흘려 기진맥진한 상태에 있는 환자의 상처를 싸매고자 하는 일념으로 아무리 애쓴다 할지라도, 그의 죄 사하시는 자비로 슬피 울며 회개하는 자의 괴로운 심령을 편안

하게 하시는 하나님의 마음을 능가할 수는 없습니다. 하나님께서는 그의 종들이 영적인 환자들을 대할 때에 적용하도록 한 가지 법칙을 주시는데, 그것은 바로 불쌍한 죄인들의 영혼을 지나치게 낮추고 파헤쳐서 그들의 믿음의 심령들이 지나치게 허약해지지 않도록 하는 것입니다: "이러한 사람은 … 이런 처벌이 족하도다" (한글개역개정판은, "이러한 사람은 많은 사람에게서 벌 받는 것이 마땅하도다"로 번역함 — 역주). "그런즉 너희는 차라리 그를 용서하고 위로할 것이니 그가 너무 많은 근심에 잠길까 두려워하노라"(고후 2:6, 7).

(b) 여러분의 죄에 대하여 하나님이 어떻게 불쾌하심을 표현하시든 간에 그 모든 것을 정당한 것으로 여기고 인정하십시오. 어쩌면 여러분이 무언가 외적인 심판을 받아 여러분의 육체에 하나님의 진노의 표를 지니고 있을지도 모르겠고, 혹은 이보다 더 심각하지만, 여호와에 대한 두려움이 여러분의 영혼을 완전히 사로잡고 있고, 그런 두려움이 마치 독 묻은 화살처럼 여러분의 양심을 괴롭히고 있을지도 모르겠습니다. 이때에 하나님의 공의로우심을 인정하십시오. 그리고 여러분에게 가해진 그 모든 것이 "우리 죄악보다 … 가볍"다는 것을 인정하십시오(스 9:13). 하나님의 도끼가 결정적으로 내리치는 것을 피하는 길은 그 도끼 자루에 입을 맞추는 것입니다. 그의 공의로우심을 온전히 인정하시고, 그의 자비하심이 여러분의 생명을 구할 것을 믿고 두려워하지 마십시오. 하나님의 약속이 여러분의 편에 있습니다: "그 할례 받지 아니한 그들의 마음이 낮아져서 그들의 죄악의 형벌을 기쁘게 받으면, 내가 … 내 언약을 기억하고 그 땅을 기억하리라"(레 26:41, 42). 다윗은 이 길을 취하여 다음과 같이 고백하였습니다: "무릇 나는 내 죄과를 아오니 내 죄가 항상 내 앞에 있나이다"(시 51:3). 그런데 어째서 그는 그렇게 자기의 죄들을 기꺼이 여호와 앞에 죽 늘어놓으며 고백할까요? 4절을 보십시오: "주께서 말씀하실 때에 의로우시다 하고 주께서 심판하실 때에 순전하시다 하리이다." 그는 하나님께서 그에게 내리신 심판에서 잘못을 행하신 것이 하나도 없다는 것을 온 세상이 알기를 바랐습니다. 모든 책임은 자기가 지고 있는 것입니다.

(c) 무언가를 뒤로 보류해 두고서 기도하는 일이 없도록 주의하십시오. 하나님께서 없애주셨으면 하는 그것을 여러분이 단념하여야 한다는 것을 명심하십시오. 여러분이 죄와 짝하고 있는 한 하나님은 절대로 죄책을 제거해 주시지 않습니다. 계속해서 반역하고자 하는 반역자를 사면시켜 줄 임금이 어디 있겠습니까? 여러분이 죄를 범하고자 하면서 하나님께서 그 죄를 용서해 주시기를 바란다면, 이는

정말이지 어리석은 일이 아닐 수 없습니다. 죄를 범하는 일을 처벌하지 마시고 그냥 내버려 두어 달라고 하나님께 말씀하는 것도 똑같이 어리석은 짓입니다. 하나님은 여러분의 마음의 언어를 아시니, 굳이 혀로 그 언어를 해석해야만 아시는 것이 아닙니다. 임금 중에는 잘못 총애를 베풀다가 큰 희생을 치른 이들이 있습니다. 레오 아르메니우스(Leo Armenius) 황제는 저 배은망덕한 몹쓸 미카엘 발부스(Michael Balbus)를 사면해 주었는데, 그는 감옥에서 풀려난 그 날 밤에 그 황제를 살해했습니다. 그러나 위대하신 하나님의 통치에는 절대로 실수가 없습니다. 외식자가 성도로 위장하여 죄 사함을 받는 따위의 일이 절대로 없습니다. 여러분이 통회하는 자인 체하고 하나님께 나아오더라도 그는 여러분을 그대로 알아보시고 여러분의 이름을 부르실 것입니다. 선지자는 이렇게 말했습니다: "여로보암의 아내여 들어오라 네가 어찌하여 다른 사람인 체하느냐?"(왕상 14:6). 전능하신 하나님의 눈을 가리기에 외식은 너무도 얇은 휘장입니다. 여러분 자신은 눈을 가려서 하나님을 보지 않을 수 있지만, 하나님의 눈을 가려서 그로 하여금 여러분을 보시지 못하게 할 수는 없는 것입니다. 그리고 하나님께서 자기 자신을 사랑하시는 한, 그는 외식자를 미워하실 수밖에 없습니다. 그리고 그를 미워하신다면 결코 그를 용서하시지 않을 것입니다. 죄 사함을 받은 영혼은 순전한 영혼과 하나인 것입니다. "마음에 간사함이 없고 여호와께 정죄를 당하지 아니하는 자는 복이 있도다"(시 32:3).

(d) **그리스도를 탄원의 근거로 삼으십시오.** 죄 사함은 첫 언약에서는 전혀 모르던 자비입니다. "행하면 살리라, 죄를 지으면 죽으리라"라는 것이 그 내용의 전부였습니다. 그 법에 의하면 사후의 일에 대해서는 전혀 변화의 여지가 없었습니다. 그러나 복음 언약은 우리의 *tabula post naufragium*입니다. 즉, 우리가 비참하게 파선 당한 후에 뭍에까지 돌아가게 해 줄 유일한 판자라는 것입니다. 이 언약은 그리스도 안에서 세워지는데, 그는 성부와의 합의에 근거하여 율법의 요구들을 해결하는 일을 행하시되, 기꺼이 그 일을 행하셨습니다. 바로 이를 근거로 복음이 전파되며, 회개하고 그를 믿는 모든 자에게 죄 사함이 약속되는 것입니다. "[하나님이] 그를 오른손으로 높이사 임금과 구주로 삼으셨느니라"(행 5:31). 하나님이 그를 "그의 피로써 믿음으로 말미암아 화목제물로 세우셨"습니다(롬 3:25). 그러므로 그리스도께서는 불쌍한 죄인들을 위해 간구하실 때에 자기 피를 지니시고 그들에게 주시기를 바라는 그 죄 사함의 값으로 그 피를 하나님께 내어놓으십니다. "피

흘림이 없은즉 사함이 없"으니 말입니다(히 9:22). 이 점을 깊이 새겨야 합니다. 왜냐하면 무지로 인하여나 혹은 부패한 마음의 생각으로 하나님의 절대적인 선하심과 자비에 기대어 죄 사함을 얻고자 기도하는 자들이 많기 때문입니다. 어째서 죄 사함 얻기를 소망하느냐고 그들에게 물어보면, 그들은, "하나님이 선하시고, 그의 본성이 너무도 자비하시므로 분명 자기들에게 자비를 베푸실 것을 소망한다"고 대답할 것입니다. 그러나 아뿔싸! 그 하나님이 자비하실 뿐 아니라 의로우시며 또한 그의 정의의 동의가 없이는 절대로 자비가 행사될 수 없다는 것을 그들은 잊고 있는 것입니다. 하나님의 정의를 만족시켜 주는 것은 오직 그리스도의 보상밖에는 없습니다. "이 예수를 하나님이 그의 피로써 믿음으로 말미암아 화목제물로 세우셨으니 이는 하나님께서 … 의로우심을 나타내려 하심이니 곧 이 때에 자기의 의로우심을 나타내사 자기도 의로우시며 또한 예수를 믿는 자를 의롭다 하려 하심이라"(롬 3:25, 26). 그러므로 그리스도의 보상의 개입이 없이 하나님께서 여러분의 죄를 사하시기를 바라는 것은 하나님이 불의하시기를 바라는 것과 같고, 또한 하나님이 그 자신의 존귀하심이 상실되는 것을 감수하시고 여러분을 사하시기를 바라는 것과 같습니다. 그러니 그런 식으로 하나님께 나아오는 자가 하나님께 어떤 대접을 받게 될지는 불 보듯 뻔한 것입니다.

(e) 마지막으로, 여러분의 요구를 구하되 **끝까지 낙심하지 말고 끈질기게 구하기** 바랍니다. 여러분에게 절대로 없어서는 안 될 것이 바로 하나님의 자비하심입니다. 그것은 여러분의 존재 자체보다 더 필수적인 것입니다. 영원히 죄 사함을 받지 못하는 것보다 차라리 존재하지 않는 편이 더 낫습니다. 죄책이 제거되지 않고 죄 사함을 얻지 못한 상태에서 여러분의 처지가 얼마나 처절하겠는지를 조금만 생각해 보아도 그저 냉담한 자세로 이 자비 중의 자비를 구한다는 것이 도무지 불가능하다는 것이 명약관화해질 것입니다. 그러므로 여러분, 죄 사함을 받지 못하면 여러분이 하나님의 감옥에 갇힌 죄수라는 것을 알아야 합니다. 허리띠가 허리에 밀착되어 있는 것처럼 율법에 기록된 모든 재앙들이 그와 같이 여러분에게 밀착되어 있는 것입니다. 집에서 걷고 있든, 식탁에 앉아 있든, 자리에 누워 있던 매 순간마다 그것들이 여러분에게 엄습할까 두려워하게 될 것입니다. 하나님을 원수로 두고 있는 자가 과연 어디인들 안전하겠습니까? 사람이 빵을 먹으려 할 때에 빵이 그것을 저항할 수 있겠으며, 과연 나무가 나무꾼의 도끼를 견뎌낼 수 있겠습니까? 그처럼 여러분도 보복하시는 하나님의 진노를 도저히 견뎌낼 수가 없는 것입

니다. 하나님은 지극히 완악한 마귀들을 사슬에 매어두시는 분이 아니십니까? 하나님은 여러분의 뼈와 가슴속에 불을 지피시고, 여러분 자신을 괴롭게 만드는 생각들이 속에서 불타오르게 하시사 마치 석회처럼 소멸하게 만들 수 있는 분이 아니십니까? 그는 정의에 매어 계셔서 죄인의 과오에 따라서 정확하게 그 정의를 행사하시는 의로우신 하나님이 아니십니까? 피조물은 오늘 여러분을 위협하다가 내일이면 죽어 버릴 수도 있습니다만, 그는 영존하시는 하나님이 아니십니까? 그는 영원 그 자체이시며, 영원토록 살아 계셔서 죄인들에게 보응하시므로 죽어서도 도무지 그의 손을 피할 수 없는 그런 분이 아니십니까?

이 땅의 법정에서는 당사자가 죽으면 그의 송사도 그와 함께 죽습니다. 왜냐하면 그가 법관들의 치리를 벗어나며 그들의 소환 영역을 벗어나기 때문입니다. 그러나 하늘의 법정은 그렇지 않습니다. 죽어도 여러분은 살아 계신 하나님의 손 안에 떨어집니다. 저 세상에서도 여러분과의 송사가 여전히 계속될 것입니다. 영혼이 육체를 떠나고 이 땅의 집에서 벗어나자마자, 그 영혼은 하나님께로 돌아가 그의 처분을 받게 됩니다. 육체도 그 땅 속의 무덤에 묻혀서 안식하게 되는 것이 아니고, 영혼이 떠난 후에 부르심을 받아 영혼과 더불어 고통을 나누게 될 것입니다. 영혼의 반려자가 되어 함께 죄 가운데 있었으니 말입니다. 죄책을 지고 있는 영혼에게는 죽을 때에 육체와 이별하는 것만도 슬픈 일이지만, 저 큰 심판의 날에 육체와 다시 만날 때에 더욱더 황망한 처지에 있게 될 것입니다. 부부가 함께 피비린내 나는 살인에 가담했을 경우, 이들은 함께 여러 감옥들을 전전하며 재판을 기다리는 동안도 다가오는 심판에 대한 두려움과 공포로 가득할 것입니다. 하지만 그들이 법정에서 선고를 받아 함께 교수대에 서게 될 때가 오면 그보다 훨씬 더 끔찍스러움을 느끼게 될 것입니다. 죽을 때에는 죄인의 육체가 분해되어 한 감옥에 갇히게 되고, 그의 영혼은 다른 감옥에 갇히게 됩니다. 그러다가 세상을 심판하시는 그 큰 날에 둘이 다시 만나게 되고, 심판주에게서 최종적인 선고를 받고서 영원히 꺼지지 않는 지옥의 불길 속에 떨어질 것입니다. 그 불길 속에서 그 죄인은 수백 수만 년 동안 하나님의 정의로우신 보응의 무게를 당하게 되는데, 그러고 나서도 그 고통이 시작되던 첫 날과 똑같이 그 비극의 마지막이 요원하다는 것을 알게 될 것입니다. 그 때 가서는 죽기를 바라지만 죽음이 그에게서 도망하게 될 것이요, 그의 비극은 견딜 수 없고 또한 끊어짐도 없게 될 것입니다. 이때가 되면, 죄 사함이 과연 엄청난 값어치가 있는 것이요 또한 한가한 마음 자세로 냉담하게 되는 대로 구하여 놓쳐 버리기에는 너무나도 좋은 것이라는 것을 처절하게 깨닫게 될 것입니다. 그러므로 여러분, 이러한 자비의 절대적인 필요성을 영혼으로 지각한다면, 은혜의 보좌를 점령하여 하나님께서 자비의 문을 여러분에게 열어 주시기까지 절대로 일어서지 않으리라는 거룩한 결단을 취하기 바랍니다. 그것이 여러분에게 절대로 없어서는 안 될 것인 것처럼, 또한 여러분에게는 신실하신 하나님의 약속이 있습니다. 곧, 때에 맞추어 순전하게 구하면 결코 놓치는 일이 없으리라는 약속이 그것입니다. "만일 우리가 우리 죄를 자백하면 그는 미쁘시고 의로우사 우리 죄를 사하 … 실 것이요"(요일 1:9). 기도와 눈물이야말로 전능하신 하나님을 돌이키게 할 수 있는 무기입니다. 므낫세는 왕위에 있을 수가 없었습니다. 죄를 범하였고 하나님을 대적하는 일에 왕권을 사용하여 하나님의 정의를 거슬렀으나 쇠사슬로 결박되어 감옥에 갇혀서 여호와 앞에서 자신을 크게 낮추었고, 그리하여 그의 긍휼하심을 얻었습니다(대하 33:13). 에브라임도 마찬가지였습니다: "그가 떨며 말할 때에는 이스라엘 중에서 자기를 높이더니 바알로 범죄하자 그때에 죽었습니다"(호 13:1. 한글개역개정판은 "말을 하면 떨었도다 그가 이스라엘 중에서 자기를 높이더니 바알로 말미암아 범죄하므로 망하였거늘"로 번역함 — 역주).

(2) 죄와 관련해서 제거해 주시기를 구해야 할 두 번째 것은 **죄의 더럽히는 힘**입니다. 죄의 더러움에서 씻음을 얻기를 바라지 않는 자는 죄책이 제거되기를 아무리 기도해도 헛수고입니다. 죄의 행위를 사랑한다면, 죄의 삯도 마찬가지로 좋아해야 할 것입니다. 거짓된 마음은 자기 죄가 가려지기를 바랄 수 있지만, 순전한 마음은 자기의 본성이 고침 받고 씻음 받기를 바라는 법입니다. 다윗은 평온한 양심을 구하였고, 동시에 깨끗한 마음을 구하였습니다: "주의 얼굴을 내 죄에서 돌이키시고 내 모든 죄악을 지워 주소서. 하나님이여, 내 속에 정한 마음을 창조하시고 내 안에 정직한 영을 새롭게 하소서"(시 51:9). 그의 마음을 정결하게 씻을 물을 구하며, 동시에 그의 양심에 뿌려 평온하게 할 피를 구하는 것입니다. 자, 이와 관련하여 하나님께 구할 때에 다음의 몇 가지 사항들을 지키기 바랍니다.

[죄로 인하여 더러워지지 않기를 기도할 때에 지켜야 할 다섯 가지 사항]

(a) **죄로 인하여 더러워진 여러분 자신을 깊이 혐오하는 자세로 반드시 나아와야** 합니다. 이것을 가리켜, "자기의 마음의 재앙을 깨닫는 것"(왕상 8:38)이라 부르는

데, 사람이 자기의 부패한 것들을 지각하여 그것으로 인하여 고뇌할 때에 그런 일이 일어나는 것입니다. 마치 온갖 괴롭고 쓰라린 종기들이 온 몸에 가득한 것같은 그런 고뇌가 자기의 부패한 것들 때문에 생겨납니다. 욥이 몸을 온통 뒤덮은 종기로 인하여 고통당한 것처럼 말입니다. 나병환자는 치료를 위해서 곡하는 자처럼 행하도록 명령을 받았습니다: "나병 환자는 옷을 찢고 머리를 풀며 윗입술을 가리고 외치기를 부정하다 부정하다 할 것이요"(레 13:45). 이 모든 것이 자기의 죄와 비참에 대한 깊은 지각을 표현하기 위함이 아니라면 무엇 때문이겠습니까? 성경에 나타나는 성도들의 모습을 보십시오. 이것이 기도 중에 자신을 최대한도로 혐오하여 자기 자신을 낮추는 그들의 방식이었음을 알게 될 것입니다. 회개하는 다윗은 스스로를 어리석은 자, 아니 짐승으로 간주합니다. 자기 자신에 대해서 얼마나 나쁘게 묘사해야 좋을지를 알지 못합니다. "내가 이같이 우매 무지함으로 주 앞에 짐승이오나"(시 73:22). 거룩한 욥은 이렇게 외칩니다: "내가 나를 미워하고 티끌과 재 가운데에서 회개하나이다"(욥 42:6. 한글개역개정판은 "내가 스스로 거두어들이고 티끌과 재 가운데에서 회개하나이다"로 번역함 — 역주). 다른 이들은 하나님의 임재 속에 나타나기가 너무나 부끄러워 얼굴을 붉힙니다. 마치 진흙구덩이에 빠진 자가 그런 추한 꼴로 임금 앞에 나설 때에 당혹스러워 어쩔 줄을 모르듯이 말입니다.

(b) 여러분의 정욕을 물리치기 위해 기도할 때에 **여러분의 마음이 여러분의 혀와 함께 가도록** 하십시오. 우리의 기도에서만큼, 또한 우리의 정욕을 물리치기 위해 하는 간구에서만큼, 우리 마음이 우리를 속이는 경우가 없습니다. 전혀 의도하지 않은 상태로 지극히 가식적인 일을 행하는 경우가 얼마나 많은지 모릅니다. 그러니 우리의 계획의 밑바닥에 무엇이 있는지를 알려면 우리 자신을 정말 잘 알아야 할 필요가 있습니다. 아우그스티누스는, 젊은 시절 양심의 가책으로 인하여 억지로 하나님께 정욕의 굴레에서 구원해 주시기를 기도하기는 했으나 마음속으로는 은밀하게 '지금 당장은 말고요, 주님'이라고 속삭였노라고 고백하였습니다. 하나님께서 그의 말을 그대로 그에게 이루실까 두려웠던 것입니다. 외식적인 유대인들도 그렇게 먼저 "자기들의 마음 속에 자기들의 우상들을 세워 놓고" 있었습니다(겔 14:3. 한글개역개정판은 "자기 우상을 마음에 들이며"로 번역함 — 역주). 그러나 이것은 그야말로 크나큰 악입니다. 그러므로 하나님께서 그런 자들에게 그 마음의 은밀한 정욕에 따라 거기에 합당하게 보응하시는 것은 비록 무거운 재앙이라 할지라도 지극히 정의로운 일이었습니다. 바울은 성도들에게 자기 자신을 위해 기

도를 부탁하면서, 그들로 하여금 그를 위하여 담대히 기도하게 하기 위하여 자기 자신의 순전함을 확인시켜 줍니다: "우리를 위하여 기도하라 우리가 모든 일에 선하게 행하려 하므로 우리에게 선한 양심이 있는 줄을 확신하노니"(히 13:18). 이는 마치 이런 뜻과도 같습니다. "혹시 내가 범사에 정직하게 살려 하지 않고 내 속에 은밀하게 죄와 짝하는 것이 있는데도 내 마음이 그것을 찾아내지 못했다면, 감히 너희를 하나님 앞에서 나의 대변자로 삼으려 하지도 않았을 것이다." 그렇다면 여러분이 혹시 받게 될까 염려하는 그것을 받게 해 달라고 스스로 하나님 앞에서 구하는 일이 어떻게 있을 수 있겠습니까?

질문. 하지만 죄의 더럽히는 힘을 대적하며 기도할 때에, 과연 우리 마음이 순전한지 아니면 외식적인지를 어떻게 알 수 있게 되겠습니까?

답변 1. 여러분의 기도가 일관성이 있는지를 살피십시오. 어떤 특정한 정욕에 대해서뿐 아니라 모든 정욕에 대해서 그것들을 없애 주시기를 위해 기도하는지를 살피라는 뜻입니다. 순전함은 여기서는 (갈지 않고 남겨둔) 이랑을 만들고 저기서는 (밭은 간 뒤) 밭고랑을 만들고 하는 식이 아닙니다. 어느 한 가지 정욕에 대해서는 열을 내면서 다른 정욕에 대해서는 냉랭한 자세로 대하는 식으로 행하지 않고, 일관성 있게 행하는 것입니다: "모든 거짓 행위를 미워하나이다"(시 119:104). 순전한 마음은 이런저런 죄를 구별하고 그것을 목표로 화살을 쏘고 나머지는 남겨두는 식이 아니라 모든 죄를 향하여 통째로 화살을 날립니다: "어떤 죄악도 나를 주관하지 못하게 하소서"(133절). 몸에서 모든 사슬이 다 잘려나가고 오로지 한 개만 남아 있더라도, 모든 사슬이 다 얽어매고 있을 때와 마찬가지로 그 사람은 여전히 사탄의 종입니다. 한 가지 죄에 대해서는 그것이 큰 죄이기 때문에 그것에 대해 기도하지 않고, 다른 죄는 아주 사소한 것이기 때문에 그것에 대해 간구하는 식입니다. 큰 돌들로도 벽을 쌓을 수 있지만, 먼지나 티끌 같은 것으로도 벽을 쌓아올릴 수 있습니다. 작고 사소한 죄들도 큰 죄와 똑같이 하나님과 사람 사이에 분리의 장벽을 쌓게 만드는 법입니다. 아무리 작은 얼룩도 의복에 흠집을 내며, 아무리 값어치가 적은 동전도 모으면 돈이 늘어나는 것입니다. 아무리 사소한 죄도 영혼을 더럽게 만들고 죄인의 죄책을 증가시키는 것입니다. 그러므로 순전한 죄인은 사소한 죄도, 큰 죄도 가리지 않고 모두 대적하여 기도하는 것입니다. 다윗은 "고의로 죄를 짓지" 않도록 지켜주시기를 바랐고, 또한 "숨은 허물에서 벗어나게" 해주시기를 구하였습니다(시 19:12).

답변 2. 죄를 제거해 주시기를 하나님께 기도하면서 동시에 여러분 스스로도 그 죄를 없애고자 마음이 확고히 결심하는지를 살피기 바랍니다. 순전한 그리스도인은 자신의 죄를 제거해 주시기를 하나님께 구하기를 힘쓰는 동시에 자기 스스로도 힘써 그 일을 행하는 것입니다. 그런 서원이 함께 들어 있지 않다면 그 기도는 공허한 기도일 뿐입니다. "주 하나님이여 주께서 나의 서원을 들으 … 셨나이다"(시 61:5). 즉, 그의 기도를 들으셨다는 뜻입니다. 기도가 언제나 서원과 더불어 드려지기 때문입니다. 하나님께서 긍휼을 베푸시기를 위하여 기도합니까? 여러분이 순전하다면, 여러분은 그 긍휼을 주실 때에 그를 찬양하고 그것으로 그를 섬길 것을 서원할 것입니다. 어떤 죄를 제거해 주시기를 위해 기도합니까? 하나님과 장난질치는 것이 아니라면 그렇게 기도하는 것과 아울러 여러분 스스로 그것을 제거할 것임을 서원할 것입니다. "거짓 행위를 내게서 떠나게 하소서"(시 119:29). 여기서 다윗이 악을 제거해 주시기를 위해 간구하는 것을 봅니다. 그런데 그의 약속과 서원을 주목하기 바랍니다: "내가 성실한 길을 택하고 주의 규례들을 내 앞에 두었나이다"(30절). 그는 거짓 행위를 제거해 주시기를 기도하면서 동시에 그 스스로 성실한 길을 택하는 것입니다.

답변 3. 정욕을 제거해 주시기를 위해 기도하면서 그 정욕을 죽이도록 하나님이 지정해 주신 모든 수단들을 열심히 사용하는지를 살피기 바랍니다. 기도할 때에 마음으로 결단하는 것은 선한 일입니다. 단, 끈질긴 수고가 거기에 뒷받침되어야만 합니다. 그렇지 못하면 그 결단 자체를 뒤덮고 있는 거짓된 마음을 눈이 멀어 보지 못하는 것과 마찬가지입니다. 삼손은 원수들에게 보복할 수 있게 되기를 위해 기도하였고 동시에 손을 기둥에다 대었습니다. 정욕의 제거를 위해 기도할 것을 명령하신 하나님은 또한 그 정욕의 기회를 삼갈 것도 명령하셨습니다. "네 길을 그에게서 멀리 하라 그의 집 문에도 가까이 가지 말라. 두렵건대 네 존영이 남에게 잃어버리게 … 될까 하노라"(잠 5:8-9). 즉, 그에게 기회를 주었다가 그에게 낚이게 될까 한다는 것입니다. 요셉도 그렇게 했습니다. 그는 주인의 아내와 함께 자리에 눕게 될까 봐 그녀와 함께 혼자 방에 있지 않도록 했습니다(창 39:7-12). 그러므로 "술을 즐겨 하는 자들과 고기를 탐하는 자들과도 더불어 사귀지 말라"고 말씀하며(잠 23:20), 또한 "포도주는 붉고 잔에서 번쩍이며 순하게 내려가나니 너는 그것을 보지도 말지어다"고도 말씀합니다(31절). 그것을 보다가 좋아하게 될 수도 있기 때문입니다. 자, 여러분, 죄에게로 이끄는 그 길에 서지 않도록 양심적으로 조심합니까? 여러분이 없애 주시기를 위해 기도하는 그 정욕의 손에 빠지게 만들지도 모르는 그런 기회를 피하기 위해 힘쓰고 있습니까? 자기 집이 불에 타는 것을 바라지 않는 자는 분명 화약을 굴뚝 모서리에다 두지 않는 법입니다.

(c) 정욕의 제거를 위해 기도하라고 명하시는 하나님은 또한 말씀을 묵상하고 여러분의 마음과 양심에 긴밀히 적용함으로써 말씀의 검을 취하여 정욕들을 끊어내고 승리를 얻으라고도 명하십니다. 다윗이 그렇게 했습니다. 그는 죄를 짓지 않도록 말씀을 마음속에 숨겨 두었습니다. 탐심을 없애기 위해 기도하십니까? 하나님께서 탐심을 여러분의 마음에서 제거해 주시기를 바랍니다! 그런데, 여러분은 이 추한 정욕에서 여러분 자신을 구하기 위해 무슨 일을 하십니까? 여러분이 손에 잡아야 할 검(劍)이 여기 있습니다. 그 날이 어찌나 예리한지 여러분이 진정으로 그 정욕을 날 위에 올려놓기만 하면 그것을 잘라내고 죽일 수 있습니다. 이것이 만물의 헛됨을 드러내 줍니다. 탐심의 죄가 얼마나 악하고 비열한지 모릅니다. 그러나 말씀의 검은 많은 달콤한 약속들로 — 하나님께서 저 세상에서 우리를 위해 예비해 두신 것과 또한 이 세상에서 섭리로 우리를 위해 베푸실 보살피심에 대한 온갖 약속들로 — 무절제한 욕망과 세상에 대한 근심의 모든 기회를 제거해 줍니다. "너희의 처신에 탐욕이 없도록 하고 있는 바를 족한 줄로 알라 그가 친히 말씀하시기를 내가 과연 너희를 버리지 아니하고 너희를 떠나지 아니하리라 하셨느니라" (히 13:5. 한글개역개정판은 "너희의 처신에 탐욕이 없도록 하고"를 "돈을 사랑하지 말고"로 번역함 — 역주). 자, 여러분은 이 무기를 어떻게 사용하고 있습니까? 이 약속들의 진실성에 대해 강력하게 동의하십니까? 그 약속들의 감미로움이 여러분의 마음에 감동을 주도록 애쓰며, 또한 원수가 정욕을 부추기려고 시험할 때에 이 검을 빼내어 이 정욕을 찔러 여러분 자신을 방어하고자 힘쓰고 있습니까? 만일 그렇다면, 여러분의 기도는 순전함을 지닌 기도입니다. 거짓된 마음은 정욕을 대적하여 그저 한가하게 몇 마디 건성으로 기도하는 것으로 만족하나, 정욕을 상대로 이 검을 쓰기를 두려워합니다. 아니면, 혹시 검을 쓴다 해도 날을 사용하지 않고 검의 등을 사용하여 내리치거나, 혹은 그 죄의 목숨에 아무런 위험이 없도록 아주 살짝 내리칠 것입니다. 마치 환부에 자기가 가져온 약을 발라주면서 하루나 이틀 후면 나을 것이라고 약속하지만 오히려 상처를 더 악화시키고 마는 그런 돌팔이 의사처럼 말입니다.

자, 여러분의 정욕을 없애 주시기를 위해 기도하는 중에 여러분의 마음을 더욱 격하게 하기 위해서는, 하나님께서 영혼을 그의 정욕의 힘에 내버려 두신다는 것이 얼마나 무서운 재앙인가를 마음으로 깊이 인식하기를 힘써야 할 것입니다. 이것은 다른 어떠한 재앙과도 비교할 수 없이 지극히 큰 재앙인 것입니다. 이 점을 생각하면 하나님을 든든히 붙잡게 되고 또한 지극한 끈질김으로 그에게 매달리게 될 것입니다. 그렇게 하지 않으면 여러분은 망한 존재일 수밖에 없다는 것을 잘 아니 말입니다. 하나님께서 집을 때리고자 하실 때에 그는 마음을 목표로 취하시며, 사람을 그의 정욕에게 내버려 두십니다. 바로의 경우도 그는 그와 같이 마음을 굳게 만드셔서 돌이킬 수 없는 최종적인 완악함에 이르게 하셨습니다: "내가 … 모든 재앙을 네 마음에게 내 … 리리라"(출 9:14. 한글개역개정판은 "네 마음"을 "너"로 번역함 — 역주). 그 재앙들이 들짐승이나 과실들, 혹은 그들의 육체만이 아니라 주로 그들의 마음과 심령에 임하여 그들을 완악하게 만들고, 그리하여 멸망에 빠지게 한 것입니다. 그리고 이것은 그야말로 모든 재앙을 한꺼번에 내리는 것과 같습니다. 재물이나 몸에만 미치는 다른 재앙들은 하나님의 사랑과 은혜와 함께 병행되기도 합니다. 육체를 재앙으로 치시지만 동시에 영혼에 대해 미소를 지으실 수도 있습니다. 사람의 재물을 빼앗아 가시지만 동시에 영적인 풍성한 복을 그에게 베푸시기도 하십니다. 세상에서는 가난하게 만드시지만 믿음에서 부요하게 하기도 하시는 것입니다. 그러나 자기 정욕에 내버려 둠을 당하는 자는 하나님께 혐오를 받습니다. 성도가 교정을 위하여, 육체를 멸하고 영혼을 구원하기 위해서 사탄에게 내어줌을 당할 수도 있습니다. 그러나 그의 정욕들이 완전히 그를 지배하도록 사탄에게 내어줌을 당하는 일은 유기된 자(a reprobate)에게만 있는 일입니다. 이러한 하나님의 법적인 행위는 죄인의 멸망을 예고하는 것입니다(신 2:30; 살후 2:11). 죄인으로 하여금 죄를 억제하도록 하기 위하여 외형적인 재앙들이 마치 입을 채우는 재갈처럼 베풀어지는 경우도 있습니다. 그러나 이것이 마치 박차와도 같이 그들로 하여금 더욱 미친 듯이 정욕을 좇아가게 만듭니다. 그렇게 되면 죄에 대한 지각이 사라지고 결국 죄인이 마귀 짓을 하는 것입니다. 그 무엇도 이러한 길에서 그를 막는 것이 없고, 울타리와 구덩이를 헤매다 결국 지옥으로 들어가고야 마는 것입니다.

(d) 정욕의 힘을 대적하여 기도하되, 그것을 복음 언약의 일부로 여기십시오. 첫 언약에 의하면, 하나님은 사람을 도와주셔야 할 하등의 책임이 없으십니다. 사람

이 자기 스스로 마귀의 진영으로 넘어갔습니다. 하나님을 저버리고 새로운 주인을 택한 것입니다. 그러므로 하나님께서 그를 자기 손에 내버려 두시고, 굳이 도움을 주시거나 구하시지 않아도 전혀 무방합니다. 본래 언약을 통해서 사람에게 무언가를 해주셔야만 되는 의무를 하나님이 지신 것이 아닙니다. 다만 하나님 자신의 값없으신 은혜가 그를 움직여 사람을 구원하는 일을 행하시는 것일 뿐입니다. 그런데 하나님은 옛 언약의 폐허 위에 새 언약을 세우심으로 그 일을 행하십니다. 그러므로 누구든 자기 정욕을 없애 주시기를 위해 기도하여 성공을 얻을 사람은 반드시 먼저 하나님과 언약 관계에 있는 자여야 합니다. 우리를 우리 죄로부터 구원하실 조건으로 하나님께서 제시하신 것을 받아들여야만 그와 언약 관계를 맺게 되는데, 그 조건이란 바로 믿음과 회개입니다. 이렇게 해서 사람이 자기 죄를 버리고 그리스도께 나아오면 그는 하나님과 언약 관계를 맺은 자가 되며, 또한 믿음으로 하나님을 싸움터로 불러 이 정욕과 마귀들이라는 거대한 원수들을 이기도록 도움을 받을 수 있게 되는 것입니다. 하나님의 마차가 그의 것입니다. 하늘의 군대 전체가 이 싸움에 개입하는 것입니다: "죄가 너희를 주장하지 못하리니" — 왜요? — "이는 너희가 법 아래에 있지 아니하고 은혜 아래에 있음이라"(롬 6:14), 즉 아담과 맺은 율법의 언약 아래에 있지 아니하고 그리스도와 맺은, 그리고 그리스도로 말미암아 온 신자들과 더불어 맺은, 복음 언약 아래 있다는 뜻입니다. 오오 여러분, 이 복음이라는 위대한 개념을 제대로 이해하지 못한 것 때문에 죄를 대적하는 기도들이 실패하는 경우가 얼마나 많은지 모릅니다! 그들의 수많은 죄악들이 하나님께 크게 외치고 탄원하고 있는데도 마치 그것들을 이기는 승리를 바라는 것처럼 꾸며댑니다. 하지만 그 기도보다 그 죄들이 날마다 더욱 활기 있고 강해져 갑니다. 왜 그렇습니까? 안타깝게도, 그들이 하나님과 언약 관계 속에 있지도 않고 또한 어떻게 하면 그런 관계 속에 들어갈지에 대해 아무런 관심도 없다는 것 때문입니다. 과연 누군지도 모르는 사람을 위해 임금이 자기 군대를 보내어 싸우게 하겠습니까? 자기의 신하나 동맹국이 곤란 중에 있으면 그는 당장이라도 군대를 보내어 그들을 구하려 할 것입니다. 하지만 그를 전혀 알지 못하는 낯선 자들은 그 임금이 자기를 위해 그렇게 해주리라는 기대를 할 수가 없습니다. 도움을 바라기 전에 먼저 동맹 관계에 있어야만 하는 것입니다. 하나님은 먼저 이스라엘을 "언약의 줄로 매"실 것을 약속하시고(겔 20:37), 그 다음에 그가 "너희를 향기로 받"으시는 것입니다(41절). 다윗은 이 점을 매우 잘 알고 있었습니다. 곧, 속된 세상은 모든 정욕의 발에 짓밟히도록 하나님께 버림 받았다는 것 말입니다. 그리하여 그는 하나님께서 말씀대로 행하사 불법이 자기를 다스리지 못하게 해 달라고 기도하면서 그것을 하나님과 가깝고 그의 사랑을 받는 자들만이 누리는 고유한 은혜로 알고 그것을 구하는 것입니다. "주의 이름을 사랑하는 자들에게 베푸시던 대로" 내게 베푸소서(시 119:132).

(e) 죄의 힘을 없애 주시는 것만이 아니라 거룩의 능력을 주시기를 위해서도 기도하기 바랍니다. 그릇된 마음도 자기 죄를 없애 달라고 기도할 수 있습니다. 그 죄들을 진정 혐오해서도, 거룩을 사랑해서도 아닙니다. 다만 그 죄들이 자기 양심에 괴로움을 주는 객식구들이기 때문입니다. 죄에 대해서는 열을 내며 싫어하는 것 같으나 거룩에 대해서는 냉랭하기 이를 데 없는 것은 그릇된 열정입니다. 이것을 분명한 진리로 믿어야 합니다. 왕의 원수를 받아들이지 않지만 자기들의 왕까지도 들어가지 못하게 막는다면 이는 반역하는 성(城)입니다. 그렇습니다. 마귀는 이런 마음을 두려워하지 않습니다. 그 영혼이 견고한 은혜로 가득 채워져 있지 않고 텅 비어 있는 한, 결국에 가서는 도로 마귀의 차지가 될 것이니 말입니다(마 12:44, 45). 과연 무엇이 있어 사탄이 그 속에 다시 들어가지 못하도록 막아 주겠습니까?

[악의 제거를 위한 간청의 기도의 둘째 대상]

대상 2(p. 719에서 연결). 악의 제거를 위한 간구의 두 번째 대상은 고난(suffering)입니다. 죄로 인하여 고난이 세상에 들어왔습니다. 죄가 사실 쌍둥이 중의 형입니다만, 그렇다고 고난이 죄보다 한참 뒤에 온 것이 아닙니다. 그것이 죄의 발꿈치를 붙잡고 나왔고, 그리하여 아담이 범죄하자마자 바로 그 현장에서 고통에 사로잡히게 되었고, 그 이후부터 항상 그것이 마치 그림자처럼 바로 곁에서 죄를 따라다니기 때문입니다. 이 고난은 성도의 경우에는 죽음이 죄와 갈라놓기까지 떠나지 않습니다만, 악인의 경우는 죄와 더불어 저 세상에까지 계속해서 추적합니다. 그러므로 여기서는 고난을 세상에서의 고난과 영원한 고난으로 구분하는 것으로 만족하도록 합시다. 이것들이 죄가 사람의 아들들에게 가져다주는 모든 비참한 것들을 다 포괄하는 것이니 말입니다. 자, 여기서 제가 할 일을 그저 그리스도인에게 이런 두 가지 고난을 제거해 주시기를 위한 기도에 대하여 지침을 드리는 것뿐입니다. (1) 세상에서의 고난 — 어떻게 하면 그리스도인이 이것들의 제거를 위해 힘쓰며 기도해야 할까? (2) 영원한 고난.

[세상에서의 고난이 제거되기 위해 그리스도인이 어떻게 기도해야 할까]

(1) 세상에서의 고난 — 어떻게 하면 그리스도인이 이것들의 제거를 위해 힘쓰며 기도해야 할까를 말씀드리겠습니다.

[1] 부정적으로. 그리스도인은 세상에서 당하는 모든 고난들에서 완전히 면제받기를 위해 기도해서는 안 됩니다. 하나님의 약속에는 그런 기도에 대한 근거가 전혀 없습니다. 하나님께서 합당치 않게 여기셔서 약속하지 않으신 사안이니 만큼 우리가 감히 그것을 구해서는 안 되는 것입니다. 세상적인 약속들은 멜란히톤(Melanchthon)의 말처럼 "십자가를 예외로 두는 것"(*cum exceptione crucis*)으로 이해해야 합니다. 죄가 없으신 분은 하나님의 아들 한 분이 계셨으나, 이 세상에서 고난을 당하지 않는 자녀는 하나도 없습니다. 요한은 친히 이렇게 기록하고 있습니다: "나 요한은 너희 형제요 예수의 환난 … 에 동참하는 자라"(계 1:9). 다른 형제들은 어렵고 힘든 과정을 통해서 천국을 향하여 나아가는데 자기 자신은 하나님께서 발을 물에 적시지 않고 편한 둑길을 따라 천국에 들어가게 해주시기를 바라거나, 혹은 다른 이들의 경우에는 영광의 길을 벗어나 방황하지 않도록 하기 위해 고난이라는 가시 울타리가 필요하지만 자기에게는 그것이 필요 없다고 생각하는 사람이 있다면, 이 사람은 자기를 너무 높게 보는 것입니다. 회초리와 막대기가 학교의 학생들에게 필요한 것과 마찬가지로 성도들에게도 이 땅에서 소수로 사는 동안 그에 못지않게 고난이 필요합니다. 만일 여러분이 유치한 점이 하나도 없이 완숙한 상태에 이르러 있다면, 더 이상 채찍을 맞을 필요가 없을 것입니다. 하지만 여러분이 죄에 영향을 받고 있는 동안은 하나님의 징계의 채찍을 맞을 수밖에 없는 것입니다. 병약한 몸은 음식도 약도 받아들이지 않을 수도 있습니다만, 이와 마찬가지로 성도들도 병든 상태에서는 거룩한 규례나 고난이 없이 살 수도 있을 것입니다. 한 마디로, 모든 고난을 완전히 다 없애 달라고 기도하는 것은 지옥에 가기 전 이 세상에서 가장 큰 형벌 가운데 하나가 이루어지기를 바라는 것과 마찬가지입니다. 하나님은, "너희 딸들이 음행하 … 여도 내가 벌하지 아니하리니"(호 4:14)라고 말씀하셨습니다만, 이는 채찍을 때리지 않으심으로 그들을 망하게 하고자 하신 것입니다. 자식을 학교에 보내놓고 선생이 그를 징계하는 것을 바라지 않는 아버지가 있다면 우리는 그를 지혜 없는 자라 할 것입니다. 만일 여러분이 모든

고난에서 놓임 받는 특권을 하나님께 구한다면 이는 그보다 훨씬 더 어리석은 처사일 것입니다.

[2] 긍정적으로. 고난을 없애 주시기를 어떻게 기도할 수 있고 또한 어떻게 기도해야 할까 하는 것인데, 여기서 다음과 같은 점들을 생각할 수 있습니다.

(a) 모든 세상의 고난에서 하나님의 형벌적인 정의와 진노를 없애 주시기를 기도하는 것입니다. 예레미야는 이렇게 기도합니다: "여호와여 나를 징계하옵시되 너그러이 하시고 진노로 하지 마옵소서. 주께서 내가 없어지게 하실까 두려워하나이다"(렘 10:24). 또한, "주는 내게 두려움이 되지 마옵소서. 재앙의 날에 주는 나의 피난처시니이다"라고도 기도합니다(렘 17:17). 그는 고난은 마다하지 않으나 진노는 없애 주시기를 기도합니다. 이는 마치 이런 뜻과도 같습니다: "괴로움은 얼마든지 와도 좋사오나, '네가 나의 원수니라'라는 메시지와 함께 오지는 말게 하소서. 얼마든지 화살을 날리소서. 내 가슴으로 그것들을 다 맞겠습니다. 하오나 그 화살촉에 주의 형벌적인 정의의 독이 묻혀 있지는 않게 하소서." 이러한 독이 없다면 모든 고난은 순전한 것이요 해가 없는 것입니다. 그러나 하나님의 정의의 화살을 맞고 있는 것은 아닐까 하는 두려움이 — 정당한 이유가 없는 두려움이지만 — 생기면 사람들은 곧바로 그것을 짓눌러서 모면하려 합니다. "주께서 죄악을 책망하사 사람을 징계하실 때에 그 영화를 좀먹음 같이 소멸하게 하시니"(시 39:11). 저 거룩한 여인은 괴로움을 당하였으나, 그것은 아들의 죽음 때문이라기보다는 이러한 슬픈 섭리로 인하여 양심에 가책을 받은 때문이었습니다: "하나님의 사람이여 … 내 죄를 생각나게 하고 또 내 아들을 죽게 하려고 내게 오셨나이까?"(왕상 17:18). 그러므로 이것을 없애 주시기를 바라는 기도는 아무리 열정적이라도 지나침이 없을 것입니다.

(b) 고난으로 인하여 빠질 수 있는 올무와 시험을 없애 주시기를 기도하는 것입니다. 성도가 욥의 말처럼 "환난의 줄"(욥 36:8)에 얽혀 "마음이 약하게"(욥 23:16) 될 때에 사탄이 무언가 죄악된 인상을 받게 만드는 경우가 허다합니다. 그런 고난 가운데서도 하나님의 은혜의 물줄기가 분명하게 흐르는 사람이 있다면 이는 희귀한 그리스도인일 것입니다. 욥 같은 사람은 천 명 중 하나밖에는 없는 희귀한 사람이었습니다: "그와 같이 온전하고 정직하여 하나님을 경외하며 악에서 떠난 자는 세상에 없느니라"(욥 1:8). 그러나 그는 괴로움 중에 수많은 연약함을 드러내보였고, 하나님이 그를 불쌍히 여기셔서 마귀에게 완전히 무너지기 전에 그를 부르시지

않았다면 연약한 모습을 그보다 더 많이 보였을 것입니다. 그리스도께서는 고난을 없애 주시기를 위해 기도할 것을 가르치시면서 이를 시험이라는 주제에 속하는 것으로 말씀하십니다: "우리를 시험에 들게 하지 마시옵고 다만 악에서 구하시옵소서"(마 6:13). 이는 곧 고난을 당할 때에 죄에 빠지지 않도록 해주시고, 주의 손길과 사탄의 손길에 동시에 빠지지 않도록 해 달라는 뜻입니다. 여기서 마음의 거룩한 자세가 드러납니다. 겉의 살갗보다 양심에 대해 더 민감하며, 하나님께로부터 환난이 임할 때에 이를 두려워하기보다는 오히려 그것을 감내하면서도 하나님을 향하여 꼴사납고 거룩하지 못한 처신을 하지 않는 것입니다. 아굴은 구하기를 부끄러워하기보다는 도둑질하는 것을 두려워하고, 그리하여 하나님의 이름을 헛되이 취하는 것을 두려워하였고, 주로 이것 때문에 궁핍에 대해 기도한 것입니다(잠 30:8, 9). 우리의 기도에서 가장 먼저 하나님을 섬기고 우리 자신의 사사로운 관심보다 하나님의 존귀를 우선시킨다 해도 아무것도 잃을 것이 없는 것입니다. 자기를 부인하는 것이 자기를 구하는 최선의 방법입니다. 왜냐하면 하나님을 위하여 우리 자신을 제쳐두게 되면, 하나님께서 친히 우리를 보살피실 책임을 지시기 때문입니다. 그러니 오로지 하나님의 손에 자기의 안위를 올려드린 사람만이 행복한 사람인 것입니다.

(c) 과도한 고난을 없애 주시기를 — 등에 지고 있는 짐이 너무 무겁지 않도록 해 주시기를 — 기도하는 것입니다. 이것은 약속되어 있습니다. 그러므로 여러분이 믿음으로 이를 구할 수 있습니다: "내가 너를 흩었던 그 나라들은 다 멸할지라도 너는 멸하지 아니하고 너를 법도대로 징계할 것이요"(렘 46:28. 한글개역개정판은 후반부를 "너는 사라지지 아니하리라 내가 너를 법도대로 징계할 것이요"로 번역함 — 역주). 환자가 자신의 몸에 관한 모든 것을 의사의 기술과 성실성에 다 내어맡긴다면, 의사가 자신의 몸의 연약한 상태에 맞추어 약을 적절히 처방해 주기를 바란다고 해서 그것이 의사의 치료를 침해하는 것은 아닐 것입니다. 사실 하나님께서 우리의 연약함을 돌보아 주시기를 바라고는 그의 지혜와 보살피심에 의지하지 않고 계속해서 투기를 부리고 의심을 갖거나 혹은 마치 하나님이 주시는 약이 지나치게 쓰고 강하기라도 한 듯 그의 처방에 투덜거린다면 이는 하나님을 경망스러이 대하는 것이 될 것입니다. 때때로 의사가 도에 지나친 처방을 하여 환자가 그것을 너무 과도하다고 생각하지만 의사는 그에게 다음과 같이 말하는 경우도 있습니다: "당신의 몸은 당신이 생각하는 것처럼 그렇게 약하지 않고 또 갖가지 요소들을 충분히

흡수시킬 수 있으니 나의 치료를 믿고 맡기면 모든 것이 잘 될 것입니다." 우리의 상태를 정확히 아시는 하나님도 그의 백성을 이와 같이 대하시고 그가 그들에게 행하라고 명하시는 것을 그들이 만족하며 그대로 따르는 것을 크게 기뻐하시는 것입니다. "이 모든 일에 욥이 범죄하지 아니하고 하나님을 향하여 원망하지 아니하니라"(욥 1:22). 칠십인역은 이 본문을 "οὐκ ἔδωκεν ἀφροσυνην τῷ θεῷ"라고 읽습니다. 곧, 욥이 하나님께 어리석음을 전가하지 않았다는 뜻입니다. 사실 תפלה 라는 히브리어 단어는 명사입니다. 이 본문의 의미는, 욥이 하나님의 섭리로 인하여 당한 악들에 관하여 하나님을 향하여 무가치한 생각을 전혀 하지 않았다는 뜻입니다. 마치 돌팔이 의사가 약을 처방하는 시기나 약의 정도에서 잘못을 저지르듯이 하나님의 보살피심이나 지혜에 그처럼 무언가 모자람이 있다는 식의 생각을 전혀 하지 않았다는 것입니다.

(d) 이런 악한 것들을 제거해 주시기를 기도할 뿐 아니라 그 모든 일들이 복된 결과로 이어지기를 믿음으로 기도하는 것입니다. 성도에게는 아무리 고난의 길이 어둡고 험하더라도 반드시 밝은 결말을 보게 될 것입니다. 그리고 우리는 끝이 좋으면 모든 것이 좋다고 말합니다. "보라 인내하는 자를 우리가 복되다 하나니 너희가 욥의 인내를 들었고 주께서 주신 결말을 보았거니와 주는 가장 자비하시고 긍휼히 여기시는 이시니라"(약 5:11). 모든 성도들의 환난에서 하나님이 의도하시는 바가 바로 이것이고, 그것을 먼저 생각하시고 거기서 기쁨을 얻으시는 것입니다: "여호와의 말씀이니라 너희를 향한 나의 생각을 내가 아나니 평안이요 재앙이 아니니라 너희에게 미래와 희망을 주는 것이니라"(렘 29:11). 신하가 탄원하는 그 일을 왕이 생각하고 있을 때에 그 일에 대해 탄원하면, 그것은 복된 결과를 얻게 될 것입니다.

(2) 영원한 고난. 두 번째 종류의 고난은 지옥에서 당하는 영원한 고난입니다. 지옥이야말로 죄의 모든 선(線)과 비참의 선이 만나는 중심이요, 또한 마치 강물이 광활한 대양으로 흘러들어가듯이 그것들이 모두 흘러들어가는 함정인 것입니다. 그리고 마치 강들이 바다로 흘러들어간 다음에는 그 개별성이 완전히 사라지고 대양이라는 것 하나로 다 포섭되듯이, 지옥에 들어가게 되면 이 세상의 모든 악들이 그 개별성을 — 질병, 고통, 궁핍 등의 — 다 상실하고 모두가 지옥으로 불리게 되는 것입니다. 이것들 모두가 문자 그대로 지옥에 있다는 뜻이 아니라, 정죄받은 자들의 고통이 그 모든 악을 다 합친 것과 같은 정도가 될 뿐 아니라 그 정도를

말할 수 없이 뛰어넘게 되리라는 점에서 그 모든 악들이 사실상 거기에 있게 된다는 말입니다. 천국에 음식이 없지만 잔치가 있고, 비단과 공단을 입지 않아도 모두가 영광스러운 예복을 입고 있듯이, 은이 금 속에 있고 금이 보석 속에 있듯이, 이 모든 것들이 천국에 있습니다. 그것들은 이 땅에서 가장 최고의 것들로 치는 것들보다 무한히 더 값어치 있는 것들입니다. 이와 마찬가지로, 이 세상에서 당하는 비참한 일들이 아무리 크다 해도 지옥에서 당하는 지극히 미약한 고통에 비하면 무한히 약한 것입니다. 그러므로 모든 것을 삼켜 버리는 지옥 구덩이의 아가리가 닥치기까지는 그 누구도 자기가 이 세상에서 완전히 비참하다고 이야기할 수 없는 것입니다. 이 땅에서 느끼는 형벌이 사람이 당할 수 있는 최악의 형벌이라면, 이는 어쩌면 스스로 경하해야 할 일일 수도 있을 것입니다. 반대로 바울도 말하기를, 성도의 소망이 이 땅에 속한 것뿐이라면 성도야말로 누구보다 비참한 자들일 것이라고 했습니다. 그러나 죄인에게는 완화되지도 않고 끝도 없는 형벌의 상태가 있습니다. 그 상태에서는 고통이 다소간이나마 완화되는 날이 하루도 없고 극한 발작의 상태가 영원토록 계속됩니다. 날씨의 변화도 없고, 날이 맑아질 소망도 없고, 영원토록 불과 유황을 비처럼 쏟아붓는 영구한 폭풍이 있을 뿐입니다. 전능하신 하나님의 팔이 그의 진노를 퍼붓기에 지치시거나 혹은 그의 마음이 죄를 사랑하게 되어 죄인과 화목하시게 되는 일이 일어나지 않는 한 그런 상태가 계속될 것이니 말입니다. 자, 이런 상태를 피하기 위해서는 지옥에 대해 다음과 같은 세 가지 사실을 명심하고 무엇보다 거기서 구원받기를 소원하여야 할 것입니다.

(a) 지옥을 고난의 상태요 동시에 죄의 상태로 여기십시오. 그렇습니다. 지옥은 가장 극한 고난의 상태요 죄의 상태입니다. 이 세상은 천국과 지옥 사이의 중간 지대입니다. 이 땅에서는 악인의 죄도, 성도의 은혜도, 완전히 무르익은 상태에는 이르지 못합니다. 은혜는 천국으로부터 임한 이질적인 존재이므로 본래 그것이 나온 그 본연의 환경 속으로 옮겨지기까지는 그 완전한 높이까지 올라가지 않습니다. 그리고 죄는 지옥의 선머슴인 까닭에, 그 본래 있던 지옥으로 되돌려지기까지는 그 완전하고도 지독한 모습을 다 드러내 보이지 않는 법입니다. 이 땅에서 불쌍한 불신자들은 죄가 약속하는 쾌락 때문에 죄에 얽매입니다. 하지만 지옥에서는 악의로 인하여 죄를 짓습니다. 그렇게도 쓰라린 소스에 버무려 죄를 먹으니 악의 말고는 죄로 이끄는 것이 없습니다. 이 땅에서는 죄인이 얌전하여 마음에 있는 독을 감춥니다. 그러나 지옥에서는 천국을 향한 온갖 망령된 악의 속에서 그 독을 내어

뱉는 것입니다. 요컨대, 여기서 그는 흔들리는 생각들과 또한 무언가 미약한 회개의 뜻으로 죄를 범합니다. 하지만 지옥에서 그는 마귀 자신과 똑같이 사악해집니다. 돌이킬 수 없이 완악해지는 것입니다. 자, 여러분, 이런 생각을 갖고서 지옥에서 구원받기를 위해서, 또한 절대로 그 정죄받는 사람들에 속하지 않도록 기도해야 합니다. 그들은 이 땅에서 조물주 하나님을 대적하여 싸우는 것으로 만족하지 않고 싸움을 내세에까지 이끌고 가서 거기서도 영원토록 화해할 수 없는 적개심으로 계속 싸우는 자들입니다. 분명 성도들은 — 이들은 죄를 너무도 끔찍하게 여기므로 차라리 이 세상에서 모든 것을 잃어버리고 십자가를 당하기를 바라는 이들이며, 또한 악인들 사이에 몇 년을 거주하는 것을 크나큰 환난으로 인식하여, "메섹에 머물며 게달의 장막 중에 머무는 것이 내게 화로다"(시 120:5)라고 외치는 이들입니다만 — 그 황망한 곳에 이르지 않게 해주시기를 극히 절박한 심정으로 구해야 할 필요가 있습니다. 거기서는 그들이 그렇게도 혐오하는 대로 영원토록 죄와 함께 멍에를 멜 수밖에 없고 부정한 죄인들과 함께 가두어져 있을 수밖에 없을 것이니 말입니다.

은혜 안에 있던 한 여인은 죽음을 목전에 둔 상태에서 다음과 같이 간구했습니다: "오 주님, 저를 지옥에 보내어 저 더러운 무리 가운데 있게 하지 마옵소서. 제가 이 땅에서 저들을 좋아하지 않은 것을 주께서 아시나이다." 하지만 이 땅에서 자기들의 정욕과 아주 잘 어울리며 또한 악인들과도 아주 편안하게 지낼 수 있는 자들의 경우는 이와는 전혀 다를 것입니다. 이 땅에서 그렇게 기뻐하며 잘 어울리던 것과 만나게 될 것인데 어째서 지옥을 마다하겠습니까? 다윗은 시편 26편에서 자신이 악인들의 삶의 방식을 싫어하며 그들과 어울리기를 혐오한다는 것을 선포합니다: "허망한 사람과 같이 앉지 아니하였사오니 간사한 자와 동행하지도 아니하리이다 내가 행악자의 집회를 미워하오니 악한 자와 같이 앉지 아니하리이다"(4, 5절). 그리고 이어서 하나님을 향한 자신의 열정과 또한 하나님의 집에서 그를 찬송하며 섬기는 일의 기쁨을 표현합니다(6-8절). 그리고 난 후 다음과 같은 간구를 올리고 있습니다: "내 영혼을 죄인과 함께, 내 생명을 살인자와 함께 거두지 마소서"(9절). 이는 마치 이런 뜻과도 같습니다: "나는 평생토록 그들에게 속하지 않았사오니, 죽어서도 그들과 함께 엮어지지 않게 하옵소서. 이 땅에서 주를 찬양하였으니 지옥에서 주를 망령되이 일컫게 하지 마옵소서. 여기서 주의 집에 거하기를 사모하였으니, 훗날에 부정한 심령들과 함께 거하게 하지 마옵소서."

(b) 지옥은 환희에 넘치는 하나님의 임재로부터 분리된 상태입니다. 이런 생각을 갖고서 지옥에서 구원받기를 위해 기도하십시오. 지옥은 사람이 하나님께로부터 최종적으로 영원히 쫓겨나는 것이니 말입니다. "너희 저주받은 자들아, 가라"고 말씀합니다. 즉, 나의 따뜻한 얼굴을 다시는 대면하지 못하도록 떠나가라는 것이고, 그러므로 그 상태를 "바깥 어두운 데"라고 부릅니다. 정죄받은 자들의 영혼을 밝혀줄 하나님의 사랑의 광선이 조금도 없기 때문이요, 그런 광선을 기대할 소망을 가질 틈이 조금도 남아 있지 않기 때문입니다. 지옥 불의 열기가 아무리 뜨겁고 견딜 수 없다 해도 이 빛이 없는 상태만큼은 아닙니다. 바로 이것 때문에 그들이 저주받은 자인 것입니다: "너희 저주받은 자들아, 가라." 저주는 그들이 모든 복의 근원이신 하나님께로부터 떠나는 데에 있는 것입니다. 이것 이외에는 모든 것을 다 용납할 수 있습니다. 이 비참한 영혼들이 불과 유황 못에서 헤매고 있을 때에 하나님께서 그들을 향하여 단 한 번만이라도 따뜻한 눈길을 보내시면, 그것이 지옥의 성격을 완전히 뒤바꾸고 그 기쁨으로 인하여 그들의 괴로움이 가실 수도 있을 것입니다. 다니엘서의 그 거룩한 세 친구들은 풀무불 속에서도 걸을 수 있었습니다. 하나님께서 그들과 함께 하시므로 마치 그저 태양 빛 속에 있는 것 같았던 것입니다. 천국에서 성도가 가장 귀하게 누리는 것은 바로 하나님의 임재입니다: "그리하여 우리가 항상 주와 함께 있으리라"(살전 4:17). 지옥이 지극히 끔찍스러운 것은 그 곳에 있는 영혼들과 하나님 사이에 큰 간격이 있어서 영원토록 그와 아무런 교류도 있을 수 없다는 점 때문인 것입니다. 오오 이런 생각으로 지옥에 이르지 않기를 구하는 자가 얼마나 적은지 모릅니다. 다윗처럼 이렇게 기도하는 자가 얼마나 보기 어려운지요! "나를 주 앞에서 쫓아내지 마소서"(시 51:11). 저 세상에서 이런 처지를 당하지 않을까 하여 무엇보다도 두려운 마음이 있다면, 과연 이 세상에서 그렇게 하나님과 아무런 관계도 없이 살려 하겠습니까? 분명 그렇지 않을 것입니다.

(c) 지옥은 정죄받은 자들이 실질적으로 하나님의 정의를 절대로 만족시킬 수 없는 상태입니다. 그들의 빚이 무한한데 그들은 그저 유한한 피조물에 불과하므로 영원토록 그 빚을 갚아가기만 할 것이기 때문입니다. 마지막 남은 빚은 절대로 갚을 수가 없습니다. 이것만 해도 그들은 영원토록 옥에 갇혀 있을 수밖에 없습니다. "이제 하나님께 갚을 것을 다 갚았다"라는 말을 도무지 할 수가 없으니 말입니다. 그러나 그리스도께서는 성도들의 빚 청산자(pay-master)로서 십자가에 못 박히심으

로써 그들의 모든 빚을 단번에 갚으셨고, 미지불 상태로 남겨두신 것이 하나도 없으므로 신자에게는 나중에 하나님의 공의의 손에 붙잡힐 위험이 조금도 없는 것입니다. 그런데 성실한 채무자가 채권자가 자기에게 자유를 주어 빚을 갚을 수 있게 해주고 또한 감옥에 갇히는 비참한 처지를 당하지 않게 해주기를 바라듯이, 성실한 영혼도 — 바로 모든 성도가 성실한 영혼입니다만 — 지옥을 피하게 해주시기를 하나님께 구하는 법입니다. 이는 하나님의 영광을 생각하해서도 그렇고, 자기 자신의 안락함과 행복을 생각해서도 그렇습니다. 순전한 영혼은 이렇게 말씀합니다: "주여, 주께서 나를 지옥에 던지시면 거기서 제가 빚을 갚게 될 것이옵니다. 제가 당하는 정당한 고통을 통해서 조금씩이나마 갚아 나가게 될 것입니다. 하지만 절대로 제가 진 빚 전체를 다 갚을 수는 없을 것이옵니다. 하지만 주의 공의가 내게 요구할 수 있는 그 빚 전체를 그리스도의 손에서 받으시고, 주의 비천한 피조물인 나를 영원토록 주를 찬양하는 나팔수로 삼으시옵소서. 오오, 나를 그리로 보내어 그 몹쓸 정죄받은 영혼들과 부정한 영들 사이에서 주를 망령되게 욕하게 하지 마옵소서. 나는 거룩한 천사들과 성도들의 찬양대와 한 가지로 주의 거룩하고 영광된 이름에 할렐루야 찬송을 부르기를 지극히 바람이니이다."

[간구의 기도의 셋째 종류 — 악을 베푸시기를 구하는 간청의 기도]

셋째. 악을 베푸시기를 구하는 간청의 기도(imprecatory prayer)인데, 이는 그리스도인이 하나님과 그의 백성들의 원수에게 하나님의 보응하심을 구하는 것입니다. 성도들의 기도들이 때때로 이런 안타깝고도 엄숙한 일을 위하여 하늘로 올려지기도 하며, 성도들 자신과 하나님의 교회를 위하여 이 기도들이 복을 얻어 효과적으로 이루어지기도 하는 것입니다. 그리고 이는 전혀 놀랄 것이 아닙니다. 그 기도들도 그리스도의 공로에 근거하는 것이요 따라서 그리스도의 이름으로 올리는 다른 어느 기도와 마찬가지로 똑같이 하나님께서 받으시는 것이기 때문입니다. "향연이 성도의 기도와 함께 천사의 손으로부터 하나님 앞으로 올라가는지라"(계 8:4). 그런데 이 기도들이 어떤 종류의 기도인가 하는 것이 그 다음의 말씀에서 명확히 나타납니다: "천사가 향로를 가지고 제단의 불을 담아다가 땅에 쏟으매 우레와 음성과 번개와 지진이 나더라"(5절). 이는 하나님께서 그의 성도들의 기도에 응답하사 사악한 세상에 임하게 하시는 그 끔찍한 심판들을 나타내는 것입니다. 세상이 교회를 피비린내 나도록 박해하였고, 하나님의 진리를 대적하여 격렬하게 분노하였으므로, 이로 인하여 성도들이 이들을 향해 보응해 주실 것을 하나님께 부르짖은 것입니다. 그리고 세상의 가장 위대한 군주의 막강한 권세와 전략으로도 도무지 저항할 수 없도록 그 보응이 우레와 음성과 번개와 지진으로 임하는 것입니다. 그러므로, 성(城)을 향하여 대포를 쏘아댈 때에 첨탑들과 성벽이 무너져 내리는 것을 볼 수 있듯이, 성도들이 기도할 때에 큰 심판들이 하나님과 그의 교회의 원수들에게 반드시 떨어지게 되어 있는 것입니다. 그런데, 이와 관련해서는 그리스도인이 걸어야 할 길이 매우 좁으니 만큼, 걸음이 어긋나지 않도록 더욱 조심해야 합니다. 악을 베푸시기를 구하는 기도에서 성도는 마치 가파른 언덕 마루 위에서 마차를 모는 사람과 같아서, 눈으로 모든 것을 신속히 바라보고 손으로 방향을 잘 가다듬지 않으면 곧바로 모든 일을 망치게 될지도 모르는 것입니다. 성도들의 임무 중에서도 가장 높고 고귀한 부분이 가장 위험한 절벽에 가까이 있는 법입니다. 마치 가장 신비한 진리들이 가장 지독한 오류들로 왜곡되어 버리기가 가장 쉽듯이 말입니다. 그러므로 먼저 이 임무에서 성도들이 정도(正道)를 따르게 하고자 몇 가지 구체적인 사실들을 말씀드리고자 합니다. 이 임무에서 잘못에 빠지지 않도록 그리스도인들을 보호하는 것이 우선이니 말입니다.

1. **여러분의 특정한 사사로운 원수들을 이 간구의 대상으로 삼지 않도록** 조심하시기 바랍니다. 누가 우리에게 잘못을 행한다고 해서 즉각 하늘로부터 그들에게 불이 임하게 해주시기를 하나님께 구할 권리가 우리에게 없습니다. 사실 우리 원수의 머리 위에 숯불을 쌓아 놓으라는 명령이 있습니다만, 그것은 사실 분노와 복수의 숯불이 아니라 사랑의 숯불을 쌓아 놓으라는 것입니다(참조. 롬 12:20). 욥은 이런 간구를 드리는 것을 악한 것으로 간주하며, 그처럼 큰 죄악에서 자신을 지킵니다: "내가 언제 나를 미워하는 자의 멸망을 기뻐하고 그가 재난을 당함으로 즐거워하였던가 … 그의 생명을 저주하여 내 입이 범죄하게 하지 아니하였노라"(욥 31:29, 30). 그는 감히 그의 원수가 잘못 되기를 바라지 않았고, 하나님께 그를 저주하시기를 고의로 바라서 그런 기도를 드리는 일은 더더욱 없었던 것입니다. 우리 주님은 더욱 훌륭한 길을 가르쳐 주셨습니다:"너희 원수를 사랑하며 너희를 핍박하는 자를 위하여 기도하라"(마 5:44). 수많은 우리의 용맹한 사람들에게 이는 초라하고 유약한 태도로 보인다는 것을 저도 잘 압니다. 가서 그들을 위하여 기도하라고요? 아니요, 차라리 그들에게 장갑을 보내고 결투를 해서 그들의 피를 흘림으로 복수

하여야 할 것이라고들 합니다. 이것이 이 교만의 지식들이 자기들의 복수에 기쁨으로 쏟아 부을 전제(drink-offering)입니다. 아니면, 그들을 저주하여 지옥 구덩이에 들어가게 하고 그들의 하나님이 그들을 정죄하시게 하라고 합니다! 오오 여러분, 이런 태도에 대해 두려워하고 떨어야 합니다! 여러분 스스로 하늘의 저주를 받는 확실한 방법은 바로 죄악된 마음으로 다른 사람에게 악이 임하기를 구하는 것입니다. "그가 저주하기를 좋아하더니 그것이 자기에게 임하고 … 저주하기를 옷 입듯 하더니 저주가 물 같이 그의 몸 속으로 들어가며 기름 같이 그의 뼈 속으로 들어갔나이다"(시 109:17, 18). 모세는 누구보다 고귀한 마음을 지녔고 명예를 중요시하는 사람으로 여김 받는 사람이었습니다. 그러나 아론이나 미리암이 자기를 정말 무가치하게 대하고 이용했을 때에 그들에게 보복하거나 그들을 저주했습니까? 아닙니다. 미리암이 모세에게 저지른 모욕적인 행위에 대해 하나님께서 친히 기뻐하지 않으신다는 것을 선포하실 때에, 이 거룩한 사람이 그녀를 위하여 하나님께 어떻게 간구했는지를 보십시오(민 12장). 선으로 악을 이기고, 우리에게 그릇 행한 자에게 복수를 바라는 대신 그의 선을 더욱 바람으로써 우리 자신의 부패성을 이기는 것, 바로 이것이야말로 의인이 할 수 있는 용맹인 것입니다. 그리하여 우리 주님은 범죄자 중 하나로 여김 받으실 때에조차도 "범죄자를 위하여 기도하신" 것입니다(사 53:12). 곧, 그들이 그 잔인한 도구들로 그의 몸에서 심장을 꺼내려고 애를 쓰고 있을 때에, 그는 오히려 열정적인 기도로 그들의 영혼에게 생명을 주시기를 간청하고 계셨던 것입니다.

2. 하나님과 그의 교회의 원수들을 대적하여 기도할 때에, 사람보다는 그들의 악한 계획을 대적하는 데에 기도를 집중하시기 바랍니다. 사도들도 그렇게 했습니다: "주여 이제도 그들의 위협함을 굽어보시옵고"(행 4:29). "그 사람들을 무너뜨리시옵소서"라고 하지 않고, "그들의 위협함을 굽어보시옵소서"라고 구함으로써 주께서 옳게 여기시는 대로 그들에게 행하시도록 그 문제를 주께 맡긴 것입니다. 다윗도 그렇게 했습니다: "여호와여 원하옵건대 아히도벨의 모략을 어리석게 하옵소서"(삼하 15:31). 그런데 하나님은 이보다 더한 일을 행하셨습니다. 그 모략과 모략자를 동시에 멸하셨습니다. 그러므로 성도들은 왕왕 선지자의 말처럼 "주께서 우리가 구하지 아니한 두려운 일들을 행하셨나이다"라고 말하게 되기도 합니다. 우리는 원수들의 사악한 계획에 대해서만 기도했는데, 그가 그 사람들에게 심판을 부으시기도 하니 말입니다.

3. 하나님과 그의 교회를 노골적으로 대적하는 원수들에 대해 기도할 때에, 개인을 지목하지 않고 불명확하게 일반적으로 기도하는 것이 가장 안전합니다: "무릇 시온을 미워하는 자들은 수치를 당하여 물러갈지어다"(시 129:5). 그들 중에 누가 하나님과의 화해가 불가능하며 누가 그렇지 않은지를 우리는 알지 못하며, 따라서 특정한 개인들에 대해 절대적으로 단정적으로 기도할 수가 없기 때문입니다. 택한 그릇 중에도 일시적으로 하나님과 그의 교회를 향하여 노골적인 적개심을 드러내다가 나중에 하나님께서 회심의 은혜를 베푸셔서 그를 거룩하게 하사 그의 성소를 위해 사용할 거룩한 그릇이 되게 하시는 경우도 있으니 말입니다. 성경에서 이름을 지목하여 저주의 기도를 하는 경우가 나타나는 것은 사실입니다. 모세도 고라와 그를 따르는 무리를 대적하여 기도하였고(민 16:15), 바울도 구리 세공업자 알렉산더를 대적하여, "주께서 그 행한 대로 그에게 갚으시기를" 기도하였습니다만(딤후 4:14), 성경에 나타나는 이런 사람들은 범상치 않은 특별한 마음을 갖고 있었고, 따라서 우리가 따를 모범으로 보아서는 안 됩니다. 엘리야는 오십부장에게 불이 하늘에게 임하기를 구하였으나(참조. 왕하 1:10), 제자들은 엘리야와 같은 마음이 아니면서도 터무니없이 그의 행위를 모방하였다가 책망을 받았습니다: "너희는 무슨 정신으로 말하는지 모르는구나"(눅 9:55. 한글개역개정판 난외주 참조). 결코 회개하지 않을 하나님의 원수들 모두를 향하여 보복하시기를 위해 기도하시되, 여러분의 화살을 그 목표에 맞추는 일은 하나님께 맡기시기를 바랍니다. 어떤 병사가 아합을 겨냥하지 않고 화살을 쏘았는데, 아합이 그 화살을 맞았습니다. 먼저 하늘에서 기도들이 정리된 후에 그 응답이 돌아오는 것입니다. 초대 교회가 황제들을 위해 기도하였으나, 그 황제들 중에 몇몇은 교회가 진리를 대적하는 자들을 대적하여 일반적으로 드린 그 저주의 기도들의 무게를 실제로 통감하였고, 그리하여 그들 자신이 하나님과 그의 백성의 돌이킬 수 없는 원수였음이 드러났던 것입니다.

4. 하나님과 그의 교회의 돌이킬 수 없는 원수들을 대적하여 기도할 때에는 하나님의 영광을 가장 주된 목표로 삼고, 그들에 대한 보복은 그것을 위한 수단으로 여겨야 할 것입니다. "하나님이여 일어나사 주의 원수들을 흩어지게 하소서"(참조. 시 68:1). 안개가 피어올라 자욱할 때에 태양이 그것을 눈앞에서 흩어지게 하여 그 찬란한 영광을 드러내듯이, 하나님께서도 그의 원수들에게 보응하사 세상에서 하나님의 영광을 가리고자 애쓰며 가졌던 그들의 사악한 상상들을 그대로 지닌 채 그

들을 흩어 버리심으로써 그의 백성들의 눈앞에서 그의 속성들의 광채를 환히 드러내시는 것입니다. 이 세상에서 하나님의 원수들이 누리는 번영과 성공으로 인하여 나타나는 가장 쓰라린 결과는 바로 하나님과 그의 진리와 교회를 대적하는 그들의 교만과 망령된 행위들입니다. 세상에서 번영과 성공을 누리는 동안 그들은 하늘을 향하여 끔찍한 모독의 언사들을 토해냅니다. 그리고는 불쌍한 성도들을 조롱하고 그 날카로운 조롱의 언어의 검으로 그들을 난도질하며, "너희의 하나님이 어디 있느냐?"고 떠듭니다. 그러나 하나님께서 친히 권능과 힘을 취하사 그들의 사악한 계획들이 한참 진행되는 중에 그들의 정수리를 파멸로 내리치셔서 이 땅의 거인들과 아들들을 혼비백산하게 하실 때에, 그들이 교회를 대적하여 도모해온 그들의 계획들이 그들 자신에게 임하게 하셔서 그들을 죽음과 패망에 빠지게 하실 때에, 하나님을 향한 비방이 사라지게 되고, "너희의 하나님이 어디 있느냐?"라는 그들의 질문에 대한 대답을 그들 스스로 얻게 될 것입니다. 율리아누스 황제(Julian the Apostate: 331-363년 재위 — 역주)가 살해당하였을 때, 그는 "오오 갈릴리인이여, 그대가 이겼도다!"라고 외쳐서 자신이 누구의 손에 치명타를 맞았는지를 고백하였습니다. 그 일이 있기 얼마 전 율리아누스 황제의 조롱하는 궤변가였던 리배니우스(Libaenius)는 한 그리스도인 앞에서 그의 구주를 조롱하며, "그 목수의 아들은 지금 무엇을 하고 있는가?"라는 질문을 내뱉었었는데, 그의 황제가 살해당하자 당황하여 얼굴이 사색이 되었고, 그 때에 그의 주인인 황제를 위해 관을 만들고 있다는 그 그리스도인의 답변이 과연 자기가 생각했던 것보다 더 참된 진실이었음을 깨달았던 것입니다. 전에는 하나님의 섭리를 부인하며, 마치 세상에 제비뽑기와도 같아서 각자 우연에 따라 자기 몫을 받기라도 하는 것처럼 모든 일들을 그저 맹목적인 운명의 장난에 달려 있는 것으로 치부하던 악인이, 하나님의 권능과 지혜가 놀랍게 드러나 그의 백성을 구원하시며 하나님의 돌이킬 수 없는 원수들을 멸망하게 하심으로, "진실로 의인에게 갚음이 있고 진실로 땅에서 심판하시는 하나님이 계시다"(시 58:11)는 것을 인정하고 하는 수 없이 고백하지 않을 수 없게 되는 그 날이야말로 하나님의 존귀가 더할 수 없이 드높임을 받는 날이요, 따라서 성도에게는 기쁨의 날일 수밖에 없습니다. 악인에 대해 보응하시기를 구하는 기도에서 성도는 누구나 바로 하나님의 영광된 이름이 높아지는 것을 목표로 삼는 것이요 또한 마땅히 그것을 목표로 삼아야 하는 것입니다. "그들로 수치를 당하여 영원히 놀라게 하시며 낭패와 멸망을 당하게 하사 여호와라 이름하신 주만 온 세계의 지존자로 알게 하소서"(시 83:17, 18). 자, 악을 베푸시기를 구하는 기도의 이 대목에서 우리는 다음과 같은 점들을 주목해야 합니다.

(1) 악한 세상이 성도들을 향하여 극악한 저주들을 쏟아 부을 때에 성도는 그것에 대항하여 위로를 얻을 이유가 있습니다. 이런 의미에서 보면 성도들은 저주받는 백성입니다. 악인이 세상의 대다수를 점하고 있습니다. 교회는 아주 적은 무리지만 그 원수들은 거대한 무리입니다. 그리고 이 거대한 무리들은 성도들이 잘 되는 것을 바라지 않습니다. 루터가 말한 바와 같이, 가인은 세상 끝날까지 아벨을 미워하고 죽일 것입니다. 그가 지니고 있던 자세가 그의 씨에게도 그대로 남아 있기 때문입니다. 어쩌다 하나님의 교회가 번창하여 외형적인 번영의 햇살이 교회 쪽에 비칠 때면, 그들도 무리 속에서 호산나를 외치기도 합니다. 마치 다윗이 존귀의 자리로 올라갈 때에 시므이는 그 솟아나는 태양을 숭배하고 그에게 나아갈 수 있었습니다만 다윗이 곤경에 처하자 그를 격렬하게 저주했던 것처럼 말입니다. "그들이 … 거짓을 즐겨 하니 입으로는 축복이요 속으로는 저주로다"(시 62:4). 악인은 성도가 성도로서 잘되는 것을 바랄 수가 없고, 반대로 성도 역시 악인이 악인으로서 잘되는 것을 바랄 수가 없는 것입니다. "지나가는 자들도 여호와의 복이 너희에게 있을지어다 하거나 우리가 여호와의 이름으로 너희에게 축복한다 하지 아니하느니라"(시 129:8). 그들은 그 사람들의 회심을 바라고 또한 잘되기도 바랍니다. 하지만 그들이 악한 길에 있는 한 그 사람들을 축복할 수는 없습니다. 그러므로 악인이 성도들이 자기들의 편으로 넘어오기를 바랄 수는 있습니다. 그리고 그들이 자기들에게로 넘어올 때에 박수를 치고 그들을 껴안아 주고픈 생각을 갖습니다. 하지만 성도들이 계속해서 하나님과 가까이 지내고 그들과 더불어 소동을 일으키거나 악에 가담하기를 거부하면, 반드시 그들의 저주와 악담을 듣게 될 것입니다. 그들이 평화를 지향하는 결백한 뜻이 있지만, 그렇다고 해서 그들의 격한 분노가 사라지지는 않는 것입니다. "내가 꾸어 주지도 아니하였고 사람이 내게 꾸이지도 아니하였건마는 다 나를 저주하는도다"(렘 15:10). 그러나 성도인 여러분이 그들에게 저주를 받는 것을 두려워하지 마십시오. 이것은 그저 "권위에 굴복하는 저주"(*anathema secundum dici*)에 지나지 않고, 탄약을 장전하지 않은 총구멍에서 나오는 거짓 화염 같아서 구멍을 내지도 못하고 상처를 주지도 못하는 것입니다. 하나님의 축복이 그들의 저주에서 여러분을 감싸 주실 것입니다: "그들은 내게 저주하여도 주는 내게 복을 주소서"(시 109:28). 독사가 불 속에서 나와 바울의 손을 물

자, 원주민들은 그가 곧바로 쓰러져 죽을 것으로 여겼지만, 전혀 그렇게 되지 않았습니다(참조. 행 28:1-6). 이와 마찬가지로, 하나님과 그 백성의 원수들은 교회가 항상 자기들의 저주를 받아왔으므로 시대마다 교회가 자기들 앞에서 망할 것으로 여겨왔으나, 교회는 여전히 살아서 그를 저주하던 그 모든 이들의 무덤 위를 지금도 걷고 있는 것입니다. 불쌍한 악인들이여 안타깝습니다! 여러분의 저주가 무슨 가치가 있습니까? 여러분의 축복이 아무 소용이 없음 같이 여러분의 저주도 아무런 상처도 주지 못하는 것입니다. 하나님이 여러분의 저주에다 그의 인을 치시고 아멘이라 하셔야 될 것인데, 그런 일이 결코 일어나지 않을 것이니 말입니다!

제자들이 사마리아 사람들이 저주를 받아 마땅하다고 여겨 그들에게 불이 떨어지게 하기를 구할 때에, 우리 주님은 그들의 경솔한 요청을 신랄하게 책망하지 않으셨습니까? 그런 그가 과연 여러분의 그 철면피하고 망령된 요구대로 행하셔서 그의 사랑하는 백성들을 향한 여러분의 마귀적인 분노와 격정의 정욕을 만족시키시겠습니까? 여러분이 하나님을 여러분의 사형집행인으로 삼아 여러분에게 정죄받은 자들을 목 매달아 죽이라고 요청한다고 해서 과연 무슨 소용이 있겠습니까? 그것도 그의 사랑하는 자녀를, 게다가 다른 것도 아니고 그들이 여러분들만큼 악하지 않다는 이유로 그들을 죽이라고 요청하니, 그게 어떻게 이루어지겠습니까? 가서 애틋한 어머니에게 방금 자기 배에서 출생하여 가슴에 안겨 있는 어여쁜 아기의 피를 손에 묻히라고 청해 보십시오. 아니면 남편더러 자기 품에 안긴 사랑하는 아내를 배반하고, 그녀를 그의 생명을 노리는 살인자들의 손에 넘겨 주라고 청해 보십시오. 그 사랑하는 어머니나 남편이 과연 여러분의 청을 환영하고 여러분의 청대로 행하겠습니까? 혹시 사람 중에 본성적인 원리에 어긋나는 비정상적인 괴물 같은 자들이 있을 수도 있겠지만, 기억하십시오. 그분은 불변하시는 속성을 지니신 하나님이시며, 또한 그 백성과 맺은 그의 언약도 결코 어길 수 없는 것이라는 것을 말입니다. 발락과 발람이 이곳저곳, 이 제단 저 제단을 옮겨다니며 하나님께 청했지만 하나님이 어떻게 행하셨습니까! 그들의 요청이 전혀 효력이 없지 않았습니까! "네 하나님 여호와께서 너를 사랑하시므로 네 하나님 여호와께서 발람의 말을 듣지 아니하시고 네 하나님 여호와께서 그 저주를 변하여 복이 되게 하셨나니"(신 23:5). 사람이 자기 뜻을 이루기 위해 이처럼 열정을 다하고 열심을 보인 적이 없었습니다. 하나님께서 발람에게 "너는 그들과 함께 가지도 말고 그 백성을 저주하지도 말라 그들은 복을 받은 자들이니라"(민 22:12)라고 말씀하신 바 있으니, 발람으로 하여금 그 일을 불가능한 일로 여기고 그 일에 가담하지 못하도록 충분히 말씀하신 것이라고 생각할 수도 있을 것입니다. 하지만 그는 그 일을 좋아했고 대가를 사랑한 나머지 자기 양심을 뒤로 제쳐두고, 일이 잘못 틀어질까 하여 사자들에게 하나님이 자기에게 하신 말씀을 다 이야기해 주지 않았고, 그들 역시 발람이 자기들에게 이야기한 내용을 발락에게 다 보고하지 않았습니다. 하지만 사건의 결말을 통해서 우리는 그들의 수고가 허사가 되었고 그들 자신마저도 잃어버리고 말았다는 것을 보게 됩니다. 하나님께서 개입하셔서 그 일을 도모한 그 사람으로 하여금 그들이 이스라엘을 향하여 헛되이 품은 그 저주를 자기 스스로 마시도록 하셨으니 말입니다.

(2) 악인들에게 줄 말씀이 있습니다. 여러분이 하나님의 진리와 교회에 대해 돌이킬 수 없는 증오를 토하다가 교회로 하여금 여러분을 대적하여 저주의 기도를 드리게 만드는 일이 없도록 유의하십시오. 성도들의 이런 저주의 기도가 올바른 목표를 향하여 정당한 임무를 들어올려질 때에는 살육을 일으키며 죽음을 가져오는 무기가 되는 것입니다. "하물며 하나님께서 그 밤낮 부르짖는 택하신 자들의 원한을 풀어 주지 아니하시겠느냐 그들에게 오래 참으시겠느냐? 내가 너희에게 이르노니 속히 그 원한을 풀어 주시리라"(눅 18:7, 18). 그 기도는 그저 빈 말이 아니고 — 그러므로 허공에 쏟아 뱉어서 곧바로 사라지는 악인의 저주와는 다릅니다 — 하늘에 상달되는 것이요 또한 악인의 정수리에 우레와 번개와 더불어 되돌아오는 것입니다. 다윗의 기도는 아히도벨의 정교한 책략을 뒤집었고, 오히려 그 자신이 화를 당하게 만들었습니다. 언젠가 한 귀인이 말하고 느꼈던 것처럼, 싸움터에 포진한 이만 명의 군대보다 성도들의 기도야말로 더욱 두려워해야 마땅한 것입니다. 에스더의 금식으로 하만의 패망이 속히 임하였고, 히스기야의 금식으로 하늘의 천사를 통하여 산헤립의 거대한 군대가 살육당하게 되었던 것입니다.

[감사, 혹은 찬양의 기도]

둘째.(p. 710에서 연결) 기도 전체의 두 가지 구분 가운데 두 번째인 감사를 다루게 되었는데, 여기서도 앞의 방법을 그대로 지키겠습니다. 첫째. 우리가 무엇에 대해서 하나님께 찬양과 감사를 드려야 할지를 말씀드리겠습니다. 둘째. 어떤 자세로 감사를 드려야 할지를 말씀드리겠습니다.

[하나님께 찬송과 감사를 드려야 할 사안]

첫째. 우리가 무엇에 대해 하나님께 찬양과 감사를 드려야 할지를 말씀드리겠습니다. 감사할 대상은 요청의 대상과 마찬가지로 무언가 선한 것이지만, 개념이 다릅니다. 우리는 원하는 것을 구합니다. 그리고 자비를 받은 것에 대해, 혹은 약속을 통해서 때가 되면 받을 것이라는 소망을 갖는 것에 대해서 하나님을 찬양합니다. 그러므로 우리는 그리스도인에게는 하나님을 찬양하고 감사하여야 할 장(場)이 그가 바라는 것들을 구하는 간구의 기도의 범위만큼이나 크고 넓은 것을 보게 됩니다. 이 임무는 하늘과 땅을 포괄합니다. 하늘과 땅의 모든 세계를 다 아우르는 것입니다. 하나님이 오로지 그 자신의 영광을 이루기 위하여 모든 일을 행하시는 것처럼(시 16:4), 그의 백성을 향한 하나님의 역사하심은 언제나 그들의 선을 위한 것이요, 따라서 하나님의 백성은 그의 역사하심에 대해 감사해야 마땅한 것입니다. 그러므로 성경이 "범사에 감사하라"고 명령하는 것입니다. 오오, 하나님께서 그 백성더러 묵상하라고 주신 주제가 얼마나 광범위한지요! "범사에"라고 말씀하지 않습니까! 성도들을 향하신 하나님의 섭리의 온 과정들은 마치 악보와도 같아서 낱장 하나하나마다 그들이 배우고 익혀 노래해야 할 하나님을 향한 찬양의 노래가 들어 있는 것입니다. 성도의 삶 가운데, "여기서는 하나님을 찬송할 만큼 자비를 받지 못했다"라고 말할 수 있는 순간은 하나도 없습니다. 자, 부분적으로 순종하는 것이 선하지 않듯이, 부분적으로 감사하는 것은 정말이지 허사입니다. 그렇다고 해서 성도라면 당연히 모든 계명들을 다 지킬 수 있다거나 혹은 하나님께서 베푸신 자비들을 일일이 다 알고 인지할 수 있다는 말도 아니고, 한 가지 자비에 대해서 구체적이고도 명확하게 시인하여야 한다는 말도 아닙니다. 다만 모든 계명들을 중요히 여기는 것처럼(시 119:6), 자신에게 베풀어지는 모든 자비 하나하나를 값있게 여기고 하나님께서 베푸시는 그 모든 자비를 찬양하기를 사모한다는 것입니다. "내게 주신 모든 은혜를 내가 여호와께 무엇으로 보답할까?"(시 116:12). 이 사람이야말로 정직한 영혼입니다. 그는 하나님께 빚을 진 것을 그냥 넘어가려 하지 않으며, 그가 베푸신 모든 은덕들을 기억하고 명심하고자 합니다. 음악 레슨에서 하나의 음이라도 그냥 넘어가면 음악의 그 감미로움을 다 망치게 될 수도 있습니다. 한 가지 자비에 대해 감사하지 않으면, 그 나머지 모든 자비에 대해서도 하찮게 여기고 감사를 하지 않게 되는 법입니다. 그러나 하나님께서 베푸시는 자비들을 몇 가지로 분류하여, 감사해야 할 여러분의 임무를 더욱 확실하게 보게 해드리고자 합니다.

1. 자비에는 일상적인 자비와 특별한 자비가 있습니다. 날마다 일상적으로 경험하는 자비와, 하나님께서 이따금씩 베풀어 주시는 큰 자비가 있다는 것입니다. 일 년에 한 번 다가오는 특별한 자비에 대해 — 이는 사가랴와 엘리사벳이 아들을 얻음으로 자비를 받은 사실이 "온 유대 산골에 두루 퍼진" 것처럼(눅 1:65) 여러분의 이웃들에게까지 다 알려지는 그런 확연한 방식으로 다가오는 자비입니다만 — 하나님을 찬양해야 하는 것만은 물론, 날마다 베풀어지는 일상적인 자비에 대해서도 하나님을 찬양해야 하는 것입니다. 그 이유는 다음과 같습니다.

(1) 우리는 지극히 작은 자비도 받을 자격이 없는 존재요(창 32:10), 그 지극히 작은 자비에 대해 찬양받을 분은 바로 하나님이십니다. 그 작은 자비조차도 우리의 자격을 넘어서기 때문입니다.

(2) 이처럼 흔하고 일상적인 자비의 수가 많다는 것입니다. 그리하여 다윗은 그런 자비에 대해 높이 찬양합니다: "하나님이여 주의 생각이 내게 어찌 그리 보배로우신지요? 그 수가 어찌 그리 많은지요? 내가 세려고 할지라도 그 수가 모래보다 많도소이다. 내가 깰 때에도 여전히 주와 함께 있나이다"(시 139:17, 18). 이는 마치 이런 말과도 같습니다. "주께서 내게 선을 행하시지 않는 때가 하나도 없나이다. 아침에 눈을 뜨자마자 밤새 눈을 감고 있는 동안에 내게 주신 새로운 자비들에 대한 생각이 새로이 떠올라 찬송하는 마음으로 묵상하게 되나이다." 아주 작은 것들이라도 많이 모으면 그 양이 커집니다. 모래알처럼 작은 것이 어디 있겠습니까? 하지만 바닷가의 모래보다 더 무거운 것이 없습니다. 작은 죄들 — 헛된 생각이나 한가한 말 같은 것들 — 이 그 무수한 숫자 때문에 큰 죄책을 초래하고 마지막에 무겁고 위중한 심판을 받게 되는 것처럼, 일상적인 사소한 자비들도 개별적으로 따져보면 다른 큰 자비들에 비해서 보잘것없지만, 그 숫자로 그 작은 것을 상쇄하고도 남는 것입니다. 일 년 내내 식탁에 앉혀 식사를 같이 하는 것이 그동안 두세 차례 큰 연회에 초대하여 대접하는 것보다 더 큰 호의를 베푸는 것이라고 말하지 않을 사람이 어디 있겠습니까?

(3) 특별한 자비보다는 오히려 일상적인 자비들에 대해 감사하는 데에서 순전한 마음의 모습이 더 잘 드러납니다. 기회가 있을 때마다 죄에 빠지는 것이 악한 마음의 모습이듯이 일상적인 자비의 기미가 있을 때마다 하나님을 찬송하는 것이야말

로 은혜 안에 있는 영혼의 모습인 것입니다. 어떤 이들은 심령이 매인 바 되어 강한 약(藥)이 아니면 전혀 움직이지를 않습니다. 작은 환난에는 전혀 스스로 겸비하지 않으며, 일상적인 자비에는 하나님을 찬양할 줄 모릅니다. 그러나 부드러운 약으로도 효력이 나타나며, 작은 채찍질에도 자신을 낮추고, 일상적인 자비에도 감사하는 것이야말로 바른 마음의 모습인 것입니다.

2. 완결된 자비와 완결되지 않은 자비가 있습니다. 곧, 이미 끝난 자비와 이제 시작된 자비가 있다는 것입니다. 한 가지 자비가 끝날 때까지 하나님을 찬양하는 일을 지체해서는 안 됩니다. 자비가 시작될 때에 그를 찬송해야 합니다. 자비를 구하는 우리의 기도를 하나님이 즉시 들으시듯, 우리도 자비에 대해 그렇게 즉각적으로 찬양을 돌려야 마땅할 것입니다. 하나님은 기도하는 자의 소원을 속히 들어주십니다: "네가 기도를 시작할 즈음에 명령이 내렸으므로"(단 9:23). "내가 이르기를 내 허물을 여호와께 자복하리라 … 하였더니 곧 주께서 내 죄악을 사하셨나이다"(시 32:5). 이와 같이 우리도 하나님이 섭리 가운데 자비를 베푸실 기미가 보이면 즉시 감사로 화답하여야 하는 것입니다. 왕이 길을 떠나 우리 마을로 향하고 있다는 소식을 들으면 즉시 종을 울리고 그를 맞을 준비를 할 것입니다. 그가 마을 입구로 들어올 때까지 기다리지 않는 법입니다.

새들은 아침 일찍 일어나 공중에서 아름다운 노래를 부르며 떠오르는 태양을 맞이합니다. 우리도 이와 같이 자비가 처음 나타날 때에 하나님을 찬송하여야 하는 것입니다. 성경에는 이 점을 보여주는 훌륭한 실례들이 나타나 있습니다. 하나님께서 이스라엘 백성을 바로의 진노와 바다의 파도로부터 구원하셨을 때에, 모세는 그들이 가나안 땅에 안전하게 도달하여 여정을 다 마치고 완전한 안식에 들어가 승리를 누리게 되면 그 때에 가서 그동안 베푸신 모든 자비들에 대해 한꺼번에 감사와 찬송을 드리겠다는 식으로 약속한 것이 아닙니다. 그는 즉시 노래를 짓습니다. 그리고 홍해 바닷가에서, 이제 그들이 들어가게 될 그 쓰라린 광야를 목전에 바라보면서 애굽으로부터 행진해 나온 이후 처음 얻은 이 구원의 역사에 대해 이스라엘과 더불어 감사의 노래를 부르는 것입니다. 다윗도 그랬습니다: "여호와의 궤를 멘 사람들이 여섯 걸음을 가매 다윗이 소와 살진 송아지로 제사를 드리고"(삼하 6:13). 또한 이와 병행을 이루는 다른 본문도 동일한 일에 대해 "하나님이 여호와의 언약궤를 멘 레위 사람을 도우셨으므로 무리가 수송아지 일곱 마리와 숫양 일곱 마리로 제사를 드렸더라"라고 기록하고 있습니다(대상 15:26). 즉, 몇 걸음도 채 떼기 전에 그들은 하나님께서 그들의 일에 은혜를 베푸심을 — 전에 그들에게 행하셨던 것처럼 불상사가 전혀 없이 — 직감하고서 곧바로 그 자리에서 이 희망찬 출발에 대해 감사의 마음을 표현하고 있는 것입니다. 그들은 하나님으로 하여금 이 자비가 지속되고 더욱 크게 확대되게 하시도록 하기에 그 자비가 처음 나타날 때에 찬송과 감사를 드리는 것보다 더 나은 길이 없다는 것을 잘 알고 있었던 것입니다.

한 마디만 더 하자면, 바벨론에 있던 유다 백성들은 그들을 구원하는 역사가 일어나기 시작하자 즉시 하나님께 찬양을 드렸습니다: "그 때에 우리 입에는 웃음이 가득하고 우리 혀에는 찬양이 찼었도다 그 때에 뭇 나라 가운데에서 말하기를 여호와께서 그들을 위하여 큰 일을 행하셨다 하였도다"(시 126:2). 그 당시는 그들에게 구원의 파도가 밀려오는 시작 단계에 불과했습니다. 물결이 새로이 일어났고, 일어나는 일들이 더 희망적으로 보이기 시작하였습니다. 그런데 그들은 이 초기의 자비를 대하고서 기쁨과 감사가 넘쳐났던 것입니다. 그리스도인 여러분, 어쩌면 여러분이 병상에 누워 있고 별로 차도가 없고 예전의 건강한 모습과는 거리가 먼 처지에 있을지도 모릅니다. 하지만 여러분, 조금이나마 베개 위로 머리를 까딱할 수 있다는 것으로 하나님을 찬양하십시오. 어쩌면 여러분이 큰 괴로움 중에 영적으로 피폐해져 있어서 — 마치 지옥의 뱃속에 있는 것처럼 — 주께로부터 오는 끔찍한 일들에 완전히 삼켜진 것 같으나 이제 괴로움이 다소 가라앉은 상태일지도 모르겠습니다. 보혜사께서 오신 것은 아니나 캄캄한 지하 동굴로 한 줄기 하나님의 빛이 비쳐서 더 기다릴 작은 희망이 생기기도 하고 말입니다. 오오 여러분, 이 한 움큼의 자비도 그냥 지나가게 하지 말고 그것에 대해 감사드리기 바랍니다. 안타깝습니다만, 봄이 오지 않으면 도무지 출항을 하지 못하는 큰 배들처럼 높은 자비의 물이 완전히 다 차지 않으면 감사할 줄 모르는 이들이 있습니다. 자기들이 바라는 모든 것이 다 이루어지지 않으면, 이미 누리고 있는 것을 보지도 못하고 찬송과 감사로 마음을 채우지도 못하는 자들 말입니다.

3. 이 세상에서 받는 자비들과 저 세상을 위해 예비된 자비들이 있습니다. 곧, 손에 붙잡히는 자비와 소망 가운데 기다려야 하는 자비가 있다는 말입니다. 천국에 이르러서야 비로소 이루어지는 그런 약속들이 있는데, 우리는 이 땅에서 받는 자비들뿐 아니라 이것들에 대해서도 하나님께 찬양해야 마땅합니다. 땅에서 여러분에게 내어주시는 것들뿐 아니라 여러분을 위해 천국에 쌓아 두고 계신 것에 대해

서도 하나님을 찬양하기 바랍니다. 이 땅에서 그저 소망으로만 누리는 그런 자비들에 대해 감사한 마음을 가질수록 하나님의 신실하신 약속에 대해 그만큼 더 존귀를 드리게 되는 것입니다. 자신이 상속권을 갖고 있는 집에 대해 많은 비용을 들이는 사람은 장차 그 집을 소유하게 되는 날에 대해 크나큰 신뢰를 보여주는 것입니다. 거래 대금을 지불한다면 이는 곧 지불한 그 상인이 그 상품의 소유권을 지닌다는 것을 보여 줍니다. 죽을 때에 받게 될 것이라고 그저 약속만 주어져 있는 것에게서 기쁨을 취하고 또한 그것에 대해 감사한다면, 이는 곧 그 약속을 주신 하나님의 참되심을 높이며 그를 영화롭게 하는 것인 것입니다.

4. 쓰라린 자비들이 있고 감미로운 자비들이 있습니다. 곧, 어떤 자비는 하나님께서 포도주에 곁들여 주시고, 또 어떤 자비는 쓴 쑥에 곁들여 주시기도 하십니다. 그러니 우리는 감미로운 자비는 물론 쓰라린 자비에 대해서도 하나님을 찬송해야 합니다. 욥은 그렇게 했습니다: "주신 이도 여호와시요 거두신 이도 여호와시오니 여호와의 이름이 찬송을 받으실지니이다"(욥 1:21). 베풀어질 때에 감미롭지 않고 또한 떠날 때에도 접시에 즐거운 여운을 남기지 않는 것은 결코 자비가 아니라고 생각하는 이들이 너무나 많습니다. 그러나 이는 정말 유치한 생각이요, 은혜가 더 남자답게 자라고 그리스도인이 더 사려 깊어지면 이런 생각이 사라지는 법입니다. 분별이 있는 사람 중에 화려한 겉표지를 근거로 책의 값어치를 판단할 사람이 과연 어디 있겠습니까? 사실 우리가 일시적으로 당하는 일들은 — 십자가든 즐겁게 누리는 일이든 — 그 자체로만 추상적으로 생각하면, 저주도 아니고 자비도 아닙니다. 그것들은 책의 표지에 불과합니다. 그것이 자비냐 아니냐를 결정지어 주는 것은 그 속에 기록된 내용인 것입니다. 여러분, 환난을 당하고 있습니까? 만일 그것이 사랑에서 비롯된 것이요 또한 은혜와 거룩함으로 끝맺음할 것을 깨닫는다면, 비록 여러분의 입맛에 쓰다 해도 그것은 자비입니다. 지금 무언가 즐거운 일을 당하고 있습니까? 만일 그 일이 사랑에서 비롯된 것도 아니요 또한 은혜로 마치지도 않는다면 — 나중 형편이 더욱 나빠질 경우가 그렇습니다만 — 비록 여러분이 감미롭게 느낀다 해도 그것은 저주입니다. 몸에 좋은 음료 중에 쓰라린 것이 있는가 하면 아주 달콤한 독(毒)도 있습니다. 성도는 세상의 즐거움과 쾌락보다는 오히려 환난을 당하는 데에서 더 큰 유익을 얻는 것이 보통입니다. 꿀보다는 쓰디쓴 쑥을 대할 때에 눈이 밝히 떠지는 경우가 더 많습니다. 달콤하고 감미로운 일보다는 쓰라리고 불쾌하게 느껴지는 일들에서 영적인 각성을 얻는 경우가 더 많은 것

입니다.

5. 개인적으로 받는 자비들이 있고, 다른 이들과 더불어 받는 자비들이 있습니다. 둘 다 자비로 인정해야 합니다. "오 하나님, 저와 함께한 다른 사람들의 죄를 용서하옵소서"라고 말합니다. 그러므로 "하나님, 저와 함께한 다른 사람들에게 자비를 베푸셨으니, 찬양을 돌리나이다"라고 해야 합니다. 그리스도인 여러분, 어쩌면 여러분이 병든 친구를 위해 기도했는데 그가 건강을 회복했을 수도 있습니다. 혹은 심령이 곤고한 이를 위해 기도했는데 드디어 보혜사께서 그에게 임하셨을 수도 있습니다. 자 여러분이 그 친구가 밑바닥에 있을 때에 그와 함께 했고, 또한 그가 자비로 회복되었을 때에도 그와 함께 했으니, 그 친구와 더불어 여러분도 하나님을 찬양해야 마땅합니다. 친구를 위해 기도하고서도 그에게 자비가 베풀어질 때에 그와 더불어 감사에 참여하지 않는 자는 마치 친구로 하여금 빚을 지게 만들고서도 그 친구에 대해 전혀 모른 체하는 자와도 같습니다. 그리스도인 여러분, 여러분의 친구는 자비를 빌려올 때보다도 오히려 그 받은 자비에 대해 감사할 때에 더욱더 여러분의 도움을 필요로 하는 것입니다. 받은 자비에 대해 감사하는 것이 더 힘든 일이기 때문입니다. 그러나 다른 이들에게 베풀어지는 모든 자비들 가운데, 무엇보다 교회에 베풀어지는 자비와 국가에 베풀어지는 자비를 잊지 않도록 명심해야 할 것입니다.

[감사의 틀을 어떻게 세워야 할지에 대한 열 가지 지침]

둘째. 지금까지 우리의 찬송과 감사의 주제가 무엇인지에 대해 말씀드렸고, 이제는 우리의 감사의 틀을 어떻게 세울지에 대해 몇 가지 지침들을 말씀드리겠습니다.

지침 1. 여러분이 하나님께 구하는 일이 약속에 해당되는 선한 일들 중에 반드시 속해야 한다는 것을 명심하기 바랍니다. 이것이야말로 우리의 행위의 방향을 잘 잡게 해주는 나침반입니다. 간구하는 기도에서도 그렇고, 감사하는 기도에서도 그렇습니다. 약속에 들어 있지 않는 것이면 그것은 자비가 아니고, 따라서 감사의 대상이 될 수가 없습니다. 어떤 이들이 그들의 악행에서 번창할 때에 대담하게도 자기들의 그 번창하는 일에 대해 하나님께 감사를 드리기도 합니다. 그런데, 사람이 악한 길에 있으면서 자기 스스로 복을 비는 것이 아주 위중한 죄라면(신 29:19), 그 악한 길에서 번창하는 것에 대해 하나님을 찬송하는 것은 그보다 더 끔찍한 죄일 것입니다. 자기 스스로 복을 비는 것으로는 그저 자기의 죄만 확증하는 것이지만 — 이것만 해도 사실 악한 것입니다만 — 자기의 악에 대해 하나님께 찬송하는 것은 하나님을 자기편으로 만드는 것이요 자기의 악행에 가담하도록 그를 시험하는 것입니다. 베르나르(Bernard)는 악행에 성공한 것에 대해 하나님께 감사하는 자들과 자기들이 받은 바 선한 일들에 대해 외식적으로 하나님을 찬송하는 자들을 비교하여 다음과 같이 아주 훌륭한 말씀을 한 바 있습니다: "전자는 자기들의 죄를 하나님께 전가시키는 자들이요, 후자는 하나님이 베푸신 자비들의 영광을 자기들 자신에게 돌리는 자들입니다"(아가서 설교 45). 여러분의 행위를 먼저 인정하지 않고서는 하나님께서 여러분의 찬송을 받으실 수가 없습니다. 뇌물을 받는 자는 그 뇌물을 주는 자의 과실에 대해 책임이 있는 것입니다. 그런데 여러분이 감히 그렇게 뇌물로 거룩하신 하나님을 시험하려 하십니까? 여러분이 섬기는 하나님이 만일 이교도들의 우상과 같은 분이시라면 그것이 별로 큰 문제가 아닙니다. 블레셋 사람들은 삼손에게 온갖 잔인한 짓을 다 하고서 그의 머리를 자기들의 신에게 바쳤습니다. 마귀가 바라는 제물로 사람들의 죄의 열매보다 더 나은 것은 없습니다. 그러나 이스라엘의 거룩한 자는 모든 사악한 찬송을 혐오하시는 것입니다. "창기가 번 돈 … 은 … 네 하나님 여호와의 전에 가져오지 말라"(신 23:18).

지침 2. 모든 찬양을 그리스도 안에서 올려드리십시오. "예수로 말미암아 항상 찬송의 제사를 하나님께 드리자"(히 13:15). "너희도 … 예수 그리스도로 말미암아 하나님이 기쁘게 받으실 신령한 제사를 드릴 거룩한 제사장이 될지니라"(벧전 2:5). 여러분이 아무리 훌륭한 찬송시를 쓰고, 아무리 탁월한 재주와 기교로 그 시를 읊고 또한 아무리 큰 열심과 진지한 마음으로 찬송을 드려도 그것이 그리스도를 통하여 울려 퍼지지 않으면 이 모든 것이 전능자의 귀에 거칠고 투박한 소리로 들릴 것입니다. 허공 속으로 뿜어진 숨결이 아니라 — 숨결이 허공 속으로 그냥 내뿜어지는 것으로는 아무 소용이 없습니다 — 그 숨결이 나팔 등의 악기를 통과하여 지나갈 때에 곡조 있는 소리가 나와 아름다운 음악이 만들어지는 것입니다. 자비를 베푸시기를 위하여 기도할 때에 여러분은 그리스도의 날개 아래 여러분을 숨기시고 그의 이름을 불러 하나님께 허락을 얻습니다. 왜냐하면 여러분이 구하는 그것을 받기에 여러분 자신이 전혀 무가치하다는 것을 잘 알고 있기 때문입니다. 하지만, 하나님께 찬송을 드릴 때에는 여러분이 무언가를 얻기 위해 간청하는 것이 아니라 하나님께 드리고자 하는 것이기 때문에, 여러분의 그런 행위가 당연히 환영받을 것이라고 기대합니다. 선물을 들고 가는 자에게는 문이 열리는 것이 당연한 일이니까요. 그렇습니다. 단, 여러분의 선물이 그 위대하신 하나님께 합당하면 그렇습니다. 그러나 여러분이 누구기에 그 위대하신 하나님이 여러분의 손에서 선물을 받으신단 말입니까? 자비를 구할 때에 여러분이 그 지극히 작은 자비 하나도 받을 만한 자격이 없다면, 감사를 드릴 때에도 여러분은 그 감사가 하나님께 열납되는 존귀를 누릴 자격도 없는 것입니다. 자비를 구할 때에나, 감사를 드릴 때에나 반드시 그리스도의 중보가 여러분에게 필요한 것입니다.

지침 3. 감사드릴 때에 대략적인 것에 머물지 말고 하나님께서 여러분에게 베푸신 자비의 구체적인 사례에까지 내려가십시오. "대략적인 말에는 간계가 있는 법이다"(*Est dolus in generalibus*). 죄를 고백할 때에 하나님의 법을 거스른 구체적인 내용은 빼놓고 그저 "나는 죄인입니다. 큰 죄인입니다"라는 식으로만 대충 뭉뚱그려 이야기하고 거기서 그친다면, 이는 거짓된 것은 아니라 할지라도 아주 가볍고 경박한 자세를 보여주는 것입니다. 또한 하나님의 선하심과 자비의 구체적인 내용은 전혀 주목하지 않고 그저 멀리서 그의 선하심과 자비를 대충 추켜세우고는 그를 떠나보내는 것보다 경박한 자세를 보여주는 확실한 증상이 없습니다. 그런데 그렇게 할 수 있으려면 하나님께서 여러분과 여러분의 가족에게 — 그렇습니다. 그리스도의 교회에게 — 날마다 베푸시는 섭리를 특별히 주목할 필요가 있을 것입니다. 마치 마리아가 우리 주님의 말씀을 마음에 두었듯이, 그런 감사할 내용들을 마음에 담아 두어야 합니다. 이렇게 하는 것이야말로 여러분의 영혼을 위해 진정 선한 농사일 것입니다. 장롱 속에 돈을 넣어둔 일도 없이 장롱을 뒤져 돈이 나오기를 기대하지는 않습니다. 이와 마찬가지로 기억 속에 담아 둔 일이 없는 자비들에 대해 마음으로 하나님을 찬송하게 되지도 않는 것입니다. 장부에 기록해 두지도 않은 빚을 정직하게 갚을 마음이 생기겠습니까? 시편 107편에서 시편 기자는 하나님의 백성들에게 창조와 섭리에서 베푸신 하나님의 자비들에 대해 감사해야 할 것을 촉구하는데, 그 결론이 주의를 기울일 가치가 있습니다: "지혜 있는 자들은 이러한 일들을 지켜보고 여호와의 인자하심을 깨달으리로다"(43절). 시편 기자의 말씀은 마치 이런 뜻과도 같습니다. 곧, 그 위대한 자비의 역사들에 대해 그렇게도 찬송이 적은 이유는 사람들이 그 자비들 속에서 하나님의 인자하심을 보지 못하기 때문이요, 그들이 그것을 보지 못하는 까닭은 그것들을 지켜보지 않기 때문이요, 그것들을 지켜보지 않는 이유는 그들에게 지혜가 없기 때문이라는 것입니다. 학자를 만드는 것은 서고(書庫)가 아니고, 그의 책들을 지켜보고 그 속에서 고귀한 것들을 모아들이는 지혜인 것입니다. 도무지 하나님을 찬송할 수 없을 만큼 자비가 결핍된 사람은 아무도 없습니다. 하나님의 섭리는 크고 두터운 책입니다. 우리 인생의 시작부터 마지막까지 갖가지 자비들이 빼곡이 채워져 있습니다. 그런데 안타깝습니다! 그 책을 펼쳐서 읽을 마음이 있는 사람이 별로 없고, 또한 이러한 거룩한 목적을 위하여 그 책 속에서 귀중한 금과옥조를 수집해 내는 지혜를 가진 사람은 더더욱 없으니 말입니다!

지침 4. 여러분의 찬송의 은혜들을 자극하고 불러일으키십시오. 다윗은 그에게 속한 모든 것들을 다 자극하여 하나님을 찬송합니다(시 103편). 즉, 그의 영혼의 모든 능력과 은혜들을 다 불러일으켜서 하나님을 찬송하였다는 것입니다. 여기서 두세 가지만 실례를 들겠습니다.

(1) 겸손. 교만한 사람은 간청하고 구할 줄을 잘 모릅니다만, 이기심이 발동되면 그를 굴복시켜 그렇게 하게 만들 수도 있습니다. 그러나 감사에 있어서는 반드시 행하는 자가 되어야 합니다. 비록 서툴더라도 말입니다. 이것이야말로 자기 부인의 고귀한 결과물이니 말입니다. "여호와여 영광을 우리에게 돌리지 마옵소서 우릭에게 돌리지 마옵소서 오직 … 주의 이름에만 영광을 돌리소서"(시 115:1). 교만한 자의 선물은 그의 손에 그냥 붙어서 떨어질 줄 모릅니다. 자기 스스로 면류관을 쓸 마음을 지닌 자는 하나님의 머리에 면류관을 씌워드리기에 합당하지 못한 것입니다. 바리새인의 손에는 좋은 도구가 들려 있습니다만 그는 그 도구로 자기 작품을 다 조각내어 부스러기로 만들어 버립니다. 입으로는 하나님을 존귀하게 하는 것 같으나 입으로 발설하는 동시에 그 말을 먹어치웁니다. 그리고는 하나님보다 자기 자신을 높이고자 하는 의도가 더 많다는 것을 분명히 드러냅니다: "하나님이여 나는 … 이 세리와 … 같지 아니함을 감사하나이다"(눅 18:11). 바로 이 "하나님이여 나는 감사하나이다"라는 것은 그저 형식적인 말일 뿐입니다. 그는 세리를 멸시하는 것이요, 자기 자신에게 박수를 보내고 있는 것입니다. 야망이 가득한 하만이 겉으로는 모르드개의 말 고삐를 잡고 그를 높이는 모습을 보였으나, 그는 실상 말에 탄 자가 자기이기를 바랐습니다. 안타깝습니다만 교만한 자가 자기 자신이 갖고 싶어 하는 그것을 어떻게 하나님께 드릴 수 있겠습니까! 루터는 말하기를, 먼저 "내 이름이 낮아지기를 기꺼이 바라나이다"라고 기도할 수 있게 되지 않

고서는 그 누구도 “주의 이름이 거룩히 여김을 받으옵소서”라고 기도할 수 없다고 했습니다.

그러므로 여러분 자신을 낮추고 무시하기를 힘쓰십시오. 그렇게 해야만 비로소 여러분의 하나님을 높이고 그의 위엄에 영광을 돌리게 될 것입니다. 자기 자신의 핍절한 상태에 지극히 압도된 자만큼 열심을 다해 구걸하는 자가 없습니다. 이와 마찬가지로 자신의 무가치함을 지극히 느끼고 깨닫는 자만큼 마음을 다해 감사하는 자가 없는 것입니다. 자기 자신과 철저하게 대면하는 자보다 자기 자신에 대해 더 잘 생각할 수 있는 자가 누구겠습니까? 하나님이 여러분을 세우지 않으셨다면, 과연 여러분 자신에게 무엇이 있을 수 있겠습니까? 여러분은 마치 털 깎인 양처럼 벌거벗은 채로 이 세상에 왔고, 그 이후에도 마치 불쌍한 아이가 교회에게 맡겨진 것처럼 여러분의 하나님께 맡겨져 있었습니다. 그러니 하나님께 드린 그 모든 섬김으로 대체 여러분이 무엇을 벌었습니까? 보잘것없는 빵 한 조각도 번 것이 없습니다. 그런데도 여러분 여전히 교만하십니까? 베르나르는 요셉이 그의 주인 보디발에게 행한 처신을, 감사할 줄 아는 영혼이 하나님께 행하는 모습과 함께 비교하고 있습니다. 그는 이렇게 말했습니다. 곧, 요셉은 그의 주인을 잘 알았고 그가 자기의 손에 모든 것을 다 맡겼으나 그의 아내는 맡기지 않았다는 것을 잘 알고 있었고 그리하여 자기를 그토록 인정해 준 그 주인의 침상에서 그의 아내를 취하는 것이야말로 극한 배은망덕으로 여겼습니다. 이와 마찬가지로 하나님께서도 그의 자비들을 성도의 손에 값없이 베푸시지만 그의 영광만은 그들에게 맡기시지 않습니다. 그러므로 은혜를 아는 영혼은 하나님께서 베푸시는 것들은 감사함으로 취하지만, 하나님이 자기 자신을 위하여 남겨두시는 그것에 대해서는 겸손히 찬양한다는 것입니다.

(2) **사랑과 기쁨.** “사랑과 기쁨이 음악가를 만든다”는 말이 있습니다. 그러니 은혜들이 완전해지는 곳에서 — 즉, 천국에서 — 이 찬양의 음악이 최고가 될 것입니다.

(a) 여러분의 사랑을 불러일으키십시오. 사랑은 문 안에 가두어둘 수 없는 감정입니다. 그러니 하나님을 향한 찬양 속에서 터져나올 수밖에 없습니다. 아우구스티누스는 천국에 대해 말하면서 다음과 같이 외쳤습니다: “천국에서 우리는 하나님의 얼굴을 바라보는 일 외에는 아무것도 할 일이 없을 것이며, 그를 보면서 그를 사랑하게 될 것이요, 그를 사랑하면서 그를 찬송하게 될 것이요, 그를 찬송하면서

노래하고 즐거워하게 될 것이다." 사랑과 감사는 쉽게 서로에게 용해됩니다. 다윗은 "여호와께서 내 음성과 내 간구를 들으시므로 내가 그를 사랑하는도다"(시 116:1)로 시작합니다. 그리고는 이 사랑의 은혜를 더 크게 불일듯하게 하고자 그 다음 이어지는 구절들에서 하나님의 자비들을 계속 열거합니다. 그리고 나서 이제 찬양을 할 수 있도록 올바른 자세가 갖추어진 상태에서 그의 악기를 두드립니다: "내게 주신 모든 은혜를 내가 여호와께 무엇으로 보답할까?"(시 116:12). 여인은 완전히 잠에서 깨어나자 자기 문 앞에 왔던 자가 정말 귀중한 사람이었는데도 자신이 불친절하게 대하여 그와의 감미로운 교제를 어떻게 잃어버렸는지를 생각하고서 자신의 게으름을 떨치고 일어나 그를 향하여 나아갑니다. 그리고 그 사랑하는 자를 향하여 달려가면서 그녀의 영혼 속에 사랑의 열기가 일어나자 그녀는 그의 사랑하는 자에 대한 찬사를 크게 외치며, 그의 머리끝부터 발끝까지 찬양합니다(아 5:10). 이것이야말로 뜨거운 마음으로부터 우러나오는 받으실 만한 찬양입니다. 그리고 마음을 뜨겁게 하는 자는 반드시 자신의 사랑의 습관을 불러일으키는 거룩한 격려의 역사를 행하는 법입니다. 사랑의 습관은 마치 몸에 있는 자연의 열기처럼 몸의 움직임에 따라 보존되기도 하고 증가되기도 하는 것입니다.

(b) 여러분의 기쁨을 불러일으키십시오. 내가 "기쁜 입술로" 노래하리라(시 63:5). 슬픈 마음과 — 즉, 세상적인 슬픔에 젖어 있는 마음과 — 감사의 마음은 함께 거할 수가 없습니다. 제자들은 슬픔에 젖은 나머지 눈을 떠 기도하고 있을 수가 없었습니다만, 찬송은 더더욱 할 수 없었습니다. 그렇기 때문에 찬송과 감사의 임무가 기도의 임무보다 행하기가 더 어렵습니다. 이 세상에서는 기쁨이 죄와 슬픔거리들로 인하여 식어지고 방해를 받는 경우가 비일비재하여 이 천상의 심지가 그리스도인의 제단에 확실히 불이 붙어서 찬양이 올라가도록 할 수 있을 만큼 오랫동안 불이 붙어 있는 경우가 거의 없기 때문입니다. 시험과 환난들은 둘 다 영혼을 이끌어 기도하게 하고 기도할 마음이 더 간절해지도록 만듭니다. 하지만 이것들은 동시에 찬양을 위한 악기의 조율을 흐트러트리기도 합니다. 한나는 울며 기도했으나, 찬양의 제물인 화목제물은 감히 먹지를 못했습니다. 울고 있었기 때문입니다. 그러므로 우리는 우리 마음을 살펴서 환난으로 인하여 찬양의 임무를 행하지 못하는 처지가 되지 않도록 주의를 기울여야 할 것입니다. 마치 비오는 날 음악가가 자기 악기를 대하듯이 그렇게 여러분의 영혼을 대하기 바랍니다. 그는 자기 악기를 습기가 가득한 방에 걸어놓지 않고 화로에서 나오는 따뜻한 공기가 잘

통하는 그런 곳에다 걸어놓습니다. 여러분, 환난 중에 있습니까? 여러분의 영혼이 그 힘든 일들에 지나치게 골똘히 몰두하게 하지 말고 하나님의 자비의 향기를 맡게 하십시오. 환난 중에도 하나님의 자비가 함께 뒤섞여 임하니 말입니다. 그리스도 안에 있는 하나님의 사랑의 불길 가까이 앉으십시오. 신령한 약속들을 묵상하여 여러분의 마음을 따뜻하게 덥히십시오. 그렇게 하면 몸은 압박을 받는 중이더라도, 하나님의 축복이 여러분의 마음에 임하여, 여러분의 생애 가운데 최악의 상황을 맞아 지극히 슬프고 우중충한 날에도 하나님을 찬양할 수 있는 무언가 편안한 자세가 생기게 될 것입니다. 다윗도 그와 같이 동굴 속에 숨어 있는 처지에서도 찬양할 수 있었습니다: "하나님이여 내 마음이 확정되었고 내 마음이 확정되었사오니 내가 노래하고 내가 찬송하리이다"(시 57:7).

지침 5. 그저 줄거리를 이야기하는 것으로 만족하지 말고, **각 자비마다 그 처지에 맞도록 적절히 강조하십시오.** 똑같은 노래를 불러도 두 사람의 노래가 전혀 다릅니다. 한 사람은 그저 평이하게 노래를 부릅니다. 그러나 다른 사람은 노래의 음률을 적절히 조절하여 그 감성을 드러내며 노래를 부르는 것입니다. 하나님의 자비들이 베풀어지면 거기에 맞게 우리의 마음이 감동을 받습니다. 그런데 만일 그 자비들이 화려한 예복을 입고서 나타나면 우리 눈에 아름답게 보이고 그리하여 그것들을 향한 찬양이 마음속에서 솟아나옵니다. 그러나 그런 화려한 모습을 보지 못하면 그것들을 가벼이 흘려보냅니다. 하나님께서도 그 백성을 향한 자신의 사랑의 높이를 표현하시고자 할 때에 그들의 모습 그대로가 아니라 그들에게 주시고자 하는 영광을 입게 하셔서 그들을 그의 앞에 세우십니다. "마치 … 신랑이 신부를 기뻐함 같이 네 하나님이 너를 기뻐하시리라"(사 62:5). 결혼식 날에 최고의 예복을 입히는 법입니다. 마찬가지로 여러분도 받은 자비들에 대한 여러분의 감사를 속에서 이끌어 내고, 여러분이 보기에 가장 영광스러운 모습을 한 상태로 그것들을 바라보기 바랍니다. 황제들은 아무나 불러서 자기의 초상화를 그리게 하지 않습니다. 잘못 했다간 서툰 솜씨 때문에 자기의 모습이 일그러질 수도 있기 때문입니다. 과연 그렇습니다. 경솔하게 드리는 찬송은 오히려 하나님의 자비의 그 사랑스러운 모습을 일그러지게 만드는 것입니다. 그 모습이 살아 움직이도록 생생하게 그려내는 사람은 드뭅니다. 그렇게 하기 위해서는 많은 연구와 관찰이 필수적입니다. "여호와께서 행하시는 일들이 크시오니 이를 즐거워하는 자들이 다 기리는도다"(시 111:2). 세심한 화가는 초상화를 그리기 전에 먼저 사람의 얼굴을 연구합니다. 찬송은 즉각적으로 행할 일이 아니고 노래하기 전에 반드시 레슨을 받아야 할 일입니다. 그러므로 말씀을 읽고, 또한 거기에 기록된 성도들에게서 그들이 어떤 처지들에서 하나님의 자비들을 관찰하여 깨닫게 되었는지를 배우시기 바랍니다.

때로는 기도가 신속하게 응답되어 자비들이 임한 사실이 두드러지게 나타나기도 합니다. "내가 간구하는 날에 주께서 응답하시고"(시 138:3). 이것은 기왕에 훌륭한 자비를 한층 더 훌륭하게 보이게 만듭니다. 문을 두드리기가 무섭게 문이 열리고 환영을 받습니다. 교회가 베드로의 구원을 위하여 하나님의 문 앞에서 기도하고 있는 중에, 베드로가 그들의 집 문 앞에서 문을 두드리며 그들의 기도가 응답되었노라고 이야기하는 것입니다.

때로는 우리의 기도에 죄악된 연약함들이 뒤섞여 있는 사실에서 하나님의 선하신 자비가 두드러지기도 합니다. "이것들에도 불구하고" 자비가 임하고 믿음으로 기다린 적이 별로 없는데도 그것이 슬며시 다가와서 하나님의 선하심이 한층 확실하게 드러나기도 합니다. "내가 놀라서 이르기를 모든 사람이 거짓말쟁이라 하였도다. 내게 주신 모든 은혜를 내가 여호와께 무엇으로 보답할까?"(시 116:11, 12).

때로는 우리의 곤경이 너무도 크다는 사실에서 자비가 두드러지게 나타나기도 합니다. "이 곤고한 자가 부르짖으매 여호와께서 들으시고 그의 모든 환난에서 구원하셨도다"(시 34:6). "너희는 여호와의 선하심을 맛보아 알지어다"(8절). "우리를 비천한 가운데에서도 기억해 주신 이에게 감사하라 그 인자하심이 영원함이로다"(시 136:23). 사실 이러한 사실이야말로 우리의 생각을 높이 끌어올려 자비를 깨닫게 하는 것입니다. 하나님께서 이스라엘을 위해 반석에서 나오게 하신 물을 가리켜 꿀이라 부르는데, 이는 그것이 그들의 극한 결핍 상태에서 임하였으므로 마치 꿀처럼 그들에게 달았기 때문입니다. 돈이 한 푼도 없어서 굶어죽을 수밖에 없는 가난한 사람에게는 은(銀)이 금(金)으로 여겨지는 것입니다.

때로는 하나님의 선하심과 그의 보살피심의 표현들이 자주 임하는 것 때문에 그의 자비가 두드러지기도 합니다. 주의 자비들이 "아침마다 새로우니"(애 3:23). "그들이 … 여러 번 나를 괴롭혔으나 나를 이기지 못하였도다"(시 129:2). "여호와께서 여기까지 우리를 도우셨다"(삼상 7:12). 그렇게 자주 임하지 않았다면 그 자비를 제대로 깨닫고 감사할 수가 없었을 것인데, 그것이 그렇게 자주 임하여 진정으로 감사하게 되기도 하는 것입니다. 죄의 한 과정(a course of sin)은 죄의 한 가지 행동(an act of sin)보다 더 악합니다. "그들의 행위가 악하고"(렘 23:10, "their course is evil"). 마찬가지로 자비가 이따금씩 자주 임할 때에 그 자비의 과정이 사랑을 더 많이 나타내 주는 것입니다. 한 번 거지가 찾아오면 동냥을 주지만, 그 거지가 자주 문 앞에 와서 상습적으로 구걸하면 그를 때려 쫓을 것입니다.

때로는 베풀어진 자비의 극히 특별한 성격 때문에 하나님이 친히 구별하셔서 베푸시는 사랑을 깨닫게 되기도 합니다. "그는 어느 민족에게도 이와 같이 행하지 아니하셨나니 그들은 그의 법도를 알지 못하였도다 할렐루야"(시 147:20). "주여 어찌하여 자기를 우리에게는 나타내시고 세상에는 아니하려 하시나이까?"(요 14:22). 이에 대해서는 이런 몇 가지 예만으로도 족할 것입니다. 우리에게 베풀어지는 자비가 지극히 특별하다는 것을 깨닫지 못하면 우리의 제물의 가장 좋은 부분을 하나님에게서 빼앗는 것이 됩니다. 마치 유대인들이 기름은 제거하고 뼈만 하나님의 제단에 올려놓기라도 했던 것처럼, 혹은, 우상에게 행하듯 그것을 씌운 은(銀) 껍데기를 제거하고 그 대신 자기가 지닌 누더기를 입혀 놓는 것처럼 말입니다. 여러분이 받는 자비들은 크고 풍성한 것들입니다. 그러니 거지들이 하는 것 같은 그런 찬송을 그에게 돌려서는 안 됩니다. 그는 그 백성들이 자기가 베푸신 자비에 걸맞은 찬송을 돌리기를 기대하시는 것입니다. "그의 능하신 행동을 찬양하며 그의 지극히 위대하심을 따라 찬양할지어다"(시 150:2).

지침 6. 자비와 자비 사이를 구별하고, 그리하여 **가장 귀한 자비들이 가장 고귀한 찬송을 받도록 하십시오.** 곡식과 포도주를 위해 기도할 때에는 울부짖으며 고래고래 외치면서, 그리스도와 그의 은혜를 향한 바람을 표현하는 데에는 무관심하거나 지루해한다면 이는 악한 마음을 드러내는 것입니다. 또한 세상적인 일들에서는 하나님의 선하심을 인정하면서도 내세에 관한 더 큰 복들에 대해서는 별로 주목하지 않는 것도 그보다 나을 것이 없습니다. 탐욕이 가득한 벌레 같은 사람도 곡식과 땅의 열매들에 대해 얼마든지 찬송하고 기뻐하는 것을 봅니다. 마치 에서가 팥죽을 탐한 것처럼 그것들이 그의 육신적인 식욕을 채우기에 합당하기 때문입니다. 그러나 복된 은혜의 때나, 그런 몹쓸 자를 그렇게 오랫동안 지옥에 던지지 않으시는 하나님의 인내의 기적이나, 복음을 통해서 그에게 그리스도를 제시하시는 하나님의 무한한 사랑 같은 것에 대해서는 그런 사람에게서 무슨 깨달음이나 느낌을 표현하는 것을 들을 수가 없습니다. 이 사람의 행위는 마치 어린아이가 책을 대하는 것과도 같습니다. 무언가 화려한 그림 같은 것이 눈에 띄면 잠시 멈추고 쳐다보지만 그런 것이 없으면 그냥 책장을 훌훌 넘겨 버리는 것입니다. 그리스도와 그의 은혜나 기타 신령한 복들에 대해서는 알지도 못하고 관심도 없습니다. 그저 자기의 지갑과 창고를 채워 주는 것에만 관심이 있을 뿐입니다. 그러니 그런 사람이 과연 감사할 줄 아는 사람이 되겠습니까? 하늘은 거부하고 온통 땅에 대한 것뿐인 그의 찬송들을 하나님이 받으시겠습니까? 곡식과 포도주는 감사로 받지만, 그리스도는 조롱하고 멀리하면서, 마치 에서가 야곱이 선물을 내어줄 때에 한 말처럼 "내게 있는 것이 족하니라"(창 33:9)라고 말하는 자의 찬송들을 하나님이 받으시겠습니까? 은혜 안에 있는 마음은 전혀 정서가 다릅니다: "찬송하리로다 하나님 곧 우리 주 예수 그리스도의 아버지께서 그리스도 안에서 하늘에 속한 모든 신령한 복을 우리에게 주시되"(엡 1:3). 과연 하나님께서는 세상적인 것들을 우리에게 주사 우리로 하여금 신령한 것들을 — 그렇습니다. 그것들을 주시는 하나님 자신을 — 사랑하게 만드십니다. 마치 구애하는 자가 그 사랑하는 사람에게서 사랑을 얻고자 자기의 사랑의 증표를 보내는 것처럼 말입니다.

뿐만 아니라 우리는 자비와 자비를 구별하여야 하는 것처럼, 이 세상의 삶에 관계되는 저급한 자비들에서조차 구별을 해야 합니다. 왜냐구요? 이는 여러분의 감사의 강조점이 그 세상적인 자비들의 신령한 부분에 가 있게 하기 위함입니다. 외형적인 자비에는 반드시 우리의 감각을 즐겁게 해주는 육체를 위한 양식과 또한 우리에게 있는 은혜를 활동하게 만드는 영혼을 위한 양식이 있습니다. 건강의 자비가 있습니까? 육신적인 마음은 그것이 자연적인 삶의 기쁨을 가져다주기 때문에 그것을 기쁨으로 취합니다. 그러나 누구보다도 성도가 그런 건강을 기쁨으로 취합니다. 건강이야말로 자기 시대와 처소에서 하나님을 영화롭게 할 수 있게 해주는 기회가 되기 때문입니다. "나는 여전히 그를 찬송하리니 그는 내 얼굴의 건강이시요 또 내 하나님이시로다"(시 42:11. 한글개역개정판은 "나는 그가 나타나 도우심으로 말미암아 내 하나님을 여전히 찬송하리로다"로 번역함 — 역주). 하나님께서 재물의 복을 주십니까? 육신적인 죄인은 자기가 마음껏 그것을 누리게 되었다는 것 때문에 그것을 귀하게 여깁니다. 마치 그것이 자기에게 주어진 것이 자기를 위해 소비하거나 자기 가족을 부요하게 하는 것 이상 더 높은 목적이 없는 것처럼 말입니다. 그러나 은혜 안에 있는 영혼은 그 재물이 다른 이들의 필요를 채워주게 해준다는 것으로 인하여 하나님을 찬송하며, 가득 채워진 지갑보다 크고 넓은 마음 갖는 것을 더 큰 자비로 여기는 것입니다. 다윗은 풍성한 처지에서 자기 자신을 찬송하지 않았고, 그 풍성한 것을 다시금 그것을 베풀어 주신 하나님의 품에 되돌려드릴 마음을 주신 것에 대해 하나님을 찬송하였습니다. "나와 내 백성이 무엇이기에 이처럼 즐거운 마음으로 드릴 힘이 있었나이까? 모든 것이 주께로 말미암았사오니 우리가 주의 손에서 받은 것으로 주께 드렸을 뿐이니이다"(대상 29:14).

지침 7. 여러분의 찬송이 잠시 있다가 사라지는 것이 되게 하지 마십시오. 음악을 잠시 연주하고는 악기를 다시 벽에 걸어놓았다가, 무언가 굉장한 섭리를 누리게 되는 날이 오면 다시 그것을 내려서 연주하는 식이 되어서는 안 됩니다. 하나님께서는 일 년 내내 단 한 번 차려지는 감사의 잔치에는 오시지 않으십니다. 하나님은 그의 성도의 집에 손님으로 방문하시는 것이 아니라 그들과 함께 거기 거주하시는 분이십니다: 그는 "이스라엘의 찬송 중에 계시는" 분이십니다(시 22:3). 하나님을 찬송하지 않는 날은, 여러분이 그를 문 밖에 내쫓는 것입니다. 다윗은 이것을 평생의 본분으로 삼았습니다: "내가 살아 있는 동안 내 하나님을 찬양하리로다"(시 104:33). 솔로몬은 이렇게 말씀합니다: "거짓 혀는 잠시 동안만 있을 뿐이니라"(잠 12:19). 거짓말쟁이에게서 무언가가 떨어지지만 금방 그의 거짓됨을 드러내고 맙니다. 그런 사람에게서는 하나님을 찬송하는 혀도 그렇게 잠시만 움직일 뿐입니다. 오늘 하나님을 찬송하지만 내일이면 그 혀로 하나님을 저주할 수도 있는 것입니다.

지침 8. 찬송을 지속적으로 해야 하는 것은 물론, 찬송에서 자라가야 합니다. 파도가 높아질수록 바다의 배가 높이 솟아오르고, 곡식이 늘어날수록 창고도 커지며, 몸이 자랄수록 그만큼 의복도 크게 짓는 법입니다. 날마다 자비의 파도가 밀려들어와 쌓이고 여러분의 보고(寶庫)를 늘려주고 여러분의 수준을 높여 줍니다. 선지자는 말씀하기를, 그것들이 "아침마다 새롭다"고 합니다(애 3:23). 여러분이 잠자든 깨어 있든 그것들은 자라납니다. 그러므로, 이제 어른이 된 후에는 어린 시절 입던 외투가 맞지 않는 것처럼, 초신자였을 때에 여러분의 영혼을 입혔던 그 찬송의 의복은 이제 장성한 제자가 된 지금에 와서는 여러분에게 맞지 않는 것입니다. 지금 여러분은 예전보다 하나님의 장부에 더 깊이 기재되어 있습니다. 그리고 하나님께서는 각 사람이 받은 대로 그에게 행할 것을 기대하십니다. 여러분 자신은 지금도 그리 나쁜 남편은 아니지만, 여러분의 수준을 높이 올리기를 바랄 것입니다. 지금 여러분의 논밭을 사오십 년 전의 세율로 대여하고 싶겠습니까? 그렇다면 하나님께서도 그의 자비들에 대한 세율을 높이시지 않겠습니까? 그리스도인 여러분, 과거를 돌아보십시오. 여러분이 처음 출발한 이후 여러분이 세상에서 얼마나 귀한 자비들을 누려왔는지를 보십시오. 어쩌면 여러분도 야곱처럼 다음과 같이 이야기할 수도 있을 것입니다: "내가 내 지팡이만 가지고 이 요단을 건넜더니 지금은 두 떼나 이루었나이이다"(창 32:10).

자, 예전과 비교해서 지금 여러분이 건강, 재물, 은사, 은혜, 혹은 위로 면에서 얼마나 더 많은 것을 누리고 있는지를 보십시오. 그리고 예전에 드린 감사에 비해서 지금은 얼마나 더 많은 감사를 드리는지를 따져 보십시오. 여러분에게 더해진 하나님의 선하심에 비해서 감사가 전혀 자란 것이 없다면 부끄럽지 않겠습니까? 오히려 예전보다 감사가 더 줄었다면 더더욱 부끄러운 일일 것입니다. 그런데 이런 배은망덕의 사례가 얼마나 흔합니까? 하나님이 베푸시는 자비가 풍성할수록 그에 대한 감사의 보답도 더욱 긴밀하고 풍성해야 마땅할 것입니다. 가난할 때에는 보잘것없는 초라한 한 끼의 식사에 대해서도 지금 맛깔스러운 좋은 음식에 대해서 드리는 것보다 오히려 더 많은 감사를 드릴 수 있었습니다. 병들었을 때에는 잠을 이루지 못하여 뒤척이다가 한두 시간 정도밖에 자지 못해도, 그렇게라도 잠을 잘 수 있는 자비에 대해 얼마나 마음 깊이 감사했는지 모릅니다! 그런데 지금은 밤마다 아무런 방해거리도 없이 단잠을 자고 깨어도 하나님의 선하심을 거의 눈치조차 채지 못합니다. 이렇듯 세월이 흘러갈수록 냉랭함이 더해가는 것입니다. 하지만 하나님의 자비의 태양이 더 높이 떠오르고 더욱 환히 비치고 열기를 내는데도, 사람의 하나님을 향한 사랑이 계속 식어간다는 것은 이상한 일이 아닙니까? 자비가 더욱 쌓이는 데도 마음이 허탄한 데에 쏠리고, 자비가 더욱 풍성한 데도 감사는 더욱 초라해지다니, 정말 안타까운 일입니다.

지침 9. 여러분의 찬송이 진짜가 되게 하십시오. 말로는 전혀 빚을 갚는 것이 아니라고들 말합니다. 그저 한입 가득 찬송을 머금고 그 소리와 함께 그냥 지나가 버리는 것은 감사라 할 수 없습니다. 은혜를 깨닫는 마음은 지혜가 있어서 그저 노래 하나로 하나님을 떠나보낸다는 생각을 할 수가 없습니다. 물론 하나님께 노래로 찬송합니다. 하지만 그것은 그가 의도하는 최소한의 것일 뿐입니다. "여호와는 나의 힘이요 노래시며 나의 구원이시로다 … 내가 그에게 처소를 예비할 것이요"(출 15:2. 한글개역개정판은 "내가 그에게 처소를 예비할 것이요"를 "내가 그를 찬송할 것이요"로 번역함 — 역주). 예, 그렇습니다. 집을 짓는 일은 비용이 들어가는 일입니다. 감사는 값비싼 일입니다. 다윗은 아라우나에게 말하기를, "값 없이는 내 하나님 여호와께 번제를 드리지 아니하리라"라고 했습니다(삼하 24:24). 값싼 찬양은 쉽게들 행합니다. 하지만 비용이 들어가게 되면 많은 사람들이 그 일에 염증을 느끼게 됩니다. 유대인들은 바벨론에서 구원받을 때에 "노래"를 불러드릴 수 있었습니다(시 137편). 하지만 그것은 마음에 하나님의 "처소"를 세우는 것과는 거리가 멀었습니다. 그 때는 오지 않았습니다. 그들은 자기들의 마음이 오지 않았노라고 말할 수도 있었습니다. 자기들 자신의 둥지를 짓는 데에는 돈도 시간도 풍족했습니다만, 하나님을 위한 처소를 위해서는 아무것도 준비되어 있지 않았습니다. 그 문제에 대해 탐욕을 부렸으니 그들은 정말 바보처럼 행한 것이었습니다. 그들이 자기들의 둥지를 짓기가 무섭게 하나님께서는 다른 쪽을 무너뜨리셨으니 말입니다. 오늘날도 그들과 같은 자세를 가진 이들이 있습니다. 하나님께 처소를 예비해드리고 우리 민족을 사랑하여 회당을 짓게 만들기는커녕 오히려 그 처소와 회당들을 허물어 그 서까래를 날라다 자기들의 집을 지으려 하니 말입니다. 목사들과 그들의 사역과 그들의 유지 수단을 끌어내려서 오히려 복음이 유지되게 하고 있으니, 훌륭한 기술자들이 아닐 수 없습니다! 과연 이것이 번창하게 하는 길이었다면, "너희에게 복을 베풀 이 날로부터 지금 기억하라"(학 2:18)고 하신 하나님의 말씀이 헛된 것이 될 것입니다. 그러나 제가 말하는 진정한 찬송이란 과연 무엇인가에 대해 여러분이 궁금해하실 것입니다.

[진정한 찬양이란 무엇을 뜻하는가?]

(1) 마음이 담겨 있을 때에 그 찬송은 진정한 찬송이 됩니다. "내 속에 있는 것들아 다 그의 거룩한 이름을 송축하라"(시 103:1). 하나님의 자비들이 우리 마음속에 하나님에 대한 사랑스런 생각들을 품게 할 때에 우리의 찬송이 진정한 찬송이 되는 것입니다. 마음으로 하나님을 저주한다는 말씀을 읽는데(시 106:1), 우리가 하나님의 선하심과 위대하심에 대해 전혀 어울리지 않은 비열하고 추한 생각들을 할 때에 그런 일이 행해지는 것입니다. 그리고 반대로 하나님의 자비들이 사람의 마음속에 그의 속성들을 생생하게 드러내는 그런 이미지를 새겨놓을 때에, 그들이 마음으로 하나님의 위엄을 높이고, 그의 거룩하심을 존귀히 여기고 그의 사랑을 즐거워하고 그의 선하심을 두려워함으로 하나님을 송축하게 됩니다. 바로 여기에 진짜 감사가 있는 것입니다. 그 사람의 훌륭함을 되새기고 높이 칭송하는 것

이 아니면 과연 무엇이 찬송 혹은 존귀히 여기는 것이겠습니까? 자, 거울이 그것을 들여다보는 사람의 모습을 그대로 보여주듯이, 감사하는 마음은 하나님이 그의 자비들 속에서 드러내시는 그 영광스러운 속성들을 다시금 투영하는 것입니다. 이처럼 하나님께서는 감사하는 영혼이 그를 찬송하는 동안 들고 있는 참된 거울 속에서 그의 얼굴을 보시는 것입니다. 반면에 감사할 줄 모르는 사람은 하나님에 대해 그의 영광스러운 속성들에 전혀 합당하지 않은 그런 저급한 생각들을 품음으로써 마치 깨어진 거울처럼 하나님의 아름다운 얼굴을 일그러지게 하고 왜곡시키는 것입니다.

(2) 순종할 때에 그것이 진정한 찬송이 됩니다. 하나님은 그가 베푸시는 자비들이 우리의 삶 속에 쉽게 드러나는 성품들로 기록되지 않을 때에 그 자비들을 잊혀진 것으로 간주하십니다. "구원자 하나님을 그들이 잊었나니"(시 106:21). 여호수아가 율법을 기록한 일이 나타납니다(수 8:32). 아이성 싸움에서 승리하자, 그 놀라운 자비를 기념하는 기념물로 제단이 세워집니다. 그런데 주목하십시오. 하나님께서 그 돌 위에 무엇을 기록하여 새기라고 명령하십니까? 어쩌면 그 역사적인 날에 이룩한 승전의 이야기가 그 돌비에 기록되었어야 했다고 생각할 수도 있습니다. 하지만 여호수아가 "이스라엘 자손의 목전에서" 기록한 것은 바로 "모세가 기록한 율법"이었습니다(32절). 이로서 그는 자비를 기념하는 가장 최선의 방법은 바로 율법을 지켜 준행하기를 잊지 않는 것이라는 것을 분명히 보여주었습니다. 사울은 이스라엘 백성이 제사를 위해 가장 좋은 가축들을 남겨두었다고 변명했으나, 사무엘은 이에 속지 않았습니다. 그는 이렇게 말씀했습니다: "여호와께서 번제와 다른 제사를 그의 목소리를 청종하는 것을 좋아하심 같이 좋아하시겠나이까? 순종이 제사 보다 낫고 듣는 것이 숫양의 기름보다 나으니"(삼상 15:22). 이는 마치 이런 뜻과도 같았습니다: "사울아! 네가 하나님의 명령에 불순종하면서 오히려 제물로 하나님께 뇌물을 바치려 하느냐? 백조는 잡아 죽이고, 그 깃털은 방에다 꽂아 두려느냐? 네 마음으로는 하나님의 말씀 순종하기를 거부하면서 그 대신 짐승을 죽여 그 심장을 그에게 제물로 바치려느냐? 이것이 과연 하나님이 요구하신 제사더냐? 과연 그가 열납하시겠느냐?" 우리가 감사의 만찬을 차려 놓아도 그 식탁의 접시에 순종이 담겨 있지 않으면 하나님께서는 주리신 채로 일어서실 것입니다. 순종이 없다면, 우리와 우리의 제물들이 함께 불에 탈 수도 있습니다. 하나님께서는 그것들을 제단 뿔에서 뽑아 버리실 것이요, 그들의 외식적인 찬송과 함께 그들

의 무릎을 제하여 이 빚을 다른 식으로 갚아 주실 것입니다. "너희가 즐겨 순종하면 땅의 아름다운 소산을 먹을 것이요"(사 1:19). 그 때에야 비로소 하나님께서 여러분의 제물들을 잡수시고 또한 여러분 자신도 그 누리는 것들을 감미롭게 맛보게 될 것입니다. "주께서 기쁘게 공의를 행하는 자 … 를 선대하시거늘"(사 64:5). 둘 중의 하나가 아니라 둘 다 함께 요구되는 것입니다. 공의를 행함이 없이 그냥 기뻐하거나, 공의를 행하되 기쁨이 없이 행하는 것이 아니라 둘 다 있어야 하는 것입니다. 이스라엘을 향하여 이처럼 경고하는 것은 그들이 그저 하나님을 섬기지 않기 때문만이 아닙니다. 그들이 그를 섬기되 "기쁨과 즐거운 마음으로"(신 2:8) 하지 않았기 때문입니다. 하나님께서는 그가 베푸신 자비에 대해서 그의 종들이 즐거운 얼굴로 보답하는 것을 기뻐하십니다. 그렇게 할 때에 옆에서 보는 자들이 그들이 선한 주인을 섬긴다는 것을 알게 되는 것입니다.

(3) 자비의 행위로 결말을 맺을 때에 그 찬송은 진정한 찬송입니다. "우리는 예수로 말미암아 항상 찬송의 제사를 하나님께 드리자 이는 그 이름을 증언하는 입술의 열매니라"(히 13:15)라는 말씀은 정말 깊이 새길 만한 말씀입니다. 그런데 바로 그 다음 말씀을 주목하십시오. "오직 선을 행함과 서로 나누어 주기를 잊지 말라 하나님은 이 같은 제사를 기뻐하시느니라"(16절). 이는 마치 이런 말씀과도 같습니다. "그냥 하나님께 감사를 드리면 된다고 생각하지 말라. 기꺼이 둘 다 행하거나 아니면 아무것도 행하지 말라. 하나님이 베푸시는 선을 받은 자는 마땅히 다른 이들에게 자비를 베풀어야 마땅하다." 하나님의 부드러운 가슴속에 안겨 있다가 마음이 딱딱하게 굳어 사랑이 없는 상태로 나온다면 이는 정말 이상한 일일 것입니다. 자녀들 중에는 땅의 부모들에게서 아무것도 취하지 않는 이들도 있습니다. 키케로의 아들은 그 아버지에게서 이름 외에 아무것도 얻지 않았습니다. 그러나 하나님의 자녀는 그 아버지의 천상의 속성 모두를 다 나누어 갖는 법입니다. 철학은 말하기를, 땅은 하늘의 것들에 대해 전혀 반응이 없다고 합니다. 과연 하늘의 천체들은 낮은 세상을 향하여 영향력을 발휘하여 땅의 것들에 생명을 주고 결실하게 합니다. 하지만 땅은 태양과 별들이 더욱 빛을 발하도록 그것들에게 되돌려 주는 것이 아무것도 없습니다. 다윗은 "내 선함이 주께 미치지 못"("my goodness extendeth not to thee." 한글개역개정판은 "주 밖에는 나의 복이 없다"로 번역함 — 역주)한다는 것을 잘 알고 있었지만, 이로 인하여 그는 그의 형제들, 곧 "땅에 있는 성도들"에게로 나아가게 됩니다(시 16:2, 3). 정말이지 하나님께서는 가난한 성도들이

우리가 받은 자비들에 대해 하나님께 빚지고 있는 바 소작료를 가난한 성도들이 받게 해주신 것입니다. 성실한 객이라면 친구가 모든 것을 베풀어주면서 아무것도 요구하지 않아도, 그 친구의 종들에게 무언가 선물을 줄 것입니다. 그리스도께서 재림하실 때, 그는 그의 성도들에게 어떻게 대하실까요? 너희가 그토록 훌륭하게 감사절을 지키고 찬양의 노래로 가득 차게 했으니 "복 받을 자들이여 나아오라"라고 하시지 않습니다. 오히려 "내가 주릴 때에 너희가 먹을 것을 주었고 목마를 때에 마시게 하였고 나그네 되었을 때에 영접하였고 헐벗었을 때에 옷을 입혔고 병들었을 때에 돌보았고 옥에 갇혔을 때에 와서 보았느니라"라고 하십니다(마 25:35-36). 사도 바울은 구제를 열매라 부릅니다: "그러므로 내가 이 일을 마치고 이 열매를 그들에게 확증한 후에"(롬 15:28). 곧, 이러한 선행이 없이 입으로만 하는 모든 찬송은 껍데기에 불과하다는 것을 암시하는 것입니다. 이것이야말로 우리 믿음의 견고한 열매요, 하나님을 사랑하고 그 베푸신 자비들에 대해 감사하는 것입니다. 이러한 구제의 행위가 여러분의 지갑이나 찬장 위의 빵에만 한정되게 해서는 안 될 것입니다. 물론 그것들이 구제에 포함되지만 말입니다. 구제를 요하는 가난한 육체가 있지만, 동시에 가난한 영혼들이 있는 것입니다.

하나님께서 과연 여러분을 소돔에서 — 사탄의 굴레에서 — 건져 내셨습니까? 그렇다면 아직 마귀의 굴레에 매여 있는 자들을 향한 안타까운 연민의 가슴은 어디에 있습니까? 터키인의 노예살이보다 더 비참한 처지에 있는 그 포로들을 구해내기 위해 여러분은 어떤 수단을 강구하고 있습니까? 하나님은 이스라엘을 향하여 낯선 객들을 선대하라고 명령하시면서 그들 역시 과거에 객이었다고 하십니다(신 23:7). 여러분, 과거에 영적인 어둠과 양심의 괴로움의 지하 감옥에서 오랫동안 누워 있다가 성령의 위로로 말미암아 머리를 들어올리게 되고, 마치 바로의 술 맡은 관원이 감옥에 있다가 복직되어 왕 앞에 나아간 것처럼, 하나님의 임재 속에 영접함을 받았습니까? 그렇다면, 여러분과 똑같이 감옥에 갇혀서 안타까운 두려움과 공포 속에 떨고 있는 다른 사람들을 잊고 있으면서 어떻게 여러분 자신의 구원 받은 사실에 대해 진정 감사한다고 생각할 수 있습니까? "정직한 자들에게는 흑암 중에 빛이 일어나나니 그는 자비롭고 긍휼이 많으며 의로운 이시로다"(시 112:4). 이 말씀은 어떤 경우든 참입니다만, 이 경우에는 더더욱 그렇습니다. 제가 여러분에게 겉사람에 대해서는 무시하고 속사람에 대해서만 사랑을 갖도록 부추긴다는 식으로 생각하지 않도록 하기 위해 한 말씀 드리자면, 하나님께서 여러분에게 재물을 주셨습니까? 야곱처럼 나그네의 지팡이만 있었는데 두 떼나 이루게 하셨습니까? 그렇다면 여러분은 하나님의 자비하심을 그의 가난한 권속들에게 보여주고 계십니까? 사울의 가문에 아무도 없느냐고 물었던 다윗처럼 말입니다. 오오, 우리는 그 옛날의 성도들의 모습과 어쩌면 이렇게 다른지요! 그들은 구제할 대상을 만나기 위해 달려갔는데, 우리는 그들에게서 달려 도망치니 말입니다. 그들은 가난한 자들을 생각했고, 그들에게 부족한 것이 무엇이며, 어떻게 그 부족한 것들을 채워줄지를 생각했습니다. 그렇습니다. 그들은 "존귀한 일을 계획"하였습니다(사 32:8). 하지만 우리는 어떻게 해면 우리의 지갑을 채울까 하는 것을 궁리합니다. 그들은 핍절해질 때까지 모든 것을 다 주기를 마다하지 않았으나, 우리는 남아도는 것도 주기를 아까워하고, 또한 교만한 나머지 가난한 자들을 위해 써야 할 것을 등에다 짊어지고 다니며, 가난한 자들의 배를 채워 주어야 할 것들을 우리의 매와 사냥개들에게 던져 줍니다. 그렇습니다. 핍절한 그리스도의 지체들을 위해 일 년에 한 차례 기꺼이 베푸는 것보다도 우리의 주연(酒宴)과 잔치와 화려한 의복에 더 많은 것을 소비하는 것입니다.

(4) 미래에 대해 하나님을 더 강력하게 신뢰하게 될 때 우리의 찬송은 진정한 찬송입니다. 친구가 과거에 친절을 베풀었는데도 미래에 다시 도움이 필요할 때에는 그가 돕지 않을 것이라는 식으로 의심하고 그를 신뢰하지 못한다면, 과연 그 친구에 대해 감사하고 있다고 어떻게 말할 수 있겠습니까? 하나님께서 이적으로 반석을 깨어 목마름을 해결하게 해주셨는데도, 이스라엘은 바로 그런 식으로 하나님께 배은망덕한 태도를 보였습니다. "보라 그가 반석을 쳐서 물을 내시니 시내가 넘쳤으나 그가 능히 떡도 주시며 자기 백성을 위하여 고기도 예비하시랴?"(시 78:20). 사실 이것이 광야 여정 내내 그들이 보인 태도였습니다. 그러므로 하나님께서는 그의 자비가 한참 베풀어지고 있고 잔칫상이 그들 앞에 펼쳐져 있을 때에 그들이 보인 모습이 아니라 — 그때에 그들은, "하나님이 그들의 반석이시며 지존하신 하나님이 그들의 구속자이시다"(시 78:35)라고 말할 수 있었습니다만 — 그들이 곤경을 당할 때에 보인 짜증 가득한 모습으로 그들의 모습을 규정하시는 것입니다. 좋은 예복이 벗겨지고, 잔칫상이 눈 앞에서 사라질 때에 그들은 하나님에 대해 어떤 생각을 가졌습니까? 어제 배불리 먹이셨으니 내일도 정찬(正餐)을 베푸실 것을 믿고 그를 신뢰하며 그의 이름을 거룩하게 여겼던가요? 아닙니다. 그렇지 않습니다. 다시 배고픔이 돌아오는 것을 느끼자마자 마치 하나님께서 그들을 굶

겨죽이려 하시기라도 한 것처럼 그들은 마치 이맛살을 찌푸리는 아이들처럼 울부짖습니다. 그러므로 하나님께서는 찬송을 부르는 그들의 면전에 침을 뱉으시고 그들의 외식적인 찬사를 받지 않으시고, 오히려 그들의 배은망덕을 기록해 놓으십니다: "그들은 그가 행하신 일을 곧 잊어버리며 그의 가르침을 기다리지 아니하고"(시 106:13). 오오 여러분, 이 얼마나 안타까운 일입니까! 하나님이 여러 차례 고귀한 자비들과 구원들로 식탁을 차려서 영혼을 즐겁게 해주셨는데도 그것들을 제대로 잘 소화시키지 못하고 그 중 하나도 믿음에게 양식이 되지 못하여, 하나님께서 우리가 바라는 만큼 속히 임하셔서 구원해주시지 않을 때에 마음이 기진맥진한 상태가 되어버리니 말입니다! 하나님이 베푸신 자비들을 기억 속에 담아두고 있고, 또한 그가 베푸신 것을 생각함으로써 믿음에 양식을 공급하므로, 현재의 곤경 중에도 넉넉히 걸어갈 수 있는 힘이 있는 사람이야말로 진정으로 감사하는 사람입니다. 욥은 극한 곤경 중에 있었으나 하나님이 과거에 베푸신 자비들을 잊지 않았고, 오히려 목에 칼이 드리워진 상황에서도 담대히 하나님을 신뢰하였습니다: "그가 나를 죽이실지라도 나는 그를 신뢰하리라"(욥 13:15. 한글개역개정판 난외주 — 역주). 과거의 체험에도 불구하고 하나님을 신뢰하지 않는 자는 어리석은 건축자와 같습니다(마 7장). 그는 과거에 체험한 자비들을 기념하는 기념비를 모래 위에 세웁니다. 그러니 그 다음에 환난의 파도가 밀려오면 다 쓸려가 버리는 것입니다.

지침 10. 이 땅의 무대에 있을 동안에만 하나님을 찬송하지 말고, 하나님의 선하심에 대한 감사를 후대에까지 전수하기를 힘쓰십시오. 시편 기자는 하나님의 자비에 대해 말씀하기를, "우리가 이를 그들의 자손에게 숨기지 아니하고 여호와의 영예와 그의 능력과 그가 행하신 기이한 사적을 후대에 전하리로다"라고 합니다(시 78:4). 자녀들은 부모의 상속자들이며, 그 부모의 재물을 그대로 누립니다. 아버지가 죽기 전에 자녀들이 찾아서 누리지 못하게 하기 위해 자기의 보물을 땅 속에 파묻는다면 이는 극히 이례적인 일일 것입니다. 그런데 하나님이 베푸신 자비들은 부모의 가장 작은 재산도, 자녀가 물려받을 가장 작은 유산도 아닙니다. 그것들은 그들의 믿음에 도움을 주는 것이요, 그들의 찬양의 주제가 되는 것이요 또한 그들의 순종을 격려해 주는 것입니다: "주께서 우리 조상들의 날 곧 옛날에 행하신 일을 그들이 우리에게 일러주매 우리가 우리 귀로 들었나이다. 주께서 주의 손으로 뭇 백성을 내쫓으시고 우리 조상들을 이 땅에 뿌리박게 하시며 주께서 다른 민족들은 고달프게 하시고 우리 조상들은 번성하게 하셨나이다. 그들이 자기 칼로 땅을 얻어 차지함이 아니요 그들의 팔이 그들을 구원함도 아니라 오직 주의 오른손과 주의 팔과 주의 얼굴의 빛으로 하셨으니 주께서 그들을 기뻐하신 까닭이니이다"(시 44:1-3). 그들은 이것으로 인하여 확신을 가졌으며 — "하나님이여 주는 나의 왕이시니 야곱에게 구원을 베푸소서"(4절) — 또한 이것으로 감사의 마음을 북돋았습니다: "우리가 종일 하나님을 자랑하였나이다 우리는 하나님의 이름에 영원히 감사하리이다"(8절). 자녀들은 부모의 상속자들이므로 그 부모가 진 빚을 갚아야 할 의무도 지는 것이 정의입니다. 그런데 성도가 죽을 때에 남겨두고 가는 큰 빚은 바로 하나님이 베푸신 자비들에 대해 그에게 보답하는 것입니다. 그러므로 그는 그 자손들에게 그것을 갚게 하는 것이 당연한 일입니다. 그렇게 하여 여러분이 하늘에서도 땅에서도 동시에 하나님을 찬송하게 될 것입니다.

[적용]

[감사할 줄 모르는 세상을 향한 책망, 그리고 성도에게 주는 권고]

자 이제, 책망과 권고의 두 가지 적용을 통해서 이 단락을 마무리하고자 합니다.

적용 1. 감사할 줄 모르는 세상을 향한 책망입니다. 안타까운 일입니다만 이 세상이라는 저택의 위대하신 주님께 당연히 지불해야 할 이 작은 집세를 제대로 드리는 순전한 사람이 왜 그리 적은지 모르겠습니다! 마치 돼지처럼 여물통에다 코를 들이박고 있는, 그야말로 짐승 같은 이들도 있습니다. 그들은 눈을 하늘로 들어올리고 "나를 위해 이것을 베푸시는 하나님이, 나로 하여금 생존하게 하시는 하나님이, 내게 삶을 주시는 하나님이 거기 계시다"라고 말하는 정도의 이성도 발휘하지 않습니다. 우리 마을을 다 뒤져서 이런 짐승 같은 자들이 거하는 곳을 찾지 못한다면 지극히 다행한 일일 것입니다. 사람이 완전히 혼미한 상태에서 지각도 이성도 마비되어서 가장 가까운 친구도 알아보지 못하고 날마다 보살피고 음식을 공급해 준 사람도 알아보지 못하는 것을 본다면, 그것은 정말 안타까운 광경일 것입니다. 그런데 오늘날 하나님의 공급하심을 누리면서도 그렇게 무감각한 몹쓸 죄인들이 얼마나 많은지 모릅니다! 하나님의 섭리가 그들의 필요한 것들을 날마다 공급해 주지만, 그들은 그의 보살피심과 선하심을 전혀 눈치 채지 못하는 것입니다. 또한 오직 하나님께 드려야 할 찬송의 면류관을 자기 머리에 씌우는 몰염치하며 망령된 자들도 있습니다. 느부갓네살은 자기 궁궐에 자기 자신의 이름을 새기고는 하나님을 이야기에서 제외시킵니다: "이 큰 바벨론은 내가 능력과 권세로 건설하여 나의 도성으로 삼고 이것으로 내 위엄의 영광을 나타낸 것이 아니냐?"(단 4:30). 정말 교만한 몹쓸 죄인이 아닐 수 없습니다! 그가 쌓아올린 돌 하나하나가 모두 하나님의 채석장에서 쪼아낸 것이 아니었습니까? 그리고 거기에 들어간 모래 한 알 한 알이 모두 하나님의 땅에서 나온 것이 아니었습니까? 이처럼 무신론적인 농사꾼은 "주의 은택으로 한 해를 관 씌우시는"(시 65:11) 하늘의 하나님께보다도 오히려 자기의 쟁기와 거름마차에게 더 감사하는 것입니다. 교만한 군인은 자기의 검에 의지하여 서서, 만군의 여호와가 아니라 자기 자신에게 승리의 모든 영광을 돌립니다. 오직 여호와께서 그의 기뻐하시는 뜻에 따라 권능자의 심장을 주기도 하시고 취하기도 하시는데 말입니다.

그렇습니다. 어떤 이들은 찬송을 하나님께 드리기보다는 차라리 다른 아무에게나 주어 버립니다. 교황 아드리안(Pope Adrian)은 자기가 세운 대성당의 정문들에 새겨놓은 망령된 문구에서 다음과 같이 성경의 언어를 써서 하나님을 욕하였습니다: "우트레흐트(Utrecht)가 나를 심었고, 로비안(Lovian)이 물을 주었고, 카이사르(Caesar)가 자라게 하였도다." 그런데 누군가가 그 밑에 이렇게 써놓았다고 합니다: "하나님은 이 사람을 위해 아무것도 하시지 않은 듯 싶구나." 하나님께 쓰임을 받아 우리에게 선을 베푼 도구들인 사람들을 인정하는 것이 불법이라는 것이 아닙니다. 다만 우리를 세우시는 근원자이신 하나님의 이름을 삭제하고 오히려 그 밑에 있는 피조물의 이름을 새겨놓는 것이야말로 사악함과 배은망덕의 표본이라는 것입니다. 어느 선한 사람이 그에게 친절을 베푼 친구에게 했다는 다음과 같은 말이 좋아 보입니다: "자네에 대해 하나님을 찬송하네. 하나님과 자네에게 감사하네." 더 많은 것을 강요하는 자는 우리가 그에게 빚지지 않은 것까지도 요구하는 법입니다.

한 말씀 더 드리자면, 이 세 종류의 사람 중에 가장 최악인 사람은 하나님이 베푸신 자비들에 대해 그에게 감사를 드리기는커녕 오히려 그에게 욕을 돌리는 자입니다. 하나님께서 많은 이들에게 선을 베푸시지만 오히려 그것들이 그들의 탐욕을 채우고 키울 뿐이라는 것은 정말이지 안타까운 사실입니다. 그들은 하나님이 베푸신 양식을 먹고 마시고는 일어나 하나님을 대적하는 반역자 노릇을 합니다. 하나님이 그들에게 자비를 베푸신 것밖에 없는데 그들은 그것을 무기로 삼아 그를 대적하는 것입니다. 세입자가 값싼 세를 지불하지 않는 것만 해도 정말 나쁜 일인데, 그들은 주인의 땅에 심겨진 나무들을 꺾고 황폐화시키고 있으니, 이는 더욱더 용납할 수 없는 일입니다. 그런데도 악한 세상에서는 하나님의 자비들에 대해 그와 같은 어처구니없는 행위가 날마다 자행되고 있습니다.

미카엘 발부스(Michael Balbus)는 황제에게서 사면을 받아 석방된 그 날 밤에 그를 구해준 그 은인(황제)을 잔인하게 시해한 인물로 끔찍한 배은망덕으로 악명이 높습니다. 그런데 하나님이 환난의 감옥에서 석방시키셨는데도, 사형 선고가 취소되고 감옥 문이 열리자마자 곧바로 그 하나님께 반역의 칼을 드리우고 맹세와 술 취함과 망령된 처사로 그의 이름을 더럽히는 자들이 얼마나 많습니까? 마지막으로, 또 어떤 이들은 감사를 해야 마땅하지만 그저 입에 발린 찬사만을 돌립니다. 입으로는 하나님을 높이지만 삶으로는 그에게 멸시와 천대를 쏟아붓는 것입니다. 입으로 한 가지 곡조를 노래하면서 동시에 손으로는 전혀 엉뚱한 곡조를 하프로 연주한다면, 그야말로 거칠고 불쾌한 소리를 낼 뿐이지 않겠습니까? 오오 여러분, 야곱의 목소리가 들리는데 에서의 거친 손이 만져진다면 이는 하나님의 귀에 거슬릴 뿐입니다. 인류의 대다수가 하나님의 선하심을 그렇게도 왜곡시키고 모욕하고 있는 현실을 생각하면, 다음과 같이 이야기한 사람의 심정이 되지 않을 수가 없습니다: "세상에서 가장 큰 기적은 배은망덕한 세상을 향하신 하나님의 인내와 너그러우심이다." 만일 어떤 임금의 원수들이 그의 성에 들어오게 되면, 그는 그들에게 먹고 쓸 것을 공급하기는커녕 그들을 그곳에 단단히 가두고 굶겨죽이고자 할 수 있는 모든 조치를 다 강구할 것입니다. 그러나 위대하신 하나님은 그의 모든 원수들을 멸망시키실 수 있는데도 그들을 참아 주시고, 날마다 비용을 들여 그들을 유지시켜 주십니다. 그는 친히 "은혜를 모르는 자와 악한 자에게도 인자하신" 분이시니(눅 6:35), 우리를 저주하는 자들에게 축복하라고 명령하신다 해도 합당한 일일 것입니다. 오오, 하나님은 원수들의 머리 위에 자비의 숯불들을 쌓으시는 분이시니 그의 피조물이 감사할 줄 안다면 그가 과연 무슨 일인들 행하지 않으시겠습니까!

그러나 죄인인 여러분, 여러분이 그런 식으로 회피할 것이라는 생각은 마십시오. 하나님의 맷돌은 천천히 움직입니다만, 곡식을 아주 세밀하게 갈아 줍니다. 지금 그의 인내와 너그러움이 클수록 그의 모욕 받은 선하심에서 일어나는 진노는 더욱 끔찍스럽고 견딜 수 없을 것입니다. 철(鐵)만큼 무딘 것이 없지만, 일단 날을 갈아놓으면 그것처럼 치명적으로 잘라내는 것이 없습니다. 바다처럼 부드러운 것이 없지만, 광풍이 밀어닥치면 그보다 더 무섭게 일어나는 것이 없습니다. 하나님의 인내와 선하심만큼 감미로운 것이 없지만, 그의 진노가 불이 당겨지면 그것처럼 끔찍한 것이 없습니다. 그러므로 하나님을 경외함으로 여러분들이 무엇을 행하고자 하는지를 잘 생각하기 바랍니다. 가장 가까운 친지들을 괴롭히는 것이야말로 주의가 흐트러진 사람들의 속임수입니다. 그들은 누구보다 그처럼 가까이 있는 자들에게 악을 행하고자 합니다. 하지만 죄를 지닌 채로 하나님의 면전에서 도망하려는 것이야말로 얼마나 어리석고 미친 짓인지 모릅니다. 그는 여러분의 모든 친구들보다 여러분을 위해 더 많은 것을 행하신 분이시요 또한 세상에 있는 여러분의 모든 원수들보다 여러분을 대적하여 더 많은 것을 행하실 수 있는 분이시니 말입니다! 하지만 여러분의 마음을 더 움직이게 하기 위해서 다음의 사실들을 생각하기 바랍니다.

1. 하나님께서는 여러분이 받는 그의 모든 자비들을 정확히 기록해 놓으신다는 것을 생각하십시오. 하나님의 습관은 여러분이 훔칠 수가 없습니다. 사환 게하시가 어디에 있었으며 나아만에게서 무엇을 받았는지를 선지자에게 말씀하실 수 있었던 하나님이시니, 그가 여러분이 그에게서 받은 모든 달란트 하나하나에 대해서 여러분에게 책임을 물으실 날이 올 것입니다. 하나님께서는 그가 베푸신 자비들을 기록해 놓으신 장부를 갖고 계시며, 거기에 기록해 놓은 것에 대해서는 그가 반드시 책임을 묻고자 하시는 것입니다.

2. 여러분이 받은 것만큼 많은 자비를 한 번도 받은 적이 없는 자들을 그가 얼마나 극심하게 다루셨는지를 생각하십시오. 심판 때에 하나님께서 과거에 베푸신 자비들에 대해 책임을 물으실 때에 이교도들이 아무 말도 하지 못한다면, 오오, 복음의 경륜에 따라 온갖 자비들을 받아 누린 여러분은 온 세상의 심판주 앞에서 얼마나 당혹스럽겠습니까! "그들이 핑계하지 못할지니라. 하나님을 알되 하나님을 영화롭게도 아니하며 감사하지도 아니하고"(롬 1:20, 21). 그 받은 바 동전 몇 푼에 대해 감사하지 않은 이교도들이 여호와의 날에 손을 들지 못한다면, 수많은 달란트를 손에 받아 누린 여러분은 대체 그에게 어떻게 대답하겠습니까?

질문. 하지만 불쌍한 죄인 여러분, 여기서 한 가지 질문이 있을지도 모르겠습니다. 곧, 하나님이 베푸신 자비들에 대해 찬송을 드리기 위해 과연 그에게 무엇을 해드려야 하느냐? 하는 것입니다.

답변. 한 마디로 하면, 하나님께 찬송을 드리는 길은 오직 한 가지밖에는 없고, 그 길은 아주 이상한 길이니, 곧 모든 자비들로 인하여 여태껏 하나님께 진 빚보다 그에게 더 큰 빚을 지는 것이 그것입니다. 불쌍한 죄인 여러분, 제 말이 무슨 뜻인지 들어보십시오. 여러분을 향하여 말할 수 없는 인내를 발휘해 오신 하나님은 — 그는 여러분에게 생명과 존재를 주신 분이십니다 — 그의 일상적인 섭리 중에 여러분에게 막대한 비용을 소비하사 여러분을 보존하시고 먹이시고 입히시고 삶을 유지시키셨는데 — 이 모든 것을 여러분은 지극한 배은망덕으로 욕되게 했고 그로 인하여 여러분의 생명이 그의 공의로우심에 몰수되게 되었습니다 — 게다가 이 모든 것보다 더 큰 자비를 베풀어 주시니 곧 주 예수님이 그분이십니다. 그러므로 여러분이 과거의 죄들에 대해 부끄러움과 슬픔을 갖고서 그에게로 나아가 그를 여러분의 주와 구주로 받아들이면 — 아니, 그를 받아들일 때에야 비로소 — 여러분이 하나님께서 베풀어 주신 다른 자비들에 대해서도 그를 찬양할 수 있는 자세를 취하게 되는 것입니다. 이 예수님이야말로 모든 자비 중 가장 큰 자비인데, 이를 거부하는 자는 절대로 그 어떠한 자비에 대해서도 감사할 수가 없는 법입니다. 여러분에게 감사의 자세를 주실 수 있는 분은 오직 그리스도 한 분뿐인 것입니다. 세상에서 그리스도인이 아닌 사람 중에 감사할 줄 모르는 사람이 아닌 사람이 하나도 없습니다. "악하다"는 것과 "감사할 줄 모른다"는 것은 서로 뗄 수가 없습니다. 오오, 이 얼마나 복된 복음입니까! 더 깊은 빚을 지는 것으로 빚을 갚으라고 가르치고, 무한히 더 큰 자비를 받아들임으로써 더 작은 자비들에 대해 감사할 수 있다고 가르치니 말입니다!

적용 2. 성도들에게 드리는 권면입니다만, 이는 여러분에게 이 임무를 다하라고 촉구하려는 것이 아닙니다. 여러분이 과연 그리스도인이라면 이 임무를 이미 시행하고 있을 것입니다. 그러니 이 임무를 다시 환기시켜드리고, 더욱더 사랑으로 행하도록 하기 위해서 권면을 드리는 것입니다.

1. 그것이 여러분에게 아주 잘 어울리는 임무임을 생각하십시오. "찬송은 정직한 자들에게 꼭 맞는 것이로다"(시 33:1. 한글개역개정판은 "찬송은 정직한 자들이 마땅히 할 바로다"로 번역함 — 역주). 여러분만큼 이 찬송의 의복이 잘 어울리는 사람이 없습니다. 이 의복을 입기 전에는 아침에 옷을 입었다고 생각해서는 안 될 것입니다. 감

사할 줄 모르는 성도는 스스로 모순을 지니고 있는 것입니다. "악한 자"와 "감사할 줄 모르는 자"는 둘이 쌍둥이어서 함께 살고 함께 죽습니다. 누구든 악한 자이기를 그만두는 순간, 그는 감사하는 자가 되기 시작하는 법입니다.

2. 이것이야말로 하나님께서 여러분에게서 기대하시는 것인 동시에 여러분에게 약속하시는 것임을 생각하십시오. 그는 이 목적을 위하여 여러분을 지으신 것입니다. 하늘에서 여러분을 그리스도 안에 있게 하도록 작정될 때에 그 일이 다음과 같은 조건으로 이루어졌으니, 곧 여러분이 이 땅에서와 영원토록 하늘에서 그에게 "명성과 찬송"(습 3:20)이 된다는 것이 그것입니다. 이것이 이행되지 않는다면, 그의 계획의 한 가지 주요 부분이 망가져 버리고 마는 것입니다. 여러분에게 그를 찬양하는 노래를 지을 거리를 주고자 하는 것이 아니면 그가 무엇 때문에 그 모든 자비를 여러분에게 베푸시겠습니까? "그들은 실로 나의 백성이요 거짓을 행하지 아니하는 자녀라 하시고 그들의 구원자가 되시니"(사 63:8). 그는 여러분의 편에서 정당하게 행할 것을 기대하십니다. 자녀가 아니라면 과연 아버지가 그의 명성을 걸고 신뢰할 자가 누구겠습니까? 자기가 총애하는 신하들에게서가 아니면 임금이 과연 어디서 존귀를 얻기를 기대할 수 있겠습니까? 여러분은 온 세상이 누릴 수 있는 모든 자비보다 더한 자비를 지극히 작은 자비로 여길 만큼 고귀한 위치에 있습니다. 그리스도인인 여러분과 여러분의 몇몇 형제들 사이에는 하늘과 땅만큼의 차이가 있는 것입니다. 하나님께서 과연 여러분에게 베풀지 않으신 것이 무엇입니까? 여러분에게 빛을 공급하기 위해 해와 달과 별들이 세워졌고, 여러분이 사용할 수 있도록 바다와 땅에 보화와 창고가 있습니다. 다른 사람들은 그것들을 강탈하는 것뿐이요, 여러분이야말로 그것들을 누릴 정당한 상속자들입니다. 그들은 다른 이들이 그것들을 누린다는 것에 대해 탄식합니다. 악하든 선하든 천사들은 여러분을 섬기는 자들입니다. 악한 천사들이 여러분을 시험하지만, 그들은 마치 허드레 일꾼처럼 그들의 뜻과는 상관없이 억지로 쓰임을 받습니다. 곧, 그들의 시험으로 인하여 오히려 여러분의 은혜들을 구해내고 밝혀서 여러분에게 더 큰 위로를 주게 되기 때문입니다. 여러분이 하나님의 사랑으로 더 높이 올라갈 때에 그들은 하만처럼 여러분의 마부 노릇을 하는 것입니다. 선한 천사들은 하늘 아버지의 종들이요, 따라서 마치 유모가 그 주인의 어린 아기를 그 팔로 안는 것처럼 여러분을 이끌고 가기를 거부하지 않습니다. 여러분의 하나님께서도 그 자신을 여러분에게서 물리시지 않습니다. 그는 여러분의 분깃이요, 아버지시요, 남편이시

요, 친구시요, 모든 것이 되십니다. 여러분이 그와 더불어 동일한 천국에 거하게 될 것이요, 그와 동일한 식탁에서 동일한 음식을 먹게 될 것입니다. 하나님은 그 자신의 행복이시며, 여러분을 받아들이사 그 자신을 즐거워하게 하십니다. 오오, 이 얼마나 고귀한 존귀입니까! 신하가 임금의 잔으로 포도주를 마시다니요! "주께서 주의 복락의 강물을 마시게 하시리이다"(시 36:8). 그런데 이 모든 것이 여러분이 땀을 흘려 값을 지불한 것도 아니고, 피를 흘려 대가를 지불한 것은 더더욱 아닙니다. 다른 분의 손이 잔치의 값을 지불하셨고, 여러분은 그냥 환영 받는 것입니다. 그가 기대하시는 것은 오로지 여러분이 누리는 그 모든 것들의 비용을 지불하신 그 근원되신 그분께 여러분이 감사하는 것입니다. 복음 아래서는 속죄제물(sin-offering)이 여러분에게 부과되지 않습니다. 그가 여러분에게서 기대하시는 것은 오직 감사제물(thank-offerings)뿐입니다.

3. 하나님은 **여러분의 섬김들을 기록해 놓은 기념책**을 갖고 계십니다. 그는 여러분에게 있고, 여러분이 행하는 작은 선한 것을 일일이 주목하십니다. 그의 이름과 그의 집을 위한 지극히 작은 사랑의 봉사 가운데 어느 한 가지도 — 비록 그것들이 상당한 악과 뒤섞여 있을지라도 — 간과되는 것이 없습니다. 사랑의 봉사는 그가 명하시는 것이요, 그것과 뒤섞인 악들에 대해서는 그가 여러분을 용서하시고 측은히 여기시는 것입니다. 성경은 여로보암의 아들에 대해서, "그가 이스라엘의 하나님 여호와를 향하여 선한 뜻을 품었음이니라"라고 말씀합니다(왕상 14:13). 하나님께서는 아사에 대해 얼마나 존귀한 증언을 하시는지 모릅니다. 그가 취한 행위들 가운데 어그러진 것들이 많았음에도 불구하고 "아사의 마음이 일평생 온전하였더라"라고 말씀하는 것을 봅니다(대하 15:17). 빌라델비아 교회가 지녔던 적은 능력이 결코 잊어버린 바 되지 않았습니다. 사탄이 그 더러운 의복을 비난할 때에 그리스도께서는 여호수아를 얼마나 호의적으로 변호하시며 — "이는 불에서 꺼낸 그슬린 나무가 아니냐?"(슥 3:2) — 또한 졸음을 이기지 못하는 제자들을 얼마나 측은히 여기시는지 모릅니다 — "마음에는 원이로되 육신이 약하도다"(마 26:41). 그러므로, 하나님께서 그의 성도들의 작은 선을 주목하시고, 그들의 부족한 것들을 용서하시며, 그들의 연약한 봉사들을 칭찬하시고 상을 베푸시며, 그들을 존귀로 영원토록 기억하시니 — "의인은 영원히 기억되리로다"(시 112:6) — 과연 그의 무한한 완전하심으로 인하여 그를 지극히 높여야 마땅하지 않겠습니까? 그는 완전한 선이시며 언제나 선하시고 성도들에게 선을 행하시는 분이시니 그를

찬송하고 사랑하는 것이 합당하지 않겠습니까? 그가 그렇게 여러분의 명성을 귀하게 하시는데도, 그가 베푸시는 그 존귀와는 전연 관계없이 그의 고귀한 자비들을 배은망덕의 무덤 속에 파묻어 버릴 참입니까?

4. 감사하는 마음의 자세가 신앙을 아름답게 만들어 주는 놀라운 장식품이라는 것을 생각하십시오. 이 장식품이 믿지 않는 세상 앞에서 하나님을 높여 줍니다. 세상은 여러분의 삶이 전해 주는 정도 이상 하나님에 대해 아는 것이 거의 없습니다. 그들은 여러분이 새겨놓는 글자를 갖고 신앙을 읽어내고, 여러분이 세상에서 드러내 보이는 처신에 따라 하나님과 그의 길을 생각하고 이야기합니다. 만일 여러분이 수심이 가득한 채로 행하거나 하나님의 섭리에 대해 투덜거린다면, 하나님의 길이 그렇게 즐겁고 복되다는 말을 그들이 어떻게 믿을 수 있겠습니까? 우리는 하인이 그 주인에 대해 하는 말을 그냥 들을 뿐입니다. 그가 주인을 칭찬하고 즐겁게 일하면, 이것으로 주인이 이웃들 사이에 신용을 얻게 되는 것입니다. 다니엘이 하나님의 선하심에 대해 한 증언은 매우 설득력 있는 것이었습니다. 그가 생명이 위협받는 처지에서도 하루 세 차례씩이나 그를 찬송하였으니 말입니다. 가난한 그리스도인이 보잘것없는 수입에도 불구하고 진정 감사하는 것을 보게 되면 — 예, 온갖 환난 중에서도 마치 임금의 면류관과 나라 전체가 자기에게 주어지기라도 한듯이 진심으로 감사하는 것을 보게 되면 — 일상적인 이성을 지닌 사람은, "이 사람은 과연 내가 보지 못하는 무언가 귀한 것을 그의 하나님에게서 찾았고, 우리가 아는 것 이상으로 그의 봉사에 대해 더 나은 보상을 받았구나"라고 추리할 것입니다. 맹렬한 불길 속에서 죽어가는 성도들이 기쁨에 가득 차서 찬송 부르는 모습을 바라본 무리들은 신앙에 대해서는 물론 순교에 대해서도 사모하는 마음으로 돌아갔던 것입니다.

5. 이 임무를 통해 여러분에게 주어지는 존귀를 생각하십시오. 시골에 살며 동료 신하들에게서 섬김을 받는 것보다는, 머리에 아무것도 쓰지 않고 무릎을 꿇더라도 임금을 보좌하는 것이 귀인에게는 더욱 존귀한 일일 것입니다. 우리가 하루 종일 하나님을 섬기지만, 예배에서는 우리가 하나님을 직접 보좌하며 그를 섬기는 존귀를 누리는 것입니다. 오오, 그렇게 하나님 옆에 서 있는 자들이 얼마나 복된 자들인지요! 찬송은 예배의 가장 최고의 행위요 따라서 천국의 복락 가운데서도 계속될 것입니다. 다른 은혜들이 녹아서 사랑과 기쁨이 되듯이, 말씀 듣기와 기도 등 예배의 다른 임무들도 녹아서 찬송과 감사가 되는 것입니다. 율법 아래서는 제

사장 직분이 큰 존귀한 직분이었습니다. 하나님께서는 아론과 그의 지파를 형제들 중에서 택하사 하나님의 제단에서 섬기도록 하셨습니다. 그는 왕 앞에서 섬기는 은사는 그들의 손에 맡기지 않으셨습니다. 그러나 이 복음의 경륜에서는 모든 신자 한 사람 한 사람이 그보다 더 존귀한 제사장 직분을 지는 것입니다. 왜냐하면 그가 더 나은 제사를 — 찬송과 감사의 영적인 제사를 — 드리기 때문입니다. 그러므로 여러분이 여러분의 하나님을 존귀하게 하면 곧 여러분 자신을 존귀하게 하는 것이 됩니다. 머리에 씌워진 면류관에서 나오는 광선들이 온 몸을 환히 비추니 말입니다.

6. 여러분의 찬송이 여러분의 기도를 더욱 감사로 채워서 더욱 성공을 얻게 만든다는 것을 생각하십시오. 알렉산더 대왕은 신들에게 제사드릴 때에 유향을 한 주먹씩이나 불 속에 던지는 등 아주 풍성하게 드렸는데, 그는 이것을 미래에 얻을 승리들을 예감하게 해주는 좋은 징조로 여겼다고 합니다. 하나님을 거지 취급하는 자는 자기 자신을 거지로 취급하는 것입니다. "하나님의 자비의 강물을 그 근원이요 샘이신 하나님께 다시 돌려 그에게 찬송을 올리게 하십시오. 그러면 그것들이 다시금 우리에게 풍성한 것을 베풀게 될 것입니다"(베르나르, 아가서 42번 설교). 성도들이 지극한 곤경 중에 간구할 것이 가장 많을 때에 오히려 그들의 기도가 찬송으로 가득 차 있는 것을 볼 수 있습니다. 여호사밧이 제사장을 싸움터에 보내어 하나님을 찬양하게 하자, 하나님이 그를 위하여 싸우셨습니다. 다윗은 동굴에서 고백합니다: "내 마음이 확정되었사오니 내가 노래하고 내가 찬송하리이다"(시 57:7). 다니엘은 함정이 자기 목숨을 노리고 있을 때에, "하루 세 번씩" 찬송하였습니다(단 6:13). 그리스도께서도 나사로를 일으키실 때에 눈을 들어 하나님을 찬송하셨고 — "아버지여 … 감사하나이다"(요 11:41) — 고난당하실 때에도 찬송을 부르셨습니다. 감사하는 마음은 쉽게 거부를 당할 수가 없습니다. "그들의 입에는 하나님에 대한 찬양이 있고 그들의 손에는 두 날 가진 칼이 있도다"(시 149:6).

제 3 부

기도의 내적 원리

"성령 안에서"(엡 6:18)

이제 우리는 사도의 기도 지침 중 제3부에 이르렀는데, 어디서 기도가 흘러나와야 하는지에 대한 원리가 그것입니다. "성령 안에서 기도하고." 이 주제를 다루는 중에 첫 번째 요점은 그것이 다음과 같은 질문을 해결함으로써 결정된다는 것입니다. 곧,

질문. "성령 안에서" 기도한다는 것은 무엇입니까?

답변. 주석가들은 일반적으로 이 문구를 기도하는 그 당사자의 영과, 하나님의 성령을 다 포괄하는 것으로 이해합니다. 성령께서 우리의 영을 기도에 합당하게 하시고 활동하게 만드시기 때문입니다. "성령 안에서 행하는 기도, 즉 성령의 도우심으로 행하는 기도는 우리의 영혼과 더불어 행해진다"(잔키우스). 사실 이 둘이 언제나 함께 나아가는 것입니다. 성령이 없이는 우리의 영으로 하여금 움직이게 할 수가 없습니다. 우리의 영은 마치 우리 가슴속에 있는 진흙덩어리와도 같아서 생명을 얻어야만 움직일 수가 있습니다. 그리고 성령께서 움직이시면, 우리의 마음과 영이 움직이지 않을 수가 없습니다. 성령의 숨결이 필수적입니다. 성령께서는 나팔을 통하여 숨을 내쉬듯이 그런 식으로 우리 속에 숨을 불어넣으시는 것이 아니고 — 나팔은 그저 수동적인 악기에 불과할 뿐입니다 — 우리의 마음을 휘저으시고 기도의 임무를 위하여 우리의 감정을 일깨우시는 것입니다. 기도를 가리켜 "영혼을 하나님께 쏟아붓는 것"(a pouring out of the soul to God)이라 부릅니다. 영혼은 기도의 물을 퍼내는 우물입니다. 그러나 성령은 이 우물을 물로 가득 채우는 샘이

시며, 또한 물을 퍼내도록 돕는 손(手)이십니다. 샘이 없다면 우물에 물이 하나도 없을 것이며, 퍼내는 사람이 없다면 그 물을 퍼낼 수도 없을 것입니다. 이와 같이 하나님의 영이 기도의 감정으로 마음을 가득 채우시고, 그가 그 감정을 자극하사 스스로를 쏟아내도록 만드셔야만 되는 것입니다. 이 말씀의 의미를 이렇게 살펴보았으니, 이를 근거로 다음 두 가지 명제를 잠시 생각해보도록 하겠습니다. 첫째. 하나님께 상달되는 기도를 드리고자 하는 자는 반드시 그의 마음과 영으로 기도해야 한다는 것입니다. 둘째. 그 자신의 영으로 기도하고자 하는 자는 반드시 하나님의 영 안에서 기도해야 한다는 것입니다.

—

첫째 대지

[하나님께 상달되는 기도를 드리고자 하는 자는 반드시 그의 마음과 영으로 기도해야 함]

영으로 기도하는 것은 입술만 움직여 기도하는 것과는 반대되는 것입니다. "이 백성이 입으로는 나를 가까이하며 입술로는 나를 공경하나 그들의 마음은 내게서 멀리 떠났나니"(사 29:13). 마치 마음과 영이 남편에게서 멀리 떠나 정부(情夫)에게로 가 있는 음녀처럼 말입니다. 마음이 전혀 개입되지 않은 기도는 기도가 아닙니다. 파리시엔시스(Parisiensis)는 호세아 14:2의 "우리가 우리 입술의 수송아지들을 드리리이다"(한글개역개정판은 "우리가 수송아지를 대신하여 입술의 열매를 주께 드리리이다"로 번역함 — 역주)를 주해하면서, 기도의 임무를 율법의 제물 중 수송아지들과 비교합니다. 그는 말하기를, 기도 중에 발설되는 말은 송아지의 피부나 가죽과 같고, 목소리는 털과 같으며, 이성은 살과 같고, 마음의 소원과 감정들은 송아지의 내장의 기름과도 같은데, 오직 이것이 기도를 하나님이 보시기에 합당한 기도로 만들어 주는 것이라고 합니다. 사도는, "나의 영이 기도하거니와"라고 말씀하고

(고전 14:14), 또한 "내가 영으로 기도하 … 리라"라고도 합니다(15절). 그러므로, "내 심령으로 섬기는 하나님"이라고도 합니다(롬 1:9). 바이올린이나 비파 같은 악기로부터 나오는 음률 있는 소리는 그 악기의 몸통에서 형성되며, 따라서 그 악기의 몸통이 깊을수록 아름다운 음악이 나오는 법입니다. 악기의 현과 똑같은 현(弦)을 평평한 판자에 매달아 놓고 똑같은 손으로 튕기면 전혀 음악이 나오지 않습니다. 기도의 음률은 사람의 내부에서 나오는 것입니다. "영으로 하나님을 예배하 … 는 우리가 곧 할례파라"고 합니다(빌 3:3). 영으로부터 나오는 탄식이 깊을수록 그 음률은 더 감미로운 법입니다. 겉으로는 예배가 있으나 동시에 속에는 무신론이 있을 수도 있는 것입니다. 멜란히톤(Melanchthon)의 말처럼, "너희 이탈리아 사람들은 빵 속에 계신 하나님을 예배하며 하늘에 계신 하나님은 믿지도 않는도다." 겉모양의 예식을 행하는 면에서는 굉장한 화려함이 있으면서도, 예배하는 자가 그런 겉모양의 헌신으로 구애하는 그 하나님을 전혀 사랑하지도 않고 믿지도 않는 경우가 얼마든지 있는 것입니다. 율법에서는 제물들에 흠이 있으면 용납되지 않았는데, 짐승의 사지(四肢)에 흠이 있는 경우만이 아니라, 다리 저는 짐승이나 병든 짐승도 용납되지 않았습니다(말 1:8). 큰 소리로 찬양하지만 발설된 내용이 하나도 들리지 않은 일을 성경에서 봅니다. 그러나 하나님은 격렬한 소리는 있으나 마음의 감정이 거기에 개입되지 않은 기도를 기도로 인정하시지 않습니다. 영을 육체와 분리시키면 그 사람은 죽은 상태가 됩니다. 이처럼 마음을 입술에서 떼어내면, 기도가 와해되고 마는 것입니다.

자, 이 문제를 다루면서 먼저 다음과 같은 세 가지가 있을 경우에 우리가 영으로 기도하는 것임을 보여드려야겠습니다. 첫째. 우리가 지식을 갖고 기도할 때. 둘째. 우리가 열정적으로 기도할 때. 셋째. 우리가 순전함으로 기도할 때. 이 세 가지는 영혼의 세 가지 능력이 발휘되는 것입니다. 지식이란 이성이 활동하는 것입니다. 열정적이란 감정이 활동하는 것이요, 순전함이란 의지가 활동하는 것입니다. 이 세 가지 모두가 "영으로 기도"하는 것과 결부되어 요구되는 것입니다. 열정이 없이 지식만 있을 수도 있는데, 이는 달빛과 같아서 냉랭하고 생명을 주지 못합니다. 반대로 지식이 없이 뜨거운 열정만 있을 수도 있으나, 이는 마치 눈먼 말이 날뛰는 것과도 같습니다. 지식과 열정이 동시에 있는 경우도 있는데, 이는 마치 날쌘 말이 끄는 마차와도 같고, 또한 거기에 기술 좋은 마부가 탄 것과도 같습니다. 그러나 아무리 그렇다 해도 그 마부가 정직하지 못하면 그 마차를 엉뚱한 길로 끌고 가버릴 것입니다. 이것들이 하나만 있어도, 혹은 둘 다 있어도 순전함이 없다면 아무 소용이 없습니다. 순전함이 있어야 이 정서들을 북돋아 바른 위치에 — 곧 하나님의 영광을 높이는 데에 — 서게 만들 수 있는데, 그것이 없기 때문입니다. 영이 열정으로 가득하다 해도 그것으로 하나님이 아니라 자기 자신을 섬기는 자는 자기의 열정에 대해 감사가 거의 없을 것입니다.

[영으로 기도하기 위해서는 반드시 지식과 깨달음이 있어야 함]

첫째. 하나님이 받으시도록 기도하려면, 혹은 영으로 기도하려면, 우리가 지식과 깨달음(understanding)을 갖고 기도해야 합니다. 눈먼 희생제물은 율법에서 용납되지 않았습니다(말 1:8). 그러니 눈먼 헌신은 복음 아래에서 더더욱 받아들여질 수 없는 것입니다. 지식이 죄를 가중시키듯, 무지는 선한 행동의 훌륭한 점을 무색하게 만듭니다. 사도 바울은 이렇게 말씀합니다: "내가 증언하노니 그들이 하나님께 열심이 있으나 올바른 지식을 따른 것이 아니니라"(롬 10:2). 한쪽 눈이 없으면 지극히 아름다운 얼굴이라도 일그러지게 되고, 지식이 없으면 열정적인 기도라도 일그러지는 것입니다: "너희는 알지 못하는 것을 예배하고 우리는 아는 것을 예배하노니 이는 구원이 유대인에게서 남이라"(요 4:22). 여기서 우리는 예배 행위에 있어서 지식의 결핍이 얼마나 근본적인 결함인지를 보게 됩니다. 그 때문에 정죄를 받게 될 정도라는 것입니다.

첫째 질문. 하지만 어째서 하나님이 받으실 만한 기도에 지식이 그렇게 필수적인가요?

첫째 답변. 지식이 없으면 우리가 하는 행위가 무엇인지도 모르므로 "합당한 예배"가 될 수 없기 때문입니다. 하나님은 "합당한 예배"(롬 12:1. 한글개역개정판은 "영적 예배"로 번역함 — 역주)를 원하시는데, 이는 율법의 희생제사와는 반대되는 것입니다. 그들은 하나님께 짐승들을 잡아 바쳤습니다. 그러나 복음 안에서 우리는 우리 자신을 바쳐야 하는 것입니다. 그런데 사람의 영혼이 바로 그 사람입니다. 짐승들에게 자기 자신의 행동을 이해하고 생각하는 이성적인 영혼이 없기 때문이 아니면 과연 하나님께서 짐승더러 그를 예배하도록 법을 제정하지 않으신 이유가 무엇이겠습니까? 그러니 사람이 그 자신을 짐승과 구별지어 주는 그 능력을 발휘하지 않으면서 섬김과 예배를 드릴 때에 하나님께서 과연 그것을 받으시겠습니까? 선지자는 우상 숭배자들에게, "너희가 스스로 사람임을 보이라"(사 46:8. 한글 개역개정판은 "장부가 되라"로 번역함)라고 말씀합니다. 그러므로 거짓 신에게 기도하는 자는 물론이고, 무지한 상태로 참되신 하나님을 예배하는 자도 그 지식의 면에서 볼 때에 짐승과 다를 바 없는 것입니다.

둘째 답변. 깨달음은 영혼의 주도적인 기능이며, 따라서 그 열쇠이기 때문입니다. 마음의 내적인 예배가 최우선입니다. 그러므로, 촛불을 들고 앞장서서 이끌어 주는 이 깨달음이 결핍되면, 영혼의 다른 기능들도 발휘될 수가 없는 것입니다. 열정과 슬픔, 기쁨처럼 보이는 격렬한 감정들이 무지한 예배자들과 그들의 눈먼 헌신 속에 나타나는 경우가 간혹 있습니다만, 그것들은 가짜입니다. 그리스도의 양들은 야곱의 양들처럼 눈을 통해서 임신하는 것입니다.

1. 성도의 눈이 밝혀져서 하나님의 위엄과 영광스러운 거룩하심을 보게 되며, 그리하여 그를 높이 기리며 또한 그의 앞에서 자기 자신의 추함을 지각하고 애통해 합니다: "이제는 눈으로 주를 뵈옵나이다. 그러므로 내가 스스로 거두어들이고 티끌과 재 가운데에서 회개하나이다"(욥 42:5, 6).

2. 또한 믿음의 눈으로 그리스도 안에 있는 불쌍한 죄인들을 향하시는 하나님의 선하심과 사랑을 바라봅니다. 그리고 이 눈이 그의 마음을 움직여 그를 사랑하게 하고 그를 의지하게 하는데, 이는 무지한 영혼에게는 도무지 불가능한 일입니다.

둘째 질문. 하지만 기도하는 영혼이 알아야 할 것은 무엇입니까?

첫째 답변. 그가 기도를 드리는 그분이 참되신 하나님이시라는 지식이 있어야 합니다. 신앙적인 예배는 신격의 면류관 속에 피는 전달 불가능한 꽃이며, 이는 내적인 면에서도 외적인 면에서도 그렇습니다. 우리는 그 무한한 완전함으로 인하여 우리의 최고의 사랑과 존경과 신뢰를 받으시기에 합당한 그분께만 예배해야 합니다. 나라를 소유한 자가 면류관을 쓰는 법입니다. "나라와 권능"이 하나님의 것입니다. 그러므로 신앙적 예배의 "영광"은 오직 그에게만 속한 것입니다(마 6:13). 천사들은 피조물 중 최고의 지위에 있는 존재들입니다만, "일월성신에게 절"하는 것이 금지되어 있습니다(신 17:3). "나라들의 왕이시여 주를 경외하지 아니할 자가 누구리이까? 이는 주께 당연한 일이라"(렘 10:7). 여기서 경외한다는 것은 본문의 정황으로 볼 때에 신앙적인 예배를 뜻하는 것입니다. 이 지식이 없어서 이교도 세계가 우상 숭배로 가득 찼던 것입니다. 피조물에게서 무슨 덕이나 훌륭한 점을 발견하게 되면, 마치 무식한 시골뜨기가 궁궐에 들어가게 되어 거기서 화려한 옷을 입은 사람을 만날 때마다 모두 왕으로 여기는 것처럼, 곧바로 그것을 사모하고 예배하게 되니 말입니다.

둘째 답변. 이 참되신 하나님에 대한 지식이 필요합니다. 곧 그가 어떤 분이시냐 하는 것을 알아야 한다는 말입니다. "하나님께 나아가는 자는 반드시 그가 계신 것과 또한 그가 자기를 찾는 자들에게 상 주시는 이심을 믿어야 할지니라"(히 11:6). 물론 하나님의 완전하신 성품들에 대해 완전한 지식을 갖는다는 것은 유한한 존재로서는 불가능한 일입니다. 어떤 사람은 "하나님은 어떤 분이신가?"라는 질문을 받고서 "그것을 안다면 나 자신이 하나님일 것이다"라고 옳게 대답했다고 합니다. 그러므로 오직 하나님 자신 외에는 아무도 그를 완전하게 아는 자가 없습니다. 그러나 이 임무를 올바로 행하기 위해서는 그를 아는 성경적인 지식이 필수적입니다. 그의 전지하심과 무한한 자비에 대한 깨달음이 없는 것이 헛된 중언부언의 원인이요, 길게 기도하는 것이 응답을 받는다는 헛된 생각의 원인입니다. 우리 주님은 이교도들의 기도가 그렇다고 말씀하시면서 제자들에게 하나님의 속성들을 가르쳐 주심으로써 그렇게 하지 않도록 막으시는 것입니다(마 6:7, 8). 그들은 하나님께 간구하는 것이 아니라 그에게 알려 주려(마치 그가 모르시는 내용이 있기라도 한 것처럼) 한 것입니다. 하나님의 높고도 영광스러운 위엄에 대한 무지 때문에, 하나님 앞에서 버릇없고 무례하며 건방지고 불경한 표현으로 그를 대하는 사람들이 그렇게도 많은 것입니다. "정신을 차리고 근신하여 기도하라"고 말씀합니다(벧전 4:7). 그러나 우리가 하나님의 신성한 위엄을 두려워하며 높이 기리고 있다는 것을 나타내 주는 그런 겸손한 표현들로 우리 마음의 소원들을 옷 입혀서 나타내지 않습니다. 그리하여 우리의 언어 자체가 분별이 없는 경우가 허다합니다. 한 마디 더 하자면, 사람들이 감히 그 음란한 정욕들을 품고 그 냄새를 피우며 더러운 손을 하늘로 내어뻗으며 기도하는 이유는 바로 하나님이 악을 행하는 자들과 절대로 교류하지 않으실 만큼 무한히 순결한 분이시라는 것을 알지 못하기 때문인 것입니다. "네가 나를 너와 같은 줄로 생각하였도다"(시 50:21).

셋째 답변. 우리의 기도할 주제를 깨달아야만 합니다. 곧, 우리가 무엇을 간구하며, 무엇을 구하지 말아야 할지를 알아야 한다는 것입니다. 이것을 알지 못하면 우리 자신의 기도들에 대해 믿음으로 아멘 할 수가 없고, 우리에게 구하는 것이 어울리지도 않고 또한 하나님으로서도 베푸시기에 합당하지 못한 그런 것을 구하게 될 것입니다. 복음서에서 한 여자가 자기 자녀를 그리스도의 나라에서 하나는 그리스도의 오른편에, 하나는 왼편에 세워 주시기를 구할 때에, 그리스도께서는 그런 간구를 책망하셨습니다. 하나님은 우리의 사사로운 소원에 따라 아무렇게나 기도해도 괜찮다는 인상이 남도록 그런 식으로 우리에게 베풀어 주시는 법이 없고, 오직 그가 주시겠다고 약속하신 것만을 구하도록 그렇게 응답해 주시는 것입니다.

넷째 답변. 기도하는 방식에 대한 지식이 있어야 합니다. 곧, 누구의 이름으로 기도하며, 기도와 또한 기도하는 사람에게 어떤 구비 요건이 필요한지에 대해 알아야 한다는 말입니다. 바울은 "너희 기도에 나와 힘을 같이하여 … 하나님께 빌"자고 기도를 요청하는 것을 봅니다(롬 15:30). 다른 곳에서 그는 정당하게 힘을 다하는 것에 대해 말씀합니다(딤후 2:5). 반드시 준수해야 할 기도의 법칙이 있습니다. 그 법칙을 준수하지 않으면 아무리 수고해도 허사가 되고 맙니다. 심지어 거짓 예배에도 일정한 규칙들을 준수하여 신들에게 아룁니다. 그리하여, 무지한 사마리아인들은 역병이 임하자 그 이유가 "그들이 그 땅 신의 법을 알지 못"하기 때문이라고 결론지었습니다(왕하 17:26). 참되신 하나님을 섬기는 데에도 일정한 질서가 있습니다. 그것을 지키지 않으면 그의 법도를 어길 수밖에 없는 것입니다. 이 대지의 내용에 대해 한두 가지로 적용하기로 하겠습니다.

[적용]

첫째 적용. 영으로 기도하는 자가 얼마나 적은지 모릅니다! 오로지 이 점만을 가지고 따져보아도, 중언부언하는 자들로 판명할 자들이 얼마나 많은지요? 우선 교황주의 교회에 속한 자들이 거기에 속할 것입니다. 그들 대부분은 기도 중에 자기들이 알지도 못하는 말들을 떠벌이니 말입니다. 자기도 알지 못하고 읽지도 못하는 탄원서를 왕에게나 혹은 의회에 제출하는 일이 정말 어처구니없는 일이라면, 내용을 전혀 알지도 못하는 기도를 하늘로 올려 보내는 것은 대체 어떻게 생각해야 되겠습니까? 그렇습니다. 우리 중에도 모국어로 기도하면서도 그 기도의 내용에 대해 무지한 상태로 기도하는 자들이 많습니다. 그렇지 않다면, 어떻게 그렇게 기도 대신 맹목적인 헌신으로 신조와 계명들을 조잘거릴 수가 있겠습니까? 아무리 인도인들 중에 인류의 황폐한 모습이 발견된다 해도 그런 사람들보다 더하겠습니까? 그렇습니다. 목사가 드리는 기도에 함께 참여할 때에도 그들은 그 기도를 받으시는 하나님도 알지 못하고, 그의 이름으로 그 기도를 상달하게 하시는 중보자도 알지 못합니다. 느부갓네살도 사람의 이성이 돌아온 다음에 하나님을 찬송할 수 있었는데, 이 사람들에게는 그런 이성조차도 없는 것입니다. 이처럼 무지한 자들이니, 화려하게 차려 입은 우상 앞에 무릎을 꿇거나 혹은 천사나 성자의 손에 편지를 주어 보내면 그들의 중보로 인하여 기도가 더 잘 응답받는다고 그들에게 이야기해도 그대로 믿고 따르지 않겠습니까? 오오 여러분, 심지어 오늘날에도 우리 땅에 얼마나 큰 어둠이 덮여 있는지 모릅니다! 아마 교황의 수족들이 잠시라도 앉아 알을 품을 기회를 갖는다면 우리 중의 수많은 무식한 심령들 가운데서 그들이 바라는 목적을 완전하게 이루게 될 것입니다! 여러분, 우리 백성들에게 그냥 기도하라고 격려하기만 해서는 안 됩니다. 그렇게 하면 기도의 임무를 배우기도 전에 그들을 보내 버리는 꼴이 되어 버릴 것입니다. 이는 마치 어린 아이가 글씨를 채 배우기도 전에 책을 읽으라고 요구하는 것과도 같은 것입니다.

둘째 적용. 이는 어느 때든지 다른 이들을 위하여 기도 중에 하나님께 입이 되는 모든 사람들에게도 말씀해 줍니다. 곧, 자기가 대표하여 기도할 때에 함께 그 기도에 참여하는 자들이 자기가 그들을 위해 하나님께 올리는 기도의 내용을 분명하게 이해하도록 그렇게 기도해야 하는 것입니다. 전혀 사람들이 모르는 언어로 기도하는 자와, 또한 함께 기도에 참여하는 자들 중 절반이 이해하지 못하는 그런 낯설고 생소한 고차원적인 어휘와 표현들로 기도하는 자 중에, 과연 누가 더 잘못하는 것일까요? 가령 사도의 말처럼 여러분의 영은 기도하고 있지만, 여러분의 깨닫는 기도가 사람들에게는 전혀 영향을 미치지 못한다고 합시다. 그러면 정말 안타깝게도 그들은 마치 구름이 그리스도를 가려 보지 못하게 할 때에 제자들이 그랬던 것처럼 황망하게 서서 멍하니 바라보고 있습니다. 그런 고차원적인 표현들을 버리고 아래로 내려오든지, 아니면 그들을 여러분의 수준에까지 올라오도록 도와주든지 둘 중의 하나를 해야 합니다. 이스라엘 백성이 모세에 대해, "그 사람은 어찌 되었는지 알 수 없노라"(출 32:23)라고 이야기했는데, 그들도 여러분에 대해 그렇게 이야기할지도 모릅니다. 지금 기도하는 주제를 도무지 파악하지 못하니, 그들의 생각들이 자기들이 짜놓는 무언가 다른 대상을 향하여 이리저리 날아다니고 춤추게 되는 것이 전혀 무리가 아닙니다. 여러분은 다른 사람들에게 훌륭한 말솜씨나 고차원적인 은사 같은 것에 대해 칭찬을 받기 위해서 기도합니까? 어쩌면 무지한 사람들에게서 그런 상을 받을 수도 있고, 그런 헛된 칭찬을 받을지도 모르겠습니다만, 그토록 고귀한 봉사에 임하면서 그토록 저급하고 조잡한 것을 목표로 삼는다는 것은 정말이지 그리스도인으로서는 생각조차 해서는 안 되는 무가치한 일이라는 것을 생각해야 하겠습니다. 대체 사람들에게서 칭찬과 박수를 거두어들일 그물이 신성한 규례밖에는 없습니까? 복음서에서 그리스도께서 쓰신 채찍이 여러분의 등을 때려야 옳을 것입니다. 복되신 구주께서는 아버지의 기도의 집이 상인들의 집이 되는 것을 보시고 크게 진노를 발하셨습니다만, 여러분이 비록 다른 옷을 입었지만 그런 자들과 똑같은 모습을 보이니, 과연 그가 여러분의 그 비열한 상인의 자세를 보시고 얼마나 혐오하시고 진노하시겠습니까!

[영으로 기도하기 위해서는 반드시 열정이 있어야 함]

둘째. 간절히 기도할 때에 영으로 기도하는 것입니다. 영혼이 육체 속에 있을 때, 그 영혼이 육체를 따뜻하게 유지시킵니다. 기도의 임무에 우리의 영혼이 있는 그만큼 열기와 열정이 있는 법입니다. 기도가 냉랭하면, 마음이 게으르고 기도의 임무에 전혀 가담하지 않고 있다고 결론지어도 무방할 것입니다. 우리의 영은 능동적인 존재여서 선한 일이든 악한 일이든 간에 그것이 행하는 일에는 힘이 발휘됩니다. 그러므로 성경에서는 마음과 영혼을 어떤 일에 기울이려면 열정과 격렬함이 요구되는 것으로 말씀합니다. 그리하여 가난한 품꾼이 "그 품삯에다 마음을 둔다"고 말씀합니다(신 24:15). 저녁에 받게 될 것에 대한 희망이 그로 하여금 낮에 땀을 흘리며 일을 하게 만든다는 것입니다. 다리오 왕은 "다니엘을 구원하려고 마음을 쓰며," 그리하여 "그를 건져내려고 힘을 다하다가 해가 질 때에 이르렀더라"라고 합니다(단 6:14). 사람의 영혼이 어떤 일에 개입하면, 목적을 갖고 그 일을 하게 되는 것입니다. "만일 마음을 다하고 뜻을 다하여 그를 찾으면"(신 4:29), 즉 간절한 자세로 그 일을 행하는 것을 뜻합니다. 그러나 간절하다는 것이 육체적으로 격렬하게 움직이며 애쓰는 것을 뜻하는 것은 아닙니다. 기도할 때에 땀을 흘릴 정도로 열심을 다하는 데도 기도가 냉랭할 수도 있습니다. 뜨거운 마음과 일깨워진 감정들로부터 흘러나오는 것이 바로 열정적인 기도입니다. 마치 폭발로 인해서 구름에 불이 지펴지고 그 다음에 우레를 발하게 되는 것처럼 말입니다. "내 마음이 내 속에서 뜨거워서 작은 소리로 읊조릴 때에 불이 붙으니 나의 혀로 말하기를 여호와여 나의 종말과 연한이 언제까지인지 알게 하사 내가 나의 연약함을 알게 하소서"(시 39:3, 4). 그런데 간절함이라는 것이 어느 한 가지 감정이 아니고, 모든 감정들의 경계요 또한 열정이므로, 기도 중의 간절함이란 모든 감정들이 강력하고도 적절히 발휘되어 기도의 각 부분에 기여하는 것을 뜻하는 것입니다.

죄를 고백하는 부분에서 우리가 간절히 임할 때에는 영혼이 여호와 앞에서 자기의 지은 죄에 대한 거룩한 수치와 슬픔으로 인하여 녹아져서, 속으로 거룩한 쓰라림과 고통을 느끼며 또한 유쾌한 마음을 가질 수 없게 되는 것입니다. 크리소스톰(Chrysostom)의 말처럼, "눈물을 가짜로 꾸미는 것이 얼굴을 꾸미는 것보다 더 나쁘기" 때문입니다. 참된 열정은 바로 여기에 있습니다: "내가 근심으로 편하지 못하여 탄식하오니"(시 55:2). 냄비에서 불이 나오지만 그 속에 아무것도 없을 수도 있으며, 세찬 바람이 부는데 비는 전혀 오지 않을 수도 있습니다. 그러나 다윗은 큰 소리로 외쳤고, 또한 영으로 슬퍼했던 것입니다.

이와 마찬가지로 간구할 때에도 간절함이 있을 때에는 그 구하는 바 은혜에 대한 간절한 소원으로 인하여 그 마음이 터져나오며, 무언가 한가한 바람이나 가냘픈 희망 같은 것이 아니라 마음의 열정적인 호흡과 마음의 토로인 것입니다. 때로는 목마름이 격렬하게 밀려오기도 하는데, 이는 배고픔보다 오히려 더 고통스럽게 느껴지기도 합니다. 목마른 사슴이 시원한 물을 찾아 헤매듯이, 다윗의 영혼은 하나님을 사모하였습니다(시 42편). 때로는 씨름하는 자의 고뇌로 나타나기도 합니다. 야곱이 그렇게 천사와 씨름하였다고 합니다. 그리고 경기 중에 달리듯이 "밤낮으로 … 하나님을 받들어 섬기되", 간절히 했다고 하는데, 곧 그들 자신을 최대한 잡아당겼다는 뜻입니다. "주의 규례들을 항상 사모함으로 내 마음이 상하나이다"(시 119:20)라고 말씀하는데, 곧 세차게 잡아당겨서 핏줄이 끊어지는 사람과 같은 상태라는 것입니다.

[영으로 간절히 기도해야 할 이유]

질문. 하지만 우리가 영으로 간절히 기도해야 하는 이유는 무엇입니까?

첫째 답변. 우리가 영으로 간절히 기도해야 하는 것은 그것이 명령이기 때문입니다. "너는 마음을 다하고 뜻을 다하고 힘을 다하여 네 하나님 여호와를 사랑하라. 오늘 내가 네게 명하는 이 말씀을 너는 마음에 새기고"(신 6:5, 6). 이는 모든 명령과 임무 하나하나를 마음으로 이행할 것을 말씀하는 것입니다. 하나님께 드리는 예배의 내적인 부분은 없애버리고 그 외형적인 부분만 남겨두면, 하나님께서 받으시지 않습니다. "이것을 누가 너희에게 요구하였느냐?"(사 1:12). 이는 이런 뜻과도 같습니다: "내가 너희더러 너희의 마음(heart)은 그냥 둔 채로 짐승의 심장(heart)을 제물로 드리라고 명한 적이 있느냐?" "여러분, 왜 기도하십니까?"라고 물으면, "하나님이 기도하라고 명령하셨으니까요"라고 대답하시겠습니까? 그런데 어째서 열정을 다해 간절히 기도하지 않습니까? 하나님이 우선적으로 명하신 것이 그것 아닙니까? 책을 가져오라고 사람을 보냈는데 그가 책의 표지만 가져온다면, 여러분은 만족하겠습니까? 껍질만 드리는 것을 하나님이 제물로 받아주시겠습니까? 임무의 외형적인 부분은 그저 포도주 잔에 불과한 것입니다. 여러분의 사랑과 믿음과 기쁨이 바로 그가 맛보고자 하시는 포도주인 것입니다. 이런 것들이 없다면, 여러분은 빈 잔을 마시라고 하나님께 드리는 것이나 마찬가지입니다. 그러니 이것이 하나님을 조롱하는 것이 아니고 무엇이겠습니까?

둘째 답변. 우리가 영으로 기도해야 하는 것은 그것이 **하나님의 이름에 합당하기** 때문입니다. 기도를 가리켜 흔히 하나님의 이름을 부르는 것이라고 합니다. 그런데 기도 중에 하나님의 이름을 부르므로, 그의 이름에 합당하게끔 예배의 자세로 기도해야 합니다. 그렇지 않으면 그의 이름을 더럽히는 것이며 따라서 그의 진노를 촉발시키게 되는 것입니다. 바로 이것이 셋째 계명의 주된 의미입니다. 첫째 계명에서는 하나님이 유일하시며 참되신 하나님이신 자기 자신 외에 아무도 예배하지 말 것을 말씀하십니다. 둘째 계명에서는 그 참되신 하나님을 사람의 뜻대로 하는 예배로 섬기지 말고 하나님이 친히 세우신 법도대로 섬길 것을 말씀하십니다. 그리고 셋째 계명에서는 하나님을 법도대로 예배하되 헛되고 가벼운 자세로 섬기지 말 것을 명하십니다. 하나님의 속성 중에 그를 예배하는 데에 이러한 간절함을 요구하지 않는 것이 하나도 없습니다.

1. 그는 **위대하고 영광스러운 하나님**이십니다. 그러므로 우리로서는 우리의 감정들을 최상으로 갖춘 상태로 그의 임재 앞에 나아가는 것이 합당합니다. 졸면서 하는 기도가 과연 위대하신 하나님이 들으시기에 합당하겠습니까? 그처럼 존귀한 분에게 감히 잠도 깨지 않은 상태로 아뢰겠습니까? 그런 상태로 과연 그가 받으실 만한 제물을 준비하겠습니까? "짐승 떼 가운데 수컷이 있거늘 그 서원하는 일에 흠 있는 것으로 속여 내게 드리는 자는 저주를 받으리니 나는 큰 임금이요 내 이름은 이방 민족 중에서 두려워하는 것이 됨이니라. 만군의 여호와의 말이니라"(말 1:14). 먼저 여기서, 우리가 가진 최상의 것이 아니면 그 어떠한 것이라도 부패한

것이라는 사실을 보시기 바랍니다. 우리가 가진 최상의 것이라면 아무리 작은 것이라도 그가 받으십니다. 그러나 최상의 것을 다른 이를 위해 남겨두었다면, 여러분이 아무리 좋은 것을 드려도 그것을 혐오하시는 것입니다. 또한 최상의 것을 — 그의 감정들의 강력한 열정을 — 드리지 않는 자는 속이는 자입니다. 왜냐하면 이는 그에게 마땅히 드려야 할 것을 그에게서 탈취하는 것이며 또한 그는 위대하신 하나님이시기 때문입니다. 왕의 식탁에는 다 쓰고 남는 찌꺼기가 아니라 시장에 나오는 물건 중에 최상의 것들이 공급되는 것이 합당합니다. 그 땅의 통치자에게 예물을 드리고자 할 때에 야곱은 그의 자녀들에게 명하여 이르기를, "너희는 이 땅의 아름다운 소산을 그릇에 담아가지고 … 그 사람에게 예물로 드릴지니"라고 하였습니다(창 43:11). 마지막으로, 하나님께서는 그의 권능의 역사들을 이교도들에게 베푸사 그들로 하여금 그를 처절하게 두려워하게 하셨는데, 우리가 교회의 품속에 살면서 마음에도 없이 그를 섬겨서 그의 이름을 멸시한다면, 이교도들의 사실에서 책망을 받아야 마땅할 것입니다.

2. 그는 **살아 계신 하나님**이십니다. 마음이 죽은 기도가 과연 살아 계신 하나님께 드리는 제사로 합당하겠습니까? 그에게서 온 것이 아닌 것이 어떻게 그에게 받아들여지겠습니까? 죽은 기도를 하나님 옆에 가져다 놓지 마십시오. 살아 있는 기도는 그의 것이지만, 죽은 기도는 여러분 자신의 것입니다. 시편 기자가 사람들에 대해 한 다음의 말씀이 우리의 기도들에 그대로 적용될 수 있습니다. "내가 살아 있는 동안 내 하나님을 찬양하리로다"(시 104:33). 영광스러운 천사들은 그들의 열정으로 인하여 스랍들이요 불꽃이라 불리는데, 하나님께서는 이들을 택하사 하늘에서 그를 섬기게 하셨습니다. 그리고 이 땅의 성도들을 — 이들은 땅에 거주하지만 하늘로부터 뽑아낸 자들이요 따라서 땅의 무딘 본성으로부터 일으킴 받고 씻음 받은 영혼을 지니고 있습니다 — 그를 위하여 제사장들로 구별하여 세우사 그에게 신령한 제사를 드리게 하시는 것입니다. 누구든지 속히 정신을 차릴수록 발이 무거운 전령(傳令)이나 손이 느릿느릿한 일꾼이 눈에 더 거슬릴 것입니다. 그렇다면 완전한 생명이신 하나님께서 게으르고 무기력한 헌신에 귀를 기울이실 수 있겠습니까? 하나님께서 그에게 드려지지 않는 나귀의 목을 꺾을 것을 명하셨는데(참조. 출 13:13), 그가 그 짐승에 대해 진노하셔서 그러셨겠습니까? 아닙니다. 나귀는 그의 만드신 바요, 그가 친히 지으신 짐승입니다. 그런데도 그렇게 하신 것은 메마르고 무딘 마음으로 그를 섬기는 것이 그에게 얼마나 불쾌한지를 우리에

게 가르치시기 위함이었던 것입니다.

3. 그는 **사랑을 베푸시는 하나님**이십니다. 그리고 사랑은 돈으로 갚을 것이 아니고 사랑 그 자체로 갚아야 하는 것입니다. 하나님의 사랑에 대해 사랑으로 돌려드리십시오. 아니면 그는 여러분이 아무것도 그에게 드리지 않은 것으로 간주하실 것입니다. "너희가 나를 사랑하면 나의 계명을 지키리라"(요 14:15). 또한, "사람이 그의 온 가산을 다 주고 사랑과 바꾸려 할지라도 오히려 멸시를 받으리라"(아 8:7). 그러므로 사람이 하나님과 거래할 생각을 갖고서 기도 중에 사랑과 열정 대신 다른 것을 다 드리고자 하면, 그는 멸시를 받게 될 것입니다. 기도가 아무리 활기가 있고, 몸의 자세가 그렇게 경건할 수가 없으며, 목소리가 아무리 크다 할지라도, 그 기도 중에 하나님을 향하여 마음의 정서들이 모아지지 않으면, 그는 그 기도를 멸시하시고 거부하십니다. 왜냐하면 그런 기도는 하나님께서 우리에게 표현하시는 그런 친밀한 애정과 일치하지 않기 때문입니다. 하나님은 지갑과 더불어 마음을 꺼내시고 그의 백성들에게 온갖 선물들과 더불어 그 자신을 다 주십니다. 그러므로 그는 우리가 그를 위해 행하는 모든 섬김에서 우리 마음이 드려지기를 기대하시는 것입니다. 잔인한 주인의 종들이 일에 대해 전혀 마음이나 활기가 없는 것이 이상한 일이 아닙니다. 그러나 주인이 사랑을 베풀면, 종의 일에 활기가 있게 되는 법입니다. 그러므로 하나님은 누구와도 비교할 수 없는 최고의 주인이시므로, 사람들 중에서도 최악의 사람들이 하는 그런 식으로 섬기는 것은 극히 멸시하시는 것입니다.

셋째 답변. 영으로 기도해야 하는 이유는 **간절한 기도에 대해서만 약속이 주어져** 있기 때문입니다. 사산(死産)된 아기는 상속자가 아니며, 이와 마찬가지로 생명이 없는 기도는 어떤 약속도 상속할 수가 없습니다. 기도에 있어서 열정은 향의 심지에 불을 지피는 것과도 같습니다. 불이 없으면 향연이 하나님 앞에 올라갈 수가 없는 것입니다. 어떤 이들은 지름길을 취하여 북쪽으로 나아가 인도로 가고자 했으나, 언제나 도중에 얼어 버리곤 했습니다. 이와 마찬가지로 나태한 기도도 그렇게 되어 버릴 것입니다. 그런 기도가 천국으로 향하는 길을 찾을 수도 있다면, 그야말로 천국으로 향하는 항해가 아주 손쉬울 것입니다. 그러나 그런 기도는 한 번도 그 귀한 땅의 황금을 보게 해준 적이 없습니다. 아무리 성도라 할지라도 말입니다. 과연 의인은 다른 모든 약속들에 대해서와 같이 기도 응답을 받는 이 약속에 대해서도 상속자로 선언 받습니다. 그러나 만일 그에게 "적합성에 도달됨"(*aptitudinem* *intrandi*)이 없으면 그는 이 약속을 소유하거나 이 약속으로부터 유익을 받을 수 있는 합당한 자세를 갖춘 것이 아닙니다. 기도의 임무에서 마음이 냉랭하고 형식적인 상태에 머물러 있기 때문입니다. "의인의 효과적인 간절한 기도는 역사하는 힘이 큼이니라"(약 5:16. 한글개역개정판은 "의인의 간구는 역사하는 힘이 큼이니라"로 번역함 — 역주). 하나님께서 그의 백성에게 자비를 베풀고자 하실 때에는 그들 중에 기도의 영을 불러일으키시는 것입니다. "야곱 자손에게 너희가 나를 헛되이 찾으라고 이르지 아니하였노라"(사 45:19. 한글개역개정판은 "헛되이"를 "혼돈 중에서"로 번역함 — 역주). 즉, 내가 너희를 부추기고 도운 후에 그들로 수고를 잃어버리게 한 적이 없다는 뜻입니다. "너희가 내게 부르짖으며 내게 와서 기도하면 내가 너희들의 기도를 들을 것이요 너희가 온 마음으로 나를 구하면 나를 찾을 것이요 나를 만나리라"(렘 29:12, 13). 희미한 소원은 미약한 산고(産苦)와도 같아서 출산의 자비를 가져다주지 못합니다. 충만한 때가 가까워올수록 기도의 영도 강해지는 것입니다. "하나님께서 그 밤낮 부르짖는 택하신 자들의 원한을 풀어 주지 아니하시겠느냐 그들에게 오래 참으시겠느냐? 내가 너희에게 이르노니 속히 그 원한을 풀어 주시리라"(눅 18:7, 8). 문에서 살짝 두드리는 것만으로는 집안에 있는 사람 중 아무도 반응하지 않을 것입니다. 그들은 한가한 걸인이 왔거나 혹은 누군가 급할 것이 전혀 없는 사람이 온 것으로 여길 것입니다. 그러나 문을 세차게 두드리면, 그들이 침대에서 일어나 문으로 나아올 것입니다. "비록 벗됨으로 인하여서는 일어나 주지 아니할지라도 그 간청함을 인하여 일어나 그 요구대로 주리라"(눅 11:8).

[적용]

첫째 적용. 안타깝게도 이는 우리 중에 간절히 기도하는 자가 별로 없으니 사실상 참되게 기도하는 자가 거의 없다는 것을 보여 줍니다. 사람들을 그 처지에 따라 몇 가지로 구분해 보겠습니다.

1. 무지한 사람들. 이들이 과연 간절히 기도합니까? 안타까운 일이지만, 이들의 마음이 기도 중에 얼어 있는 것이 분명합니다. 그들은 태양으로부터 너무 멀리 떨어져 있어서 기도 중에 이 신적인 열기를 얻지 못합니다.

2. 속된 사람들. 더러운 정욕으로 인하여 타락해 있고, 다른 식으로 그의 열기가 식어져 있는 자들입니다. 정욕의 불길에 마음이 휩싸여 있는 자가 과연 기도에 냉

랭하지 않을 수 있겠습니까? 하늘로부터 오는 불이 지펴지기 위해서는 먼저 지옥 불이 꺼져야 하는 것입니다.

3. **이리저리 방황하는 생각들에 휩싸인 영혼.** 눈은 하늘을 향하는 것 같으나 마음이 사탄처럼 땅의 이곳저곳을 헤매고 있으니, 이런 자들의 기도가 과연 간절할 수가 있겠습니까? 마음으로 원하는데, 생각이 거기에 집중되지 않을 수가 있을까요? 간절함이 있으면 마음의 생각들이 하나로 합쳐지고 현재 당면한 일에 집중되는 법입니다. 주의가 흐트러지는 것을 용납하지 않고, 모든 잡다한 생각들을 향하여 마치 느헤미야가 건축하는 도중에 자기를 불러내는 자들에게 한 것처럼 다음과 같이 대답할 것입니다: "내가 이제 큰 역사를 하니 내려가지 못하겠노라 어찌하여 역사를 중지하게 하고 너희에게로 내려가겠느냐?"(느 6:3). 엘리야에 대해, 그가 "간절히 기도"하였다고 말씀합니다만(약 5:17), 이는 그가 기도하는 중에 기도했다는 뜻입니다. 헬라어로 그렇게 되어 있습니다. 에스겔의 이상 중에 "바퀴 안에 바퀴"가 있었던 것처럼(겔 10:10) 그의 기도 중에 기도가 있었던 것입니다. 산만하게 이리저리 헤매는 영혼은 기도가 없으나, 그의 입술로는 기도하고, 그의 마음은 놀고 있습니다. 하늘이 그의 목표인양 그의 눈은 하늘을 향하고 있으나, 정작 생각들은 아래로 땅을 향하여 쏘아대는 것입니다.

4. **기도의 임무를 지루해하고 지겨워하는 자.** 이런 자는 기도의 임무에 열중하여 한숨을 쉬고 탄식하는 것이 아니라, 기도의 임무 때문에 한숨을 쉬고 탄식합니다. 그는 병든 사람이 자기의 일을 하듯 그렇게 기도하며, 거기서 하등의 기쁨이나 즐거움을 찾지 못합니다. 참된 간절함이 있으면 지루함이나 고통을 느끼지 못합니다. 상인이 일에 열중하면 기진맥진하는 것도 느끼지 못하며, 병사가 싸움에 열중하면 상처가 생겨도 느끼지 못하는 것입니다. 마음의 애착은 정말 강한 힘을 지니고 있어서 연약한 몸을 끌어내는 능력이 있습니다. 그러므로 기도의 임무 중에 마치 병자가 편안해지고자 이리저리 뒤척거리듯 그런 식으로 이리저리 뒤척거리는 자는 자신이 그 임무에서 만족을 얻지 못하고 있고 그래서 간절함도 없다는 것을 스스로 드러내는 것입니다. 기도 중에 이러한 영의 아픔들이 있다면 — 그가 성도라 할지라도 — 그것은 그가 무언가 영적인 감기 같은 것이 걸린 데에서 나타나는 증상이요, 그러므로 그가 큰 이상상태에 빠져 있음을 선포해 주는 것입니다. 마음이 정상 상태에 있는 그리스도인이라면, 건강한 사람이 음식의 맛을 즐기고 음식에서 새로운 기운을 얻는 것 이상으로, 신앙의 임무에서 즐거움과 새로운 힘을 얻

는 것입니다.

둘째 적용. 권면을 드리고자 합니다. 여러분은 기도하십니까? 간절히 기도하십시오. 그렇지 않으면 아무것도 하는 것이 아닙니다. 그림 속에 있는 불이 불이 아닌 것처럼 냉랭한 기도는 기도가 아닙니다. 여러분 자신의 마음도 뜨겁게 하지 못하는 기도가 과연 하나님의 마음을 뜨겁게 하리라고 생각하십니까? 그릇의 뚜껑을 열지만, 그릇이 얼어 있는 격입니다. 손이 추위에 마비되어 있으면 사람이 그 손을 쓸 수가 없습니다. 마찬가지로 여러분의 마음이 감각이 돌아와 여러분이 위해서 기도하는 그것을 느끼게 되기 전에는 여러분의 영이 기도 중에 활동할 수가 없는 것입니다. 그러니 여러분의 냉랭한 마음에 영적인 열기를 불어넣기 위해서는 다음의 논지들을 유념해야 할 것입니다.

[기도 중에 열정과 간절함을 북돋기 위한 논지들]

논지 1. 열정과 간절함이 얼마나 훌륭한 것인지를 생각하십시오. 성도라면 훌륭한 것들을 인정하는 데에로 기울어지는 어떤 원리를 지니고 있는데, 열정과 간절함이 바로 그런 것입니다. 생명은 정말 존재들의 훌륭함입니다. 그렇습니다. 심지어 무생물에게도 비유적인 의미의 생명(an analogical life)이 있고, 거기에 훌륭함이 있습니다. 포도주는 향이 그 훌륭함을 나타내 줍니다. 향이 없이 사라진 포도주가 무슨 가치가 있습니까? 다이아몬드의 경우는 그 반짝이는 광채가 가치를 가늠하게 해 줍니다. 샘에서 나오는 물이 다른 물보다 훌륭한 것은 그 운동에 있고, 그것 때문에 "생수"라 부릅니다. 진짜 생명이 있는 존재들은 이보다 훨씬 더합니다. 벼룩이나 파리가 태양보다 더 고상한 존재로 인정받습니다. 각양 존재들 중 더 높은 유의 생명을 지니고 있는 존재의 본성이 더 진보된 상태인 법입니다. 동물이 식물보다 위에 있고, 사람이 동물보다 위에 있으며, 천사들이 사람보다 위에 있습니다. 그런데 어떤 존재에게 훌륭함을 부여하는 것이 생명이듯이, 활동 중에 나타나는 활력과 힘이 그 생명에게 훌륭함을 부여해 줍니다. 피조물의 생명이 고상할수록, 그 활동에서 더 큰 에너지가 발휘됩니다. 천사는 사람보다 판단이 빠르고 열정도 더 강합니다. 그러므로 기도의 임무 중에 더 생기가 있고 열정이 더 나타날수록, 여러분이 저 영광스러운 영들 — 이들은 하나님을 섬기는 그들의 열정으로 인하여 "불꽃"이라 불립니다만 — 의 본질에 더 가까이 가는 것입니다. 물론 저급한 것들과 사람 사이의 문제들에 관하여는 고요하고 차가운 것이 열정보다 더 낫습니다. 솔로몬도 이렇게 말씀합니다: "성품이 냉철한 자는 명철하니라"(잠 17:27). 히브리어로 보면, 이는 차가운 영을 뜻합니다. 이런 사람은 해를 입어도 불길에 휩싸이지 않고, 세상의 어떠한 일에 대해서도 기쁨, 슬픔, 분노 등이 높이 올라갈 정도로 자극을 크게 받지 않습니다. 모세보다 이런 일에 평정을 유지했던 자가 누구입니까? 그러나 이 거룩한 사람이 일단 기도에 들어가면, 그는 불이 되고 활력과 열기가 가득해집니다. 사실 기도 중의 이러한 간절한 심령이야말로 모든 죄악된 격정들을 가라앉히는 훌륭한 덕입니다. 다윗은 자기 아이가 살아 있을 때에 그 아이를 위하여 간절히 기도하였고, 그 간절함으로 인하여 그 아이가 죽었다는 소식을 그렇게도 고요하게 인내로 감당했습니다. 브닌나가 조롱할 때에 한나가 화난 말로 대꾸하는 것을 한 번도 볼 수 없습니다. 그녀가 기도 중에 자기의 괴로운 심령을 안돈시키는 법을 찾았기 때문이 아니면 그 이유가 무엇이겠습니까? 하나님과 씨름하면 자기의 괴로운 문제를 그에게 납득시킬 수 있는데, 자기를 대적하는 자와 싸울 필요가 무엇이겠습니까? 기도 중의 간절한 심령을 추천하기 위해서는 구태여 다른 것이 필요 없습니다. 이것만으로 족합니다. 곧, 그 간절한 심령이 마치 다윗의 수금처럼 악령을 — 곧, 우리의 격하게 올라오는 감정들을 — 내쫓을 수 있다는 사실입니다. 그런 감정들이 지나쳐 성도가 큰 죄를 범하게 되고 극심한 어려움에 빠지게 되는데, 그것들을 이 간절한 심령이 내쫓는다는 것입니다. 여러분의 영혼의 극한 열정과 간절함이 제사의 불꽃 속에서 올라가 하나님의 품속에 들어갈 때가 아니면, 여러분의 격한 감정이 사라지고 평정을 유지하는 때가 과연 언제입니까? 어쩌면 여러분이 모세처럼 큰 열기를 머금고 산에서 내려올 수도 있습니다. 그러나 그 열기는 죄를 대적하는 열기요, 여러분 자신을 위한 열기가 아닐 것입니다. 반면에 형식적인 기도는 마치 회(灰)와도 같아서 속에는 좋은 내용물을 지니고 있으나 상처에 드리우면 냉랭함을 느끼게 되고, 상처를 치유하기보다는 오히려 덧나게 만들 뿐입니다.

논지 2. 하나님은 기도 중에 여러분이 여러분의 영혼의 최고의 것들을 드리기에 합당하신 분이십니다.

(1) 그가 여러분에게 영혼의 능력들과 여러분의 모든 애정들을 주셨습니다. 조각상의 모양은 그것을 위해 짜놓은 틀의 모양과 똑같습니다. 여러분의 모습도 하나님의 생각 속에 있는 여러분의 모습 그대로입니다. 자, 여러분의 조물주이신 하나님께서 그가 주신 선물이었던 그것을 요구하시지 않겠습니까? 돌을 생명이 없는

존재로 지으시고, 짐승의 그 한정된 정신이 저급한 감각적인 것에 반응하도록 하신 하나님께서 여러분에게는 이성적인 취향과 영적인 애착들을 주셔서 고귀하게 지으셨습니다. 그러니, 그것들을 주신 여러분의 하나님께 예배드리는 일에 그 신적인 능력들을 사용해야 하지 않겠습니까? 하나님께서 그가 주신 것을 받지 못하실 때에 그 대가를 맛보게 하지 않으신다는 것은 정말 어려운 일입니다. 그리스도께서는 "자기 백성에게 오셨으나 자기 백성이 그를 영접하지 아니하였습니다"(요 1:11). 그런데 그는 우리의 예배에 대해서 말씀하시기를, "내게서 생명을 받았고 내게 지음 받은 피조물에게 내가 왔는데, 그가 내게 죽은 마음을 내어놓는도다"라고 하십니다! 가령 여러분의 친구가 머지않아 여러분의 집을 방문하겠다고 통지하면서 함께 즐길 값비싼 포도주를 여러분에게 보냈다고 합시다. 그런데 여러분은 그가 방문할 때에 그 포도주를 내어놓고 그와 함께 즐기기가 싫어서 김이 다 빠져 버린 포도주를 내어놓아서 그를 그냥 돌려보내겠습니까? 그런데 여러분의 친구가 여러분의 하나님보다 더 귀한 손님이라고 생각합니까? 시편 기자는 우리에게 "기쁨으로 여호와를 섬기기를" 촉구합니다. 그런데 이를 강화하기 위해서 무엇이라고 합니까? 곧, "여호와가 우리 하나님이신 줄 너희는 알지어다. 그는 우리를 지으신 이"시라고 합니다(시 100:2, 3). 포도원을 가꾸면서 포도주를 마시기를 기대하지 않을 자가 어디 있겠습니까? 하나님께서 우리의 곡식과 포도주를 그의 것이라 부르신다면, 그는 그것들로 섬김을 받기를 기대하시는 것입니다. 하물며 우리의 사랑과 기쁨이겠습니까? 그것들이야말로 그가 우리에게 베푸신 최고의 선물들이니 이것들을 숨겨놓고 그에게 드리지 않는 것을 결코 허용하지 않으시는 것입니다. 그러므로 기도하러 나아갈 때에 여러분의 모든 애정들을 불러일으키십시오. 혹시 그것들이 잠들어 있을지도 모르니, 배의 한구석에서 잠자던 요나를 깨우듯이 그것들을 깨우시기 바랍니다: "자는 자여 어찌함이냐? 일어나서 네 하나님께 구하라"(욘 1:6).

(2) 그가 그의 애정을 여러분에게 베푸시니 그분이야말로 그 애정들을 드리기에 합당하십니다. 그는 여러분을 극진히 사랑하시므로 또한 여러분에 대해 질투하십니다. 그의 마음이 여러분을 향한 사랑으로 불같이 타오르시므로 그는 여러분의 냉랭하고 몽롱한 기도들에 대해 책망하실 수도 있습니다. 그가 그 백성들에게 자기의 사랑을 나타내시며 쓰시는 표현들이 얼마나 높고 고귀한지 모릅니다. 그가 그들을 위해 행하시는 모든 일이 다 열정이 가득한 것입니다. 그들을 보호하실 때

에도 "새가 날개 치며 그 새끼를 보호함 같이 나 만군의 여호와가 예루살렘을 보호할 것이라"고 하십니다(사 31:5). 즉, 새가 그 새끼가 위험에 처한 것을 직감할 때에 그 둥지를 향하여 전속력으로 날아가듯이 그렇게 신속하게 그들을 보호하신다는 것입니다. 또한 그들의 원수들을 보복하실 때에도, "만군의 여호와의 열심이 이를 이루십니다"(사 9:7). 그 백성들의 기도를 들으실 때에도 그는 "기쁨으로" 들으시며, 그들의 죄를 용서하실 때에도 그는 기꺼이 하십니다. 그리고 한 달란트를 구하면 두 달란트를 주십니다. 야곱은 안전히 갔다가 안전히 돌아오기를 바랐습니다. 그런데 하나님은 그대로 해주셨고, 또한 그가 바라던 것 이상으로 베푸셔서 그는 두 떼를 이루어 고향으로 돌아왔습니다. 아무리 작은 자비를 베푸시더라도 하나님은 그의 마음을 다하여 베풀어 주십니다. 심지어 고난의 섭리가 임하여 그의 사랑이 거의 보이지 않는 것 같을 때에도 그의 마음이 거기에 넘치는 것입니다. "에브라임이여 내가 어찌 너를 놓겠느냐? … 내 마음이 내 속에서 돌이키어 나의 긍휼이 온전히 불붙듯 하도다"(호 11:8).

(3) 그는 그 백성의 열심에 대해 선히 갚으시는 주인이십니다. 그는 "자기를 찾는 자들에게 상 주시는 이"이십니다(히 11:6). 간절한 기도가 하나님께 상달되지 않은 경우는 한 번도 없습니다. 엘리야의 기도는 하늘로부터 불이 임하게 했으니, 이는 그 기도가 불을 하늘로 올려갔기 때문입니다. 레위 지파는 그 열정으로 말미암아 제사장 지파가 되었습니다. 왜 그랬습니까? 형제들에게 정의를 행하는 일에 그렇게 열정적인 사람들은 희생 제물로 그들을 위해 속죄하는 일에도 그에 못지않게 열정적일 것이기 때문이었습니다. 사람들은 대부분 그 간절함과 열의를 잘못된 것에다 기울임으로써 그것을 잃어버리고 맙니다. 그 수고와 고통을 갚아 줄 수도 없는 것들이나 그것을 갚아 줄 의사가 없는 사람들을 위해 열정을 쏟아붓는 것입니다. 오오 여러분, 탐욕스런 사람이 세상의 부정한 재물을 얼마나 뜨겁게 열정적으로 탐하며 뒤쫓습니까! 그런 자는 "가난한 자의 머리에 붙은 흙먼지를 탐내는" 것입니다(암 2:7. 한글개역개정판은 "힘 없는 자의 머리를 티끌 먼지 속에 발로 밟고"로 번역함 — 역주). 하지만 그런 수고를 기울여 무슨 상을 얻습니까? 그렇게 애를 써도, 마치 산토끼를 뒤쫓는 개처럼, 아무런 소득도 얻지 못하고 결국 핍절하여 저녁도 먹지 못하고 자기 무덤 속에 있는 침상에 잠드는 경우가 허다합니다. 단언하건대 그는 "어리석은 자"로 죽습니다(렘 17:11). 궁궐의 사냥개들 — 곧, 주인이 뱉는 침을 핥기 위해, 또한 주인이 베푸는 약간의 호의를 누리기 위해 아양 떨고 아첨하는 자

들을 뜻합니다만 — 중에 그렇게 온갖 아첨을 떨며 치사한 처신을 하다가 결국 그로 인하여 오히려 사형집행인의 칼날을 상으로 받거나 혹은 왕의 총애를 받지만 고질적인 폐병을 앓다가 죽음을 맞게 될 때에 그들 스스로 어리석었음을 알게 되는 자들이 얼마나 많습니까? 그리하여 저 야망이 가득했던 추기경은 뒤늦게 말하기를, 자기가 땅의 주인을 섬긴 것만큼 그렇게 하늘의 주를 정성스레 모셨더라면, 마지막에 그렇게 비참해지지는 않았을 것이라고 했다고 합니다. 한 마디만 더 하자면, 미신을 믿는 사람이, 들을 귀도 없고 도움을 줄 손도 없는 나무로 새긴 자기의 신에 대한 열정으로 자기의 가슴을 내리치며 자기 자신의 살을 베는 것을 보지 않습니까? 자, 여러분, 여러분의 사랑하는 아버지이신 살아 계신 하나님이 과연 그 사람들의 죽은 벙어리 우상에게 바치는 것보다 더 지극한 열정을 받으시기에 합당한 분이시지 않습니까? 부끄러운 줄 알아야 합니다! 여러분, 우상을 섬기는 자들이 누더기 신 앞에서 땀을 흘리는데, 냉랭한 마음으로 하나님을 예배해서는 안 될 것이며, 세상 사람들이 땅의 재물을 위해 기울이는 열정에도 못 미치는 자세로 그렇게 생각도 마음도 없이 여러분의 하나님을 섬겨서는 안 될 것입니다. 여러분의 열심에 대해 세상이 조롱하는 것도 두려워하지 마십시오. 그들은 여러분이 바보라고 생각하지만, 여러분은 그들이 바보라는 것을 알고 있으니 말입니다.

[기도 중에 마음을 일으켜 간절함을 갖게 하는 법]

질문. 하지만 어떻게 하면 기도 중에 이러한 간절함을 얻을 수 있을까요?

답변 1. 이 질문을 하는 여러분이 성도이거나 아니거나 둘 중의 하나일 것입니다. 만일 성도가 아니라면 이보다 앞서 다른 질문이 선행되어야 할 것인데, 어떻게 하면 현재 영적 죽음의 상태에 있는 여러분이 영적 생명을 얻을 수 있겠느냐? 하는 것입니다. 기도의 임무에 생명이 있기 위해서는 먼저 영혼에 생명이 있어야만 합니다. 양탄자 가게에 있는 모든 양탄자를 다 동원해서 깔아놓아도 죽은 사람을 온기 있게 만들 수는 없습니다. 여러분의 영혼이 죽음의 상태에 있는 동안에는 아무리 감동적인 성경의 주제를 다 동원한다 해도 여러분으로 하여금 간절하게 기도하도록 만들 수 없는 것입니다. 먼저 그리스도께로 나아가 생명을 얻으십시오. 그렇게 생명을 얻고 나면 여러분이 열기 속에 있게 될 소망이 있는 것입니다. 하지만,

답변 2. 만일 여러분이 성도라면, 여러분의 영혼을 뜨거운 열기 속에 집어넣기 위해서, 또한 그 다음에는 그 열기를 계속 유지하기 위해서 최선의 노력을 기울여야 합니다.

돌이 저절로 공중으로 떠오를 수가 없듯이, 새도 — 물론 공중으로 날아오를 수 있지만 — 날개로 열심히 수고하여 움직이지 않으면 거기에 오래 머물 수가 없습니다. 성도들은 가슴속에 하늘의 불꽃을 지니고 있지만, 그것을 계속 살아 있게 하려면 관심과 근면의 풀무가 필요한 것입니다. 황금 속에서 자라는 녹이 있고, 나무에서 번식하는 벌레가 있고, 의복에 기생하는 좀이 있는데, 시간이 지나가면 그것들 때문에 못쓰게 됩니다. 석탄의 재도 불을 꺼뜨립니다. 그렇습니다. 성도에게도 역시 날마다 주의 깊게 간수하지 않으면 그의 열심을 시들게 만드는 것이 있는 것입니다. 그러므로 여러분의 경우에 기도 중의 간절함을 해치는 주요 요인이 무엇인지를 관찰하고, 그것을 강력하게 저지하십시오. 이 중요한 임무를 게을리하면, 기도 그 자체에서는 훨씬 더 태만하게 될 것입니다. 자기가 갈 길에 웅덩이가 있다는 것을 아는 사람이 여정을 출발하기 전에 그것을 메우지 않는다면, 그의 마차가 거기에 빠져서 허우적거린다 해도 전혀 이상할 것이 없을 것입니다.

답변 3. 이것이 모든 사람에게 다 동일한 것이 아니므로, 여러분의 경우 이 임무에서 큰 장애거리가 무엇인지를 잘 파악할 수 있을 만큼 여러분 자신의 상태를 잘 알 필요가 있습니다. 성도의 영혼의 궁창이 그의 가슴에서 올라오는 악성 수증기로 식혀져서 하나님의 은혜의 힘을 그의 속에서 약화시키는 일이 없었다면, 그에게는 일 년 내내 여름일 것이고 그의 마음이 언제나 뜨거울 것이고 그의 감정이 기도의 임무에서 활발히 움직일 것입니다. 그러므로 열기를 식혀 주는 그것이 어디에서 오는지를 면밀히 살펴보십시오. 어쩌면 여러분의 마음에 낮에는 세상으로 새나가는 뚫린 구멍이 너무 많고, 밤에는 기도로 주 앞에 나아가야 하는데도 여러분의 심령이 기진해 있을지도 모릅니다. 기도의 임무에서 더 뜨거우면 세상을 향해서는 더욱 차가울 것입니다. 하루 종일 짐을 지고 가는 말(馬)은 밤에 길을 떠나기에 적합하지 못한 것입니다. 수액(樹液)을 머금은 나무는 쉽게 불에 타지 않습니다. 이와 마찬가지로 세상에 깊이 젖어 있으면 거룩한 임무에서 마음이 쉽사리 뜨겁게 타오르게 되지 않는 법입니다. 그러므로 기도의 임무에서 뜨거움과 생기를 유지하고자 하면, 세상에 대한 이런 열성적인 애착들을 마음에서 제거하십시오. 그런데 이를 위해서는 여러분을 향한 그리스도의 사랑과, 그와 여러분의 관계, 그리고 내세에서 그에게 받을 것으로 기대하는 그 크고 영광된 일들을 자주 묵상하는 것보다 더 나은 길은 없습니다. 오직 이것만이 이 세상을 향한 여러분의 사랑을 말려줄 것이며, 또한 여러분의 나무토막을 햇볕에 잘 말리면 땔감으로 아주 적절할 것입니다. 반면에, 여러분의 마음이 계속해서 이 세상을 향한 무절제한 사랑을 생각하는 것에 젖어 있다면, 기도하러 나아올 때에 여러분의 마음이 마치 젖은 나무토막을 불길 속에 두는 것 같아서 오랜 시간 불을 지피려 해도 금방 다시 꺼져 버리고 만다는 것을 알게 될 것입니다. 어쩌면 기도에서 여러분의 마음의 죽어 있는 상태가 여러분이 공급받기를 바라는 여러분의 모자란 것과 자비들에 대한 깊은 인식이 결핍된 것 때문일 수도 있습니다. 절실한 마음으로 기도할 수 있기만 하면, 간절하게 기도하게 될 것이 분명합니다. 배고픈 사람은 밥을 구걸하는 기술을 배울 필요가 없습니다. 주린 배가 그를 간절하게 만들고 웅변적으로 만들어 줄 것이기 때문입니다.

여러분, 죄 용서를 위해서 기도하려 하십니까? 우선 여러분의 죄가 여러분이 영혼을 얼마만큼 고뇌하게 하는지를 보십시오. 의사가 환자의 상처들을 대하면서 예리한 약물을 주사하여 그 결과를 잘 진단하는 것처럼 여러분의 영혼을 대하시기 바랍니다. 여러분의 영혼에 대해 그런 것들을 적용시켜서 그 문제점을 느끼고 그것에 근거하여 여러분의 황망한 상태를 지각하기를 바랍니다. 그러면 기도 시간에 가서 아무리 잠을 자려 해도 할 수가 없게 될 것입니다. 다윗은 먼저 자기 마음의 아픔을 애틋하게 느끼고 죄에 대한 그의 영혼의 갈망을 표현합니다: "내 죄악이 내 머리에 넘쳐서 무거운 짐 같으니 내가 감당할 수 없나이다"(시 38:4). 그리고 이런 생각들로 인하여 마치 강력한 약이 위(胃)에서 작용하는 사람처럼 마음 속의 괴로움을 느끼게 되고, 그리하여 기도로 하나님께 그의 영혼을 쏟아내는 것입니다: "주여 나의 모든 소원이 주 앞에 있사오며 나의 탄식이 주 앞에 감추이지 아니하나이다"(9절).

다른 이들을 위해 기도하고자 하십니까? 먼저 그들의 아픔을 절감하여 여러분의 마음을 찢으며, 동정의 심령을 발휘하여 마치 그들의 처지가 여러분의 것인 것처럼 그들의 비참한 사정을 여러분 스스로 느끼십시오. 그러면 그들을 향한 연민에 마음이 녹아져서 그들을 위한 기도가 뜨거워질 것입니다. 그리스도께서도 먼저 나사로를 향하여 비통한 마음을 가지셨고, 그리하여 눈을 들어 하늘을 향하여 그를 위해 아뢰셨던 것입니다(요 11:33, 38).

또한 열정이 없는 것이 여러분의 믿음에 어떤 결점이 있기 때문일 수도 있습니다. 믿음은 기도라는 활의 버팀대와도 같으며, 그것이 그 화살을 하늘을 향하여 힘있게 날아가게 만들어 줍니다. 믿음이 약하면 그 외침도 강할 수가 없습니다. 어떤 일을 행할 때에 그 일을 속히 마무리 지을 희망이 별로 없이 행하는 자는 그저 되는대로 행할 것입니다. 우리가 하는 말처럼, 죽은 말(馬)을 위해 일하는 것입니다. "희망이 적을수록 노력도 적다"는 것은 과연 자명한 원리(axiom)라 할 것입니다. 그리스도께서는 육체로 계실 때에 심한 통곡과 눈물로 간구하셨습니다. 그런데 그의 기도를 강화시킨 것이 무엇인지를 주목해 보십시오. "자기를 죽음에서 능히 구원하실 이에게" 그렇게 기도하셨다는 것입니다(히 5:7). 뿐만 아니라 여기서 지칭하는 그의 기도를 면밀히 살펴보면 그가 하나님을 자기의 하나님으로 끌어안으신 것을 보게 됩니다 — "나의 하나님, 나의 하나님"(마 27:46). 하나님을 그렇게 붙잡으심으로써 기도 중에 그의 영이 거기에 사로잡힌 것입니다. 이처럼 성경에 기록된 기도하는 성도들의 몇 가지 전제 조건들을 살펴보면, 그들의 믿음이 오르락내리락 하는 것에 따라서 기도의 영이 들어오고 나가며, 넘어지고 일어나는 것을 볼 수 있습니다. 그리하여 다윗은 환난을 당할 때에 하나님을 그렇게도 든든히 붙잡았습니다: "내가 믿었으며, 그리하여 내가 크게 고통을 당하였다고 말하였도다"(시 116:10. 한글개역개정판은 "내가 크게 고통을 당하였다고 말할 때에도 나는 믿었도다"라고 번역함 — 역주). 이 때문에 가나안 여인은 그렇게 도저히 감당할 수 없을 정도로 끈질기게 구하였습니다. 그리스도께서 이맛살을 찌푸리시고 면박을 주시고 책망하셔도, 그 여인은 더욱 그에게 가까이 나아가며, 그의 부인하는 말씀에서도 자신의 간구의 근거를 찾아 모읍니다. 마치 병사가 원수가 쏜 총알로 그 원수를 쏘듯이 말입니다. 그리스도께서는 그 여인의 심령으로 하여금 그런 끈기를 유지하게 만든 것이 무엇인지를 말씀해 주십니다: "여자여 네 믿음이 크도다!"(마 15:28).

또한 어쩌면 여러분이 성령께 무언가 불쾌감을 드린 데에서 그런 일이 생긴 것일 수도 있습니다. 간절한 마음을 생겨나게 하실 수 있는 분이 오직 성령밖에는 없으니, 기도에 마음을 뜨겁게 하시는 그분이 떠나실 때에 여러분의 기도가 냉랭해지는 것이 전혀 이상한 일이 아닙니다. 영혼이 없는 육체가 차가운 진흙과 죽은 흙이 아니면 무엇이겠습니까? 성령이 계시지 않는 영혼도 절대로 그보다 더 나을 수가 없습니다. 오오 여러분, 성령님을 다시금 여러분의 영혼에 모셔들이십시오. 그렇지 않으면 여러분의 기도의 노력은 끝나 버리고 맙니다. 그리고 그를 다시 모시려 하면, 그를 불쾌하시게 한 것이 무엇인지를 찾아 그것을 제거하여야 합니다. 이 비둘기로 하여금 그 둥지를 버리게 만드는 그것을 제거하지 않으면, 그가 돌아오는 것도 그것이 방해할 것입니다.

[영으로 기도하기 위해서는 순전함을 지녀야 함]

셋째. 순전함으로 기도할 때에 영으로 기도하는 것입니다. 순전함이 거의 또는 전혀 없을 경우에도 많은 열정이 있을 수 있습니다. 그러나 그것은 다른 불이요, 비정상적인 열기이며, 하나님께로부터 나오고 또한 하나님을 위하여 작용하는 새로운 피조물의 선한 본성적인 열기가 아닙니다. 이와 반대로 다른 불은 자기 자신에게서 오는 것이요 자기 속에서 끝납니다. 자기 자신이 피우는 불은 오로지 그것을 지피는 그 사람의 손만 따뜻하게 하는 법입니다: "보라 불을 피우고 횃불을 둘러 띤 자여"(사 50:11) — 선지자는 그들을 스스로 불을 피우고 그 주위에 앉아 있는 자로 묘사하고 있습니다. 스스로 행하는 것과 자기 자신을 목표로 삼는 것은 언제나 함께 나아갑니다. 그러므로 우리 주님은 영과 진리를 동시에 요구하십니다. 그는 "자기에게 이렇게 예배하는 자들을" — 곧, "영과 진리로 예배"하는 자들을 — "찾으시는" 것입니다(요 4:23, 24).

질문. 그런데 이러한 순전한 열정은 어디에 있습니까?

답변. 열정은 애틋한 감정들을 불러일으키고, 순전함은 그 목적으로 이끌며 또한 그 순수함과 썩지 않음에 있습니다. 순수하지 못한 피도 뜨거운 경우가 있고, 마음이 순전하지 못할 때에도 애틋한 감정들이 강하기도 합니다. 그러므로 사도는 "순결한 마음으로 뜨겁게 서로 사랑하라"(벧전 1:22. 한글개역개정판에는 "순결한"이 없음 — 역주)고 권면하며, 또한 다른 곳에서는 "하나님의 뜻대로 하게 된 이 근심"에 대해 말씀합니다(고후 7:11). 그러므로 기도 중의 순전한 마음은 그 사람의 기도가 진짜일 때에, 또한 순수한 원리에 근거하여 순수한 목표를 지향할 때에 생기는 것입니다.

첫째. 기도로 하나님께 아뢰는 내용이 진짜일 경우. 이 사람은 바깥의 혀의 움직임과 속마음의 태엽은 함께 움직입니다. 그는 자기 입술로 범하는 죄에 대해 비난하지 않습니다. 그의 마음이 그 죄를 좋아하기 때문입니다. 자기에게 베풀어지기를 바라지 않는 그런 은혜를 달라고 크게 소리지르지는 않는 것입니다. 하나님이 자기의 간구를 액면 그대로 취하시는 것을 끔찍하게 여기는 일이 잦다는 것이야말로 외식자의 진정한 표지일 것입니다. 그들이 기도로 구하였으나 그 마음이 거기에 서명하고 인친 적이 없다는 사실을 하나님께서 그들의 양심에 드러내시고 그들을 찌르실 것인데, 그 날이야말로 그런 자들에게는 황망한 날이 될 것입니다.

때때로 왕들이 사용한 국가적인 전략 가운데 전쟁을 의도할 경우 사신들을 보내어 조약을 체결하게 하는 것이 있습니다. 그런 속임수가 사람의 거짓된 마음에서 드러납니다. 하나님을 대적하여 전쟁과 배반의 은밀한 목적들을 갖고 있으면서도 평화를 구하는 기도의 그럴듯한 모습 속에 그런 것들을 감추는 것입니다.

둘째. 바라는 것이 진짜일 뿐 아니라, **순수한 원리에 근거하여 순수한 목표를 지향하는 경우.** 외식자도 자기의 죄들에 대해 영혼에 진짜 괴로움을 갖고서 열정적으로 죄 사함의 자비를 바랄 수 있다는 것을 의심하지 않습니다. 그러나 이는 순수한 원리 — 죄에 대한 미움 — 에 근거한 것이 아니며 그 죄로 인하여 자기에게 드리워지는 진노를 혐오하는 데에서 나오는 것입니다. 뿐만 아니라 이는 순수한 목표 — 이는 하나님의 자비로 인하여 자기 자신에게서 그의 영광이 높이 드러나는 것에 있습니다만 — 를 지향하는 것도 아니고, 그저 하나님의 정의로운 진노로 인하여 자신이 고통을 당하는 일이 없도록 하기 위한 것일 뿐입니다. 성령의 은혜들을 사모할 수도 있지만, 그것들을 사랑하기 때문이 아닙니다. 그저 그것들이 없으면 자기가 지옥에 떨어질 수밖에 없다는 것을 알고서 그저 그런 악을 모면하기 위해서 그런 것들을 사모하는 것뿐입니다. 이는 마치 병상에 누워 극심한 고통을 당하고 있는 환자가 — 가령 신장 결석 등 통증이 극심한 질병에 걸렸다고 합시다 — 자기가 극히 싫어하는 약을 달라고 요구하는 것과도 같은 것입니다. 그 약이 싫지만 그것을 마시지 않으면 고통을 완화시킬 방법이 없다는 것을 잘 알기 때문에 그것을 구하는 것입니다. 반면에 순전한 영혼은 은혜를 사모하되, 그저 약으로가 아니라 양식으로 구합니다. 그는 그 은혜가 필요하기 때문만이 아니라 자기의 입에 달콤하게 여기기 때문에 그것을 구하는 것입니다. 거룩의 그 본연의 풍성함과 훌륭함이 그로 하여금 그것을 향하여 사랑이 불일듯하게 만들어서, 마치 한 처녀의 아름다움에 반한 나머지 자기가 그녀에게 해 줄 것이 별로 없지만 그녀와 결혼하겠다고 말하는 자처럼 되어 버립니다. 그러므로 순전한 마음은, 거룩이 그 아름다운 본질 속에 나타나는 것 이외에는 전혀 다른 이득을 가져다주지 않는 데도 불구하고 그 거룩을 소유하는 것입니다. 기도에서 순전함이 무엇인가에 대해서는 이 정도로 마치기로 합니다.

자, 하늘에 상달되는 기도를 드리고자 하는 자는 이처럼 반드시 그의 영으로 기도해야 합니다. 즉, 그의 영의 순전함으로 기도해야 한다는 것입니다. "정직한 자의 기도는 그가 기뻐하시느니라"(잠 15:8). 나답과 아비후가 불을 지폈으나 그 불은 "다른 불"이었고, 그들은 그 "다른 불"을 드린 것 때문에 멸망했습니다. 그런데 순전한 마음의 제단에서 취한 것이 아닌 열정과 열심은 모두가 그와 같이 "다른 불"입니다(레 10:1). "간절한 기도는 역사하는 힘이 큼이니라"(약 5:16). 그런 기도는 많은 것을 할 수 있습니다마. 하지만 반드시 의인의 기도여야 하며, 오직 순전한 사람만이 의인인 것입니다. 사람들 중에서도 진실한 입술이 그렇게 높이 추앙받는 것을 볼 때에, 하나님이 기도에서 순전함을 그렇게 많이 보시는 것도 무리가 아닙니다. 사람들은 자기 손을 가슴에 얹어서 자기 말들의 진실성을 다른 사람들에게 나타내 보이고, 그들의 말이나 약속이 진실하다는 것을 확신하게 해 줍니다. 회개하는 세리도 그것을 염두에 둔 것 같아 보입니다. 그는 "가슴을 치며 이르되 하나님이여 불쌍히 여기소서. 나는 죄인이로소이다"라고 하였고(눅 18:13), 그리하여 자신의 근심에 찬 고백이 어디에서 온 것인지를 선포한 것입니다. 이교도들에게 하나님을 반드시 예배해야 한다고 말씀해 준 그 빛이 또한 이 예배가 내적인 마음의 깊은 곳으로부터 우러나오는 것이어야 한다는 것도 가르쳐 주었습니다. "신들이 어째서 황금을 따지겠는가! 모든 보화보다 더 값어치 있는 것, 곧 마음과 그 내적인 애정을 드리자." 벤조(Benzo)는 그의 책 「신세계의 역사」(*Historia Novi Orbis*)에서 원주민들의 이상한 관습을 다음과 같이 보도하고 있습니다: "서부 인도인들은 자기들의 신들에게 예배할 때에 작은 막대기를 목구멍에다 대어 스스로 토하도록 만듦으로써 그들의 우상에게 자기들이 속에 은밀한 악을 전혀 품지 않았다는 것을 드러내 보이곤 했다고 한다." 이 야만적인 관습을 구태여 거론한 것은, 이런 관념이 인간의 본성적인 양심에 얼마나 깊이 새겨져 있는가를 보여주기 위함이었습니다. 그러니 우리는 하나님을 예배하는 일에 순전해야 하는 것입니다.

적용. 우리가 그렇게 영으로 기도하는지 — 여러분의 간절함에 순전함이 아로새겨진 것을 발견할 수 있는지 — 를 시험해 봅시다. 기도에 간절함이 없으면 그 기도는 순전할 수 없습니다만, 간절함만 있고 순전함이 없는 기도도 얼마든지 있을 수 있습니다. 이것은 매우 촘촘한 체이므로, 여기서 여러분 스스로를 확증하게 되면 전혀 허풍이 없이 여러분 스스로 성도로 여길 수 있을 것입니다. 그러나 아무리 간절하다 해도 순전함이 없다면 아무 소용이 없습니다. 그렇습니다. 올바름이 없이 열정만 있는 것은 그냥 냉랭하기만 한 것보다 더 나쁩니다. 마음이 거짓된 열심당만큼 치욕스럽게 지옥에 들어갈 자가 없습니다. 그런 자는 불 같은 병거를 타고 천국을 향해서 올라가니, 열정이 있는 것처럼 보이지만, 결국 사무엘의 겉옷을 입고 있는 마귀임이 드러나 마치 번개처럼 천국에서 떨어집니다. 그의 이웃들은 모두 그가 천국에 들어갈 것이라고 생각했을 것인데 말입니다. 이렇게 점검받기를 싫어하지 마십시오. 이렇게 점검받으면, 더 이상 다른 점검을 받을 필요가 없을 것입니다. 여러분이 건전하지 못하다는 것이 드러나지 않을 테니 말입니다. 하나님께 직분을 받은 자가 들어가지 못한다면, 그 안에 있는 모든 것들이 의롭지 못한 것입니다. 이 점검하는 일에서 도움을 얻기 위해서는 다음과 같은 법칙들을 살피기 바랍니다.

[기도 중에 우리 마음의 순전함을 시험하기 위한 법칙들]

법칙 1. 이 기도의 임무를 은밀하게 행하는 것에 대해 여러분은 어떻게 생각하십니까? 여러분의 마음이 순전하다면, 홀로 은밀하게 기도하는 것이 즐거울 것입니다. 거짓된 마음은 다른 이들이 하나님을 향한 그 열심을 보도록 그들을 불러 모으고 싶어 합니다. 관중들이 있어서 박수를 쳐주면 그들 앞에서 열정적으로 기도하며, 뜨겁게 그 일을 감당할 수도 있습니다. 하지만 은밀하게 홀로 하는 기도에 대해서는 전혀 문외한이거나 혹은 아주 냉랭하게 임합니다. 다른 사람들의 내쉬는 숨이 자기의 돛을 가득 채워 주기를 바라는데, 그것이 없으니 자기 스스로도 잠잠한 것입니다. 그러다가 다림줄이 드리워져 그로 하여금 움직이게 만들면, 전에 주위에 사람들이 있을 때에 했던 그 일을 무겁게 다시 하기 시작하는 것입니다. 반면에 순전한 그리스도인은 홀로 하나님께 아뢸 때만큼 심령의 자유를 누리는 때가 없습니다. 요셉은 자신의 감정을 완전히 쏟아내고 싶을 때에 홀로 울 수 있는 은밀한 곳을 찾았고 자기 방으로 물러갔습니다(창 43:30). 순전한 그리스도인도 이처럼 골방에 들어가 거기서 하나님의 가슴속에 그 마음을 편안히 묻고 죄에 대한 슬픔, 그리스도를 향한 사랑의 감정들을 완전히 쏟아냅니다. 하지만 공중 기도에서는 거룩한 절제로, 또한 다른 이들이 볼까 싶어서 그런 것을 — 겉으로 드러나는 표현을 — 억제시킵니다. 다른 사람들이 보는 것을 바라지 않기 때문입니다. 자, 그리스도인 여러분, 여러분은 어떻습니까? 여러분의 골방이 과연 여러분을 위해 증언해 줄 수 있습니까? 외식자는 구경꾼들이 있을 때에는 스스로 긴장하여 기도의 임무에 지극한 열심을 내다가도 홀로 있게 되면 그 모든 것을 다 내려놓습니다. 이것이 그의 속임수입니다. 그는 마치 가장 좋은 고기는 시장에 내다 팔고, 자기 집의 양식을 위해서는 가장 나쁜 것을 남겨두는 사람과도 같고, 최고의 포도주를 손님들에게 내어주고, 자기 홀로 식탁에 앉을 때에는 김이 다 빠져 버린 죽은 포도주를 꺼내어 마시는 사람과도 같은 것입니다.

법칙 2. 공중 앞에서 은혜의 보좌 앞에 아뢸 때에 어떻게 하는지 여러분 자신을 관찰하십시오. 그런데 여기에는 두 가지 경우가 있습니다. (1) 다른 사람들 앞에서 여러분이 기도하는 경우. (2) 다른 사람들이 기도할 때에 그 기도에 여러분이 합류하는 경우.

(1) 다른 사람들 앞에서 여러분이 기도하는 경우에 가장 주된 관심과 열정을 어디에다 두는지, 기도의 외형적인 부분들에 두는지 아니면 내면적인 부분들에 두는지 — 사람들의 귀와 눈에 노출되는 것에 두는지 아니면 하나님의 눈과 귀를 위하여 예비되어야 하는 것에 두는지, 몸의 열정적인 몸짓과 자세에 두는지 아니면 영혼의 내적인 몰입에 두는지, 말의 화려함에 두는지 아니면 믿음의 능력에 두는지, 목소리를 격하게 하고 몸이 요동치는 것에 두는지 아니면 마음을 찢는 심령의 간절함에 두는지 — 를 잘 관찰하기 바랍니다. 이러한 영혼의 내적인 움직임이 바로 기도의 영혼입니다. 그러므로 이것이 없이 다른 것에 온통 관심을 기울이는 것은 죽은 시체에 말끔하게 치장하는 것과 같습니다. 그렇게 한다고 시체가 감미롭게 되는 것도 아닌 것처럼 그런 식의 기도도 하나님의 코에 향기롭게 와 닿지 않습니다. 믿음과, 사랑과, 죄로 인한 마음의 깨어짐, 그리고 내적인 애정이 기도 속에서 역사할 때에, 마치 엘리야가 탄 불 병거처럼, 그 기도가 하늘에 계신 하나님께로 올라가는 것이요, 다른 기도는 엘리야의 겉옷처럼 땅에 떨어지고 마는 법입니다. 순전한 영혼은 겉으로 드러나는 자세에서 감히 무례를 범하지 않습니다. 말과 언어에서도 진지하고도 적절하도록 신중을 기합니다. 그렇다고 냉랭하고도 느슨한 자세로 표현함으로써 함께 기도하는 자들이 졸음에 빠지게끔 하지도 않습니다. 그러나 그러면서도 그가 근본적으로 관심 갖는 것은 마음의 내적인 상태입니다. 외형적인 요소로는 다른 사람들에게는 음식을 접대하면서도, 정작 자기 자신은 마음이 임무에 게을리 임하여 굶을 수도 있다는 것을 잘 알기 때문입니다. 그러므로 그는 자기가 기도를 잘 하는가 하는 것에 관심을 두지 않습니다. 함께 기도하는 자들의 마음에도 감동을 주지만, 자기 자신의 마음이 기도에 가담하지 않는 일이 없도록 하는 일에 우선적인 관심을 두는 것입니다. 반면에 외식자는 기도의 겉모양이 훌륭하여 다른 이들에게서 박수를 받으면 그것으로 크게 기뻐하며, 그 기

도에서 자신의 마음이 죽어 있고 냉담하다는 것을 스스로 느껴도 전혀 개의치 않는 것입니다.

(2) 다른 사람들이 기도할 때에 그 기도에 여러분이 합류하는 경우. 다른 이들이 기도에서 내쉬는 은사들과 은혜들이 여러분의 마음을 뜨겁게 하며, 또한 여러분이 그들과 더불어 하늘을 향하여 마음을 토로합니까? 혹은 그들에게 베풀어지는 하나님의 은사들을 보고 은밀한 투기와 불평이 여러분의 속에서 솟아나옵니까? 이는 여러분의 심령에 상당한 교만과 불건전한 점이 있다는 것을 드러내 주는 것입니다. 외식자는 교만하며 자기의 물방아 이외에 다른 데로 흐르는 물은 모두 다 헛되이 버리는 것이라는 식으로 생각합니다. 그러나 순전한 영혼은 다른 사람들의 은사들을 귀하게 여기며, 그것들을 주신 하나님께 마음에서 우러나오는 찬양을 드리며 또한 겸손하고도 거룩하게 그것들을 사용할 수 있습니다. 다른 사람들이 거룩한 간구를 올릴 때나 자기 자신의 입에서 그런 간구가 나올 때나 전혀 상관없이 그의 마음이 감동을 받는 것입니다. 그러나 외식자의 눈은 악합니다. 하나님의 눈이 선하기 때문입니다.

법칙 3. 기도 중에 나타나는 여러분의 간절함에 일관성이 있는지를 관찰하십시오. 거짓된 마음은 어느 한 가지 죄에 대해서는 매우 뜨겁게 기도하는 것 같이 보이나 다른 죄는 그냥 지나치고, 고백하지 않고 생략하거나 아주 살짝 다루고 넘어갑니다. 마치 한쪽으로 치우친 증인이 자기가 반대하는 죄수에 대해 그의 목숨만은 살리기 위해서 자기가 아는 모든 것을 다 진술하지 않고, 증거를 완곡하게 꾸며서 이야기하듯이, 외식자도 자기가 사모하는 정욕들에 대해 그런 식으로 대합니다. 그는 마치 간격이 넓은 낫으로 잔디를 깎는 자 같아서, 어떤 부분은 깎아내고 다른 부분은 그냥 내버려 둡니다. 이런 정욕에 대해서는 격렬하게 반대하면서도, 저런 정욕에 대해서는 아주 호의를 보이는 것입니다. 그러나 순전한 마음은 깨끗하고도 반듯하게 깎아냅니다. "나의 발걸음을 주의 말씀에 굳게 세우시고 어떤 죄악도 나를 주관하지 못하게 하소서"(시 119:133).

거짓된 마음은 죄를 고백하는 면에서는 물론 간구하는 면에서도 일관성이 없습니다. 어떤 자비에 대해서는 — 대개 저급한 자비들에 대해서는 — 간절히 구하면서도, 더 크고 중요한 자비들에 대해서는 무관심합니다. 그는 기도의 박하와 회향 — 곧, 세속적인 자비들 — 의 십일조를 드리면서도, 약속의 더 소중한 것들 — 겸손, 천국을 향하는 자세, 만족, 자기 부인 등, 성령의 거룩하게 하시는 은혜들 —

은 무시해 버립니다. 이런 것들은 그저 칼날 위에 조금 묻어 있는 정도만 있으면 만족스러운 것입니다.

법칙 4. 여러분의 노력과 여러분의 기도가 일치하는지를 관찰하십시오. 거짓된 마음은 기도에서는 뜨거운 것처럼 보이지만 일터에서는 냉랭하기 그지없습니다. 자기 죄들에 대해서 매우 격렬하게 기도합니다. 마치 그것들이 모두 현장에서 완전히 죽임 당하기를 바라기라도 하는 것처럼 말입니다. 그러나 자기 손으로는 그것들을 죽이기 위해 어떤 일을 행합니까? 죄를 죽이는 일을 결심하고 행합니까? 그 죄들에게 공급되는 연료를 제거하는 일에 힘씁니까? 자기가 올무에 사로잡힐 수 있는 기회들을 피하는 일에 신중을 기합니까? 시험거리들이 올 때에 그는 과연 무기를 들고서 자기를 보호하며, 그 시험거리들을 물리칠 태세를 갖추고 있습니까? 안타깝습니다만, 그런 것은 문제로 여기지 않습니다! 기도 중에 그 문제에 대해 몇 마디 좋은 말로 아뢰었으면, 그것으로 다 된 것이고, 그것을 넘어서는 문제에 대해서는 너무나 게을러서 아무런 조치도 취할 수가 없는 것입니다. 반면에 순전한 마음은 기도 후에도 게으르지 않습니다. 하늘에 경계 신호를 보내고 하나님께 도움을 청하고 나면, 그 자신이 싸움터에 들어가 온 힘을 다하여 자기의 정욕들을 대적하며, 그 정욕들의 움직임을 살피고, 모든 유리한 기회를 다 활용하여 그것들을 무너뜨리는 데 힘씁니다. 하나님께로부터 자비를 얻을 때마다 그 자비들을 일일이 두들겨서 무기(武器)로 만들고, 그것으로 죄를 범하고자 하는 모든 생각들을 무찌르는 것입니다. "우리 하나님이 우리 죄악보다 형벌을 가볍게 하시고 이만큼 백성을 남겨 주셨사오니, 우리가 어찌 다시 주의 계명을 거역하 … 리이까?"(스 9:13, 14). 거룩한 영혼은 "오오, 절대로 그럴 수 없나이다! 주의 계명을 다시 거역하다니, 그런 일은 생각조차 할 수 없나이다"라고 말합니다. 하나님의 약속을 읽을 때마다 그는 그 약속을 검(劍)으로 삼아 이 원수를 대적하여 자신을 방어합니다. "그런즉 사랑하는 자들아 이 약속을 가진 우리는 … 자신을 깨끗하게 하자"(고후 7:1). 자, 이제 어떻게 하면 기도 중에 이런 순전한 마음을 얻을 수 있을지에 대해 몇 가지 지침을 말씀드리는 것으로 이 단락을 마치겠습니다.

[기도에서 이 순전함을 얻는 방법]

1. 여러분의 마음이 믿음으로 말미암아 그리스도와 연합하게 하십시오. 마음을 그 거짓된 원리들에서 정결하게 하고 기도의 임무로 정착되게 하는 것은 바로 믿음

입니다. "하나님은 사람을 정직하게 지으셨으"니, 그가 정직하게 있을 동안은 그의 눈과 발이 정직하게 나아갔습니다. 그의 눈이나 발이 어그러진 길을 보거나 밟지 않았습니다. 그러나 하와가 뱀과 이야기한 이후 그녀와 그녀 이후의 온 인류는 뱀의 비뚤어진 동작을 배워 한 길을 바라보며 다른 길로 나아갔습니다. "하나님은 사람을 정직하게 지으셨으나 사람이 많은 꾀들을 낸 것이니라"(전 7:29). 오오 여러분, 그러므로 다윗처럼, 하나님께서 여러분 안에 "정직한 영을 새롭게"(시 51:10) 하시기를 구하십시오. 악령이 비뚤어지게 만든 것은 오직 성령만이 올바르게 하실 수 있습니다. 어떤 물건이 잘못 가는 원인이 본래 그 만들어진 생김새 자체에 있다면, 완전히 새로 만들어야지 그렇지 않으면 절대로 제대로 고쳐지지 않습니다. 기도 중에 나타나는 외식은 사람의 부패한 본성의 거짓됨에서 비롯되는 것이므로 마음이 새로이 지음 받아야만 순전해질 수 있습니다. 새로운 마음은 단순한 마음입니다. "내가 그들에게 한 마음을 주고 그 속에 새 영을 주며"(겔 11:19). "중심의 진실함"을 사모하는 자는 그것을 지닐 수 있는 것입니다.

2. **할 수 있는 만큼 기도에 나타나는 외식을 여러분에게 불쾌하게 보이도록** 만드십시오. 그리고 그 본연의 옷 이외에 다른 옷을 입혀 그것을 꾸밀 필요가 없습니다. 죄가 얼마나 극악하며, 그것이 얼마나 큰 어리석음인지를 생각하기만 해도, 제 생각에는, 여러분이 그것을 대적하게 만들기에 족할 것이라 여겨집니다.

(a) **죄가 얼마나 극악한가**를 생각하십시오. 한 사람이 다른 사람에게 거짓말하는 것도 크나큰 중죄가 될 수 있습니다. 그렇다면 하나님께 드리는 기도 중에 거짓말을 하는 것은 과연 얼마나 큰 죄이겠습니까? 이것이야말로 훨씬 더 끔찍한 죄일 수밖에 없습니다. 비진리 속에 신성모독이 겹쳐져 있는 것이니 말입니다. 외식자가 거짓말하는 것을 하나님은 그냥 두지 않으십니다: "에브라임은 거짓으로, 이스라엘 족속은 속임수로 나를 에워쌌도다"(호 11:12). 그들이 기도를 올리는 것만큼 많은 거짓말을 하나님께 아뢰는 것입니다. 아나니아와 삽비라에게 하신 것처럼 거짓말이 그의 목구멍에 있을 때에 외식자를 그 자리에서 쳐서 죽게 하지 않으시니, 오오, 하나님의 오래 참으심이 얼마나 큰지요!

(b) **죄가 얼마나 큰 어리석음인가**를 생각하십시오. [1] 그것이 실제로 실현불가능하므로. 전능자의 눈을 어둡게 만들겠다고 생각하다니, 바보가 아니고서야 대체 어떻게 그런 생각을 할 수 있겠습니까? 여러분의 손이나 모자로 태양의 눈을 가려서 빛을 비추지 못하게 만들 수 있습니까? 그와 마찬가지로, 여러분의 은밀한 계획

들을 위대하신 하나님이 보시지 못하도록 꼭꼭 숨겨 놓는 것도 불가능한 것입니다. [2] 하나님을 속이는 것이 불가능하므로, 결국 여러분 자신을 지독하게 속이는 꼴이 되고 맙니다. 기도를 하면 문제가 해결된다고 생각하겠지만, 오히려 문제를 더 악화시킬 뿐입니다. 여러분에게 시련이 닥쳐서 생명을 위협하게 될 때에, 기도 중에 외식하게 되면, 다른 죄들로 인한 것보다 더 큰 대가를 치르게 될 것입니다. 열심히 수고해서 고작 여러분의 정죄를 더 증가시키는 것뿐일 것입니다. 그것은 솔로몬이 다른 유의 외식에 대해 한 다음과 같은 말씀을 그대로 행하는 것입니다: "그들이 가만히 엎드림은 자기의 피를 흘릴 뿐이요 숨어 기다림은 자기의 생명을 해할 뿐이니"(잠 1:18). 모든 죄인들 중에 외식자가 진노에 관한 하나님의 목적과 준비들에서 가장 우선적인 위치에 있습니다. 그들은 정죄 받을 초태생(初胎生)으로서 지옥이 그들을 위해 예비되어 있습니다. 다른 죄인들이 "외식하는 자의 몫"(마 24:51. 한글개역개정판은 "외식하는 자가 받는 벌"로 번역함 — 역주)에 준하는 자기들의 몫을 받는다고 말씀합니다. 상속자인 맏아들이 받을 몫과 같은 몫을 그 동생들이 받는 것처럼 말입니다.

(3) 세상에 대한 여러분의 애착들을 십자가에 못 박으십시오. 신앙적인 일에서 나타나는 외식은 죽지 않은 육신적인 애착들의 쓴 뿌리에서 솟아납니다. 그 애착들의 먹이가 이 땅에 있는 한, 여러분의 눈은 땅으로 향할 것입니다. 심지어 기도 중에 여러분이 마치 독수리처럼 하늘로 날아오르는 것처럼 보일 때에도 말입니다. 거짓된 마음은 신앙을 세속적인 목적을 위해 이용하며, 또한 겉으로 보이는 하나님을 향한 경건을 그저 피조물의 저급한 목적을 이루는 도구로 사용할 뿐입니다. 하나님이 그의 입술에 있으나, 그의 마음에는 세상이 있습니다. 그는 신앙적인 명성을 얻음으로써 진정 자기가 얻고자 하는 세상을 손쉽게 얻으려는 것입니다. 어떤 사람의 이야기를 읽은 적이 있는데, 그는 왕에게 큰 금액의 돈을 바치면서 그저 하루 한두 차례 그를 알현하여 "하나님이 왕의 위엄을 구하소서"라고 말하게만 해주기를 구하였습니다. 임금은 그렇게 큰 돈을 들여 그런 작은 편의를 얻고자 하는 것이 궁금하여 그게 무슨 유익이 있느냐고 그에게 물었습니다. 그러자 그는 대답하기를, "오오 왕이여, 그렇게 되면 제가 온 나라에서 궁궐에서 총애를 받는 자라는 명성을 얻게 될 것이니, 사람들이 저를 그렇게 보게 되면 한 해의 마지막에 가서 제가 돈을 주고 사는 것보다 더 많은 것을 얻게 해줄 것입니다"라고 했답니다.

참 염려스런 일입니다만, 신앙적인 임무들에 얼굴을 잘 내밀어서 이웃들 사이에서 훌륭한 성도라는 이름을 얻음으로써 자기들의 육신적인 계획을 손쉽게 이루고 또한 세상적인 관심사를 성취하고자 하는 이들도 있습니다. 그것이 그들이 선한 성도로 보이고자 하는 가장 밑바닥에 깔려 있는 목적인 것입니다. 자, 그리스도인 여러분, 이것은 그저 정말 형편없는 게임을 하는 것에 다름 아닙니다. 신앙이라는 황금 바늘을 갖고서 세상의 온갖 허접한 즐거움들을 낚는 것과 다를 바 없는 것입니다. 여러분, 여러분의 영혼을 사랑하지 않습니까? 또한 얻은 다음에 다시 잃어버릴 수밖에 없는 것을 얻으려 하다가 여러분의 영혼을 영원토록 잃어버리는 일은 결코 당하고 싶지 않을 것 아닙니까? 그렇다면, 여러분의 마음을 하나님께로부터 멀리 떠나게 만들 소지가 다분한 저 육신적인 애착들을 죽이시기를 바랍니다. 세상의 것들에게서 도움을 받지 않고서는 도무지 행복해지지 않을 정도로 하나님을 온전히 바라보지 못한다면, 여러분은 하나님을 아는 것이 아닙니다. 이것을 온전히 믿는다면, 하나님을 섬기는 일에 순전하게 될 것입니다. "나는 전능한 하나님이라 너는 내 앞에서 행하여 완전하라"(창 17:1).

—

둘째 대지

[자기의 영으로 기도하고자 하는 자는 하나님의 성령 안에서 기도해야 함]

"영으로 기도하고"라는 문구의 첫 번째 의미 — 즉, 기도하는 그 당사자의 영을 뜻하는 것으로 보는 것 — 에 대해 말씀드렸고, 또한 기도하는 그 사람의 영혼이 그 임무에서 활동할 때에 — 깨달음과 간절함과 순전함으로 기도할 때에 — 그 사람이 영으로 기도하는 것임을 밝혀드렸으니, 이제는 그 문구의 두 번째 중요한 의미로 넘어가겠습니다. 곧, "성령 안에서" 기도하는 것은 하나님의 성령 안에서, 혹은 그 성령과 함께 기도하는 것입니다. "성령으로 기도하며"(유 20). 그러므로 여기서 강조하여야 할 주목할 내용 혹은 가르침은 다음과 같습니다.

가르침. 올바로 기도하기 위해서는 하나님의 영 안에서, 혹은 영으로 말미암아 기도하는 것이 필요하다는 것입니다. 기도는 사람의 행위이지만 성령의 은사입니다. 기도를 행하는 데에 하나님의 성령과 그리스도인의 영혼이 함께 개입하는 것입니다. 그러므로 성경은 성령께서 우리 속에서 기도하신다고도 말씀하고(롬 8:26), 또한 우리가 그의 안에서 기도한다고도 말씀합니다(유 20). 전자는 성령의 감동하심을 뜻하는 것으로, 그는 감동하심을 통해서 사람으로 하여금 기도하도록 하시고 또한 기도 중에 그를 도우십니다. 후자는 성도의 영혼이 함께 가담하는 것을 뜻합니다. 가족주의자들(Familists: 니콜라우스가 1540년 환상들을 보고 엠덴에서 설립하였으며, '사랑의 가정'을 최고의 가치로 주장하였고, 후에 퀘이커파에 복속되었음 — 역주)이 흔히 그렇게 생각하지만, 성령께서는 그리스도인이 자신의 영혼의 기능들을 기도에서 발휘하지 않도록 하는 방식으로 그의 속에서 기도하시는 것이 아닙니다. 이 문제를 다루면서, 저는 세 가지를 행하고자 합니다. 첫째. 이 가르침의 진실성을 입증하여 확정하겠습니다. 둘째. 하나님의 영으로 말미암아 기도하는 것이 무엇인지를 설명하겠습니다. 셋째. 이 가르침을 몇 가지로 적용시키겠습니다.

첫째. 올바른 기도를 위해서는 우리가 하나님의 영으로 말미암아 기도하는 것이 필수적이라는 명제가 참이라는 점을 확정하고자 합니다. 이는 엡 2:18에서 분명히 드러납니다: "이는 그로 말미암아 우리 둘이 한 성령으로 말미암아 아버지께 나아감을 얻게 하려 하심이라"(한글개역개정판은 "한 성령으로 말미암아"를 "한 성령 안에서"로 번역함 — 역주). 여기서 "한 성령으로 말미암아"라는 말씀을 주목하기 바랍니다. 하늘에 나타나셔서 거기서 우리를 위해 기도하시는 오직 한 분 중보자가 계시듯이, 이 땅에서 우리 속에서 기도하시며 또한 우리가 그로 말미암아 기도할 수 있는 오직 한 분 성령이 계신 것입니다. 하나님의 아들이 아닌 다른 중보자를 통해서 아버지께 나아가는 것이 합당치 않듯이, 성령이 아닌 다른 영으로 말미암아 기도한다는 것이 합당치 않는 것입니다. 그러므로 우리 주님은 제자들이 경솔하게 처신하는 것을 싫어하셔서 말씀하기를, "너희는 무슨 정신으로 말하는지 모르는구나"(눅 9:55. 한글개역개정판 난외주 참조 — 역주)라고 하셨습니다. 이는 마치 이런 뜻과도 같습니다: "기도 중에 너희에게 행하는 영을 잘 알아야 한다. 너희의 기도들이 나의 성령으로 말미암아 내쉬고 들이쉬지 않으면 그것들은 나와 내 아버지께 가증스러운 것들이니라." 그리스도의 이름이 기도에서 필수적이듯이, 그리스도의 영도 그에 못지않게 필수적인 것입니다. 그리스도의 이름은 오직 성령의 입에만 합당합니다. 그것은 너무나도 위대한 이름이어서 성령께서 도우시지 않으면 누구도 정당하게 입에 올릴 수가 없습니다. "성령으로 아니하고는 누구든지 예수를 주시라 할 수 없느니라"(고전 12:3). 성령의 특별한 역사가 없이도 그리스도의 이름을 입에 올릴 수 있습니다. 마치 앵무새처럼 말입니다. 그러나 그 이름의 위대함과 고귀함에 걸맞는 그런 생각과 애정을 갖고서 믿음으로 그 말을 발설하기 위해서는 그 사람의 마음과 혀에 하나님의 영이 함께 하셔야만 하는 것입니다. 자, 기도 중에 그리스도의 이름을 발설하고 그저 "주의 이름으로"라고 말한다고 해서 그것이 우리의 기도를 하나님께 상달되게 해주는 것이 아닙니다. 그러나 믿음으로 그의 이름을 거론하는 것은 성령이 없이는 할 수 없는 일입니다. 그리스도께서 바로 하나님의 임재 안으로 들어가는 문이요, 영혼을 하나님의 가슴속에 묻게 해주는 분이시며, 믿음이 그 문을 여는 열쇠입니다. 그런데 성령은 바로 이 열쇠를 만드시는 분이시요 또한 그리스도인이 기도로 그것을 열어서 하나님께 나아갈 수 있도록 도우시는 분이신 것입니다. 여러분이 알다시피 율법에서는 "다른 향"을 드리는 것은 물론 "다른 불"(레 10:1)을 드리는 것도 죄였습니다. 향은 하나님 앞에 감미로운 향기로서 태우도록 그가 지정하신 감미로운 향신료인데, 이는 그리스도의 공로와 보상을 의미하는 것이었습니다. 그가 아버지의 진노로 상함을 입으시고 자신을 하나님께 향기로운 제물로 드리셨으니 말입니다. 그리고 향에다 붙이는 불은 — 이것 역시 그냥 보통의 화로가 아니라 제단으로부터 취하도록 지정되었습니다 — 하나님의 성령을 의미하는 것이었습니다. 그리스도께서 영원한 성령으로 말미암아 자기를 드리셨으니, 우리도 그 성령으로 말미암아 모든 기도와 찬송을 올려드려야 하는 것입니다. 기도 시에 그리스도의 공로를 의지하면서도 성령으로 말미암아 하지 않는다면, 이는 바른 향을 가져다 놓으나 거기에 다른 불을 지피는 것이며, 그렇게 하면 우리의 기도들이 하나님께 기쁨을 드리는 향기로운 향이기는커녕 오히려 그의 순결한 눈을 거스르는 연기가 되고 말 것입니다.

둘째. 하나님의 성령으로 말미암아 기도한다는 것이 무엇인지를 설명드리겠습니다. 이를 잘 이해하기 위해서는 하나님의 성령께서 기도 중에 사람들을 도우시는 길이 두 가지인데, 곧 **그의 은사들로** 도우시는 길과 **그의 은혜로** 도우시는 길이라는 것을 알아야 하겠습니다.

첫째. 하나님의 성령께서는 그의 은사들로 기도를 도우십니다. 성령께서 기도를 위해 개인에게 베푸시는 은사들에는 비범한 은사와 일상적인 은사들이 있습니다. 기도에 베풀어지는 성령의 비범한 은사들은 초기 교회 시대에 나타났습니다. 사도들을 비롯하여 여러 사람들이 갑자기 그들이 한 번도 배워 본 적이 없는 언어로 말씀을 선포하는 것은 물론 이적적인 방식으로 기도하는 능력을 받은 것입니다. 주석가들은 "내가 영으로 기도하고 또 마음으로 기도하며"(고전 14:15)라는 바울의 본문이 이 은사에 관한 것으로 이해합니다. 즉, 그는 그리스도께서 베풀어 주신 이 비범한 은사를 사용하되 그것으로 다른 것이 아니라 교회를 강건하게 세우게 되도록 사용하고자 했다는 것입니다. 이런 비범한 은사는 복음 교회의 유아기에 적합한 것이었고 — 그와 본질이 유사한 다른 것들이 그랬듯이 — 그 시대 이후 중지되었습니다. 기도 중에 베풀어지는 성령의 일상적인 은사는 바로 개개인이 갑자기 주님 앞에 기도로 드릴 적절한 말씀들을 품도록 그 생각과 마음의 소원들을 주장하시는 특별한 역사입니다. 이것은 공통적인 은사요, 따라서 전혀 훌륭하지 않은 자들에게도 베풀어집니다. 외식자가 순전한 그리스도인보다 이 은사를 더 많이 받을 수도 있습니다. 흔히 이 은사는 예민함, 풍부한 상상력, 유려한 언변, 대담함 등의 개개인의 천성적인 자질들에 비례하여 나타납니다만, 그 본성적인 자질들이 모두 성령의 은사들인 것입니다. 그런데 머리는 성숙해 있는데 마음이 썩어 있는 경우도 있고, 반대로 마음은 건전하고 순전한데 머리가 미성숙한 경우도 있는 것을 봅니다.

둘째. 성령께서는 그의 은혜로 기도를 도우십니다. 그의 은사들은 겉으로 드러나는 표현을 돕는 것이요, 그의 은혜는 내적인 정서를 돕는 것입니다. 성령의 은사들을 통해서는 사람이 그의 기도를 듣는 사람들로 하여금 귀와 마음을 그의 기도에 기울이도록 할 수 있게 됩니다. 그러나 성령의 은혜는 기도하는 당사자에게 역사하는 것으로, 그는 그 은혜를 통해서 그 자신의 마음과 하나님의 마음을 움직일 수 있게 되며, 이런 사람이 과연 "성령 안에서" 기도하는 사람입니다. 전자의 경우는 성령의 은사를 받은 것이나, 후자의 경우에는 기도의 영을 받은 것입니다. 그런데 이처럼 성령 안에서 기도하는 데에 필수적인 은혜는 두 가지입니다. 1. 기도하는 당사자를 거룩하게 해주는 성령의 은혜. 2. 이 거룩하게 된 당사자로 하여금 기도하도록 역사하며 또한 기도 중에 돕는 은혜. 첫째 은혜로는 성령께서 그 영혼 속에 거하십니다. 그리고 둘째 은혜로는 그 영혼에게 역사하십니다.

1. 성령 안에서 기도하는 일을 위해서는 기도하는 당사자를 거룩하게 하는 은혜가

필요합니다. 사람이 성령으로 말미암아 새로워지고 거룩하게 되기 전에는 사물을 올바로 이해할 수도 없고 그것들을 바랄 수도 없습니다. "육신의 생각은 하나님의 일들을 받지 아니하며"(참조. 고전 2:14), 아니 "육신의 생각은 하나님과 원수가" 됩니다(롬 8:7). 그러니 그런 자가 어떻게 하나님이 받으실 만한 자세로 기도할 능력이 있겠습니까? 그러므로 먼저, 성령께서 그 초자연적인 능력들이나 거룩하게 하는 구원 얻는 은혜들을 주입시키셔서 사람을 새롭게 하며 그를 새로운 피조물로 만드시고, 그로 말미암아 그가 그 사람 속에 거하시게 되며, 그 다음에 그렇게 주입된 그 자신의 은혜들로 역사하시는 것입니다. 영혼이 몸 속에 있어야만 그 몸에 역사하여 움직이게 할 수 있습니다. 성경은, 성령 안에서 살고 성령 안에서 행하는 것에 대해 말씀합니다: "만일 우리가 성령으로 살면 또한 성령으로 행할지니"(갈 5:25). 행한다는 것은 살아 있다는 것을 전제로 하는 것입니다. 그러므로 기도하고, 말씀을 듣고, 혹은 거룩한 자세로 기타 거룩한 행위를 행한다는 것은 곧 성령으로 행한다는 것을 뜻합니다. 우리가 그처럼 성령으로 행할 수 있으려면, 우리가 성령 안에서 살거나 혹은 성령께서 우리 속에서 사셔야만 — 이 두 가지는 사실 하나입니다 — 합니다. 일반적인 조명의 역사, 억제하시는 은혜, 도우시는 은혜 등, 하나님의 성령께서 영혼들에게 하시는 일 가운데 그렇게 거룩하게 하는 것이 아닌 것들도 있습니다. 그렇기 때문에 많은 외식자들이 훌륭한 표현들을 써서 기도할 수 있게 되는 것입니다. 그러나 성령께서는 외식자나 거룩하게 되지 않은 사람을 도와서 기도의 내적인 부분 — 곧, 죄에 대해 진지하게 애통한다거나, 그리스도와 그의 은혜를 간절히 사모한다거나, 믿는 마음으로 "아빠 아버지"라 부르는 등의 — 을 행하게 하시는 일은 절대로 없습니다. 이런 일들은 새로운 피조물이 된 자의 본질적인 행위들이며, 영혼 속에 주입된 은혜의 성령으로부터 흘러나오는 것이요, "간구하는 심령"(슥 12:10)을 따르는 것입니다.

2. 사람을 거룩하게 하는 데에 지속적인 은혜가 필요하듯이, 기도할 때마다 그를 돕는 실질적인 은혜가 필요합니다. 하나님의 성령이 그의 지속적인 은혜로 영혼 속에 거하시면서도 이런저런 구체적인 임무에 대해 실질적인 도움을 주지 않으실 수도 있고, 그렇게 되면 그리스도인은 그저 잠잠해지게 됩니다. 마치 바람이 없는 바다에 떠 있는 배처럼 말입니다. 은혜가 혼자서 증명할 수 없듯이, 혼자서 활동할 수도 없기 때문입니다. 그러므로 때때로 성령께서 활동하시지 않으므로 성도의 기도가 제대로 나아가지 않는 일도 있는 것입니다. 삼손은 머리카락이 잘려 간혀

있을 때에 "약해져서 다른 사람과 같았습니다." 하나님의 성령이 돕기를 거부하시면, 성도라도 육신에 속한 사람보다 더 나은 기도를 드리지 못합니다. 하나님의 성령은 자유로이 행하는 분이십니다. 다윗은, "자원하는 심령을 주사 나를 붙드소서"라고 말씀합니다(시 51:12). 성령은, 노 젓는 일에 매여 있어서 시키는 대로 일을 할 수밖에 없는 죄수와 같은 존재가 아니십니다. 그는 왕과 같아서 그가 기뻐하시는 대로 영혼에게 임하시고 자신을 보여주시며, 그의 뜻대로 물러가사 보이지 않기도 하는 분이십니다. 바람만큼 자유로운 것이 어디 있습니까? 세상에서 아무리 위대한 왕이라도 자기 뜻대로 명하여 바람이 불게 할 수는 없습니다. 그런데 성령이 바람에 비해지고 있습니다(요 3:8). 그는 자기가 원하는 심령에게 자유로이 역사하실 수 있고, 또한 그가 기뻐하시는 때에 그렇게 하실 수 있는 것입니다.

[성령께서 기도에서 다른 누구보다 성도에게 주시는 도움]

질문. 그러나 여기서 질문이 생깁니다. 곧, 성령께서는 다른 어떤 사람에게보다 성도에게 기도에서 어떤 도움을 주시느냐? 하는 것입니다.

답변. 하나님의 성령께서 다른 누구에게보다 월등하게 성도에게 기도에서 주시는 도움은 깊이 미치는 것으로서, 속사람에게, 또한 기도의 임무의 내적인 부분에 대해 베풀어지는 것입니다. 그러므로 개개인이 자기가 성령 안에서 기도하는지를 알게 되기도 합니다만, 남에 대해서는 그렇게 쉽게 판단할 수가 없습니다. 자, 이 특별한 도우심은 다음 세 가지입니다.

1. 성령께서는 영혼에게 활력을 불어넣으사 그의 감정들을 자극하십니다. 성령께서 도우시는 기도는 절대로 형식적인 기도가 되지 않습니다. 성령께서 임하시면 그 때는 바로 생명이 약동하는 때입니다. 성령의 음성에 그리스도인의 감정들이 가슴속에서 샘솟아 나옵니다. 동정녀 마리아의 방문을 받고 엘리사벳의 태중의 아이가 뛰논 것처럼, 혹은 음악가의 손에 악기의 현이 조화롭게 움직이며 소리를 내는 것처럼, 성령의 은밀한 터치에 그렇게 성도의 감정들이 살아 움직이는 것입니다. 그는 성도의 두려움을 자극하여 하나님의 위대하심, 자기 자신의 초라함과 무가치함 등에 대한 지각으로 가득 채워서 그로 하여금 처절한 생각들로 하나님의 위엄을 높이 우러르게 하며, 또한 간구하는 내용 하나하나마다 거룩한 떨림으로 아뢰게 하십니다. 그런 두려움이 아브라함의 심령에 있었습니다. 그는 소돔을 위해 기도할 때에, "티끌이나 재와 같은" 자신이 "감히 주께 아뢰는" 것이 얼마

나 큰 모험인지를 표현하였던 것입니다(창 18:27). 성령께서는 그리스도인에게 슬피 애통하는 감정들을 자극시키십니다. 그의 신적인 숨결로 성도의 과거의 죄들의 구름을 일으키시고, 그 죄들에 대한 안타까운 기억과 더불어 그것들에 대한 묵상으로 그의 영혼을 가득 채우시며, 그 다음 기도 중에 그 구름을 다 녹이시고 복음적인 애통의 부드러운 소나기로 그의 마음을 젖게 하셔서 그리스도인이 한숨과 탄식과 눈물로 마치 매 맞은 어린아이처럼 슬피 울게 하십니다. 그러나 그런 중에도 성도는 그 막대기가 하늘 아버지의 손에서 내리쳐지는 것임을 알고서 그 때문에 하나님의 진노를 두려워하지는 않는 것입니다.

사도는 성령께서 성도에게 도우시는 중에 내시는 탄식이 "말할 수 없는" 것임을 말씀합니다(롬 8:26). 그렇습니다. 성도 자신으로서는 그 탄식을 말할 수가 없습니다. 그는 자신이 품는 그 내적인 슬픔을 말로 옮길 능력이 없으므로 때때로 기진하여 이런 분명치 않은 음성을 하늘로 토로합니다만, 거기서는 그 음성이 잘 이해되며, 또한 우리 귀에 들리는 지극히 아름다운 음악보다 더 아름다운 음악으로 하나님의 귀에 상달되는 것입니다. 한 말씀 더하자면, 성령께서는 기도의 각 부분마다 거기에 적절한 감정들을 불러일으키십니다. 그리하여 은혜 안에 있는 영혼으로 하여금 쓰라린 마음으로 — 마치 수많은 검에 찔릴 때에 느끼는 느낌으로 — 죄를 고백할 수 있게 해주시며, 자기 자신의 결핍된 상태를 내적으로 느끼는 것처럼 격렬한 소원으로 자비와 은혜를 간구하게 하시고 그것들이 채워지기를 구하게 하시며, 또한 사랑과 기쁨의 날개를 타고 높이 올라가듯 그런 풍성한 마음으로 하나님을 찬양하게 하십니다. 기도 중의 문구나 단어를 지어 넣는 데에 훌륭한 기술이 개입될 수도 있습니다만 — 마치 조각가가 외형적인 모양과 각 부분의 비율들을 잘 맞추어 아주 훌륭한 조각을 만들어 놓는 것처럼 — 그러나 그것에 생명과 에너지를 불어넣는, 속에 있는 그 무엇이 없으면 여전히 가짜 기도요 참된 기도의 모양은 있으되 가짜 기도일 수밖에 없습니다. 이것은 오직 하나님의 성령만이 베푸실 수 있는 것입니다.

2. 하나님의 성령께서 기도 중에 그리스도인의 감정들을 북돋아 주시지만, 그는 또한 그 감정들을 조절하시고 지도 감독하십니다. 이 불같이 맹렬한 사나운 군마(軍馬)들을 인도하고 제어할 수 있는 분이 하나님의 성령 외에 또 누가 있겠습니까? 이와 관련하여 그는 "우리의 연약함을 도우시나니" 이는 우리가 "마땅히 기도할 바를 알지 못하기" 때문이라고 말씀합니다(롬 8:26). 안타깝게도 우리는 어떤

간구들에서는 활을 지나치게 세게 당기고, 다른 간구들에서는 지나치게 약하게 당기기가 쉽습니다. 어떤 경우는 조건적으로 구하여야 하는데도 절대적으로 기도하여 과녁을 지나쳐서 화살을 날리기도 하고, 또 어떤 경우는 하나님이 약속하시지도 않은 것을 기도하거나 아니면 하나님이 약속하신 것을 너무 이기적인 자세로 구하여 과녁 옆으로 화살을 빗나가게 하기도 합니다. 그런데 성령께서 이런 점에서 그리스도인의 연약함을 도우시니, 곧 그가 "하나님의 뜻대로 성도를 위하여 간구하심이니라"(27절). 즉, 성도들의 애절한 감정들의 고삐를 잡으시고 그것들을 지도하셔서 그들이 그 올바른 길과 정당한 질서를 지키고, 부당한 열기와 무절제한 소원들에게로 날아오르지 않게 하신다는 것입니다. 그는 그의 은밀한 속삭임으로 그들을 교훈하사 언제 그들의 애절한 감정들을 충만히 표출해야 하고, 또한 언제 그것들을 누그러뜨려야 할지를 알게 하십니다. 그는 기도의 법칙을 가르치사, 정당하게 수고하여 상급을 잃지 않도록 하십니다. 성령께서 "생물들" 속에 계셔서 그 움직임을 지도하시듯이 — 이에 대해 성경은, "영이 어떤 쪽으로 가면 그 생물들도 그대로 가되 돌이키지 아니하고 일제히 앞으로 곧게 행하며"라고 말씀합니다만(겔 1:12) — 성령께서는 성도들이 기도할 때에 그들에게 역사하사 그들이 어떤 쪽으로도 치우치지 않고 앞으로 곧게 행하게 하시며, 또한 그들의 간구들을 그의 법칙으로 이끄시는 것입니다.

3. **그는 기도 중에 그리스도인을 거룩한 확신과 겸손한 담대함으로 가득 채우십니다.** 죄는 죄인으로 하여금 하나님의 얼굴을 끔찍이 여기도록 만듭니다. 죄 범한 아담은 하나님의 임재를 피하여 숨고는 그 이유를 이렇게 이야기합니다: "내가 동산에서 하나님의 소리를 듣고 내가 … 두려워하여 숨었나이다"(창 3:10). 족장들이 — 자기들이 동생 요셉을 얼마나 야만적으로 이용했는지를 의식하고서 — 그의 앞에서 공포에 질려서 감히 그에게 아무 대답도 하지 못한 채 묵묵부답이었다면, 자기가 저 위대하신 하나님을 대적하여 얼마나 끔찍한 죄들을 범하였는지를 기억하는 죄인이 그 하나님께 가까이 나아갈 때에는 과연 얼마나 더 공포에 질려야 마땅하겠습니까? 그런데 성령께서 그리스도인의 마음의 이런 두려움을 안돈시키시며, 하나님의 마음이 그를 향하여 복수를 품지 않으시며 오히려 그가 저지른 잘못에 대하여 값없이 용서하시며, 또한 더 나아가서 그 하나님이 그를 사랑하는 자녀로 취하신다는 확신을 주시고, 그리하여 그리스도인으로 하여금 그것에 대해 의심 가운데 있지 않도록 하시며, 또한 그의 마음에 사랑의 입맞춤으로 인치시며 하

나님의 아버지다우신 사랑의 도장(印)을 확실히 찍으사 그리스도인으로 하여금 하나님에 대해 포근한 생각들을 갖게 하시며, 하나님을 아버지라 부를 수 있게 하시고 또한 그의 손에 자녀로서 친절한 환영을 받을 기대를 갖게 하시는 것입니다. 이 분이 바로 사도께서 말씀하는 바 하나님에 대한 모든 종의 두려움과 공포를 영혼에게서 말끔히 제거해 주시는 양자의 성령이십니다: "너희는 다시 무서워하는 종의 영을 받지 아니하고 양자의 영을 받았으므로 우리가 아빠 아버지라고 부르짖느니라"(롬 8:15). 또한, "너희가 아들이므로 하나님이 그 아들의 영을 우리 마음 가운데 보내사 아빠 아버지라 부르게 하셨느니라"(갈 4:6).

[적용]

셋째. 우리가 "하나님의 영" 안에서 혹은 그 영으로 말미암아 기도하는 것이 필수적이라는 점을 몇 가지로 적용하고자 합니다.

[기도에 성령이 필요하다는 것에 대해 조롱하는 자들에게 주는 책망, 그리고 우리에게 성령이 계신지 아닌지에 대한 시험]

첫째 적용. 성도들에게 역사하시는 그의 이러한 일에 관하여 성령을 훼방하는 일이 없도록 조심하십시오. 어떤 이들은 어찌나 처절하게 속된지, 철저한 삶을 보이거나 하나님께 예배하는 일에 열심을 보이는 자들을 향하여 감히 비웃고 조롱하며, 특히 이 기도의 임무를 다하는 이들을 향하여 다음과 같이 비웃습니다: "이 자들이야말로 성령이 있는 자들이라네. 그러니 이렇게 어처구니없이 성령으로 기도하지." 아니 이보다 더하게 — 정말 입에 올리기가 무섭습니다만 — 어떤 이들은 그들이 성령으로 기도하는 것을 가리켜 마귀에게 의지하여 기도하는 것이라 부르기까지 합니다. 은혜 안에 있는 영혼마다 하나님의 영이 그의 속에 거하신다는 것을 성경이 분명히 말씀해 줍니다: "누구든지 그리스도의 영이 없으면 그리스도의 사람이 아니라"(롬 8:9). 하나님의 성령이 그의 성도들의 기도를 도우신다고 하나님이 약속하셨다는 것은 부인할 수 없는 사실이며, 그가 그의 성령으로 말미암아 올려지는 기도 이외에 그 어떠한 기도도 받지 않으신다는 것도 똑같이 확실합니다. 대담한 죄인 여러분, 여러분이 성령을 지닌 것과 성령으로 기도하는 것을 조롱하고 있으니, 과연 여러분이 무슨 영의 조종을 받아 행하는 것인지를 알지 못하겠습니까? 하나님의 성령을 훼방하는 일에 여러분을 가담시키고 있으니 그것이 마귀가 아니고 누구겠습니까? 그리스도 안에서 그렇게 능력으로 역사하시는 하나님의 성령에 대해서 그 사악한 바리새인들이 그것이 마귀에게서 비롯된 것이라고 악의적으로 해석했던 것을 볼 때에(마 12:24), 성도들 속에서 역사하시는 성령의 활동이 그렇게 조롱을 받고 훼방을 받는 것을 이상하게 여길 이유가 어디 있겠습니까? 그러나 그런 자들은 분명히 알고 두려움에 떨어야 합니다. 성령을 조롱하거나 성령의 역사를 마귀의 역사로 돌리는 자들은, 악한 의도로 그렇게 처신한다면, 성령을 훼방하는 죄에 가까이 가는 것이고, 그런 죄는 사하심을 얻을 수가 없습니다: "누구든지 말로 인자를 거역하면 사하심을 얻되 누구든지 말로 성령을 거역하면 이 세상과 오는 세상에서도 사하심을 얻지 못하리라"(32절). 이는 우리 주께서 하나님의 성령으로 행하신 일을 그들이 마귀의 영에게서 비롯된 것으로 이야기할 때에 그가 그들에게 하신 말씀입니다.

둘째 적용. 여러분에게 하나님의 성령이 계신지 계시지 않는지를 시험하십시오. 기도가 없는 상태 속에 산다는 것은 정말로 안타까운 일입니다. 그런데 성령 안에서 기도하지 않고서는 하나님이 받으시는 기도를 할 수가 없고, 성령이 여러분 속에 계시지 않으면 성령 안에서 기도할 수가 없습니다.

질문. 하지만 내게 하나님의 영이 계신지 그렇지 않은지를 어떻게 알 수 있습니까?

이에 대해 다음과 같이 답변해 드리겠습니다. 1. **부정적으로**, 여러분에게 성령이 계시다고 결론지어서는 안 될 근거들이 무엇인지. 2. **긍정적으로**, 그런 결론을 내릴 수 있는 근거들이 무엇인지.

답변 1. 부정적으로. **이따금씩 성령께서 여러분 속에서 역사하셔서 여러분에게 무언가 선한 움직임이 이따금씩 나타난다는 것으로는** 알 수가 없습니다. 악한 영이 자신이 거하지 않는 영혼들 속에서 악한 움직임을 자극하는 경우를 자주 볼 수 있습니다. 그는 성도의 가슴속에서도 자주 악한 것들을 자극합니다만, 거기에 거하지는 않습니다. 왜냐하면 그는 이 메마른 곳에서는 안식을 찾지 못하기 때문입니다. 그러므로 그는 "내가 내 집으로 돌아가리라"라고 말하는 처지입니다. "내 집"이란 곧 자기가 좌지우지하고 집의 주인처럼 모든 것을 자기 마음대로 할 수 있는 아직 육신적인 상태에 있는 자들을 지칭합니다. 물론 성령께서도 이와 같이 육신적인 사람들의 양심과 정서 속에서도 감동하셔서 권면하시고, 책망하시고, 용기를 북돋우시는 경우가 자주 있습니다. 그러므로 성령의 그런 역사하심을 당할 때에 선한 일을 위하여 무언가 번쩍이는 짧은 감정의 동요가 그들 속에서 일어나기도 합니다. 하지만 그 모든 것들이 곧바로 가라앉아 아무것도 아닌 것이 되어 버리며, 성령께서도 푸대접을 받으시므로 거기서 떠나 버리시는 것입니다.

또한 성령의 일상적인 은사들로도 알 수가 없습니다. 성령의 조명하심, 책망하심, 억제하시는 은혜, 그리고 신앙적인 임무들의 외형적인 부분을 이행하는 데에 주어지는 도움 등도 — 그것들로 인하여 주위의 다른 이들에게 때때로 칭송을 받기에 이른다 해도 — 근거가 될 수 없습니다. 이것들은 성령의 은사들입니다. 하지만 그 은사들이 있다고 해서 그 사람에게 성령이 계시다는 것이 입증되는 것이 아닙니다. 그것들은 마치 아침에 태양이 수평선 위로 떠오르기 전에 구름 사이에 비치는 밝고 환한 광채와도 같습니다. 그 광채는 태양이 가까이 떠오르는 것을 보여주지만, 그럼에도 불구하고 아직 태양이 떠오른 것이 아닙니다. 마찬가지로 이 은사들은 하나님의 성령께서 베푸시는 것이요, 또한 하나님 나라가 그런 자에게 가까이 임하여 있다는 것을 보여 줍니다. 하지만 하나님의 성령이 그 영혼 속에 임하셔서 그의 집을 성전으로 소유하셨다는 것을 입증해 주는 것이 아닌 것입니다. 혹은 그 은사들은 마치 구애하는 자가 자기 아내로 삼고 싶은 자에게 보내는 정표(情表)와도 같습니다. 그런 정표가 많을수록 그녀에게 더욱 강렬하게 구애하는 것이라 할 수 있습니다. 하지만 그 사람의 구애가 거절되어 깨어지면, 그 모든 정표들이 또다시 필요한 것입니다. 많은 이들이 하나님의 성령께서 보내시는 이 은사들을 갖고 있으나, 그리스도와 그들 사이의 결혼이 그것들로 인해서 성사되는 것이 절대로 아닙니다. 그리고 그 은사들에 대해 이생에서 응답하도록 부르심을 받지 않으면, 그 큰 날에는 그들이 그것들에 대해 하나님 앞에서 책임을 지게 될 것입니다.

답변 2. 긍정적으로. 여러분께 성령이 계시다고 결론지을 수 있을 만한 근거인데, 여러 가지를 말씀할 수 있겠지만 여기서는 구체적으로 두 가지만을 말씀드리겠습니다.

(1) 여러분이 성령으로 말미암아 중생한 경우. 하나님의 영은 오로지 새로운 피조물 속에만 거하십니다. 사람이 그 본성적인 육신적 상태 속에 계속 있는 한, 그에게는 성령이 계시지 않습니다. "육에 속한 자며 성령이 없는 자니라"(유 19). 그 단어는 '프쉬코이'인데, 이는 그저 이성만 있는 영혼이요, 모든 사람들에게 주어진

본성만 있고, 그 외에 그보다 더 고상한 생명의 원리는 없는 자들입니다. 사도 바울은 이 단어를 사용하여 그저 본성적인 처지에 있는 사람을 말씀합니다. 곧, 하나님의 성령으로부터 오는 초자연적인 생명의 원리를 지닌 다른 사람과 반대되는 자를 뜻하는 것입니다. "육에 속한 사람은 하나님의 성령의 일들을 받지 아니하나니"(고전 2:14). 그런데, 여기서 내가 중생한 사람인지 어떻게 아느냐? 하는 문제가 생깁니다. 이에 대해서 답변해 드리자면, 중생한 영혼은 누구나 신적인 본성과 기질, 즉 그를 중생하게 하시는 하나님의 성령께 속한 자다운 그런 본성과 기질을 지닌다는 것입니다. "영으로 난 것은 영이니"(요 3:6), 즉 신령하다는 뜻인데, 그 말의 힘을 증가시키기 위해 구체적인 것을 추상적인 것으로 표현하는 것입니다. 영으로 난 자는 자연인보다 훨씬 위로 올라선 자입니다. 마치 자연인이 짐승의 본성보다 위에 있듯이 말입니다. 느부갓네살은 사람의 이성이 돌아오자 더 이상 들짐승들과 함께 풀을 뜯고 있지 않고 왕의 보좌와 왕의 삶으로 되돌아갔습니다. 이처럼 중생한 영혼도 사람이 그 옛날 원시적인 거룩한 상태에 있을 당시에 지녔던 그런 고귀한 천상의 기질로 돌아가는 것입니다. 이제 하나님과 또한 하나님의 일들이 그의 생각을 사로잡습니다. 과거에 행복으로 여기던 곳에서 헛됨을 보는 새로운 눈을 가지게 되었습니다. 이제 새로운 취향과 미각이 생겨서 한때 즐거움을 주던 그 죄악된 쾌락거리들을 독으로 여겨 내뱉게 되고, 과거에 유일한 진미로 여겼던 이 땅의 온갖 열락을 그리스도와 및 그의 은혜와 비교할 때에 오물과 찌꺼기 정도로 여기게 되는 것입니다. 사람이 개의 먹이로 양식을 삼을 수 없듯이, 그도 과거에 즐기던 그것들로 양식을 삼을 수가 없습니다. "육신을 따르는 자는 육신의 일을, 영을 따르는 자는 영의 일을 생각하나니"(롬 8:5). 그들이 *sapere*, 즉 영의 일들의 맛을 안다(savour)는 뜻입니다. 그러므로 여러분의 취향이 무엇인지를 찾으십시오. 그러면 여러분의 생명이 신령한 것인지 본성적인 것인지를 알게 될 것입니다.

(2) 여러분이 성령으로 말미암아 인도함을 받는 경우. 성령이 성도들의 인도자이십니다. "무릇 하나님의 영으로 인도함을 받는 사람은 곧 하나님의 아들이라"(롬 8:14). 영혼이 육체 속에 있어서 그것을 지시하고 움직이듯이, 성령께서 성도들의 영혼 속에 계셔서 그렇게 행하십니다: " 내가 항상 주와 함께 하니 주께서 내 오른손을 붙드셨나이다. 주의 교훈으로 나를 인도하시고"(시 73:23, 24). 어린아이가 아버지의 손에 이끌림을 받듯이, 성도는 성령의 인도하심을 받는 것입니다. 자, 하나님의 성령의 인도하심을 받는 것에는 다음 세 가지가 포함됩니다:

(a) 우리 자신의 연약함과 무지를 지각함. 자기 길을 안다고 생각하거나 혹은 자기의 걸음을 스스로 지도할 수 있다고 생각하는 사람은 인도자를 인정하지 않을 것입니다. 연약한 어린아이나 맹인이 인도를 요청합니다. 사울은 눈이 멀자 다른 사람의 인도를 받아 다메섹으로 갔습니다(행 9장). 그러므로 하나님이 여러분 자신의 무지와 무능력을 지각할 수 있도록 만들어 주셨는지를 확인하십시오. 사람은 본성적으로 교만하고 자기를 높이는 성향을 갖고 있습니다. 자기 자신의 이해력에 기대고 자기 자신의 힘으로 서고, 자기 스스로 그 일을 할 수 없다는 인상을 받는 것을 대단히 싫어합니다. "지혜로운 자는 두려워하여 악을 떠나나 어리석은 자는 방자하여 스스로 믿느니라"(잠 14:16). 영적으로 지혜로운 사람에게 그가 자기 길에서 벗어나 있다고 이야기하면, 그는 스스로 두려워하며 그 권면에 귀를 기울이고 다시 돌아섭니다. 그러나 어리석은 자는 — 육신적인 사람은 누구나 다 어리석은 자입니다만 — 자기를 권면하거나 책망하는 사람을 물리치고, 자기가 옳다는 것을 자신합니다. 마치 천국으로 향하는 길을 자기 집에서 시장에까지 이르는 길과 마찬가지로 잘 알고 있기라도 하듯이 말입니다. 성령께서 행하시는 첫 번째 일은 바로 사람이 자기 자신을 높이 보는 그런 생각을 해체시키는 것이요, 그리하여 그 사람을 가르치고 이끌 만한 자로 만드는 것입니다. 예루살렘의 회심자들은 하나님께서 그들의 마음을 찌르시고 그들의 교만을 몰아내신 후에 말하기를, "형제들아 우리가 어찌 할꼬?"라고 했습니다(행 2:37). 그들의 심령이 낮아져서 기꺼이 지도를 받고자 하는 마음이 생겼고, 어린아이가 이끌더라도 따를 만큼 온유하고 겸손해진 것입니다.

(b) 다른 분에게 인도함 받는 자는 그가 가야 할 길을 인도하는 그분의 다스림과 결정을 따라갑니다. 그러므로 하나님의 성령께서 여러분의 영혼의 행위와 움직임을 그렇게 결정해 주시는지를 확인하기 바랍니다. 성령의 인도하심을 받는다면, 여러분은 성령을 따라 행하며 그가 가시는 그 길을 가는 것입니다. 자, 여러분은 성령의 길이 어느 길인지를 잘 압니다. 그는 진리의 영이시요 따라서 진리 속으로 인도하십니다. 하나님의 말씀이 그가 지켜 행하는 도로(道路)입니다. 만일 여러분이 이런 법칙을 따라 행하지 않는다면, 여러분의 인도자는 성령이 아닙니다. 그러므로 여러분, 말해 보십시오. 과연 말씀이 여러분에게 어떤 권위와 영향력을 발휘합니까? 말씀의 조언을 듣고 그대로 순종합니까? 아니면 마치 아합이 미가야의 말씀을 대한 것처럼 그 말씀의 권고 받기를 두려워합니까? 아니면, 말씀의 권고를 받아

도, 그것을 발꿈치로 걷어차고 감히 그 울타리를 무너뜨리고 여러분의 야망이나 탐욕스러운 계획을 그대로 추진합니까? 말씀이 여러분의 길에 드리워져 있는데도 그것이 여러분을 막지 못한다면, 여러분이 어떻게 생각한다 해도 여러분은 하나님의 성령의 인도하심을 받고 있는 것이 아닙니다.

(c) 인도함 받는다는 것은 자발적인 자세와 기꺼움을 내포합니다. 바로 이것이 인도하는 것(leading)과 몰아가는 것(driving)의 차이입니다. 육신적인 마음도 성령의 책망과 깨달음을 통해 몰려가는 경우도 있습니다. 마치 짐승이 회초리와 박차로 몰려가는 것처럼 말입니다. 그러나 은혜 안에 있는 영혼은 마치 어린아이가 손으로 그를 붙잡고 있는 아버지를 즐겁게 따라가듯이 그렇게 성령을 따라갑니다. 그렇습니다. 어린아이는 아버지가 자기를 데려가 주기를 바라고 부르짖습니다. "주의 영이 계신 곳에는 자유가 있느니라"(고후 3:17). 성령께서 끌어당기시는 것은 사실입니다. 하지만 그 때에 그 영혼이 그의 뒤를 따라 달려가는 것입니다. 마리아는 "좋은 편"을 택하였는데, 자기가 좋아하지도 않는 것을 억지로 강요당한 것이 아니었습니다. 성도들의 순종을 제물과 비교합니다: "너희 몸을 하나님이 기뻐하시는 거룩한 산 제물로 드리라"(롬 12:1). 그러나 기꺼이 자원하는 자세로 드리는 것이 아니면 하나님이 받으실 만한 제물이 될 수가 없습니다. 하나님의 성령께서는 영혼을 "주의 권능의 날에 즐거이 헌신하게 합니다"(시 110:3). 리브가는 "내가 이 사람과 함께 가겠나이다"라고 말했습니다(창 24:58). 이삭이 그녀를 기꺼이 맞고자 했던 것처럼 그녀 역시 기꺼이 이삭을 맞을 마음을 가졌던 것입니다. 은혜 안에 있는 영혼은 마치 사람의 음성에 메아리가 화답하듯이 그렇게 성령의 부르심에 대답합니다. "너희는 내 얼굴을 찾으라 … 여호와여 내가 주의 얼굴을 찾으리이다"(시 27:8). 자, 이제 두 가지 권고의 말씀을 드리고자 합니다.

[기도의 성령이 없는 자들에게 주는 권면]

1. 오오 여러분, 이 하늘의 손님께서 임하사 여러분의 마음에 거하시게 하기를 힘쓰십시오. 하나님의 성령이 여러분에게 계시지 않는 것보다는 차라리 여러분에게 사람의 영이 없었더라면 그것이 더 나았을 것입니다. 성령께서 여러분 속에 계시지 않으면 악령이 있는 것이라는 사실을 확실히 받아들여야 합니다. 그리고 하나님의 성령을 모셔들이는 것 이외에는 이 골치 아픈 손님을 문 밖으로 쫓아낼 길이 없습니다. 여러분이 내세에 있게 될 영원한 처소가 어디가 될 것인지 — 천국인지

아니면 지옥인지 — 가 바로 이 땅에서 여러분의 영혼을 가득 채우고 행동하게 하는 영에 달려 있다는 사실을 알아야 할 것입니다. 하나님께서 이 땅에서 여러분의 영혼을 그의 성령을 위한 처소로 취하시지 않는다면, 이는 그가 천국에 여러분을 위한 처소를 예비해 두시지 않고, 내세에서도 여러분이 이 세상에서 손님으로 모시는 그 자에게 접대를 받도록 내버려 두신다는 것을 의미합니다. 그러니 여러분의 영혼이 저 지옥 구덩이에 걸려 있는 처절한 모습을 보아야 합니다. 여러분에게 닥칠 그 끝없는 비참함을 막기 위해서 여러분이 과연 무슨 조치를 취할 수 있겠습니까? 여러분의 영혼의 생명을 달라고 하만처럼 일어나 요구하겠습니까? 안타깝습니다만, 여러분의 생명이 거기에 달려 있지만 여러분은 그것을 위해 기도할 수가 없습니다. 여러분으로 하여금 탄식으로 간구하도록 도우시는 하나님의 성령이 여러분에게 없기 때문입니다. 숨을 쉴 수 있으려면 먼저 여러분이 살아 있어야만 되는 것입니다. 여러분, 기도는 본성적으로 할 수 있는 일이 아니라 은혜의 선물입니다. 인간의 기술과 기교로 얻어지는 의지에 관한 문제가 아니라, 성령으로 말미암아 배우고 감동받아 행하는 문제입니다. 사람의 재판정에서는 변호사의 언변으로 송사를 부드럽게 진행시켜 목적을 이룰 수도 있습니다. 언변이 사람의 귀를 매혹시키는 일종의 마술적인 힘을 지니므로 그런 자를 가리켜 "달변의 연설가"(the eloquent orator. 네본 라하쉬)라 부르니(사 3:3. 한글개역개정판은 "능란한 요술자"로 번역함 — 역주), 이는 곧 주문(呪文)에 기술이 있는 자라는 뜻입니다. 아비가일도 아주 조리 있는 말로 다윗을 매료시켰고, 그녀의 남편과 가족을 베려고 빼어든 그의 검을 다시 칼집에 집어넣게 만들었습니다. 하지만 말이 아무리 멋있고 아름다울지라도 하나님의 귀에는 음악이 될 수 없습니다. 에서가 늙은 아버지 이삭에게 축복을 구하며 매어달리고 울부짖었지만 아무 소용이 없었던 것처럼, 성령이 함께 거하지 않으면 사람의 말도 하나님께 아무런 효력이 없는 것입니다. 모세의 손에서 이적을 행했던 것과 동일한 막대기가 다른 사람의 손에서는 아무것도 행하지 못한 것은 모세에게 계셨던 성령이 그들과 함께 역사하시지 않았기 때문입니다. 사람의 사사로운 영으로 기도 중에 올리는 말이 연약하고 효과도 없으며, 하나님을 불쾌하시게 하는 가증스러운 것이지만, 똑같은 말을 다른 사람이 하나님의 성령으로 올릴 때에는 하나님이 기뻐 받으시는 것입니다. 왕들에게는 전용 요리사가 있고, 그러므로 그들은 오로지 그들의 손으로 요리된 것만 먹습니다. 확신하건대, 위대하신 하나님은 그의 영이 준비하여 올리는 것이 아닌 다른 제물은 좋아하지 않으십니다. 사람들이 높이 칭찬하며 박수치는 기도들이 때로는 하나님께 크나큰 가증스러움이 되기도 하니, 이는 그 마음에 그의 성령과 은혜가 전혀 개입되지 않은 것을 그가 보시기 때문입니다. 이와 반대로 사람들에게서 멸시 받고 거칠게 항의를 받는 기도들이 하나님께 큰 기쁨으로 받으시는 기도가 될 수도 있습니다. 엘리 제사장은 한나의 기도를 혐오하였고 그녀가 술에 취했다고 생각했습니다. 그러나 하나님은 그녀를 더 잘 아셨고, 그녀가 포도주에 취한 것이 아니라 기도의 성령으로 가득 찬 것임을 아시고 그녀의 간구에 은혜로이 응답하셨습니다. 한 그리스 사람은 외국의 사신으로 파송받고 그 나라의 언어를 공부하여 자신의 입으로 직접 왕의 말을 전달하여 그 나라 왕을 효과적으로 설득시키려 했습니다만, 이 사람은 정말 지혜롭게 행하였다 하겠습니다. 오오 여러분, 하나님의 성령이 여러분 속에 거하게 하여 여러분이 천국의 언어로 하나님께 기도할 수 있게 하십시오. 그러면 여러분의 기도가 속히 상달될 것에 대해 두려움이 없을 것입니다. 이제 여러분이 성령을 얻고자 하면 다음과 같이 하시기 바랍니다.

(1) 성령이 계시지 않을 때에 여러분의 비참한 처지를 깊이 지각하기를 힘쓰십시오. 여러분이 무미건조한 존재요, 그 어떤 임무도 감당할 수 없고 그 어떤 위로도 얻을 수 없는 존재임을 하나님이 아십니다. 성경에서는 성령을 자주 물과 비, 이슬 등과 비교합니다. 자, 땅이 이것들이 없어서 메말라 있고 또한 아무런 열매도 맺을 수 없는 것처럼, 하나님의 성령이 계시지 않는 영혼도 마찬가지입니다. 오오 여러분, 여러분의 영혼이 이것을 사모하게 하십시오! 비가 오지 않아 온 들판이 타오를 때에, 사람과 짐승이 신음합니다. 그렇습니다. 땅 그 자체도 가뭄으로 갈라지고 그 틈새로 갈한 입을 벌려서 하늘로부터 소나기가 내려서 새롭게 해주기를 바라는 그 극한 소망을 표현하는 것입니다. 그런데 여러분은 여러분의 그 핍절한 처지를 지각하지 못합니까? 여러분, 땅에 철(鐵)이 있는 것과 여러분의 마음에 돌이 있는 것 중에, 들판의 열매들과 짐승들이 물이 없어 죽는 것과 여러분의 영혼에 성령이 계시지 않는 것 중에, 과연 어느 것이 더 나쁘다고 생각합니까? 오오 여러분의 그 핍절한 처지를 아파하고 슬퍼하게 될 수 있다면, 그것을 공급받을 희망이 있을 것입니다. "나는 목마른 자에게 물을 주며 마른 땅에 시내가 흐르게 하며 나의 영을 네 자손에게 … 부어 주리니"(사 44:3).

(2) 성령이 계시지 않고 은혜가 없는 여러분의 처지를 지각하여 내적으로 시들어 있는 상태가 되면, 가서 하나님께 이 선물을 달라고 간절히 구하십시오. 지금도

늦지 않았습니다. 얼마든지 가서 구하여 속히 응답받을 소망이 있습니다. 어쩌면 여러분이 지금까지 성령을 부어 주시기를 기도했을지도 모릅니다. 그러나 가볍고도 무관심하게 구하여 그를 주십사고 기도하면서도 하나님의 성령을 근심하게 했을지도 모릅니다. 그러나 이제는 그가 절실히 필요하다는 것을 깨달았고, 또한 그가 없이는 여러분 자신이 망한 상태임을 알고 있습니다. 그러니 여러분, 냉담한 구애자가 되어 여러분 스스로 여러분의 기도의 문을 닫아 버리는 일이 없기를 바랍니다. 잘 알다시피 그렇게 하면 그를 여러분에게서 멀리 쫓아 버리고 말 것입니다. 그리스도께서 친히 여러분에게 충족한 확신을 주십니다. 그의 입의 말씀을 그대로 취하십시오: "너희가 악할지라도 좋은 것을 자식에게 줄 줄 알거든 하물며 너희 하늘 아버지께서 구하는 자에게 성령을 주시지 않겠느냐?"(눅 11:13). 방자한 자식이 빵으로 장난치고 발 아래 던져 버리기 위해 빵을 구할 때에는 그 아버지라도 그 청을 거부하겠지만, 굶는 자녀가 목숨을 보존하기 위해 빵을 달라고 외칠 때에는 그렇게 하지 않습니다. 하나님께서도 사람이 성령을 받아 그의 은사들로 자신을 자랑하고자 그를 구할 때에 그의 청을 거부하실 수 있고 또 거부하실 것입니다만, 은혜가 없어 굶주리고 쇠약해진 영혼이, "주여 내게 주의 영을 주소서. 그렇지 않으면 내가 굶어 죽겠나이다"라고 겸손하면서도 격렬하게 외칠 때에는 그의 청을 들어주실 것입니다. 아니, 단언하건대, 여러분이 성령을 위해 그렇게 강렬하고도 간절하게 기도한다면, 그렇게 기도한다는 사실이 바로 여러분에게 성령이 이미 와 계시다는 감미로운 증거일 것입니다.

(3) **선포되는 말씀 아래 여러분 자신을 심으십시오.** 선포되는 말씀이야말로 성령께서 타시는 성령의 마차입니다. 그러므로 이것을 가리켜 "영의 직분"이라 부릅니다(고후 3:8). 저 악한 영인 뱀은 귀를 통해서 하와의 마음을 사로잡았습니다만, 성령께서도 보통 동일한 문으로 들어오십니다. 그를 받아들이는 것이 "믿음의 들음으로" 되기 때문입니다(갈 3:2). 성령과 만나고자 하면서 말씀 듣기를 멀리하는 자들은 마치 얼굴에 햇빛이 내려쪼이게 하려고 해에게 등을 돌려대는 사람처럼 행하는 것입니다. 가난한 자는 그냥 집에 머물러 있으면서 부자가 자기 집에 찾아와서 구제물을 가져다주기를 기다리지 않습니다. 부자의 집 문간에 가서 거기서 도움을 기다리는 것입니다. 가난한 처지에 있는 여러분, 성령께서 여러분을 졸졸 따라다니기를 기대하지 마십시오. 여러분이 지혜의 문간에 서서 기다리는 것이 합당합니다. 무단결석한 학생의 집에 선생이 찾아온다면 그것은 그를 회초리로 때

려 학교로 데려가기 위함일 것입니다.

(4) **성령께서 말씀 속에서 여러분에게 나아오실 때에 그를 저항하지 않도록 주의하십시오.** 때로는 그가 문을 두드리지만, 거부를 당하고서 죄인의 문 앞에서 돌아서시는 경우도 있습니다만 이것은 위험한 일입니다. 그는 우리가 문을 열면 들어오시겠다고는 약속하셨으나, 우리가 그를 박대하여 쫓아내도 다시 오시겠다는 약속은 하지 않으셨기 때문입니다. 사실 그는 박대 후에도 자주 되돌아오십니다. 하지만 그의 자유하심을 보여주기 위해서 때때로 오십니다. 이런 말을 할 수 있을지 모르지만, 그가 문에다 맹꽁이자물쇠를 — 그 어떤 목사의 열쇠로도 열 수 없는 고의적인 완악함과 불신앙을 — 걸어놓으시는 법은 없는 것입니다. 그리스도께서도 그의 초청을 전하는 그의 사자들에게 아주 예의 바르게 핑계를 대며 참석하지 않겠노라고 한 자들을 그렇게 대하셨습니다: "전에 청하였던 그 사람들은 하나도 내 잔치를 맛보지 못하리라"(눅 14:24). 어느 규례에 참석하여 있는 중에 성령께서 여러분의 마음을 움직이십니까? 어쩌면 목사가 자기도 모르는 사이에 그의 손가락을 들어 여러분에게 무언가 은밀한 책망들을 행하여 여러분에게 쓰라림을 줄 수도 있습니다. 오오 여러분, 성령의 역사에 대하여 여러분 자신이 어떻게 처신할지를 삼가 조심하시기 바랍니다. 마치 설교자가 여러분에게 사사로운 감정이 있어서 여러분의 영혼을 벌거벗기려고 노리고 있기라도 한 것처럼, 그와 분쟁하지 마십시오. 여러분의 깨닫는 것들과도 갈등하지 마십시오. 밤에 자리에 누웠을 때에 성령께서 역사하시는 것을 질식시켜 죽이지 말고 그것들을 귀하게 여기고 선히 사용하십시오. 성령께서 마치 마차를 타고 지나가시다가 여러분의 문 앞에 멈추시듯이 여러분을 부르시고 정말 자비로운 경고를 주신다는 것은 절대로 작은 자비가 아닙니다. 그것을 친절히 받아들인다면, 하나님과 여러분 사이에 평화 조약이 맺어져 결국 이 땅에서 회심하고 내세에서 구원을 누리게 될 수도 있는 것입니다. 이스라엘에 많은 과부가 있었지만 선지자가 그들에게가 아니라 사렙다의 그 과부에게 보내심을 받았다는 것은 하나님께서 그녀를 그만큼 사랑하셨다는 것을 보여주는 것입니다. 이와 마찬가지로 회중 가운데 다른 죄인들도 많지만 성령께서 그들에게가 아니라 여러분에게 보내심을 받았다는 것이야말로 여러분에게 베풀어지는 이 자비가 얼마나 귀한 것인지를 더 확실히 보여주는 것입니다. 많은 죄인들이 있지만 성령의 화살이 유독 여러분의 창문가로 날아와 하늘로부터 오는 은밀한 메시지를 전하여 여러분의 잠자는 양심을 일깨우고 죄로 향하여 있던 여

러분의 애착을 그리스도께로 향하도록 만들어 주시니, 이 얼마나 큰 자비이겠습니까! 과연 천국이 여러분에게 가까이 와 있는 것입니다. 성령의 이러한 감동하심을 그저 친절히 받아들이십시오. 그러면 그와 함께하는 교제를 더 많이 누리게 될 것입니다.

(5) **하나님의 성령을 소유한 성도들과 교제하십시오.** 외국어를 배우고자 하는 사람은 그 언어를 모국어로 사용하는 사람들과 어울립니다. 성령을 소유하며 그리하여 천국의 언어로 하나님께 말씀하기를 배우고 싶습니까? 하늘에 속한 본성을 지니고 있어서 하나님과 또한 하나님의 일들을 여러분에게 말씀해 줄 그런 사람들과 교제하십시오. 그들이 그들의 영적인 본성을 전달해 줄 수 없는 것은 사실입니다. 하지만 그들이 전해 주는 그 은혜로운 강론들을 하나님의 성령께서 여러분을 살리는 도구로 사용하실 수 있다는 것도 그에 못지않게 사실입니다. 그런 도구들이 함께 하는 동안 여러분은 성령과의 교제 가운데 행하는 것입니다. 요셉과 마리아는 그의 혈족 가운데서 그리스도를 찾았습니다. 그가 그들 가운데 있을 가망이 가장 크다고 여겼기 때문입니다. 그리스도의 영은 낯선 이방인들 가운데보다는 그의 신령한 혈족인 성도들 가운데 계실 가능성이 더 많은 법입니다. 사울이 선지자들 가운데 있을 때에 하나님의 영이 그에게 임하였습니다. 그들이 예언을 하며 하나님을 찬양하는 것을 들을 때에 그의 영도 감동을 받아 똑같은 일을 하게 되었던 것입니다. 그들의 불 곁에서 여러분의 마음이 뜨거워지며, 그들이 풍기는 은혜의 향기에 끌려 여러분이 거룩의 사랑에게로 나아가게 될지 누가 알겠습니까? 그러나 무엇보다도 속된 사람들과 어울리는 것을 삼가십시오. 이것이야말로 성령의 역사를 꺼뜨리는 현저한 요인입니다. 다윗은 하나님을 위하여 거룩한 삶을 살기로 결단하고서 악인들을 멀리합니다: "너희 행악자들이여 나를 떠날지어다. 나는 내 하나님의 계명들을 지키리로다"(시 119:115). 농부는 어린 식물들을 보호하기 위해 소들이 다가오지 못하도록 막아 놓습니다. 여러분 속에 은혜의 성령의 역사들이 싹이 나고 순이 돋아난다면, 그것들이 잘려나가고 죽기를 원하지 않는 이상 속된 사람들과 어울리기를 택해서는 안 될 것입니다. 그들은 마치 비를 멀리 몰아가 버리는 동풍과도 같습니다. 하나님의 영이 한 영혼에게 역사하셔서 그의 가슴속에 구름이 모여들기 시작하여 이제 곧 회개의 소나기가 내릴 일말의 희망이 있는데, 이때에 악인들과 어울리게 되면 그들이 이 모든 구름들을 몰아가 버리고, 그 전에 큰 소망으로 가졌던 것들이 그의 마음에서 다 사라져 버리고 아무것도 남

지 않게 되는 것입니다.

[시험의 법칙들을 적용하여 하나님의 영이 그들 속에 계심을 확인한 사람들에게 주는 권면]

2. 성도들에게 드리고자 하는 권면은 여러분의 가슴속에 계신 성령을 근심하게 하거나 소멸하지 말라는 것입니다. 만일 성도라면, 여러분은 기도 없이 오래 살 수가 없을 것이요, 성령이 없이 목적 있는 기도를 드릴 수가 없을 것입니다. 그가 물러가시면 그 즉시로 여러분의 손이 그 예리한 감각을 잃어버릴 것입니다. 그런 오싹한 냉기가 여러분의 영혼에 침입하면, 기도 제목들이 사라질 것입니다. 왜냐하면 그 임무를 위해 여러분을 자극하시는 것이 바로 성령이시기 때문입니다. 그리고 여러분이 그것에 이끌리게 되면, 기도의 임무에서 뜨거워질 리가 없습니다. 여러분의 푸른 나무를 불타게 하고 또한 여러분의 간절한 감정을 불러일으키는 것이 바로 성령의 신적인 숨결이기 때문입니다. 몸이 의복을 따뜻하게 만들어야만 비로소 의복이 몸을 따뜻하게 해주는데, 생명의 원리인 영혼이 몸을 따뜻하게 해주지 않으면 몸이 의복을 따뜻하게 해줄 수가 없습니다. 이와 마찬가지로 마음에 온기가 없으면 기도에도 간절함이 있을 수 없으며, 하나님의 영 — 그는 그리스도인의 영이요 또한 마치 그의 육체에게 영혼이 생명의 원리이듯이 그에게 그런 존재입니다만 — 이 없으면 영혼 속에 따뜻한 열기가 있을 수 없는 것입니다. 그러므로 여러분, 그가 불쾌히 여겨 여러분을 돕기를 거부하시는 일이 없도록 그를 근심하시게 하지 않게 조심하십시오. 그런데 성도가 다음 세 가지 일로 하나님의 성령을 불쾌하시게 하여 그로 하여금 기도에서 돕기를 거부하시도록 만들 수 있습니다.

(1) 마음속에 무언가 은밀한 죄악을 품음으로. "내가 나의 마음에 죄악을 품었더라면 주께서 듣지 아니하시리라"(시 66:18). 자, 하나님이 듣지 아니하실 때에는 성령께서 돕기를 거부하신다고 확신할 수 있습니다. 그의 성령이 지으시고 그의 아들이 내어놓으시는 기도는 하나님이 절대로 거부하지 않으시기 때문입니다. 죄가 얼마나 성령을 거슬리게 하는지, 그것이 환영을 하게 되면 성령께서는 반드시 불쾌감을 보이십니다. 순결한 비둘기이신 이 성령을 여러분에게 머물러 계시게 하고 싶으면, 그의 거처를 깨끗하게 유지해야 한다는 것을 명심하십시오. 여러분이 알고 있는 무슨 죄로 여러분 자신을 더럽히셨습니까? 그렇다면 그가 여러분을 도우셔서 그 죄를 회개하게 되기까지 그가 여러분의 기도를 도우시리라는 생각을

하지 마십시오. 그는 여러분을 먼저 대야에 데려가시고, 그 다음에 여러분과 함께 제단으로 나아가실 것입니다. 악기가 진흙탕에 떨어지면, 악사는 먼저 그 악기를 깨끗이 닦고, 그 다음에 입에 댈 것입니다. 그러므로 여러분의 영혼이 기도할 때에 하나님의 성령이 그 속에서 숨쉬기를 바란다면, 회개하지 않은 죄와 함께 있어서 더러워진 상태로 그에게 내어놓지 말기를 바랍니다.

(2) 성령의 감동하심을 자주 저항하거나 뒤로 미루어놓음으로. 성령께서는 기도에 도우시며, 또한 기도하도록 우리를 자극하십니다. 그는 성도의 기억을 되살리는 분이시요 또한 감독하시는 분이십니다. 그리스도께서는 성령에 대하여 말씀하기를, "그가 너희에게 모든 것을 가르치고 내가 너희에게 말한 모든 것을 생각나게 하리라"라고 하셨습니다(요 14:26). 하나님은 야곱을 부르사 벧엘로 올라가게 하셨습니다만, 이처럼 성령도 성도들을 격려하셔서 기도의 임무에 임하게 하십니다. 그런 자비를 여러분이 받았으니, 그리스도인 여러분, 그것이 여러분의 기억 속에 생생하고 여러분의 마음속에 뜨거울 때에 일어나 하나님을 찬송하십시오. 그런 시험이 여러분 앞에 놓여 있으니, 가서 시험에 빠지지 않도록 기도하십시오. 여러분의 하나님이 여러분과 함께하기를 기다리시며, 또한 여러분이 함께할 것을 기대하고 계십니다. 지금이야말로 여러분 홀로 물러가 그와 교제하며 그에게 경배를 올릴 적절한 때입니다. 자, 그리스도인이 이런 순간들을 흘려 버리고 그가 주시는 힌트를 취하지 않고 이따금씩 그의 권고를 무시하며 또한 이런 추억들에도 불구하고 하나님과 만나기를 계속하지 않으면, 하나님께서 극히 불쾌해하사 그 자신을 물리시며, 성도가 그를 불러도 그냥 지나치시고 한동안 그 영혼을 홀로 내버려 두시되, 그가 계시지 않음으로써 안타까운 결과를 겪게 되어 성도가 자신의 어리석음을 깨닫게 되고, 그리하여 그 이후로는 하나님의 역사하심을 더욱 친근하게 대할 준비를 갖추게 되기까지 하시는 것입니다. 그리스도께서 문 밖에서 두드리시는데도 신부가 일어나지 않으면 그도 신부를 그렇게 침상에 버려두시고, 그녀로 하여금 여러 차례 그를 찾아 애걸복걸하며 힘든 발걸음을 하게 하신 후에야 그녀를 만나 주시는 것입니다. 우리가 하나님의 자비를 싼 값에만 얻으려 할 때에 그리스도께서 그 자비의 값을 올리시고 싼 값에 주지 않으시는 것은 지극히 정당한 일입니다. 그리스도께서는 졸음에 빠진 제자들을 세 번 부르시고 "시험에 들지 않게 깨어 있어 기도하라"고 당부하셨습니다(막 14:38). 그러나 다시 오셔서 그들이 여전히 잠들어 있는 것을 보시고는 무어라고 말씀하셨습니까? 그들에게 "자

고 쉬라"고 하셨습니다(41절). 이는 마치 이런 뜻과도 같습니다: "너희가 하던 대로 하고 그 결과가 어떻게 될지를 보라." 과연 그들은 금방 그 결과를 보고 슬픔에 가득 찼습니다. 주께서 그들에게 기도함으로 방지하라고 그렇게도 적절한 경고를 주신 바로 그 시험에 그들 모두가 빠져 버렸고, 또한 이로써 그들이 잠에서 깨어나게 되었으니 말입니다.

(3) 그가 주시는 도우심을 받아 우리 자신을 자랑함으로. 자랑은 어디서 만나든 하나님이 물리치시는 죄입니다. 사실 그것은 감히 하나님을 벽에다 밀치는 죄입니다. 영혼이 자기 자신을 높이 들어올려 그의 자리를 취할 때에 성령은 그것을 자신이 떠나실 때가 되었다는 신호로 받아들이십니다. 그가 행하시는 역사의 존귀를 그가 소유하지 못하시게 되면, 그는 그 일에 개입하시지 않습니다. 그런데 교만한 사람은 성령을 자기의 부하로 삼아 그의 은사들을 이용하여 자기 자신을 높이려 합니다. 교만은 기도에서 세 가지 방식으로 그 모습을 드러내는데, 성령이 함께 하시기를 바란다면 이 모든 것을 삼가야 할 것입니다.

(a) 사람이 성령의 역사하심을 자기 자신의 것으로 돌리고, 성령의 이름을 기록해야 할 일에다 자기 자신의 이름을 새겨 넣을 때. 유피테르(Jupiter) 상에다 자신의 두상을 세워놓은 칼리굴라(Caligula)처럼 말입니다. 성령의 도우심에 대해 하나님을 찬양하기는커녕 오히려 자기 자신을 칭찬하고, 자기 자신의 능력을 높이 기리며, 기도의 임무에서 경험하는 간절한 표현이나 감정 같은 것으로 자기 자신을 기쁘게 하는 것입니다. 이것은 명백한 중죄(重罪)요, 은혜 안에 있는 영혼이라면 누구나 두려워 떨 수밖에 없는 죄입니다. 교회가 강도짓을 범하는 것은 큰 악행입니다. 그렇다면 영이 강도짓을 행하는 것은 과연 어떻겠습니까? 사도 바울은 말씀하기를, "내가 사는 것이 아니요"라고 하고, 그러면서도 "내가 … 사는 것이라"고 합니다(갈 2:20). "내가 모든 사도보다 더 많이 수고하였으나 내가 한 것이 아니요 오직 나와 함께 하신 하나님의 은혜로라"(고전 15:10). 그리스도인 여러분, 여러분도 이렇게 말해야 합니다. "내가 기도하였으니, 내가 한 것이 아니요, 내가 수고하고 씨름했으나 내가 한 것이 아니요 오직 나와 함께 하신 하나님의 성령께서 하신 것이로다." 여러분 자신을 추켜세우지 말고, 여러분처럼 초라한 존재를 도우시는 그 하나님의 은혜와 자비를 겸손히 흠모하기 바랍니다. 다윗이 바로 그렇게 했습니다: "나와 내 백성이 무엇이기에 이처럼 즐거운 마음으로 드릴 힘이 있었나이까? 모든 것이 주께로 말미암았사오니 우리가 주의 손에서 받은 것으로 주께 드렸을 뿐이

니이다"(대상 29:14). 자기 주인의 돈을 마치 자기 것인 양 허풍을 떠는 청지기가 있다면, 그는 면직을 당해 마땅할 것입니다.

(b) 기도의 임무에 임할 때에 우리가 이미 받은 은사들과 은혜를 의지하고, 또한 현재 누리는 그 도우심을 얻고자 성령께 구하며 그렇게 모든 준비들을 다 행한 다음 우리 자신을 던져 버림으로써 성령께 의지한다는 것을 시인하지 않을 때. 우리가 반드시 성령으로 말미암아 기도해야 하듯이, 우리가 그로 말미암아 기도할 수 있도록 그에게 구하여야 하는 것입니다: "하물며 너희 하늘 아버지께서 구하는 자에게 성령을 주시지 않겠느냐"(눅 11:13). 그리고 한 번 구하면 그것으로 다 되는 것이 아닙니다. 아침에 그의 도우심을 받았지만, 다시 겸손히 그의 도우심을 구하지 않으면 저녁에 그것이 없을 수도 있습니다. 삼손이 자기가 늘 하던 대로 나가리라 생각할 때에 과연 그가 어떻게 되었는지를 잘 알 것입니다. 안타깝게도 사정이 달라져서 그가 물처럼 허약해져 있었습니다. 성령께서 떠나가셨고, 그의 힘을 그에게서 물리셨던 것입니다. 하나님이 여러분을 좌우하십니다. 오오 그리스도인 여러분, 여러분의 마음을 여는 열쇠가 하나님의 허리에 걸려 있다는 것을 아시기 바랍니다. 그 열쇠가 여러분의 허리에 걸려 있는 것이 아닙니다. 그러니 여러분이 원하면 아무 때나 그것으로 여러분의 마음을 열어 뜨겁게 할 수 있는 것이 절대로 아닌 것입니다. 하나님을 인정하십시오. 그러면 그의 성령께서 여러분을 도우실 것입니다. 그러나 여러분 자신의 "명철을 의지"하면, 반드시 무너질 것입니다. 교만이 안장에 앉아 있으면, 말 엉덩이에 수치가 있게 됩니다. 교만이 그리스도인의 임무의 시초에 있게 되면, 그 종말에 수치가 있게 될 것입니다.

(c) 우리 기도가 상달되고 응답되는 것에 대해 그리스도의 중보에 전적으로 의지하지 않고 우리의 기도 자체에 의지할 때. 이것은 증인이 있는 교만이요, 그리스도의 존귀를 극심하게 욕되게 하는 것입니다. 하나님께서는 과연 기도하는 성도들을 받으십니다. 그러나 그들의 기도 때문이 아니라 그리스도 때문에 받으시는 것입니다. 그런데 성령은 그리스도께서 보내신 사신이신데, 그가 과연 그리스도에게서 영광을 찬탈하는 일에 도우심을 주시겠습니까? 그가 여러분을 도우사 기도하게 하실 때에, 여러분이 그의 목소리를 따르고자 하면, 그가 여러분을 여러분 자신과 또한 여러분의 기도를 의지하는 것으로부터 불러내시는 것을 듣고서 전적으로 그리스도의 중보에 의지하게 될 것입니다. 그리스도께 잘못을 범하면, 그것은 반드시 그의 영을 근심하게 되는 것입니다.

제 4 부

기도의 경계

"이를 위하여 깨어"(엡 6:18)

이 말씀과 함께 우리는 기도를 위한 사도의 지침에서 네 번째 부분에 들어가게 되는데, 저는 이를 기도의 경계(警戒)라 불렀습니다. 성도들에게 기도는 마치 군대에게 큰 포대와도 같아서, 성도들을 방어하는 데에 크게 사용되며, 또한 원수들에 대항하는 데에도 이에 못지않게 큰 힘을 발휘합니다. 그러므로 원수들에게 빼앗기거나 그들에게 전복되지 않으려면 기도 주위에 더욱 강한 경계병을 세우는 것이 필요합니다. 하나님의 영께서 여기 기도라는 이 큰 규례에 지정하시는 경계는 깨어 살피는 것입니다 — "이를 위하여 깨어." 깨어 있는 일은 적절하거나 적절치 않거나 둘 중의 하나요, 또한 문자적인 의미이거나 은유적인 의미입니다. 첫째. 깨어 있다는 것은 문자적인 의미로 보면 육체의 한 기능입니다. 그러나 둘째. 깨어 있다는 것은 은유적인 의미로 보면 영혼이 깨어 살피는 것을 뜻합니다.

[기도를 위해 깨어 있는 임무]

첫째. 깨어 있는 것은 문자적으로 취하면 육체의 한 가지 기능입니다. 잠을 자도록 되어 있는 것에만 깨어 있다는 말을 할 수 있습니다. 그러므로 영혼이 아니라 육체가 깨어 있는 것입니다. 그러므로 종교적인 의미에서 깨어 있다는 것은 밤새도록 혹은 밤의 일부 시간을 경건한 일들에 소비하도록 우리 몸의 수면(睡眠)을 자발적으로 부인하는 것입니다. 유대인들은 그렇게 해서 유월절 밤을 거룩하게 지켰습니다(출 12:42). 우리 주님도 자주 기도로 밤을 지새우셨습니다(마 14:23; 26:38). 바울도 그의 주님의 발자취를 따르는 것을 봅니다: "자지 못함과 먹지 못함 가운데서도"(고후 6:5). 거룩한 다윗의 경건한 영혼은 밤중에 온갖 감미로운 영적인 진미들을 누렸습니다: "골수와 기름진 것을 먹음과 같이 나의 영혼이 만족할 것이라 … 내가 나의 침상에서 주를 기억하며 새벽에 주의 말씀을 작은 소리로 읊조릴 때에 하오리니"(시 63:5, 6). 그러므로 경건한 영혼이 무언가 비범한 상황을 당할 때에 — 미신을 피하고 건강을 돌아보기 위해 — 그렇게 깨어 기도한다는 것은 칭송할 만한 일이요 또한 즐겁고 기쁜 일입니다. "다른 이들이 깨어 악행을 일삼거나 불순한 쾌락으로 자신들을 채우는 동안, 그렇게 어둠 속에서 그 사랑하는 자의 팔에게 은밀히 나아가고 경건을 위해 깨어 있을 수 있으니, 복된 영혼이로다"(아우구스티누스). 바로 그 영혼이 마치 기드온의 양털처럼 다른 무엇보다 하늘의 이슬과 영향력으로 가득 채워지는 것, 이것이 그리스도인입니다.

둘째. 깨어 있다는 것은 은유적인 의미로 볼 때에 영혼이 깨어 살피는 것을 뜻합니다. 본문의 주된 의미는 바로 이것입니다. 그리고 깨어 있으라는 명령이 나타나는 다른 본문들에서도 그러하고(막 13:35; 계 16:15; 살전 5:6; 벧전 5:8), 그 외에 많은 다른 것들도 그렇습니다. 그런데, 육체가 깨어 있는 것이 무엇인지를 잘 생각해 보면, 이 단어(깨어 있다)를 통해서 그리스도인에게 부과되는 임무가 무엇인지를 더 잘 깨닫게 될 것입니다. 그것은 두 가지이니, 곧 깨어 있는 것(waking)이요, 또한 일하는 것(working)입니다. 사람이 밤중에 깨어서 무언가 바로 그 때에 행하여야 할 일을 돌볼 때에 오직 그 사람만이 진정으로 깨어 있는 것입니다. 밤중에 아무런 할 일이 없이 그저 공연히 잠을 자지는 않는 사람은 깨어 있기는 하나(wake) 진정 깨어 살피는 것(watch)은 아닙니다. 왜냐하면 깨어 살피는 것에는 무언가 맡은 일을 행하는 것이 결부되기 때문입니다. 그리하여 목자들이 "밤에 밖에서 자기 양 떼를 지켰다"고 말씀하며(눅 2:8), 또한 그리스도께서 잡히시기 전 날 밤 제자들이 "깨어" 그와 함께 있어야 했다는 것을 말씀합니다(마 26:40). 그러므로 그리스도인이 영적인 의미에서 깨어 있다는 것은 그의 영혼이 이 세상의 죄로부터 깨어 있도록 보존함으로써 주님의 명령을 지키고 또한 자신이 그리스도인으로서 행하여야 할 임무를 행하는 것을 뜻합니다. 그런데 기도가 바로 그가 온 힘을 기울여 행하여야 할 그 주된 한 가지 임무이므로, 깨어 있는 것이 기도와 결부되는 경우가 허다합니다(마 26:41; 막 13:33; 눅 21:36; 골 4:2; 벧전 4:7). 바로 이 기도에 깨어 있는 임무를 다루면서, 저는 다음의 내용들을 제시하고자 합니다. 첫째. 그리스도인이 기도에 깨어 있어야 하는 이유. 둘째. 기도와 관련하여 깨어 있는 임무란 과연 무엇에 있는가. 셋째. 그리스도인이 이 깨어 있는 임무를 잘 이행하도록 작은 권면과 도움을 베풀어서 파수꾼을 세워드리고자 합니다. 이는 일시적인 임무가 아니라 그리스도인이 평생토록 감당해야 할 임무이기 때문입니다.

[그리스도인이 기도에 깨어 있어야 하는 이유]

첫째. 그리스도인이 기도에 깨어 있어야 하는 이유를 말씀드리겠습니다.

이유 1. 기도의 임무의 중요성 때문입니다. 그리스도인의 행위 가운데 그의 전 생애를 통틀어 이 기도의 행위보다 더 무게 있고 막중하게 감당해야 할 것은 없습니다. 이는 하나님을 생각해서도 그렇고, 그리스도인 자신을 생각해서도 그렇습니다.

(1) 하나님과 관련해서. 기도는 신앙적 예배의 행위입니다. 우리는 기도로 하나님께 나아가며, 그 위대하신 하나님을 직접 대하게 됩니다. 그런데 신앙이란 눈처럼 예민한 것으로서, 장난치거나 별 주의나 관심 없이 다룰 것이 아닙니다. 기도는 잠잤다 깨어났다 하면서 졸린 눈과 몽롱한 마음으로 행하기에는 너무도 신성한 임무입니다. 하나님은 바로 그런 것을 탄식하십니다: "주의 이름을 부르는 자가 없으며 스스로 분발하여 주를 붙잡는 자가 없사오니"(사 64:7). 마음이 깨어 자극을 받지 않으면 하나님은 그것을 기도로 여기시지 않습니다. 기도에서보다 하나님을 더 존귀하게 하거나 욕되게 할 수 있는 길이 없습니다. 오오, 그러니 우리가 얼마나 이 임무에 깨어 있어야 하는지 모르는 것입니다!

(2) 우리 자신과 관련해서. 기도 중의 우리의 처신이 우리의 삶 전체의 모든 여정에 보편적인 영향을 미치기 때문입니다. 이 임무 중에 드러나는 사람의 모습에 따라서 나머지 모든 삶 속에서 나타나는 그 사람의 모습이 좌우되는 것입니다. 기도에 부주의하면, 말씀 듣는 일에 가벼워지고, 삶이 해이해집니다. 그런 사람은 그가 행하는 모든 일에서 실패하고, 모든 쾌락거리들의 올무에 잡히고, 모든 시험에 당황하며, 그에게 닥치는 모든 환난에 평정을 잃어버릴 것입니다. 그리고 이 모든 일의 이유는 곧 일을 행하고 고난을 당하는 우리의 힘이 하나님께로부터 오기 때문입니다. 하나님께서는 하나 된 교제를 통로로 하여 그 자녀들에게 도우심을 전달해 주십니다. 그들이 구하면 받습니다. 찾으면 찾습니다. 문을 두드리면 자비의

보화가 그들에게 열리는 것입니다. 기도는 그야말로 하나님의 은혜와 축복과 위로의 물줄기가 그 근원이신 하나님께로부터 성도들의 마음의 우물 속으로 흘러들어가는 통로인 것입니다. 그 통로를 막아 버리면 물줄기도 막힙니다. 위(胃)가 그 기능을 다하지 못하면, 모든 지체들에게 영양분의 결핍이 생깁니다. 가게의 거래가 제대로 되지 않으면, 그 집이 가난해질 수밖에 없는 것입니다.

이유 2. 기도가 다른 모든 임무들에게 중요하듯이 깨어 있는 일이 기도에 크게 중요하기 때문입니다. 기도가 없이는 그 어떤 임무도 제대로 행할 수 없고, 깨어 있지 않고서는 기도를 제대로 할 수 없습니다. 왜냐하면 효력이 있는 것은 기도 자체가 아니라 거룩한 영적 자세로 행하는 기도이기 때문입니다. 그런데 깨어 있지 않으면 그렇게 기도할 수가 없습니다. 그리스도인이 낮잠을 자고 있으면, 그의 은혜가 졸게 되고, 그렇게 되면 마치 잠에 빠진 사람이 아무 일도 못하듯이, 기도를 제대로 할 수가 없는 것입니다. 사람이 무슨 일을 하고 있든 간에, 잠이 오게 되면 그 일이 끝나고 맙니다. 잠이야말로 세상을 평등하게 만드는 존재입니다. 모든 사람을 다 똑같게 만듭니다. 힘이 센 사람도 잠자고 있을 때는 어린아이와 똑같이 무기력하여 원수에게서 자신을 방어할 능력이 없어집니다. 부자도 잠이 들면 가난한 자와 똑같아져서 그와 똑같이 자기의 재물을 즐기지 못합니다. 이와 마찬가지로 그리스도인도 그의 은혜들이 잠들어 있으면 전혀 은혜가 없는 — 즉, 현재 은혜를 전혀 사용하지 않는 — 다른 사람과 같아집니다. 기도도 육신적인 사람처럼 하고, 육신적인 사람이 기도 중에 하나님을 즐거워하지 못하듯이 그도 하나님을 즐거워하지 못하는 것입니다. 이 얼마나 안타까운 일인지요! 그런데 우리가 기도에서 이런 심령의 졸음 상태에 빠져들게 되기가 얼마나 쉬운지 모릅니다! 잠이 육체에 임하는 것처럼 전혀 지각하지 못하는 사이에 이런 영적 졸음이 영혼에 다가옵니다. 그리스도인이 충분히 인식하기도 전에 마음이 달아나 버리는 것입니다. 그러므로 우리는 더욱더 이것에 대해 깨어 있어야 하는 것입니다.

이유 3. 사탄이 기도를 대적하여 깨어 있기 때문에, 그리스도인은 반드시 기도에 깨어 있어야 합니다. 원수가 가장 맹렬하게 공격해 오는 곳이 아니면 대체 어디를 가장 강하게 방비해야 하겠습니까? 기도야말로 사탄이 그리스도인을 공격하기 위해 전력을 기울여 포격하고 수고하는 요새입니다. 그를 가장 괴롭게 하는 공격이 거기서부터 온다는 것을 잘 알고 있기 때문입니다. 그가 그리스도인을 대적하여 행하는 다른 공격들도 그의 기도를 방해하고자 하는 목적에 따라 이루어집니다

(벧전 3:7). 이는 마치 원수가 어느 성(城)을 공략할 때에, 자기가 점령하고자 하는 주요 부분에서 그 성의 방어 병력들을 다른 곳으로 빼돌리기 위해 다른 부분을 무너뜨리는 것과도 같습니다. 이 기도의 임무를 내던져 버리기까지는 영혼이 절대로 사탄의 손에 완전히 무너져내리지 않는 법입니다. "유혹에 빠지지 않게 기도하라"(눅 22:40). 때로는 성이 함락되었는데도 성루에서 성을 장악하고 있는 자들로 인하여 원수가 어쩔 수 없이 다시 퇴각하는 상황이 벌어지기도 합니다. 기도가 그런 성루와 같습니다. 때로는 그리스도인이 기도의 영밖에 아무것도 남아 있지 않은 처지가 되지만, 이런 처지에서 다시 반격하여 마귀가 점령한 곳들을 회복하고 그를 쫓아내고서 새로이 얻은 승리들에 대해 손을 흔들며 환호하기도 하는 것입니다.

[기도에 깨어 있다는 것은 과연 무엇을 뜻하는가]

둘째. 두 번째로 말씀드릴 것은, 그리스도인이 이 기도의 임무에 대해 깨어 있다는 것이 과연 어디에서 나타나는가 하는 것입니다. 이에 대해 다음의 세 가지 구체적인 사실을 통해 말씀드리겠습니다. 1. 기도하기 전에 깨어 있어야 함. 2. 기도 중에 깨어 있어야 함. 3. 기도 후에 깨어 있어야 함.

1. 그리스도인은 기도하기 전에 깨어 있어야 합니다. 그리고 그것은,

(1) 기도하기에 적절한 때를 위하여 깨어 있는 것입니다. 우리가 항상 무릎을 꿇고 있을 수는 없습니다. 하루 종일 하나님을 섬길 수 있습니다만, 하루 종일 그를 예배할 수는 없습니다. 예배란 구체적으로 시간을 정해 놓고 행해야 하는 것이니 말입니다. 상인이 영업시간을 위해 깨어 있듯이 기도 시간을 위해 깨어 있는 것이 우리의 임무입니다. 상인은 자기의 영업시간을 절대로 놓치는 일이 없도록 다른 일들을 다 정리합니다. 그처럼 그리스도인도 자기의 모든 일들을 잘 정리하여 기도하는 시간이 없어져 버리거나 아니면 잘 준비하지 못하여 시간에 쫓기게 되는 일이 없도록 — 뿐만 아니라 다른 필수적인 임무들과도 겹치지 않도록 — 힘써야 합니다. 잘 생긴 아기들인데 조기에 출산되어 생명을 잃는 경우가 많습니다. 선한 임무도 이처럼 때에 맞지 않게 행하면 망쳐버리고 마는 것입니다.

(2) 깨어 있는 전 과정에서 자기 자신을 철저히 살피기를 계속하는 것입니다.

(a) 자기 양심을 더럽힐 수 있는 모든 것들을 다 삼감으로 그리하여 그 자신이 하나님과의 하나된 교제에 부적절한 상태가 되지 않게 하는 것입니다. 그러므로 제

사장은 부정한 물건을 접촉하지 않도록 자신을 잘 살펴야 했던 것입니다. 이로써 하나님은 그를 예배하는 임무 중에 그에게 가까이 나아가는 자들로 하여금 그들의 삶에서도 거룩하도록 하게 하시겠다는 뜻을 나타내시는 것입니다.

(b) 자신에게 놀랍게 임하는 하나님의 섭리의 과정들을 거룩한 관심으로 관찰하고 잘 쌓아놓음으로. 뿐만 아니라 기도와 기도 사이의 간격 내내 하나님을 향한 그 자신의 마음의 상태와 행실도 거룩한 관심으로 관찰하고 점검해야 합니다. 이런 면에서 깨어 살피는 것이 없기 때문에 기도의 임무에서 그렇게 빈약하고 메마른 상태가 되는 것입니다. 그러니 낮 동안에 하나님과 자기 자신 사이에 일어나는 일들을 고이 모아놓지 않는 사람이 밤에 기도할 주제가 없게 되고, 혹시 있다 해도 부적절하고도 경박스럽게 아뢰는 것도 무리가 아닙니다. 목사가 일주일 내내 설교를 준비하는 것은 아니지만, 다른 공부들을 하는 중에 설교를 위해 유용할 만한 것들을 관찰하게 되면, 설교에 도움이 되는 갖가지 힌트들을 얻게 됩니다. 그리스도인도 그에게 임하는 하나님의 섭리와 또한 그 섭리들 아래서 그가 하나님께 돌려드리는 일들의 훌륭한 실례들을 쌓아둠으로써 기도를 위해 그와 유사한 유익을 얻게 됩니다. 이것들이 기도를 행하는데 필수적인 자료들을 제공해 주기 때문입니다. 암소들이 여물을 먹고 있거나 혹은 되새김질을 하는 동안 그 젖통이 채워지므로, 밤에 젖을 짤 때에 더 많은 젖이 나오게 됩니다. 여기서도 과연 그렇습니다. 하루 종일 기도의 임무에 적합하고 도움이 되는 묵상들로 가득 채워온 그리스도인이야말로 기도로 하나님께 나아가 그 마음을 쏟아놓을 때에 가장 풍성한 열매들을 누리게 되는 것입니다. 그런 사람이 하나님을 찬양하고자 합니까? 다른 사람은 기록해 놓지 않아서 그것들을 다 잃어버리고 말았지만, 그는 하나님께서 그의 손에 베풀어 주신 보호와 구원과 도우심의 역사들을 그의 기억의 비망록에 기록해 두었습니다. 그가 그 날의 죄들을 겸손히 고백하고자 합니까? 그는 그것들을 곧바로 기억해 냅니다. "오늘 사람들과 어울리면서 내 자신을 잊고 내 입술로 부적절한 말들을 했고, 그런 것들을 즐기는 중에 내 마음이 무절제했으며, 이 임무는 빠뜨렸고, 저 임무는 게을러서 되는대로 마구 행하였구나." 이런 사람은 아무 때라도 곧바로 그의 영혼이 슬피 애통하는 상태에 들어가게 할 수 있으니, 이 사람의 영혼이 다른 사람보다 얼마나 놀라운 도움을 얻게 되겠습니까? 눈이 마음에 영향을 미칩니다. 대상물이 눈 앞에 있으면 그것에 대한 애정이 발휘됩니다. 원수를 보게 되면 분노가 치밀어 오르고, 사랑하는 친구를 보게 되면 사랑의 감정이 피어올라 갑작스럽

게 황홀한 상태가 됩니다. 그를 보지 않았더라면 전혀 생각하지도 않았을 것인데 말입니다. 느부갓네살이 자기 꿈을 기억하지 못한 것처럼 낮에 지은 죄들을 기억도 하지 못하는 자가 어떻게 밤에 그 죄들로 인해 슬퍼할 수 있겠습니까?

(c) 즉석에서 쏟아내는 기도를 자주 행함으로. 무릎을 꿇을 때 이외에는 한 번도 하나님에 대해 생각하지 않는 자는 기도에 깨어 있는 것이 아닙니다. 하나님과 대면하는 일을 이처럼 오래도록 중단하고 있으니 하나님께 더욱 엄숙하게 영혼으로부터 우러나오는 간구를 드릴 생각이 들 리가 없습니다. 오래 금식하면 위가 제 기능을 상실하게 됩니다. 그리스도인은, 하늘의 맛을 조금씩 짧게 맛보아 자기 영혼을 새롭게 하기를 자주 할수록 아침과 저녁 기도 시간의 정해진 식사를 대할 때에 더 많은 양식을 먹을 수 있게 된다는 것을 알게 될 것입니다. 왜냐하면 이런 수단들을 통해서, 마음을 무기력하게 만드는 세상적인 애착거리들로부터 벗어나게 될 것이고 또한 하나님과 더 깊은 교제를 나눌 수 있도록 적절히 준비를 갖추게 될 것이기 때문입니다. 이런 짧은 산보들을 통해서 영혼이 더 긴 여정을 위해 숨을 고르게 되는 경우가 많은 것입니다.

2. 그리스도인은 기도 중에 깨어 살펴야 합니다. 학교에 가는 어린아이를 살피는 것으로는 부족하고, 학교에서도 선생의 눈이 그 아이를 살펴야 합니다. 학교에서 게으름을 피우는 것도 학교에 무단결석하는 것만큼이나 나쁜 것입니다. 그리스도인 여러분, 기도하기 전에 여러분 자신을 보살펴서 기도의 임무를 빠뜨리지 않도록 하는 것도 잘 하는 일입니다. 그러나 학교 문턱에 도착했다고 그 아이를 그냥 버려두시겠습니까? 그렇게 하면 전에 보살폈던 것이 모두 허사가 되고 말 것입니다.

(1) 겉 사람을 살펴서, 졸음과 태만에 빠지지 않도록 일깨워야 합니다. 기도 중에 육체가 피곤해 있으면, 영혼도 무뎌질 수밖에 없습니다. 글 쓰는 사람이 졸음에 빠지면 펜이 그 손에서 떨어지기 마련입니다. "깨어 기도하라"고 주님은 제자들에게 말씀하셨습니다. 그는 꾸벅꾸벅 졸면서 그 일을 할 수 없다는 것을 아셨던 것입니다. 그런데도 기도 시간에 회중들이 이런 의미에서 깨어 살피기는커녕 오히려 게으른 몸자세를 취하여 졸음이 오게 만드는 사람이 얼마나 많습니까? 형제 여러분, 하나님과의 교제는 분명 우리 눈을 똑바로 뜰 만한 가치가 있는 것입니다. 이 게으름뱅이들은 그들이 하나님과 그의 규례에 얼마나 큰 모욕을 던지는지를 거의 생각조차 하지 못합니다. 하나님께 예배하는 시간에 졸면서 지옥 불을 꿈꾸지 않

을 수 있는 사람이 있을지 궁금합니다. 그러나 육체로 깨어 있게 하는 것으로는 부족합니다. 육체로 깨어 있으면서도 이리저리 방황하게 될 수도 있으니 말입니다. 다윗은 이렇게 말씀합니다: "내 눈을 돌이켜 허탄한 것을 보지 말게 하시고 주의 길에서 나를 살아나게 하소서"(시 119:37).

(2) 기도 중에 여러분의 영혼을 살펴야 합니다. 영혼이 그 사람이며, 기도 중의 영혼이 바로 기도의 영 그 자체입니다. 그 영혼의 목표와 목적이 무엇인지를 살펴서 과녁 옆에다 화살을 쏘는 일이 없게 하십시오. 여러분의 영혼이 그 일에 얼마나 힘과 능력을 쏟는지를 살피십시오. 넓게 쏘아도, 짧게 쏘아도, 우리의 기도가 실패하고 맙니다. 한 마디 더 하자면, 그 임무의 이쪽 끝에서 저쪽 끝까지 부지런히 여러분의 마음을 지켜야 합니다. 그렇지 않으면 여러분도 모르는 사이에 미끄러질 것입니다. 정말 안타까운 일입니다만, 우리 영혼이 기도 중에 하나님과 말씀을 나누기 시작하고는 갑자기 세상과 잡담을 나누는 데로 떨어지는 경우가 얼마나 많은지요! 한동안은 우리 마음이 뜨겁게 기도에 임하고, 우리의 감정 그대로 충만히 부르짖음으로 하나님을 든든히 붙잡습니다. 그런데 그러다가 갑자기 다시 냉랭해지고 어쩔 줄 몰라 하게 됩니다. 거룩한 다윗은 이것을 지각하였습니다. 그러므로 그는 기도 중에 이리저리 어슬렁거리는 마음을 모아 주시기를 하나님께 도우심을 구하는 것입니다: "내 마음을 하나로 모으사 주의 이름을 경외하게 하소서"(시 86:11. 한글개역개정판은 "내 마음을 하나로 모으사"를 "일심으로"로 번역함 — 역주).

3. 그리스도인은 기도 후에도 깨어 살펴야 합니다.

(1) 그의 영혼을 불러 그 임무에 관하여 — 그 임무를 어떻게 행하였는지를 — 재고하게 함으로. 하나님께서도 친히 창조의 일을 다 마치신 후에 그 일을 다시 뒤돌아보십니다: "하나님이 지으신 그 모든 것을 보시니"(창 1:31), 즉 마치 화가가 자신이 그린 그림을 바라보듯이, 하나님이 그렇게 그의 이루신 것을 보셨다는 것입니다. 하나님께서는 우리에게 우리의 행동들을 반성하는 모든 능력을 주셨고, 우리가 그 능력을 사용하는지를 보십니다. 그렇습니다. 그가 "그 길과 그 행위들을 돌아보지 않는" 자들에 대해 꾸짖으시는 것입니다. 많은 임무들이 이것에 달려 있습니다. 어떻게 기도했는지 돌아보지 않는 자가 과연 그 기도에 끼어든 죄들에 대해 겸손히 고백할 수 있겠습니까? 조심히 살펴서 죄를 제대로 알고 있지도 않은데 어떻게 그 죄를 회개하겠으며, 또 하나님께서 그런 죄를 용서하시겠습니까? 바로 앞에 드린 기도에서 오류들을 범하고서도 그것들을 찾아내지도 않았는데, 과연

그 다음 기도에서 그것들을 고치겠습니까? 아닙니다. 오히려 그것들을 더 늘어나게 만들 것입니다. 잡초에 물을 주지는 않습니다. 그것들은 뽑지 않고 그냥 내버려 두기만 해도 홀로 잘 자라납니다. 기도 중에 자기 영혼이 광야 속으로 달려가게 버려두고, 또한 그때에 범하는 갖가지 죄들이 무성하게 자라게 내버려 두어, 결국 간구의 영 그 자체까지도 질식시켜 버릴 그런 게으른 자의 모습이 바로 이와 같은 것입니다.

(2) **자신의 기도의 결과와 그 성공 여부를 관찰함으로.** 어떻게 기도했는지를 다시 돌아보아야 하는 것처럼, 또한 앞을 바라보고 그 기도에 대해 어떤 결과가 돌아오는지를 관찰해야 합니다. 기도만 하고 그 기도가 어떻게 되는지를 살피지 않는 것은 크나큰 어리석음이요 결코 가벼운 죄가 아닙니다. 이는 마치 어린아이들이 강에다 돌을 던지고는 다시는 그것을 보려 하지 않는 것과도 같습니다. 이것이 하나님의 이름을 헛되이 취하며 또한 거룩하고 신성한 규례를 갖고 장난질치는 것이 아니고 무엇이겠습니까? 정말 안타깝습니다만, 그런데도 하나님의 집 문을 그런 식으로 두드리고는 — 한가한 아이들이 우리 집 문을 두드리고는 도망가는 것처럼 — 세상으로 도망쳐 버리고 다시는 기도에 대해 생각조차 하지 않는 사람들이 많습니다. 아니면 그리스도께 "진리가 무엇이냐?"라고 묻고는 곧바로 자기가 무엇을 물었는지도 잊고서 유대인들에게로 나가버린 빌라도(요 18:38)와 같은 사람들이 얼마나 많은지 모릅니다. 거룩한 다윗은 기도를 그처럼 한가한 일로 생각하지 않았습니다. "여호와여 아침에 주께서 나의 소리를 들으시리니 아침에 내가 주께 기도하고 바라보리이다"(시 5:3). 먼저 그는 이 기도의 화살에 하늘로 보내는 메시지를 담아 날리면서 조심스럽게 올바른 목표를 잡습니다: "내가 주께 기도하리이다." 그 다음 그는 그에 못지않게 조심스럽게 그의 화살이 어디로 날아갔으며 또한 그것에 대해 어떤 응답이 베풀어지는지를 관찰합니다: "바라보리이다." 이 말씀은, "내가 하나님 여호와께서 하실 말씀을 들으리니"와 같은 의미인데(시 85:8), 이는 그가 바로 앞에서 "여호와여 주의 인자하심을 우리에게 보이시며 주의 구원을 우리에게 주소서"(7절)라고 아뢴 그 기도에 관하여 하나님이 하실 말씀을 듣겠다는 의미라 여겨집니다. 상인은 자기 배를 바다로 보낸 후, 거래가 어떻게 되었는지가 궁금하여, 그 배가 어떤 상태로, 어떤 물건들을 싣고 돌아오는지를 알아봅니다. 농사꾼은 밭에 씨를 뿌리고 나서 거의 날마다 밭에 나가서 싹이 어떻게 돋아나는지를 살핍니다. 그리스도인 여러분, 기도에 대한 응답을 기다리는 것이 바

로 기도에 깨어 살피는 것입니다. 모르드개는 에스더를 위해 분명 많은 기도를 드렸을 것이고, 그렇기 때문에 그는 왕의 문 앞에서 기다리며, 하나님께서 그의 섭리 가운데 어떤 응답을 주시는지를 살폈던 것입니다(에 2:11).

[기도와 관련하여 그리스도인을 위해 파수꾼을 세움]

셋째. 제가 약속드린 세 번째 일은 곧 이처럼 깨어 살피는 임무를 끊임없이 이행하도록 약간의 권면과 도움을 드림으로써 그리스도인에게 파수꾼을 세우는 일입니다. 이를 위해서 다음과 같이 구체적인 문제들을 말씀드리겠습니다.

1. 여러분의 가슴속에 여러분이 아는 그 어떠한 죄도 품지 마십시오. 죄는 양심에 두 가지 정반대의 효과를 주는데, 둘 다 충분히 악합니다. 죄는 양심을 공포로 가득 채우거나 아니면 양심을 무디게 만듭니다. 영혼의 안식을 깨뜨리거나, 아니면 영혼의 감각을 제거해 버리는 것입니다. 이 가운데 후자의 경우가 더 흔합니다. 마귀가 여러분의 성전을 이 마약으로 기름 붓도록 내버려 두면, 여러분이 어리석은 양심의 그 잠자는 질병 속에 빠질 위험이 있게 됩니다. 그렇게 되면 기도할 제목이 별로 없어지게 될 것입니다. 혹은 죄가 여러분에게 그 다른 효과를 미치게 되면, 지금 기도할 열의가 별로 없는 정도만큼 기도하기를 싫어하게 될 것입니다.

2. 피조물을 향한 애착이 지나치지 않도록 주의하십시오. 술 취한 사람은 그 누구보다 깨어 살피는 일에 합당하지 못합니다. 그런 자는 자기 의자에 앉자마자 잠에 빠질 것입니다. 그런데 모든 무절제한 애착이 영적인 술 취함입니다. 그리스도께서는 이 둘을 하나로 묶으셨습니다: "너희는 스스로 조심하라 그렇지 않으면 방탕함과 술 취함과 생활의 염려로 마음이 둔하여지고 뜻밖에 그 날이 덫과 같이 너희에게 임하리라"(눅 21:34). 졸다가 주의 날을 맞아서는 안 된다는 것은 영적인 졸음을 막는 한 가지 예방책이 됩니다. 그런데 이 두 가지 중에 무절제한 애착으로 술에 취한 상태가 더 나쁩니다. 육체가 술에 취한 사람은 하룻밤을 지나 아침이 되면 멀쩡한 상태가 됩니다. 그러나 세상에 대한 지나친 근심이나 애착에 사로잡힌 자는 깰 때도 누울 때처럼 취한 상태 그대로 있습니다. 그러니 그런 사람이 어떻게 기도에 깨어 살필 수 있겠습니까? 그러므로 이 두 가지가 함께 묶여지는 경우가 많이 나타나는 것입니다. "깨어 정신을 차릴지라"(살전 5:6); "그러므로 너희는 정신을 차리고 근신하여"(벧전 4:7). 무엇에 애착이 있든지, 그 애착이 무절제하면 영혼이 비정상상태에 있게 되고 그러면 기도하고자 하는 마음이 사라지고 마는 것입니

다. 그것이 슬픔입니까? 우리 주님은 깨어 기도하여야 할 때에 제자들이 "슬픔으로 인하여 잠든 것"을 보셨습니다(눅 22:45). 그것이 사랑입니까? 삼손은 그 사랑 때문에 들릴라의 무릎에서 잠에 빠졌습니다. 사람의 마음은 하나님과 세상을 동시에 품을 만큼 공간이 충족하지 못합니다. 세상적인 애착은 영적인 애착과 친구가 되지 못합니다. 세상적인 십자가들로 인해 슬피 우는 데에 마음을 쓰게 되면 정작 죄에 대해 슬퍼하여야 할 때에는 거기에 마음이 가질 않는 법입니다. 이생의 걱정거리들이 머리와 마음을 가득 채우게 되면, 영적인 목적들을 위해 하나님을 의지할 여유가 없을 것입니다. 밤새도록 술을 마시고 즐기고 나면, 주인을 위해 일하고 있어야 하는 낮 시간에 잠에 빠져 있다가 주인에게 발각되는 것이 전혀 이상한 일이 아닙니다.

3. 영적인 졸음이 처음 밀려올 때에 그것을 저지하십시오. 잠이 사람을 지배하여 감각이 온통 마비되어 버렸을 때에 흔들어 깨우는 것보다는 처음 졸음이 오기 시작할 때에 그것을 막는 것이 더 쉽습니다. 마치 밤에 어둠이 조금씩 조금씩 깊어지듯이, 이 영혼의 졸음 병도 지각할 수 없게 슬며시 밀려옵니다. 그러므로 그것이 오고 있다는 것을 깨달을 때에, 여러분 스스로 정신을 차려야 합니다. 마치 해야 할 사무가 있는 사람이 의자를 박차고 일어나서 졸음을 없애는 것처럼 말입니다. 그런데 여러분에게 다가오는 이 졸음 병의 몇 가지 증상을 살펴보면 다음과 같습니다:

(1) 기도의 임무에 대해 의욕이 없는 것과 뒷걸음질치는 것. 이런 증상이 나타나면, 이는 여러분의 영적인 눈이 감겨지기 시작하고 있다는 신호입니다. 은혜가 깨어 있으면, 그리스도인더러 하나님의 임재 속으로 들어가라고 여러 말로 구차하게 설득할 필요가 없습니다. "너희는 내 얼굴을 찾으라 하실 때에 내가 마음으로 주께 말하되 여호와여 내가 주의 얼굴을 찾으리이다 하였나이다"(시 27:8). 그러니 여러분의 상태가 그렇다면, 여러분 속의 부패한 것들로부터 독기(毒氣)가 올라와 여러분의 마음을 무디게 하고 무기력하게 하여 기도할 생각이 없게 된 것이라고 결론지어야 할 것입니다. 깨어 있을 때에는 친구가 문을 두드리기가 무섭게 달려가 문을 열어 줄 사람이라도, 졸음에 겨워 비몽사몽간일 때에는 친구를 문간에 세워두고 오래 기다리게 만드는 것입니다. 그 여자의 경우(아가서)가 바로 그랬습니다. 그래서 그녀는 사랑하는 자와 함께 하지 못했던 것입니다. 그녀가 임무를 행하는 데에 그렇게 뒷걸음질쳤다는 것에서 그녀가 졸음 병에 빠져 있었다는 것이 분

명히 드러난 것입니다. 그 임무가 바로 그리스도께서 그녀와 만나고자 하셨던 그 문이었는데 말입니다.

(2) 기도에 형식적으로 임하는 것. 이것은 졸음 병이 여러분 주위를 어슬렁거리고 있다는 것을 확실히 보여주는 증상입니다. 은혜가 깨어 있으면 생명과 활기가 넘칩니다. 최소한 영혼으로 하여금 그 자신의 무기력함과 무딤을 깊이 지각하게 함으로써 그 모습을 드러냅니다. 세네카(Seneca)는 이렇게 말했습니다: "자기가 꾼 꿈을 말한다는 것은 그 사람이 깨어 있음을 보여준다." 이와 마찬가지로 자신의 무기력함을 진정으로 슬퍼하며 고백할 수 있다면 이는 그 영혼이 깨어 있음을 입증해 주는 것입니다.

(3) 이리저리 생각이 배회하는 것. 잠잘 때에는 상상과 몽상이 지배하며 전혀 통제받지 않고 이리저리 다닙니다. 기도 시간에 여러 생각들이 뻔뻔스러울 만큼 이리저리 흩어지고 여러분의 통제를 받지 않는다면, 이는 여러분의 은혜가 — 여러분에게 은혜가 과연 있다면 — 제대로 깨어 있지 못하다는 증거입니다.

4. 기도와 기도 사이의 시간에 여러분의 구체적인 소명에 양심적으로 부지런히 임하십시오. 깨어 살피기 위해 앉아 있는 사람은 계속 깨어 있기 위해서 무언가 할 일이 필요합니다. 게으름은 잠과 한 걸음 사이로 가깝습니다. 낮에 깨어서 게으름을 피운 사람이 밤에 마음을 깨워 기도한다는 것은 도저히 믿을 수가 없습니다. 그 사람은 마땅히 해야 할 임무를 태만히 하며 낮 시간을 보냈고, 한 임무를 태만히 하고 난 다음 다른 임무에 또 임한다는 것은 좋지 않은 일이니 말입니다. 항상 깨어 기도한다는 핑계로 모든 세상적인 임무들을 다 버리고 골방에 들어가 있는 사람들이 많습니다. 세상을 벗어 버리는 것이 의복을 갈아입는 것만큼, 또한 수도사의 의복을 입는 것이나 종교적인 습관을 갖는 것만큼 쉬운 일이기라도 한 것처럼 그렇게 쉽게 세상을 등지고 들어갑니다만, 세상은 그들이 들어가는 그 골방이 기도하는 집이 아니라 그들의 먹이를 끌어들이는 소굴이라는 것을 흔히 보아왔습니다. 게으름과 풍족한 빵으로 배를 불리는 자들은 열정과 헌신보다는 오히려 사치와 육욕에게 먹힐 가능성이 더 많습니다. 공기도 가만히 갇혀 있으면 둔탁해지고 부패합니다. 이와 마찬가지로 우리 몸의 영혼도 가만히 쉬면 숨이 막혀 버립니다. 그러므로 육체와 똑같이 영혼도 운동과 활동이 필요한 것입니다. 영적인 직무들은 중간에 잠시 멈추는 일이 없이는 계속 유지할 수가 없습니다. 그러므로 하나님께서는 우리의 영적 헌신에 쉼을 주시기 위해 각자에게 세상적인 소명들을 베푸신

것입니다. 다만, 우리의 관심이 지나쳐서는 안 될 것입니다. 똑같은 것이라도 영적 생기를 주기도 하고 약화시키기도 하며, 우리를 깨워 주기도 하고 우리를 잠들게 만들기도 하는 것입니다. 우리의 세상적인 소명을 성실히 수행하는 것보다 우리의 신앙적인 사명에 더 큰 도움을 주는 것은 없습니다. 그러나 똑같은 세상적인 소명을 무절제하게 추구하면, 그것만큼 기도의 성령을 크게 무디게 만드는 것이 없는 것입니다. 기름이 등불을 계속 밝혀 주지만, 그 동일한 기름을 지나치게 많이 부으면 등불이 꺼지고 맙니다. 양초를 한쪽으로 붙잡고 있으면 촛농으로 인해서 촛불이 계속 밝혀집니다. 그러나 다른 쪽으로 뒤집으면 촛불이 꺼지고 마는 것입니다.

5. **여러분의 영적인 결핍 상태에 대한 감각을 보존하십시오.** 배가 부르면 몸에 졸음이 오는 경향이 있듯이, 영적인 충만함에 대한 자부심이 영혼을 잠에 빠지게 만듭니다. 배(腹)가 가득 차면 뼈들이 쉬려고 합니다. 사람이 일보다는 잠자는 것에 더 생각이 갑니다. 반면에 굶주림으로 괴로움을 당하는 사람은, 텅 비어 먹을 것을 찾는 위(胃)로 인하여 깨어 있게 됩니다. 일단 여러분 자신을 높게 생각하기 시작하고 여러분의 영적인 굶주림이 다소 가라앉으면 — 여러분의 영적 창고가 채워져 있고 은혜가 충족하다는 자부심으로 인하여 — 그때에는 과연 여러분이 안심하고 잠들게 되고 다음과 같은 부자의 자장가를 여러분의 영혼에게 불러주게 될 것입니다: "영혼아 여러 해 쓸 물건을 많이 쌓아 두었으니 평안히 쉬고 먹고 마시고 즐거워하자"(눅 12:19). 안타깝게도 고린도 사람들이 바로 이런 처지에 빠져 있었습니다. "너희가 이미 배부르며 이미 풍성하며 우리 없이도 왕이 되었도다"(고전 4:8). 이제 바울은 여러분에게 아무도 아닙니다. 그의 고뇌가 없이는 여러분이 있을 수 없는 그런 때가 있었습니다. 주린 아이가 어미의 젖을 찾으며 우는 것 이상으로 여러분은 그가 전하는 말씀을 찾으며 울었습니다. 그러나 지금은 여러분의 배가 불러 있습니다. 배가 부르니 이제 그가 없이도 살 수가 있습니다. 그러나 하나님이 아십니다만, 그것은 견고한 은혜가 충만한 것이 아니라 교만의 바람이 가득 차 있는 것이었습니다. 마음을 넓혀서 더 많은 것을 받을 수 있게 만드는 것이 은혜의 성질입니다. 그러나 교만의 성질은 영혼으로 과식하게 하여 물리게 만드는 것입니다. 하나님께서는 오랫동안 잉글랜드에서 집을 열어 놓으셨습니다. 하나님의 거룩한 규례들의 포도주 창고 문들이 항상 열려 있었습니다. 자유로이 그리로 들어가 그 달콤한 포도주를 마음껏 풍성하게 마실 수 있었습니다. 그런데 안

타깝습니다만, 그것들을 그렇게 오랫동안 누리고서도 은혜로 충만한 것이 아니라 오히려 영적 교만에 취한 자들이 얼마나 많은지, 정말로 애통을 금할 수 없습니다! 그래서 어떤 이들은 그들이 이 포도주를 퍼내던 그 포도주통에 구멍을 뚫으려 하기도 했습니다. 모든 규례들을 공공연히 비난하고 목사들과 말씀 사역을 무너뜨리고자 하는 자들이 바로 그런 사람들입니다. 그렇습니다. 공적인 설교와 사적인 기도가 없이도 살 수 있는 사람들입니다. 또 어떤 이들은, 전자처럼 그렇게 미치도록 취하지는 않았으나 포도주통의 꼭지 아래서 잠들어 있습니다. 그들은 처음에 규례들에서 누렸던 생명과 또한 그 규례들에 대한 사랑을 잃어버리고 말았고, 그리하여 졸린 눈과 무기력한 마음으로 그 규례들 아래 앉아 있는 것입니다. 자, 그리스도인 여러분, 여러분의 영혼이 이런저런 규례들에 깨어 있기를 바라면, 여러분의 그 결핍된 상태에 대한 지각을 잃어버리지 않도록 주의하십시오. 구걸하는 것은 가난한 걸인의 직업입니다. 여러분이 여러분 자신에 대해 부자라는 자부심을 갖기 시작하면, 바로 그때야말로 여러분이 그 부요함을 넘겨 주거나 혹은 그 부요함 속에서 무기력해질 위험에 처하여 있는 것입니다.

6. **홀로 물러가 무언가 영혼을 일깨우는 묵상들에 젖어들기를 자주 하십시오.** 골똘히 생각하다보면 거의 잠을 자지 못하게 되고, 특히 그 생각들이 마음을 쏟기에 합당할 만큼 중차대한 사안들에 관한 것일 경우는 더욱 그렇습니다. 사실, 주의를 기울일 하등의 이유가 없는 그런 한가하고 사소한 생각거리들은 사람을 잠들게 만드는 — 곧, 육체적인 잠을 뜻합니다만 — 수단이 됩니다. 영적인 일들에 대해 자주 묵상하기를 소홀히 하며 또한 하루 종일 육신적이며 세상적인 일들로 생각이 분주한 사람이 밤중에 마음이 깨어 신령한 자세로 기도하게 된다면, 이는 정말 이상한 일일 것입니다. 그러므로 이제 여러분이 반드시 해야 할 몇 가지 묵상의 주제를 말씀드리겠습니다만, 그것들이 마치 어떤 철학자들이 잠을 너무 오래 자지 않게 하기 위해 손에 쥐고 자곤 했다는 놋쇠로 만든 공이나, 혹은 아침 일찍 해야 할 일을 위해 밤새 맞추어 놓고 자는 자명종의 역할을 하게 될 것입니다.

(1) **그리스도께서 심판을 위해 오시리라는 것**에 대해 묵상하십시오. 온 인류를 심판을 향해 부르게 될 이 나팔 소리가 여러분의 귀에 울리는 동안은 분명 쉽게 잠에 빠지지 않을 것입니다. 사람들이 그렇게 안정된 상태에서 단잠에 빠져 있는 이유는 그들이 이것을 믿지 않기 때문이거나 아니면 최소한 그것을 기대할 만큼 진지하게 그것에 대해 생각하지 않기 때문입니다. 주인을 기다리는 종은 주인이 돌

아와서 자기가 침대에 누워 자고 있는 모습을 보게 되는 것을 끔찍하게 여길 것입니다. 아닙니다. 그가 문을 두드리면 곧바로 문을 열기 위해서 계속 깨어 있을 것입니다. 그리스도께서는 반드시 오시겠다고 말씀하셨지만 언제 오실지는 말씀하지 않으셨는데, 이는 우리로 하여금 의복을 벗어 걸거나 촛불을 꺼버리는 일이 절대로 없도록 하기 위함입니다. "그러므로 깨어 있으라. 어느 날에 너희 주가 임할는지 너희가 알지 못함이니라"(마 24:42). 물론 그리스도께서 세상 전체를 심판하러 오시는 일에 관한 부정적인 증표들이 있어서, 그것들을 통해서 그가 오실 때가 아직 이르지 않았다는 것을 알 수도 있습니다. 바벨론의 멸망, 유대인을 부르시는 일, 그리고 성취되어야 할 다른 예언들이 있는데, 그것들이 이루어지기 전에는 그가 오시지 않을 것입니다. 그러나 그가 임하사 구체적으로 우리 중 누구를 죽음으로 부르시고 데려가셔서 그의 심판대 앞에 세우실 때가 아직 이르지 않았다고 결론지을 만한 그런 증표는 어디에도 없습니다. 여러분이 젊다고 해도, 그 때문에 여러분이 아직 죽지 않을 것이라고 말할 수는 없습니다. 아아, 여러분, 교회당 뜰에 묻힌 관(棺)들의 치수를 재 보십시오. 길이가 여러분에게 꼭 맞는 것들도 있을 것입니다. 젊은 사람이든 늙은 사람이든 모두가 죽음의 낫이 닿을 수 있는 거리에 있습니다. 늙은 사람들은 죽음을 앞두고 있습니다. 그들의 나이가 죽음을 부르고 있습니다. 그러나 젊은 사람도 죽음이 다가오는 것을 막을 수가 없습니다. 여러분이 부자라고 해서 이것이 죽음을 면하게 해주겠습니까? 부자는 이 땅에서 다른 사람들의 팔에 안기고 그들의 섬김을 받을 수 있습니다. 그러나 왕이 그들을 전쟁에 나가도록 소집할 때에는 "그 전쟁에는 면제되는 사람이 없다"라고(참조. 전 8:8) 솔로몬이 우리에게 말씀해 주고 있습니다. 여러분 개개인이 다 죽게 되어 있습니다. 강하고 욕심이 많다 해도, 그렇다고 해서 죽음이 여러분을 무너뜨리지 않을 것이라고 말할 수는 없는 것입니다. 어떤 이들은 폐병을 앓으며 조각조각 다 잘려져서 죽음을 맞기도 하고, 어떤 이들은 마치 광풍에 나무가 잘리듯 그렇게 하룻밤에 갑자기 죽음을 맞기도 합니다. 오오 이것을 생각하십시오. 그러면 잠이 달아날 테니까요!

(2) 마귀가 항상 깨어 있다는 것을 생각하십시오. 성 바깥에서 원수가 노리고 있고 어쩌면 벽을 기어오르고 있을지도 모르는 때가 과연 성 안의 사람들이 잠을 잘 시간이겠습니까? 우리 주님은 그렇지 않다는 것을 기정사실로 여기십니다: "너희도 아는 바니 만일 집 주인이 도둑이 어느 시각에 올 줄을 알았더라면 깨어 있어

그 집을 뚫지 못하게 하였으리라"(마 24:42). 일 년 중 모든 날 밤에는 잠을 자겠지만, 그 밤에는 잠을 자지 않으려 할 것입니다. 다윗이 그렇게 가까이 있었다는 생각을 했다면 사울이 과연 자기 참호에서 잠을 잤겠습니까? 야엘이 자기 목을 겨냥하여 손에 방망이와 말뚝을 들고 있는 것을 보았다면, 시스라가 그렇게 편안히 잠자리에 누웠겠습니까? "한니발이 문에 와 있다!"는 외침에 곧바로 로마의 도시 전체가 깨어났고 무장을 갖추었습니다. 하물며 "마귀가 문 앞에 있다"는 소리는 여러분을 게으름과 나태의 침상에서 깨어나게 하기에 족하지 않습니까? 일 년 중에 과연 사탄이 상관하지 않는 날이 언제입니까? 그가 여러분의 영혼 속에 잠입할 수 없는 그런 곳이 있습니까? 여러분의 육체의 지체 가운데 — 혹은 여러분의 영혼의 기능 가운데 — 과연 사탄에게 이용당할 위험이 전혀 없는 것이 있습니까? 깨어 있다가 그에게 문을 열어 줄 그런 염탐꾼이 여러분 자신의 가슴속에 있지 않습니까? 그리고 그들 사이에 계속해서 교류가 오가고 있지 않습니까? 베르나르(Bernard)의 말처럼, 사탄이 우리의 막대기로 우리를 때리며, 마치 도둑이 때때로 여행객에게 하듯이 우리의 양말대님으로 우리를 묶어 놓는 일이 얼마나 자주 있는지요! 이처럼 사탄이 시험하기 위해 깨어 살피는데도, 항상 깨어 기도하지 않으렵니까? 사탄이 자기와 한편인 우리의 육체를 이용하고 있는데도, 하나님과 또한 그리스도와의 교류를 계속 유지하지 않으렵니까?

> "그대의 원수가 그대의 목을 끊으려고 깨어 있는데도,
> 그대는 일어나 구하지 않을 것인가?"

(3) 악인이 깨어서 사탄과 또한 자기들의 정욕을 위해 열심히 일한다는 것을 생각하십시오. 철학자는 자기가 책을 들기 전에 대장장이가 일어나 손에 망치를 든다는 것을 알고서 부끄러워 얼굴을 붉혔다고 합니다. 그리스도인도 그런 수치를 느껴야 하지 않겠습니까? 세상 사람들이 자기들의 세상적인 일들을 추구하느라 얼마나 근면하게 깨어 움직이는지를 생각해 보십시오. 아침에 일찍 일어나고 밤에 늦게 자리에 누우며, 몸을 새롭게 회복시켜 주는 잠자는 시간도 아까워할 정도로 자기들의 육신적인 용무에 모든 것을 집중시키지 않습니까! 철학자는 이것을 보았고, 대장장이는 아침 일찍부터 대장간에서 일하는데 그 시간에 자기는 아직 책도 잡지 못하고 있다는 것에 스스로 부끄러워했습니다. 오오 그리스도인 여러분,

온 마을이 일어나서 마치 벌들이 이리저리 날며 정원에서 일하듯 바쁘게 일하는 것을 볼 때에, 부끄러워 얼굴이 붉어져야 옳지 않겠습니까? 그 일이 그저 없어지고 말 이 세상의 찌꺼기를 벌통에 모아들이는 일일 뿐이며, 얼마 지나지 않아서 죽음이 다가올 것이요, 그렇게 되면 그동안 그렇게 수고하여 모아 놓은 것들이 그들도 알지 못하는 다른 사람들을 위해 — 어쩌면 철천지원수들을 위해 — 남겨지게 될 것인데도 그 일로 그렇게 바쁜데, 그동안 여러분은, 여러분이 수고하여 얻은 것들을 저 세상에까지 지니고 가게 될 것이고 또한 거기서 짧은 이 땅의 수고를 통해 얻은 열매를 영원한 영광과 더불어 누리게 될 것인데도 여러분에게 주어진 고귀한 시간을 잠으로 보내 버리고 있으니, 이 얼마나 부끄러운 일입니까! 여러분, 악인들이 자기들의 어둠의 일을 추구할 기회들을 잡기 위해서 얼마나 불철주야 애쓰고 있는가를 생각해 보십시오. 음행하는 자는 자기 애인을 만날 황혼이 오기를 깨어 기다립니다. 그런데도 여러분은 여러분의 하나님과의 하나 된 교제 속에서 영적 사랑으로 가득 채워지기를 소원하여 기도로 깨어 있지 않으렵니까? 도둑은 먹이를 얻고자 한밤중에 깨어 있습니다. 그런데 여러분의 일은 세상이 자랑하는 부자 임금들의 돈궤 속에 있는 것보다 더 풍성한 보화를 얻는 일인데도 그 일을 위해 여러분의 휴식을 조금 깨뜨릴 생각이 없습니까? 이들이 자기들의 정욕을 만족시키기 위해 그렇게 큰 고통을 기꺼이 감수하는데, 여러분은 여러분의 하나님을 높이고 즐거워하는 일에 아무런 고통도 들이고 싶지 않단 말입니까? 저 대담한 배반자 유다는 자기의 스승을 살인자들의 손에 팔아넘기기 위해 한밤중에 깨어서 그렇게 바삐 움직이고 있었는데, 정작 제자들은 졸음에 겨워 그 스승과 함께 깨어 기도하고 있지를 못했으니 이 얼마나 수치스런 일이었습니까!

(4) 여러분이 깨어 있기를 바라는 그 시간이 얼마나 짧은가를 생각하십시오. "너희가 나와 함께 한 시간도 이렇게 깨어 있을 수 없더냐?"라고 주님은 말씀하셨습니다(마 26:40). 그리스도인 여러분, 머지않아 경계를 물리게 되고, 그렇게 되면 잠은 자지 않더라도 모든 안식을 다 누리게 될 것입니다. 이 힘든 임무를 위해 깨어 있어야 하는 것은 이 짧은 인생 동안 뿐인데, 그것이 그렇게 깁니까? 다른 이들은 그렇게 여기지 않습니다. 놀거나 죄를 지으면서는 하루가, 일 년이 — 예, 한 사람의 일생이 — 얼마나 금방 지나갑니까? 그런 사람이 하는 큰 불평은 바로 "시간이 너무 짧다"는 것입니다. 그들은 할 수만 있다면 시계 바늘을 잘라 버리고 시계 추를 제거해서라도 시간이 속히 가지 못하도록 하고 싶어 합니다. 죄를 지으며 보낼

때에는 시간이 그렇게 짧고 달콤한데, 하나님께 드리는 헌신을 위해 보낼 때에는 그렇게도 지루하고 더딜 수가 있습니까? 죄인에게는 밤낮으로 선술집에서 보내도 시간이 너무 짧은데, 어째서 성도는 골방에서 고작 한 시간을 보내면서 그 시간을 길게 여긴단 말입니까? 하지만 무엇보다도 여러분이 생각해야 할 것은, 이 땅에서 며칠 동안 깨어 기도하는 것이 과연 지옥에서 끝없이 극심한 고통 아래서 깨어 신음하는 것보다 더 낫지 않겠느냐 하는 것입니다!

(5) 깨어 살피지 못한 것 때문에 여러분이 이미 하늘의 사명에서 얼마나 크게 실패했는지를 진지하게 살펴보십시오. 어떤 부주의한 상인은 자기 사업에 일정 금액의 손해가 난 것을 발견했는데, 자기도 모르는 사이에 지금 발견한 손해의 백 배나 되는 손해를 이미 보았을지도 모를 일입니다. 그리스도인의 사정도 이 상인과 마찬가지입니다. 그런 손해를 발견하고 자기는 이제 망했다며 울부짖습니다만, 자기가 한가하게 한 푼 두 푼을 그냥 아무렇게나 소비한 것은 생각하지 않고, 또한 이처럼 날마다 직무를 태만히 하여 생겨난 손해가 얼마인지도 고려하지 않습니다. 바로 그것 때문에 그 사람의 재산이 눈에 보이지 않게 조금씩 녹아들어 가는데도 그는 그것을 알아채지 못합니다. 하지만 이렇게 조금씩 떨어져나가는 양을 개별적으로 따져 보면, 그것이 지금 발견한 손해보다 더 많다는 것을 알게 될 것입니다. 이와 마찬가지로 그리스도인도 때로는 자신이 범한 한 가지 큰 죄 때문에 괴로워합니다만 — 그리고 거기에 그럴만한 이유가 없지 않습니다 — 자신이 이 임무를 오늘 얼마나 태만히 했으며 또한 다른 때에는 얼마나 태만히 했는지, 지금은 제대로 준비하지 못한 것 때문에 얼마나 냉랭하게 기도하며, 또한 다른 때에는 기도 후에 깨어 살피지 못한 것 때문에 얼마나 열매가 없었는가 하는 것은 생각하지 않습니다. 하지만 그렇게 태만할 때마다 조금씩 점점 밑으로 떨어져 내려가는 것입니다. 그런데 자신이 잃어버린 이 몇 가지 사소한 것들을 함께 몰아서 따져 보면, 그 안타까운 현실을 직시하고 괴로워하게 됩니다. 그러나 이런 손해 외에도 다른 손해가 — 이것이 가장 큰 손해입니다만 — 또 있는데, 그것은 바로 그의 양심의 상처입니다. 자, 그리스도인 여러분, 이제 드디어 열심을 낼 마음이 생기지 않았습니까? 부주의한 그리스도인이 지금 있는 것에다 무엇인들 더하게 하겠습니까? 게으름뱅이의 밭에 가서 그 밭이 가시덤불이 길게 자라나 있지 않은 경우를 본 일이 있습니까? 날마다 깨어 여러분의 마음을 살피는 일을 — 어떻게 기도하며, 기도한 후에 어떻게 행하는지, 등을 살피는 일을 — 여러분의 일과로 삼기로 마음먹기만

해도, 반드시 여러분의 영적인 생활에 아주 복된 변화가 생기는 것을 보게 될 것입니다. 이처럼 철저하게 행하는 것이 마치 새로 지은 의복처럼 처음에는 편안하지 않을 것입니다. 그러나 날마다 그 일이 익숙해질 것이고, 또한 그 일로 인하여 갖가지 이로운 일들이 생겨나는 것을 보면 그 일이 감미롭고도 손쉽게 여겨질 것입니다. 부지런히 일함으로써 받게 될 재산의 증가라는 보상이 얼마나 큰지를 느끼는 사람은 게으름뱅이가 누더기를 입고 그의 대문을 두드릴 때에 그의 게으르고 안일한 모습을 도무지 용납할 수가 없을 것입니다. 한 부자에 대해 언젠가 들은 말입니다만, 그 사람이 부지런히 일하자 하나님이 그에게 복을 주셔서 막대한 재산을 일구었는데, 처음에는 굉장한 수고와 노력을 들여 세상에서 조금밖에는 얻지 못했으나 나중에는 조금 수고하여 큰 소득을 얻었다는 것입니다. 그리스도인 여러분, 여러분의 영적인 사업에서도 똑같은 것을 알게 될 것입니다. 처음에는 여러분의 괴로움이 가장 크겠지만, 그러나 나중에는 여러분의 소득이 가장 커지고 괴로움은 적어질 것입니다. 왜냐하면 경건의 길을 계속해서 가다 보면 그 길의 경험이 축적되어 그 길이 여러분에게 자연스러운 것이 될 것이고 결국 여러분이 그 길에서 편안해지고 즐거워질 것이기 때문입니다.

(6) **여러분이 깨어 살피지 않음으로 다른 이들이 얼마나 해를 입게 되는지를 생각하십시오.** 마을에 사는 사람이 자기 담장을 지키지 않으면, 그것 때문에 자기 자신에게는 물론 그의 이웃에게까지 누를 끼치게 되는 법입니다. 이처럼 한 명의 그리스도인이 자기 분량의 깨어 살피는 일을 지속하지 않으면 여러 사람에게 해를 끼칠 수도 있습니다.

(a) **여러분의** 나쁜 모범이 다른 이들에게 해를 끼치게 됩니다. 이런 졸음 병은 전염성이 있기 때문입니다. 여러분의 느슨한 행실이 다른 사람에게 영향을 미쳐 그들도 똑같이 되게 만들 수 있습니다. 한 사람이 하품하는 것을 보면 다른 사람도 그대로 배우게 되는 것처럼 말입니다. 하나님의 길에서 열정과 앞서 나가는 모범적인 모습을 보여주는 능동적인 그리스도인들과 함께 산다는 것은 결코 작은 복이 아닙니다. 그들의 그런 모습이 그들을 따르는 사람들에게 열의를 갖게 만들기 때문입니다. 한 가장(家長)의 하늘에 속한 거룩한 품행이 온 가족에게 도움을 주는 것입니다.

(b) 그들에게 행하여야 할 여러분의 임무를 태만히 하게 됩니다. 우리는 형제의 사정에 관심을 가지는 자들로서, 사랑 안에서 서로 돌아보라는 명령을 받고 있습니다.

그런데, 자기 자신도 깨어 살피지 않는 사람이라면 과연 다른 사람을 돌아보는 일에 얼마나 부적절하겠으며, 자기 자신이 격려가 필요한 자라면 과연 "사랑과 선행을 격려하"는(히 10:24) 일에 얼마나 합당치 않겠습니까? 잠자는 자가 옆에서 잠자는 다른 사람을 깨울 수 있겠습니까?

(7) 마지막으로, **여러분을 위한 그리스도의 보살피심**을 생각하십시오. 그의 섭리 가운데서 그를 바라보십시오. 밤에도 주무시지 않고 낮에도 졸지 않으시는 그 하나님의 눈이 바로 여러분을 끊임없이 지키고 계십니다. 그의 간구하심 속에서 그를 생각하십시오. 거기서 그는 여러분을 위해 "모든 인내로 깨어" 기도하십니다"(참조. 엡 6:18). 그것이 바로 천국에서 그가 행하시는 일이요 임무입니다. 그는 성도들을 위해 간구하기 위해 살아 계시기 때문입니다. 성령 안에서 그를 생각하십시오. 성령이 누구십니까? 그가 떠나 계시는 동안 성도들을 돌보는 보호자로서 보내심을 받은 그리스도의 사자가 아니십니까? 한 말씀 더 드리자면, 복음 사역에서 그를 생각하십시오. 그 사역이야말로 바로 "여러분의 영혼을 위해 깨어 살피는" 목적을 위해 세워진 것입니다. 그렇습니다. 개개인의 성도는 형제를 지키는 자가 되어야 할 책무가 있습니다. 이것을 잘 생각하면, 여러분이 다음과 같이 될 것입니다:

(a) 여러분의 안전을 위해 그렇게도 조심스럽게 베풀어 주시는 그분의 영광을 증진시키는 일을 위해 깨어 살피게 됩니다. 다윗이 나발에 대해 그렇게도 격분했던 것이, 자기가 그에게 그렇게 성심껏 섬겼는데도 불구하고 자기 종들이 그에게 푸대접을 받은 것 때문이 아니고 무엇이었습니까? "내가 이 자의 소유물을 … 지켜 … 하나도 손실이 없게 한 것이 진실로 허사라"(삼상 25:21).

(b) 이처럼 여러분을 따뜻하게 보살피신 여러분의 하나님을 근심하게 할까 두려워 그렇게 순전하게 힘쓰게 되면, 여러분이 여러분 자신의 영혼을 살피는 일을 위해 더욱 깨어 있게 됩니다. 자식을 위해 그렇게 모든 비용을 쓰고 보살폈는데도 불구하고 자기 자식이 자기 자신의 유익도 돌아보지 못하는 것을 보는 것보다 부모의 마음에 더 큰 괴로움을 주는 것이 어디 있겠습니까? 부모는 그가 자식에게 주는 돈을 자식이 근면함으로 선용하고 잘 쓰는 것을 볼 때에 기뻐합니다. 그러나 그 모든 돈을 형편없이 관리하여 다 낭비되고 허비될 때에는 그 마음이 슬픔으로 찢어지는 것입니다.

제 5 부

기도에 합당한 끈기

"모든 인내로"(엡 6:18)

"모든 인내로"("with all perseverance": 한글개역개정판은 "항상 힘쓰며"로 번역함 — 역주)라는 말씀에 기도에 관한 사도의 지침 중 다섯 번째 부분이 포함되어 있으니, 이는 바로 기도에 합당한 꾸준함(the constancy proper to prayer)인데, 이에 대해 네 단원으로 간략하게 말씀드리겠습니다. 첫째. "모든 인내로"라는 문구의 의미를 제시함. 둘째. "모든 인내로" 기도해야 할 이유를 제시함. 셋째. 그 임무를 지속하도록 동기부여를 위해 몇 가지 생각할 사항들을 제시함. 넷째. 이 문제에서 연약한 그리스도인을 돕기 위한 권면과 지침의 말씀.

["모든 인내로"라는 문구의 의미]

첫째. "모든 인내로"라는 문구의 의미를 설명해 드리겠습니다. 여기 기도에서 인내가, 예, "모든 인내"가 요구됩니다. 첫째. "인내"란 무슨 의미인지를 살펴보겠습니다. 둘째. "모든 인내"란 무슨 의미인지를 살펴보겠습니다.

첫째. "인내"란 무슨 의미인지를 살펴봅시다. 여기 '프로스카르테레시스'(προσκαρτέρησις)라는 단어가 사용되는데 이는 '카르토스'에서 파생된 것으로서 '카르토스' — 이는 철자 하나를 뒤바꾸어 소리를 부드럽게 한 것뿐임 — 와 같은 단어입니다. 이 단어는 힘과 승리를 뜻합니다. 그러므로 복합어인 '프로스카르테레인'은 모든 어려움을 극복하고 드디어 일을 완수할 때까지 지칠 줄 모르는 끈기로 어떤 일을 수행하는 것을 뜻합니다. 이 단어는 마지막 목표물을 잡기까지 추격하는 사냥개들의 근면함과 수고를 뜻하는 것으로 사용됩니다. 또한 안간 힘을 다 쓰며 주인을 뒤따라 다니면서 그의 시중을 드는 하인을 묘사하는 데도 사용됩니다. 성경에서는 흔히 기도의 임무에 적용되며(행 6:4; 골 4:2; 롬 12:12 등), 그리스도인이 이 기도의 임무를 행하며 보여야 할 불굴의 인내와 용기 그리고 끈기를 뜻합니다.

질문. 하지만 이 구절 서두에서 "항상 기도하되"(한글개역개정판은 "모든 기도와"로 번역함 — 역주)라고 말씀하고, 여기서 또 "모든 인내로" 기도하라고 말씀하니, 이 둘이 동일한 것을 뜻합니까? 아니면, 그 차이는 무엇입니까?

답변. 사도가 기도를 위한 지침들을 주면서 지침들끼리 서로 충돌하게 하며 또한 그렇게 짧은 글 속에서 동일한 지침을 다른 말로 바꾸어 다시 반복하고자 했다고는 생각할 수 없습니다. 나머지 지침들이 모두 서로 구별된 것들이므로, 이것들도 그럴 것이라고 봅니다. 칼빈(Calvin)은 둘 사이의 차이를 이렇게 설명합니다. 그는 이렇게 말합니다: "'항상 기도하되'로는 역경 중에서나 순경 중에서나 기도할 것을 권고하며, 외적인 상황의 압박에 몰려 이 임무를 행하기를 중단해서는 안 된다는 것을 말씀합니다. 그러나 '모든 인내로' 기도하라는 말씀으로는, 우리가 기도할 일이 당장 없더라도 그 일에 대해 지쳐서는 안 되고 계속해서 즉각적이고도 끊임없이 행하여야 한다는 것을 권고하는 것입니다." "항상 기도하되"로는 기도할 기회가 돌아올 때에 그것을 소홀히 하지 말고 기도의 임무를 날마다 끊임없이 시행할 것을 권면하는 것입니다. "모든 인내로" 기도하라는 말씀으로는 하나님의 보좌 앞에 어떤 구체적인 요구를 하더라도 그에 대한 응답이 속히 임하지 않는다고 포기하거나 실망하지 말고 굳건히 견디며 나아갈 것을 권면하는 것입니다. 그러므로 전자는 특정한 사정으로 인하여 그 임무를 소홀히 하지 말 것에 관한 권면이며, 후자는 우리가 내어놓는 구체적인 간구에 대해 심령이 지치지 말아야 할 것에 관한 권면이라 하겠습니다. 우리가 기도를 끊임없이 시행하면서도 이런저런 자비에 대한 기도에서 인내하지 못할 수도 있는 것입니다. 우리로 하여금 은혜를 발휘하게 하기 위하여 하나님께서 때때로 자비들을 물리기도 하시니 말입니다.

둘째. 이제는 "모든 인내"가 무슨 의미인지를 말씀드리겠습니다.

1. "모든 인내"란 끝까지 지속되는 그런 인내를 뜻합니다. 곧, 하나님이 우리가 기도하는 그것을 주실 때까지, 혹은 다윗이 그의 병든 아들을 위해 기도하였으나 그가 죽음으로 더 이상 그 아이를 위해 기도할 수 없게 된 것처럼, 우리의 기도 제

목을 취하여 가실 때까지 계속해서 인내하는 것입니다. 오랫동안 기도를 계속하다가도 응답의 때가 여전히 오지 않고 지연되는 것을 보고 결국 지쳐 버리는 일이 얼마든지 가능합니다. 어떤 문제에 대해 하늘로 여러 차례 급전(急傳)을 보냈는데도 하나님이 여전히 잠잠하시고 그가 오신다는 소식이 전혀 없습니다. 모세처럼 “해가 지도록”(출 17:12) 우리 손을 들고 있기가 너무 힘듭니다! 그리스도께서는 구하는 자비가 베풀어지기까지 오랫동안 참고 기다리는 그런 믿음을 보는 일이 얼마나 힘들고 희귀하겠는지를 토로하십니다: “그러나 인자가 올 때에 세상에서 믿음을 보겠느냐?”(눅 18:8). 과연 그리스도께서 그가 임하사 그들을 안돈시키시기를 기다리며 계속해서 기도에 힘쓸 만큼의 믿음을 그의 백성들에게서 보겠습니까?

2. “모든 인내”란 전인(全人)이 기도에 인내하는 것을 뜻합니다. 그저 겉으로 기도의 임무를 인내로 지속하는 것은 물론, 우리 영혼의 내적인 능력과 그 은혜들을 기도의 임무에서 발휘하는 중에 인내하여야 합니다. 임무는 그대로 지속하면서도 마음은 가라앉을 수도 있습니다. 믿음과 열심 등 영혼의 은혜들이 사라지거나 아주 희미하게밖에는 활동하지 않을 수도 있습니다. 마치 아직 싸움터에서 물러나지 않았으나 탄약도 무기도 모두 소진해 버린 군대처럼 될 수도 있습니다. 그들이 싸움터에 서 있고 원수와 대면하고 있습니다만, 힘을 거의 다 잃어버렸으므로 원수를 공격하거나 자신을 방어하기에 역부족일 수도 있는 것입니다. 많은 이들이 환난 중에 이런 상태로 기도를 계속합니다. 이들은 아직 기도의 임무를 포기한 것도 아니고, 싸움터에서 도망친 것도 아닙니다. 하지만 안타깝게도 그들의 믿음이 무너지고 있고 그들의 마음이 축 늘어져 있으니, 기도에서 활기도 힘도 거의 찾아볼 수가 없습니다. 물론 이 경우에도 일종의 인내가 있기는 합니다. 그러나 “모든 인내”는 아닙니다. 이는 무엇보다 임무를 행하는 중에 은혜가 인내를 발휘하는 것을 뜻합니다. 우리는 로마서 12:12을 그런 의미로 이해합니다. 여기서는 “인내로”라고 하나, 거기서는 “기도에 계속해서 열의로 임하며”(continuing instant in prayer: 한글개역개정판은 “기도에 항상 힘쓰며”로 번역함 — 역주)라고 말씀하는데, 그 단어는 ‘프로스카르테룬테스’입니다. 어떤 이들은 “열의”가 있으나 계속 지속하지 못합니다. 자비가 임하는 것을 보면 열심히 지속합니다. 그러나 기도의 마차가 대기하고 있는데도 한동안 자비가 오지 않으면, 믿음이 쇠약해지고 마침내 기도를 포기하고 맙니다. 또 어떤 이들은 끈기가 있지만 열의는 없습니다. 기도를 계속하

지만 냉랭하게 기도하는 것입니다. 이들은 마치 기도에 대해 아무것도 기대하지 않는 것처럼 기도에서 무미건조하고 메말라가는 것입니다. 우리는 이 둘을 하나가 되게 해야 합니다. 그렇지 않으면 어느 쪽도 유익을 기대할 수가 없을 것입니다.

["모든 인내로" 기도해야 하는 이유]

둘째. 앞에서 약속한 두 번째 문제, 곧, 우리가 어째서 "모든 인내로" 기도해야 하는지를 다음과 같이 몇 가지로 말씀드리겠습니다.

첫째. 기도를 철저하게 명령하고 있습니다. "쉬지 말고 기도하라"(살전 5:17), 즉, 지치지 말고 기도하라는 뜻입니다. 우리 주님도, "그들에게 항상 기도하고 낙망하지 말아야 할 것을 비유로 말씀하"셨습니다(눅 18:1). 주목하십시오. 항상 기도할 수도 있다는 것이 아니라 항상 기도하여야 한다고 하십니다. 우리더러 그의 문간에 엎드려 하나님의 귀에 언제나 우리의 기도의 외침이 들리게 하라고 하시니, 이는 우리로서는 높고 귀한 특권이요, 높으신 하나님으로서는 지극히 몸을 낮추심이라 아니할 수 없습니다. 우리는 걸인들에게 밤낮으로 우리 문간에서 문을 두드리도록 허락할 수가 없을 것입니다. 그런데 하나님은 그렇게 무한히도 선하셔서 우리에게 이런 대담함을 허용하실 뿐 아니라, 그것을 명령하기까지 하십니다. 혹시 특권을 상실한다는 것 때문에는 기도할 마음이 생기지 않더라도, 명령을 어기는 죄를 범할까 하는 두려움 때문에라도 기도할 마음을 갖게 하고자 하심입니다.

둘째. 이처럼 기도에 인내하는 일을 높이 칭찬합니다. 사실 인내는 모든 은혜에게 면류관을 씌워 주고 또한 모든 임무로 하여금 칭찬받게 만들어 줍니다. 하나님이 보시는 것은 우리의 믿음과 소망이 아니라 "우리가 소망의 확신과 자랑을 끝까지 굳게 잡고 있는" 그것입니다(히 3:6). 그리스도께서는 처음 시작할 때에 하나님의 길에서 신속하고도 열정적으로 움직이는 겉모양이 아니라, 경주가 끝날 때까지 영혼이 호흡을 잘 가다듬고 그 정해진 길을 변함없이 가는 것을 칭찬하시는 것입니다: "너희가 내 말에 거하기를 계속하면 참으로 내 제자이며"(요 8:31. 한글개역개정판은 "너희가 내 말에 거하면 참으로 내 제자가 되고"로 번역함 — 역주). 기도에서도 마찬가지입니다. 사람들이 하는 말처럼 프랑스인들이 싸움하듯이, 기도를 시작할 때에 짧게 열정을 다 쏟아내고는 — 마치 우레와 번개처럼 — 첫 간구가 받아들여지지 않으면 금방 사그라지고 심령이 겁먹은 상태로 가라앉는 것은 안 됩니다. 아닙니다. 하나님께서 기도에서 기뻐하시는 것은, 모서리가 쉽게 무디어지는 연한 금속 같은 것이 아니라 모든 어려움과 지연(遲延)을 다 잘라내고 말겠다는 결연한 의지로 굳건해진 그런 열정인 것입니다. 이것을 하나님이 높이 칭찬하십니다. 야곱은 아침이 밝아올 때까지 이 기도의 임무 가운데 하나님과 대면하여, 자기를 축복해 주시기 전에는 그를 가시게 하지 않겠다는 결연한 자세로 임하여 고귀하게 처신하였고, 그리하여 왕의 이름을 얻었던 것입니다.

셋째. 그것이 바로 하나님이 응답을 연기하시고 또한 거부하시는 것처럼 보이게 하시는 의도입니다. 하나님께서 어째서 그의 백성들을 그렇게 대하십니까? 그것은 분명 그들의 은혜들을 시험에 붙이셔서 과연 그들이 몇 번의 거절들에 포기해버리는지 혹은 더욱 용기를 갖고 나아가는지를 보시기 위함입니다. 그는 그들로 하여금 더 크게 외치게 하시려고 잠잠히 계시고, 그들로 하여금 더욱 열심히 그를 찾게 하시기 위해 옆으로 물러나시는 것입니다. 그는 그들을 막다른 골목처럼 보이는 상황에 처하게 하시고, 또한 그들의 기도에도 불구하고 자비가 임하지 않게 하셔서 과연 그들이 거기서 제대로 대처하는지 그들의 용기를 시험하시고자 그들의 기도의 바퀴 앞에다 장애물들을 가져다놓으시는 것입니다. 그런데 하나님께서는 두 가지 목표를 위해 그의 백성들로 하여금 기도에 인내하게 하십니다. 1. 그 자신의 영광. 2. 그들의 유익. 이 둘은 절대로 서로 이반(離叛)되지 않습니다.

1. 그 자신의 영광. 자신이 무시되는 것 같고, 하나님께 버림받는 것 같을 때에 자신의 순전함을 유지하고 하나님을 향한 충성을 견고하게 지속시키는 일보다 하나님을 높이는 더 좋은 기회가 그리스도인의 인생 전체에서 또 어디 있겠습니까? 그의 신실한 종의 믿음과 인내 가운데서 그 자신이 영광을 받으시기 위함이 아니었다면, 하나님께서는 절대로 욥을 그 많은 시련 가운데 있게 하지도 않으셨을 것이고, 또한 그로 하여금 하나님의 섭리의 은혜로운 결말을 위해 그렇게 오랫동안 기도하고 인내하게 하시지 않았을 것입니다. 야고보 사도는 말씀합니다: "너희가 욥의 인내를 들었고 주께서 주신 결말을 보았도다"(5:11). 그의 환난에 대해 그렇게 많이 듣지 않았더라면, 그의 인내에 대해서도 그렇게 많이 들을 수 없었을 것입니다. 하나님이 그의 환난을 더 일찍 끝나게 하셨더라면, 욥은 더 편했겠지만 하나님은 더 영광을 받지 못하셨을 것입니다. 하나님이 기뻐하셨고 또한 그가 친히 높이 영광을 받으신 것으로 여긴 일은 바로 이것이었으니, 곧 사탄이 온갖 방식으로

그를 괴롭혔으나 욥으로 하여금 하나님을 저주하는 데로 떨어지게 하기는커녕 기도를 포기하게 만들지도 못했다는 것이었습니다. 그렇습니다. 하나님께서 광풍으로 그를 찢으시고 그나 그의 기도에 전혀 관심을 두지 않으시는 것처럼 보이는 때에도 그는 기도를 포기하지 않았습니다. 우리는 우리의 기도들이 가장 단거리로 항해할 때가 — 기도가 곧바로 하늘에 상달되고 속히 응답이 올 때가 — 가장 기쁩니다. 그러나 하나님은 그가 우리의 기도에 대해 출항을 금지시켜 놓으셔서 — 이런 말을 할 수 있을지 모르지만 — 하늘로부터 아무런 응답이 오지 않는데도 우리 편에서 더욱 많은 기도를 올려 보낼 때 가장 영광을 받으시는 것입니다. 마치 야곱이 그의 다른 아들이 애굽에 볼모로 잡혀 있을 때에 그를 위해 베냐민을 보낸 것처럼 말입니다. 온갖 실망거리와 방해거리들이 닥치는데도 불쌍한 영혼이 기도의 임무를 포기하지 않고 오히려 하나님이 거부하시는 것 같은 처지에서도 더욱 견고히 하나님을 붙잡을 때, 바로 이것이야말로 하나님께 영광을 돌리는 것입니다. "보지 못하고 믿는 자들은 복되도다"(요 20:29).

2. 하나님은 그의 은혜로운 응답을 주시기 전에 그의 백성으로 하여금 오랫동안 기도에 인내하게 하심으로써 그들의 유익을 의도하십니다.

(1) 그는 대개 그들에게 그들의 인내에 대해 보상해 주십니다. 그들이 오래 기도할수록 베풀어지는 자비가 더 풍성합니다. 인내하는 기도에 대한 응답으로 임하는 그런 자비를 농부가 추수 때에 얻는 소득에 비유하는데, 그 소득은 일 년 동안 쉬지 않고 참고 인내한 것에 대해 풍성하게 보상해 주고도 남습니다. "포기하지 아니하면 때가 이르매 거두리라"(갈 6:9). 어머니가 잠들어 있는 동안에도 아기를 위한 젖이 가슴을 계속 채우는 것입니다. 하나님이 때때로 주무시는 것 같고, 또한 그에게 부르짖는 그의 불쌍한 자녀들을 잊어버리신 것처럼 보이기도 하지만, 그는 그들을 위해 더욱 충만한 자비를 준비하고 계신 것입니다.

(2) 하나님의 사랑을 가장 감미롭게 나타내 주는 그런 자비들은 가장 길고 가장 큰 어려움들을 수반합니다: "여자여 네 믿음이 크도다"(마 15:28). 이 불쌍한 여인은 다른 몇몇 사람들처럼 간구한 것이 곧바로 허락되지 않았습니다만, 그럼에도 불구하고 아무것도 잃은 것이 없습니다. 아이가 회복된 것은 물론 — 이것이 그녀가 바란 모든 것이었습니다 — 그리스도께로부터 직접 그녀의 은혜의 참됨과 훌륭함에 대해 높은 증언을 듣기까지 하였으니 말입니다. 처음에 개처럼 취급받았으나 결국 사랑하는 자녀로 인정받은 것입니다.

(3) 인내하는 기도의 결과로 베풀어지는 자비들이 대개 다른 자비들보다 더 많은 기쁨과 감사로 받게 됩니다. 그 이유 중의 하나는, 오래 간절히 기다리며 기도할 때에 그리스도인의 소원들이 더욱 강렬하고 예리하며, 그러므로 자비가 임할 때에 그것을 더욱 감미롭게 맛보게 되는 것이기 때문입니다. 마치 오랜 여정에서 시장한 상태로 집에 돌아오는 사람이 노동이나 운동 같은 것으로 식욕을 북돋은 일이 전혀 없는 다른 사람보다 훨씬 더 음식을 맛있게 먹게 되는 것처럼 말입니다. 또 한 가지 이유는 그런 자비들이, 오랫동안 응답이 지연된 것 때문에 그리스도인에게 생겨나는 많은 염려와 두려움들을 없애주기 때문입니다. 하나님이 오랫동안 오시지 않으면, 우리는 과연 그가 오실지 안 오실지에 대해 의문을 갖기가 쉽습니다: "주께서 영원히 버리실까? 다시는 은혜를 베풀지 아니하실까? 그의 인자하심은 영원히 끝났는가? 그의 약속하심도 영구히 폐하였는가?"(시 77:7, 8). 이 선한 사람의 마음에 얼마나 많은 안타까운 생각들이 모여들었는지를 보십시오. 물론 그런 생각들에도 불구하고 그의 기도의 마차가 뒤집어지지는 않았으나, 그것들에게 그의 바퀴들이 가로막혀서 그는 무거운 마음으로 마차를 운전할 수밖에 없게 되었습니다. 그런데, 그처럼 구름이 캄캄하게 드리운 상황에서 자비가 터져 나오니, 그것이 큰 영광을 동반하게 되어 그 영혼을 기쁨으로 가득 차게 하고 깊은 감사의 마음을 갖게 만들 수밖에 없는 것입니다. 오랜 평화와 번영을 누린 끝에 위엄이 끝났고 죽음의 쓰라린 고통이 이제 옛 이야기가 되었다고 생각할 때에 갑자기 임하는 심판들이 죄인들에게 가장 당황스러움과 놀라움으로 다가옵니다. 하만의 경우가 그렇습니다. 그는 왕후의 연회에 그렇게 정중하게 초청받은 사실에 한껏 교만해져 있는 상태에서 교수대에 보내졌으니 말입니다. 이처럼 일이 완전히 이상하게 돌아감으로써 그는 두 번 죽은 셈이었습니다. 이와 마찬가지로 오랫동안 기도하였으나 응답이 오고 있다는 소식을 전혀 듣지 못하던 성도에게 갑자기 임하는 자비들은 그를 깜짝 놀라게 만드는 법입니다. 오오, 그로 인하여 그의 마음이 얼마나 기쁨과 감사로 가득 차겠습니까! 교회는 옥에 갇힌 베드로를 위해 "쉬지 않고" 기도했었습니다. 그러나 베드로는 여전히 감옥에 있었고, 심지어 헤롯이 그를 데려가려 했을 — 아마도 사형 집행을 위하여 — 그 시각까지도 여전히 아무런 변화가 없었습니다. 그런데 베드로가 친히 와서 그들의 기도가 상달되었다는 기쁜 소식을 전하였을 때 — 그때에 그들은 계속 기도하고 있었습니다 — 그들이 베드로를 보고 깜짝 놀랐다고 말씀하는 것을 봅니다(행 12:16).

(4) 그 자비들이 대개 더 거룩하게 사용되고 선용됩니다. 하나님이 그의 백성을 자비를 위한 수많은 기도에 오랫동안 붙잡아놓으시는 것이 바로 이 목적을 위한 것이니, 곧 그들의 마음을 준비키시고 훈련시켜서 후에 자비를 얻을 때에 그들이 하나님의 영광과 그들 자신의 유익을 위해 그것을 어떻게 사용해야 할지를 더 잘 알 수 있게 하기 위함입니다. 재산을 모으느라 극한 고통을 겪은 사람들보다 그 큰 재산을 더 조심스럽게 관리하는 사람은 없습니다. 한나는 아들을 달라고 오랫동안 기도했으나 응답을 얻지 못했고, 그러자 그녀는 기도에 한 가지 서원을 덧붙입니다: "만일 주의 여종의 고통을 돌보시고 나를 기억하사 주의 여종을 잊지 아니하시고 주의 여종에게 아들을 주시면 내가 그의 평생에 그를 여호와께 드리고 삭도를 그의 머리에 대지 아니하겠나이다"(삼상 1:11). 이 선한 여인이 자기 소원을 더 일찍 이루었더라도 복된 일이었을 것입니다. 그러나 일찍 응답을 받았더라면, 어쩌면 아들을 절대로 다시 하나님께 돌려드리지 않았을지도 모릅니다. 때로 주께서는 우리에게 자비를 베풀지 않기도 하십니다만, 이는 오직 그것을 얻을 때에 하나님을 위해 그것을 내어놓도록 우리를 더 깊은 충성에로 이끄시기 위함입니다.

(5) 기도에 인내함으로써 그리스도인들에게 오는 마지막 유익은 그 자비가 결국 거절될 때 얻게 됩니다. 그 유익이란 바로 이것입니다. 곧 그런 거절을 다른 사람보다 더 온유하고 더 거룩하게 견딜 수 있는 능력과 기질을 갖게 해준다는 것입니다. 심령이 조급하여 하나님이 자비를 주시기까지 기다리지 못하는 자는 그 자비가 거절될 때에는 그에게 쉽게 굴복하지 못할 것입니다. 반면에 자비를 위해 기도의 영으로 계속 깨어 있는 자는 하나님께서 그가 간구하는 그것을 취하여 가실 때에도 그것을 그대로 받아들이며, 하나님께서 그 문제에서 그의 뜻을 충만히 선언하셨음을 인정하는 것입니다. 다윗과 욥이 이 점에 대해 아주 적절한 실례를 보여 줍니다. 욥은 그 자녀들을 위해 기도하지 않고서는 하루를 넘기는 법이 없었습니다. 그런데 그 아들들이 죽임당하자 그가 어떻게 처신합니까? 분노하고 원망합니까? 그들을 위해 그렇게도 많은 희생제물을 드렸었는데도 오히려 그들을 희생제물로 삼으셨다고 하나님을 저주합니까? 아닙니다. 그는 하나님의 거룩한 뜻에 온유하게 굴복합니다. 입을 열어 하나님을 대적하지 않고 오히려 그를 찬송합니다. 다윗도 마찬가지입니다. 그는 아들이 죽자 — 그 아들이 살아 있을 때에 그는 그를 위해 쉬지 않고 열정적으로 기도했습니다만 — 얼굴을 씻고 애통하는 의복을 벗고 하나님의 집으로 나아가 예배함으로써 자신이 그런 하나님의 섭리에 얼마나 만족

하고 있는지를 보여주었습니다(삼하 12:20). 기도는 그야말로 마음을 안돈시켜 주는 놀라운 것입니다. 성도가 다른 것들에게 매여 있는 처지에서 하나님이 자기들의 뜻에 어긋나게 행하실 때에 속에서부터 병적인 울분이 터져 나오는데, 기도가 바로 그런 격정들을 밖으로 토해 버리게 해주는 것입니다.

[기도에 인내하는 임무에 더욱 정진하게 해주는 몇 가지 고려 사항들]

셋째. 어째서 기도에 인내해야 하는지를 살펴보았으니, 이제 세 번째로 그 임무를 위하여 마음을 쏟게 해주는 몇 가지 고려 사항들을 말씀드리겠습니다. 그리스도께서는 바로 "항상 기도하고 낙망하지 말아야 할 것"(눅 18:1)을 보여주시려는 목적을 위해 제자들에게 한 가지 비유를 베푸셨습니다. 그러니 그 문제는 권면할 만한 가치가 있는 것이 분명합니다. 자, 그 권면에 힘을 실어주기 위해서 다음 다섯 가지 구체적인 사항들을 고려 사항으로 취하시기 바랍니다.

첫째 고려 사항. 기도에 인내하는 것이 그 목적을 이룬다는 것입니다. 이 점은 우리 주님께서 이 문제에 대한 비유에서 하신 질문에서 아주 강력하게 표현되고 있습니다: "하물며 하나님께서 그 밤낮 부르짖는 택하신 자들의 원한을 풀어 주지 아니하시겠느냐 그들에게 오래 참으시겠느냐?"(눅 18:7). 주님의 말씀은 마치 이런 뜻과도 같습니다: "그에게 그렇게도 가깝고 귀한 택한 자들이, 그것도 그에게 응답을 바라며 그렇게 오랫동안 기다림으로 그들의 믿음과 인내의 증거를 온전히 드러내 보였는데도, 하나님이 그들의 청을 거절하신다는 것을 생각할 수 있겠느냐?" 그는, "내가 너희에게 이르노니 속히 그 원한을 풀어 주시리라"라고 말씀하십니다(8절). 장사하는 사람들은 혹시 다른 사람들은 그냥 돌려보내더라도 자기 상점에 늘 찾아오는 오래된 단골손님들을 기쁘게 해주려 하는 법입니다. 이처럼 하나님께서도 은혜의 보좌 앞에서 그와 끊임없이 교감하는 자들을 기쁘게 해주실 것입니다. "주를 바라는 자들은 수치를 당하지 아니하리라"(시 25:3). 다윗은 우리를 격려하기 위해 그가 하나님의 집 문 앞에서 오랫동안 기다린 후에 하나님께서 얼마나 값지게 응답하셨는지를 조심스럽게 알려 줍니다: "내가 여호와를 기다리고 기다렸더니 귀를 기울이사 나의 부르짖음을 들으셨도다"(시 40:1). "기다리고 기다렸더니"라고 말씀합니다. 즉, 오랫동안 기다린 끝에 마침내 그가 오셨다는 뜻입니다.

그러나 다윗은 하나님의 총애를 받는 사람이었습니다. 과연 다른 사람들도 그처럼 하나님이 응답하시기를 기다려도 될까요? 3절을 보십시오: "많은 사람이 보고 … 여호와를 의지하리로다." 기도의 응답은 언약의 특권 중의 하나입니다. 그것은 한두 사람에게 주어져 있는 독점권이 아니고, 세상 끝날까지 성도의 무리 전체에게 허락된 헌장인 것입니다: "여호와께서 빈궁한 자의 기도를 돌아보시며 그들의 기도를 멸시하지 아니하셨도다"(시 102:17). 자, 그 다음에 이어지는 말씀을 주목하십시오: "이 일이 장래 세대를 위하여 기록되리니"(18절).

둘째 고려 사항. 여러분이 기도에 인내한다는 사실이 은혜 안에 있는 여러분의 영적 상태를 증명하는 데에 도움을 줄 것입니다. 외식자는 흔히 여기서 제외됩니다. 과연 그가 항상 기도하겠습니까(욥 27:10)? 기술자의 기술을 업(業)으로 삼을 생각이 없고 그저 도제로 지내는 것으로 만족할 생각인 사람들은 그 기술자의 작업실에 와서 도구들을 들고 한동안 일을 하다가는 다시 내려놓고 돌아가 버릴 것입니다. 이처럼 건전하지 못한 마음도 이따금씩 이 기도의 임무와 씨름할 것입니다만 결국에는 그 일에 지쳐 버립니다. 특히 응답을 위해서 오래 기다려야 할 상황이 되면 더욱 그렇습니다. 사울은 하나님께 기도합니다만, 하나님의 응답을 듣지 못하자 결국 마귀를 찾으러 갑니다. 하나님의 침묵, 이맛살 찌푸리심, 그리고 거부처럼 보이는 것 등이 여러분의 마음에 어떤 효과를 내는지를 관찰하십시오. 그러면 그것으로 여러분의 영의 상태를 알 수 있을 것입니다. 그것들이 여러분의 기도의 모서리를 닳게 만듭니까, 아니면 더 예리하게 만듭니까? 그것들이 여러분으로 하여금 포기하게 하며, 또한 마치 걸인들이 우리 문간에서 끈질기게 구걸하다가 원하던 것을 거절당할 때에 하듯이, 불편한 마음으로 입에서 온갖 불평들을 늘어놓으며 다시는 구하지 않겠다고 결심하고 하나님의 문간에서 도망하게 만듭니까? 아니면 그것들이 더욱 용기를 갖고 엎드리게 만들며 또한 하나님께 더욱 간절한 마음을 갖게 만들어 더욱 열정적으로 이 임무에 임하게 만듭니까? 마치 구애하는 자가 푸대접을 받고 장애물을 만나고 반대를 받을수록 더욱더 열정적인 사랑으로 구애하듯이 말입니다. 정말이지 만일 여러분이 후자의 경우임을 깨닫는다면, 이렇게 결론지어도 무방할 것입니다. 곧, 만일 이 끊임없이 끈기로 기도하는 것이 영적인 복을 — 그리스도와 그의 거룩하게 하는 은혜들을 — 위한 것이라면, 그 하나님의 덕성이, 또한 그 선한 은혜의 보고(寶庫)가 그리스도께로부터 여러분의 영혼에게로 이미 가 있는 것이라고 말입니다. "여자여 네 믿음이 크도다!"

셋째 고려 사항. 기도에 낙망하는 것은 크나큰 어리석음이라는 것을 생각하십시오. 이는 어리석고 불합리한 행동입니다. 어쩌면 여러분이 버려진 상황에서 위로를 위해 기도하나 응답이 없을지도 모르고, 이런저런 바깥의 유혹이나 속의 부패에 대해 승리하기를 위해 기도하나 그렇게 기도하는데도 불구하고 두 가지 모두 실패하였고, 그리하여 결국 기도를 포기해 버릴지도 모릅니다. 하지만 이 얼마나 터무니없는 어리석음인지 모릅니다! 자비가 속히 오지 않는다고 그 자비로부터 도망하겠습니까? 기도를 그만두는 것이 바로 그렇게 하는 것입니다! 어부는 물고기를 놓쳤다고 해서 고기잡이를 포기하지는 않습니다. 그물을 수리하고 다시 물고기를 잡으러 가겠지요. 오오 여러분, 기도를 포기하지 말고, 여러분의 기도를 수정하십시오! 어떤 구멍에서 물고기가 빠져나갔는지 — 어디서 자비를 잃었는지 — 를 보십시오. 부지런함을 배가시키십시오. 그러면 결국 모든 것이 잘 될 것입니다. 붕대를 감고 있는데도 통증이 계속된다면, 붕대를 벗어 버리면 통증이 멈출 것이라고 생각합니까? 여러분이 얻기를 바라는 자비가 무엇이든 간에, 그것이 반드시 하나님의 손에서 와야 하는 것 아닙니까? 그런데 그 자비를 얻는 일에 관하여 하나님이 주신 권고를 거부한다면, 그런 여러분에게 과연 그가 자비를 베푸시겠습니까? 하나님께서 그의 모든 백성들더러 취하라고 지시하신 그 길이 바로 기도요, 그것도 "모든 인내로" 하는 기도가 아닙니까? 가령 어떤 의사가 어떤 환자를 치료하기 위해 갈 때에 사환에게 약봉지를 주어 먼저 보내면서 말하기를, "내가 얼마 후에 갈 것이니 네가 먼저 가서, 환자더러 내가 갈 때까지 매일 통증을 느낄 때마다 이 약을 자주 먹고 있으면 차도가 있을 것이라고 전해 주어라"라고 했다고 합시다. 그 환자는 의사의 지시를 따르기 시작합니다만, 의사가 자기가 예상한 것보다 더 늦어지고, 또 약을 먹는데도 통증이 계속 가시지 않는 것을 보고는 약을 먹기를 포기해 버립니다. 드디어 의사가 길을 떠나 환자에게로 향하는 중에 그 이야기를 듣고는 그에게로 가지 않고 다시 돌아갔고, 그리하여 그 불쌍한 환자는 결국 자기 자신의 어리석은 조급함 때문에 죽고 맙니다. 여러분, 우리의 경우가 바로 이렇습니다. 하나님은 그 혼자만 아시는 정당한 이유들로 인해서, 시험받고 괴로움 당하는 그의 종들에게 속히 임하셔서 구해 주시지 않고, 누구든지 무슨 일로 고통을 당할 때마다 기도하며 이 기도의 임무를 자신에게 적용하라는 명령을 남기셨습니다. '카코파테이'라는 단어(약 5:13)가 이를 뜻합니다. 그렇습니다. 그가 오시기까지 그것을 신령하게 끊임없이 사용하라는 것입니다. 그러면서 그가 곧 오셔서 우리를 구원해 주실 것을 확신시켜 주십니다. 그렇다면, 그렇게 철저하게 지시하신 그 수단을 던져 버리는 것이 얼마나 어리석은 짓이겠습니까? 과연 그렇습니다. 다른 잘못이 없다 해도 이것만으로도 하나님이 우리의 선을 위해 자비를 베푸시고자 오시다가 되돌아가실 충분한 이유가 되는 것입니다.

넷째 고려 사항. 이 임무를 포기하는 것은 어리석을 뿐 아니라 그만큼 죄악된 것이라는 것을 생각하십시오. "참으로 네가 하나님 경외하는 일을 그만두어 하나님 앞에 기도하기를 그치게 하는구나"(욥 15:4. 한글개역개정판은 "기도"를 "묵도"로 번역함 — 역주). 왕을 위해 한 성(城)을 파수할 책임을 위임받은 사람이 비겁하게도 원수의 손에 그 성을 넘겨 준다면 이것은 크나큰 대역죄일 것이고, 특히 왕이 그에게 성을 파수할 모든 재원을 다 공급해 주었다면 더더욱 그 죄가 클 것입니다. 자, 여러분, 온갖 사람들과 마귀들과, 환난과 유혹을 상대로 싸우는 이 임무를 지속할 수 있도록 하나님께서 그리스도인에게 충족히 공급해 주시지 않았습니까? 왕들은 다른 성들보다도 접경 지역의 성들에게 방어에 필요한 모든 것들을 조심스럽게 배치하고 공급합니다. 왜냐하면 그 성들이 가장 공격을 많이 받기 때문입니다. 기도는 다른 어떤 임무에 못지않게 사탄의 공격을 많이 받는 임무입니다. 그러므로 그리스도인이 끊임없이 열정적으로 임하기가 쉽지 않도록 만드는 갖가지 다른 어려움들이 많습니다. 하나님은 이 점을 고려하시고, 그에 따라 구원을 베푸셨습니다. 곧, 그의 성령을 주사 그리스도인이 — 그 자신의 온갖 연약함 때문에 — 무엇을 어떻게 기도할지를 도와주십니다. 그러므로 만일 그를 신실하게 사용한다면 성령께서 기도의 일에서 그를 도와 일으키기에 모자람이 없을 것입니다. 그리고 성령이 그리스도인의 속에서 기도할 준비를 갖추고 계실 때에 그리스도께서도 이에 못지않게 하늘에서 그리스도인을 위해 기도하실 준비를 갖추고 계십니다. 그는 또한 복음의 고귀한 약속을 — 포위된 마을에 사자들을 보내듯이 — 보내사, 그리스도인으로 하여금 아무리 환난이나 시험이 크고 막강하다 할지라도 하늘로부터 구원이 임하고 있다는 확신을 갖게 하시는 것입니다. 그런데도 낙심하여 그 임무를 포기해 버리고, 영혼의 성문을 사탄을 위해 열어 주어 그가 들어와 온갖 모욕과 신성모독의 언행들로 더럽히게 만든다니 — 오오, 여러분, 가슴속에 하나님을 향한 충성의 불씨가 꺼지지 않고 조금이라도 남아 있는 은혜를 아는 영혼이라면 과연 이런 배역한 행위를 생각할 때에 떨지 않을 자가 누구겠습니까! 기도는 던져 버릴 수 없습니다. 오히려 하나님에 대한 모종의 불경한 생각을 던져 버려야 합니다. 누군가가 옳게 말한 것처럼, 피조물에게 있는 진짜 결점은 모두가 그가 하나님에게 있다고 그릇되게 생각하는 그 상상 속의 결점으로부터 나오는 것입니다. 사람들이 먼저 하나님에 대해 무가치한 생각을 품고, 그 다음에 그를 향하여 무가치하고도 불성실하게 처신하는 것입니다. 이처럼 기도에 낙심하게 되는 원인들은, 조금씩 드러나지만, 모두가 악하고 쓰디쓴 것입니다.

다섯째 고려 사항. 낙망하여 기도를 중지하는 것은 어리석고 악할 뿐 아니라 그만큼 우리 자신에게 위험한 결과를 초래합니다.

1. 이는 무언가 쓰라리고 아픈 환난을 우리에게 가져오는 확실한 길입니다. 이것은 오히려 나타날 수 있는 결과 중에서 가장 나은 것입니다. 여러분이 하나님의 종인데, 그의 얼굴을 피하여 도망한다구요? 여러분이 학생인데, 무단결석하는 짓을 하겠다구요? 여러분의 하늘 아버지께서 등에 회초리를 때려서 여러분을 학교로 보내실 것입니다.

2. 기도를 중지해 보십시오. 그러면 죄를 짓기 시작하게 됩니다. 죄는 자비를 얻는 수단이며, 동시에 죄를 방지하는 수단이기도 합니다. "시험에 들지 않게 깨어 기도하라"(마 26:41). 방의 등불이 다 꺼지고 온 식구가 잠자리에 들었을 때에 도둑이 오는 법입니다. 그리스도께서는 제자들이 기도하며 깨어 있게 하지 못하셨습니다. 그런데 시험하는 자가 오자 그들이 얼마나 속히 패주하고 마는지요! 신하가 불만을 갖고 물러가서 궁궐의 임무를 포기해 버리면, 그는 자기 왕을 향하여 불충한 죄를 지어 그것으로 해를 받게 되기 십상입니다. 불만이 마음을 약화시켜 시험하는 자에게서 죄악된 인상들을 받아들이게 되는 것입니다: "참으로 네가 하나님 경외하는 일을 그만두어 하나님 앞에 기도하기를 그치게 하는구나"(욥 15:4). 물론 적용은 잘못되었지만, 엘리바스의 진술 자체는 참이었습니다. 하나님께 기도하기를 그만두자 사울은 무당을 찾아갔습니다. 작위(作爲)로 범하는 죄들(sins of commission)은 하나님께서 무작위(無作爲)로 범하는 죄들(sins of omission)에 대하여 사람들에게 부과하시는 형벌입니다. 어떤 임무를 그만두는 자는 어떤 범죄를 범하도록 내버려 둠을 당할까를 두려워해야 합니다. 진리로부터 귀를 돌리는 자는 허탄한 이야기를 따르는 길로 직행하게 되는 것입니다(딤후 4:4). 기도를 그만두는 자가 얼마 지나지 않아서 무언가 추한 죄에 빠지지 않는다면 이는 이상한 일입니다.

[기도에 인내하도록 연약한 그리스도인을 돕기 위한 권면과 지침]

넷째. 이 문제에서 연약한 그리스도인을 도울 수 있는 권면과 지침을 드림으로 말씀을 마무리하겠습니다. 제 생각에는 사람이 이 임무에서 떨어져나가거나 낙심하는 몇 가지 원인들을 여러분에게 제시하는 것이 가장 좋을 듯합니다. 그렇게 하면 그에 따라 지침들도 제시해드릴 수 있을 것입니다. 모든 질병들이 다 똑같은 약으로 치료되는 것이 아니며, 공통적인 치료법들도 이상 증상을 나타내는 구체적인 질병에 해당되는 치료법만큼 효과가 없는 법입니다. 그런데 기도에 인내하지 않게 되는 원인들은 다양합니다.

첫째. 때로는 그 임무에 끊임없이 매어 달리도록 만드는 항구적이고 지속적인 동기나 원리의 결핍이 원인입니다. 용수철이 느슨해지면 시계가 멈출 수밖에 없습니다. 그 톱니바퀴들이 제대로 움직이게 해주는 장치가 고장 났기 때문입니다. 사람으로 하여금 기도하게 만드는 것이 명령에 대한 순결한 순종이 아니라 무언가 특정한 자비를 얻고자 하는 소원일 경우도 있습니다만, 이때에 그 원하던 자비가 얻어져 물고기가 잡히면 그물을 걷어 버리게 됩니다. 아니면 오래 기도했는데도 그 자비를 얻지 못했을 때에 기도하기에 지쳐서 포기해 버리기도 합니다. 그리스도인 여러분, 그러므로 순종함으로 기도하기를 명심하십시오. 그 임무를 여러분의 양심에 묶어 놓으십시오. 그러면 쉽게 그것을 떨어 버리지 못할 것입니다. 사무엘은 이렇게 말씀합니다: "나는 너희를 위하여 기도하기를 쉬는 죄를 여호와 앞에 결단코 범하지 아니하고"(삼상 12:23). 그는 자신이 기도한 것들에게서는 기도를 계속할 수 있을 만큼 격려를 받은 것이 거의 없었습니다. 그러나 그가 기도로 아뢰온 그의 하나님께 순종하고자 하는 마음이 그를 붙들어 그 일을 계속하게 했던 것입니다. 이것이야말로 마음을 지켜 주는 강력한 울타리입니다. 이 울타리를 넘으려면 우리 옆구리에 가시로 찔리는 아픔을 느끼지 않을 수가 없을 것입니다. 은혜 안에 있는 영혼에게는 죄책보다 더 끔찍한 것이 없습니다. 그에게 기도를 그만두는 것이 죄라고 이야기해 주기만 하면 그것으로 족합니다. 하나님이 나의 기도에 응답하시지 않더라도, 그가 나의 기도에 침묵하시는 것 때문에 내가 기도하지 않고 침묵하게 되어서는 안 됩니다. 기도는 또한 임무이기도 합니다. 하나님은 우리가 기도할 때에 즉시 응답하셔야 할 책임이 있으신 것이 아닙니다만, 그가 응답하시지 않더라도 우리는 기도할 책임이 있는 것입니다. 교회는 이렇게 고백합니다: "이 모든 일이 우리에게 임하였으나 우리가 주를 잊지 아니하며 주의 언약을 어기지 아니하였나이다"(시 44:17). 그리스도인 여러분, 기억하십시오. 여러분은 언약을 맺은 종이고, 그런 종으로서 여러분이 맡은 임무 중 하나가 바로 여러분의 하나님께 쉬지 않고 기도하는 것입니다(살전 5:17). 바로 이것이 여러분을 보호하여, 시험하는 자가 전혀 다른 길을 제시하더라도 그것을 따르지 않게 해줄 것입니다. 걸인이 부자의 집 문간에서 한동안 문을 두드립니다만, 아무런 소득이 없으면 떠나 버립니다. 그러나 그 집의 종은 혹시 배가 고파도 곧바로 주인에게서 떠나 버리지 않습니다. 왜냐하면 자기가 원하는 대로 속히 저녁식사를 하게 되어 있는 것이 아니기 때문입니다.

둘째. 때로는 이처럼 기도에 인내하지 않는 것이 **교만에서 비롯되기도** 합니다. "이 재앙이 여호와께로부터 나왔으니 어찌 더 여호와를 기다리리요?"(왕하 6:33). 이 얼마나 교만한 심령입니까! 교만은 시중 받기(to be waited on)를 좋아할지언정 기다리는 것(to wait)은 좋아하지 않습니다. 복음서에 나오는 사람은 구걸하기를 부끄러워했고, 남의 집 문 앞에 서서 구걸하는 일은 더더욱 부끄러워했습니다. 물론 성도는 다른 사람들보다 이 질병에 잘 걸리지 않습니다만, 그래도 날마다 제거해내고 씻어내지 않으면 그의 심령을 병들게 하기에 족할 만큼 그 질병의 찌꺼기들이 그의 속에 남아 있는 것입니다. 그러므로, 영혼을 겸손하게 해주는 몇 가지 사항들을 여러분의 손에 남겨두는 것도 부적절한 일은 아닐 것입니다. 특히 이 교만의 죄가 투덜거리게 만드는 것을 여러분 자신에게서 느끼고, 또한 여러분이 그렇게 오랫동안 기도해 온 모종의 자비를 하나님이 베풀어 주지 않으시는 것 때문에 여러분의 마음에 불만이 생기기 시작할 때에는 이것들을 자주 살펴보는 것이 좋을 것입니다.

1. **기도한다는 것이 무엇인지를** 생각하십시오. 기도는 동냥을 위해 구걸하러 가는 것이지, 빚을 요구하러 가는 것이 아닙니다. 그런데 여러분이 그렇게 비천한 처지에 있고 또 그런 구차한 일을 하려 하는데, 여러분의 하나님을 대하여 그 일을 그렇게 급하고 짧게 해치우는 것이 과연 여러분에게 합당하겠습니까? 하나님께 은혜를 입지 않고도 살 수 있다면, 애초에 무엇 때문에 그의 문 앞에 나아간단 말입니까? 하나님의 은혜가 없이는 살 수 없는 형편이라면, 어째서 그를 기쁘게 하기 위해 더 참고 인내하며 기다리지 않는단 말입니까? 곧바로 응답이 오지 않는다 해

도 그가 거기서 기다리고 계신다는 사실만으로도 감사해야 마땅한데, 어째서 그렇게 하지 않는단 말입니까?

2. 여러분의 기도를 들으시는 분이 누구신지를 생각하십시오. 그가 위대하고 영광된 천지의 주재가 아니십니까? 이 한 가지만으로도 그는 비천한 피조물들에게서 섬김을 받으셔야 마땅한 분이 아니십니까? 모르드개는 그가 기다리던 소식을 얻기까지 얼마나 오래 왕의 문간에 앉아 있었습니까? 종으로서는 주인의 저녁 식탁에서 시중을 든 이후에 저녁 식사를 하는 것이 족하지 않습니까? 주인이 식탁에 너무 오래 앉아 있고 너무 많은 것을 시중들도록 요구한다고 종이 불평한다면, 이는 도저히 용납할 수 없는 뻔뻔스런 짓이 아니겠습니까? 자비를 얻기 위해 하나님의 시간이 오기까지 너무 오래 기다린다고 불평할 때에, 우리 마음속에 품는 언어가 바로 이런 것입니다. 그가 의로우시고 거룩하신 하나님이 아니십니까? 여러분이 바라는 자비란 나중에 받게 될 때라도 여러분이 받을 자격이 도무지 없는 것인데, 그것을 위해서 여러분으로 하여금 그것을 위해 기도하게 하시고, 그것도 그렇게 오래 기도하게 하신다 해도, 하나님은 여러분에게 전혀 잘못하시는 것이 아닙니다. 그가 여러분보다 지혜로우시지 않습니까? 그러니 그의 자비들을 베푸실 합당한 때가 언제인지를 잘 아시지 않겠습니까? "너 때문에 땅이 버림을 받겠느냐? 바위가 그 자리에서 옮겨지겠느냐?"(욥 18:4). 여러분의 조급한 마음을 만족시켜 주기 위해, 과연 하나님이 그가 보시기에 합당한 그의 섭리의 과정을 뒤집으시기를 바랍니까? 과연 이것은 하나님이 그의 경영하심에 무언가 오류가 있다는 식으로 어리석게 하나님을 탓하는 것입니다. 여러분이 원하는 것처럼 그렇게 속히 임하셔서 여러분을 구하지 않으신다고 해도, 그는 신실한 하나님이 아니십니까? 그가 과연 그의 약속들이 이루어질 날짜를 지정할 권리를 대체 어디서 여러분에게 주셨단 말입니까? 아닙니다. 그는 그의 자녀들의 기도에 응답하겠다고 약속하시지만, 그의 약속들을 이루시는 때는 감추어 두셨습니다. 그 자녀들로 하여금 계속해서 기다리는 자세를 취하도록 하기 위하여 그렇게 하십니다. 그러므로 자비가 더디 온다고 해도 그가 약속을 어기는 것이 아니요, 오히려 여러분의 편에서 기다려야 할 임무를 잊고 있는 것입니다. 하나님은 불성실한 분이 아니시지만, 여러분은 불성실하고 믿음이 없는 것입니다.

3. 여러분 외에 다른 성도들도 응답을 받기 전에 여러분만큼 선하게 기도했고, 또한 여러분만큼 오랫동안 기도하지 않았습니까? 그런데도 그들은 여러분처럼 그렇게

처신하지 않지 않았습니까? 하나님께 구하는 수많은 사람들을 자세히 살펴보십시오. 그러면 하나님께서 여러분만큼 그들에게도 인내를 발휘하게 하셨다는 것을 알게 될 것입니다. 여러분이 다른 많은 형제들이 한 것보다 더 오래 하나님의 문간에 서 있었습니까? 욥과 다윗과 헤만을 기억해 보십시오. 그들이 얼마나 많은 난관을 겪었으며, 슬픈 소식도 얼마나 많이 들었습니까! 날이 밝아 하나님의 섭리가 모든 것을 정리해 주기까지 그들은 온갖 비참한 환난들을 다 견뎠습니다. 이 수많은 사람들이 환난의 깊은 수렁을 통과하며 수많은 힘겨운 발걸음을 옮긴 후에야 비로소 쉬운 길로 나올 수 있었는데, 과연 하나님께서 여러분을 위해 둑을 높여주셔서 발이 젖지 않고 건게 해주셔야 한단 말입니까? 하나님께서 이스라엘을 멀리 인도하시고, 애굽에서 가나안까지 사십 년의 여정을 밟게 하셨는데, 그 때에 그들 중 누군가가 하나님께서 다른 형제들보다 훨씬 짧은 길로 인도해 주시기를 바랐다면 이는 그야말로 크나큰 교만이었을 것입니다. 다윗은 동료 성도보다 더 나은 하나님의 손길을 바라지 않았습니다: "주의 이름을 사랑하는 자들에게 베푸시던 대로 내게 돌이키사 내게 은혜를 베푸소서"(시 119:132). 모든 모범을 뛰어넘는 모범이신 그리스도께서도 친히, 심지어 하늘에서까지, 그의 기도들의 응답을 그렇게 오랫동안 기다리시지 않습니까? 그는 하늘에서 이미 천 년 이상을 그의 교회를 위해, 또한 그의 원수들을 대적하여, 기도해 오고 계십니다. 그런데도 아직 그가 바라시는 것을 충만히 받지 못하셨습니다. 그런데도 그는 한 사람은 구원받고 또 다른 사람은 그의 발등상이 되기까지 여전히 기다리고 계십니다. 여러분이 누구기에 여러분 자신을 그렇게 높이 바라보며, 하나님이 여러분을 위해 대기하고 계시기를 바라고, 또한 여러분 혼자 지불할 돈을 다 갖고 있는 것처럼 그와 시간을 거래하려 한단 말입니까?

4. 여러분은 하나님으로 하여금 한 번도 기다리시게 하지 않고 그의 구애에 속히 응답했는지를 생각하십시오. 그가 자기 유익을 위해서가 아니라 여러분의 유익을 위해 자기를 사랑하라고 청하신 것인데도 과연 여러분은 어떻게 했습니까? 하나님께서는 여러분이 육신적인 상태에 있을 때에 마침내 여러분에게 은혜를 베푸시기 위해 그렇게 여러분을 기다리셨는데, 여러분은 지금 기도하는 일을 싫어하면서 그에게 시중들 것이 너무 많다고 생각합니까?

셋째. 기도에 인내하지 않는 것이 불신앙에서 비롯되는 경우가 많습니다. 사람이 기도하는데, 하나님이 침묵하시고, 응답이 전혀 오지 않습니다. 그런데 사탄은 이

때야말로 그 사람에게 악을 행할 때라고 생각합니다. 그리하여 하나님께 자비를 기대할 것이 아니라고 그 사람을 회유하고자 애씁니다. 그 시험하는 자는 이렇게 이야기합니다: "하나님이 정말 오려고 하셨으면 벌써 오셨을 것이다. 그렇게 많은 날과 여러 달이 지났는데도 그가 오고 계신다는 소식이 전혀 없다. 그렇게 오래 기다렸는데, 결국 실망을 만나게 된 것이다. 포기해라. 그리고 무언가 다른 길을 찾아보아라." 그는 우리 주님에게도 이런 식으로 대하였습니다. 사십일 동안 싸움터에 원수가 아무도 나타나지 않았는데, 드디어 그가 나타납니다. 이것은 성도들을 대하는 그의 방식이기도 합니다. 그는 오랫동안 임무를 다하는 동안 마음이 여려져서 안일에 빠져 있고, 그들의 무장이 느슨해져 있다고 생각될 때까지 그들을 혼자 내버려 둡니다. 그리고는 갑자기 그들에게 나타나서 하나님의 능력과 자비와 진실하심에 대해 많은 두려움과 의심의 생각을 품게 만들기 시작하여 그들로 하여금 하나님을 기다리는 데에서 발을 빼게 만듭니다. 그러면 불쌍한 그리스도인은 결국 기로에 서게 되고, 기도를 해야 할지 말아야 할지 모르는 처지가 되는 것입니다. 혹시 그 임무를 계속한다 하더라도 마음이 없이 하게 되고, 무기력하게 일종의 절망감으로 기도하게 됩니다. 마치 저 가난한 과부가 이제 먹고 죽으리라는 생각으로 손에 남은 마지막 양식으로 음식을 만드는 것처럼 말입니다. 그런 심정으로 기도합니다. 그러나 죽음과 비참밖에는 바라보는 것이 아무것도 없습니다. 기도를 하는 중에도 하나님께로부터 아무런 선한 것도 기대하지 않으니, 오오, 이것이야말로 슬픈 기도가 아닐 수 없습니다. 불신앙은 영혼을 쇠약하게 하는 죄입니다. 그것은 마치 좀이 실들을 뜯어내고 잘라내고 구멍을 내어 의복을 못쓰게 만드는 것처럼 기도를 못쓰게 만듭니다. 영혼의 힘을 소진하게 하여 소망을 갖고 하나님을 바라보지 못하게 만드는 것입니다. "이는 그들이 다 우리를 두렵게 하고자 하여 말하기를 그들의 손이 피곤하여 역사를 중지하고 이루지 못하리라 함이라" (느 6:9). 그러므로 사탄을 대적하고, 믿음에 견고하게 서십시오. 마음으로 하나님의 능력과 자비 혹은 진실하심을 의심하게 되어서는 절대로 안 됩니다. 그것은 하나님이 하나님이기를 그만두실 수 있느냐고 묻는 것과 마찬가지입니다. 하나님의 이런 속성들이 여러분의 믿음에 마치 모세가 서 있도록 아론과 훌이 그 밑에 받쳐 놓은 돌처럼 되어야 합니다. 그 속성들이 여러분의 심령을 지탱시켜서, 혹시 하나님이 "해 지기까지" 여러분으로 하여금 기다리게 하신다 할지라도 여러분이 기도의 임무 중에 기진하거나 지치지 않도록 해줄 것입니다. 오오, 이처럼 기다리는 자세를 하나님이 얼마나 기뻐하시는지요! 그런 영혼은 절대로 부끄러움을 당하지 않을 것입니다. 마리아는 무덤가에 머무르며 주님을 사모했습니다만, 결국 그를 만나는 복을 누렸습니다. 누군가 그 본문에 대해 이렇게 말했습니다: "오직 믿음으로 그리스도를 구합시다. 그러면 당장에는 그를 보지 못하더라도 결국 그가 우리와 함께 하실 것입니다."

넷째. 어떤 이들은 하나님이 아닌 다른 누군가에게서 도움을 기대하고 그를 바라보기 때문에 기도에 인내하지 않습니다. 자기 활에 다른 줄이 있다고 생각하는 자가 기도를 포기하는 것이 전혀 이상한 일이 아닙니다. 육신적인 마음도 피할 길을 위해 기도하지만, 그의 머릿속에는 현재 처하여 있는 난관을 스스로 극복할 다른 궁리들이 있고, 그리하여 하나님보다는 그것에 더 많은 무게를 두고 그것에 신경을 씁니다. 그러니 결국 기도를 그만두어 버리고 자기 스스로 문제를 해결하려 하게 되는 것입니다. 그러나 모든 것을 하나님께로부터 바라며, 하나님께 아뢰어 그의 도우심을 받는 것 이외에는 다른 방도를 전혀 보지 않는 자는 그리스도께 — 그가 제자들에게 다른 사람들처럼 자기를 떠나려 하느냐고 물으실 때에 — 베드로가 대답한 말씀처럼 이렇게 말씀드릴 것입니다: "주여 영생의 말씀이 계시매 우리가 뉘게로 가오리이까"(요 6:68). 그 가련한 영혼은 이렇게 말씀합니다: "주의 문 외에는 제게 두드릴 다른 문이 없습니다. 사람에게는 도움을 얻을 만한 것이 없습니다. 그러나 주께는 있습니다. 그러니 절대로 주를 떠나지 않겠나이다." 선한 여호사밧 왕은 말하기를, 우리가 "어떻게 할 줄도 알지 못하옵고 오직 주만 바라보나이다"라고 했습니다(대하 20:12).

다섯째. 사람이 하나님과 또한 그와의 교제 속에서 누려야 할 내적인 만족이 없어서 그런 일이 생기기도 합니다. "그가 어찌 전능자를 기뻐하겠느냐? 항상 하나님께 부르짖겠느냐?"(욥 27:10). 그 사람은 항상 하나님께 부르짖지는 않습니다. 왜냐하면 보통 하나님 안에서 전혀 기쁨을 누리지 못하기 때문입니다. 우리는 즐길 만한 큰 내용물이 없는 것은 그냥 쉽게 지나쳐 버립니다. 그러나 순전한 영혼은 마음의 줄로 하나님과 엮어져 있고, 그의 교제는 사랑에 기초하고 있습니다. 그런데 "사랑은 죽음보다 강하고", "많은 물도 이 사랑을 끄지 못하나니"(참조. 아 8:6, 7). 낯선 사람이 용무가 있어 다른 사람의 집에 들어가는 수도 있습니다만, 그 사람은 그것으로 그 집과의 관계가 끝나 버립니다. 그러나 친구는 그 집에 들어가 함께 자리에 앉습니다. 집 주인과 함께 있는 것을 즐거워하며 그와 만나는 것을 오랫동안 중단하게 되지 않는 것입니다. 그러므로 한때 하나님을 여러분의 최고 선으로 알아 그에 대해 품었던 애정을 되찾기를 바랍니다. 그러면 기도로 하나님께 나아가는 길을 잊지 않을 것입니다. 외식자는 마치 우리가 약을 복용하듯 그렇게 기도를 행합니다. 그 기도의 맛을 사모하기 때문이 아닙니다. 그러나 순전한 영혼은 음식을 먹듯 그렇게 기도를 행합니다. 기도가 그에게 감미롭고 즐겁기 때문입니다. 다윗은 하나님의 임재 가운데서 내적인 만족감을 얻어 이렇게 외칩니다: “하나님께 가까이 함이 내게 복이라”(시 73:28). 마치 아주 귀한 포도주나 맛있는 음식을 맛보고는 배에다 손을 대며 — 배에서 즐거움과 만족감을 느끼므로 — 옆에 있는 사람들에게, “아, 좋다!”라고 말하는 것과도 같다 하겠습니다. 그런 영혼은 절대로 그것을 멀리하지 않습니다. 아닙니다. 마치 요담의 비유에 나오는 무화과나무처럼 이렇게 말할 것입니다: ‘나의 단 것과 나의 아름다운 열매를 내가 어찌 버리랴? 나는 절대로 그리 하지 않으리라’(참조. 삿 9:11).

제 6 부

기도의 포괄성

"모든 성도를 위하여 구하라"(엡 6:18)

이 말씀은 기도에 대한 사도의 지침 가운데 마지막 여섯 번째 대지를 포함하고 있는데, 그것은 기도의 임무의 포괄적인 성격, 혹은 우리 기도의 주제가 되어야 할 사람들 — "모든 성도들을 위한 간구" — 입니다. 하지만 무엇이라구요? 사도는 우리더러 다른 사람들을 제외하고 오로지 성도들을 위해서만 기도하라는 것입니까? 이것이 사도의 의도일 수는 없습니다. 사도는 그리스도께로부터 그의 메시지를 전수받은 것인데, 그렇게 하는 것은 그리스도의 뜻과 너무도 어긋나기 때문입니다. 그리스도는 우리 원수들을 위해서 기도하라고 명하시며, 또한 그가 친히 그 일에 대해 우리의 모범이 되십니다. 그렇습니다. 바울 자신도 이것과 어긋나는 가르침을 주기도 합니다: "그러므로 내가 첫째로 권하노니 모든 사람을 위하여 간구와 기도와 도고와 감사를 하라"(딤전 2:1). 곧, 모든 부류의 사람들을 위해 — 신자든 불신자든, 친구든 원수든 가리지 말고 — 기도하라는 뜻입니다. 그러므로 여기서 성도들을 거명하는 것은 그들을 우리의 기도에 유일하게 합당한 주제로 여겨서가 아니라 그들을 기도의 주요한 대상으로, 하나님께 기도를 드릴 때에 특별한 방식으로 아뢰어야 할 그런 부류의 사람들로 여겨서 그렇게 하는 것입니다. 만일 기도할 때에 그들을 잊지 않고 기억한다면, 다른 사람들을 위한 기도도 쉽게 잊지 않을 것입니다. 아우구스티누스의 말처럼, 성도들의 숫자가 늘어나며 악인의 숫자에서 빠지는 것입니다. 바벨론을 위해 기도하는 중에 예루살렘을 위해 기도하는 것입니다. 우리가 죄에서 벗어나기를 위해 기도하는 사람들이 많을수록, 그리스도 안에 들어가기를 위해 기도하는 사람들도 많아지는 것입니다. 이 주제에 대해 다음 세 가지 명제들에 근거하여 말씀드리도록 하겠습니다. 첫째. 우리 자신은 물론 다른 사람들을 위해서도 기도함으로 기도에서 공적인 자세를 보여야 한다는 것입니다. 둘째. 기도에서 모든 사람들을 기억해야 하겠지만, 성도를 잊어서는 안 된다는 것입니다. 셋째. 성도를 위해 기도할 때에 모든 성도들을 포괄하며 다 아우르도록 주의하여야 한다는 것입니다.

—

첫째 명제

[기도에서 공적인 자세를 보여야 함]

우리 자신은 물론 다른 사람들을 위해서도 기도함으로써 기도에서 공적인 자세를 보여야 한다는 것입니다. 기도는 공통적으로 관심을 기울여야 할 임무이니 만큼, 그 임무에서는 다른 사람들이 우리들 자신과 몫을 함께 나누어야 합니다. 마치 집집마다 걸려 있는 양동이들이 어느 집에 불이 났을 때에 온 마을이 사용하도록 하기 위한 것이듯이, 기도의 영도 — 비록 몇 사람의 손에 들려 있다 해도 — 공적인 보화입니다. 모든 사람이 다 기도할 수가 없습니다. 그러니 모든 사람들을 위해 기도해야 하는 것입니다. 분명히 말씀하지만, 이것은 성도의 임무이지 기분에 따라서 해도 되고 하지 않아도 되는 예의상 베푸는 호의가 아닙니다. 그렇게 하지 않는 것은 죄요 또한 기도의 법칙을 어기는 것입니다. "나는 너희를 위하여 기도하기를 쉬는 죄를 여호와 앞에 결단코 범하지 아니하고"(삼상 12:23). 바울은 이런 점에서 자신이 형제들에게 빚진 자라고 말씀합니다: "우리가 너희를 위하여 항상 하나님께 감사할지니"(살후 1:3). 그는 그 일을 갚아야 할 당연한 빚으로 인정합니다. 다른 곳에서 그는 "내가 너희를 생각할 때마다 나의 하나님께 감사하며"라고 말씀합니다(빌 1:3). 이 임무의 무게를 그렇게 느끼고 있었으므로 그는 그 일을 행할 마음을 주시는 하나님께 감사하는 것입니다.

[기도에서 공적인 자세를 보여야 하는 이유]

첫째. 그것이 기도의 성령을 우리에게 베푸시는 한 가지 목적이기 때문입니다. 성령의 은사들은 그것을 주신 분의 뜻과 의도에 따라서 시행해야 합니다. 만일 어떤 사람이 가난한 자들을 위하여 일정 금액을 지불할 것을 조건으로 자기 집과 땅을 다른 사람에게 유산으로 물려 주었다면, 그 죽은 사람의 뜻을 이행하지 않는 자는 자신의 유산을 상실하고 마는 것입니다. 하나님께서는 특정한 성도들에게 그의 은사들을 주실 때에 다른 이들의 유익을 위해서 그렇게 하십니다. 그러므로 우리의 은사를 잃어버리는 길은 그것을 착복하고 그것이 주어진 목적을 위해 내어놓지 않는 것입니다. "각 사람에게 성령을 나타내심은 유익하게 하려 하심이라"(고전 12:7). 우리가 다른 이들을 위해 기도하지 않는다면, 성령의 이 은사로 어떻게 다른 이들을 유익하게 하겠습니까? 우리 자신을 위해 기도하도록 우리를 북돋우시는 성령께서는, 우리가 그것을 소멸하지 않는다면, 또한 우리를 보내어 다른 이들을 위해서도 동일한 일을 하게 하실 것입니다. 그렇습니다. 어떤 경우에는 우리보다 다른 사람들을 위해 먼저 기도하게도 하십니다. 그들의 영적인 유익을 위한 기도를 우리의 세상적인 유익을 위한 기도보다, 우리 개개인의 사사로운 유익을 위한 기도보다 공동체의 공적인 유익을 위한 기도를, 우선적으로 하게 하시는 것입니다. 모세의 경우도 그랬습니다. 그는 이스라엘이 그 황폐한 처지에서 크게 되기를 위해 기도하기를 쉬지 않으려 했습니다. 사실 그것은 하나님께로부터 온 것입니다. "내가 하는 대로 두라 내가 … 너를 큰 나라가 되게 하리라"(출 32:10)라는 말씀은 모세가 자기 자신의 문제를 백성들의 문제보다 우선시할 것인가를 시험하기 위하여 주신 것이었습니다. 그런데 모세는 자기를 부인하였고, 하나님은 크게 기뻐하셨습니다.

둘째. 사랑의 법이 그것을 하나의 임무로 우리에게 묶어놓기 때문입니다. "네 이웃을 네 자신과 같이 사랑하라"(마 19:19)는 명령이 우리 앞에 있습니다. 여기서 "같이"란 비율이 똑같다는 뜻은 아니더라도 종류가 같아야 하며, 정도(measure)가 같지는 않더라도 양상(manner)은 같아야 한다는 것을 뜻합니다. 나는 나 자신과 같이, 비록 똑같이 강렬하지는 않더라도, 진정으로 내 이웃을 사랑해야 한다는 것입니다. 자, 우리 자신을 위해 기도하지 않는다면, 우리 자신에 대한 진정한 사랑을 어떻게 보여주겠습니까? 우리 주님은 원수를 향한 사랑을 그들을 위해 기도하는 것으로 설명하십니다: "너희 원수를 사랑하며" 또한 "너희를 핍박하는 자를 위하여 기도하라"(마 5:44). 원수에게 동냥을 줄 수 있어도 그를 사랑할 수는 없습니다. 배고픈 자들을 위하여 우리의 지갑을 열어 주는 것이 우리의 영혼을 열어 주는 것보다 더 쉽습니다. 선지자의 말처럼, 기도에서 우리는 우리의 영혼을 열어 젖히는 것입니다. 루카스 브루겐스(Lucas Brugens)는 이 본문에 대해 말하기를, 사람이 무언가를 순전하게 말하거나 행한다면, 그것은 바로 그가 기도로 하나님께 말씀을 아뢸 때라고 했습니다. 그러므로 하나님은 원수들을 위해 기도하는 이것을 그들을 향한 우리의 사랑에 대한 가장 확실한 증언으로 취하시는 것입니다. 그러니 자기 자신만 잘되기를 바라는 자는 인류 중 가장 타락한 부류에 속하는 것으로 간주되어도 무방할 것입니다. 어떤 이는 그렇게 자기만을 사랑하는 자를 두더지에 비합니다. 두더지는 자기의 부드러운 몸으로 땅을 파고 들어가면서, 그 뻣뻣한 털들을 바깥의 온 세상에 내어 놓는다는 것입니다.

적용. 이는 하나님의 풍성하신 마음이 얼마나 큰가를 보여 줍니다. 그는 그의 자녀들에게 자기들 자신을 위해 구할 뿐 아니라 다른 사람들을 위해서도 구할 임무를 주십니다. 이것은 사람들에게서 나타나는 양상과는 다릅니다. 우리는 사람들이 자기들 자신뿐 아니라 다른 사람들을 위해서까지 구걸하는 것을 지나치게 뻔뻔스런 일로 여깁니다. 만일 어떤 가난한 자가 자기 구제물을 받고서 모든 이웃들을 위해서도 구걸한다면, 그런 구걸을 환영할 사람을 대체 어디서 찾겠습니까? 그러나 여기서 하나님의 선하심의 그 광대함을 목도하기 바랍니다. 그는 우리 자신의 문제는 물론 우리 이웃의 문제도 그의 문 앞에 가져다 놓으라고 하시고, 그것을 명령하기까지 하시며, 우리가 우리 자신의 사사로운 일에 대해서만 기도하고 다른 이들의 필요에 대한 생각을 뒤에 그냥 내버려 둘 때에 그것을 불쾌히 여기시는 것입니다. 그리스도인 여러분, 하나님이 다른 사람들을 위해서도 간구하라고 명령하시는데, 과연 어째서 하나님이 여러분 자신의 필요를 공급해 주실지를 의심한단 말입니까?

[기도에서 공적인 자세가 결핍되어 있는 현실을 애도함]

기도에서 우리의 마음이 좁디좁은 것에 대해 애도해야 할 것 같습니다. 어떤 이들은 다른 이들을 위해 기도하기는커녕 자기들 자신에게 자비를 보이는 것도 배우지 못했습니다. 그렇습니다. 하나님께로부터 떠나 있는 처지에서 살고 있으므로 자기들 자신이나 가장 사랑하는 가족들을 위해서 기도할 수가 없습니다. 자기들의 혈육에게 참으로 무정한 기도 없는 아버지들이 얼마나 많으며, 자기 품에 있는 아내들에게 무정한 기도 없는 남편들이 얼마나 많은지 모릅니다! 그들을 사랑하냐고 그들에게 물어보십시오. 그들은 분명, "예, 마음을 다해 사랑합니다"라고 대답할 것입니다. 그들의 말을 믿을 수도 있습니다. 그들이 정말 자기들의 영혼에게 하는 것 못지않게 그들을 섬기고 아끼기 때문입니다. 그러나 그들이 그들을 위해 행한 마음에서 우러나온 한 번의 기도가 그들을 위해 채워준 모든 돈주머니보다도 그들을 향한 그들의 사랑을 더욱 선명하게 증언하게 될 그런 때가 오고 있는 것입니다. 다른 이들은 혹시 자기들의 혈육과 가까운 친척들에게 본성적인 애정을 약간 보인다 해도, 그들의 사랑은 자기 집의 문지방을 넘기가 굉장히 힘듭니다. 오오, 그들은 이웃들의 고통에 대해 얼마나 감각이 없는지 모릅니다! 주님 앞에 마음을 들여 진정으로 그들을 위해 아뢰는 경우가 거의 없습니다. 혹은, 옆집에 사는 이웃의 환난에 대해서는 그처럼 가까이에서 직접 보게 되어 그들의 그런 사정에 대해 마음으로 안타까워하기도 합니다만, 그보다 더 먼 거리에 있는 이들의 비참한 사정들에 대해서도 마음을 쓰며 그들을 기억하고 그들을 위해 주님께 신실하게 기도할 정도로 공적인 자세를 드러내 보이는 사람은 얼마나 적습니까? 복된 사도 바울은 그의 "육신의 얼굴을 보지 못한 자들을 위하여" 환난을 당하였고 굉장히 힘썼습니다(골 2:1). 심지어 그리스도인인 자들 가운데도, 오오 이런 공적인 자세에 대해서는 얼마나 부패함이 있는지요! 근래의 혼란의 시대에 세상에서 크게 패한 자들 가운데 큰 탄식이 있습니다. 그러나 제 생각에는 자기들의 사랑과 애정을 그렇게도 많이 잃어버린 성도들이 가장 큰 패자들이라 여겨집니다. 어떤 사람은 말하기를, 세상이 "불꽃 속에서 올라오는 정욕의 열기 때문에" 한 번 물로 망하였으니, "사랑과 애정의 차가움 때문에" 다시 한 번 불로 망하게 될 것이라고 합니다. 사랑은 영혼에게 마치 몸에게 있어서 자연의 열기와도 같습니다. 그것이 활력을 주고 또한 생명의 모든 직능들을 이행할 능력을 주는 것입니다. 그러나 안타깝습니다! 이 세상에 사는 그리스도인들 사이에 이 친절한 열기가 얼마나 식어져 버렸는지요! 우리 주님은 오래 전에 이것을 예언하신 바 있습니다: "많은 사람의 사랑이 식어지리라"(마 24:12). 그러니 자기 사랑, 곧 저 탐욕의 불이 그렇게 뜨거워지는 것도 무리가 아닙니다. 사도께서 이를 예언한 바 있으니 말입니다: "말세에

… 사람들이 자기를 사랑하며"(딤후 3:1, 2). 그러니 이 죄라는 대장을 따르는 검은 군대가 나타나게 될 것이 자명합니다. 사람이 일단 자기 자신을 자기 목표의 꼭대기에 놓게 되면, 다른 사람들을 사랑하거나 그들을 위해 기도하는 것과는 작별하게 되는 법입니다. 사랑은 자기를 사랑하는 자의 마음처럼 그렇게 좁은 집에는 거주할 수가 없습니다. 그렇습니다. 그런 것과는 완전히 어긋나는 것입니다: "사랑은 자기의 유익을 구하지 아니하며"(고전 13:5).

그러나 애도하는 것을 바꾸어 권면으로 전환시키려 합니다. 기도에서 공적인 자세를 갖기를 위해 힘쓰십시오. 오오 여러분, 하나님의 자비가 필요한 사람이 여러분 자신 외에는 아무도 없습니까? 내세에서 아무도 구원받기를 원치도 않고, 이생에서 여러분과 더불어 구원받는 자를 주시기를 원치도 않는단 말입니까? 하나님께서는 다른 이들을 기억하사 여러분에게 사랑을 주시고 그 사랑이 가정에서부터 시작되게 하시며, 또한 거기서 그쳐지기를 원치 않으십니다. 여러분의 가정 속을 들여다보십시오. 그들을 하루라도 잊을 수 있습니까? 여러분 자신은 기억하면서 말입니다. 신자가 불신자보다 더 못해서 되겠습니까? 불신자는 자기 집을 위해 쓸 것을 공급합니다. 그런데 여러분에게는 빛이 있으며, 그 빛은 말씀하기를 하나님이 아멘 하시지 않으면 여러분이 그들을 위해 공급해 주는 모든 것이 허사라고 합니다. 그들에게 임무를 다했으면 여러분의 사랑의 범위를 더 넓혀서 이웃들을 돌아보시기 바랍니다. 길거리에서, 여러분의 동네에서 무슨 일이 일어나는지를 돌아보시기 바랍니다! 끔찍스럽게 가증스런 일들을 행하며 그들의 고귀한 영혼들을 사탄에게 전제물(a drink-offering. 부어드리는 제물 — 역주)로 쏟아붓는 자들이 얼마나 많은지 금방 찾을 수 있을 것입니다! 오오, 그들 스스로 돌이킬 수 없을 정도로 악한 처지가 되기 전에 하나님께서 그들의 피 묻은 손을 멈추게 해주시기를 위해 기도하십시오! 그런 다음 묵상 중에 한 걸음 더 나아가 나라의 공적인 상태와 형편을 바라보십시오. 그 이마에 섭리의 황금 펜으로 어떤 자비들이 써져 있는지를 보고, 겸손히 그것들에 대해 감사하십시오. 이 시대의 모습에서 여러분은 어떠한 심판들의 징조들을 관찰할 수 있는지를 보십시오. 아브라함은 자신이 그 폭풍의 위험에서 전혀 영향을 받지 않을 만큼 멀리 있었는데도 소돔을 위해 간구했습니다. 그런데 여러분은 여러분 자신의 나라를 위해서 간구하지 않습니까? 여러분 당대에 심판이 임하면 여러분 자신도 그 심판에 휩쓸릴 것이고, 혹시 신실한 백성들의 기도로 말미암아 심판의 구름이 당장 퍼지지 않는다면 여러분의 후손이 그

화를 당하게 될 것이 뻔한 데도 말입니까? 여러분, 여러분과 땅의 다른 곳들 사이에 바다가 놓여 있다 해도, 여러분이 그들의 행복이나 비참한 사정에 대해 관계가 없다고 생각하지 마시기 바랍니다. 여러분의 기도들이 그 광활한 대양을 건너게 하고, 그것을 통해서 여러분의 간구 거리를 공급받기를 바랍니다. 마치 상인의 배가 멀리서 상품을 실어오듯이 말입니다. 멀리 외국에 있는 그리스도의 교회들을 방문하십시오. 그렇습니다. 보잘것없는 인도인들을 비롯하여 아담의 죄가 우리와 함께 던져놓은 그 인류의 폐허 속에 거하면서 아직도 복음으로 말미암아 회복시키고자 하는 시도를 받아보지 않은 다른 사람들을 위하여 기도하고, 그들의 한탄스러운 처지를 갖고 주님 앞에 나아가시기 바랍니다. 우리의 드레이크(Drake:전 세계를 항해한 영국의 해적·제독)는 자기 배로 몇 년 안에 온 땅을 다 다니는 것으로 유명합니다. 여러분도 날마다 드리는 기도로 그가 하는 것보다 더 많은 유익을 남기는 그런 항해를 하시기 바랍니다.

[기도에 공적인 자세를 갖도록 격려하기 위한 고려 사항들]

이 일에 더욱 마음을 다하여 힘쓰도록 일깨워 줄 고려 사항들을 두세 가지 말씀드리고자 합니다.

고려 사항 1. 오로지 여러분 자신만을 위해 기도한다면, 여러분 자신을 위해 하는 그 기도가 믿음으로 하는 것일 수가 없습니다. 주 예수님은 제자들에게 주신 기도 양식 가운데서 이런 사랑의 모습을 가르치셨습니다: “너희는 이렇게 기도하라 하늘에 계신 우리 아버지여”(마 6:9). “아버지”는 믿음과 확신의 언어요, “우리 아버지”는 사랑과 애정을 내포합니다. 이 두 가지가 기도에 필수적인 두 가지 은혜입니다. 우리는 믿음으로 말미암아 살고, 믿음은 사랑으로 말미암아 행합니다. 믿음 없는 기도도 있을 수 없고, 사랑이 없는 믿음도 있을 수 없습니다. 복음서에서 그리스도는 제단에 와서 제물을 드리기 전에 먼저 형제와 화목하라고 말씀하십니다. 그런데 자기 자신처럼 그 형제를 위하여 기꺼이 기도할 자세를 갖추게 하기 위함이 아니면 주님이 무엇 때문에 그렇게 말씀하셨겠습니까? 우리 형제를 위해 기도할 만한 사랑이 없다면, 우리 자신을 위해 기도해도 그 기도가 상달되기를 기대할 수가 없는 것입니다.

고려 사항 2. 하나님께서 그의 자녀에 대해 해주시는 말씀을 이루는 다른 방도가 없습니다. 하나님은 그들에 대해 그들 주위 사람들과 장소에 복이 된다고 하십니다:

"그 날에 이스라엘이 애굽 및 앗수르와 더불어 셋이 세계 중에 복이 되리니"(사 19:24). 그들을 온 마을이 공동으로 누리는 샘에 빗대어 말씀하며, 그것을 흐리고 더럽히는 것이 그 모두에게 악을 행하는 것으로 말씀합니다(잠 25:26). 그런데 경건한 자들이 다른 사람들을 훌륭하게 섬기는 한 가지 길은 하나님과 그들의 관계요 또한 그가 그들의 기도를 들으신다는 사실에 있습니다. "성읍은 정직한 자의 축복으로 인하여 진흥하 … 느니라"(잠 11:11). 즉, 그들의 간절한 기도로 말미암아 하늘로부터 임하는 복을 통해서 그 성읍이 흥한다는 것입니다. 하나님은 명령을 통해서 복을 베푸십니다: "여호와께서 복을 명령하셨나니 곧 영생이로다"(시 133:3). 성도들이 기도할 때에 그것은 축복을 베푸는 것입니다: "너희는 이스라엘 자손을 위하여 이렇게 축복하여 이르되 여호와는 네게 복을 주시고 너를 지키시기를 원하며"(민 6:23, 24).

고려 사항 3. 하나님은 다른 사람들을 위해 하는 성도들의 기도들을 기뻐 받으신다는 것을 분명하게 증언해 주십니다.

(1) 다른 사람들을 위한 그들의 요청을 받으시고 큰 일들을 행하십니다. 모세가 애굽 사람들에게 시행된 하나님의 재앙들이 중지되게 한 것이 몇 번입니까? 바로가 그의 기도를 간청할 마음을 가질 때마다 그렇게 하지 않았습니까? 아브라함이 소돔을 보존하기 위하여 얼마나 자신의 간구 내용을 낮추었습니까? 그는 마지막에 "의인 열 명"으로까지 낮추었습니다. 그 악한 곳이 그 숫자만 제시할 수 있었어도, 그 곳이 잿더미로 변하는 일은 일어나지 않았을 것입니다.

(2) 그들의 기도가 그 백성을 위해 자비를 얻지 못하면, 다른 어떤 방법으로도 그들을 도울 수가 없습니다. 그러므로 하나님은 이스라엘을 벌하고자 하시는 그의 최종적인 결단과 돌이킬 수 없는 작정을 표현하시고자 그들에게 다음과 같이 말씀하시고, 그리하여 그들의 문제가 절망적임을 암시하십니다: "모세와 사무엘이 내 앞에 섰다 할지라도 내 마음은 이 백성을 향할 수 없나니"(렘 15:1). 그처럼 거룩한 사람들의 기도가 하나님의 심판의 구름이 떨어지는 것을 막지 못했다면, 그들이 자기들 자신의 능력이나 방법으로 그것을 모면할 수 있다는 것은 더더욱 불가능한 일이었습니다. 사실 하나님이 보응의 길을 완전히 정하셨을 때에는 기도를 하지 말 것을 명하십니다: "너는 이 백성을 위하여 기도하지 말라 … 내가 네게서 듣지 아니하리라"(렘 7:16). 심지어 여기서도 하나님은 그가 그 백성의 기도를 얼마나 귀하게 보시는지를 알 수 있습니다. 그는 그들이 헛되이 기도의 수고를 들이는

것을 싫어하시는 것입니다. "너는 이 백성을 위해 기도하지 말라" — 이는 마치 이런 말씀과도 같다 할 것입니다: "그들이 원하면 그들더러 기도하게 하라. 그들의 기도를 거절하는 것에 대해서는 전혀 안타까움이 없으나, 이처럼 부적절한 때에 내가 응답해 줄 뜻이 없는 일을 위해 네가 기도하는 것은 내가 원치 아니하노라."

(3) 성도들의 기도가 그들이 분명하게 목적한 바대로 다른 이들에게 자비를 가져오지 않기도 합니다만, 하나님은 그의 백성들로 하여금 그런 거부가 기도하는 그 사람이나 그 기도 자체를 경멸하시기 때문이라는 식의 의심을 조금도 갖지 않게 하시기 위하여, 때때로 그들이 구하는 일들을 주시기도 하되 다만 그 대상을 바꾸어서 베풀어 주십니다. 그리하여 하나님은 아브라함이 이스마엘을 위해 구할 때에는 거부하셨으나, 이삭에게는 풍성하게 주셨습니다. 또한 때로 하나님은 다른 사람들을 위해 구한 기도를 그 당사자들에게는 거부하시고, 그것을 기도하는 그들에게 베풀기도 하십니다. 그러므로 다윗이 그의 원수들을 위해 한 기도가 그의 품으로 돌아갔습니다(참조. 시 35:13).

(a) 여러분이 위해서 기도하는 그 사람들의 처지와 상태에 대해 깊은 연민으로 마음을 채우십시오. 하나님은 제사보다 자비를 더 사랑하십니다. 베풀고 구제할 때에 우리 영혼을 열어 펴내어 주는 것이 우리 지갑을 열어 펴내어 주는 것보다 더 큰 사랑인 법입니다. 기도도 마찬가지입니다. 여러분의 영혼을 쏟아붓기를 명심하십시오. 그렇지 않으면 여러분은 속이는 자입니다. 그것은 하나님은 물론 여러분이 위해 기도하는 그 사람에게까지도 잘못을 범하는 것입니다. 그리스도께서는 나사로를 위하여 기도하기 전에 그 스스로 탄식하셨습니다. 그 주위에 있던 자들은 그의 탄식과 눈물을 직접 보고서 말하기를, "보라 그를 얼마나 사랑하셨는가!"라고 하였습니다(요 11:36). 그러므로 여러분의 마음이 뜨거워져 다른 이들에 대한 연민 속으로 들어갈 때 그들을 위해 간절히 기도하게 될 것입니다. 변호사가 소송에서 하는 변론이 더 멋지고 반듯할 수도 있습니다만, 그 사람의 처지에 깊이 공감하는 형제나 친한 친구야말로 그보다 더 깊은 애정을 드러내게 될 것입니다.

(b) 다른 사람들을 위해 기도할 때에 세상적인 문제보다는 영적인 복을 더 우선에 두십시오. 병든 친구를 위해 기도합니까? 그 때에 그를 위해 간구하는 것이 건강이 전부라면, 여러분은 그 친구에게 신실하지 못한 것입니다. 왜냐하면 건강을 찾고도 지금보다 그의 상태가 더 나빠질 수도 있기 때문입니다. 그를 위하여 그리스도께 은혜와 영광을 구하십시오. 그러면 여러분의 기도가 무언가 목적을 이루게 될 것

입니다. 우리 주님도 병든 사람을 질병에서 놓임 받게 하실 때에 의도적으로 이 방법을 사용하셨습니다. 그는 이렇게 말씀하십니다: "안심하라 네 죄 사함을 받았느니라"(마 9:2). 죄 사함의 자비가 목숨이나 사지(四肢)보다 무한히 더 값어치 있는 것이므로, 그는 먼저 그 병자에게 죄 사함의 소식을 전해 주시고, 이로써 그의 영혼이 구원받는 일보다는 그의 육체가 고침 받는 일에 더 관심이 있었던 그의 친구들에게 무언의 책망을 하시는 것입니다. 나라를 위해 기도하고 있습니까? 외형적인 심판과 전염병 등에서 구원받는 것 이상의 것에 목표를 두십시오. 육신적인 유대인들은, "우리에게 물을 주어 마시게 하라"(출 17:2)라고 구할 수 있었으나, 그들의 죄에 대해서는 회개하거나 용서함 받을 생각조차 하지 않았습니다. 그 유대인들의 외침은 자연인의 외침입니다. 가뭄에는 짐승도 울부짖을 수 있으니 말입니다. 그러나 죄 사함에 대한 간구는 바로 성도의 음성인 것입니다.

(c) 당장 응답이 없더라도 다른 이들을 위해 기도하는 중에 실망하지 마십시오. 배은망덕한 자녀나 육신적인 친구를 위해 기도하는데도 그들이 여전히 그 모습 그대로일 수도 있습니다. 그렇다고 해서 곧바로 그들에게 은혜가 없다고 생각하여 그 일을 그만두지 않도록 주의하십시오. 사무엘은 백성들을 위해 기도하였으나 그들이 지극히 서서히 바뀌는 것을 보았습니다. 그런데 그가 하는 말씀을 들어보십시오: "나는 너희를 위하여 기도하기를 쉬는 죄를 여호와 앞에 결단코 범하지 아니하고"(삼상 12:23). 어떤 이들이 거의 죽게 되었는데, 친구들이 너무 성급하게 죽은 것으로 판단하여, 아직 죽지도 않았는데 땅에 묻혔다는 이야기를 들은 적이 있습니다. 그런 식으로 여러분의 친척들이나 이웃들의 영혼에 참혹한 일을 해서는 안 됩니다. 여러분이 여러 차례 기도로 그들에게 손을 뻗었는데도 불구하고 여러분이 보기에 사람들에게서 영적인 생명이 있다는 증표를 전혀 보지 못하는 것 같다 할지라도, 그들을 여러분의 기도 바깥에 세워 두지 말고, 여러분의 생각 속에 그들을 유기된 자들로 여겨 그들을 묻어 버리지 마십시오. 여러분에게 보이는 그들의 영혼의 모습은 그들의 육체에 있는 것이고, 따라서 하나님이 그들의 영혼 속에 은혜의 생명을 불어넣으시기에 결코 때가 늦지 않은 것입니다. 또한 여러분, 일반 대중을 위해 기도합니까? 여러분이 바라는 것만큼 속히 하늘로부터 응답의 증표가 없더라도 그 기도에서 물러서지 마십시오. 아들 대에 가서 혜택을 받더라도, 그 아버지의 수고는 헛된 것이 아닙니다. 배를 보내놓고 그 배가 돌아오기 전에 그가 죽지만, 그 아들이 살아서 그 배가 실어온 모든 것들의 값을 받아 지갑 속에 넣을 수

도 있는 것입니다. 그러므로 한 세대가 교회를 위해 기도로 씨를 뿌리고, 그 다음 세대가 와서 그 기도의 결과로 자비를 수확하기도 하는 것입니다.

—

둘째 명제

[기도에서 성도들을 특별히 기억해야 함]

다른 사람들을 위해 기도할 때에, 모든 사람들을 기억하되 성도들은 절대로 잊어서는 안 됩니다. 사도는 그들을 우리가 위해서 기도해야 하는 모든 사람들을 대표하는 실례로, 사람들 중의 주된 부류로 삼습니다. 또한 이는 다른 곳에 나타나는 바울의 가르침과 잘 어울립니다. 여기서 우리는 "기회 있는 대로 모든 이에게 착한 일을 하되 더욱 믿음의 가정들에게 할지니라"(갈 6:10)라는 명령을 받습니다. 그런데 기도야말로 그들에게 착한 일을 하는 가장 두드러진 방법 중의 하나라 봅니다. 병든 친구가 있을 때에 그를 의사에게 데려가는 것보다 더 큰 친절이 어디 있겠습니까? 다른 사랑의 행위들을 통해서도 우리 지갑을 열어 조금 나누어줄 수 있습니다만, 가련한 성도들을 위해 기도하는 것은 그들을 위해 하나님의 보고(寶庫)를 여는 것입니다. 어떤 사람은 걸인을 만나서 지갑을 열고 그에게 동전 몇 푼을 던져 줍니다. 그러나 또 다른 사람은 그에게 이렇게 말합니다: "내게는 당신에게 줄 돈이 없소. 하지만 궁궐에 들어가서 당신의 이 핍절한 사정을 나의 주이신 왕께 낱낱이 아뢰겠소." 이 두 사람 중 누가 그 걸인에게 지극히 큰 친절을 베푼 것인지는 쉽게 분간할 수 있습니다. 가난한 성도도 이렇게 하여 다른 사람을 위해 더 큰 일을 해줄 수 있습니다. 베드로가 걷지 못하는 자에게 한 말처럼 그에게는 은과 금이 없지만 그는 세상에서 가장 두터운 지갑을 지닌 자보다 더 큰 친절을 베푸는 것입니다. 아라우나의 처신이 두드러집니다. 그는 다윗 왕에게 풍성한 호의를 베풀었습니다: "원하건대 내 주 왕은 좋게 여기시는 대로 취하여 드리소서. 번제에 대하여는 소가 있고 땔 나무에 대하여는 마당질 하는 도구와 소의 멍에가 있나이다"(삼하 24:22). 이것으로 족했고, 바로 다음 절에서 보듯이 그의 고귀하고 큰 마음을 넉넉히 보여주었습니다: "왕이여 아라우나가 이것을 다 왕께 드리나이다"(23절). 그러나 그는 이 모든 일보다 더 귀한 일을 한 가지 했는데, 그것은 바로 다윗을 받아주시기를 위해 하나님께 마음을 다하여 기도했다는 것입니다: "또 왕께 아뢰되 왕의 하나님 여호와께서 왕을 기쁘게 받으시기를 원하나이다"(23절). 나머지 모든 일은 두려움 때문에 행한 것일지도 모릅니다. 때로 신하는 자기가 드리지 않아도 왕이 자기 것을 취해갈 것을 알기 때문에 왕에게 자기 것을 드리기도 하니 말입니다. 그러나 왕을 위해 기도함으로써, 그는 왕을 향한 그의 마음에서 우러나오는 애정을 드러내 보인 것입니다. 이 임무에 대해서는 몇 가지 무게 있는 이유가 있습니다. 첫째. 하나님께로부터 취한 이유. 둘째. 사탄에게서 취한 이유. 셋째. 기도함을 받는 성도들에게서 취한 이유. 넷째. 기도하는 성도들에게서 취한 이유.

[기도에서 특별히 신자들을 기억해야 하는 이유]

첫째. 하나님께로부터 취한 이유가 있습니다.

1. 그들은 하나님의 사랑의 특별한 대상입니다. 그의 마음에 그들을 향하여 있고, 그의 생각들과 섭리가 그들을 위하여 계속해서 역사하고 있습니다. 다른 사람들도 하나님의 이 풍성하신 호의에 참여하는 것은 사실입니다. 그러나 그들은 성도들이 옆에 함께 있다는 것에 감사해야 마땅할 것입니다. 정원사가 꽃밭에 물을 줄 때에 고랑에도 물이 떨어집니다만, 만일 그에게 꽃들이 없었더라면 그는 그렇게 물을 주는 수고를 하지 않았을 것입니다. 하나님께서 그의 성도들의 온 가족을 다 천국에 데려가시고 나면, 그 다음에 나머지 세상을 하나님이 어떻게 하실지 곧바로 알 수 있습니다. 하나님은 이 두 부류에게 똑같은 섭리를 베푸십니다만, 동일한 사랑을 가지신 것도, 동일한 목적을 가지신 것도 아닙니다. 그는 "곧 모든 사람 특히 믿는 자들의 구주"이십니다(딤전 4:10). 성도들은 구원의 목적으로 구원하십니다만 악인들은 장차 영원히 그들을 멸망시키시고자 일시적으로 구하시는 것입니다. 그들을 현재의 질병이나 위엄에서 구하시지만 이는 그들이 지옥에 들어가도록 익게 하기 위함입니다. 마치 어린 나무가 더 크게 자라도록 두었다가 커지면 잘라서 불에 던지는 것처럼 말입니다. 그러니 하물며 하나님이 그렇게 많은 사랑을 선포하시는 그 사람들을 위해서는 어떤 일이 있겠습니까? 그들을 위해 기도하

는 일도 하지 못하면 안 됩니다. 이로써 우리는 하나님의 뜻에 따르는 것이요, 또한 그의 선택에 만족을 드러내 보이는 것입니다.

2. 하나님이 그들을 그의 모든 약속들의 정당한 상속자들로 삼으셨습니다. 자, 약속들이 바로 기도의 근거입니다. 악인들이라도 그들을 위해 기도해야 하는 것은 하나님이 혹시 그들에게 선을 행하실 은밀한 뜻이 계실지 알 수 없기 때문입니다. 그러나 은혜가 있을 때에는, 여기서 하나님이 그의 작정을 밝히 드러내십니다. 그의 선택의 은혜의 샘이 여태까지 지하에서 흘러왔는데, 이제 바깥으로 터져 나옵니다. 그러므로 이제 그런 자를 위해서는 더 충만한 확신을 갖고 기도할 수가 있습니다. 바울은 기도를 청하면서, 그를 위하여 기도할 그의 친구들을 격려하고자 다음과 같이 그들에게 자신의 순전함을 확신시켜 줍니다: "우리를 위하여 기도하라 우리가 모든 일에 선하게 행하려 하므로 우리에게 선한 양심이 있는 줄을 확신하노니"(히 13:18). 이는 마치 이런 뜻과도 같습니다: "너희가 지금 기도할 그 사람은 너희가 그 이름을 언급해도 그 때문에 하나님께 꾸지람을 듣지 않을 그런 사람이다." 상인이 그의 물건을 배 밑바닥에 든든히 넣어놓고 나면, 그는 모험을 감당할 용기를 얻게 되는 것입니다.

3. 그들이야말로 세상에서 홀로 하나님을 존귀하게 하는 세대입니다. 하나님께서 다른 사람들을 현재의 정욕과 미래의 정죄 속에 두심으로써 친히 존귀를 받으시는 것은 사실입니다. 그는 그들의 진노를 이 땅에서 그를 찬양하는 것으로 삼으시고, 그들에게 부어지는 그의 진노를 저 세상에서 그를 찬양하는 것으로 취하십니다. 그러나 이 모든 것에 대해 그들에게 전혀 감사하시지는 않습니다. 왜냐하면 그들은 하나님의 존귀를 더럽히기 위해 최선을 다하기 때문입니다. 그러나 성도들은 하나님을 찬양하는 일에 수동적으로만이 아니라 능동적으로도 임하는 백성입니다. 하나님의 이름을 송축하는 것이 바로 그들의 모국어입니다. 하는 일이 무엇이든 간에, 그들의 목표요 목적은 바로 이것이니, 곧 "먹든지 마시든지 무엇을 하든지 다 하나님의 영광을 위하여 하는 것"이 그것입니다(참조. 고전 10:31). 자, 그렇기 때문에 우리는 다른 이들보다도 성도를 위해 기도해야 합니다. 우리 주님이 우리에게 기도하라고 가르치신 첫 번째 항목은 하나님의 이름이 거룩히 여김을 받으시라는 것입니다만, 이는 그의 교회와 성도들을 위해 기도하여야 할 바로 그 다음 말씀 — "나라가 임하시오며" — 으로 이끄시기 위함이었습니다. 오직 그들만이 그의 이름을 거룩히 여길 수 있기 때문입니다.

둘째. 사탄에게서 취한 이유가 있습니다. 그는 성도들을 향해서 독기를 품고 있습니다. 하나님이 그들을 소유하십니다. 그러니 그는 그들을 미워하고 그들을 향하여 불과 유황을 뿜는 것입니다. 하나님이 한쪽 편에 계시면, 마귀는 반드시 그 반대편에 있습니다. 사실 성도들이야말로 하나님의 길에 서 있는 유일한 동반자입니다. 악인의 경우는 그들이 세상에서 높아질 때에 마귀는 자기가 높아지는 것으로 여깁니다. 자식이 잘 되면 그 아버지가 존귀를 얻는 법입니다. 그러나 성도들이 흥하면 이는 그의 패퇴의 전조가 됩니다. 그러므로 그는 시험이나 박해로 모든 힘을 기울여 그들을 망하게 하려고 혈안이 되어 있는 것입니다. 성도들이야말로 그가 자기 발 아래 짓밟고자 하는 별들입니다. 세상에서 행해진 최초의 살인은 성도의 살인이었습니다. 또한 세상 끝에도 가인이 아벨을 죽일 것입니다. 열방의 온갖 소요와 혼란 가운데는 반드시 위협을 받는 편이 있습니다. 그러므로 그들이야말로 우리의 기도를 가장 필요로 하는 것입니다.

셋째. 기도함을 받는 성도들에게서 취한 이유가 있습니다.

1. 그들이 참으로 기도를 바랍니다. 악인도 기도를 원할 수도 있습니다만, 그것은 일시적입니다. 곧, 그저 두려움이나 공포를 없애기 위해 기도를 청하는 것입니다. 바로도 그랬습니다. 하나님의 재앙들이 그의 집과 밭에 가득 임하자 황급히 사람을 보내어 모세를 불러온 것입니다. 육신적인 유대인들은 사무엘에게 자기들이 죽지 않도록 기도해 달라고 청했습니다. 그러나 그들은 무서운 우레와 비로 두려움에 가득 차서 그렇게 구한 것입니다(삼상 7장). 그렇습니다. 마술사 시몬도 베드로의 말씀에 두려움에 휩싸여 그에게 구합니다: "나를 위하여 주께 기도하여 말한 것이 하나도 내게 임하지 않게 하소서"(행 8:24). 그러나 사정이 바뀌면 이 몹쓸 사람들은 성도에 대해서도, 그들의 기도에 대해서도, 전혀 관심을 두지 않습니다. 바로는 모세가 자기를 위해 기도해 주기를 원하였으나, 사정이 바뀌자 모세를 자기 면전에서 쫓아내고 다시는 자기 앞에게 나아오지 못하게 합니다. 그러나 성도들은 형제들의 돕는 기도를 매우 원하고 바랍니다. 그들 중에 지극히 비천한 자들도 그렇습니다. 사실 누구든지 은혜 안에 있는 삶에서 훌륭한 모습을 보일수록 형제의 도움을 더욱 간절히 바라는 것입니다. 상인은 풍부할수록 더욱 자신을 위해 더 많은 일을 계획하고 행합니다. 바울 자신도 극히 비천한 성도에게조차 도움을 청하기를 부끄러워하지 않습니다: "형제들아 내가 우리 주 예수 그리스도와 성령의 사랑으로 말미암아 너희를 권하노니 너희 기도에 나와 힘을 같이하여 나를 위하

여 하나님께 빌어"(롬 15:30). 걸인이나 감옥에서 출소한 자가 여러분에게 와서 도움을 청하기도 하지만, 여러분, 이보다 더 열정적으로 간청하는 것을 들어본 일이 있습니까? 주 예수 그리스도와 또한 성령의 이름을 걸고 간청하는 것입니다. 그리스도의 피나 혹은 여러분을 위로하시는 성령의 사랑을 생각할 때에 여러분의 마음속에 조금이라도 뜨거움을 느껴본 일이 있다면, '수나고니제테'(συναγωνίζεθε)를 힘쓰라는 말씀입니다. 곧, 우리가 함께 승리를 얻어 하나님이 이 자비를 베푸시기까지 나와 더불어 힘써 달라는 뜻입니다.

2. 성도들은 기도를 바랄 뿐 아니라, 여러분이 자기들을 위해 기도하는 것을 기대합니다. 그렇습니다. 그들이 다른 성도들로 인하여 받게 될 것을 기대하고 미리부터 위로를 받는 것입니다. "이것이 너희의 간구와 예수 그리스도의 성령의 도우심으로 나를 구원에 이르게 할 줄 아노라"(빌 1:19). "너희 기도로 내가 너희에게 나아가게 될 것을 믿노라"(몬 22. 한글개역개정판은 "너희 기도로 내가 너희에게 나아갈 수 있기를 바라노라"로 번역함 — 역주). 여기서,

(1) 바울의 겸손을 주목하십시오. 그는 자기 자신의 기도들을 제쳐두고, 성도들의 기도에 대한 믿음을 표현합니다.

(2) 그의 확신을 주목하십시오. 그들이 기도할 것을 믿어 의심치 않고, 그 기도들이 자기 자신에게 복되게 응답될 것을 굳게 믿고 있습니다. 이는 마치, "너희가 신실하다면 반드시 나를 위해 기도하리라"라는 뜻과도 같습니다. 그러므로 우리가 성도들을 잊어버린다면, 이는 우리의 신뢰를 깨뜨리는 것이요 우리 형제들을 실망시키는 일이 되는 것입니다.

3. 성도들은 우리가 상대할 수 있는 정직한 채무자들입니다. 그들은 자기들이 가진 동전으로 반드시 여러분에게 갚을 것입니다. 성도에게 친절을 베푸는 자에게는 반드시 하나님이 그 성도를 대신하여 채무지불자가 되실 것입니다. 왜냐하면 그들의 빚을 하나님께 돌리고 그로 하여금 자기들의 빚을 지불하시도록 하는 것이 그들의 방식이기 때문입니다. 오네시보로는 바울의 친절한 친구였습니다. 그런데 바울은 그를 위해 어떻게 합니까? 그는 그를 위해 기도하며, 하나님께서 그의 빚을 갚으시기를 구하는 것입니다: "원하건대 주께서 오네시보로의 집에 긍휼을 베푸시옵소서 그가 나를 자주 격려해 주고 내가 사슬에 매인 것을 부끄러워하지 아니하고"(딤후 1:16).

넷째. 기도하는 성도들에게서 취한 이유가 있습니다. 하나님께서 명하시는 임무

에는 반드시 그가 그것을 잘 이행하는 그리스도인에게 갚으시며 또한 그것을 소홀히 하는 자를 패자로 남겨두시리라는 단서가 붙어 있습니다. 이 임무에는 그것이 우리 보기에 사랑스럽고 바람직하게 보이도록 만들어 준다고 말할 만한 것이 충족합니다. 훌륭한 성도들은 이 고귀한 명령을 받게 된다는 것 자체를 큰 특권으로 여겼습니다. 바울은 밤낮 간구하는 가운데 쉬지 않고 디모데를 생각한 것을 하나님께 감사합니다(딤후 1:3). 그런데 형제들을 위해 기도할 마음을 갖게 되는 이 자비는 어디서 찾을 수 있습니까?

1. 이는 성도에게 은혜나 위로를 베푸는 수단이 되는 비범한 자비이며, 그보다 더 하나님께 영광을 돌리는 수단이 되는 자비입니다. 이것은 은혜 안에 있는 마음이 높이 기리는 자비입니다. 그것을 증진시키기 위해 그에게 상당한 희생이 따르는 데도 말입니다. 기도할 때에, 단 한 사람의 성도를 위하여 하는 것이지만, 여러분은 두 가지를 행하는 것입니다. "너희도 우리를 위하여 간구함으로 도우라. 이는 우리가 많은 사람의 기도로 얻은 은사로 말미암아 많은 사람이 우리를 위하여 감사하게 하려 함이라"(고후 1:11). 바울은 기도를 청하면서 두 가지 논지로 자신의 요청을 강화시키고 있습니다.

(1) 합심 기도가 응답을 얻는다는 사실. 스무 사람이 로프를 잡아당기면 각 사람의 힘이 합력하여 효과적으로 끌어당기게 됩니다. 이처럼 기도에서도 많은 사람들이 합력하면 모두가 도움이 됩니다. 하나님은 그 임무에 발휘되는 각 사람의 믿음과 간절함을 보시고 모두에게 응답하시는 것입니다.

(2) 함께 드리는 찬양의 조화. 함께 드리는 찬양이 충만할수록 그 음악이 하나님의 귀에 감미롭게 들리는 법입니다. 합심 기도는 연합 찬양을 만들어냅니다. 기도에는 함께 하지만 찬양을 돌려드리는 일에는 함께 하지 않는 자는 마치 친구가 빚을 지는 데에 도움을 주고는 그의 빚을 갚아 주는 일에는 전혀 관심이 없는 사람과도 같습니다.

2. 다른 이들을 위해 기도함으로써 우리 자신의 기쁨이 증가됩니다. 바울은 그가 데살로니가의 성도들을 위해 뿌린 기도의 씨앗들이(살전 1장) 그들의 믿음과 열심을 통해 돋아나는 것을 보고서 마치 자기 자신에게 말할 수 없는 자비가 베풀어진 것처럼 기쁨에 가득 찼습니다: "우리가 우리 하나님 앞에서 너희로 말미암아 모든 기쁨으로 기뻐하니 너희를 위하여 능히 어떠한 감사로 하나님께 보답할까?"(살전 3:9). 그는 기도로 그들에게 물 주었고, 하나님이 그들을 은혜 안에서 자라게

하신 것입니다. 이로써 그에게 기쁨이 충만하고 가슴이 벅차올라, 자신이 받은 그런 자비에 대해 얼마나 하나님께 감사해야 될지 몰라 했던 것입니다. 정말이지 우리 형제들에게 베풀어진 은혜들을 보면서도 우리가 아무런 유익을 얻지 못하는 것은 우리가 그들을 위해 기도하지 않기 때문인 것입니다.

3. 우리가 함께 성도된 자들을 위해 마음을 다해 기도할 수 있다면, 이것이야말로 우리 스스로 성도임을 입증하는 의심의 여지 없는 증거일 것입니다. 형제를 향한 사랑이 참된 성도의 성품으로 주어지는 경우가 많습니다. 그런데, 성도들에게 우리의 사랑을 표현하는 방법 중에 그들을 위해 기도하는 이것보다 불순하다는 의심을 더 깨끗이 제거해 주는 것이 없습니다. 여러분은 무엇을 근거로 성도를 사랑한다고 이야기하겠습니까? 그들과 자주 어울려 주는 것입니까? 그들에게 친절을 보여주는 것입니까? 그들을 욕하는 자들 앞에서 그들을 위해 변명해 주는 것입니까? 아니면 그들과 함께 고난을 당하는 것입니까? 순전하다면 이 모든 것이 다 훌륭합니다. 하지만 허영심이나 기타 육신적인 목적이 이런 훌륭한 근거들에 끼어들기가 얼마나 쉬운지 모릅니다! 그러나 은밀한 중에 여러분의 마음이 — 여기서는 이런 유혹들이 여러분을 더럽게 할 소지가 전혀 없습니다만 — 그들의 죄와 필요들과 슬픔들에 대해 깊이 느끼고 지각하는 중에 그들을 위해 하나님께 토로되는 것을 깨닫게 되면, 앞의 모든 근거들이 다 있되 이것이 없는 경우보다도 여러분의 사랑의 순전함을 더 분명하게 입증해 줄 것입니다.

[적용]

첫째 적용. 우리가 누구보다 성도들을 위해 기도해야 합니까? 그렇다면 성도들을 위해서는 기도하지 않고 오히려 성도들을 "탈취하는" 자들(사 59:15)과 함께하는 자들에게, 성도들을 위해 기도하기는커녕 오히려 얼마든지 그들을 저주하고 그들을 혼란에 빠뜨릴 수 있는 자들에게, 화가 있을 것입니다. 어쩌면 그들은 성도들을 성도라는 선명한 이름으로 부르지 않고, 자기들의 악의를 포장하기 위해 지어낸 광신자나 청교도나 혹은 무언가 경멸하는 뜻으로 쓰는 이름으로 그들을 싸매어, 그들을 삼키고 조각조각 찢어 버리고자 할지도 모릅니다. 성도들은 오로지 함께 성도된 자들 이외에는 누구도 사랑하지 않는 그런 사람들입니다. 제롬은 다음과 같이 훌륭하게 첨언합니다: "성도가 되어라. 그러면 너희가 성도들을 위해 기도하리라." 의로운 자는 악인에게는 역겨운 존재입니다. 그것은 어디에나 나쁜 소문이 나 있는 은밀한 집단입니다. 이러한 반목은 처음 아벨과 가인 사이에서부터 시작되었고 그 후 온 세상으로 퍼져나갔습니다. 한 세대는 그들을 향하여 몽둥이를 휘두르고, 다른 세대는 그 일을 중단합니다. 하밀카르(Hamilcar)는 죽을 때에 로마인들에 대한 자기의 원한을 그의 아들 한니발(Hannibal)에게 물려 주었습니다. 이처럼 성도를 향한 반목이 악인들에 의해서 세대마다 전수됩니다. 그 어떠한 것도 그들의 분노를 꺼뜨리거나 분쟁을 종식시킬 수 없습니다. 도덕적인 완전함으로도 안 됩니다. 만일 그것이 다른 사람들에게 있었더라면 아주 사랑스럽다고 여겼을 것인데 말입니다. 성도가 아무리 지혜롭고 겸손하며 사랑스럽고 너그럽다 해도, 그가 그리스도인이라는 사실 하나 때문에 온 세상의 악인들의 생각이 그에게서 사라지고 말 것입니다. "카유스 세유스는 그것이 없이는 선할 수 없는 그것만 없었다면 선한 사람이었다"가 테르툴리아누스(Tertullian)의 시대의 언어였습니다. 아무리 가까운 친척이라도 그들의 악감을 제거해 줄 수 없습니다. 미갈은 자기 남편이 여호와 앞에서 열정을 보인 것에 대해 자신의 경멸의 마음을 숨기지 못하고 그 면전에서 조롱하는 것을 봅니다.

한 말씀 더하자면, 성도들이 이웃에 있는 악인들에게 아무리 유익을 — 그것도 적지 않은 유익을 — 주어도 그것으로 그들이 미움을 내려놓게 되지는 않습니다. 성도들은 하나님께서 한 나라가 그에게 체포되어 있을 때 그 나라를 감옥 바깥에 두시기 위해 취하시는 유일한 보석금입니다. 성도들은 그들이 살고 있는 가정들, 마을들, 왕국들에 복의 원인인 데도, 그들은 독을 묻힌 화살을 쏘아대는 표적이 됩니다. 온 성 전체가 롯을 대적합니다. 그들 중에서 롯의 편에 서는 사람이 아무도 없습니다. 그러니 악인들은 언제나 끊임없이 자기들 편에 서는 것입니다. 테르툴리아누스는, 어떤 이교도 남편들은 아내가 부도덕하고 방탕한데도 그 아내를 좋아하여 함께 살다가도 그 아내가 믿음을 받아들이고 기독교로 회심하게 되면 그 결과로 정숙해지는데도 불구하고 그 아내를 버리며, 또한 아버지들 중에는 자녀들이 배은망덕하며 아무렇게나 처신할 때에는 잘 참다가도 그들이 회심하여 그런 악습을 고치게 되면 그들을 문 밖으로 쫓아낸다는 것을 전해 줍니다. "누구든 그리스도인이 되어 삶을 변화시키면, 그는 범죄자가 된다"고 합니다. 그런데 이것이 이교도들만의 죄라면 그래도 괜찮을 것입니다. 그러나 우리는 세상에서 참된 그리스도인을 더 잔인하게 대적하는 원수가 성도라는 이름을 지닌 자들 중에 있다는 것을 처절한 경험을 통해서 알게 됩니다. 교회에 임한 가장 쓰라린 박해들은 바로 교회 내에 있는 자들에게서 행해진 것들입니다. 오오, 그들이 그 큰 날에 당할 일이 얼마나 끔찍하겠습니까! 그리스도의 이름으로 칭하면서 성도들 가운데 나타나는 그의 본성은 미워하는 자들이니 말입니다! 그리스도를 주라 부르면서 그의 가장 훌륭한 성도들을 박해하고 그의 가장 충성된 종들을 망하게 하는 자들이니 말입니다! 주께서 그 백성의 대의를 이루시고 친히 그들의 원수들에게 보응하실 그 큰 날에 주의 맹렬한 진노의 가장 극한 상태를 느끼게 될 자들은 누구보다도 바로 이 자들인 것입니다.

둘째 적용. 성도들을 위해 기도하는 이 임무에 힘쓰십시오. 여러분의 손에서 하나님이 취하실 여러분의 행위 중에 이보다 더 친절하게 취하실 것이 없습니다. 이에 대해 어떻게 구할지를 그가 친히 가르쳐 주십니다: "내 아들들에 관하여 될 일들을 내게 물으라"(사 45:11. 한글개역개정판은 "내 아들들 … 에 관하여 내게 명령하려느냐"로 번역함 — 역주). 신하들은 왕의 기호에 맞추어 청원서를 작성합니다. 그가 주기를 원치 않는 것은 요구하지 않도록 신중을 기합니다. 그러나 그가 한 개인이나 계획을 선호한다고 느끼면 그때에는 열정적으로 탄원을 제기합니다. 요압은 드고아의 여인을 다윗에게 보내면서 왕의 아들 압살롬을 위하는 멋진 비유 속에 담아서 한 가지 청원을 그에게 제기했습니다. 그는 왕의 마음이 그 아들을 향하여 애틋하여 자기가 제출한 청원을 그가 수락할 수밖에 없다는 것을 알고 있었던 것입니다. 그런데 여호와의 마음이 그의 성도들을 향하여 애틋하지 않습니까? 그러므로 여러분이 구하는 그것에 대해 하나님의 마음이 가 계시는 것을 발견할 그 적절한 때에 맞추어 성도들을 위해서 기도하여야 할 것입니다. 이것이 바로 하나님께서 다니엘의 기도에서 그렇게 기뻐하신 점입니다(단 9:22, 23). 그런데, 성도들을 위해 기도할 때에 그들을 위해서 여러 가지를 구할 수 있지만, 다음의 것들을 잊지 마시기 바랍니다.

1. 그들의 삶을 위해 기도하십시오. 그들이 살아 있다는 것이 얼마나 큰 복인지 모릅니다. 땅이 그들 밑에서 흔들려도 그들은 거의 무너지지 않습니다. 하나님께서 죽음으로 그들을 데려가시는 것은 대개 다가오는 악의 전조입니다. 여로보암에게 다소 선(善)을 지닌 아들이 하나 있었습니다만, 그가 죽자, 그 아버지의 가족의 패망이 이어집니다(왕상 14:7). 아우구스티누스가 죽자 히포가 원수의 손아귀에 무너집니다. 성을 보존해 온 지혜자가 사라지면, 그 성의 종말이 재촉되는 것이

이상한 일이 아닙니다. 하나님께서는 성도들을 세상 바깥으로 데려 가심으로써 세상에 심판을 내리시는 길을 닦으시는 것입니다. 하나님이 그의 자녀들을 무덤에 두실 때에는 폭풍이 멀지 않습니다(사 26장). 그러므로 그들을 우리 중에 계속 있게 하기 위해 최선을 다하는 것이 중요합니다. 특히 그들의 숫자가 이미 너무 적고 귀하여 그 옛날 선지자가 이스라엘에 대해 한 다음과 같은 말씀처럼 그렇게 말할 수 있을 때에는 더욱 그렇습니다: "나는 여름 과일을 딴 후와 포도를 거둔 후 같아서 먹을 포도송이가 없으며 내 마음에 사모하는 처음 익은 무화과가 없도다"(미 7:1). 우리의 젊은이들 중에 옛날처럼 성도들이 두텁게 돋아나는 것을 본다면, 그 중에 복이 있다고 말할 수 있을 것입니다. 이들이 다음 세대를 위해서 적어도 소망의 씨앗들은 될 것입니다. 그러나 전반적으로 불법이 번성하여 성도의 반열에 드는 자들이 적다면, 이는 좋지 않은 징조입니다. 모세가 죽자 여호수아가 그를 대신하여 일어섰고 이스라엘의 일들이 다 잘 되었습니다. 그러나 여호수아가 죽자, 하나님께서 그 백성을 위해 베푸신 놀라운 역사들을 보지 못한 세대가 일어나 배반하였고, 그리하여 난파되고 말았습니다(삿 2:9, 10).

2. 그들의 자유와 평안을 위해 기도하십시오. "예루살렘을 위하여 평안을 구하라. 예루살렘을 사랑하는 자는 형통하리로다"(시 122:6). 예루살렘은 그들이 공적으로 예배를 드리는 곳이었습니다: "지파들 곧 여호와의 지파들이 여호와의 이름에 감사하려고 이스라엘의 전례대로 그리로 올라가는도다"(4절). 그러므로 예루살렘의 평안을 위해 기도한다는 것은 하나님의 백성들이 훼방을 받지 않고 순결한 예배를 누릴 수 있는 그런 평온한 때를 위해 기도하는 것을 뜻합니다. 교회는 항상 우여곡절을 겪었습니다. 때로는 좋은 날씨를, 때로는 궂은 날씨를 만났으나, 대개 겨울이 여름보다 더 길었습니다. 그렇습니다. 평안의 태양이 교회의 일부에게 환히 비칠 그 때에 다른 일부는 박해의 캄캄한 밤에 휩싸이는 것입니다. 모든 교회들에 전반적으로 평안이 깃드는 때는 아주 희귀합니다. 그리고 교회의 일부가 평안을 누리더라도 무언가 어두컴컴한 구름 같은 것이 금방 끼어듭니다. 그러므로 교회의 평안을 가리켜 "반시간의 고요함"으로 말씀하는 것입니다(계 8:1). 지리한 포로생활 후에 하나님께서는 고레스 왕을 감동시키셔서 그들에게 고향으로 돌아가 하나님의 집을 재건하도록 허락하게 하심으로 불쌍한 유대인들에게 "부흥"을 주셨으나, 얼마나 속히 폭풍이 일어나 그들을 때려 그 일을 하지 못하도록 방해했는지 모릅니다! 한 왕은 그 일을 후원하고, 다른 왕은 그 일을 훼방하는 것

입니다. 복음 교회는 평안의 때에 달콤하게 숨쉬었으나(행 9장), 그것이 얼마나 지속되었습니까? 이 짧은 고요함이 가셔 버리고 갑작스런 박해의 태풍이 그들에게 몰아치는 것입니다(행 12장). 세상의 정치적인 군주들도 그런 식으로 그들의 육신적인 이익이 요구하는 대로 성도들을 이용하며, 어느 때에는 그들을 용납하다가 어느 때는 짓누르는 것입니다. 교회보다 세상으로부터 덜 호감을 받는 사람들이 세상에 없습니다. 그러므로 그들의 유일한 안전은 하나님께서 개입하셔서 그들의 대의를 품어 주시는 데에 있는 것입니다.

3. **그들 사이의 사랑과 하나됨을 위해** 기도하십시오. 정말 하나님을 찬송할 일입니다만, 오늘날 우리 시대에는 박해자의 칼이 교회의 목구멍에 드리워져 있지 않습니다. 그러나 그리스도인들끼리 서로 단검을 겨누고 있는 것은 아닙니까? 오늘날 자주 제기되는 질문은, 말씀이 선포되는데 — 그것도 그 어느 시대에 못지않게 자주, 명확하고도, 능력적으로 이 나라에서 선포되고 있는데 — 어째서 그 말씀이 악인을 회심하게 하는 데에나 성도들을 강건하게 세우는 데에 전혀 효과가 없느냐 하는 것입니다. 이것이 유일한 이유라는 말씀은 아닙니다만, 이것이 작고 사소한 원인이 절대로 아니라는 말씀을 드리고 싶습니다. 그리고 이것은 그야말로 비참한 분열이요 또한 진리를 지극히 위대하게 고백하는 사람들이 서로를 찢는 것입니다.

(1) 성도들을 위하여. 그들이 더 이상 말씀 아래 있기를 힘쓰지 않는 것도 무리가 아닙니다. 그리스도의 몸은 사랑 안에서 강건하게 세워지는 법이기 때문입니다(엡 4장). 몸에 열이 있으면 몸이 영양소를 흡수하여 자라날 수가 없습니다. 사도들 자신도 서로 으르렁거릴 때에는 그리스도께서 행하시는 설교나 그가 친히 그들에게 행하시는 성례로도 유익을 얻지 못했습니다. 주님이 직접 주시는 것이니 그것이야말로 과연 능력 있는 영적 양식이었을 것이라고 생각할 수도 있습니다. 그들 모두가 엘리야처럼 오랜 길을 힘 있게 걸을 만큼 힘을 얻었을 것이라고 말입니다. 그러나 아뿔싸! 그들이 거기서 얼마나 연약한 상태로 일어서는지를 보게 됩니다. 한 사람은 그의 스승을 부인하며, 나머지는 두려워서 그를 버립니다. 그런 상태에서는 아무리 훌륭한 수단이라도 거기서 영적인 유익을 얻기에 역부족인 것입니다.

(2) 또한 악인들을 위하여. 말씀이 그들에게 영향을 주지 못하는 것도 무리가 아닙니다. 스스로 성도라 부르는 자들 사이에 일어난 분열과 추문들이 그들의 마음

들을 거룩한 진리와 하나님의 도리를 대적하는 편견으로 가득 채웠습니다. 그리스도는 그 백성의 하나됨을 위해서 기도하십니다: "아버지여, … 그들도 다 하나가 되어 우리 안에 있게 하사 세상으로 아버지께서 나를 보내신 것을 믿게 하옵소서" (요 17:21). 수많은 속된 불신자들의 입에서 가장 자주 나오는 말은 이런 말입니다: "그 사람들 모두가 한 마음이 되면 우리가 그들을 믿겠고, 그들의 생각들이 그들끼리 일치하면 그들에게로 나아가겠소." 불난 집에 머리를 들이밀기를 좋아할 사람이 어디 있겠습니까? 복음이 잘 되기를 바라는 모든 사람들은 이런 사실에 자극을 받아, 그들의 분열된 마음들이 하나가 되기를 위하여 기도하게 되어야 — 그것도 즉시 — 할 것입니다. 뜨거운 공방은 마음을 하나가 되게 할 수 없습니다. 기도가 필요합니다. 그것이 없이는 아무 일도 할 수 없는 것입니다. 플리니우스(Pliny)는 우니오네스(*uniones*)라 불리는 진주들에 대해 말하기를, 그것들이 바다 속에서 위험을 당하지만 그 본질이 땅보다는 하늘을 담고 있다고 했습니다. "평화의 하나님"은 우리가 평화로울 때에만 우리를 보십니다. 우리가 과연 의견의 일치를 보는 데에 지혜를 얻기를 바라면, 위로부터 우리의 지혜를 빌려와야 할 것입니다. 오직 이 지혜만이 "순결하고 평화로운" 것입니다(참조. 약 3:17).

셋째 명제

[성도들을 위해 기도할 때에 모두 다 포괄해야 함]

성도들을 위해 기도함에 있어서 우리는 모든 성도들을 포괄하며 다 아우르도록 주의하여야 합니다. 그렇다고 해서 교황주의자들이 하듯, 산 자와 죽은 자를 다 포괄해야 한다는 뜻은 아닙니다. 기도는 죽은 죄인에게는 헛된 것이요 죽은 성도에게는 필요 없는 것입니다. 죽은 상태의 악인은 너무 밑에 있고, 죽은 성도는 너무 위에 있어서 우리 기도가 다가갈 수가 없습니다. 악인은 도무지 도와줄 길이 없습니다. 나무가 넘어졌으니 누워 있을 수밖에 없습니다. 죽음 이후에 몸에 일어날 변화에 대해 성경이 가르칩니다. 추한 육체들은 죽음 이후에 영광스럽게 변화할 수 있을지 모르나, 더러운 영혼은 그럴 수가 없습니다. 더러운 영혼이 추한 육체를 떠나면, 그런 상태 그대로 부활을 맞게 됩니다. 그들을 위해 기도할 때는 지금 그들이 여러분 중에 살고 있는 동안입니다. 지금 하지 않으면 절대로 그들을 위해 기도할 수 없습니다. 죄인에게는 죽음과 지옥이 함께 오기 때문입니다. 부자의 악한 영혼은 육체를 벗어나자마자, 지옥에서 신음합니다. "부자도 죽어 장사되매 그가 음부에서 고통 중에 눈을 들어"(눅 16:22, 23). 그러나 아브라함은, "너희와 우리 사이에 큰 구렁텅이가 놓여 있어" 천국과 그 영혼 사이의 교류가 완전히 단절되어 있음을 말씀합니다(26절). 그렇습니다. 이것이 악인을 영원한 진노 아래 인(印)쳐 놓은 최종적인 돌이킬 수 없는 선고가 아니고 무엇이겠습니까? 하나님이 그 죽은 영혼들의 기도를 받지 않으신다면, 다른 이들이 그들을 위해 하는 기도도 받지 않으실 것입니다. 또한 죽은 악인들이 우리가 도울 수 있는 영역을 벗어나 있는 것이라면, 죽은 성도들 역시 우리의 도움이 전혀 필요 없는 차지입니다. 그들은 이미 본향에 가 있는 것이기 때문입니다. 기도는 무언가 모자람이 있다는 것을 시사하는데, 죽은 성도들은 완전하여, "온전하게 된 의인의 영들"이라 불리는 것입니다(히 12:23). 그들을 위해 죄 사함을 구할 필요가 없습니다. 주께서 그들을 사하셨기 때문입니다. 그들은 "의인"이니 선이 모자라 그것을 공급받아야 할 처지가 아니고 "온전하게" 된 것이요, 무언가 고통을 느끼기 때문에 그것을 제거해 달라고 위해서 기도할 것도 아닙니다. 왜냐하면, "주 안에서 죽는 자들은 복이 있도다 하시매 성령이 이르시되 그러하다 그들이 수고를 그치고 쉬리니"라고 말씀하기 때문입니다(계 14:13). 그런데도 이처럼 죽은 자를 위해 기도하는 일을 만들어 낸 자들은, 다른 영혼들에게 유익을 주기보다는 그들 자신의 지갑을 두둑하게 하기 위함인 것 같습니다. 그러나 여러분이 기도해야 할 사람들은 살아 있는 성도들이요, 이 땅에서 환난을 당하는 여러분의 동료들입니다. 이런 자들을 우리가 기억하고 기도해야 할 사람들 전체 속에 포함시켜야 한다는 것입니다. 교황주의자들은 교회가 지닌 보화(寶貨)에 대해 많이 이야기합니다. 그런데 바로 이것이야말로 교회의 진정한 보화이니, 곧, 성도들이 서로를 위해 천국과 교류하며 행하는 공동 기도가 그것입니다. 바울은 심지어 한 번도 "육신의 얼굴을 보지 못한 자들"을 위해서도 마음으로 힘썼음을 말씀합니다(골 2:1). 이 점과 관련하여 몇 가지 이유들을 말씀드리겠습니다.

[성도들을 위해 기도할 때에 "모두"를 다 포함시켜야 하는 이유]

첫째 이유. 우리는 모든 성도들을 사랑해야 하고, 그러므로 그들 모두를 위해 기도해야 합니다. 성도에게 있는 사랑은 우리를 향하신 하나님의 사랑의 그림인데, 하나님의 사랑은 어느 한 성도를 다른 성도보다 유독 더 쳐다보지 않습니다. 하나님 자신을 닮지 않은 그런 모습은 하나님의 그림이 아닙니다. 자연은 그 산물들에서 오류를 범할 수도 있으나, 하나님이 성도의 가슴속에서 생겨나게 하시는 은혜에는 오류가 없습니다. 하나님이 그의 모든 자녀를 다 사랑하신다면, 여러분도 형제들 모두를 사랑하든지, 아니면 그들 중 하나도 사랑하지 않든지 둘 중의 하나밖에는 없습니다. 바울은 이 사랑의 은혜에 대해 그리스도인들을 칭찬하는데, 여기서 그는 그 사랑의 보편성을 전제로 합니다. "이로 말미암아 주 예수 안에서 너희 믿음과 모든 성도를 향한 사랑을 나도 듣고"(엡 1:15. 골 1:5; 몬 5도 동일함). 그런데 모두를 사랑한다면, 모두를 위해 기도하지 않을 수 없습니다. 누군가를 사랑하지만 그를 위해 기도하지는 않는다는 말은 어불성설입니다. 왕의 신하가 자기 친구를 사랑하면서 그가 왕의 호의를 얻고자 할 때에 그를 위해 왕 앞에서 변론하지 않을 수 있겠습니까? 사랑이 친구에게 가장 큰 친절을 표현할 수 있는 그 일을 곧바로 행하도록 만드는 것입니다. 마리아는 자기가 가진 가장 값진 향유를 그리스도께 부어드렸습니다. 기도야말로, 물론 올바른 기도라면, 성도들에게 베풀어 줄 수 있는 가장 값진 향유인 것입니다. 사사로이 어울리거나 특별히 면식이 있다거나 몇 사람만을 위해 그 향유를 그냥 간직하고 있지 말고, 그 달콤한 향기가 교회의 온 집에 가득하도록 모두를 위해 기도하여야 할 것입니다.

둘째 이유. 우리가 모든 성도들을 위해 기도해야 하는 것은 그리스도께서 그들 모두를 위해 기도하시기 때문입니다. 그는 그들 모두의 이름을 그의 방패 속에 지니고 계십니다. "내가 비옵는 것은 이 사람들만 위함이 아니요 또 그들의 말로 말미암아 나를 믿는 사람들도 위함이니"(요 17:20). 그는 그들 중 한 사람도 그의 기억 속에서 제외시키시지 않습니다. 맏형은 온 가족의 제사장이었습니다만, 우리의 맏형이신 그리스도도 신자들의 온 집의 제사장이신 것입니다. 그런데 그리스도의 간구하심은 우리가 본받아야 할 기도의 전형(典型)입니다. 사실 우리는 그리스도처럼 모든 사람들을 위해 기도할 수가 없습니다. 그는 그들을 한데 묶어서도 기도하시지만, 또한 성도 개개인의 이름을 불러 기도하기도 하십니다: 베드로야, "내가 너를 위하여 … 기도하였노니"(눅 22:32). 그렇습니다. 각 개개인을 이름을 불러 기도하실 뿐 아니라 그들의 구체적인 필요와 사정을 위해서도 기도하십니다: "내가 너를 위하여 네 믿음이 떨어지지 않기를 기도하였노니." 그리스도는 가장 급박한 위험에 처해 있는 바로 그 은혜를 주목하시고 그것을 위해 간구하심으로 그 은혜를 안전하게 지키시는 것입니다. 그리스도께서 하늘에서 자기에 대해 말씀하시고, 자기가 애쓰며 감당하고 있는 모든 부족함이나 시험을 주목하시며, 또한 그의 중보로 필요한 모든 것이 베풀어진다니, 성도에게는 이 얼마나 놀라운 위로이겠습니까! 우리는 모든 성도들을 위해 기도할 수가 없습니다. 그들 중 몇 명밖에는 모르고, 우리가 아는 성도들이라도 그들의 상황이나 처지에 대해서는 거의 모르기 때문입니다. 그러나 우리가 낱낱이 알아야 할 필요가 없습니다. 자비하게도 우리의 전반적인 발언과 투표가 마치 우리가 구체적인 실례들까지 일일이 다 거론할 수 있기라도 한 것처럼 그렇게 처리되기 때문입니다. 우리가 땅에서 기도할 때에 그 기도에 담긴 성령의 생각이 하늘에서 그리스도께서 행하시는 간구의 내용과 동일하다는 것을 하나님이 아시는 것입니다.

셋째 이유. 우리는 모든 성도를 위해 기도해야 하는데, 이는 그렇게 하지 않으면 누구를 위해서도 기도할 수 없기 때문입니다.

1. 모두를 위해 기도하지 않으면 누구를 위해서도 진정으로 기도할 수가 없습니다. 한 성도를 위해 기도하면서도 다른 사람에 대해서는 선을 바라지 않는 사람은 그 한 사람을 성도로서 대하며 기도하는 것이 아니고, 아내나 친구, 자녀 등 무언가 다른 자격으로 — 성도가 이런저런 상황으로 옷 입고 있는 것으로 — 대하며 기도하는 것입니다. 왜냐하면 사람이기 때문에 사람을 사랑하는 자는 모두를 사랑하는데, 이는 모두가 동일한 인간 본성을 지니고 있기 때문입니다. 그런데 모든 성도들도 그 동일한 본성을 지니고 있는 것입니다.

2. 모두를 위해 기도하지 않으면 한 사람을 위해서도 하나님이 받으실 만한 기도를 할 수가 없습니다. 그러므로 기도해야 할 사람들을 누락시키면, 이로 인해서 우리가 위하여 기도하는 사람들에게까지 잘못을 저지르는 것이 됩니다. 형들이 베냐민을 데려오기까지 요셉은 시므온을 방면해 달라는 그들의 요청에 귀를 기울이지 않았습니다. 여러분이 누군가를 위해 하는 기도를 하나님이 들어주시기를 바라면, 여러분의 형제들을 하나도 빠짐없이 모두 다 여러분의 기도 속에서 데려가

시기 바랍니다. 사무엘은 이새에게, "네 아들들이 다 여기 있느냐?"라고 묻습니다(삼상 16:11). 그는 막내 다윗을 데려와 아들들이 다 모이기까지 자리에 앉으려 하지 않았습니다. 어쩌면 여러분이 가까운 인근의 그리스도인들을 위해 간절히 기도하는지도 모르겠습니다. 하지만 더 멀리 있는 다른 그리스도인들은 잊지 않고 있습니까? 국내의 하나님의 교회는 기억하면서도, 해외의 교회들의 비참한 사정들을 마음을 다해 하나님 앞에 내어놓습니까? 만일 하나님께서 지금 여러분에게 다음과 같이 물으시면 어떻게 하겠습니까: "네 아들들이 다 여기 있느냐? 네 눈 앞에 있는 이 사람들 외에는 기억하는 사람이 아무도 없느냐? 이 세상에 돌아보아야 할 내 자녀와 너희의 형제들이 있지 않느냐?" 바벨론에 있는 유대인들은 예루살렘이 비록 머나먼 거리에 있지만 그 예루살렘을 잊어서는 안 되었습니다. "먼 곳에서 여호와를 생각하며 예루살렘을 너희 마음에 두라"(렘 51:50).

[적용]

첫째 적용. 오오, 옆에서 함께 거들어 주는 손길이 그렇게 많으니, 성도는 과연 부유한 상인이 아닐 수 없습니다! 하늘에서는 그리스도께서 그를 위해 간절히 기도하시며, 땅에서는 그의 형제들이 그렇게 기도하고 있습니다. 이런 사람에게 무엇이 부족하겠습니까? 아버지 하나님께서 그리스도를 사랑하사 그에게 아무것도 거절하시지 아니하시듯이, 그리스도께서도 성도들을 그렇게 사랑하시므로 그들을 거절하시지 않을 것입니다. 그러므로 그리스도인의 일은 하늘과 땅 모두에서 부드럽게 이루어지는 것입니다. 그리스도인 여러분, 이것을 생각하고 위로를 얻으십시오. 곧, 하나님의 자녀가 이 세상 어디에 살고 있더라도, 그곳에서 여러분의 선을 위해 역사하는 천국과 교류할 이유가 있다는 것입니다. 그러므로 여러분, 여러분이 기도할 때에 다른 성도들이 함께 합심으로 기도한다는 것을 알고서 믿음으로 여러분의 사사로운 기도들을 올려야 할 것입니다. 여러분이 홀로 골방에 있을 때에도 여러분 자신의 기도보다 더 많은 응답을 기대하십시오. 다른 이들을 위해 기도하지 않는 것은 사랑이 없는 처사요, 또한 다른 사람들의 기도들에게서 유익이 있을 것을 기대하지 않는 것은 교만입니다.

둘째 적용. 이는 우리 형제들의 사정과 교회의 상태에 대해 얼마나 관심을 가져야 할지를 가르쳐주며, 그리하여 그들의 필요한 것들을 더 공감하고 마음을 기울여 그들을 위해 기도할 수 있게 해 줍니다. 느헤미야는 유다에서 온 사람을 만나자 그곳의 형제들의 사정이 어떤지를 물었고, 그리하여 그들의 환난과 치욕에 대해 안타까운 소식을 듣고서 쓰라린 마음으로 눈물을 흘려 하나님께 아뢥니다(느 1:4). 그들의 괴로운 사정을 먼저 접하지 않았다면, 그가 어떻게 그렇게 마음을 다하여 기도할 수 있었겠습니까? 우리 중에 많은 이들이 "새로운 소식이 무엇인가?"를 자주 묻고, 또한 국내외의 지식과 정보를 위해 책들을 읽습니다. 하지만 그 소식을 아테네 사람들의 소식으로 대합니까, 아니면 그리스도인의 소식으로 대합니까? 과연 그것이 우리 머릿속을 이웃들과 더불어 화롯가에 앉아 한담할 거리로 가득 채워 줍니까, 아니면 우리 하나님께 기도로 아뢸 내용들로 가득 채워 줍니까?

셋째 적용. 모든 성도들을 위해 기도할 수 있도록 넓은 마음을 얻기를 힘쓰십시오. 하나님은 솔로몬에게 지식과 지혜가 가득하며 바다의 모래 같은 넓은 마음을 주셨다고 말씀합니다(왕상 4:29). 그런데 솔로몬에게 주신 자비보다 더 큰 자비가 여기 있습니다. 넓은 마음이 큰 머리보다 더 낫습니다. 곧, 선을 행하는 것이 그것을 아는 것보다 낫다는 것입니다. 이기적인 마음보다 더 무가치한 것은 없습니다. 그리고 기도 중에 토로되는 이기심보다 더 나쁜 것은 없습니다. 한 이교도도 어떤 아테네 사람이 가뭄에 다른 이웃 도시들도 똑같이 어려움을 겪고 있다는 사실을 잊고서 오로지 자기 도시만을 위해서, "오오 제우스여, 이 아테네 사람들의 밭에 비를 주소서"라고 기도하는 것을 보고서 그것을 탓하였다고 합니다. 이교도들 중에서도 이런 사랑의 덕을 크게 흠모하는 이들도 있었습니다. 이에 대해서는 한 가지 실례만으로도 족할 것입니다. 로마인들 사이에서는 밤에 황제의 장막 가까이 나아가면 죽음을 면치 못한다는 것이 법이었습니다. 그런데 어느 날 밤 한 병사가 황제에게 탄원을 제기하고자 황제의 장막 가까이 서 있다가 체포되었고, 그는 곧바로 사형 당할 위기에 처했습니다. 그런데 황제가 장막 안에서 시끄러운 소리를 듣고서 신하를 불러 이렇게 말했습니다: "그의 탄원이 자기를 위한 것이면 죽이고, 다른 사람을 위한 것이면 목숨을 살려두라." 조사를 해보니 결국 그의 탄원이 초소 근무를 서다 졸음에 빠졌던 두 사람의 동료 병사를 위한 것이었음이 밝혀졌습니다. 그리하여 그 병사는 죽음을 면했고, 다른 두 병사는 벌을 면했습니다. 그 병사의 사랑의 행위가 이 땅의 황제가 법을 유보시킬 만큼 그를 기쁘게 했습니까? 그렇다면 여러분, 우리 동료 성도들을 위해 간구하는 것은 우리의 자비하신 하나님께 얼마나 더 큰 기쁨이 되겠습니까! 그러나 이 임무를 빠짐없이 꼼꼼히 — 즉 모든 성도들을 위해서 — 행하도록 격려를 얻기 위해서, 다음을 생각해 보십시오.

1. 모든 성도들을 위해 기도하는 이것이 성도들을 향한 여러분의 사랑이 순전하다는 것을 입증해 줄 것입니다. 사람이 자기 자신이나 친족들을 위해 기도할 때에는, 자기에게 육신적으로 의존하지 않는 사람들을 위해 기도할 때처럼 순전한 은혜의 역사를 볼 수 있는 유리한 위치에 서 있지 못합니다. 여러분이 핍절해 있거나 병들어 있을 때에 여러분 자신을 위해 기도한다면, 이것이 그저 자연인의 본성적인 부르짖음이 아니고 그보다 더 나은 것이라는 것을 과연 어떻게 알겠습니까? 여러분의 가족을 위해 기도합니까? 여전히 여러분의 육체가 그 일에 관여하고 있는 것이요 또한 그것이 여러분을 일깨워 기도하게 하는 것일 수도 있습니다. 물론 육체가 그 주요 요인이 아닐 수도 있겠지만 말입니다. 그러나 여러분과 특별히 관계가 없고 오로지 그가 그리스도인이라는 것 빼고는 달리 그를 기억하게 할 만한 요인이 전혀 없는 다른 누군가의 비참한 사정에 대해 가슴이 아파서 은밀한 중에 그를 위해서 마치 여러분 자신의 문제를 아뢰는 것처럼 간절하게 기도하게 된다면, 이것이야말로 여러분이 진정으로 은혜의 영을 내쉬고 있다는 증거일 것입니다.

2. 그것이 여러분의 은혜의 진실성을 입증해 주는 것처럼, 그 은혜의 높음과 활력을 입증해 줄 것입니다. 우리 마음을 오염시키는 것이 부패입니다. 바울이 다음과 같이 묘사하는 자들은 절대로 훌륭한 그리스도인이 아니었습니다: "그들이 다 자기 일을 구하고"(빌 2:21). 마음이 은혜 안에서 자라나면서, 그것이 더 넓어지고 더 공적인 자세를 갖춘 모습으로 자라나게 됩니다. 언덕에 높이 올라갈수록 시야가 더 넓어지는 법입니다. 땅 위에 그냥 서 있는 사람은 옆의 울타리 너머를 바라볼 수 없습니다. 눈이 자기 담장의 범위 내에 있는 것밖에는 보지 못합니다. 이와 같이 육신적인 심령은 오로지 자기 자신의 상태나 사정밖에는 생각하지 않으며, 자기 방에 물이 들어오기까지는 그 물을 느끼지도 못합니다. 그러나 은혜는 영혼을 깨우며, 따라서 은혜가 많은 사람일수록 형제들의 처지를 세세히 돌아볼 수 있게 되는 것입니다. 온 세상을 향해 영향력을 미치는 그런 사람이야말로 천국의 성격을 지닌 자들입니다. 특히 다음과 같은 상태가 함께 나타나면, 은혜가 그 활동 중에 그 모습을 높이 드러낸다 할 것입니다.

(1) 사람이 누릴 수 있는 모든 풍성한 것들을 다 누리는 처지에 있으면서도, 자기와 그렇게 거리가 먼 성도들의 어려운 처지에 대해 슬퍼하며 울기 위해 자기의 기쁨을 옆으로 미루어 둘 수 있을 때. 느헤미야가 예루살렘의 형제들을 위해 그렇게 했습니다.

그는 따뜻한 둥지 속에 있고 왕궁에서 얻을 수 있는 최고의 즐거움과 안락함을 누리고 있는 처지에서 그렇게 한 것입니다. 큰 은혜에 속한 자 이외에는 보통 자기들의 안락한 침대에 누워 있으면서 교회의 환난의 처지를 느끼지 못하는 법입니다. 예루살렘을 자기가 가장 기뻐하는 것보다 더 우선시할 수 있다면, 그 사람은 분명 다윗과 같은 사람일 것입니다.

(2) 반대로, 우리 자신이 개인적으로 깊은 어려움과 비참한 처지를 당할 때에, 그런 상황에서도 다른 성도들을 위해 기도할 큰 공간을 마음에 남겨둘 수 있다면, 이는 정말이지 굉장한 은혜가 있음을 증거하는 것입니다. 한니발이 막강한 군대를 이끌고 로마인의 성벽 가까이에 와 있을 때에 로마인들이 스페인에 있는 동료들을 돕기 위해 몇 개의 군단을 그리로 보낼 수 있었다는 것은 로마인의 힘과 용기가 정말 컸다는 것을 보여 줍니다. 여러분 자신이 사사로운 슬픔과 고통 거리와 깊이 씨름하고 있을 때에 환난 당한 다른 성도들에게나 혹은 해외의 하나님의 교회에게 기도로 응원군을 보내줄 수 있다는 것은 여러분이 과연 은혜를 입은 자임을 나타내주는 것입니다.

(3) 우리 자신이 괴로움을 당하는 처지에서, 다른 성도가 자비를 얻었다는 소식을 접하고도 기쁨과 감사로 그 소식을 환영할 수 있을 때. 서로 정반대되는 일을 동시에 만나고서 거기에 잘 대응하는 것은 큰 은혜가 있어야만 가능할 것입니다. 궁핍한 처지에 있는 자들이 다른 사람들의 번영을 접하고서 불만과 시기로 반응하는 경우가 너무도 많습니다. 그러므로 여러분 자신에게 닥친 비참한 일들로 인해서 여러분의 눈에 눈물이 고여 있을 때에, 만일 여러분이 다른 사람들에게 베풀어진 자비들에 대해서 하나님을 찬양할 수 있다면, 그것은 아주 드문 자세입니다. 여러분에게는 그것이 당연하고 확실하겠지만 혈과 육은 결코 여러분을 모방해서 그렇게 할 수가 없는 것입니다.

이제 주의할 점을 말씀드리고 이 단락을 종결짓고자 합니다. 그것은 곧, 모든 성도들을 위해 기도해야 하지만, 그럼에도 불구하고 그 중에 우리가 더 특별하게 기억해야 하는 사람들도 있다는 것입니다.

(a) 다른 관계들로 우리와 가까운 사람들. 첫째로, 은혜로는 물론 본성의 끈으로도 가까운 사람들: "사랑 받는 형제로 둘 자라 내게 특별히 그러하거든 하물며 육신과 주 안에서 상관된 네게랴?"(몬 16). 성령의 끈이 육체의 끈보다 더 신성한 것은 사실입니다. 하지만 육체의 끈이 성령의 끈과 함께 겹쳐져 있으면 애정의 힘이 배가

되고, 따라서 기도의 임무도 그만큼 중요해집니다. 그러므로 바울은 "하물며 … 네게랴?"라고 말씀하는 것입니다. 사랑이 집에서 시작할 수도 있습니다. 물론 집에서 끝나면 안 되겠지만 말입니다. 또한 시민 사회든, 신앙 공동체든 간에 거기에서 맺어지는 인간적인 관계가 기도의 임무를 한층 배가시켜 줍니다. 그러므로 주인이 종을 위하여, 종들이 주인을 위하여, 목사가 교인들을 위하여, 교인들이 목사를 위해 기도할 책임이 있는 것입니다. 자기 가족은 굶기면서 이웃들에게는 잔치를 베푸는 사람은 없을 것입니다. 이웃들에게 덤덤한 사람은 전혀 모르는 낯선 사람들에게 지나친 친절을 베풀 가망성이 별로 없을 것입니다. 그러므로 이런 관계들로 자기에게 그렇게 가까운 자들을 위해서 기도하지 않는 사람은 다른 사람들을 위한 기도에 충실할 가능성이 희박한 것입니다.

(b) 환난 중에 있는 사람들. 혹시 다른 이들은 잊는다 할지라도 이런 사람들은 반드시 기억하십시오. 가족 중에 아픈 자가 생기면, 식탁에 앉은 다른 사람들에게 양식을 나눠주기 전에 먼저 그의 몫을 떼어 놓을 것입니다. 이럴 때야말로 사랑이 필요한 때입니다. 역경 중에 친구는 겨울철에 화롯불만큼이나 필요한 것입니다. 욥의 친구들은 아주 적절한 때를 택하여 그를 방문했습니다만, 그 방문을 선히 활용하는 적절한 길은 취하지 않았습니다. 그들이 만일 그 시간에 그와 논쟁을 벌이지 않고 그를 위해 기도하며 보냈다면, 욥에게 큰 도움이 되었을 것이고 하나님을 더 기쁘시게 했을 것입니다. 그런데 이런 때에는 미혹하는 자도 바쁘게 움직입니다. 이 사자는 혹시 그리스도인을 먹이로 삼을까 하는 희망을 갖고 환난의 밤에 바깥을 두루 다닙니다. 사탄이 자기 먹이를 찾기 위해 깨어 있다면, 우리는 괴로움에 처한 사람을 위해 깨어 기도해야 하지 않겠습니까? "내가 간구하는 날에 주께서 응답하셨나이다"(시 138:3). 즉, 환난 날에 응답하셨다는 뜻입니다. 과연 지금이야말로 그리스도의 성령께서 우리를 일깨워 기도하게 하실 때입니다. 우체부가 부를 때가 아니면 과연 언제 우리의 편지들을 보내겠습니까? 그가 그들을 위해 기도하도록 여러분을 깨우시니, 또한 여러분의 기도를 조심스럽게 하나님 앞에 보내실 것이요 또한 응답이 돌아오는 것을 보실 것입니다.

(c) 공적인 위치에서 쓰임 받는 성도들. 여기서는 한 사람을 위해 기도하는 동안 많은 사람들을 위해 기도하게 됩니다.

(d) 은혜의 보좌 앞에서 자기들을 기억해 주기를 분명하게 바라고 또한 그것을 부탁하는 사람들. 여러 가지 빚 중에서도 법적으로 계약된 빚을 가장 먼저 갚게 됩니다.

여러분은 모든 형제들에게 빚진 자요 그들을 기억하여 기도할 책무를 지고 있습니다. 그러나 특별히 여러분이 기도하겠다고 구체적으로 약속한 사람들을 위해서는 더욱 큰 빚을 지고 있는 것입니다. 이것은 말하자면 여러분의 손에 들려 있는 증서, 곧 친구에게 이 빚을 갚아 준다는 확인증과도 같은 것입니다. 혹시 다른 사람은 잊더라도 그 사람은 기억하십시오. 술 맡은 관원장은 자신이 요셉에게 한 약속을 기억하지 못한 것으로 양심에 찔림을 받았을까요? 그는 자기가 복직되어 궁으로 돌아가면 그를 위하여 바로에게 청하겠다고 약속하지 않았습니까? 그는 이렇게 말합니다: "내가 오늘 내 죄를 기억하나이다"(창 41:9). 만일 여러분이 주님 앞에서 그들의 일을 거론하기를 잊는다면, 그것이야말로 잘못을 고백해야 할 더 큰 사유가 될 것입니다. 주께서 그것을 여러분의 손에서 찾기를 엄숙하게 바라시니 말입니다. 돈을 지불하기로 약속하고서 그 약속을 지키지 못했을 경우는 그리 큰 잘못이 아닙니다. 여러분이 돈이 모자라서 그에게 재산상의 불이익을 입히는 것보다 기도에 관해서 그 사람을 실망시키는 것이 그의 영혼에게 더 큰 잘못을 행하는 것일 것입니다. 여러분의 기도가 하늘에 상달될 때까지 그가 바라는 자비가 베풀어지지 않고 멈추어 있을지 어떻게 알겠습니까? 다른 성도들이 우리를 위해 기도할 때에, 때로 우리가 우리를 위해 기도하고서도 받지 못하는 그것을 그들이 받게 된다는 것이 욥 42:8에서 분명히 드러납니다.

전신갑주를 입고 기도로써 공적인 그리스도의 목사들을 도와야 할 개개인 그리스도인의 임무

"또 나를 위하여 구할 것은 내게 말씀을 주사
나로 입을 열어 복음의 비밀을 담대히 알리게 하옵소서 할 것이니
이 일을 위하여 내가 쇠사슬에 매인 사신이 된 것은
나로 이 일에 당연히 할 말을
담대히 하게 하려 하심이라"(엡 6:19, 20).

사도는 이 기도의 임무를 — 모든 성도들을 그 범주 내에 집어넣어 — 충실하게 제시하고 난 다음, 이제 일반적인 법칙을 적용시키고 또한 그 속에 자기 자신의 몫도 있음을 주장합니다 — "또 나를 위하여." 그가 그들에게 "모든 성도를 위하여" 기도할 것을 명할 때에, 자기 자신을 그들의 기도 목록에서 제외시킬 수는 없었을 것입니다. 이 말씀에는 네 가지 대지가 있습니다. 첫째. 권면, 혹은 바울의 자기 자신을 위한, 그리고 그 안에서 모든 복음의 목사들(ministers of gospel. 이는 비단 목사라는 직분만이 아니라 일반적인 사역자의 의미로도 이해할 수 있을 것임 — 역주)을 위한 요청 — "또 나를 위하여." 둘째. 그의 요청의 내용 — "내게 말씀을 주사." 그들의 기도의 내용을 오로지 이것에만 한정시켜서 요청한 것이 아니라, 이것을 그들의 기도의 주요 내용으로 삼아 주기를 요청하는 것입니다. 셋째. 그가 이것을 바라는 목적 — "나로 입을 열어 복음의 비밀을 담대히 알리게 하옵소서." 넷째. 이 요청을 뒷받침하고 강화시키기 위한 두 가지 논지 — "이 일을 위하여 내가 쇠사슬에 매인 사신이 된 것." — 첫째. 그의 사명에 근거한 논지. 둘째. 환난을 당하고 있는 그의 현재의 처지에 근거한 논지.

—

첫째 대지

[바울이 그리스도의 목사로서 신자들에게 기도를 요청함]

"또 나를 위하여"

여기 권면, 혹은 바울이 자기 자신을 위하여, 또한 그의 안에서 모든 복음의 목사들을 위하여, 하는 요청이 있습니다 — "또 나를 위하여." 첫째. 여기서 우리는 교인들이 다른 사람들은 물론 그들의 목사를 위해서도 해야 할 임무를 가르침 받아야 한다는 것을 주목할 수 있습니다. 둘째. 다른 사람들을 위해 기도하는 것은 물론 우리 자신을 위하여 다른 이들의 기도를 원하는 것도 우리의 임무입니다. 셋째. 복음의 목사들은 특별한 면에서 성도들의 기도에서 기억되어야 마땅하다는 것을 주목할 수 있습니다.

첫째. 여기서 우리는 교인들이 다른 사람들은 물론 그들의 목사를 위해서도 해야 할 임무를 가르침 받아야 한다는 것을 주목할 수 있습니다. 그러나 이 임무보다 목사의 편에서는 강조하기가 어렵고 혹은 교인들의 편에서는 듣기가 — 목사의 편에서는 겸손과 지혜로 전하고, 혹은 교인들 편에서는 편견이 없이 받아들이기가 — 어려운 것이 없습니다.

[다른 이들을 위해 기도하는 것은 물론 다른 이들의 기도를 원하는 것도 우리의 임무임]

둘째. 다른 이들을 위해 기도하는 것은 물론 우리를 위하여 다른 이들이 행하는 기도를 원하는 것도 우리의 임무입니다. 바울이 구걸하는 자가 되어 다른 이들에게 자기를 기억해 주기를 구걸한다면, 과연 그렇게 구걸할 필요가 없는 사람이 누구겠습니까? 성도들은 항상 그렇게 해왔습니다. 때로 특별한 일을 당할 때에 형제들에게 함께 기도하여 도움을 주기를 요청합니다. 다니엘이 그렇게 했습니다. 왕의 꿈을 해석해 줄 것을 요구받고서 그는 친구들에게 자기를 위해 기도하게 합니다: "이에 다니엘이 자기 집으로 돌아가서 그 친구 하나냐와 미사엘과 아사랴에게 그 일을 알리고 하늘에 계신 하나님이 이 은밀한 일에 대하여 불쌍히 여기사 … 그들로 하여금 구하게 하니라"(단 2:17, 18). 다니엘은 하나님께로부터 응답을 받기 전에는 왕에게 답을 주지 않을 작정이었습니다. 그리하여 기도에 들어갑니다. 물론 자기 혼자 기도할 때에도 그 은밀한 골방에서 그 문제를 잊지 않았습니다. 그러나 친구들을 불러 자기와 함께 기도로 도울 것을 요청합니다. 그는 친구들을 자기 집에 불러서 함께 기도하였을 것으로 보입니다. 함께 합심하여 기도함으로써 그들이 서로 마음을 뜨겁게 하고 강하게 하여 간절하게 기도하도록 도움을 주었습니다. 그리하여 나중에 그는 그들의 합심 기도에 대한 응답으로 하나님이 자비를 베푸셨음을 찬송합니다: "나의 조상들의 하나님이여 주께서 이제 내게 지혜와 능력을 주시고 우리가 주께 구한 것을 내게 알게 하셨사오니 내가 주께 감사하고 주를 찬양하나이다"(23절). 이 말씀은 성도들이 무언가 큰 시험이나 환난의 고비에 처해 있을 때 다른 신실한 성도들에게 이 임무를 부과하여 도움을 얻는 것이 합당하다는 것을 잘 보여 줍니다. 때로는 형제들이 자기들의 문제에 대해 이처럼 함께 기도하는 일을 편하게 행하지 못할 때에는, 우리가 그들로 하여금 다른 형제들이 자기들을 위해 기도해 주기를 바라도록 만들어 주기도 합니다. 에스더는 수산의 유대인들에게 자기를 위해 기도할 것을 요청합니다(에 4:16). 사도 바울도 그의 여러 서신서들에서 성도들이 그의 이름을 들고 은혜의 보좌 앞에 나아가기를 바랍니다(롬 15:30; 고후 1:10, 11; 골 4:3; 빌 1:19). 그리고 여기에 합당한 이유가 없는 것이 아닙니다.

첫째. 그들의 이름을 들고 은혜의 보좌 앞에 나아가는 것을 하나님께서 한 성도가 다른 성도에게 지는 빚으로 삼으셨습니다. 그런데 하나님께서 우리 형제들에게 부과하신 이 빚을 지불받기를 바라지 않는다면 이는 우리 하나님의 자비와 선하심의 값어치를 아주 낮추는 처사입니다. 가령 한 친구가 우리에게 유산을 남겨두었는데도 만일 우리가 그의 상속자를 불러서 그것을 지불하도록 요구하지 않는다면 그것은 그 친구의 호의를 멸시하는 것이 아니겠습니까? 하나님은 과연 이 일로 우리에게 친절을 베푸시는 것으로 여기십니다. 그러므로 그것을 구하지 않는다면 이는 그의 친절을 악의로 받는 것이 될 수도 있습니다. 요구하지 않은 것 때문에 받을 빚을 잃어버린다면 이는 우리의 손해요, 이는 우리에게 결코 작은 손해가 아닙니다.

둘째. 신실한 자가 다른 이를 위해 하는 기도들에 대해 은혜로운 약속들이 많이 주어져 있습니다. "누구든지 형제가 사망에 이르지 아니하는 죄 범하는 것을 보거든 구하라 그리하면 … 그에게 생명을 주시리라"(요일 5:16). 하지만 여러분이 이렇게 말할지도 모르겠습니다. 한 사람의 기도가 어떻게 다른 사람의 죄 사함을 얻을 수 있느냐?라고 말입니다. 이에 대해 답변하자면, 아무도 다른 사람의 믿음에 근거하여 죄 사함을 받지 못합니다. 이 문제는 개인의 문제입니다. 그러나 한 사람이 믿음으로 드리는 간절한 기도는 다른 사람을 위하여 회개와 믿음의 은혜를 얻는 훌륭한 수단이 되며, 이를 통해서 그 사람이 죄사함을 받기에 이를 수도 있는 것입니다. 그러므로, "너희 죄를 서로 고백하며 병 낫기를 위하여 서로 기도하라 의인의 간구는 역사하는 힘이 큼이니라"(약 5:16). 그런데 형제들이 기도로 돕는 것을 원하지 않는다면, 이는 이 약속들 — 그 주요 목적은 우리로 하여금 다른 이들의 도움을 요청하도록 격려하고자 함입니다 — 을 전혀 사용하지 못하게 됩니다. 마치 성경의 그런 구절들을 그냥 보관해 두는 것이 우리에게 필요할 때를 위해 잘하는 일이기라도 한 것처럼 말입니다. 어느 집의 땅을 보았는데, 그 땅에 씨도 뿌려져지지도 않았고 거름도 주어지지 않았다면, 그 땅이 황폐하거나 아니면 그 주인이 농사를 형편없이 짓고 있다고 이야기할 것입니다. 이와 마찬가지로 그 약속이 헛되고 무용지물이거나, 아니면 그 약속을 누리지 않는 우리가 우리 영혼의 농사를 형편없이 짓고 있든지 둘 중의 하나일 것입니다. 그러나 성도들이 시대마다 그 약속으로부터 거둔 그 큰 열매와 유익들을 생각할 때에, 성경의 약속에 대해서는 그렇게 말할 수가 없습니다. 다니엘이 친구들이 그와 함께 드린 기도의 응답으로 큰 비밀을 알게 되지 않았습니까? 욥의 친구들이 욥의 간구로 말미암아 그들의 머리에 드리워 있던 큰 심판을 피하지 않았습니까? 성도들 몇 사람이 함께 모여 베드로를 위해 기도하여 그가 놀라운 이적을 통해서 옥에서 구출되지 않았습니까? 그러므로 이 약속에 대해서는 나쁘게 말해서는 안 됩니다. 이와 같이 멋진 열매들이 그 약속으로부터 거두어진 것이 똑똑히 보이니 말입니다.

셋째. 우리가 만일 다른 이들이 우리의 이름을 들고 은혜의 보좌 앞에 나아가기를 원치 않는다면, 우리는 기도의 성령을 소멸하는 죄를 범하는 것이요, 이는 우리 자신에게서도, 또한 다른 이들에게서도 일어날 수 있습니다.

1. 이로써 우리 자신에게서도 성령의 역사를 소멸할 수 있습니다. 부분적으로 우리가 임무를 소홀히 하기 때문입니다. 우리더러 "너희 죄를 서로 고백하며"라고 명령하는데, 이것이 함께 드리는 기도의 유익을 얻고자 하는 목적이 아니고 무엇이겠습니까? 여러분을 일깨워 여러분 자신을 위해 기도하게 하시는 그 동일한 성령께서 또한 여러분을 움직이사 여러 사안들에서 다른 이들도 함께 여러분을 위해 기도하도록 만들게도 하시는 것입니다. 그런데 이것을 여러분이 행하지 않는다면, 여러분이 그의 역사를 가로막는 것이요, 따라서 죄를 범하는 것입니다. 또한, 다른 이들이 여러분을 위해 기도함으로써 여러분이 여러분 자신의 기도에서 얻을 수 있는 그런 도움을 여러분 스스로 빼앗아 버리는 것이니, 이는 여러분 속에서 역사하시는 기도의 성령을 소멸하는 것입니다. 성령께서는 수단과 도구들을 사용하는 중에 우리에게 그의 살리시는 은혜를 베푸시기 때문입니다. 선포되는 말씀을 듣지 않는 자는 성령을 소멸하는 것입니다. 하나님께서 말씀 선포를 성도의 은혜에 바람을 불어넣어 불이 지펴지게 만드는 풀무로 사용하시기 때문입니다. 그러므로, 다른 사람들의 기도를 원하지 않는 자는 자기 속에서 역사하시는 기도의 성령을 소멸하는 것입니다. 왜냐하면 그들의 기도의 은혜를 여러분을 위해 시행함으로써 여러분에게 더 많은 은혜가 부어지게 할 수도 있기 때문입니다.

2. 다른 이들에게서도 성령의 역사가 소멸되게 만드는 데에 여러분이 일조할 수도 있습니다. 여러분이 그들에게 여러분의 처지를 알게 해주었더라면 그들이 여러분을 위해 기도할 때에 은혜들이 역사했을 것인데, 여러분이 그렇게 하지 않음으로써 그 은혜들이 그들에게서 역사하지 못하도록 방해한 것이기 때문입니다. 물을 끼얹어도 불이 꺼지지만, 연료를 줄여도 꺼지는 법입니다. 여러분의 필요나 소원들을 형제들에게 공개하는 것이 그들에게 기도의 성령의 역사에 연료를 공급하는 것이 됩니다. 기도할 새로운 문제가 그들에게 주어지기 때문입니다. 그리고 여러

분에게 베풀어지는 하나님의 자비로운 섭리들을 그들에게 알려주면, 그것은 결국 여러분이 그들로 하여금 찬양의 노래를 부르도록 자극하는 것이 되는 것입니다. 여러분이 당하는 시험과 환난들을 형제들에게 알려주기를 원치 않는 것 때문에, 하나님께서 여러분의 이웃의 성도들이 기도 중에 터뜨리는 탄식과 한숨을 얼마나 많이 들으시는지 모르는 것입니다! 여러분이 받은 자비들을 형제들에게 숨기지 않았더라면 그들이 얼마나 귀한 기쁨과 감사를 올려드렸겠습니까!

넷째. 우리 자신이 연약하여 다른 이들의 도움이 필요하다는 것을 우리가 겸손히 지각하고 있음을 표현하기 위해서도, 다른 이들이 우리를 위해 기도해 주기를 원해야 합니다. 겸손한 영혼들은 자기 자신의 힘을 두려워합니다. 가진 것이 적은 사람들은 다른 파트너들이 함께 일해 주기를 바랍니다. 하지만 자기에게 있는 자원으로 족하다고 자신하게 되면 자기 혼자서 일을 행하려 합니다. 바울은 스스로 교만에 빠진 고린도인들에게, "너희가 이미 배부르며 이미 풍성하며 우리 없이도 왕이 되었도다"라고 말씀합니다(고전 4:8). 전에는 바울의 설교가 필요하다고 여기던 때가 있으나, 지금은 너희가 우리 없이도 스스로 왕이 되어 다스리고 있다는 것입니다. 오오, 과거에 만나는 그리스도인마다 기도해 달라고 청하던 때가 있었던 사람들이 얼마나 많은지요! 그들에게서 부족한 것과 안타까운 일들 외에는 들을 수가 없었습니다. 그러니 그들은 자기들이 아는 모든 이들에게 자기들의 더러운 부패는 줄어들고 은혜가 많아지도록 위해서 기도해 달라고 요청하게 되었습니다. 그런데 지금은 그들이 그런 구걸 행위를 벗어 버렸고, 스스로 만족스럽고 풍족하게 여겨서 상상 속의 나라에서 스스로 왕이 되어 군림하고 있는 것입니다. 다른 이들을 위하여 기도하지 않는 것이 사랑이 없음을 보여주는 것이 분명합니다만, 이와 마찬가지로 다른 이들에게서 기도를 바라지 않는 것도 결코 교만이 없음을 보여주는 것이 아닙니다.

다섯째. 우리를 대적하는 사탄의 계략을 방지하기 위해서도, 다른 이들이 우리를 위해 기도하기를 우리가 원해야 합니다. 사탄은 그리스도인이 다른 이들에게서 갈라질 때에 그것이 자기에게 얼마나 유리한지를 잘 알고 있습니다. 그러므로 그는 홀로 드리는 그리스도인의 기도에 함께 협력하여 돕는 형제들의 기도들이 합류하는 것을 막기 위해 할 수 있는 수단을 다 강구하여 애씁니다. 삼손의 힘은 한 오라기의 머리털이 아니라 그가 지닌 머리털 전체에 있었습니다. 성도의 안전은 홀로 행하는 개인의 기도가 아니라 함께하는 연합의 기도에 있습니다. 그런데 아뿔싸! 자기의 시험거리들을 다른 이들에게 감추고서, 자기 홀로 은밀하게 그것들을 상대로 씨름하고 온갖 힘을 다 쓰고 난 후에도 여전히 고통과 괴로움이 더 커지는 것을 보며 안타까워하는 사람들이 얼마나 많습니까? 이는 마치 어떤 사람이 자기 집에 불이 났는데 자기 혼자서 불을 끄려고 애쓰다가 결국 끄지 못하여 모든 것을 다 잃어버릴 위기에 처하는 것과도 같습니다. 적절한 때에 이웃들을 불러 도움을 받았으면 그럴 일이 없었을 것인데 말입니다.

여섯째. 우리 형제들에게 지고 있는 사랑의 빚 때문에도 다른 이들이 우리를 위해 기도하기를 원해야 마땅합니다. 성도들은 성도들 자신 외에는 아무도 자기들을 사랑해주지 않는 세상에서 살고 있으므로 서로를 충실히 활용하는 것이 필요합니다. 그런데 형제들의 기도를 원한다는 것은 세 가지 면에서 그들에게 사랑을 표현하는 것이 됩니다.

1. 이로써 우리가 형제들에게 있는 하나님의 은혜를 인정하게 됩니다. 그렇지 않다면 우리가 그런 일에 그들을 끌어들이려 하지 않을 것입니다. 친구가 자기를 대신하여 왕에게 탄원해 주기를 바란다면 이는 그 사람이 그 친구가 왕의 관심과 호의를 받는 사람임을 믿고 있다는 것을 드러내는 것입니다. 그러니, 우리가 다른 형제에게 해줄 수 있는 증언 가운데, 그가 하나님이 하늘에서 그의 기도를 기뻐 받으시는 그의 자녀라는 사실을 인정하는 것보다 더 존귀한 것이 어디 있겠습니까? "형제를 존경하기를 서로 먼저 하라"는 명령이 우리에게 주어져있습니다(롬 12:10). 그런데 형제들이 은혜의 보좌 앞에서 우리를 기억하여 주께 드리는 기도의 도움들을 사용하는 것보다 이 명령을 잘 지키는 길이 없는 것입니다.

2. 이로써 우리가 형제들이 우리를 위해 기도해 주기를 바라는 그 자비를 그들도 누리도록 최선을 다하게 됩니다. 가령 어떤 상인이 큰 이득이 돌아올 것임을 확신하고 터키나 스페인에 상품을 보내고자 할 때에, 다른 사람들을 파트너로 삼아 함께 그 일에 참여하게 한다면 이는 그들에게 큰 호의를 베푸는 것이 될 것입니다. 그런데 기도만큼 소득이 큰 항해가 어디 있겠습니까? 그리고 그 임무에 함께 참여하는 자는 누구나 그 자비를 함께 누리는 파트너인 것입니다.

3. 이로써 우리는 우리도 그들을 위해 기도할 준비가 되어 있다는 확신을 그들에게 심어 주게 됩니다. 이웃이 좋다는 것이 서로에게 기꺼이 친절을 베풀 준비가 되어 있다는 것이 아니면 무엇 때문이겠습니까? 서로 자기 집에 있는 것으로 상대방을 섬기는 데 있는 것이 아니겠습니까? 그런데, 자기도 비슷한 친절을 이웃에게서 받

기를 바라는 것이 아니라면, 과연 누가 이웃이 대담하게 친절을 받아가는 것을 기꺼이 용납하겠습니까? 여러분이 친구에게 낯설게 대하면, 이는 바로 그도 여러분을 낯설게 대하도록 여러분이 그를 가르치는 것입니다. 서로에게 마음을 여는 것보다 더 그리스도인들을 사랑으로 애틋하게 만드는 것이 없습니다. 친구라면 다른 친구에게 열쇠를 주지 않는 서랍을 자기 가슴속에 품고 있어서는 안 되는 것입니다.

반론 1. 하지만 성도들의 기도를 바라는 것이 그리스도의 중보 사역을 해치는 것은 아닙니까?

답변. 아닙니다. 자기 자신에게 잘못을 저지르는 일을 그리스도께서 명령하실 리가 없습니다. 그리스도께서 우리를 위해 간구하시기를 바라는 것과 이웃의 그리스도인 형제들이 우리를 위해 기도해 주기를 바라는 것은 서로 큰 차이가 있습니다. 우리는 그리스도의 피와 간구를 통해서 우리 개인과 우리의 기도가 하나님께 받아들여지기를 기대하고 그것을 바랍니다. 그러나 형제들의 기도에게서는 그런 것들을 기대하지 않습니다. 다만 그들이 친구들로서 우리와 함께 은혜의 보좌 앞에 나아가 거기서 한 가지로 함께 우리의 기도들을 내어놓기를 바라는 것뿐입니다. 그들과 우리의 기도 모두가 그리스도로 말미암아 상달되기를 기대하는 가운데 — 그리스도께서 우리의 기도와 형제들의 기도가 모두 하늘 아버지의 손에서 환영받도록 해주실 것을 의지하며 — 그렇게 하는 것입니다.

반론 2. 하지만, 우리와 함께 살고 있는 자들의 기도는 바라면서, 같은 목적으로 이미 죽은 성도들의 기도를 바라는 것은 왜 안 된다는 것입니까?

답변 1. 말씀에 이에 대한 교훈이나 모범이 전혀 없습니다. 그리고 예배의 임무들 가운데 말씀이 명하지 않는 것들은 금지되어 있습니다. 우리는 기록된 말씀보다 더 지혜로워서는 안 됩니다. 하나님이 지정하신 수단을 사용하지 않는 것은 큰 죄요 아하스의 경우가 이에 해당됩니다. 그러나 하나님이 지정하신 것 외에 다른 수단이나 방법을 만들어내는 것은 그보다 더 큰 죄입니다. 신하가 왕의 법을 지키지 않는 것도 악한 일이지만, 건방지게 자기 머리에서 법을 만들어내는 것은 그보다 훨씬 더 악한 일입니다. 전자는 임무를 소홀히 하는 것이지만, 후자는 반역을 도모하는 것입니다.

답변 2. 세상을 떠난 성도들에게 우리의 생각과 소원들을 표현할 길이 전혀 없습니다. 우리가 하는 말을 들을 수도 없는 자들에게 어째서 기도해야 한단 말입니까?

우리의 생각들을 그들에게 전해 줄 사자가 어디 있습니까? 우리가 땅에서 하는 기도를 그들이 하늘에서 듣는다는 말씀이 성경의 어느 곳에 있습니까?

답변 3. 땅의 성도들을 위하여 하늘에서 일하시는 유일한 일꾼이시라는 것은 그리스도의 대권(大權)입니다. "천사 중 누구에게 내가 네 원수로 네 발등상이 되게 하기까지 너는 내 우편에 앉아 있으라 하셨느냐?"(히 1:13). 성전 바깥에서는 온 회중이 함께 기도하는 것을 봅니다만, 지성소에는 향을 지닌 대제사장 외에는 아무도 들어가지 못합니다. 각 성도는 자기 자신과 이 땅의 다른 이들을 위해 기도를 올리는 제사장입니다. 그러나 그리스도는 우리의 유일한 대제사장으로서 하늘에서 우리를 위해 간구하시는 것입니다. 영광스러운 천사들과 영화로움을 입은 성도들도 거기서 아래의 교회가 잘 되기를 바랄 것입니다. 그러나 이 땅에서 전투 중인 그의 성도들이 외형적인 성전으로부터 하늘로 올려드리는 기도의 향을 받으시고 그것을 그들의 모든 소원들과 더불어 하나님께 드리시는 일은 그리스도의 직분인 것입니다. 그러므로 그리스도 외에 누군가로 하여금 하늘에서 우리를 위해 기도하게 하는 이는 그리스도를 그 직분에서 내쫓는 일인 것입니다.

[적용]

첫째 적용. 이는 자기 자신의 영혼을 위해 기도를 요청할 마음을 아직 한 번도 가져본 적이 없는 자들을 책망합니다. 이런 사람들이야말로 자기 자신에게 전혀 낯선 자들이요 자기들이 얼마나 큰 특권을 잃어버리고 있는지를 모르는 자들입니다! 그리스도께서 사마리아 여인에게 하신 말씀처럼, 여러분이 하나님의 선물을 알았고 또한 구하는 자가 누구인가를 알았더라면, 여러분이 그에게 구하였을 것이요 또한 그가 주셨을 것입니다. 가련한 영혼들이 성도가 누구인지를 — 하나님이 그들을 얼마나 총애하시며 또한 그들의 기도를 얼마나 잘 들어주시는지를 — 알았더라면, 자기들이 그들의 기억에서 사라지기를 그렇게 기꺼이 바라지는 않았을 것입니다. 제가 알아온 사람들 중에서는 하나님께서 일하기 시작하시자마자 — 그것이 그저 그들의 양심을 일깨우는 것뿐이었는데도 — 이것이야말로 바랄 만한 가치가 있다는 것을 깨닫지 못하는 사람이 하나도 없었습니다. 곤경 중에 도움을 갈구하는 것은 사람에게 지극히 자연스런 일입니다. 종이나 자녀가 주인이나 아버지가 자기를 불쾌히 여겨 벌을 주겠다고 위협할 때에, 누구든 주인이나 아버지가 좋게 여기는 자를 알면 — 그리고 다른 누구보다 그들이 그 주인이나 아버지를 잘 설득할 수 있다고 여겨지면 — 그 사람에게 자기를 위해 변호해 줄 것을 간청하게 됩니다. 가난한 자가 주리고 목마를 때에, 그 이웃에 친구가 있어서 자기를 위해 교구에다 말을 해줄 수 있다고 여겨지면, 곧바로 그에게 가서 자기 사정을 토로할 것입니다. 그런데, 그들이 더 고귀한 문제에서 결핍이나 어려움을 지각할 때에, 과연 육체를 위해 빵을 구걸하는 것만큼 간절하게 자기의 영혼을 위해 기도해 주기를 바라지 않겠습니까? 그러니 하나님을 경외하며 또한 같은 믿음을 지닌 자들 가운데 사는 여러분, 그들이 여러분에게 기도해 주기를 바랄 마음이 없어도 여러분의 임무를 행하십시오. 그들의 어리석은 영혼들을 위해 하나님 앞에 기도하십시오. 친구가 병이 들어 감각이 없어져 버렸다면, 그가 제정신이 돌아와서 여러분에게 도움을 요청하기까지 의사도 불러오지 않고 그냥 멈추어 있지는 않을 것입니다. 그 친구가 이런 양심의 무감각한 상태로 떠나 버려서 기도가 소용없는 상태가 되는 일이 없도록 그를 위해 더욱더 황급히 하나님께 나아가 아뢰는 것이 필요한 것입니다.

둘째 적용. 이는 하나님의 백성들의 기도를 바라나 외식적으로 바라는 자들을 책망합니다. 이들은 다른 이들은 기도하게 하면서 자기들은 자기를 위해 기도하지 않습니다. 이는 거짓된 마음의 분명한 증표라 하겠습니다. 바로도 이처럼 여러 차례 모세를 불러 자기와 자기 땅을 위해 기도해 줄 것을 요청했습니다. 그러나 그가 하나님께 스스로 나아가 구한 일은 한 번도 없었고, 그저 다른 사람을 보내어 일을 시킨 것으로 족하다고 여겼습니다. 그러나 은혜 안에 있는 영혼은 다른 이들에게 기도를 요청하면서 자기 스스로도 하나님께 나아가 구하는 것입니다. 바울은 "내가 너희를 권하노니 너희 기도에 나와 힘을 같이하여 나를 위하여 하나님께 빌라"라고 말씀합니다(참조. 롬 15:30). 그는 자기 목에 두른 띠를 벗겨내어 다른 사람의 목에 두르지 않고, 그들과 함께 참여하고자 했습니다. 그렇게 하지 않으면 여러분을 위해 기도하는 자들이 여러분에게서 자비가 떠나기를 위해 기도할지도 모릅니다.

셋째 적용. 이는 다른 이들의 기도를 바라나 무슨 큰 곤경을 당할 때에만 바라는 자들을 책망합니다. 이 사람들은 자기 마차가 환난의 깊은 수렁에 굳게 빠져 있을 때에는 황급히 기도로 자기를 곤경에서 꺼내줄 사람들을 구하지만, 다른 때에는 성도들의 기도에 대한 생각이 바뀌어 버립니다. 그렇습니다. 하나님 자신에 대한 생각도 바뀌어 버리는 것입니다. 개구리들이 사라지자, 또 다른 재앙이 임하기까지 모세는 바로에 대해 아무 이야기도 듣지 못했습니다. 바로가 개구리 우는 소리를 듣기까지 모세는 바로의 부르짖음을 듣지 못하였습니다. 산호초에 대해서 말하기를, 물속에서는 부드러우나 물 바깥에 꺼내놓으면 딱딱해진다고들 합니다. 많은 사람들의 양심도 그와 같습니다. 환난 중에 잠잘 때에는 부드럽고 예민하지만, 그것이 제거되고 나면 딱딱하고 억세지는 것입니다. 그렇게 자주 모세를 불러 기도해 달라고 청하던 바로는 결국 그를 보는 것을 견디지 못하여 자기 앞에 다시는 나타나지 말라고 경고했습니다. 오오 여러분, 이것을 조심해야 합니다! 그 몹쓸 바로는 위기에서 벗어나자, 하나님의 보응의 손길로부터 그를 그렇게 자주 건져 주었던 모세를 향해서 안면을 바꾸고 그를 자기에게서 쫓아 버립니다. 그러자 그는 얼마 살지 못했습니다. 그는 가로막고 있던 그 댐을 스스로 제거하고 수문을 올려서 멸망이 자기에게 들어오게 만들고 말았던 것입니다.

넷째 적용. 이는 다른 이들이 자기를 위해 기도하기를 바라나 허황된 욕심으로 — 신앙에 대해 명성을 얻으려는 욕심으로 — 바라는 자들을 책망합니다. 이것을 경계하십시오. 그러나 일부 사람의 외식을 모든 사람에게 지우지도 말고, 혹시 외식자더러 기도를 해 달라고 부탁하면 어떻게 할까 하는 상상 속의 우려 때문에 다른 이들이 하는 기도의 유익을 여러분 스스로 빼앗아 버리지도 마십시오. 여러분의 마음을 깨어 살피고 그 임무에서 흔들리지 마십시오. 어떤 이들이 자기들의 양말대님으로 스스로 목을 매어 죽었다고 해서, 그 때문에 여러분이 양말대님을 매기를 두려워하겠습니까? 아니면 일부 위선적인 걸인들이 전역을 두루 다니면서 자기의 쓰라린 상처들을 — 그들은 이것들이 치료받기를 원하지도 않습니다 — 보여준다고 해서, 그 때문에 여러분도 상처를 입을 때에 그것이 치료받지 못하게 하기 위해 돌팔이 의사에게 가겠습니까?

[복음의 목사들은 신자들의 기도를 요청할 특별한 권리가 있음]

셋째. 사도가 이처럼 요청하고 있는 사실에서 우리는 복음의 목사들이 특별한 면에서 성도들의 기도에서 기억되어야 마땅하다는 것을 주목할 수 있습니다. 그리고 그것은,

첫째. 하나님을 고려할 때에 그렇습니다. 그들이 하나님의 메시지를 전하기 때

문입니다. 그들은 하나님의 일을 행하고, 하나님이 주신 사명을 감당하는 자들입니다. 그러므로 그들을 위해 기도하지 않는다는 것은, 곧 그들이 하나님을 위하여 행하는 그 일이 잘되는 것을 바라지 않는 것으로 해석될 것입니다. 그들은 하나님께로부터 오는 것뿐 아니라 그리스도와 함께 옵니다. "우리가 하나님과 함께 일하는 자로서 너희를 권하노니 하나님의 은혜를 헛되이 받지 말라"(고후 6:1). 그리스도와 목사가 강단에 함께 올라가는 것입니다. 사람보다 크신 이가 거기 계십니다. 주인과 종이 모두 함께 일하고 있는 것입니다.

또한 목사의 수고의 축복이 하나님께로부터 오는 것입니다. 씨앗을 심거나 뿌리는 손이 아니라 하나님의 축복이 자라게 하는 것입니다(고전 3:6). 멜란히톤(Melanchthon)은 처음 회심했을 때에 복음의 빛이 그의 눈에 그렇게 분명하고도 강력하게 비친 것을 보고서 자기가 전하는 설교를 듣는 모든 사람들이 회심할 것이라고 생각했습니다. 자기가 바라본 진리가 그렇게 많은 증거로 뒷받침되므로 자기의 말씀을 듣는 자들이 그 진리를 대적하기가 불가능할 것으로 여긴 것입니다. 그러나 후에 현실이 오히려 정반대라는 것을 깨닫고서 다음과 같이 말하게 되었습니다: "이제 늙은 아담이 어린 멜란히톤이 대하기에는 너무나 어려운 상대라는 것을 깨닫는다." 오직 하나님께서 허리춤에 차고 계시는 그 열쇠만이 마음을 열 수 있는데, 기도가 바로 그 마음을 여는 열쇠인 것입니다. 그리스도께서는 복음을 전하는 일을 위해 제자들을 보내고자 하실 때에 그들로 하여금 엄숙하게 기도하게 하십니다(마 9:38). 그리스도께서 복음 목사들의 보호를 위하여 그들에게 주신 약속들이 많습니다. 그가 그 별들을 그의 오른손으로 지키시리라고 약속하셨는데, 그 약속이 없었다면 그들은 이미 오래 전에 땅에 누워 발에 밟혔을 것입니다. 그리고 그들을 도와 그들의 일을 성공하게 하실 것도 약속하셨습니다: "내가 네 입과 함께 있어서 할 말을 가르치리라"(출 4:12). "그러므로 너희는 가서 모든 민족을 제자로 삼아 … 모든 것을 가르쳐 지키게 하라… 내가 세상 끝날까지 너희와 항상 함께 있으리라 하시니라"(마 28:19, 20). 그것들을 베풀어 주시기를 기도로 하나님께 다시 쏘아 올리게 하기 위한 것이 아니라면 무엇 때문에 이 약속들을 주셨겠습니까?

둘째. 목사들 자신을 고려할 때에 그렇습니다. 온 세상에서 동정과 기도의 대상으로서 그리스도의 신실한 목사들보다 더 위대한 것은 없습니다. 다음을 생각해 보면 이를 잘 알 수 있습니다.

1. 그들의 임무의 중요성. 그것은 성전의 일이요 따라서 무게 있는 일입니다. 그리하여 형제들 중에서 어깨가 가장 넓은 바울조차도 "누가 이 일을 감당하리요?"라고 외쳤습니다(고후 2:16). 느헤미야는, "내가 이제 큰 역사를 하니"라고 말했습니다(느 6:3). 하지만 그에게 맡겨진 일이 무엇이었습니까? 이보다 더 위험이 수반되는 일은 없습니다. 강단 아래에서 — 복음을 듣고도 — 지옥으로 떨어져 멸망하는 것도 족히 안타까운 일입니다. 그러나 오오 여러분, 그 일에 불성실하다가 지옥으로 떨어진다면 이 얼마나 참담하겠습니까! 이 사실을 생각하고서 바울은 스스로 그렇게 분발하여 마지않습니다: "우리는 주의 두려우심을 알므로 사람들을 권면하노라"(고후 5:11).

2. 그것은 수고로운 일입니다. "너희 가운데서 수고하고 … 너희를 … 권하는 자들을 너희가 알라"(살전 5:12). 곧, 말씀과 가르침에 수고하는 자들을 기억하라는 것입니다. '오이 코피온테스'는 지치기까지 힘써 수고하는 것을 뜻합니다. 마땅히 해야 할 바대로 설교하는 자는 그 일이 놀이(play)가 아니라 일(work)이라는 것을 알 것입니다. 강단에서 말씀하는 한 시간 동안만 일하는 것이 아니라 일주일 내내 그의 어깨에 무거운 짐을 지고 일하는 것입니다. 사람의 핵심 기관들을 완전히 소비하며, 본성의 등불을 위해 공급되는 기름을 다 소진하는 그런 수고입니다. 요컨대 늙은이와 젊은이를 비슷하게 보이게 만드는 경우가 많은 그런 수고입니다. 그리스도께서 삼십세 조금 넘었을 무렵 유대인들은 그를 오십세 전후로 보았습니다(요 8:57). 어떤 이들은 이에 대해서, 그리스도께서 설교와 금식과 철야 등의 수고로 몸을 혹사시키셔서 그 때문에 그의 모습이 자기 연령보다 더 늙게 보였다고 설명하기도 합니다. 다른 직업들은 — 많은 직업들이 있습니다만 — 본성에 맞게 운동을 하는 것에 불과합니다. 그것들은 석탄에 바람을 불어서 재를 떨어내고, 그리하여 몸에 남아 부담을 주는 과다한 것들을 배출하도록 돕습니다. 농부보다 더 즐겁게 빵을 먹고 더 단잠을 자는 사람이 누구입니까? 그러나 목사의 일은 사람의 몸을 쇠약하게 만듭니다. 그에게는 먹는 것도 일하는 것도 똑같이 힘듭니다. 촛불처럼 그는 빛을 발하면서 그동안 자기 자신을 쇠진해 가는 것입니다. 무슨 일이든 다른 일보다 더 힘들다고 여겨지는 일은, 목사의 수고를 세우기 위해 빌려온 것으로 간주합니다. 군인이든, 야경꾼이든 농부든 간에, 그들의 일은 한 여자의 산고(産苦)를 통해 세워지는 것입니다. 목사들 중에 일부 다른 이들보다 쉽게 일을 하는 이들도 있습니다. 곧, 형제들보다 사역의 성공을 더 많이 보는 사람들입니다. 그러

나 사역하는 시간 내내 산통을 겪는데도 불구하고 결국 죽은 자녀가 나오는 것을 보는 목사들의 그 영혼으로 느끼는 쓰라린 고통을 과연 누가 알겠습니까?

3. 그것은 지옥과 땅이 반대하는 일입니다.

(1) 그것은 지옥에게서 반대를 받습니다. 마귀는 절대로 성전의 일을 좋아해 본 적이 없습니다. 여호수아를 저지하기 위해 그의 오른편에 있었던 자가 목사의 팔꿈치에서 그를 방해하며, 그것도 그의 연구에서와 강단에서 모두 방해합니다. 바울은, "[내가] 너희에게 가고자 하였으나 사탄이 막았도다"라고 말씀합니다(살전 2:18). 사탄이 목사를 일에서 떠나게 만들기 위해, 혹은 그 일을 방해하기 위해, 취하는 모든 계략을 누가 다 알 수 있겠습니까? 어떤 목사는 실망시켜서 요나처럼 자기의 사역지에서 도망하고 싶은 마음을 갖게 하고, 또 어떤 목사는 교만으로 들뜨게 만들어 망하게 만들려 합니다. 심지어 바울도 그의 마음에 교만이 들어오지 못하도록 그의 육체에 주어진 가시를 지니고 있었습니다. 때로는 사탄이 목사로 하여금 격정으로 들끓게 만들고, 그의 열정을 부풀려 쓰라림과 무자비함으로 변하게 만들기도 합니다. 제자들이 바로 이것으로 얼룩졌습니다. 그들은 그들의 길을 가로막는 자들에게 하늘로부터 불이 떨어지기를 구하기도 했습니다. 때로는 목사들의 열심을 냉랭하게 식혀 버리고 비겁함과 자기 연민 속에 빠지도록 겁을 주기도 합니다. 그리하여 베드로는 자기 자신을 구하려고 주님을 부인하기도 하고, 또 어느 때에는 유대인들의 환심을 사려고 그들과 더불어 외식을 행하기도 했던 것입니다.

(2) 그것은 악한 세상에게서 반대를 받습니다. 루터(Luther)는 이렇게 말씀합니다: "목사가 된다는 것은 다른 것이 아니라 세상의 분노와 격한 화(禍)를 자기 자신에게로 이끌어 내는 것이다." 그들이 얼마나 굉장한 모욕거리들로 무장하고 있는지요! 이런 더러운 먼지는 그 어느 곳보다도 목사의 외투에 더 두텁게 쌓입니다. 최고의 사람들이었던 사도들조차 얼마나 가증스러운 이름들로 욕을 당했습니까? 그들이 말로만 그들을 내리치려 했다면 그나마 괜찮았을 것입니다. 그러나 시대마다 박해자들이 그들의 피를 보기 위해 혈안이 되어 있는 것을 보게 됩니다. 사도행전의 박해는 야고보를 죽이는 일로 시작됩니다. 이세벨의 시대에는 한 선지자를 제외하고는 칠천 명이 숨어 지냈습니다. 이들은 누구나 치워 버리려 하는 아주 성가신 돌들입니다. 그러나 자기 자신의 손가락을 다치지 않고서는 아무도 치워 버릴 수가 없습니다. 나라에 폭풍이 일어 위기가 닥칠 때마다 그들이 그 폭풍을 몰

고 온 장본인으로 몰려 배에서 내던져지곤 했습니다. 그들이 버젓이 살아 자기 일을 하는 꼴을 보는 것이 정말로 마음이 상하여 행복을 잃어버린다고 생각하는 이들이 얼마나 많습니까? 오오, 정말 비참한 행복이 아닐 수 없습니다. 그들 모두에게 평화와 구원의 소식을 전하는 사람들의 패망을 값으로 지불하지 않고서는 도무지 살 수 없는 행복이라니 말입니다! 이런 행복은 우화에 나오는 양들의 행복과도 같습니다. 늑대들을 막아 주는 개들을 죽이라는 말에 회유되어 개들을 죽여 버렸으니 말입니다. 혹은 선장을 바다에 빠뜨려놓고 좋아하는 배의 승객들의 행복과도 같습니다. 한 마디로, 그런 행복은 그리스도께서 자기들의 손에 처단되셨을 때에 유대인들이 느꼈던 그런 행복감과 같은 것입니다. 그들은 로마인들이 예루살렘을 파괴하지 못하도록 자기들을 보호하기 위해서 그를 살해했습니다만, 바로 그 일로 인해서 오히려 예루살렘이 복구가 불가능하도록 폐허가 되는 처참한 일이 그들 머리 위에 떨어지고 말았던 것입니다.

4. 이 모든 사실에 무게를 더해 주는 것은, 이 무거운 짐을 져야 하고 이 모든 괴로움과 위험을 상대로 싸워야 하는 사람들이 다른 사람들보다 더 어깨가 튼튼한 이들이 아니라는 점입니다. 그들은 다른 형제들과 똑같이 연약함에 매여 있는 사람들이었던 것입니다. 자, 이런 모든 사실을 대하고서도 그들을 향하여 연민의 마음으로 녹아지지 않습니까? 그들을 위하여 그런 연민으로 기도할 마음이 생기지 않습니까? 그들이 사탄의 총알과 사람들의 총알들이 그렇게 비오듯 날아오는 가운데 죽음과 위험 앞에 서 있는데도, 여러분은 그들의 가슴에 방패를 달아주어 그들을 보호하고자 그들을 위해 간절히 기도하는 수고를 할 마음이 없습니까?

셋째. 여러분 자신을 고려할 때도 그렇습니다. 여러분 자신을 사랑한다면 그들을 위해 기도하지 않을 수 없을 것입니다.

1. 그들의 사역이 여러분을 위해 의도적으로 주어진 사명이라는 것을 생각하십시오. 그들의 사역은 절대로 몇 사람을 다른 형제들보다 높이 치켜세우려는 의도로 주어진 것이 아닙니다. 그것은 여러분의 믿음을 섬기기 위하여 주어진 것입니다. 그리스도께서 사람들에게 주신 은사들(엡 4장) — 즉, 그들의 직분과 또한 그것을 수행할 능력들 — 은 모두 그리스도의 몸을 강건히 세우기 위하여 주신 것입니다. 그런데도 일 년 내내 여러분을 위해 수고하는 그들을 위해 기도하지 않으렵니까? 만일 여러분의 자녀나 종이 여러분의 세상적인 업무를 위해 해외에 나가 있다면, 그를 위해 기도로 뒷받침하지 않겠습니까? 선한 야곱은 자식들이 애굽으로 갈 때

에 그렇게 했습니다: "전능하신 하나님께서 그 사람 앞에서 너희에게 은혜를 베푸시기를 원하노라"(창 43:14). 여러분의 초라한 목사를 위해 그렇게 기도하지 않겠습니까? 그가 서재에서 준비할 때에나 그가 강단에서 우리 영혼을 위해 준비한 것을 전할 때에 전능하신 하나님께서 그와 함께 가시기를 위해서 말입니다.

2. 목사들의 잘못이 교인들에게 위험을 초래합니다. 그러므로 그들의 잘못으로 인하여 여러분이 시험에 빠지지 않으려면 그들을 위해 기도해야 합니다. 선생들의 죄야말로 죄를 가르치는 선생들입니다. 유모가 병들어 있으면, 그의 가슴에 누워 젖을 빠는 아기도 그 질병에 걸릴 위험이 있는 법입니다. 목사가 오류로 얼룩져 있으면, 그의 교인들 중 많은 이들이 그 오류에 오염되지 않는 것이 이상할 것입니다. 그가 삶이 느슨해져서 추문을 일으킨다면, 그는 마치 온 마을 전체가 물을 길어 먹는 공동 우물이나 공동 샘물이 더러워져 있는 것과도 같습니다. 마귀는 베드로를 무너뜨리려 할 때에 그저 베드로만 목표로 삼은 것이 아닙니다. "시몬아, 시몬아, 보라 사탄이 너희를 밀 까부르듯 하려고 요구하였도다"(눅 22:31). 마귀는 베드로가 무너지면 그 여파가 곧바로 많은 사람들에게로 미치리라는 것을 알고 있었던 것입니다. 목사의 삶의 행실은 그의 가르침보다 훨씬 더 큰 소리를 냅니다. 사람들이 그의 설교는 잊어도 그가 보인 모범은 잊지 않고 있다가 자기들이 변명하고 변호하고자 할 때에는 여지없이 그것을 들추어낼 것입니다. 베드로가 물러가자, "남은 유대인들도 그와 같이 외식하였습니다"(갈 2:12, 13). 여러분, 여러분의 목사들은 그저 사람일 뿐이고, 또한 여러분보다 강하지 않습니다. 똑같이 감정에 영향을 받는 사람들입니다. 그러므로 자기는 오류에 실족하거나 죄에 빠지지 않을 것이라고 건방지게 이야기하는 자가 있다면, 그는 말씀의 모든 약속이 허용하는 것보다 더 대담한 자입니다. 그들도 다른 어느 누구만큼 여러분의 기도가 필요합니다. 위험을 가장 적게 두려워하는 자가 가장 많은 기도를 필요로 하는 법입니다.

3. 목사를 위해 기도함으로써 여러분은 그의 사역을 통해 유익을 얻을 가망이 가장 많은 길을 따르는 것입니다. 이렇게 기도하는 자는 그 목사의 접시에 담긴 음식의 일부를 얻을 기대를 하고 나아올 것입니다. 그의 양식에 대해서도 이야기합니다. 그리고 말씀을 듣는 규례에 나아오기 전에 먼저 하늘을 향해 기도를 올려 보내는 손님들이 가장 귀한 대접을 받게 될 가망이 다분합니다. 목사를 위해서와 그의 수고가 성공을 거두기를 위해서 기도하지 않고 그냥 설교를 듣는 자는 복을 갈구

하기도 전에 고기를 먹으러 자리에 앉는 것입니다. 이는 자기 자신의 영혼에게 도둑질을 하는 것이요, 또한 목사에게서는 유익을 강탈하는 것입니다. 그를 위해 기도했더라면 그가 하늘로부터 그 유익을 가져다가 주었을 것인데 그렇게 기도도 하지 않고 받으니, 이는 강탈한 것과 다를 바 없는 것입니다. 유모를 쇠약하게 하면, 그것은 아이를 굶겨 죽이는 것입니다. 지극히 우려해야 할 일입니다만, 목사를 위해 기도하지 않을수록 교인들이 그에게서 유익을 얻지 못하게 되는 법입니다.

4. 목사를 위해 기도함으로써 그가 선포하는 말씀이 여러분 자신에게 더 효력을 발휘하게 될 뿐 아니라, 그의 사역이 다른 사람들에게 미치는 선한 영향력에 여러분 자신도 가담하는 것이 됩니다. 다른 사람들의 죄에 가담하는 길이 있듯이, 다른 사람들의 거룩한 섬김에 가담하는 길도 있습니다. 죄인의 손의 힘을 강화시켜 그로 하여금 어떤 식으로든 악을 행하게 만드는 자는 그 죄인의 죄를 자기 것으로 만드는 것이요, 따라서 마지막 심판의 날이 올 때에 그 죄인과 함께 그 일에 합당한 삯을 받게 될 것입니다. 마찬가지로, 기도를 통해서든, 후원을 통해서든, 필요를 채워 주는 일을 통해서든 간에 거룩한 일을 담당하는 목사의 손에 힘을 주는 자는 그의 봉사에 함께 협력하는 자가 되며, 따라서 그에 합당한 상급을 잃지 않을 것입니다(마 10:40). 그 본문에는 그저 일반 그리스도인들이 "선지자의 상"을 받게 된다는 말씀도 있습니다(41절). 목사를 도움으로써 그의 수고에 함께하는 자들은 그 목사가 받을 상을 받게 될 것입니다. 하나님께서 오사 신실하게 섬긴 선지자들에게 상을 주실 때에, 그들을 박해자의 분노로부터 숨겨준 오바댜도 — 그 후에 그들의 주린 배를 채워준 오네시보로나, 또한 그 이후 그들의 복음 사역이 자유로이 나아가도록 간절히 기도를 드린 그 신실한 모든 사람들이 — 그 상급을 함께 나누어 받게 될 것입니다. 배에서 15분의 1을 지분으로 가진 자나, 그보다 더 많은 지분을 가진 자나 똑같이 그 배의 주인입니다. 그러므로 항해가 끝날 때에, 자기가 가진 지분의 비율에 따라 거기서 발생한 이윤을 받게 됩니다. 이 얼마나 큰 격려인지 모릅니다. 가장 기본적인 이 일에 대해서도 받을 몫이 있다니 말입니다! 그렇습니다. 지금 멸시를 받는 그리스도의 목사들을 위해 언제나 은혜의 보좌 앞에 나아가기를 힘써야 하겠습니다. 우리가 기도할 때에 하늘의 약속이 우리가 바다로 보내는 모든 이들의 안전을 분명히 보장해 준다는 것을 알고 있으니 말입니다.

둘째 대지

[바울이 그리스도의 목사로서 신자들의 기도를 요청하는 내용]

말씀의 일반적인 내용 구분에서 둘째 대지가 이어지는데, 여기에는 사도가 에베소 교회에 요청하는 내용, 혹은 그들이 자기를 위하여 하나님께 언급해주기를 바라는 내용이 포함되어 있습니다 — "내게 말씀을 주사." 여기서 다음을 관찰하십시오. 첫째. 그의 소망의 영적인 성격(spirituality). 그는 육신적인 일을 위해서나 세상적인 존귀나 부귀를 위해 기도를 부탁하는 것이 아닙니다. 그는 자신의 필요나 외형적으로 모자라는 것들에 대해서는 전혀 언급하지 않습니다. 그가 지금 옥에 갇힌 처지이므로 그런 것들이 절실했을 것인데 말입니다. 그러나 그가 가장 바라고 구하는 것은 영적인 결핍입니다. 그는 그들이 지갑이 아니라 기도로 사랑을 베풀어 주기를 바라는 것입니다. 둘째. 그가 기도를 구하는 그 내용 — "내게 말씀을 주사" — 의 공적인 성격을 관찰하십시오. 이것은 그 자신에게 사사로운 유익만을 주는 그런 개인적인 특권이 아니라, 오히려 다른 이들에게 유익을 미치도록 만들어 주는 것입니다. 곧, 그로 하여금 교회에서의 공적인 임무에 합당하게 임하도록 해주는 그런 특권인 것입니다. 여기서 우리는 다음과 같은 사실을 주목하게 됩니다.

[그리스도의 목사로서 신자들의 기도를 바라는 주요 내용]

주목. 신실한 목사는 자기 자신보다는 자기의 사역에 마음을 더 많이 기울입니다. 그가 주로 바라는 것은 어떻게 하면 자신이 목사의 임무를 가장 잘 감당할 수 있을까 하는 것입니다. 바울은 마음에서 우러나와서 이 말씀을 한 것이 분명합니다. 가장 먼저 나오는 것이 그의 마음이 가득 담겨 있는 것이었고, 또한 그것을 위해서 그가 가장 많이 신경 쓰고 있었던 것입니다. 이는 곧, 나를 위해 기도하겠다면, 다름이 아니라 내게 말씀을 주시기를 청해 달라는 뜻입니다. 어디든 그가 기도를 부탁하는 곳마다 그는 이것을 잊지 않습니다: "너희는 우리를 위하여 기도하기를 주의 말씀이 너희 가운데서와 같이 퍼져 나가 영광스럽게 되고"(살후 3:1). "우리를 위하여 기도하되 하나님이 전도할 문을 우리에게 열어 주사 그리스도의 비밀을 말하게 하시기를 구하라"(골 4:3). 이 거룩한 사람이 그의 마음이 얼마나 깊이 주의 일에 관여하고 있는지를 정말 귀한 표현들을 통해 선포하고 있는 것입니다. 그는 그의 영혼이 그 일에 헌신되어 있음을 말씀합니다: "내가 그의 아들의 복음 안에서 내 심령으로 섬기는"(롬 1:9). 그는 교회를 향하여 복음을 전하는 것 외에 다른 소원을 가져본 일이 전혀 없습니다. "내가 너희 보기를 간절히 원하는 것은 어떤 신령한 은사를 너희에게 나누어 주어 너희를 견고하게 하려 함이니"(11절). 그는 모든 부류의 사람들에게 빚진 자임을 스스로 공언합니다. 들을 귀가 있는 모든 이들에게 말씀을 선포하고자 하는 마음과 입이 그에게 있었던 것입니다: "헬라인이나 야만인이나 지혜 있는 자나 어리석은 자에게 다 내가 빚진 자라"(14절). 그렇습니다. 그는 자신이 죽음의 위험을 무릅쓰고 서 있어야 하는 로마에서도 "복음 전하기를 원했습니다"(15절). 이것이 그의 생각을 사로잡고 있었으므로, 모든 세상적인 관심사들은 내던져 버렸습니다. 세상의 재물에 대해서도 그는 그것을 구하지 않는다고 공언합니다: "내가 구하는 것은 너희 재물이 아니요 오직 너희니라"(고후 12:14). 그의 눈에는 더 고귀한 상품이 있었던 것입니다. 그는 돈이 자기 지갑에 들어오는 것보다 말씀을 전하여 그들을 그리스도 안으로 데려가기를 바랐습니다. 그들의 존경과 사랑이 그가 그들에게서 받을 당연한 빚이었음에도 그는 그것을 제쳐두고 계속해서 자기 일에 전념합니다. 그들이 그의 수고에 대해 아무런 감사도 하지 않는데도 말입니다: "내가 … 크게 기뻐하므로 재물을 사용하고 또 내 자신까지도 내어 주리니 내가 덜 사랑을 받아도 너희를 더욱 사랑하리라"(15절. 한글 개역개정판은 마지막 부분을 "너희를 더욱 사랑할수록 나는 사랑을 덜 받겠느냐?"로 번역함 — 역주). 그는 그들을 향하여 자기의 임무를 다할 것이요, 또한 그들이 자기에게 행하는 문제는 그들에게 맡겨두는 것입니다. 유모는 아이가 심술궂더라도 그에게 가슴을 내어 줍니다. 그 아이가 아니라 그 아이의 부모에게서 상을 기대하기 때문입니다. 교인들이 그의 수고에 대해 감사하지 않아도 하나님이 신실한 목사에게 상을 주실 것입니다.

요컨대, 그의 목숨까지도 그의 일과 비교해서는 도무지 값어치가 없는 것이었습니다: "내가 달려갈 길과 주 예수께 받은 사명 곧 하나님의 은혜의 복음을 증언하는 일을 마치려 함에는 나의 생명조차 조금도 귀한 것으로 여기지 아니하노라"(행 20:24). 그러므로 목사들이 모든 세상적인 것들보다 그들의 사명을 더 귀하게 여겨야 한다는 것은 지극히 합당한 일입니다. 그들은 하나님의 종들이요, 종은 자기 자신이 어떻게 되든지 간에 그의 임무를 행하여야 하는 것입니다. 아브라함의 종은 자기 사명을 다할 때까지 먹지도 않으려 했습니다. 그리고 일을 완수하자 공연히 시간을 보내며 지체하지 않고 곧바로 주인에게로 돌아갑니다(창 24:33). 어떤 사람이 곡물을 공급하여 로마 시의 기근을 해소하는 일을 맡았는데, 배의 선장이 날씨가 좋아질 때까지 며칠 머물자고 하자 이렇게 훌륭하게 대답했다고 합니다: "우리가 반드시 할 일은 돛을 올리는 것이지 우리가 살아남는 것이 아닙니다." 목사가 반드시 할 일은 그의 사역을 이루는 것이지, 부자가 되는 것이나 명성을 얻는 것이 아닌 것입니다. 영혼들이 얼마나 귀한지, 우리의 모든 세상적인 요인들을 위험에 빠뜨리는 일이 있더라도 그들의 영원한 구원을 도모하는 일은 반드시 이루어야 하는 것입니다. 영혼을 구하는 자가 지혜로운 것입니다. 그 일을 하는 중에 자기 목숨을 잃는다 해도 말입니다. 그런데 우리는 이 말씀들에 대해 더 구체적으로 살펴볼 차례가 되었습니다. 곧, 사도가 자기에게 주어지기를 바라고 있는 이 "말씀"(utterance)이 무엇을 뜻하느냐 하는 것입니다. 골 4:3, 4이 이 본문과 병행을 이루고 있습니다. 사도가 요청하는 내용으로 우리는 세 가지를 생각할 수 있을 것 같습니다.

[그가 "말씀"이 주어지기를 위해 기도해 주기를 요청할 때에, 그 요청의 세 가지 의미]

첫째. "말씀"이란 복음을 전할 자유를 뜻할 수도 있습니다. 곧, 그는 이미 박해자로 인해서 옥에 갇힌 상태인데, 그로 인해서 그의 입이 닫히지 않는 것입니다. 자, 그는 그가 자기의 사명을 감당하지 못하는 처지가 되지 않게 되기를 위해 기도해 줄 것을 바라는 것입니다. 여기서,

1. 복음 전할 자유를 박탈당하는 것이 신실한 목사에게 얼마나 쓰라린 괴로움인가를 관찰하십시오. 사슬에 매여 있어도 복음을 전할 수만 있다면, 바울로서는 어려움이 없습니다. 자신은 매여 있더라도 말씀은 자유롭기 때문입니다. 그러나 입이 닫혀 있어서, 자기가 내어주어야 할 빵이 없어 가련한 영혼들이 망해가는 것을 보면서도 그럴 자유가 자기에게 없다는 것은 그의 마음을 아프게 하는 일이었습니다. "오오, 내게 말씀을 주시기를 기도하라"고 그는 말씀합니다. 말씀을 전하지 못한다면 살 이유도 없습니다. 그가 살아 있기를 원하는 것이 오로지 그 일 — 그

들의 믿음이 진보하는 일(빌 1:25) — 때문이었기 때문입니다. 설교하는 일을 하지 못하여 안타까워하기보다 설교하는 일 때문에 더 지겨워하는 자들은 바울의 이러한 자세와 얼마나 거리가 먼지 모릅니다! 연말까지 자기들의 임무를 다 행하여야 하는 상황만 아니라면 강단에서 별로 볼 수 없는 이들도 있으니 말입니다!

2. 복음의 자유와 또한 목사들이 그 복음을 전할 자유야말로 특별히 기도해야 할 문제입니다.

(1) 사탄과 그의 수족들이 악의로 이것을 강력하게 반대하기 때문입니다. 하나님이 그의 복음을 위해 문을 여시는 곳마다 사탄이 그의 포대들을 설치해 두고 있습니다. "내게 광대하고 유효한 문이 열렸으나 대적하는 자가 많음이라"(고전 16:9). 하나님이 그의 상점 문을 열자마자 마귀가 그것을 다시 닫게 만들거나 그의 복음을 자유로이 팔지 못하게 방해하느라 바쁘게 움직입니다. 다른 사람들의 종들은 주인의 상점에서 평화로이 일할 수 있지만, 하나님의 종들은 그렇지 못합니다. 그들이 지나갈 때에 사람마다 돌을 들고 그들에게 던지는 것입니다. 바울이 데살로니가에서 설교하기 시작하자, 그 성 전체가 곧바로 시끄럽게 소리질렀습니다: "천하를 뒤집어엎던 이 사람들이 여기도 이르렀다"(행 17:6. 한글개역개정판은 "천하를 어지럽게 하던 이 사람들이"로 번역함 — 역주). 사실 그들의 말은 옳습니다. 복음에게 자유만 주면, 그것이 세상을 뒤집어엎을 것입니다. 변화를 일으키되, 복된 변화를 일으킬 것입니다. 마귀는 이것을 알고 있고, 그렇기 때문에 복음이 다가오는 것을 끔찍하게 두려워하는 것입니다.

(2) 그것이야말로 하나님이 한 나라에게 베푸실 수 있는 가장 값진 자비이기 때문입니다. 그런 경우에 해당되는 사람들은 복 있는 자들입니다. 그것은 왕국의 복음입니다. 그것은 교인들을 천국에로 올려가는 것입니다. 교회에서 복음 전하는 일을 없애기보다는 차라리 태양을 그 궤도에서 이탈시키는 것이 더 나을 것입니다. 태양이 빛을 비치지 않아도 영혼들이 천국으로 향하는 길을 발견할 수 있을 것이니 말입니다. 그러나 진리의 빛이 없이는 그들이 천국을 향해서 한 발자국도 뗄 수가 없습니다. 그리스도께서는, "너희에게 아직 빛이 있을 동안에" 일하라고 하십니다. 촛불 같은 사람의 본성적인 깨달음으로는 구원의 역사가 이루어질 수가 없습니다. 대낮 같은 복음의 계시가 있어야 하는 것입니다(요 12:36). 이 태양이 떠올라야만 비로소 사람이 구원을 향한 걸음을 걸을 수 있는 것입니다.

(3) 아무리 마귀와 그의 수족들이 있다 해도 복음과 복음 전하는 자들의 자유를 보

존하는 것은 하나님의 권세입니다. 그러므로 바울은 법정으로 가서 자기의 자유를 요청하지 않고 하늘로 나아가는 것입니다. 네로가 바울을 옥에 가두었던 것보다 하나님께서 네로를 더 든든히 가두고 계셨습니다. "볼지어다 내가 네 앞에 열린 문을 두었으되 능히 닫을 사람이 없으리라"(계 3:8). 에베소에 많은 대적자들이 있었지만, 그 문은 열려 있었습니다. 그리스도께서는 교회의 문 열쇠를 그 허리에 지니고 계십니다: " 다윗의 열쇠를 가지신 이 곧 열면 닫을 사람이 없고 닫으면 열 사람이 없는 그"(계 3:7), 또한 "다윗 집의 열쇠"(사 22:22). 교회는 그리스도의 집이며, 따라서 그 주인이 자기 집 문의 열쇠를 보관하는 것이 당연한 일일 것입니다.

(4) 기도는 하나님으로 하여금 그의 복음과 복음 전하는 자들의 자유를 보존하시거나 회복하시도록 하는 강력한 힘을 갖고 있습니다. 하나님의 종들을 유배 상태로부터 집으로 돌아가게 했고, 그들을 지하 감옥에서 건져냈습니다. 교회가 위하여 기도하고 있을 때에, 감옥이 베드로를 붙잡아 두지 못했습니다. 교회가 밑바닥에 있을 때에도 기도가 교회의 사정에 능력으로 역사했습니다. 네로 시대에 교회는 정말 안타까운 세상의 처지 속에 있었으나, 바울은 성도들에게 임금들과 권세를 지닌 자들을 위해 기도하게 했습니다. 그 기도들이 네로 시대에는 응답되지 않았으나, 후에 콘스탄티누스를 비롯한 그리스도인 군주들에게서 응답되었음을 의심하지 않습니다. 그리스도의 교회가 그들의 날개 아래에서 높이 기림 받고 보호받았던 것입니다.

(5) 그들의 자유를 위해 기도하십시오. 왜냐하면 복음이 사라지면 그것만 홀로 사라지는 것이 아니라 그것과 더불어 여러분이 누릴 다른 자비들도 함께 사라지기 때문입니다. 군주가 그의 호의를 물리게 되면, 커튼이 내려집니다. 목사가 진리를 선포할 자유를 잃어버리게 되면, 머지않아 교인들이 진리를 공언할 자유를 잃어버리게 됩니다. 사도 야고보가 잘못 되자, 예루살렘의 교회도 좋지 않게 되었고(행 12:1-2), 그곳에 외형적인 평화가 오래 지속될 수 없습니다. 하나님이 그의 복음을 사라지게 하시면, 더 악한 것이 들어와 함께 하게 되고, 심지어 그의 모든 쓰라린 재앙과 심판들이 오게 되는 것입니다(렘 6:8).

둘째. 사도가 "말씀"(utterance)이 주어지기를 바란다는 것은, 그가 선포할 말씀(a word)이 자기에게 주어지기를 바라는 것일 수도 있습니다. 곧 ἵνα μοὶ δοθείη λόγος의 의미로 보는 것으로, 그리스도께서 약속하신 말씀에 따른 것입니다: "그 때에 너희에게 할 말을 주시리니"(마 10:19). 여기서 우리는 다음과 같은 사실들을 주목할 수 있을 것입니다.

1. 목사들은 그들 스스로는 임무를 감당할 만한 능력이 전혀 없습니다. 오오, 하나님이 오셔서 도움을 주시기 전에 그들이 얼마나 오래 앉아 책들을 뒤적거리며, 머리를 쥐어짜는지 모릅니다. 그러다가 하나님이 도움을 주시면, 마치 야곱이 손에 찼던 짐승의 가죽처럼, 능력이 그 손에 들려지는 것입니다! 하나님이 도움을 내려주지 않으시면, 우리는 잉크가 없는 펜으로 글을 쓰는 격이 됩니다. 세상에서 다른 사람보다 하나님께 매어달려 행하여야 할 사람이 있다면, 그는 바로 목사, 목사일 것입니다.

2. 은사와 은혜가 가장 훌륭한 사람들이 자기들을 가장 비천하게 여기며 또한 자기들의 불충분함을 가장 절실하게 대면한다는 것을 주목하기 바랍니다. 바울 자신이 하나님이 도움을 주지 않으시면 자신이 사명을 감당할 수 없다는 것을 그리스도인들에게 알리기를 부끄러워하지 않습니다. 하나님께로부터 받을 때까지는 한 마디도 그들에게 말할 수 없다는 것입니다: "우리가 무슨 일이든지 우리에게서 난 것 같이 생각하여 스스로 만족할 것이 아니니 우리의 만족은 오직 하나님께로부터 나느니라. 그가 또한 우리를 새 언약의 일꾼 되기에 만족하게 하셨으니" (고후 3:5, 6). 하나님이 가능하도록 능력을 주시는 자가 바로 능력 있는 목사인 것입니다.

3. 아무리 비천한 그리스도인이라도 신실한 기도로 말미암아 목사의 설교가 자기를 위한 것이 되도록 도울 수 있다는 것을 주목하기 바랍니다. 사도는, "내게 말씀을 주"시기를 위해, 그래서 다른 이들에게 전하여야 할 바를 하나님께로부터 받게 되기를 위해, 기도하라고 말씀하는 것입니다. 오오, 기도하는 그리스도인이야말로 얼마나 유익한 도구인지요! 자기의 목사를 돕는 것은 물론이요, 온 세상의 다른 사람들까지도 돕는 것입니다. 바울은 지금 로마에 있으면서, 에베소에 있는 성도들에게까지 기도해 달라고 요청하는 것입니다.

셋째. "말씀"(utterance)은 언변의 능력(faculty of speech) — 하나님의 뜻에 관하여 자기 마음에 품을 수 있게 된 그 내용을 다른 이들에게 전달할 수 있는 준비된 자세와 또한 재능 — 을 뜻할 수도 있습니다. 많은 훌륭한 하나님의 종들은 그들의 부족한 언변과 주저하는 전달법에 대해 매우 민감했고 또한 상당히 실망해왔습니다. 그런데 이런 현상은 자연적인 원인에서도, 혹은 초자연적인 원인에서도 기인될 수 있습니다.

1. 원인이 자연적인 데 있을 경우.

(1) 언어 능력에 결함이 있을 수도 있습니다. 어떤 이들은 모세의 다음과 같은 변명이 이 경우에 해당한다고 보기도 합니다: "나는 본래 말을 잘 하지 못하는 자니이다 … 나는 입이 뻣뻣하고 혀가 둔한 자니이다"(출 4:10). 이런 사실 때문에 그는 하나님께 사명을 받고 보내심을 받기를 주저했습니다. 그러나 하나님은 혀의 둔함을 그 전할 내용의 신적인 능력으로 얼마든지 상쇄하실 수 있습니다. 모세는 "말을 잘 하지 못하는 자"였으나, 그는 말이 능하여(행 7:22) 비록 전달할 때에 더듬거리기는 했으나 바로의 완악한 마음을 흔들어 떨게 만들 정도였습니다. 사실 하나님이 "그의 입과 함께" 계시겠다고 약속하셨으나, 그 뒤에도 그가 자신의 언변의 부족함을 언급하는 것을 보면 그의 천성적인 결함을 고쳐 주신 것은 아닌 것으로 보입니다. 그러므로 그런 천성적인 불완전함 때문에 목사가 실망해서도 안 될 것이요, 그 때문에 교인들이 편견을 가져서도 안 될 것입니다. 오히려 목사로서는 자신이 전달하는 그 내용이 무게 있게 되도록 더 신중을 기하여야 할 것이요, 또한 교인들로서는 더욱더 목사의 말씀에 마음을 모아 집중하여야 할 것입니다.

(2) 연약한 기억력에 있을 수도 있습니다. 인쇄가 제대로 잘 되어 있지 않아서 많은 철자들이 틀려 있는 책을 읽을 때에는 빠르고 부드럽게 읽을 수가 없으나, 중간에 자주 읽기를 멈추고 그 다음의 내용을 면밀히 살피게 될 것입니다. 기억력은 일종의 마음속에 있는 책으로서, 목사가 그것에서 자기의 설교를 읽어냅니다. 그러므로 기억 속에 질서정연하게 인쇄되어 있지 않은 생각들이나 묵상들을 전달하고자 하면, 혀가 그냥 서 버리는 경우가 많을 것이 당연합니다. 목적도 없이 그냥 말을 내뱉는 것이 아니라면 말입니다. 방아가 서 버리면, 맷돌이 곡식을 갈 수가 없고, 물통으로 들어가는 관이 막혀 버리면, 꼭지에서 그 결과가 나타나는 법입니다. 하나님께서 서재에서 도움을 주셨을지라도, 하나님께서 강단에서 우리의 기억력을 강화시켜 주셔야 되는 것입니다.

(3) 두려움에 있을 수도 있습니다. 마음이 무너지면 혀가 더듬거리는 것이 무리가 아닙니다. 예레미야의 변명의 밑바탕에 바로 이것이 있었던 것 같습니다: "슬프도소이다 주 여호와여, 보소서. 나는 아이라 말할 줄을 알지 못하나이다"(렘 1:6). 곧, "내가 사명을 다하는 중에 반드시 반대들을 만나게 될 것인데 내게는 그것들과 싸울 만큼 남자다운 용기와 심령이 없나이다"라는 뜻입니다. 이것이 그의 연약함이었다는 것은 하나님께서 그것을 치유하시고자 쓰신 방법에서 잘 드러납니다:

"너는 아이라 말하지 말고 내가 너를 누구에게 보내든지 너는 가며 … 너는 그들 때문에 두려워하지 말라. 내가 너와 함께 하여 너를 구원하리라"(7, 8절).

2. 원인이 초자연적인 데 있을 경우. 이런 결함이 하나도 없고 목사가 최상의 능력과 지극한 열의를 지니고 서 있는데, 하나님께서 꼭지를 잠그셔서 모든 말씀이 멈추어 버리는 것입니다. "마음의 경영"은 물론 "말의 응답"까지도 "여호와께로부터" 나오는 것입니다(잠 16:1). 마음뿐 아니라 입의 열쇠까지도 하나님이 갖고 계십니다. 하나님이 입술의 문을 여셔서 나가게 하기 전에는 한 마디도 나가지 못하고 입 속에 갇힐 수밖에 없습니다. 그는 나귀의 입은 여시고, 그 주인인 악한 선지자의 입은 막으신 분이십니다. 그가 발락에게 고백하는 말을 들어보십시오: "내가 오기는 하였으나 무엇을 말할 능력이 있으리이까? 하나님이 내 입에 주시는 말씀 그것을 말할 뿐이니이다"(민 22:38). 그보다 더 말을 하고 싶었던 사람이 없었습니다. 말을 해야만 자기가 그렇게 바라는 불의의 삯인 보상금을 받을 수 있었기 때문입니다. 그러나 하나님이 그의 혀를 꽉 닫아 놓으신 것입니다. 예, 심지어 거룩한 사람들이 진리를 말씀하고자 하고, 그것도 하나님을 위해서 그렇게 하고자 해도, 속에서 묵상하여 마음에 품게 된 그 내용을 전달하지 못하는 것입니다. 그리하여 다윗은 이렇게 기도합니다: "주여 내 입술을 열어 주소서 내 입이 주를 찬송하여 전파하리이다"(시 51:15). 하나님은 에스겔의 "혀를 입천장에 붙게" 하셔서 그가 하고자 하는 책망을 백성들에게 하지 못하게 하셨습니다(겔 3:26).

[적용]

첫째 적용. 목사들에게. 목사들이 이처럼 말을 위해서 하나님께 의지합니까? 주의 일을 담당하는 형제 여러분, 이것이 여러분의 상태를 여실히 말해 줍니다. 강단에 오를 때에 하나님이 여러분의 입을 막으실 만한 것에 대해서는 아무것도 하지 마십시오.

1. 어떠한 죄도 여러분의 가슴속에 품지 않도록 주의하십시오. 하나님께서 마귀에게 손을 빌려줄 수 있는 여러분을 그의 일을 하도록 도우시리라고 믿습니까? 오히려 여러분이 그의 일을 하려고 할 때에 여러분의 입술에 자물쇠를 채우시고 말하지 못하게 만드실 것을 두려워해야 하지 않겠습니까? 오리게네스(Origen)의 이야기를 기억할 것입니다. 그는 그 유명한 타락 이후 강단에서 잠잠히 있을 수밖에

없었다고 합니다. "네가 어찌하여 내 율례를 전하며 내 언약을 네 입에 두느냐?"(시 50:16)라는 본문을 읽고서 자신의 죄로 인하여 양심이 찔려 도무지 말을 하지 못했다는 것입니다. 오오, 설교자가 자기의 설교 중에서 자기 자신의 죄를 만나고, 본문을 읽는 동안 자기 자신에 대해 죄를 선포해야 하는 처지가 된다면, 이는 정말 안타까운 일이 아닐 수 없을 것입니다! 하나님이 도우시기를 바라면, 열심을 내고 회개해야 합니다. 나팔이 깨끗이 닦아지면, 그때에는 성령께서 다시 그 나팔을 통해 부실 희망을 가질 수 있을 것입니다.

2. 여러분 자신의 준비를 의지함으로 나아오지 않도록 조심하십시오. 하나님은 이런 유의 교만에 대해 친히 선포하신 바 있습니다: "힘으로는 이길 사람이 없음이로다"(삼상 2:9). 작은 빵 한 조각도 하나님이 복을 주시면 수많은 무리들에게 양식이 될 수도 있고, 아무리 많은 양의 양식이 있다 해도 하나님이 그것을 나누는 일에 도움을 주지 않으시면 금방 줄어들어 아무것도 없이 될 수도 있는 것입니다. 하나님께서 여러분의 입을 열어 주시지 않는 한, 여러분의 머릿속이나 여러분의 노트 속에 설교 내용이 들어 있다 해도, 결코 말씀을 제대로 전할 수가 없는 것입니다. 그러므로 여러분의 모든 길에서 하나님을 인정하고, 여러분 자신의 명철을 의지하지 마시기 바랍니다(참조. 잠 3:5). 성벽이 부풀면 무너지듯이, 마음도 부풀어 오르면 넘어지는 법입니다. 기드온이 자기들에게 도움을 청하지 않고 승리를 도둑질했다고 하며 에브라임 사람들이 좋지 않게 여겼습니까? 하물며 하나님이야 어떠하시겠습니까? 여러분이 하나님께 도우심을 구하지 않고 그의 문을 지나쳐서 그냥 강단에 올라간다면, 그는 얼마나 더 불쾌히 여기시겠습니까?

둘째 적용. 교인들에게. 여러분이 여러분의 목사들의 입을 닫게 만들지 않도록 주의하십시오. 다음과 같이 행하면 그렇게 될 수 있습니다.

1. 그들의 은사를 흠모하고 그들의 인격에 박수를 보낼 때. 특히 그것들을 주신 하나님께 대해 감사하는 자세가 거기에 동반되지 않을 때. 즉, 사람에게는 박수를 치면서 그 사람을 주신 하나님을 찬송하지 않을 때. 왕들은 지나치게 인기가 좋은 신하들에게 곱지 않은 시선을 보내는 법입니다. 하나님은 그의 피조물들이 그의 빛을 가리는 것도, 또한 그가 쓰시는 도구의 명성 때문에 그의 존귀가 가려지는 것도 용납하지 않으십니다. 어머니는 자기 자식이 자기보다 유모와 더 가까운 것을 보기를 좋아하지 않는 법입니다. 오오, 여러분, 우리가 얼마나 어리석은지요. 사랑할 줄은 모르고 덮어놓고 좋아하기만 하고, 사모하면서도 그것을 존귀하게 높일

줄은 모르다니 말입니다! 꽃다발을 신선하고 멋지게 보존하려면 향기를 맡고 그냥 두어야 하고 손으로 너무 오랫동안 붙잡고 있어서는 안 됩니다. 그렇게 하면 곧바로 다 버리게 됩니다. 지나치는 것이야말로 망가뜨리는 지름길입니다. 멋진 자비들이 지나친 호감과 애정으로 그렇게 너무 지나치게 붙잡고 눌러서 죽어 버리는 경우가 허다합니다. 혹은 그 자비들로 인해서 다른 사람들이 무시를 당할 때에도 — 한 사람의 능력들을 높이 치켜세우느라 다른 사람의 능력들을 끌어내리는 때에 — 그런 일이 생깁니다. "나는 바울에게, 나는 아볼로에게 … 속한 자라"(고전 1:12). 이렇게 하여 두 사람의 제자들이 서로 자기들의 설교자를 높여서 분파를 이루는 것입니다.

2. 하나님에게서가 아니라 사람에게서 유익을 기대하는 것도 하나님으로 하여금 도우심을 물리게 하실 수도 있습니다. 마치 겉옷과 성경만 지니고 있으면 그런 사람의 사역으로부터 반드시 유익을 얻을 것을 확신하는 것처럼 말입니다. 이런 자는 마치 "어떤 도시에 가서 거기서 일 년을 머물며 장사하여 이익을 보리라"라고 말하는 야고보서에 나오는 사람들과도 같습니다(약 4:13). 그런 사람의 설교를 듣고 유익을 얻는 것이 마치 여러분 집의 술 창고에서 꼭지를 틀어서 포도주나 맥주를 마시는 일과 다를 바 없기라도 한 것처럼 말입니다! 그러나 여러분은 그릇이 얼어 버린 것을 — 즉, 목사가 말문이 막히고 그의 능력들이 매여 버린 것을 — 보게 될 수밖에 없습니다. 왜냐하면 그저 비천한 도구에 불과한 그 사람에게 나아가기를 마치 하나님께 나아가듯 하기 때문입니다. 라헬이 그 남편에게 자녀를 요구했듯이, 그 사람에게 가서, "내게 은혜를 주소서, 내게 위로를 주소서"라고 말하지 마십시오. 사람의 사역을 받는 동안 여러분의 하나님께 나아가 그것들을 구하기 바랍니다.

3. 목사의 사역을 통해서 비치는 진리의 빛을 여러분이 거스르며 반역할 때에도 하나님께서 그의 도우심을 물리실 수 있습니다. 교인들이 마음을 닫는 것 때문에 하나님께서 목사의 입을 닫으시는 경우가 왕왕 있습니다. 물이 그냥 땅에 흘러나가도록 꼭지를 열어 둘 이유가 무엇이겠습니까? 그리스도께서도 자기 땅에서 "아무 권능도" 행하지 않으셨는데 — 아니, "행하실 수 없었다"고 마가는 말씀합니다 — 이는 "그들이 믿지 않음" 때문이었습니다(막 6:5, 6). 브루겐시스(Brugensis)는 이 본문에 대한 주석에서 말하기를, "그들이 그의 권고를 멸시하여 말씀이 그들에게 치욕거리가 되니 하나님이 그 사역을 취해가시는 것이, 혹은 목사의 입을 닫으

시는 것이 정당한 일이다"라고 합니다. 반대를 일삼는 사람들에게 오랫동안 말씀을 전해도 그들에게서 선한 징조가 하나도 없다는 것이야말로 목사의 심령을 가라앉히는 안타까운 요인임이 분명한 것입니다. 때로는 아이가 죽어서 그 때문에 어머니의 젖이 멈추기도 합니다. 하나님께서 심판의 일환으로 그의 사자들의 심령을 묶어 두시는 것입니다: "내가 네 혀를 네 입천장에 붙게 하여 네가 말 못하는 자가 되어 그들을 꾸짖는 자가 되지 못하게 하리니 그들은 패역한 족속임이니라" (겔 3:26).

—

셋째 대지

[바울이 그리스도의 목사로서 신자들의 기도를 요청하는 목적]

"나로 입을 열어 복음의 비밀을 담대히 알리게 하옵소서 할 것이니" (엡 6:20)

이 셋째 대지에는, 그가 자기에게 말씀을 주시기를 위하여 기도해 주기를 신자들에게 바라는 목적이 나타나 있습니다: "나로 입을 열어 복음의 비밀을 담대히 알리게 하옵소서 할 것이니." 여기서 다음 세 가지를 관찰할 수 있습니다. 첫째. 복음의 숭고한 본질 — 그것은 "비밀"입니다. 둘째. 복음 목사의 임무가 어디에 있는가 하는 것 — "복음의 비밀을 알리는 것"에 있습니다. 셋째. 이 임무를 행하는 목사의 자세 — "입을 열어 … 담대히 알리게."

["비밀"이란 무엇을 뜻하며, 어떤 점에서 복음이 비밀인가]

첫째 관찰. 복음의 숭고한 본질 — 그것은 "비밀"입니다. 헬라어로는 '무스테리온'

인데, 어떤 이들은 이것이 '무에오' '종교에 속한 비밀을 가르치다'에서 파생된 것으로 보기도 하고, 또 어떤 이들은 '무오'나 혹은 '무조', '입을 닫다' — 곧, 이교도 종교에 입교한 자들이나 혹은 이교도들의 종교적인 예식이나 신비한 것들에 참여하도록 허락을 받은 자들(이들을 가리켜 '무스타이'라 불렀습니다)이 '아무에토이' 혹은 입교하지 않은 자들에게 그것들을 알려 주어서는 안 되기 때문에 그들에게 입을 닫는다는 의미임 — 에서 파생된 것으로 보기도 합니다. 그러므로 그들이 손가락을 입에 대고 있는 상(像)이 신전 앞에 있었는데, 이는 신전을 출입할 때마다 그 속에서 행해지는 일에 대해 비밀을 지켜야 한다는 마음을 갖게 하기 위함이었습니다. 사실 그들의 우상 숭배의 예배에서 행해지는 비밀들은 너무도 불순하고 추하여 비밀을 지키는 것 외에는 지성적인 사람들에게 혐오와 미움을 받지 않게 해줄 방법이 없었습니다. 여기서 한 학식 있는 분이 쓴 내용을 주목하는 것도 가치가 없지 않을 것 같습니다. 곧, 하나님의 성령께서는 신약성경에서 그 속에 담긴 진리와 구원의 거룩한 도리를 표현하실 때에 이교도적인 우상 숭배자들이 그렇게 추하게 남용해 온 그런 단어를 선택하시는 경우가 많다는 것입니다. 이러한 사실은, 이교도들이나 우상 숭배자들이 남용해 온 그런 이름들이나 사물들을 사용하는 것이 어떤 면에서도 부당하다고 판단하는 자들이 지나치게 꼼꼼하다는 것을 분명히 보여준다 하겠습니다(샌더슨[R. Sanderson]의 딤전 3:16 주해). 그러나 "비밀"이라는 단어로 다시 돌아가 봅시다. 이 단어는 우리의 일상적인 대화에서 자연적이든, 시민적이든, 종교적이든 관계없이 일반적인 비밀을 뜻하는 것으로 사용되며, 이것이 대중적인 이해의 밑바닥에 깔려 있습니다. 성경에서는 대개 종교적인 비밀을 뜻하는 것으로 사용되며, 좋은 뜻으로도 나쁜 뜻으로도 사용됩니다.

["비밀"이란 무엇을 뜻하는가]

첫째. 비밀이라는 단어는 나쁜 뜻으로 사용됩니다. "불법의 비밀이 이미 활동하였으나"(살후 2:7). 이는 곧 적그리스도의 권세가 은밀하게 일어나고 있고, 심지어 사도 시대에도 이미 어느 정도 기초가 세워졌다는 뜻입니다. 오류는 진리보다 하루밖에는 더 어리지 않습니다. 그리스도와 그의 사도들이 처음 복음을 전하기 시작했을 때에 오류도 곧바로 그 발꿈치를 잡고 그것을 밀어 버리려고 그 손을 뻗은 것입니다. 적그리스도의 체제는 그 전체가 정치와 불경의 비밀인 것입니다. 음녀

바벨론의 이마에 비밀이 기록되어 있습니다(계 17:5). 또한 코사본(Causabon)은 같은 단어가 교황의 관(冠)에도 적혀 있었다고 말합니다. 만일 이것이 사실이라면 그가 자기 이름을 지니는 것이 잘된 일일 것입니다. "내 영혼아, 그 비밀들에게로 들어가지 말지어다."

둘째. 좋은 뜻으로도 사용됩니다. 때로는 복음적 진리의 어떤 구체적인 갈래를 뜻하기도 합니다. 그리하여 유대인을 거부하고 이방인들을 불러 모아들이는 것을 가리켜 "비밀"이라 부릅니다(롬 11:25). 세상 끝날에 땅에 있게 될 자들의 놀라운 변화를 뜻하기도 합니다(고전 15:51). 그리스도의 성육신, 부활, 그리고 승천 등을 지칭하기도 합니다(딤전 3:16). 때로는 그것이 복음의 총체를 뜻하는 것으로 사용되기도 합니다. 그리하여 복음의 교훈을 가리켜 "믿음의 비밀"이라 부릅니다(딤전 3:9). 거룩한 삶을 위한 규범과 강령의 순결함을 가리켜 "경건의 비밀"이라 부릅니다. 복음의 주요, 주제요, 또한 목적을 지칭하여 "그리스도의 비밀"이라 부르니(엡 3:4), 이는, 그리스도께서 계시하신 것이요 그리스도에 관하여 다루는 것이요 또한 영혼들을 그리스도께로 인도한다는 의미에서 그렇게 부르는 것입니다. 그리고 마지막으로, 복음을 순전하게 받아들이는 모든 이들에게 복음이 약속하는 그 복된 상급을 가리켜 "하나님 나라의 비밀"이라 부릅니다(막 4:11). 이 복음이야말로 지금 우리가 말씀드리고자 하는 그 영광된 비밀입니다. 이제는 복음이 어떤 점에서 비밀인지 혹은 어째서 하나님의 성령께서 복음을 비밀이라 부르는지를 말씀드리겠습니다.

[어째서, 혹은 어떤 점에서 복음이 비밀인가]

첫째. 왜냐하면 그것은 오직 신적인 계시에 의해서만 알게 되기 때문입니다. 그것은 인간의 예지로는 절대로 찾을 수 없는 그런 비밀입니다. 자연에는 많은 탐사와 연구를 통해서 드디어 발견된 비밀들이 많습니다. 예를 들어서, 식물의 의학적 효용성 같은 것이 그렇습니다. 그러나 복음은 비밀이요, 또한 칼빈의 말처럼 그 속에 "모든 천재성의 한계를 뛰어넘는 것"을 담고 있는 그런 비밀입니다. 사람이나 천사나 복음에 제시되어 있는 것 같은 그런 방식으로 하나님과 사람을 화목시키는 일을 과연 누가 생각해 낼 수 있었겠습니까? 하나님께서 친히 그 자신의 경륜의 서랍을 열어보이시기 전에는 타락한 인간을 향하여 하나님의 마음에 간직되어 있었던 그 사랑의 목적이 무엇인지를 추정해 낸다는 것이 그들로서는 그야말로 절대적으로 불가능한 일이었습니다. 혹은 하나님께서 사람을 회복시키시는 일을 위해 그가 뜻하시는 목적에 대해 약간의 힌트를 주셨더라도, 복음에서 밝히 드러나는 그런 길을 과연 사람들이 생각해 낼 수가 있었겠습니까? 그 누구도 아닌 하나님 자신만이 그런 계획을 세우실 수 있었고, 오로지 그 자신만이 그것을 알게 하실 수 있었던 것입니다. 그러므로 복음을 가리켜 "영세 전부터 감추어졌던 비밀의 계시"라 부르는 것입니다(롬 16:25, 26).

둘째. 복음이 드러날 때에도, 그 진리들이 인간의 명철로 납득할 수 있는 한계를 뛰어넘기 때문입니다. 명철(understanding)은 태양이 우리 육체의 눈에 그러하듯이 우리의 이성의 눈에게 그러합니다. 곧, 지극한 탁월함은 인간의 지극히 예리한 이해력을 완전히 어지럽게 하고 압도하는 것입니다. 그 진리들은 인간 이성의 논의와 시험을 거부합니다. 하나님의 신격 내에 삼위가 계시나 한 신적 본질만이 있다는 것을 믿는 것은 그것이 성경에 계시되었기 때문입니다. 그러나 이 빛에 너무 가까이 날아가 이 신비한 진리를 자기의 비좁은 이성으로 파악하리라고 생각하는 자는 금방 자신의 대담한 시도 가운데 자기 자신이 길을 잃어버렸다는 것을 알게 될 것입니다. 그리스도의 위격 속에 연합되어 계신 그 신인(神人: God and man)이 복음으로부터 부인할 여지가 전혀 없이 분명하게 드러나시는 것입니다. 그러나 안타깝게도 우리의 명철로는 끈이 너무 짧아서 이 위대한 깊은 진리를 가늠할 수가 없습니다. 사도는 이렇게 말씀합니다: "논란의 여지가 없이 크도다 경건의 비밀이여, 하나님이 육신으로 나타나셨나니"(딤전 3:16. 한글개역개정판은 "크고다 경건의 비밀이여, 그렇지 않다 하는 이 없도다. 그는 육신으로 나타난 바 되시고"로 번역함 — 역주). 이것은 논란이 없는 진리, '호모로구메노스'(ὁμολογουμένως)입니다. 이것은 모두가 고백하는 진리이지만, 우리의 짧은 이해력으로는 감당할 수 없는 그런 신비인 것입니다. 예수님의 이름 외에는 우리가 구원받을 수 있는 이름이 없다는 것은 복음의 위대한 가르침입니다. 그런데 이 한 가지 진리 속에 얼마나 많은 신비들이 싸여져 있습니까? 구유에 누인 아기 예수를 보았고 그 후에 한 목수의 슬하에서 비천하게 자라나며 결국 범죄자로 몰려 사형 당하는 것을 보고서, 누가 말한 것처럼, 그런 허약한 돌쩌귀 위에서 인류의 구원을 위한 그토록 영광스러운 계획이 움직이고 있었다는 것을 상상할 수 있었을 사람이 누가 있었겠습니까? 그런데 감히 누가 우리의 이해력으로 납득할 수 없다고 해서 하나님의 보도를 보고도 그것을 사실로 믿는 것이 불합리하다고 생각한단 말입니까? 사물 중에는 이성으로는 알지만 감각으로는 알 수 없는 것도 있습니다. 예를 들어, 태양이 지구보다 더 크다는 것이 그렇습니다. 그리고 감각으로는 알지만 이성으로는 파악할 수 없는 것도 있습니다. 자석이 쇠를 끌어당기고 금은 끌어당기지 않는 것을 눈으로 봅니다만, 왜 그런지에 대해서 우리의 이성은 바보일 수밖에 없습니다. 자, 자연의 일에 대해서도 때로는 감각으로 파악되지 않고, 때로는 이성으로 파악되지 않더라도 그것들이 참이라는 것을 의심하지 않는다면, 신앙적인 일에서 하나님이 친히 입으로 말씀하시고 펜으로 기록해 놓으신 것들이 우리의 연약한 이해력으로 파악되지 않는다는 이유로 그 진실성을 의심할 수 있겠습니까? 아우구스티누스는 말하기를, 하나님이 말씀하신 모든 일에 대해 이유를 보기를 바라는 사람은 자기 자신의 이해력의 속을 들여다보면 어째서 이유를 보지 못하는지 그 이유를 찾게 될 것이라고 했습니다.

셋째. 복음은 그것이 소수에게만 드러난다는 점에서 비밀입니다. 비밀은 몇 사람의 귀에만 속삭이듯 알리고, 모든 사람에게 노출시키지 않는 법입니다. "하나님 나라의 비밀을 너희에게는 주었으나"(막 4:11). 여기서 "너희"란 그리스도의 이름을 믿는 몇몇 제자들이 아니면 누구겠습니까? 그들 이외에 세상의 더 큰 부분은 이 비밀에 항상 문외한들이었습니다. 그리스도의 시대 이전에는 그 비밀이 유대 민족의 그 작은 점 같은 땅에 고정되어 있었습니다. 그러나 그 비밀이 이방 세계에까지 들어가고, 지난 천육백여 년 동안 이리저리로 퍼져나갔으므로, 오늘날에는 그것을 접하지 못한 사람이 별로 없는 실정입니다. 사실 복음의 영광스러운 빛이 오래 비치는 곳에서는 많은 사람들이 그것에 대해 문자적이고도 관념적인 지식을 얻게 되기 마련입니다 — 햇빛 아래서 오래 걷는 사람들이 얼굴이 다소나마 검어지지 않는다면 이상한 일일 것입니다. 그러나 이 비밀에 대한 신령한 구원 얻는 지식은 적은 소수에게만 주어집니다. 유기(遺棄)된 세상과 비교할 때에 성도들의 숫자가 크지 않기 때문입니다.

넷째. 복음은 그것이 주로 베풀어지는 사람들의 부류를 보아도 비밀입니다. 곧, 지성적인 면에서 볼 때에 무슨 심오한 비밀 같은 것에 대해 몰두할 가망성이 별로 보이지 않는 그런 사람들에게 복음이 주어진다는 것입니다. 지혜자의 세상과 또한 큰 명망가들보다는 초라하고 조잡하다며 멸시를 받는 사람들이 그 비밀을 받습니다. "육체를 따라 지혜로운 자가 많지 아니하며 능한 자가 많지 아니하며 문벌 좋은 자가 많지 아니하도다. 그러나 하나님께서 세상의 미련한 것들을 택하사 지혜 있는 자들을 부끄럽게 하려 하시고 세상의 약한 것들을 택하사 강한 것들을 부끄럽게 하려 하시며"(고전 1:26, 27). 우리는 무슨 비밀이 있어서 그것을 드러내고자 할 때에, 연약하고 두뇌가 미천한 자들을 택하여 그들에게 그것을 드러내지는 않습니다. 그런데 여기의 이 비밀은 어린아이들은 깨닫고 지혜로운 자들은 무지한 그런 비밀입니다. "아버지여 이것을 지혜롭고 슬기 있는 자들에게는 숨기시고 어린 아이들에게는 나타내심을 감사하나이다"(마 11:25). 교만한 바리새인들에게서 율법을 모르는 자들이라고 그렇게도 멸시를 받은(요 7:49) 사람들에게 복음이 계시되었고, 이 권좌에 앉은 박사들은 무지한 상태 그대로 있었습니다. 가난하고 비천한 자들에게 복음이 계시되고 왕들과 군주들에게서 감추어지는 경우가 허다합니다. 그리스도께서는 자주 궁궐들을 지나치시고 가난한 자들의 오두막집을 찾아가신 것입니다. 헤롯은 호기심 때문에 그렇게도 오랫동안 그를 보기를 원했지만(눅 23:8), 그는 그리스도께로부터 아무것도 얻지 못했습니다. 그러나 손에 물동이를 든 사마리아의 비천한 여인에게는 그리스도께서 말씀을 전하시고, 구원 얻는 복음의 진리들을 열어 전해 주셨습니다. 빌라도는 재판정에 앉아서도 그리스도를 놓쳤고, 반면에 불쌍한 도둑은 십자가에 달려서 그를 발견했고 그와 함께 천국을 발견했습니다. 열심 있는 여인들은 그냥 버려져서 그들의 눈먼 열정과 함께 멸망했으나, 창녀들과 세리들은 그리스도를 만나 회심하였습니다.

다섯째. 성도들 자신이 그것에 대해 갖고 있는 지식의 종류를 보아도, 복음은 비밀입니다.

1. 그것에 대한 그들의 지식은 **부분적이며 불완전한** 것에 지나지 않습니다. 그들이 아무리 아는 것이 많아도 그들이 모르는 것에 비하면 아무것도 아닙니다. 복음은 마치 둘둘 말려 있는 풍요로운 천 조각과도 같습니다. 하나님께서는 아담에게 첫 약속이 주어진 이후 계속해서 그것을 펼치고 계셨고, 시대마다 그 전 시대보다 더 넓게 펼쳐오셨습니다만 이 비밀이 완전히 다 드러나 알려지기 전에 세상의 종말이 먼저 올 것입니다. 마치 강물이 — 이것은 아주 작은 샘에서 처음 물이 솟아나는 것일 수도 있습니다 — 바다에 가까이 다가갈수록 그 폭이 넓어지듯이, 이 비밀에 대한 지식도 시대마다 그 전 시대보다 폭이 더 넓어지며, 세상이 저 영원의 바다에 더 가까워질수록 여전히 더 넓어지는 것입니다. 아담의 시대에는 복음이 작은 샘 정도로 나타났습니다. 아담의 성경은 그 전체가 단 하나의 약속에 엮어져 있었습니다. 그런데 이것이 넓어져서 개울이 되더니 선지자들의 시대에는 더 커

져서 강이 되었습니다. 그러나 그리스도께서 육체로 오셨을 때에는 지식이 전속력으로 흘러갔습니다. 그러므로 복음의 상태에서 가장 작은 자가 그리스도 이전 시대의 가장 큰 자보다 더 크다고 말씀하는 것입니다. 그러므로 어두운 율법 시대에 비하면, 그리스도인이 지금 지닌 지식은 훨씬 큽니다. 하지만 그들이 천국에서 얻게 될 지식에 비하면 아주 보잘것없는 작은 지식에 불과한 것입니다.

2. 그것은 **비밀스럽고 캄캄합니다**. 복음 진리들은 그 본래의 영광과 아름다움 속에서가 아니라 그림자로만 알려집니다. "벗은 얼굴로 … 주의 영광을" 본다고 말씀하지만 여전히 그것은 "거울을 보는 것 같"을 뿐입니다(고후 3:18). 여러분도 아시겠지만, 거울은 얼굴 그 자체가 아니라 그 얼굴의 이미지를 우리에게 제시하는 것입니다. 우리는 그 진리들의 모습을 있는 그대로 보는 것이 아니라, 우리의 연약한 눈으로 그 지식을 감당할 수 있을 만큼만 보는 것입니다. 사실 복음의 거울은 율법의 거울이 그랬던 것보다는 더 선명합니다. 진리를 더 얇은 휘장을 통해서 봅니다. 세례가 할례보다 더 선명하고, 주의 성찬이 유월절 식사보다 더 선명합니다. 한 마디로 신약이 구약보다 더 선명합니다. 그러나 복음에는 천국에 관해서는 계시된 것이 하나도 없고 다만 우리의 이 땅의 언어로 번역되어 있을 뿐인데, 이는 이 땅에 있는 동안에는 우리가 그 원본을 이해할 능력이 없기 때문입니다. 천국의 기쁨이 무엇인지를 그 본래의 표현 방식과 그 본래의 특성대로 말할 수 있을 만큼 명확히 알고 생각할 수 있는 사람이 누구겠습니까? 그러나, 잔치는 우리가 알고, 나라가 무엇인지는 우리가 이해할 수 있습니다. 우리가 흔히 접하는 그런 풍요로움과 보화들이 가득한 그런 상태로 말입니다. 그런데 천국이 이런 것들을 통해서 묘사되고 있습니다. 이 세상에서 사람이 생각할 수 있는 가장 값진 것들을 동원하여 묘사하는 것입니다. 천국에는 잔치가 있습니다만 산해진미는 없습니다. 풍요로움이 있으나 돈은 없습니다. 천국이 나라인 것은 분명하나 예복도, 규(sceptre)도, 면류관도 없습니다. 그런 것들을 무한히 뛰어넘기 때문입니다. 그러므로 성경은, "[우리가] 장래에 어떻게 될지는 아직 나타나지 아니하였다고" 말씀합니다(요일 3:2). 율법 아래 있던 자들에 비하면 이런 것들에 대한 우리의 이해는 장성한 것입니다만, 영화롭게 된 성도들이 지니는 지식에 비하면 유치하기 짝이 없는 것입니다. 그러므로 복음에 대한 후속적인 지식에 이르도록 자라게 되면, 바울의 말씀처럼 "어린 아이의 일을 버리는" 것입니다. 그러므로 그는 지금 그가 지닌 불완전한 지식에 대해서도, "온전한 것이 올 때에는 부분적으로 하던 것이 폐하리라"고

말씀하는 것입니다(고전 13:10, 11).

여섯째. 사람들의 마음에 미치는 반대의 역사를 보아도 복음은 비밀입니다. 어떤 이들의 눈은 뜨게 하며, 다른 이들의 눈은 멀게 합니다. 눈 앞에서 빛이 사라져 버린 사람만큼 눈이 먼 사람이 어디 있겠습니까? 어떤 이들은 복음을 들을 때에 마음에 찔림을 받습니다. 그들은 설교자가 설교를 마칠 때까지 참고 기다릴 수가 없어서, "어떻게 하여야 구원을 얻으리이까?"라고 외칩니다. 그러나 다른 사람들은 복음을 듣고서 오히려 더 완악해지고, 그들의 양심이 마비되어 더 크게 어리석어집니다. 바울의 설교를 듣고서 "어떤 사람은 조롱하고" 어떤 사람은 그의 말씀에 감동을 받은 나머지 그의 말씀을 "다시 듣겠다"고도 했습니다(행 17:32). 한 사람은 웃게 만들고, 다른 사람은 울게 만들다니 — 한 사람에게는 생명에 이르는 냄새요 다른 사람에게는 사망에 이르는 냄새라니(참조. 고후 2:16) — 이 얼마나 비밀스런 가르침입니까!

일곱째. 경건한 자에게 미치는 희귀하고도 이상한 효과를 보아도 복음은 비밀입니다. 그들의 판단과 행위 면에서 그렇습니다. 복음은 "믿음의 비밀"이므로, 그들로 하여금 이상한 비밀들을 믿을 수 있게 해 줍니다. 곧, 그들이 이해하지도 못하는 것을 믿게 해주고, 그들이 보지 못하는 것들을 바라게 해주는 것입니다. 셋이 하나요 하나가 셋이라는 것을, 신격에 삼위가 계시며 동시에 본질이 하나라는 것을 — 아버지는 아들보다 더 나이가 많지 않으시고, 아들은 아버지보다 열등하지 않으시며, 성령은 두 분 모두에게서 나오시지만 그 두 분과 동등하시다는 것을 — 믿게 해 줍니다. 복음은 그리스도께서 때가 되어 나셨다는 것과 그가 영원부터 계셨다는 것을, 그가 동정녀의 태 속에 들어 계셨다는 것과 또한 하늘들의 하늘이라도 그를 담을 수가 없다는 것을, 그가 마리아의 아들이 되셨다는 것과 그러면서도 그의 어머니인 마리아를 지으신 분이시라는 것을, 죄 없이 나셨다는 것과 그러면서도 죄로 인하여 정당하게 죽으셨다는 것을, 동시에 믿도록 가르쳐 줍니다. 하나님이 무죄하신 그리스도를 벌하신 것이 정의로운 처사였으며, 또한 회개하는 신자들이 죄인들인데도 그들을 의롭다 선언하시는 것이 정의로운 처사라는 것을 그들은 동시에 믿습니다. 그들은 자기들이 큰 죄인들이라는 것을 믿으며, 그러면서도 동시에 하나님이 그리스도 안에서 그들을 "흠도 티도 없는" 자들로 보신다는 것을 믿는 것입니다.

또한 복음은 "경건의 비밀"입니다. 복음은 그리스도인들로 하여금 그들의 믿음이 그랬던 것처럼 이상한 일들을 행할 수 있게 만들어 줍니다. 곧, 다른 분의 영(즉, 성령 — 역주)으로 말미암아 살며, 다른 분의 힘에 의지하여 행동하며, 다른 분의 뜻에 따라 살고, 다른 분의 영광을 목표로 삼고 나아가게 해주는 것입니다. 그들은 그리스도의 영으로 말미암아 살며, 그의 능력으로 행하며, 그의 뜻에 따라 결심하며, 그의 영광을 목표로 삼습니다. 복음은 그들을 무엇이든 선한 것이라면 어린 아이에게조차도 인도를 받아 그리로 나아갈 수 있을 정도로 온유하고 겸손하게 만들어 주며, 그러면서도 불과 몽둥이로 겁주어도 절대로 죄에게로 이끌리지 않을 정도로 강인하게 만들어 줍니다. 복음은 그들로 하여금 세상적인 직업을 부지런히 감당하게 만들어 주면서도, 동시에 그들의 수고에 하나님이 축복하사 그들이 얻은 부(富)를 멸시할 수 있도록 만들어 줍니다. 복음을 통해서 그들은 모든 것이 그들의 소유임을 배우며, 그러면서도 그들은 세상의 악인에게서 힘으로든 약탈로든 감히 한 푼도 취하지 않습니다. 복음은 그들을 자기보다 "남을 낫게" 여길 만큼 지극히 겸손하게 만들어 주며, 동시에 그들 중 지극히 가난한 자라도 세상의 가장 위대한 군주가 가진 만큼 재산을 준다 해도 이를 마다할 정도로 자신의 처지를 귀하게 여기게 만들어 줍니다. 복음은 그들로 하여금 건강에 대해서나 질병에 대해서 똑같이 하나님께 감사하게 만들어 주며, 높아질 때에 기뻐하며 낮아질 때에도 그만큼 기뻐하게 만들어 줍니다. 그들은 삶을 위해서도 기도할 수 있고, 동시에 죽기를 바랄 수도 있습니다. 그리스도인의 삶을 그렇게 온통 수수께끼로 가득 채우고 있으니 그 가르침이 비밀이 아니고 무엇이겠습니까!

[적용]

[복음과 복음을 공언하는 이들이 그렇게 멸시를 당하고, 오해를 받고, 박해를 받는 이유]

첫째 적용. 이는 복음이 그렇게 큰 것을 베풀어 주는데도 불구하고 어째서 악한 세상에게 그렇게 멸시를 당하고 거부를 당하는지 그 한 가지 이유를 제시해 줍니다. 그 이유는, 복음이 주는 복들이 비밀이요, 또한 그 복들이 육신적인 마음들이 인지하지 못하는 방식으로 베풀어 지므로 그들이 그것을 전혀 개의치 않기 때문입니다. 복음이 베풀어 주는 것들은, 그들의 육신적인 이해에 적합한 방식으로만 주어진다면 그들로서도 충분히 좋다고 여길 만한 것들입니다. 복음은 부요함과 존귀를 베풀어 줍니다. 이런 것들을 싫어할 사람이 누구겠습니까? 복음은 도저히 찾을 수 없는 부요한 것들의 광맥을 펼쳐 주지만, 그것이 비밀한 상태로 드러납니다. "믿음이 부요하며" "하나님께 부요하며" 저 세상을 위해 부요할 수 있는 길을 보여주지만, 이 세상에서는 비천한 처지 그대로 둡니다. 복음서에서 우리 주님은 젊은 부자 관원에게 부요해지는 길을 가르쳐 주셨습니다. 그러나 그 길은 땅을 더 많이 사들여서 부요해지는 것이 아니라 자기가 가진 것을 팔아 나누어줌으로써 부요해지는 것이었습니다. 결국 그 젊은이는 주님의 가르침을 따르려 하지 않았습니다. 복음은 즐거움과 기쁨을 가져다줍니다 — 감각적인 세상도 이것은 매우 좋아합니다. 그러나 아뿔싸! 그것은 육신적인 거친 미각을 만족시켜 주는 것이 아닙니다. 비밀에 싸인 즐거움이요 또한 죄에 대해 애통하며 또한 죄를 죽이는 가운데 얻는 즐거움이지 그들 자신이 원하는 만족을 얻는 즐거움이 아니며, 규례에 참여하여 그리스도와 하나된 교제를 누리는 중에 얻는 즐거움이지 선술집에서 술잔을 마주하며 친구들과 희희낙락하며 누리는 즐거움이 아니며, 믿음의 눈과 미각으로 느끼는 즐거움이지 감각으로 느끼는 즐거움이 아니며, 그들의 영혼을 채워 주는 것이지 그들의 뚱뚱한 배를 실컷 불려 주는 것이 아니기 때문입니다. 한 마디로 복음은 높고도 귀한 사상들을 보게 만듭니다. 그러니 세상에서 진지한 사람들이, 책벌레들이, 그리고 좋은 문헌을 사모하며 지성적인 양식을 갈구하고 또한 잔치보다는 강의를 고귀하게 여기는 사람들이야말로 복음의 진리들이 백일하에 드러나는 것을 지극히 기뻐할 것이라고 생각할 만합니다. 그러나 아뿔싸! 이런 부류의 사람들도 다른 이들과 똑같이 그것을 별로 기뻐하지 않습니다. 그 진리들이 멋진 미사여구의 꽃들로, 화학적인 실험들로, 철학적인 개념들로, 혹은 정치의 금과옥조들로 가득 찼더라면, 그들이 얼마나 그것을 탐욕스럽게 포용하고 받아들였겠습니까! 하지만 그것은 비밀 속에 싸인 지혜입니다. "우리가 온전한 자들 중에서는 지혜를 말하노니 이는 이 세상의 지혜가 아니요 또 이 세상에서 없어질 통치자들의 지혜도 아니요"(고전 2:6). 위대한 학자인 브래드워딘(Thomas Bradwardine: 1290-1349. 옥스퍼드 대학의 교수로 캔터베리 대주교를 지냄 — 역주)은 복음의 은혜로 말미암아 온유한 사람으로 변화하기 전에는 바울 서신들을 멸시했다고 하는데, 이는 그가 나중에 고백한 대로, 그의 강론들에서 형이상학적 두뇌를 표현할 수 없었기 때문이었습니다.

뿐만 아니라, 복음과 그것을 공언하는 자들이 그저 멸시만 당하는 것이 아니라 미움과 박해를 받는 까닭이 있습니다. 그것은 복음이 세상이 알지 못하는 비밀이기 때문이요, 그래서 반대를 받는 것입니다. 무지(無知)가 박해의 어머니인 것입니다: "아버지 저들을 사하여 주옵소서. 자기들이 하는 것을 알지 못함이니이다" (눅 23:34). 세상에서 가장 악한 복음의 철천지원수들은 관능적이며 노골적인 속인(俗人)이 아니고 — 물론 이들도 충분히 악한 자들입니다만 — 미신에 빠져 무지하면서도 열심이 있는 자들이었습니다. 이런 자들이 복음을 향하여 가장 극한 맹렬함과 분노를 보여온 것입니다. 바울은 그를 잔인하게 박해한 "열정적인" (devout) 자들에 대해 언급합니다(행 13:50. 한글개역개정판은 "경건한"으로 번역함 — 역주). 바울 자신보다 더 진리를 대적하여 열정적이었던 사람은 없었습니다. 그는 철저한 바리새인이었으나, 진리를 대적하는 철천지원수였습니다. 그러니 복음의 빛을 더하여 주시옵소서라고 기도해야 할 이유가 충분한 것입니다! 복음을 알수록 그것을 더욱 친절하게 환대할 것입니다.

또한 복음을 공언하는 자들이 그렇게 미움을 받고 박해를 받는 것이, 그들이 그 복음의 비밀한 본질에 참여하므로 그들의 가치가 사람들에게 드러나지 않기 때문이 아니고 무엇이겠습니까? 그들은 출생이 고귀한 자들입니다만 그 사실이 비밀에 싸여 있습니다. 그들의 겉으로 드러나는 요건들로는 그들의 진정한 신분을 볼 수가 없습니다. 세상은 개인이나 가문의 위대함을 그들이 지니는 권력이나 그들의 재물이나 생활 수입 같은 것들을 근거로 판단하지만 이런 것들로는 도무지 알 수가 없는 것입니다. 그렇습니다. 그들의 속은 영화롭지만 그 겉모양은 초라하기 그지없습니다. 그리고 세상은 내적인 은혜들로가 아니라 외형적인 요건들을 보고서 그것들을 그들의 값어치를 매기는 것입니다. 마치 임금이 가난한 사람의 행색으로 변장하고 지나가듯이 그렇게 세상에서 행하며, 그런 행색에 따라 대접을 받는 것입니다. 그리스도께서도 세상에 오실 때에 영광과 위엄의 예복을 입으시고 오셨더라면, 그토록 치욕스럽고 잔인한 죽음으로 세상을 떠나시지는 않았을 것입니다. 세상이 그의 발등상 아래에서 떨었을 것입니다. 사실 그의 신성의 광채를 조금 보았을 뿐인데 몇몇 사람들이 그렇게 떨었던 것을 보게 됩니다. 성도들도 장차 천국에서 입게 될 그런 찬란한 예복을 입고서 이 땅에서 행한다면, 지금 그들을 멸시하고 조롱하는 자들도 그들을 두려워하고 높이 우러러볼 것입니다. 그러나 그리스도께서 처음 오실 때에 그렇게 나타나시도록 하는 것이 하나님의 계획이 아니었던 것처럼, 세상에 그의 성도들 속에서 그를 알아보도록 하는 것도 하나님의 계획이 아닙니다. 물론 언젠가는 그것을 알게 되겠지만 말입니다. 그러므로 그는 그들로 하여금 빈곤과 기타 부족한 것들의 초라한 행색을 하고 숨어 지내게 하고, 그리하여 그들의 고난당하는 은혜들을 발휘하게 하시며 또한 그들을 대적하는 악인들을 향하여 그의 진노를 이루기를 기뻐하시는 것입니다.

복음이 비밀이라는 사실은 육신적인 사람들이 신앙의 문제들과 연루될 때에 어째서 그렇게 곁길로 빠지는지를 잘 보여 줍니다. 그들에게 복음의 진리들에 대해 이야기해 보게 해보면, 그들이 얼마나 무지를 드러내는지 모릅니다. 마치 시골뜨기가 논리에 대해 이야기하고 교양학문에 대해 논하듯이, 그런 식으로 그들이 천국의 일들에 대해 논하는 것입니다. 세상사에 대해서는 지혜롭고도 건실한 답변을 주는 사람들이 복음 진리에 대해서는 마치 어린아이와 갓난아기 같은 이야기를 하는 것을 보지 않습니까? 그렇습니다. 심지어 성경에 대해 머리에 지식이 좀 있는 자들도 영적인 일에 대해 이야기하노라면 얼마나 메마르고 건조한지 모릅니다! 마치 바보가 입으로 비유를 들며 이야기하는 것 같이, 그런 식으로 그들이 신앙의 임무에 대해 이야기하는 것입니다. 그들에게 기도를 시켜서 그 내용을 들어 보거나 아니면 곰곰이 뜯어 생각해 보십시오. 차라리 전혀 문외한에게 전문 직공의 도구들을 주어 그것을 아주 능숙하게 다루기를 기대하는 것이 더 나을 것입니다. 그들은 그런 것들을 어떻게 다루어야 하는지를 모릅니다. 아주 더듬거리며 서툴게 다루다가 모두 조각조각 잘라 버리고 마는 것입니다. 어떤 일이든 나름대로 비결이 있습니다. 그리고 신앙은 이 점에 있어서 모든 직업을 능가합니다. 그 문제를 다루는 법을 알도록 가르침을 받는 자들 이외에는 그 누구도 그것을 감당할 수 없는 것입니다.

[복음의 비밀스러운 본질로 인해 신자들이 감당해야 할 몇 가지 임무들]

둘째 적용. 복음의 비밀에 대해 가르침을 받는 성도들에게 부과되어 있는 몇 가지 임무들에 대해 권면하고자 합니다.

임무 1. 하나님이 그것을 여러분에게 나타내셨다는 사실에 대해 감사하십시오. 여러분에게 "생명과 썩지 아니할 것"이 드러나 있고(딤후 1:10), 여러분의 귀로 이 기쁜 소리를 듣다니, 이것이 얼마나 큰 자비입니까! 복음의 소식만큼 기쁜 소식이 시내에 전해진 적이 없습니다. 복음의 낮이 우리 가운데 밝아오기 전 우리나라는 얼마나 불쌍한 나라였는지요! 하나님을 찬양하십시오. 이 태양이 뜨면 여러분의 주사위는 이미 던져진 것입니다. 사실 복음은 세상에서 일찍부터 전파되었습니다. 아담은 타락 이후 곧바로 복음을 접했습니다. 그러나 그 복음은 그에게 짧은 복음이요 비밀로서 모두 한 가지 어두컴컴한 약속 속에 싸여 있었습니다. 그러나 지금은 하나의 황금 쐐기가 벼려져서 성경 전체가 되었습니다. 드디어 복음이 기록되었고, 또한 그림자로 나타나 있지도 않습니다. 옛날 유대인들이 모세라는 초등교사 아래서 그랬던 것처럼 율법 식으로 전해지는 복음을 듣는 것도 아니고, 복음의 언어로 제시되는 복음을 듣는 것입니다. 복음 진리들의 아름다움을 가렸던 휘장이 그 얼굴에서 제거되었습니다. 복음이 장구한 세월 동안 적그리스도에게 갇힌 바 되어 있었으나, 여러분은 그것이 그의 손에서 구하여진 이후에 복음을 듣는 것입니다. 여러분은 복음 진리들이 학자들의 교묘하고도 미신적인 헛된 논리들의 천박한 혼합물들로 범벅되어 있던 암흑시대 — 그 당시는 사람들의 영혼들을 먹이느라 빵을 주기보다는 돌들을 먹게 하여 치아를 부러뜨렸습니다 — 를 사는 것이 아닙니다. 오늘날에는 복음의 도관(導管)에 포도주가 흐르고 있습니다. 일 년에 두세 차례 화려한 절기 때에만이 아니라 항상 흐릅니다. 매 안식일마다 여러분은 지극히 감미로운 진리들을 만끽할 수 있습니다. 복음의 빛이 조금 희미하게 비치는 것을 그저 슬쩍 엿보기밖에 못했던 그들이, 의의 태양이신 주님께서 그의 치료의 날개를 펴서 여러분에게 임하시는 것을 대낮같이 바라보는 여러분보다 더 감사했다면 정말 안타까운 일이 아니겠습니까? 이 복음으로부터 내적인 빛과 생명을 받았다면 그것에 대해 하나님께 특별히 감사와 찬송을 올려야 마땅할 것입니다. 하나님께서는 이 점에서 여러분 주위의 수많은 사람들보다 — 그들이 절대로 천한 사람들이 아닌데도 — 여러분에게 더 많은 일을 행하신 것입니다. 이날까지 하나님은 육신적인 여러분의 이웃들에게 여러분에게 펼쳐지는 그 비밀을 볼 수 있는 눈도, 깨달을 수 있는 마음도 주시지 않았습니다. 여러분에게 세상적인 기술을 가르쳐 주어 그 결과로 여러분의 육체의 생계를 이어가게 해준 사람에게 감사하고 있습니까? 그렇다면 여러분의 하나님께는 과연 얼마나 찬송을 드려야겠습니까? 그는 이 비밀을 여러분에게 가르쳐 주셨고 그 결과로 여러분의 영혼이 구원받게 해주시지 않았습니까! 나팔 부는 사람들은 메아리가 가장 잘 들리는 곳에서 나팔을 불기를 좋아합니다. 하나님께서는 그에게 찬송으로 메아리를 잘 울릴 자들에게 자비를 베풀기를 기뻐하시는 것입니다.

임무 2. 복음이 비밀이니, 여러분이 지금 이룬 것으로 만족하지 마십시오. 복음이 믿음의 비밀이므로 여러분의 지식에서도 그렇고, 그것이 경건의 비밀이므로 여러분의 행위에서도 그렇습니다.

(1) 여러분이 현재까지 얻은 지식으로 만족하지 마십시오. 예전에 알던 것에 비하면 지금 여러분은 많이 알고 있을 것입니다만, 그러나 여러분이 알아야 마땅한 지식에 비하면 여러분의 지식은 지금 턱없이 부족합니다. 어떤 책들은 한 번만 읽어도 습득합니다만, 복음은 평생이 걸려도 다 깨닫지 못할 그런 비밀인 것입니다. 여기서는 비밀들이 극히 두텁게 뿌려져 있습니다. 여러분은 여러분의 손길이 멀리 닿을수록 그만큼 더 새싹들이 더 빠르게 돋아나는 그런 곳을 지금 파고 있는 것입니다. 하나님은 그의 모든 비밀들을 단번에 다 말씀하시지 않습니다 — "여기서 조금 저기서 조금", "많은 사람들이 이리저리 달릴 것이요 지식이 더하리라"(단 12:4. 한글개역개정판은 "사람이 빨리 왕래하며 지식이 더하리라"로 번역함 — 역주). 무역선은 한 항구에서 짐을 다 싣지 않고, 이 항구 저 항구를 다니며 짐을 모아들입니다. 이처럼 그리스도인도 이 하늘의 보화를 단번에 혹은 하나의 규례에서 다 받아 누리는 것이 아닙니다. 배움을 진정 사모하는 사람은 수박 겉핥기식의 지식을 조금 얻었다고 그것으로 탐구를 그치지 않습니다. 배움이 얼마나 좋은가를 맛보고난 다음에는 그가 원하는 그것을 위해 더욱 열정적으로 탐구해 들어가는 것입니다. 진정한 학인(學人)은 초보자보다 더 열심히 공부합니다. 왜냐하면 학식을 더 많이 습득할수록 그 학식을 통해서 자기 자신의 결점을 더 잘 이해하게 되기 때문입니다. 학문의 언덕을 향하여 높이 올라가는 사람일수록 그의 기대가 더 커지며, 반면에 밑바닥에 서 있는 사람은 자신의 좁은 지식을 갖고도 다 안다고 생각하는 것입니다.

(2) 여러분이 현재까지 실천해 온 행위로 만족하지 마십시오. 복음은 경건의 비밀이니 말입니다. 더 많은 은혜가 있어야 할 때에 그저 한 가지 작은 은혜로 다 됐다고 생각하지 말기를 바랍니다.

(a) 여러분 자신을 여러분보다 못한 사람들과 비교하지 말고, 여러분보다 월등한 사람들을 바라보십시오. 우리보다 열등한 사람들을 바라보면 교만이 생기게 됩니다. "나는 이 세리와 같지 않사옵니다"라고 바리새인은 말했습니다. 우리 자신보다 더 훌륭한 다른 이들을 바라보면 겸손이 생겨나고 부지런히 힘쓰도록 자극을 받게 됩니다. 밀리타데스(Militades)가 세운 전공(戰功)들을 접하고 당시 젊은

청년이던 테미스토클레스(Themistocles)는 잠을 이루지 못했습니다. 누군가 은혜에서 성장한 것을 두 눈으로 보면, 그보다 훨씬 뒤처져 있는 여러분의 모습을 돌아보면서, 그를 따라잡기까지는 한가하게 가만히 있을 수가 없게 될 것입니다. 어쩌면 여러분이 속에서 끓어오르는 화(禍)에 대해 어느 정도 승리를 거두어서 미친 듯이 격분하는 망나니 같은 모습은 절대로 보지 않을 수도 있습니다. 그러나 모세라는 사람이 얼마나 온유했는지를 들어본 일이 한 번도 없습니까? 그는 무리들이 원망하는 것을 견뎠고, 심지어 형과 여동생의 투기를 접하고도 그의 마음에 화가 일어나지 않았습니다. 하나님을 향한 선한 감정이 어느 정도 여러분에게서 나올 것입니다만, 거룩한 다윗의 열정에 비하면 턱없이 모자랍니다. 그는 아침에 눈을 뜨자마자 곧바로 그의 마음이 하나님께로 달려갔습니다. "내가 깰 때에도 여전히 주와 함께 있나이다"(시 139:18). 하루에 세 번, 아니 일곱 번씩 그는 그의 하나님을 찬양하였습니다. 여러분에게 인내가 어느 정도 있습니다만, 욥의 모범을 좇아가기를 배운 일이 있습니까? 여러분에게 믿음이 없지 않습니다만, 과연 아브라함 같은 믿음이 — 그는 갈 바를 알지 못하는 상태에서 하나님을 온전히 좇을 만큼 강한 믿음이 있었습니다 — 있습니까?

(b) 더 많은 은혜를 더하지 않으면, 지금 여러분에게 있는 은혜가 금방 줄어들고 말 것입니다. 여러분은 물살이 급한 물에 떠 있습니다. 노를 계속 젓지 않으면 거꾸로 처지고 맙니다. 신앙에 있어서는 경건을 저축해 놓는 것 따위는 없습니다. 세상의 장사에서는 연말 정산에서 흑자도 적자도 아니라는 말을 할 수 있습니다. 그러나 여러분은 하루를 끝맺음할 때에 그런 식으로 이야기할 수 없습니다. 아침의 상태보다 저녁에 나아져 있거나 더 나빠져 있거나 둘 중의 하나뿐입니다.

(c) 한량없이 은혜를 베푸는 것이 복음의 계획입니다. 그리스도께서는 생명을 얻게 하시되 "더 풍성히 얻게 하시는" 것입니다(요 10:10). 샘이 그렇게 큰데, 우리가 그렇게 작은 주전자를 지녀서야 되겠습니까? 하나님께서 약속 가운데서 그의 손으로 그렇게 넓게 벌리시는 것이 우리로 하여금 소망을 넓게 갖게 하고 또한 우리의 수고를 격려하게 하고자 함이 아니고 무엇이겠습니까?

(d) 은혜를 많이 얻을수록 거기에 많은 은혜를 더하기가 쉬워집니다. 어린 학생으로서는 처음에 미약한 배움을 얻는 것을 나중에 그보다 훨씬 더 많은 배움을 얻는 것보다 더 어렵게 느끼는 법입니다.

임무 3. 서로 상대방의 불완전한 점들을 용납하고 참으십시오. 복음이 비밀이라는 것을 보고 있으니, 누구도 그것을 마스터하지 못하고 있다는 것을 이상히 여기지 마십시오. 그리스도께서는 성도들의 불완전한 점들을 견디고 계십니다. 그러니 성도들도 서로서로를 견뎌야 마땅할 것입니다. 제자들의 지식이 얼마나 초라했습니까? 한 가지 교훈을 배우고 습득하기까지 얼마나 기다려야 했습니까! "이제는 너희가 믿느냐?"라고 주님은 말씀하십니다(요 16:31). 그는 그들을 오래 참으셨고, 똑같은 내용을 자주 반복하여 가르치셔야 비로소 그들의 마음에 납득이 되었던 것입니다. 그런데 안타깝게도 우리는 우리의 모든 판단을 그대로 다 좇아오지 못하고 또한 우리들처럼 명확한 사리분별이 없는 사람들에 대해 좋게 여기거나 혹은 교제를 계속 유지하는 경우가 거의 없습니다. 우리는 분명 복음의 본질을 잘못 알고 있는 것입니다. 마치 복음 속에는 명확한 내용들 이외에는 아무것도 없는 듯이 생각하는 것입니다. 구원에 필수적인 원리들에 대해서는 그 본질이 높고 비밀한 것이지만 그럼에도 불구하고 말씀 속에 명확하고도 평이하게 제시되어 있습니다. 그러니 이는 과연 하나님을 찬송해야 할 일입니다. "논란의 여지없이 위대하도다, 경건의 비밀이여"(딤전 3:16. 한글개역개정판은 "크도다 경건의 비밀이여, 그렇지 않다 하는 이 없도다"로 번역함 — 역주). 경건은 비밀입니다. 그러나 그것은 "논란의 여지"가 없습니다. 복음의 근본적인 주요 요점들에 대해서는 믿는 이들 중에 전혀 논란이 없습니다. 그러나 신앙의 핵심적인 부분들에서 좀 더 먼 내용들의 경우에는 쉽게 매듭이 풀리지 않는 것들이 있고, 이에 대해서는 판단이 다소간 달라지기도 합니다. 그러나 주요 요점에서 지나치거나 부족하지 않는 한, 다소간 지나치거나 부족한 점들이 있다 해도 손가락이 여섯 개나 네 개인 괴물이 되지는 않고, 실수가 있다고 해서 반드시 신앙에 관한 괴물이 되지는 않습니다. 복음이 비밀이라는 것을 기억하십시오. 그러면 상대방의 무지를 더 잘 용납하게 될 것입니다. 격분과 편견이 우리 눈 속에 불어넣은 티끌을 사랑이 걷어내고 나면, 진리를 찾기에 더 유리한 고지 위에 서게 될 것입니다.

또한 신앙의 실천적인 부분에서 나타나는 연약한 점들도 용납하며 견디십시오. 우리 믿음의 도리는 물론 경건도 비밀입니다. 상점의 모든 종업원이 다 똑같이 일을 잘 할 수는 없습니다. 다른 종업원보다 유난히 서툴게 움직이는 이도 있습니다. 특히 재능과 경험이 적은 종업원일수록 그럴 소지가 많습니다. 마찬가지로 모든 성도들이 다 영적인 키가 같은 것이 아닙니다. 그리스도의 가족에는 줄로 매어 이끌고 가야 할 어린아이들이 있는가 하면 그런 도움이 없이도 잘 걸어가는 자녀들도 있습니다. 어떤 이들은 순전한 복음의 원리에 — 사랑과 또한 양자의 영에 — 근거하여 잘 행합니다. 그런가 하면 아직 율법적인 두려움과 공포를 다 털어 버리지 못한 자들도 있는 것입니다. 어떤 이들은 믿음의 언덕 위로 높이 올라가 있어서 자기들의 영적인 상태를 더 분명하게 바라보며, 어떤 이들은 밑바닥에 가까이 있어서 마치 방금 수면 위로 떠오른 태양처럼 당혹스런 두려움과 의심의 구름들에 뒤덮여 있기도 합니다. 요컨대 그리스도인 형제들 중에 다른 형제들보다 분노와 격정 같은 것을 더 멀리 던져 버렸고 또한 자기들의 부패성을 더 많이 극복한 이들이 있는 것입니다. 여러분의 연약한 형제를 동정하며 손을 뻗어 그를 붙잡고 도와주십시오. 그러나 그를 멸시하지는 마십시오. 하나님께서 그런 연약한 형제를 세우시고 여러분을 수렁에 빠지도록 허락하실 수도 있는 것입니다. 그리스도께서 꺼져가는 심지를 끄지 않으시는데, 어째서 우리가 그리 한단 말입니까? 천부께서는 연약한 그리스도인도 강건한 그리스도인 못지않게 환영하시는데, 어째서 강건한 그리스도인이 다른 형제들을 환영하지 않는단 말입니까? 그런데 안타깝게도, "당사자보다는 주인에게 말하는 것이 더 낫고, 어린아이에게보다는 그 아버지에게 말하는 것이 더 낫다"는 금언이 여기에 정말 잘 들어맞습니다. 하나님께 그렇게 담대히 가까이 갈 수 있는 자들은 동료 종들과 형제들을 감히 자유로이 대하지 않아서는 안 되는 것입니다.

임무 4. 복음이 비밀입니까? 그렇다면 그리스도인 여러분, 천국을 사모하십시오. 거기서는, 그리고 오직 거기서만, 이 비밀을 완전히 알게 될 것입니다. 복음적인 교회에 관하여 말씀한 큰 일들로 인해서 그리스도 이전의 많은 성도들과 선지자들이 그 일들이 드러나게 될 그 복된 때 보기를 사모하게 되었습니다. 그러니 우리는 얼마나 더 천국을 사모해야 되겠습니까! 거기서는 이 큰 비밀이 완전히 개방되고, 또한 지금까지 이 땅의 성도 중 어느 누구도 보지 못한 그 고귀한 보배들이 담겨 있는 이 서랍 속의 모든 상자가 다 열리게 될 것이니 말입니다. 거기서는 "하나님의 그 비밀이 이루어지리라"고 말씀합니다(계 10:7). 여기서는 조금씩 조금씩 그 비밀을 알게 됩니다. 마치 책이 인쇄소에서 나오는 대로 한 장씩 한 장씩 읽듯이 말입니다. 그러나 거기서는 한 번에 다 보게 될 것입니다. 여기서는 이번 주 설교에서 조금 빛을 얻고, 다음 주 설교에서 조금 빛을 더 얻는 식이므로 우리의 지식 창고가 오늘 몇 푼어치 던져 넣고, 내일 몇 푼어치 던져 넣고 하는 식으로 늘어나지만, 거기서는 모든 것을 단번에 얻게 될 것입니다. 여기서는 많은 고통과 어려움을 겪고서야 지식을 얻습니다만, 거기서는 수고와 땀이 전혀 없이 얻게 됩니다. 영화롭게 된 성도들은 일을 쉬지는 않지만 수고로부터 벗어나 안식을 누립니다. 여기서는 격렬한 감정이 우리의 생각을 어둡게 하여 진리를 오류로 잘못 보기도 하고, 오류를 진리로 잘못 보기도 합니다. 그러나 천국에서는 이런 구름들이 다 걷혀지고 사라질 것입니다. 여기서는 본성적인 연약함 때문에 많은 이들이 계속해서 어둠 속에 있게 되고 그리하여 다른 형제들이 인도받아 깨닫는 몇몇 진리들을 전혀 깨닫지 못하게 되기도 하지만, 거기서는 강한 자도 연약한 자를 앞서지 않을 것이요, 학생이 그의 스승만큼, 교인들이 그들의 목사만큼, 알게 될 것입니다. 여기서는 경건한 자들 사이의 사소한 논란과 갈등들로 인하여 연약한 자들이 많은 진리들에 대해 마땅히 생각하여야 할 것을 제대로 생각하지 못하고 불확실한 상태에 머물러 있는 경우가 허다하지만, 거기서는 성도들 모두가 의견이 같아질 것입니다. 그렇기 때문에, 거룩한 사람이 임종 시에 루터와 칼빈이 서로 같은 견해를 갖게 된 그 곳으로 가고 있다는 사실로 위로를 받는 것입니다. 여기서는 진리를 향한 탐구에서 혼란을 겪습니다. 이 세상에서 감당해야 할 필수적인 일들 때문에 우리의 주목이 흐트러지기도 하고, 또한 우리의 육체적인 연약함과 허약함 때문에 방해를 받게도 되는 것입니다. 그러나 천국에서는 우리의 육체가 그런 식으로 방해할 일도 없고, 등을 위해 의복을 입어야 하고, 배(腹)를 위해 음식을 먹어야 할 일도 없게 되는 것입니다.

우리 육체의 고통거리들과 영혼의 갈등거리들에서 완전히 벗어나게 해주니, 오오, 죽음이여 과연 복되도다! 그대야말로 성도들의 영혼과 육체의 모든 질병들을 다 고쳐줄 유일한 의사로다. 그 복된 시간이 오면 기쁨으로 머리를 들어올리십시오. 그 때에는 여러분이 그 복락의 곳에서 그리스도를 보게 될 것이요, 그것도 먼 거리에서 이런저런 규례 속에서 약속의 안경을 쓰고 믿음의 눈으로 보는 것이 아니라 영화롭게 된 눈으로 그분 자신을 똑바로 바라보게 될 것이요, 다시는 그분이 시야에서 사라지시는 일이 없을 것이니 말입니다. 거기서는 성례의 떡과 포도주처럼 적은 양으로 그의 사랑을 맛보지 않을 것이요, 여러분의 입을 샘에다 드리우고 그의 가슴으로부터 충만하게 마시게 될 것입니다. 여기서는 죽을 사람이 자기도 거의 접해 보지 못한 것에 대해 초라한 언어로 전하는 것을 듣지만, 거기서는 천국이 얼마나 영광스러운 곳인지를 들을 필요가 없고 여러분이 직접 그 영광스러운 성의 거리를 걷게 될 것이며, 또한 여러분이 그 곳에 가게 되면 여러분이나 여러분의 목사가 — 여러분은 묵상을 통해서, 또한 여러분의 목사는 설교를 통해서 — 그 곳에 대해 얼마나 보잘것없는 생각을 했었는가를 생각하며 감사하게 될 것입니다. 그 영광을 한순간만이라도 보게 되면, 이 땅에서 행해진 모든 설명들과 모든 책들이 제시해 주는 것보다 더 많은 것을 알게 될 것입니다. 그런데도 여러분이 이렇게 외치지 않는단 말입니까? 오오 지극히 거룩하시고 참되신 주여, 얼마나 오래 있어야 저를 그리로 데려가시겠나이까?라고 말입니다. 그 때가 오기까지 매 시간이 하루요, 하루가 한 달이요, 한 달이 일 년이요, 일 년이 한 시대 같지 않겠습니까? 베르나르는 "조금 있으면 너희가 나를 보지 못하겠고 또 조금 있으면 나를 보리라"(요 16:16)라는 말씀에 대해서 다음과 같이 열정적으로 외칩니다: "거룩한 주님, 제가 주님을 보지 못하는 것이 잠깐이라고 말씀하시나요? 오오, 이 잠깐은 정말 기나긴 잠깐입니다!"

[복음의 비밀을 공부할 것을 권면함]

셋째 적용. 여러분, 아직 이 비밀에 대해 문외한이라면 그것을 아는 지식을 얻기를 힘쓰기를 바랍니다. 그렇습니다. 그것을 친밀하게 접하여 알게 되기를 힘써야 할 것입니다. 이를 위해서 저는 두 가지 논지를 사용하고자 합니다. 1. 이 비밀을 지으신 분을 생각하십시오. 2. 이 비밀의 주제를 생각하십시오.

논지 1. 이 비밀을 지으신 분(Author)을 생각하십시오. 하나님이 저자이신 책은 과연 읽을 가치가 있으며, 그의 무한하신 지혜와 사랑에서 비롯된 신비는 우리가 마땅히 알 필요가 있습니다. 하나님이 지어내신 모든 것들의 얼굴에는 신적인 영광이 자리잡고 있습니다. 그렇게도 훌륭하신 작가께서 초라한 작품에 손을 대신다는 것은 불가능한 일입니다. "여호와여 주께서 하신 일이 어찌 그리 많은지요! 주께서 지혜로 그들을 다 지으셨나이다"(시 104:24). 그러나 그의 모든 작품들이 다 동일한 영광을 드러내 보이는 것은 아닙니다. 사도께서는 이렇게 말씀합니다: "해의 영광이 다르고 달의 영광이 다르며 별의 영광도 다른데 별과 별의 영광이 다르도다"(고전 15:41). 그런데 그 모든 하나님의 작품들 중에 사람을 구원하시는 것이야말로 걸작 중의 걸작이라 할 수 있을 것입니다. 온 세계 자체가 이 섭리의 역사를 시행하는 하나의 무대로 세워진 것입니다. 거기서는 "하나님의 각종 지혜"가 어찌나 놀랍게 시행되는지, 천사들조차 궁금해하며 그것을 흠모할 정도입니다(엡 3:10; 벧전 1:12). 하나님이 지으신 것들은 우리가 공부해 마땅하며, 또한 그가 그 자신의 모습을 가장 분명하게 그려놓으신 그것들에 대해서는 가장 열심히 공부해야 할 것입니다. 그러므로 다른 무엇보다도 우리는 복음의 비밀을 탐구하여야 할 것입니다. 그것이야말로 하나님의 영광이 그대로 드러나 있는 유일한 거울이니 말입니다.

논지 2. 이 비밀의 주제를 생각하십시오. 곧, 그리스도와 또한 그로 말미암는 구원의 길이 그것입니다. 온 세상의 다른 비밀들은 목적이 얼마나 초라하며 낮은지 모릅니다! 목적이 우리를 부자로 만들어 주려는 데에 있는 것도 있고, 세상에서 위대하고 존귀하게 만들어 주려는 데에 있는 것도 있으나, 이 땅에서 우리를 거룩하게 만들어 주고 혹은 저 세상에서 복락을 누리게 만들어 주려는 것은 하나도 없습니다. 이것은 오직 그리스도를 아는 지식을 통해 얻는 것이요, 또한 그는 다른 어느 곳에도 없고 오직 복음에만 계시되는 것입니다. “초목에 대하여 말하되 레바논의 백향목으로부터 담에 나는 우슬초까지 하고 … 또 짐승과 새와 기어다니는 것과 물고기에 대하여” 논한 솔로몬의 자연 지식도 나름대로 희귀한 것이었습니다만(왕상 4:33), 우리에게는 그 모든 방대한 지식을 다 합쳐놓은 것보다도 복음의 잎사귀 하나가 무한히 더 가치 있는 것입니다. 그리스도 안에서 하나님을 아는 지식이 짐승과 새에 대한 지식보다 그만큼 더 고귀하고 값진 것입니다. 사람에게는 성경보다 다른 책에 더 관심을 기울이고 공부하는 경향을 보여왔는데, 그 책이 우리 시야에서 사라져 있다는 것이야말로 긍휼하심입니다. 그 책이 성경보다 더 낫다는 뜻이 아니라 육신적인 사람들의 사고의 틀에 그것이 더 적합했다는 뜻입니다. 그러나 신령한 빛을 받아 구원 얻는 지식을 얻어 은혜를 누리고 있는 영혼에게는 성령에 비할 만한 책이 도무지 없습니다. 바울은 훈련받은 학자였습니다. 그는 사람들을 세상에서 높이 치켜세우는 그런 학문을 원치 않았고, 오히려 그 모든 학문을 그의 “주 그리스도 예수를 아는 가장 고상한 지식”과 비교하여 배설물처럼 여겼습니다(빌 3:8). 그가 그런 학문을 개밥이라 불렀을지도 모릅니다. 왜냐하면 사람이 평생토록 인간의 학문을 습득하고는, 성경적인 뜻으로, 마지막에 개처럼 죽기 때문입니다. 보나벤투라(Bonaventure)는 말하기를, 그의 신앙의 요목 한 가지를 잃기보다는 차라리 그의 모든 철학을 잃어버리는 것이 낫다고 했습니다. 사도행전 19장에서 우리는 사람들이 회심하자마자 온갖 잡다한 그들의 책들을 불태워 버린 것을 봅니다. 그렇게 해서 그들이 패배자가 된 것이 아니었습니다. 오히려 그 모든 책들보다 더 값어치 있는 한 권의 책을 얻었기 때문입니다.

이 눈에 보이는 세상에 있는 모든 피조물들 가운데 빛이 가장 영광스러운 존재입니다. 그리고 모든 빛 중에서도 태양의 빛이 그 무엇과도 비교할 수 없을 만큼 훌륭합니다. 이 세상의 눈과도 같은 태양 빛이 없다면, 땅이 동굴이나 무덤과도 같을 것이요, 우리는 산 채로 그 속에 매장되어 있는 처지일 것입니다. 어둠의 재앙이 임하여 있을 때에 애굽 사람들의 처지가 어땠겠습니까? 그 수많은 죽은 사람들과 같지 않았을까요? 친구들이 있으나 볼 수가 없었고, 바깥 들판에 재물이 있으나 그것들을 누릴 수가 없었습니다. 그런데 마치 이 눈에 보이는 세상에서 태양이 그렇게 값진 존재이듯이, 복음 속에 나타나는 그리스도야말로 영혼의 지성적인 세계에서 그만큼 값진 분이신 것입니다. "예수 그리스도의 얼굴에 있는 하나님의 영광을 아는 빛"(고후 4:6)이 없이, 과연 영혼이 무엇을 올바로 행하며 또한 무엇을 올바로 누릴 수 있겠습니까? 사람의 영혼은 태생이 고상하며 지체가 높습니다. 왜냐하면 하나님이 "영들의 아버지"이시기 때문입니다. 그러나 이 자녀는 그의 하늘 아버지를 어둠 속에서 만나고 따라서 그를 알아보지 못합니다: "그가 세상에 계셨으며 세상은 그로 말미암아 지은 바 되었으되 세상이 그를 알지 못하였고"(요 1:10). 그런데 사람의 영혼이 태생이 고귀한 만큼 그것은 높은 목적을 위해, 곧 그 조물주이신 하나님을 영화롭게 하고 그를 즐거워하는 목적을 위해, 지음 받은 것입니다. 그런데 그리스도를 아는 지식이 없으므로 사람의 영혼은 그 두 가지를 다 할 수 없고, 오히려 스스로 죄의 추한 것과 하나님 대신 피조물을 감각적으로 포용하는 상태로 전락해 버립니다. 자신이 애초에 하나님을 위해 창조되었는데도 말입니다. 이는 마치 어느 위대한 왕의 아들이 자기의 고귀한 태생을 알지 못하고 자기 자신을 내어던져서 어느 거지의 딸과 결혼하는 것과도 같다 하겠습니다. 그러므로 여러분, 하나님을 아는 참된 지식에 이르게 해주며 또한 하나님과의 관계를 회복시켜 주며 그와 함께 복락을 누리게 해주는 이 비밀을 우리가 얼마나 귀하게 여기고 또한 그것을 열심히 공부해야 하겠습니까! 사람의 원초적인 행복은 하나님이 그를 사랑하시는 것과 또한 그가 그 하나님을 닮는 데에 있었습니다. 그런데 사람이 그 두 가지 모두에로 회복될 수 있게 하는 길을 복음이 드러내 줍니다. 먼저는 그것이 믿음의 비밀로서 우리로 하여금 하나님과 화목하게 하기 위한 그리스도와 그의 속죄를 계시함으로써 그 일을 해주며, 또한 그것이 경건의 비밀로서 또한 그리스도께서 그의 성령의 손길로 사람을 새롭게 창조하기 위해 사용하시는 도구로서, 또한 이를테면 하나님의 형상을 그에게 다시 새기는 도구로서, 그 일을 해주는 것입니다.

질문. 하지만 어떻게 하면 우리가 이 비밀을 깨닫는 구원 얻는 지식에로 인도함 받을 수 있겠습니까?

(1) 여러분의 이성이나 본성적인 재능의 힘으로 그것을 얻을 방법을 생각해서는 안 됩니다. 자연이나 인간 예술에 속한 다른 비밀들은 가장 예리한 재치가 있고 가장 뛰어난 두뇌가 있는 자들이 가장 신속히 마스터하는데, 이 비밀은 그런 식으로 습득하는 것이 아닙니다. 지극히 위대한 학자들이나 이성적인 사람들과 재능과 학식이 탁월한 자들만큼 복음 진리를 깨닫는 문제에서 실수를 범하고 오류에 빠진 사람들이 없었습니다. 그 원인은 부분적으로 하나님께서 언제나 대적하셨고 또한 계속해서 대적하실 그들의 교만과 자신감(self-confidence)일 것입니다. 또한 복음의 비밀들이 육신적인 이성과 지혜의 원리들과 어울리지 않기 때문이기도 할 것입니다. 그렇기 때문에 세상에서 지혜로운 부류가 대개 복음적 신앙의 위대한 원리들을 터무니없고 불합리한 것으로 거부해온 것입니다. 지혜로운 아리우스주의자에게 그리스도가 한 인격으로 하나님이요 동시에 사람이시라고 이야기해 보십시오. 그러면 그는 코웃음칠 것입니다. 바울이 몸의 부활을 언급할 때에 그들이 그랬던 것처럼 말입니다(행 17:32). 그가 지닌 깨달음의 열쇠가 그 사람들의 열쇠 구멍에 맞지 않기 때문입니다. 공로에 온통 정신이 팔린 자도, 행위가 아니라 믿음으로 말미암아 의롭다 하심을 얻는다는 말씀을 들을 때에 전혀 그것을 받아들이지 않습니다. 사람이 타자(他者)가 이루어놓은 의(義)로 말미암아 의롭다 하심을 얻는다는 것은, 마치 사람이 타자가 먹는 고기로 자기 배를 불리고 또한 다른 사람이 입는 의복으로 자기 몸을 따뜻하게 한다는 것만큼이나 어리석어 보이는 것입니다. 그 사람이 그렇게 거룩하게 살아본 적이 없을 만큼 그렇게 고결하게 살고 있을 때에 그에게 그 자신의 행위를 버리고 다른 분이 이룬 공로에 의지하라고 해보십시오. 아마도 재산을 다 팔고 다른 사람에게 동냥을 해서 먹고 살라고 설득하는 것이 차라리 더 나을 것입니다. 이런 말씀들은 "어려운 말씀"(참조. 요 6:60)으로서 얼마든지 그들이 거리낌을 받고 돌아서게 하거나 아니면 복음 계시의 단순한 내용을 자기들의 감각에 맞게 왜곡시키려 하게 만들 만한 것입니다. 그러므로 복음을 읽을 때에 여러분의 조물주와 논란을 벌이기 위해서가 아니라 그가 계시하시는 바를 그대로 믿기 위하여 나아오기로 결심하시기 바랍니다. 신적인 비밀들더러 여러분의 좁디좁은 사고력에 맞추어 납득시켜 달라고 요구하지 마십시오. 오

로지 여러분의 이성의 교만을 뒤로 제쳐둘 때에 비로소 그리스도의 학교의 학생으로 받아들여지기에 합당하게 될 것입니다.

반론. 그런데, 그리스도인이 되면 우리가 사람이기를 그만두는 것입니까?

답변. 아닙니다. 사람이기를 그만두는 것이 아니라, 하나님의 지혜와 진리를 우리 자신의 명철로 간파할 수 있다는 자신감을 내려놓음으로 교만한 사람이기를 그만두는 것입니다. 사람이 우리에게 맹목적인 믿음을 요구한다면 그것은 터무니없는 것이요 불합리한 것입니다. 그 사람이 우리를 속이거나 우리가 그 사람의 말에 속아 넘어갈 소지가 다분합니다. 그러나 하나님이 말씀하실 때에는, 비록 우리가 깨닫지 못하는 것이라 할지라도 그가 하시는 말씀이 참이라는 것을 믿어야 할 이유가 충족한 것입니다. 무한히 지혜로우신 분이시니 스스로 속임당하실 수가 없고, 또한 진리이시고 신실한 분이시니 그가 우리를 속이지도 않으시리라는 것을 우리가 알기 때문입니다.

(2) 여러분이 그리스도께 제자가 되어야 합니다. 사람들은 문 앞을 지나가는 낯선 사람들이나 혹은 상점에 물건을 사러오는 사람들에게 무턱대고 자기들의 사업 비밀을 가르쳐주지는 않습니다. 이와 마찬가지로 그리스도께서도 자기들의 이름을 포기하고 그의 종과 제자가 되고자 하는 자들 이외에는 누구에게도 복음의 비밀을 드러내실 것을 약속하지 않으십니다: "하나님 나라의 비밀을 너희에게는 주었으나 외인에게는 모든 것을 비유로 하나니"(막 4:11). 여러분이 일단 복음의 언약에 서명하면, 여러분의 계약서가 인봉되고 그리스도께서 이제 여러분의 스승이 되사 여러분을 그의 가족의 일원으로 맞으시고 여러분을 키우시고 가르치십니다. 그러나 마음과 애착이 그에게 가 있지 않은 자들은 말씀을 듣는 규례에 참여할 수는 있어도, 설교가 끝나면 곧바로 다시 옛 스승에게로 돌아가고 맙니다. 죄가 여전히 그들의 주 관심사요, 사탄이 그들의 주인입니다. 그러니 그리스도께서 그들에게 그의 일을 가르치실 리가 있겠습니까? 불의의 비밀과 경건의 비밀은 서로 반대되는 것입니다. 그 중 하나를 포기하고 벗어 버리기 전에는 다른 하나를 배울 수가 없는 것입니다.

(3) 어떤 목적으로든 이 비밀을 배우고 싶으면, 그 비밀에 대한 머릿속의 관념적인 지식으로 만족하지 마십시오. 복음은 머리와 마음 — 명철과 의지 — 모두에 관계합니다. 명철에게 그것은 믿음의 비밀이요, 마음과 삶에게 그것은 경건의 비밀입니다. 그런데 이 둘은 서로 분리되어서는 안 됩니다. "깨끗한 양심에 믿음의 비

밀을 가진 자라야 할지니"(딤전 3:9). 여기 만나와, 또한 그것을 집어넣고 요리할 황금 솥이 모두 있습니다. 곧, 진리가 깨끗한 양심 속에 담겨 있다는 것입니다. 지식은 학자로 만들어줄 수 있으나 성도가 되게 해주지는 않습니다. 정통한 사람으로 만들 수는 있으나 은혜를 누리는 자로 만들어 주지는 못합니다. 가령 여러분이 모든 성경에 대해 주석을 쓸 능력이 있고 또한 성경에 근거하여 어느 때든 진리를 대적하여 등장하는 각양 오류들과 이단들을 반박할 수 있다고 합시다. 하지만 여러분의 육신적인 정욕이 여러분 자신을 혼란스럽게 만들고 있는데 그 모든 것이 무슨 소용이 있단 말입니까? "내가 … 모든 비밀과 모든 지식을 알고 … 있을지라도 사랑이 없으면 내가 아무것도 아니요"(고전 13:2). 지식을 늘리면서 그 지식과 더불어 은혜를 얻지 않는 자는 스스로 슬픔을 늘리는 것이며, 그것도 영원한 슬픔을 늘리는 것입니다. 복음에 대한 기억을 지워 버리고 자기들이 그런 진리들을 알았다는 것을 잊어버릴 수 있다면, 지옥에 있는 복음을 들은 죄인들의 마음이 편할 것입니다. 그러므로 복음의 비밀에 대한 지식이 있다면, 특별히 다음 두 가지를 위해 힘써야 할 것입니다.

(a) 여러분이 그 비밀에 합당한 자라는 것을 확인하십시오. 여기에 복음 지식의 요점과 정수가 있습니다. 그리스도께서 가련한 죄인들을 위하여 행하시고 당하신 일들을 발견하면, 여러분도 바울처럼 그리스도께서 "나를 사랑하사 나를 위하여 자기 자신을 버리셨다"(갈 2:20)고 말할 수 있을 때까지 쉬지 마십시오. 어떤 고귀한 약속을 읽을 때면 마치 내시가 빌립에게 이사야서의 어느 말씀에 대하여 질문한 것처럼, 여러분 자신에게 이렇게 질문하십시오: "이것이 나에게 하시는 말씀인가, 아니면 누군가 다른 사람에게 하시는 말씀인가?" 내가 죄 사함을 받은 사람인가? 그리스도 안에 있는 자에게 정죄함이 없다고 했는데, 나는 과연 그리스도 예수 안에 있는 자인가? 요셉과 함께 감옥에 있던 두 사람은 요셉이 그들의 꿈을 해몽해 주기까지 얼마나 조급했습니까! 여러분이 과연 지옥에서 단두대(斷頭臺)에 서게 될지, 아니면 천국에서 왕의 궁궐에 있게 될지를 성경이 대답해 줄 것입니다. 자, 복음을 읽든지 혹은 그것이 선포되는 것을 듣든지 간에, 여러분이 신경을 쓰고 또한 확인해야 할 것은 바로 이것입니다. 곧, 복음이 여러분의 몫을 어디에다 두는가, 약속에다 두는가, 아니면 경고에다 두는가 하는 것입니다. 복음이 감미로운 잔치를 말씀합니다만, 내가 과연 그 잔칫상에 앉을 그리스도의 손님 중의 한 사람입니까? 천국에 예비된 처소들이 있습니다만, 과연 내가 거할 처소는 거기에 있습니

까?

(b) 복음 진리들의 능력과 효력이 여러분에게 역사하고 있음을 확인하기를 힘쓰십시오. 우리의 최초의 조상 부부가 그 불행한 실과를 먹어 그들과 온 인류에게 재난이 닥치게 되었을 때, 그들이 "자기들이 벗은 줄을 알았다"고 말씀합니다(창 3:7). 분명 그들은 타락 이전에도 그 사실을 이미 알고 있었습니다. 그러나 이제는 수치와 함께 그 사실을 알게 된 것입니다. 그들은 그것을 알고 그것을 덮어줄 의복을 구했습니다. 그 전에는 그 사실을 알면서도 그것을 덮을 필요가 없었는데 말입니다. 이 대목에 그저 빗대어 한 말씀만 하고자 합니다. 많은 사람들이 무엇이 죄인지를 알지만, 그 지식은 영혼으로 하여금 느끼게 만들어 주는 지식이 아닙니다. 자기들이 벌거벗었다는 것을 알면서도 그 벌거벗은 것에 대해 전혀 수치를 느끼지 않습니다. 그 벌거벗은 수치를 덮기 위해 그리스도의 의가 필요하며 또한 그 상태를 치유하기 위해 그의 은혜가 필요하다는 것을 깨닫지 못합니다. 많은 이들이 그리스도께서 죽으셨다는 것도 알고 그가 무엇을 위해 죽으셨는지도 압니다. 그러나 그리스도의 죽으심이 그들에게는 하나의 죽은 진리에 불과하며, 그것이 그들의 정욕의 죽음을 이끌어 내지 못합니다. 그들은 그가 살아나신 것을 알면서도 여전히 스스로 자기들의 부패한 것들의 무덤 속에 누워 썩고 있습니다. 그리스도께서 하늘로 올리셨다는 것도 알지만, 그 사실이 그들의 영혼을 이끌어 그를 따르게 하지 못합니다. 어느 철학자는 철학을 통해서 대체 무엇을 얻었느냐는 질문에 이렇게 대답했다고 합니다: "철학을 통해서 나는 다른 사람들이 흠모하는 것을 멸시하는 법을 배웠고, 다른 사람들이 견디지 못하는 것을 견디는 법을 배웠다오." 만일 여러분에게 누군가가 "복음의 비밀을 앎으로써 무엇을 얻었습니까?"라고 묻는다면 어떻게 대답하겠습니까? "예, 나는 혈과 육으로는 절대로 내게 가르쳐 줄 수 없었을 것을 믿기를 배웠고, 그 하늘의 진리들을 접하기 전에는 절대로 행할 수 없는 일을 행하기를 배웠습니다"라고 대답하지 못한다면, 여러분은 복음의 비밀을 접한 사실에 합당한 값어치 있는 답변을 전혀 하지 못하는 것입니다. 이것이 바로 진리를 "예수 안에 있는 것 같이" 아는 것입니다(엡 4:21). 병든 환자가 특효약을 마셨을 경우 — 그것이 잘 맞으면 목숨을 구하게 되지만, 그렇지 않으면 그 약으로 인해 죽음을 면치 못하게 된다면 — 오오, 그 약이 자신에게 무언가 작용을 한다는 것을 느끼기까지 그가 얼마나 초조해하겠습니까! 그 약이 효과를 발휘하게 하기 위해서라면 무슨 수단인들 마다하겠습니까! 만일 복음 진리들이 여러분

에게 효력 있게 역사하여 여러분을 개혁시키고 거룩하게 만들지 못한다면, 여러분은 버려진 사람입니다. 두말할 것도 없이 그 진리들은 여러분에게 "사망에 이르는 냄새"일 것입니다. 오오, 그렇다면 그 진리들이 여러분의 마음을 변화시키고 여러분의 삶을 그 하늘의 본질을 닮아가게 해주는 것을 깨닫게 되기까지 어떻게 안심할 수 있겠습니까? 그러므로 바울은 그리스도의 부활의 능력이 자신을 깨워 이 땅에서 거룩한 삶을 살게 해주는 것을 알기를 힘썼습니다. 그것이 없이는 그 이후로 기쁜 부활에 이를 수 없었던 것입니다(빌 3:10, 11). 복음은 거울입니다만, 우리가 우리 육체의 얼굴을 보는 그런 거울과는 다릅니다. 보통 거울은 우리의 모습을 보여주고 그 모습 그대로 둡니다. 그러나 복음의 거울은 영혼의 구조 자체를 "영광에서 영광에 이르도록" 변화시켜 주는 것입니다(고후 3:18).

[복음을 알리는 것이 목사의 임무임]

둘째 관찰.(p. 934에서 연결) 복음 목사의 일은 과연 어디에 있는가 하는 것입니다 — "복음의 비밀을 … 알리게 하옵소서." 복음의 숭고한 본질을 제시한 바 있습니다. 곧, 복음은 비밀이라는 사실입니다. 여기서는 목사의 임무가 제시되고 있습니다. 그는 가능한 만큼 분명하고도 또렷하게 이 비밀을 펼쳐내어 사람들 앞에 내어보여야 하는 것입니다. 주목하십시오. "복음"이 그의 주제요, "알리는 것"이 그의 임무입니다. 그러므로 목사의 임무가 이렇게 제시되고 있습니다: "너희는 온 천하에 다니며 만민에게 복음을 전파하라"(막 16:15). 우리는 때때로 교인들이 "설교자가 본문에서 벗어나 있다"라고 말하는 것을 듣습니다만, 그러나 그가 알리는 것이 복음인 이상 그는 절대로 그의 임무에서 벗어난 것이 아닙니다. 그의 본문이 무엇이든, 바로 이것이 그의 목표가 되어야 하는 것입니다. 그의 임무는 복음을 알리는 것입니다. 그러므로 복음을 알리는 데로 향하지 않는 것을 전한다면 이것은 그가 부여받은 지침을 벗어나는 것입니다. 오직 복음을 전하는 것만이 복음 사역에 지정된 그 목적 — 곧, 영혼을 구원하는 일 — 에 도달할 수 있는 것입니다. "하나님의 지혜에 있어서는 이 세상이 자기 지혜로 하나님을 알지 못하므로 하나님께서 전도의 미련한 것으로 믿는 자들을 구원하시기를 기뻐하셨도다"(고전 1:21). 창조의 위대한 책이 세상의 눈 앞에 충분히 오랫동안 펼쳐져 있었습니다만, 그들은 그 모든 신적인 지혜들이 그 책의 페이지마다 하나님의 손가락으로 기록되어 있는데도 그 모든 것으로도 결코 하나님을 아는 구원 얻는 지식에 이르지 못했습니다. 그러므로 하나님은 그의 종들을 보내사 복음을 전하게 함으로써 가련한 영혼들이 그리스도를 믿게 하시고, 또한 그 믿음으로 구원받게 하시기를 기뻐하시는 것입니다. 복음 이외에는 그 어떠한 가르침도 영혼을 구원할 수 없고, 복음을 알려 주지 않는 이상 복음 그 자체로는 영혼을 구원할 수 없는 것입니다.

[오직 복음만이 영혼을 구원할 수 있고, 또한 알려줄 때에만 그 일이 이루어짐]

첫째. 복음 이외에는 그 어떠한 가르침도 영혼을 구원할 수 없습니다. 갈렌(Galen)이 제시하는 규칙대로 따르면 그에게서 여러분의 건강을 구하는 법을 배울 수도 있습니다. 리틀턴(Littleton)과 기타 법학 서적들을 통해서 여러분의 재산을 구할 수 있는 법을 배울 수 있습니다. 플라톤을 비롯한 철학자들은 외형적으로 정의로운 삶을 통해서 사람들 사이에서 신망을 얻을 수 있는 법을 가르쳐 줄 것입니다. 그들의 가르침은, 갖가지 추하고 위중한 죄들을 범하지 않게 해주고, 그리하여 땅 위의 이웃들에게서 박수를 받게 해주고, 어쩌면 지옥에서 — 거기서는 파브리키우스(Fabricius)가 카탈리네(Cataline)보다 더 시원한 자리를 차지하게 됩니다만 — 덜 고통을 받게 해주는 수단이 될 것입니다. 그러나 여러분의 영혼을 지옥에서부터 구원하고 천국에 이르게 해주는 법을 가르쳐 줄 수 있는 것은 오직 복음밖에는 없습니다. 하지만 이것들에 대해 무엇이라 말할까요? 여러분을 구원할 수 있는 것은 하나님 자신의 법 — 즉, 도덕법 — 이 아닙니다. 만일 그의 법이 영혼을 구원하는 목적을 이룰 수 있었다면, 하나님께서는 그렇게 막대한 희생을 치르시면서까지 — 즉, 그의 아들의 피를 흘리시면서까지 — 다른 법을, 즉 믿음의 법을 세우려 하지 않으셨을 것입니다. "만일 의롭게 되는 것이 율법으로 말미암으면" — 율법으로 말미암아 될 수 있는 일이라면 — "그리스도께서 헛되이 죽으셨느니라"(갈 2:21).

질문. 그런데 목사들은 어째서 율법을 설교합니까?

답변. 그들은 마땅히 설교해야 할 대로 설교합니다. 그들은 율법을 복음과 반대되는 것으로가 아니라 복음에 종속되는 것으로 설교합니다. "율법과 복음을 서로 잘 구별할 줄 아는 사람은 하나님을 찬송할 것이요 또한 자신이 신학자의 이름으로 불릴 자격이 있다는 것을 알지니라." 우리는 율법을 삶의 언약으로가 아니라 법칙으로 설교해야 합니다. 거룩이란 그 골자에 있어서는 언제나 그랬던 모습 그대로 동일합니다. 복음은 이런 의미에서의 율법을 파기시키는 것이 아니고, 그 모든 계명들에 강력한 힘을 더해 주는 것입니다.

또한 우리는 율법을, 사람들 자신에게서 복음에 나타나는 그리스도께로 영혼을 이끌어가는 필수적인 수단으로 설교할 수 있고 또 반드시 그렇게 설교해야 합니다. 복음은 영혼들을 붙잡아 죄를 범하는 그 밑바닥의 상태로부터 그들을 이끌어 내는 그물입니다. 그런데 어떻게 우리가 그들을 그리로 들어가게끔 만들겠습니까? 절대로 그럴 수 없습니다. 우리가 먼저 율법이라는 막대기로 — 즉, 강력한 경고와 위협들로 — 강물을 때리지 않으면, 마치 물고기가 진흙창 속에 들어가 있듯이 죄인들은 자기들의 정욕 속에 그대로 누워 있습니다. 그러므로 율법의 경고와 위협들로 그들의 양심을 세차게 때리지 않고서는 거기서부터 그들을 건져낼 길이 없는 것입니다. “율법이 들어온 것은 범죄를 더하게 하려 함이라”(롬 5:20). 즉, 실제의 삶 속에서 죄를 더 많이 범하게 하려 함이라는 뜻이 아니라 죄를 깨닫게 함으로써 양심으로 죄를 더 많이 인식하게 하려 함이라는 뜻입니다. 율법은 어떤 것이 죄인지를 보여주며, 동시에 그 죄의 모습이 어떠한지를 보여 줍니다. 즉, 우리가 어떨 때에 죄를 범하며, 동시에 죄를 범한다는 것이 얼마나 혐오스럽고 위험한 것인지를 — 어떻게 하나님을 자극하여 그로 하여금 우리를 대적하여 온 힘을 다하여 싸움터로 나오시게 만드는지를 — 말씀해 준다는 것입니다. 그런데 죄인들로 하여금 복음을 받아들이도록 길을 예비하기 위해서는 이것이 필수적입니다. 의복을 기우려면 바늘이 실보다 먼저 들어가야 하는 법입니다. 율법의 날카로운 촉이 양심을 찔러야만 사람이 복음의 약속들로 말미암아 그리스도께로 이끌림을 받을 수 있는 것입니다. 쟁기로 흙을 뒤집어 고랑을 내놓아야만 비로소 밭에 씨를 뿌리기에 적합하게 되는 것처럼, 율법의 공포로 깨뜨려 놓아야만 비로소 영혼이 복음의 자비를 받아들일 준비를 갖추게 되는 것입니다.

둘째. 복음을 알려 주지 않으면, 그것 자체로는 구원의 역사가 일어나지 않습니다. “만일 우리의 복음이 가리었으면 망하는 자들에게 가리어진 것이라”(고후 4:3). 하나님이 빛을 보내지 않으시면, 사랑을 베푸실 의도도 없으신 것입니다. 육체가 질병에 걸렸을 경우는 환자가 자기가 지금 복용하는 약이 무엇인지를 알지 못해도 의사가 병을 고쳐 줄 수 있습니다. 그러나 영혼은 자신을 치료해 주는 그것을 알아야만 비로소 그것으로부터 치료의 효과를 얻을 수 있습니다. 요한은 “주의 백성에게 그 죄 사함으로 말미암는 구원을 알게 하기" 위하여 보내심을 받았습니다(눅 1:77). 지식이 없이는 죄 사함도 없는 것입니다. 그리스도께서는 십자가뿐 아니라 복음의 장대 끝에 높이 달리셔야만 했고, 그리하여 우리가 믿음의 눈으로 그를 바라볼 때에 고침을 받게 되어 있었던 것입니다(요 3:14). "나를 바라보고 구원을 받으라"(사 45:22. 한글개역개정판은 "내게로 돌이켜 구원을 받으라"로 번역함 — 역주). 앞을 보는 사람은 눈이 먼 다른 사람을 인도하여 그가 가고자 하는 곳으로 데려갈 수 있습니다. 그러나 천국으로 가고자 하는 자는 반드시 스스로 자기의 길을 볼 수 있는 눈을 지니고 있어야 하며, 그렇지 않으면 절대로 그리로 갈 수가 없습니다. "의인은 그의 믿음으로" — 남의 믿음으로가 아니고 — "말미암아 살리라"(합 2:4). 다른 사람의 대리 믿음은 아무 소용이 없습니다. 그런데 구원 얻는 믿음은 자기 목표를 바라보는 은혜입니다. 그것은 "보지 못하는 것들의" — 즉, 감각으로 보지 못하는 것들의 — "증거"입니다(히 11:1). 바울은, "내가 믿는 자를 내가 알고"라고 말씀합니다(딤후 1:12). 그러므로 믿음을 지식으로 제시하는 경우가 많습니다. "영생은 곧 유일하신 참 하나님과 그가 보내신 자 예수 그리스도를 아는 것이니이다"(요 17:3). 그런데, 복음이 알려져서 그로 말미암아 사람이 그리스도께로 나아가고 생명을 깨닫게 되기 전에 과연 그들이 그리스도와 영생을 어떻게 알 수 있겠습니까(딤후 1:10)? 복음 목사가 아니라면 대체 누구에게서 복음을 들어 알게 되겠습니까? 사도는 여기까지 나아갑니다: "그런즉 그들이 믿지 아니하는 이를 어찌 부르리요? 듣지도 못한 이를 어찌 믿으리요? 전파하는 자가 없이 어찌 들으리요?"(롬 10:14). 그러므로 이 위대한 일이 목사의 문 앞에 놓여 있는 것입니다. "복음의 비밀을 알리게" 할 임무가 그에게 있는 것입니다.

반론. 하지만 지금 그것을 전할 필요가 어디 있습니까? 그런 일은 교회를 세우는 자들의 일이었습니다. 그런데 지금은 교회가 세워졌고 복음이 알려져 있으니, 이런 수고는 하지 않아도 무방할 것입니다.

답변. 복음 사역은 비단 교회를 세우기 위한 것만이 아니고, 교회의 성장을 진행시키기 위한 것이기도 합니다. 바울이 심어 놓은 것에다 아볼로가 나중에 와서 그의 사역으로 물을 주는 것입니다(고전 3:6). 기초가 세워지면, 그 위에다 집을 지어야 하지 않겠습니까? 그리스도께서 목사들을 그의 교회에 주신 목적이 바로 이것입니다: "이는 성도를 온전하게 하며 봉사의 일을 하게 하며 그리스도의 몸을 세우려 하심이라"(엡 4:12). 임시로 건물 외곽에 세워놓는 작업용 뼈대들은 건물이 완성되기 전에는 철거되지 않고, 오히려 건물이 높이 올라가는 것에 맞추어 계속 더 높이 올라갑니다. 이처럼 바울도 그의 사역에서 낮은 데로부터 높은 데로 올라갔습니다. 가장 밑바탕이 되는 기초로부터 그 위에 세워진 진리들에로 올라간 것입니다(히 6:1). 데살로니가에 한 유명한 교회가 세워졌으나 그 교회에 무언가 "믿음이 부족한 것"이 있었고, 바울은 그것을 보충하고 그들을 더 온전하게 하기 위해 그 교회에 가기를 바랐습니다(살전 3:10). 설교가 별로 필요 없다고 생각하는 이들은 분명 복음이 비밀이라는 사실을 — 목사도 충만히 가르칠 수가 없고 교인들도 완전히 다 배울 수 없는 그런 비밀이라는 사실을 — 잊고 있는 것입니다. 뿐만 아니라 그들은, 복음이 믿음의 비밀이요 동시에 경건의 비밀이므로 그것을 무너뜨리기 위해 사탄이 얼마나 많은 자기의 일꾼들을 계속해서 일하게 만들고 있는지를 생각하지 않는 것입니다. 그에게 씨 뿌리는 일꾼이 있어서 그들이 항상 부패한 가르침을 뿌리고 다니는 것이 아닙니까? 그러니 신실한 목사라면 진리를 바로 알게 하여 그의 교인들로 하여금 그 사탄의 수족들이 뿌리는 독을 막을 방비책을 든든히 강구하게 하여 그들의 궤계들이 이루어지지 않도록 대비해야 하는 것입니다. 아무리 훌륭한 성도의 가슴에도 부패성이 있으며 또한 사탄과 세상으로부터 시험이 와서 그들을 미혹시키려 하므로, 이 때문에 그들이 언제나 위험에 싸여 있고 또한 안타깝게도 그 시험에 넘어지는 경우가 많은 것이 아닙니까? 요컨대, 은혜가 차가운 흙에 심겨졌으니 복음 사역을 통해 그것을 키워가야 할 필요가 있는 것이 아닙니까? 주일에 한 번 말씀을 들음으로써 얻은 것이, 그 다음 주일에 가면 완전히 사라지지는 않았다 할지라도 상당히 손상되어 있는 것을 보지 않습니까? 정말이지 우리 마음은 마치 메마른 땅과 같아서 이따금씩 소나기가 필요합니다. 그렇지 않으면 그 위에 나 있는 곡식들이 마르고 누렇게 색깔이 바뀌어 버립니다. 이 소나기 구름이 드리워져 비를 뿌리지 않으면 아무리 번성하는 교회들이라도 금방 메마른 황야가 되어 버리고 마는 것입니다! 베드로가 편지를 보낸 그리스도인들은 어린 신자들이 아니라 믿음에 뿌리를 박고 토대를 잘 내리고 있는 사람들이었습니다. 그런데도 사도는 그들에게 다음과 같이 권고하는 수고를 아끼지 않는 것입니다: "너희가 이것을 알고 이미 있는 진리에 서 있으나 내가 항상 너희에게 생각나게 하려 하노라"(벧후 1:12).

[적용]

[목사들에게 주는 책망과 격려]

첫째 적용. 목사들에게. 어떤 이들에게는 책망을 주고, 어떤 이들에게는 격려를 주고자 합니다. 먼저 다음과 같은 이들에게 책망을 주고자 합니다.

1. 허황된 설교자들. 곧, "복음의 비밀을 알리"기는커녕, 자기 자신을 알리고자 하는 목적으로 강단에 올라가는 자들입니다. 이들은 교인들의 영혼에 유익을 주기보다는 그들의 귀를 긁어 주려는 생각으로 온갖 미사여구를 동원하여 설교를 작성하고는 마치 푸줏간 주인이 자기가 파는 고기를 다루듯이 그런 식으로 설교를 토해냅니다. 이들은 교인들로 하여금 그리스도의 훌륭하심과 그의 은혜의 풍성한 것들을 높이 우러러 보게 하기보다는 오히려 설교자 자신의 재치와 재기에 박수를 치며 집으로 돌아가게 만듭니다. 참 안타깝습니다만, 그리스도를 위해 일해야 할 많은 이들이 이런 식으로 장사꾼 노릇을 하여 자기들의 이름을 높이는 짓을 하고 있습니다. 그들은 영혼들을 이끌어 그리스도께로 데려가는 일을 위해 보내심을 받았는데, 그리스도를 위해서 한 마디를 하면 자기들 자신을 위해서는 두 마디를 하는 것입니다. 이것은 크나큰 악이요, 바울은 자신이 이것과는 거리가 멀다는 것을 엄숙히 천명합니다: "아무 때에도 아첨하는 말이나 탐심의 탈을 쓰지 아니한 것을 하나님이 증언하시느니라. 또한 … 사람에게서는 영광을 구하지 아니하였노라"(살전 2:5, 6). 오오, 그런 설교들을 통해서 누군가가 회심하는 일이 얼마나 드문지 모릅니다! 이 허황된 설교자들이 라헬처럼 나름대로 정당할 수도 있겠지만, 그들의 사역은 십중팔구 메마를 수밖에 없는 것입니다.

2. 난해한 설교자들. 이들은 복음의 비밀들을 알게 하기는커녕 오히려 그 자체가 평이하고 분명한 진리들을 그들의 어두컴컴하고 난해한 설교를 통해서 비밀스럽게 만들어 버리는 자들입니다. 스콜라 신학자들의 불행한 경우가 바로 여기에 해당합니다. 그들은 복음의 지극히 평이한 진리들을 자기들의 사나운 용어들과 미묘한 질문들로 헝클어뜨리고 얽히게 만들었습니다. 그렇지 않았더라면 그저 일반적인 이해력으로 얼마든지 결말을 지을 수 있을 것들이었는데 말입니다. 몇몇 주석가들에 대해, "그들이 주해하기 전에는 그 다루는 본문들이 분명했다"고들 말하는데, 몇몇 설교자들에 대해서도 이 말을 할 수 있을 것 같습니다. 그들이 어렴풋한 강론으로 어둡게 만들어 놓기 전에는 그들의 본문이 명확했다고 말입니다. 설

교자가 청중에게 저지를 수 있는 잘못 중에 이보다 더 심한 것이 어디 있겠습니까? 설교자는 성경을 열어 주어야 합니다. 그런데 이 사람들은 열쇠를 그릇된 방식으로 돌려서 오히려 그들이 알지 못하도록 잠가 버리는 것입니다. 그들은 복음의 거울을 교인들 앞에 들고 서서, 그들로 하여금 마치 신랑이 오고 있을 때에 신부가 하는 것처럼 자기들의 영혼의 복장 상태를 보게끔 해주어야 합니다. 그런데 막상 그들이 본문에 대해 말을 하고 나면, 그것이 너무 희미해져서 도무지 그 속에서 그들의 얼굴을 볼 수가 없게 되어 버리는 것입니다. 진흙이 두텁게 깔려 있는 곳이 물이 가장 깊은 곳이 아니듯이, 설교자의 표현이 어두컴컴하고 희미하다고 해서 언제나 그 다루는 문제가 지극히 심오한 것은 아닙니다. 사람의 발음이 분명치 않을 때에 우리는 그 사람의 언어능력에 결함이 있는 것으로 간주합니다. 우리의 생각들을 전달하는 과정에서 희미하게 만드는 것을 과연 어떻게 온전하게 생각할 수 있는지 저는 도무지 모르겠습니다. 도장(印)에 새겨진 조각이 깊고 충실할수록, 그것이 밀랍에 찍힐 때에 그 자국이 더 선명한 법입니다. 누구든 어떤 사물을 충실하게 이해하고 있을수록 그것을 다른 사람들에게 더 선명하게 전달할 수 있는 법입니다. 툭툭 끊어지고 더듬거리는 말투가 언어기관의 장애에서 오듯이, 우리 생각을 어두컴컴하고도 희미하게 전달하는 것도 우리의 이해에 결함이 있다는 것을 드러내는 것입니다. 그렇지 않다면 이는 보통 사람의 이해의 영역을 뛰어넘는 지식을 갖고 있는 체하고자 높이 솟아오르는 표현들을 쓰는 데에서 오는 것일 수밖에 없는데, 이것이야말로 가장 나쁜 것입니다.

3. **그저 도덕적이기 만한 설교자들.** 이들의 설교의 물줄기는 복음의 수로(水路)를 타고 흐르는 것이 아닙니다. 도덕적인 의무들을 강조하고, 도덕법을 거스르는 죄들을 강하게 탄핵합니다. 물론 이것에 대해 그 사람을 탓할 마음은 전혀 없습니다. 기독교의 신조가 십계명을 무시하는 것이 아니니 말입니다. 우리 주님도 그가 행하신 최초의 설교들에서 대부분 도덕적인 의무들을 강조하는 데에 할애하셨습니다(마 5장). 기독교 신앙을 공언하는 수많은 사람들이 도덕적으로 정직하지 못한 것 때문에 기독교의 평판이 아주 나빠져 있으니, 오늘날처럼 이 문제에 대해 사람들의 뇌리에 쐐기를 박는 일이 절실한 적이 없었습니다. 하지만 그들에 대해 제가 책망하지 않을 수 없는 것은 그들이 율법을 복음적으로 전하지 않으며 또한 그것을 자기들이 사명을 받은 사역의 주요 목표로 삼지도 않는다는 것입니다. 설교자의 사명은 "복음의 비밀을 알리는" 것이요, "측량할 수 없는 그리스도의 풍성함을

… 전하 … 고 영원부터 만물을 창조하신 하나님 속에 감추어졌던 비밀의 경륜이 어떠한 것을 드러내는" 것입니다(엡 3:8, 9). 교회의 스승이 키케로(Cicero)의 작품들을 별로 가치 있는 것으로 보지 않은 것이 오로지 그의 잎사귀들이 예수 그리스도의 감미로운 이름에 젖어 있지 않았다는 것 때문 — 그렇지만 않았다면 그 고귀한 언변을 흠모했을 것인데 — 이었습니까? 그렇다면 사역의 전 과정을 통해서 그리스도나 복음의 비밀을 별로 드러내지 않는 사람들의 설교나 수고는 볼썽사나운 오점인 것이 분명할 것입니다. 설교를 하지 않는 목사에게만이 아니라 복음을 설교하지 않는 목사에게도 화가 선언되는 것입니다: "만일 복음을 전하지 아니하면 내게 화가 있을 것이로다"(고전 9:16). 윤리 강좌로는 여러분의 교인들을 "구원에 이르는 지혜가 있게"(딤후 3:15) 만들 수가 없는 법입니다. 술 취한 이웃에게 맑은 정신으로 있으라고 하고 소란을 일으키는 자들에게 절제하라고 설교할 수 있다면 좋은 일일 것입니다. 그러나 이것은 플라톤(Plato)에게 그의 폴레모(Polemo)가 할 일을 시키는 것과 다를 바 없습니다. 그렇게 하면 그들을 짐승 앞에 서 있는 사람들처럼 만들 수 있을 것입니다. 하지만 여러분은 그들을 중생한 성도들이 되게 해야 합니다. 그들이 자기들의 극악한 행위들을 삼가도록 할 뿐 아니라 그들 자신의 모습 자체를 버리도록 설교해야 하며, 자기들의 죄를 사랑하는 데에서는 물론 자기들의 의를 의지하는 데에서도 벗어나도록 설교해야 합니다. 그렇게 하지 않으면 결국 천국에 이르지 못하도록 그들을 내버려 두는 것이 되는 것입니다. 자, 율법의 처절한 경고들로 불을 피우고 연기를 피워 그들을 도덕적인 악행으로부터 도망치게 하십시오. 그러나 그들에게 그리스도를 접하게 해주고 또한 그로 말미암아 구원의 길을 접하게 해주기 전에는 절대로 쉬지 마십시오. 요컨대, 여러분이 원하는 만큼 도덕적인 의무들을 설교하십시오. 단, 어디까지나 복음적인 기조를 유지하는 가운데 그렇게 하기 바랍니다. 그리스도께로부터 오는 은혜가 없이는 이런 일들을 도무지 할 수 없다는 점을 그들에게 납득시키십시오. 이것이 없으니, 이교도들의 덕성은 그저 "번드르르한 악행들"에 지나지 않는 것입니다. 믿음으로 말미암아 선행에로 나아가야지, 선행을 통해서 믿음에로 나아가려 해서는 안 되는 것입니다. 먼저 나무가 좋아야 그 나무에서 열리는 열매가 좋은 법입니다. "나를 떠나서는 너희가 아무것도 할 수 없음이라"(요 15:5). 그리고 그들이 도덕적인 의무들을 지극히 훌륭하게 행하고 있을 때에는 그것이 하나님 앞에서 그들의 의가 되어서는 안 된다는 것을 그들에게 납득시켜 주기 바랍니다. 하나님 보시기에

벌거벗은 상태에 있기를 바라지 않는다면 무언가 예복으로 그들의 영혼을 덮어야 하는데, 그들 속에서 발휘되는 그들의 고유한 의(義)의 초라한 의복으로 덮으려 해서는 안 되고, 그리스도께서 그들을 위하여 베푸시는 그리스도의 의의 예복을 덮어야 한다는 것을 납득시켜야 하는 것입니다.

신실한 그리스도의 목사들에게 따뜻한 격려의 말씀을 드려야겠습니다. 어쩌면 그리스도를 위해 오랫동안 열심히 일해 왔는데, 그 수고의 열매를 거의 보지 못했을지도 모르겠습니다. 나이가 들어서 여러분의 기력이 거의 소진되었고, 촛불이 거의 밑바닥에까지 다 녹아 있는 상태인데도, 여러분의 교인들이 여전히 육신적이고 완고하며, 태양 볕에 그을지도 않고, 아무리 논리적으로 설득해도 움직이지 않으며, 여전히 추한 상태 그대로이고 앞으로도 계속 그럴 가망성이 다분할지도 모르겠습니다. 그들은 지옥으로 갈 것이고 그 어떠한 문도 그들을 막지 못합니다. 그들을 돌이키고자 최선을 다했는데도 모든 것이 허사가 되어 버립니다. 그렇게 밝은 빛을 받고서도 — 그들의 죄악된 발걸음 하나하나가 어디로 이끌어 가는지를 복음이 분명히 보여주는데도 — 지옥에 들어가다니, 그들의 처지가 정말이지 안타깝습니다. 그러나 여러분은 내적인 평안과 위로를 얻을 이유가 충분합니다. 하나님이 여러분의 손에서 기대하시는 일을 다 했기 때문입니다. 여러분의 임무가 "복음의 비밀을 알리는" 것임을 기억하십시오. 그것을 받아들이는가 받아들이지 않는가는 그들의 책임입니다. 하나님은 여러분을 사람들에게 보내실 때에 그 사람들을 회심시키는 임무를 여러분에게 주신 적이 없습니다. 아닙니다. 복음을 선포하는 것은 여러분의 임무요, 그것을 받아들이는 것은 그들의 임무입니다. 아브라함은 그의 종에게 만일 그의 아들을 위해 아내감을 데려오고자 하는 그 여자가 따라주지 않으면 그것을 그 종의 책임을 간주하지 않겠노라고 맹세로 약속하였습니다. 이와 마찬가지로 하나님께서도 여러분을 그들의 피에서 깨끗한 것으로 간주하시고, 그 피를 그들의 문에다 두실 것입니다. "네가 악인을 깨우치되 그가 그의 악한 마음과 악한 행위에서 돌이키지 아니하면 그는 그의 죄악 중에서 죽으려니와 너는 네 생명을 보존하리라"(겔 3:19). 하나님은 그의 종들의 일에 대해서 그들의 수고의 성공 여부로 판단하시지 않고, 그들이 그의 메시지를 신실하게 전했느냐 하는 것으로 판단하시는 것입니다. "이스라엘이 모이지 않을지라도 나는 여전히 여호와 보시기에 영화롭게 되리로다"(사 49:5. 한글개역개정판은, "이스라엘이 그에게로 모이는도다 그러므로 내가 여호와 보시기에 영화롭게 되었으며"로 번역함 — 역주).

[복음을 알리는 교인의 임무]

둘째 적용. 교인들에게. 강단에서 복음의 비밀을 알리는 것이 목사들의 임무이듯이, 여러분의 삶 속에서 동일한 일을 행하는 것이 여러분의 임무입니다. 그리스도인의 삶이 목사의 설교를 마치 인쇄물로 보여주듯이 그렇게 드러내 보여야 합니다. 목사가 일주일에 한두 번 그들의 귀에 전해 주는 그 비밀을 이웃이 보는 앞에서 날마다 전하여야 하는 것입니다. 해시계가 태양의 움직임과 일치하여 움직이듯이, 또한 잘 그린 초상화가 실물을 그대로 닮듯이, 여러분의 행실이 여러분이 공언하는 복음을 닮아야 하는 것입니다. 느슨한 그리스도인들에 대해 누군가가 "이것이 복음이 아니든지 혹은 이 사람들이 그것에 속한 자들이 아니든지 둘 중의 하나다"라고 말했습니다만, 누구도 이런 말을 하게끔 원인 제공을 해서는 안 됩니다. 이 높고 거룩한 비밀에 대해 가르침 받는다는 여러분들이 과연 치사하고 불순한 행위들과 무슨 관계가 있단 말입니까? 그리스도인이라는 여러분의 이름은 이교도식의 삶과는 전혀 어울리지 않습니다. 만일 덕스럽고 진정 존귀한 행실들이 여러분과 동행하지 않고 오히려 여러분이 입으로 공언하는 것에 전혀 걸맞지 않는 행실이 계속해서 여러분에게서 나온다면, 여러분은 여러분 자신과 복음을 부끄럽게 만드는 것입니다. 대학교 졸업생인 것처럼 행세하면서 어느 시골의 아주 허름한 학교에 있는 것이 발각된다면 얼마나 수치스러운 일이겠습니까! 여러분은 이 세상의 그 어떠한 종교도 보여줄 수 없는 그런 고상한 천국의 학식을 배우고 훈련받았으니, 여러분이 받은 가르침에 걸맞는 삶의 모습을 보여야 마땅한 것입니다. 바울은 고린도의 성도들을 향하여 "너희는 사람을 따라 행하는도다"(고전 3:3)라고 말씀하는데 이는 그들을 향한 날카로운 책망이었습니다. 여기서 사람이란 본성적인 상태의 사람을 뜻하는 것입니다. 그렇게 사람들을 따라 행하는 자는 짐승과 별로 다를 것이 없이 행하는 것입니다. 이는 사람의 명철이 짐승과 같아지는 것이요, 또한 짐승처럼 사는 것이 짐승이 되는 것보다 더 못한 것입니다.

그리스도인 여러분, 여러분이 그리스도인이라는 이름을 헛되이 지니고 있는 것이 아니라면 여러분은 인간의 본성보다 더 고상한 본성에 참여하고 있는 것입니다. 여러분의 발이 다른 사람들의 머리 위에 서 있습니다. 그러므로, 은혜가 본성 위에 있고 하늘이 땅 위에 있듯이 여러분은 육신적인 세상을 훨씬 넘어서는 그런 삶을 살아야 마땅합니다. 그리스도께서는 천사들 밑으로 몸을 숙이지 않으셨고, 여러분의 마음과 삶을 사람들 위로 올리고자 하셨습니다. 우리를 신성에 참여하는 자들로 만드실 계획이 아니었다면 그는 절대로 자기를 낮추사 인간의 본성을 취하지 않으셨을 것이며, 우리 마음을 천국에로 높이 올라가게 할 길을 만드실 계획이 아니었다면 절대로 이 땅에서 행하지 않으셨을 것입니다. 그러므로 혈과 육으로는 그런 상해(傷害)를 감당할 수 없고 그런 감각적인 쾌락을 삼갈 수가 없다는 식의 말은 하지 마십시오. 여러분이 사람 이상이든지, 아니면 그리스도인 이하든지 둘 중의 하나입니다. 혈과 육은 절대로 복음을 여러분에게 드러내 보인 적이 없고, 혈과 육은 절대로 그리스도를 받아들인 적이 없습니다. 요컨대, 혈과 육은 절대로 하나님 나라에 들어갈 수 없습니다. 여러분이 그리스도인이라면, 복음의 영으로 세례를 받았으며 천국 태생의 본성을 지녔을 것인데, 이것은 혈과 육이 해 줄 수 있는 이상을 할 수 있도록 해줄 것입니다. 다른 사람들이 복음으로 말미암아 회심하는 것을 보고 싶은 마음이 없습니까? 여러분 혼자서만 가만히 천국에 들어가고 이웃들 중에는 아무도 데려가고 싶습니까? 그런데 복음을 사람들의 양심에 천거해 줄 만한 복된 삶을 살지 않고서 어떻게 그들로 하여금 복음에 대해 좋은 생각을 갖도록 만들겠습니까? 기독교는 "그리스도인들의 삶에서보다는 책갈피 속에서" 더 잘 알 수 있다는 기독교를 향한 책망이 오래 전에 있었습니다. 그런데 복음을 대적하는 많은 사람들의 사악함과 편견이 더욱 견고해지고 있는 것입니다. 물고기를 그물에 잡으려 하면서 오히려 물고기를 겁주어 도망가게 만드는 자는 지혜로운 어부가 아닐 것입니다. 오오 여러분, 복음을 전하여 사람들을 회심하게 하고자 하면서 여러분의 삶의 스캔들로 그들에게 거슬림을 주지 마십시오. 어떤 사람은 말하기를, 오늘날 마치 유대인의 회심의 때가 임박한 것처럼 많은 이야기들을 하고 있다고 합니다. 그런데 그는 계속 말하기를, 그리스도인들의 느슨한 삶 때문에 이 하늘의 비밀이 무시를 당하고 있어서 그 때가 더 멀어지는 것 같다고 합니다. 과연 그렇습니다. 그리스도인들의 삶의 순결함이야말로 다른 이들을 이끌어 신앙을 사랑하는 데로 나아가게 하는 가장 좋은 촉진제인 것입니다. 그리스도의 비둘기들이 그 날개에 겸손과 사랑과 인내와 기타 하늘의 은혜들의 향기를 더 많이 품고 세상을 두루 날아다닌다면, 집으로 돌아올 때에 더 많은 친구들을 교회의 좌석으로 데려올 것입니다. 그리스도의 교회라는 성전을 금으로 입혀서 다른 이들로 하여금 그 아름다움에 반하도록 만들어야 하는데, 바로 이것이 그 금인 것입니다. 초대 교회에 그렇게 엄청난 회심자들의 증가가 있게 만든 복된 수단 중의 하나가 바로 이것이었습니다. 그 때에는 사도들의 능력의 전도만이 아니라 그리스도인들의 거룩한 삶을 통해서도 복음의 비밀이 사람들에게 알려졌던 것입니다. 그들이 어떻게 행했는지를 보십시오(행 2:46). 그런데 그 복된 결과가 어떠했습니까? "하나님을 찬미하며 또 온 백성에게 칭송을 받으니 주께서 구원 받는 사람을 날마다 더하게 하시니라"(47절). 이것은 마귀와 거의 다를 바 없는 사람이라도 — 분쟁의 불길 속에 살기를 좋아하고 그리하여 모든 선한 것을 대적하여 처절하게 마음이 굳어져 있는 그런 사람이라도 — 그러한 고귀한 천국의 공동체에 자기 이름이 올라가 있다면 얼마나 좋을까 하는 마음이 생기게 만들 것입니다. 그런데 이 금이 희미하게 소멸되면서 복음이 세상에서 신용을 잃어버리기 시작했고, 회심자의 증가도 멈추어 버린 것입니다. 복음을 믿는다고 공언하는 자들의 열정이 식어지고, 그들의 삶의 철저한 모습이 소멸되어가기 시작하자, 회심자들이 더디 생겨나게 된 것입니다.

[목사는 복음을 담대히 선포하여야 함]

셋째 관찰.(p. 959에서 연결) 복음의 목사가 그의 임무를 감당하여야 할 자세 — "복음의 비밀을 담대히 알리게 하옵소서." 여기서는 다음과 같은 사항들을 살펴야 할 것입니다. 첫째. 사도가 위하여 기도를 요청하는 이 담대함이란 무엇인가. 둘째. 복음을 전할 때에 목사는 어디에서 그 담대함을 표현해야 하는가. 셋째. 그가 보여야 할 담대함은 어떤 종류의 담대함인가. 넷째. 담대함을 얻게 해주는 몇 가지 도움들.

첫째. 사도가 위하여 기도를 요청하는 이 담대함이란 무엇입니까? 본문에는 ἐν παῤῥησίᾳ로 되어 있는데, 이는 두 가지 의미가 있습니다:

1. 하나님께로부터 전하라는 명령을 받은 모든 것을 다 전하는 것. 이것은 그 단어의 본연의 뜻 속에 충실히 담겨 있습니다. 그리하여 바울은 하나님의 뜻 가운데 하나도 전하지 않은 것이 없었습니다(행 20:27). 욥기의 말씀처럼 그는 "거룩하신 이의 말씀을 숨기지 아니하였"습니다(욥 6:10. 한글개역개정판은, "거룩하신 이의 말씀을 거역하지 아니하였"으로 번역함 — 역주).

2. 자유로운 심령으로 — 숫자가 많든 권세가 있든 사람에 대한 두려움이나 올무에 사로잡히지 않은 상태로 — 말씀하는 것. 그런데 이런 자세는 (1) 한 구석에서 은밀하게가 아니라 공개적으로 말하는 데에서 나타납니다. 이는 이단들과 또한 "멸망하게 할 이단을 가만히 끌어들"이는 거짓 교사들(벧후 2:1)의 술수와는 다릅

니다. 그리스도께서도 "드러내 놓고 말씀을 하"셨습니다(ἐν παῤῥησίᾳ, 막 8:32). 또한 (2) 선명하게 말하는 데에서 나타납니다. 우리의 말이 어두컴컴하고 불투명할 때에는 — 설교자들의 말에서 그들의 판단이나 견해를 쉽게 파악해낼 수 없을 만큼 말을 애매하고 모호하게 할 때에는 — 이는 마음에 두려움이 있다는 것을 나타냅니다. 목사는 진리를 자유롭게 선명하게 말씀해야 합니다. 이것이 사도의 담대함이었습니다. "우리가 이같은 소망이 있으므로 지극히 선명한 말로 하노니"(고후 3:12) — πολλῇ παῤῥησίᾳ χρώμεθα — "우리가 담대함으로 말하노니"로도 번역됩니다(한글개역개정판은 이를 취함 — 역주).

둘째. 복음을 전할 때에 목사는 어디에서 그 담대함을 표현해야 하는가 하는 것입니다.

1. 복음의 진리를 천명하는 데에서. 목사는 사람의 얼굴 때문에 혹은 누군가를 두려워함으로 진리를 묵살해서는 안 됩니다. 증인은 공개 법정에서 높은 사람들 앞에서라도 자기가 아는 바를 그대로 진술해야 합니다. 바울은 자유로이 진리를 말씀했습니다. 심지어 감옥에 갇히고 사슬에 매여 있는 처지에서도 그는 "하나님의 말씀은 매이지 아니하니라"라고 말씀합니다(딤후 2:9). 어떤 진리들은 쉽게 전해지기도 합니다. 이것들을 전하는 데에는 구태여 담대함이 필요 없습니다. 회중 가운데 아무리 형편없는 자라도 어떤 주제에 대해서는 설교자가 고심하며 다루어 준 것에 대해 감사할 수 있습니다. 그러나 유쾌하지 못한 진리들도 있습니다. 곧, 회중 가운데 어떤 이들의 생각을 뒤집어엎는 그런 진리들이 그것입니다. 그러므로 이 진리들을 전하기 위해서는 자유롭고도 담대한 심령이 필요합니다. 그리스도께서는 바리새인들 앞에서 말씀을 전할 때에 그들의 오류를 대적하여 설교하기를 두려워하지 않으셨습니다. 아마도 어떤 지친 설교자가 그의 입장이었다면, 그는 그들의 예민한 귀를 거스르지 않을 만한 그런 주제에 대해서 말씀하고자 했을 것입니다. 설교자를 비방과 조롱 받게끔 만들어 주지만 그럼에도 불구하고 절대로 숨겨 두어서는 안 될 그런 진리들이 있습니다. 바울은 회중 가운데 일부가 그의 말씀을 조롱할 것을 알면서도 그들에게 부활을 전했습니다. 때로는 목사를 위험에 처하게 만드는 그런 진리들도 있습니다. 곧, 그들의 등에 십자가를 지고 가게 만드는 그런 진리들입니다. 이사야 선지자가 유대인이 버림 받을 것에 대해 전한 말씀이 바로 그런 진리였습니다. "이사야는 매우 담대하여 내가 나를 찾지 아니한 자들에게 찾은 바 되고 내게 묻지 아니한 자들에게 나타났노라 말하였고"(롬

10:20). 그것은 그의 동족들을 격분하게 하고 그들의 주먹을 그의 귀에 들이대게 만들 소지가 다분한 것이었습니다. 성경은 우리가 지켜야 할 "인내의 말씀"에 대해서 말씀합니다(계 3:10). 그런 말씀은 그것을 전하는 설교자에게도 상당한 인내가 필요하고 동시에 그것을 공언하는 그리스도인들에게도 인내를 요하는 말씀입니다. 왜냐하면 그 말씀이 그들을 곤란에 빠뜨리고 박해자의 칼을 받게 만들 수도 있기 때문입니다. 그러나 항상 동일한 진리들이 그런 것은 아닙니다. 사도 시대의 인내의 말씀은 유대교와 이교를 향하여 전해지는 진리들이었고, 아리우스주의에 속한 황제들의 치세에는 그리스도의 신성에 관한 진리들이었으며, 루터의 시대에는 칭의(稱義)의 교리를 비롯하여 그가 로마 교회를 대적하여 단언한 기타 진리들이었던 것입니다.

2. 죄를 책망하고 회개치 않는 죄인들을 향하여 심판을 선언하는 데에서 담대함이 표현되어야 합니다. 설교자들은 "네 목소리를 나팔 같이 높여 내 백성에게 허물을, 야곱의 집에 그들의 죄를 알리라"는 명령을 받고 있습니다(사 58:1). 바울은, "말씀을 전파하라. 때를 얻든지 못 얻든지 항상 힘쓰라. 범사에 오래 참음과 가르침으로 경책하며 경계하며 권하라"라고 말씀합니다(딤후 4:2). 설교자는 교인들이 계속해서 죄를 범하는 동안 계속해서 그들을 책망해야 하는 것입니다. 도둑이 마당에 있는 동안, 개(犬)는 짖어대기를 멈추지 않습니다. 이런 담대함이 없는 목사는 가냘픈 줄(쇠를 가는 줄)이요, 날이 없는 칼이요, 위험이 닥칠 때에 성(城)에 알려야 할 임무를 맡은 초병이 총을 쏘기를 두려워하는 것과도 같습니다. 죄를 담대히 범하는 교인들과 또한 책망하기를 두려워하는 목사를 보는 것보다 더 어처구니없는 일은 없습니다. 타키투스(Tacitus: 55-117. 로마의 역사가 — 역주)는 로마의 황제들이 백성을 지도할 때에 보인 것과 동일한 자유로움으로 그들의 생애를 기술하였다고 합니다. 목사도 책망 받을 사람이 누구든 상관없이 그렇게 죄를 책망해야 합니다. 거지의 죄는 책망하고 신사의 죄는 묵인하는 식이나, 속된 자의 죄는 책망하고 믿음을 공언하는 자의 죄는 그냥 눈감아 주는 식이어서는 안 됩니다. 그리스도께는 모두가 동일했습니다. 누구든 죄 지은 자는 그의 책망을 들어야 했던 것입니다. 그는 서기관과 바리새인들도 의도적으로 책망하셨으며, 그의 제자들이라도 묵인하지 않으시고 그들의 죄를 예리하게 책망하셨습니다. 그는 베드로에게, "사탄아 내 뒤로 물러가라"라고 하셨고(마 16:23), 또한 그의 모친이 때에 맞지 않게 끈질기게 요구하자, "여자여 나와 무슨 상관이 있나이까?"라고 말씀하셨습니다(요

2:4).

셋째. 목사의 담대함은 어떤 종류의 담대함이어야 하는가 하는 것입니다.

1. 설득력 있는 담대함이어야 합니다. 욥은, "옳은 말이 얼마나 힘이 있는가?"라고 말합니다(욥 6:25. 한글개역개정판은, "옳은 말이 어찌 그리 고통스러운고"로 번역함 — 역주). 그러나 공허한 말은 아무리 우레와 같은 목소리로 토해 내도 얼마나 허약한지 모릅니다. 오류나 죄를 책망할 때에 큰 단어들을 쓰지만 그 논리가 허약하다면, 눈물보다는 웃음이 더 자주 나올 것입니다. 베스도는, "그 죄목도 밝히지 아니하고 죄수를 보내는 것이 무리한 일"이라고 생각했습니다(행 25:27). 강단에서 어떤 오류를 정죄하면서 그 근거를 제대로 입증하지 못하거나, 어떤 행위를 정죄하면서 그 악한 것을 납득시키지 못한다면 이는 그보다 훨씬 더 무리한 일일 것입니다. 사도는 어떤 사람들에 대해서, "그들의 입을 막을 것이라"라고 말씀합니다(딛 1:11). 입을 막는 논리야말로 설득력 있는 논리입니다. 공허한 책망은 금방 그 책망을 받는 자들의 입을 막기는커녕 더 크게 열어 놓을 뿐입니다. 하나님의 성령은 납득시키심으로써 책망하십니다: "그 분이 오시면 죄에 대하여, 의에 대하여, 심판에 대하여 세상을 책망하시리라"(요 16:8). 여기서 "책망하시리라"는 ἐλέγξει인데, 이는 곧 그가 납득시키시리라는 뜻입니다. 목사도 이와 같아야 합니다. 이것이야말로 성령의 증거와 나타나심으로 설교하는 것입니다.

2. 지혜로운 담대함이어야 합니다. 목사가 모든 사람들의 죄를 책망하여야 하지만, 그 누구에게도 개인적으로 상처를 주어서는 안 됩니다. 바울은 음탕하고 불의한 군주 앞에서 설교하면서 그를 예리하게 만졌습니다만, 그의 설교에서 그의 이름은 거명하지 않았습니다. 벨릭스의 양심이 바울로 하여금 그런 수고를 하지 않아도 되게 했습니다. 바울이 전혀 의도한 바가 아니었는데도 그가 "두려워했던" 것입니다(행 24:25).

3. 온유한 담대함이어야 합니다. 지혜자의 말들이 조용히 들린다고 말씀합니다(전 9:17). 여러분이 뜻하는 만큼 날카롭게 책망하십시오. 하지만 여러분의 마음은 온유해야 합니다. 분을 내면 책망 받는 사람으로 하여금 분을 내게 만들지만, 연민은 그 사람의 마음을 가라앉힙니다. 못을 기름에 적신 다음에 박으면, 그냥 박을 때에는 쪼개지는 판자에도 못이 쉽게 잘 들어박힙니다. 분노를 탄핵하면서 분노를 내서는 안 됩니다. 그렇게 하면 죄인들이 우리가 그들이 비참하게 되기를 바란다고 생각하게 될 것이니 말입니다. 오히려 지극히 부드럽게 다루어야 합니다. 그

리하여, 우리로서도 그들의 상처를 건드리는 것이 유쾌한 일이 아닌데도 그렇게 하는 것은, 잔인하게 침묵을 지키고 어리석게도 동정만 하고 있다가 그들을 멸망에 빠지게 만드는 데에 동조하기를 원치 않고 오히려 따뜻한 마음으로 그것을 미연에 방지하기를 바라기 때문에 그렇게 하는 것임을 그들이 보고 알 수 있게 해주어야 하는 것입니다. 예레미야는 심판에 대해 경종을 울리며, 백성들에게 다가오는 황망스러운 재난을 말씀합니다. 그러나 동시에 그는 하나님께 호소하며, 또한 자신은 추호도 그들에게 잔인함이 임하기를 원치 않는다는 것을 분명히 보여줍니다: "나는 목자의 직분에서 물러가지 아니하고 주를 따랐사오며 재앙의 날도 내가 원하지 아니하였음을 주께서 아시는 바라. 내 입술에서 나온 것이 주의 목전에 있나이다"(렘 17:16). 이는 마치, "내가 심판의 메시지를 전했사오나(감히 다른 메시지를 전할 수가 없었으므로) 자비의 마음으로 전했나이다. 내가 멸망을 선언하였으나 평화를 원하였나이다"라는 뜻과도 같습니다. 이처럼 다니엘도 왕을 아주 분명하고도 기탄없이 대하였지만, 그의 힘든 메시지를 그에 대한 사랑과 충성의 애정어린 표현으로 제시하였습니다: "내 주여, 그 꿈은 왕을 미워하는 자에게 응하며 그 해석은 왕의 대적에게 응하기를 원하나이다"(단 4:19).

4. **겸손한 담대함**이어야 합니다. 우리 자신이나 우리 자신의 재능이나 능력, 용기나 강인함에서 나온 것이 아니라 하나님을 향한 신뢰에서 나오는 그런 담대함이 있어야 합니다. 바울은 담대하였으나 두려움으로 떨었습니다. 곧, 그의 하나님을 향한 신뢰 가운데서 담대했던 것입니다: "우리 하나님을 힘입어 많은 싸움 중에 하나님의 복음을 너희에게 전하였노라"(살전 2:2). 그러나 동시에 그는 자기 자신의 연약함을 지각하고서 두려움이 가득했습니다: "내가 너희 가운데 거할 때에 약하고 두려워하고 심히 떨었노라"(고전 2:3).

5. **열정적인 담대함**이어야 합니다. 죄에 대한 책망은 뜨거운 마음으로부터 나와야 합니다. 우상 숭배에 젖어 있는 성(城)을 볼 때에 바울의 심령이 속에서 끓어올랐습니다. 예레미야는, 하나님의 말씀이 "불붙는 것 같아서 골수에 사무친다"고 말씀합니다. 마치 용광로에서 불꽃이 쏟아져 나오듯이 그 말씀이 그의 입에서 터져 나온 것입니다. 말씀은 망치와도 같습니다. 그러나 가볍게 내리치면 완악한 마음이 깨어지지 않습니다. 제임스 왕(King James)은 당대의 한 목사에 대해 말하기를, 그는 마치 죽음이 등 뒤에 와 있는 것처럼 설교했다고 했습니다. 목사들은 심판을 선포하되, 마치 죄인들의 등 뒤에 와 있어서 당장이라도 그를 붙잡을 태세인

것처럼 선포해야 합니다. 냉랭한 책망이나 경고는 마치 멀리서 우렛소리가 울리는 것과도 같아서 우리 머리 위에서 박수를 치는 것처럼 아무에게도 두려움을 주지 못합니다. 제가 목사의 담대함이 온유하고 자비로워야 한다고 말씀했습니다만, 열정에 대해서도 잘못 생각해서는 안 될 것입니다. 환자가 약을 잘 먹도록 의사가 그 약을 달게 만들어 줄 수는 있습니다만, 약효가 떨어질 정도로 지나치게 하지는 않는 법입니다.

넷째. 담대함을 얻게 해주는 몇 가지 도움들을 말씀드리겠다고 약속한 바 있습니다.

1. 하나님에 대한 거룩한 두려움. 우리가 사람을 그렇게 두려워하는 것은 하나님을 두려워하는 것이 그만큼 적기 때문입니다. 한 가지 불이 다른 불을 소멸시켜 주듯이 한 가지 두려움이 또 다른 두려움을 치유해 줍니다. 손가락에 열이 나면 그 손가락을 불길에다 갖다 댑니다. 사람의 공포로 인해 겁이 나면 생각을 집중시켜 하나님의 진노를 묵상하십시오. 사람을 두려워하는 증상 때문에 괴로워하는 예레미야를 치료하기 위해 하나님께서 붙여 주시는 붕대가 바로 이것입니다. "그들 때문에 두려워하지 말라 네가 그들 앞에서 두려움을 당하지 않게 하리라"(렘 1:17). 우리가 산산조각 나야 한다면 — 원문이 그렇게 되어 있습니다 — 하나님에게보다는 사람에게 그런 일을 당하는 것이 낫습니다. 사람이 산산조각 낸 것을 하나님이 다시 온전하게 하실 수 있으니 말입니다.

"누구든지 나와 복음을 위하여 자기 목숨을 잃으면 구원하리라"(막 8:35). 그러나 만일 하나님이 우리를 산산조각 내시면, 사람으로서는 그 파편들을 주워 모으고 하나님이 망가뜨리신 것을 다시 만들어 놓는다는 것이 도무지 불가능한 것입니다.

2. 하나님의 권능과 약속을 성(城)으로 삼아 그 속에서 도우심과 보호하심을 받으십시오. 탁트인 들판에서는 겁쟁이인 사람도 강력한 성벽 안에 있으면 용맹스럽고 두려움이 없어지는 법입니다. 예레미야는 그의 사역으로 인하여 그 반역하며 분노하는 사람들에게 자신이 노출될 위험에 처하자 심지어 자기의 무기를 버려두고 그들의 면전에서 도망할 생각까지 하고 있었습니다. 여호와의 말씀으로 인하여 날마다 치욕과 조롱을 받게 되자 그 때문에 그의 생각이 어떤 방향으로 움직였는지 그의 말을 직접 들어보시기 바랍니다: "내가 다시는 여호와를 선포하지 아니하며 그의 이름으로 말하지 아니하리라"(렘 20:9). 그런데 이처럼 비겁하게 도망하

지 않도록 그를 지켜 준 것이 무엇이었습니까? "그러하오나 여호와는 두려운 용사 같으시며 나와 함께 하시므로"(11절). 그러자 그는 마음을 강하게 하고 흔들림 없이 그의 임무를 감당합니다. 우리 눈이 임박한 위험은 보면서도, 아뿔싸! 하나님이 우리 주위에 세우시겠다고 약속하신 그 눈에 보이지 않는 성벽은 보지를 못합니다. 선지자의 사환은 원수의 군대가 오는 것을 보고 공포에 질려 버렸습니다. 그러나 선지자는 하늘의 천군이 그의 주위에서 보호하고 있는 것을 보았으므로 그 군대들에 대해서 전혀 아랑곳하지 않았습니다. 하나님이 여러분을 보호할 능력이 없으시다면, 대체 어째서 그가 시키시는 일을 계속한단 말입니까? 그러나 그에게 그런 능력이 있다는 것을 믿는다면, 어째서 말씀 전하는 일을 두려워한단 말입니까? 여러분을 구원하실 능력이 그에게 있지 않습니까?

3. **깨끗한 양심**을 지키십시오. 스스로 양심적으로 살지 않는 자는 담대히 책망하는 자일 수가 없습니다. 그런 사람은 자기 자신의 죄악된 양심을 일깨울까 두려워 부드럽게 이야기할 수밖에 없습니다. 그는 마치 녹이 슨 형편없는 총으로 사격을 하는 사람과도 같아서, 자신의 책망이 자기 자신에게로 돌아올 수밖에 없습니다. 설교자의 삶이 거룩하지 못하면 그의 입이 책망을 하지 않게 되거나, 아니면 교인들이 그의 말에 귀를 기울이지 않게 될 것입니다. 듣는 사람들의 귀에 마치 고장 난 벨 소리처럼 역겹게 들릴 것입니다. 누구나, 만일 자기가 매를 맞아야 한다면 "의인"의 손에 매를 맞게 되기를 바라는 법입니다(시 141:5). 악인에게서 좋은 조언이 나오더라도 그 사람의 더러운 입 냄새 때문에 모든 것이 망쳐지고 맙니다. 우리 주님은 바리새인들의 말을 들으라고 명령하기를 꺼리셨습니다. 그들의 사람됨이 그들의 가르침을 망치기 때문이었습니다(마 23:2, 3). 심지어 선한 사람들도 집례하는 자의 추문 때문에 거룩한 규례에 대해 등을 돌리기가 너무 쉬운 법입니다. 이것은 그들의 연약함이요 죄입니다. 하지만 자기의 사악함 때문에 그들을 시험에 넘어지게 하는 자들에게 화가 있을 것입니다. 요리사가 꾀죄죄한 차림으로 만들어 내는 저녁 식사를 아무렇지 않게 먹을 수 있는 사람은 위가 아주 건강한 사람일 것입니다. 이와 마찬가지로 설교자의 그릇된 행실에도 불구하고 까다롭게 따지거나 편견을 갖지 않고 그 말씀을 마음으로 받아먹을 수 있는 사람은 말씀에 대해 아주 건전한 판단과 활기 있는 열의가 있는 사람일 것입니다.

4. 여러분이 가장 두려워하는 것을 **미연에 방지하는 가장 좋은 방법이 바로 자유롭고도 거룩한 담대함으로 사역에 임하는 것임**을 생각하십시오. 여러분이 두려워

하는 것이 여러분의 목숨이 위험해질까 하는 것입니까? 여러분의 목숨을 주관하시는 유일하신 그분께 신실하게 행하여 그것을 지키는 것처럼 안전한 길이 없습니다. 여러분의 때가 과연 누구의 손에 달려 있다고 생각하십니까? 분명 하나님의 손에 달려 있습니다. 그렇다면 그분을 계속 여러분의 친구로 두는 것이 최선의 방책일 것입니다. 여러분의 행위가 여호와를 기쁘시게 하면 여러분의 원수라도 여러분과 더불어 화목하게 하시니 말입니다(잠 16:7). 사람을 기쁘게 하는 일은 끝도 없고 또한 필요도 없습니다. 사람을 기쁘게 하고 싶어도 모두를 다 기쁘게 할 수는 없습니다. 그리고 그렇게 할 수 있다 해도 그럴 필요가 전혀 없습니다. 그러니 그 모든 사람들의 마음을 돌리고 그들의 손을 묶어 놓으실 수 있는 그분을 기쁘게 하기 바랍니다. 감히 모든 사정에도 불구하고 신실한 자가 가장 속히 달려가는 것입니다. 요나는 자신의 임무를 두려워했습니다. 오오, 그는 그렇게 께름칙한 메시지를 갖고 그렇게 큰 성으로 갈 엄두가 나지 않았습니다! 그 사람들에게 멸망할 것이라고 말하면 그 소식을 전하는 그를 멸하려고 할 것이었습니다. 하지만 그는 목숨을 구하려고 도망했다가 그 목숨을 거의 잃을 뻔하지 않았습니까? 예레미야는 그의 담대한 설교 때문에 당시에 자기 목숨을 잃을 법한 유일한 사람처럼 보였지만, 그러나 당시의 부드러운 설교자들보다 결국 더 나은 위치에 있게 되었습니다. 그러나, 치욕스럽게 사는 것보다 존귀하게 죽는 편이 더 낫습니다. 여러분의 이름이 더럽혀질까 두렵습니까? 여러분이 자유롭고 담대하면, 여러분이 전하는 말씀이 여러분에게 날마다 치욕과 조롱을 가져다줄 것입니다. 한때 예레미야도 그랬습니다. 물론 일부 사람들에게 조롱을 당할 수도 있을 것입니다. 하지만 그보다 더 많은 사람들에게서 존경을 받을 것입니다. 그렇습니다. 심지어 여러분에 대해 고개를 흔드는 자들도 양심으로 여러분을 두려워하게 될 것입니다. 백성들에게서 "멸시와 천대"를 당하는 자들은 바로 아첨하는 — "율법을 행할 때에 사람에게 치우치게 하는" — 설교자들입니다(말 2:9).

5. 지금 여러분이 사역에서 그리스도를 위해 담대하지 않으면, **그리스도의 심판대 앞에서도 담대할 수가 없다는** 것을 생각하십시오. 지금 그리스도를 위해 말씀 전하기를 두려워하는 자는 반드시 그 때에 부끄러워서 그리스도의 얼굴을 쳐다보지 못할 것입니다. "우리가 다 반드시 그리스도의 심판대 앞에 나타나게 되어 각각 선악간에 그 몸으로 행한 것을 따라 받으려 함이라"(고후 5:10). 그런데 바울은 이 엄숙한 사실에 대한 묵상을 어떻게 적용합니까? "우리는 주의 두려우심을 알므로

사람들을 권면하거니와"(11절). 죄수에게 아첨하여 재판장의 화를 촉발시키는 것은 결코 지혜로운 처사가 아닙니다. 우리가 설교하러 나아갈 때에 그 날을 진지하게 생각하게 되면, 모든 비열한 두려움을 강단 바깥으로 던져 버리게 될 것입니다. 우리의 담대함으로 인하여 지금 사람들에게 판단을 받는 것은 매우 작은 일입니다. 하지만 우리의 비겁함으로 인하여 그리스도께 정죄를 받는다는 것은 정말로 당혹스런 일입니다. 바울의 말씀처럼 오늘은 사람이 판단하는 날입니다(고전 4:3). 각 사람마다 설교자를 감히 판단하고, 그가 자기의 가려운 귀를 즐겁게 해주지 않으면 그에 대해 선고를 내립니다. 그러나 그리스도께도 심판 날이 있습니다. 곧, 지금 다른 이들을 판단하는 그들을 심판하실 날입니다. 그 날에 그가 내리시는 선고는 사람들의 판단을 쉽게 뒤집을 것입니다. 그렇습니다. 지금 여러분이 자유로이 책망하는 것을 정죄하는 자들이 그 날에 가장 먼저 여러분의 죄악된 침묵에 대해 여러분을 비난할 것입니다. 주인의 다스림의 허술한 점을 좋아하고 아무런 제재도 받지 않고 그것을 자신의 불경한 목적을 위하여 이용하는 악한 종은 교수대에서 주인에게 소리 높여 외치며, 자기의 죄와 또한 그 죄로 인하여 자기 목숨을 잃게 된 안타까운 재난을 주인의 문 앞에 내려놓고는, "주인이 나를 책망했더라면 국가의 관리가 나를 정죄하는 일은 없었을 것인데, 주인이 자기 임무를 다했더라면 지금 교수형 집행인이 자기 임무를 하지 않아도 되었을 것인데"라고 말하는 경우를 자주 봅니다. 이와 마찬가지로 교인들 중에서 그 마지막 날에 비겁한 목사들을 비난하면서, "그들이 위험한 처지를 말해 주었더라면 그 속으로 달려가지 않았을 것인데, 그들이 담대히 죄를 책망했더라면 그렇게 죄를 행하면서 불경한 삶을 살다가 결국 영원한 치욕과 비참에 들어가게 되지는 않았을 것인데"라고 이야기할 사람들이 있을지도 모르는 것입니다.

6. 그리스도께서 그의 사역에서 얼마나 담대하셨는가를 생각하십시오. 그의 원수들 자신이 어쩔 수 없이 다음과 같이 그에 대해 증언할 수밖에 없었습니다: "선생님이여 우리가 아노니 당신은 바로 말씀하시고 가르치시며 사람을 외모로 취하지 아니하시고 오직 진리로써 하나님의 도를 가르치시나이다"(눅 20:21). 그는 아무리 교만한 자도 남겨두지 않고 그들의 면전에서 책망하셨고, 그들을 향하여 하나님의 심판을 선언하셨습니다. 원수들 가운데 계실 때에도 그는 그들의 고귀한 모습이나 격한 위협에 전혀 아랑곳하지 않으셨고, 오히려 그들이 그를 사형죄를 범한 것으로 지목하도록 만든 그 사실을 있는 그대로 진실되게 진술하셨습니다

(마 27:11; 요 18:37). 그러므로 바울은 그에 대해서, "본디오 빌라도를 행하여 선한 증언을 하셨다"고 말씀하며(딤전 6:13), 이를 가장 강력한 논지로 사용하여 디모데에게 그의 사역에 신실할 것을 촉구하는 것입니다. 총알이 빗발치는 곳에서 그의 대장이 그의 앞에서 불굴의 용기로 맞서는 것을 보는 것처럼 병사의 사기를 높여주는 것이 어디 있겠습니까? 그런 용맹스런 대장 밑에 겁 많은 병졸이 있는 경우가 별로 없습니다. 그런 대장에게서 훈련을 받고 그를 좇아서 행한다면, 우리가 비겁하게 된다는 것이 불가능할 것입니다. 대제사장과 장로들이 "베드로와 요한이 담대하게 말함을 보고" — 그 제자들이 그들 앞에서 심문을 받았습니다 — 그들이 대체 어디에서 그런 영웅적인 단호한 자세를 얻게 되었는지를 금방 알게 되었습니다. 왜냐하면 그들이 "전에 예수와 함께 있던 줄도 알았다"고 말씀하기 때문입니다(행 4:13).

7. 이러한 거룩한 담대함을 위하여 기도하고 또한 기도를 청하십시오. 사도들이 바로 그렇게 했습니다. 그들의 본성적인 담대함은 그들이 다른 사람들보다 뛰어난 심령을 천성적으로 지닌 데서 기인한 것이 아니었습니다. 그들 자신이 얼마나 허약한 병졸들이었는지는 그들이 그리스도와 연루되어 위기에 처했을 때에 취한 비겁한 행동을 보면 알 수 있습니다. 그들은 두려움에 싸여 그리스도를 홀로 내버려 두고 제각기 도망쳤습니다. 아닙니다. 그들의 담대함은 기도의 산물이었습니다. 그들 자신이 담대함을 키운 것이 아니라 그들의 겸손한 간구에 대한 응답으로 하늘로부터 그들에게 베풀어진 것이었습니다. 그들이 그것을 위해 간절히 기도하는 것을 보십시오. "주여 이제도 그들의 위협함을 굽어 보시옵고 또 종들로 하여금 담대히 하나님의 말씀을 전하게 하여 주시오며"(행 4:29). 주목하십시오. 그들은 고난당하지 않게 해 달라고 구하지 않고, 다만 어떤 희생이 따를지라도 말씀을 전하도록 "**담대함**"을 달라고 구한 것입니다. 그들은 전투를 면하게 해주시기를 구하지 않고, 용기로 그 현장에 서도록 무장시켜 주시기를 구하였습니다. 고난을 면하기보다는 오히려 고난에 대한 두려움을 넘어 일어서게 되기를 원했습니다. 하나님께서 그들에게 임무를 감당하도록 담대함을 주시고 그리하여 그들이 싸움에서 든든히 서게 된다면, 그것으로 족했던 것입니다. 그런데 하나님께서 얼마나 속히 그들의 기도에 응답하시는지를 보십시오: "빌기를 다하매 모인 곳이 진동하더니 무리가 다 성령이 충만하여 담대히 하나님의 말씀을 전하니라"(31절). 그들이 바라던 은혜가 그들의 가슴속에 임하였고, 그것도 그들이 누려온 것보다 훨씬 더 풍

성하게 누리게 된 것입니다. 병사가 그의 왕을 위해 싸우기를 원하면, 그 구하는 무기를 받게 될 것은 자명한 일입니다. 이것이 여러분의 순전한 청이라면 하나님께서 그것을 거절하시지 않을 것입니다. 그들이 또한 다른 사람들을 하나님께 보내어 그것을 청하게 하는 것을 보십시오(골 4:3, 그리고 현재의 본문). 분명 교인들은 목사와 자기들 모두에게 필요한 것을 하나님께서 그 목사에게 베풀어 주시기를 바랄 수는 없을 것입니다. 그들에게는 분명 힘든 임무입니다만 여러분에게는 필수적인 것입니다. 자기에게 주어진 메시지를 다 담대히 전하지 않는 자는 신실한 목사일 수가 없습니다. 마우리티우스(Mauritius) 황제가 포카스(Phocas)의 기질에 대해 묻자, 그는 말하기를, "만일 소심해지면 그는 살인자가 될 것입니다"라고 했다고 합니다. 교인들의 얼굴을 두려워하는 자야말로 그들의 영혼을 살해할 소지가 가장 많은 사람입니다. 그러므로 여러분, 여러분 자신을 위해 기도하시고, 여러분의 목사에게 이 은사가 베풀어지도록 힘써 기도하기를 바랍니다.

—

넷째 대지

[신자들의 기도에 대한 요청을 강화시켜 주는 바울의 두 가지 논지]

"이 일을 위하여 내가 쇠사슬에 매인 사신이 된 것은"(엡 6:20)

이제 우리는 드디어 이 말씀 중 마지막 단락에 들어섰는데, 곧, 사도가 그의 청을 뒷받침하기 위해 제시하는 두 가지 논지가 그것인데, 이는 그들이 기도할 때에 그를 기억하게 되도록 더 효과적으로 자극을 주기 위한 것입니다. 첫째. 그의 직분에서 취한 논지 — "이 일을 위하여 내가 … 사신이 된 것." 둘째. 그가 현재 당하고 있는 환난의 상태에서 취한 논지 — "쇠사슬에 매인 사신."

[바울이 그의 청을 뒷받침하기 위하여 그의 직분에서 취한 논지]

첫째 논지. 바울은 성도들에게 기도를 청하면서 자신의 직분에서 취한 논지로 그 청을 강화시킵니다. 사신들은 국가의 사자(使者)들로서 왕들이 그 나라의 큰 사안에 관한 책임을 맡겨 해외로 보내는 자들이므로, 그들의 임무를 신속하고도 성공적으로 이행하기를 모든 선한 신민들이 바라야 마땅합니다. 이방인의 사도로서의 사명을 띠고 위대하신 하나님께로부터 보내심을 받은 바울은 이를 근거로, 그가 전할 메시지가 복된 성공을 보게 해주시기를 위해 교회가 기도해 줄 것을 바라는 것입니다.

주목하십시오. 복음의 목사들(혹은, 사역자들)은 하나님의 사신들입니다. 사도는 마치 자기 자신 외에는 아무도 사신인 자가 없기라도 한 것처럼 이 칭호를 혼자서 독점하지 않습니다. 다른 곳에서는 다른 이들도 동일한 사명을 부여받은 것으로 말씀하기 때문입니다: "우리가 그리스도를 대신하여 사신이 되어"(고후 5:20). 즉, 지금 현장에서 복음 사역을 감당하고 있는 우리 사도들과, 또한 우리 뒤에 동일한 사명을 받아 세상 끝까지 보냄 받게 될 사람들이 다 사신이라는 뜻입니다. 사도들의 특별한 사명의 권위와 그들 이후의 일반 목사들의 권위는 본질상으로 동일하나, 다만 사도들은 그리스도께로부터 직접 사명을 받았고 따라서 초교회적인데(ecumenical) 반해서, 일반 목사들은 그리스도께로부터 파생된 권위로 교회로부터 사명을 받으며 따라서 그 특정한 영역에 한정되며 보내심을 받은 그 한 장소에서 사신으로 사역하는 것입니다. 이 점을 다루면서 다음 세 가지 구체적인 사항들을 논의할 것입니다. 첫째. 어째서 목사들을 가리켜 사신이라 부르는가. 둘째. 하나님은 어째서 그의 가련한 피조물에게 사신들을 보내시는가. 셋째. 하나님은 어째서 영광스런 천사들이 아니라 연약한 사람들을 그의 사신으로 사용하셔서 사명을 감당하게 하시는가.

[목사들을 가리켜 사신이라 부르는 이유]

첫째. 먼저 어째서 목사들을 가리켜 사신이라 부르는가를 살펴봅시다. 그것은, 1. 그들의 역할의 위엄을 나타내기 위함임. 2. 그들의 임무를 나타내기 위함임.

["사신"이라는 칭호로써 그 사역의 위엄이 표현됨]

1. 복음의 목사들이 하나님께로부터 사신들로 임명 받는 것은 그들의 직분의 위엄을 나타내고자 함입니다. 하나님은 이 칭호를 통해서 "목사들"의 소명의 존귀함을 그들의 사역을 받는 모든 사람들의 마음속에 심어 주고자 하시는 것입니다. 이는 보통 생각하는 것 이상으로 그들의 메시지의 성공에 필수적입니다. 이 문제에 대해 목사들이 하는 말을 매우 잘 알고 있습니다만, 그들이 사신의 직분을 통해서 복음의 친구가 되기보다는 오히려 자기들 자신의 영달을 추구하는 것으로 인식되는 경우가 많습니다. 사람들은 그것을 그들의 교만의 결과요 또한 그런 위엄 있는 칭호로써 그들이 얻고자 계획하는 그 외형적인 화려함과 세상적인 사치에 대한 애착의 결과로 이해하는 경향이 있습니다. 사도 자신도 이 점을 감지하고 있었고, 그리하여 목사의 역할에 대해 정당하게 존경할 것을 촉구할 때에 — "사람이 마땅히 우리를 그리스도의 일꾼이요 하나님의 비밀을 맡은 자로 여길지어다"(고전 4:1) — 그는 "때가 이르기 전 곧 주께서 오시기까지 아무것도 판단하지 말라"고 그들에게 경고하는 것입니다(5절). 그 때가 되면, 우리 목사들이 어떤 자세로 우리의 직분의 위엄을 나타냈고 우리의 역할을 감당했는지를 알게 될 것이며, 또한 목사의 직분의 위엄과 또한 하나님의 소명을 받아 그 직분을 감당한 우리들 개인에 대해 악담하며 멸시하는 자들 역시 어떤 마음으로 그렇게 처신했는지를 알게 될 것입니다. 그런데 복음의 사신들의 위엄은 다음 세 가지에서 나타날 것입니다.

(1) **그들을 보내시는 그 임금의 위대하심**에서. 사신들은 그들을 보내는 주군(主君)의 계급에 따라 존경을 받습니다. 그들의 군주의 지위가 높을수록 그가 보내는 사자도 그만큼 존귀합니다. 그런데, 복음의 목사들은 "만왕의 왕이요 만주의 주"이신 — 왕들이 그로 말미암아 다스리며 그들 휘하의 모든 통치자들을 장악하는 그런 분이신 — 위대하신 하나님께로부터 보내심 받습니다. 이 분이 바로 그들이 그의 이름을 의지하며 나아가는 그들의 주군이십니다. 그러므로 모세는 이스라엘에게 메시지를 전하고자 할 때에 "내가 여호와의 이름을 전파하리니 너희는 우리 하나님께 위엄을 돌릴지어다"라고 당부합니다(신 32:3). 세상의 권세자들은 큰 대가를 치르고 나서야 비로소 하나님께서 그의 종들에게 행해진 모욕들에 대해서 얼마나 깊이 관여하시는지를 깨달았습니다. 번영을 구가하던 이스라엘 왕국이 멸망한 것이 그들이 그의 사자들을 조롱하고 그의 선지자들을 박해한 것 때문이 아니고 무엇이었습니까? 그들이 그렇게 할 때에, 도무지 회복이 불가능하기까지 하나님의 진노가 그의 백성에게 임했던 것입니다(대하 36:16). 사자를 멸시하면서

그를 보내는 그의 주군을 존귀하게 할 수는 없습니다(눅 10:16). 저 교만한 임금 바로처럼 말할 만큼 대담한 사람은 별로 없습니다: "여호와가 누구이기에 내가 그의 목소리를 듣 … 겠느냐?"(출 5:2). 하지만 감히 이렇게 말하는 사람은 너무나 많습니다: "목사가 누구이기에 내가 그의 메시지에 순종하겠으며, 그의 경고에 회개하고 그가 전하는 말에 두려워 떨겠느냐?" 그러나 아뿔싸! 그들이 하는 말에 하나님의 권위가 담겨 있으며, 따라서 그의 사신을 멸시하는 그런 조롱의 말로써 자기들이 하나님 자신을 내려치고 있다는 것을 잊고 있는 것입니다.

(2) **목사들이 대신하여 역할을 감당하는 그분의 위대하심**에서. 목사들은 대리 사신에 불과합니다. 그리스도께서 친히 가장 먼저 그 사신의 위엄을 지니셨으며, 그렇기 때문에 그를 가리켜 "언약의 사자"(말 3:1)요 또한 "우리가 믿는 도리의 사도"(히 3:1)라 부르는 것입니다. 그에게서 목사들이 권위를 부여받는 것입니다: "하늘과 땅의 모든 권세를 내게 주셨으니 그러므로 너희는 가서 모든 민족을 … 가르쳐 지키게 하라"(마 28:18). 그러므로 "우리가 … 그리스도를 대신하여 간청하노니 너희는 하나님과 화목하라"(고후 5:20). 사도의 말씀은 마치 이런 뜻과도 같습니다. 곧, 우리는 그리스도께서 만일 하늘로 불려 올라가지 않으셨다면 그가 교회의 사안들에 대해 말씀하셔야 하고 또한 말씀하셨을 그 메시지를 전하는 것뿐이며, 그리스도께서 우리를 그의 대리자들로 남겨두셔서 그가 이 땅에 계실 때에 친히 시작하신 그 사역을 수행하게 하신 것이라는 것입니다. 그러니, 비천한 피조물이 그리스도를 대신하여 서서, 가련한 죄인들을 향한 그 메시지를 — 그리스도께 처음 맡겨졌던 그 메시지를 — 전하게 되었으니 이것이 얼마나 큰 존귀이겠습니까?

(3) **그들이 전하는 그 메시지의 탁월함**에서. 세상의 나라들은 사자들을 통해 국가에 존귀한 유익을 가져오게 하기 위하여 파견하는 사절들(embassies)의 종류가 세 가지인데, 평화를 위한 사절, 혼인을 위한 사절, 무역을 위한 사절이 그것입니다.

(a) 평화를 위한 사절. 평화의 기쁜 소식을 들고 돌아오는 그들의 발이 아름답고, 그들 개개인이 존귀합니다. 특히 그 사절의 임무와 관련하여 네 가지 요인이 있는데, 이는 모두 목사의 사명에서도 볼 수 있는 것들입니다.

[1] 무소불위의 권력과 무력을 자랑하는 막강한 군주에게서 사신이 올 때. 무장도 하지 않고 벌거벗은 채 있는 백성에게 그런 군주에게서 평화와 친선을 위하여 사신이 오다니, 이 얼마나 반가운 일이겠습니까! 우리를 보내시는 임금이 바로 그런 분

이십니다. 그가 평화를 베푸시는 것은 그가 전쟁을 지속할 수 없거나 아니면 우리와의 화친이 필요하기 때문이 아닙니다. 죄인들에게는 그의 호의가 필요합니다. 그러나 그는 그들의 적대적인 자세를 두려워하시지 않습니다. 그들의 활이 아무리 강해도 하늘에까지 화살을 날릴 수는 없었습니다. 오히려 그 모든 화살들이 그들의 머리 위에 도로 떨어지고 말았습니다. 바람을 맞으며 침을 뱉으면 그것이 자기의 얼굴을 때리기밖에 더하겠습니까? 그리고 사람이 하나님과 싸우면 그들의 무기들이 그들의 머리를 도로 때리기밖에 더하겠습니까? 세상의 군주들은 싸울 수가 없을 때에 호의를 베풉니다. 그러나 위대하신 하나님은 그렇게 생각해서는 안 됩니다. 그의 죽음의 도구들이 준비를 갖추고 있습니다. 그의 무장한 군대가 교만한 그의 원수들을 붙잡아 제압하지 못할 곳은 어디에도 없습니다. 아무리 작은 피조물이라도 지극히 교만한 이 세상의 임금을 길들이기에 족할 만큼 큰 군대를 지니지 않은 것은 없습니다. 헤롯의 발 아래 있는 충(蟲)이라도 하나님이 명하시면 그를 붙잡고 그의 심장을 먹어치울 것입니다. 그러니 여러분, 이 하나님의 사신들을 과연 어떤 두려움과 떨림으로 대하여야 하겠습니까! 사무엘 선지자가 베들레헴에 오자, "성읍 장로들이 떨며 그를 영접하여 이르되 평강을 위하여 오시나이까?"라고 했습니다(삼상 16:4).

[2] 그런 막강한 군주가, 이미 그의 힘의 위력을 느끼고 있고 또한 그와 전쟁을 벌인 결과로 피 흘리는 비참한 처지를 당한 것에 대해 한탄하는 그런 백성에게 평화를 위한 사신을 보낼 때, 그들 모두 달려가 그 군주의 사신에게 성문을 활짝 열어주고 싶은 심정이지 않겠습니까! 그 처참한 홍수 이후에 감람나무 가지를 가지고 온 비둘기를 맞으려고 창문을 열 때의 노아의 심정처럼 기꺼운 마음으로 그리할 것입니다. 이것이 바로 복음 사역을 받아야 할 인류가 처해 있는 안타까운 상태입니다. 천국과의 전쟁으로 인하여 우리가 얼마나 절망적인 처지에 처하게 되었습니까! 우리의 마음과 양심 속에 하나님의 복수의 화살들이 꽂혀 있는 것을 느끼지 않습니까? 하나님의 저주가 우리 영혼의 모든 기능과 우리 육체의 지체에까지 서려 있지 않습니까? 모든 피조물들이 우리를 대적하여 무장하고 있지 않습니까? 그리고 지옥이 밑에서부터 그 큰 입을 벌리고서 우리를 영원한 멸망 속으로 삼킬 태세를 갖추고 있지 않습니까? 그런데도 우리는 너무도 완강하여 그의 사신들이 묵을 곳으로 감옥밖에 준비해둔 것이 없고, 또한 그 사신들이 베푸는 평화를 멸시와 조롱으로밖에는 반응하지 못하는 것이 아닙니까?

[3] 그가 제시하는 평화의 조건들이 존귀한 것일 때. 황금은 값이 너무나 비싸다고들 말합니다. 한 나라가 다른 나라와 맺는 평화 역시 그럴 수 있습니다. 암몬 사람 나하스는 길르앗 야베스 사람들에게 평화를 제의했습니다만 한 가지 조건을 달았습니다. 곧, 모든 사람이 오른쪽 눈을 빼야 한다는 것이었는데, 이스라엘을 모욕하기 위해서 그런 조건을 내건 것이었습니다(삼상 11:2). 이스라엘 사람들은 의로운 분노로 그 조건을 거부했습니다. 치욕을 당하며 사느니 차라리 존귀하게 죽으리라고 결심한 것입니다. 세상의 많은 군주들 사이에서는 그들의 검(劍)의 길이에 따라 요구 조건이 달라지는 것이 상례입니다. 그들의 권세가 크면 그들과 손쉬운 조건으로 평화 조약을 맺기가 어렵습니다. 그렇기 때문에 복음의 목사들과 그들의 메시지도 가련한 죄인들에게 무한히 환영을 받아야 마땅할 것이라고 생각하는 이들도 있습니다. 그들이 얼마든지 엄청난 요구를 하실 수 있는 그런 위대하신 하나님께로부터 보내심을 받았으므로 — 과연 누가 하나님께 감히 "당신이 누구기에?"라고 말할 수 있겠습니까? — 여러분의 머리에서 눈을 빼어 버릴 것을 요구할 뿐 아니라 여러분의 몸에서 심장도 억지로 빼어 버릴 수 있는데도, 그들은 그토록 자비로운 조건으로 평화를 제시하니 말입니다. 우리가 우리 마음대로 조건을 제시할 입장이었다면 우리 자신의 유익을 고려해서도 도무지 제시하지 못했을 그런 자비로운 조건을 그는 그 자신의 값없으신 은혜로 죄인들에게 제시하시기를 기뻐하시는 것입니다. 오로지 우리를 구원하는 일에서 자기 자신의 영광을 보장하는 것 이외에는 평화의 모든 조건 가운데서 자기 자신을 위하여 제시되는 것이 하나도 없습니다. 그가 가련한 죄인들에게 무엇을 베푸시고 또한 그들에게서 무엇을 요구하시는지를 잠깐 보십시오. 그는 망각의 행위에 인(印)을 치십니다. 곧, 우리가 그를 향하여 대적하던 때에 그의 면류관과 위엄에 끼친 모든 잘못들을 용서하시고 잊으시겠다고 하시는 것입니다. 그 약속은 이렇게 되어 있습니다: "내가 그들의 악행을 사하고 다시는 그 죄를 기억하지 아니하리라"(렘 31:34). 그는 과거의 악행과 죄를 사하시는 것뿐 아니라 우리 개개인을 받아들이시고 호의를 베푸시겠다고 하십니다. 왕이 행악자의 목숨을 구해줄 수는 있지만, 영원토록 그 사람을 궁 안에 들이지 않는 법입니다. 그러나 하나님은 그의 임재 속에 들어가게 할 것을 약속하십니다. "그로 말미암아 우리가 믿음으로 서 있는 이 은혜에 들어감을 얻었으며"(롬 5:2). 그렇습니다. 그는 죄인이 반역으로 말미암아 빼앗겼던 그 모든 것들을 다 회복시켜 주시겠다고 약속하시는 것입니다. 반역은 피를 더럽히는 것

이요, 존귀에서 떨어지는 것이요, 또한 재산을 몰수당하게 만드는 것입니다. 그런데 하나님은 죄인의 반역으로 인하여 그에게 드리워진 모든 저주를 취하하시며 또한 그를 본래의 위엄에로 회복시키시겠다고 약속하시는 것입니다. 그들에게 "하나님의 자녀가 되는 권세"를 주시며(요 1:12), 동시에 그의 자녀들로서 그의 상속자들이 되게 하시되, 이 땅에서만이 아니라 천국에서도 도저히 표현할 수 없는 영광스러운 빛에 거하는 기업을 얻게 하시겠다고 하시는 것입니다. 경건은 금생과 내생에 약속이 있으니 말입니다(참조. 딤전 4:8).

자, 그러면 그가 죄인의 손에서 무엇을 기대하시는지를 보십시다. 이러한 그의 호의를 죄인 자신의 지갑에서 꺼낸 속량금으로 값을 치르고 사게 하시지 않습니다! 아닙니다. 그는 자기 아들의 피를 흘리게 하셔서 그 값을 지불하십니다. 그러나 그가 우리에게 요구하시는 것이 있습니다. ① 우리의 반역의 무기들을 내려놓는 것입니다. 우리가 그를 대적하여 싸워온 검을 손에 여전히 들고 있을 동안에는 그가 우리를 존귀하게 대하실 수가 없기 때문입니다. ② 값없는 은혜로 베푸시는 죄 사함과 평화를 받아들이고, 그 영광을 하나님의 자비하심 — 그 동인(動因, moving cause)으로서 — 과 또한 그리스도의 보상의 순종 — 그 공로인(功勞因, meritorius cause)으로서 — 에게만 돌리는 것입니다. ③ 이후로는 그에게 충성하며 신의를 지킬 것을 서약하는 것입니다. 이 조건들이 얼마나 합당한 것인지를, 지금 그것들을 거부하는 자들이 장차 그리스도께서 그들을 그의 돌이킬 수 없는 심판의 선고로 지옥에 던지실 때에 무한한 수치와 공포와 함께 고백하게 될 것입니다.

[4] 군주가 이 모든 약속대로 진정으로 평화를 베풀고 또한 자신이 약속한 바를 이행할 것을 완전히 보장할 때. 이럴 경우 그 약속들을 가져다주는 사신은 더욱더 환영받아 마땅할 것입니다. 사람들 사이의 평화 조약은 전쟁을 막기 위한 편리한 하나의 방편 정도로만 사용되는 경우가 너무 많습니다. 지극히 많은 것들을 약속하지만 사실 그들이 의도하는 것은 지극히 적은 것입니다. 그러나 사신이 전권대사(全權大使)로 와서 그를 맞는 사람들의 가슴에 일어날 수 있는 모든 두려움과 의혹들을 말끔히 씻어 주고 완전한 보장을 해줄 능력을 지니고 있다면, 그야말로 나머지 모든 것들의 값어치가 살아날 것입니다. 그런데, 위대하신 하나님이 놀랍게 자신을 낮추셔서 가련한 죄인들의 번잡스러운 마음을 만족시켜 주셨습니다. 죄책으로 인해서 사람은 하나님에 대해 의심하게 되었습니다. 자기 자신이 하나님께 불성

실했던 것 때문에 하나님이 자기에게 신실하게 대하신다는 것에 대해 의심하게 되는 것입니다. 사탄이 하와로 하여금 하나님의 약속의 진실성을 의심하게 만들 수 있었던가요? 그는 그저 "너희가 결코 죽지 아니하리라"라는 말밖에 하지 않았는데 곧바로 그녀가 자기를 지으신 조물주에 대한 믿음이 흔들려서 자기를 멸하는 자를 믿게 된 것입니다. 오오 여러분, 그러니 죄인이 의심을 품기가 얼마나 쉬운지 모릅니다! 그런 의심이 지금 우리의 믿지 못하는 마음속에서 본성적으로 키워지고 있는 것입니다! 우리가 그런 의심을 질문으로 표현하는 경우가 얼마나 많습니까? "그렇게도 크고 많은 죄들을 하나님이 정말 다 용서하실까?" "내가 과연 믿어도 될까?"라는 식의 질문들이 그것입니다. 그런데 하나님께서는 그의 사신들을 보내사 그의 말씀에 근거하여 충만한 교훈들을 주셔서, 우리 자신의 그릇된 마음에서 일어날 수 있는 모든 의심과 거리낌들을 만족시켜 주시는 것입니다. 루터(Luther)는 이렇게 말합니다: "성경 전체가 이것에로 몰아가니, 곧 우리의 의심들을 만족시키며 또한 하나님의 자비 안에서 우리의 소망을 확신하게 하는 것이다." 사도 바울의 말씀 가운데도 이와 유사한 것이 있습니다: "무엇이든지 전에 기록된 바는 우리의 교훈을 위하여 기록된 것이니 우리로 하여금 인내로 또는 성경의 위로로 소망을 가지게 함이니라"(롬 15:4).

사람들은 자기들의 약속의 진실성과 또한 그 이행의 확실성에 대해 상대방의 마음을 만족시켜 주기 위하여 갖가지 수단들을 사용합니다. 때로는 문서로 기록하고 거기에 도장(印)을 찍어서 확인시켜 주기도 합니다. 이처럼 하나님께서도 성례의 공개적인 도장을 주시고, 또한 그의 성령의 은밀한 도장을 주셔서 신자로 하여금 그가 그의 말씀에 약속해 놓으신 모든 것을 반드시 이행하시리라는 것을 확신하게 해주십니다. 때로는 사람들이 약속 이행에 대한 후속적인 보장을 위해서 증인들을 불러 세우기도 합니다. 이와 같이 예레미야는 자기 혈족의 밭을 구매할 때에 그 거래에 증인을 세웠습니다(렘 32:10). 하늘과 땅의 증인들을 보십시오. 그들이 하나님께서 약속하신 내용의 진실성을 보증하며 그 증인들의 증언이 모두 일치합니다(요일 5:7, 8. 이 내용은 한글개역개정판에는 나타나 있지 않으며, 거널이 사용한 KJV의 본문에 근거한 발언으로 보임. KJV는 "이는 하늘에서 증거하시는 이가 세 분이시니 아버지와 말씀과 성령이시요 이 세 분은 하나이시라. 또 땅에서 증거하는 것도 셋이니 영과 물과 피요 이 셋은 하나 안에서 일치하느니라"로 번역함 — 역주). 이런 모든 것들이 통하지 않으면, 사람들은 맹세를 하고, 이것을 사용하여 모든 논란을 종식시킵니다. 하나님께서는 이것에 대해서도 은혜롭게 자신을 낮추십니다. 하나님의 약속이 그것을 더 확실하게 해주는 보장이 필요하다는 뜻이 아니라 — 하나님이 약속하실 때에나 맹세하실 때에나 똑같이 거짓말을 하신다는 것이 불가능하므로 — 우리의 믿음을 더 강하게 하기 위해 맹세로 그것을 강화시키고 뒷받침하신다는 뜻입니다. 신실한 신자가 꽃 하나에서 그에게 닥칠 수 있는 힘들고 기나긴 환난의 겨울을 편안히 지내기에 충족할 만큼 꿀을 빨아들일 수 있는 그 감미로운 곳에서 암시되는 것처럼 말입니다: "하나님은 약속을 기업으로 받는 자들에게 그 뜻이 변하지 아니함을 충분히 나타내시려고 그 일을 맹세로 보증하셨나니, 이는 하나님이 거짓말을 하실 수 없는 이 두 가지 변하지 못할 사실로 말미암아 앞에 있는 소망을 얻으려고 피난처를 찾은 우리에게 큰 안위를 받게 하려 하심이라"(히 6:17, 18). 그런데, 하나님께서 그의 사신들로 하여금 그의 이름으로 구원을 전하게 하시고 그것에 대해 가련한 죄인들에게 해주시는 보장이 확실할수록 그것을 거부하는 자들의 불신앙과 회개치 않는 자세가 더욱더 엄청난 하나님의 진노를 촉발시키는 것입니다. 티투스 베스파시아누스(Titus Vespasian)가 예루살렘에 와서 그 성 안에 포위된 자들이 그들을 그렇게 오랫동안 괴롭게 했던 저 세 가지 쓰라린 재앙들 — 칼, 전염병, 기근 — 로 인해 감내했던 그 말할 수 없는 비참한 것들을 보고서, 이런 말을 토로했다고 합니다: "이들이 흘린 이 모든 피에 대해서도, 이 백성이 감내한 이 비참한 일들에 대해서도 나는 하등의 책임이 없다. 그들의 완고함으로 인하여 스스로 자초한 것뿐이다." 오오, 하물며 그리스도의 사신들이야 얼마나 더 저 회개치 않는 죄인들의 머리 위에서 깨끗하게 손을 씻을 수 있겠습니까? 그렇게 자주 하나님의 이름으로 죄 사함과 평화를 제시했건만 그들이 전혀 들으려 하지 않았으니, 얼마든지 그들에게 다음과 같이 말할 수 있는 것입니다: "우리는 너희의 피와 상관이 없도다. 너희 자신의 완악함과 처절하게 회개치 않는 자세가 너희의 고귀한 영혼들을 망하게 한 것이로다. 너희가 자비의 손길로 내미는 생명을 받아들였다면, 그의 공의의 칼을 받지 않았을 것이로다."

(b) 혼인을 위한 사절. 국가 간에 혼인을 통하여 동맹을 맺기 위해 사신을 보내는데, 이것이 목사의 임무 중의 중요한 부분입니다. 그들이 보내심을 받는 것은 하늘의 하나님이 가련한 죄인들을 향하여 어떤 선한 뜻을 갖고 계신지를, 곧 그는 그들 역시 그 혼사에 동의할 수 있다면 자신의 유일한 아들이시요 상속자이신 분을 그들과 혼인하도록 내어주는 것에 만족하실 수 있다는 것을, 세상에 알리기 위함입

니다. 아니, 성부와 성자께서 모두 그것을 원하십니다. 그 혼사(婚事)는 하나님께서 친히 먼저 그의 아들을 위하여 생각하신 일입니다. 그 일은 그 자신의 뜻의 계획에서 비롯되었고, 이 큰 의도가 아버지와 아들 사이에 합의되자 — 그 일은 만세 전에 이루어졌습니다 — 아들께서는 그 일을 좋아하신다는 것을 그의 아버지께 선언하셨습니다. 그렇습니다. 인류를 향하여 그의 애틋한 애정을 표현하셨습니다. 그는 "사람이 거처할 땅에서 즐거워하며 인자들을 기뻐하셨습니다"(잠 8:31). 이를 시행하시는 중에, "때가 차매" 그는 하늘로부터 땅으로 강림하사 우리의 본성과 혼인하심으로써 신자들 개개인과 친밀한 동맹 관계에 들어가고자 하셨습니다. 바로 이것이 하나님의 사신들이 와서 여러분과 조율하고자 하는 혼사입니다. 하나님의 친필로 씌어졌고 그의 도장이 찍힌 성경이 바로 그들이 그의 이름으로 제시하는 모든 것들이 과연 참되다는 것을 확인시켜 주는 그들의 신임장입니다. 그들이 여러분더러 애정을 갖도록 권유하는 그 하늘의 왕의 그림이 그 성경 속에 있는데, 이는 그의 영광과 사랑과 사랑스러움 가운데 있는 그의 모습을 그려 놓은 것으로서, 그를 앎으로써 그를 더 많이 닮아가게 하기 위한 것입니다. 성경에는 풍성한 약속들의 목걸이들이 있는데, 그의 사자들은 그를 기꺼이 맞고자 하는 영혼들에게 그것들을 그의 이름으로 전해 주고, 또한 그들이 그를 그들의 주요 또한 남편으로 취하기를 동의했다는 사실을 공포하는 임무를 맡고 있습니다. 그렇습니다. 그들은 그 혼사를 공포하며 또한 저 큰 날 그가 그들에게 이행하실 그 혼인을 그리스도의 이름으로 약속할 권세를 지니고 있습니다: "내가 너희를 정결한 처녀로 한 남편인 그리스도께 드리려고 중매함이로다"(고후 11:2). 너희 사람의 자녀들아, 여기에 서서 앙모할지어다, 하나님의 위엄이 이렇게 비천한 데까지 임하는 것을! 오오, 저 위대하신 하나님께서 그의 아들을 그의 피조물에게, 그것도 그들 중의 고귀하고 높은 가문에 속한 것이 아닌 자들과 혼인시킬 마음을 가지셨다니요! 이는 "주께서 천사들의 본성을 그에게 취하여 주지 아니하시고"(히 2:16. 한글개역개정판은 "천사들을 붙들어 주려 하심이 아니요"로 번역함 — 역주) 인류의 본성을 취하셨음이요, 그것도 원시 상태의 인류가 아니라 타락하여 그 원시의 영광이 더럽혀진 상태에 있는 인류의 본성을 취하셨음입니다. 지체 높은 왕자가 거지에게서 난 비천한 딸을 취하는 예는 아직 세상에서도 보지 못한 일입니다. 그런데 지극히 초라한 오두막집 출신의 처녀를 취하는 것도 감옥 출신의 처녀를 취하는 것만큼 이상스런 일은 아닐 것입니다. 왕 자신을 대적하여 반역죄를 범한 것으로 정죄 받아 감옥에 있던 여자와 그 왕이 혼인을 하다니요! 그런데, 이것이 사실입니다. 왕되신 주께서 그의 면류관과 위엄을 대적하여 끔찍한 반역죄를 저질러 사형 선고를 받고 감옥에서 복역 중인 그의 피조물의 머리를 감옥에서 이끌어내시고 그를 취하여 자기의 침상에 들이고 가슴으로 안으시는 것입니다. 우리를 사랑하사 우리를 취하시는 하나님의 자비가 가장 놀라운지, 아니면 하나님의 그 자비를 받아 누리도록 설득시키기가 그렇게도 힘들 만큼 완악한 우리의 교만과 어리석음이 가장 놀라운지, 저는 정말이지 잘 모르겠습니다. 아비가일은 스스로 다윗의 아내가 되기에 자신이 무가치하다고 고백했으나, 다윗이 자신을 선호하는 다시없을 기회를 그냥 흘려보내기에는 너무 지혜로운 여자였습니다. 그리하여 그녀는 급히 다윗의 부하들에게로 갔다고 기록하고 있습니다(삼상 25:18, 19). 그런데 아뿔싸! 우리는 얼마나 정면으로 거절하고, 혹은 어리석게도 핑계를 대며 하나님의 사자들을 날마다 허공에 붙잡아 두는지 모르는 것입니다.

(c) 상거래와 무역을 위한 사절. 가령 어떤 왕이 자기 왕국에 풍부한 물건들이 있는데 이웃 왕국에서는 그것이 없어 고통을 겪고 있고 또한 그것을 구할 만한 다른 곳이 없다고 합시다. 그런데 이 왕이 그 백성들에게 사신을 보내어, 무상으로 그것을 공급해 줄 것을 제의하면서 그들이 아무 때나 자기 나라에 들어와 그 좋은 물건들을 값없이 취해도 좋다는 것을 알린다면, 그 백성들은 그런 사신을 얼마나 기쁨으로 존귀하게 모시겠습니까! 이 땅에서의 사람의 행복은 천국과의 값없는 상거래와 무역에 달려 있는 것입니다. 이 세상은 메마르고 빈천한 곳입니다. 죽지 않을 영혼이 의지하여 살거나 혹은 만족을 누릴 수 있는 것이 여기에는 하나도 없습니다. 영혼이 필요로 하는 것은 오로지 천국에서만 찾을 수 있습니다. 영혼이 먹고 사는 양식과 영혼이 입어야 하는 의복들은 모두 천국에서 자라는 것들입니다. 사람의 최초의 죄가 천국과의 무역을 다 망쳐 버렸습니다. 아담이 반역하자마자 전쟁이 시작되었고, 그와의 무역이 전면 금지되었습니다. 그러므로, 본성적인 상태에서 우리는 "먼 데 있고 세상에서 하나님도 없는" 존재라고 말씀하는 것입니다(참조. 엡 2:12, 17). 이런 손실로 인하여 생겨난 안타까운 효과는 사람의 영혼의 처참한 상태에서 나타납니다. 한때는 의와 거룩함으로 그렇게 영광스럽고도 찬란했었는데, 지금은 치욕스럽게도 벌거벗은 처지가 되고 말았습니다. 그 부끄러움을 가려줄 누더기 하나도 없이 말입니다.

그런데, 하나님께서 그의 사신들을 보내사 평화를 베푸시고, 또한 그와 더불어 그와 나누었던 최초의 교제에로 다시 돌아올 자유를 베푸십니다: "오호라 너희 모든 목마른 자들아 물로 나아오라 돈 없는 자도 오라 너희는 와서 사 먹되 돈 없이, 값없이 와서 포도주와 젖을 사라"(사 55:1). 모든 이들을 불러 천국과 교역하는 상인들이 되라고 하십니다. "물로 나아오라"라는 구절은 복음을 항구나 선착장에 비합니다. 외치는 자가 백성들을 향하여 그 선착장으로 가서 거기 정박해 있는 물건들을 사라고 하는 것입니다. 여기서 하나님은 그의 은혜의 풍성한 것들을 보여주고 "돈 없이, 값없이" 그것들을 사게 하고 계시는 것입니다. 비용을 들이지 않고 풍부한 보화를 가져온다면 이는 정말 큰 이익이 남는 무역일 수밖에 없습니다. 천국의 모든 부요한 것들이 여기 다 있습니다. 그리고 그것을 사는 데에 돈이 전혀 필요 없습니다. 이런 값진 진주의 이야기를 듣고서도, 그것을 사러가지 않을 수 있겠습니까? 혹은 이 세상의 봇짐장사로 과연 여러분의 영혼을 유지시킬 수 있겠습니까? 오오, 여러분 어째서 빵이 아닌 것을 위해 돈을 소비한단 말입니까? 이 세상에서 반드시 부자가 될 필요는 없습니다. 하지만 그리스도와 그의 은혜는 반드시 소유해야 합니다. 이 세상의 것들을 위해 온갖 수고와 고생을 합니다만, 여러분은 그저 모험을 벌이는 상인에 불과합니다. 여러분의 수고로 그것들을 얻을 수도 있고, 아니면 다 잃어버릴 위험도 있는 것입니다. 이 세상에서 부자가 되기 위해서는 터득해야 할 어떤 법칙이나 방법이 없습니다. 모든 직업마다 가난한 자도 있고 부자도 있습니다. 하지만 그리스도와 그의 은혜를 얻는 사업에 있어서는 여러분의 모든 모험을 분명히 보장해 주기 위해 세워진 법칙이 있습니다. 그것은 바로 주를 찾는 자는 영혼이 살며, 의에 주리는 자는 채움을 얻는다는 것입니다.

["사신"이라는 칭호를 통해서 목사의 임무가 제시됨]

2. 복음의 목사들은 하나님께서 사신들로 지명하시는데, 이는 그 직분에 해당하는 임무를 제시하기 위함입니다. 존귀의 자리는 곧 신뢰와 봉사의 자리인 것입니다. 많은 이들이 목사의 위엄을 듣기는 좋아하면서 — 그들은 디오드레베처럼 으뜸되기를 좋아하는 것입니다 — 거기에 따르는 수고는 기꺼이 사양하려 합니다. 목사보다 더 큰 것을 손에 위탁받고 있는 사람은 아무도 없습니다. 그것은 사도도 그 아래서 두려워 떨게 만들 만큼 무거운 것입니다. 바울은 이렇게 말씀합니다: "내가 너희 가운데 거할 때에 약하고 두려워하고 심히 떨었노라"(고전 2:3). 그런데 그들이 "화목하게 하는 말씀"을 부탁받은 것입니다(고후 5:19). 하나님과 죄인들 사이

에 평화 조약이 속히 맺어지지 않으면, 그 일을 담당하는 사신은 소환당하여 자신의 임무를 어떻게 수행했는지에 대해 직고해야 할 처지가 되는 것입니다. 그러나 사신으로서 목사가 감당해야 할 임무에 대해서는 뒤에 좀 더 말씀드리겠습니다.

[하나님이 사신을 보내어 그의 복음을 전하시는 이유]

둘째. 우리가 해명하고자 하는 두 번째 문제는, 하나님은 어째서 그의 가련한 피조물에게 사신들을 보내시는가 하는 것입니다. 이에 대해서 먼저,

1. 부정적인 각도에서 답변하겠습니다.

(1) 그에게 사람의 선의(善意)가 필요하기 때문이 아닙니다. 이 땅의 왕들은 사정상 이웃들과의 교류를 유지해야 할 필요성이 있고, 그리하여 그들은 사신들을 보내어 평화를 보존하거나 화친을 도모합니다. 그러나 하나님은 굳이 동맹의 도움이 없이도 홀로 자신의 면류관을 지키실 수 있습니다.

(2) 그가 그렇게 하도록 매이셨기 때문이 아닙니다. 국가들의 법칙, 아니 본성의 법칙이 있으므로 왕들은 전쟁을 개시하기에 앞서서 반드시 평화를 제의하도록 되어 있습니다. 그러나 위대하신 하나님은 자기가 자기를 매지 않으시는 이상 그 어떠한 것에도 매이시지 않습니다. 아담이 죄를 지었을 때에 하나님은 자유로우셨고, 사람과 새로운 동맹 관계를 맺으시든 아니면 그의 신뢰를 깨뜨린 것에 대해 아담에게 복수를 하시든 친히 결정하실 수 있었습니다.

2. 긍정적인 각도에서 답변하겠습니다. 하나님의 선하신 뜻과 그의 값없는 은혜 이외에는 다른 이유를 제시할 수가 없습니다. 최고의 사신이신 그리스도께서 처음 이 땅에 임하셨을 때에 과연 그를 거기로 데려간 것이 무엇인지를 보십시오: "이는 우리 하나님의 긍휼로 인함이라. 이로써 돋는 해가 위로부터 우리에게 임하였도다"(눅 1:78). 과연 부드러운 자비임에 틀림없습니다. 사람의 생명이 하나님의 순전한 자비로 하나님의 발 아래 엎드리기 때문입니다. 하나님은 마치 왕이 반역자를 법적으로 처단하는 식으로 그의 피조물을 대하지 않으셔도 되게 되었습니다. 하나님의 사신들은 그 가는 곳곳마다 자비의 사명을 감당한 것입니다: "그 조상들의 하나님 여호와께서 그의 백성과 그 거하시는 곳을 아끼사 부지런히 그의 사신들을 그 백성에게 보내어 이르셨으니"(대하 36:15).

질문. 그런데 하나님이 그의 가련한 피조물들을 대하실 것이라면, 어째서 그가 직접 그들을 대하시지 않고 사신들을 통해서 대하시는 걸까요?

답변. 이것은 하나님의 은혜(divine indulgence)의 열매입니다. 죄로 인하여 하나님의 임재가 끔찍스럽게 되었으므로, 지금은 사람이 그것을 담당할 수가 없습니다. 동산에 있던 아담에게 하나님의 음성이 급히 돌진해 오지 않고 서서히 다가오는 것을 들을 때에 그가 얼마나 공포에 젖었겠습니까? 유대인들도 이와 유사한 경험을 했습니다. 그들은 하나님의 임재를 견디지 못하여 모세에게 와서 이렇게 말했습니다: "당신이 우리에게 말씀하소서 … 하나님이 우리에게 말씀하시지 말게 하소서. 우리가 죽을까 하나이다"(출 20:19).

[하나님이 천사들이 아니라 사람들을 그의 사신들로 사용하시는 이유]

셋째. 하지만 하나님이 사신을 사용하셔서 말씀을 전하게 하실 것이라면, 어째서 하늘로부터 영광스런 천사들을 보내어 그의 메시지를 전하게 하시지 않고, 부족하고 약한 사람들을 사용하십니까?

답변 1. 사도께서 그 이유를 제시해 줍니다: "우리가 이 보배를 질그릇에 가졌으니 이는 심히 큰 능력은 하나님께 있고 우리에게 있지 아니함을 알게 하려 함이라"(고후 4:7). "질그릇에"(ἐν ὀστρκίνοις σεύεσιν) — 조개껍질로 된 그릇 속에. 마치 진기한 진주가 조개 속에서 발견되듯이, 이 고귀한 복음이라는 보화가 연약한 사람 속에서 발견됨으로써, 그 역사의 훌륭함이 하나님께 속한 것이 되게 하기 위함이라는 뜻입니다. 도구가 미천할수록 그것을 그 높고도 고상한 목적을 위해 사용하시는 하나님의 능력이 더욱 영광스럽게 드러나는 것입니다. 사람이 예리하고 육중한 검으로 다른 사람을 찔러 상처를 주는 것을 보면 별로 이상할 것이 없을 것입니다. 하지만 그 사람이 깃털을 손에 들고서 그런 상처를 주었다면, 이것은 그야말로 기적일 것입니다. 천사가 — 그렇게 권능과 영광을 지닌 피조물인 — 말을 전할 때에 사람들이 엎드러져 두려워 떠는 것을 보면, 이것은 별로 이상할 일이 없을 것입니다. 하지만 한 사람이, 그것도 재판정에 서 있는 초라한 죄수가 그를 재판하는 재판관에게 말씀을 전할 때에 벨릭스가 두려워 떠는 것을 볼 때에는 상황이 전혀 달라집니다(참조. 행 24:25). 배나 더 놀라움이 생기는 것입니다. 우선, 죄수의 처지에 있었던 저 보잘것없는 사람 바울이 감히 그렇게 대담하게 이야기했다는 사실이 놀랍고, 또한 벨릭스처럼 그렇게 지체 높은 사람이 마치 낙뢰에 맞기라도 한 것처럼 그의 말에 그렇게 찔림을 받았다는 사실 역시 놀라운 일입니다. 도구의 연약함 속에서 나타나는 하나님의 권능을 과연 누가 높이 받들지 않겠습니까? 만일 하나님이 이 일에 천사들을 동원하셨더라면, 우리는 그 일의 효력을 그 도구인 천사들의 은사와 재능의 탓으로 돌리고 또한 그들의 훌륭함을 근거로 그 메시지를 받아들일 위험에 처하였을 것입니다. 그런데 하나님은 우리처럼 연약한 피조물들을 보내십니다. 그러므로 그들을 통해서 어떤 일이든 행해지면, 우리는 이렇게 말하지 않을 수 없게 되는 것입니다: "이것은 주께서 하시는 일이요 그 도구들이 하는 일이 아니로다." 하나님께서 이런 방식을 통하여 그 자신의 영광을 안전하게 지키고자 하시는 이유를, 우리는 사람들의 재능들을 — 우리보다 더 훌륭하고 멋지게 보일 때 — 우상화하기 쉬운 우리의 성향을 통해서 알게 됩니다. 만일 천사들이 사자들이었다면 우리가 어떻게 했겠습니까? 정말이지 그들을 예배하지 않도록 지키기가 매우 어려웠을 것입니다. 천사가 때에 맞게 말리지 않았더라면 요한 자신도 그렇게 했을 것이니 말입니다(계 19:10).

답변 2. 목사들은 사람들로서, 천사들보다 그 임무를 위하여 여러 가지 면에서 유리한 점을 지니고 있습니다.

(a) 천사들보다도 그들이 전하는 메시지에 더 밀접한 관심이 있습니다. 그들이 이 점에서 다른 이들을 속이면, 그것은 곧바로 자기들 자신의 구원을 그르치는 것이 되는 것이었습니다. 자기 자신의 유익이 그 일에 달려 있다는 것만큼 사람이 어떤 일에 주의를 기울이는 근거로 더 중요한 것이 어디 있겠습니까? 선장이 자기의 화물을 배에 실어 놓았을 경우에는 그가 얼마나 그 배를 조심스럽게 잘 운행할지를 얼마든지 짐작할 수 있는 것입니다.

(b) 형제들이 당하며 애쓰고 있는 그 시험거리들을 목사들 스스로도 공감하므로 그로부터 자연스럽게 애틋한 연민이 일어나게 됩니다. 이것은 천사들에게는 있을 수 없는 것입니다. 그리고 그렇기 때문에 그들이 천사들보다도 다른 사람들의 처지에 더 감정적으로 접근하여 말할 수 있습니다. 그러므로 사람에게 천사의 유려한 언어가 없다 해도 경험에서 우러나오는 본성적인 애정과 연민이 그것을 얼마든지 보상해 줍니다. 그는 다른 사람이 겪는 괴로운 양심이 과연 무엇인지를 잘 압니다. 자기 자신의 가슴속에서도 그 양심이 고동치는 것을 느껴보았기 때문입니다. 하나님께서도 애굽에서 나그네 생활을 했던 그의 백성을 향하여, "너희가 애굽 땅에서 나그네 되었었은즉 나그네의 사정을 아느니라"고 말씀하신 바 있습니다(출 23:9). 스스로 자비의 필요성을 절감하는 사람만큼 불쌍한 영혼들을 자비로 대

할 사람이 어디 있겠습니까?

(c) 목사들이 복음을 위하여 당하는 고난의 모습이 형제들에게 큰 유익이 됩니다. 만일 천사들이 사신들이었더라면, 그들은 자기들이 전하는 그 도리가 참되다는 사실을 그들의 피로써 인치지 못했을 것입니다. 바울이 옥에 갇혔다는 사실도 궁 안팎에서 유명했습니다: "형제 중 다수가 나의 매임으로 말미암아 주 안에서 신뢰함으로 겁 없이 하나님의 말씀을 더욱 담대히 전하게 되었느니라"(빌 1:14). 천사들이 사신으로 보내심을 받았더라면 복음의 나팔 소리를 더 예리한 음성으로 전달했을 것입니다. 하지만 오직 사람만이 깨뜨릴 주전자를 — 즉, 연약한 육체를 — 지니고 있으며, 그것을 복음을 위한 고난을 통하여 깨뜨림으로써 복음의 진리들의 영광을, 마치 기드온의 용사들의 손에 들린 등불처럼, 더 큰 원수들의 눈에 환히 비추어 주어 그들의 얼굴을 당혹스럽게 하고 그들의 마음을 놀라움으로 가득 차게 해줄 수 있는 것입니다.

[적용]

[교인들에게 주는 권면: 하나님의 사신들의 말씀을 청종하라]

목사들이 사신들입니까? 그렇다면 이는 복음 사역이 모든 사람에게 공통된 일이 아니라 몇몇 사람에게 맡겨진 특수한 직무라는 것을 보여 줍니다. 우리가 아는 대로 사신이란 그의 군주로부터 임명을 받고 또한 그의 신분을 입증해 줄 신임장을 지니고 있는 사람입니다. 사람이 국가의 사안들을 다루는 자질이 있고 해서 그것이 그 사람을 사신으로 만들어 주는 것이 아니고, 법에 재능이 있다고 해서 그것이 그를 관리가 되게 해주는 것이 아니라, 그런 직분에로 부름을 받은 사실이 그런 자리에 있게 해주는 것입니다. 이와 마찬가지로 사람이 은사가 있다고 해서 목사가 되는 것이 아니라, 목사의 사명을 받아야 목사가 되는 것입니다: "보내심을 받지 아니하였으면 어찌 전파하리요?"(롬 10:15). 각자 자기의 선택에 따라서 아무나 설교자가 되는 것이라면, 목사를 불러 그 직무를 감당하게 하는 일에 대해 하나님의 성령께서 주시는 규범들은 모두가 허사가 되고 말 것입니다. "아무에게나 경솔히 안수하지 말고"(딤전 5:22). 즉, 선한 증거와 시험이 없이 아무나 그 사역에 받아들이지 말라는 뜻입니다. 그런데 누구나 해도 상관없는 일이라면 어째서 특정한 사람을 그 일을 위하여 별도로 세우겠습니까? 여기서 두 가지의 권면이 자연스럽게 이어지게 됩니다. 1. 교인들에게. 2. 목사에게.

권면 1. 교인들에게. 하나님을 경외하는 가운데 이 사신들이 전하는 메시지를 청종하기를 바랍니다. 그들이 와서 전하는 그 일에 대해서 여러분은 어떻게 하시겠습니까? 하나님 편이 되겠습니까 혹은 안 되겠습니까? 그리스도를 믿음으로 가슴에 받아들이겠습니까, 아니면 그에 대해 아무것도 하지 않기로 마음먹겠습니까? 우리는 그저 사신들일 뿐입니다. 우리는 우리를 보내신 그 주께로 다시 돌아가서 우리의 사역의 결과에 대해 보고해야 할 처지입니다. 우리가 가서, 다음과 같이 말씀드릴까요? "주여, 주께서 보내신 그 사람들과 함께 있었고 우리의 능력껏 주의 메시지도 전달했고, 만일 회개하고 돌이키라는 주의 부르심을 좇아 행하지 않으면 그들에게 불과 검이, 멸망과 정죄가, 임하리라는 것도 말씀했고, 그들 앞에 생명과 사망을 모두 제시했고 또한 그들의 구원을 위하여 '하나님의 온전한 경륜'(the whole counsel of God. 참조. 행 20:27. 한글개역개정판은 '하나님의 뜻을 다'로 번역함 — 역주)을 남김없이 다 드러내었사오나, 우리가 전한 말씀을 그들이 하나도 믿지 않았고, 우리는 그들에게 조롱받는 자처럼, 혹은 밤에 꿈을 꾼 이야기를 하는 사람처럼 되었고, 진리의 말씀을 신실하게 전하는 자로 대접받지 못했나이다." 오오, 이런 것이 그들이 돌아가 하나님께 그들의 사역에 대해 아뢰게 될 보고 내용이 되는 일이 절대로 있어서는 안 될 것입니다! 더욱더 그들의 메시지의 중요성을 깨닫고, 그것에 대해 응답하며, 다음의 것들을 생각하시기 바랍니다:

(1) 이 사신들을 보내신 하나님의 놀라운 사랑을 생각하십시오. 왕이 자기와 같은 계급의 사람에게 사신을 보낸 것이 아니고, 하나님께서 자기를 반역한 사람들에게 보내신 것이 아닙니까? 그들에게 사신을 보내어 대접하기보다는 오히려 심판의 군대를 보내어 싸워 멸해야 할 텐데 말입니다. 무언가 힘을 지니고서 저항하거나 혹은 저항할 세력을 지니고서 싸움터에서 그를 대적하여 싸우는 반역도들에게 사신을 보내시는 것이 아니고, 반역을 저지른 머리에 차꼬가 씌워져 있고 손발에 수갑이 채워진 상태에 있는 여러분에게 사신을 보내시는 것입니다. 하나님이 여러분의 구원을 바라실 만한 무슨 값어치나 필요성이 여러분의 생명에 있는 것이 전혀 아닌데 말입니다. 반역한 신하들이 돌이켜 왕을 위해 싸우기도 하고 또한 그것이 필요하기도 하여, 왕이 그 반역한 신하들을 구해 주는 경우도 왕왕 있습니다. 그 신하의 목숨을 거두면 오히려 자기 자신의 세력을 약화시키는 것이 되기 때

문에 그렇게 하기도 하는 것입니다. 그러나 하나님의 경우는 여러분을 멸망시키셔도 그 자신에게는 아무런 영향도 없습니다. 여러분이 망해도, 하나님으로서는 전혀 해를 받지 않으시는 것입니다. 바리새인은 "그들 자신을 위한 하나님의 뜻을 저버렸다"고 말씀합니다만(눅 7:30), 그렇게 되면 해를 당하는 것은 여러분이지 하나님이 아닙니다.

(2) 은혜를 베푸시는 것을 거부하는 것이 하늘의 위엄을 얼마나 엄청나게 모욕하는 일인지를 생각하십시오. 왕들이 무언가를 요청하면 그것은 곧 명령이 됩니다. 왕이 요구하는 것을 감히 누가 거절하겠습니까? 그런데 보잘것없는 티끌에 불과한 여러분이 감히 여러분을 지으신 조물주를 완강하게 거부한단 말입니까? 다른 누구도 아닌 왕이 "그의 하나님 여호와 보시기에 악을 행하고 선지자 예레미야가 여호와의 말씀으로 일러도 그 앞에서 겸손하지 아니하였"는데(대하 36:12) 그의 행위가 도저히 묵과할 수 없는 교만의 행위로 간주되고 있습니다. 하지만 무엇이라고 합니까? 왕이 자기 보좌에서 내려와서 그의 신하인 비천한 선지자 앞에서 자신을 낮추어야 한다고 말씀합니다. 그러나 하나님은 예레미야에게가 아니라 "선지자 예레미야가 여호와의 말씀으로"이르는 것에 떨며 자신을 낮추어야 할 것을 말씀하시는 것입니다. 오오, 설교 말씀을 듣고 우는 것을 유치하고 유약한 것으로 여기는 여러분, 목사의 책망 앞에 여러분 자신을 낮추어야 한다는 것을 생각하기 바랍니다. 선포되는 말씀을 받을 때에 여러분이 취하는 행동이 하나님 자신에 대해 여러분이 어떻게 생각하는지를 여실히 보여주는 것입니다. 나하스가 다윗의 사신들을 업신여기고 그들을 욕되게 하자, 다윗 왕은 자기 자신이 모욕을 당한 것으로 간주했습니다. "내가 여호와의 이름을 전파하리니 너희는 우리 하나님께 위엄을 돌릴지어다"(신 32:3). 모세가 백성에게 말씀을 선포하는 동안 그들은 하나님께 위엄을 돌려야 했던 것입니다. 이는 곧 모세가 하나님의 이름으로 전하는 그 말씀을 겸손히 듣고 거기에 기꺼이 순종하는 것을 뜻하는 것입니다.

(3) 그의 사신들이 전하는 그 메시지 속에 하나님의 마음이 얼마나 깊이 서려 있는지를 생각하십시오. 어떤 협약을 위해 사신을 보낼 때에 왕은 그 일이 성공하기를 간절히 바라며, 또한 그렇게 성공을 거둘 때에 크게 존귀하게 대할 것을 친히 약속합니다만, 그 일에 대적할 때에는 그만큼 그에게서 큰 분노가 촉발되는 것입니다. 가련한 죄인들을 구원하는 일에서 그리스도께서, 또한 그로 말미암는 하나님의 은혜가 높임을 받는 일보다 하나님이 더 마음을 쓰시는 것이 없습니다. 그러

므로 이를 가리켜 "그의 뜻"(히 6:17)이라, 또한 "여호와의 기뻐하시는 뜻"(사 53:10)이라 부르는 것입니다. 아브라함의 종은 그의 주인이 자기의 혈족 가운데서 자기 아들이요 상속자의 신붓감을 구하기를 얼마나 바라는지를 잘 알고 있었고, 그리하여 라반에게 말할 때에 무엇보다도 다음의 말씀을 가장 무게 있는 근거로 제시하였습니다: "이제 당신들이 인자함과 진실함으로 내 주인을 대접하려거든 내게 알게 해 주시고 그렇지 아니할지라도 내게 알게 해 주소서"(창 24:49). 이는 마치 이런 뜻과 같습니다: "이것으로 내 주인을 향한 당신들의 사랑의 진실함이 드러날 것이옵니다." 여기서도 마찬가지입니다. 여러분이 정말 하나님을 진실함으로 대접한다면, 그가 간절히 바라시는 그 일에 대해 그의 말씀을 그대로 따름으로써 그의 사신들에게 그렇다고 이야기하십시오. 주 예수께서 이 땅에 계실 때에 바로 이것을 "아버지의 일"이라 부르셨고, 어떤 경우에도 그 일을 행하셔야 하는 것으로 인식하셨습니다: "내가 내 아버지 집에 있어야 될 줄을 알지 못하셨나이까?"(눅 2:49). 그는 자신이 그리로 온 목적이 오로지 그 일을 행하고자 하는 목적이었음을 잘 알고 계셨고, 그 일이 완수되지 않은 상태에서는 다시 돌아와서도 절대로 그의 아버지의 얼굴을 보실 수가 없었던 것입니다. 그러므로 사람들의 마음에서 복음의 사역이 진전을 보거나 혹은 중단되는 것에 따라 그가 기뻐하시거나 슬퍼하신 것입니다. 그것이 거부당했을 때, 그는 "그들의 마음이 완악함을 탄식하셨습니다"(막 3:5). 그의 제자들이 돌아와 복음의 마차가 얼마나 영광스럽게 달려갔는지를 보고하자, "그 때에 예수께서 성령으로 기뻐하셨다"고 말씀합니다(눅 10:21). 이 세상을 떠나고자 하실 때에 그는 복음이 어떻게 전파되어야 할 것인지에 대해서, 또한 영혼을 구원하는 일이 그의 떠나심으로 방해를 당해서는 안 된다는 것에 대해 마음을 두시고서, 그 사역을 위해 사도들에게 힘을 주십니다: "하늘과 땅의 모든 권세를 내게 주셨으니 그러므로 너희는 가서 모든 민족에게 복음을 전하라"(마 28:18-19). 그렇습니다. 지금 그는 천국에서 그 일의 성공을 기다리고 계시며, 그의 종들이 그들의 임무를 어떻게 행하고 있는지를 듣고 계시는 것입니다. 그러니, 회개하지 않는 것으로 그 하나님의 주된 계획을 가로막고 있으니 이 얼마나 위중한 죄인지 모릅니다! 여러분, 우리가 행하는 임무가 주의 것인데, 과연 여러분은 우리 주님을 진실하게 대하고 있습니까?

(4) 이 사신들이 여러분에게 전해 주는 그 메시지의 무게와 중요성을 생각하십시오. 우리가 행하는 임무는 결코 가볍고 하찮은 것이 아닙니다. "보라 내가 오늘 생

명과 복과 사망과 화를 네 앞에 두었나니"(신 30:15). "아들을 순종하지 아니하는 자는 … 하나님의 진노가 그 위에 머물러 있느니라"(요 3:36). 우리는 이 땅의 왕의 호의로 여러분을 꾀고자 온 것이 아닙니다. 그는 오늘은 존귀하게 대할 것을 약속해도 내일이면 자신의 면류관을 잃어버릴 수도 있습니다. 우리는 세상의 보화나 쾌락으로 낚싯밥을 삼아 여러분을 꿰고자 하는 것이 아니고, 오히려 천국의 소식을 전하는 것입니다. 그러니 여러분이 그것을 받아들이면 지금 이 땅에서는 물론이요 천국에 가서도 확실히 여러분의 것이 될 것입니다. 우리는 "그의 호흡이 코에 있는"(참조. 사 2:22) 죽을 사람이 불쾌히 여긴다는 이야기나, 길게 가면 느끼지도 못할 순간적인 형틀이나 교수대의 고통에 대한 이야기로 겁을 주는 것이 아니고, 영원히 살아 계신 하나님의 절대로 죽지 않는 진노로 여러분을 경고하는 것입니다. 우리가 하나님의 이름으로 약속하거나 경고하는 것은, 그가 기꺼이 단호히 이행하실 것입니다. 그 하나님은 "그의 종의 말을 세워 주며 그의 사자들의 계획을 성취하게 하시는" 분이신 것입니다(사 44:26).

(5) 복음과 그것을 전하는 사자들이 여러분 가운데 어느 정도나 오래 머무를지를 생각하십시오. 하나님께서 그의 사신들을 다시 불러들이시고 더 이상 백성들을 대접하지 않으실 때가 올 것이니, 그 때야말로 슬픈 날일 수밖에 없습니다! 왜냐하면 그들이 가면 그 다음에는 심판과 재앙이 오기 때문입니다. 평화 조약이 종결되면 머지않아 전쟁이 시작되는 법입니다. "엘리사가 죽으니 … 모압 도적 떼들이 그 땅에 온지라"(왕하 13:20). 선지자가 가고 나니 원수가 오는 것입니다. 천사가 소돔으로부터 롯을 건져내자, 곧바로 소돔에 심판의 불이 닥치지 않았습니까? 유대인들이 그들의 회개치 않음으로 복음을 그들에게서 떠나보내자, 사도는 "이방인에게로 향하였습니다"(행 13:46). 하지만 그 일로 인하여 스스로 자기들의 멸망을 자초했고, 곧바로 그 멸망이 로마의 독수리 날개를 타고 그들에게 임하지 않았습니까? 그들은 스스로 영원한 생명을 얻기에 합당치 못하다고 판단했으며, 따라서 하나님께서는 그들이 세상적인 생명을 누리기에도 합당치 못하다고 여기신 것입니다. 하나님께서 그의 사신들을 불러들이시면, 그들을 다시 돌아오게 하고 평화 조약을 다시 맺게 하는 것이 결코 쉬운 일이 아닙니다. 이미 깨어져 버린 것을 다시 세워야 하는 일이니 말입니다. 하나님께서는 한 번 시도하신 후에 그것이 멸시를 받고 나면 다시는 별로 참으시지 않습니다. 그가 사신을 통해 제의하시는 조건이 그 자신의 호의를 표현하시는 최고의 방법 중에 하나이니 말입니다. 사신이 왔다

가 아무런 효과도 없이 그냥 돌아가는 것보다는 차라리 전혀 오지 않았던 편이 더 낫습니다. 하나님은 이렇게 말씀하십니다: "그들이 … 그들 가운데에 선지자가 있었음을 알지니라"(겔 2:5). 즉, 그것이 그들에게 화(禍)가 될 것을 알 것이라는 뜻입니다. 하나님이 그의 사역자들의 고통에 대해 값을 받으실 것입니다. 자, 목사들이 죽거나 그 백성들에게서 사라질 때에 그들이 그렇게 해서 그들에게서 제거된다는 것을 기뻐하십시오. 하지만 그들이 그 사역자들에 대한 일을 하나님과 정산하기 전에는 문제가 다 끝난 것이 아닌 것입니다.

[목사들에게 주는 권면: 왕의 왕의 사신으로서의 임무를 다하라]

권면 2. 복음의 목사들에게. 형제 여러분, 여러분의 부르심을 보십시오. 여러분의 이 존귀한 임무를 조심스럽게 감당하십시오. 이에 관하여 몇 가지 지침을 말씀드리겠습니다.

(1) 비열하고 무가치한 행위로 여러분의 직무의 위엄을 더럽히지 마십시오. 살비아누스(Salvian)는 이렇게 말했습니다: "더럽고 거룩하지 못한 행동들로 여러분의 직무의 위엄을 쓰레기 속에 집어넣지 마십시오!" 바울은 그의 직무를 지극히 높였습니다. 다른 사람들이 그것을 헐뜯어 품위를 떨어뜨리게끔 만드는 처신일랑 결코 해서는 안 됩니다. 다른 이들을 나쁘게 만드는 그것이 여러분을 더 나쁘게 만들 것입니다. "내가 너희 열둘을 택하지 아니하였느냐? 그러나 너희 중의 한 사람은 마귀니라"(요 6:70). 여러분이 천사라 불리지만, 만일 악하면 마귀가 되는 것입니다. 성경은 "선지자의 상"(마 10:41)에 대해 말씀합니다만, 이는 사사로운 제자가 받을 상보다 더한 것입니다. 그러면 선지자가 천국에서 받을 상뿐 아니라 지옥에서 받을 형벌도 있다는 생각은 하지 않습니까? 누군가 이렇게 말합니다: "만일 원죄(原罪)가 없이 출생한 자가 있다면, 바로 목사일 것이고, 자범죄(自犯罪)가 없이 살 수 없는 자가 있다면 목사일 것이고, 만일 가벼운 죄라는 것이 있다 해도 목사에게는 없을 것이다. 그들은 다른 이들보다 더한 하나님의 종들이니, 다른 이들보다 더 거룩해야 하지 않겠는가?" 선한 신하가 아닌 여러분이 과연 사신이 될 자격이 있겠습니까? 선한 그리스도인이 아닌 여러분이 과연 목사가 될 자격이 있겠습니까?

(2) 여러분이 받은 지침을 면밀히 지키십시오. 사신들은 그들이 받은 명령에 따라 무슨 말을 해야 할지가 정해져 있습니다. 그러므로 강단에 올라가 말씀을 전하

기 전에 여러분의 임무를 올바로 취하기를 확실히 하십시오. "내가 너희에게 전한 것은 주께 받은 것이니"(고전 11:23). 하나님은 선지자에게 이렇게 명령하십니다: "너는 내 입의 말을 듣고 나를 대신하여 그들을 깨우치라"(겔 3:17). 여러분에게서 나오는 말씀은 하나님께로부터 온 것이어야 합니다. 그렇지 않으면 그것은 바른 말씀이 아닙니다. 오오, 여러분 자신의 조잡한 금속에다 왕의 도장을 찍어놓는 일이 없도록 조심하시기 바랍니다. 여러분 자신의 뇌에서 예측한 것을 갖고서 "여호와께서 말씀하시되"라는 말을 붙여서 교인들에게 전하지 마십시오. 강단에서는 그런 큰 거짓말이 있어서는 안 됩니다. 또한 여러분이 전혀 위임받지 않은 말을 해서는 안 되는 것처럼, 전하라는 명령을 받은 말을 감추어서도 안 됩니다. 우리의 메시지에서 무언가를 삭제하는 것도, 거기에 다른 것을 덧붙이는 것만큼 위험한 것입니다. 욥은 자신이 "거룩하신 이의 말씀을 감추지 아니하였음"을 근거로 스스로 위로를 삼았습니다(욥 6:10. 한글개역개정판은 "거룩하신 이의 말씀을 거역하지 아니하였음"으로 번역함 — 역주). 그리고 바울은 다음과 같은 사실을 근거로 영혼들의 피를 자기 손에서 깨끗이 씻습니다: "모든 사람의 피에 대하여 내가 깨끗하니 이는 내가 꺼리지 않고 하나님의 뜻을 다 여러분에게 전하였음이라"(행 20:26, 27). 여기서 그는 자신이 하나님의 뜻을 전부 다 전했다고 말씀하는 것이 아니라는 점을 주목하기 바랍니다. 아닙니다. 하나님 자신 외에 과연 누가 그렇게 할 수 있겠습니까? 바울은 또한, "우리가 부분적으로 알고 부분적으로 예언하니"라고도 말씀합니다(고전 13:9). 성경에 미지의 땅이, 우리가 절대로 완전히 발견할 수 없는 그런 비밀이 있는 법입니다. 다 알지 못하는데 어떻게 다 전할 수 있겠습니까? 그는, "내가 꺼리지 않고 다 전하였음이라"라고 말씀합니다. 진리를 만날 때에 그것을 꺼려하여 뒤로 물러서지 않았다는 것입니다. 길거리를 지나가다가 말을 걸고 싶지 않은 사람을 보게 되면 옆의 어느 집이나 상점으로 들어가 그가 지나가기까지 기다리듯이, 그렇게 하지 않았다는 뜻입니다. 그 거룩한 사도는 자신이 하나님의 뜻으로 알고 있는 바를 전하기를 두려워하지 않았습니다. 성도들이 알아서 유익할 내용을 설교에서 피하지 않았습니다. 가나안으로 파송되었던 정탐꾼 중에서 갈렙은 비록 그 땅의 곳곳에 대한 모든 내용을 다 보고할 수는 없었으나 할 수 있는 만큼 세세히 관찰하고서 모세에게 보고하였습니다. 그는 이렇게 말합니다: "내가 성실한 마음으로 그에게 보고하였고"(수 14:7). 그러나 다른 사람들은 가나안에 들어갈 마음이 없었으므로 자기들이 아는 바를 숨겼습니다. 이로써 갈렙은 하나님을 "온전히 따랐다"는 증언을 하나님께로부터 직접 들었습니다(민 14:24). 그러므로 열심을 다하여 성경을 상고하고 그 말씀을 교인들에게 성실한 마음으로 전달하고, 성경으로부터 배운 내용을 전하되 자기 양심에 거리낌이 없이, 또한 두려움이나 호의를 생각하여 자기가 아는 바를 숨기는 일이 없이, 이를 행한다면, 이 사람이야말로 자기 사명을 완수하는 자요, 따라서 충성된 종으로서 "잘 하였도다!"라는 칭찬을 얻게 될 것입니다.

(3) 하나님께로부터 받은 메시지를 전한 것으로 족하다고 생각하지 말고, 여러분이 주님의 뜻을 위해 애쓰고 있으니 그를 위해 열정을 보이십시오. 만일 사신이 듣는 자들에게 자기가 전할 말을 냉랭하게 전한 다음, 자기가 거주하는 그 궁의 뜻에다 모든 처분을 맡기고, 과연 어떤 대답을 얻게 될지, 자기 주군의 일이 어떻게 될지에 대해 별로 신경을 쓰지 않는다면, 분명 그는 자신이 충성된 사신의 임무를 다 이행했다고 말할 수 없을 것입니다. 아닙니다. 그의 머리와 마음을 모두 그의 사명에 개입시켜서 그 일에 활기가 있게 하여야 하며 또한 가장 속히 바람직한 결말을 보도록 최선을 다하여야 하는 것입니다. 아브라함의 종은 자기가 맡은 그 일이 어떤 방향으로 결말지어지며 또한 그들이 자기 주인을 어떻게 대하는지를 볼 수 있을 때까지 먹지도 마시지도 않을 자세였습니다. 이와 같이 목사들도 그 보냄을 받은 자들이 그들의 진심을 — 그들이 자기들의 임무에 전심을 기울이고 있다는 것을 — 볼 수 있도록 해야 하는 것입니다. 그들이 목사들 개인에 대해서 존경을 보이고 그들의 호의에 대해 감사하면서도 그것을 거부하더라도, 목사들은 그것이 그들이 온 목적도 아니고 그것으로 만족하지도 않으며, 오히려 그 사람들이 자기들이 전하는 메시지의 주인이신 주님께 신실히 대하고 그리하여 자기들로 하여금 그들이 회개하고 그리스도를 받아들였다는 기쁜 소식을 갖고 그에게로 돌아가게 되기를 바란다는 것을 그들이 알게 주어야 합니다. 목사들은 열정적으로 그들의 구원을 위해 힘써야 합니다. 어떤 목사는 부드러운 사랑의 간청으로 그들을 녹이고자 하고, 또 어떤 목사는 만일 그들이 지옥에 갈 것이라면 그들의 멸망이 그들 스스로 자초한 것이요 목사들이 그들의 영혼에 대해 관심과 연민이 없었기 때문이 아니라는 분명한 증거를 갖고서 그리로 가게 될 것이라는 엄중한 경고로 그들을 압박하여 그들을 녹이려 하기도 합니다. 여러분이 정통적인 설교자들로서 진리를 전한다는 것만으로는 안 됩니다. 하나님이 여러분의 손에서 요구하시는 것은 바로 열정인 것입니다. 그가 가련한 죄인들의 구원을 그렇게도 강력하게 바

라시니 만큼, 그 일을 위해서 그가 보내시는 여러분이 여러분 자신의 선한 뜻을 기울이지 않고 그저 냉랭하게 그 일을 행한다면 그가 여러분을 멸시하실 것입니다. 그리스도께서는 종들을 보내어 복음 잔치에 손님들을 청하게 하실 때에 그들에게 "사람을 강권하여 데려다가 내 집을 채우라"고 명하십니다(눅 14:23). 하지만 어떻게 그렇게 할까요? 스페인 사람들이 인도인들을 마치 가축들을 막대기와 돌로 몰듯이 그렇게 강제로 몰아서 세례를 받게 한 것처럼 그런 식은 아닐 것입니다. 폭력과 잔인한 짓을 그들의 육체에 가하는 식으로 그들을 압박해서는 안 되고, 우리의 강력한 설교를 통해서 영적인 논리의 힘으로 그들의 마음을 압도하는 방식으로 해야 할 것입니다. "하나님이 그의 엄중한 경고들에 대한 공포로 사람들의 양심을 내리치실 때에, 그것은 그들의 뜻을 강제로 꺾어서 그들을 구원시키기 위함이 아니라 그들 스스로 (그들의 구원을) 원하게끔 하기 위함이다"(베르나르).

(4) 세상의 그 어떤 사람이나 일에게서도 뇌물을 받거나 혹은 그들이 두려워서 여러분이 맡은 그 임무를 신실하게 수행하지 못하는 일이 없게 하십시오. 사신들이 그 외국의 군주에게 녹(祿)을 받는 자가 되어서는 안 됩니다. 자기의 주군이 자기를 보호하고 상을 베푼다는 것을 감히 신뢰하지 않는 자는 그토록 존귀한 직분을 통해 왕을 섬길 자격이 없습니다. 자기를 보호하거나 상 주시겠다는 하나님의 약속으로 만족하지 않는 자는 자신이 맡은 임무에 오랫동안 충성을 다하지 않을 뿐더러 그 임무를 오래 감당하지도 못합니다. 오오, 그런 목사가 얼마나 속히 사람에 대한 두려움이나 사람의 호의에 못 이겨 하나님 자신에 대한 자신의 신뢰를 저버리면서까지 자신의 안위를 도모하게 되는지요! 복된 바울은 이런 비열함과는 거리가 멀었고, 세상 끝까지 나아가는 하나님의 사신들이 될 모든 이들에게 고귀한 모범을 보여주었습니다: "오직 하나님께 옳게 여기심을 입어 복음을 위탁 받았으니 우리가 이와 같이 말함은 사람을 기쁘게 하려 함이 아니요 오직 우리 마음을 감찰하시는 하나님을 기쁘시게 하려 함이라. 너희도 알거니와 우리가 아무 때에도 아첨하는 말이나 탐심의 탈을 쓰지 아니한 것을 하나님이 증언하시느니라"(살전 2:4, 5).

(5) 여러분의 동족들을 친절히 대하고 부드럽게 보살피십시오. 잉글랜드로부터 터키나 스페인으로 보냄 받은 사신이 그곳에서 사업하는 잉글랜드 상인들을 보호하고 격려하기는커녕 그들의 일을 방해하고 자기의 모든 권한을 동원하여 그들을 헐뜯고 해를 끼치려 한다면 정말 이상한 일이 아니겠습니까? 분명 그의 왕은 현지

에 있는 그의 선한 신민(臣民)들의 원수가 아니라 친구요 후견인으로 그를 그곳에 보낸 것입니다. 하나님의 사신인 목사도 천국 사업에 종사하는 성도들을 격려하고, 그들을 조언하며 돕고, 악한 이웃들이 그들의 선한 것을 오히려 조롱할 때에도 그렇게 하지 못하도록 그들을 보호하여야 하는 것입니다. 그런데 그가 자기의 사역으로 오히려 그들을 대적한다면 이 얼마나 안타까운 일이겠습니까! 강단 안팎에서 그의 설교나 기타 행위들로 그들의 손은 약하게 만들고 오히려 불경한 자들의 손을 강하게 만들어 준다면 이 얼마나 슬픈 일이겠습니까! 그렇게 이 약한 자들을 거스르느니 차라리 연자 맷돌을 목에 걸고 바다 속에 던져지는 편이 나을 것입니다! 모세는 애굽 사람을 내리쳤으나, 이스라엘 사람은 구해 주었습니다. 강단에서 말로 이스라엘 사람을 때리고 그들의 순결함을 비꼬고 오히려 애굽 사람을 — 곧, 교인들 중에 속되고 악한 자들 — 부추기며, 또한 그들의 발이 지옥으로 향하고 있는 것이 의심의 여지 없이 분명하다는 것을 하나님께서 아시는데도 그들이 천국에 들어가는 자의 복을 받았다고 떠든다면, 이 목사는 과연 자신의 임무에 대해 하나님께 무어라고 보고하겠습니까!

[바울의 요청에 대한 한 가지 논지: 자신의 현재의 환난 상태에서 취한 것]

둘째 논지(p. 981에서 연결). 바울이 성도들을 향하여 기도할 때에 자신을 기억하도록 촉구하기 위해 사용하는 둘째 논지는 바로 자신의 현재의 환난 당하는 상태에서 취한 것입니다 — "이 일을 위하여 내가 쇠사슬에 매인 사신이 된 것은." 헬라어로는 '엔 하루세이' (ἐν ἁλυσει)로서 "사슬 속에 있는"이라는 뜻입니다. 사신과 사슬에 대한 이야기를 들으면, 처음에는 그것이 그 사신의 다리나 팔을 매어 놓은 쇠사슬이 아니라 그의 목에 걸린 황금 목걸이를 지칭하는 것으로 생각할 수도 있을 것입니다. 그러나 여기서는 전자를 뜻합니다. 바울은 지금 로마에 있는 죄수의 신분이었으나, 자유로운 구금 상태였습니다. 이 본문에 대해 주석가들이 생각하는 것처럼 그는 여러 사슬이 아니라 하나의 사슬에 매여 있었습니다. 로마에서는 죄수가 몇몇 병사들의 관할에 맡겨지는 것이 상례였고, 그 병사들의 감시를 받으면서 밖으로 나가 걸을 수도 있었습니다. 물론 오른팔에 사슬을 채우고, 그 사슬을 지키는 병사의 왼팔에 연결시킨 상태로 말입니다. 이 거룩한 사람이 지금 바로 그런 상태의 죄수로 있었습니다. 어린 양인 바울이 사자(獅子)인 네로의 죄수가 되어 있었고, 따라서 그를 위한 교회의 기도가 필요했고 또한 그가 그것을 절실히 바랐던 것입니다. 이 짧은 본문에서 여러 가지를 관찰할 수 있을 것입니다. 저는 그 점들을 상세하게 다루지 않고 그저 가볍게 다루고자 합니다.

[바울이 사슬에 매여 있다는 사실에서 얻을 수 있는 다섯 가지 관찰]

첫째 관찰. 이 복된 사도께서 배은망덕한 세상으로부터 어떤 대접을 받는지를 관찰하십시오. 그가 무슨 불량배나 도둑이기라도 한 것처럼 그에게 사슬이 채워져 있습니다. 그는 가련한 죄인들에게 자유를 전했는데, 정작 그는 자기 자신의 자유를 빼앗기는 고통 속에 있습니다. 그는 포로된 자들에게 해방될 것을 선포했는데, 정작 그 자신은 그의 수고로 인하여 마치 노예처럼 취급당하고 있습니다. 그렇게 거룩하고 무죄한 사람에게서 대체 무슨 잘못을 찾았기에 그렇게 가둘 수 있는지 정말 궁금해할 분도 있을 것입니다. 그는 하나님과 사람에게 거슬림이 없이 살기 위해 날마다 힘을 썼는데 말입니다. 하지만 더둘로가 그에 대해 무어라고 비난하는지를 보십시오(행 24장). 마치 온 나라에 바울만큼 해로운 사람이 없는 것처럼 말하고 있습니다! 그리고 바울 자신도 우리에게 "내가 악을 행한 자처럼 매이는 데까지 고난을 받았다"고 말씀해 줍니다(딤후 2:9. 한글개역개정판은, "내가 죄인과 같이 매이는 데까지 고난을 받았으나"로 번역함 — 역주). 온갖 통탄할 일들이 그가 행한 일로 씌워졌던 것입니다. 여기서,

주목하십시오. 아무리 훌륭한 사람도 때때로 더럽고 악한 사람의 누명을 쓰고 고난을 당할 수 있고 또한 자주 고난당한다는 것입니다. 성도들의 원수들이 자기들끼리 마음껏 그들의 인품과 대의(大義)를 먹칠해 보라고 하십시오. 그리스도께서도 "범죄자 중 하나로 헤아림을 받"으셔야 했고(사 53:12), 다름 아닌 신성모독죄가 그의 죄목으로 그에게 씌워졌습니다. 박해자들은 잔인한 것만으로는 부족하고, 자기들의 잔인한 행위가 정의로운 것으로 여겨지기를 바랐습니다. "너희는 의인을 정죄하고 죽였도다"(약 5:6). 피비린내 나는 살인이 온갖 정의로운 절차와 형식을 갖추어 범해지는 것입니다. 그들은 먼저 정죄하고, 그 다음에 죽입니다. 하나님 앞에서는 법정에서 저지른 살인이 넓은 도로에서 악당이 저지른 살인보다 더 악한 것입니다. 바울의 대의와 나머지 고통받는 성도들의 대의가 여기서보다 더 공정한 재판을 받게 될 때가 올 것입니다. 그리고 그 때가 오면 그들의 실체가 그 원

수들의 협잡으로 얼룩진 것과는 전혀 다른 모습으로 드러날 것입니다. 경건한 자들의 육체는 물론 그들의 이름도 부활하게 될 것입니다. 지금은 그들이 고개를 숙인 채로 — 그들의 무죄함과 순전함이 온갖 거짓 혐의들로 인하여 그들의 무죄함과 순전함이 매도됩니다 — 매장되지만, 그 때에는 그들이 똑바로 서게 될 것입니다. 불경한 자들의 거친 발언들을 다 물리치고 하나님께서 친히 세상에 대한 자신의 통치권을 입증해 보이시는 한 성도들도 완전히 혐의를 벗게 될 것입니다.

둘째 관찰. 바울이 당한 고난의 참된 원인을 관찰하십시오. 참된 원인은 하나님과 그 하나님의 진리를 위한 그의 열정에 있었습니다 — "이 일을 위하여 내가 쇠사슬에 매인 사신이 된 것은." 여기서 "이 일을 위하여"란 곧 "내가 공언하고 전하는 그 복음을 위하여"라는 뜻입니다. 어느 순교자는 어떻게 해서 감옥에 오게 되었느냐는 질문에 성경을 보여주면서, "이것 때문에 내가 이리로 오게 되었소"라고 말했다는데, 그 순교자의 경우와 같은 것입니다. 박해자들은 자기들의 뜻을 이리저리 둘러대지만, 그들이 원한을 갖고 있는 것은 바로 그들의 신앙과 경건입니다. 바울은 정직한 사람이었고, 그가 동족들의 생각에 따라 길을 가고 그들과 같은 처신을 하는 한에는 그들도 그를 정직한 사람으로 보았습니다. 그러나 그가 자신이 그리스도인이 되었다고 선언하며 자기의 복음을 전하자, 그들은 그를 처단하라고 외쳐댔습니다. 그의 옛 친구들이 새로운 원수로 돌변했고, 그를 향해 주먹을 휘둘렀습니다. 악인들은 그저 마귀의 노예들일 뿐이니, 그가 시키는 대로 행할 수밖에 없습니다. 그런데 그의 왕국을 끌어내리는 것이 바로 진리와 경건입니다. 그러므로 이것들이 성도들의 삶 속에 나타나면, 그는 마치 왕이 자기의 신하들을 전쟁터에 내보내듯이 악한 세상을 불러들여서 자기를 위해 싸우게 만드는 것입니다. 그러므로 박해가 없이는 천국에 이르기가 불가능한 것입니다. "무릇 그리스도 예수 안에서 경건하게 살고자 하는 자는 박해를 받으리라"고 말씀합니다(딤후 3:12). 즉, 이런저런 방식으로 박해를 받을 것이라는 뜻인데, 그 중에도 설교자보다 더 박해를 받는 사람은 없습니다. 설교자는 말벌의 벌집 속에다 손을 집어넣는 격이요 따라서 벌에 쏘일 것을 예상해야 합니다. 그가 뱀의 머리를 밟는데, 뱀이 다시 돌아와 그를 물지 않는다면 오히려 이상한 일일 것입니다. 그러나 이것으로 염려하지 마십시오. 여러분이 어떤 고난을 당할 수 있는지를 두려워하지 말고, 다만 여러분이 당하는 그것에 대해 주의하십시오. 그리스도의 십자가는 감미로운 나무로 되어 있습니다. 의를 위해 고난당하는 자들에게 특별히 베풀어지는 위로가 있습니다. 그리스도인 여성 순교자인 사비나(Sabina)가 감옥에서 아기를 낳는 고통을 겪으며 괴로움 중에 부르짖는 소리를 듣고, 누군가가 그녀에게 말하기를, 산통을 겪으며 그리 비명을 지르면 박해자들이 예비해 놓은 고통을 어떻게 견디겠느냐고 했답니다. 그러자 그녀는 이렇게 대답했다고 합니다: "지금은 죄로 인하여 고통을 당하지만, 그 때에는 그리스도를 위해 고난당할 것입니다."

셋째 관찰. 바울이 진리를 얼마나 면밀하게 붙잡는지를 관찰하십시오. 그 진리가 그에게 괴로움을 가져다줄지라도 그는 그것과 결별하지 않을 것입니다. 그는 비겁하게 침묵을 지킴으로 진리를 감옥에 가두어두느니 차라리 자신이 복음을 전한 것 때문에 박해자가 자신을 옥에 가두기를 원했습니다. 어떠한 희생이 따르더라도 그는 자신이 공언한 신앙을 결연히 지키기로 결심하였습니다. 사실은, 신앙을 위해 고난당하기를 감당하지 못하는 그 사람의 신앙은 가슴에 담을 가치조차 없는 것입니다. 그리고 그리스도인 이외에는 아무도 그런 일을 할 수 있는 사람이 없습니다. 이 땅에서 그리스도를 위해 당하는 고난에 대해 천국에서 갚아 주신다는 그리스도의 어음을 감히 취하지 않는 자는 그리스도인이라는 이름을 지닐 자격이 없는 것입니다. 그런데 안타까운 사실은 그런 일을 행하기에 족할 만큼 믿음을 지닌 경우를 보기가 매우 어렵다는 것입니다! 그리스도의 이름에 절하기는 쉬워도, 허리를 숙여 예수님의 십자가를 지기는 어려운 법입니다. 많은 사람들이 신앙을 마치 세상의 모든 일이 밝고 따뜻한 여름에 사용하는 별장처럼 좋아합니다. 그러나 겨울이 와서 문이 닫히면 안에서나 바깥에서나 아무도 볼 수가 없습니다.

넷째 관찰. 바울이 자신의 고난 사실을 교회에 공포하는 것을 관찰하십시오. 지금 옥에 갇힌 처지에서 그는 이 교회와 다른 교회들에게 편지를 보내어 자신의 사정을 알려 줍니다. 여기서,

주목하십시오. 복음을 위한 고난은 결코 수치로 여길 문제가 아니라는 것입니다. 바울은 자신이 쇠사슬에 매인 것이 복음을 위함이라는 것을 말하면서 얼굴을 붉히지 않습니다. 수치는 그를 쇠사슬에 매어놓은 자들에게 속하는 것이지, 사슬에 매인 그에게 속하는 것이 아닙니다. 도둑이나 살인자는 자기들이 무엇 때문에 옥에 갇혀 고통을 당하는지를 올바로 이야기하기가 낯 뜨겁습니다만, 정당하게 처신한 그리스도인은 그렇지 않습니다. "만일 그리스도인으로 고난을 받으면 부끄러워 말고 도리어 그 이름으로 하나님께 영광을 돌리라"(벧전 4:16). 그리스도께서도 부활하신 후에 자신의 상처 자국을 보여주는 것을 치욕으로 여기지 않으셨습

니다. 그리스도인 순교자인 바빌라스(Babylas)는 자신의 쇠사슬을 자기와 함께 묻어 주기를 원했습니다. 사도들은 "그 이름을 위하여 능욕 받는 일에 합당한 자로 여기심을 기뻐하였습니다"(행 5:41). 그리고 복음을 위해 고난당하는 것이 수치가 아니라면, 복음을 공언하고 또한 그 거룩한 규범에 합당하게 사는 것도 결코 수치가 아닙니다. 악인은 그들의 부끄러움을 영광으로 여길 것인데도 여러분은 참된 영광을 지니고서도 그것을 부끄러워하겠습니까? 그들이 밝은 대낮에 마귀의 일을 행할 것인데도 여러분은 선한 자들과 함께 있는 것을 드러내기를 두려워합니까? 그런데 살비아누스는 말하기를, 그 당시에 — 사람들이 너무도 악하여 거룩에 대해 그렇게 조롱하고 멸시하던 때였습니다만 — 많은 이들이 악하고 비열한 자로 취급당할까 두려워 그리스도의 색깔을 자기들의 호주머니 속에 집어넣고 그들의 경건을 감추고 다녔다고 합니다.

다섯째 관찰. 바울이 그의 고난 사실을 알리는 목적을 관찰하십시오.

1. 그가 고난당하는 참된 원인을 그들에게 알게 하기 위함이었습니다. 바울의 원수들은 아주 무거운 혐의를 그에게 씌웠고, 어쩌면 이 소식이 멀리 에베소까지 날아갈지도 모르는 일이었습니다. 성도들이 고난당하는 처지에 있을 때, 사탄은 그들의 명예를 더럽히고 또한 그들이 고난당하는 원인을 왜곡시켜서 — 마치 거기에 선한 것이 전혀 없는 것처럼 — 세상을 호도하기 위해 매우 부지런히 일합니다. 악한 세상이 자기에 대해 무어라고 하든 바울은 전혀 개의치 않았습니다. 그러나 교회들의 생각 속에서는 자신이 올바로 서 있게 되기를 바랐고, 그리하여 자신이 옥에 갇힌 원인을 그들에게 알려 주는 것입니다.

2. 그들의 믿음을 강건하게 하고 그들의 마음을 위로하기 위함이었습니다. 바울이 옥에 갇혔다는 것이 그의 마음에 들어갔을 것이고, 그의 고난이 그들의 슬픔이 되었을 것입니다. 그는 이 사실을 알고서 두기고를 통해서 — 그는 이 편지를 전달해 준 사람입니다 — 그들에게 소식을 전하고, 자신이 사슬에 매여 있으나 고난 중에도 기뻐하고 즐거워하는 마음이 있으니 자신을 위해 너무 눈물을 흘리며 보내지 않도록 했습니다: "우리 사정을 알리고 또 너희 마음을 위로하기 위하여 내가 특별히 그를 너희에게 보내었노라"(엡 6:22). 이와 같이 우리도, 마음이 부드러운 아버지가 병상에 누워서도 자기 자신의 고통이나 다가올 죽음에 대한 생각으로 인한 괴로움보다는 자녀들이 자신으로 인하여 너무 마음 쓰지 않도록 하는 데에 더 신경을 쓰고, 그리하여 자신의 비참한 처지는 잊고 그 자녀들을 안심시키기 위

해 미소짓는 표정으로 그들에게 이야기하는 모습을 가끔 보아왔습니다. 오오, 자유로운 성도들이 환난 받는 형제들을 위하여 울며, 또한 고난당하는 자들이 자유를 누리는 형제들에게 위로자가 되는 것이야말로 정말 훌륭한 모습이 아닐 수 없습니다! 신앙을 위해 고난당하는 자들이 삶의 모습으로 그것을 드러낼 때보다 신앙이 더 영광스럽게 보이는 때가 없습니다. 또한 고난 중에 거룩하며 겸손한 심령의 쾌활함을 유지하는 것보다 자신들의 신앙을 더 높이 드러내 주는 것이 없습니다. 메리 여왕(Queen Mary: 1516-1558. 일명 "피의 메리"로 알려진 잉글랜드의 여왕으로 많은 개신교도들을 처형하였음. — 역주) 시대의 순교자들이 감옥에서 바깥으로 보낸 위로의 편지들이 나라 전역의 형제들에게 놀랍게 힘을 주었고, 그들로 하여금 감옥도 두려워하지 않게 만들었습니다. 고난당하는 자들의 설교는 다른 이들보다 훨씬 유리한 법입니다. 그들은 그저 들은 이야기를 말하는 것이 아니라, 그들 스스로 체험하여 확증한 것을 말하기 때문입니다.

3. 그들로 하여금 그를 위하여 기도하게 하기 위함이었습니다. 고난당하는 성도들은 언제나 기도를 몹시 열망했습니다. 바울은 온 교회들을 동원하여 자신을 위해 기도하게 합니다. 브래드퍼드(John Bradford: 1510-1555. 잉글랜드의 개신교 순교자. — 역주)가 감옥에서 보낸 편지들은 늘상 "기도하십시오. 기도하십시오. 기도하십시오"로 끝을 맺었습니다. 거기에는 큰 이유가 있습니다. 고난당하는 처지는 시험거리들로 가득 차 있기 때문입니다. 사람이 박해자의 역할을 할 때면, 마귀는 잊지 않고 시험하는 자의 역할을 행합니다. 그가 그리스도를 따라 광야에까지 갔으니, 감옥에 있는 그의 성도들이야 언제든지 시험할 방법이 있습니다. 때로는 두려움에 휩싸여 마음을 약하게 하기도 하고, 혹은 자기의 신세를 한탄하게 만들 수도 있습니다. 또한 눈물을 흘려서 그들의 용기를 녹여 버리고 그들의 결단을 약하게 만들 거리들이 언제나 있습니다. 아내나 자녀들, 혹은 친구들과 이웃들은 그들이 잘 되기를 바라지만, 그러나 사탄이 이들을 악하게 이용하여 그들에게 애정을 토로하게 함으로써 그들 앞에 올무가 되게 하는 것입니다. 바울에게도, 눈물과 간청을 통해서 예루살렘에 가지 않게 하기 위해 — 그 곳에서 그가 환난을 당하게 된다는 예언이 있었으므로 — 힘썼던 사람들이 있었습니다. 그들은 물론 선한 뜻으로 그렇게 했습니다만, 사탄은 그들의 눈물을 통해서 바울의 마음을 깨뜨릴 뿐 아니라 그의 용기를 약하게 만들고자 했던 것입니다. 그런데 성도로 하여금 십자가를 피해 도망치는 비겁자로 만들지 못하면, 그는 그에게 십자가를 지우는 그 사람들을

향하여 분노가 속에서 은밀하게 치밀어 오르게 하여 그 심령을 쓰라리게 만들려 할 것입니다. 오오, 악을 당하면서도 그것을 전해 주는 수단이 되는 자에 대해 아무런 감정이 없게 되는 것은 결코 쉬운 일이 아닙니다. 우리를 향하여 분노와 미움을 보이는 자를 향하여 여전히 사랑을 지닌다는 것은 영광스러운 일이지만 또한 어려운 일입니다. 그러나 박해자를 향한 분노로 가득 차게 만들지 못하면, 그 다음에는 자기 자신에 대한 높은 교만으로 그를 무너뜨리려 할 것입니다. 다른 사람들은 움츠러들어서 자기들의 조개껍질 속에 안전하게 숨고자 하는데 자신은 담대히 나서서 그리스도를 위해 고난당하고 있다는 생각으로 교만하게 만드는 것입니다. 오오 여러분, 이 교만이야말로 고난의 불길 속에서도 살 수 있는 불도마뱀입니다! 많은 성도들이 겸손을 보여주는데, 그 겸손이 필요한 한 사람의 성도가 있다면, 바로 고난당하도록 부르심 받은 성도가 그 사람입니다. 그리스도를 위하여 당하는 고난을 영광스럽게 여기는 것이 그런 성도에게 잘 어울립니다(고후 12:9; 갈 6:14). 그러나 그런 고난을 인하여 자기 자신을 영광스럽게 여긴다면 이는 혐오스럽고 역겨운 것입니다. 그렇게 위험스러운 절벽 사이로 마차를 몰아야 하는데, 그에게 똑바로 보는 눈과 견실한 손이 필요하지 않겠습니까?

요컨대, 고난당하는 상태에서는 시험이 가득합니다. 그러므로 그런 시험들을 안전하게 통과하게 해주는 성도의 힘은 그 자신의 노력에 있는 것이 아닙니다. 하나님이 도우셔야 합니다. 그렇지 않으면 아무리 강인한 전사(戰士)의 사기도 금방 사그라지고 말 것입니다. "나는 비천에 처할 줄도 알고 풍부에 처할 줄도 알아 모든 일 곧 배부름과 배고픔과 풍부와 궁핍에도 처할 줄 아는 일체의 비결을 배웠노라"(빌 4:12). 이것은 정말 배우기 힘든 교훈입니다. 그의 주인이 어떤 분이셨습니까? 다음 본문을 보십시오: "내게 능력 주시는 자 안에서 내가 모든 것을 할 수 있느니라"(13절). 자, 고난을 이기는 성도의 힘은 자기 자신에게 있는 것이 아니라 그리스도께 있습니다. 그러므로 기도가 그런 도움을 얻는 최선의 수단인 것입니다. 기도를 통해서 그들 자신의 연약함을 고백하고, 그리하여 오로지 하나님께만 찬송을 올려드리게 되는 것입니다. 바울은 여기서 그 일을 자유로이 행하고 있습니다. 아니 오히려 그 이상입니다. 그를 도우시고 힘주시는 그리스도의 능력이 없이 자신은 아무 일도 할 수 없다고 고백함과 동시에, 그는 그 능력을 얻기 위해 자기 혼자만의 기도에 감히 의지하지 않고, 형제된 성도들의 보조적인 힘을 동원하여 그를 위하여 천국을 침노하게 하는 것입니다. 자신이 복음을 위하여 고난의 골짜기에 있는 동안, 그들이 기도의 산에서 함께 그를 위하여 손을 들고 마음을 높이 올려드리기를 구하는 것입니다.

독자 여러분들께 알립니다!

'CH북스'는 기존 **'크리스천다이제스트'**의 영문명 앞 2글자와
도서를 의미하는 **'북스'**를 결합한 출판사의 새로운 이름입니다.

세계기독교고전 51

그리스도인의 전신갑주 II

1판 1쇄 발행 2014년 9월 25일
2판 1쇄 발행 2019년 2월 18일

발행인 박명곤
사업총괄 박지성
편집 신안나, 임여진, 전두표
디자인 김민영
마케팅 김민지
재무 김영은
펴낸곳 CH북스
출판등록 제406-1999-000038호
전화 031-911-9864 **팩스** 031-944-9820
주소 경기도 파주시 회동길 37-20 CH그룹사옥 4층
홈페이지 www.chbooks.co.kr **이메일** ch@chbooks.co.kr
페이스북 @chbooks1984 **인스타그램** @chbooks1984

CH북스는 여러분의 정성이 담긴 원고를 기다리고 있습니다.
원고 투고는 ch@chbooks.co.kr 로 내용 소개, 연락처와 함께 보내주세요.

세계기독교고전 목록

1 데이비드 브레이너드 생애와 일기 | 조나단 에드워즈 편집
2 그리스도를 본받아 | 토마스 아 켐피스
3 존 웨슬리의 일기 | 존 웨슬리
4 존 뉴턴 서한집 – 영적 도움을 위하여 | 존 뉴턴
5 성 프란체스코의 작은 꽃들
6 경건한 삶을 위한 부르심 | 윌리엄 로
7 기도의 삶 | 성 테레사
8 고백록 | 성 아우구스티누스
9 하나님의 사랑 | 성 버나드
10 회개하지 않은 자에게 보내는 경고 | 조셉 얼라인
11 하이델베르크 요리문답 해설 | 우르시누스
12 죄인의 괴수에게 넘치는 은혜 | 존 번연
13 하나님께 가까이 | 아브라함 카이퍼
14 기독교 강요 – 1536 년 초판 | 존 칼빈
15 천로역정 | 존 번연
16 거룩한 전쟁 | 존 번연
17 하나님의 임재 연습 | 로렌스 형제
18 악인 씨의 삶과 죽음 | 존 번연
19 참된 목자 | 리처드 백스터
20 예수님이라면 어떻게 하실까 | 찰스 쉘던
21 거룩한 죽음 | 제레미 테일러
22 웨이크필드의 목사 | 올리버 골드스미스
23 그리스도인의 완전 | 프랑소아 페넬롱
24 경건한 열망 | 필립 슈페너
25 그리스도인의 행복한 삶의 비결 | 한나 스미스
26 하나님의 도성 (신국론) | 성 아우구스티누스
27 겸손 | 앤드류 머레이
28 예수님처럼 | 앤드류 머레이
29 예수의 보혈의 능력 | 앤드류 머레이
30 그리스도의 영 | 앤드류 머레이
31 신학의 정수 | 윌리엄 에임스
32 팡세 | 블레즈 파스칼
33 기독교 교양 | 성 아우구스티누스
34 삼위일체론 | 성 아우구스티누스
35 루터 선집 | 마르틴 루터
36 조지 폭스의 일기 | 조지 폭스
37 성도의 영원한 안식 | 리처드 백스터
38 신학의 체계 | 토머스 왓슨
39 신학총론 (최종판) | 필립 멜란히톤
40 헨리 마틴의 생애와 일기 | 존 사전트
41 루터의 로마서 주석 | 마르틴 루터
42 놀라운 회심의 이야기 | 조나단 에드워즈
43 새뮤얼 러더퍼드 서한집 | 새뮤얼 러더퍼드
44-46 기독교 강요 (상 · 중 · 하) – 1559 년 최종판 | 존 칼빈
47 인간의 영혼 안에 있는 하나님의 생명 | 헨리 스쿠걸
48 완전의 계단 | 월터 힐턴
49 탁상 담화 | 마르틴 루터
50-51 그리스도인의 전신갑주 I, II | 윌리엄 거널
52 섭리의 신비 | 존 플라벨
53 회심으로의 초대 | 리처드 백스터
54 무릎으로 사는 그리스도인 | 무명의 그리스도인
55 할레스비의 기도 | 오 할레스비
56 스펄전의 전도 | 찰스 H. 스펄전
57 개혁교의학 개요 | 헤르만 바빙크
58 순종의 학교 | 앤드류 머레이
59 완전한 순종 | 앤드류 머레이

"성경 본문의 의미를 정확하게 드러내는
아주 탁월한 주석!"
- 찰스 스펄전

매튜 풀
청교도 성경주석

신 약 세 트

(전8권)

정가(낱권 합계) ~~149,000원~~ → 세트 한정가110,000원

→ 실구매가 **99,000**원 (+5,500원 적립금)

정가(낱권 합계) 대비 50,000원 인하!

CH북스
크리스천 다이제스트

* 위 구매가는 인터넷 서점 기준입니다